산업 디자이너를 위한

Rhino3D® 7.0 Bible

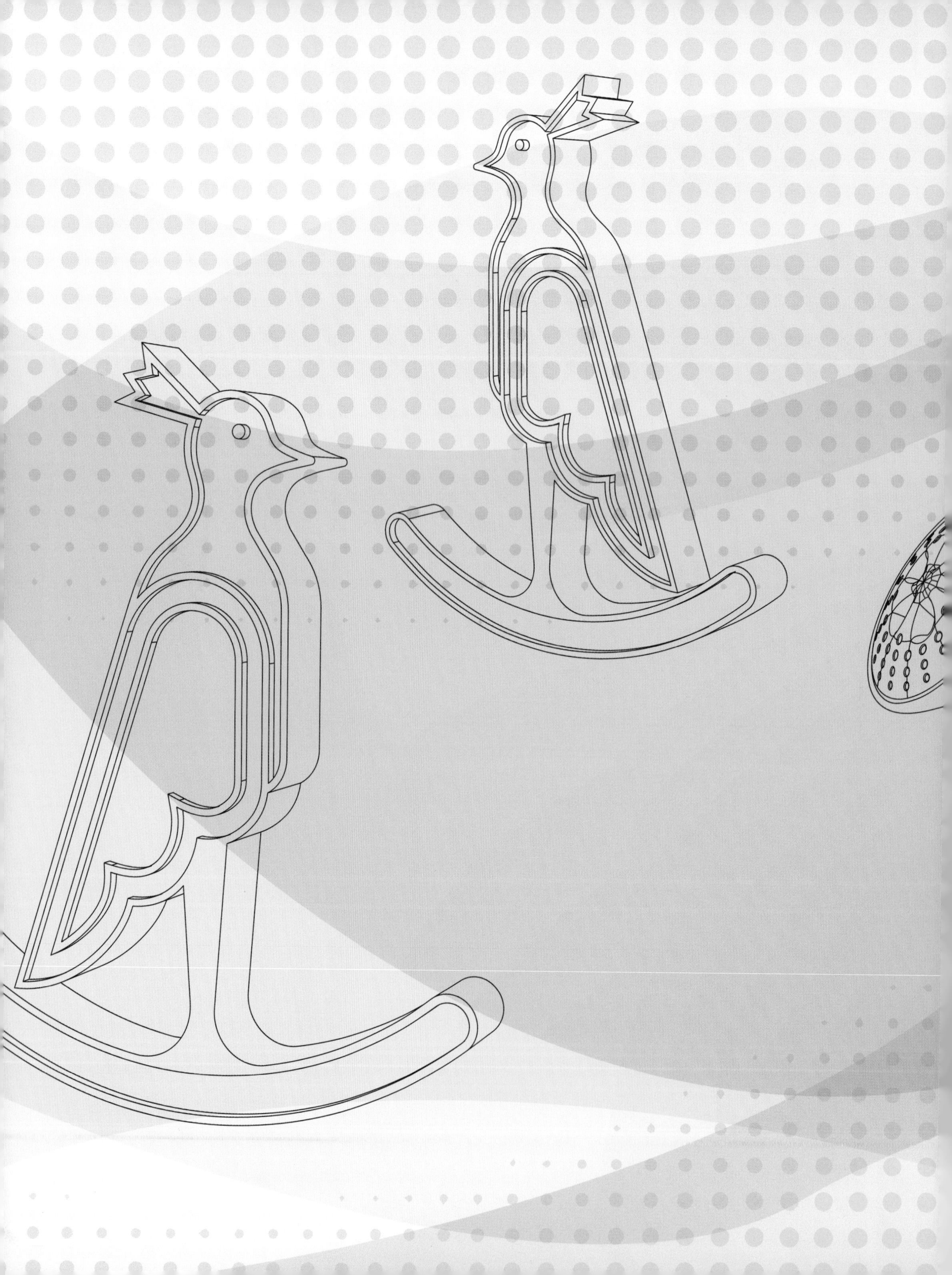

산업 디자이너를 위한

Rhino3D® 7.0 Bible

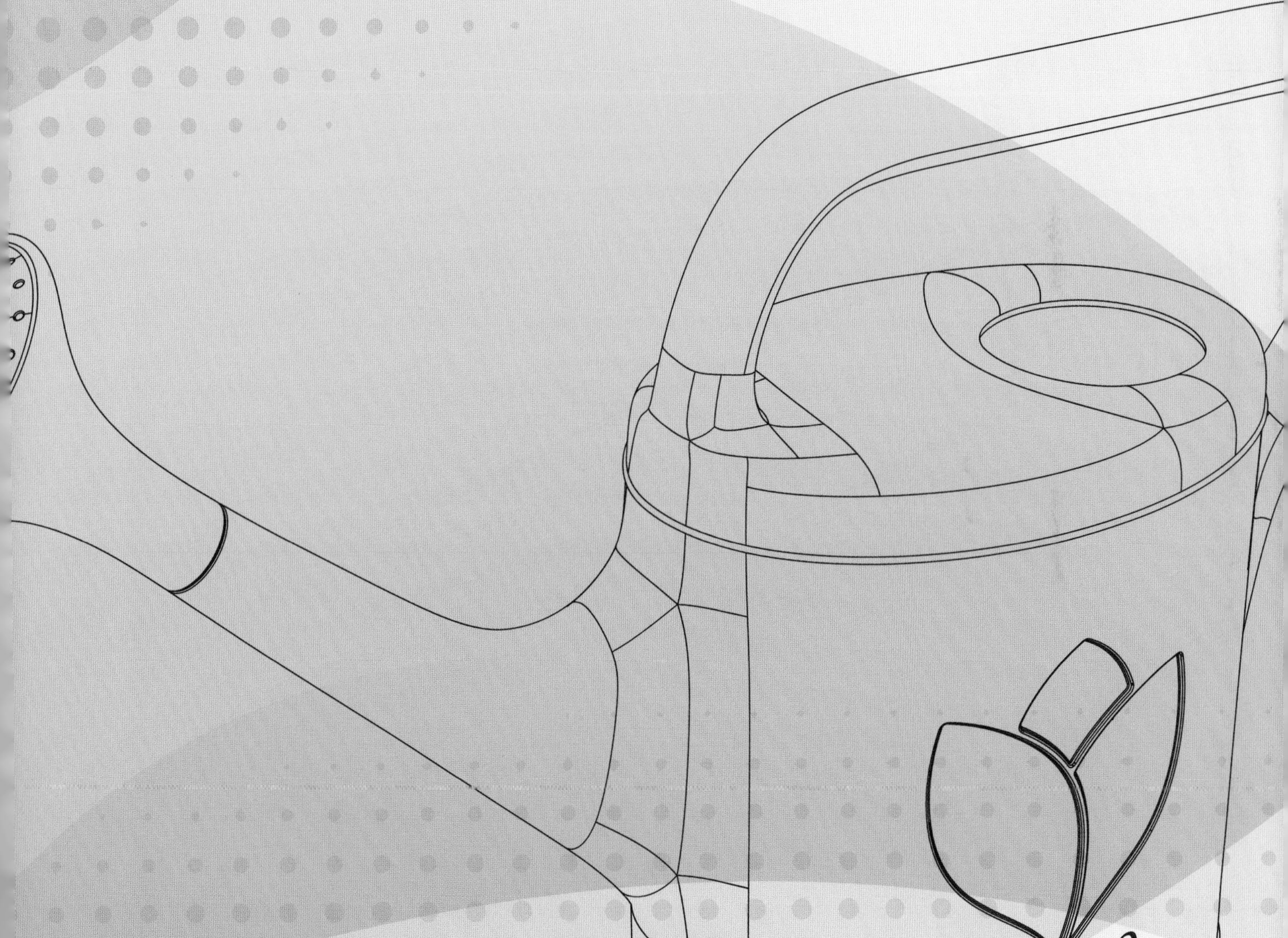

산업 디자이너를 위한

Rhino3D® 7.0 Bible

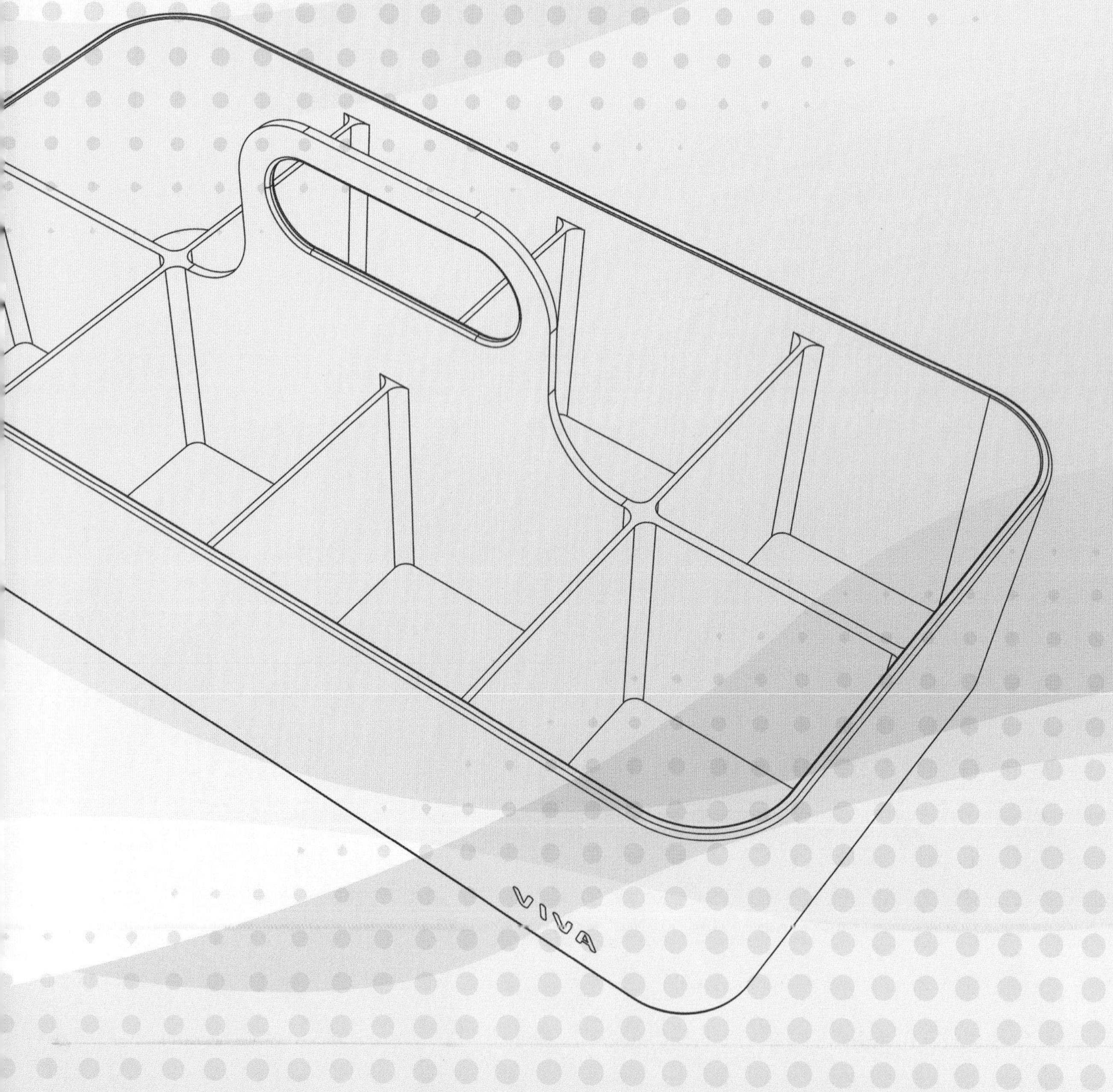

산업 디자이너를 위한

Rhino3D® 7.0 Bible

Rhino3D 7.0 Bible for Industrial Designers

혜지원

머리말

창의적 사고를 기본으로

3D 모델링 능력을 발전시켜야 하는 산업 디자이너!

현재의 산업 디자이너(Industrial Designer)들에게 필수적으로 요구되는 디지털 미디어디자인은 디자인 패러다임 변화 속에서도 그 중요성이 날로 높아지고 있습니다. 그중 아이디어의 시각적 표현 방법으로 가장 직관적인 손 스케치(Sketch)와 함께, 컴퓨터를 이용한 정확한 3D CAD 모델링, 디지털 실사 렌더링, 그것을 실체화하기 위한 디지털 목업(Mock-up) 등의 제작 및 활용 능력은 어느 하나 산업 디자이너들이 소홀히 해서는 안 되는 중요한 핵심 능력입니다. 여기에 4차 산업혁명 중요 기술요소 중에 하나로 불리는 3D 프린팅 및 적층 제조(AM: Additive Manufacturing) 산업의 비약적 발전은 산업 디자이너들에게도 새로운 디지털디자인 패러다임 변화에 대응해야 하는 과제를 던지고 있습니다. 그만큼 앞으로 창의적 사고를 기본으로 3D 콘텐츠 제작과 3D 모델링 능력이 그 어느 때보다 중요한 시대가 된다는 방증입니다.

Rhino3D 7.0 바이블의 효율적인 책 구성

필자는 이러한 향후 제조 산업 및 디자인 패러다임 변화라는 시대적 흐름과 디자인 표현 능력의 중요성을 인식하여 『산업 디자이너를 위한 Rhino3D 7.0 바이블』을 세상에 내놓게 되었습니다. 본서의 핵심 테마를 살펴보면 크게 6개의 파트로 구성되어 있습니다.

첫 번째는 **라이노 3D 프로그램의 소개 및 특징 살펴보기**입니다. 처음 라이노 3D를 접한 유저들을 위해 프로그램 설치부터 환경설정, 사용자 인터페이스, 기본 명령어, 관련 핵심 용어의 이해까지 쉽게 설명되어 있습니다.

두 번째는 **라이노 3D 기초 모델링과 도면 작성하기**입니다. 핵심은 정확한 모델링을 위한 선 그리기, 기초 솔리드 모델링, 치수 도면 그리기, 도면 추출과 주석 달기, 출력 방법을 알 수 있습니다.

세 번째는 **라이노 3D 명령어 이해하기**입니다. 스탠더드와 메인 툴바의 핵심 명령어들을 가장 빠르고 직관적으로 이해할 수 있도록 풍부한 이미지 예시와 캡션을 달아 설명하고 있습니다.

네 번째는 **라이노 3D 응용 모델링 따라 하기** 부분입니다. 라이노 3D의 기본 툴과 고급 응용 툴을 모두 익힐 수 있도록 최신 트렌드 제품을 포함 총 9개의 주제를 다루고 있습니다. 특히 V7에 새롭게 추가된 섭디(SubD) 툴의 응용 모델링을 포함하고 있습니다.

다섯 번째는 **면 수리 방법 및 문제 해결** 부분입니다. 라이노 3D에서 모델링된 복합적인 곡면에 필렛팅과 면 수리 문제 해결 등, 초보자들이 쉽게 해결하기 어려운 문제들을 원리부터 응용 툴까지 체계적으로 알 수 있게 구성되어 있습니다.

여섯 번째는 **3D프린팅 기술의 이해와 활용 방법** 부분입니다. 3D 프린팅을 위한 모델링 고려 사항, 3D 프린팅 파일 변환과 저장 방법, 제작 프로세스, 3D 프린팅 기술 및 산업용 3D 프린터의 이해까지 쉽게 이해할 수 있도록 설명하고 있습니다.

교육 노하우를 바탕으로 한 산업 디자이너의 필독서

특히 본서는 2002년~2011년까지 약 10년간 한국 최초의 라이노 3D 공인 교육센터였던 툴스랩(toolslab) 대표로서의 실무 경험과 15년 이상을 대학에서 관련 내용을 강의하면서 얻은 교육 노하우를 바탕으로 정교하게 기획되고 집필된 서적입니다. 다만 이러한 내용 구성이나 필자의 배경 못지않게 중요한 것은 "구슬이 서 말이어도 꿰어야 보배"라는 말처럼 본서를 구입하고 공부하고자 하는 독자님들의 노력입니다. 산업 디자이너로서 언젠가 겪고 해결해야 할 내용으로 생각하시고 과감하게 부딪쳐 보시길 바랍니다. 독자분들의 인내와 반복 탐독을 조심스럽게 당부드립니다.

그리고 이 책을 구매하여 보시게 될 독자분들께도 먼저 감사드립니다. 여러모로 부족하지만, 개인적으로는 상당한 데이터 분석과 책임감, 열정을 다해 집필한 책이오니 아무쪼록 조금이나마 도움이 되는 생산적인 지침서가 되길 희망합니다.

끝으로 본서를 집필하는 데 학문적 스승이신 홍익대학교 산업디자인과 이근, 황성걸 교수님께 감사드리며, 내 가족과 사랑하는 아내 희선, 무엇보다도 본서가 세상에 빛을 볼 수 있도록 믿음과 도움을 주신 도서출판 혜지원 박정모 대표님 이하 기획 진행 김보리 팀장님, 본문 디자인 조수안 님께도 진심으로 감사의 마음을 전합니다.

2021년 3월 봄을 맞이하는 연구실에서

저자 **최성권**

구성

Part 01

라이노 3D 프로그램 소개 및 특징 살펴보기

라이노 3D 프로그램의 소개 및 특징 살펴보기입니다.
처음 라이노 3D를 접한 유저들을 위해 프로그램 설치부터 환경 설정, 사용자 인터페이스, 기본 명령어, 관련 핵심 용어의 이해까지 쉽게 설명되어 있습니다.

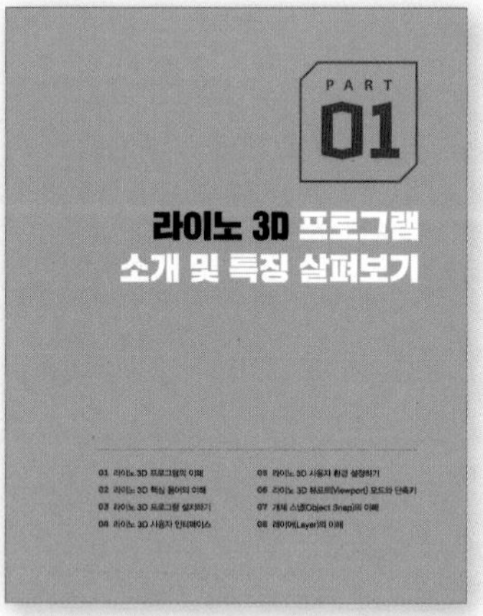

Part 02

라이노 3D 기초 모델링과 도면 작성하기

라이노 3D 기초 모델링과 도면 작성하기입니다.
핵심은 정확한 모델링을 위한 선 그리기, 기초 솔리드 모델링, 치수 도면 그리기, 도면 추출과 주석 달기, 출력 방법을 알 수 있습니다.

YouTube
도서출판 혜지원 계정 유튜브 접속 서비스

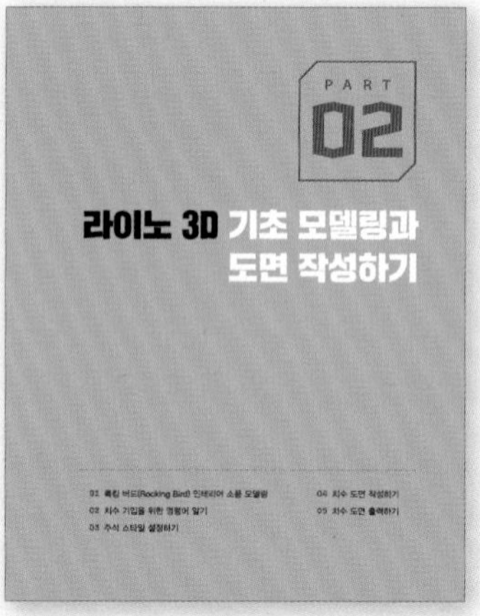

Part 03

라이노 3D 명령어 이해하기

라이노 3D 명령어 이해하기입니다.
스탠더드와 메인 툴바의 약 500여 개의 핵심 명령어들을 가장 빠르고 직관적으로 이해할 수 있도록 풍부한 이미지 예시와 캡션을 달아 설명하고 있습니다.

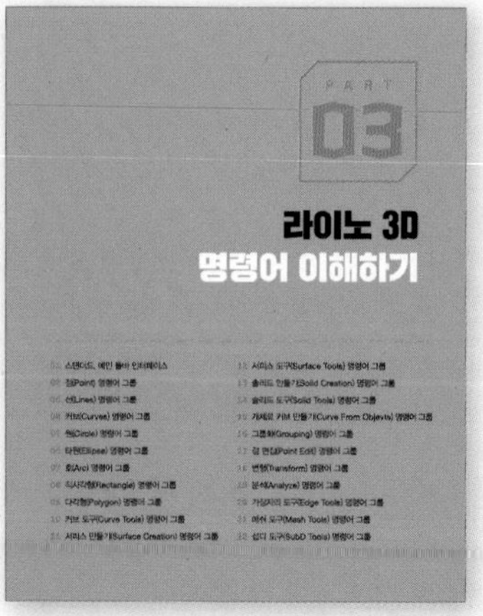

Part 04

라이노 3D 응용 모델링

라이노 3D 응용 모델링 따라 하기 부분입니다.
라이노 3D의 기본 툴과 고급 응용 툴을 모두 익힐 수 있도록 최신 트랜드 제품을 포함, 총 9개의 주제를 다루고 있습니다.
특히 V7에 새롭게 추가된 섭디(SubD) 툴의 응용 모델링을 포함하고 있습니다.

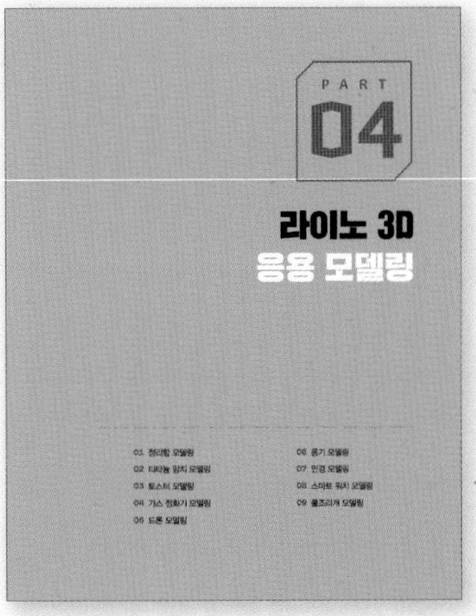

Part 05

라이노 3D 면의 수리 방법 및 문제 해결

면 수리 방법 및 문제 해결 부분입니다.
라이노 3D에서 모델링된 복합적인 곡면에 필렛팅과 면 수리 문제 해결 등, 초보자들이 쉽게 해결하기 어려운 문제들을 원리부터 응용 툴까지 체계적으로 알 수 있게 구성되어 있습니다.

Part 06

3D 프린터 기술의 이해와 활용 방법

3D프린팅 기술의 이해와 활용 방법 부분입니다.
3D 프린팅을 위한 모델링 고려 사항, 3D 프린팅 파일 변환과 저장 방법, 제작 프로세스, 3D 프린팅 기술 및 산업용 3D 프린터의 이해까지 쉽게 이해할 수 있도록 설명하고 있습니다.

▶ **동영상 강좌 서비스**
유튜브주소 **www.youtube.com/user/hyejiwon/featured**

▶ **예제 파일 다운로드**
❶ **www.hyejiwon.co.kr**에 접속 ❷ '자료실' 클릭 ❸ 'IT' 클릭 ❹ 『Rhino3D 7.0 바이블』의 표지를 찾아 [다운로드] 클릭
❺ 다운로드할 파일 옆의 [파일 다운로드] 클릭

목 차

PART 03 라이노 3D 명령어 이해하기

PART

04 라이노 3D 응용 모델링

라이노 3D 완성 예제 미리 보기

Rhino 3D completion example preview

1 라이노 3D 기초 모델링과 도면 작성하기

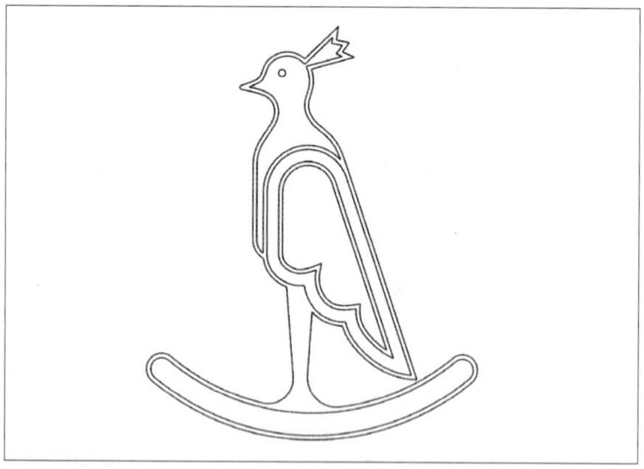

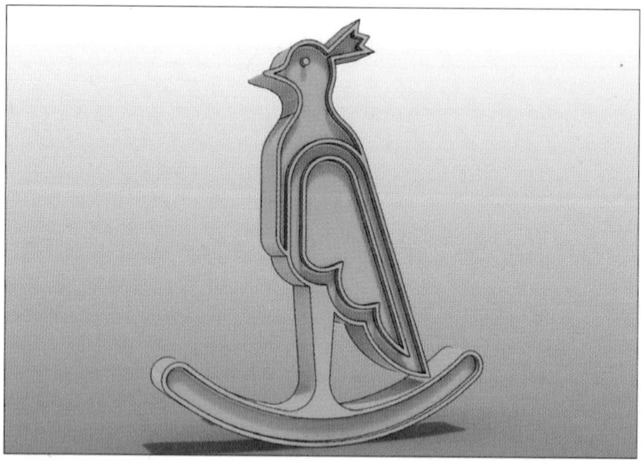

예제 1 록킹 버드 인테리어 소품 모델링

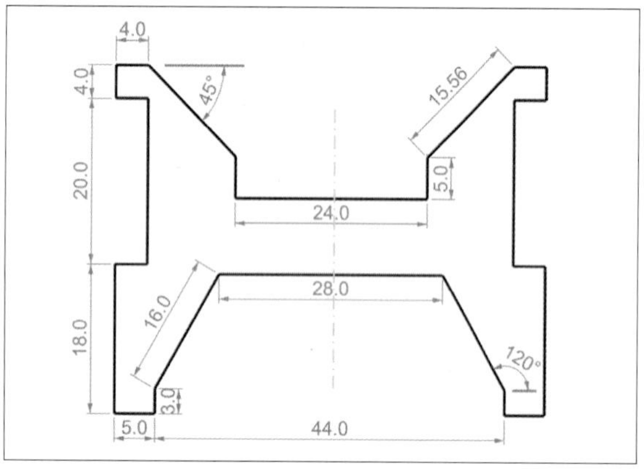

예제 2 직선, 각도 표현 도면 그리기

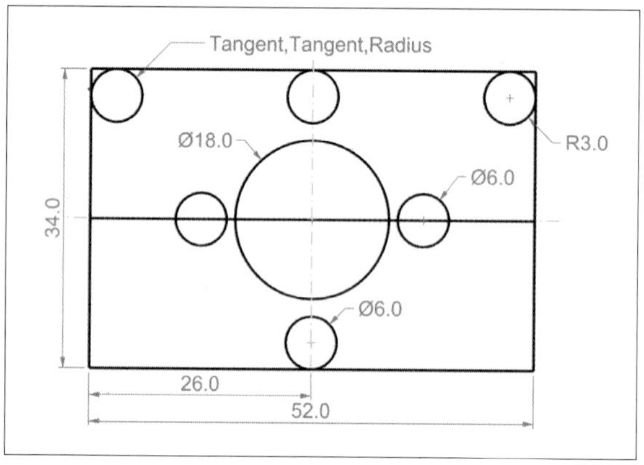

예제 3 원, 텍스트, 지시선 표현 도면 그리기

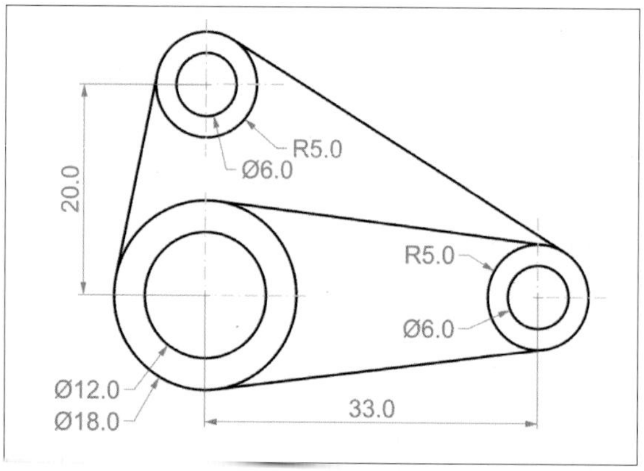

예제 4 원, 직선, 접선의 일치 표현 도면 그리기

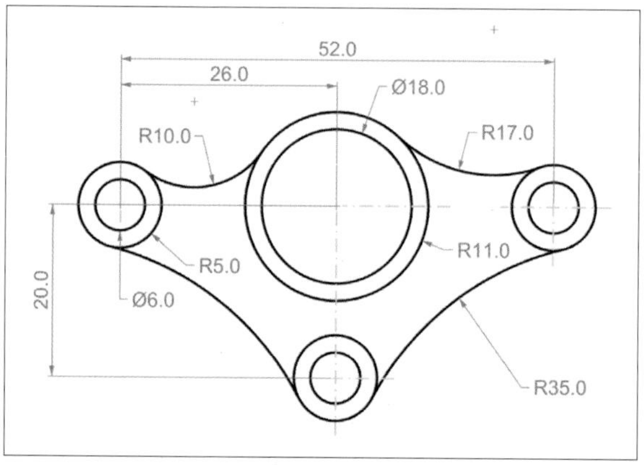

예제 5 원, 호(Arc), 곡률의 일치 표현 도면 그리기

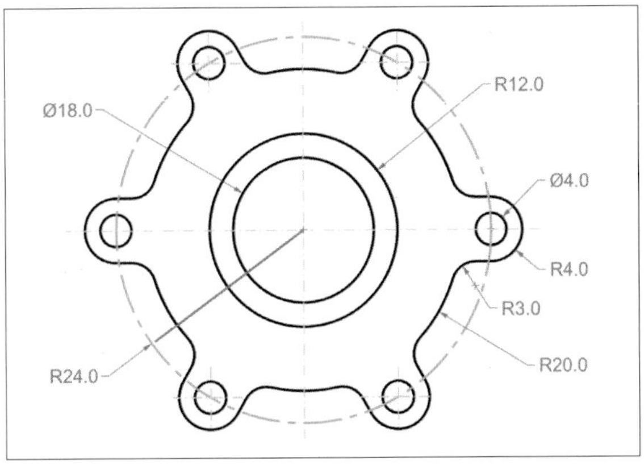

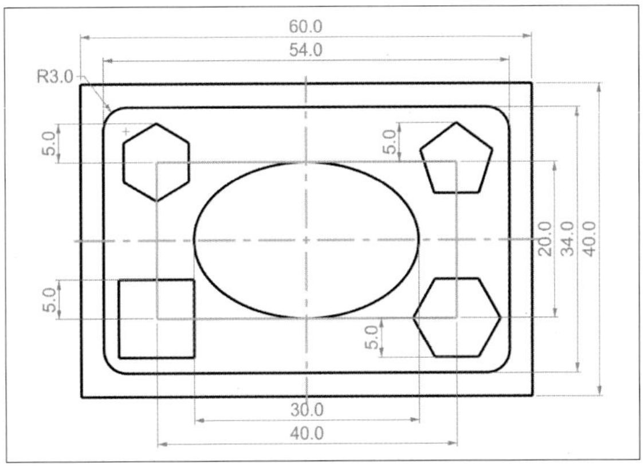

예제 6 원, 원형 배열, 필렛 표현 도면 그리기

예제 7 직사각형, 폴리곤, 타원, 오프셋 표현 도면 그리기

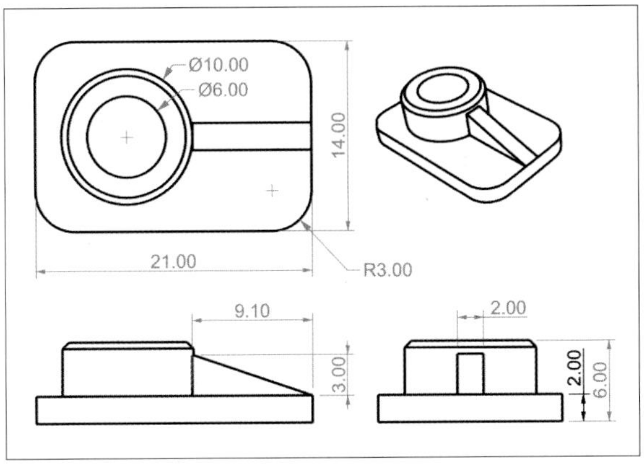

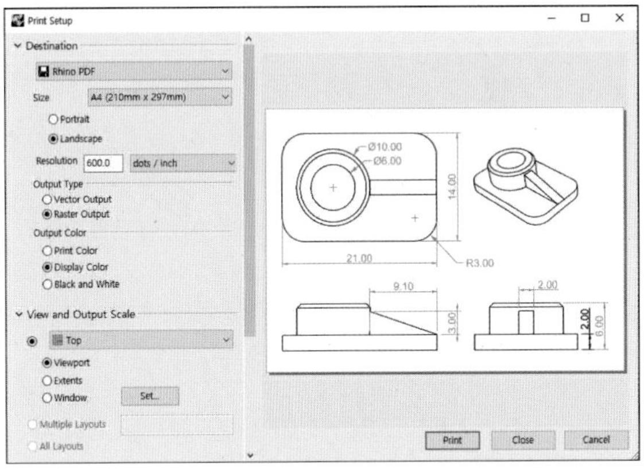

예제 8 도면 라인 추출과 도면 출력하기

2 라이노 3D 응용 모델링하기

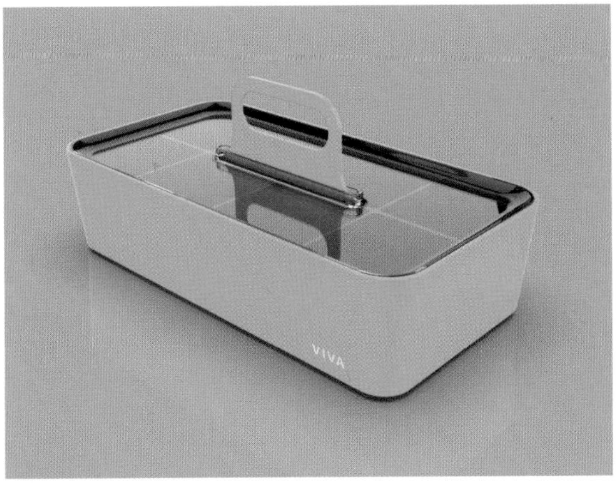

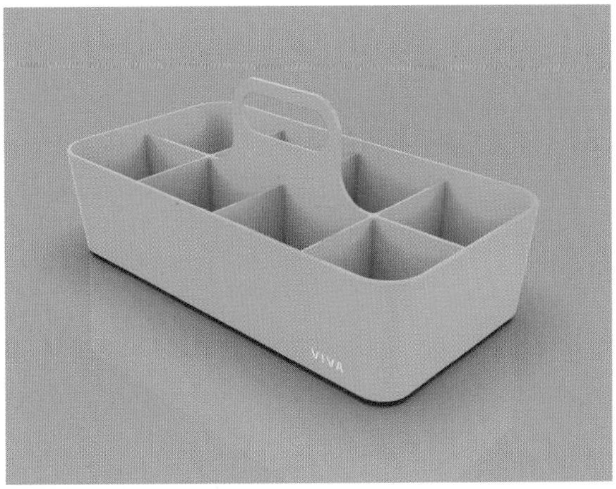

예제 1 정리함 모델링하기

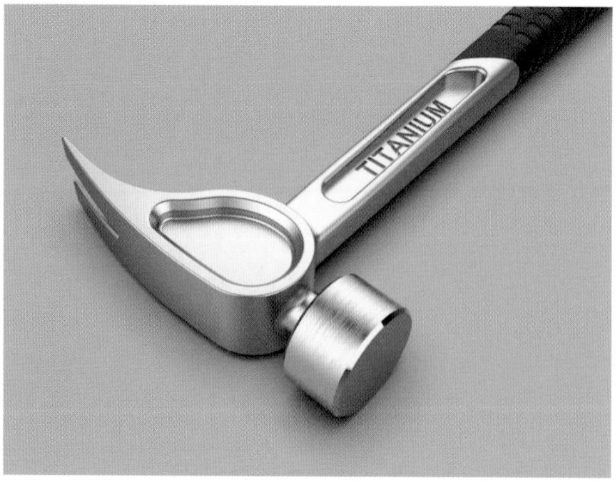

예제 2 티타늄 망치 모델링하기

예제 3 토스터 모델링하기

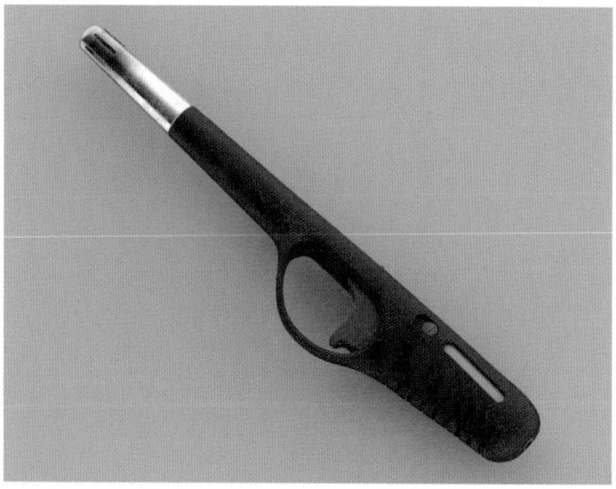

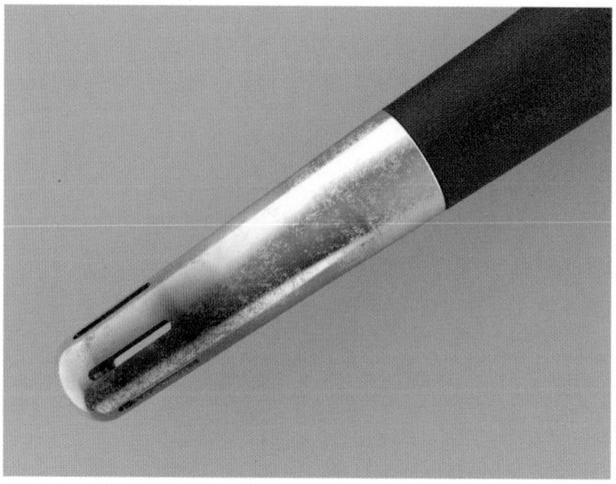

예제 4 가스 점화기 모델링하기

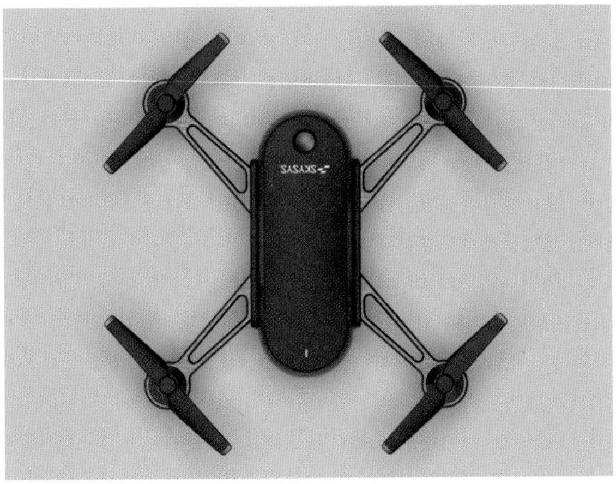

예제 5 드론 모델링하기

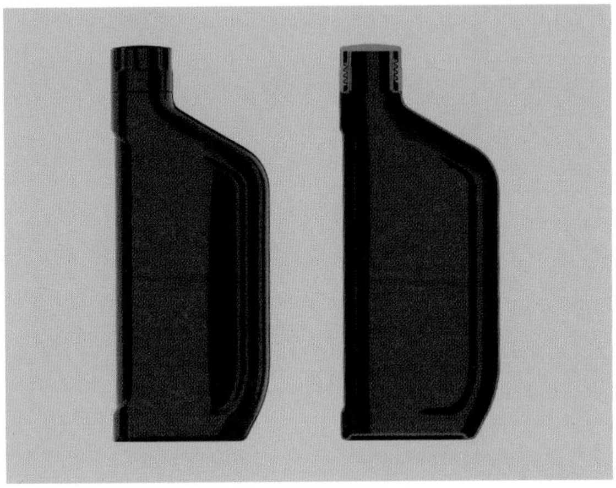

예제 6 용기 모델링하기

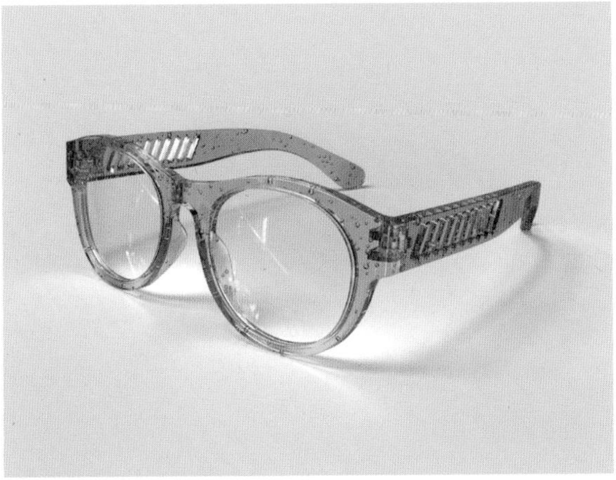

예제 7 안경 모델링하기

예제 8 스마트 워치 모델링하기

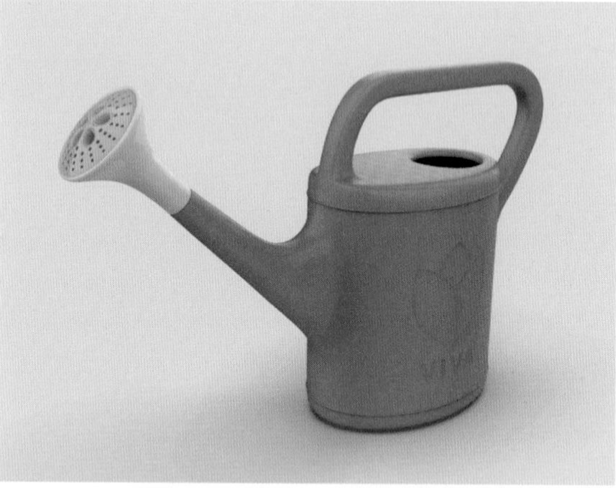

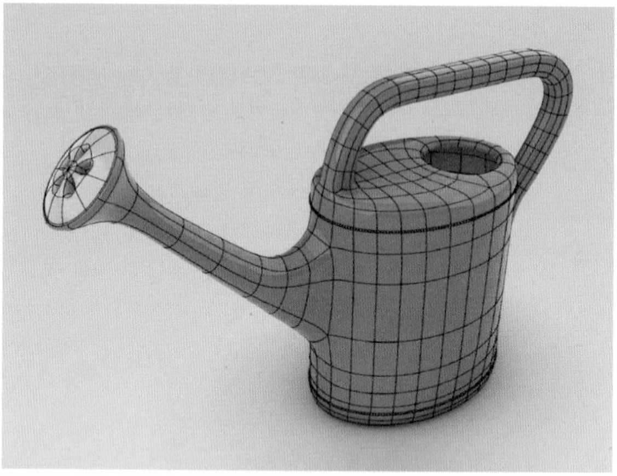

예제 9 물조리개 섭디(SubD) 모델링하기

3 라이노 3D 면 수리 방법 및 문제 해결

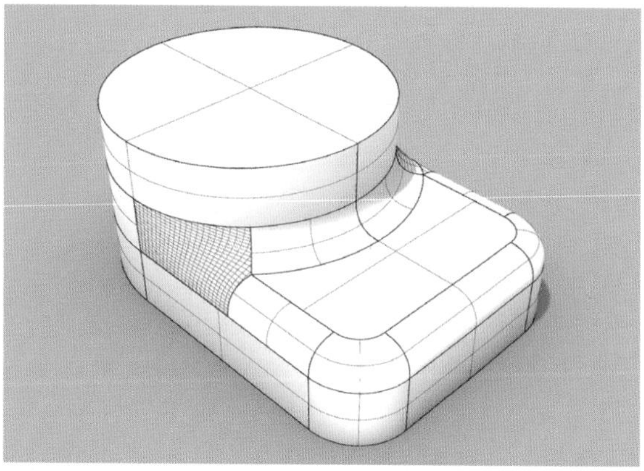

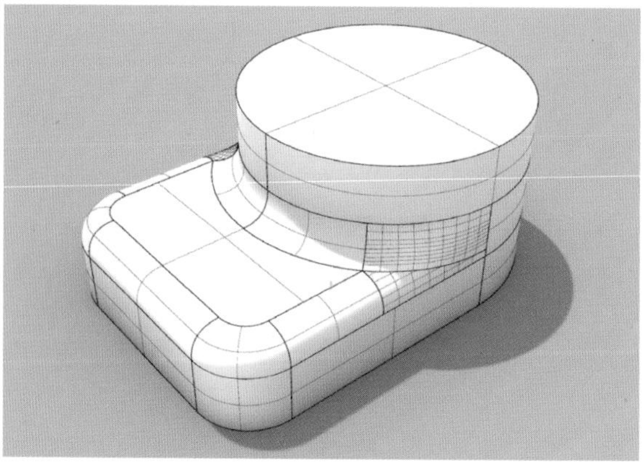

예제 1 면 수리의 기본 툴과 원리 이해하기

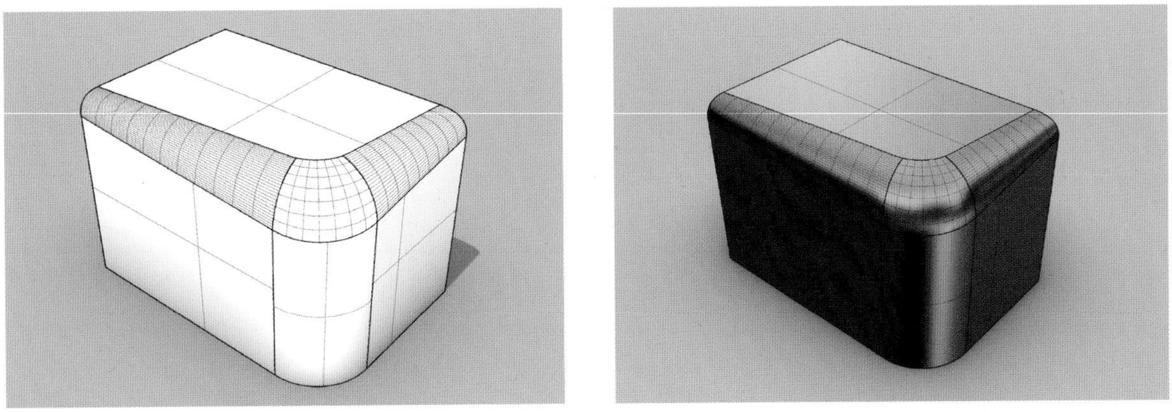

예제 2 면 수리의 응용 툴 이해하기

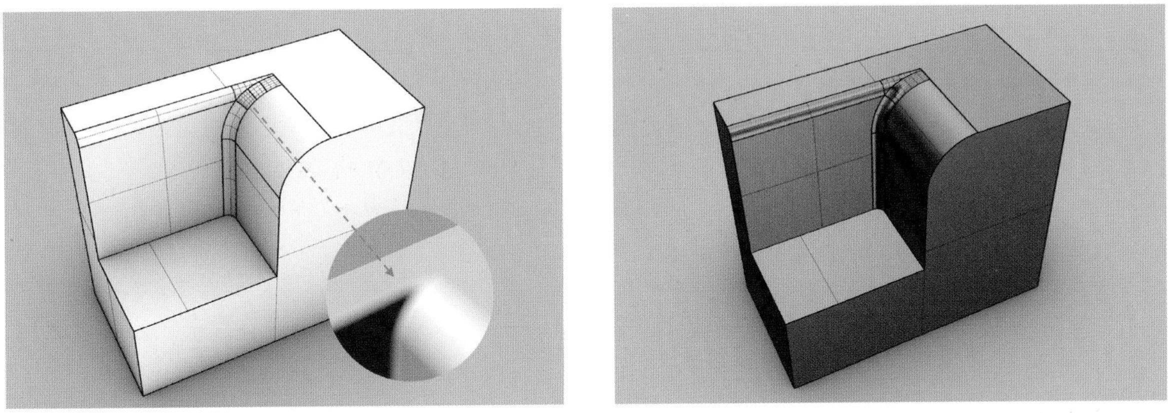

예제 3 면 수리의 응용 툴 이해하기

4 3D 프린팅 기술과 활용하기

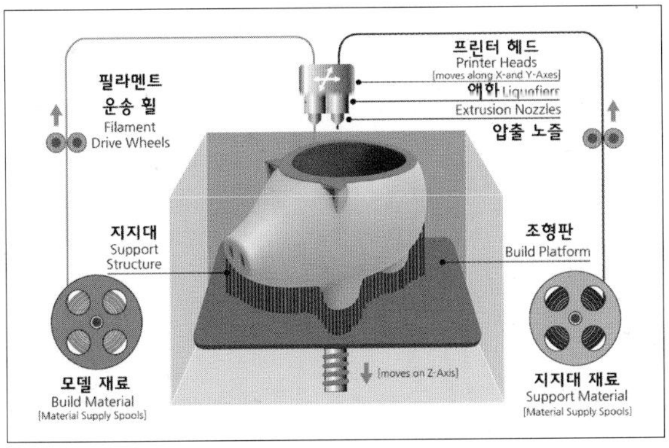

3D 프린팅 프로세스 이해하기

출처: www.fab365.net

Rhino 3D
Bible

for industrial desingers

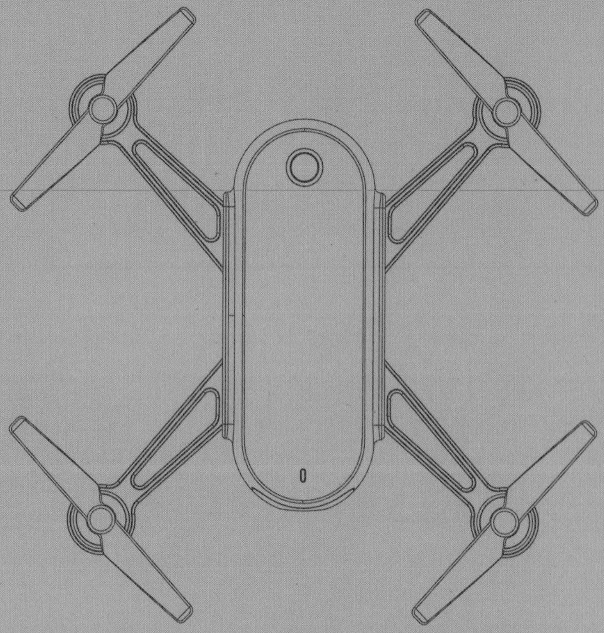

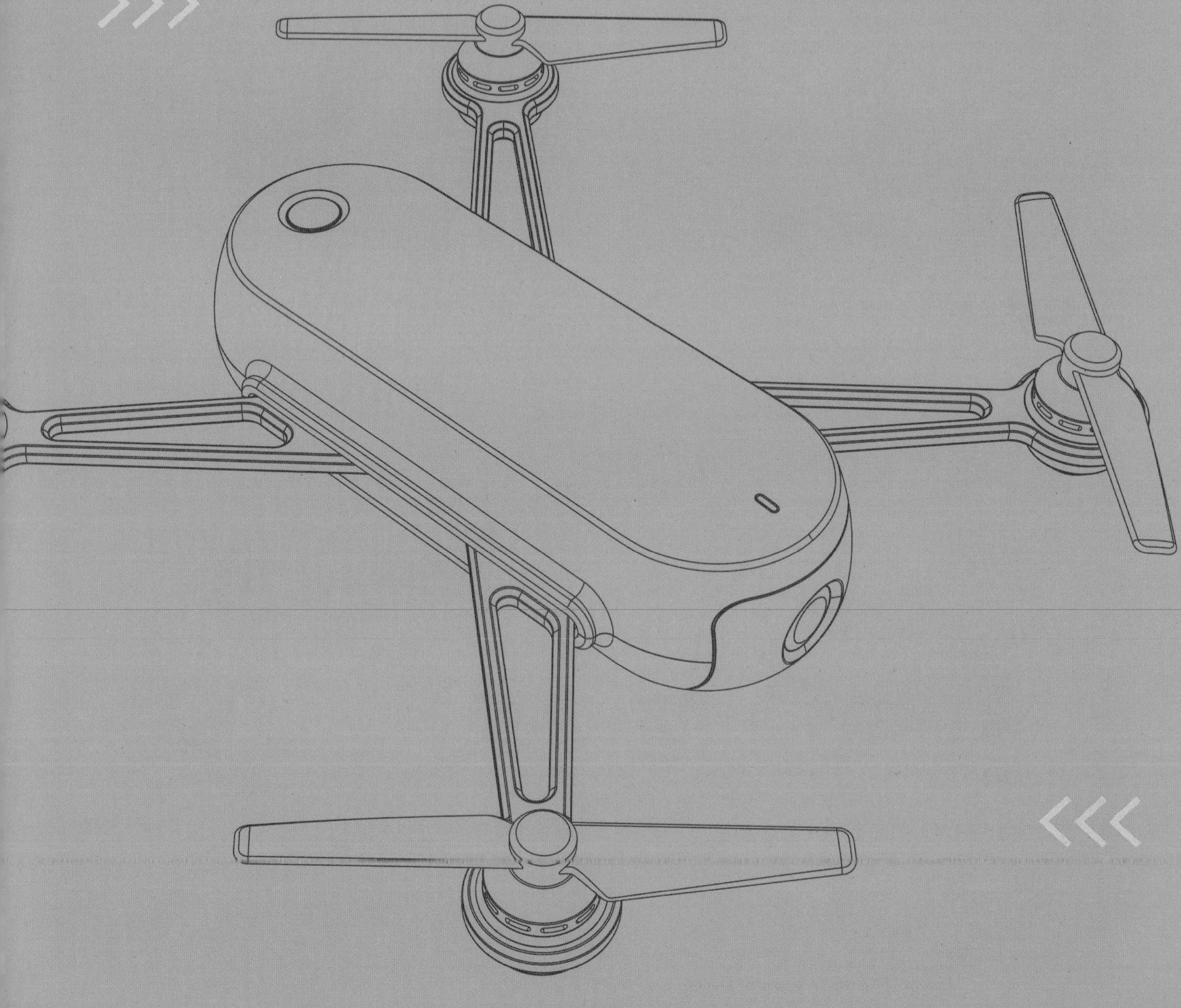

PART

01

라이노 3D 프로그램 소개 및 특징 살펴보기

01 CHAPTER 라이노 3D 프로그램의 이해

Understanding the Rhino 3D program

1 라이노 3D란?

라이노 3D는 넙스(NURBS: Non-Uniform Rational B-Splines)* 수학을 기반으로 개발된 커브, 서피스, 솔리드 표현 3D 모델링 프로그램이다. 라이노 3D의 시작은 1980년 설립된 미국 로버트 맥닐사(Robert McNeel & Associates)에 의해서다. 초기 2D 기반의 AutoCAD 시스템을 대체할 새로운 3D CAD 시스템을 연구 개발할 목적으로 시작했으며 1992년 윈도우 기반의 라이노세로스(Rhinoceros: 인도코뿔소 학명)라 불리는 지금의 라이노 3D가 발표되었다. 당시 프로젝트명이 동물원을 뜻하는 'ZOO'였기에 당사에서 출시되는 모든 플러그인 제품들이 이러한 동물이나 곤충 이름을 가지게 되었다. 라이노 3D 프로그램은 초기에 주로 무료 베타 버전으로 사용자들에게 배포되었으며 1998년 Rhinoceros V1이 정식으로 발표되면서 상업용 발매가 시작되었다. 2021년 현재 라이노 3D의 최신 버전은 V7이며 그 어느 버전보다 직관적인 사용자 인터페이스와 혁신적인 기능을 탑재하고 있다. 전 세계적으로 산업디자인 영역을 필두로 그래픽, 애니메이션, 주얼리, 자동차, 선박, 건축 등 다양한 방면에서 수많은 사용자가 있으며, 70여 개국 11개 언어로 서비스되고 있다.

넙스(NURBS)란?

라이노 3D에서 만들어지는 모든 객체를 정의하는 수학적 방정식을 말하는데 NURBS(Non-Uniform Rational B-Splines)란 정형화되지 않은 함수의 곡선이라는 뜻으로 Curve, Surface, Solid 등 3차원 Geometry를 수학적으로 정확하게 정의, 표현하는 가장 진보된 방식의 모델링 방식이다. 또한 NURBS는 일종의 Spline의 제어점(CP-Control Point 또는 CV-Control Vertices)과 Knot을 유사하게 지나는 곡선으로 Spline에 기초한 모델링 방식으로 이해하면 된다.

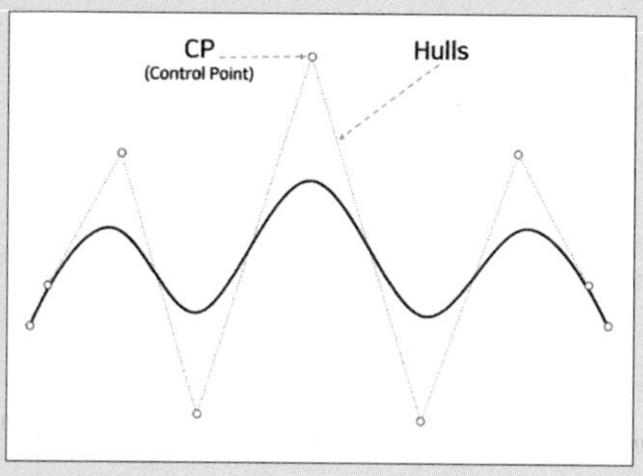

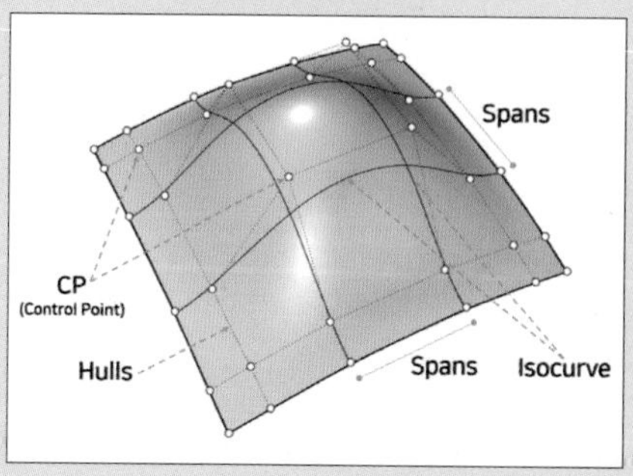

2 라이노 3D 특징

1) 넙스(NURBS) 수학으로 정확한 모델링이 가능

가장 진보된 넙스(NURBS: Non-Uniform Rational B-Splines)* 수학을 기반으로 고품질의 서피스 생성과 정확한 치수 정밀도를 갖는 3D 모델링이 가능하다.

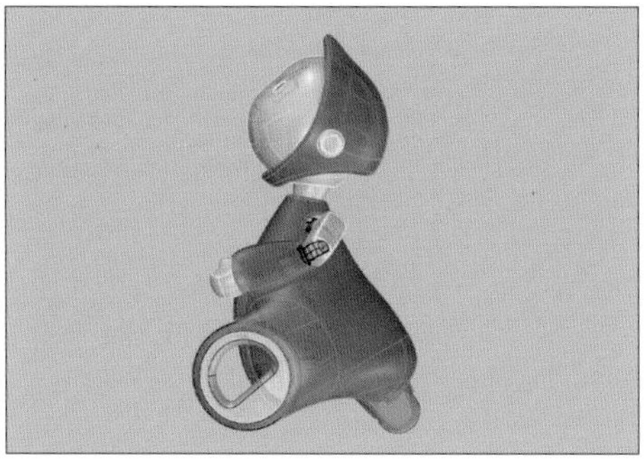

출처: 홍익대학교 김민수 디자인

출처: 캐드하우스 김태식 디자인

2) 섭디 도구(SubD Tools)로 유기적인 모델링 가능

라이노 3D V7에서 탑재된 섭디 도구(SudD Tools) 명령은 인체나 자연물 또는 캐릭터와 같은 유기적인 형태 표현의 자유로운 확장을 가능케 한다. 또한 제품, 주얼리, 예술적 조각물, 자동차, 항공기 등 산업적 제품 모델링에서도 형태적 접근을 보다 유연하게 돕는 강력한 도구이다.

출처: rhino3d.com

출처: rhino3d.com

3) 비주얼 스크립트로 매개변수(Parametric) 모델링 가능

라이노 3D에 탑재된 그래스호퍼(Grasshopper) 애드온 플러그인은 비주얼 스크립트를 통한 매개변수(Parametric) 모델링을 할 수 있나. 특히 반복적이면서 균일 또는 비균일 패턴 형상을 생성하고 슬라이드 바를 통해 즉각적인 변형이 가능하다는 장점이 있다. BIM 및 비정형 건축 설계와 산업디자인 전 분야에 유용하다.

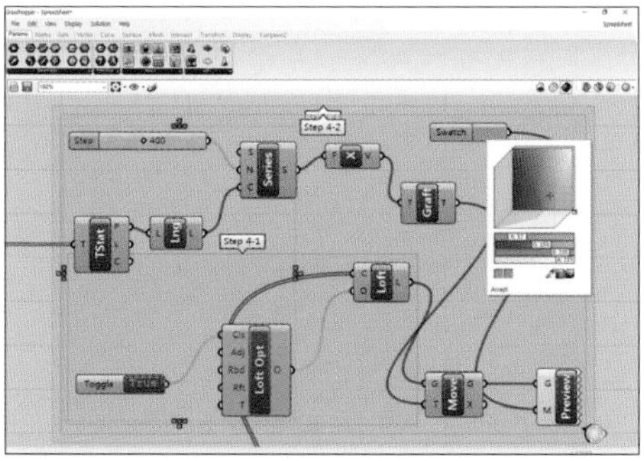

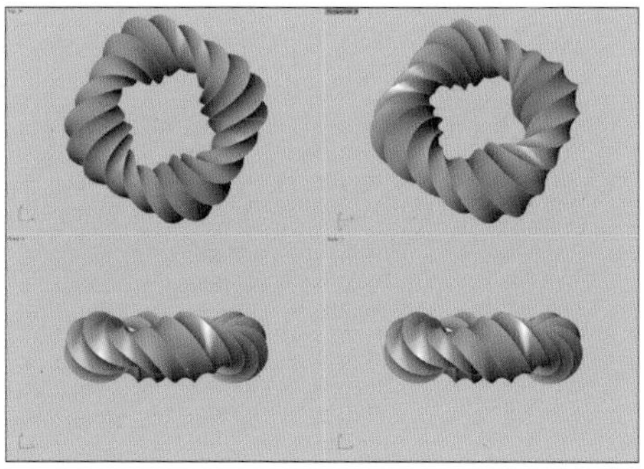

4) 직관적인 사용자 인터페이스

라이노 3D는 텍스트 명령은 물론 아이콘 유형의 직관적인 사용자 인터페이스로 작업 효율과 작업 시간을 획기적으로 줄여 준다. 자신의 OS 환경에 맞게 윈도우(Windows) 버전과 맥 OS 버전을 선택할 수 있다.

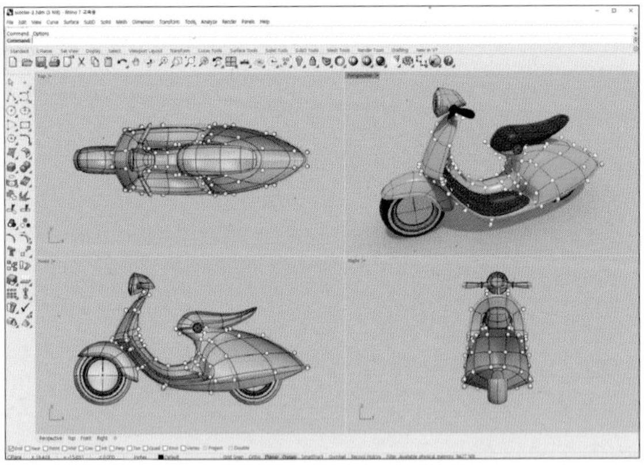

윈도우 버전 라이노 3D 인터페이스

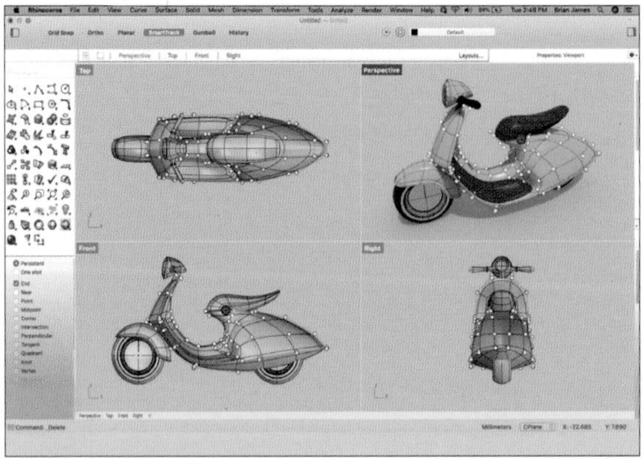

맥 OS 버전 라이노 3D 인터페이스

5) 강력하지만 경제적인 소프트웨어

라이노 3D는 초기 버전부터 경제적인 가격 정책을 지향해 왔으며 이것은 맥닐사의 기본 경영 미션이자 철학과 맥락을 같이한다. 과도한 기능 탑재보다 3D 모델링만을 전문적으로 처리할 수 있도록 용량은 가볍지만, 고성능의 소프트웨어로 개발되고 있다.

6) 뛰어난 파일 호환성

라이노 3D는 현존하는 거의 모든 CAD 소프트웨어와 호환이 가능할 정도로 뛰어난 파일 호환성을 가진다. 익스포트 파일 저장은 약 37개 확장자 포맷으로 가능하고 임포트는 31개 파일이 가능하다. 이러한 다양한 파일 호환은 더욱 다양하고 전문적인 작업성을 확보하는 데 도움을 준다.

Rhino 7 3D Models (*.3dm)	LightWave (*.lwo)
Rhino 6 3D Models (*.3dm)	Moray UDO (*.udo)
Rhino 5 3D Models (*.3dm)	MotionBuilder (*.fbx)
Rhino 4 3D Models (*.3dm)	OBJ (*.obj)
Rhino 3 3D Models (*.3dm)	Object Properties (*.csv)
Rhino 2 3D Models (*.3dm)	Parasolid (*.x_t)
3D Studio (*.3ds)	PDF (*.pdf)
3MF (*.3mf)	PLY (*.ply)
ACIS (*.sat)	Points (*.txt)
Adobe Illustrator (*.ai)	POV-Ray (*.pov)
AMF (*.amf)	Raw Triangles (*.raw)
AMF Compressed (*.amf)	RenderMan (*.rib)
AutoCAD Drawing (*.dwg)	Scalable Vector Graphics (*.svg)
AutoCAD Drawing Exchange (*.dxf)	SketchUp (*.skp)
COLLADA (*.dae)	SLC (*.slc)
Cult3D (*.cd)	STEP (*.stp; *.step)
DirectX (*.x)	STL (Stereolithography) (*.stl)
Enhanced Metafile (*.emf)	VDA (*.vda)
GHS Geometry (*.gf)	VRML (*.wrl; *.vrml)
GHS Part Maker (*.pm)	WAMIT (*.gdf)
Google Earth (*.kmz)	Windows Metafile (*.wmf)
GTS (GNU Triangulated Surface) (*.gts)	X3D (*.x3dv)
IGES (*.igs)	XAML (*.xaml)
	XGL (*.xgl)
	ZCorp (*.zpr)

SAVE / EXPORT 가능 파일 형식(Format)

Rhino 3D Models (*.3dm)
Rhino Worksession (*.rws)
3D Studio (*.3ds)
3MF (*.3mf)
Adobe Illustrator (*.ai)
AMF (*.amf)
AutoCAD Drawing (*.dwg)
AutoCAD Drawing Exchange (*.dxf)
DirectX (*.x)
E57 Files (*.e57)
Embroidery formats (*.dst, *.exp)
Encapsulated PostScript (*.eps)
Geomview OFF (*.off)
GHS Geometry (*.gf; *.gft)
Grasshopper (*.gh, *.ghx)
GTS (GNU Triangulated Surface) (*.gts)
IGES (*.igs; *.iges)
LightWave (*.lwo)
MicroStation (*.dgn)
MotionBuilder (*.fbx)
NextEngine Scan (*.scn)
OBJ (*.obj)
Open Inventor (*.iv)
PDF (*.pdf)
PLY (*.ply)
Points (*.asc; *.csv; *.txt; *.xyz; *.cgo_ascii; *.cgo_asci; *.pts)
Raw Triangles (*.raw)
Recon M (*.m)
Scalable Vector Graphics (*.svg)
SketchUp (*.skp)
SLC (*.slc)
SolidWorks (*.sldprt; *.sldasm)
STEP (*.stp; *.step)
STL (Stereolithography) (*.stl)
VDA (*.vda)
VRML (*.wrl; *.vrml)
WAMIT (*.gdf)
ZCorp (*.zpr)
Supported Files (*.*)

IMPORT 가능 파일 형식(Format)

7) 다양한 서드 파티 / 플러그인(Plug-in) 지원

라이노 3D는 작업 주제나 목적에 맞게 다양한 서드 파티 / 플러그인을 지원한다. 서드 파티는 주로 본사에서 제작해서 판매하는 애니메이션을 위한 봉고, 카툰 및 스케치를 위한 펭귄, 실사 렌더링을 위한 플라밍고 nXt5 등이 대표적이다. 2008년 처음 공개된 비주얼 스크립팅 알고리즘 모델링을 위한 그래스호퍼(Grasshopper)가 탑재되어 출시되고 있다. 그래스호퍼를 위한 다양한 애드온(Addon)으로 위버버드, 런치박스, 캥거루 등이 있으며 보다 다양한 정보와 다운로드는 푸드4라이노 https://www.food4rhino.com에서 구할 수 있다.

해외 관련 회사나 개발자들이 만들어 공급하는 서드 파티는 그 종류가 많으며 대표적인 것들로는 부조 형상 제작을 위한 라이노 엠보스(RhinoEmboss), 신발 갑피, 레이저 커팅용 전개도를 위한 라이노 네스트(RhinoNest), 주얼리 디자인을 위한 라이노 골드(RhinoGold), 선박, 요트 디자인을 위한 라이노 마린(Rhino Marin), 라이노 3D의 섭디(Sub-D)와 같은 유기 형상 모델링을 위한 티스플라인(T-Splines) 등이 있다. 현재 티스플라인은 오토데스크사의 퓨전360에 독점 탑재되어 있다. 특히 비주얼라이제이션을 위한 대표적인 렌더러 키샷(KeyShot)은 실시간 GI 렌더러로 라이노 3D에서 바로 연동하여 실사 이미지를 만들 수 있다. 키샷은 기본 재질 매핑, 이미지 및 범프 매핑, 그라프 활용 특수재질 매핑, 조명 효과, 판톤 컬러 지원, 애니메이션, 3D프린팅 컬러 재질 매핑을 위한 파일 제작 등도 가능하다. 이 외에 V-Ray 또한 실사 렌더러로 활용되고 있다.

아이콘	플러그인 명칭	활용 분야 및 특징	다운로드
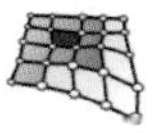	PanelingTools	컨셉에서 제작까지 2D, 3D 패널링 솔루션을 구축하는 데 도움이 되는 Rhino 3D 및 Grasshopper용 플러그인이다. 디자이너, 건축가 및 건축 전문가들이 널리 사용하고 있다.	www.food4rhino.com
	Grasshopper	건축 및 산업디자인 분야에서 요구되는 복수의 기하, 연속 패턴이나 형상 모델을 구현하는 Generative Design 도구, Algorithm 형상, 매개변수를 이용한 Parametric 디자인이 가능하다.	www.grasshopper.com
	RhinoPolyhedra	Rhino 3D용 RhinoPolyhedra를 사용하면 650개 이상의 다양한 다면체 모양을 만들고 시각화할 수 있다. 건축, 보석 디자인 분야에 사용되고 있다.	www.food4rhino.com

아이콘	플러그인 명칭	활용 분야 및 특징	다운로드
CLAYOO®	Clayoo	Rhino 3D와 100% 호환되는 Polygon Mesh 기반의 3D 자유형 및 유기적 형상 모델링 플러그인이다. SubD, Embossing 및 Sculpting 핵심 세 가지 기술을 하나로 제공한다.	www.food4rhino.com
	RhinoEmboss	Rhino 3D와 호환되는 플러그인으로 메달, 동전, 장신구, 트로피, 가구, 간판 등에 사용되는 부조, 조각, 텍스처링 형상을 쉽고 빠르게 만들 수 있도록 해 준다.	www.tdmsolutions.com https://gemvision.com
RG	RhinoGold	Rhino 3D에서 주얼리 모델링을 전문적으로 수행할 수 있도록 보석 세팅, 변형, 부조 처리, 3d 프린팅 도구까지 집적해 놓은 소프트웨어이다.	www.tdmsolutions.com https://gemvision.com
	Weaverbird	위상기하학(Topological) 메쉬 편집기로 Mesh 면의 분할과 변형, 두께를 주거나 Subdivision을 통한 메쉬 표면 품질을 조정할 수 있다.	www.giuliopiacentino.com/weaverbird
KeyShot	KeyShot	키샷은 HDRI와 같은 환경 맵을 이용하는 GI(Global Illumination) 실시간 렌더러이다. 직관적인 인터페이스로 라이노 3D에 사용되는 대표적인 플러그인 중의 하나이다.	www.keyshot.com

8) 3D프린팅을 위한 모델링 및 출력 파일 생성

Rhino 3D는 3D 프린팅 파일 제작, 레이저 커팅 파일 제작, CNC(Computer Numeric Control) 조각(Engraving)과 CAM 파일 및 몰드(Mold) 제작 등 디지털 패브리케이션(Digital Fabrication)을 위한 다양한 기능들을 제공한다. 또한 라이노 3D로 모델링된 데이터의 오류 분석과 수정, 메쉬 밀도 조정, 해석에 유용한 Quad Mesh 변환, 3D 프린팅을 위한 STL(Stereolithography) 파일 변환 등을 손쉽게 진행할 수 있다. 자세한 사항은 본서의 3D 프린팅 관련 챕터를 참고한다.

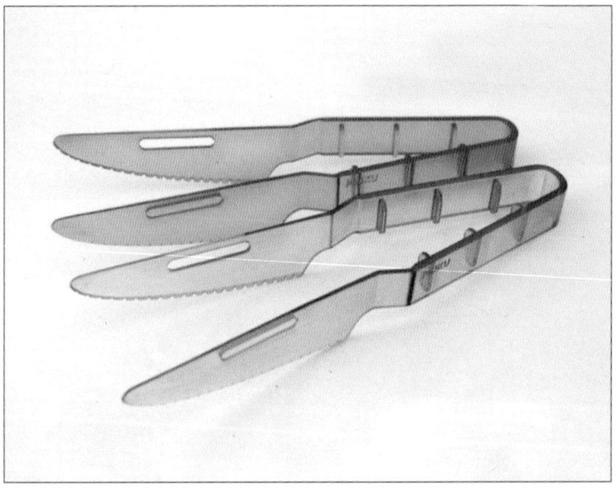

출처: 롤 케이크를 위한 집게+칼 PINKU, 디자인: 김은솔, 송유진

출처: 종이컵 쟁반 SIXHOLE, 디자인: 김희영, 한지숙

• 참조: 상기 이미지들은 SLA 광(光)경화방식으로 제작된 디자인 목업(Mock-up)으로 투명 재료로 출력 후 컬러 염색 처리되었다.

3 라이노 3D의 지오메트리 유형

라이노 3D로 모델을 만들 때 지오메트리 유형(Geometry Types)은 크게 점(Points), 커브(NURBS 커브, 폴리 커브), 서피스(폴리 서피스), 솔리드(닫힌 서피스), 다각형 메쉬, 섭디(SubD) 등 6가지로 구분된다. 이러한 지오메트리의 적절한 조합과 변형으로 어떠한 3차원 객체도 모델링할 수 있다.

1) 포인트(Points)

3D 공간에서 하나의 점으로 나타난다. 점 개체는 Rhino 3D에서 가장 작은 단위의 지오메트리 유형이며, 가장 단순한 개체로 공간, 커브상에 배치할 수 있으며 대부분의 경우 다른 개체의 위치를 정하는 데 기준으로 사용된다.

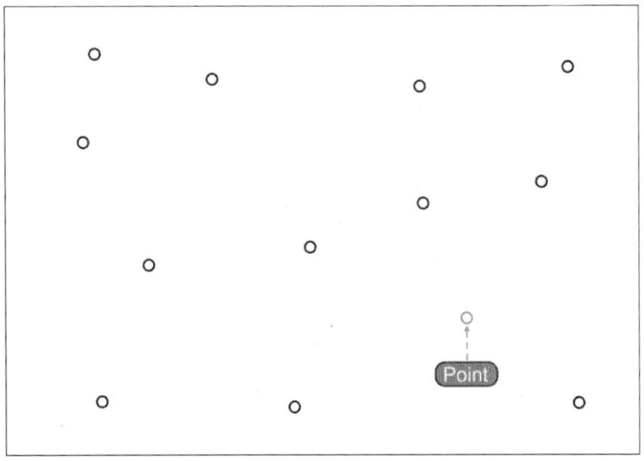

2) 커브(NURBS Curves)

커브는 곡률을 가진 하나의 연속선을 말하며 와이어와 유사하다. 단일 커브를 싱글 커브(Single curve)라 하고, 커브들이 여러 개 붙어 폴리 커브(Polycurve)가 된다. 커브와 반대로 직선의 형태를 라인(Line)이라고 하며, 이러한 라인들이 1개 이상 붙어 있으면 폴리 라인(Polyline)이라 한다. 참고로 라이노 리스트에서는 곡률 커브와 직선 라인에 대해 모두 커브(Curve) 오브젝트로 표시된다. 이러한 커브는 닫힌 형태와 일부가 열린 형태가 있으며, 커브의 연속성에 따라 만들어진 면(Surface)의 품질을 결정하는 데 결정적인 역할을 한다.

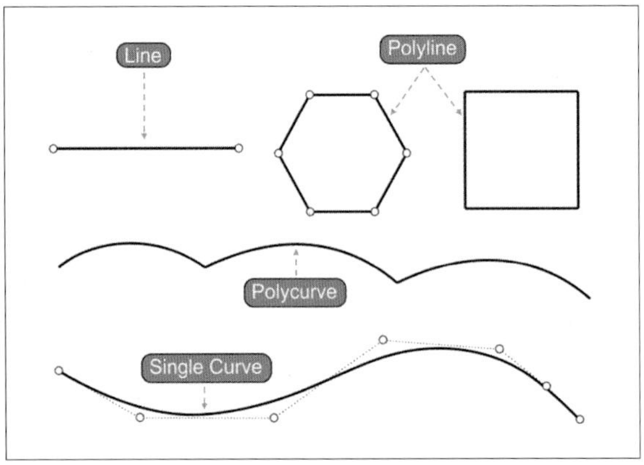

3) 서피스(surfaces)

라이노 3D에서 모든 서피스는 NURBS Surfaces이다. NURBS 수학은 평면이나 원통 등의 간단한 형상에서 Freeform의 어떠한 면도 만들 수 있다. 서피스(Surface)는 크게 1개의 면으로 이루진 싱글 서피스와 여러 개의 서피스들이 붙어 있는 폴리 서피스 두 가지로 구분된다. 여러 면이 붙어 완전히 막힌 솔리드(Solid)의 경우도 폴리 서피스에 해당한다. 구(Sphere)나 토러스(Torus)의 경우는 1개의 이음새(Seam)로 연결되어 있기에 싱글 서피스에 해당한다.

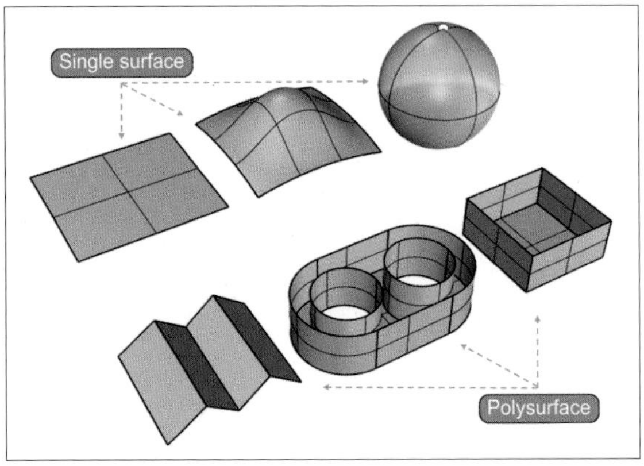

4) 솔리드(Solid)

라이노 3D에서 솔리드(Solid)란 크게 두 가지로 구분된다. 첫째 하나의 서피스(Single Surface)로 이루어진 솔리드와 여러 개의 면이 연결된 폴리 서피스(Polysurface)이다. 구(Sphere), 토러스(Torus), 타원체(Ellipsoid) 같은 경우 단일 서피스 개체들이다. 이러한 단일 서피스는 제어점(CP: Control Point)이 활성화되며, 제어점을 당기거나 추가하여 면의 변형이 가능하다. 반면 폴리 서피스(Polysurface)는 제어점이 나타나지 않으며, 편집하려면 폭파해 편집한 후 다시 결합하거나 변형 툴(Transform Tool)에 케이지(Cage) 명령을 이용해 보다 손쉽게 포인트 편집이 가능하다.

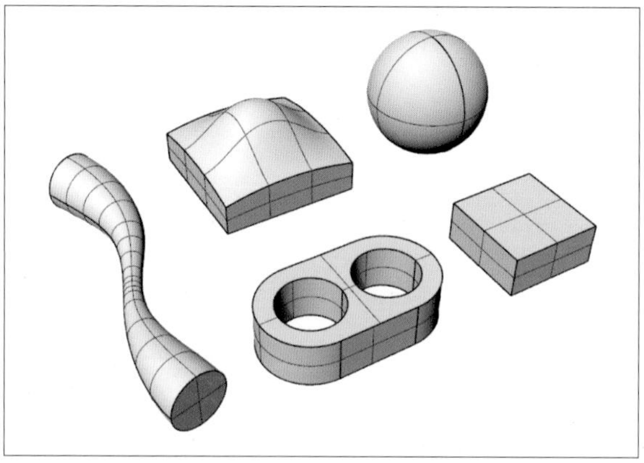

5) 다각형 메쉬(Polygon Mesh Objects)

다각형 메쉬는 다각형의 작은 조각 면들로 이루어진 결합체를 말한다. 메쉬 구조는 렌더링을 해야 할 때나 STL로 저장하여 3D 프린팅 파트를 제작할 때에도 그림과 같은 메쉬 구조로 변환 저장되어야 3차원 실물을 제작할 수 있다. 기본적인 메쉬 도형(Mesh Sphere, Mesh Torus..)과 메쉬의 2차 편집이 가능한 메쉬 도구(Mesh Tools)가 탑재되어 Mesh Trim, Mesh Split, Mesh Offset, Mesh split 등이 용이하다. 보다 확장된 작업을 위해서는 섭디(SubD) 툴의 기능을 함께 사용하면 좋다. 3D 프린팅을 위한 STL 파일 또한 메쉬 구조이다.

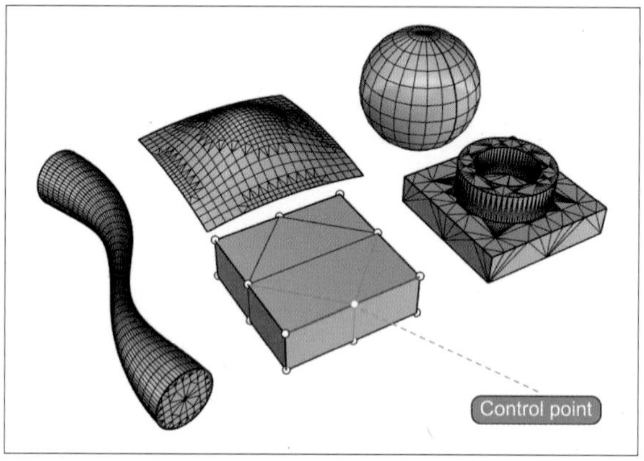

6) 섭디 (SubD)

라이노 3D는 V7 버전부터 더욱 유연한 모델링을 위해 SubD 지오메트리 유형을 지원한다. SubD는 면의 다중 분할 개념을 의미한다. Rhino의 SubD는 정확하고 반복 가능하며, SubD는 NURBS로 상호 변환이 가능하다. 전통적으로 SubD 객체는 메쉬 기반이며 캐릭터 모델링 및 부드러운 유기적 형태 생성에 적합하다. 또한, Rhino SubD 개체는 고정밀 스플라인 기반 표면이므로 복잡한 자유형 모양을 만드는 프로세스에서도 정확도를 제공한다.

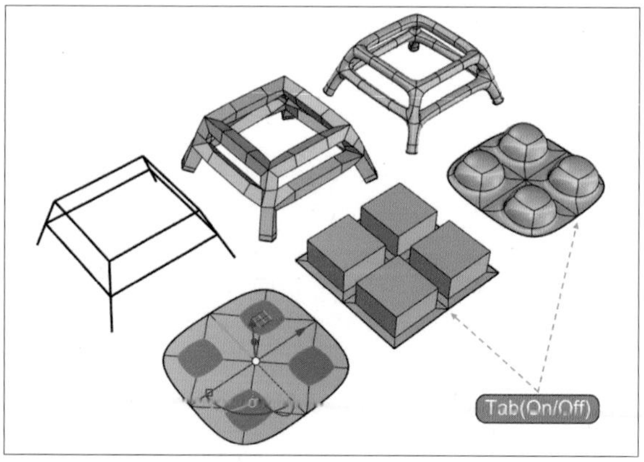

CHAPTER 02 라이노 3D 핵심 용어의 이해

Understanding Rhino 3D key terms

라이노 3D를 처음 접하게 되면 기본적인 용어를 우선 알아두는 것이 개념 정립에 도움이 된다. 무작정 따라 하기보다 하나하나 원리나 그 의미를 파악하는 것이 더욱 탄탄한 기초 실력을 키우는 방법이기 때문이다.

1 넙스(NURBS)

라이노 3D에서 만들어지는 모든 객체를 정의하는 수학적 방정식을 말하는데 NURBS(Non-Uniform Rational B-Splines)란 정형화되지 않은 함수의 곡선이라는 뜻으로 Curve, Surface, Solid 등 3차원 Geometry를 수학적으로 정확하게 정의, 표현하는 가장 진보된 방식의 모델링 방식이다. 또한 NURBS는 일종의 Spline의 제어점(CP: Control Point 또는 CV: Control Vertices) 또는 Knot을 유사하게 지나는 곡선으로 Spline에 기초한 모델링 방식으로 이해하면 된다.

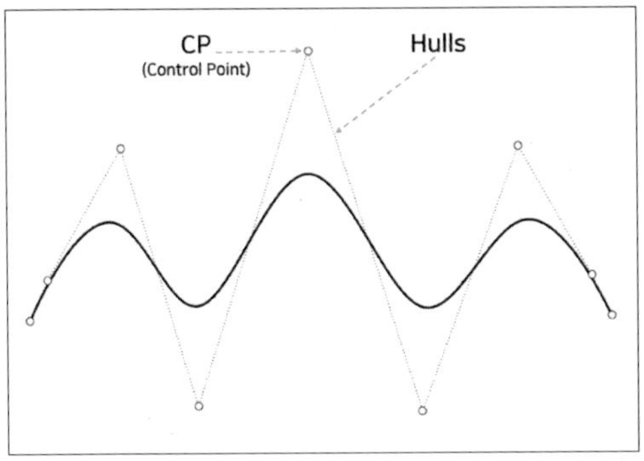

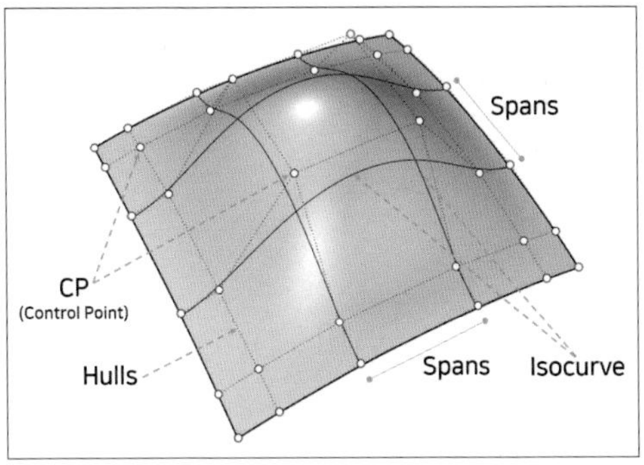

2 차수(Degree)

NURBS 커브는 차수(Degree), 제어점(Control Points), 매듭점(Knots), 커브 평가 후 매개 변숫값 입력으로 정의된다. 이때 차수(Degree)는 양의 정수로 나타낸다. 차수(Degree) 1은 line, Polyline 등이 포함되며, 차수 2는 Circle, Ellipse, Arc, 차수 3~5는 프리폼(Freeform) 형상을 정의하게 된다. 라이노 3D에서 차수 1에서 32까지의 NURBS를 사용할 수 있다. NURBS에서 차수(Degree)를 증가시킬 수 있으나 너무 증가시키면 Curve는 부드러워지나 Curve의 편집이 어려워진다. 면의 경우 차수를 증감시키려면 Change Surface Degree, Rebuild surface 명령을 사용한다. 아래 오른쪽 그림은 Degree=2 면(Surface)을 Degree=1, Degree=3으로 변경시킨 경우의 포인트 변화를 보여 준다.

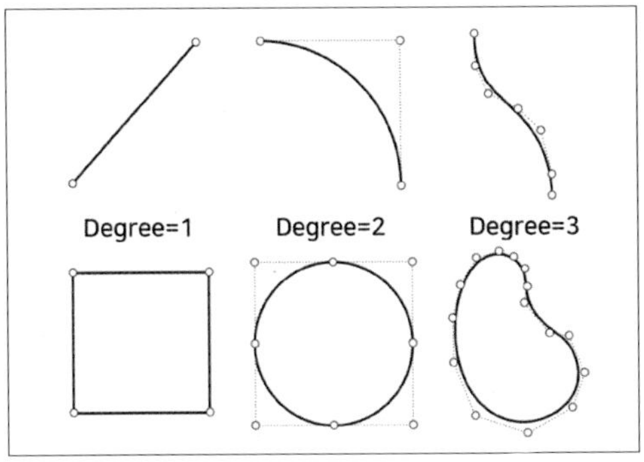

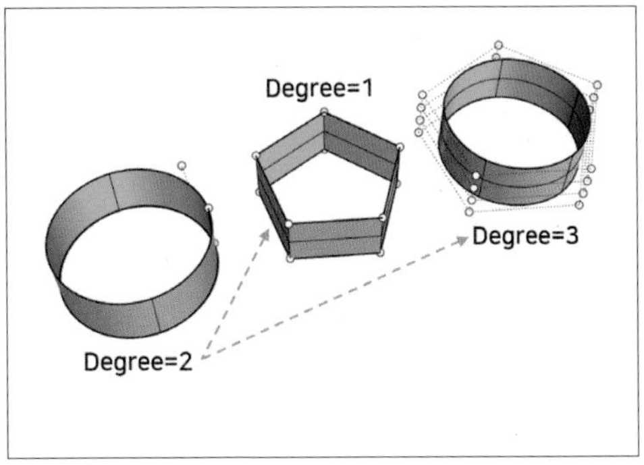

3 제어점(CP: Control Points)

제어점(CP)은 라이노 3D 작업 시 커브 편집을 위해 가장 많이 사용된다. 제어점은 커브를 제어할 때 사용되는 Hull의 분기점에 존재하는 Point군을 말하며, 제어점(CP)을 움직여 커브의 형태를 바로 잡거나 편집한다. 이때 Edit Point와 비교되는데 Edit Point는 제어점(CP)과는 다르게 편집된다. 제어점(CP)의 경우 포인트를 위로 움직이면 그림과 같이 좌우측의 커브들이 동시에 예측한 대로 한쪽으로 편집되지만, Edit Point 명령으로 포인트를 위로 움직이면 주변에 영향받는 커브가 위아래로 물결치듯이 동시에 움직이게 된다. 제어점을 수학적으로 알아보면 제어점(Control Point)의 수는 차수 Degree+1개가 되는 포인트의 목록이다. 모든 CP는 Weight(무게–보통 1) 수를 가지며 Weight 또한 양의 정수이다. 커브의 제어점(Control Point)의 무게(Weight)가 모두 같은 경우 이 경우를 Non–Rational이라 부르며 그렇지 않은 경우 Rational이라 부른다. 대부분의 NURBS 커브들은 Non–Rational이며 소수의 NURBS 커브, 원, 타원들만 Rational이다. 물론 이러한 Weight는 변경할 수 있다.

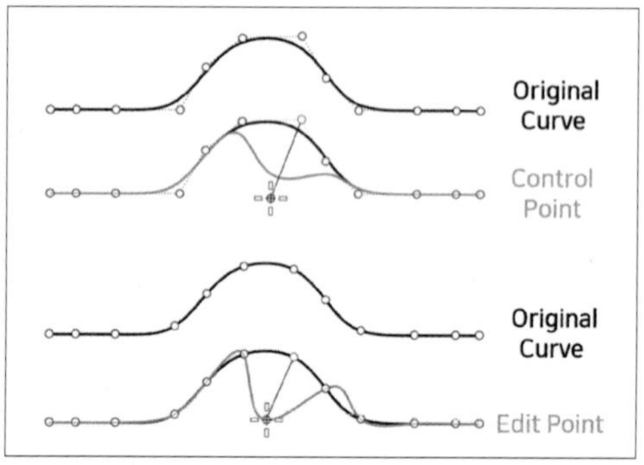

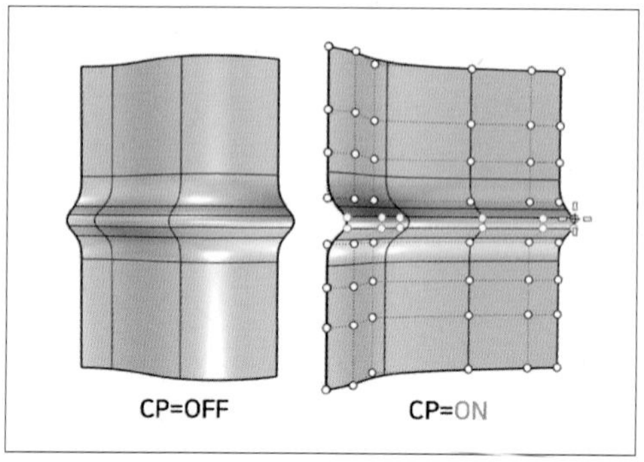

4 매듭점(Knot)

매듭점(Knot)은 차수 Degree+N–1이 되는 수의 목록이며 N은 제어점(CP)의 개수이다. 결국 제어점(CP)은 매듭점(Knot)에 의해 추가되거나 감소하며 매듭점(Knot) 또한 제어점(CP)을 추가하거나 감소시킬 때 사용된다. 즉 매듭점(Knot)을 추가하면 제어점(CP)도 추가되며 매듭점(Knot)을 삭제하면 제어점(CP)도 삭제되게 된다. 단 제어점(CP)과 매듭점(Knot)은 일대일의 관계가 아니라는 점에 유의한다. 그림은 커브의 매듭점(Knot)을 시각적으로 보여 주고 있다.

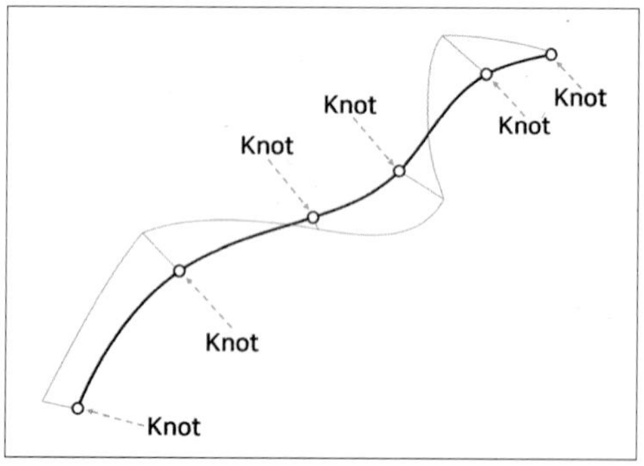

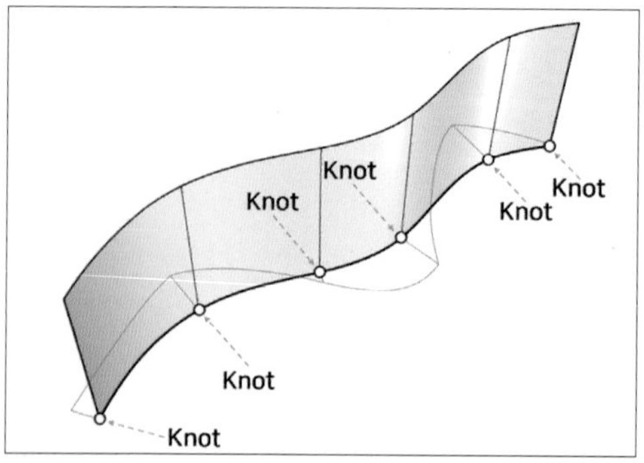

동일 커브를 면으로 만들어 매듭점(Knot)을 체크해 보면 그림과 같이 Isocurve 생성 위치와 일치함을 알 수 있다. 하지만 매듭점(Knot)이 중복되면 중복점의 NURBS 면은 덜 부드럽게 만들어질 수 있다. 극단적인 경우 Knot 리스트 사이의 Full Multiplicity Knot은 NURBS 커브상에 날카로운 킹크(Kink)를 형성할 수 있다.

5 킹크(Kink)

두 개의 커브가 결합하였으나 결합점에서 서로 다른 Tangent(법선일치방향) 방향을 가지고 있다면 그 지점의 포인트를 당길 경우 꼬임이 생기게 되는데 이것을 꼬임(Kink)이라 한다. 킹크가 있는 커브로 생성된 면의 경우 단일 서피스(Single-surface)가 아닌 폴리 서피스(Polysurface)가 만들어지는 원인이 된다. 물론 이러한 킹크는 Rebuild나 Rebuild Curves Non Uniform, Fair 등의 명령으로 제거할 수 있다. 단 Periodic이라 불리는 특별한 커브는 Seam(이음새)에 킹크를 갖지 않는다. 그래서 부드럽게 변형이 가능하다. Kink는 에러가 아니다. 다만 킹크의 원인 중의 하나는 두 개의 커브나 호(Arc)가 연속으로 연결되어 있을 때 생성된다. 즉 차수 1과 2에서 발생하며 차수 3의 연속선에는 킹크가 존재하지 않게 된다.

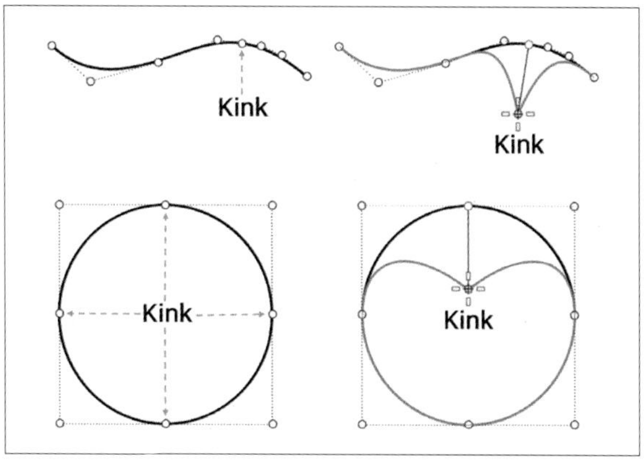

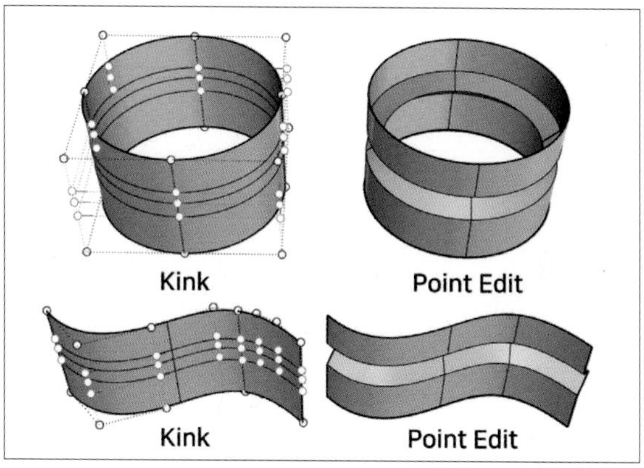

6 연속성(Continuity)

라이노에서 연속성(Continuity)이라는 말을 자주 접하게 되는데 연속성이란 선(Curve)이나 면(Surface)이 서로 접할 때 그 선과 선의 또는 면과 면의 연결 상태가 매끄러운지 그렇지 못한지를 평가하는 말이다. 연속성은 다른 말로 Geometric Continuity의 약자를 따서 G0, G1, G2 등의 등급으로 표현한다. 연속성을 시각적 얼룩말(Zebra) 패턴의 생김새로 분석하는 명령은 Main Toolbar 〉 Analyze direction 〉 Surface Analyze〉 Zebra analysis 툴이다.

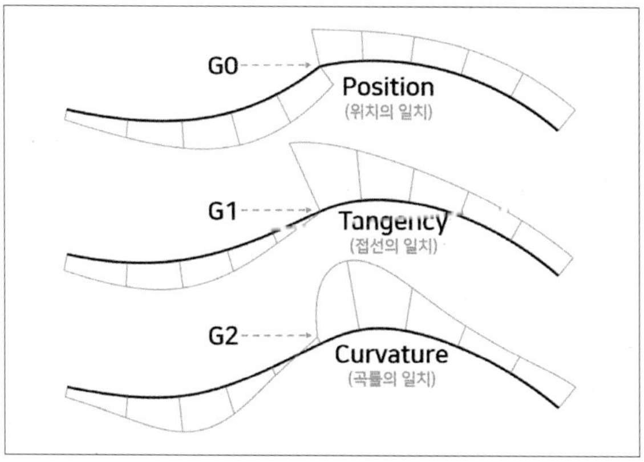

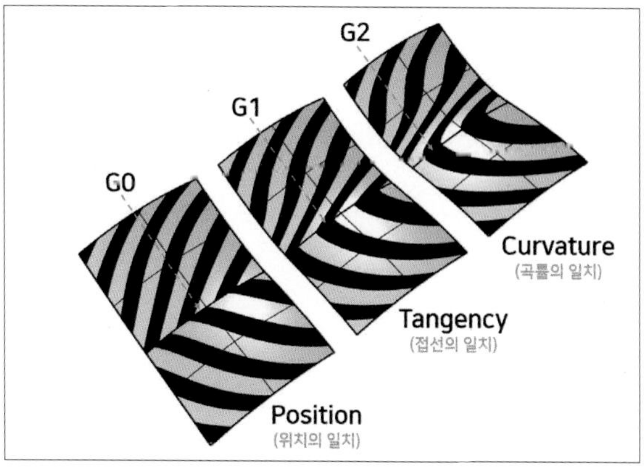

① G0=위치의 일치(Position)

위치상의 연속성: 경계선을 공유하는 두 Curve 또는 Surface의 위치를 기준으로 서로 위치상으로 맞닿아만 있는 경우로 대부분 접점 부위 각이 존재하는 커브이거나 면을 말한다.

② G1=접선의 일치(Tangency)

접선의 연속성: 서로 접한 Curve 또는 마주 접한 Surface의 경계 부위에 각이 없는 연속성을 유지할 때 접선의 일치(Tangency)라 말한다. 다만 접선만 일치하기 때문에 폭파가 가능하고 이 부분만을 편집할 경우 커브의 접선 부위에 꼬임(Kink)이 생긴다.

③ G2=곡률의 일치(Curvature)

곡률의 연속성: 두 개의 Curve 또는 Surface가 서로 만나는 곳에서 같은 곡률값을 가지고 있을 때 경계를 공유하는 두 개의 커브나 면은 서로 G2 연속성이 있다고 한다. Match 명령 시 전체적으로 곡률 변화가 크다. 또한 Match 명령 시 병합(Merge)을 통해 폭파가 불가능한 단일 커브 생성도 가능하다.

연속성이 필요한 이유

NURBS에서 만일 한 개의 조절점을 움직이면 몇 개의 곡선 세그먼트만 영향을 받고 나머지는 변하지 않는다. B-스플라인 곡선 세그먼트의 연속성은 기저 함수의 차수의 함수이다. 그러므로 설계자가 차수를 선택하는 기준의 최대 요소는 연속성이다. 유연성이 중요한 요소인 자유 곡선의 설계와 같은 응용 분야에서는 3차 B-스플라인이 보장하는 곡률 연속, 즉 G2 연속이 선호된다. 쉽게 말하면 유체역학과 공기 역학 등 정밀 해석을 요구하는 선박이나 비행기 동체, 자동차 등의 서피스는 연속성이 특히 요구되는 곳이다. 결론적으로 유선형 제품, 프레스 물, 고광택 반사체나 도료 도포처럼 매끄러운 면을 요구할 시 G2(곡률의 일치)의 연속성의 흐름은 필수적이다.

7 이음새(Seam)

그림과 같이 면과 면이 서로 제자리에 마주하는 이음새 부분을 심(Seam)이라 한다. 이러한 심은 필요에 따라 위치를 옮길 수 있다. Adjust Closed Surface Seam 명령은 면의 이음새를 옮길 수 있고, Adjust Closed Curve Seam은 커브의 이음새를 위치 이동할 때 사용된다. 단 싱글 면일 때 심의 이동이 가능하다. 이음새를 옮기는 이유 중의 하나는 그림처럼 심이 있는 곳에 투영하여 Split으로 면을 자르면 두 개로 분리되어 조각나게 된다. 이러한 문제를 예방하기 위해 이동시켜 주기도 한다.

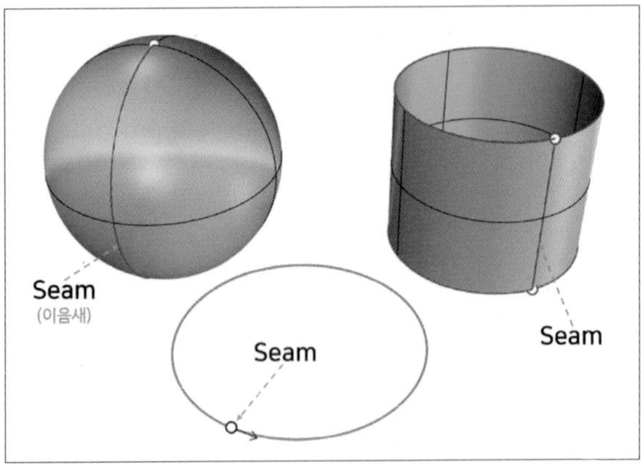

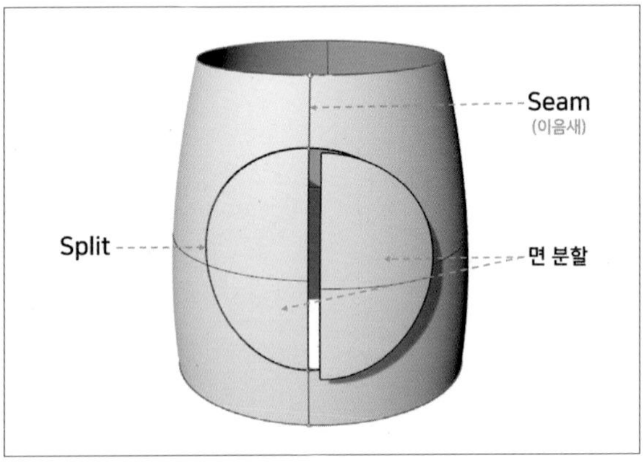

8 아이소커브(Isocurve)와 와이어프레임(Wireframe), 엣지커브(Edge curve)

Isocurve는 Surface Isoparametric Curves를 줄여 Isocurve 또는 아이소팜(Isoparm)이라고 부른다. 아이소커브는 물체의 음영 처리(Shaded) 시 물체의 윤곽을 시각적으로 구분하는 용도이며 그 외의 기능은 아이소커브를 추출하여 사용하는 것이다. 와이어프레임은 면이 아닌 커브가 모여 어떤 프레임 구조의 형상으로 보일 때를 말한다. 엣지커브는 잘라낸 면의 끝단(Edge Curve)이나 면 또는 솔리드의 끝단(Edge)을 말한다.

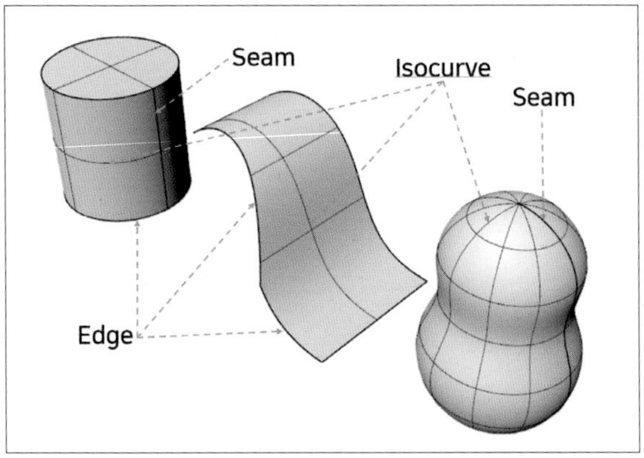

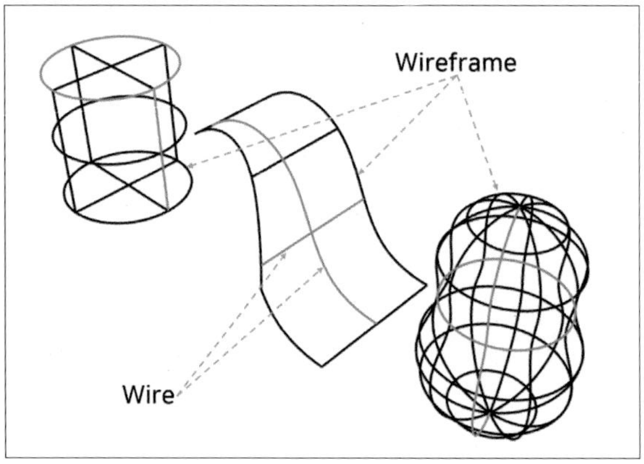

9 법선 방향(Normal Direction)

법선 방향(Normal Direction / Surface Normal)은 면에 각 지점이 바라보는 90도 수직 방향으로 지정된 컬러의 화살표로 나타낸다. 면의 경우는 Surface Direction, 커브의 경우는 Curve Direction이라 한다. 우선 화살표를 보이게 하려면 개체를 클릭하고 Analyze Direction 명령을 사용한다. 화살표 방향은 Flip(F)으로 바꾸며, 싱글 서피스나 폴리 서피스의 경우 어떻게 선을 그려 시작했느냐에 따라 방향(Direction)이 달라질 수 있다. 이러한 면의 방향은 Offset Surface 명령 시 오프셋 방향을 결정하거나, 면에 어떤 객체의 배열 시 안쪽 또는 바깥쪽으로 객체를 붙일지 등의 다양한 용도로 사용된다. 한 면의 경우 U, V, N의 Direction을 기본으로 갖는다.

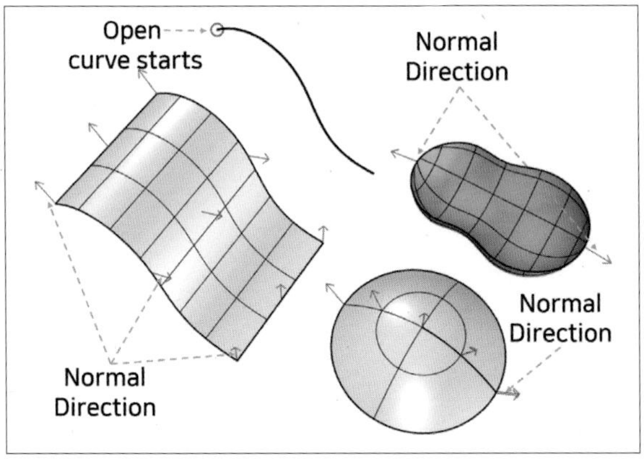

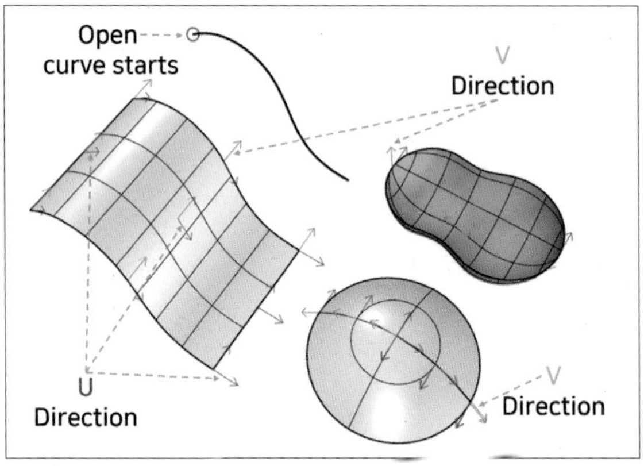

10 STL 파일 포맷과 메쉬(Mesh) 구조

3D 프린터에서 물리적 부품을 제작하는 데 사용하는 3D 모델 데이터의 파일 형식 또는 확장자명이다. STL은 적층 제조(Additive Manufacturing) 시스템을 위한 사실상의 표준 인터페이스 포맷이다. STL은 Stereolithography라는 용어에서 유래되었다. STL 형식은 여러 개의 삼각형 또는 사각형 면의 연속 조합으로 이루어진 Mesh 덩어리 구조를 가진다. 이러한 Mesh는 원래 오리지널 CAD 모델과 비교하여 허용 공차 즉 오차 범위에 들어오는 중립 파일로 근사치의 형태로 되어 있다. 형상의 외곽만을 표현하기 때문에 차이는 있지만, 데이터의 크기가 작으며, 메티리얼라이즈의 3-matic, Magics와 같은 소프트웨어를 이용한 제한적인 편집, 수정도 가능하다.

라이노 3D에서 모델링된 넙스(NURBS) 파일은 이러한 이유로 3D 프린팅을 위해서 STL 파일로 변환해 주어야 한다. 변환하고자 하는 3D 모델 파트를 선택하고 File 〉 Exported Selected...로 접근하여 Polygon Mesh Detailed Options 설정을 해 주면 된다.

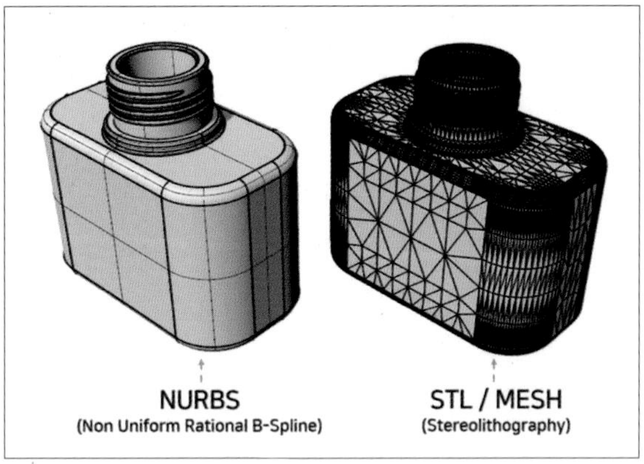

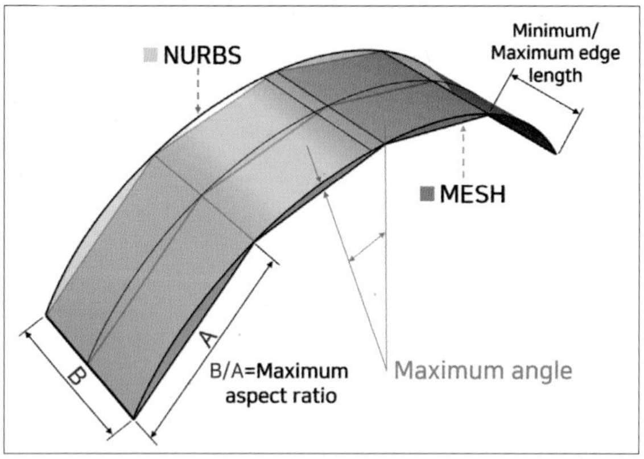

STL 변환 시 모델의 정밀도와 데이터양에 가장 큰 영향을 주는 요소는 최대 각도(Maximum angle), 최대 종횡비(Maximum aspect ratio), 최대 거리(Maximum edge length/Maximum distance edge to surface) 등이다. 상세한 변환 방법은 PART 6의 3D 프린팅 기술의 이해와 활용 방법을 참조한다.

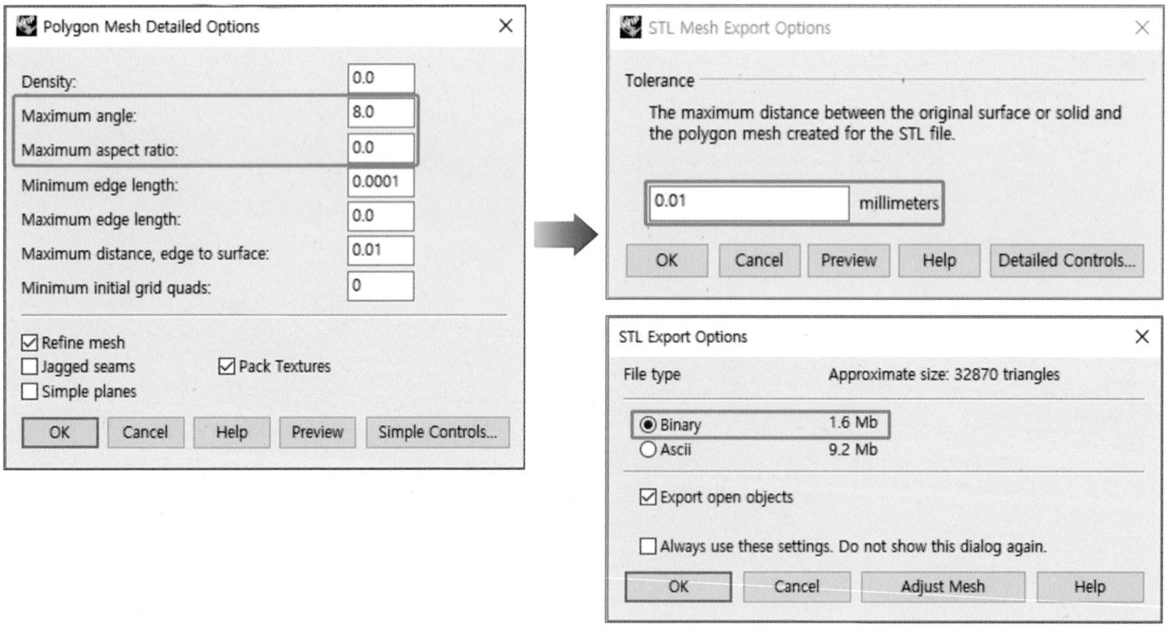

STL 파일 변환에서 공통으로 중요한 것은 바로 변환 전인 3D 모델 자체가 갈라진 틈이나 꼬인 면의 조합 등 결함이 없는 완전히 닫힌 Solid 상태여야 한다는 것이다. 다행히 라이노 3D의 경우 NURBS 파일 오류 체크와 수리(Check Object, Select Bad Objects, Show Naked Edges, Split Edge), MESH 파일 편집(Mesh Tools〉 Join, Weld, UnifyMeshNormals, SelNakedMeshEdgePt) 등의 보조적인 툴들이 있다.

03 CHAPTER 라이노 3D 프로그램 설치하기

Installing Rhino 3D program

라이노 3D를 학습하기 위해 가장 먼저 해야 할 일은 프로그램을 인스톨하는 것이다. 크게 2가지 형태로 프로그램을 구할 수 있다. 첫째는 라이선스가 있는 정품을 구매하여 사용하는 것이고 둘째는 평가판을 다운받아 일정 기간 사용하는 방법이다. 정품 구매 시 상업용과 교육용으로 구분되며 학생의 경우 기본 증명이 가능하면 언제든 저렴한 비용으로 모든 기능이 동일한 교육용을 구매할 수 있다. 정품 사용의 장점은 사용하는 동안 추가 버그 픽스와 업그레이드가 가능하다는 점이다. 평가판의 경우 모든 기능을 제공하지만 90일까지 사용 제한이 있으며 기간이 만료되면 자동으로 저장과 플러그인 실행이 중지된다.

1 라이노 3D 정품 다운로드와 설치

라이노 3D의 구매는 rhino3d.com 사이트에서 구매로 들어가면 관련 국가의 가까운 지역 구매처 및 리셀러 정보를 제공해 준다. 이제는 별도의 CD 제공이 아닌 웹사이트를 통해 라이선스를 구입하고 프로그램을 다운로드받아 바로 설치하면 간단히 끝난다. 지금부터 정품 라이노 3D 설치를 실행해 본다.

1) 라이노 3D 프로그램 다운로드받기

라이노 3D 설치를 위한 첫 단계로 rhino3d.com으로 들어가서 메뉴 중에 다운로드를 클릭한다. 크게 Windows용과 Mac용으로 나뉘어 화면이 보이게 된다. 이 부분은 본인이 사용하는 OS 쪽으로 다운로드를 실행하면 된다. 여기서는 Windows용으로 진행해 본다. Windows용 Rhino 7(라이선스 키 필요) 항목을 클릭한다.

https://www.rhino3d.com/download/

Rhinoceros®
design, model, present, analyze, realize...
구매 다운로드 갤러리 기능 뉴스 커뮤니티 학습 지원 리소스 내 계정
다운로드
Windows 용
전체 설치
• Windows용 Rhino 7 - 평가판 - 90일 동안 모든 기능을 사용하실 수 있는 버전입니다.
90일이 지난 후에 라이선스를 구매하지 않으시면 저장과 플러그인이 실행되지 않습니다.
• Windows용 Rhino 7 - 라이선스 키가 필요합니다.
• Flamingo nXt 5 - Rhino용 렌더링
• Bongo - Rhino용 디자인 애니메이션 (30일 평가판)
Work-in-Progress (개발 중)
• Serengeti 빌드 - 최신 WIP
(Rhino 7 라이선스 키가 필요합니다)
Mac 용
전체 설치
• Mac용 Rhino 7 - 평가판 - 90일 동안 모든 기능을 사용하실 수 있는 버전입니다. 90일이 지난 후에 라이선스를 구매하지 않으시면 저장이 실행되지 않습니다.
• Mac용 Rhino 7 - 라이선스 키가 필요합니다.
Work-in-Progress (개발 중)
• Serengeti 빌드 - 최신 BETA
(Rhino 7 라이선스 키가 필요합니다)
iOS용
• iRhino 3D - iOS 장치에서 네이티브 Rhino 3DM 파일을 곧바로 보는 뷰어.

2) 설치 하기 〉 옵션 선택

바탕 화면에 다운로드받은 Rhino 3D 프로그램 아이콘을 더블 클릭하여 설치를 시작한다. 첫 화면에서 지금 설치를 바로 누르지 말고 지금 설치 옆에 있는 톱니 바퀴 모양의 옵션 아이콘을 클릭하여 들어간다.

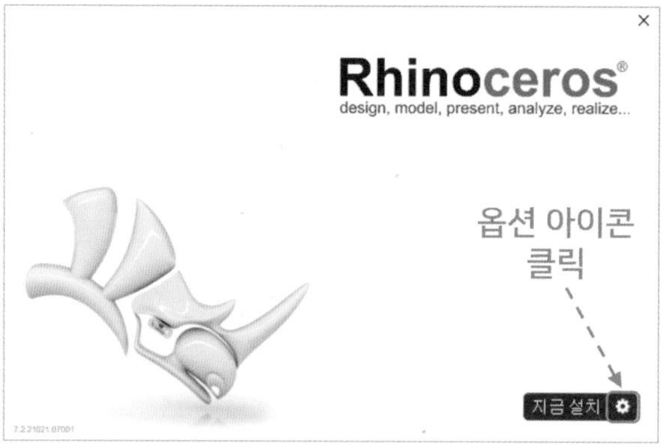

3) 언어 팩 설치 하기 〉 언어 선택

설치 폴더를 확인하고 Rhino가 자동으로 새 버전을 다운로드하도록 허용에 체크되어 있는지 확인한다. 이제 언어 선택을 클릭한다.

4) 영어, 한국어에 체크하기

언어는 영어와 한국어를 모두 체크해 준다. 만약 본인이 다른 언어권이라면 해당 언어를 복수 체크해 주면 된다. 한글만 선택해도 되지만 영어로 초기에 학습하면 용어에 대해 정확한 이해를 하는 데 도움이 될 수 있다. 2종류의 언어 팩을 체크해 주면 언어는 나중에 사용 도중 영어 〉 한글, 한글 〉 영어로의 전환이 가능하다.

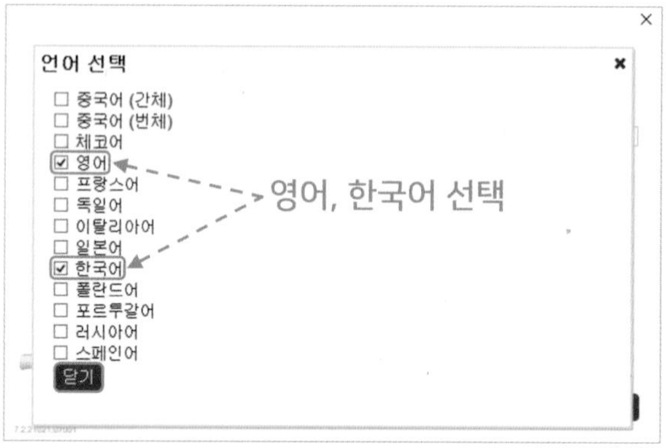

5) 라이선스 사용 방식 선택하기

라이선스 사용 방식에서는 라이선스 구매 조건에 맞는 항목을 선택해 주면 된다. 여기서는 교육용 개인 라이선스이기에 Rhino 계정 항목을 선택하고 지금 설치를 클릭한다.

6) 언어 팩 다운로드

설치가 시작되면 초기에 한국어 또는 영어와 같은 언어 팩이 자동으로 다운로드된다.

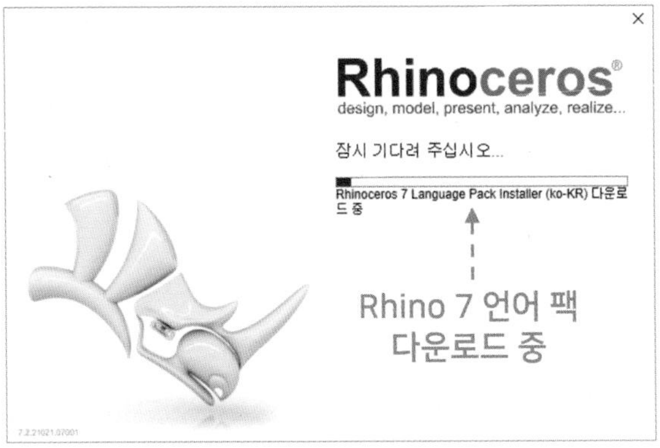

7) Rhino 7 설치 중

언어 팩 다운로드가 완료되면 바로 라이노 3D 설치가 시작된다. 설치 시간은 대부분 몇 분이면 된다.

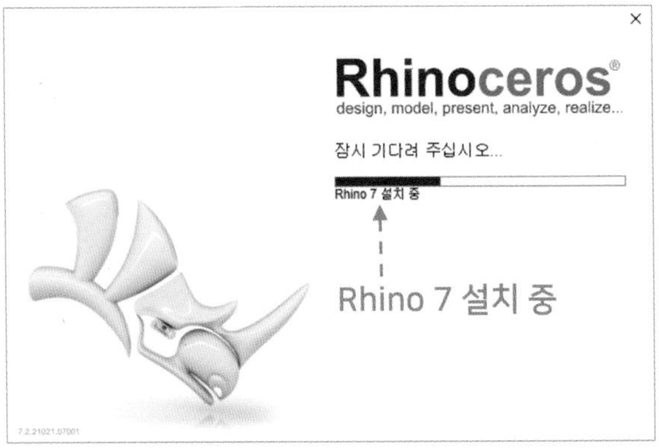

8) 설치 완료

모든 설치가 완료되면 설치를 완료했다는 문구가 나타난다. 물론 처음 라이노 3D를 설치하는 경우 약간의 진행 시간이 더 걸릴 수 있다. 참고로 라이노 3D V7의 파일 크기는 280MB로 큰 편이 아니다.

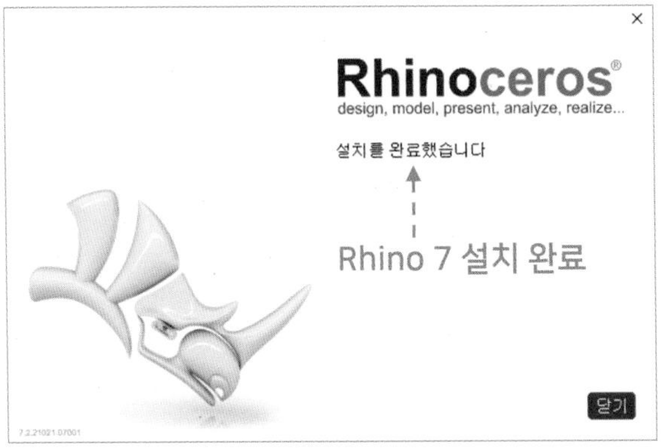

9) 라이노 3D 실행해 보기

설치가 모두 완료되면 바탕 화면에 그림과 같은 아이콘이 생성된다. 아이콘을 클릭하고 시작하면 정품의 경우 다음과 같은 다이얼로그 박스가 나타난다. 실행 버튼을 클릭한다.

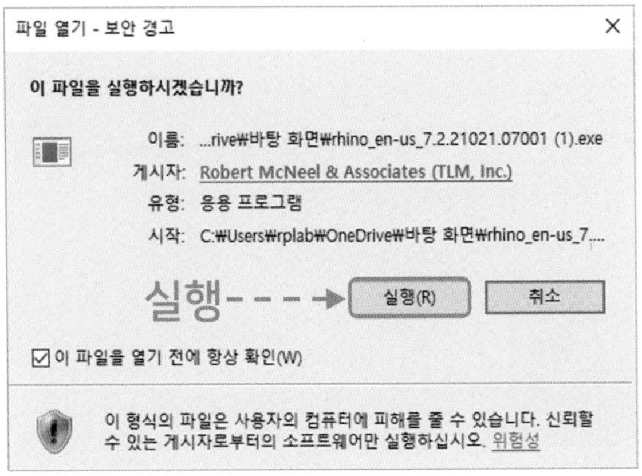

10) 구입한 라이선스 항목 선택하기

구매한 라이선스 키가 있는 경우 해당 항목을 클릭한다.

11) 라이선스 키 입력하기

라이선스 키를 모두 타이핑하여 채워 준 후 Continue를 클릭한다.

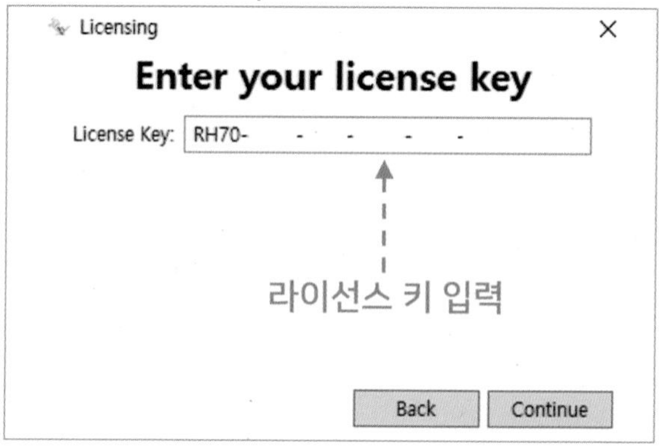

12) 라이선스 사용 위치 항목 클릭하기

라이노 3D 사용 위치에 대한 항목이 뜨면 해당 항목을 클릭한다. 잘못 입력했다면 다시 Back 한다.

13) 라이노 3D 자유롭게 실행하기

이제 모든 라이선스 등록 절차가 마무리되었다. 언제든 바탕 화면의 아이콘을 클릭하여 라이노 3D를 사용하면 된다. 단 개인 구매 시 여러 대의 컴퓨터에 설치는 되지만 동시에 작업은 불가하다. 1대의 컴퓨터에서만 작업이 가능하다.

2 라이노 3D 평가판 다운로드와 설치

1) 라이노 3D 프로그램 평가판 다운로드받기

라이노 3D 설치를 위한 첫 단계로 rhino3d.com으로 들어가서 메뉴 중에 다운로드를 클릭한다. 크게 Windows용과 Mac용으로 나뉘어 화면이 보이게 된다. 이 부분은 본인이 사용하는 OS 쪽으로 다운로드를 실행하면 된다. 여기서는 Windows용으로 진행해 본다. Windows용 Rhino 7(평가판) 항목을 클릭한다.

https://www.rhino3d.com/download/

Rhinoceros®
design, model, present, analyze, realize...
구매 다운로드 갤러리 기능 뉴스 커뮤니티 학습 지원 리소스 내 계정
다운로드
Windows 용
전체 설치
• Windows용 Rhino 7 - 평가판 - 90일 동안 모든 기능을 사용하실 수 있는 버전입니다.
90일이 지난 후에 라이선스를 구매하지 않으시면 저장과 플러그인이 실행되지 않습니다.
• Windows용 Rhino 7 - 라이선스 키가 필요합니다.
• Flamingo nXt 5 - Rhino용 렌더링
• Bongo - Rhino용 디자인 애니메이션 (30일 평가판)
Work-in-Progress (개발 중)
• Serengeti 빌드 - 최신 WIP
(Rhino 7 라이선스 키가 필요합니다)
Mac 용
전체 설치
• Mac용 Rhino 7 - 평가판 - 90일 동안 모든 기능을 사용하실 수 있는 버전입니다. 90일이 지난 후에 라이선스를 구매하지 않으시면 저장이 실행되지 않습니다.
• Mac용 Rhino 7 - 라이선스 키가 필요합니다.
Work-in-Progress (개발 중)
• Serengeti 빌드 - 최신 BETA
(Rhino 7 라이선스 키가 필요합니다)
iOS용
• iRhino 3D - iOS 장치에서 네이티브 Rhino 3DM 파일을 곧바로 보는 뷰어.

2) 메일 주소 입력하기

Windows용 Rhino 7 평가판 클릭과 동시에 다음과 같이 관련 정보를 받을 이메일 주소를 기입하라는 메시지 창이 뜬다. 이메일 주소를 정확히게 입력하고 다음을 누른다. 동시에 관련 정보가 메일로 갔는지 확인하라는 메시지가 뜬다.

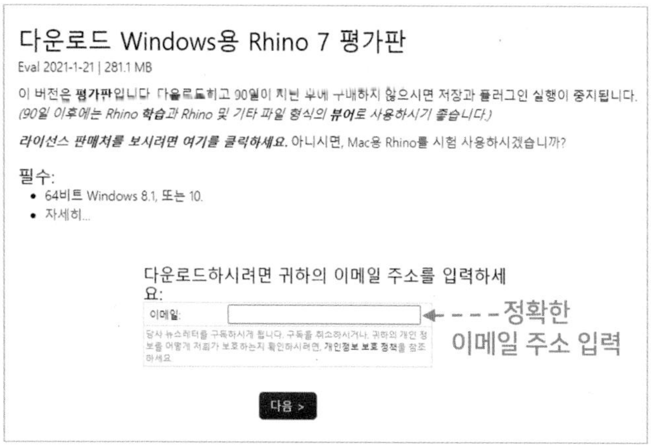
다운로드 Windows용 Rhino 7 평가판
Eval 2021-1-21 | 281.1 MB
라이선스 판매처를 보시려면 여기를 클릭하세요. 아니시면, Mac용 Rhino를 시험 사용하시겠습니까?
필수:
• 64비트 Windows 8.1, 또는 10.
• 자세히...
다운로드하시려면 귀하의 이메일 주소를 입력하세요:
이메일:
정확한 이메일 주소 입력
다음 >

3) 메일 확인하고 다운로드받기

이제 자신의 메일을 열어 해당 메일을 열어 본다. 해당 메일에는 1. Rhino 7 평가판 다운로드, 2. Rhino 7 평가판 설치, 3. 라이선스 코드가 만료일 정보와 함께 보인다. 이제 Rhino 7 평가판 다운로드 링크를 클릭하고 라이노 3D 프로그램을 다운로드받는다.

rhino_ko-kr_
7.2.21021.0
7001

Rhino 7 평가판 사용을 환영합니다
2021-02-01 (월) 19:14
보낸사람 Brian Gillespie<support@mcneel.com>
받는사람 <rapiddesign@naver.com>
처음 시작:
Rhino 7 평가판 사용을 환영합니다. 다음은 다운로드 및 설치 안내입니다:
1. Rhino 7 평가판 다운로드.
다운로드
2. Rhino 7 평가판 설치
3. 프롬프트에 라이선스 코드를 입력하세요:
(01 May 2021 만료)
귀하의 평가 기간이 31 Jan 2021 시작되었습니다. 이 날짜는 Rhino 7 평가판을(를) 처음 다운로드하신 날입니다. 평가 기간 만료일은 01 May 2021입니다. 만료일 이후에는 Rhino 7 평가판 제품 기능은 계속해서 정상적으로 사용하실 수 있으나, 작업하신 파일을 저장하실 수 없습니다.
Rhino 7 평가판 사용과 관련하여 문제가 발생하거나, 의견이 있으시면 https://www.rhino3d.com/forum에 알려 주시기 바랍니다.
감사합니다.
- Brian
Brian Gillespie
Rhinoceros 개발
Robert McNeel & Associates

4) 라이노 3D 설치 후 시작하기

라이노 3D가 자신의 컴퓨터에 설치 완료되었다면 바탕 화면의 라이노 3D 아이콘을 클릭하여 프로그램을 열어 본다. 첫 화면에서 나타나는 템플릿은 일종의 허용 공차이자 단위(Units)이며 Small Objects–Millimeters를 선택하면 된다. 이때 허용 공차(Absolute tolerance)는 0.001mm이다. 허용 공차는 말 그대로 허용하는 오차의 개념으로 이 안에 들면 정확한 모델로 인정한다는 뜻이다. 향후 허용 공차는 언제든 옵션 〉 단위(Units)에서 변경이 가능하다. 이 값은 면과 면을 Join할 때 영향을 주게 된다. 만약 한글 인터페이스로 시작했다면 작은 개체–밀리미터로 시작하면 동일한 설정이 된다.

라이노의 시작.3dm (9 MB) - Rhino 7 교육용
File Edit View Curve Surface SubD Solid Mesh Dimension Transform Tools Analyze Render Panels Help
Choose option (Extents Selected 1To1): _Extents
Command:
Standard CPlanes Set View Display Select Viewport Layout Transform Curve Tools Surface Tools Solid Tools SubD Tools Mesh Tools Render Tools Drafting New in V7
Top
Perspective
Front
New Recent Open... License
Templates:
Large Objects - Centimeters
Large Objects - Feet, Feet Inches
Large Objects - Feet
Large Objects - Inches, Feet Inches
Large Objects - Inches
Large Objects - Meters
Large Objects - Millimeters
Small Objects - Centimeters
Small Objects - Feet, Feet Inches
Small Objects - Feet
Small Objects - Inches, Feet Inches
Small Objects - Inches
Small Objects - Meters
Small Objects - Millimeters
Small Objects - Millimeters
Your Default Template.
Use this template file for building objects the size of a truck or smaller.
Units: Millimeters
Absolute tolerance: .001 mm
Display format: Decimal
News:
Training for Trainers Workshop - 22-24 February
Win A Scholarship For DesignMorphine's Master'
Designing for timber online workshop for archite
PAZ BSS - Archicad + GH
Parametric structural design online workshop usi
PAZ BSS - Rhino.Inside.Revit
Computational Design with Grasshopper Course
New DesignMorphine webinars - February 2021
New Rhino 7 videos by SimplyRhino UK - SubD,
A Rhino promotion we couldn't resist
Tips:
Vintage trike in SubD
SubD trellis ring in Rhino 7
Rendering Jewelry in Rhino 7
Deforming SubD geometry
Heart shaped ring
SubD fleur-de-lis ring in Rhino 7
Basic 'push and pull' modeling with SubD in Rhi
SubD flatware in Rhino 7 (speed model)
Intro to SubD geometry in Rhino 7
Fillet Fundamentals in Rhino
Preparing Viewports...
Rhinoceros
design, model, present, analyze, realize...

기타 정보 : www.rhino3d.com / www.mcneel.com

04 CHAPTER 라이노 3D 사용자 인터페이스

Rhino3D user interface

라이노 3D를 처음 접하게 되면 작업이 이루어지는 화면 인터페이스와 모든 용어가 생소하기에 미리 용어에 대한 기본적인 개념을 가지고 학습에 임하는 것이 좋다. 라이노 3D 7.0의 화면을 보면 크게 Text에 의한 명령어 입력 공간과 아이콘에 의한 명령어 실행 인터페이스를 보여 준다. 전체 뷰포트(Viewport)는 Top, Front, Right, Perspective View로 구성되며, 인터페이스의 세부 구성은 다음과 같다.

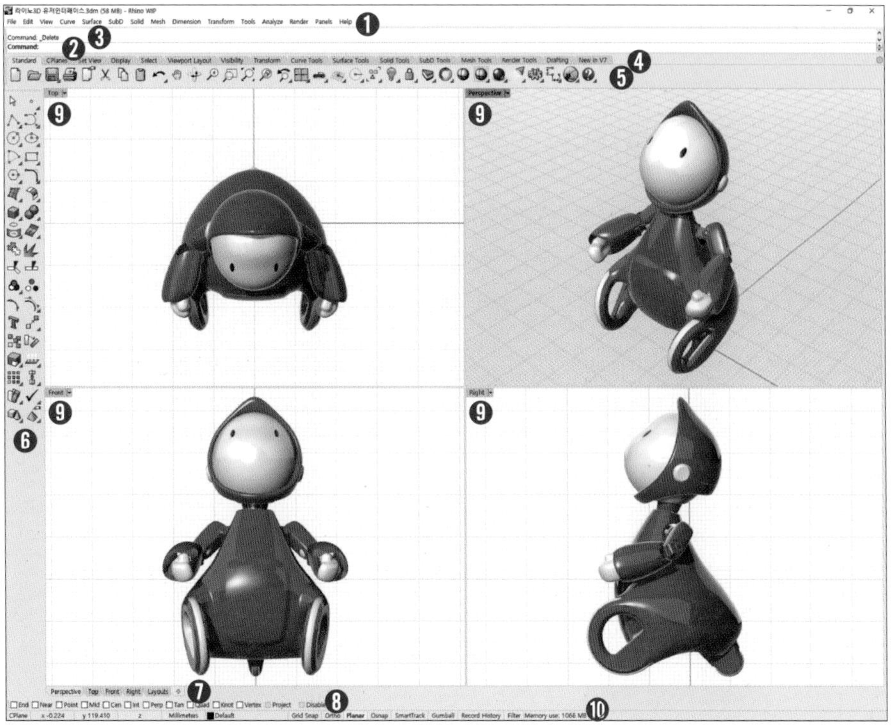

❶ 메뉴바(Full Down Manu Bar)

텍스트 형식의 명령어 메뉴, 옵션, 도움말이 있는 곳으로 마우스를 가져가서 선택하면 된다.

❷ 명령 프롬프트(Command Prompt)

텍스트 또는 숫자 형식의 각종 명령어를 입력하는 공간이다.

❸ 명령 사용 내용 창(Command History Window)

프롬프트와 사용자가 입력한 명령을 표시해 준다. 명령 입력 후 명령 실행 관련 정보가 표시된다. 가장 최근에 사용된 명령을 500줄까지 표시한다. F2 키로 창을 활성화한다.

❹ 탭 표시된 도구 모음(Tabbed Toolbars)

각각의 탭들은 유사 기능 또는 작업 시 관련성이 높은 맥락의 툴들을 모아 탭으로 정리해 모아 놓은 곳이다.

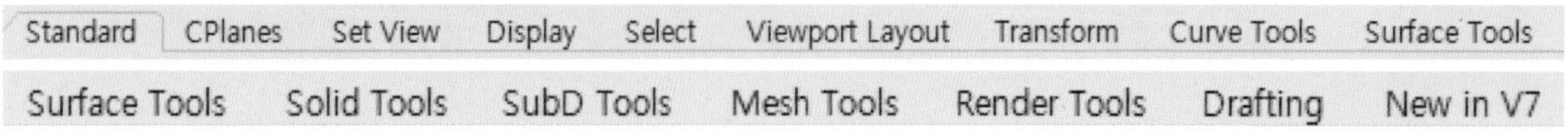

❺ 스탠더드 툴바(Standard Toolbar)

메인 툴바를 보조하며 주로 작업 화면의 통제, 파일의 저장, 출력, 개체의 선택과 숨김, 잠금, 확대, 축소, 옵션 설정, 도움말 등의 툴이 아이콘 형태로 모여 있는 곳이다.

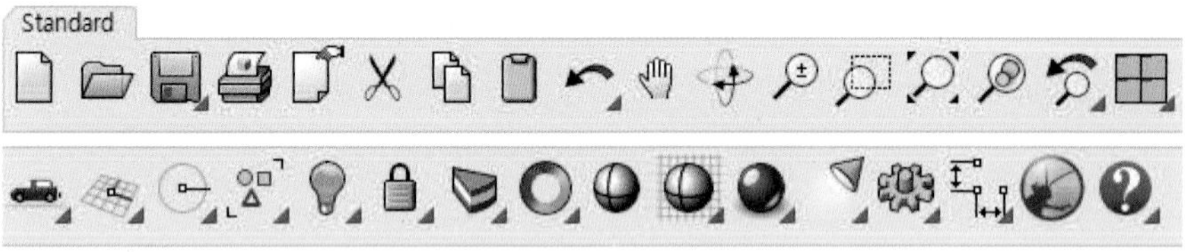

❻ 메인 툴바(Main Toolbar 1, 2)

점, 선, 면, 솔리드, 각종 편집 툴, 변형 툴, 검사 툴 등 직접적인 3D 모델링 작업 툴들이 모여 있다. 툴바는 크게 메인 1과 메인 2로 구성된다.

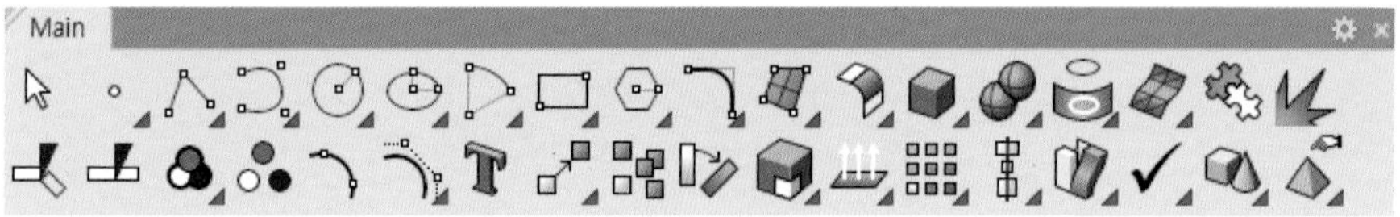

❼ 뷰포트 탭(Viewport Tabs)

작업 도중 뷰포트(Top, Front, Right, Perspective) 탭을 선택해 언제든지 작업 화면의 크기를 변경할 수 있다. 또한 뷰포트를 마우스 우클릭하여 다양한 디스플레이 모드로 접근할 수 있게 해 준다.

❽ 개체 스넵 도구 모음(Osnap Toolbar)

정확한 도면 제작이나 모델링을 위해서 객체 스냅은 필수적이다. End, Near, Point, Mid, Cen, Int, Perp, Tan, Quad, Knot, Vertex, Project, Disable의 체크 옵션을 통제하는 곳이다.

❾ 뷰포트(Viewports)

평면 또는 입체 작업을 위한 Top, Front, Right View와 2D, 3D 객체의 회전을 위한 Perspective Viewport로 구성된다. 뷰포트에는 그리드(Grid), 그리드 축, 절대 좌표축 아이콘이 표시될 수 있다.

❿ 상태 표시줄(Status Bar)

좌표 표시줄(Coordinate display), 작업 레이어(Layer), 그리드 스냅(Grid snap), 오브젝트 스냅(Osnap), 스마트 트랙(Smart Track), 검볼(Gumball), 레코드 히스토리(Record History), 필터(Filter)까지 보여 주거나 제어하는 곳이다. 추가로 포인터의 좌표, 모델의 현재 레이어 단위, 창 설정 상태, 허용 공차, CPU 사용량, 메모리 등 기타 옵션을 표시한다.

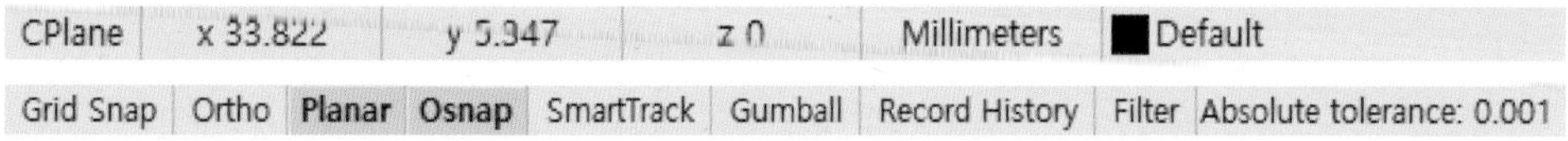

05 CHAPTER 라이노 3D 사용자 환경 설정하기

Setting user preferences

라이노 3D를 처음 설치하면 제일 먼저 해야 할 일은 바로 환경 설정을 해 주는 것이다. 환경 설정은 처음 1회만 해 주고 필요에 따라 설정하면 된다. 환경 설정에는 여러 항목이 있으며 순서는 따로 없다. 가장 핵심적인 부분들을 중심으로 알아본다. 환경 설정은 옵션 아이콘(Options)을 클릭하면 곧바로 가능하다.

1 언어 설정 Options > Rhino Options > Appearance > Language used for display

언어 설정은 영문과 한글을 비롯해 총 11개 언어를 지원한다. 단 한글과 영문을 그림과 같이 언제든 바꿔 가며 사용하고자 한다면 라이노 3D 프로그램 설치 시 해당 언어 팩에 반드시 체크해 주어야 한다. 단 언어 설정을 변경하여 적용하려면 프로그램을 껐다가 다시 켜면 적용된다.

옵션 Options

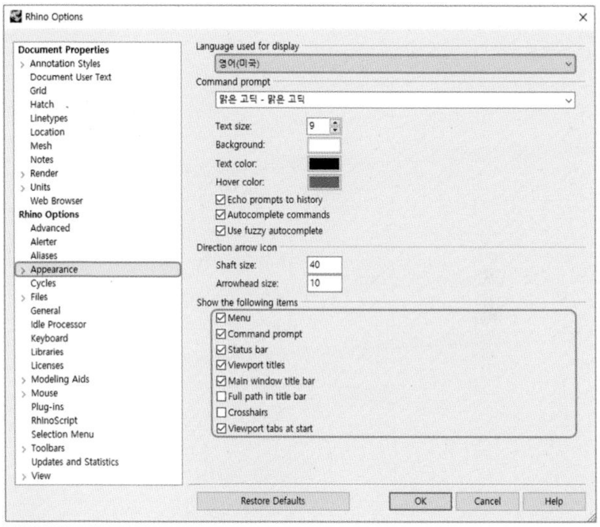

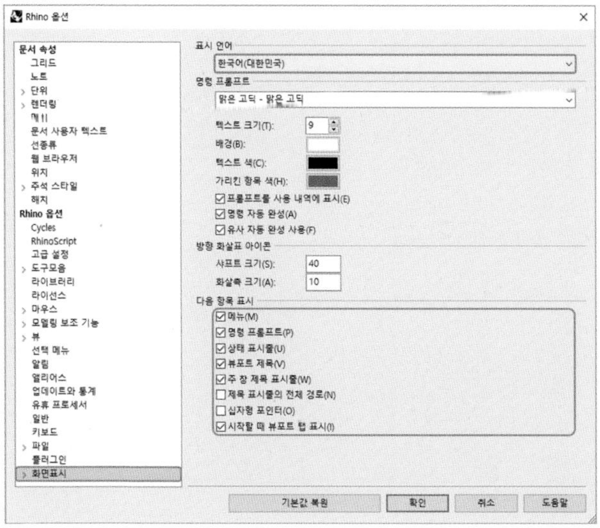

2 그리드 설정 Options > Document Properties > Grid

라이노 3D 뷰포트에 보이는 격자 모양의 선 즉, Grid의 크기와 간격 등을 통제하는 곳이다. 기본 설정은 Grid line count=100, Minor grid lines every=1.0 millimeters, Major lines every=10, Grid snap에서 Snap spacing=1.0 millimeters로 설정한다. 다만 상기 설정은 사용자가 언제든 자율적으로 바꾸어 가며 사용하면 된다. Grid의 기능은 모델링 시 객체의 대략적인 크기를 알 수 있게 해 주며, 좌표 중심선(0, 0, 0)에 기준선을 그을 때 필요하다. 해당 뷰포트의 그리드를 숨기거나 보이게 하려면 키보드의 기능 키 중에 F7 단축키를 사용한다.

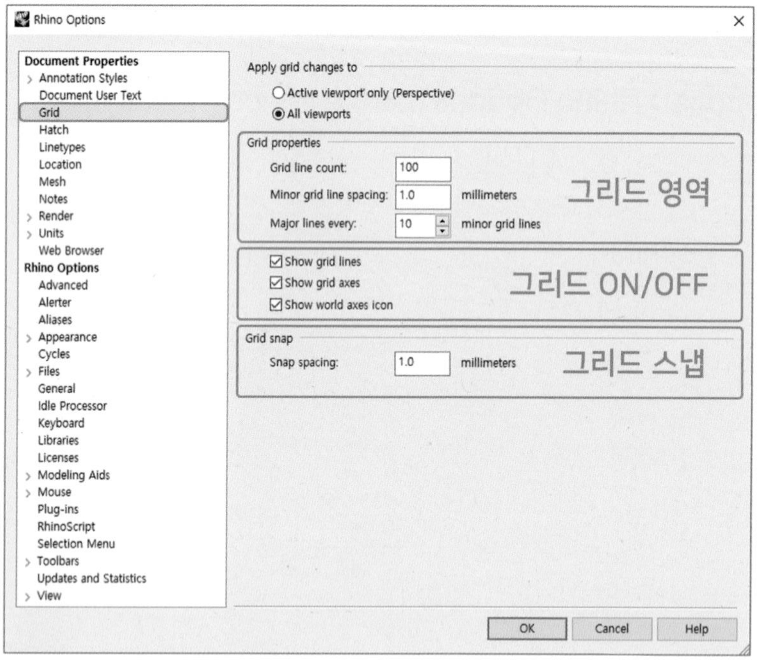

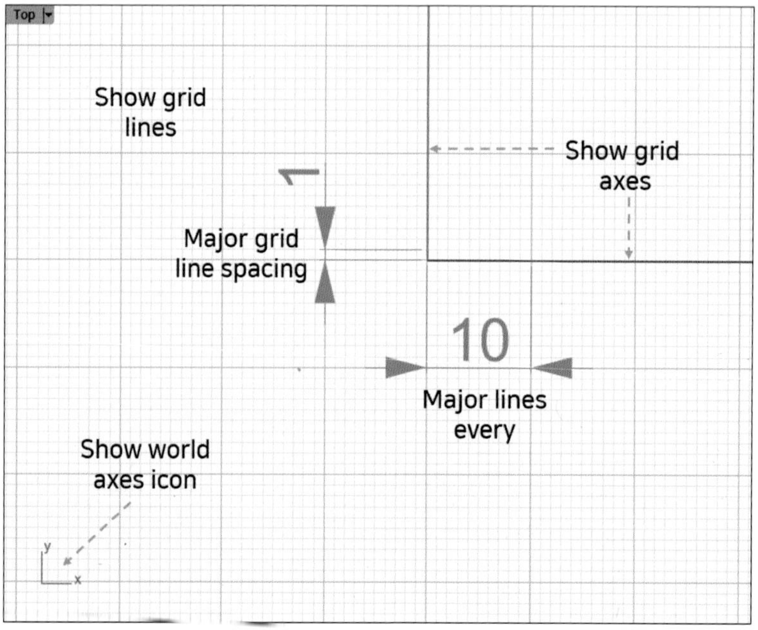

3 메쉬 해상도 설정 Options > Document Properties > Mesh

렌더링 시 보이는 객체의 렌더링 품질을 결정하는 Render mesh quality는 크게 Jagged & faster, Smooth & slower, Custom의 3가지 모드가 있다. 기본적으로 셰이딩(음영) 표현 속도 면에서는 Jagged & faster가 가장 빠르지만, 품질은 Smooth나 Custom보다 떨어진다. 옵션별 Mesh 상태를 시각적으로 살펴보려면 Preview 버튼을 눌러 주면 된다.

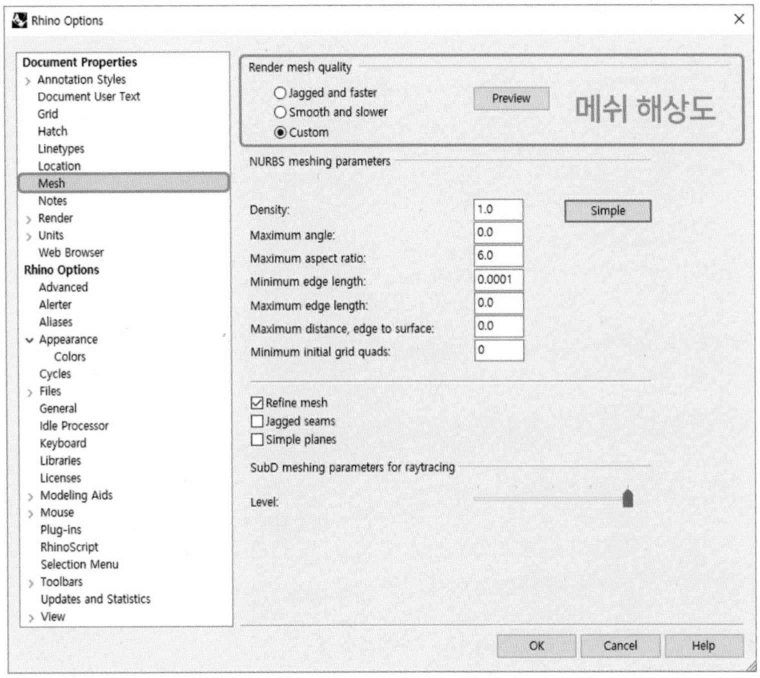

■ **렌더 메쉬 품질(Render mesh quality) 비교**

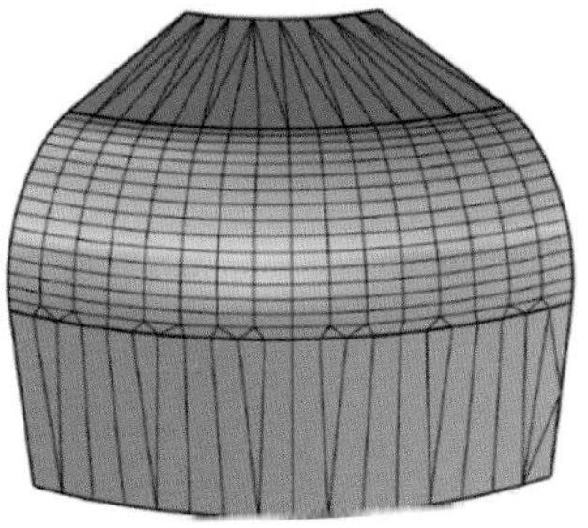
Jagged & faster 미리 보기 모습

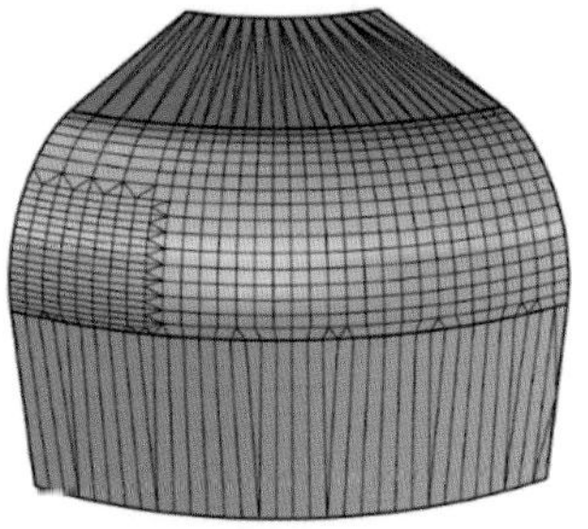
Smooth and slower 미리 보기 모습

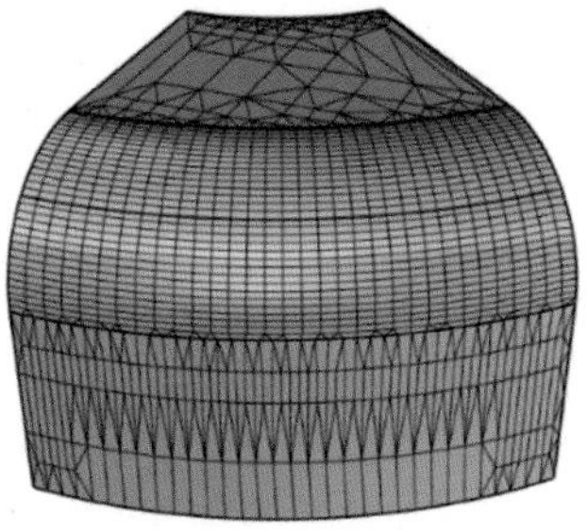
Custom 미리 보기 모습

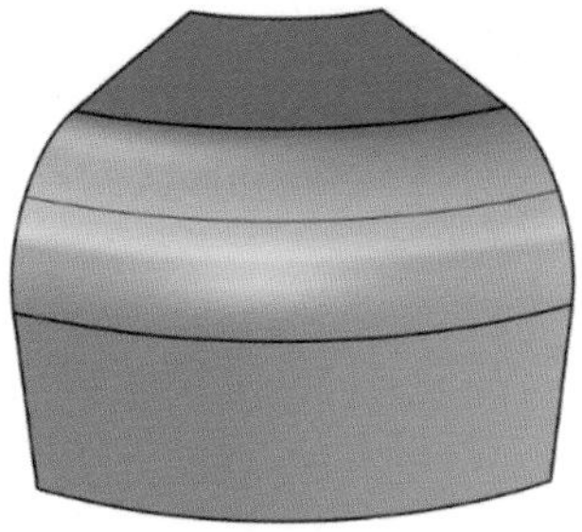
Custom 설정 후 셰이드 모습

4 단위 설정 Options 〉 Document Properties 〉 Units

라이노 3D에서의 기본 단위는 mm이다. 하지만 모델에 따라 단위를 자유롭게 변경할 수 있다. 또한, 모델에 따라 허용 공차(Absolute tolerance)를 조정하여 모델링의 정확도를 조정한다. 그 외에 상대 공차(Relative tolerance), 각도 공차(Angle tolerance) 등을 조정할 수 있다. 기본 설정은 그림과 같다.

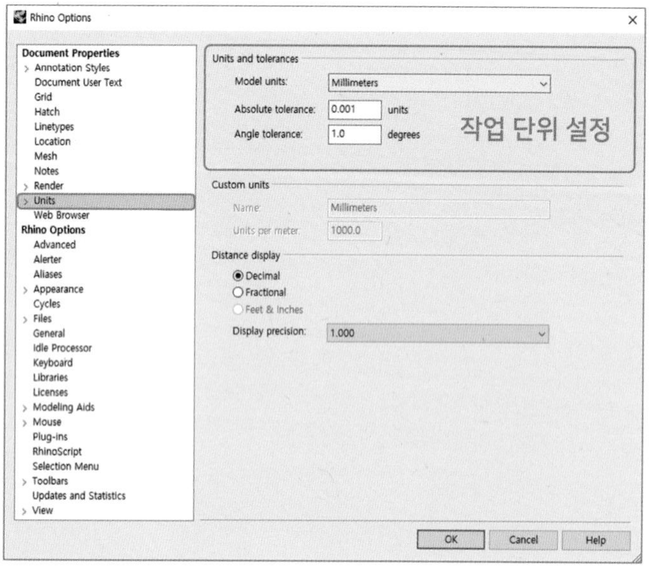

5 파일 설정 Options 〉 Rhino Options 〉 Files 〉 Autosave

초보자나 숙련자나 마찬가지로 작업 중 예기치 못한 문제로 컴퓨터나 프로그램이 갑자기 다운되는 경우 Autosave 〉 Save every에 20분 정도로 설정해 두면 20분 전까지 작업한 모든 데이터가 자동 보존된다. 바탕 화면에서 아이콘을 클릭하면 복원된 파일이 열리게 된다. 다만 한 번 다운된 데이터는 Save As 명령으로 저장해 주는 것이 안전하다. Save 시 Backup 파일로 동시에 생성되게 설정도 가능하다.

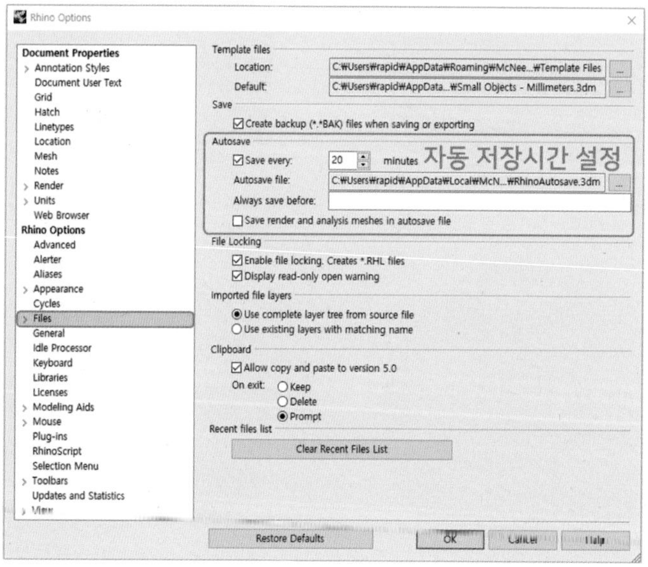

6 일반 설정 Options › Rhino Options › Files › General

일반 설정은 Ctrl + Z(Undo)와 Ctrl + Y(Redo)처럼 되돌림의 한계에 사용되는 할당 메모리를 설정할 수 있다. 구버전인 라이노 3D의 경우 Undo나 Redo 횟수를 설정하는 창이 따로 존재하였으나 지금은 따로 없다.

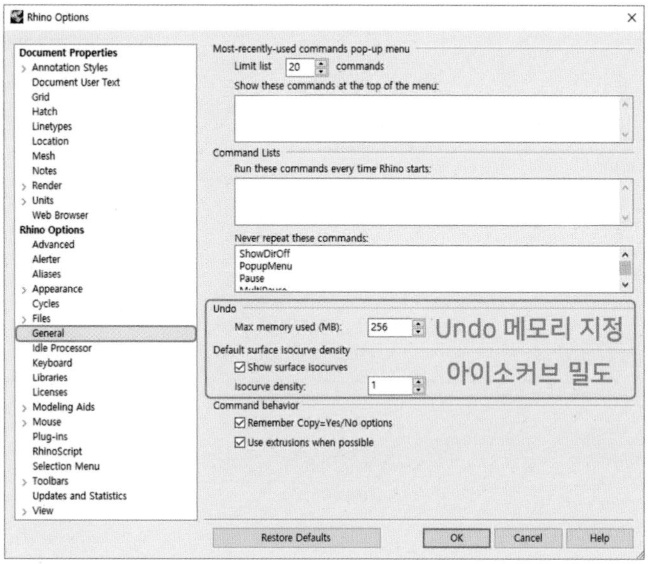

7 키보드 설정 Options › Rhino Options › Files › Keyboard

라이노 3D를 설치하게 되면 기본적으로 약 50여 개의 명령 단축키가 자동으로 설정되어 있다. 하지만 추가로 자신이 원하는 명령에 대해 단축키를 적용하고자 한다면 공백으로 된 항목은 언제든 설정이 가능하다. 공백 부분을 두 번 클릭하고 관련 명령어와 단축 기호를 넣어 주면 된다. 반복되거나 자주 사용되는 명령어는 단축키를 설정하거나 이미 설정된 단축키를 사용해 작업의 속도와 효율을 높일 수 있다.

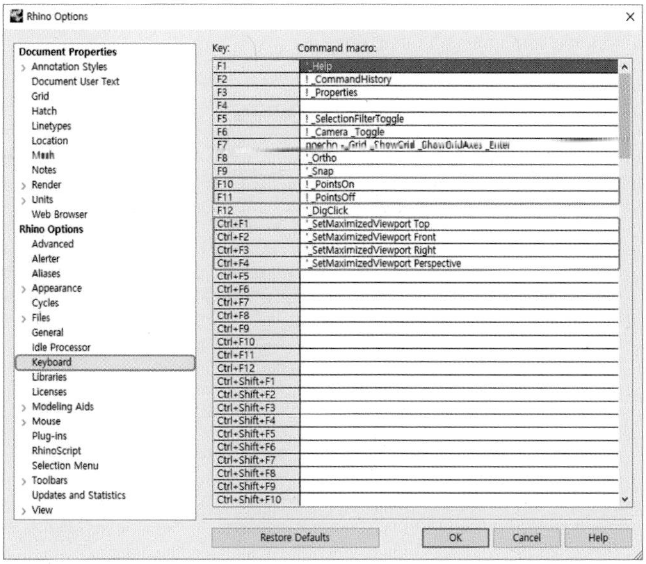

8 컬러 설정 Options 〉 Rhino Options 〉 Appearance 〉 Colors

컬러 설정은 뷰포트 컬러 설정이 대표적인데 설정 방법은 간단하다. 바꾸고자 하는 항목에 있는 컬러 팔레트를 클릭한 후 원하는 색을 선택하고 OK해 주면 해당 컬러가 바뀌게 된다. 뷰포트의 Background, Major grid line, Minor grid line 등의 색상 변경이 종종 활용된다. 또한, Object display 항목에서는 Selected objects 컬러 변경이 가끔 활용된다. 아래 그림은 Defaults 상태를 보여 준다. 언제든 변경 후 Restore Defaults로 원위치로 복귀할 수 있다.

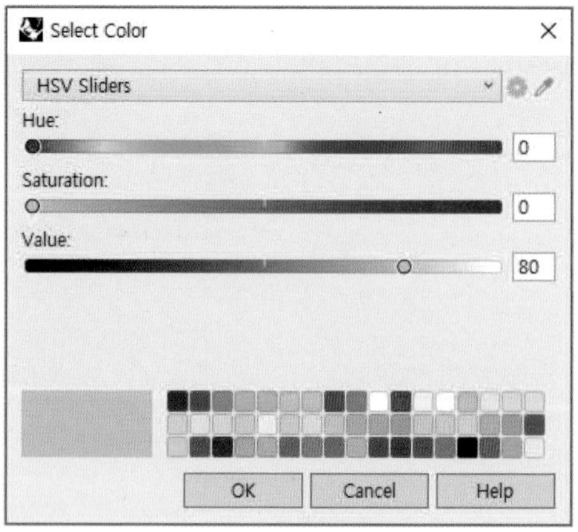

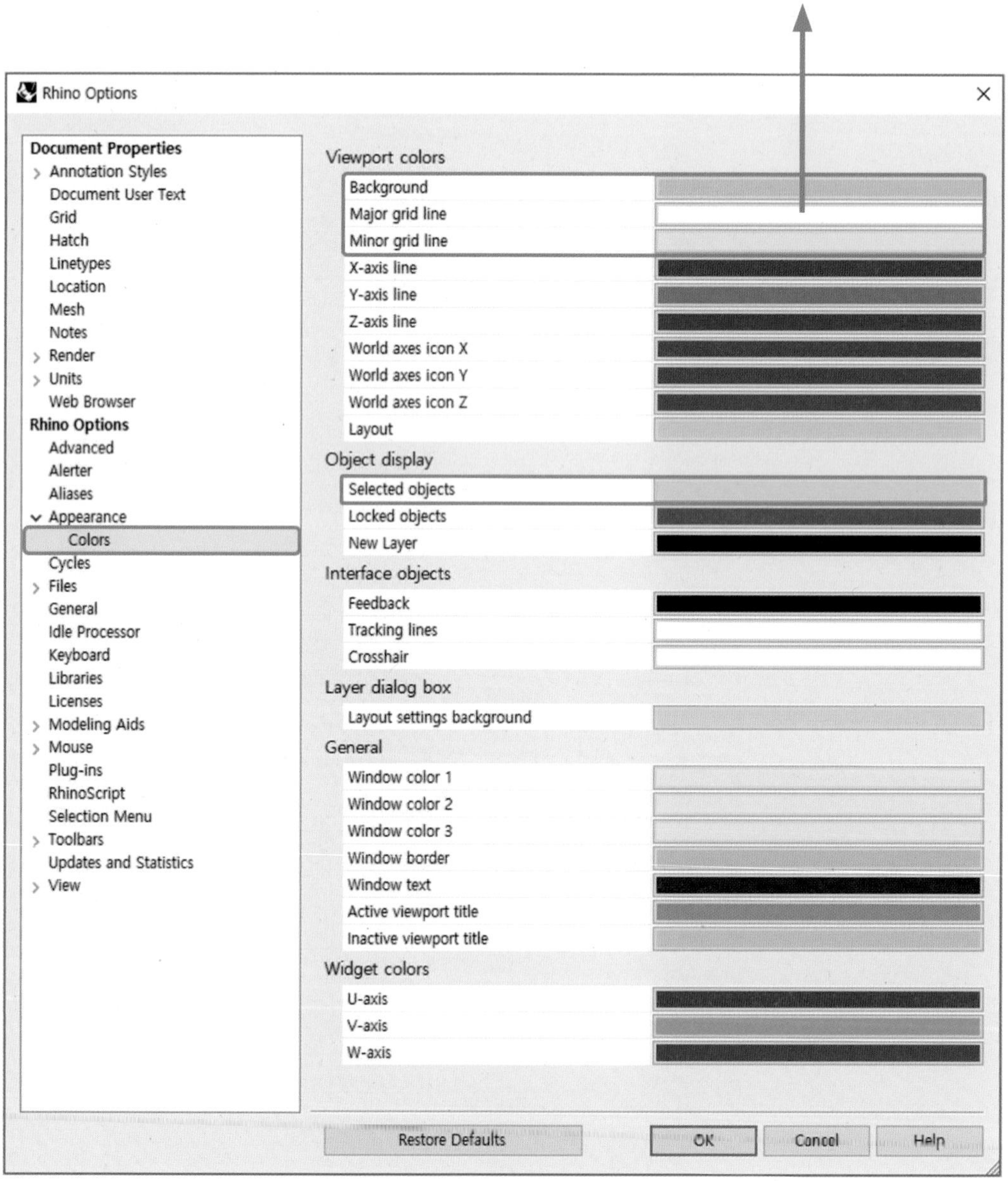

9 마우스 설정 Options > Rhino Options > Mouse

마우스 관련 항목에서 알아두면 좋은 것은 Popup에 대한 기준 조정 영역과 Selecting 항목이다. 버전 7.0의 경우 뷰포트에서 커브를 클릭하면 바로 CP가 보이게 되는데 수정이 곧바로 이루어지게 한 부분은 좋지만 되려 불편한 경우도 있다. 이런 경우 Turn on control points when selecting a curve, light or annotation 체크를 꺼 주면 된다. 이렇게 하면 커브 선택 시 바로 CP가 활성화되지 않게 된다.

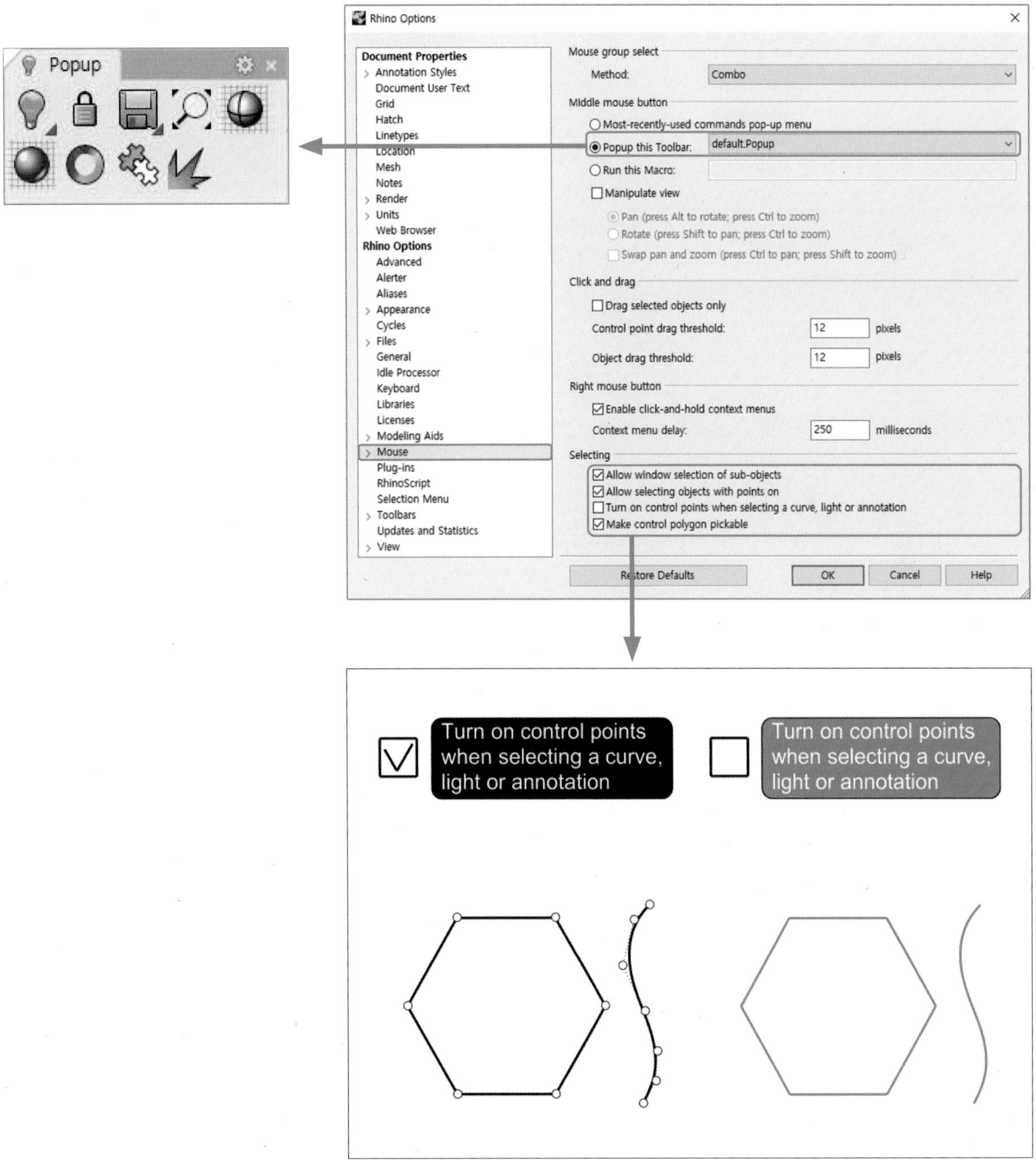

10 툴바(Toolbar) 사라짐과 복원
Options 〉 Rhino Options 〉 Toolbars 〉 Default(Rhino3D)

라이노 3D 뷰포트에서 그림과 같이 스탠더드 툴바(Standard Toolbar)와 메인 툴바 1, 2(Main Toolbar 1, 2)가 예기치 않은 이유로 사라지거나 조작 미숙으로 사라지는 상황이 발생할 수 있다. 이때 다시 툴바를 뷰포트에 보이게 하려면 다음과 같이 실행한다. 먼저 풀 다운 메뉴바(Full Down Menu Bar)에서 Tools 〉 Toolbar Layout에 접근하거나 Rhino Options 〉 Toolbars에서 원하는 명령군에 체크해 주면 된다. 아래 예시는 메인 툴바가 없어졌다고 가정했을 때이다. Main 1, Main 2에 v 체크해 주면 사라졌던 툴바들이 뷰포트에 나타나게 된다.

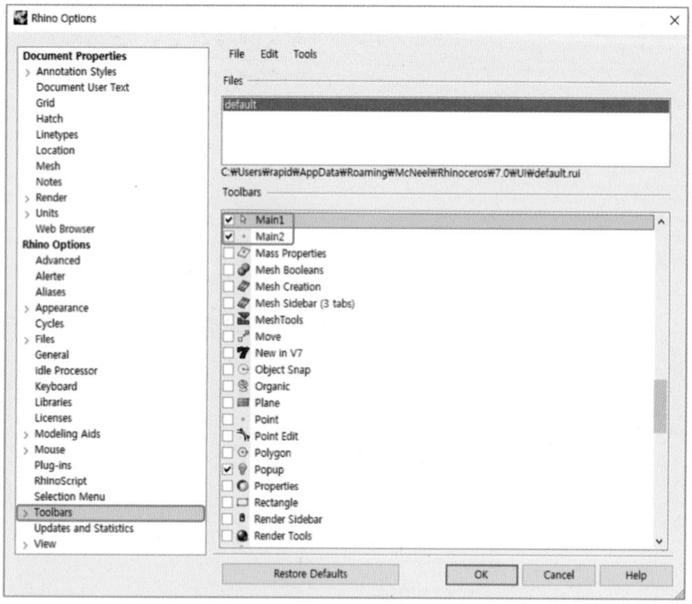

11 툴바 사이즈와 스타일 설정
Options 〉 Rhino Options 〉 Toolbars 〉 Size and Styles

작업 화면을 보면 스탠더드 툴바와 메인 툴바에 많은 아이콘이 있다. 이러한 아이콘의 크기를 조정하는 방법을 알아두면 가독성이 높아지고 시력이 약한 사람들에게도 도움이 된다. 단 모니터가 너무 작은 노트북 화면의 경우 아이콘 크기를 지나치게 키우면 일부 아이콘이 보이지 않게 되기에 주의한다. 설정 방법은 Standard Toolbar 〉 Rhino Options 〉 Toolbars 〉 Size and Styles에서 Button Options 〉 Button size=Large로 설정한다. 참고로 Visibility에서 Sidebar visible에 체크하면 메인 툴바의 경계선이 없는 툴바 사용이 가능하다.

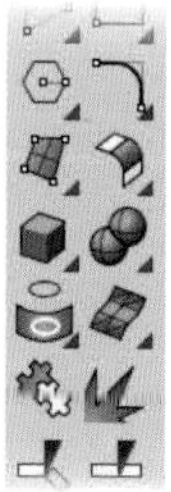

Medium

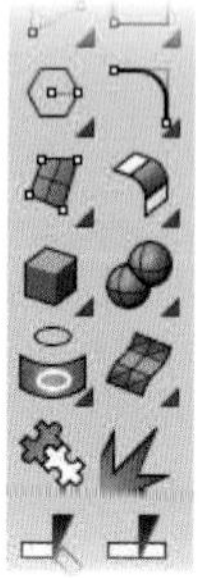

Large

Button Options=Medium

Button Options=Large

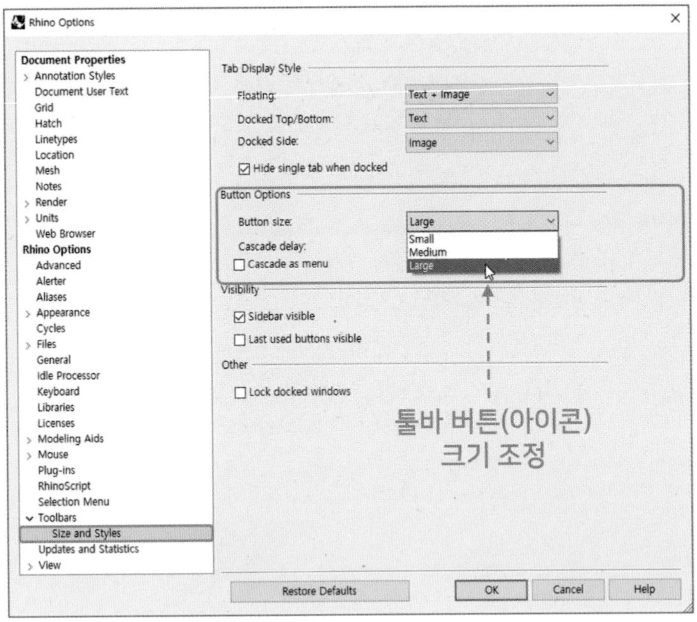

12 오픈 지엘 설정 Options > Rhino Options > View > OpenGL

OpenGL 설정을 통해 Wireframe, Shaded, Rendered 등 뷰포트상에서 보이는 객체의 해상도를 조절할 수 있다. 정확히 말하면 그림과 같이 Antialiasing 등급에 따라 보이는 객체의 해상도가 확연한 차이를 가지게 된다. 설정 방법은 Standard Toolbar 〉 Options 아이콘을 클릭하고 View 〉 OpenGL 항목을 클릭하면 옵션 창이 뜬다. Appearance Setting 〉 Antialiasing을 8x에 설정하고 OK한다. 아이소커브에 찌글찌글한 계단 현상을 중간색을 채워 주어 최소화해 준다.

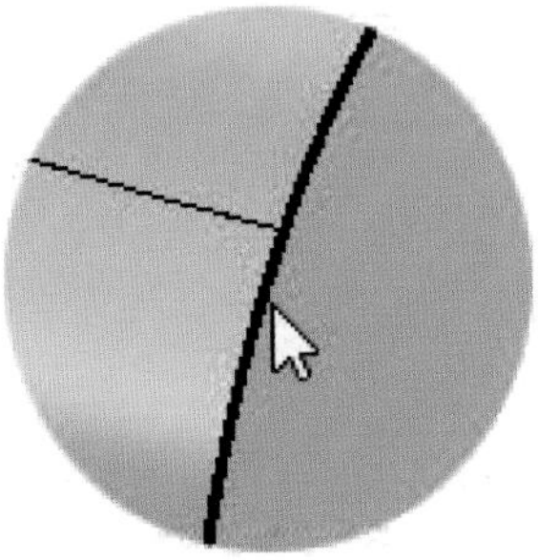

Antialiasing = None

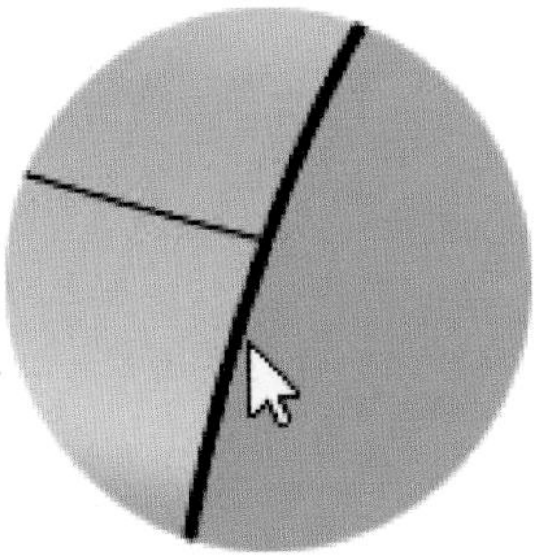

Antialiasing = 8x

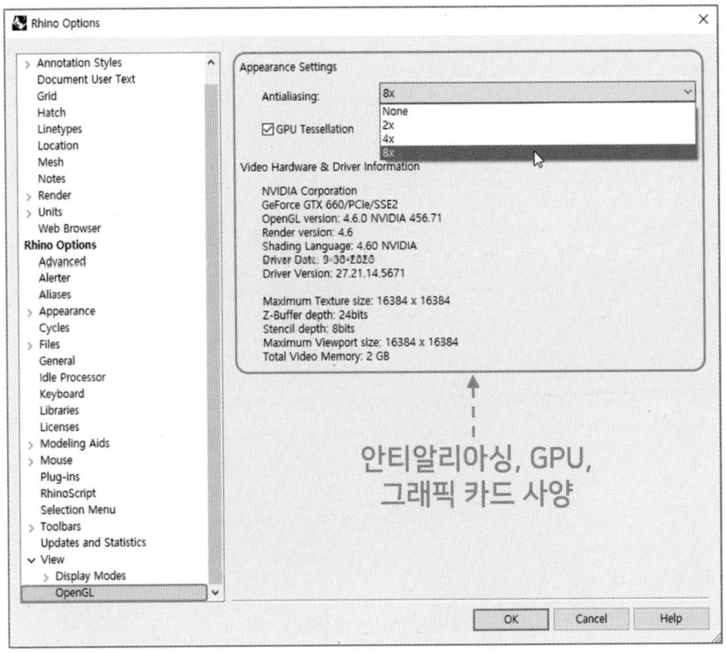

13 화면 뷰 동일시 Standard Toolbar > Viewport Layout > Synchronize Views

화면 동일시는 라이노 3D를 처음 설치한 후 뷰포트 화면에 모델을 그리고 확대, 축소하면 해당 뷰포트만 반응하고 다른 뷰포트는 그대로 멈춰 있게 된다. 이럴 경우 초보자들은 다른 뷰에도 동시에 활성화되어 동일 비례로 확대, 축소되길 원하게 된다. 이러한 이유로 각각의 뷰포트에 다른 크기로 객체가 보이는 것을 동일시시켜 같은 크기 즉 비례로 움직임을 보이게 하는 기능이다. 쉽게 말해 화면 동일시는 4개의 뷰포트 중 Top, Front, Right 뷰포트의 객체에 대해 링크된 상태로 동시에 같은 비율로 화면에서 움직이도록 해 준다.

뷰 동일시 Synchronize views
토글 링크 뷰 Toggle linked views

• 명령 아이콘을 마우스 왼쪽 또는 오른쪽으로 클릭하면 쉽게 확인할 수 있다.

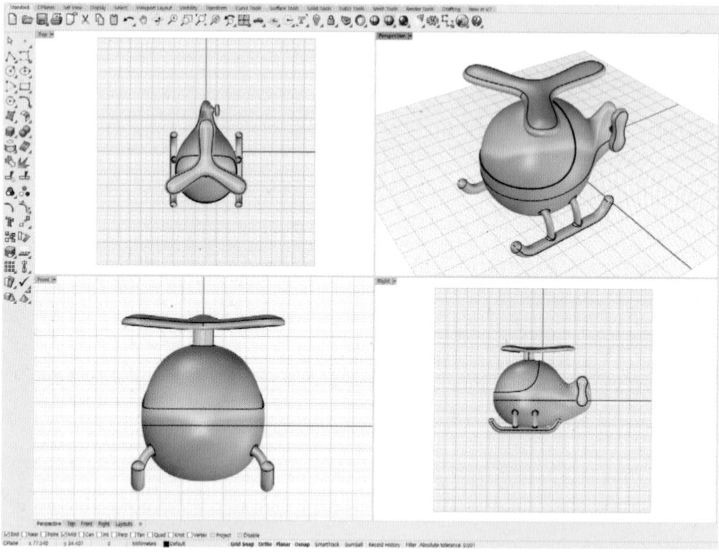

링크 Off 상태의 뷰포트 개체 모습

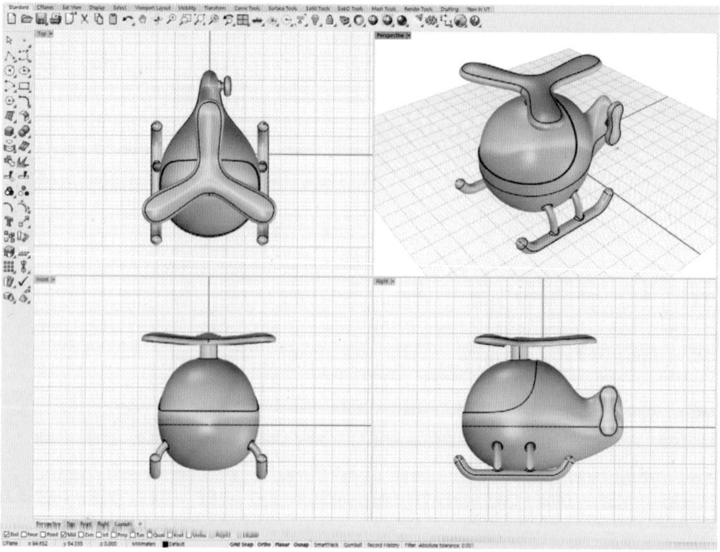

링크 On 상태의 뷰포트 개체 모습

14 모니터에 보이는 객체를 1:1로 보기 Standard Toolbar 〉View〉 Zoom 1:1

자신의 모니터에 나타나는 파란색의 바(Measure this bar)를 자로 직접 측정하여 그 값을 좌측 상단의 Length of bar에 입력하고 OK한 후 Zoom 1:1 명령을 클릭하면 자신의 라이노 3D 뷰포트상에 보이는 물체의 크기가 1:1로 보이게 된다.

❶ Calibrate 1:1 scale 명령을 클릭한다.

1:1로 줌 Zoom 1:1
1:1로 스케일 교정 Calibrate 1: 1scale

❷ 가지고 있는 자로 모니터에 나타난 Measure this bar 파란색 영역을 측정한다. 측정값을 왼쪽 Length of bar 공란에 기입해 주고 OK한다.

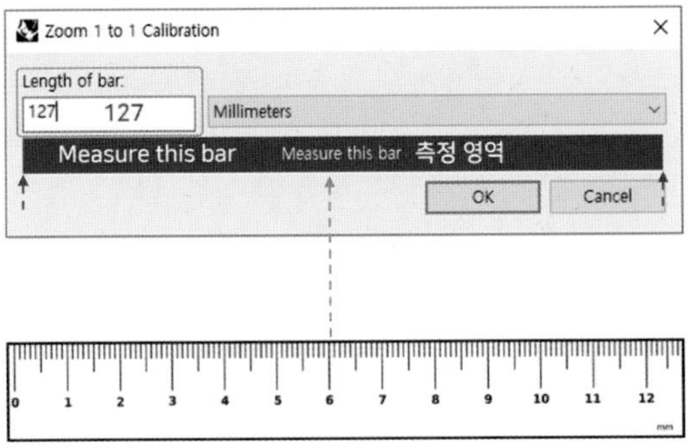

❸ Zoom 1:1 명령을 클릭하면 그림과 같이 초기에 크게 보이던 용기가 1:1 크기로 모니터에 보이게 된다.

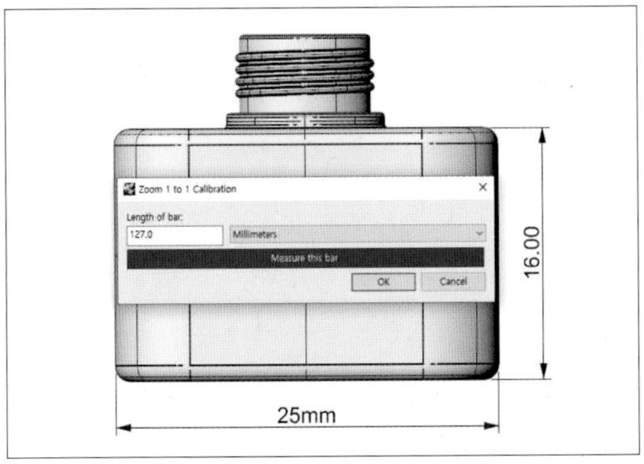

15 개체의 단면 보기 Standard Toolbar 〉 Viewport Layout or Visibility Tab 〉 Add Clipping plane

클리핑 평면 추가 명령은 검볼의 다양한 방향을 이용하여 해당 객체에 대해 내부 구조와 단면을 보거나 살 두께를 확인하는 데 유용한 툴이다. 3D 프린팅을 위한 파트 상태 파악에도 활용된다. 클리핑 평면 추가 명령은 각각의 뷰포트에서 독립적으로 모두 대응이 가능하다.

클리핑 평면 추가 Add Clipping plane

클리핑 평면 비활성화 Disable clipping plane
클리핑 평면 사용 Enable clipping plane

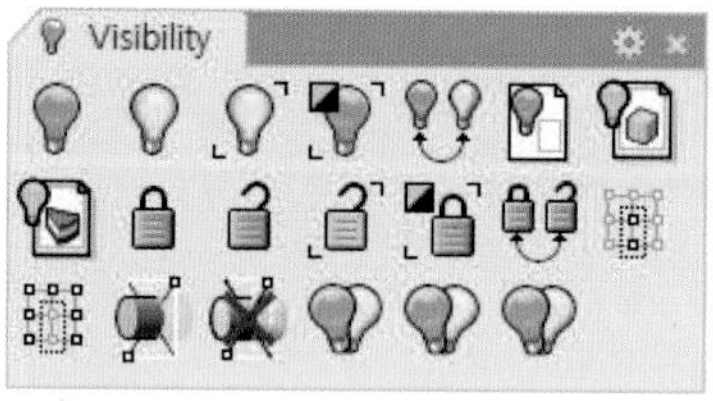

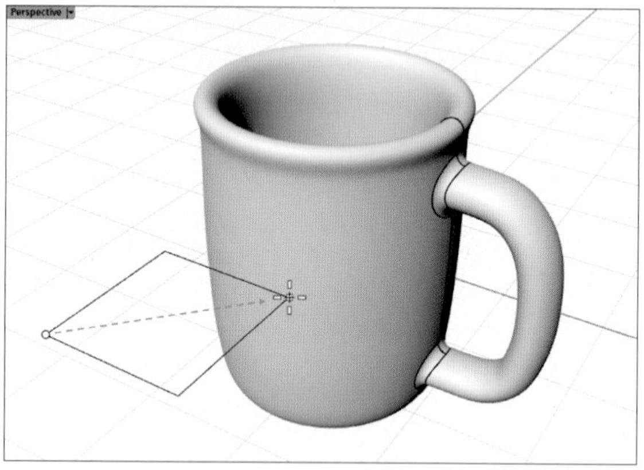

❶ 원하는 단면 방향으로 평면 영역을 가로지르면 생성됨

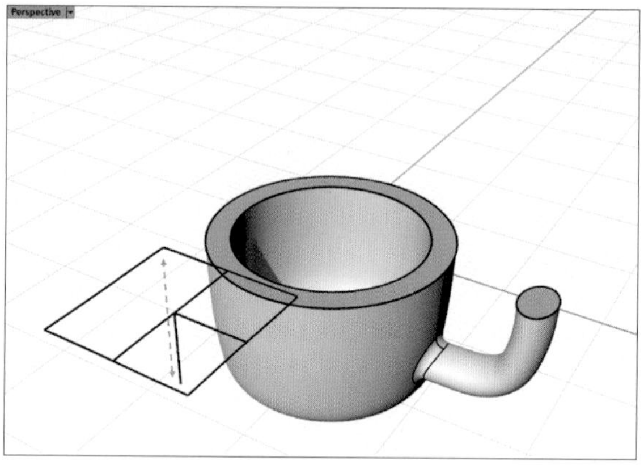

❷ 단면이 바로 보이기 시작함

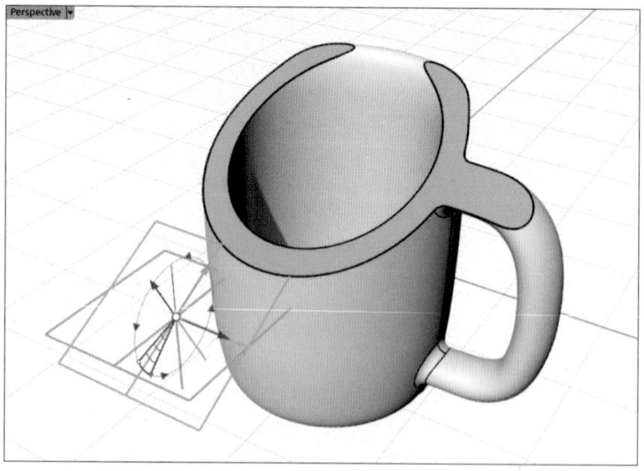

❸ 검볼을 통해 클리핑 평면 방향 변경하기

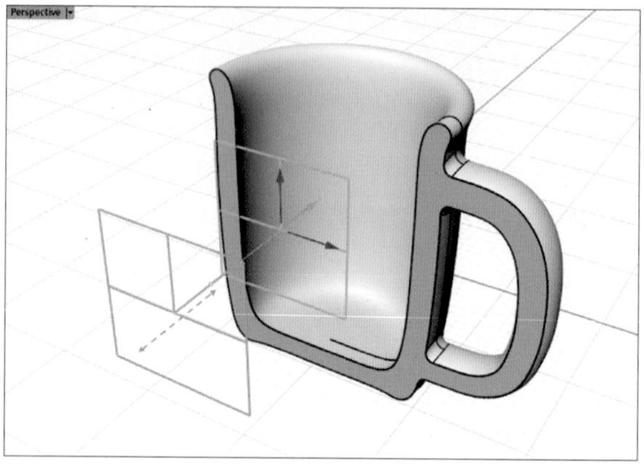

❹ 다양한 방향에서의 단면 보기 가능

06 CHAPTER 라이노 3D 뷰포트(Viewport) 모드와 단축키

Understanding Viewport Mode & Hot Key

1 뷰포트(Viewport) 모드

라이노 3D의 최신 버전에서는 뷰포트 모드(Viewport Mode)가 다양하게 추가되어 파트의 시각적 음영의 다양한 표현과 구분이 가능하다. 그림처럼 Viewport 타이틀을 마우스 오른쪽으로 클릭하고 원하는 음영 모드에 체크하면 다양한 모드를 확인해 볼 수 있다. 음영 모드에는 Wireframe, Shaded, Rendered, Ghosted, X-Ray, Technical, Artistic, Pen, Arctic, Raytraced 등이 있다.

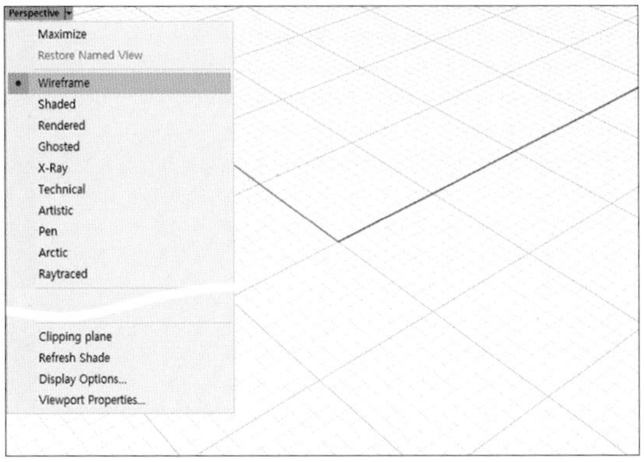

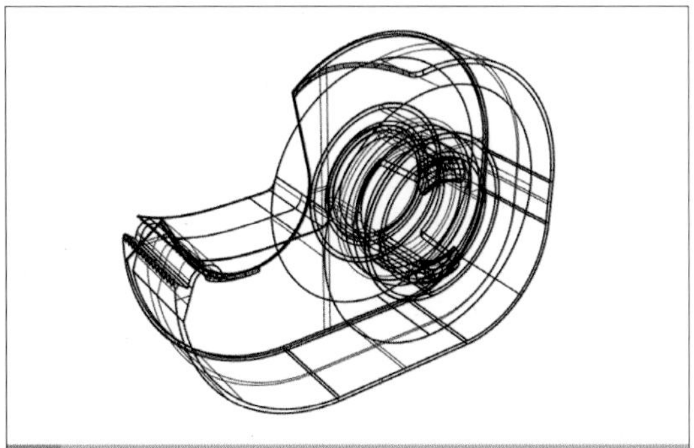

● Wireframe

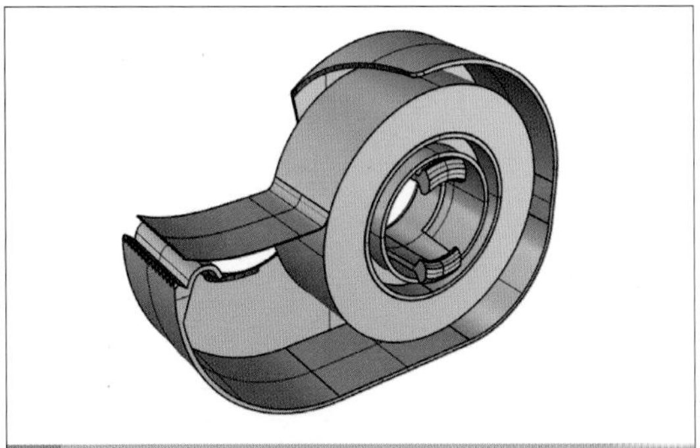

● Shaded

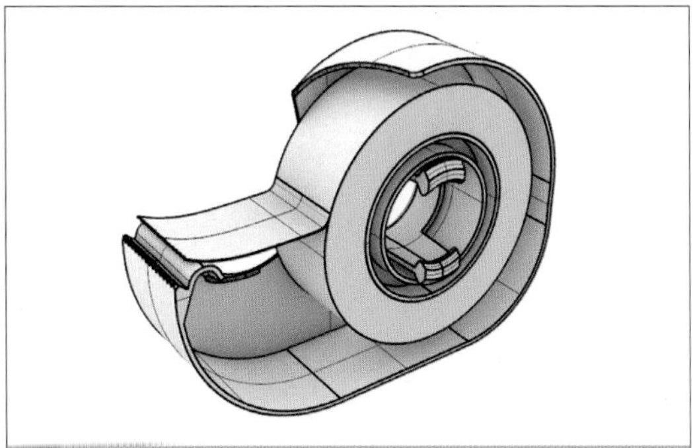

● Rendered

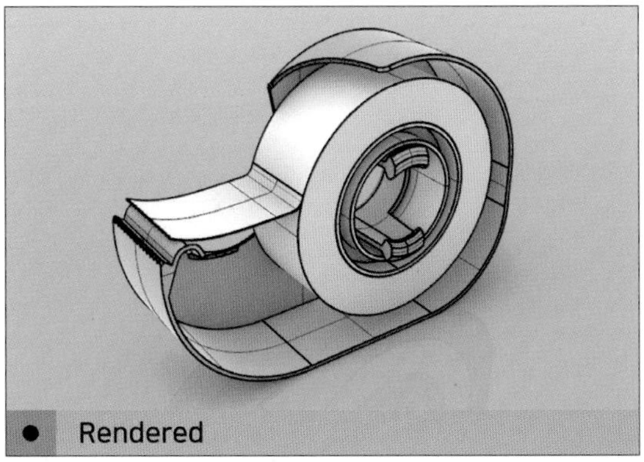

● Rendered

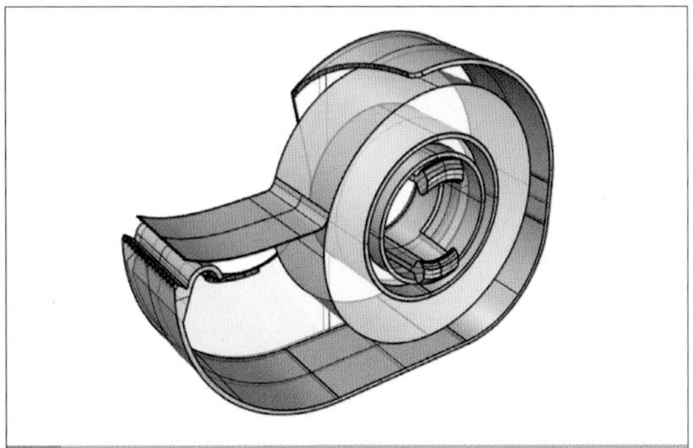

● Ghosted

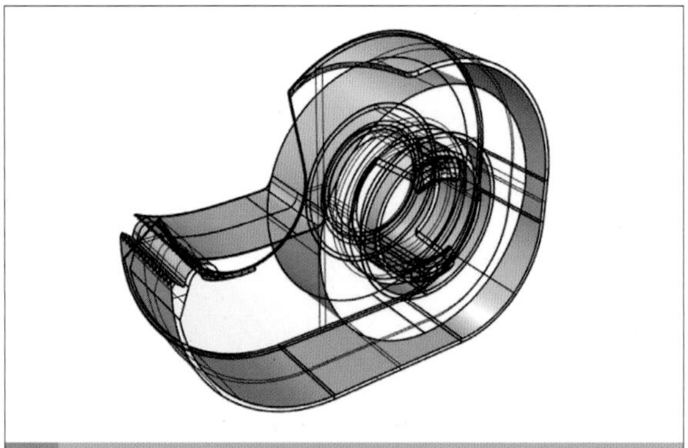

X-Ray

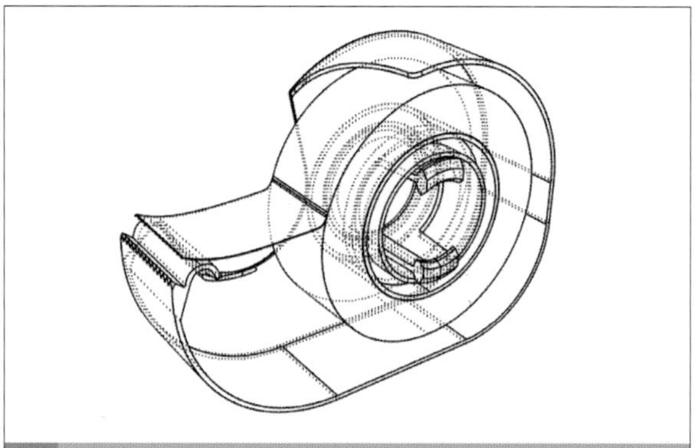

Technical

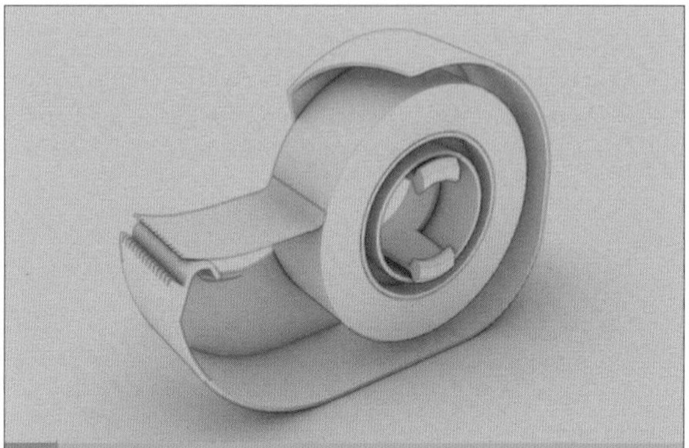

Artistic

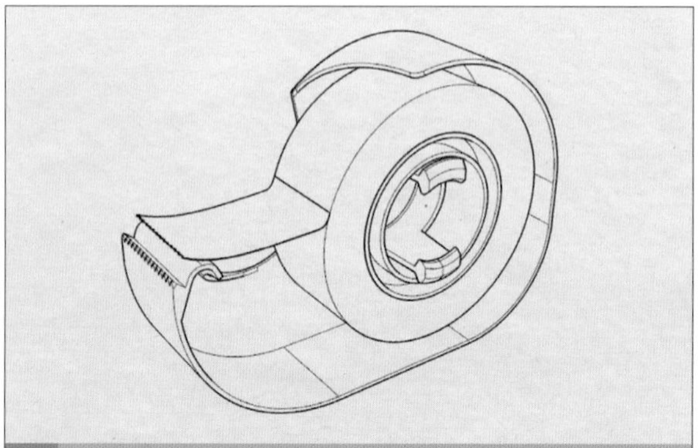

Pen

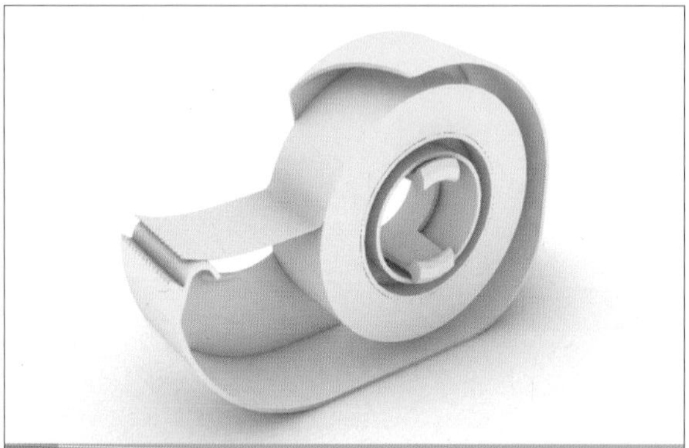

Arctic

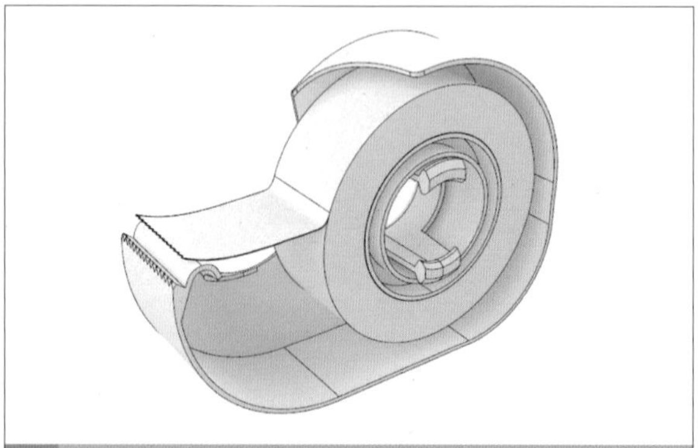

Raytraced

2 뷰포트(Viewport) 단축키로 변경하기

라이노 3D를 설치하게 되면 기본적으로 약 50여 개의 명령 단축키가 자동으로 설정되어 있다. 이미 설정되어 있는 단축키 리스트를 보려면 옵션(Options) 아이콘 명령을 클릭하고 Rhino Options 〉 Keyboard(키보드 설정)를 보면 된다. 이 중에 자주 사용되게 되는 뷰포트 단축키를 알아두면 좋다. 아래에 있는 뷰포트 단축키를 숙지한다.

옵션 Options

1) 뷰포트 전체 보기 / 4개 뷰포트로 보기 〉 Ctrl + M

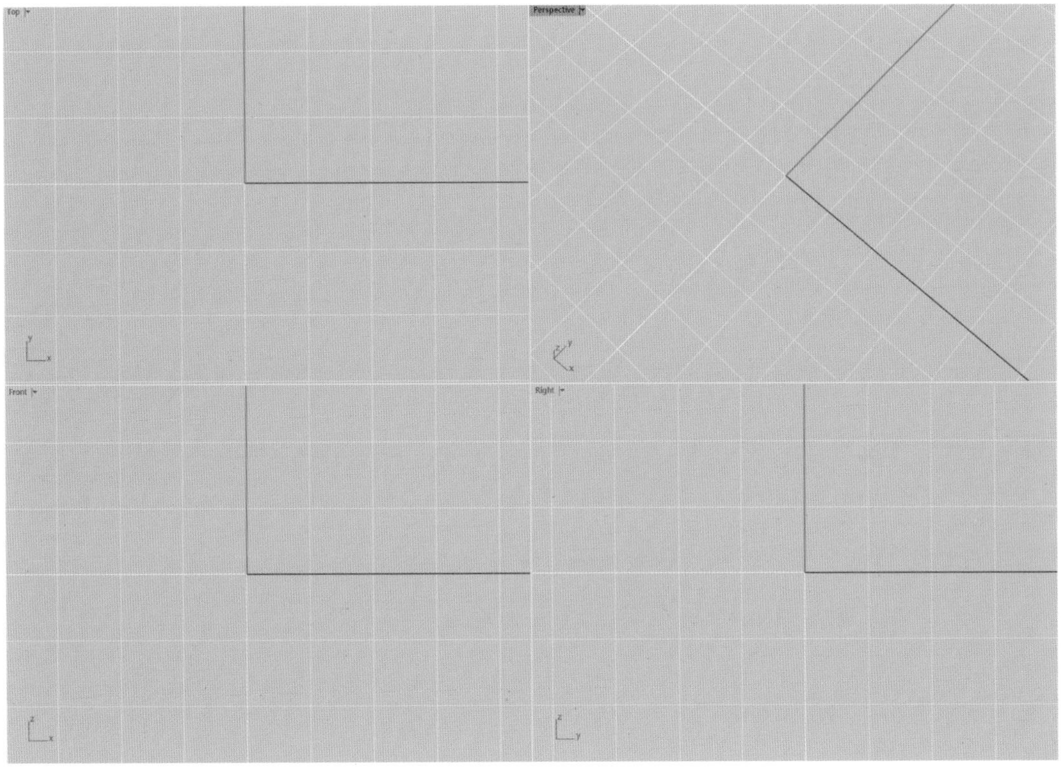

2) 해당 뷰포트만 크게 보기 〉 Ctrl + F1, F2, F3, F4

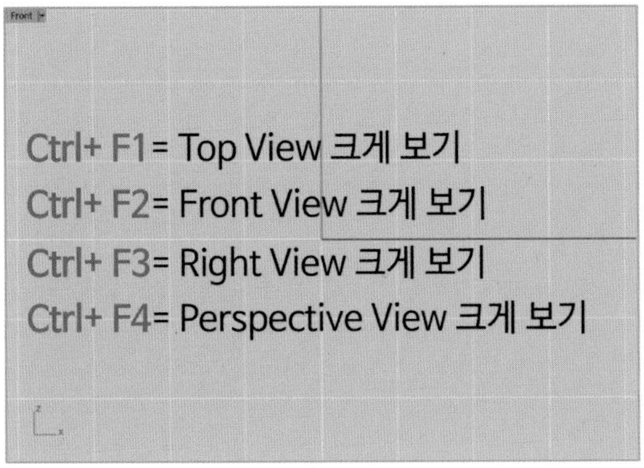

07 CHAPTER 개체 스냅(Object Snap)의 이해

Understanding Object Snap

개체 스냅 또는 오브젝트 스냅은 말 그대로 대상 개체에 정확한 지점을 잡기 위한 명령어이다. 치수 드로잉을 통한 정확한 모델링을 위해서는 필수적인 기능이다. 반드시 사전 숙지해야 하는 부분이다. 개체 스냅의 활성화는 하단 상태 라인에서 Osnap 부분을 클릭하면 나타난다. 언제든 Disable을 통해 비활성화가 가능하다. 원하는 스냅만 마우스 오른쪽으로 클릭하면 사전 복수 선택된 나머지 스냅들이 모두 해제되기도 한다.

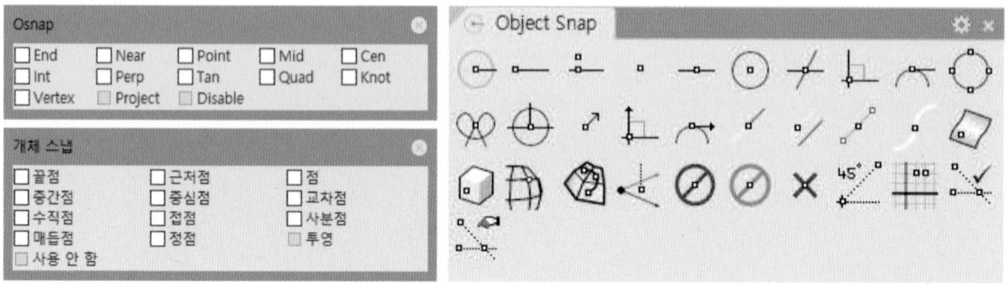

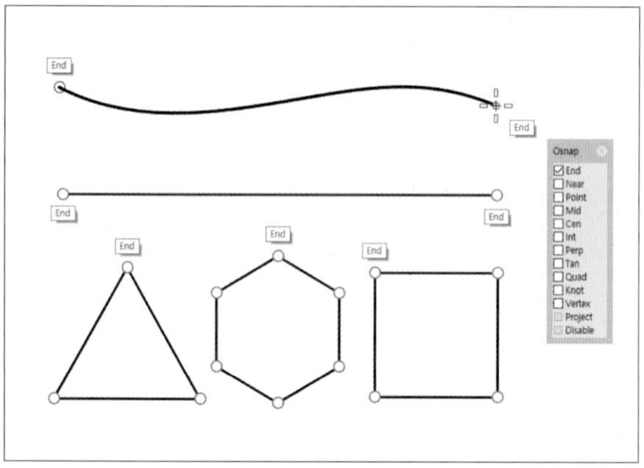

끝점(Endpoint object snap)

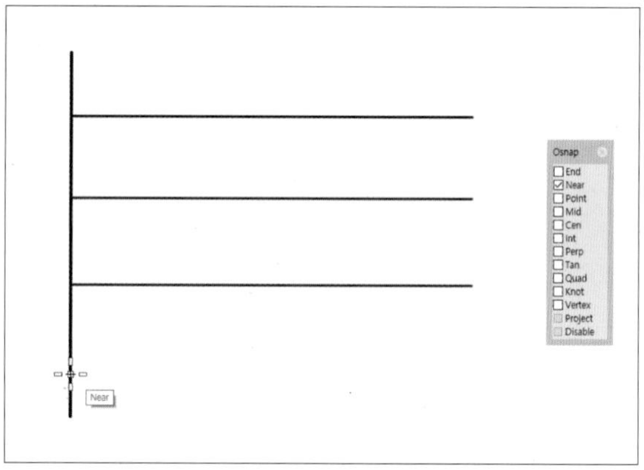

근처점(Near to object snap)

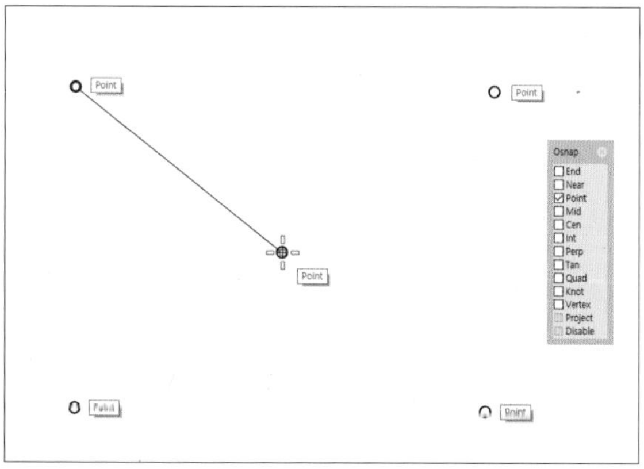

점(Point object snap)

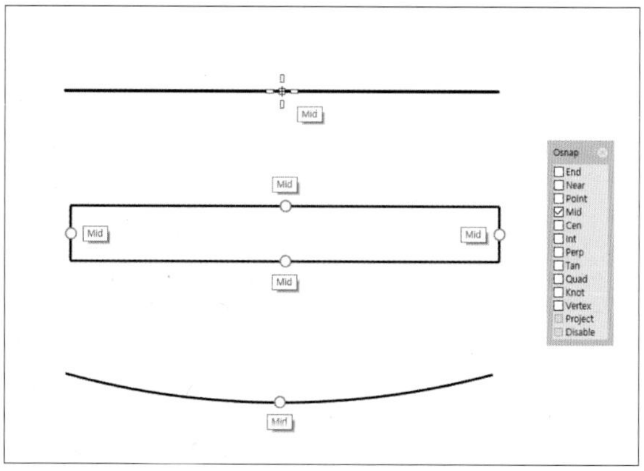

중간점(Mid point object snap)

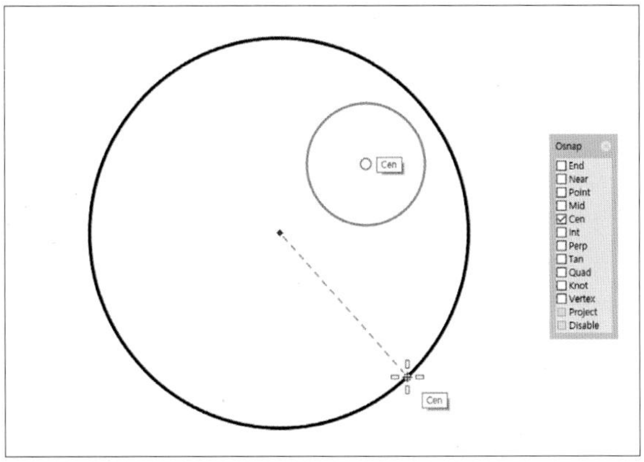

중심점(Center object snap)

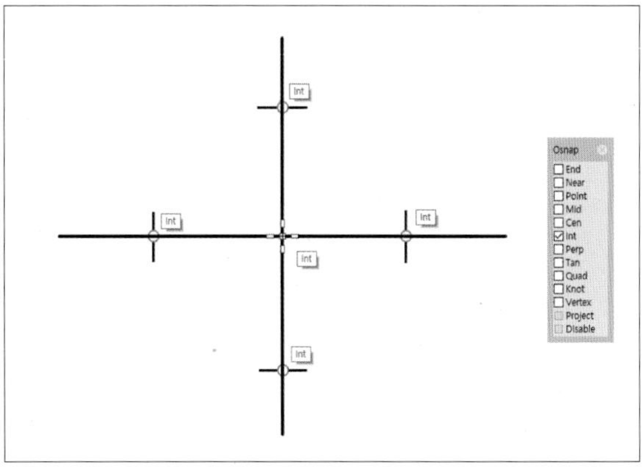

교차점(Intersection object snap)

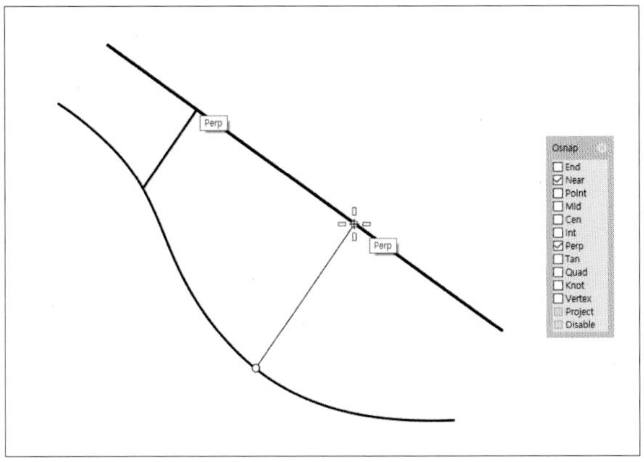

수직점(Perpendicular object snap)

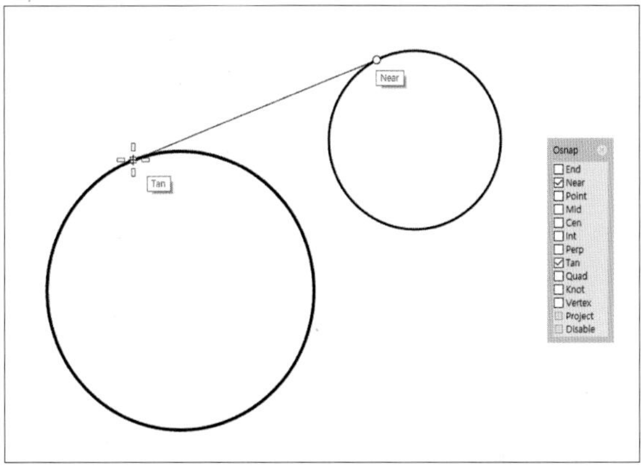

접점(Tangent object snap)

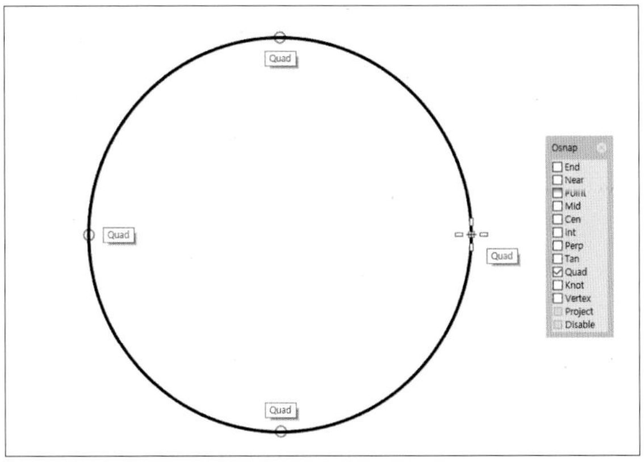

사분점(Quadrant object snap)

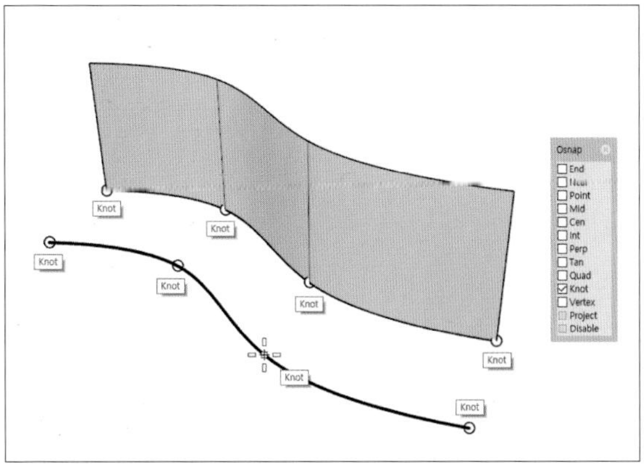

매듭점(Knot object snap)

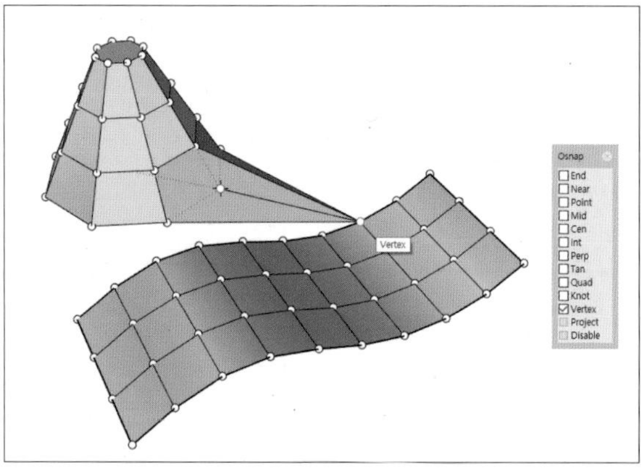

정점(Polygon mesh vertex object snap)

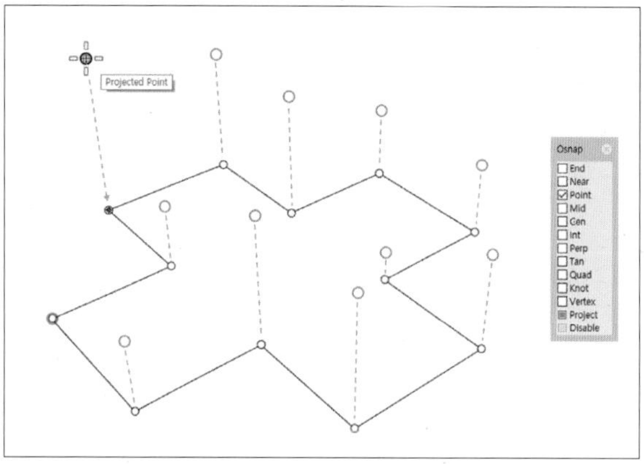

투영(Project sanp)

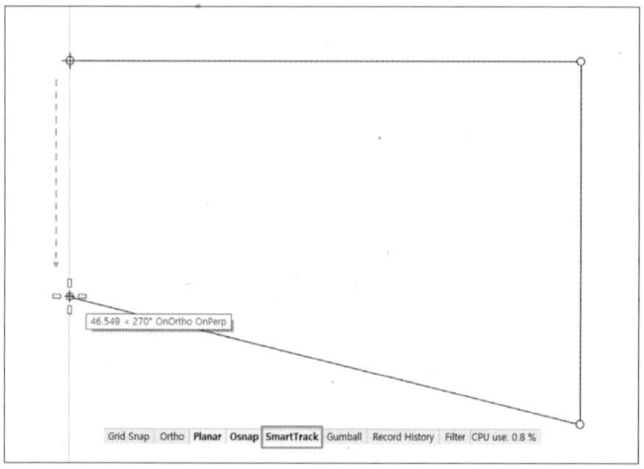

스마트 트랙(SmartTrack)

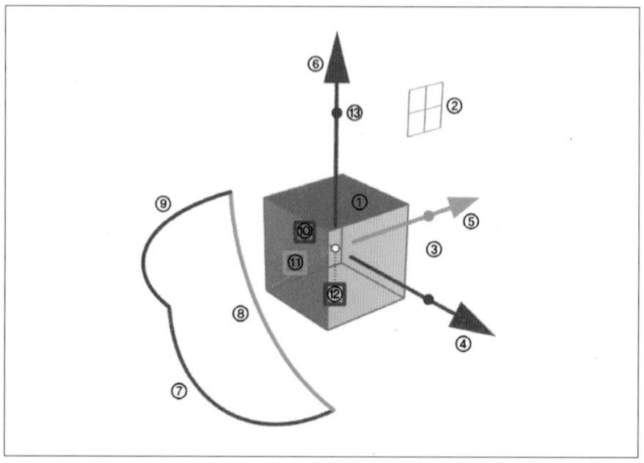

검볼(Gumball)

검볼(Gumball)은 객체를 3차원 공간에서 X, Y, Z 방향으로 자유롭게 또는 치수로 이동이 가능하고, 객체를 X, Y, Z 방향으로 회전시킬 수 있다. 또한 해당 면에 대해 돌출 변형도 가능하다. 부위별 명칭을 보면 쉽게 이해할 수 있다. 치수 이동은 방향 이동 화살표를 1번 클릭하면 나타난다.

① 대상 객체
② 축 평면 표시기
③ 자유 이동 원점
④ X 방향으로 이동
⑤ Y 방향으로 이동
⑥ Z 방향으로 이동
⑦ X 방향으로 회전
⑧ Y 방향으로 회전
⑨ Z 방향으로 회전
⑩ X 방향으로 크기 조정
⑪ Y 방향으로 크기 조정
⑫ Z 방향으로 크기 조정
⑬ Z 돌출

08 레이어(Layer)의 이해

CHAPTER

Understanding layer

레이어(Layer)란 일종의 도면을 관리하기 위한 일종의 도면 층으로, 부품 수가 많은 제품 모델링의 경우 부품별 네이밍과 컬러를 적용하여 도면 층을 구분해 줌으로써 관리 및 작업의 효율을 높일 수 있다. 이러한 레이어는 직선이나 커브가 될 수도 있고, 서피스나 솔리드 객체가 될 수도 있다. 레이어 옵션 창을 통해 각각의 레이어를 숨기거나 잠금과 해제 기능을 수행할 수 있다. New Sublayer를 통해 추가적인 관리가 가능하며, 라인 종류(Linetype)와 프린트 시 출력 선의 두께(Print Width)도 통제가 가능하다. 레이어 명령어 중에 레이어 생성과 레이어 변경(Change object layer)은 꼭 알아두면 좋다.

레이어 패널 활성 Toggle layer panel
레이어 창 닫기 Close layer dialog

객체 레이어 변경 Change object layer
객체 레이어 매치 Match object layer

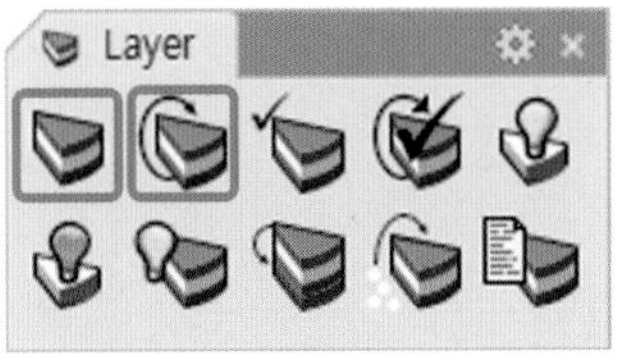

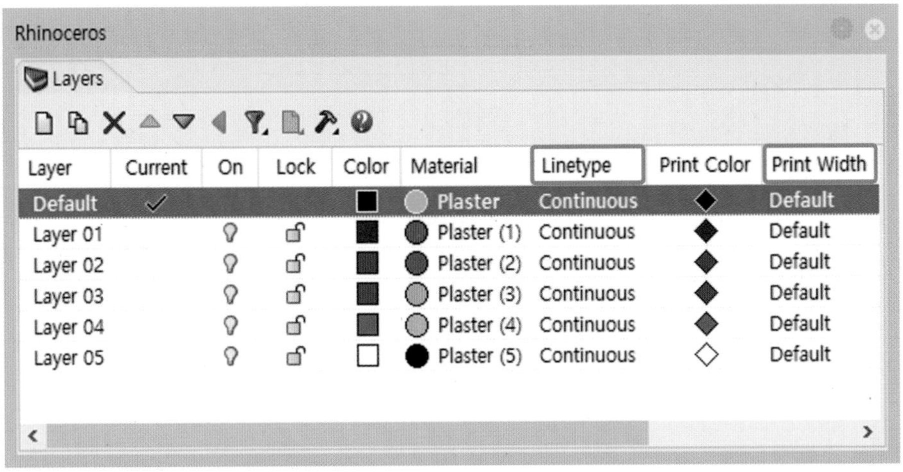

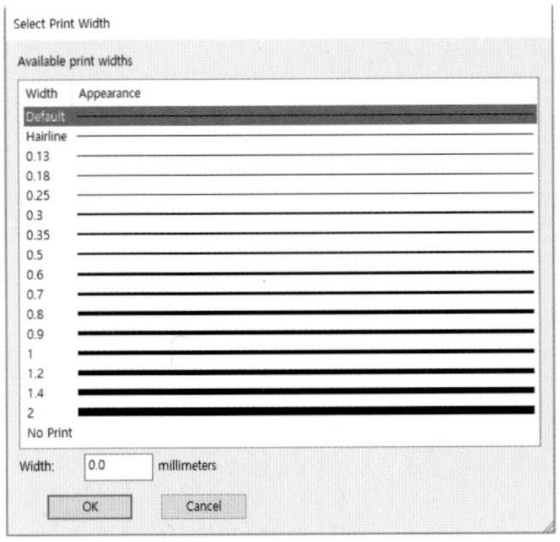

인쇄 너비(Print Width)

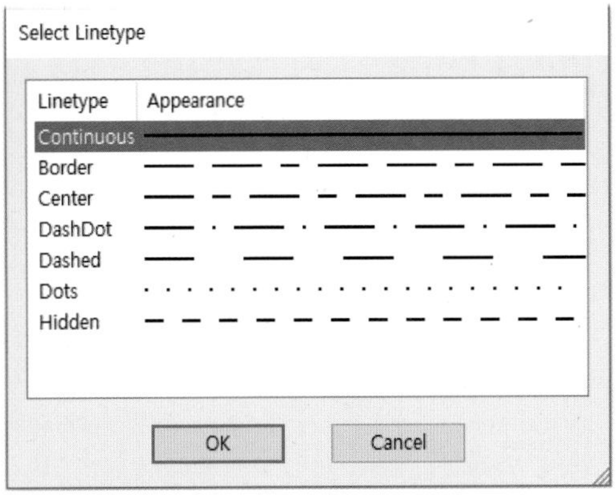

선 종류(Linetype)

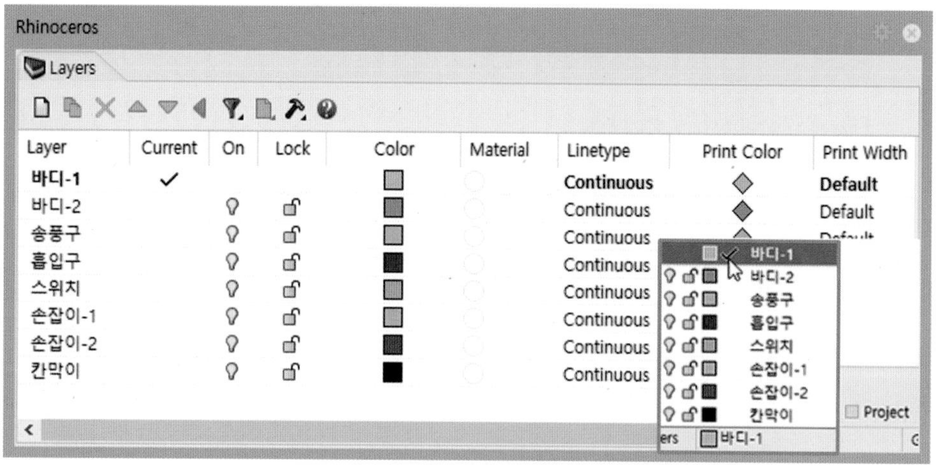

그림처럼 예제를 가지고 실제 레이어를 적용해서 기본적인 조작법을 숙지해 본다. 또한 빠른 조작을 위해 뷰포트 하단 상태 라인에서 바로 레이어를 선택해서 사용하면 편리하다.

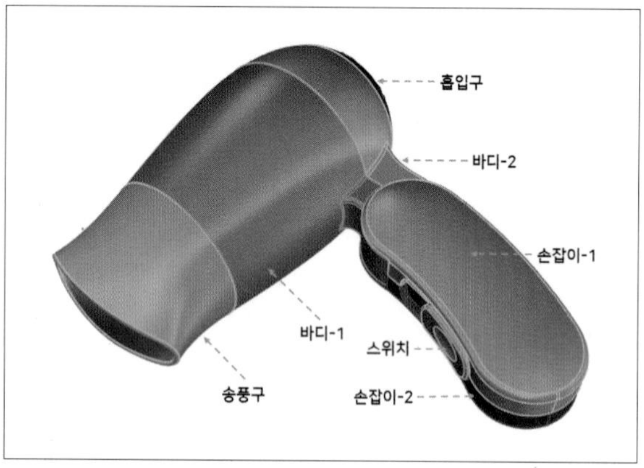

파트별 레이어 네이밍 적용

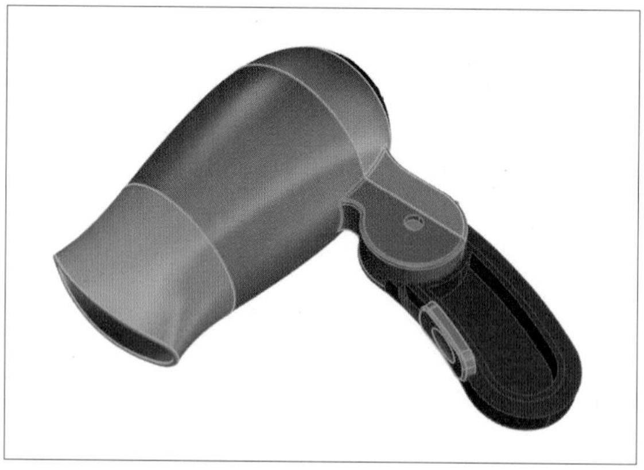

레이어 숨기기(손잡이-1)

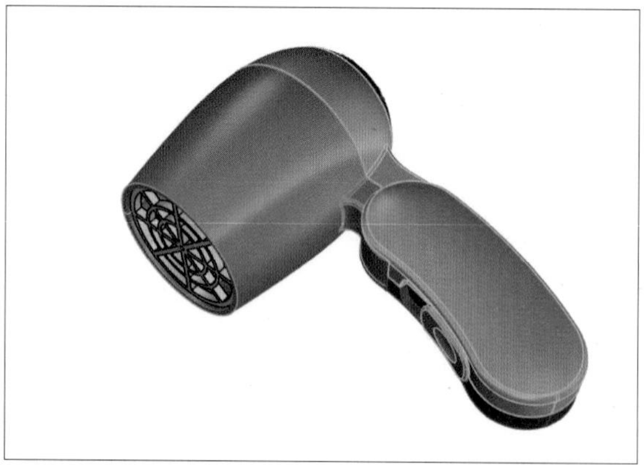

레이어 숨기기(송풍구)

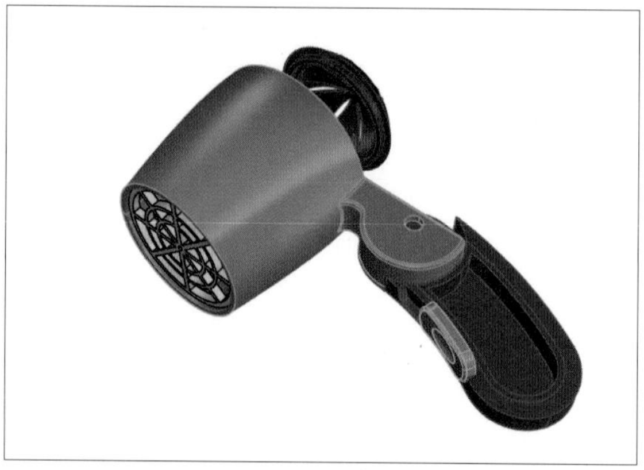

레이어 숨기기(바디-2)

Memo

Rhino 3D

Bible

for industrial desingers

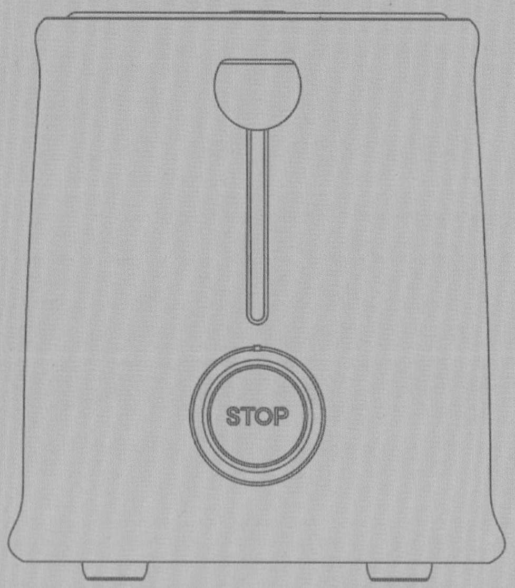

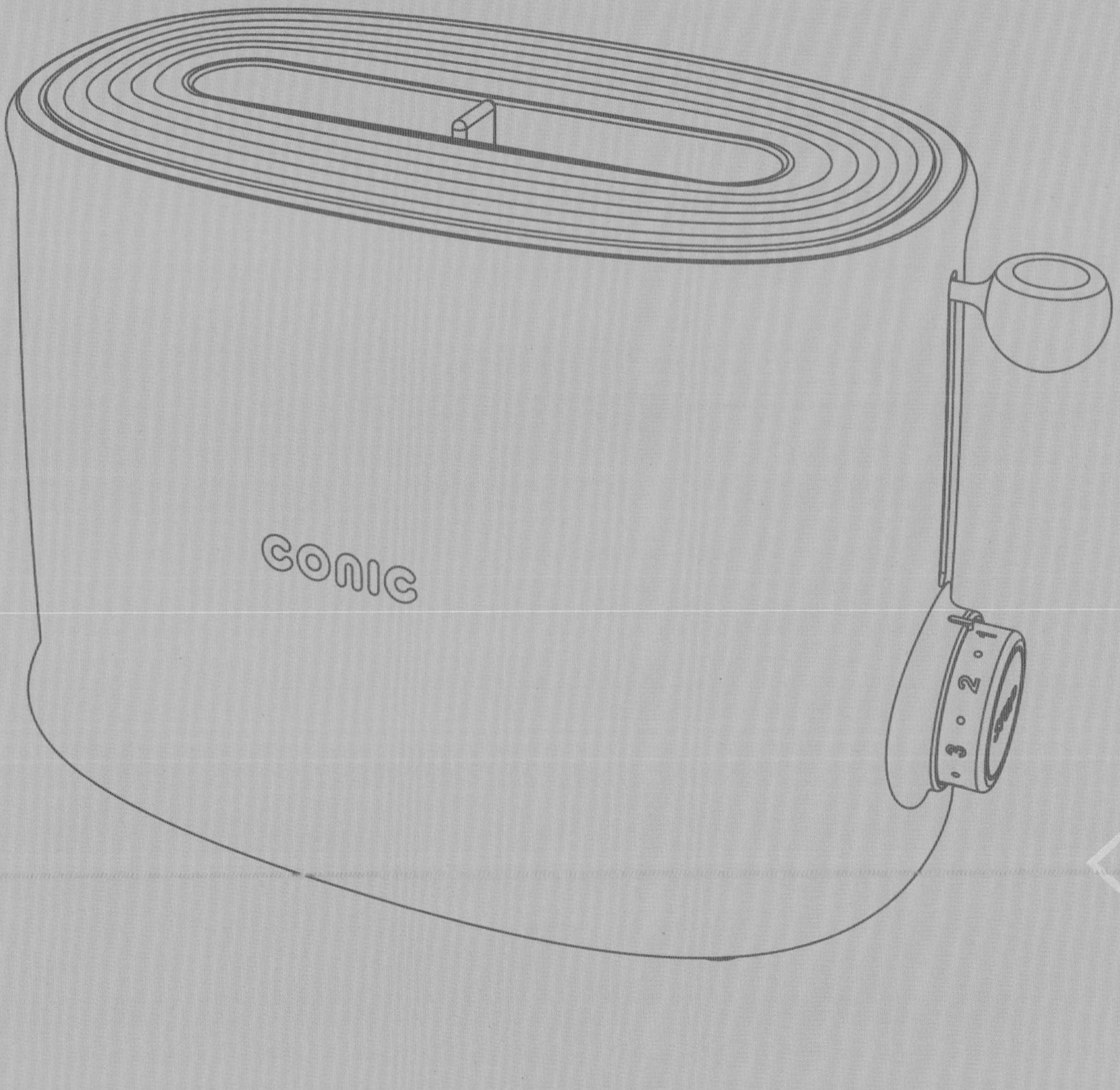

PART

02

라이노 3D 기초 모델링과 도면 작성하기

01
CHAPTER

록킹 버드(Rocking bird) 인테리어 소품 모델링

Rocking bird interior accessory modeling

라이노 3D 학습을 위한 첫 단계이다. 배경 이미지(또는 자신이 원하는 스케치)를 작업 화면으로 불러오는 방법과 배경 이미지에 대고 직선과 곡선, 트림(Trim), 조인(Join), 폭파(Explode)와 같은 기본 툴을 학습해 본다. 완성된 드로잉은 3D로 입체화 작업까지 진행한다. 예제 록킹 버드는 저자가 직접 디자인한 무게 중심의 변화에 따라 앞뒤로 흔들리는 작은 인테리어 소품이다.

학습 예제 Rocking bird 이미지

3D 완성 이미지

01 배경 이미지 준비하기

드로잉의 시작은 Front view에서 시작한다. 먼저 혜지원 출판사에서 제공하는 지정 자료함에서 관련 파일(록킹버드 이미지 파일-01)을 다운로드받아 학습한다.

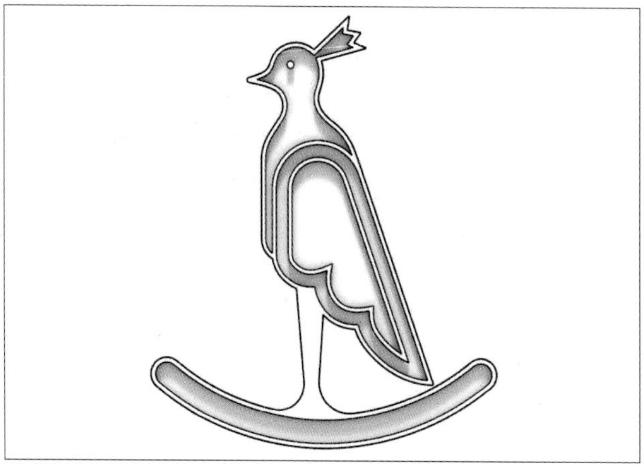

02 배경 이미지 불러오기

Front View에서 시작한다. 바탕 화면에 준비해 둔 록킹버드 이미지-01을 Front View 화면으로 드래그 앤 드롭한다. 동시에 선택 항목 창이 나타난다. Picture에 체크하고 OK한다.

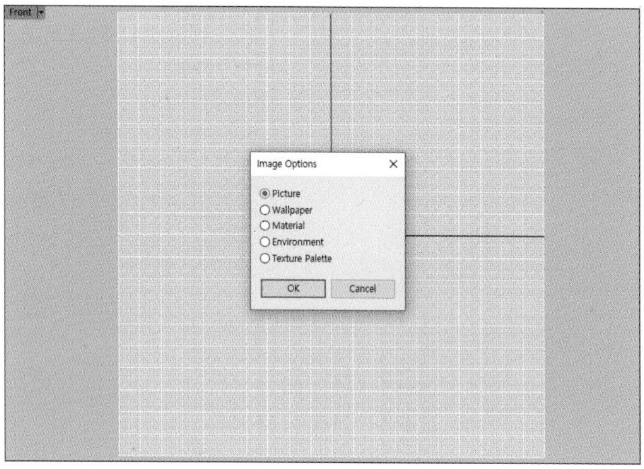

03 이미지 크기 영역 지정하기

그림과 같이 대각선 방향으로 이미지의 위치와 크기를 지정한다. 참고로 현재 작업되고 있는 Grid 값은 좌표 중심에서 100mm(총 200mm) 그리드이나, 대략 이 정도 영역에 위치시키면 된다. 이보다 작거나 커도 아무런 문제는 없다.

04 이미지 잠금(Lock) 하기

일단 불러온 이미지에 대고 라인을 그리기 위해서는 드로잉 도중에 선택되지 않도록 Lock 명령으로 잠금해 준다.

Lock objects
Unlock object

Unlock object

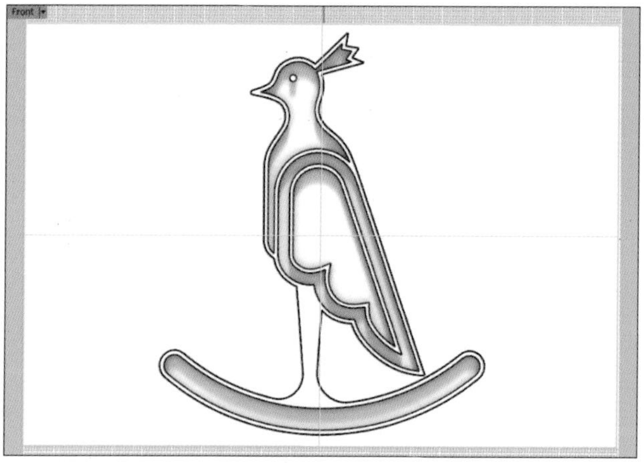

05 레이어 만들기

이제 선 그리기를 하기 전에 레이어 컬러를 지정해 줄 필요가 있다. 불러온 이미지의 윤곽선이 검정이라 구분을 하기 위함이다. Layer 〉 Toggle layer panel 명령을 클릭한다. New layer를 클릭하고 "록킹버드" 레이어 명을 기입하고 원하는 컬러 선택 후 OK한다.

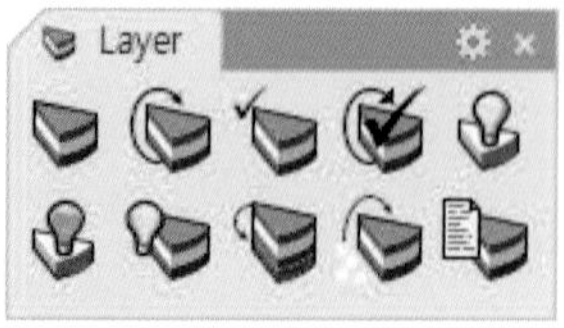

Toggle layer panel
Close layer dialog

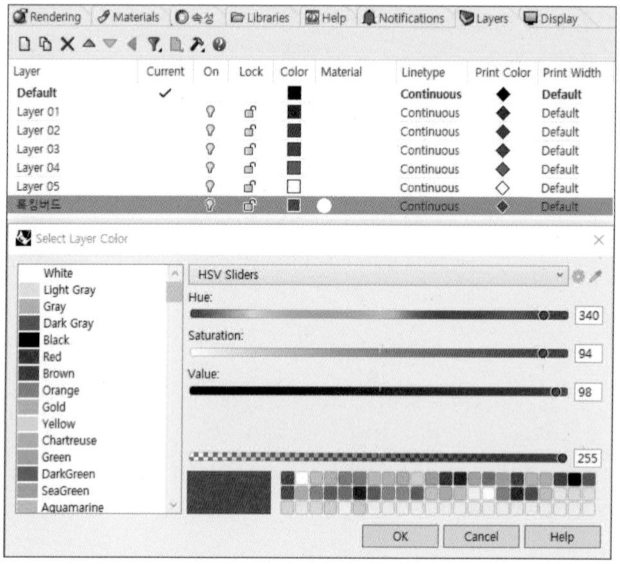

06 상태 표시줄 레이어 확인하기

상태 표시줄(Status bar)에 방금 만든 레이어가 있는지 확인하고 록킹버드 레이어에 체크한다. 이제부터는 록킹버드 레이어 컬러가 드로잉 시 적용된다. F7을 눌러 그리드(Grid)를 숨겨 준다.

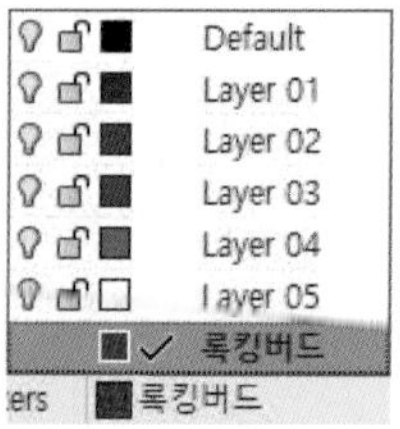

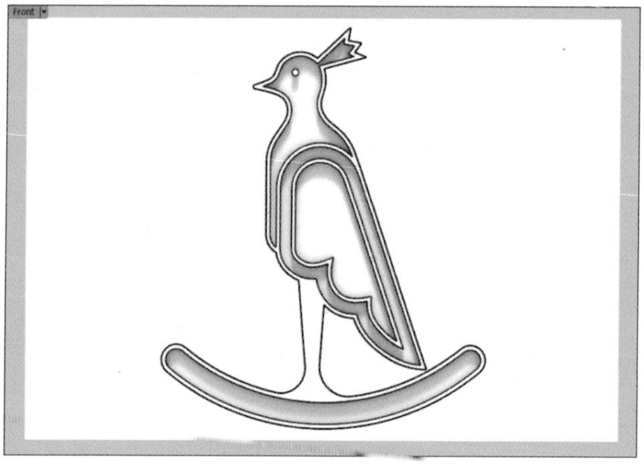

07 외형 선 그려 주기

Front View에서 작업한다. 곡선을 자유롭게 그리고자 한다면 Grid Snap, Ortho 등은 Off 상태로 해 주는 게 좋다. 참고로 필자는 레이어 컬러로 Red Color를 사용 중이다. 학습자가 좀 더 구분하기 쉽게 하기 위함이다. Curve: interpolate points 명령으로 자유롭게 선을 그려 준다. 만약 커브를 수정하고 싶다면 ①번과 ②번 선을 클릭한 상태에서 F10을 눌러 주면 된다. F11은 포인트 OFF가 된다. 참고로 선을 그릴 때는 한 번에 그려 주고 길게 빼 준다. 나중에 트림 명령으로 교차한 부분을 정리할 계획이다.

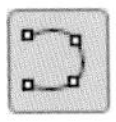

Curve: interpolate points
Handle curve

08 크라운 직선 라인 그리기

다음 직선을 사용해 본다. Lines > Polyline 명령으로 왕관 모양의 직선 부분을 한 번에 그려 준다.

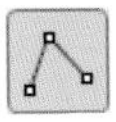

Polylines
Line Segments

Single line

09 3번 커브 그려 주기

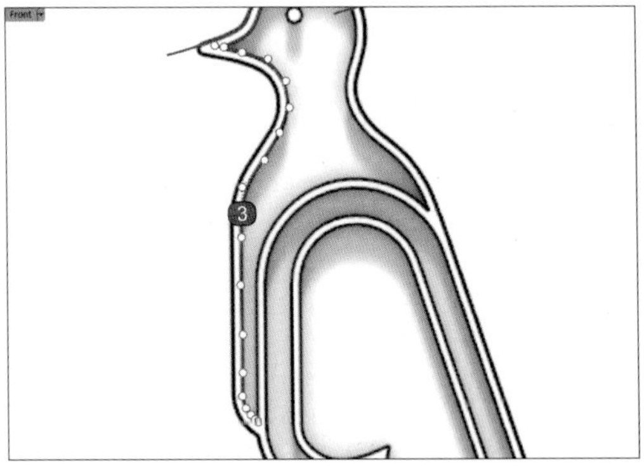

Curve: interpolate points 명령으로 ③번 커브를 한 번에 그려 준다. 편집은 언제나 F10을 눌러 편집해 준다.

Curve: interpolate points
Handle curve

10 4번 커브 그려 주기

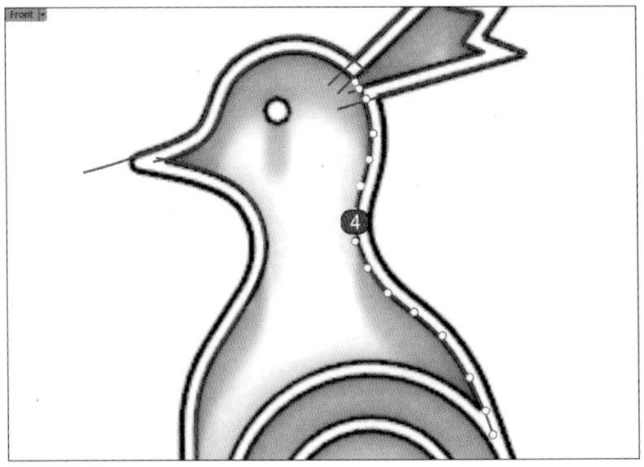

Curve: interpolate points 명령으로 ④번 커브를 한 번에 그려 준다. 편집은 언제나 F10을 눌러 편집해 준다. 교차하게 해 주면 나중에 Trim 명령으로 정리할 때 좋다.

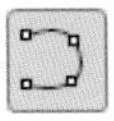

Curve: interpolate points
Handle curve

11 5번 커브 그려 주기

Curve: interpolate points 명령으로 ⑤번 커브를 한 번에 그려 준다. 편집은 언제나 F10을 눌러 편집해 준다.

Curve: interpolate points
Handle curve

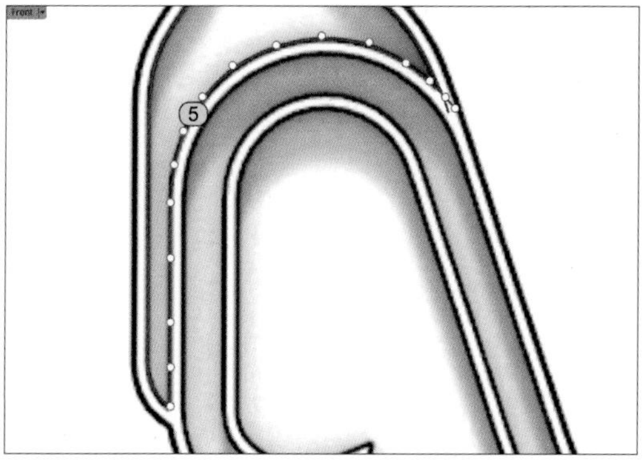

12 6번 커브 그려 주기

Curve: interpolate points 명령으로 ⑥번 커브를 한 번에 그려 준다. 포인트를 너무 촘게 많이 찍지 말고 비슷한 간격으로 적당히 균등하게 찍어 주면 좀 더 수월하게 드로잉이 된다.

Curve: interpolate points
Handle curve

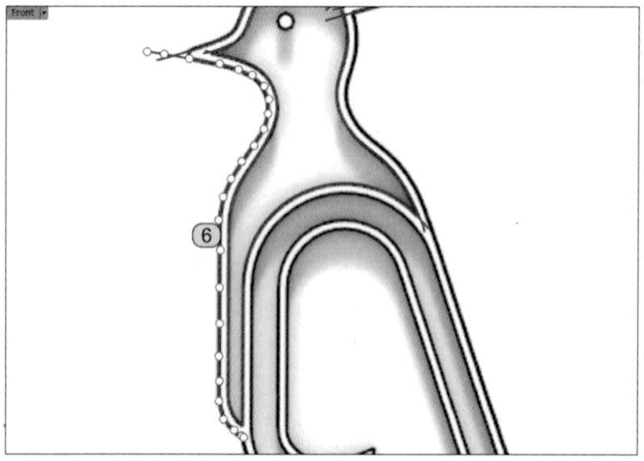

13 눈 그려 주기

Circle 〉 Circle : center, radius 명령으로 그림과 같은 비슷한 크기로 원을 그려 준다.

Circle: center,radius

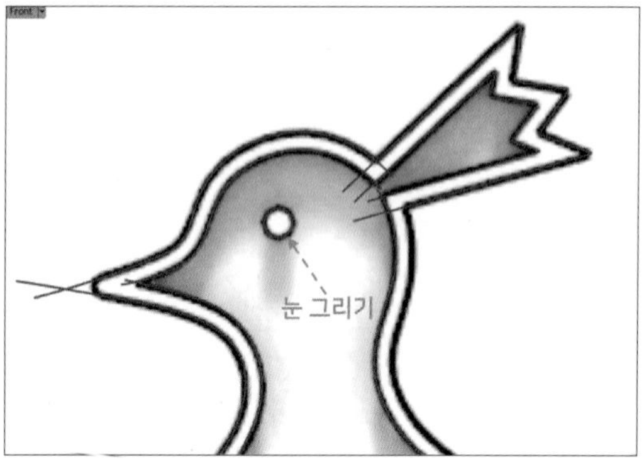

14 7번 커브 그려 주기

Curve: interpolate points 명령으로 ⑦번 커브를 한 번에 그려 준다. 편집은 언제나 F10을 눌러 편집해 준다. 교차하게 해 주면 나중에 Trim 명령으로 정리할 때 좋다.

Curve: interpolate points
Handle curve

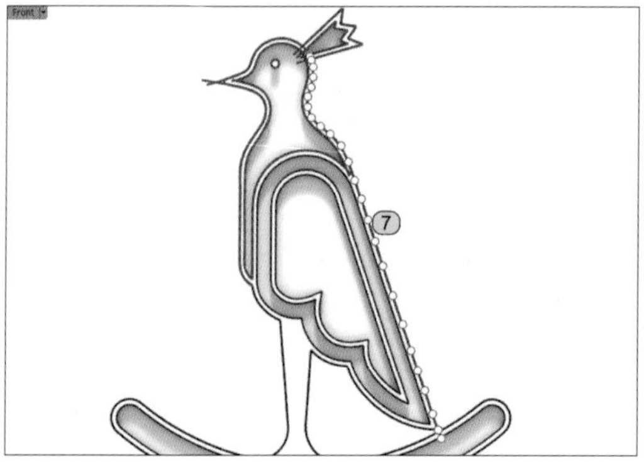

15 8번 커브 그려 주기

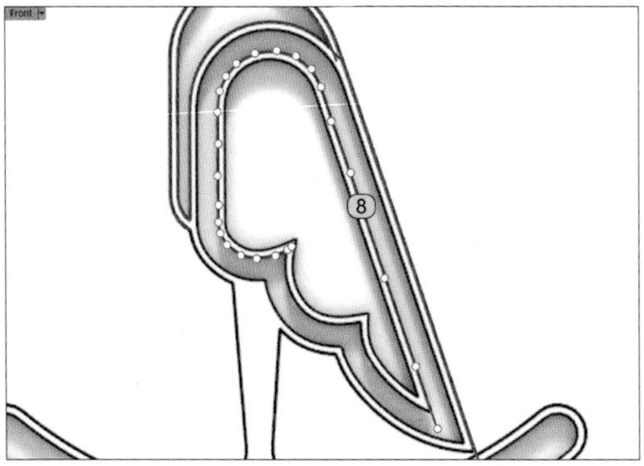

Curve: interpolate points 명령으로 ⑧번 커브를 한 번에 그려 준다. 편집은 언제나 F10을 눌러 편집해 준다.

Curve: interpolate points
Handle curve

16 9-10번 커브 그려 주기

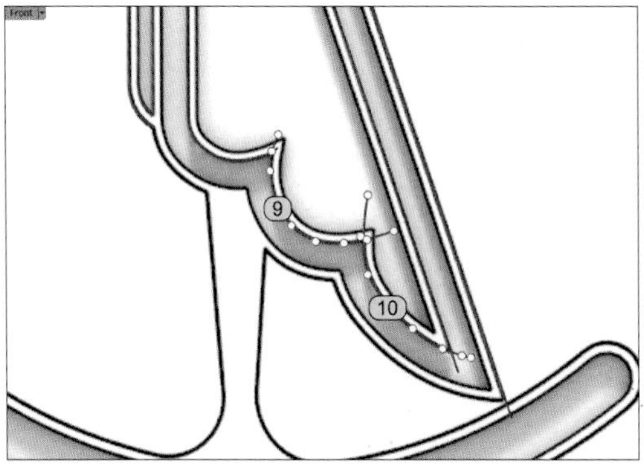

Curve: interpolate points 명령으로 ⑨번, ⑩번 커브도 그려 준다. 포인트를 너무 좁게 많이 찍지 말고 비슷한 간격으로 적당히 균등하게 찍어 주면 좀 더 수월하게 드로잉이 된다.

Curve: interpolate points
Handle curve

17 라인 드로잉 완료하기

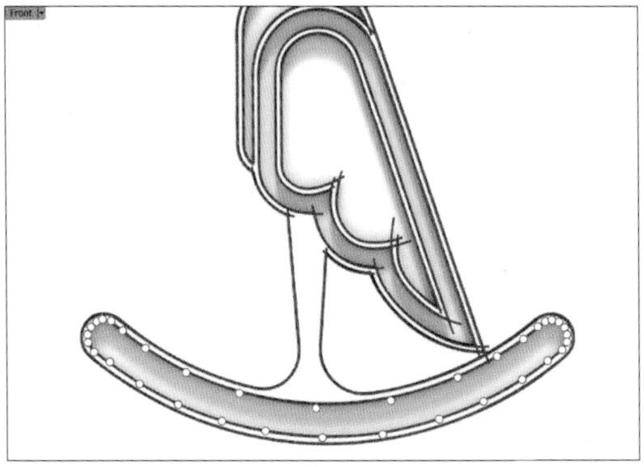

Curve: interpolate points 명령으로 나머지도 모두 완료한다. 그림처럼 굴곡이 심한 부분은 포인트를 좁게 많이 찍고 비슷한 간격으로 적당히 균등하게 찍어 주면 좋다.

Curve: interpolate points
Handle curve

18 배경 이미지 숨기기

앞서 배경 이미지에 걸어 둔 Lock을 Unlock object 명령으로 풀어 준다. 그 다음 Hide objects 명령으로 숨겨 준다.

Unlock object

Hide objects
Show objects

19 교차 부위 트림(Trim)으로 정리하기

모든 라인 드로잉을 선택하고 Trim 명령으로 교차 부위의 불필요한 부분을 모두 지워 준다.

Trim
Untrim

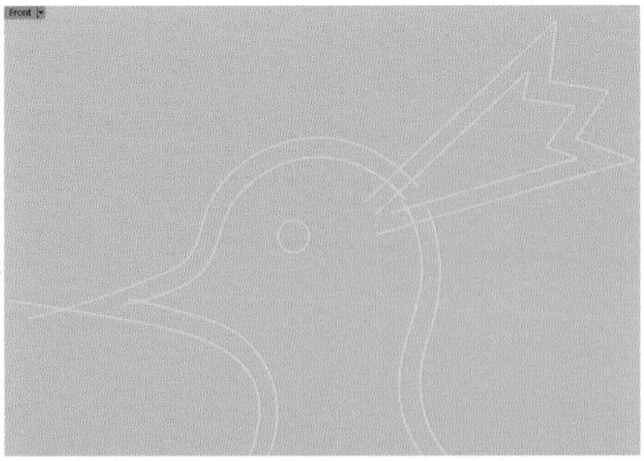

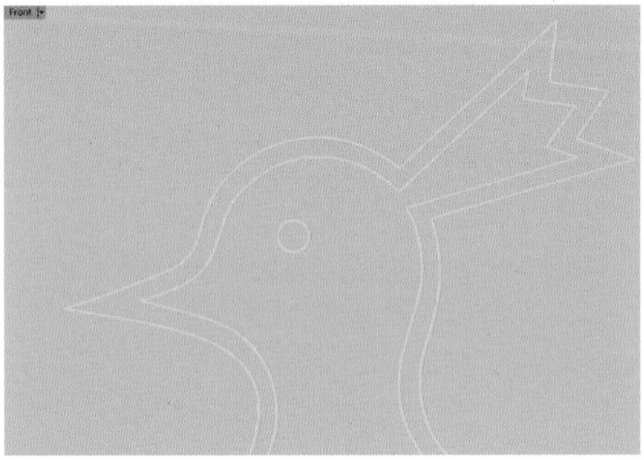

20 교차 부위 트림(Trim)으로 정리하기

모든 라인 드로잉을 선택하고 Trim 명령으로 교차 부위의 불필요한 부분을 모두 지워 준다.

Trim
Untrim

21 부리 부위 호(Arc)로 마감하기

Arc 〉 Arc: tangent to curves 명령으로 두 변에 내접하는 호(Arc)를 적당히 만들어 준다. 바깥쪽과 안쪽 모두 처리해 준다.

Arc: tangent to curves
Arc: tangent, tangent, radius

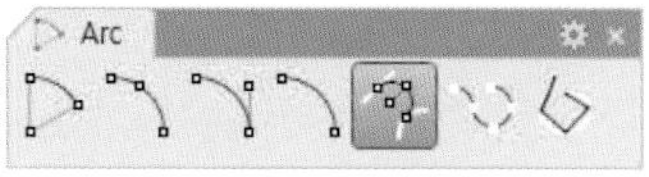

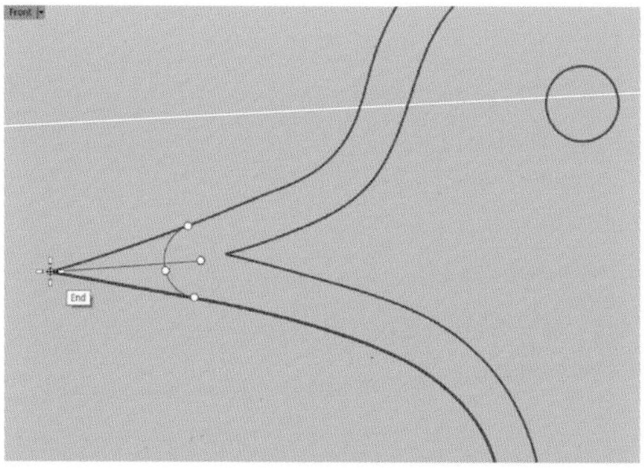

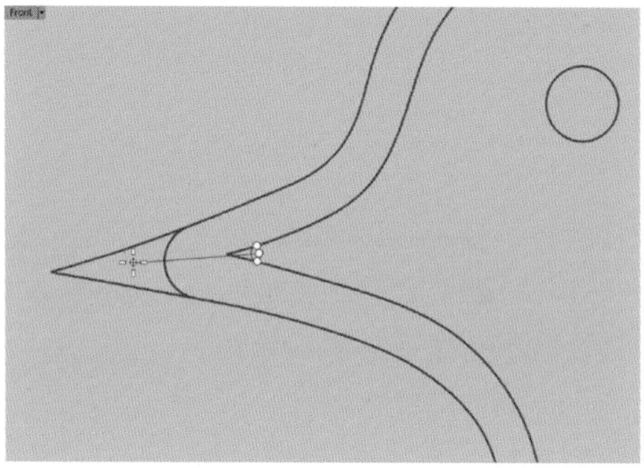

22 교차 부위 트림(Trim)으로 정리하기

모든 라인 드로잉을 선택하고 Trim 명령으로 교차 부위의 불필요한 부분을 모두 지워 준다.

Trim
Untrim

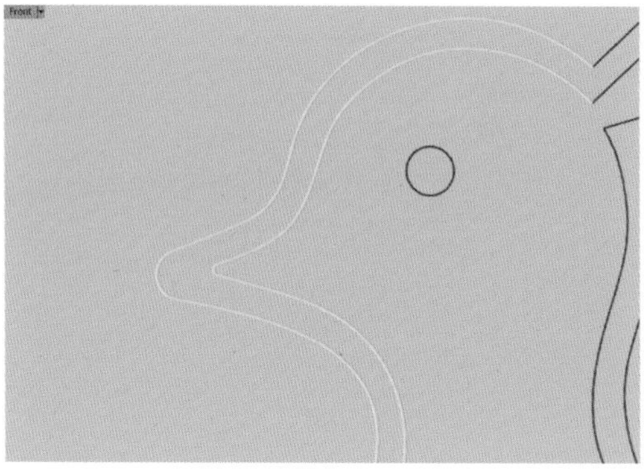

23 모든 라인들 Join으로 붙여 주기

모든 라인 드로잉을 선택하고 Join 명령으로 모두 붙여 준다. 만약 조금이라도 한 곳이 떨어지게 되면 나중에 솔리드 개체로 만들 수 없다. 참고로 선택했을 때 닫힌 채로 선택되면 된다.

Join

24 솔리드 만들기

Solid Creation 〉 Extrude closed planar curve 명령으로 돌출 개체를 만들어 준다. 이때 옵션은 BothSides=Yes, Solid=Yes, Distance=10mm이다. 총 두께는 20mm가 된다.

Extrude closed planar curve

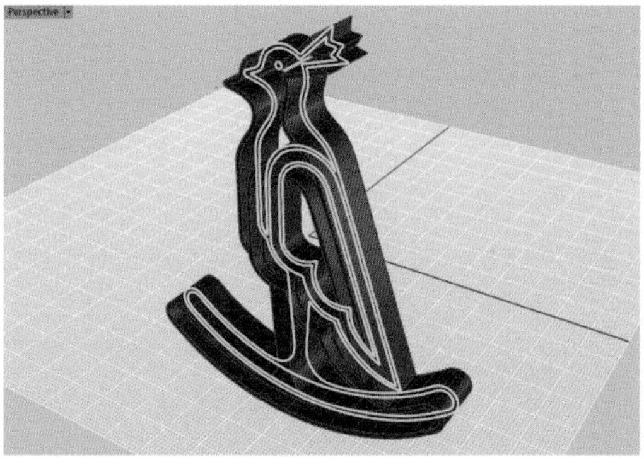

25 레이어 변경하기

초기 레이어로 돌출 개체를 만들었기에 솔리드 개체가 너무 빨강 색상이라 좀 더 보기 편한 레이어 컬러로 변경한다. 레이어 변경은 간단하다. Change objects layer 명령을 클릭하고 원하는 레이어 컬러를 선택하면 변경된다.

Change object layer
Match object layer

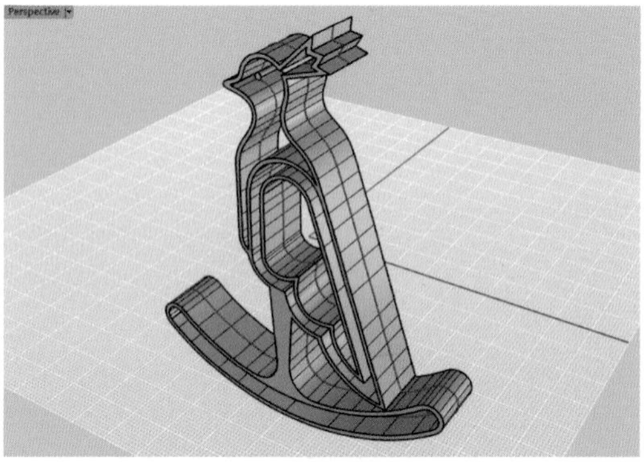

26 모델링 상태 확인하기

정상적으로 작업이 됐다면 그림과 같이 눈과 안쪽 날개는 솔리드이지만 공중에 떨어진 채로 있게 된다. 이제 해당 파트들을 모두 하나로 붙여 주기 위한 작업을 한다.

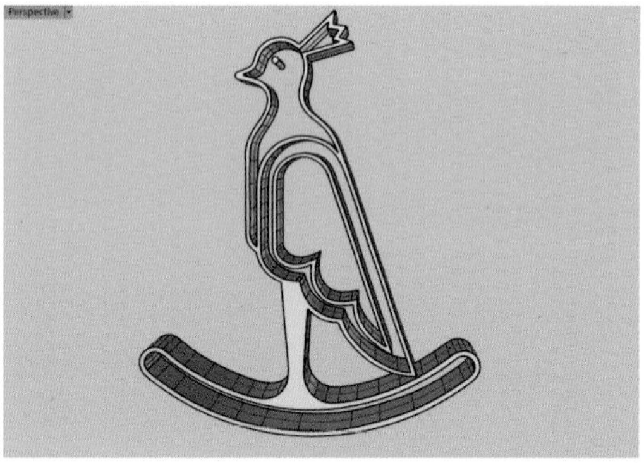

27 외형선 선택하기

그림과 같이 ①번 외형선만을 선택한다. 이것을 곧 돌출 Solid 개체로 만들 계획이다.

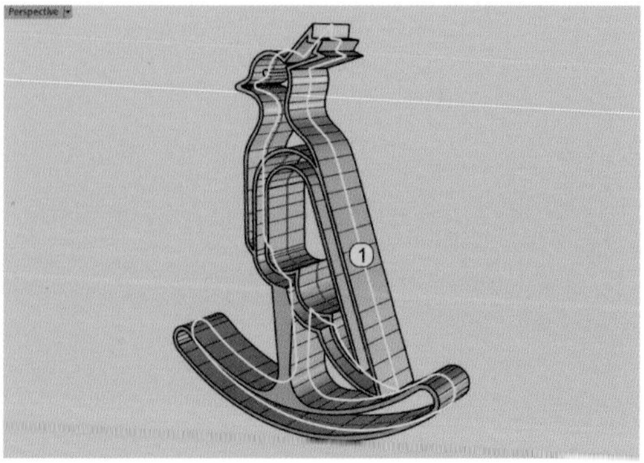

28 솔리드 만들기

Solid Creation 〉 Extrude closed planar curve 명령으로 돌출 개체를 만들어 준다. 이때 옵션은 BothSides=Yes, Solid=Yes, Distance=7mm이다. 총 두께는 14mm가 된다.

 Extrude closed planar curve

29 레이어 변경하기

초기 레이어로 돌출 개체를 만들었기에 솔리드 개체가 너무 빨강 색상이라 좀 더 보기 편한 레이어 컬러로 변경한다. 레이어 변경은 간단하다. Change objects layer 명령을 클릭하고 원하는 레이어 컬러를 선택하면 변경된다.

 Change object layer
Match object layer

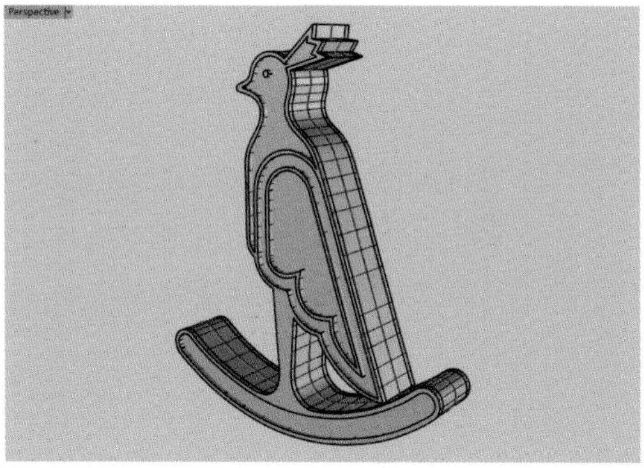

30 합집합해 주기

이제 모든 솔리드 개체들이 중첩되면서 하나의 개체로 붙일 수 있는 조건이 되었다. Solid Tools 〉 Boolean Union 명령으로 개체들을 모두 붙여 단일 개체가 되게 한다. 참고로 합집합은 각각 순차적으로 붙여 나가는 것이 여기서는 좋다. 만약 모든 것을 한 번에 선택하면 실패할 수 있다. 정상적으로 합집합이 완료되었다.

 Boolean union

31 불필요한 라인들 숨기기

Select 〉 Select curves 명령을 클릭하면 자동으로 숨은 선들이 선택된다. 이제 모두 Hide 명령으로 숨겨 준다.

 Select curves

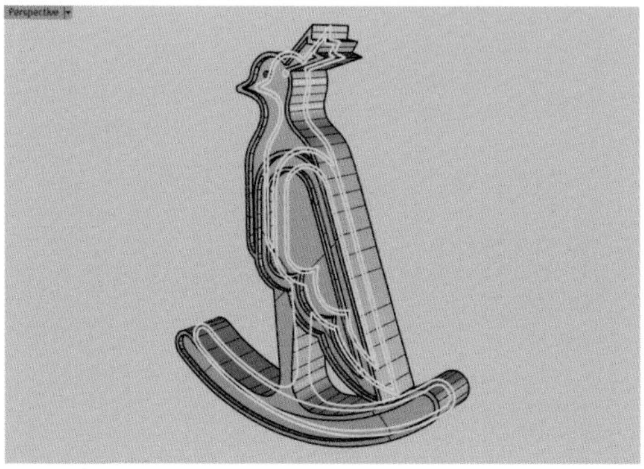

32 아이소커브 보이지 않게 하기

개체를 선택한 상태에서 Object properties 명령을 클릭한다. 다음 Isocurve Density에서 Show surface isocurve 체크를 해제하면 그림과 같이 셰이딩 면이 깔끔하게 보인다. 필요에 따라 언제든 보이게 할 수 있다.

Object properties

Isocurve Density	
Density	-1
Show surface isocurve	☐

33 라이노 3D 렌더링하기

라이노 3D 자체에서도 기본적인 렌더링이 가능하다. Rendering 탭에서 원하는 Backdrop을 선택한다. 여기서는 360도 Environment를 선택하고 Studio에 맞춘다. Materials 탭에서 +표시를 클릭하여 우드 재질 하나를 매핑한다.

02 CHAPTER 치수 기입을 위한 명령어 알기

치수에 의해 작성된 라인 드로잉에 치수값을 확인할 수 있도록 치수 기입을 하게 된다. 치수 기입은 도법에 맞게 해 주어야 상대에게 정확한 정보 제공과 커뮤니케이션이 가능해진다. 치수 기입을 위한 툴들은 Dimension이라는 탭에 모여 있다. 치수를 기입할 때 End, Cen, Mid, Quad와 같은 Osnap과 History 명령도 함께 사용할 수 있다. 치수 기입 명령어들에 대해 알아본다. 참고로 치수 기입 시 상대 치수선들과 일정하게 정렬도 가능하다.

히스토리 기능과 함께 사용 가능
History enabled

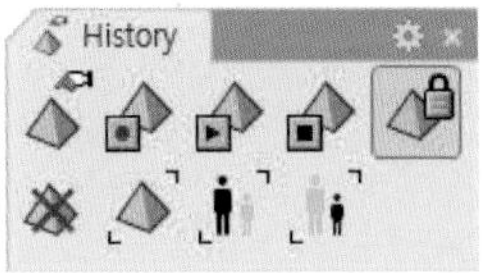

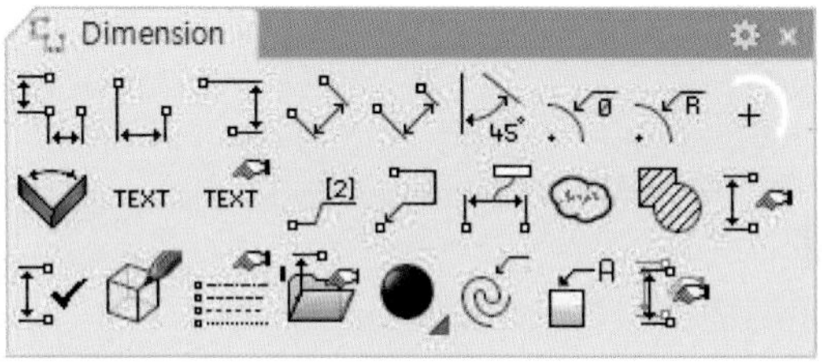

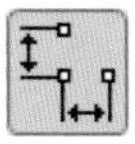

선형 치수 Linear dimension
선형 치수 연속 Linear dimension: Continuous

선형 치수 명령은 가로 및 세로로 선형 치수를 동시에 표기할 수 있다.

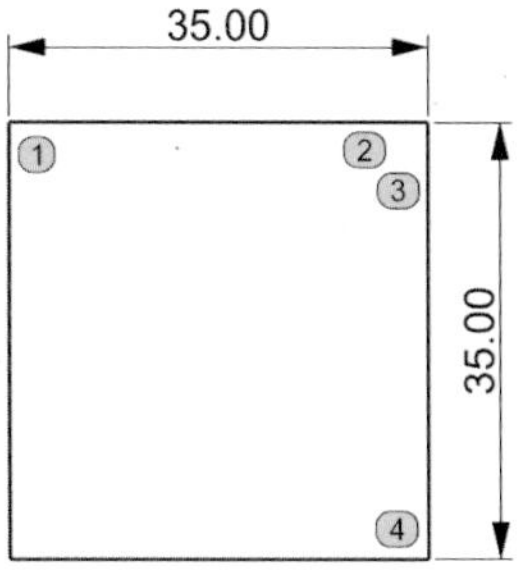

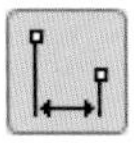

가로 치수 Horizontal dimension
가로 치수 연속
Horizontal dimension: Continuous

가로 선형 치수 명령은 가로 치수를 표기할 수 있다.

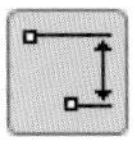

세로 치수 Vertical dimension
세로 치수 연속 Vertical dimension: Continuous

세로 선형 치수 명령은 세로 치수를 표기할 수 있다.

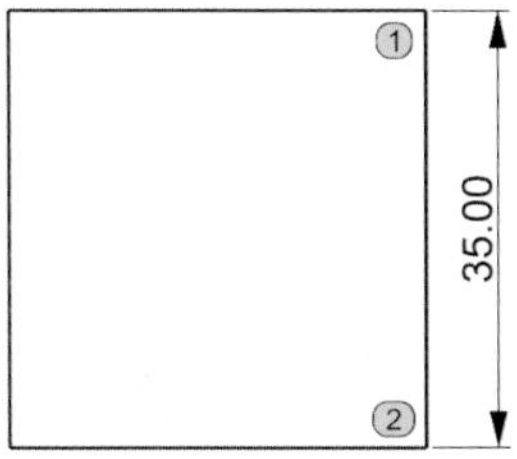

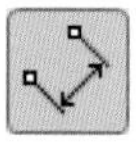

정렬된 치수 Aligned dimension
정렬된 치수 연속 Aligned dimension – Continuous

정렬된 치수 명령은 두 점과 나란히 선형 치수를 표기한다.

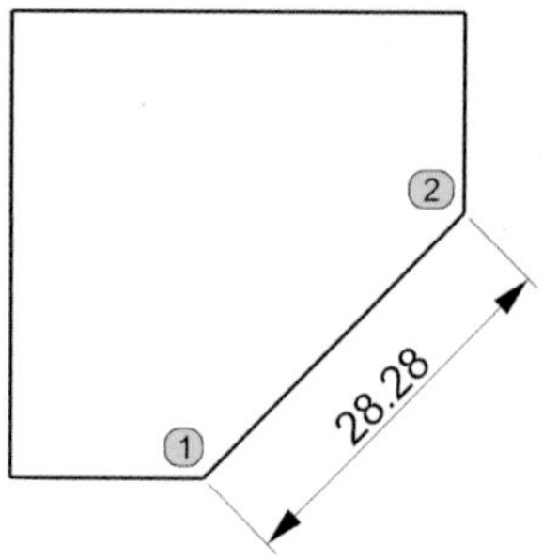

회전된 치수 Rotated dimension
회전된 치수 연속 Rotated dimension – Continuous

DimRotated 명령은 XY 축에서 회전된 선형 치수를 그린다.

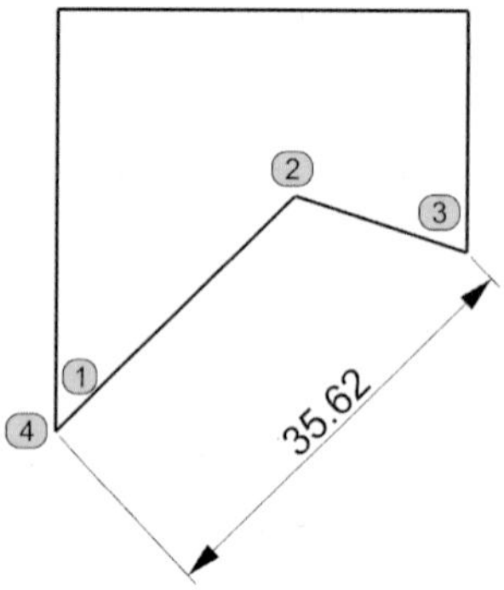

각도 치수 Angle dimension
점으로부터 각도 치수 Angle dimension from points

DimAngle 명령은 호, 두 개의 선택된 선 사이,
또는 3점으로부터의 각도를 재고 표기한다.

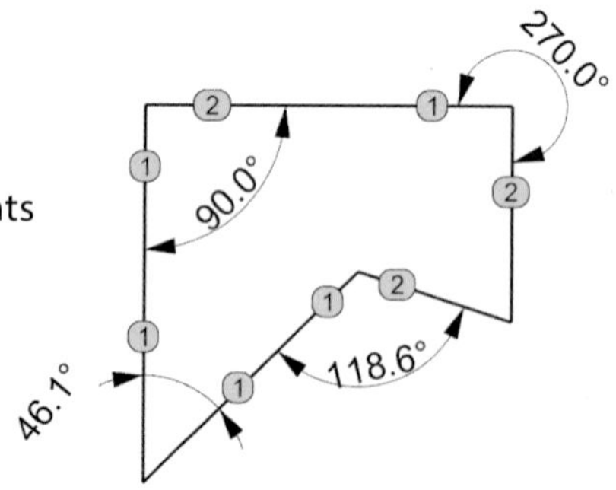

지름 치수 Diameter dimension

DimDiameter 명령은 선택된 커브의 지름을 재고 표기할 수 있다.

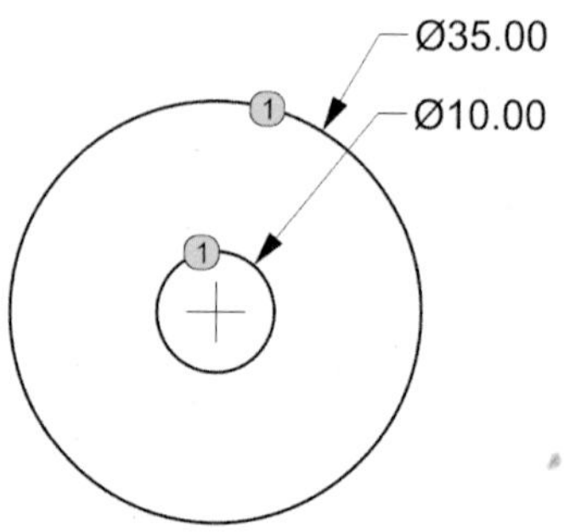

반지름 치수 Radial dimension

DimRadius 명령은 호 또는 원의 반지름 치수를 잰다.
치수는 언제나, 개체가 현재 구성 평면에 투영되는 것과 같은 상태로 측정과 표기가 가능하다.

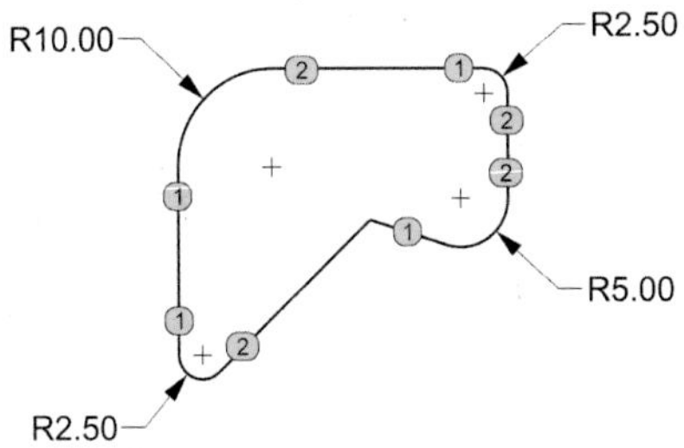

중심표시 Centermark

Centermark 명령은 호(Arc)나 원(Circle)의 중심에 십자 표시를 해 준다. 중심표시(Centermark)의 크기와 스타일은 주석 스타일과 중심표시 속성에서 제어한다.

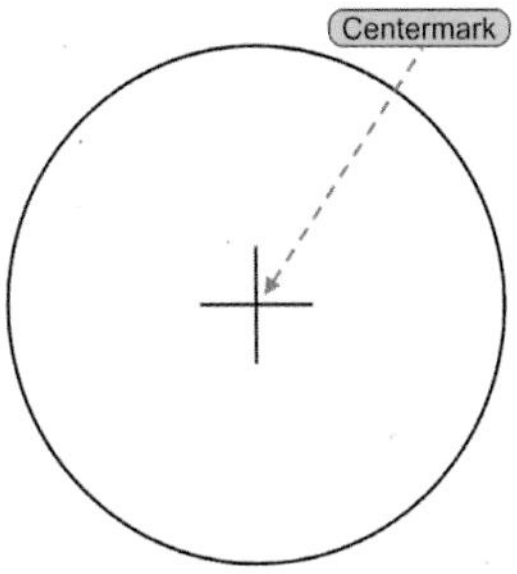

접힘각 치수 Crease angle dimension

DimCreaseAngle 명령은 두 평면 사이의 각도를 측정한다.

1. 첫 번째 서피스를 선택한다.
2. 두 번째 서피스를 선택한다.
3. 치수를 측정할 위치를 지정한다.

텍스트 Create text
텍스트의 단일선 Single line of text

Text 명령은 2D 주석 텍스트를 만든다. Text 명령은 2차원의 서식 있는 텍스트를 만든다. 서식 있는 텍스트는 워드 프로세서와 비슷하게 단어 또는 문자 기준으로 형식을 지정할 수 있다. 옵션 창에서 다양한 설정이 가능하다.

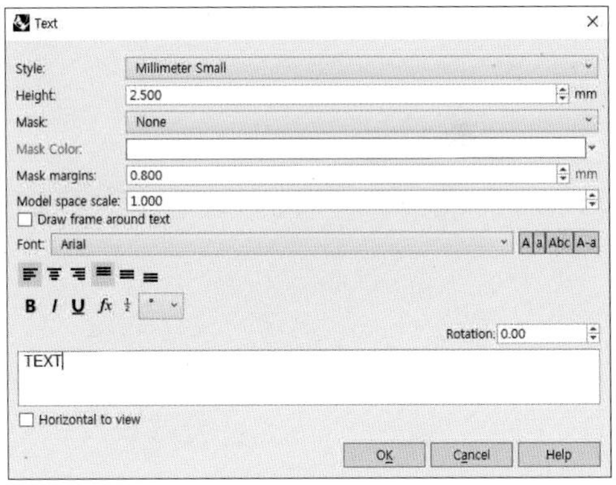

텍스트 편집 Edit text

텍스트를 재편집 시 사용한다. 편집하고자 하는 텍스트를 선택 후 편집 아이콘을 클릭하면 대화상자가 나타난다.

좌표 치수 Ordinate dimension

그림에서의 ①번을 말한다. DimOrdinate 명령은 기준 위치로부터 X 또는 Y 거리를 잰다.

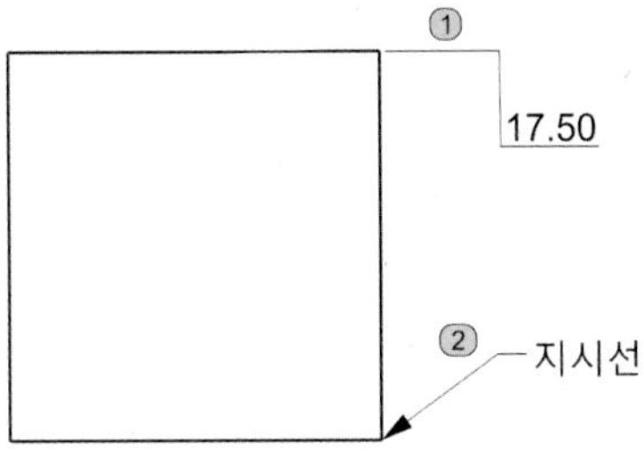

지시선 Leader

그림에서의 ②번을 말한다. Leader 명령은 화살촉을 가진 주석 지시선을 그리고 텍스트를 첨부한다.

치수 텍스트 다시 가운데 맞추기
Recenter dimension text

DimRecenterText 명령은 치수 텍스트를 기본 위치로 변환한다. 치수선에서 치수 텍스트를 이동시키려면, 치수 제어점을 켜고 텍스트 제어점을 끌어온다.

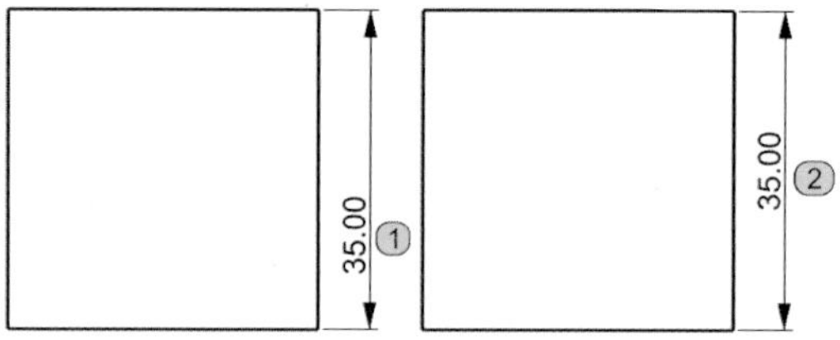

구름형 수정 기호 Revision cloud
커브로 구름형 수정 기호
Revision cloud from curve

RevCloud 명령은 구름형 수정 기호 폴리 커브를 그린다. 원하는 영역에 구름 모양을 그려 가면 된다.

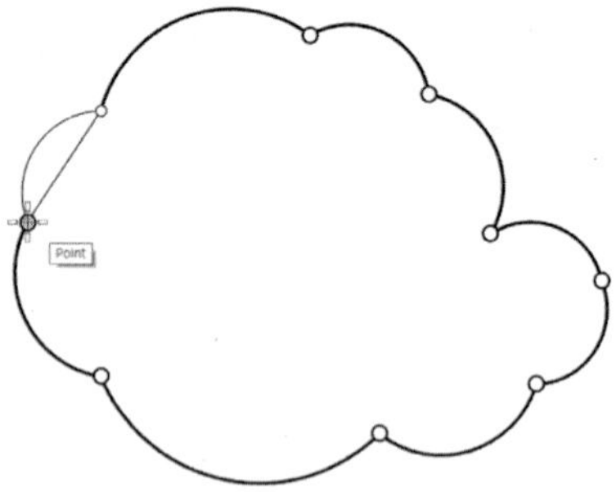

해치 Hatch

Hatch 명령은 선택된 경계 커브를 채우기 위해선 패턴을 만든다. 파트의 단면을 표기할 때 자주 사용된다. 패턴을 고르고 Model space hatch scale을 조정해서 적용한다.

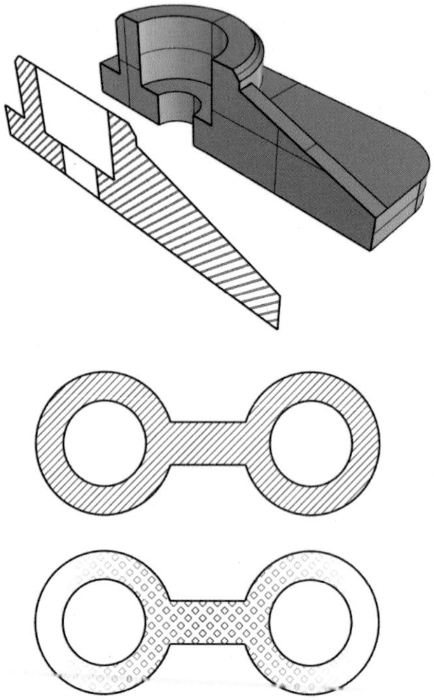

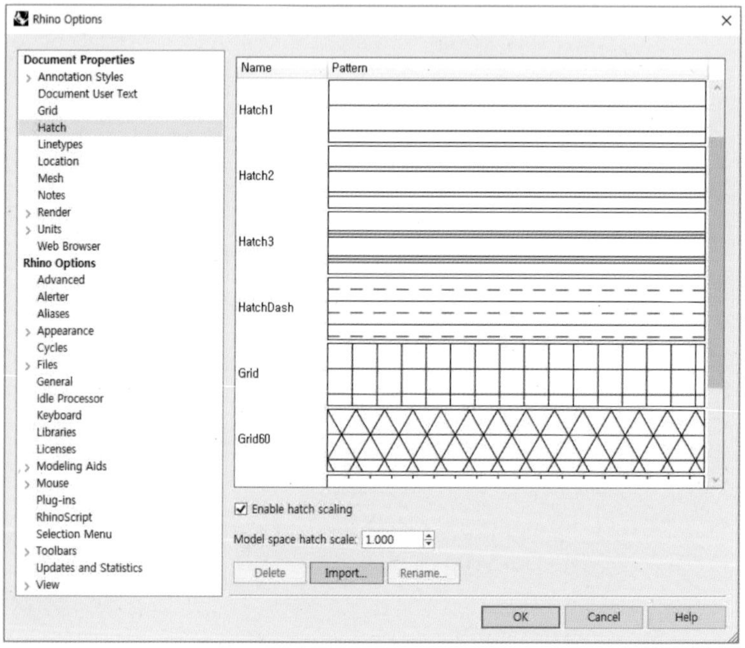

Hatch 명령의 새로운 추가 기능은 흑백 또는 컬러 그라디언트(Gradient) 기능인데 이로 인해 다양한 인테리어 도면의 풍부한 표현이 가능해졌다. Gradient에서는 파일 타입, 반복 횟수 조정이 가능하고 Add 버튼을 클릭하고 원하는 컬러를 Color stops 영역으로 불러 들여 슬라이드 바로 점유 영역을 조절할 수 있다. 이를 통해 좀 더 컬러풀하면서도 입체적인 도면 구성에 도움을 준다.

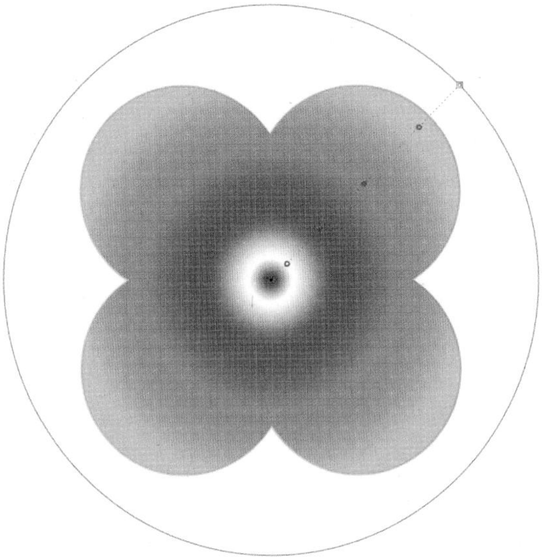

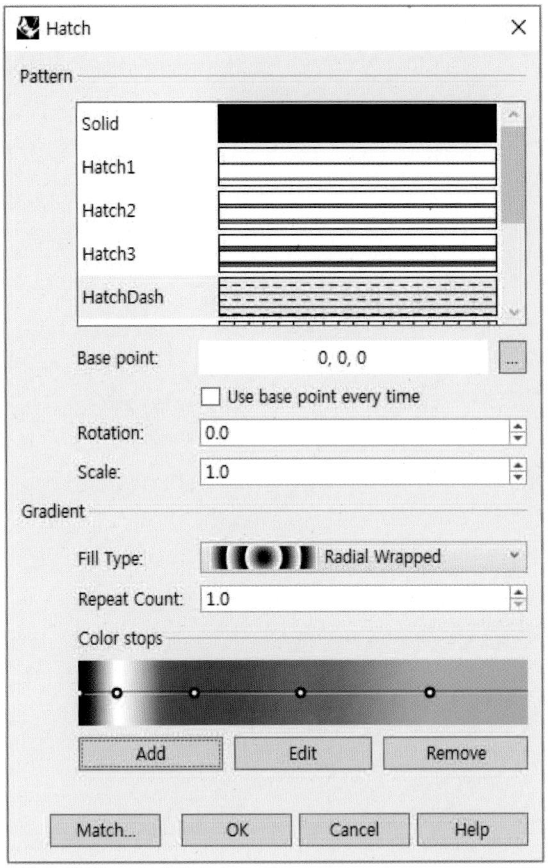

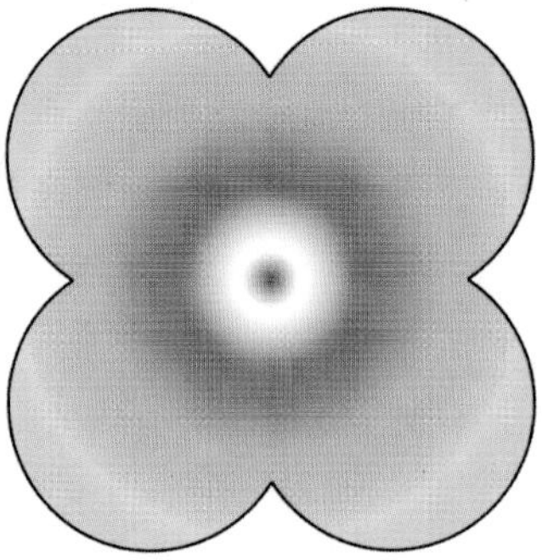

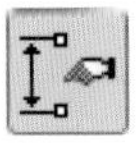

주석 스타일 Annotation styles

주석 스타일을 설정한다.

현재 주석 스타일로 설정 Set current annotation style

현재 주석 스타일로 설정한다.

2D 도면 그리기 Make 2-D drawing

Make 2D 명령은 지오메트리를 구성 평면에 투영하여 2D 도면을 만든다. Make 2D 명령은 선택한 개체로부터 활성 구성 평면에 실루엣 커브를 만든다. 실루엣 커브는 평평하게 투영되어 그 후 절대 좌표 XY 평면에 배치된다. 옵션을 선택하여 다양한 조건을 부여할 수 있다. 사용 방법은 개체 선택 후 레이아웃과 개체 표시 종류 지정, 3각 투영(제삼각법) 등을 선택하면 된다. 특히 절대좌표계의 직교 투영(현재 뷰포트의 뷰 방향 또는 구성 평면의 방향이 아님)으로 US 레이아웃(제삼각법)의 4개 뷰를 생성하는 부분이 많이 사용된다.

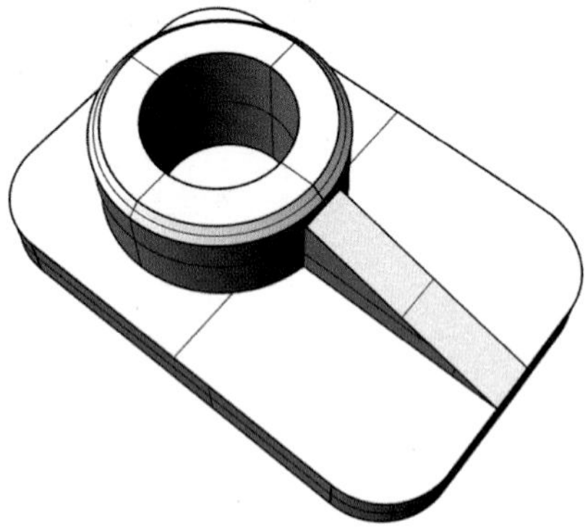

치수 추출 대상

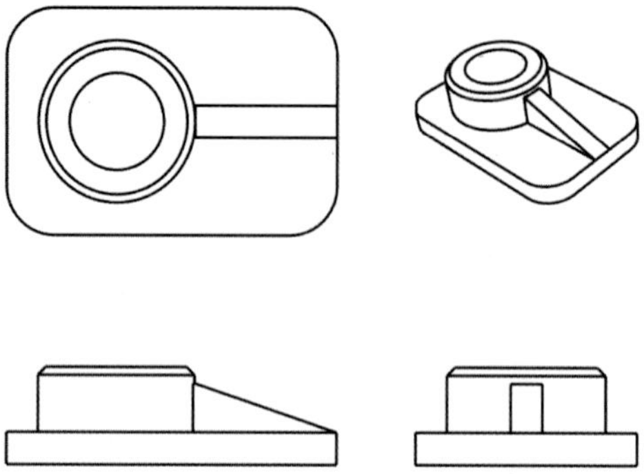

2D 라인 추출 결과

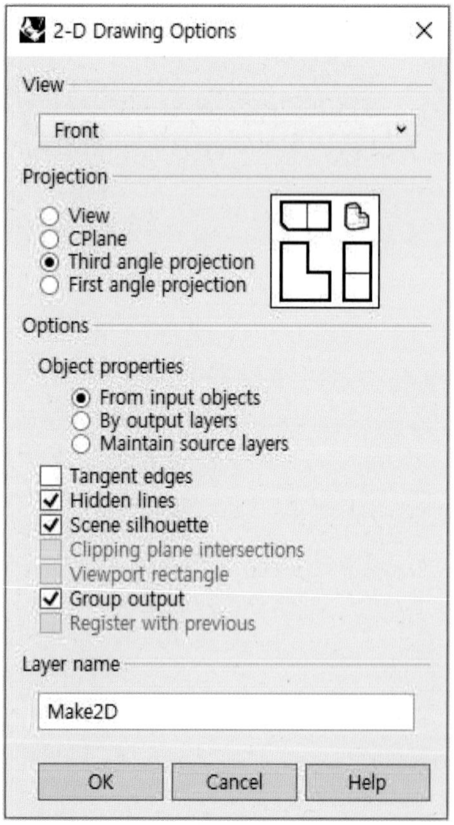

2-D Drawing Options을 통해
다양한 형식의 결과 생성

Linear dimension — 치수 기입 명령을 통해 치수 표기와 출력도 가능함

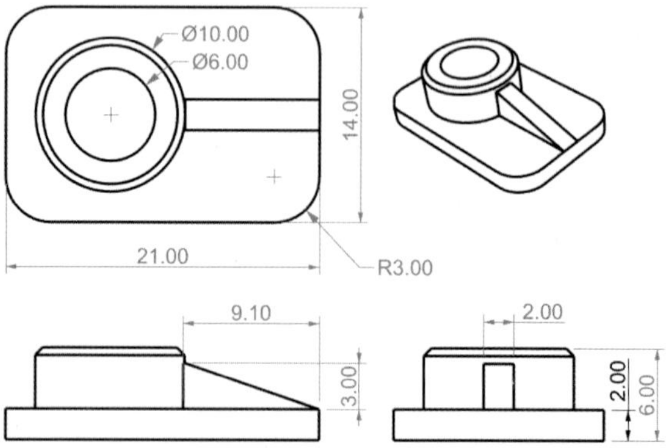

치수 기입 예시

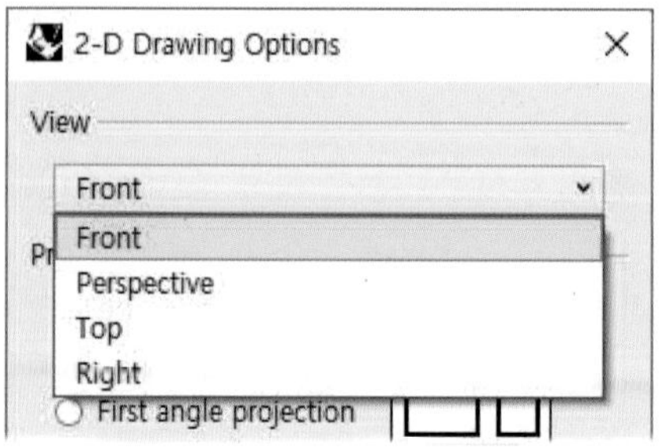

라인 타입 셋 Set line type

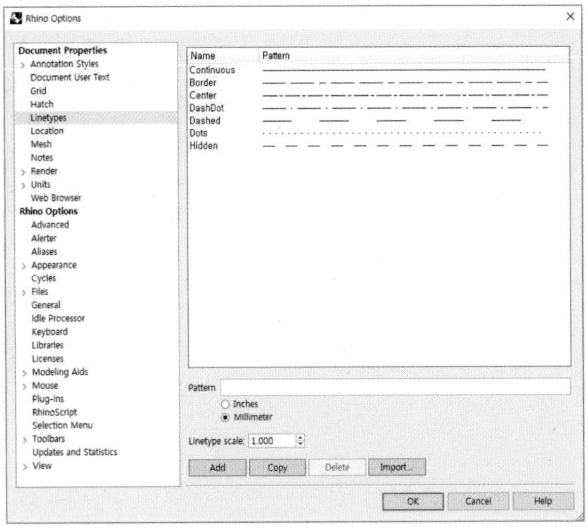

라인 타입 셋(Set line type) 명령은 작업 화면에 드로잉한 선과 같은 개체를 클릭하고 아이콘을 클릭하면 라인 타입 창이 바로 뜬다. 쉽게 라인 타입을 선택할 수 있다. 세부적인 조정은 Rhino Options 〉 Linetypes에서 가능하다.

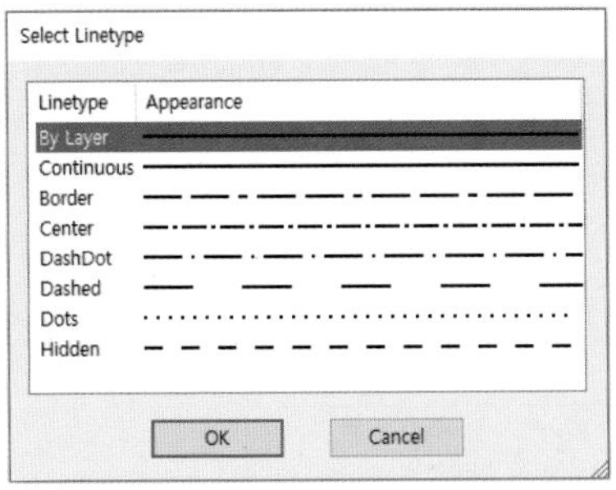

주석 스타일 가져오기 Import annotation styles

ImportAnnotationStyles 명령은 3dm 파일에서 현재 문서로 주석 스타일을 가져온다.

주석 Annotate

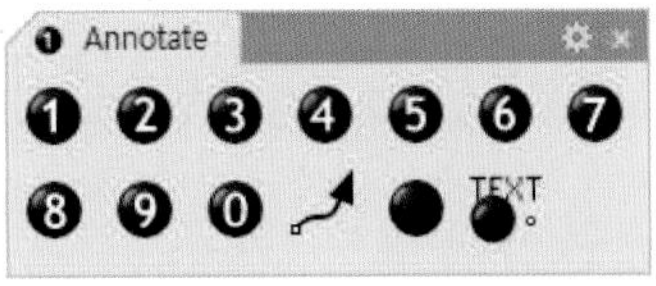

주석(Annotate) 명령어가 모여 있는 곳이다.
숫자와 화살표, 텍스트 편집도 가능하다.

커브에 화살촉 추가/제거 Add/remove arrowhead on curve

Arrowhead 명령은 커브의 끝을 화살촉 형태로 수정한다. 화살촉의 크기는 변경할 수 없다. 화살촉을 배치하려는 커브 끝 근처를 지정한다.

주석 도트 Annotate dot

Dot 명령은 뷰에 맞춰 평행으로 배치되는 주석 도트를 그린다.

도트를 텍스트로 변환 Convert dots to text

ConvertDots 명령은 도트 개체를 점 또는 텍스트 개체로 변환한다.

커브 길이 치수 Curve length dimension

커브 길이 치수를 나타낸다. 커브를 찍고 치수선을 지정하면 커브의 떨어진 길이가 표기된다.

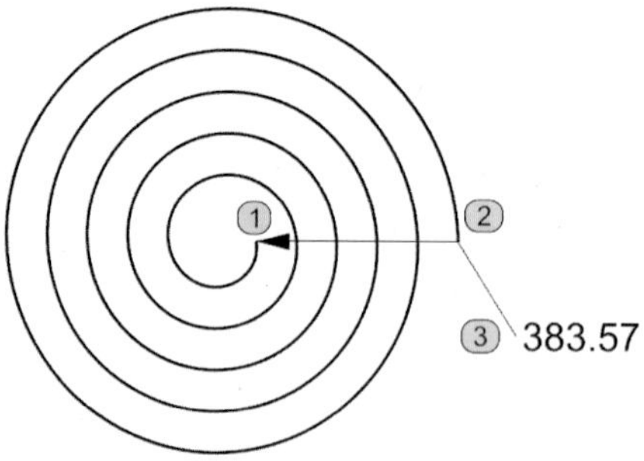

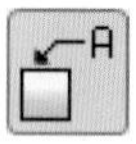

면적 치수 Area dimension

DimArea 명령은 닫힌 커브, 서피스, 메쉬, 또는 해치 면적을 측정한다.

1. 닫힌 커브, 서피스, 메쉬, 또는 해치를 선택한다.
2. 텍스트 또는 지시선의 시작점을 지정한다.

지시선 옵션을 사용하면 Leader 명령에서처럼 계속해서 지시선의 점을 그린다.
개체의 영역이 자동으로 입력된다.
표기 예시: area=250.236

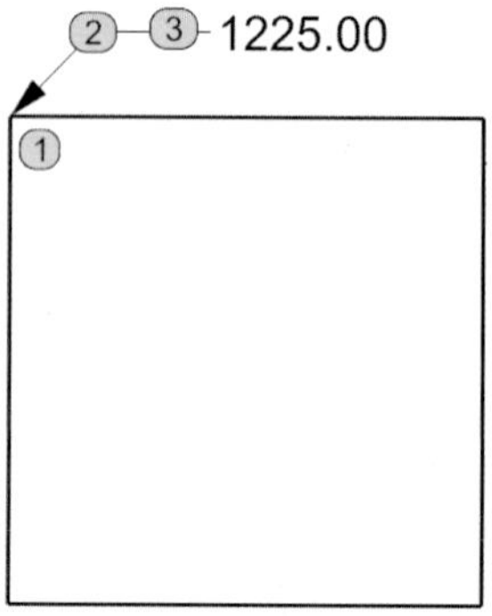

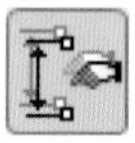

주석 스타일 복제 Duplicate annotation style

DupAnnotationStyle 명령은 기존 스타일을 복사하여 새로운 주석 스타일을 만든다.

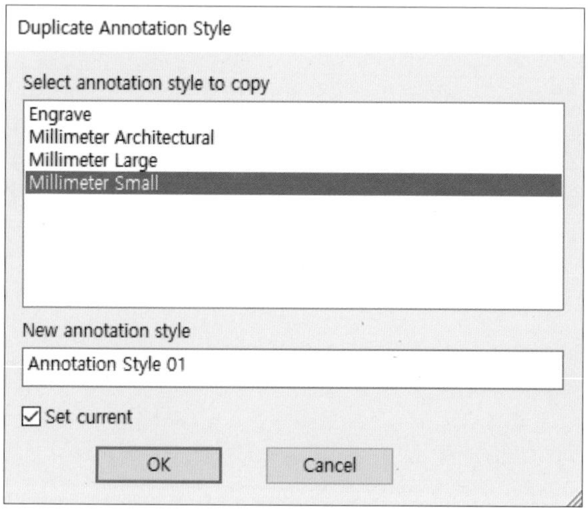

03 CHAPTER

주석 스타일 설정하기

주석 스타일 설정은 치수 도면을 그리기 위해 반드시 알아 두어야 하는 부분이다. 주석 스타일은 옵션(Option) 아이콘을 클릭하고 Document Properties > 주석 스타일 Annotation Styles을 선택하면 나타난다.

주석 스타일 조정 Option > Document Properties > Annotation styles > Default

옵션 Options

주석 스타일 설정 항목은 크게 8가지로 분류하여 보여 준다.

① **폰트(Font)**: 치수 도면 표기에 사용되는 폰트 종류와 높이(Height), 텍스트 갭(Text gap) 설정 지원

② **텍스트(Text)**: 텍스트의 정렬(Text alignment)을 지원

③ **치수(Dimensions)**: 텍스트 위치, 치수선, 치수 보조선, 오프셋 거리, 센터 마크(Centermark) 크기 조정

④ **화살표(Arrow)**: 화살표 종류와 크기, 리더 화살표의 종류와 화살표 사이즈 조정

⑤ **길이 단위(Length units)**: 모델 단위, Linear resolution 소수점 단위 조정(ex. 0.1, 0.01, 0.001~)

⑥ **각도 단위(Angular units)**: 모델 각도 단위, Angular resolution 소수점 단위 조정

⑦ **리더(Leaders)**: 커브 타입과 치수선의 Landing 값을 조정, 리더 텍스트 정렬 지원

⑧ **공차(Tolerance)**: 치수 도면 공차 스타일 설정

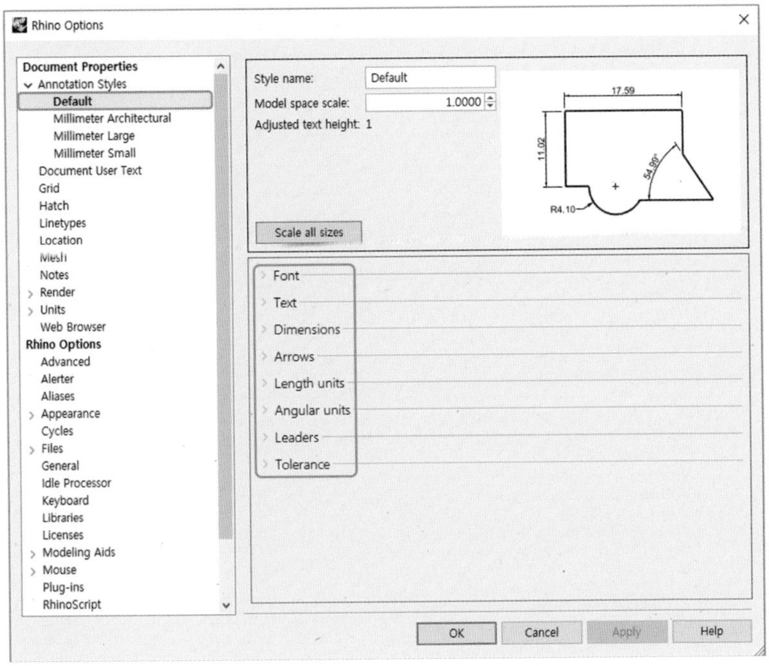

① **폰트(Font)**: 치수 도면 표기에 사용되는 폰트 종류와 높이(Height), 텍스트 갭(Text gap) 설정 지원

② **텍스트(Text)**: 텍스트의 정렬(Text alignment)을 지원

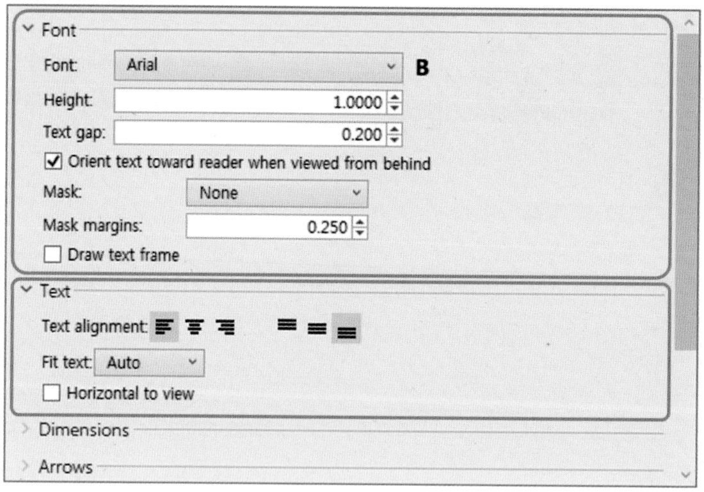

③ **치수(Dimensions)**: 텍스트 위치, 치수선, 치수 보조선, 오프셋 거리, 센터 마크(Centermark) 크기 조정

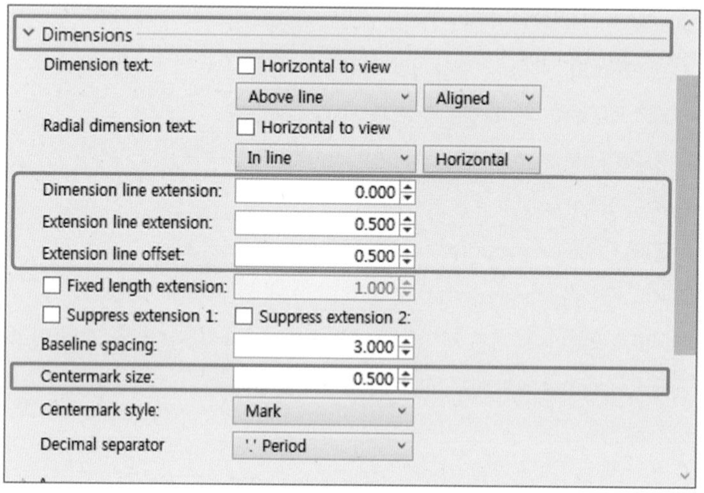

④ **화살표(Arrow)**: 화살표 종류와 크기, 리더 화살표의 종류와 화살표 사이즈 조정

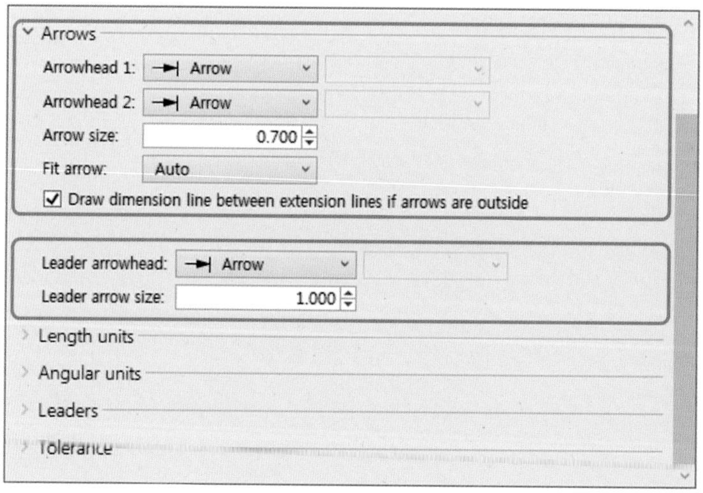

⑤ **길이 단위(Length units)**: 모델 단위, Linear resolution 소수점 단위 조정(ex. 0.1, 0.01, 0.001~)

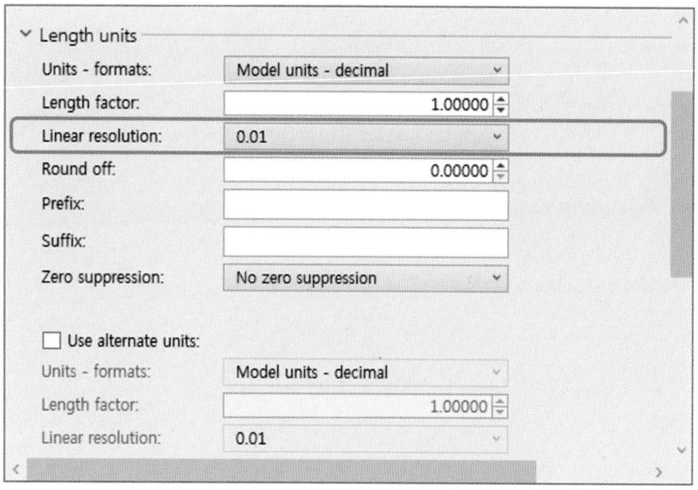

⑥ **각도 단위(Angular units)**: 모델 각도 단위, Angular resolution 소수점 단위 조정

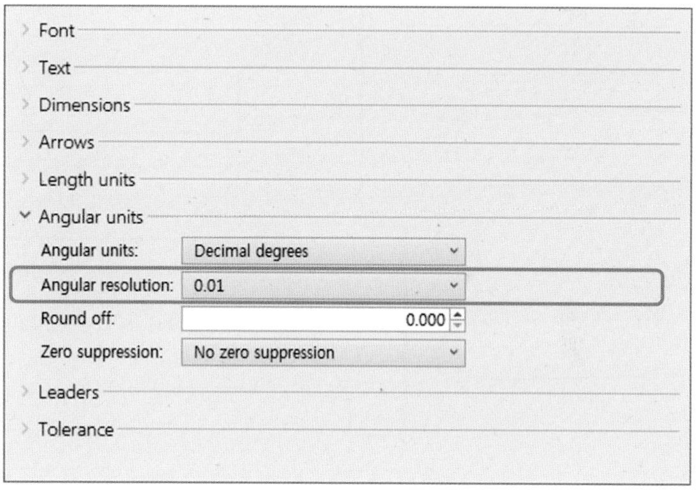

⑦ **리더(Leaders)**: 커브 타입과 치수 선의 Landing값을 조정, 리더 텍스트 정렬 지위

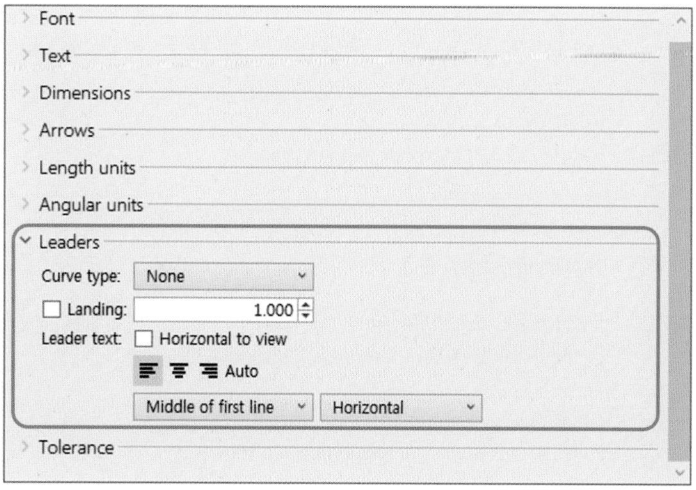

04 CHAPTER 치수 도면 작성하기

Creating dimensional drawings

자유롭게 직선과 곡선에 대한 기본적인 드로잉이 가능해졌다면 이제 선을 치수로 그리는 방법을 알아야 한다. 선을 치수로 그려야 하는 이유는 우리가 사용하는 모든 제품이 치수 설계 기반으로 제품 제작이 이루어지기 때문이다. 표준화된 치수 표기를 통해 정확한 의사소통과 설계 변경이 가능하다. 여기서는 치수선 그리기와 관련 도면 작성법을 학습한다. 또한 이를 통해 치수로 정확한 모델링을 하는 방법을 스스로 터득하게 된다. 아래 명령어를 기반으로 스스로 도면을 그려 본다.

예제 1

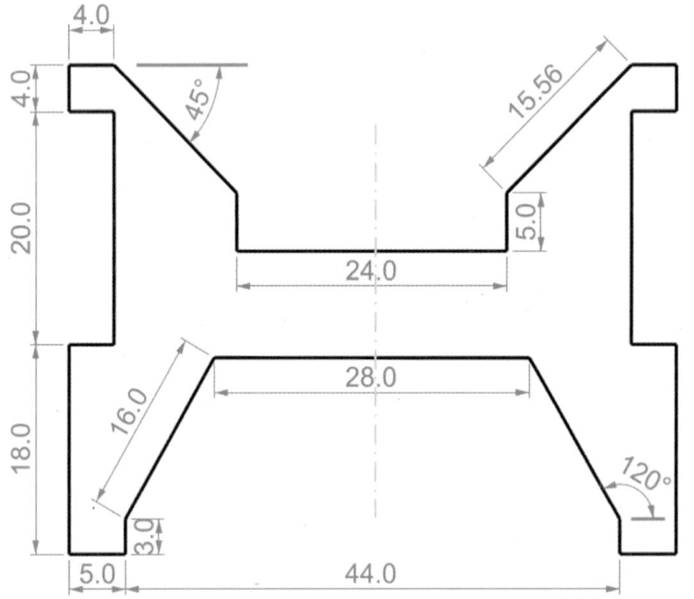

사용된 드로잉 툴

- 선: 중간점에서 Line: from midpoint
- 선 Single Line
- 폴리 라인 Polyline
- 선 세그먼트 Line Segments
- 미러 Mirror
- 3점 평면에 미러 Mirror on 3-point plane

사용된 치수(Dimension) 툴

- 선형 치수 Linear dimension
- 선형 치수 연속 Linear dimension: Continuous
- 가로 치수 Horizontal dimension
- 가로 치수 연속 Horizontal dimension: Continuous
- 세로 치수 Vertical dimension
- 세로 치수 연속 Vertical dimension: Continuous
- 각도 치수 Angle dimension
- 점으로부터 각도 치수 Angle dimension from points

예제 2

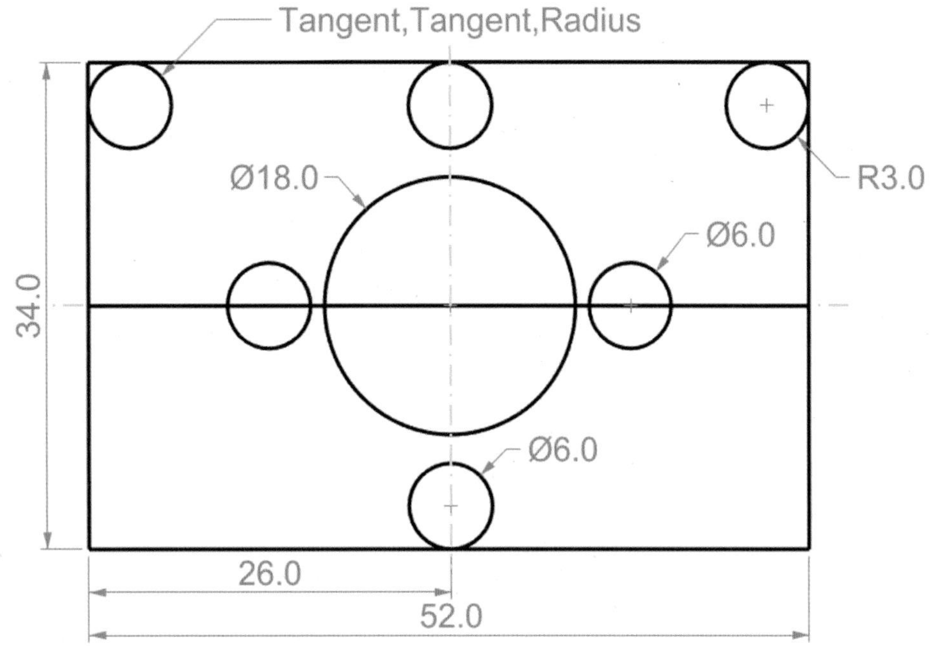

사용된 드로잉 툴

- 직사각형: 중심점, 모서리 Rectangle: Center, Corner
- 직사각형: 모서리에서 모서리로 Rectangle: Corner to Corner
- 원: 중심점, 반지름 Circle: center, radius
- 원: 지름 Circle: diameter
- 원: 접점, 접점, 반지름 Circle: tangent, tangent, radius
- 커브를 길이로 나누기 Divide curve by length
- 세그먼트의 수로 커브 나누기 Divide curve by number of segments

사용된 치수(Dimension) 툴

- 선형 치수 Linear dimension
- 선형 치수 연속 Linear dimension: Continuous
- 지름 치수 Diameter dimension
- 반지름 치수 Radial dimension
- 지시선 Leader

예제 3

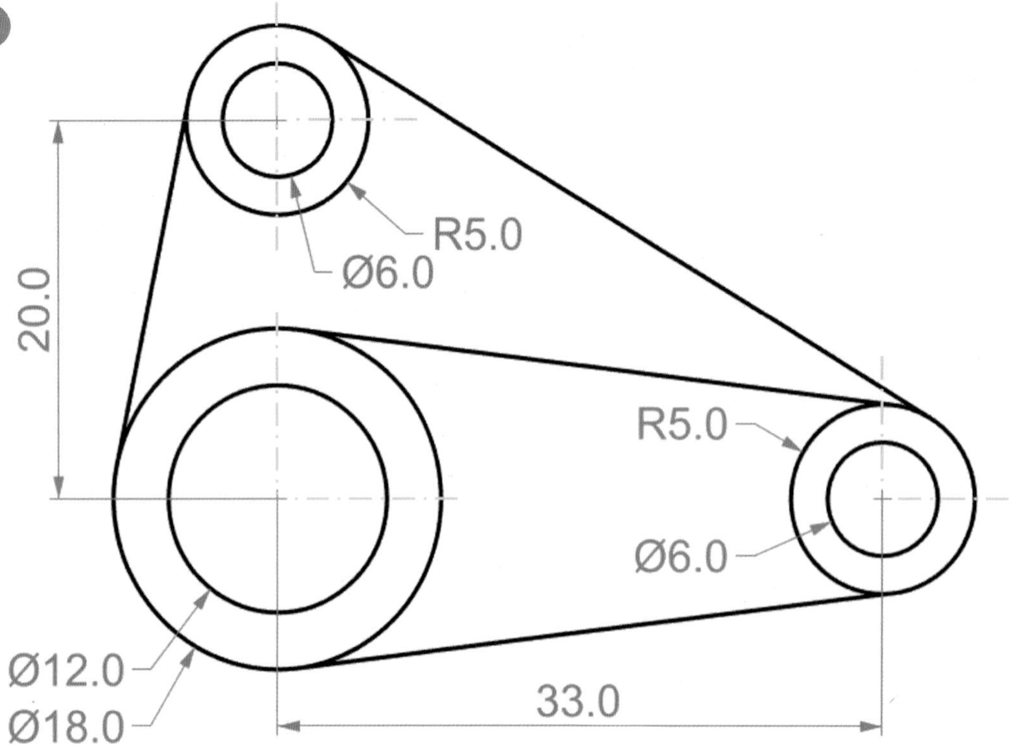

사용된 드로잉 툴

- 선 Single Line
- 폴리 라인 Polyline
- 선 세그먼트 Line Segments
- 원: 중심점, 반지름 Circle: center, radius
- 선: 2 커브에 접함 Line: Tangent To 2 curves

사용된 치수(Dimension) 툴

- 선형 치수 Linear dimension
- 선형 치수 연속 Linear dimension: Continuous
- 지름 치수 Diameter dimension
- 반지름 치수 Radial dimension

예제 4

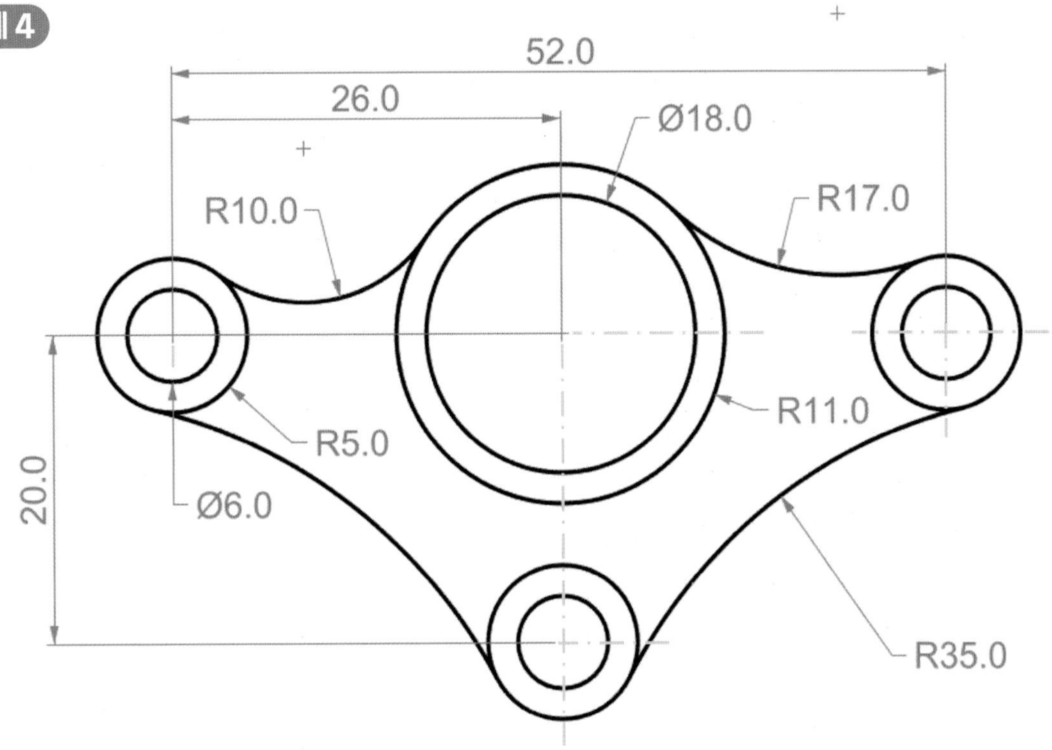

사용된 드로잉 툴

- 선: 중간점에서 Line: from midpoint
- 선 Single Line
- 원: 중심점, 반지름 Circle: center, radius
- 호: 커브에 접함 Arc: tangent to curves
- 호: 접점, 접점, 반지름 Arc: tangent, tangent, radius

사용된 치수(Dimension) 툴

- 선형 치수 Linear dimension
- 선형 치수 연속 Linear dimension: Continuous
- 지름 치수 Diameter dimension
- 반지름 치수 Radial dimension

예제 5

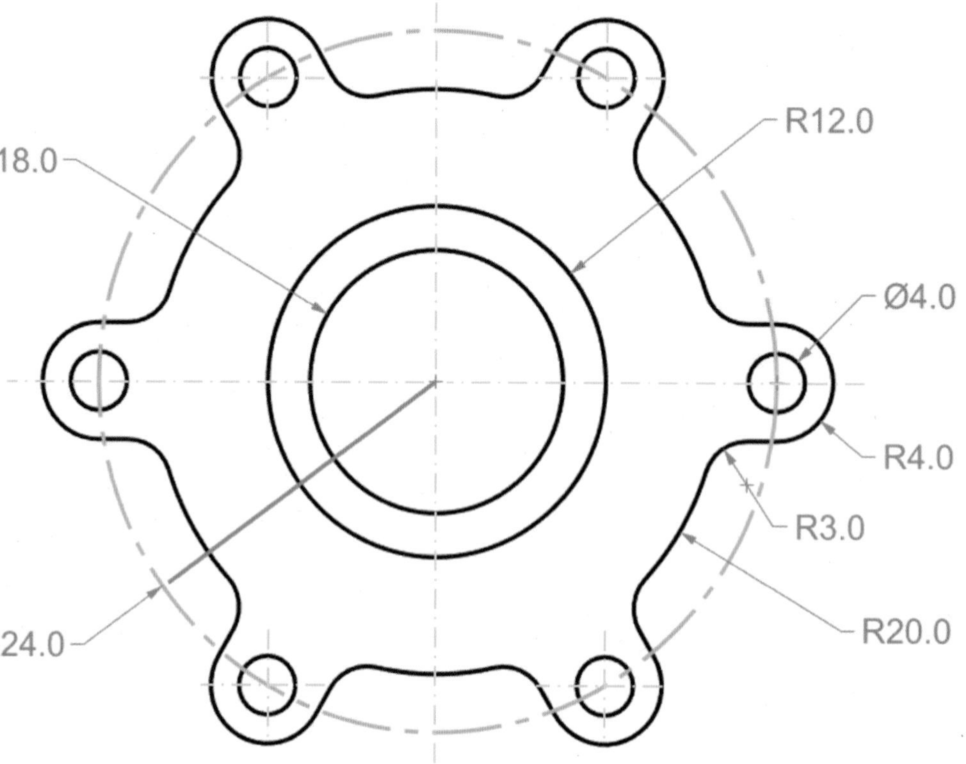

사용된 드로잉 툴

- 선: 중간점에서 Line: from midpoint
- 원: 중심점, 반지름 Circle: center, radius
- 둥근 직사각형 Rounded rectangle
- 둥근 직사각형 - 원뿔 커브의 모서리 Rounded rectangle conic corners
- 원형 배열 Polar array
- 모서리 필렛 Fillet corners

사용된 치수(Dimension) 툴

- 선형 치수 Linear dimension
- 선형 치수 연속 Linear dimension: Continuous
- 지름 치수 Diameter dimension
- 반지름 치수 Radial dimension

예제 6

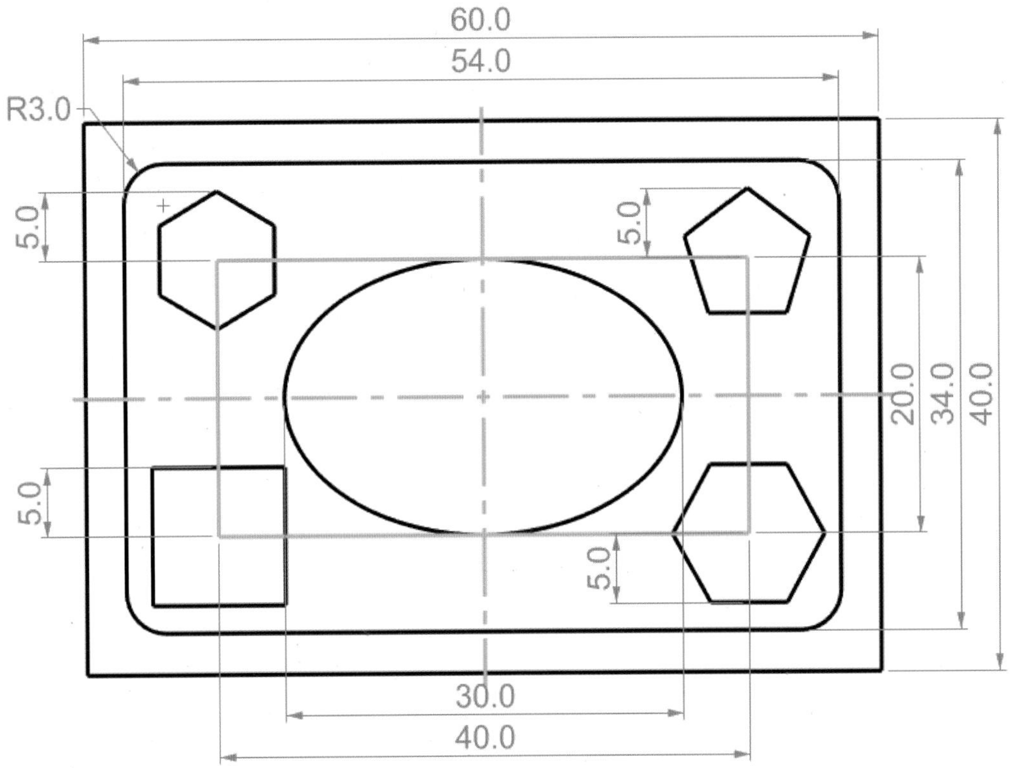

사용된 드로잉 툴

- 직사각형: 중심점, 모서리 Rectangle: center, corner
- 다각형: 중심점, 반지름 Polygon: Center, Radius
- 둥근 직사각형 Rounded rectangle
- 둥근 직사각형 - 원뿔 커브의 모서리 Rounded rectangle conic corners
- 외접 다각형: 중심점, 반지름 Circumscribed Polygon: Center, Radius
- 외접 사각형: 중심점, 반지름 Circumscribed Square: Center, Radius
- 타원: 중심점에서 Ellipse: From center

사용된 치수(Dimension) 툴

- 선형 치수 Linear dimension
- 선형 치수 연속 Linear dimension: Continuous
- 반지름 치수 Radial dimension

CHAPTER 05

치수 도면 출력하기

라이노 3D에서 제공하는 도면 작성 방법과 세부적인 사항은 상당히 직관적으로 사용할 수 있게 되어 있다. 치수 도면을 출력하는 대표적인 방법은 자신이 소유하고 있는 프린터에 연결하여 원하는 도면을 출력하는 것이 일반적인 방법이다. 또 하나는 PDF와 같은 문서로 변환하여 전송과 보관을 용이하게 할 수 있다. 치수 도면에는 다양한 선의 종류와 두께, 레이어 컬러 등 요소들이 많으며 이러한 요소들은 출력 파일로 변환 시에만 적용된다.

도면 출력의 시작은 스탠더드 툴바에 있는 Print 명령을 클릭하는 데서 시작된다. 프린트 세트업(Print Setup) 대화상자가 나타나면 자신이 얻고자 하는 최종 설정을 쉽게 선택할 수 있다.

제일 먼저 도면 출력 방법을 선정한다. 다음 도면 크기(Size)에서는 Portrait과 Landscape 두 종류에 선택한다. 가로형 또는 세로형 종이 형태를 정한다고 보면 된다. 다음 해상도(Resolution)를 확인한다. 아웃풋 타입은 Vector와 Raster 중에 고른다. 주로 Raster에서 출력하는 경우가 많다. 아웃풋 컬러는 원하는 형식을 선택한다. View and Output Scale은 라이노 3D 뷰포트에 도면을 원하는 스케일로 변경하여 출력하고자 할 때 유용하게 사용된다. 예를 들어 뷰포트상에 필요한 부분만을 드래그 영역으로 잡아 출력이 가능하다. 마지막으로 도면 Scale은 1:1 출력할 것인지 아니면 ½과 같이 축소할 것인지 다양한 선택지가 있다. 기타 설정은 자신에게 맞게 하면 된다.

프린트 Print...

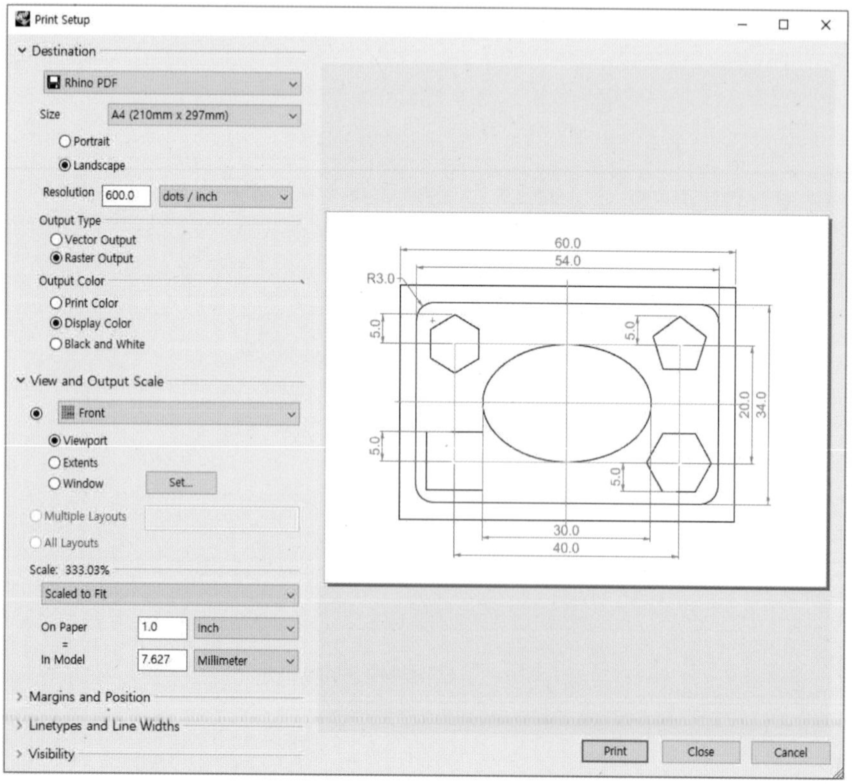

라이노 3D에서 도면을 출력하고자 한다면 우선 3D 상태의 모델에서 그림과 같이 라인을 추출하여 출력하는 방법이 사용된다. 물론 2D일 경우는 그대로 도면 출력이 가능하다. 일단 3차원의 개체를 라인으로 만들고자 한다면 Curve From Object 명령군에서 Make 2-D drawing 명령을 클릭하여 라인을 추출할 수 있다. 방법은 앞서 설명된 Make 2-D drawing 명령어 설명을 참조한다.

1) 3D 모델링 데이터 준비

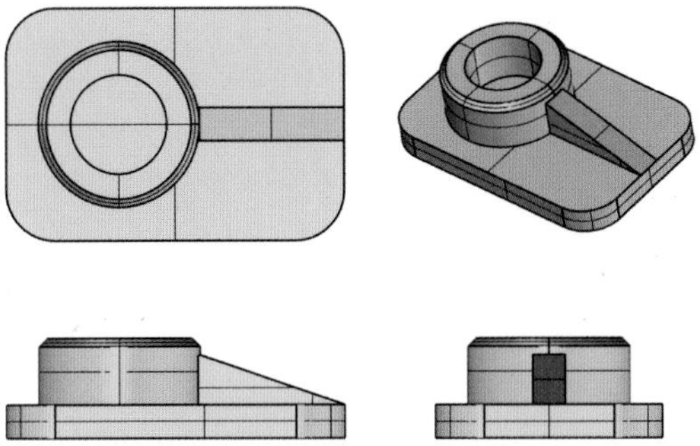

2) 2D 라인 추출하기

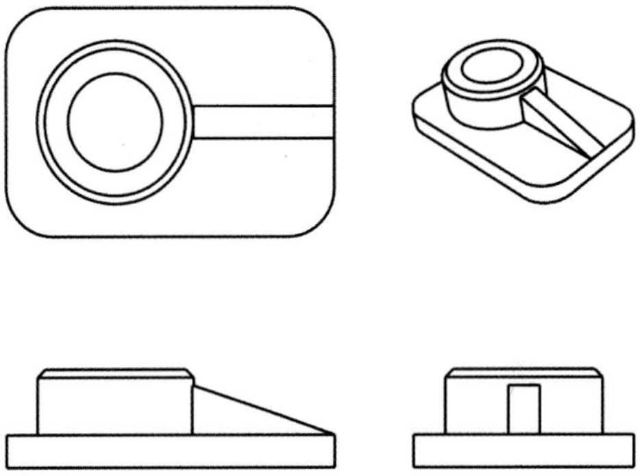

 2D 도면 그리기 Make 2-D drawing

외형선만 추출된 상태에서 치수선(Dimension) 넣기를 해 주어야 한다. 스냅을 이용해서 치수를 기입한다. 출력은 앞서 설명한 대로 PDF 저장과 프린트 출력이 모두 가능하다.

3) 치수 기입하기

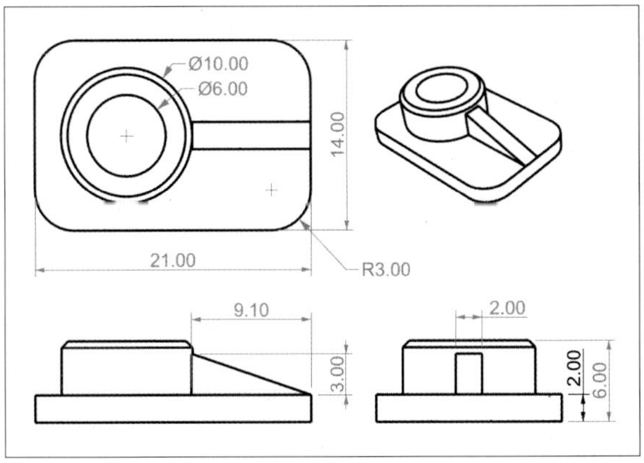

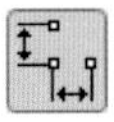 선형 치수 Linear dimension
선형 치수 연속 Linear dimension: Continuous

4) PDF저장 및 프린팅하기

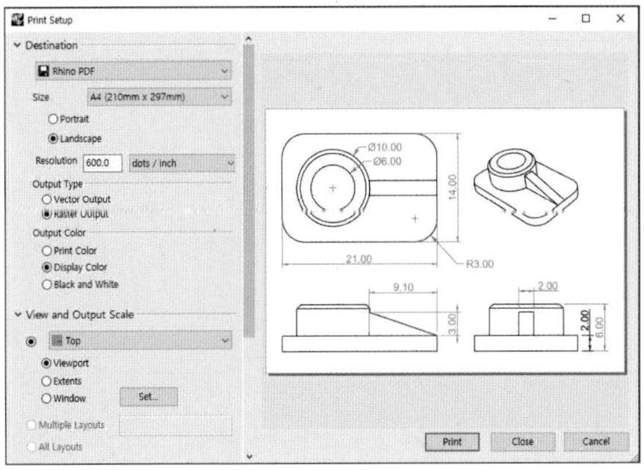

 프린트 Print...

Rhino 3D

Bible

for industrial desingers

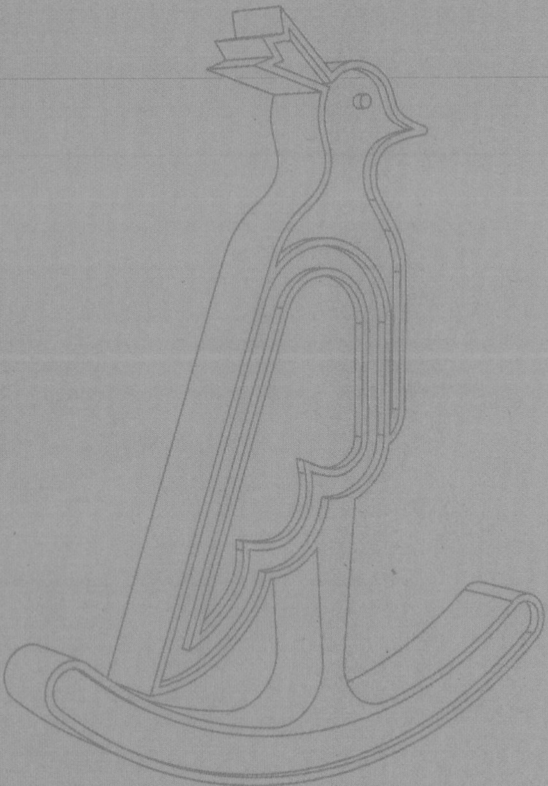

PART

03

라이노 3D 명령어 이해하기

01 CHAPTER 스탠더드, 메인 툴바 인터페이스

1 스탠더드 툴바(Standard Toolbar)

스탠더드 툴바(Standard Toolbar)는 표준 도구 모음이라고도 한다. 직접적인 모델링 툴보다 메인 툴바의 작업을 보조하는 툴들이 모여 있는 곳이다. 새 작업의 시작, 파일 불러오기, 뷰포트 제어, 파일 저장, 파일 출력, 개체의 움직임, 축소, 확대, 숨김, 잠금 등과, 렌더링, 옵션 설정, 치수 기입, 도움말까지 지원한다.

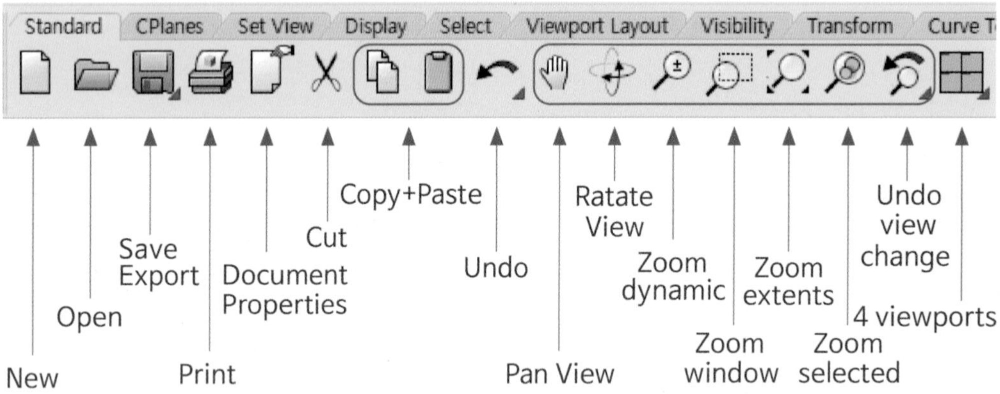

학습을 처음 시작할 때 그룹으로 표시한 명령들은 가장 많이 사용되는 기본 툴이기에 먼저 숙지하고, 그다음에 옵션 아이콘을 클릭하고 환경 설정을 하게 되는데 옵션에 있는 다양한 내용도 함께 알아두면 좋다.

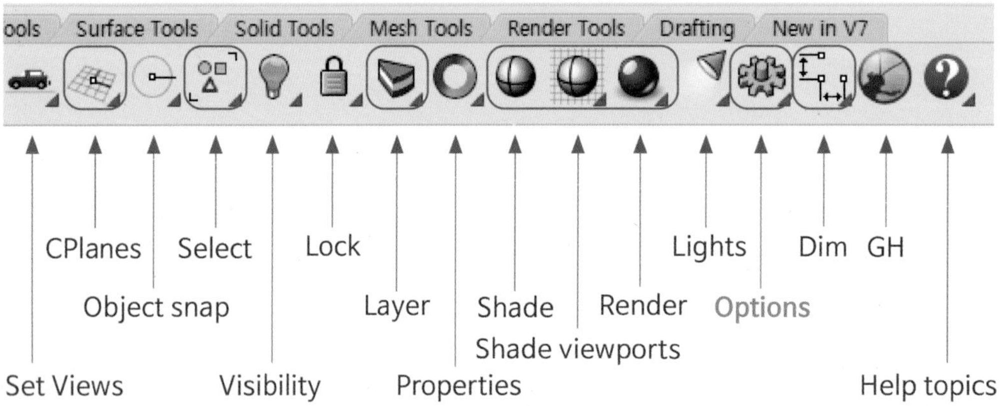

2 메인 툴바(Main Toolbar)

메인 툴바(Main Toolbar)는 직접적인 모델링 툴들이 모여 있는 곳이다. 실질적인 작업이 이 툴들에 의해 이루어진다고 볼 수 있다. 드로잉을 위한 라인, 커브, 원, 타원, 아크, 다각형, 커브 편집 영역과 서피스 제작과 편집, 솔리드 제작과 편집, 커브 추출, 메쉬 편집, 자르기, 붙이기, 포인트 편집, 변형, 모델의 분석과 검사, 히스토리 명령군까지 지원한다.

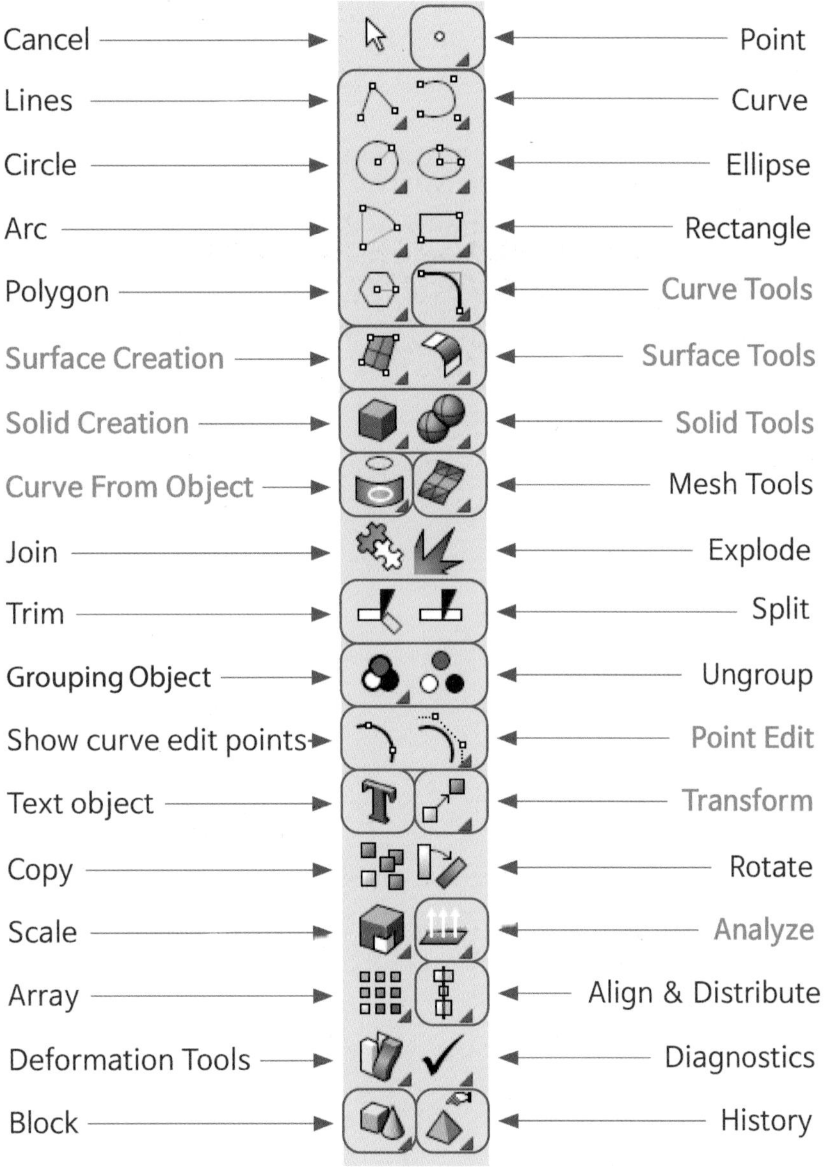

CHAPTER 02 점(Point) 명령어 그룹

점 개체는 3D 공간에서의 하나의 점을 나타낸다. 점 개체는 Rhino에서 가장 단순한 개체이다. 점은 대부분의 경우 다른 개체의 위치를 정하는 데 기준으로 사용된다. 점 개체 스냅을 사용하여 점을 배치할 수 있으며, 변형 명령을 사용하여 조작이 가능하다. 단일점 또는 여러 개의 점을 배치할 수 있으며 개체상에서 점을 다른 점에 가까이 배치하거나, 커브를 따라 균일한 간격 또는 지정된 거리를 두고 배치할 수 있다. 점 개체는 제어점과 다르다. 제어점은 표식 또는 커브, 서피스, 조명, 치수와 같이 개체에 고정된 '그립'이며, 개체에서 분리될 수 없기 때문이다.

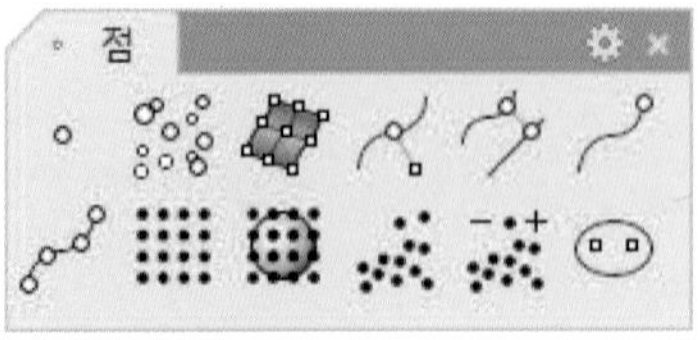

한글 버전 점 명령어 그룹

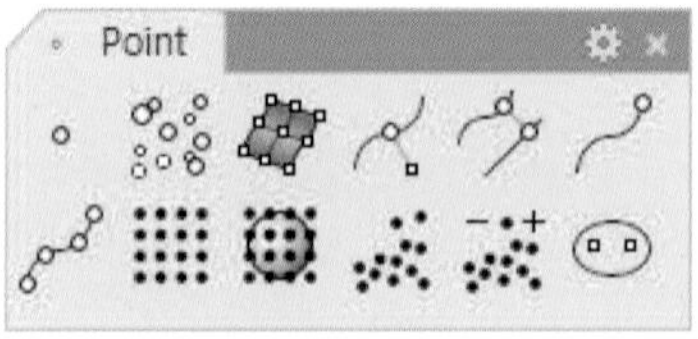

영문 버전 Point 명령어 그룹

단일점 Single point

Single point 명령은 지정된 위치에 하나의 점 개체를 만들어 준다.

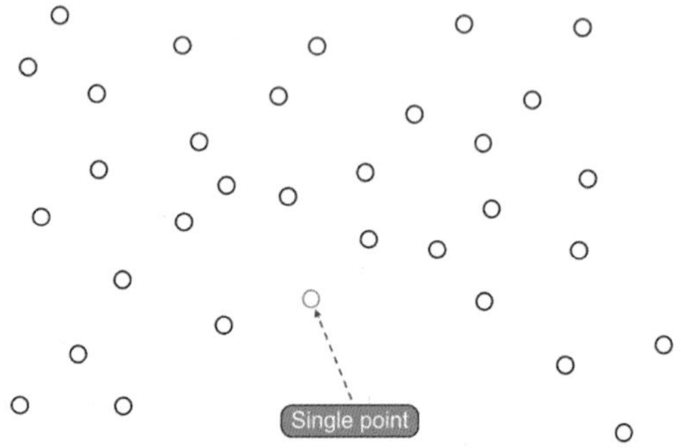

다중점 Multiple points

Multiple points 명령은 여러 개의 점 개체를 만들어 준다.

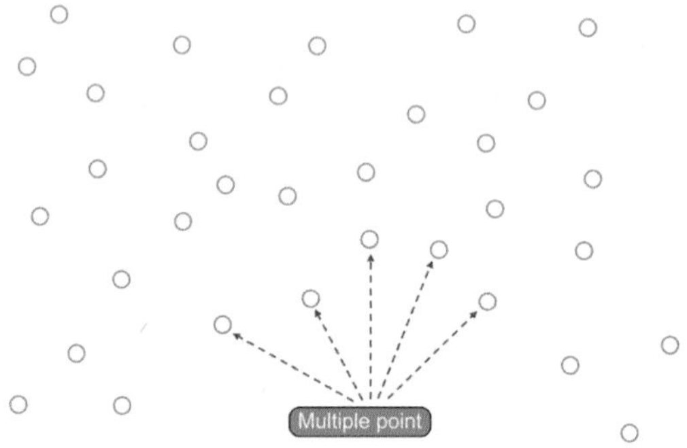

점 추출 Extract points

Extract points 명령은 선택한 제어점의 위치에 점 개체를 만든다. 점 추출 명령은 커브, 서피스, 다각형 메쉬 개체에서 사용할 수 있다. 켜져 있는 제어점이 없는 개체를 선택한 경우에 점 개체가 개체의 모든 제어점에 만들어진다. PointOn 명령을 사용하여 제어점을 켜면, 추출하려는 특정한 제어점을 선택할 수 있다.

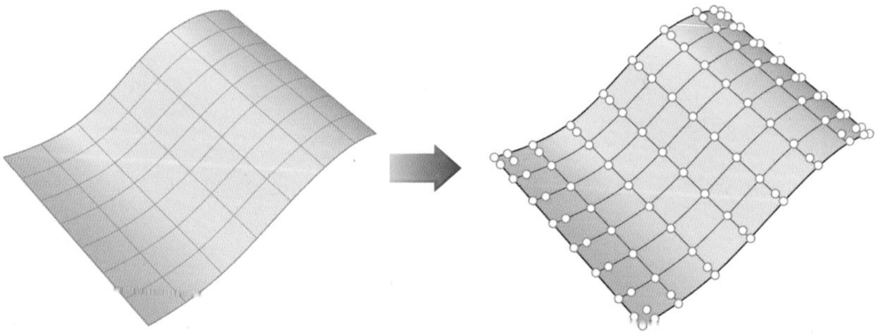

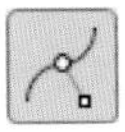

가장 가까운 점 Closest points

지정된 위치와 선택된 객체 사이, 또는 두 개체 사이에서 서로 가장 가까운 지점에 점 개체를 만들어 준다. 커멘드 창에 가장 가까운 곳에 거리가 mm로 표시된다.

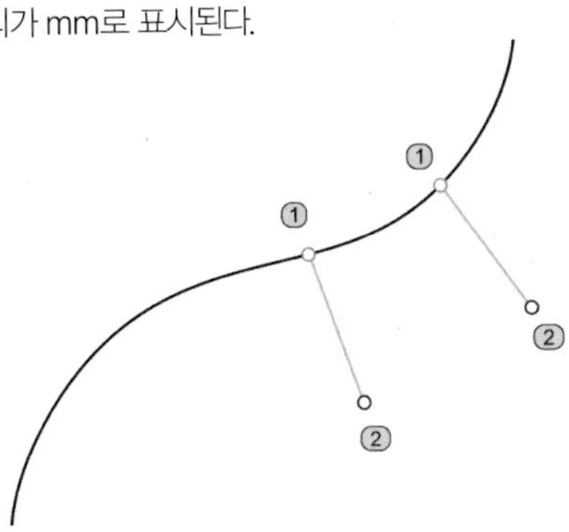

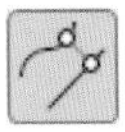

두 개체 사이에 가장 가까운 점 Closest points between multiple objects

가장 가까운 점을 만들 대상 개체를 선택하고 Enter 후 커브 또는 점 개체를 선택하면 가장 가까운 곳에 점이 생성된다.

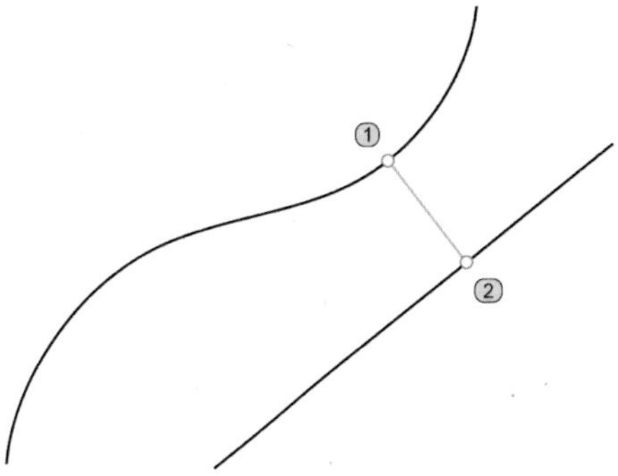

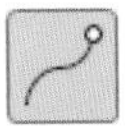

커브 시작에 점 생성 Mark curve start / 커브 끝점에 점 생성 Mark curve end

커브를 선택하고 Enter 하면 해당 커브에 시작점을 만들어 준다.

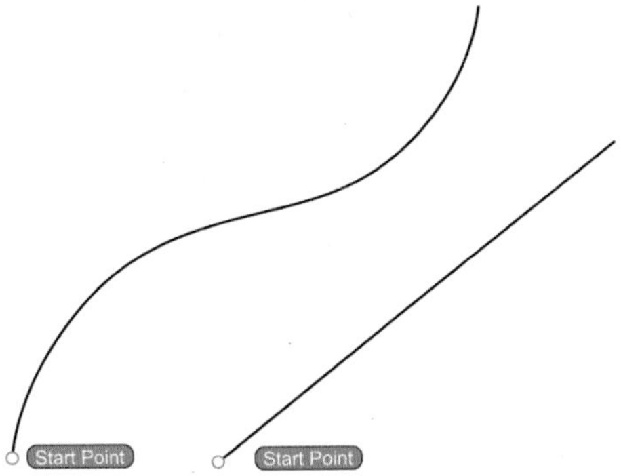

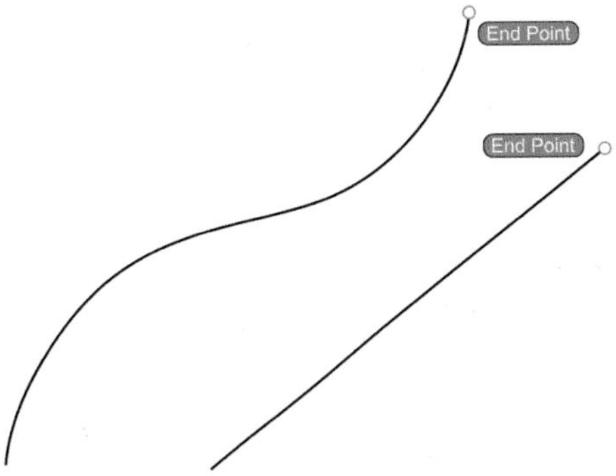

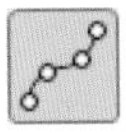

커브를 길이로 나누기 Divide curve by length
세그먼트의 수로 커브 나누기 Divide curve by number of segments

Divide 명령은 커브를 따라 점 개체를 만들거나, 하나의 커브를 여러 개의 균등한 길이의 세그먼트 또는 지정된 길이의 세그먼트로 나눈다.

1. 커브를 선택한다. 2. 세그먼트의 수를 입력한다. 이 명령이 만드는 점 개체는 커브를 따라 균일한 간격으로 배치된다. 커브의 양쪽 끝에 점이 추가된다. Split 옵션을 체크하면 포인트 지점별로 커브가 잘리게 된다. 참고로 마우스 오른쪽 버튼은 세그먼트의 수만큼 포인트 수로 커브 나누기가 가능하다. 즉 포인트 수를 지정해서 분할 세그먼트를 정하는 명령어이다.

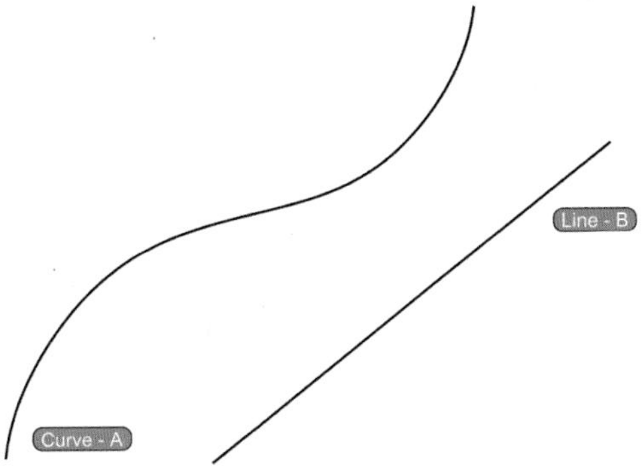

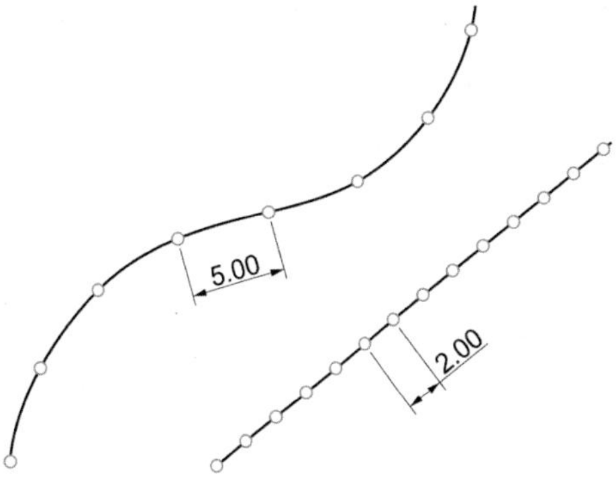

점 그리드 Point Grid

PointGrid 명령은 점 개체로 된 직사각형 그리드(점의 3D 매트릭스)를 만들어 준다.

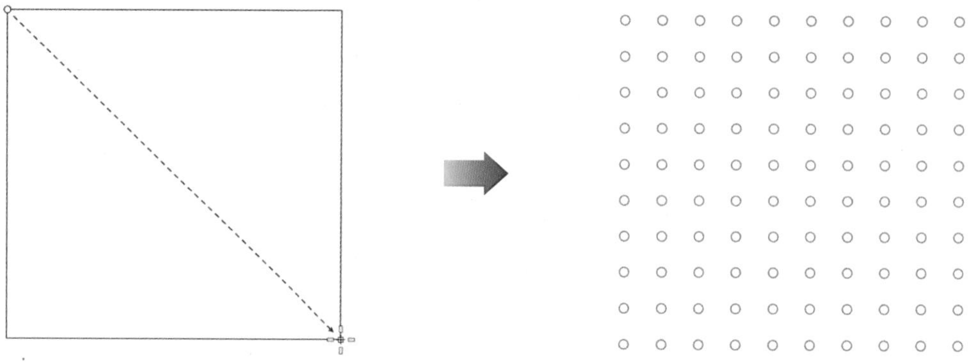

개체에 점 그리드 펼치기 Drape point grid over objects

DrapePt 명령은 현재 뷰포트의 구성 평면을 향해 투영된 점과 개체의 교차점 개체의 그리드를 만들어 준다. 개체 위로 직사각형을 끌어 드레이프를 실행하면 개체상에 점의 그리드가 만들어진다. DrapePt 명령은 메쉬 또는 메쉬 처리가 가능한 서피스, 폴리 서피스에서 실행된다.

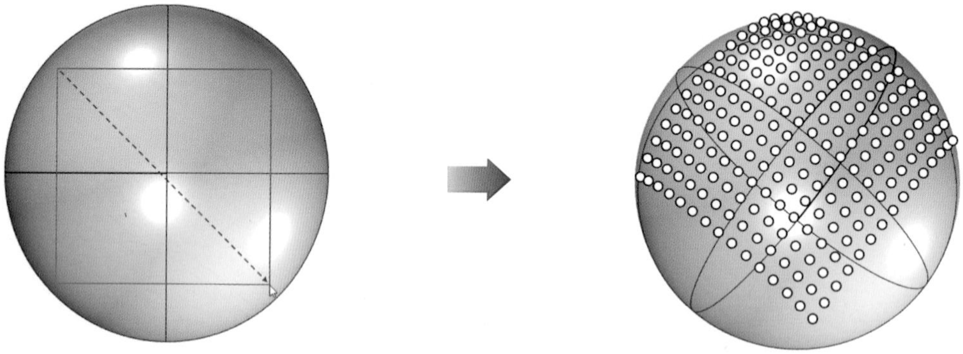

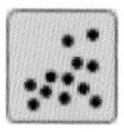

점 구름 Point Cloud

PointCloud 명령은 선택된 점 개체 또는 메쉬 개체로 정점 세트를 그룹 개체화하여 쉽게 선택하고 빨리 표시되도록 한다. 외부 파일로부터 많은 수의 점 항목을 가져온 경우, 그 많은 점을 점 구름 개체 유형으로 만들면 Rhino의 수행 능력이 향상된다. 점 구름 개체는 개별적인 점의 무리를 단일 개체로 만들 수 있으므로, 3DM 파일의 크기를 최소화하며 적정 수행 능력을 유지한다. 보통 점 개체처럼 점 구름도 스냅되거나, 선택될 수 있다. 점 구름은 정점 사이에 와이어를 표시하지 않는 메쉬 개체와 유사하다.

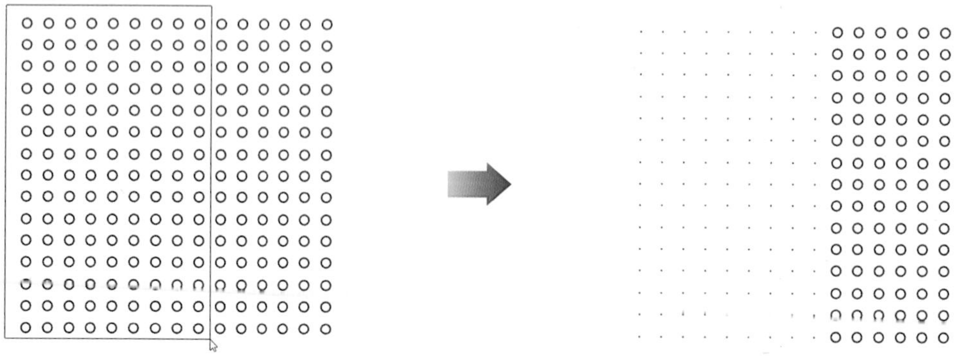

점 구름에 추가 Add to point cloud
점 구름에서 제거 Remove from point cloud

Add to point cloud 명령은 기존 점 구름에 점과 점 구름을 추가한다. 해당 영역을 드래그 선택하여 점 구름을 추가하는 것이다. Remove from point cloud 명령은 그와 반대로 점 구름을 제거해 준다.

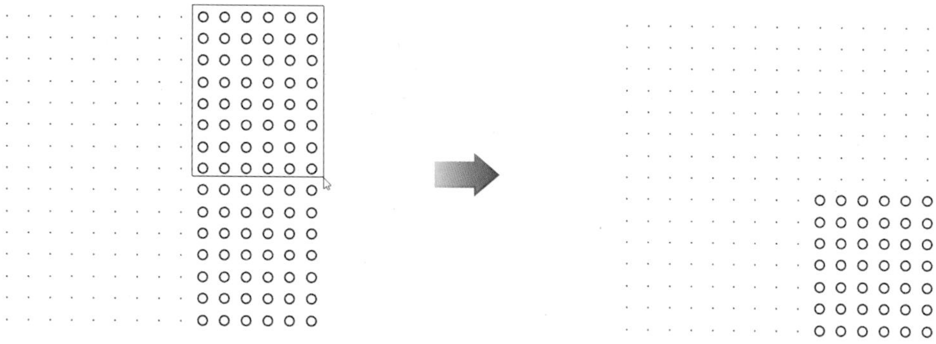

포인트 클라우드 추가 영역 드래그

타겟 지정해야 그룹화됨

타원, 쌍곡선 또는 포물선 초점 표시 Mark ellipse, hyperbola or parabola foci

MarkFoci 명령은 타원형 커브, 쌍곡선 커브, 포물형 커브의 초점 위치에 점 개체를 배치해 준다.

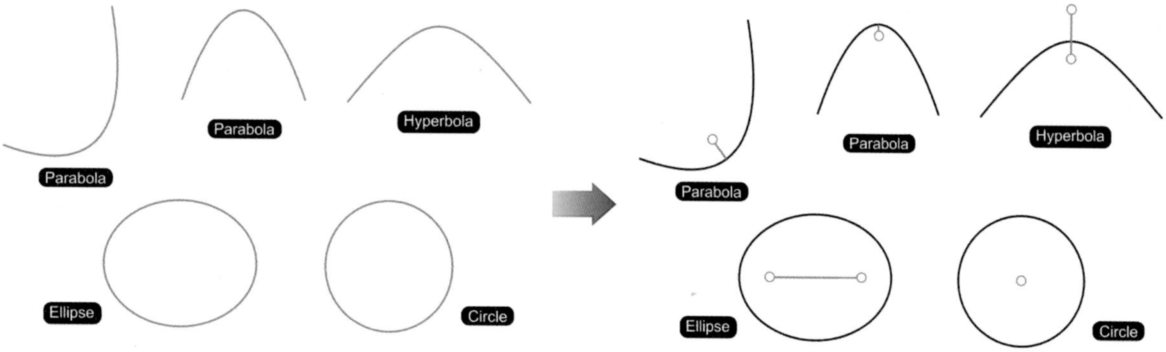

원뿔을 그림과 같이 잘라 생성되는 단면의 커브를 보면 타원(Ellipse), 포물선(Parabola), 쌍곡선(Hyperbola)에 대해 이해하기 쉽다.

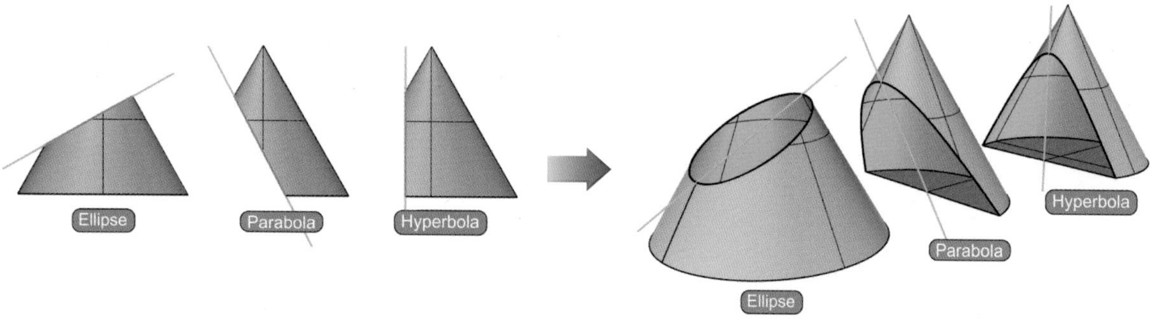

03 CHAPTER 선(Lines) 명령어 그룹

선 명령어 그룹은 라이노 3D에서 커브(Curves) 명령 그룹에 포함되는 명령어 그룹이다. 보통 선은 직선을 의미한다. 선은 2지점 간의 거리에 따라 길이가 달라진다. 선에 시작점과 끝점에 해당하는 2개의 편집 포인트가 있다면 이것은 직선이며 차수 1에 해당한다. 이러한 직선들이 여러 개가 서로 붙어 있다면 폴리 라인(Polylines)이 된다. 폴리 라인의 경우 닫힌 다각형의 모습이거나 열린 오픈 폴리 라인일 수 있다.

선들은 F10을 통해 포인트를 보이게 하여 포인트를 당기거나 미는 방법으로 편집이 가능하다. 다만 모든 직선은 편집해도 직선을 유지한다. 폴리 라인은 각각의 직선 세그먼트 단위로 폭파(Explode)가 가능하다.

선 명령어 그룹에서 가장 많이 사용되는 명령어는 단일선, 폴리 라인, 중간 점 시작 명령어이다. 다음은 도면 작성 시에도 유용한 접선의 일치 관련 명령들이다. 참고로 메쉬상에도 폴리 라인을 그릴 수 있다.

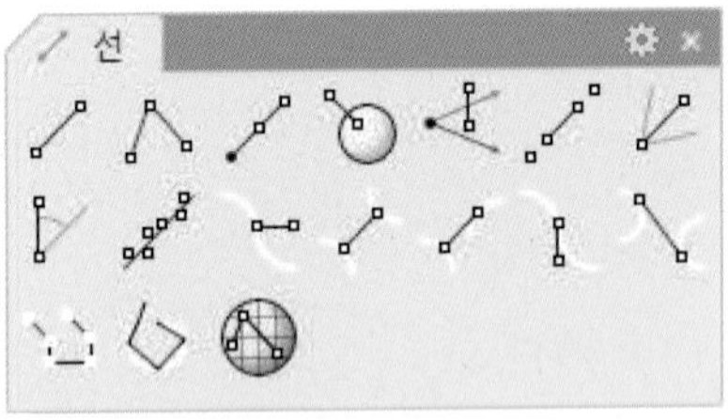

한글 버전 선 명령어 그룹

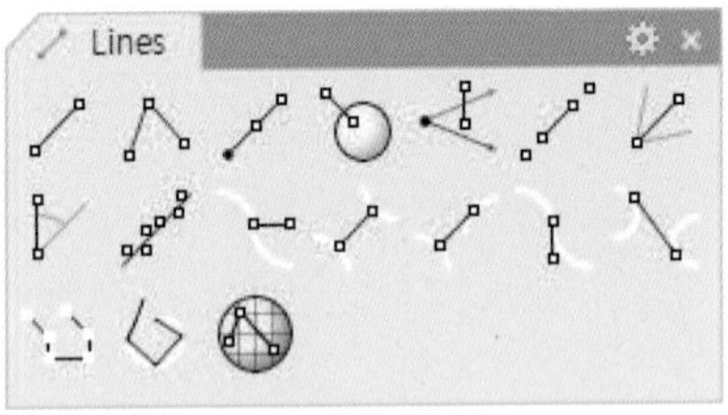

영문 버전 Lines 명령어 그룹

단일 선 Single line

Single line 명령은 2개의 포인트를 갖는 1개의 선 세그먼트로 그려진다.

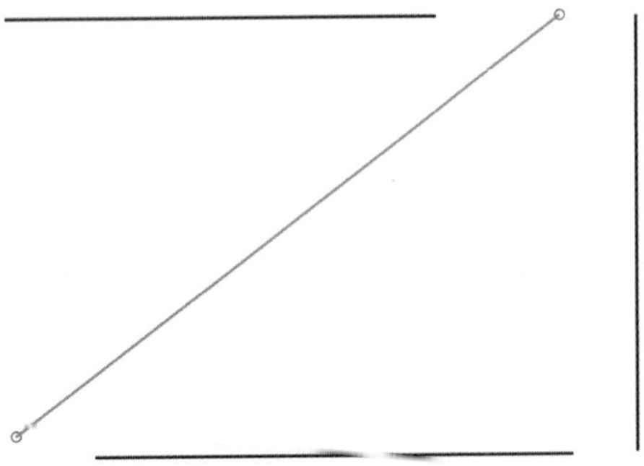

폴리 라인 Polyline
선 세그먼트 Line Segments

폴리 라인 명령은 여러 개의 인접한 선 세그먼트로 그려진다. 여러 개의 직선 또는 호 세그먼트로 이루어진 단일 개체를 만들려면 Polyline 명령을 사용하게 된다.

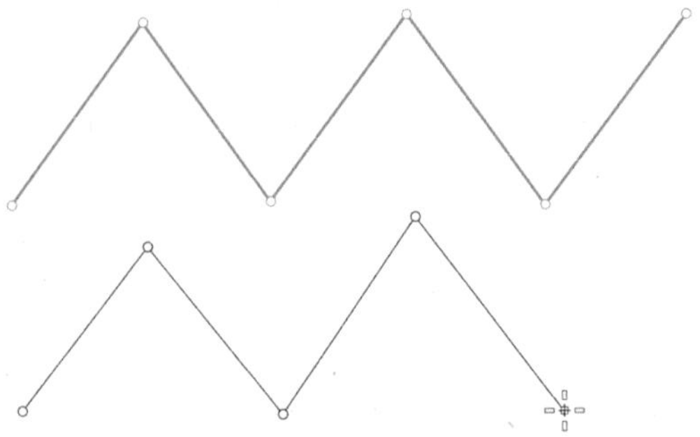

선: 중간점에서 Line: from midpoint

개체를 시작점의 양쪽으로 작성하고, 사용자가 지정한 길이의 2배로 개체를 만든다.

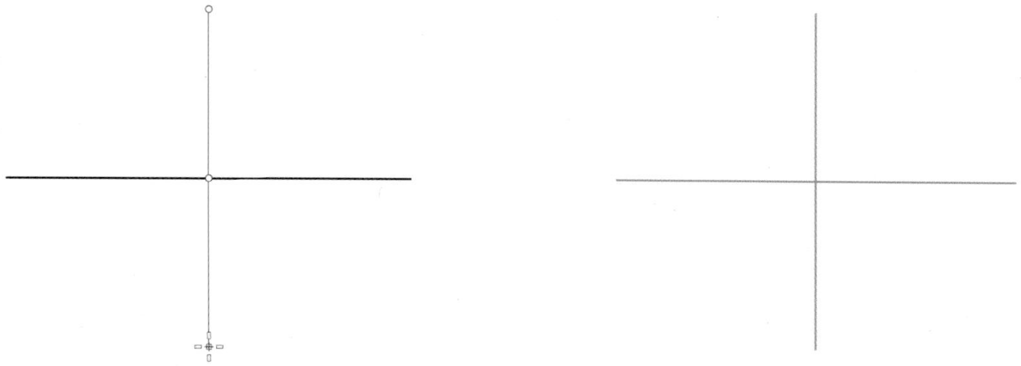

선: 서피스 법선 방향 Line: Normal To Surface
서피스 법선, 양쪽 Surface normal, both sides

서피스상의 한 위치에 대하여 법선 방향(Surface Normal)으로 선을 그린다. 면이 바라보는 90도 방향(Surface Normal)으로 직선을 그릴 수 있으며 옵션으로 BothSides=Yes(클릭)하면 양쪽으로 선이 그려진다.

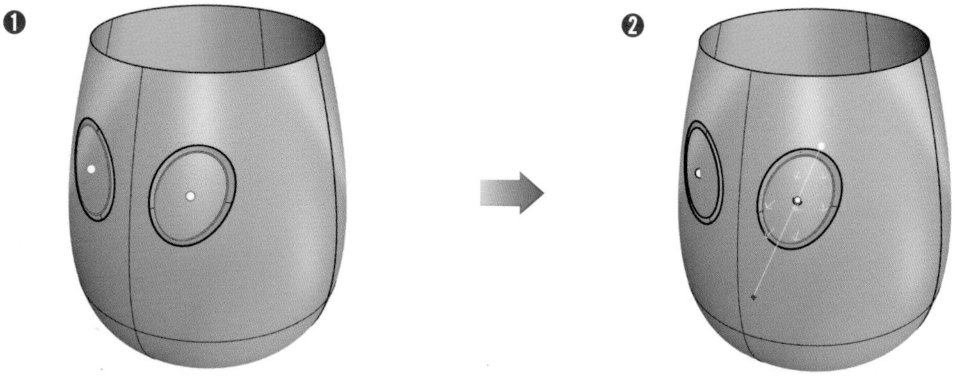

❶ 면에 포인트와 타원 커브를 투영함

❷ 면에 포인트 지점을 기준으로 노멀 라인 생성 (Bothsides=Yes)

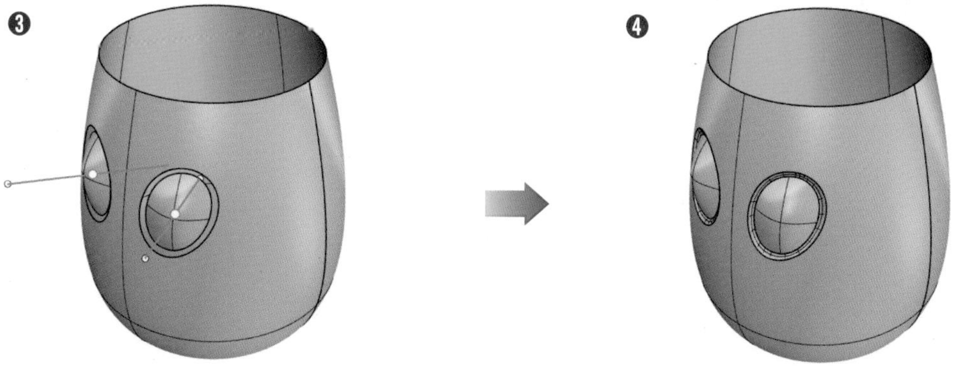

❸ 해당 면에 90도 방향으로 라인 생성

❹ 생성 라인을 기준으로 작업물 이동 가능

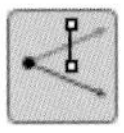

선: 구성 평면에 수직 Line: Vertical To CPlane
선: 구성 평면에 수직, 중간점에서 Line: Vertical to CPlane, from midpoint

구성 평면에 대하여 선을 수직으로 그릴 수 있다.

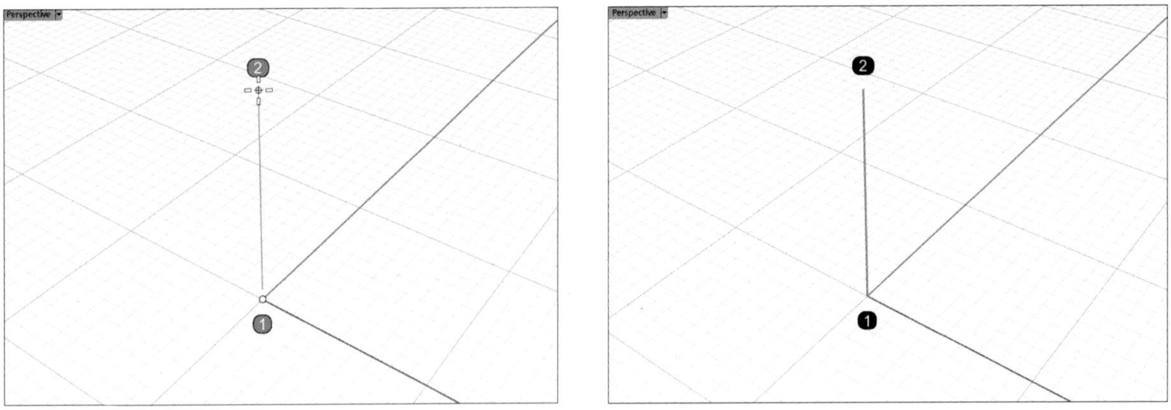

4점을 지정하여 선 Line by 4 points
선: 중간점에서 4점 지정 Line by 4 points from midpoint

두 점을 지정하여 방향을 설정하고, 두 점을 지정하여 길이를 지정하여 선을 그린다.

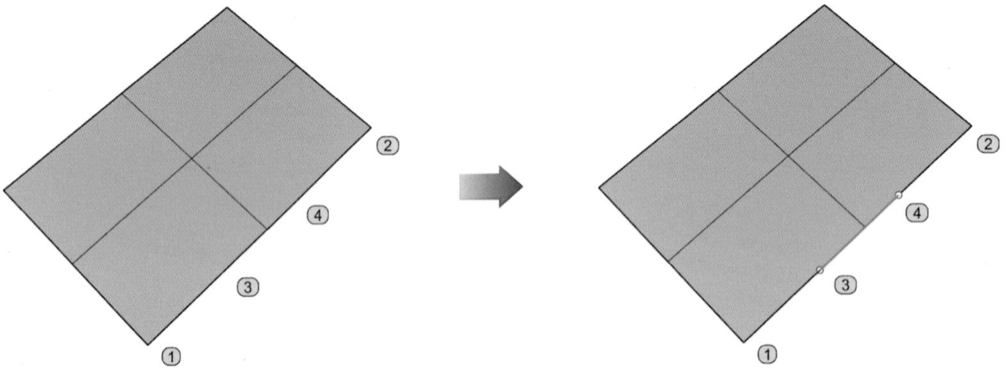

선: 이등분 Line: Bisector
선: 중간점에서 이등분 Line: Bisector from midpoint

이등분선 옵션은 지정된 각도를 이등분하는 선을 그린다. 그림과 같이 번호 순서대로 클릭해 주면 이등분 라인이 만들어진다.

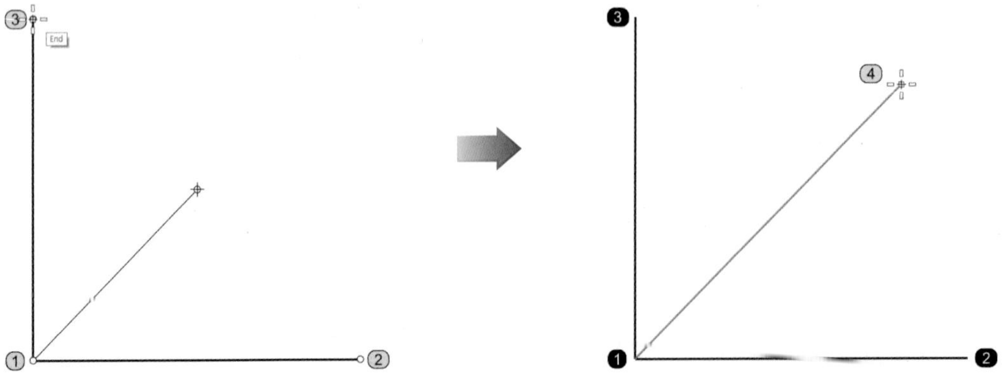

선: 각도 Line: Angled
선: 중간점에서 각도 Line: Angled from midpoint

그림과 같이 번호 순서대로 클릭해 주면 지정된 각도(Pivot angle)만큼의 라인이 만들어진다.

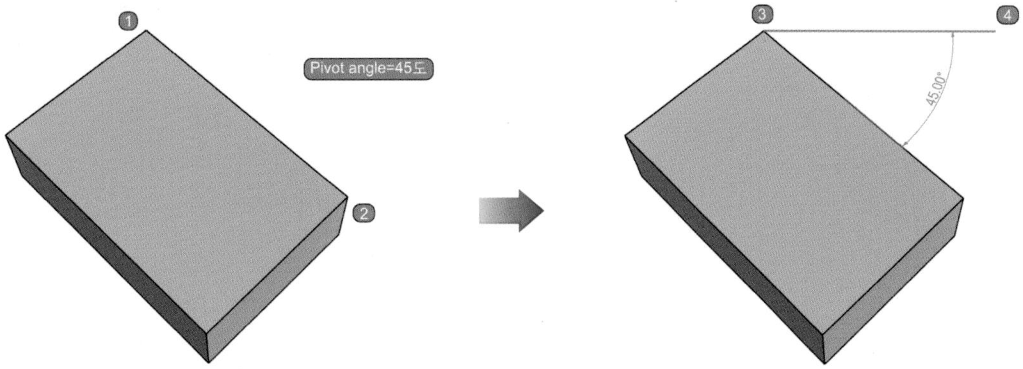

점을 통과하는 선 Line through points

LineThroughPt 명령은 선택된 점을 선이 통과하도록 맞추어 준다.

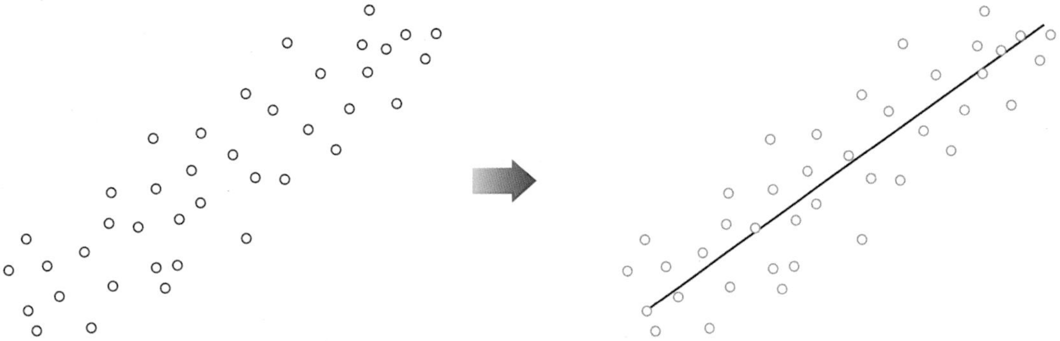

선: 커브로부터 수직 Line: Perpendicular From Curve
선: 커브에 수직 Line: Perpendicular to curve

커브에 대하여, 또는 커브로부터 직교인 선을 그린다.

1. 커브에서 선의 시작점을 지정한다. 2. 선의 끝점을 지정한다.

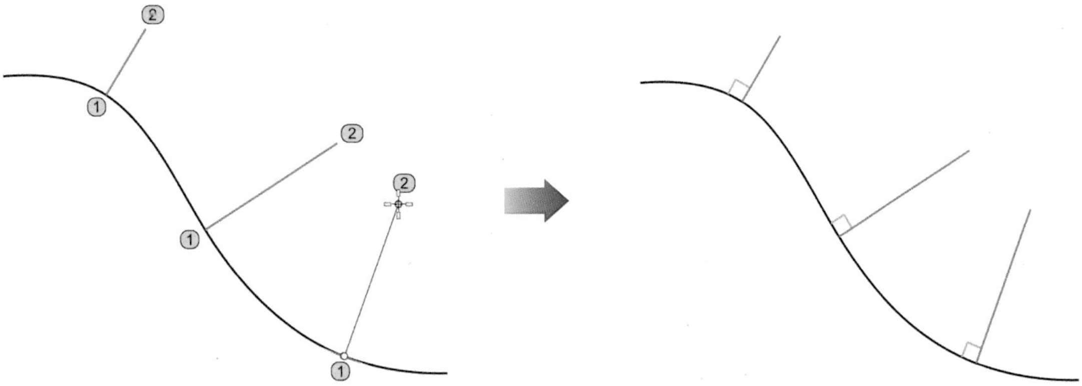

선: 2 커브에 수직 Line: Perpendicular to 2 curves

선을 두 커브에 대해 수직으로 제한한다.

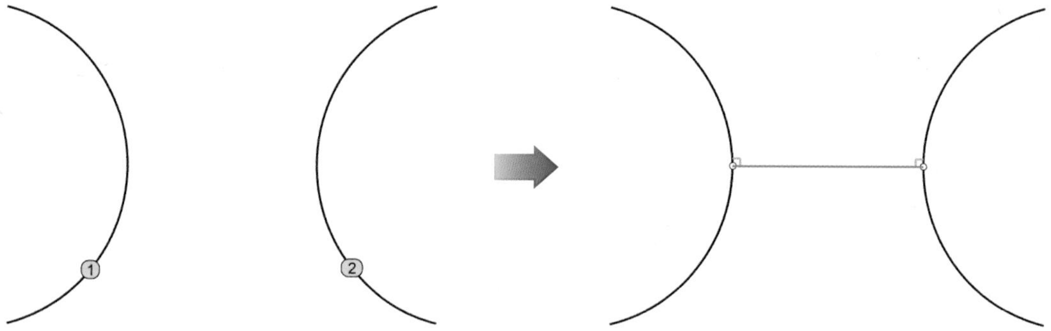

선: 커브에 접하며 수직 Line: Tangent, perpendicular

커브에서 접하는 수직선을 그린다. 첫 번째 클릭 부위는 Tangent가 맞는 곳이 되고, 2번의 지점은 90도 지점인 Perpendicular가 된다.

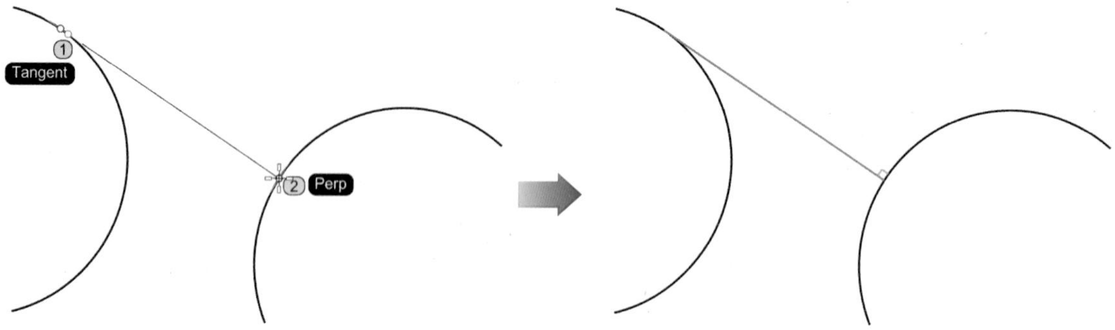

선: 커브로부터 접함 Line: Tangent from curve

커브에서 접하는 선을 그린다. 커브에 대한 자유로운 접선의 일치가 빠르게 가능하다.

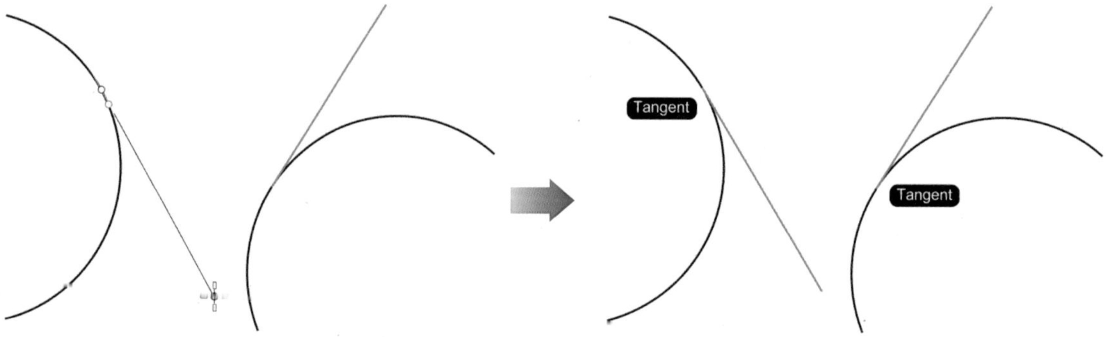

선: 2 커브에 접함 Line: Tangent To 2 curves

두 커브에서 접하는 선을 그린다. 예시에서 보이는 선택 순서와 컬러를 구분해서 부위(원의 커브)를 클릭해 준다.

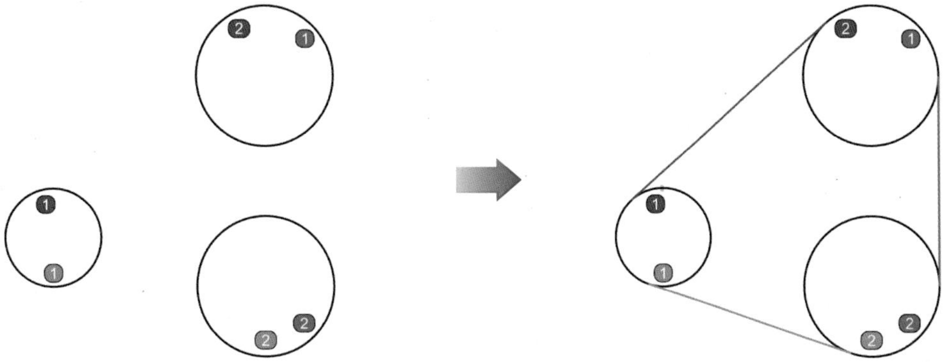

점 통과하는 폴리 라인 Polyline Through Points

CurveThroughPt 명령은 선택된 점 개체를 통과하도록 커브를 맞춘다. 히스토리 기능을 사용하여 추가 편집이 가능하다.

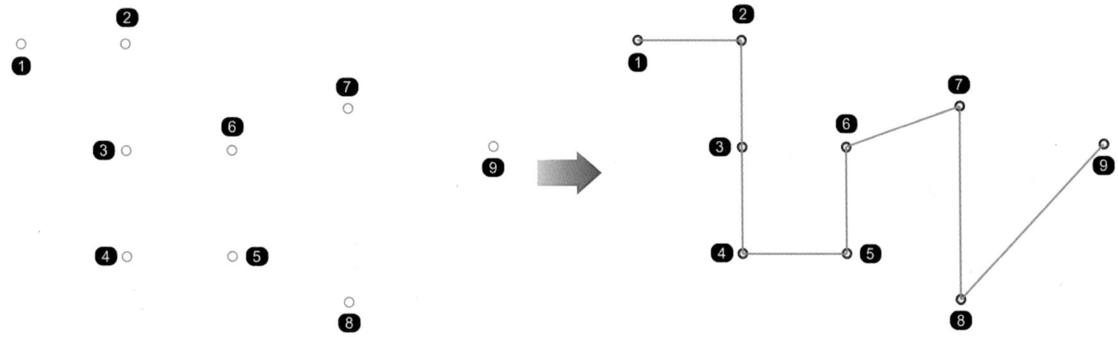

커브를 폴리 라인으로 변환 Convert curve to polyline

Convert 명령은 폴리 라인 또는 호 세그먼트의 커브 구조를 변경한다. 크게 Line들과 Arc들의 2가지로 변경이 가능하다.

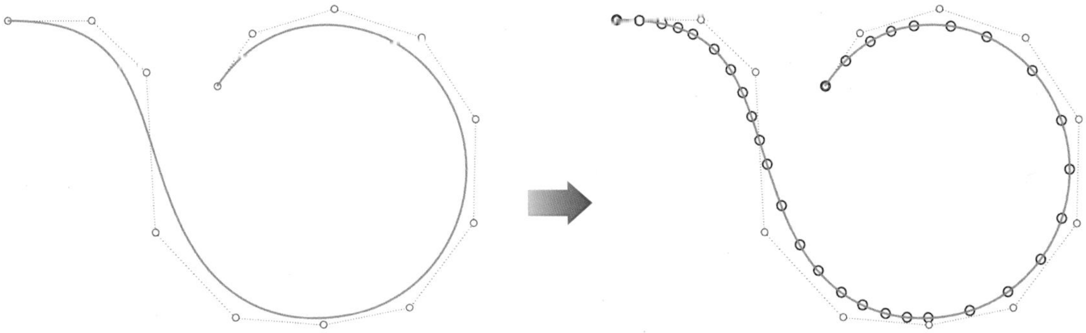

차수 3 또는 5의 자유로운 커브

Output=Arcs(O)
Output=Lines(X)

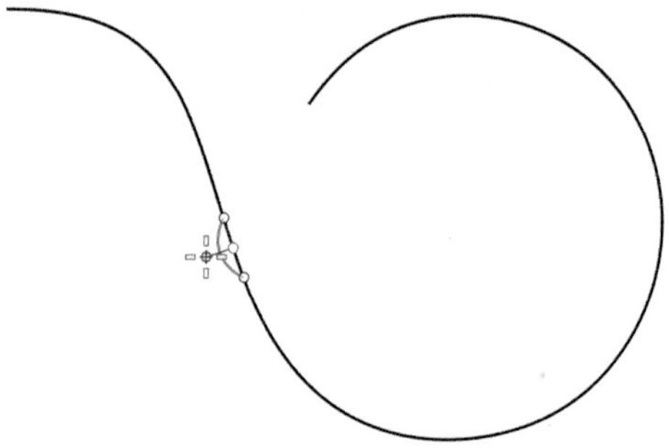

Arc(호)로 변환된 일부를 당겨 보면 확인 가능

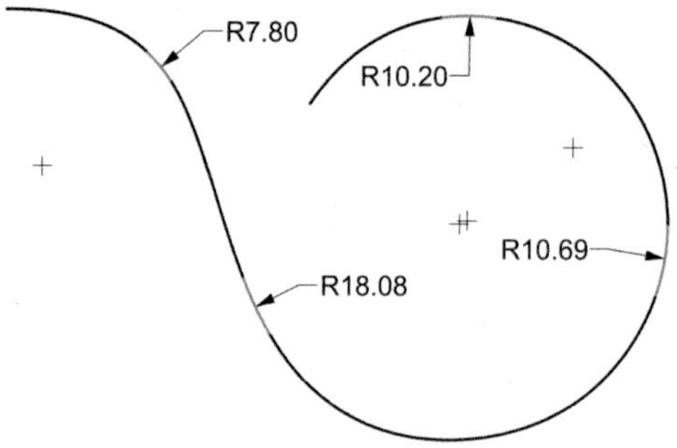

Arc 변환된 부위의 정확한 Radius 값 확인 가능

메쉬상의 폴리 라인 Polyline On Mesh

PolylineOnMesh 명령은 다각형 메쉬 개체상에 다중 세그먼트 폴리 라인을 그린다. 그려진 폴리 라인은 메쉬면의 각과 관계없이 달라붙게 된다.

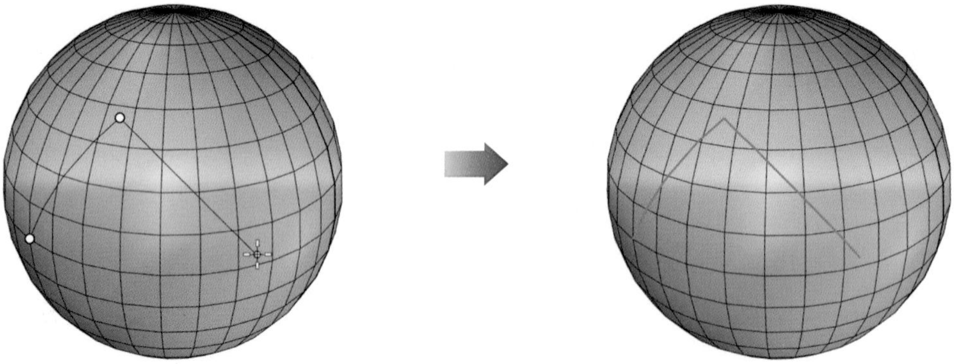

04 CHAPTER 커브(Curves) 명령어 그룹

Rhino는 커브를 그리기 위한 다양한 도구를 갖추고 있다. 이러한 도구를 사용하여 일직선, 선 세그먼트로 이루어진 폴리라인, 호, 원, 다각형, 타원, 원통형 나선, 원뿔형 나선을 그릴 수 있다. 또한 커브의 제어점을 사용하거나, 선택한 점을 통과하도록 하여 커브를 그릴 수 있다. Rhino에서 그릴 수 있는 커브에는 선, 호, 원, 자유 형식 커브, 또는 이러한 것의 혼합이 포함된다. 커브는 열린 또는 닫힌 형태이거나, 평면형 또는 비평면형이 된다. 커브에는 방향이 있다. 방향 정보를 사용하는 명령은 방향을 나타내는 화살표를 표시하며, 필요에 따라 그 방향을 반전할 수 있다.

선, 호, 폴리 라인, 커브를 결합하거나, 커브를 사용하여 스윕과 로프트를 위한 프로파일을 형성하고, 서피스 커브로 새로운 부분의 기준을 형성하도록 선을 그리거나, 커브 스케치, 서피스에 커브 스케치하기가 가능하다.

커브에는 커브의 형태를 결정하는 제어점이 있다. 커브에는 2개의 끝점이 있다. 닫힌 커브의 2개 끝점은 공간에 동일하게 배치되어 있다. 커브의 첫 번째 2점이 처음의 접선 방향을 결정하고, 커브의 마지막 2점이 끝의 접선 방향을 결정한다. 2개의 커브를 결합하였을 때, 결합점에서 양 커브의 접선 방향에 차이가 생기는 경우에 굴곡이 있는 점이 발생하며, 그 부분을 꼬임(Kink)이라고 부른다. 결합점에 꼬임이 있는 커브로부터 서피스를 만드는 경우, 꼬임이 있는 점으로 인해 서피스에 주름(Crease)이 생겨, 이 결과 단일 서피스가 아닌, 폴리 서피스가 만들어지게 된다.

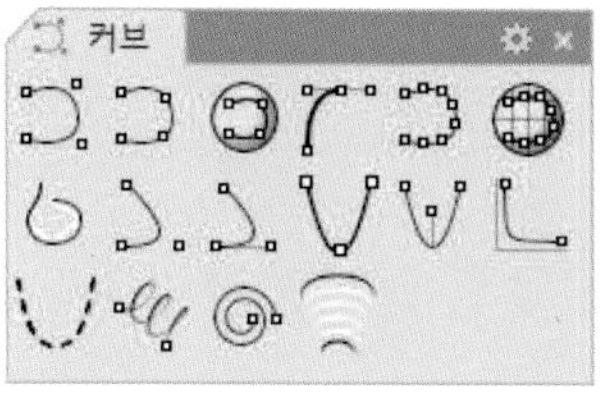

한글 버전 커브 명령어 그룹

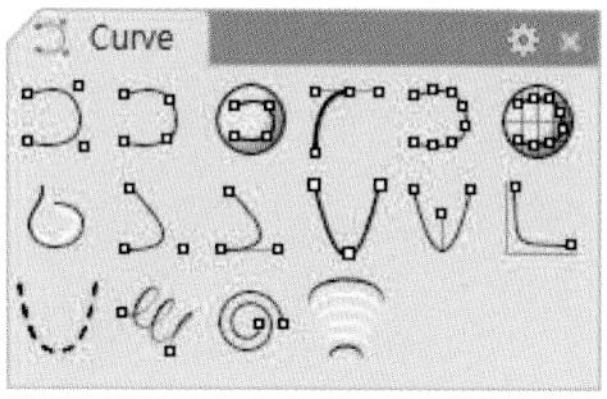

영문 버전 Curve 명령어 그룹

제어점 커브 Control Point Curve
점을 통과하는 커브 Curve through points

제어점을 지정하여 커브를 그린다. Curve 명령은 제어점 위치로부터 안쪽으로 커브를 그린다. 클릭 수만큼 편집 포인트가 생성되며, 기본적으로 차수(Degree) 1인 직선과 차수 2인 호(Arc) 타입, 그 이상의 차수 커브를 그릴 수 있다. 참고로 Alt 키를 눌러 자동 닫힘 기능을 일시 중시할 수 있다. 이 기능을 사용하면 커브가 자동으로 닫히는 일 없이, 커브가 시작하는 점에 가까운 점을 선택할 수 있다.

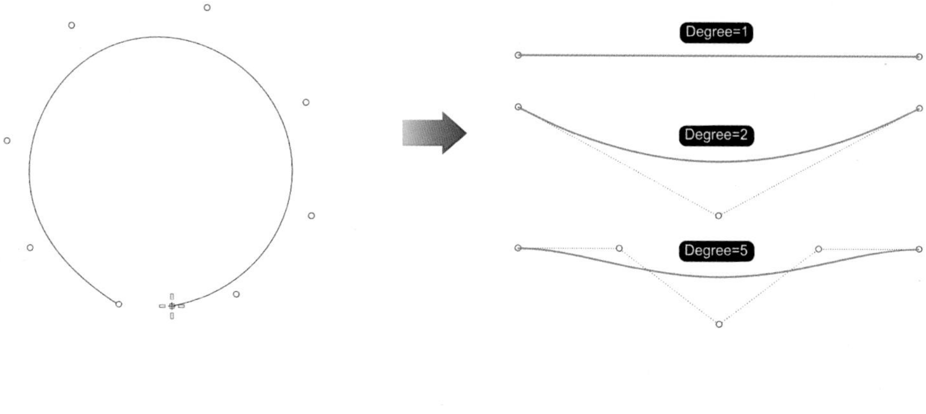

커브: 보간점 Curve: interpolate points
핸들 커브 Handle curve

보간점을 지정하여 커브를 그린다. InterpCrv 명령은 공간에서 선택된 위치를 연결하여 커브를 그린다. 많은 CAD 프로그램에서 보간 커브를 스플라인(spline)이라고 한다.

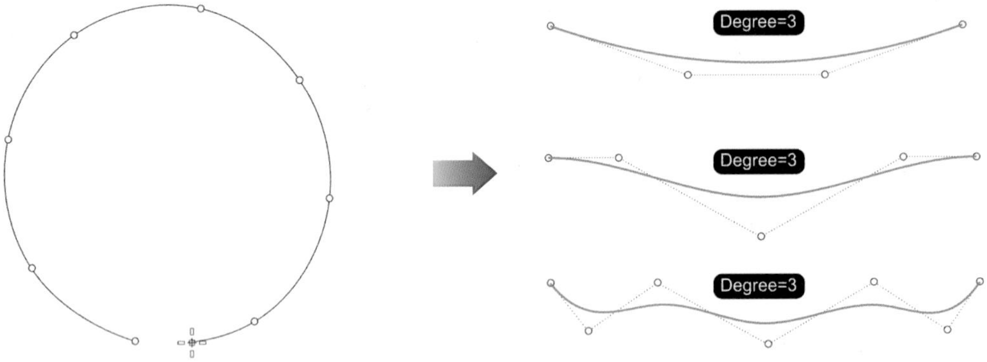

서피스상의 보간 커브 Interpolate on surface

InterpCrvOnSrf 명령은 서피스에서 선택된 위치를 연결하여 커브를 그린다.

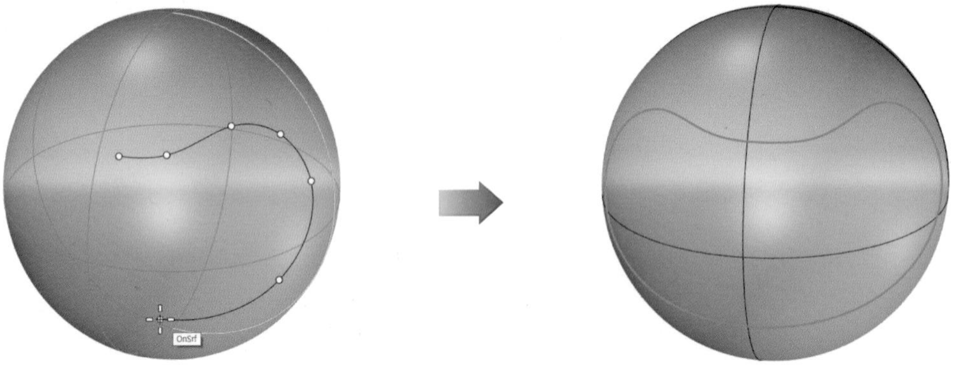

핸들 커브 Handle curve

HandleCurve 명령은 일러스트레이션 프로그램 스타일의 연결된 베지어 커브를 그린다.

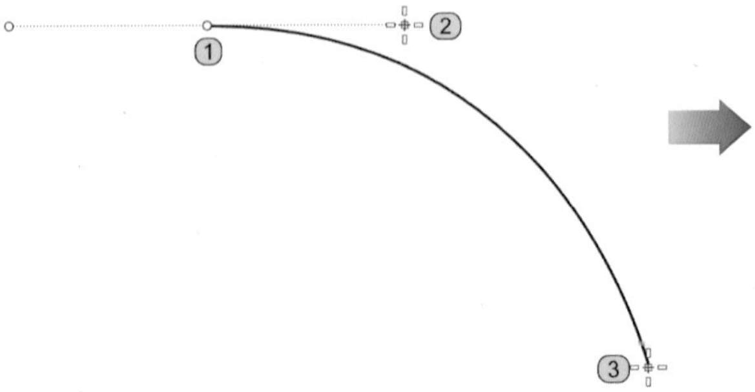

스케치 Sketch
곡률 서피스에 스케치 Sketch on surface

Sketch 명령은 마우스를 끌어 커브를 그린다.

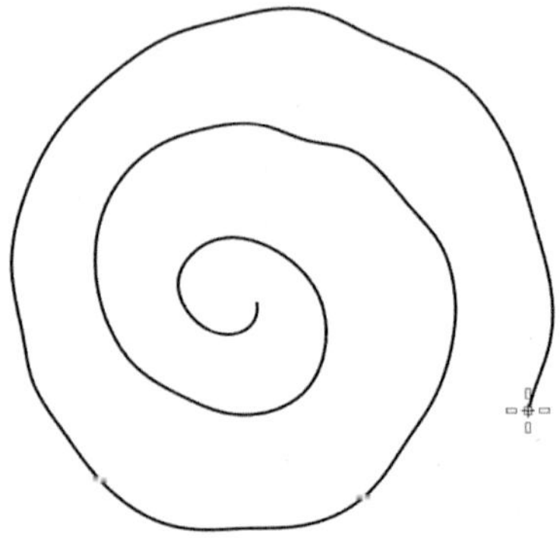

다각형 메쉬에 스케치 Sketch on polygon mesh

메쉬 서피스에서 선택된 위치를 연결하여 커브를 그린다.

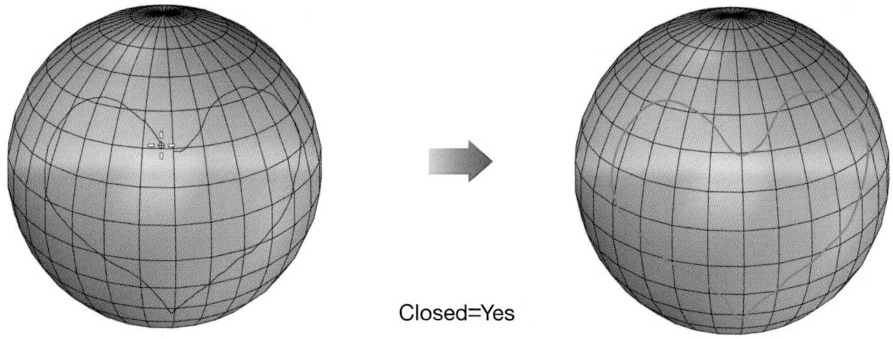

커브: 폴리 라인에서 제어점 Curve: control points from polyline
폴리 라인 정점을 통과하는 커브 Curve through polyline vertices

CurveThroughPolyline 명령은 폴리 라인의 정점으로부터 커브를 만든다.

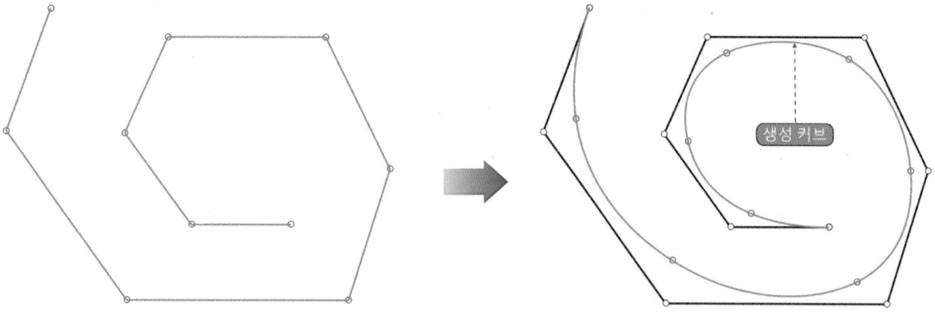

원뿔 커브 Conic
원뿔 커브 : 시작에서 수직 Conic: perpendicular at start

Conic 명령은 시작점, 끝점, 정점을 기준으로 원뿔 단면 커브를 그린다. 시작점, 끝점, 정점을 순서대로 지정하는 것이 기본값이다.

원뿔 커브: 시작에서 접함 Conic: tangent at start
원뿔 커브: 시작에서 접함, 끝점 Conic: tangent at start, end

Conic 명령은 시작점, 끝점, 정점을 기준으로 원뿔 단면 커브를 그린다. 선이나 개체의 시작점, 끝점, 정점을 순서대로 지정하는 것이 기본값이다.

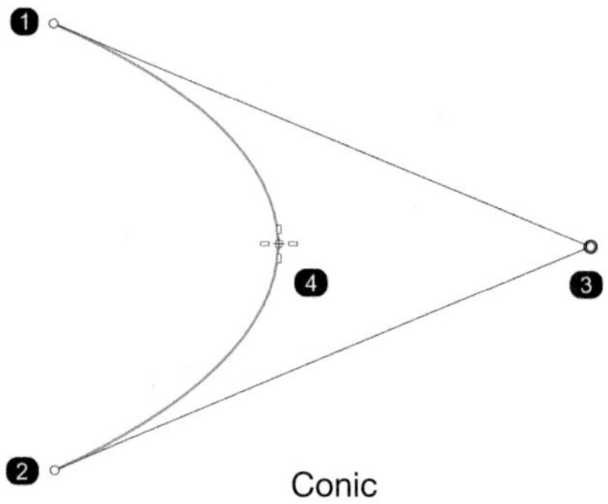

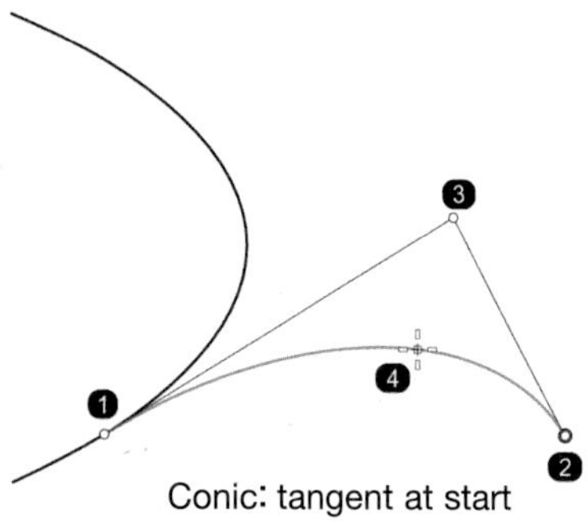

3점으로 포물선 Parabola from 3 points

Parabola3Pt 명령은 3개의 지정된 점을 통해 포물선을 그린다.

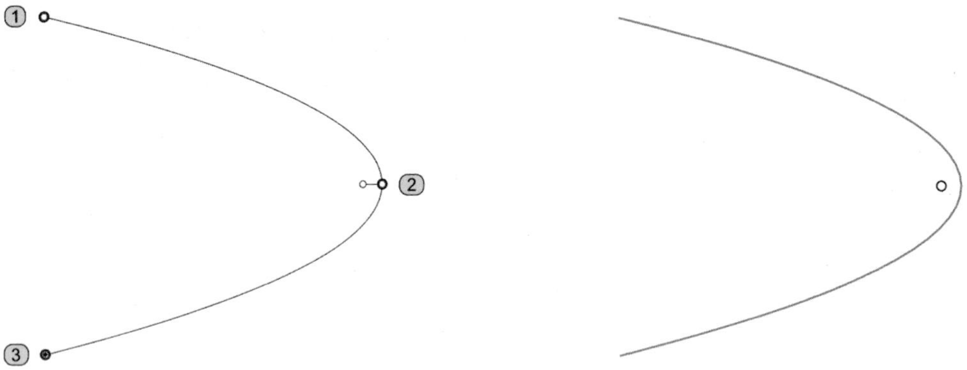

초점을 사용한 포물선 Parabola by focus
정점을 사용한 포물선 Parabora by vertex

Parabola 명령은 포물선을 그린다.

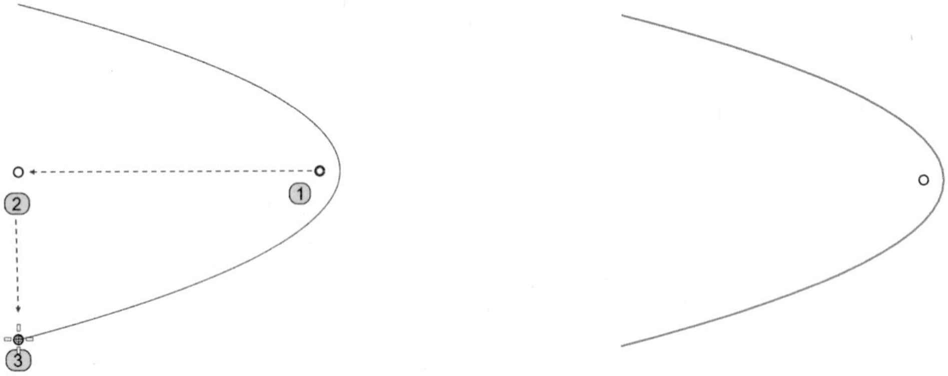

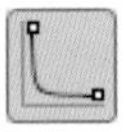

쌍곡선 Hyperbola

Hyperbola 명령은 쌍곡선 커브를 그린다.

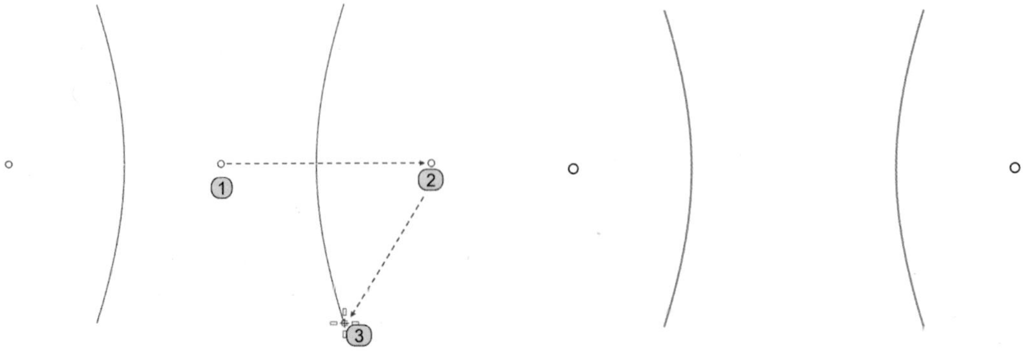

현수선 Catenary curve

Catenary 명령은 케이블 또는 사슬이 양쪽 끝에만 고정되어 자체 무게로 인해 아래로 처져 매달린 커브, 즉 현수선을 그린다.
참조: 현수선 커브는 NURBS를 사용하여 정확하게 표현할 수 없으므로 출력된 결과는 항상 근사치이다.

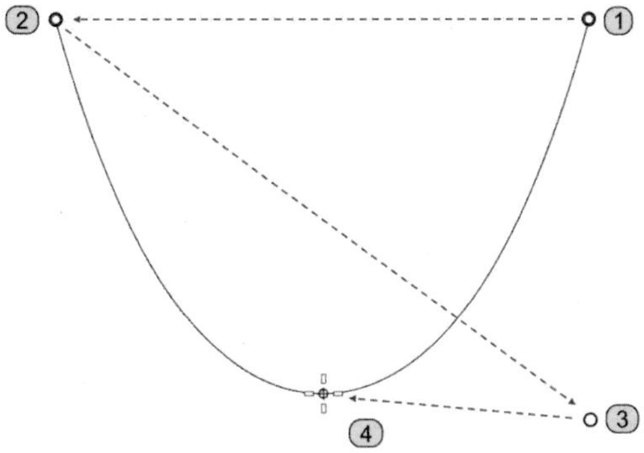

PointCount=20

나선 Helix
수직 원통형 나선 Vertical helix

Helix 명령은 원통형 나선 커브를 그릴 수 있다. 수직의 두 지점을 클릭하고 Turns(1바퀴) 또는 Pitch(나사산과 산의 폭)값을 조정하여 만들 수 있다.

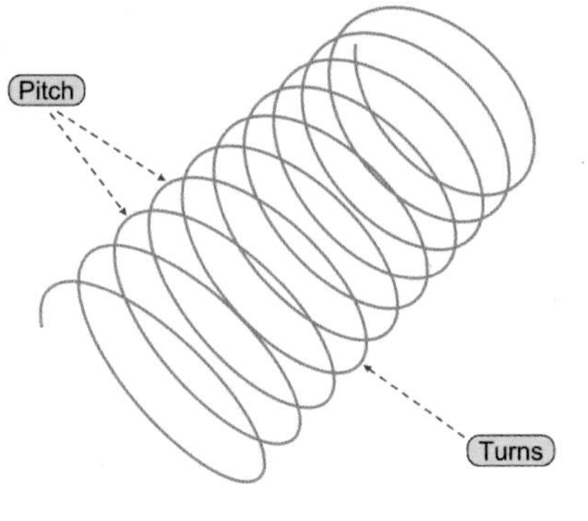

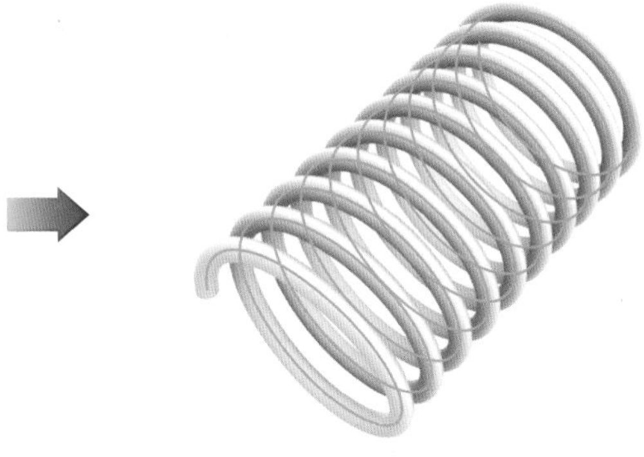

Helix 명령은 그림과 같이 Start of axis(Vertical AroundCurve) 클릭 전 AroundCureve를 선택하고 ①번 원을 클릭하면 원을 감싸는 나선을 그릴 수 있다.

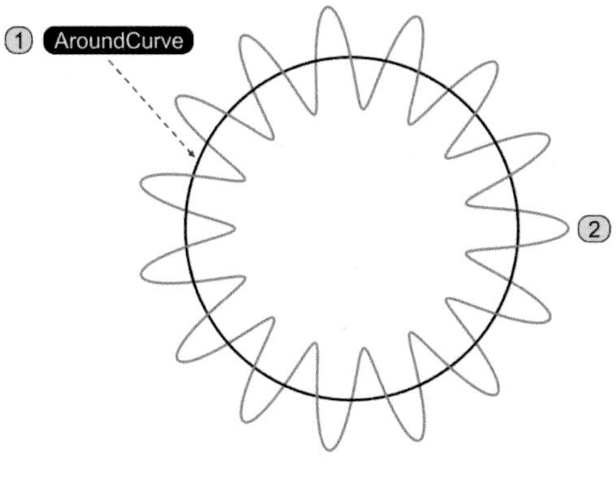

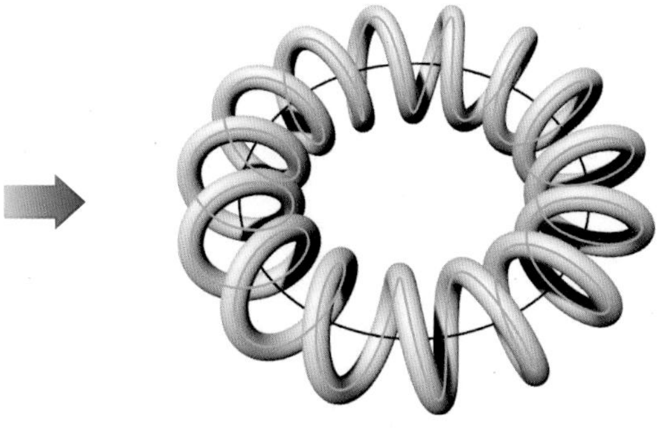

원뿔형 나선 Spiral
평평한 원뿔형 나선 Flat spiral

Spiral 명령은 원뿔형 나선 커브를 그린다.

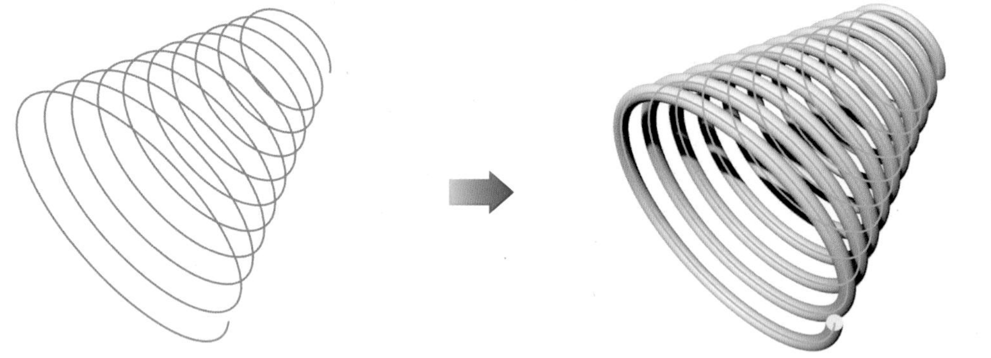

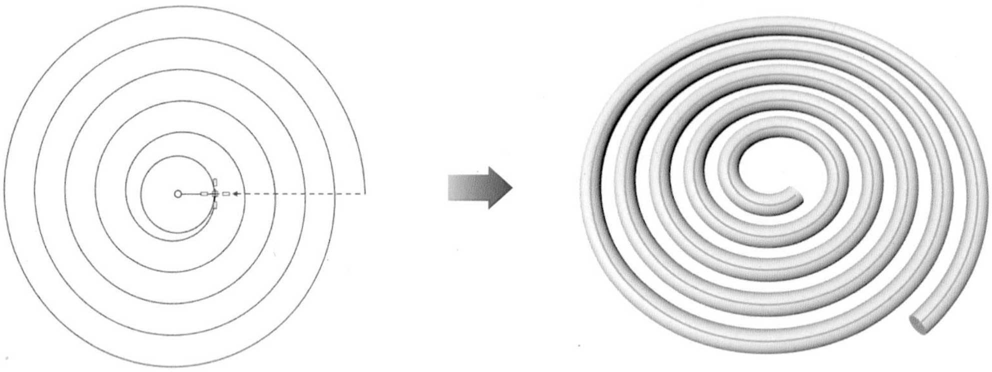

중간 단계 커브 Tween between two curves

TweenCurves 명령은 두 개의 열린 또는 닫힌 입력 커브 사이에 커브를 만들어 준다. 특히 히스토리를 걸어 두면 실시간 편집과 확인이 가능하다.

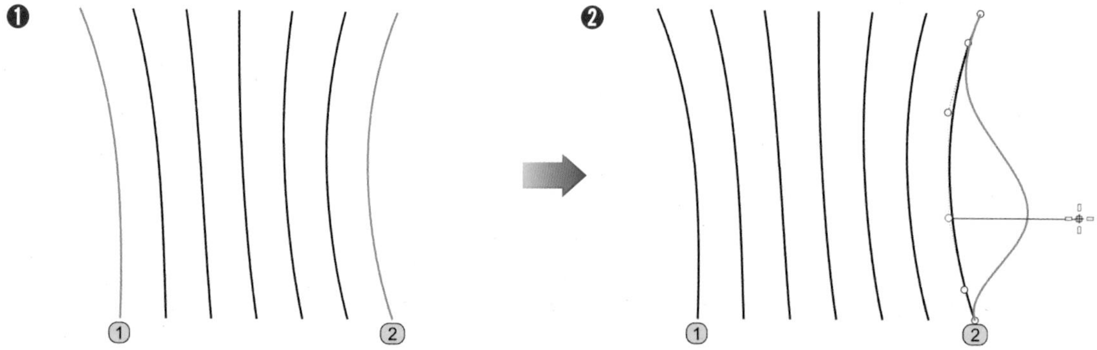

①번과 ②번 커브를 선택하고 사이에 생성될 개체의 수를 5개로 지정

①번과 ②번 커브는 히스토리가 걸린 상태이며 그림처럼 우측으로 커브를 당겨 편집 가능

❸

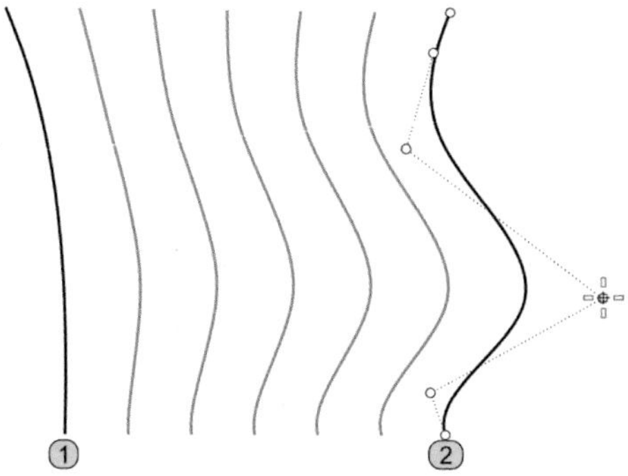

히스토리에 의해 안쪽 5개의 커브도
동시에 변화하게 됨

❹

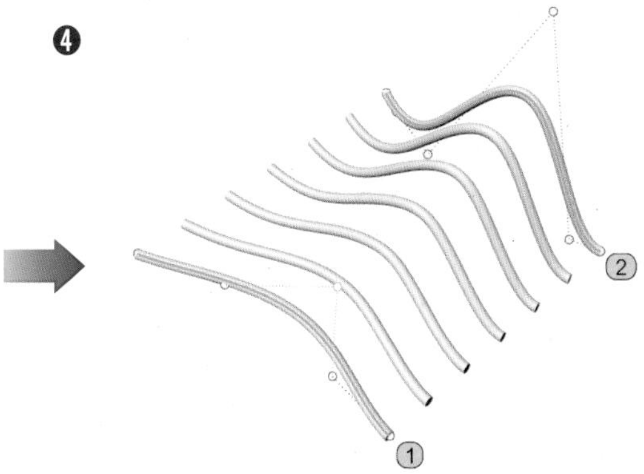

그림과 같이 멀티플 파이프 명령으로 파이프
상태에서도 커브 편집 가능

05 CHAPTER 원(Circle) 명령어 그룹

원(Circle) 명령어 그룹에는 다양한 원을 그릴 수 있는 명령어들이 그룹화되어 있다. 중심 기점으로 시작되는 원, 2개의 기점에서 시작되는 원, 3개의 기점으로 그려지는 원, 커브에 90도로 세워져서 그려지는 원, 2개 또는 3개의 변에 내접하는 원 등이 대표적이다. 또한, 변형이 쉽도록 꼬임(Kink)이 없는 원의 작성도 가능하다. 다만 변형이 쉬운 원의 경우 치수 측정을 해 보면 허용 공차 범위에서 치수 변화가 나타나기에 정확한 치수 도면용으로는 사용하지 않을 것을 권장한다.

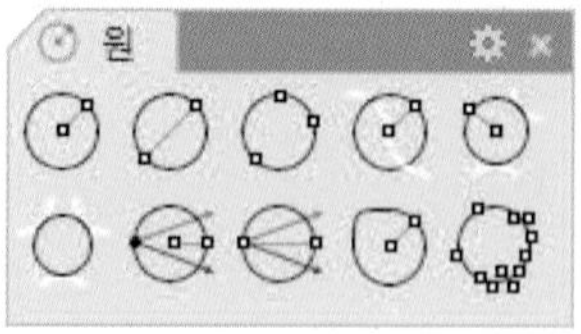

한글 버전 원 명령어 그룹

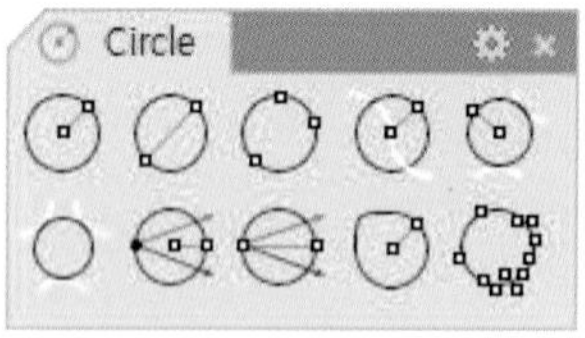

영문 버전 Circle 명령어 그룹

원: 중심점, 반지름 Circle: center, radius

Circle 중심 위치와 반지름 또는 지름으로 원을 그린다.

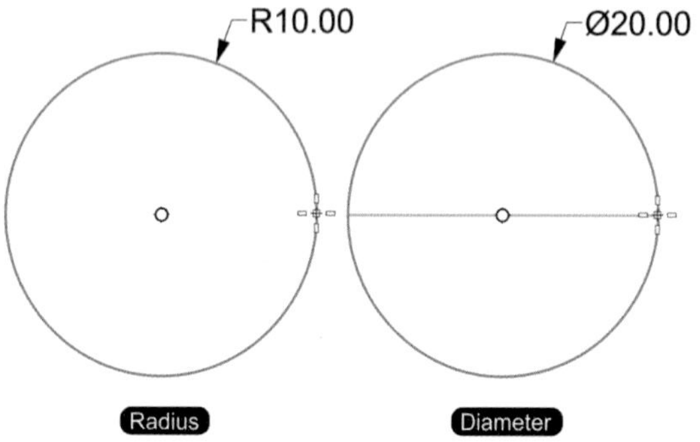

원: 지름 Circle: diameter

지름의 두 끝점을 사용하여 원을 그린다.

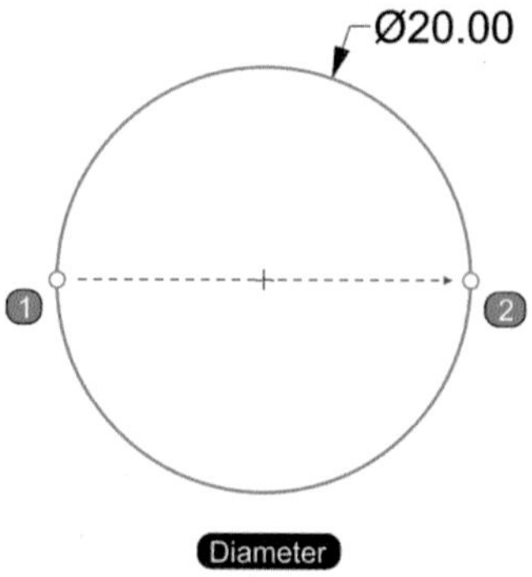

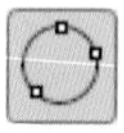

원: 3 점 Circle: 3 points

원주상의 세 점을 통과하는 원을 그린다.

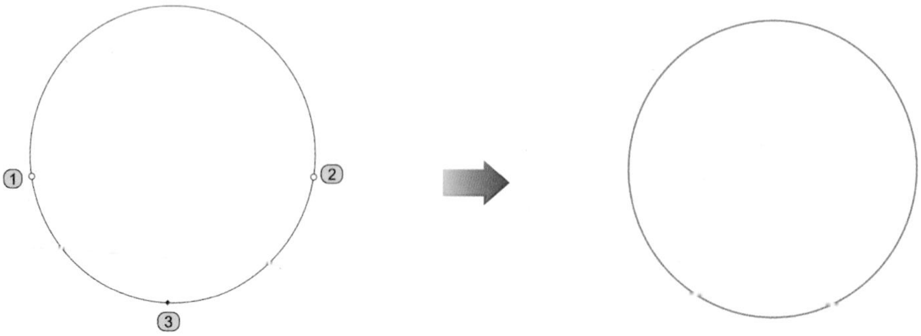

커브를 중심으로 하는 원 Circle: around curve

커브에 대하여 수직으로 원을 그릴 수 있다. Sweep 1 Rail, Sweep 2 Rails와 같은 후속 명령을 위해서도 필요한 명령어이다.

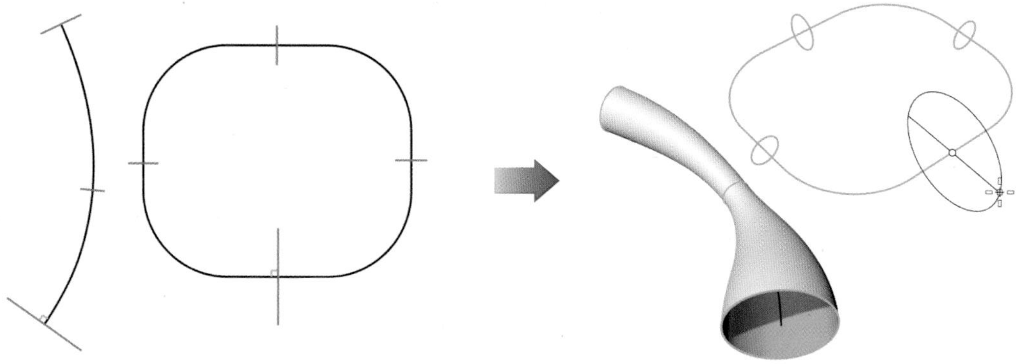

원: 접점, 접점, 반지름 Circle: tangent, tangent, radius

2개의 커브에 내접하는 원을 그릴 수 있다. 접선의 일치가 가능하기에 향후 Trim 명령으로 불필요한 부분을 정리하면 된다. ①번과 ②번 커브를 먼저 클릭하고 Radius 값을 지정해 주면 된다.

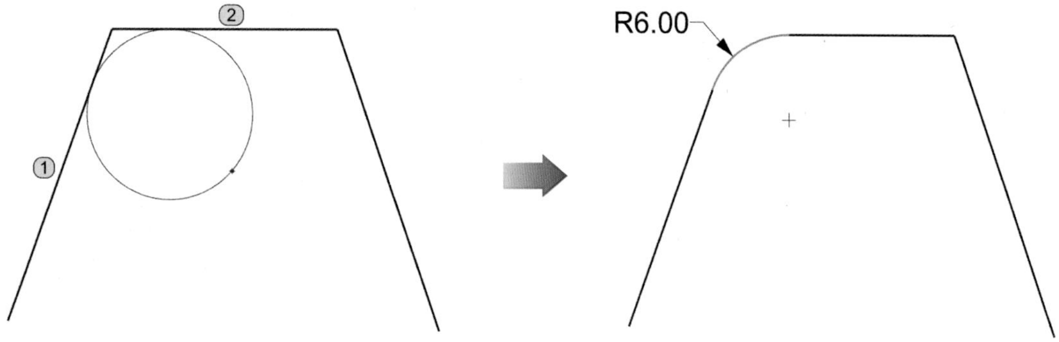

3 커브에 접하는 원 Circle tangent to 3 curves

3개의 커브에 접하는 원을 그린다.

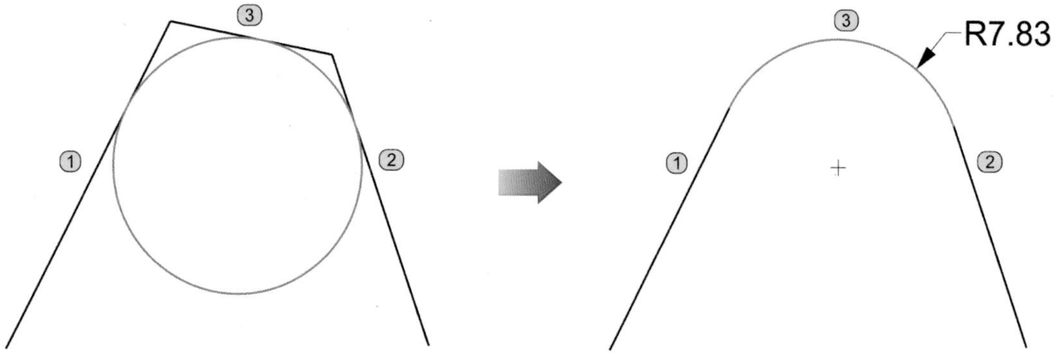

구성 평면에 수직인 원: 중심점, 반지름 Circle vertical to CPlane: center, radius

구성 평면에 수직인 원(중심점)반지름)을 그린다.

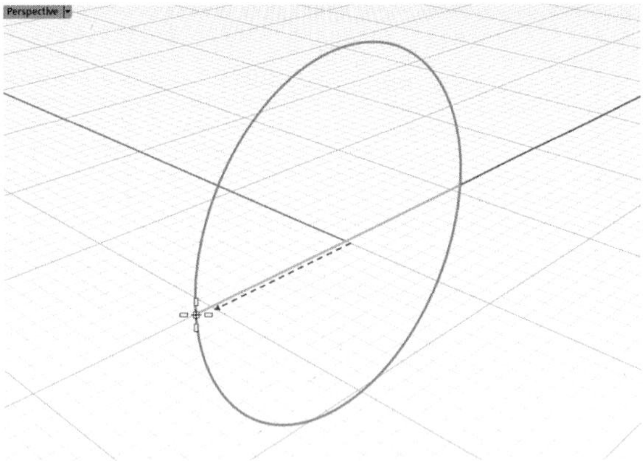

구성 평면에 수직인 원: 지름 Circle vertical to CPlane: diameter

구성 평면에 수직인 원(지름)을 그린다.

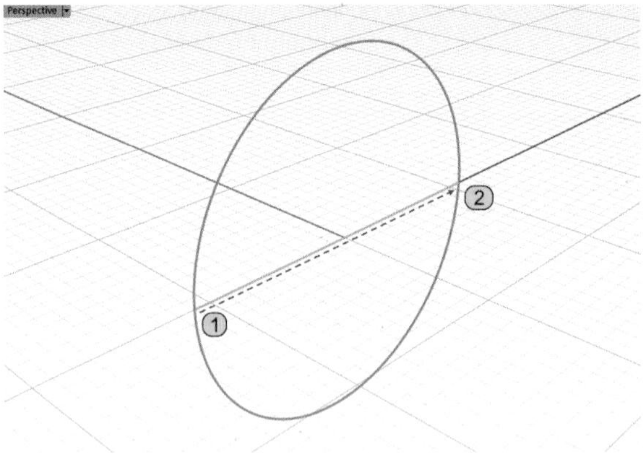

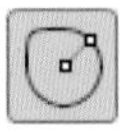

원: 변형 가능 Circle: deformable

변형 가능한 원을 그린다. 차수와 점의 개수를 옵션에서 자유롭게 설정할 수 있다. 원의 경우 지름값은 어떤 부위든 같지만 중심 Center 오브젝트 스냅이 되지 않는다는 것을 알아야 한다. 중심이 작업 중 필요하면 반드시 작업 전 중심점을 먼저 만들고 해 주면 좋다.

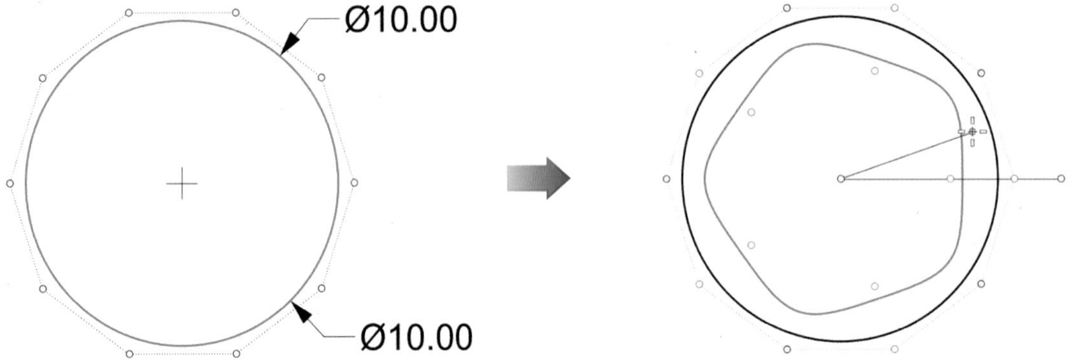

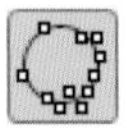

원: 점 맞추기 Circle: fit points

선택된 점 개체, 커브, 서피스 제어점, 메쉬 정점에 맞춰 원을 그린다.

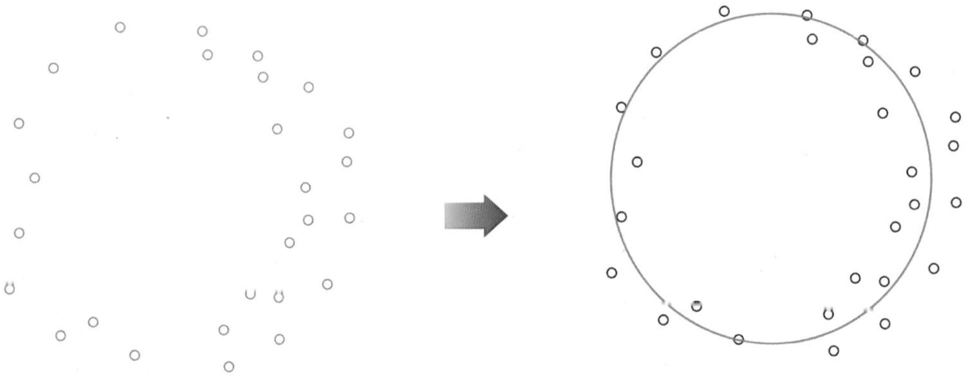

06 CHAPTER 타원(Ellipse) 명령어 그룹

타원(Ellipse) 명령어 그룹에는 다양한 타원을 그릴 수 있는 명령어들이 그룹화되어 있다. 중심 기점에서 시작되는 타원, 지름 기점에서 시작되는 타원, 커브에 90도로 세워져서 그려지는 타원, 모서리 지정으로 그려지는 타원 등이 대표적이다.

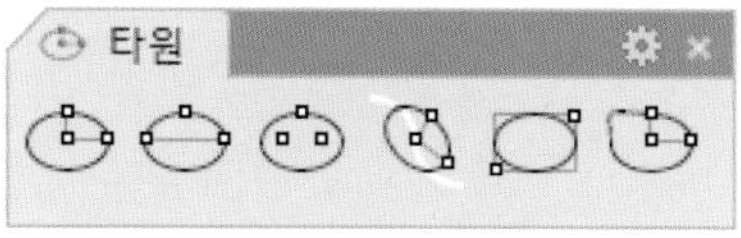

한글 버전 원 명령어 그룹

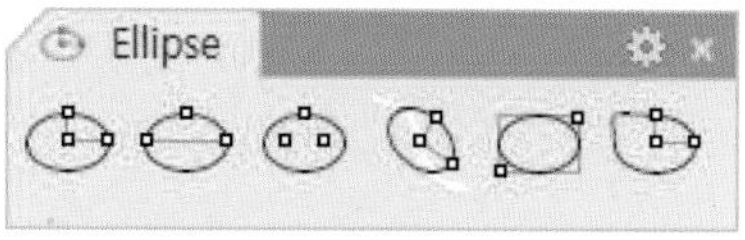

영문 버전 Circle 명령어 그룹

타원: 중심점에서 Ellipse: From center

Ellipse 명령은 닫힌 타원형의 커브를 그린다.

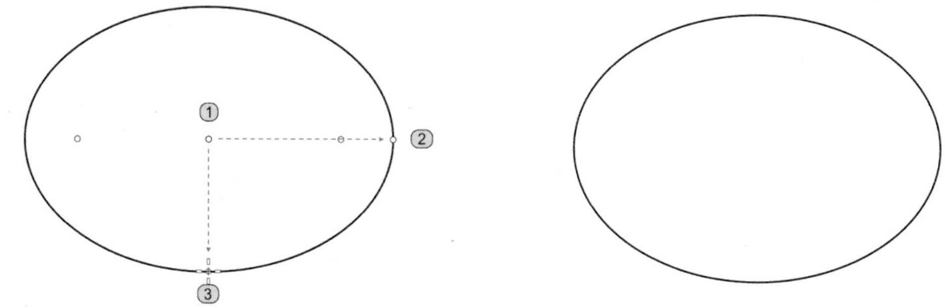

타원: 지름 Ellipse: diameter

축에 있는 점을 사용하여 타원을 그린다.

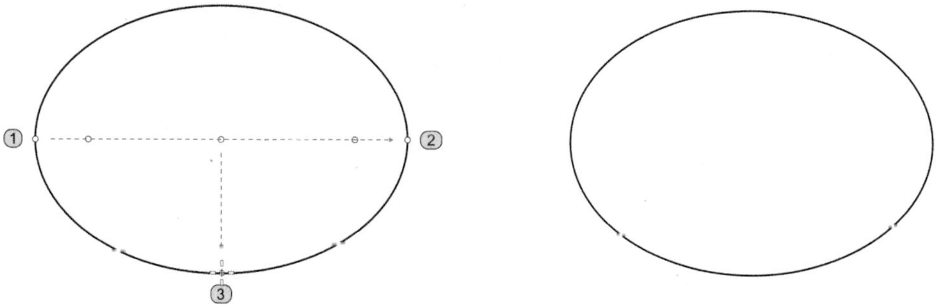

타원: 초점 지정 Ellipse: from foci

초점과 커브상의 한 점을 사용하여 타원을 그린다.

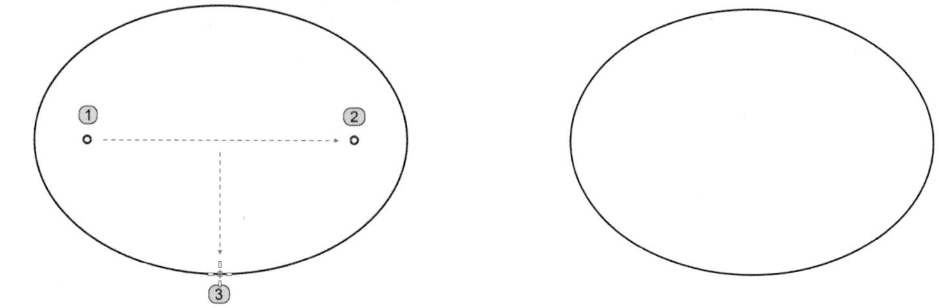

타원: 커브 주변 Ellipse: around curve

커브를 중심으로 직교 타원을 그린다.

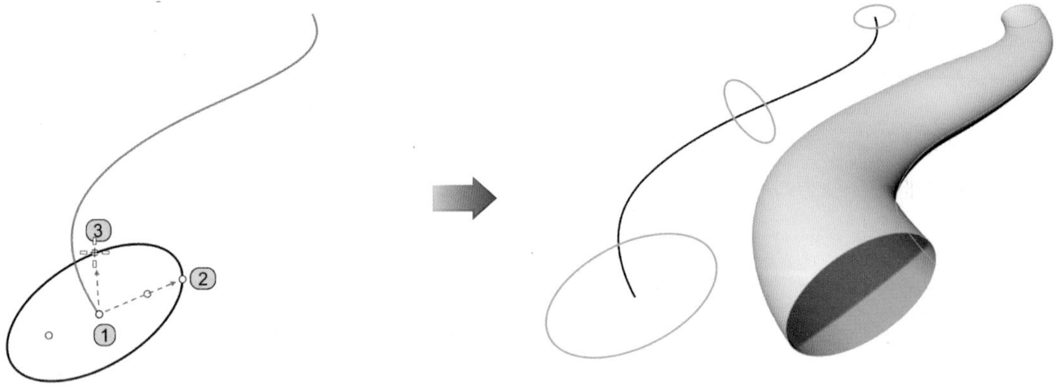

타원: 모서리 지정 Ellipse: by corners

모서리의 끝점을 지정하여 원을 그린다.

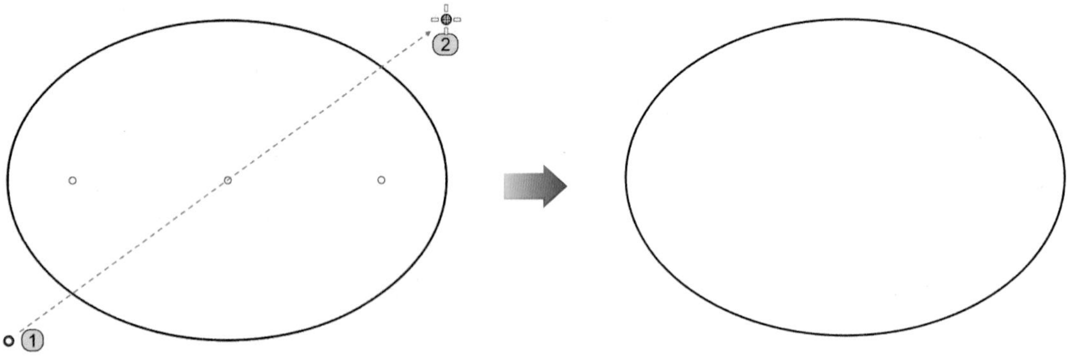

타원: 변형 가능 Ellipse: Deformable

변형 가능한 타원을 그린다. 점의 개수를 옵션에서 자유롭게 설정 가능하다.

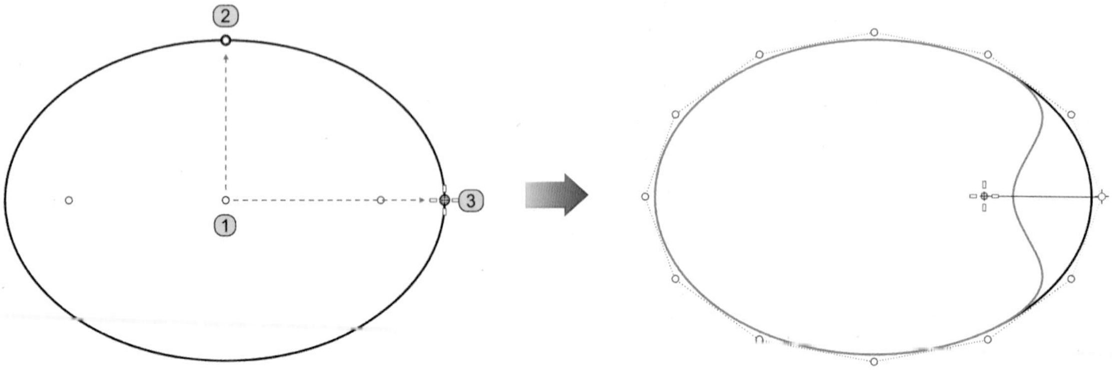

07 CHAPTER 호(Arc) 명령어 그룹

호(Arc) 명령어 그룹에는 다양한 호를 그릴 수 있는 명령어들이 그룹화되어 있다. 중심 기점으로 그려지며 각도 지정이 가능한 호, 3개의 점을 기점으로 그려지는 호, 반원, 반지름값을 기입하여 그려지는 호, 3개의 변에 내접하는 호 등이 가능하다.

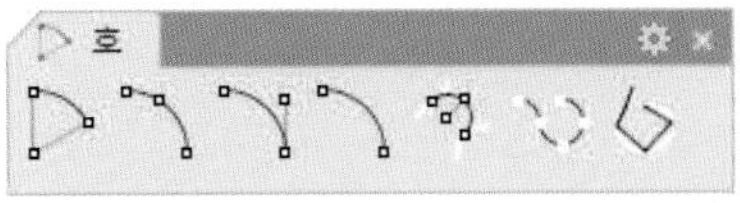

한글 버전 호 명령어 그룹

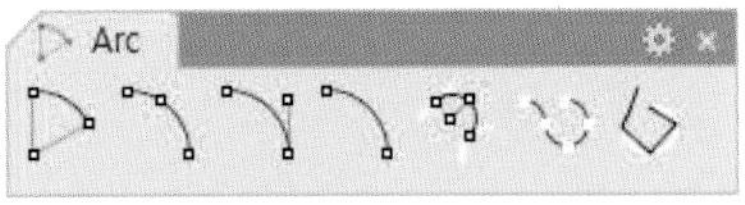

영문 버전 Arc 명령어 그룹

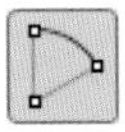

호: 중심점, 시작점, 각도
Arc: Center, Start, Angle

Arc 명령은 중심 위치 ① 끝점, ② 두 번째 끝점, ③ 또는 각도 옵션을 사용하여 호를 그린다.

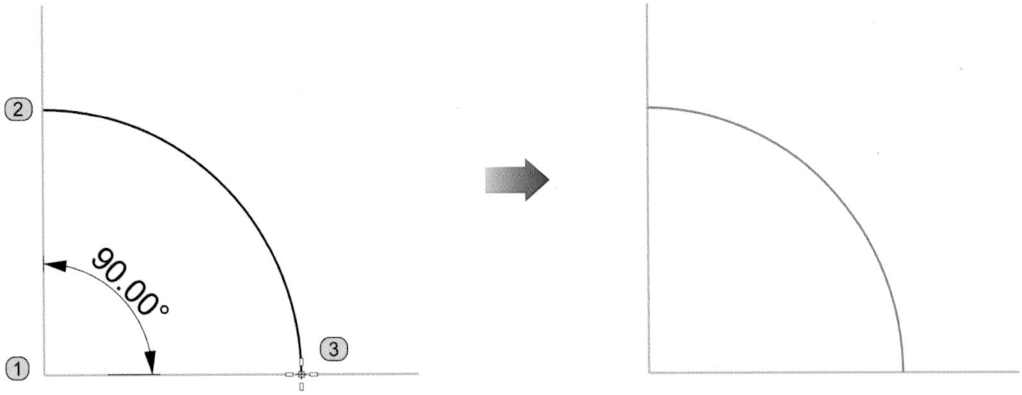

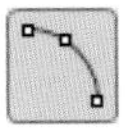

호: 시작점, 끝점, 호의 점 Arc: start, end, point on arc
호: 시작점, 호의 점, 끝점 Arc: start, point on arc, end

시작점, 끝점, 시작 방향으로 호를 그린다.

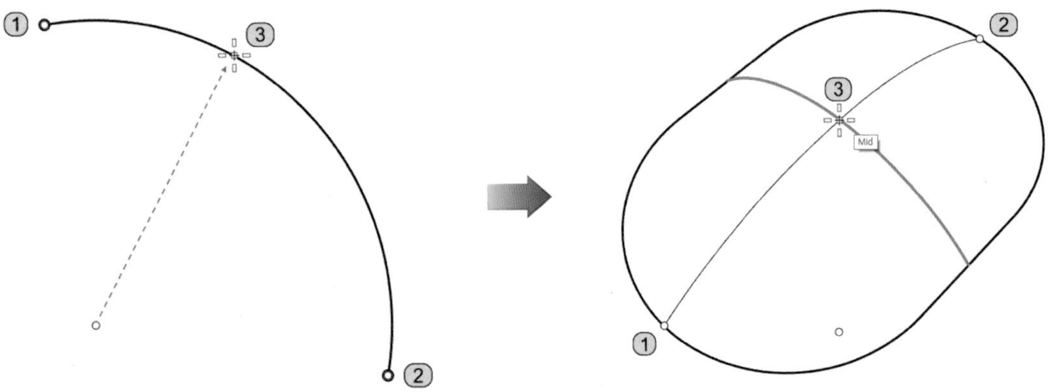

호: 시작점, 끝점, 시작 방향 Arc: start, end, direction at start
호: 시작점, 시작 방향, 끝점 Arc: start, direction at start, end

시작점, 끝점, 시작 방향을 지정하여 호를 그린다. 시작점, 시작 방향, 끝점을 지정하여 호를 그린다.

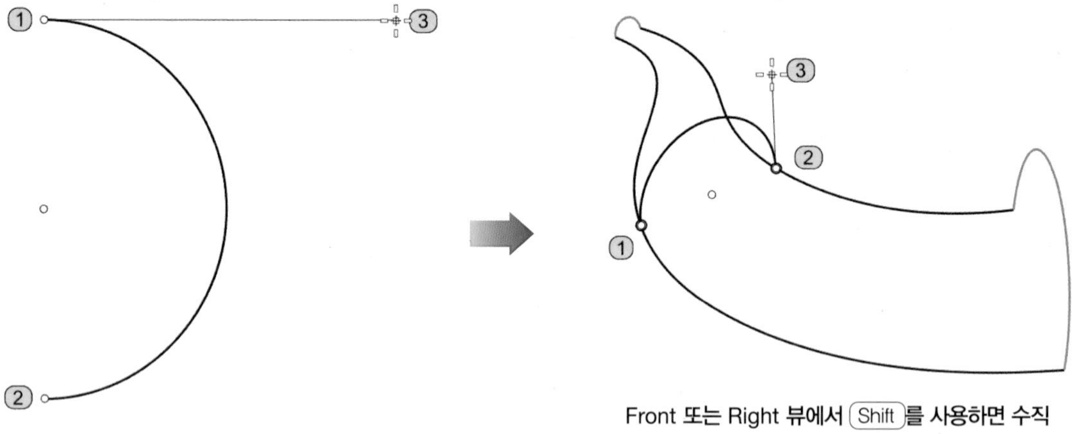

Front 또는 Right 뷰에서 Shift 를 사용하면 수직 단면 드로잉 가능, 단 Planar가 체크된 상태여야 함

호: 시작점, 끝점, 반지름 Arc: start, end, radius

시작점, 끝점, 반지름 입력을 통해 호를 그린다.

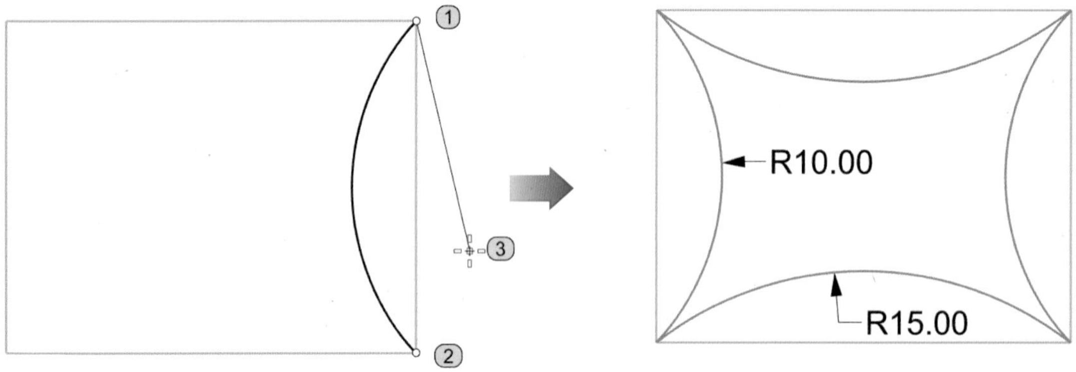

호: 커브에 접함 Arc: tangent to curves
호: 접점, 접점, 반지름 Arc: tangent, tangent, radius

2개의 선택된 커브에 접선이 일치하는 호를 그린다.
2개의 선택된 접점, 접점, 반지름으로 호를 그린다.

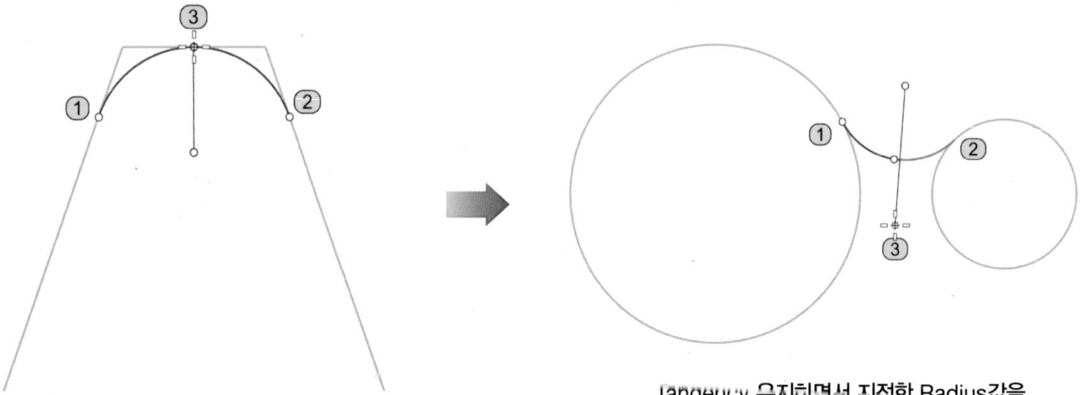

3개의 변에 내접하는 호 그리기

Tangency 유지하면서 지정한 Radius값을 정확하게 그림

점을 통과하는 호 Arcs through points

CurveThroughPt 명령은 선택된 점 개체를 통과하도록 커브를 맞춘다.

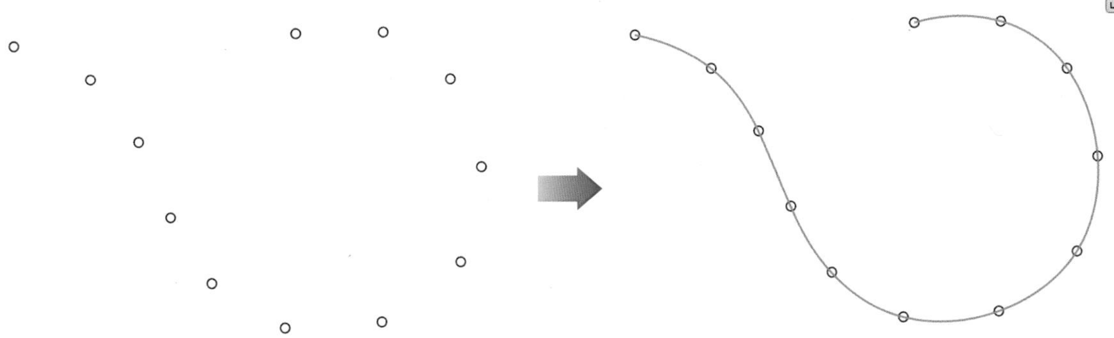

커브를 호로 변환 Convert curve to arcs

Convert 명령은 커브를 Line이나 Arc로 변환해 준다.

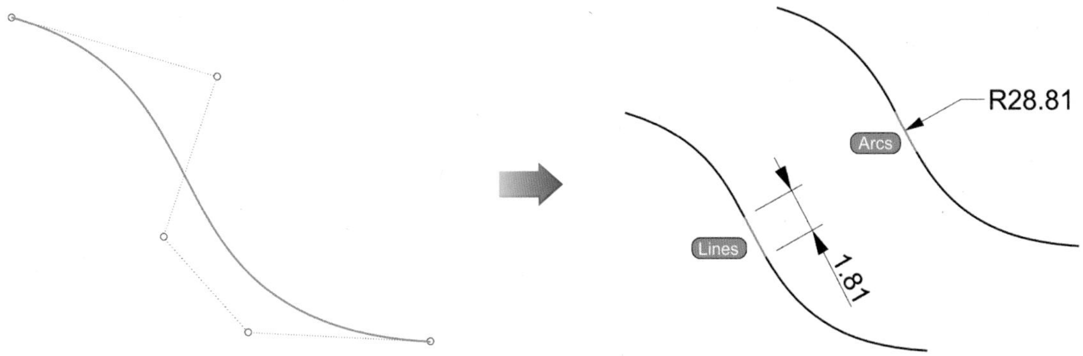

08 CHAPTER 직사각형(Rectangle) 명령어 그룹

직사각형(Rectangle) 명령어 그룹은 직사각형을 그릴 수 있는 대표적인 명령어들이 모여 있다. 대각선 모서리 기점으로 그려지는 직사각형, 중심을 기점으로 그려지는 직사각형, 2개의 기점과 거리로 그려지는 직사각형, 4군데의 모서리에 라운드 필렛 지정이나 임의로 만들어진 둥근 직사각형, 코닉 형상의 직사각형 등이 대표적이다.

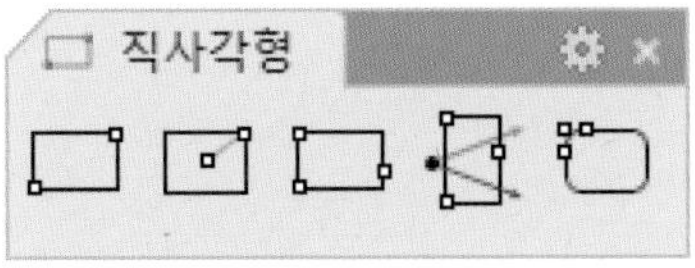

한글 버전 직사각형 명령어 그룹

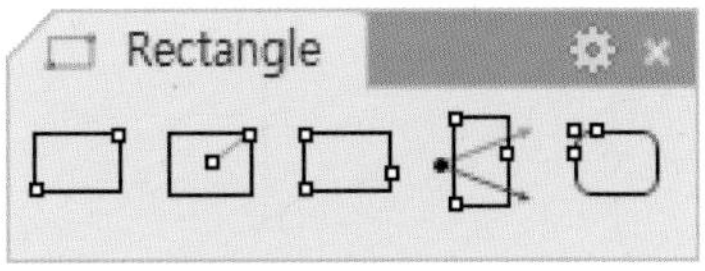

영문 버전 Rectangle 명령어 그룹

직사각형 모서리에서 모서리로 Rectangle: Corner to Corner

Rectangle 명령은 닫힌 직사각형 폴리 라인을 그린다. 두 개의 반대 방향 모서리를 사용하여 기본 직사각형을 그린다.

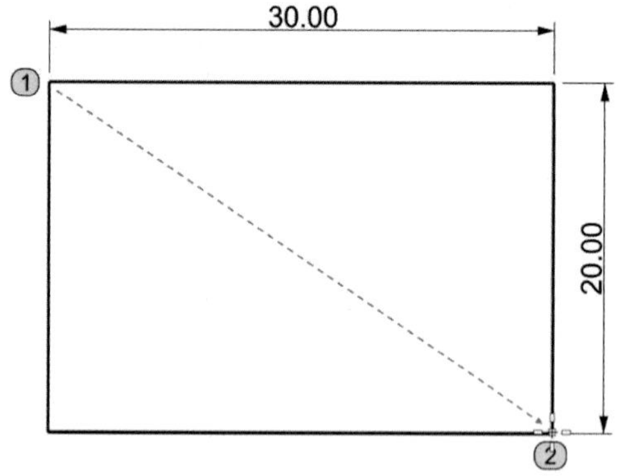

직사각형: 중심점, 모서리 Rectangle: center, corner

중심점을 중심으로 직사각형을 그린다.

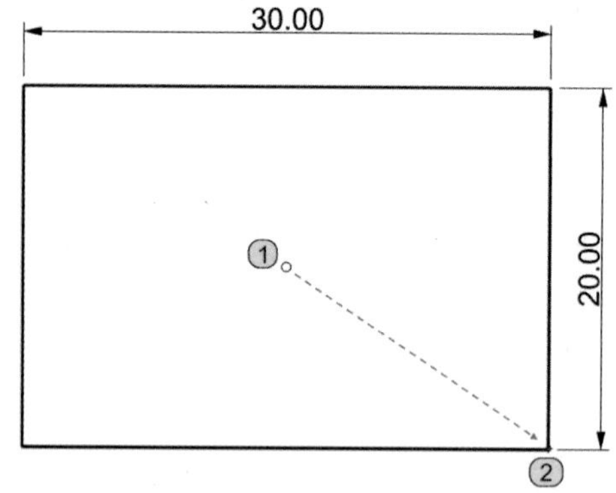

직사각형: 3점 Rectangle: 3 points

두 개의 인접한 모서리 위치와 반대쪽의 한 위치를 사용하여 직사각형을 그린다.

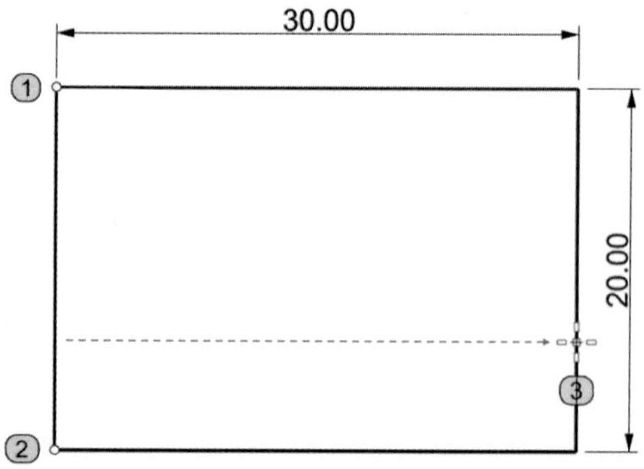

직사각형: 수직 Rectangle: vertical

직사각형을 구성 평면에 수직으로 그린다.

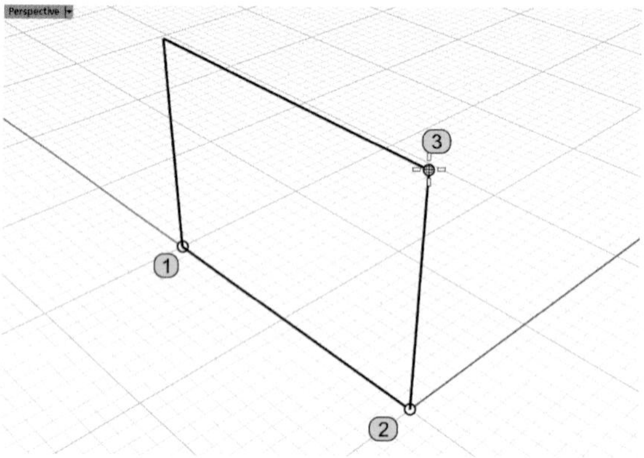

둥근 직사각형 Rounded rectangle
둥근 직사각형 – 원뿔 커브의 모서리 Rounded rectangle conic corners

호 또는 원뿔 커브 단면을 사용하여 직사각형의 모서리를 둥글게 만든다. 커멘드 옵션에서 중심점(C)을 선택하고 그려 주면 중심점을 기준으로 드로잉이 가능하다.

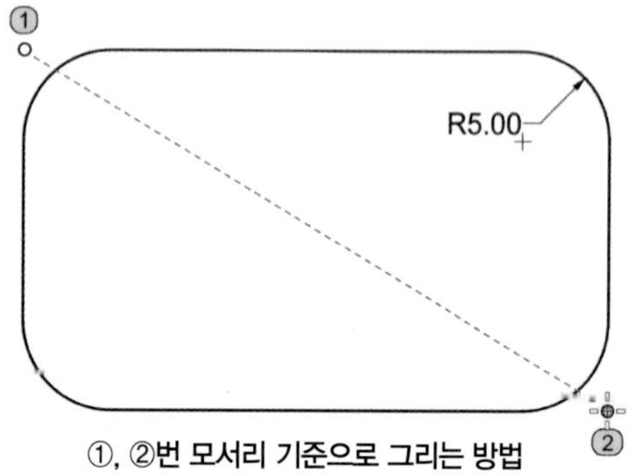

①, ②번 모서리 기준으로 그리는 방법

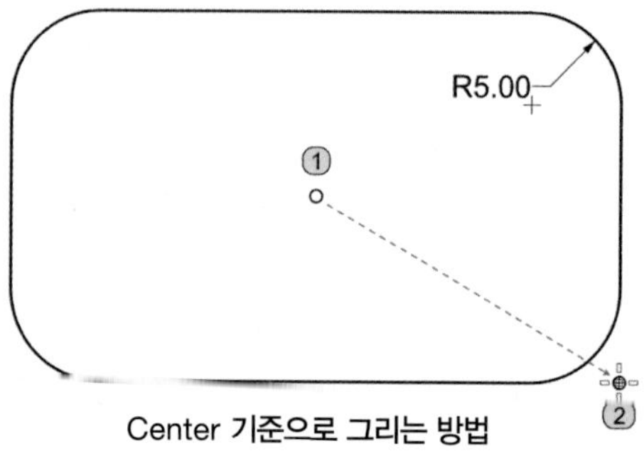

Center 기준으로 그리는 방법

09 CHAPTER 다각형(Polygon) 명령어 그룹

다각형(Ploygon) 명령어 그룹은 다각형을 그릴 수 있는 명령어들이 모여 있다. 다각형은 기본적인 삼각, 사각, 오각부터 변의 수를 조정하면 수십 각형이 가능하다. 또한 다각형은 커브에 대해서 90도로도 위치시켜 그릴 수 있다. 이때 사용하는 옵션은 커브 주변(Around curve)을 선택하면 적용된다.

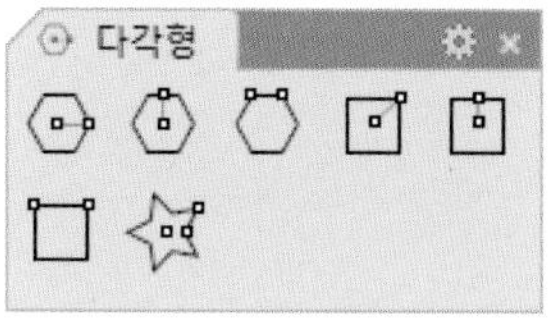

한글 버전 다각형 명령어 그룹

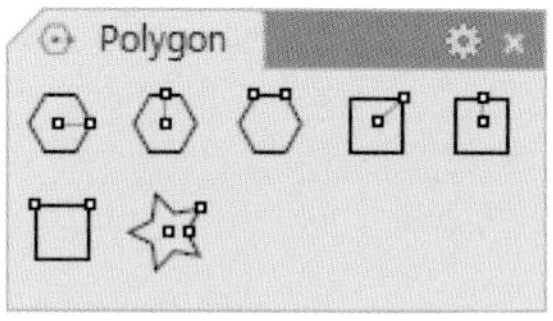

영문 버전 Polygon 명령어 그룹

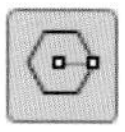

다각형: 중심점, 반지름 Polygon: Center, Radius

Polygon 명령은 지정된 변의 수를 가진 닫힌 폴리 라인을 그린다.

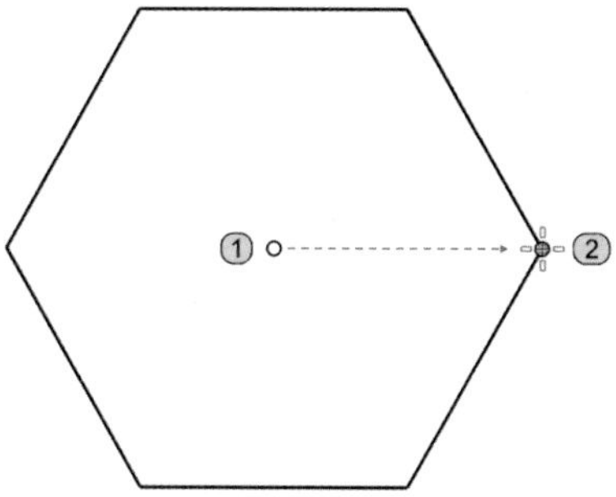

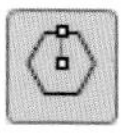

외접 다각형: 중심점, 반지름 Circumscribed Polygon: Center, Radius

지정된 반지름을 가진 가상의 원에 다각형 변의 중간점이 닿는 다각형을 그린다.

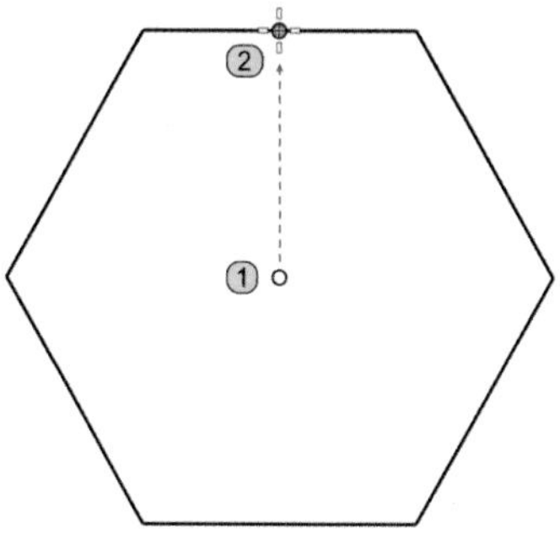

다각형: 가장자리 Polygon: By Edge

구성 평면에 대하여 수직으로 다각형을 그린다.

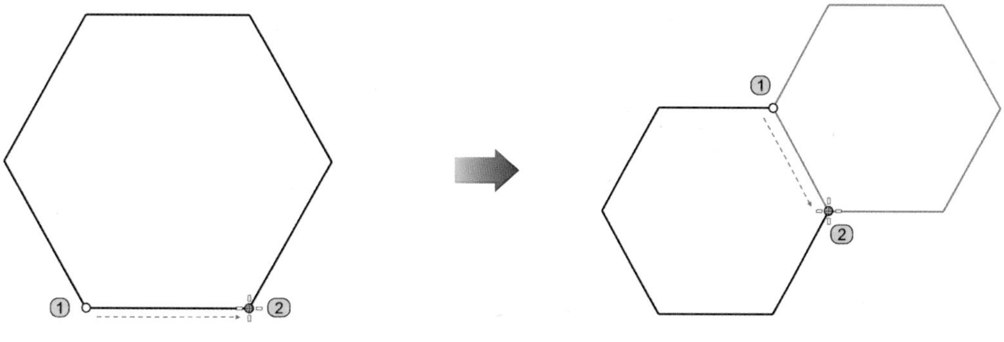

사각형: 중심점, 모서리
Square: Center, Corner

중심점, 모서리를 지정하여 사각형 또는 다각형을 그린다.

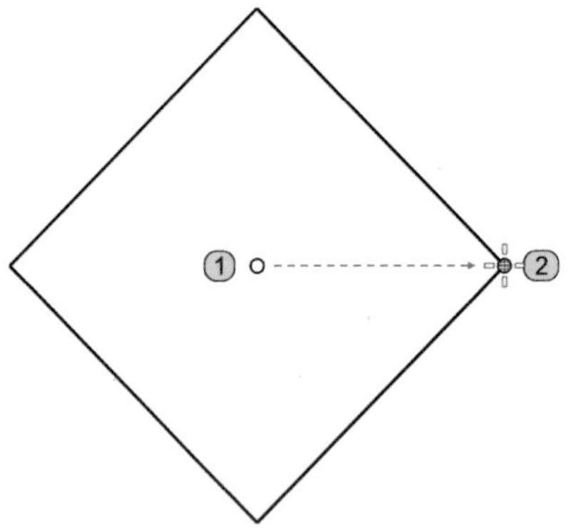

외접 사각형: 중심점, 반지름
Circumscribed Square: Center, Radius

중심점, 변의 중간점을 지정하여 사각형 또는 다각형을 그린다.

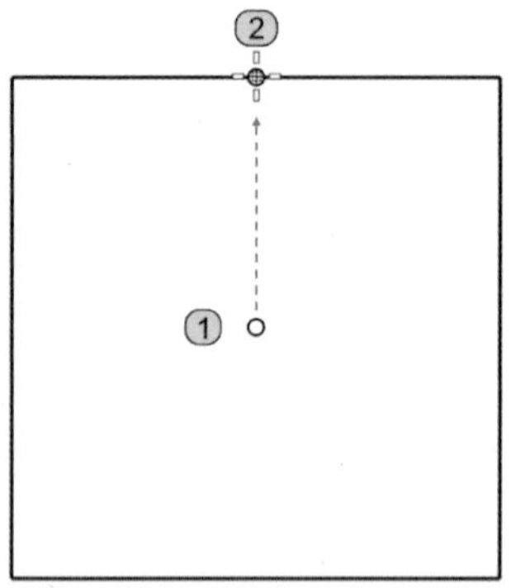

사각형: 가장자리 Square: Edge

가장자리 2곳을 지정하여 사각형 또는 다각형을 그린다.

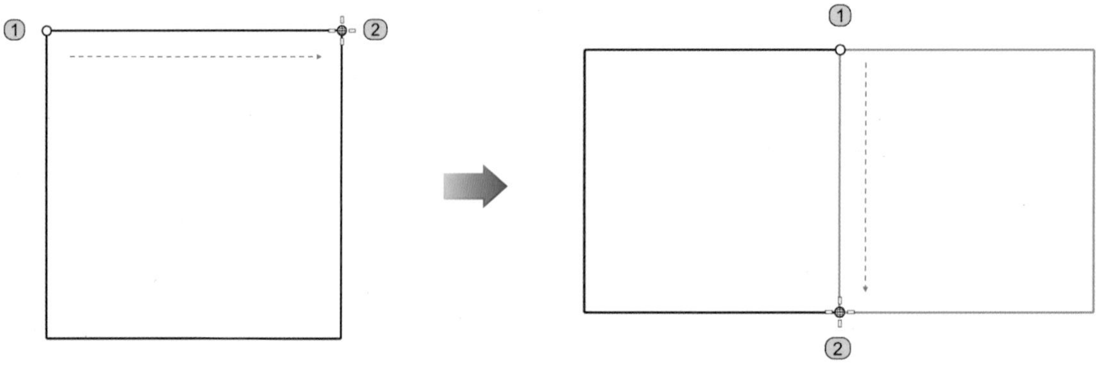

다각형: 별 Polygon: Star

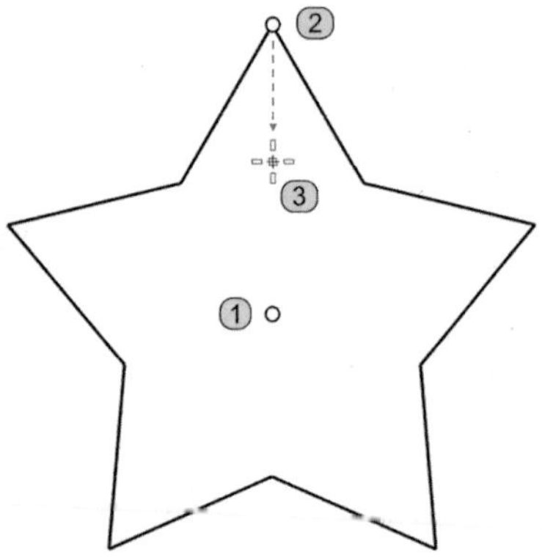

별 모양의 다각형을 만든다.

Center of star (NumSides=5 Vertical AroundCurve):

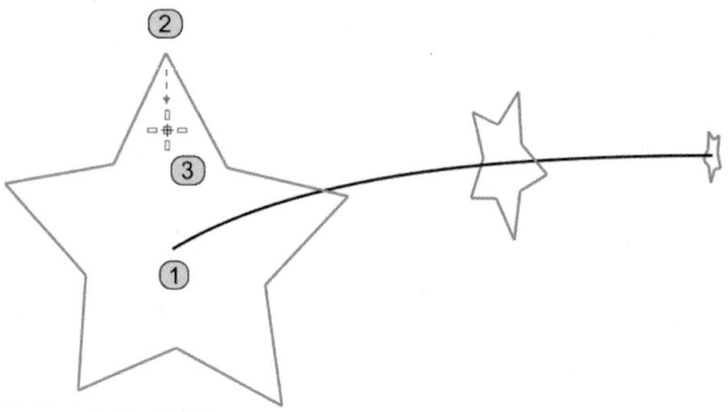

AroundCurve=Yes

10 CHAPTER 커브 도구(Curve Tools) 명령어 그룹

커브 도구(Curve Tools) 명령어 그룹은 커브의 이차적인 작업과 속성 변화까지 모든 명령어가 모여 있다. 기본적인 모서리 필렛, 모서리 챔퍼, 연장선 작성, 커브 간격 띄우기, 블랜드 커브, 매치 커브, 대칭 복사, 오프셋, 리뷸드 커브, 차수 변경, 서피스 엣지의 다중 매듭점 제거, 닫힌 커브의 이음새(Seam) 조정 등이 핵심이다. 특히 조정 가능한 커브 블랜드, 호(Arc) 블랜드, 커브 일치(Match curve), 커브 재생성(Rebuild curve)은 중요하면서도 많이 사용되는 툴이다.

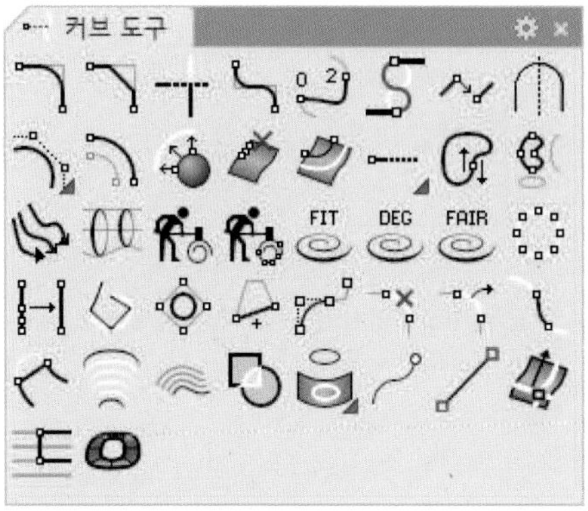

한글 버전 커브 도구 명령어 그룹

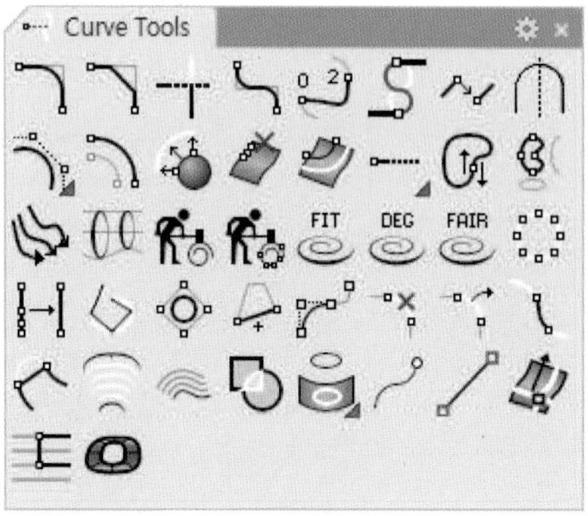

영문 버전 Curve Tools 명령어 그룹

커브 필렛 Fillet curves
커브 필렛 반복 Fillet curves repeat

Fillet 명령은 두 커브 사이에 접하는 호를 추가하고 커브를 호까지 트림 또는 연장한다.

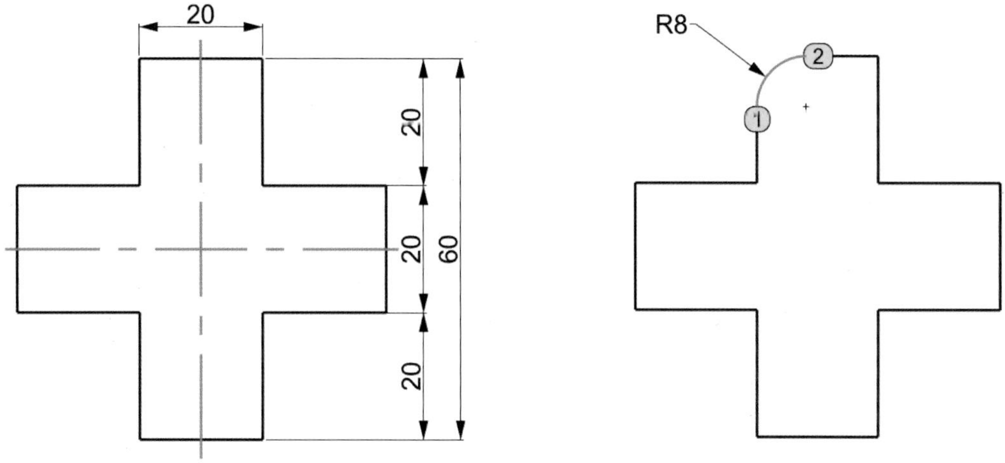

Select first curve to fillet(Radius=10 Join=No Trim=Yes ExtendArcsBy=Arc Extend Other CurvesBy=Line)

커브 모따기 Chamfer curves
커브 모따기 반복 Chamfer curves repeat

Chamfer 명령은 두 개의 입력 커브 사이에 선 세그먼트를 만들고, 커브를 트림하거나 연장하여 선 세그먼트와 만나게 한다.

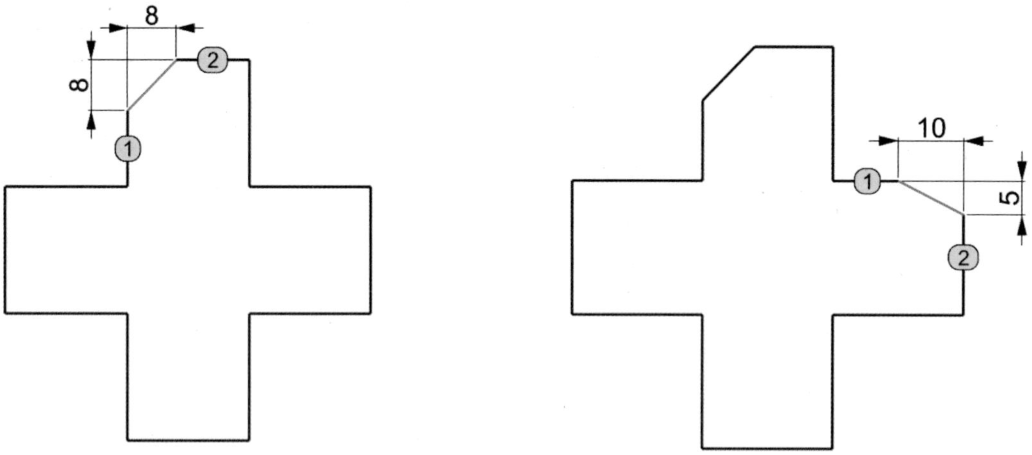

Select first curve to chamfer(Distances=8,8 Join=No Trim=Yes ExtendArcsBy=Arc ExtendOtherCurvesBy=Line):

연결 Connect
연결 반복 Connect repeat

Connect 명령은 커브가 끝점과 만나도록 연장하고 트림한다.

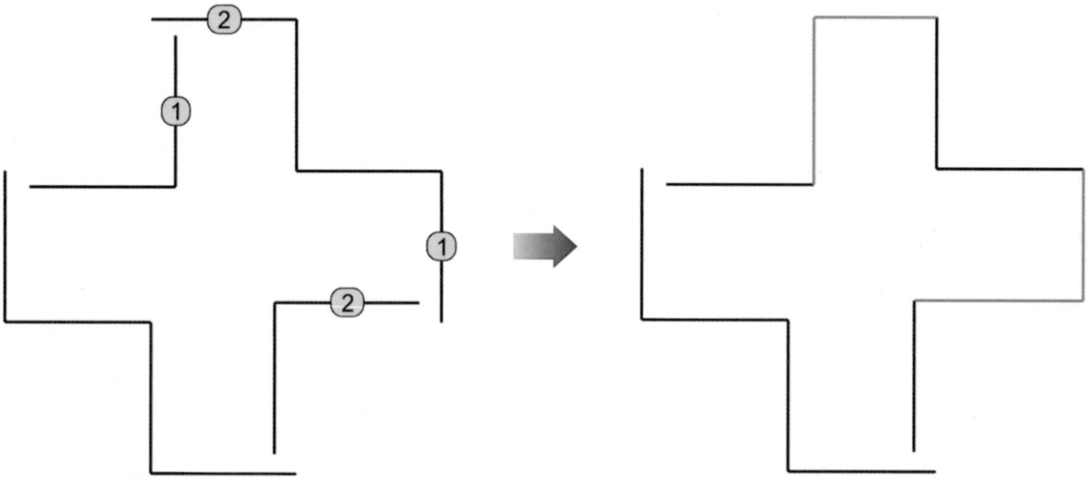

모서리 필렛 Fillet corners

FilletCorners 명령은 조인(Join)된 상태의 폴리 커브의 모서리와 폴리 라인에 하나의 지정된 반지름을 가진 호로 둥글게 만든다.

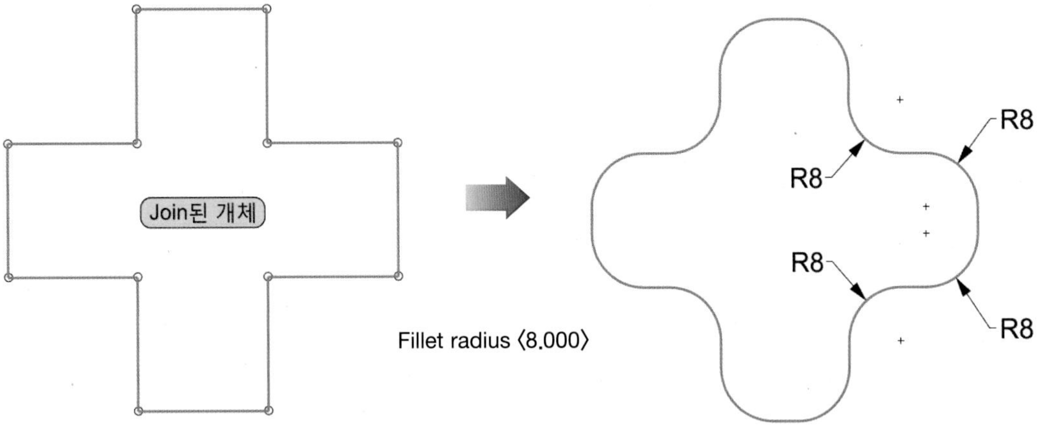

조정 가능한 커브 블렌드 Adjustable curve blend
빠른 커브 블랜드 Quick curve blend

커브와 커브 간의 연속성을 제어하면서, 커브와 또는 서피스 가장자리 사이에 블렌드 커브를 만든다.

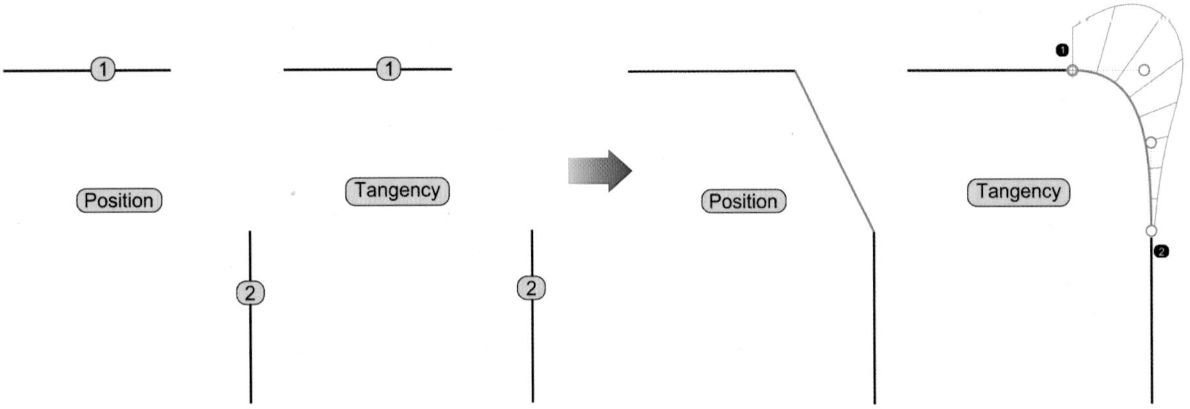

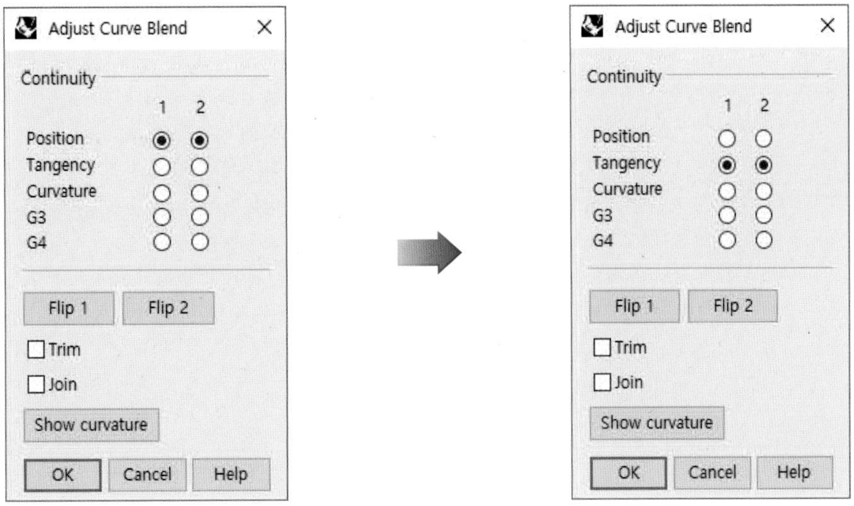

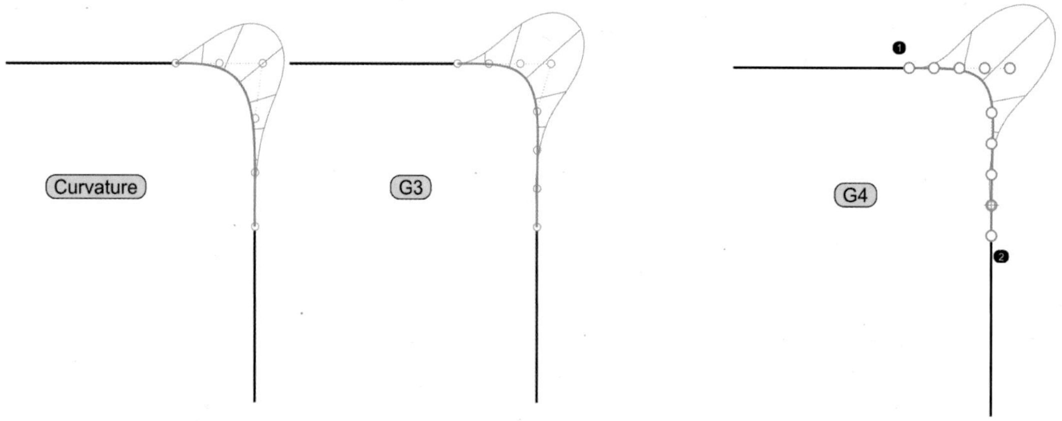

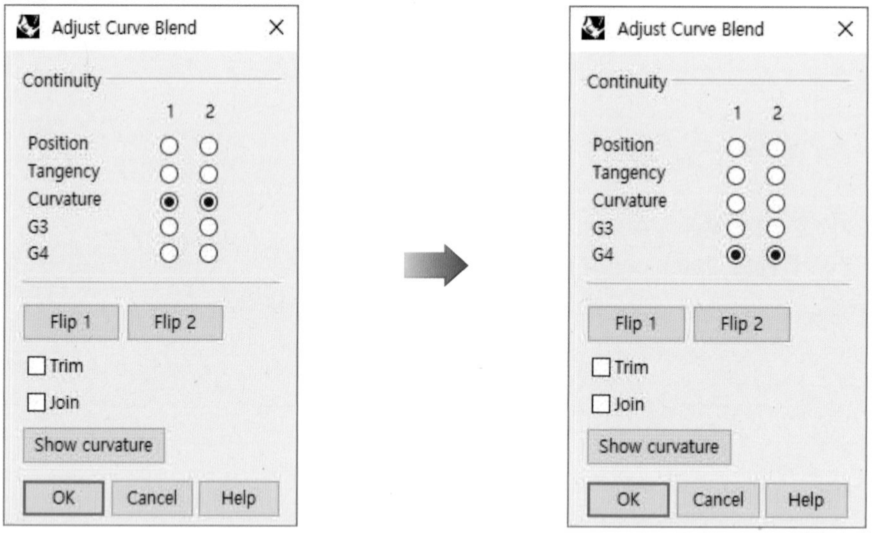

호 블렌드 Arc Blend

두 개의 커브 사이에 두 개의 호로 이루어진 블렌드 커브(조정 가능한 끝점과 벌지가 있음)를 만든다.

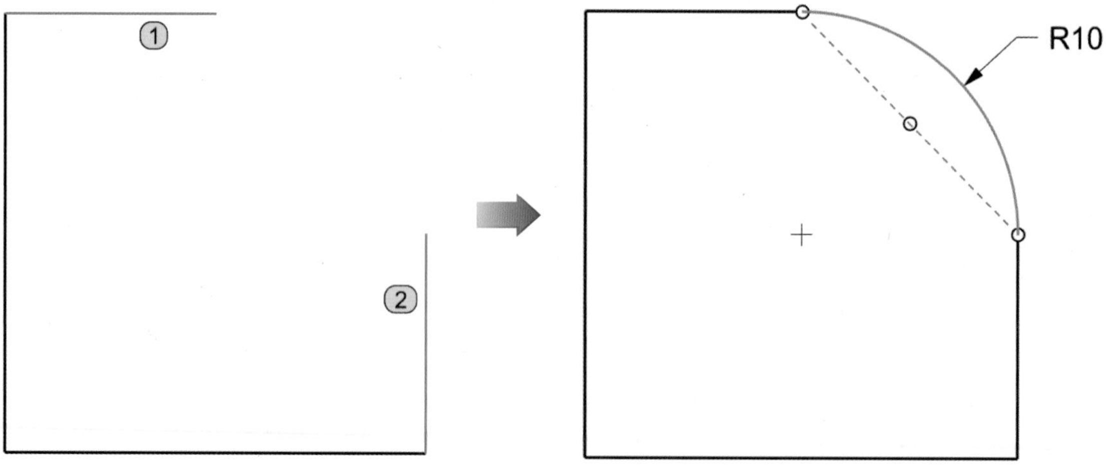

커브 일치 Match curve

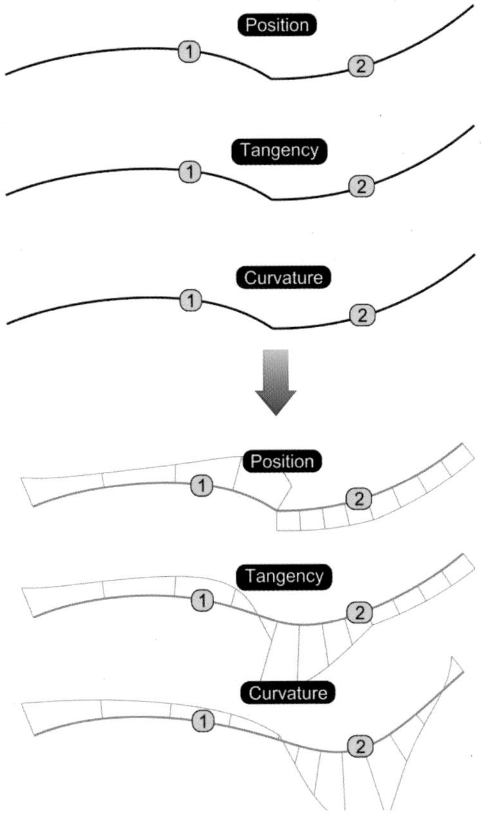

지정된 커브의 끝점과 마주하는 다른 지정 커브의 끝점을 지정한 연속성으로 만나거나 연결되도록 한다. ①번과 ②번을 차례대로 클릭하고 Match Curve 옵션을 선택해 주면 된다. 연속성(Continuity)에는 Position(G=0, 위치의 일치), Tangency(G=1, 접선의 일치), Curvature(G=2, 곡률의 일치) 등이 있다. Preserve other end는 해당 연속성을 유지함을 말한다. 마지막으로 ①번과 ②번의 평균 곡률인 Average curves가 있다. 병합(Merge)의 경우는 Curvature 연속성에서만 사용할 수 있다.

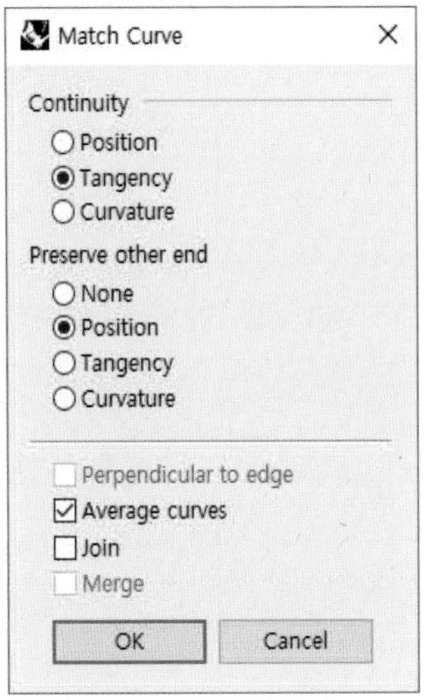

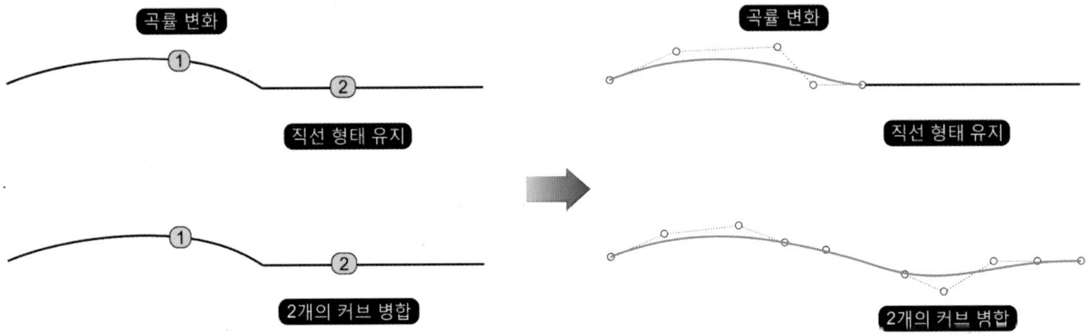

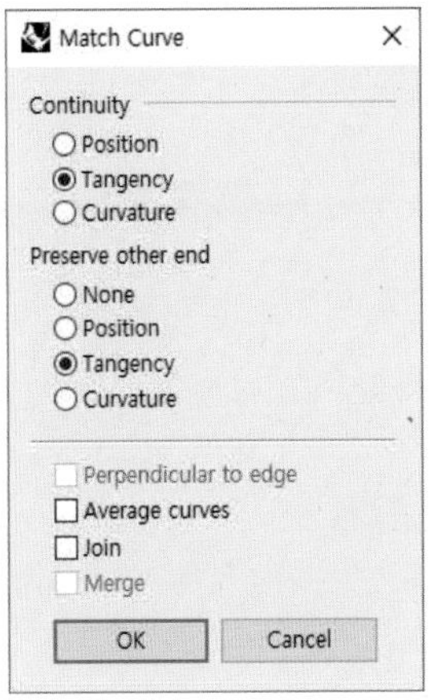

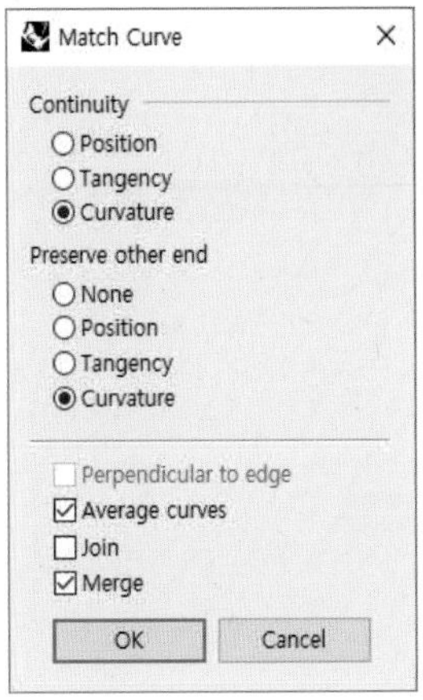

대칭 Symmetry

커브와 서피스를 미러 실행하여, 미러 실행된 절반을 원래 개체에 접하게 만들고, 원래 개체가 편집되면 미러 실행된 절반도 원래 개체에 맞춰 업데이트된다. 명령이 실행 중일 때 히스토리 기록이 반드시 켜져 있어야 한다.

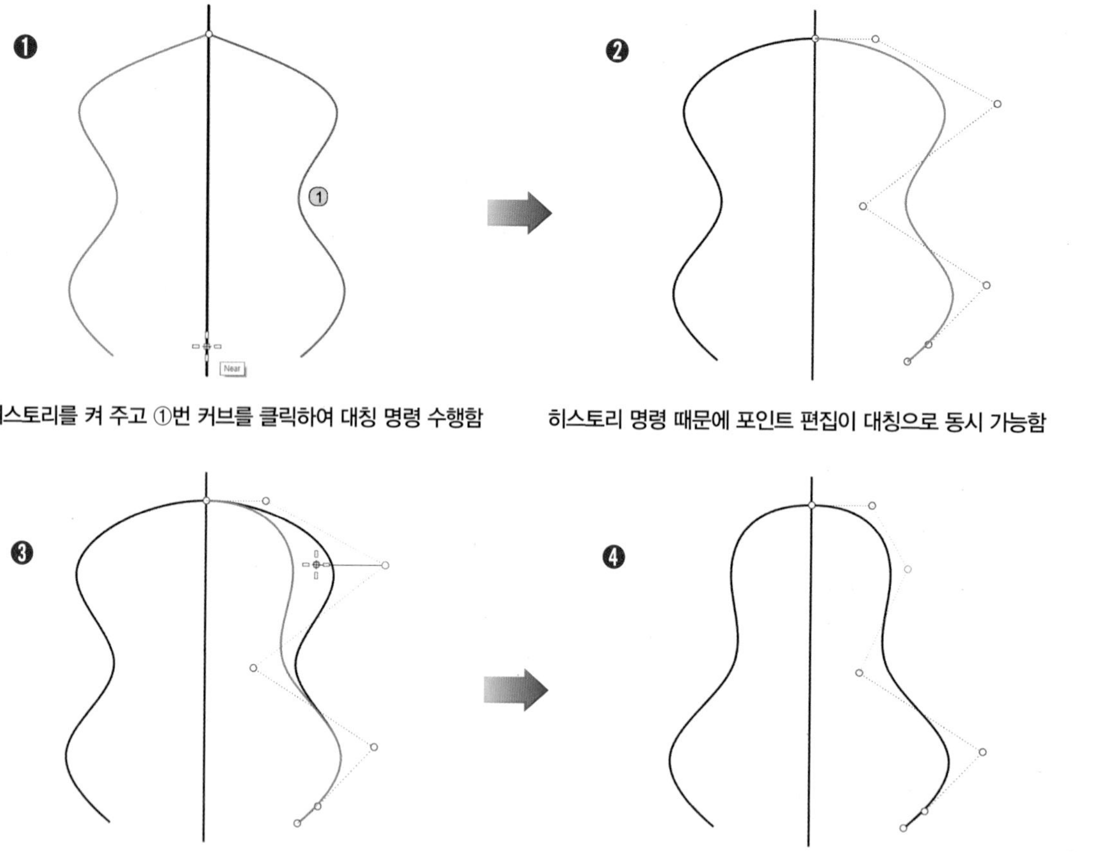

히스토리를 켜 주고 ①번 커브를 클릭하여 대칭 명령 수행함

히스토리 명령 때문에 포인트 편집이 대칭으로 동시 가능함

히스토리 명령 때문에 포인트 편집이 대칭으로 동시 가능함

개체 제어점 표시 Show object control points
점 끄기 Points off

PointsOn 명령은 제어점을 표시한다. 제어점은 NURBS 기저 함수의 계수이다. 제어점은 제어 정점 또는 노드라고도 한다. 제어점은 커브, 서피스, 조명, 해치 테두리, 치수와 같은 개체에서 그립으로 사용되며, 개체에서 분리할 수 없다. 포인트 On = F10, 포인트 Off = F11이다.

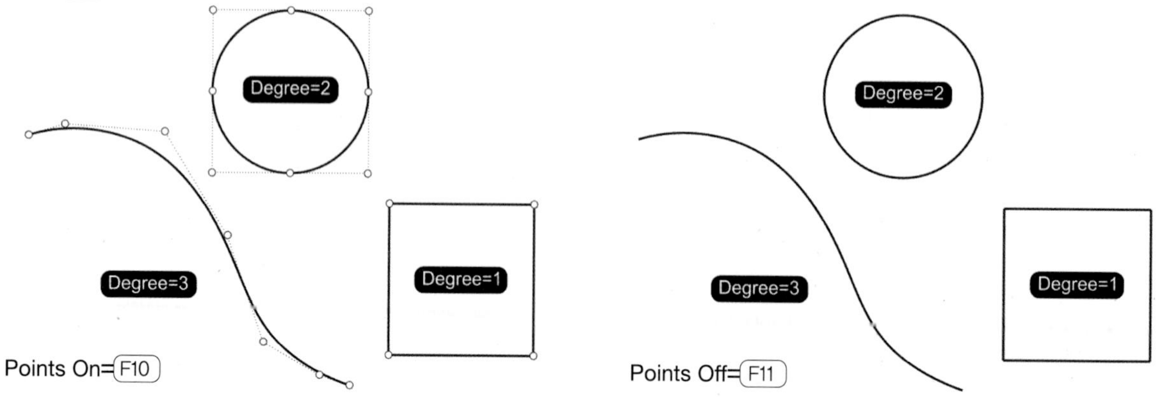

커브 간격 띄우기 Offset curve
다중 간격 띄우기 Offset multiple

선택한 커브를 원하는 거리만큼 복사하여 준다. 옵션에 따라 다양한 드로잉이 가능하다. 참고로 Degree=3의 커브를 오프셋하면 CP가 많아진다.

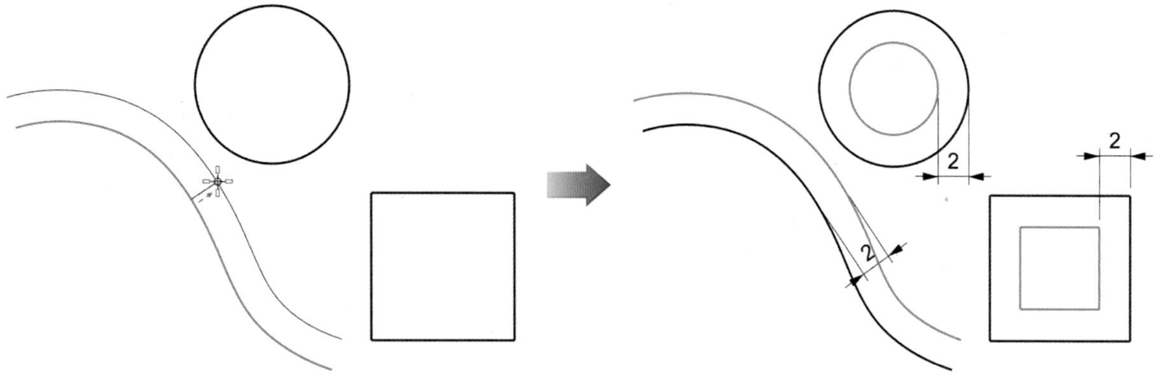

서피스 법선 방향으로 간격 띄우기 Offset curve normal to surface

서피스 표면에 그려진 커브를 법선(Surface Normal) 방향으로 복사하여 간격을 띄운 커브를 만들어 준다.

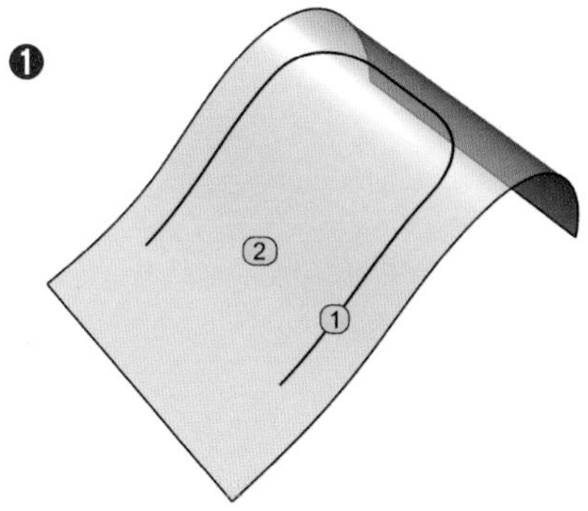

서피스에 일치된 커브 준비 후 ①, ②번 순서대로 클릭

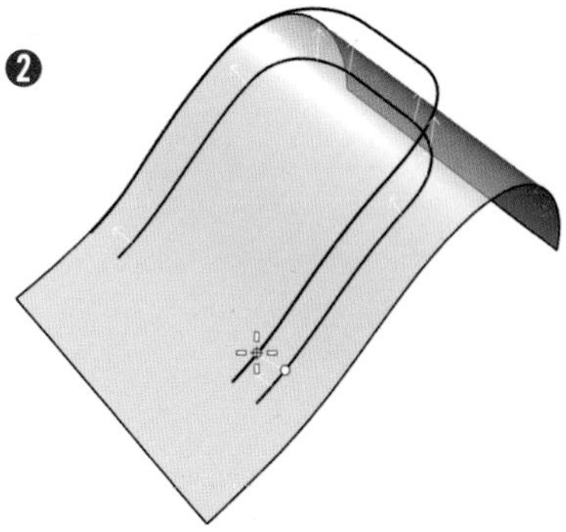

Surface Normal 방향으로 거리 지정

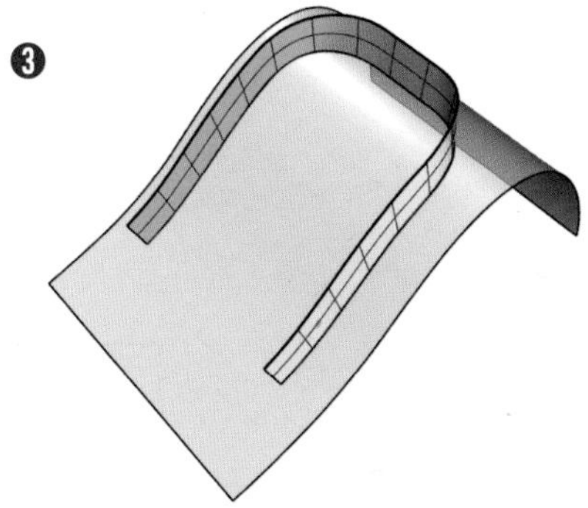

균일 높이로 커브 복사됨 〉 Loft 명령으로 면으로 변환

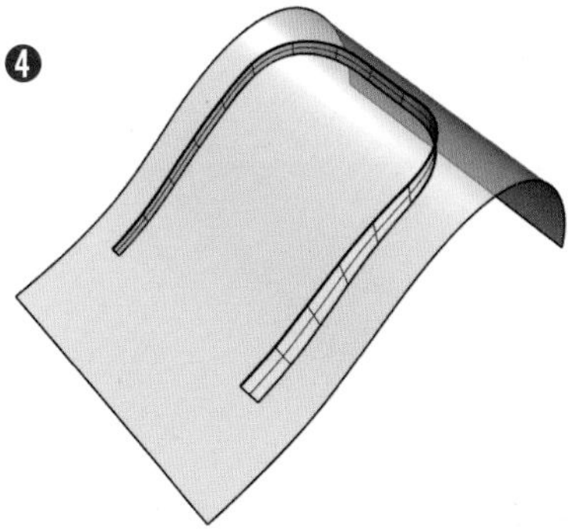

높이를 비균일하게 조정 〉 Loft 명령으로 면으로 변환

다중 매듭점 제거 Remove multiple knots from surface or curve

RemoveMultiKnot 명령은 커브와 서피스에서 다중 매듭점을 제거한다. Sweep2 Rails, BlendSrf, OffsetSrf 명령으로 만든 서피스는 다중 매듭점으로 만들어질 수 있는데, 겹쳐진 매듭점을 제거한다. 다중 매듭점을 제거하면 서피스 정밀도가 일부 손상될 수 있으나, 실제로는 일반적인 작업 시 문제가 되지 않는다. 이러한 매듭점을 제거하면 서피스 점 개수가 줄어드는 것이 장점이다. 이를 통해 면의 연속성 향상과 편집이 더욱 용이해진다.

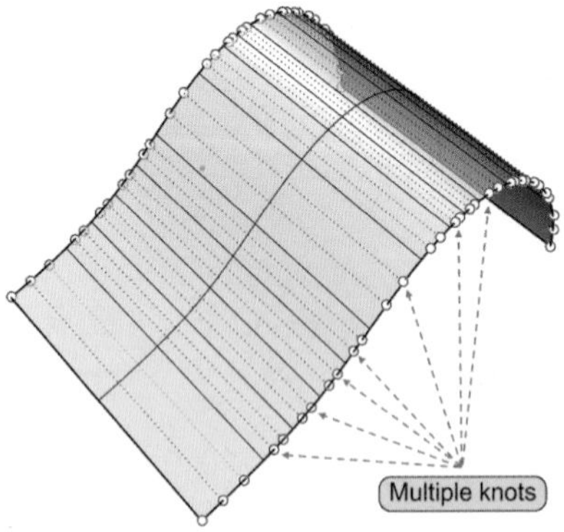

Sweep 2 Rails 명령으로 만들어진 면과 다중 Knot

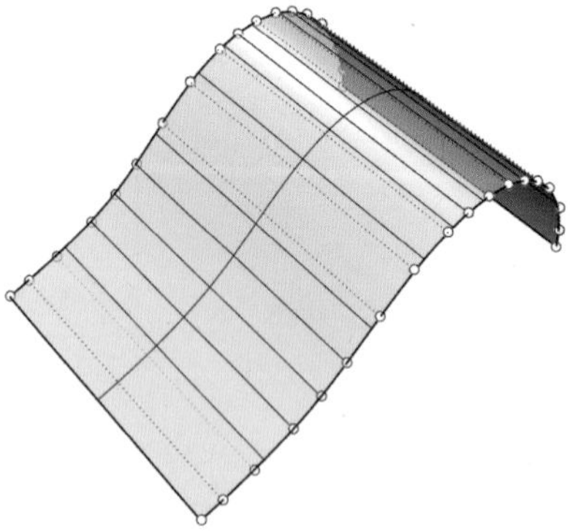

다중 매듭점 제거 명령으로 제거된 상태의 면 모습

서피스상의 커브 간격 띄우기 Offset curve on surface

서피스상에 일치해서 그려진 커브를 서피스의 곡률을 따라 자연스럽게 원하는 방향으로 간격을 띄워 복사해 준다.

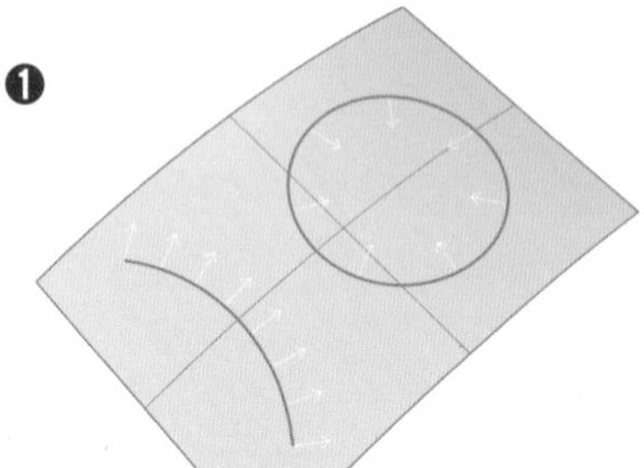

면에 투영된 각각의 커브를 방향(Flip)을 바꾸어 오프셋 수행

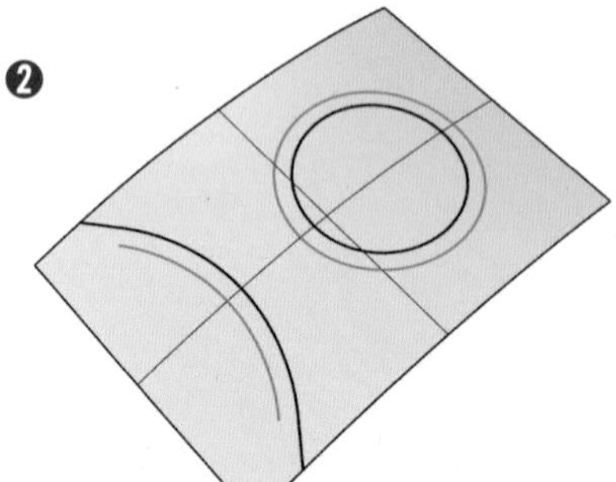

1.5mm 오프셋된 모습

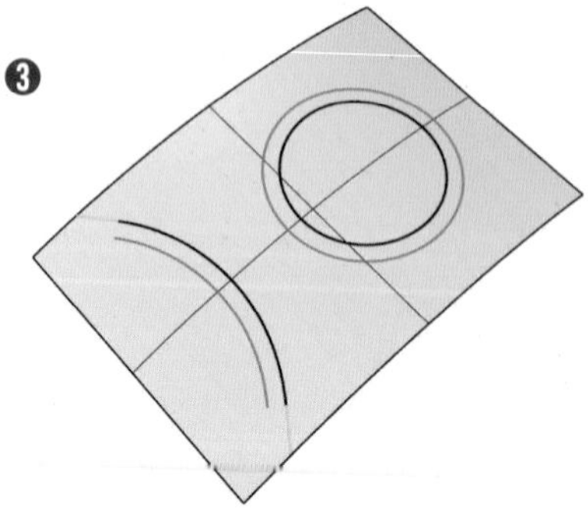

Explode 명령으로 연장된 커브를 폭파해 불필요한 부분을 삭제해 줌

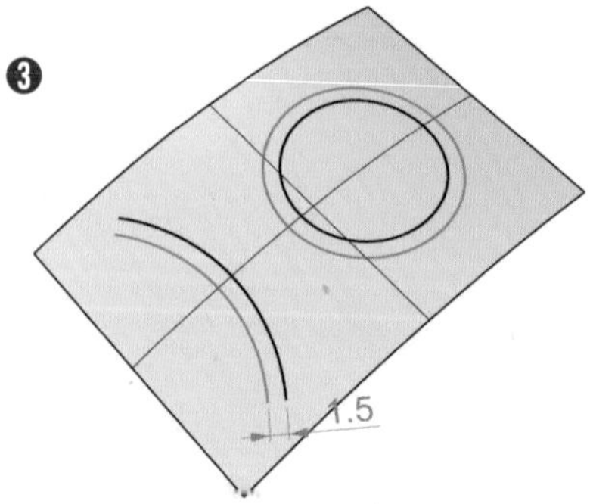

최종 Offset 결과

연장 Extend

커브를 연장한다. 연장에는 직선 연장, 호(Arc) 연장, 커브 연장 등이 있다.

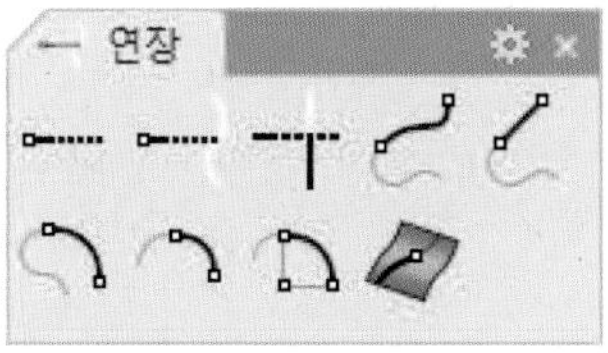

한글 버전 연장 명령어 그룹

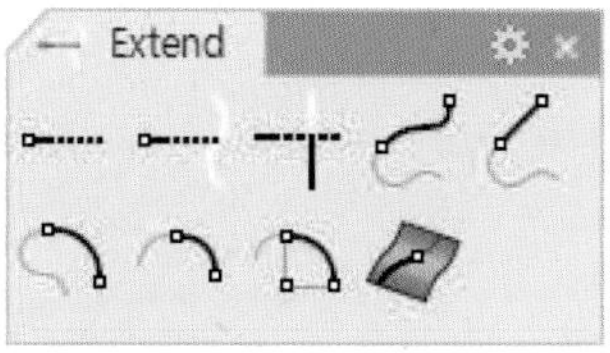

영문 버전 Extend 명령어 그룹

커브 연장 Extend curve

ExtendDynamic 명령은 커브 자체의 연장선을 경계 또는 한 점까지 연장한다.

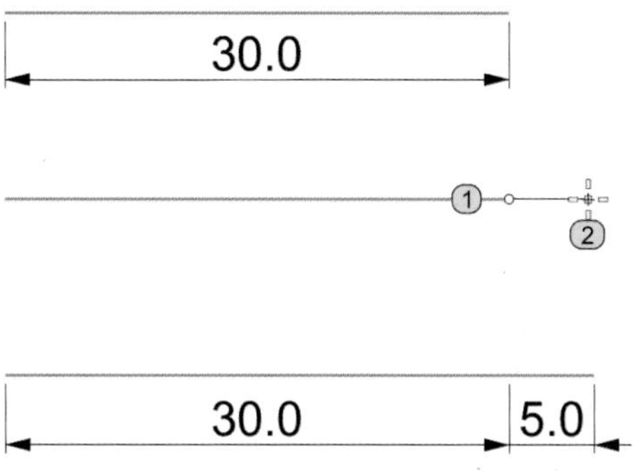

커브를 경계까지 연장 Extend curve to boundary

선택한 수직 커브에 짧은 수평 또는 경사 라인을 일치하게 연장한다.

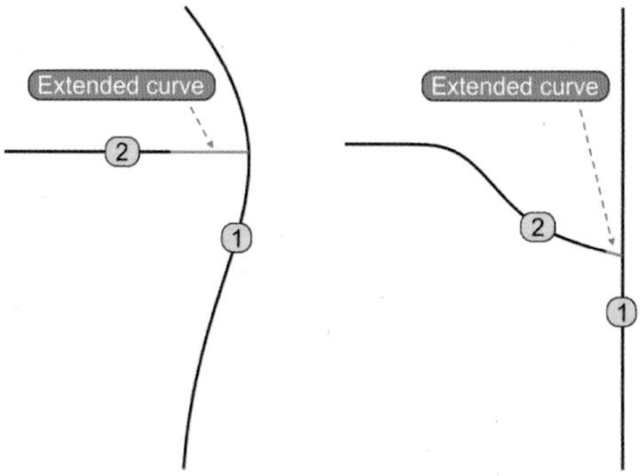

연결 Connect
연결 반복 Connect repeat

Connect 명령은 커브가 끝점과 만나도록 연장하고 트림한다.

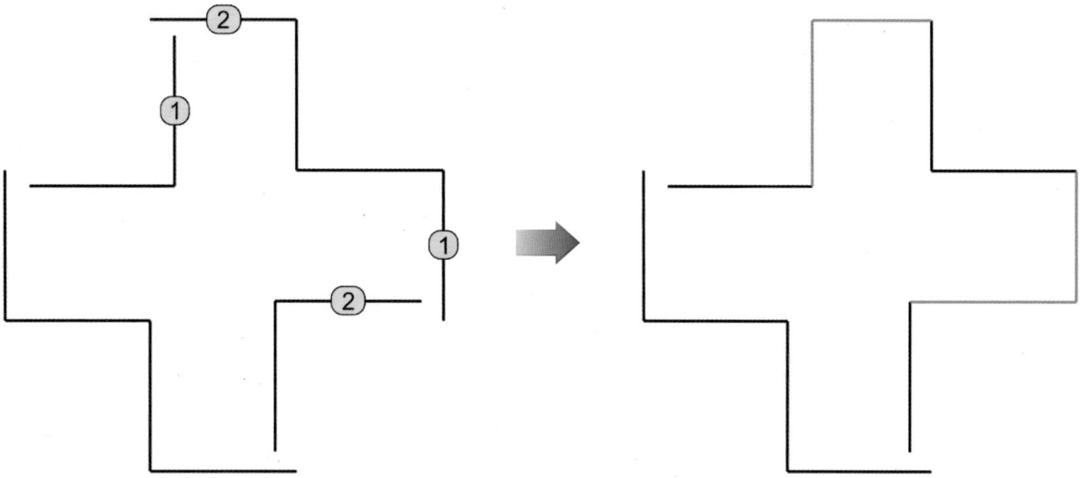

커브 연장, 매끄럽게 Extend curve, smooth

시작점으로부터 곡선(커브)으로 연장선이 생성된다.

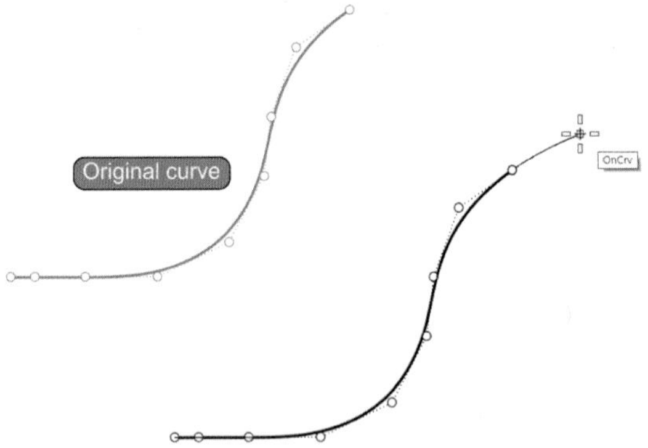

선으로 연장 Extend by line

시작점부터 직선으로 연장선이 생성된다. 치수로 거리 규정이 가능하다.

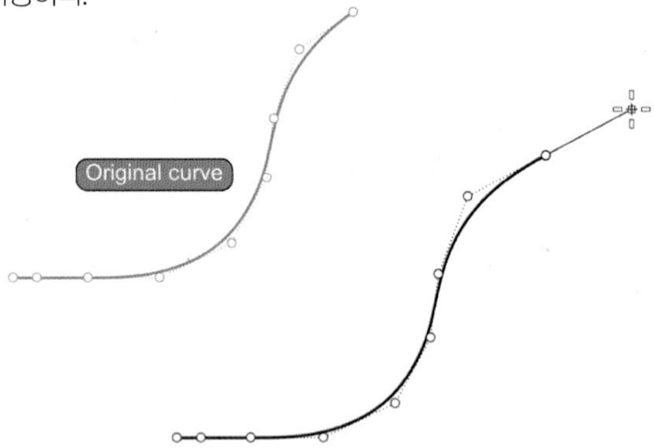

호를 사용하여 연장: 점까지 Extend by arc: to point

끝점을 기준으로 원하는 곳에 포인트를 찍으면 호가 생성된다.

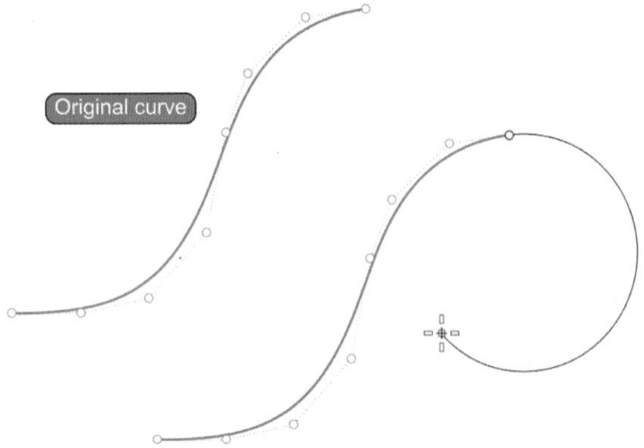

호를 사용하여 연장: 반지름 유지 Extend by arc: keep radius

호(Arc)의 곡률 반경 즉, 반지름을 그대로 유지하면서 호를 연장한다.

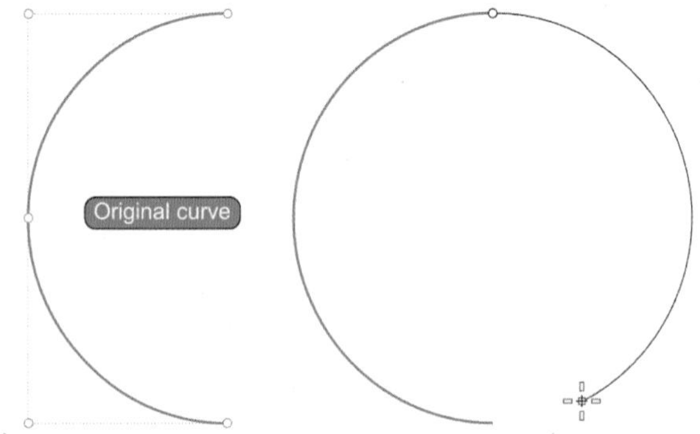

호를 사용하여 연장: 중심 지정 Extend by arc: with center

호의 중심을 기준으로 호를 연장한다.

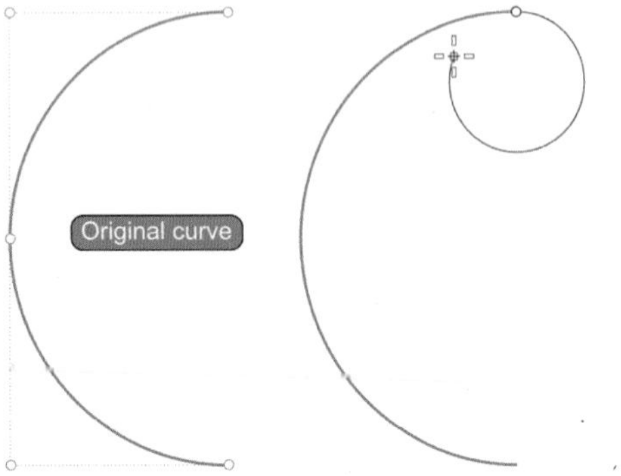

서피스의 커브 연장 Extend curve on surface

서피스의 커브를 특정한 서피스 가장자리까지 길게 연장한다.

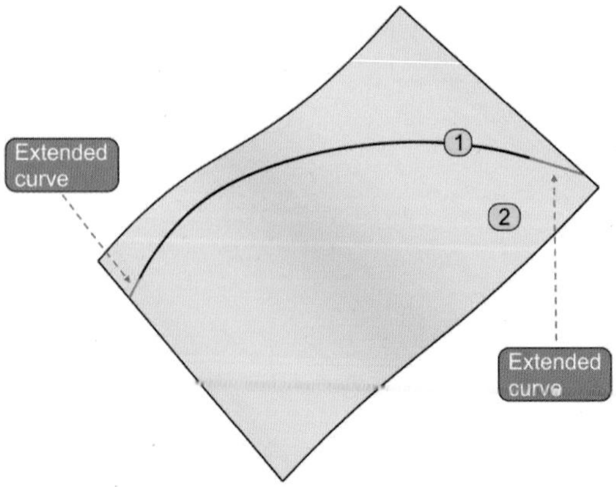

닫힌 커브 심 조정 Adjust closed curve seam

닫힌 커브의 심(Seam–이음새)을 표시한다. 심은 언제든 이동하거나 방향을 바꿀 수 있다. 심을 이동하는 이유는 향후 작업에서 투영 커브의 Split 후 면이 갈라지는 부분을 피하기 위한 이유도 있다. 심은 커브와 면 자체에서도 이동이 가능하다.

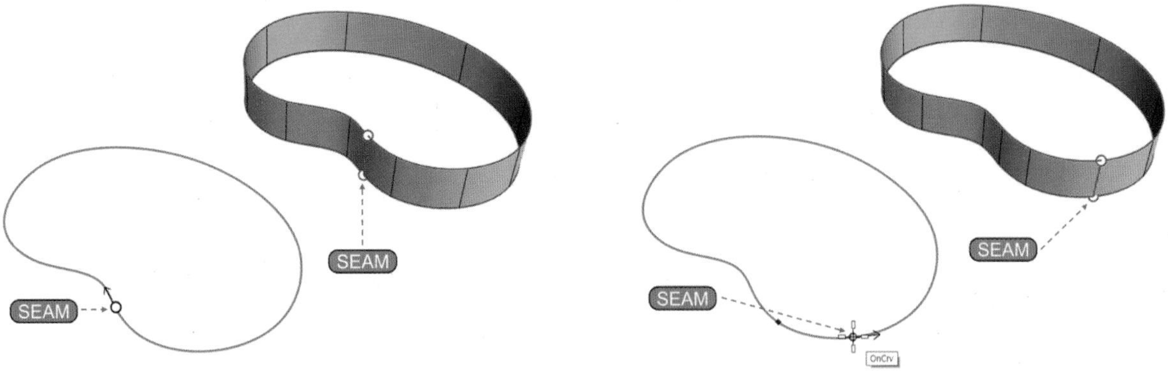

2 뷰로부터 커브 Curve from 2 views

2개의 뷰포트에서 보이는 커브의 형상을 만족하는 1개의 원하는 변형된 커브를 만들어 준다.

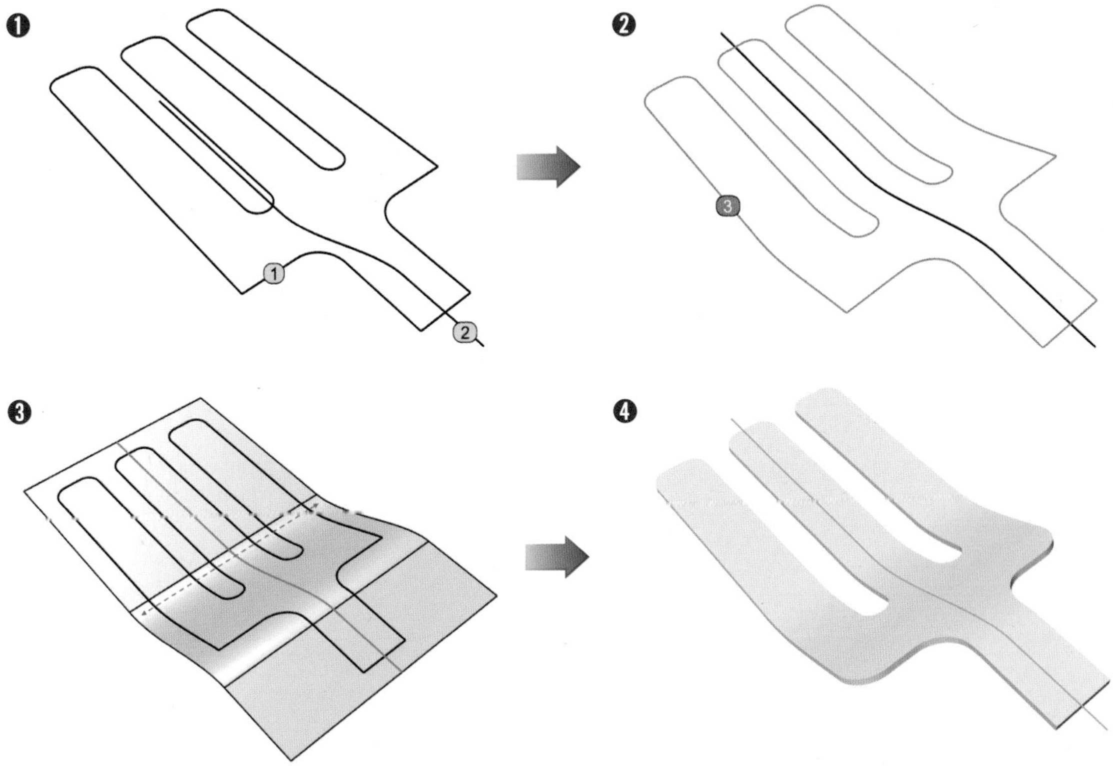

커브 방향 일치 Match Curve Directions

동시에 다중 커브의 법선 방향(Direction)을 바꿀 수 있다.

횡단면 프로파일로부터 커브 Curve from cross section profiles

프로파일 커브를 통과하는 단면(수직 또는 경사진) 커브를 만든다. 주의: 프로파일 커브 선택 시 반드시 시계 방향 또는 시계 반대 방향으로 순서대로 선택 지점들을 최대한 일치시켜 선택해 주어야 한다. 히스토리 커브 편집이 가능하며 NetworkSrf 명령으로 면을 만들 수 있다.

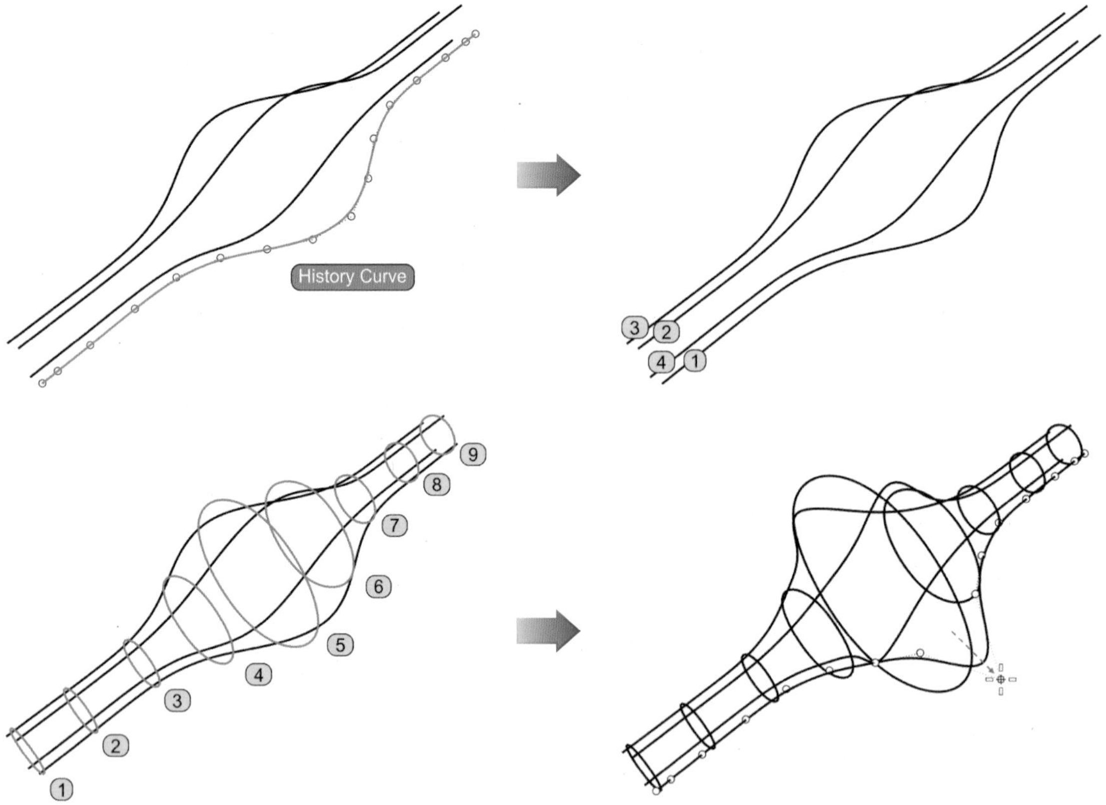

커브 재생성 Rebuild Curve
커브를 마스터 커브로 재생성 Rebuild curves to master curve

선택된 커브 또는 서피스를 지정된 차수와 제어점의 개수로 다시 구축한다. 점의 개수와 차수를 변경하여 원하는 커브를 얻을 수 있다. 다만 최소 편차(이탈률)를 보아 가며 최적의 커브를 얻는 것이 좋다.

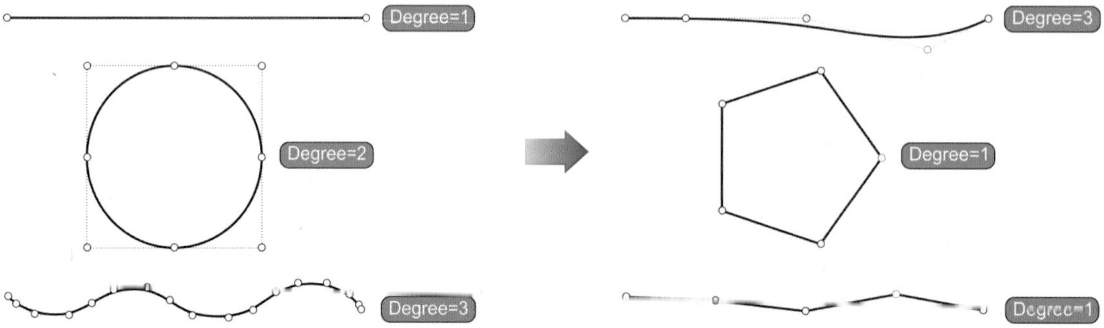

라이노 3D에서 커브 재생성에 대해 제대로 이해하려면 차수(Degree)를 먼저 이해하는 것이 좋다. 차수는 크게 1차수, 2차수, 3차수로 나뉜다. 그림처럼 1차수는 1개의 라인에 2개의 CP를 가진 것을 말한다. 2차수는 1개의 라인에 3개의 CP를 가진 것을 말한다. 3차수는 1개의 라인에 3개 이상의 CP를 가지고 있다. 차수3의 경우 자유로운 CP 편집이 가능하다.

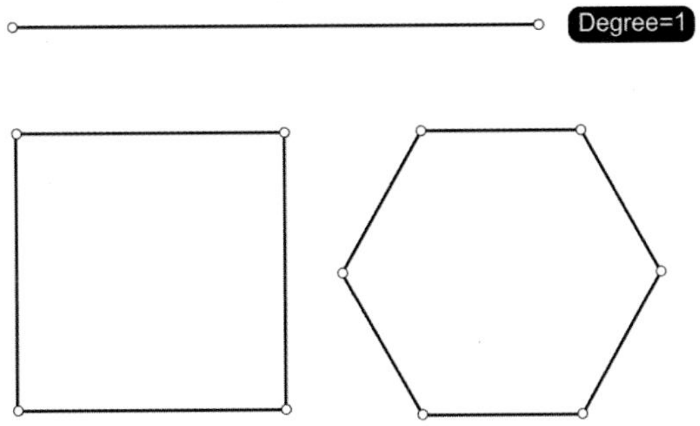

Degree=1, 차수=1

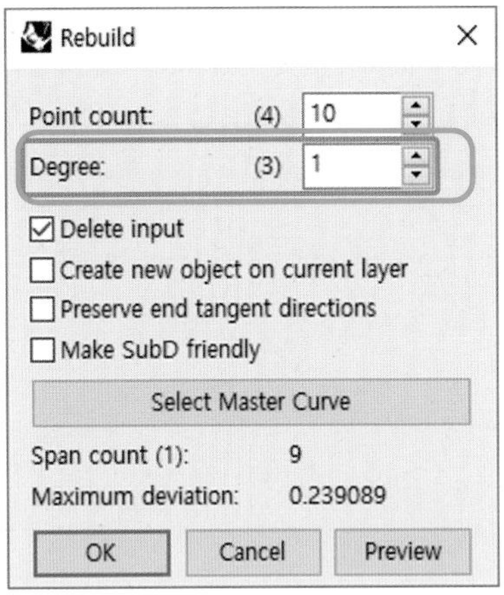

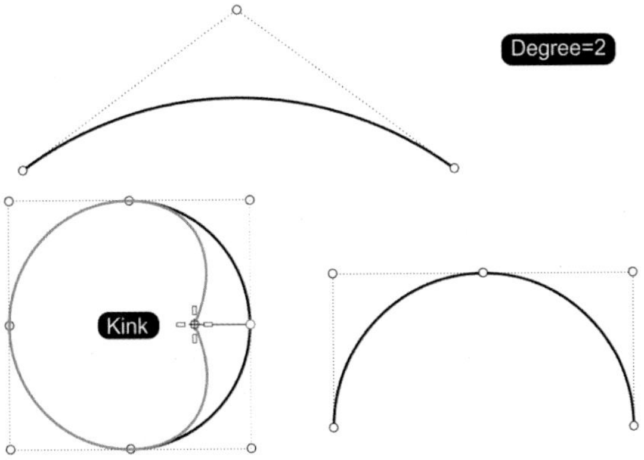

Degree=2, 차수=2 〉 Kink 있음

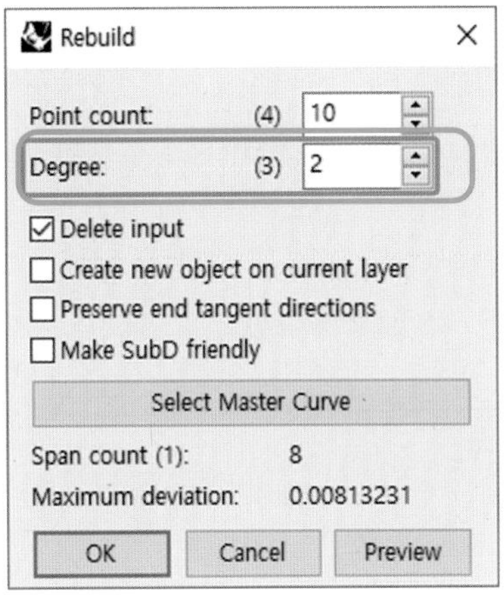

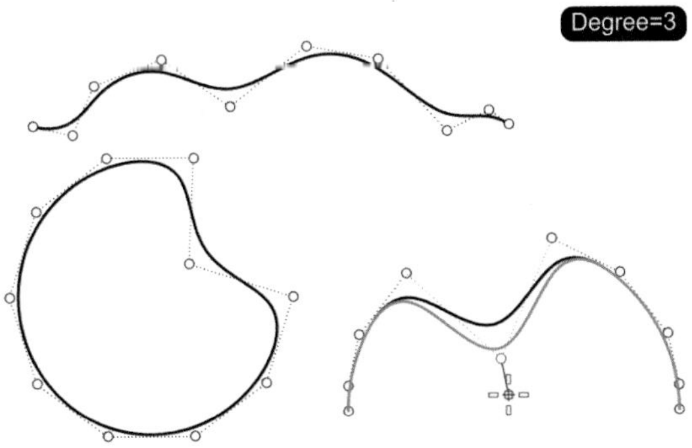

Degree=3, 차수=3 〉 Kink 없음

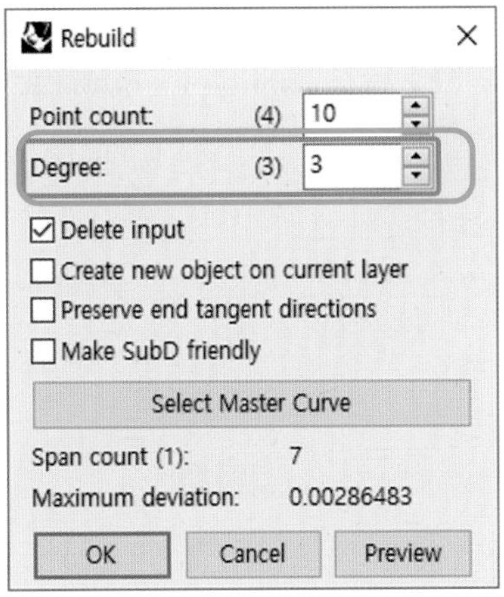

커브 비균일하게 재생성 Rebuild curve non-uniform

제어점의 간격을 비균일하게 다시 설정하는 방법으로, 선택된 커브를 대화식으로 수정한다. 단 허용오차에 따라 충분한 제어점을 주지 않으면 재생성된 커브는 원래 개체에서 요청된 허용오차보다 멀리 벗어날 수 있다. 이럴 경우 Tolerance, MaxPointCount의 조정이 필요하다.

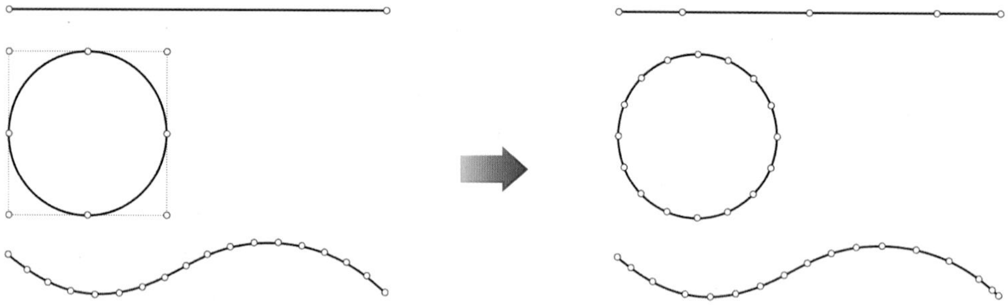

커브를 허용오차에 다시 맞추기 Refit curve to tolerance

지정된 허용오차 범위 안에서 입력 커브와 일치하는 지정된 차수를 가진 비유리(non-rational) NURBS 커브를 만든다. 일반적으로, 밀도가 높거나 복잡한 커브를 단순한 구조에 맞추기 위해 이 명령을 사용한다. 결과 커브에는 입력 커브보다 적은 수의 제어점(CP)이 있거나, 입력 커브가 단순하다면 더 많은 수의 제어점(CP)이 있을 수 있다.

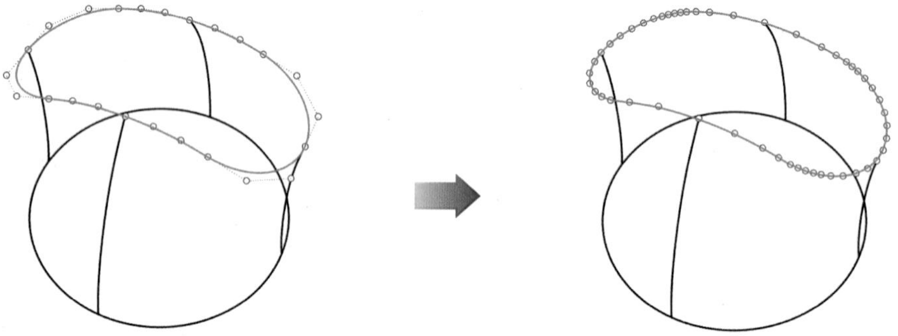

Fitting tolerance=1 Fitting tolerance=0.01

차수 변경 Change Degree

매듭점 구조를 유지하면서, 매듭점 스팬 사이의 제어점 수를 추가하거나 빼는 방법으로 커브 또는 서피스를 정의하는 다항식의 차수를 변경한다.

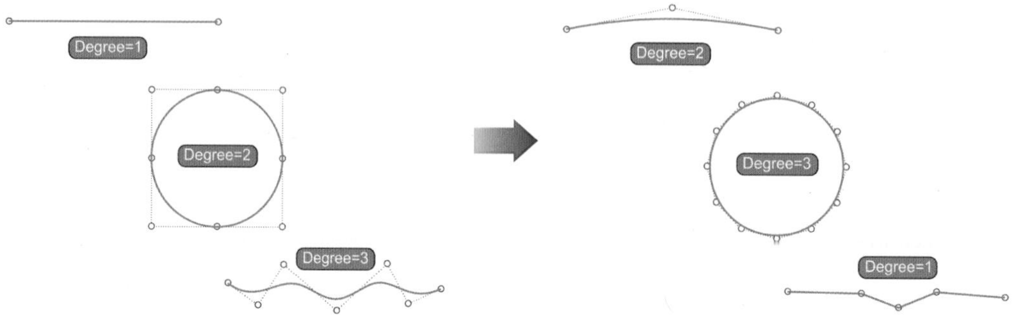

FAIR 커브 정형 Fair curve

지오메트리의 변경을 지정된 허용오차로 제한하면서 커브의 큰 곡률 변화를 제거한다. Fair 명령은 차수가 3인 커브에서 가장 잘 실행된다.

1. 커브를 선택한다. 2. 새 허용오차 값을 입력하거나 (Enter) 키를 누른다. 그림에서는 0.01을 입력하여 작업되었다.

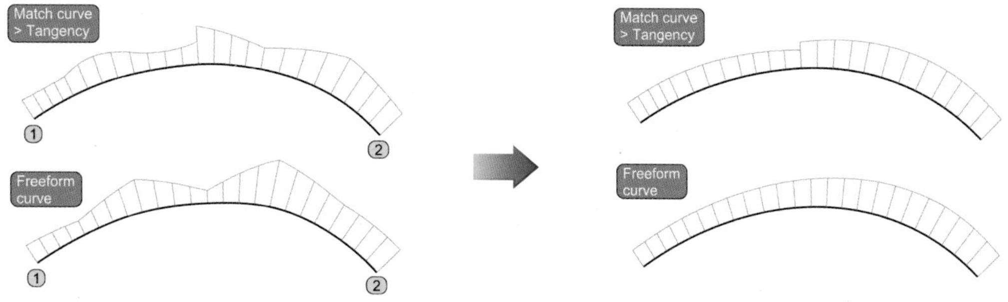

균일화 Make uniform

MakeUniform 명령은 NetworkSrf와 같은 명령으로 만들어진 면의 아이소커브가 부분적으로 너무 많을 경우 RemoveKnot와 같은 명령으로 지워 주게 된다. 이때 Knot을 지나치게 지우다 보면 제어점의 위치가 Knot에서 불일치되면서 형태가 급변하게 된다. 이런 형태 변화를 최소화해 주기 위해서 매듭점의 위치를 균일하게 만들어 주면 아이소커브를 줄이면서도 형태를 최대한 유지할 수 있게 하면서 면의 최적화 및 편집이 가능하다. Uniform하게 만든 면에서 CP를 삭제하여 필요한 CP만 남기면 된다. 물론 지나친 변화는 개체의 형태에 다소간의 변형을 초래할 수 있다.

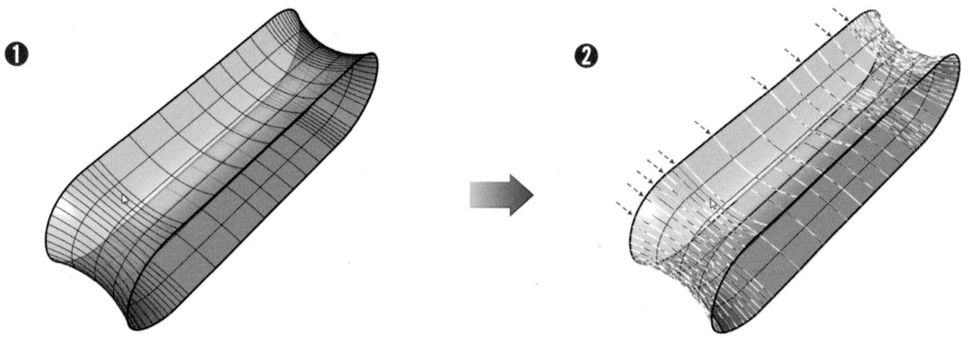

Original Surface(네트워크 면)　　Remove knot 명령으로 불필요한 아이소커브 / CP 지우기

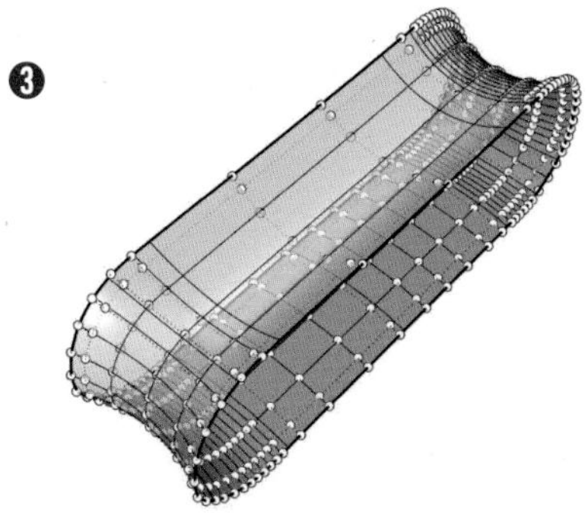

Make uniform 명령 전 모습 〉 아이소커브에 CP 불일치

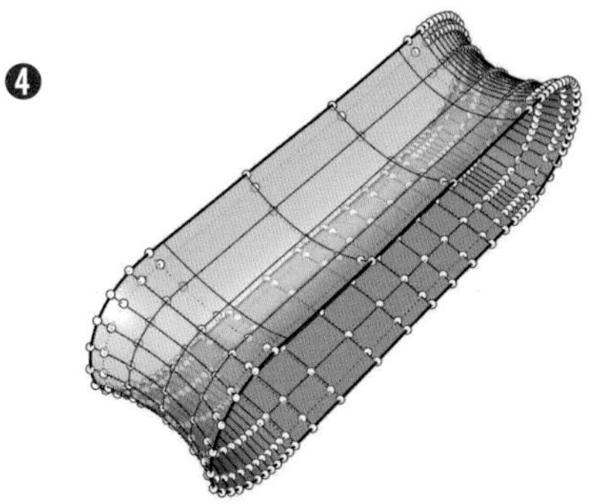

Make uniform 명령 실행 모습 〉 아이소커브에 CP 일치

선, 호 간소화 Simplify lines and arcs

직선 형태의 라인에 존재하는 많은 포인트 수를 간소화시켜 준다.

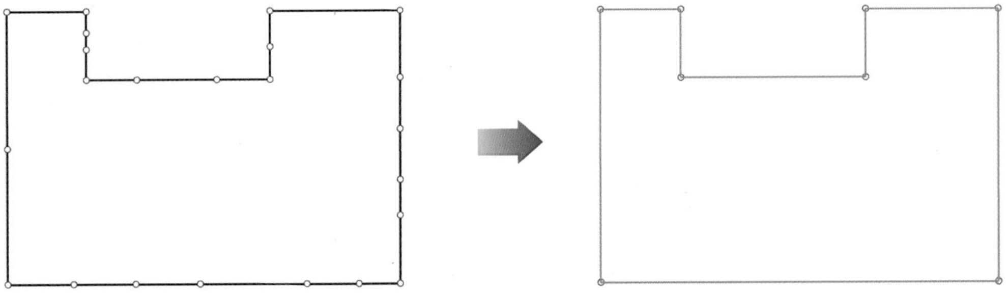

커브를 폴리 라인으로 변환 Convert curve to polyline
커브를 호로 변환 Convert curve to arcs

오리지널 커브를 폴리 라인 또는 호 세그먼트의 커브 구조로 변경한다.

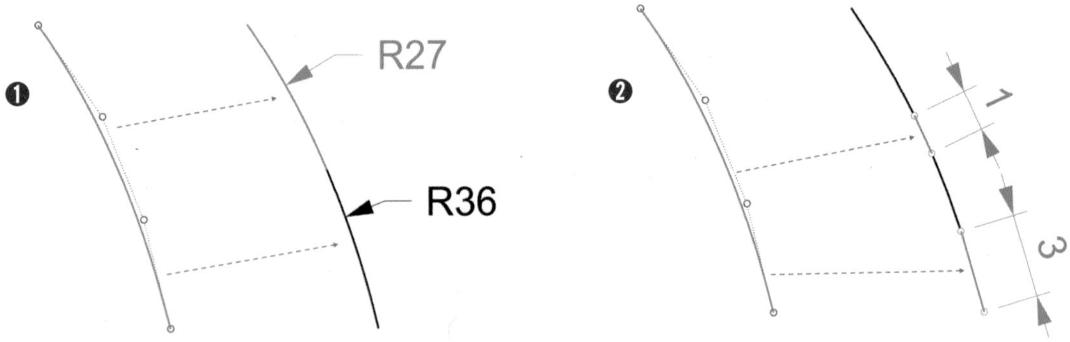

Output=Arcs로 변경

Output=Lines으로 변경

주기화 Make periodic
비주기화하기 Make non-periodic

MakePeriodic 명령은 커브 또는 서피스에서 꼬임(Kink)을 제거한다. 꼬임은 커브의 방향이 극적으로 바뀌는 점이다. 직사각형의 모서리는 꼬임이 존재한다. 꼬임은 커브의 굴곡이 극적으로 바뀌는 지점에 생길 수 있다. 예를 들어, 둥근 직사각형은 선 세그먼트가 호로 바뀌는 부분에 꼬임이 있다.

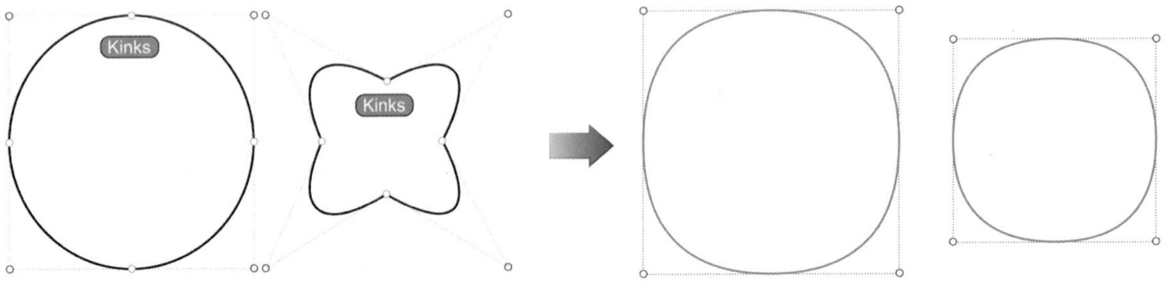

주로 호(Arc)와 같은 차수 2에 Kink 존재

Kink가 없음

열린 커브 닫기 Close open curves

CloseCrv 명령은 열린 커브를 닫는다. 커브를 직선 세그먼트로 닫거나, 또는 다른 커브와 결합하는 허용오차 안에 있는 경우 커브 끝점을 커브 시작점까지 이동시켜 닫힌 커브를 만든다.

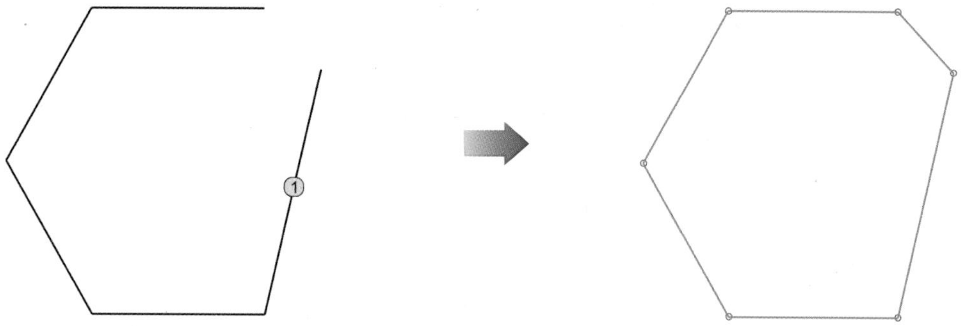

제어점 지정 커브를 계속 Continue control point curve
보간 커브를 계속 Continue InterpCrv

ContinueCurve 명령은 선택된 커브를 제어점 커브를 사용하여 계속해서 그릴 수 있다.

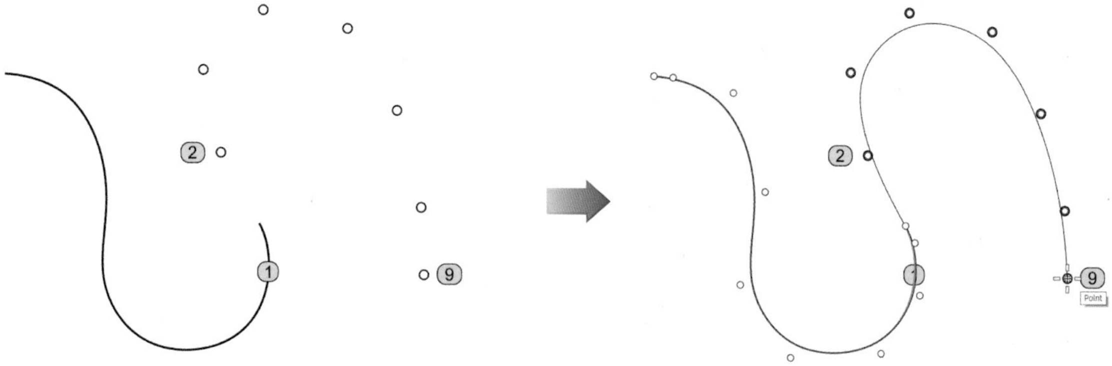

하위 커브 삭제 Delete sub–curve

커브의 일부(두 개의 선택된 위치 사이)를 제거한다.

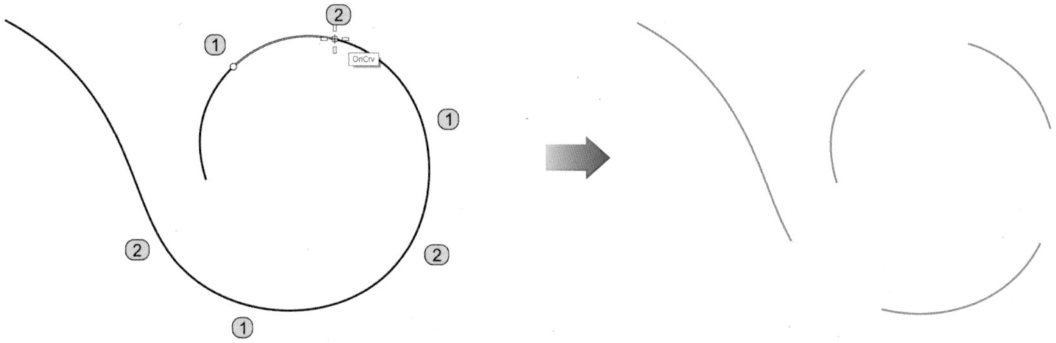

하위 커브 추출 Extract sub–curve

폴리 커브 세그먼트를 분리하거나 복사한다.

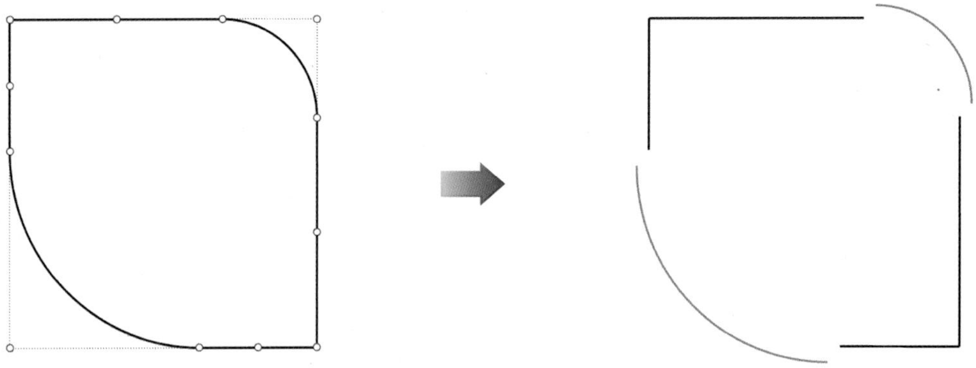

하위 커브 Sub curve
하위 커브 복사 Copy sub curve

새로 지정한 끝점으로 커브의 길이를 짧게 만든다.

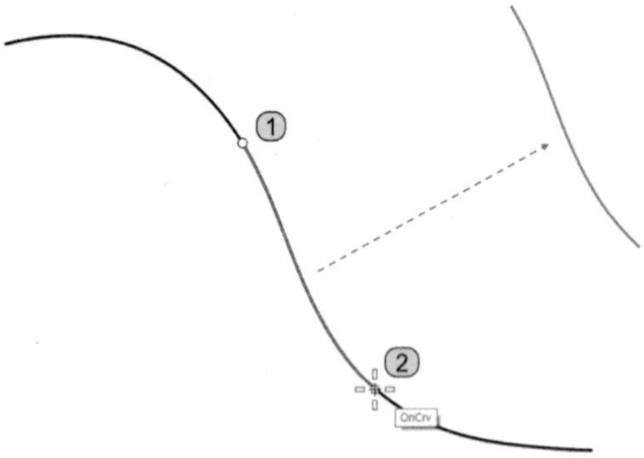

선을 커브에 삽입 Insert line into curve

지정된 점 사이에 커브 세그먼트를 평평하게 만든다.

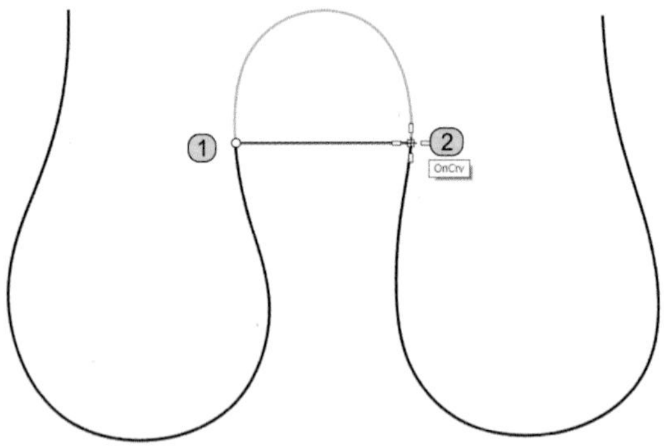

중간 단계 커브 Tween between two curves

TweenCurves 명령은 두 개의 열린 또는 닫힌 입력 커브 사이에 커브를 만들어 준다. 특히 히스토리를 걸어 두면 실시간 편집과 확인이 가능하다.

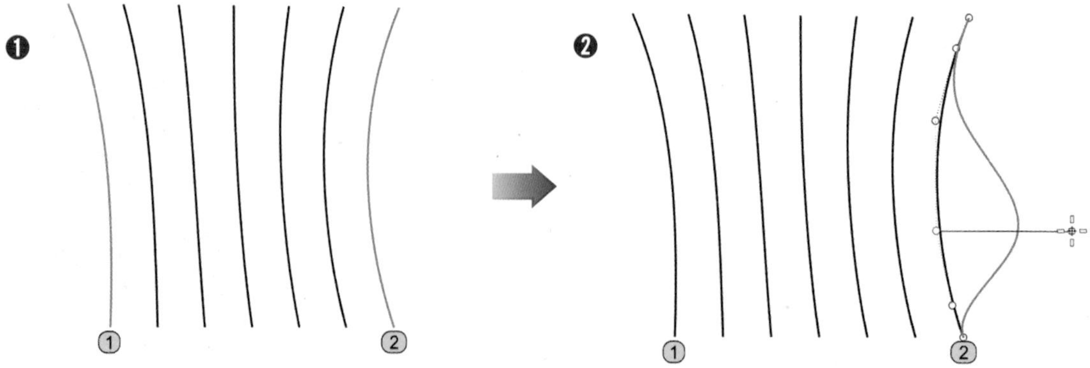

①번과 ②번 커브를 선택하고 사이에 생성될 개체의 수를 5개로 지정

①번과 ②번 커브는 히스토리가 걸린 상태이며 그림처럼 우측으로 커브를 당겨 편집 기능

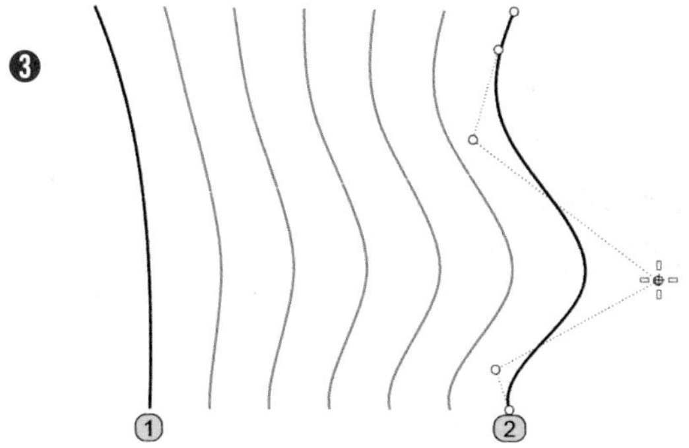

히스토리에 의해 안쪽 5개의 커브도
동시에 변화하게 됨

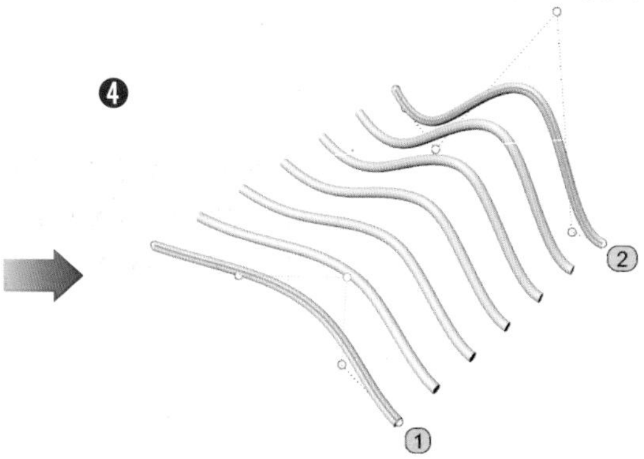

그림과 같이 멀티플 파이프 명령으로 파이프
상태에서도 커브 편집 가능

다중 간격 띄우기 Offset multiple

OffsetMultiple 명령은 여러 커브를 복사하여, 복사된 커브상의 모든 위치가 원래 커브로부터 지정된 거리로 떨어져 있게 된다.

Side to offset (Distance=*3* Corner=*Sharp* OffsetCount=*5*):

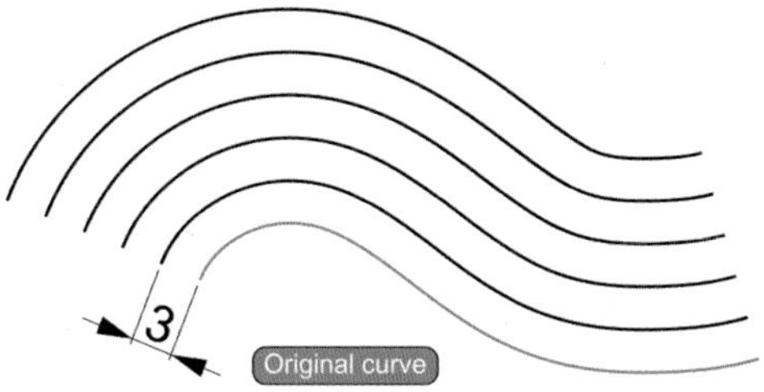

커브 부울 연산 Curve Boolean
커브 부울연산: 모든 개체 삭제 Curve Boolean: Delete all inputs

겹쳐진 영역을 기준으로 커브를 트림, 분할, 결합한다.

1. 두 개 이상의 커브를 선택한다.
2. 유지하려는 영역의 내부를 클릭한다.
3. 영역을 다시 클릭하여 제거한다.
   유지되는 영역이 강조 표시된다.
   선택된 영역에 평면형 커브가 만들어진다.

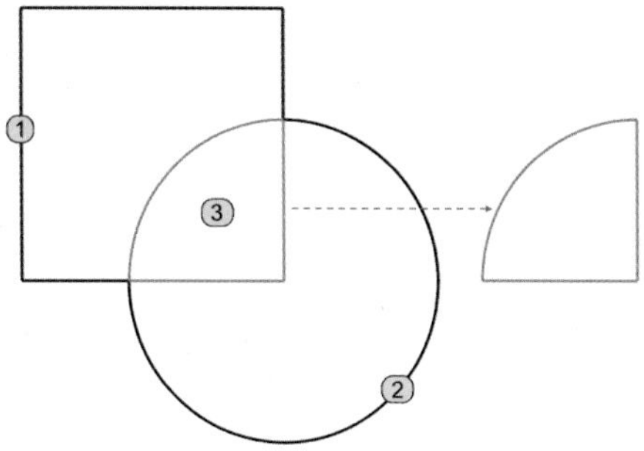

커브 투영 Project curves or control points
커브 투영(넓게) Project curves loose

Project 명령은 구성 평면을 향하여 투영된 서피스와 커브, 또는 점의 교차인 서피스에 커브 또는 점을 만든다. 거리에 상관없이 동일 바깥선이 투영된다. 투영하고자 하는 개체와 투영면의 보이는 방향이 동일해야 한다.

투영은 반드시 정면 방향에서 해 주어야 함

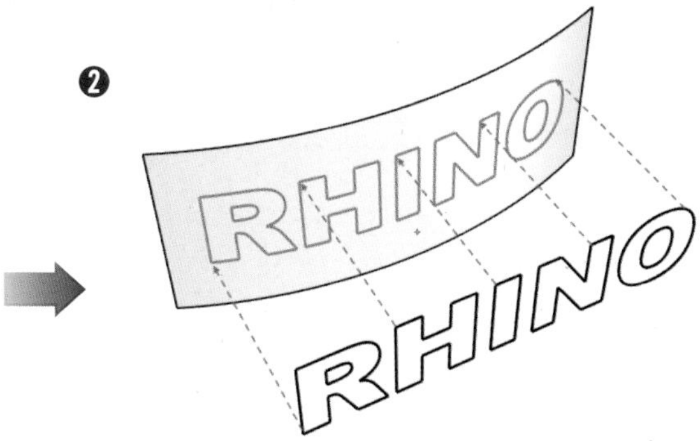

면의 Surface Normal과는 상관없이 일직선 방향으로 투영됨

커브 시작에 점 생성 Mark curve start — 커브를 선택하고 (Enter) 하면 해당 커브에 시작점을 만들어 줌

커브 끝점에 점 생성 Mark curve end — 커브를 선택하고 (Enter) 하면 해당 커브에 끝점을 만들어 줌

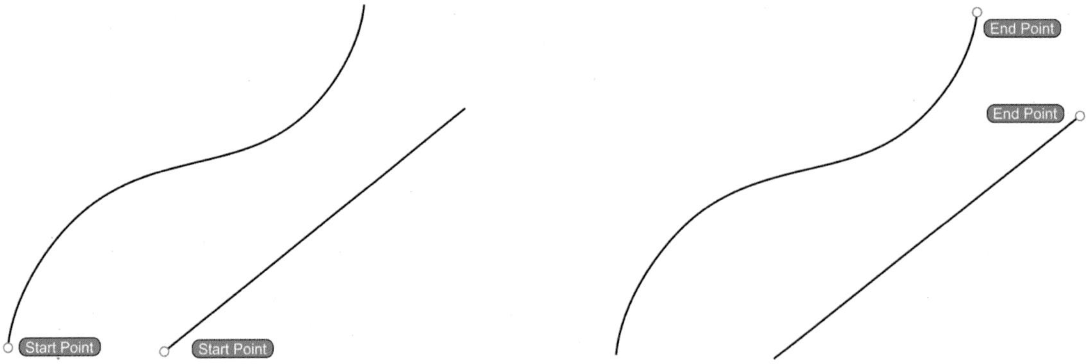

커브 끝점 표시 Show curve ends

커브 끝점 표시 끄기 Turn off showing curve ends

ShowEnds 명령은 끝점 분석 대화상자를 통해 커브의 끝점을 표시한다.

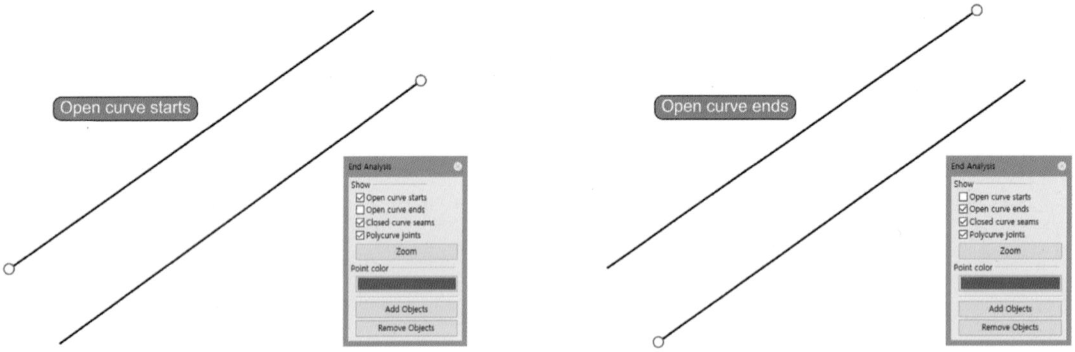

추출된 아이소커브 이동 Move extracted isocurve

MoveExtractedIsocurve 명령을 사용하여, 서피스에 ExtractIsocurve 명령을 실행하여 추출한 아이소커브를 이동한다. MoveExtractedIsocurve 명령은 히스토리를 지원한다. 만약 서피스가 변경되면, 이동 실행했던 아이소커브도 그에 따라 업데이트된다.

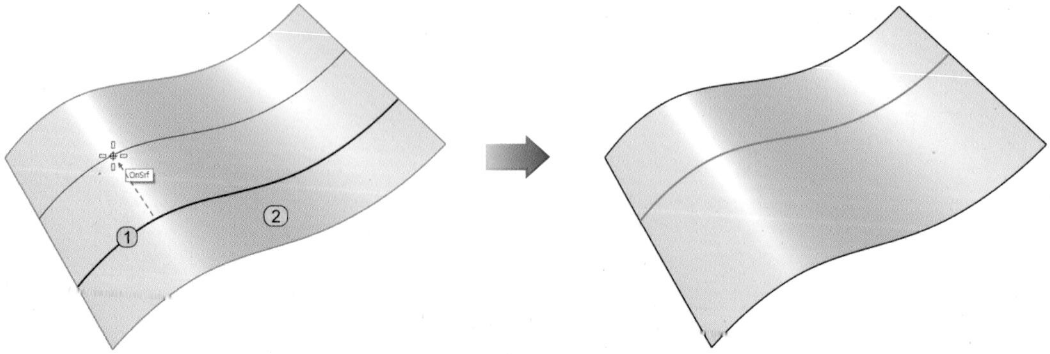

안내선 추가 Add Guide lines
안내선 제거 Remove guide line

AddGuide 명령은 임시 무한 가이드/구성 선을 추가하거나 제거(RemoveAll)가 가능하다.

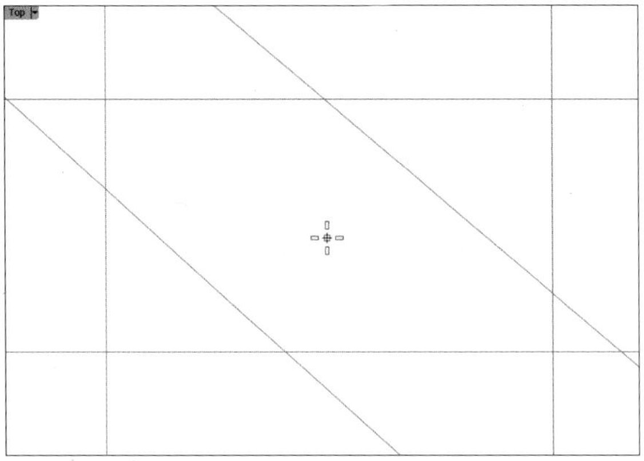

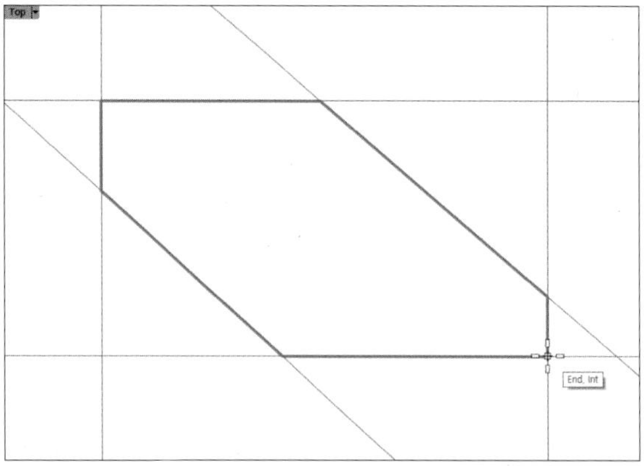

리본 오프셋 Ribbon offset

리본 오프셋 명령은 닫힌 선을 기준으로 리본 오프셋 면을 만든다. 오프셋 설정에 따라 실시간 편집이 가능하다.

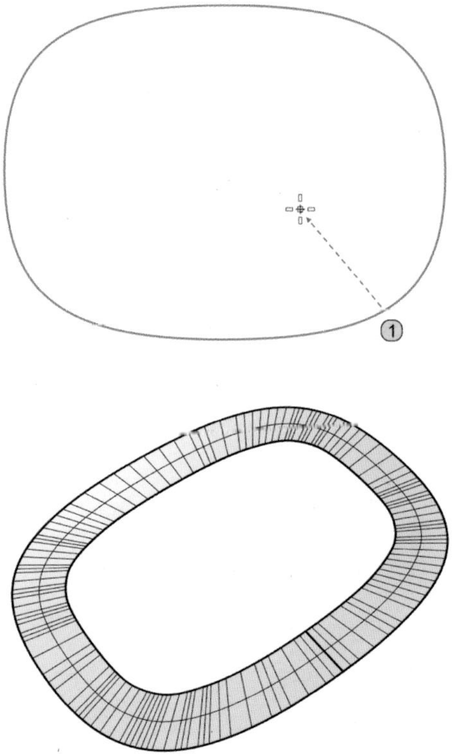

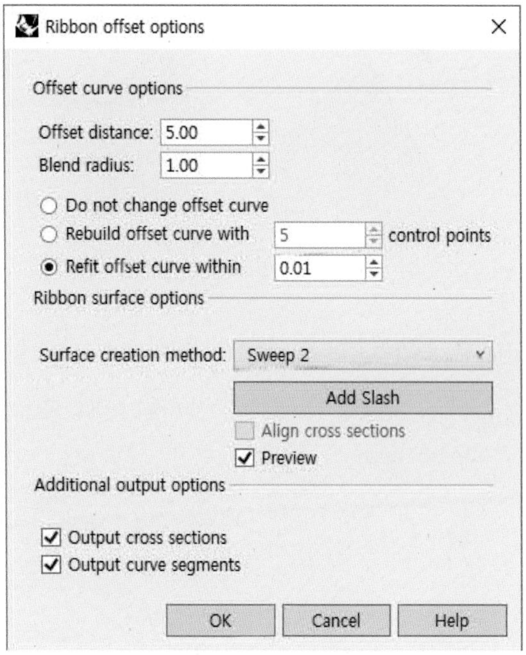

11 CHAPTER 서피스 만들기(Surface Creation) 명령어 그룹

서피스 만들기(Surface Creation) 명령어 그룹은 드로잉된 평면 커브를 기본으로 면을 만드는 명령 그룹이 모여 있는 곳이다. 전반적으로 단일 면과 폴리 서피스를 만들 수 있으며, 가장 대표적인 중요 명령으로는 Surface from network of curves, Loft, Patch, Sweep 1 rail, Sweep 2 rails, Revolve, Developable loft from two curves 등이 있다.

한글 버전 서피스 만들기 명령어 그룹

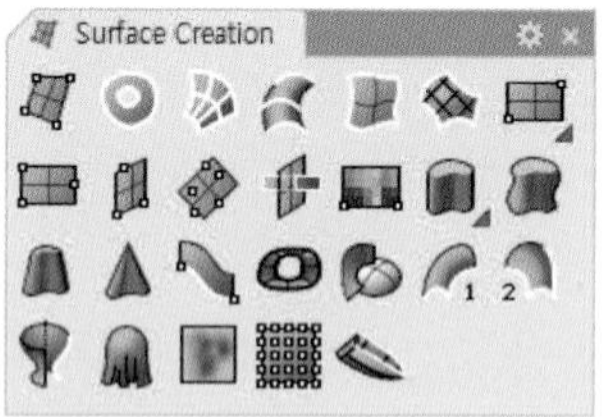

영문 버전 Surface Creation명령어 그룹

3 또는 4개의 모서리 점을 사용한 서피스 Surface from 3 or 4 corner points

지정된 모서리 점을 사용하여 서피스를 그린다. 공간에 포인트를 기점으로도 면을 생성하지만, 포인트의 배치가 일직선상의 배열이 아니라면 생성 면의 왜곡이 생길 수 있다.

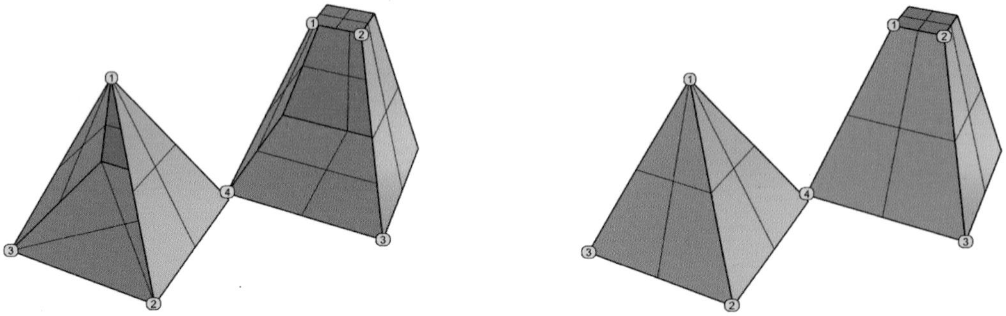

평면형 커브를 사용한 서피스 Surface from planar curves

평면상의 닫힌(Closed) 커브를 평면으로 만들어 준다. 커브가 일부 겹치는 경우, 각각의 커브가 별도의 서피스를 만든다. 커브가 완전히 다른 커브 안에 있는 경우, 구멍 경계로 처리된다.

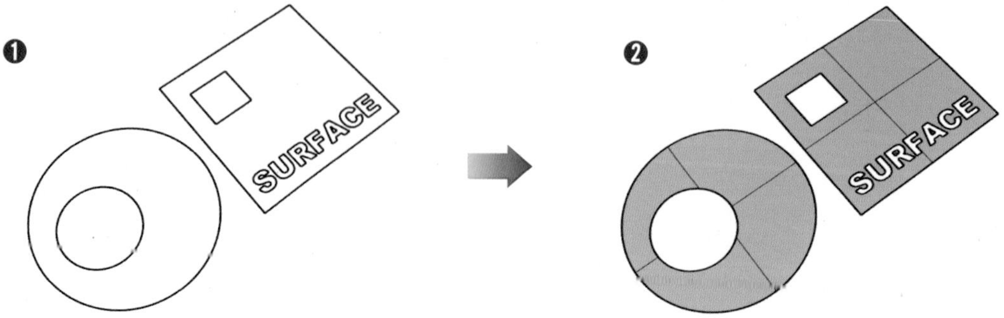

커브 네트워크를 사용한 서피스 Surface from network of curves

NetworkSrf 명령은 교차하는 커브로 이루어진 네트워크로 서피스를 만든다. 한 방향을 향하는 커브는 다른 방향에 있는 모든 커브와 교차하여야 하며 또한 동일한 방향의 커브는 서로 교차하면 안 된다.

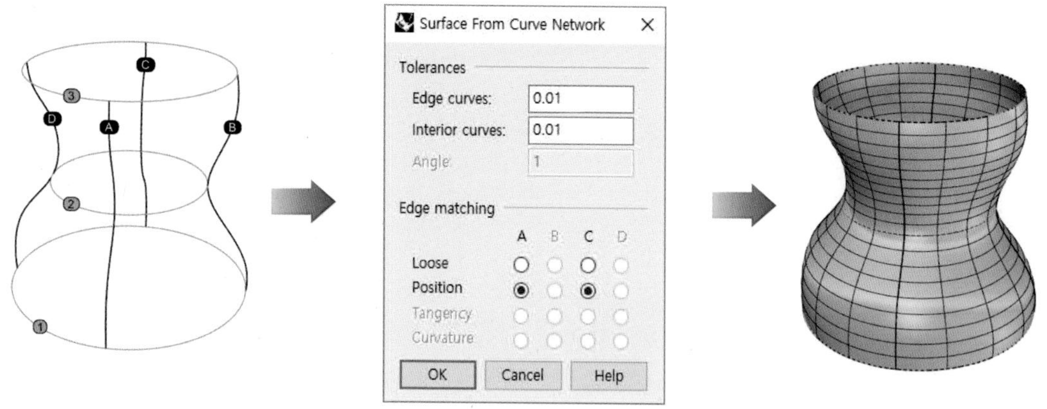

①, ②, ③번 순으로 원을 그려 높이 차이를 주고 Right View와 Front view에서 Ⓐ, Ⓑ, Ⓒ, Ⓓ 커브를 Quad 점으로 일치되게 그려 준다. 다음 NetworkSrf 명령으로 모두 선택하여 면으로 만들어 주면 된다. 이때 옵션 창이 뜨면 그림과 같이 허용 공차(Tolerances)=0.01로 설정하고 OK하면 된다.

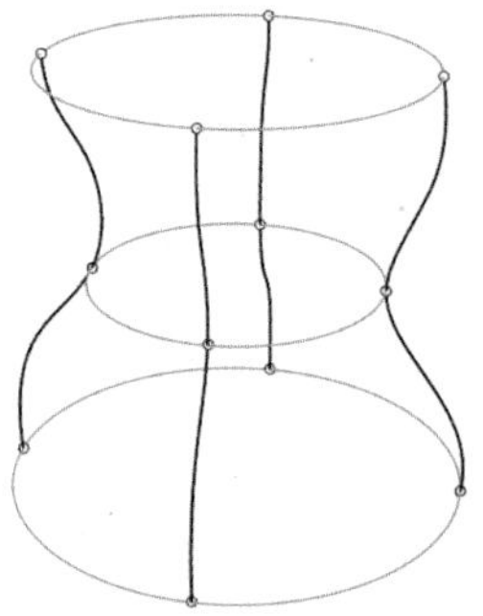

선의 교차

Object intersection

교차점 추출 명령으로 선의 이탈 상태를 확인할 수 있음. 서로 교차되지 않은 곳에는 Point가 생성되지 않음

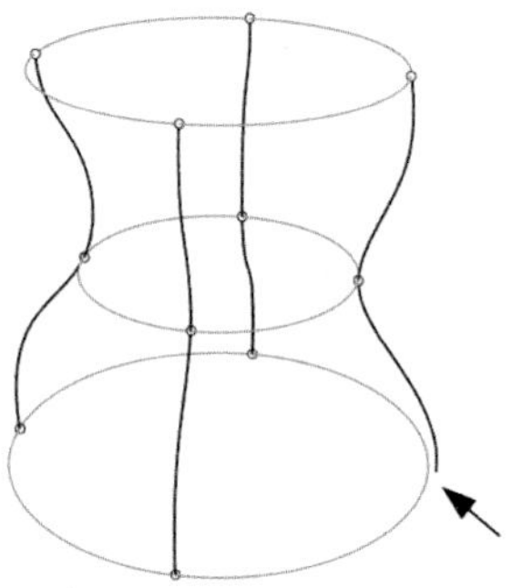

선의 미교차 상태

커브와 커브가 만나는 끝점(화살표 지점)이 각을 가진 경우 NetworkSrf 명령으로 면(Surface)을 만들기 위해서는 지켜야 할 룰이 있다. 조건이 아닌 경우 면의 생성은 되지 않을 수 있다. 그림과 같이 총 4개의 커브 또는 호(Arc)를 그려 주고 Osnap에 Mid 체크 후 A와 B커브를 한 번에 그려 준다.

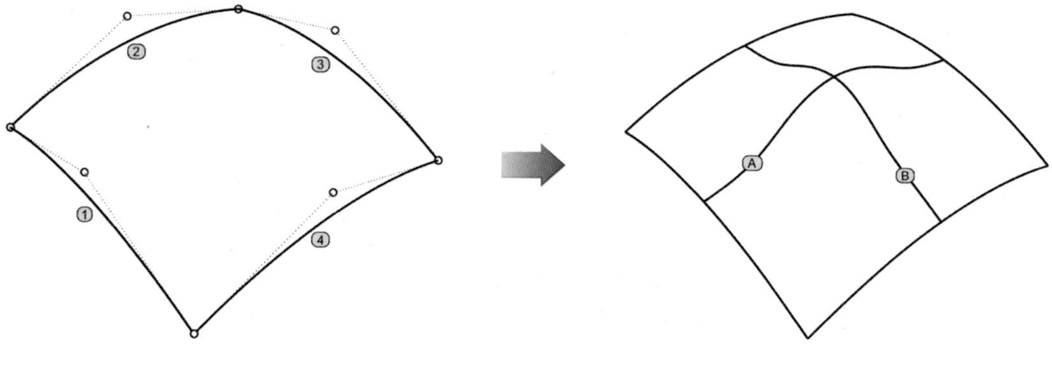

주의할 점은 이렇게 모서리 만나는 지점이 각일 경우 반드시 외곽 커브는 Join되면 절대 안 된다. 또한 안쪽 커브는 U 또는 V 방향대로 연속선이어야 한다. 중간(Mid)이 잘려져 있으면 곤란하다.

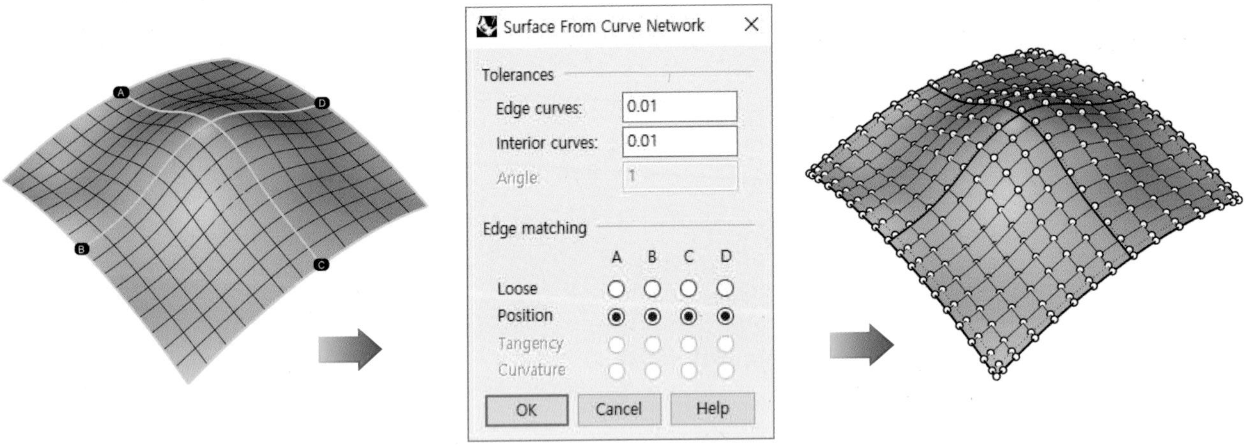

아래 드로잉은 외곽에 각이 존재하지 않는 경우의 NetworkSrf 명령으로 면을 생성하는 원리이다. 여기서는 크게 3가지 정도의 방법이 있다. 우선 Edge curves를 그대로 두고 Interior curve를 자르는 방법과 Interior curves를 그대로 두고 Edge curves를 자르는 것이다. 서로 다른 방법을 통해 Point 생성의 모양과 방향 즉 아이소커브 방향을 예측하여 모델링할 수 있다. 이러한 것은 향후 포인트 편집 시 유용하다.

Snap=Mid, Quad

Split 된 곳 〉 ①, ②, ③, ④

해당 커브들을 모두 선택하여 NetworkSrf 명령으로 면을 생성하면 그림과 같이 Center 기준 방사형의 포인트 분포와 아이소커브가 만들어진다. 이러한 결과는 중심을 기준으로 포인트를 편집해야 하는 경우 매우 유용하다.

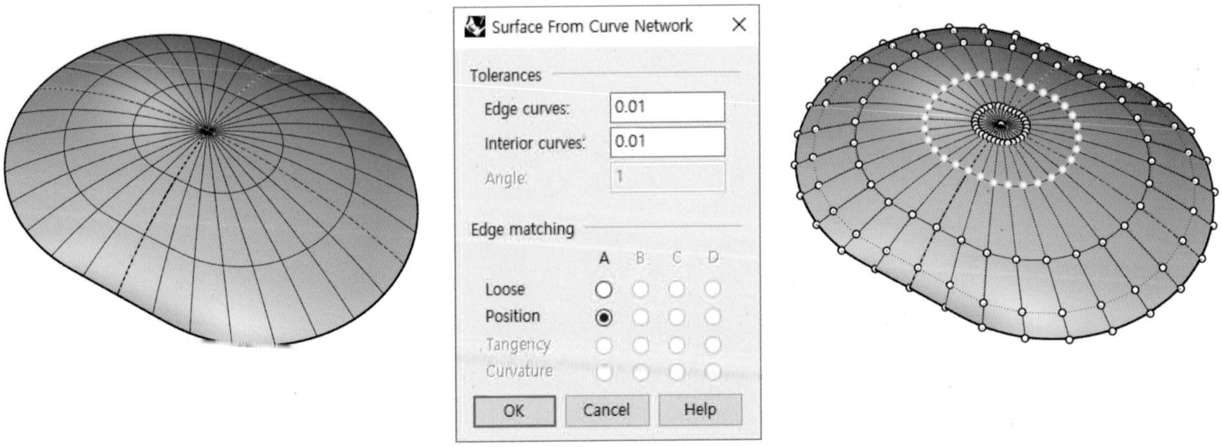

아래 드로잉을 기준으로 해당 커브들을 모두 선택하여 NetworkSrf 명령으로 면을 생성하면 그림과 같이 가로 또는 세로 방향의 아이소커브와 편집 포인트가 만들어진다. 아래와 같은 편집 면이 필요시 유용하다. 꼭 알아야 할 것은 안쪽 커브를 잘랐으면 바깥쪽 커브는 절대 자르지 말고, 바깥쪽 커버를 잘랐다면 반드시 안쪽 커브는 자르지 말아야 한다. 또한 이런 경우 모두 4개 이상의 커브가 존재해야 면이 생산된다.

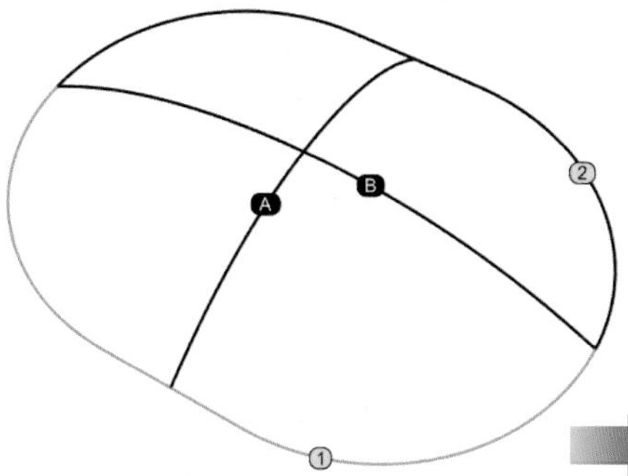

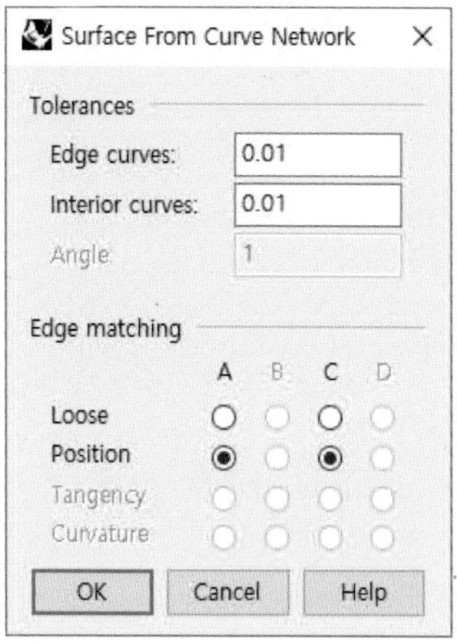

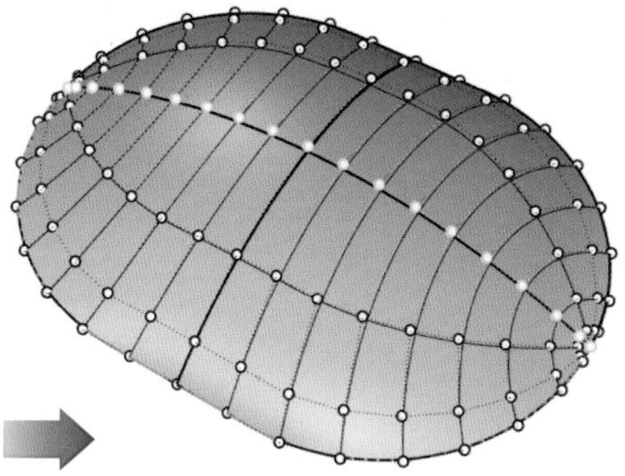

NetworkSrf 명령으로 만들 수 있는 또 다른 면은 바로 Curve Tools 〉 Curve from cross section profiles 명령을 사용하는 것이다. 특히 캐릭터의 비대칭 팔이나 다리와 같은 형태를 빠르게 면으로 제작 시 유용하다. 다만 Curve from cross section profiles 명령 시에는 반드시 선택 위치, 선택 순서를 지켜 주어야 단면 커브가 제대로 생성된다.

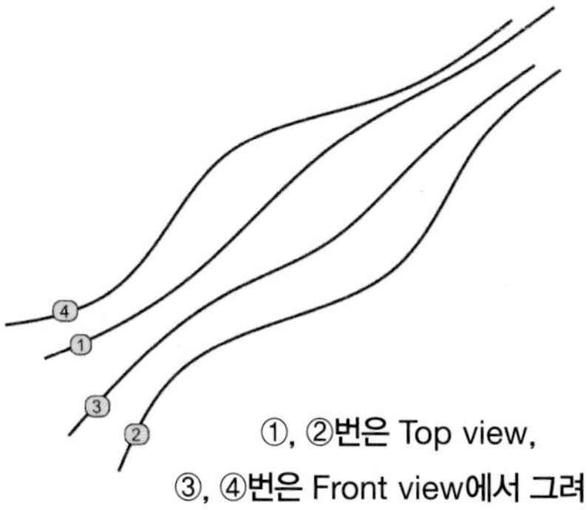

①, ②번은 Top view,
③, ④번은 Front view에서 그려 줌

Curve from cross section profiles

선택 위치와 선택 순서 준수, 4개의 커브를 가로지르는 단면 커브 생성해 줌

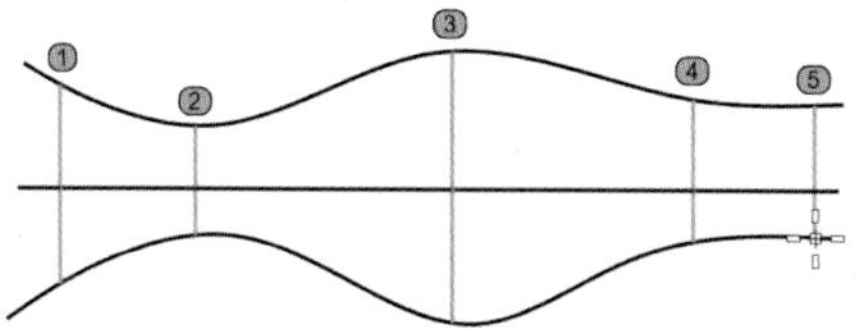

①~⑤번은 수직으로 그어
만들어진 단면 커브 모습

단면 커브를 긋다가 잘못 그은 경우 그대로 작업한 후 나중에 잘못 그려진 단면 커브만을 따로 지워 주면 된다. 또한 만들고 나면 나머지 바깥쪽 커브들이 보이는데 이 부분은 Trim 명령으로 깔끔하게 지워 주면 된다.

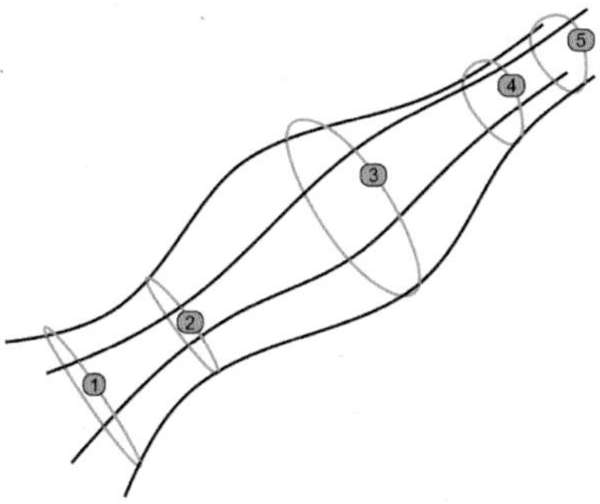

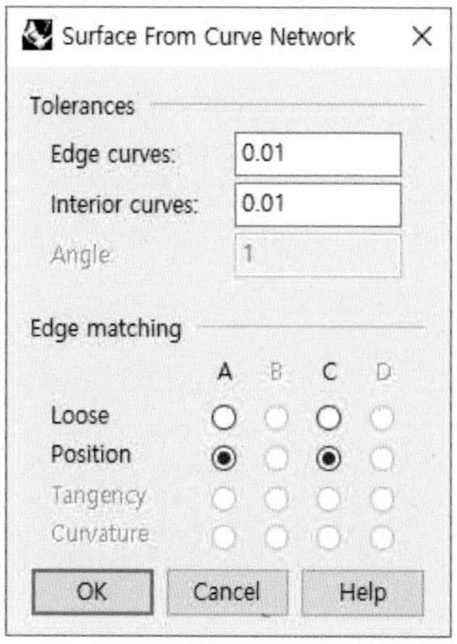

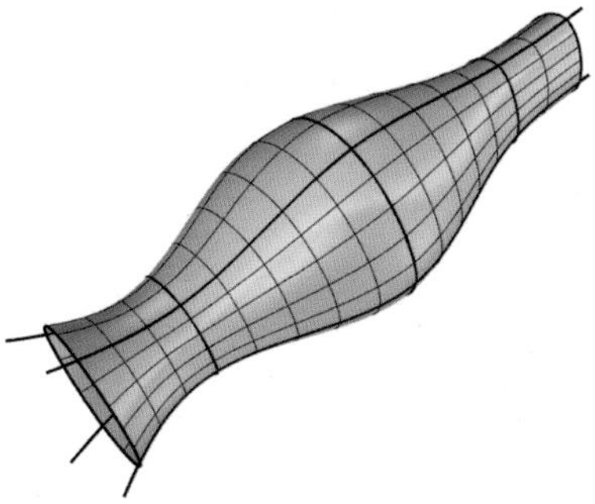

NetworkSrf 명령을 좀 더 제대로 이해하기 위해 아래 예제를 연습해 본다. 특히 Edge curves에 각이 존재함을 알 수 있다. 이런 면을 네트워크 명령으로 수행하려면 모서리 각이 있는 부분은 절대 Join해서는 안 된다. 또한 U, V 방향을 가진 커브들은 하나로 연결되어 있어야 한다.

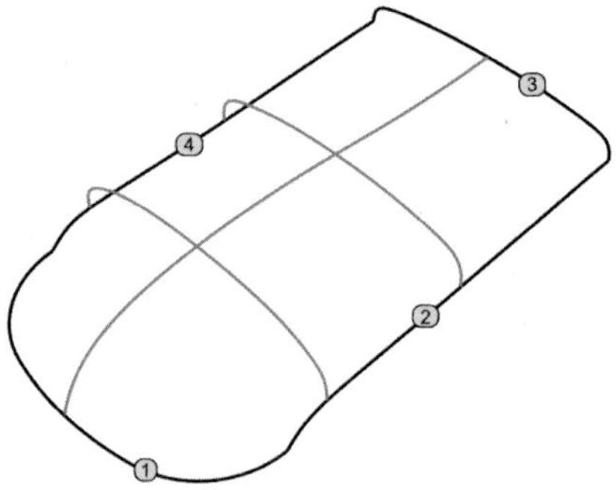

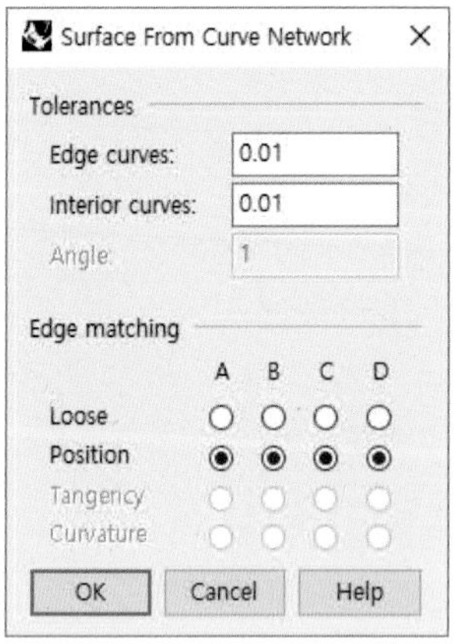

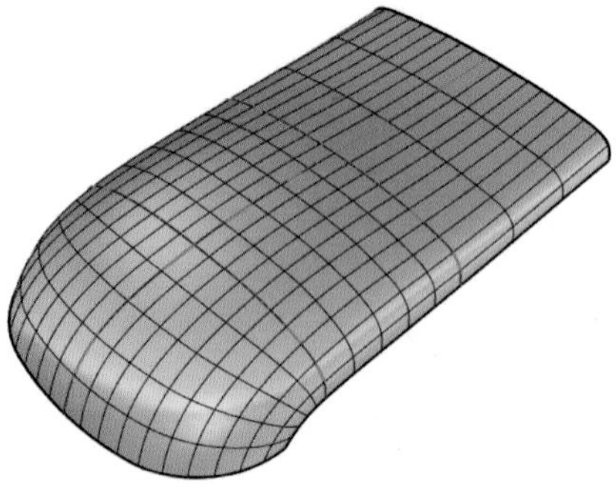

NetworkSrf 명령 시 종종 발생하는 오리지널 커브와 생성 면에 대한 이탈 현상은 아래와 같은 방법으로 허용 공차 값을 높여 오차 범위 내로 조정이 가능하다. 이때 이탈률의 체크는 커브 이탈 명령으로 가능하다. Red point가 가장 심하게 이탈된 부분이다.

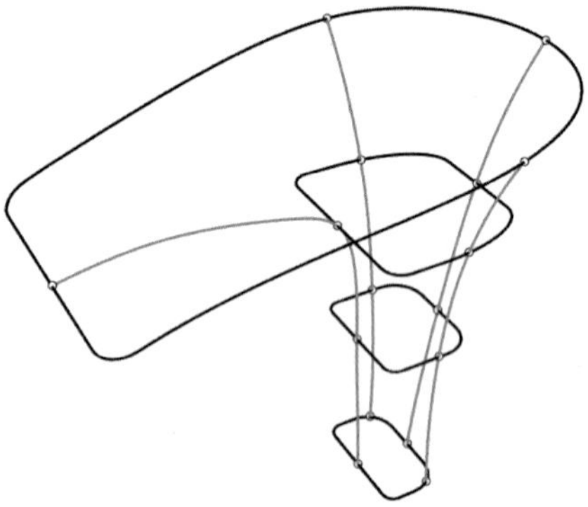

모든 교차 끝점이 일치하는 커브 구조

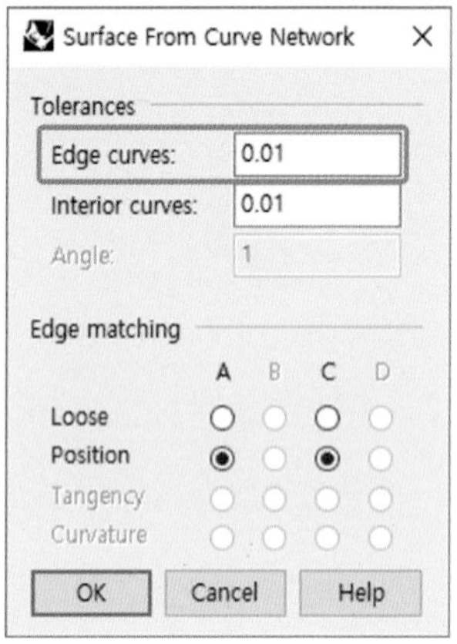

Maximum deviation = 0.101373

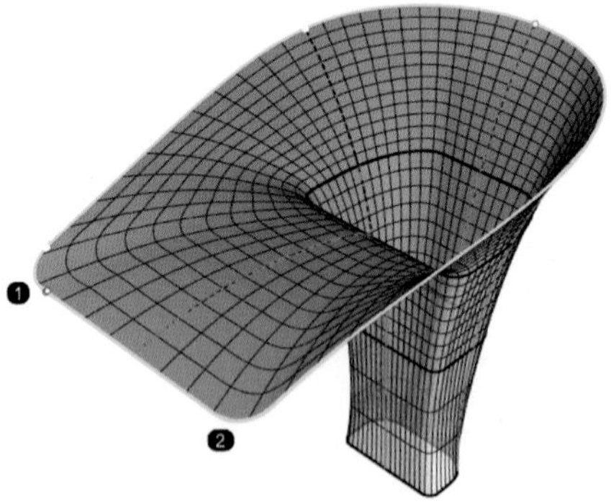

①번과 ②번 지점을 확대해 보면 이탈 면이 보임 〉
이탈률은 Analyze curve deviation 명령으로 확인 가능

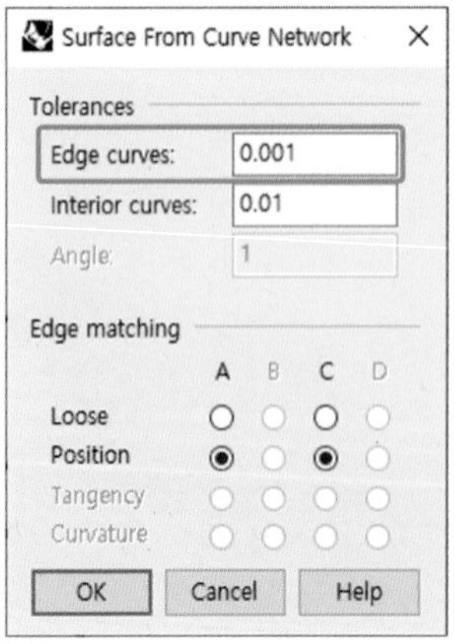

허용 공차 Tolerances /
Edge curves: 0.001 설정

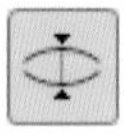

Analyze curve deviation

커브와 생성된 면의 엣지를 클릭하면 3개의 Point 컬러로 구분되어 이탈 정도를 확인함

Maximum deviation = 0.0133074

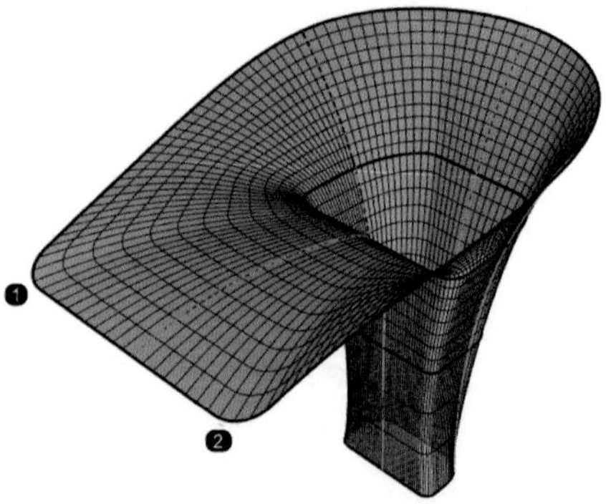

①번과 ②번 지점을 확대해 보면 이탈 면이 커브에 일치해서 생성된 것을 확인 가능

NetworkSrf 명령을 사용 시 꼭 알아야 할 부분은 아래 그림처럼 A면과 B면처럼 면을 공유하는 공간을 메꾸려 한다면 반드시 Ⓐ, Ⓑ면의 Edge를 클릭하고 나머지는 안쪽의 커브(선)를 선택해 주는 것이다. 그래야 주변 면과의 Edge matching 옵션이 활성화된다.

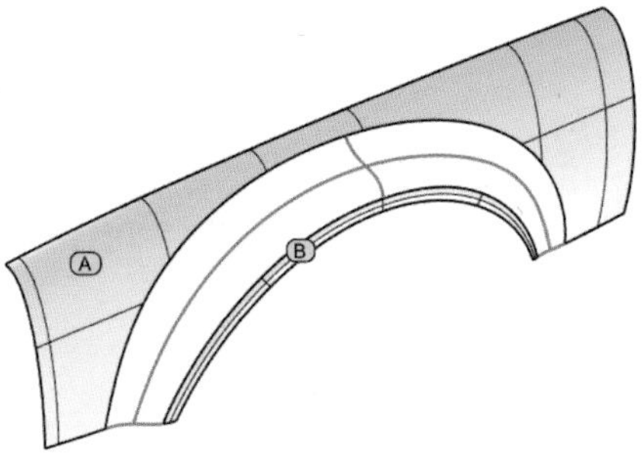

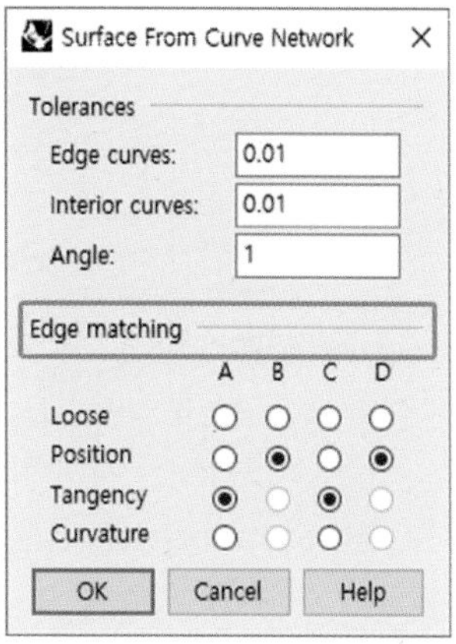

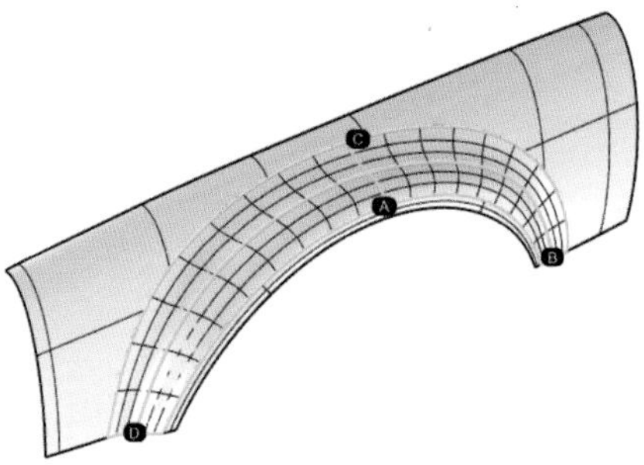

Edge matching 옵션은 Position(위치의 일치=G0), Tangency(접선의 일치=G1), Curvature(곡률의 일치=G2)로 구분된다. 필요에 따라 체크를 달리하여 면의 연속성을 통제할 수 있다. 생성된 면의 연속성을 아래 그림과 같이 Zebra 패턴으로 보려면 Zebra analysis 명령을 사용한다. 단, 면들이 서로 Join된 상태에서 확인해야 한다.

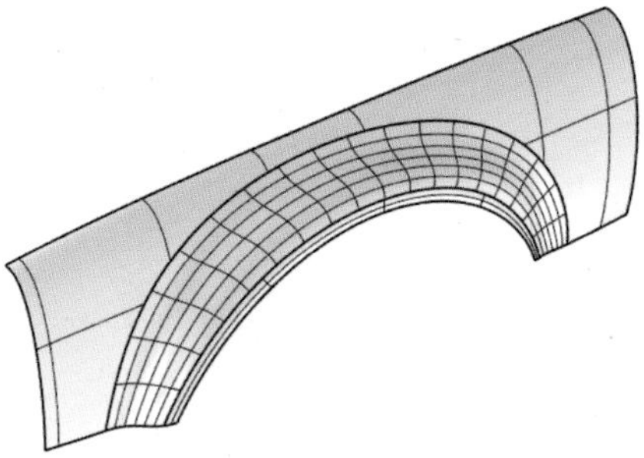

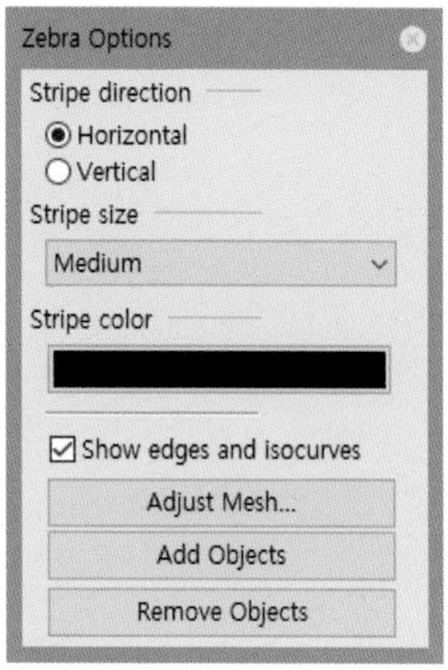

Zebra analysis

Zebra 패턴은 접합 경계부에서 핀트가 빗나간 경우 그곳에 각이 존재한다는 개념으로 시각적으로 면 흐름 확인 시 사용

Zebra 체크와 달리 외부 환경에 금속이나 기타 재질로 가상 노출되어 그 반사 정도를 확인하려면 아래 그림처럼 Environment 명령으로 환경 맵들을 선택해 확인할 수 있다.

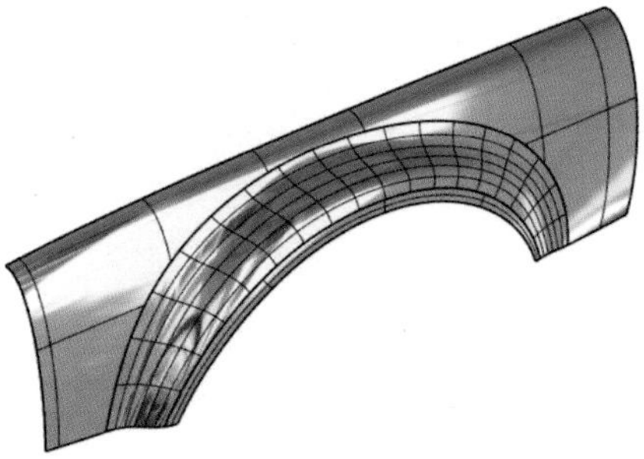

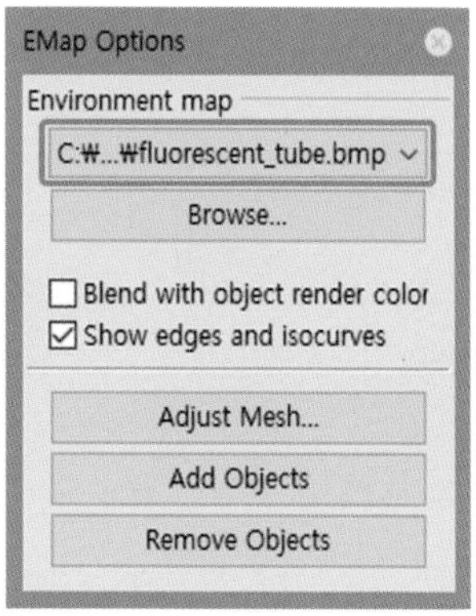

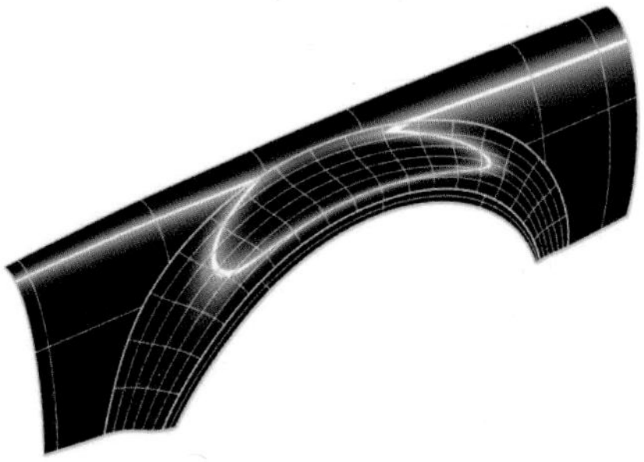

Environment map

NetworkSrf 명령의 또 다른 장점은 바로 아무리 많은 커브 또는 커브 자체에 제어점(Point)들을 가지고 있어도 면에 반영되지 않는다는 것이다. 이것은 면의 상태를 좋게 하고, 2차적인 포인트 편집 시 구분이 용이한 편집 포인트 배열을 제공한다. 아래는 헤어 드라이어 송풍 가이드 부품인데 Sweep 2 Rails 명령으로 면을 제작 시 아이소커브의 불균일과 불규칙한 포인트 배열을 확인할 수 있다.

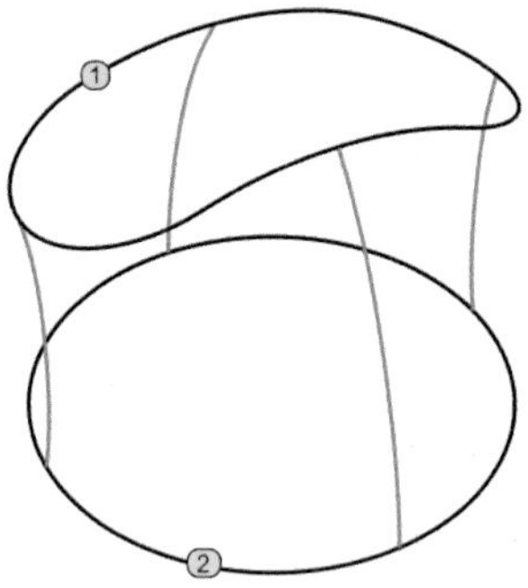

Sweep 2 rails

①번, ②번 레일 커브로 면을 생성한다. 특히 ①번 커브에는 숨어 있는 제어점(Control point)이 많은 상태이다.

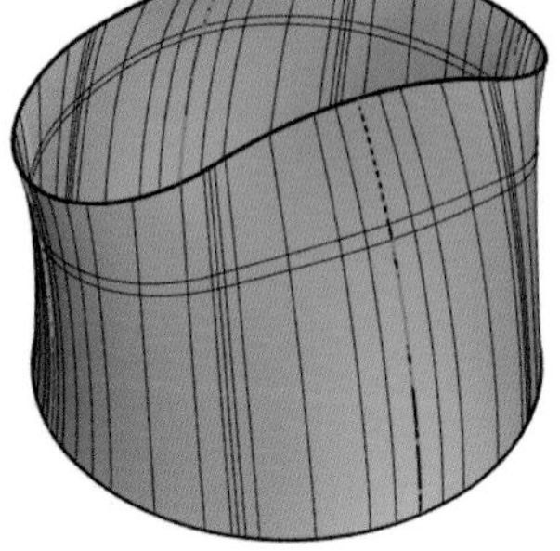

이와 달리 NetworkSrf 명령으로 만들어진 면은 아이소커브가 균일하게 분포하여 나중에 면의 편집 시에도 용이점을 제공한다.

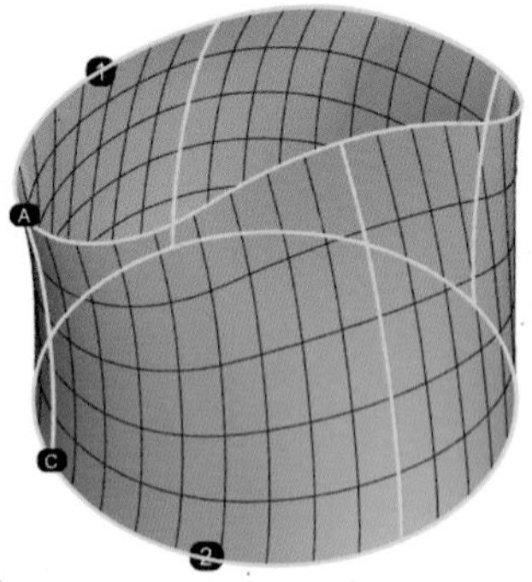

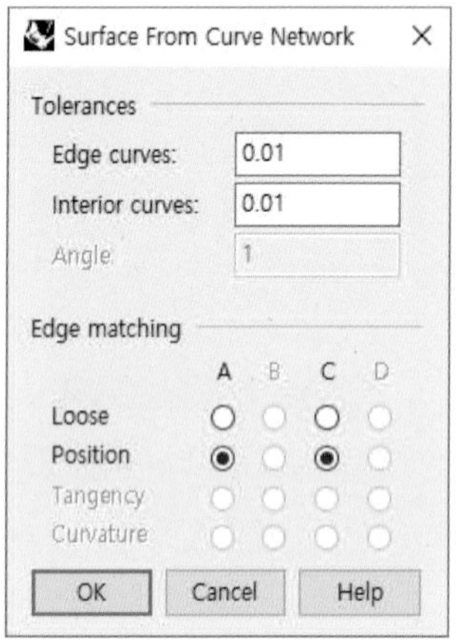

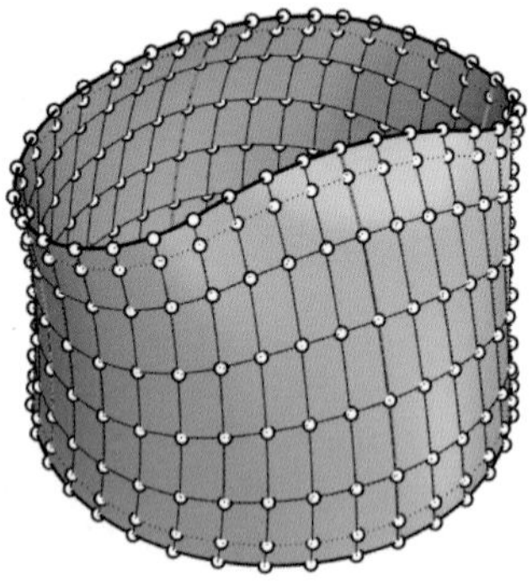

아래는 신발의 라스트(Last) 커브들로 스캐닝 커브라 엄청나게 많은 수의 커브 제어점을 지닌 예이다. 이런 커브를 Sweep 2 Rails와 같은 명령으로 만들면 아마도 면이 매우 복잡하게 생성된다. 물론 거의 편집 불가일 수 있다. 그림처럼 NetworkSrf 명령으로 처리하면 보다 단순화된 아이소커브를 갖는 면을 얻을 수 있고, Edge curves를 오차를 임의로 높게 설정하여 더욱 용이한 편집 영역을 만들 수 있다.

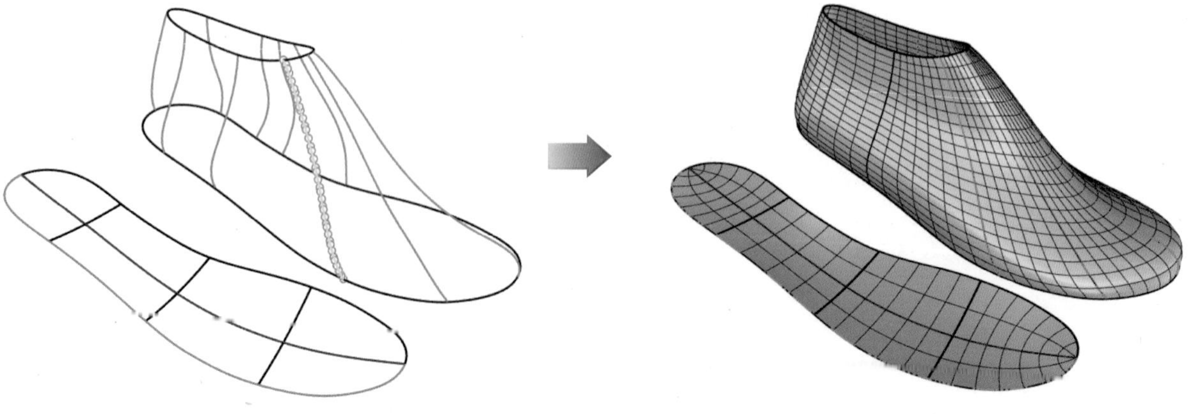

NetworkSrf 명령으로 앞서 설명된 Curve from cross section profiles을 생성해 안정적인 백조 모양을 만들 수 있다. 이렇게 곡률이 심한 커브를 면으로 만들기 위해 Loft를 사용하게 되면 왜곡이 심하고 편집이 불가한 면이 만들어질 수 있다. 이럴 때도 네트워크 명령이 유용하다.

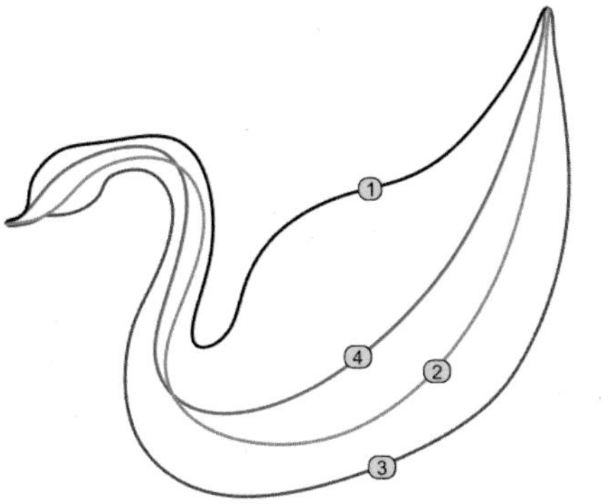

②, ④번은 Top view,
①, ③번은 Front view에서 그려 줌

Curve from cross section profiles

선택 위치와 선택 순서 준수. 4개의 커브를 가로지르는 단면 커브 생성해 줌

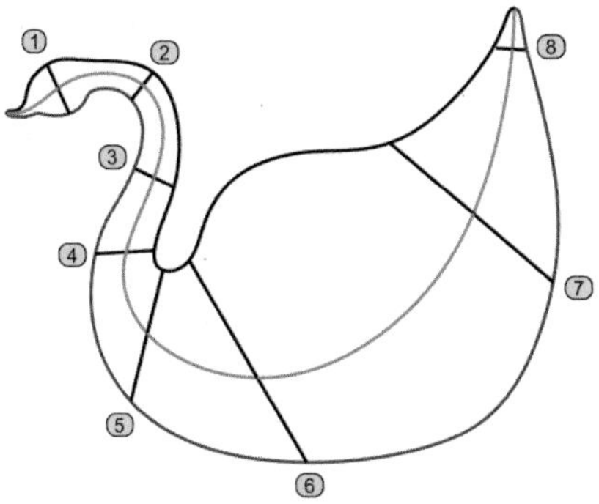

①~⑧번은 수직으로 그어 만들어진 단면 커브 모습

굴곡이 심한 경우 단면 커브 생성 명령 시 원의 중심을 기준으로 방사형으로 그려 주는 것이 좋은 면을 생성해 준다.

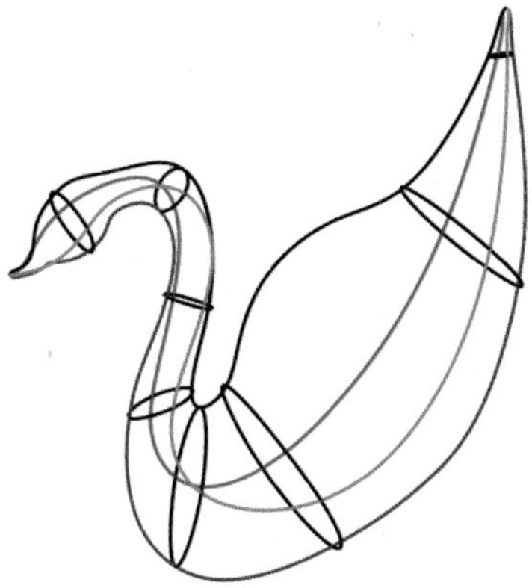

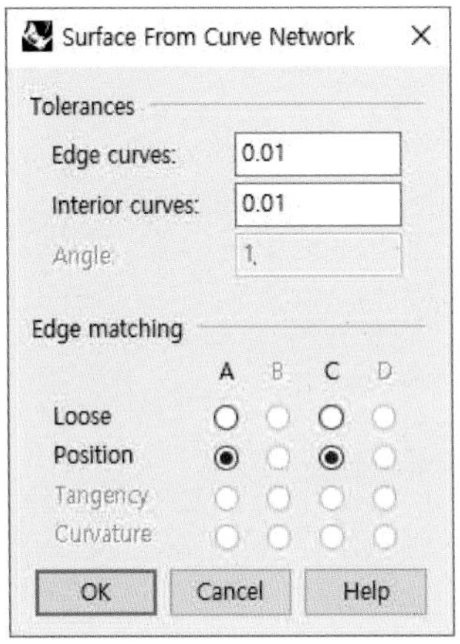

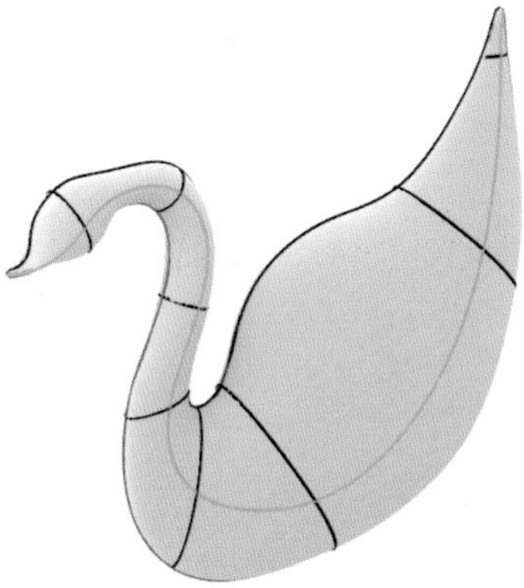

아래는 예시는 과도의 손잡이를 Curve from cross section profiles 과 NetworkSrf 명령으로 마무리한 것이다. 이러한 네트워크 면은 언제든 쉽게 과도의 손잡이 굴곡을 변형하기가 용이해진다.

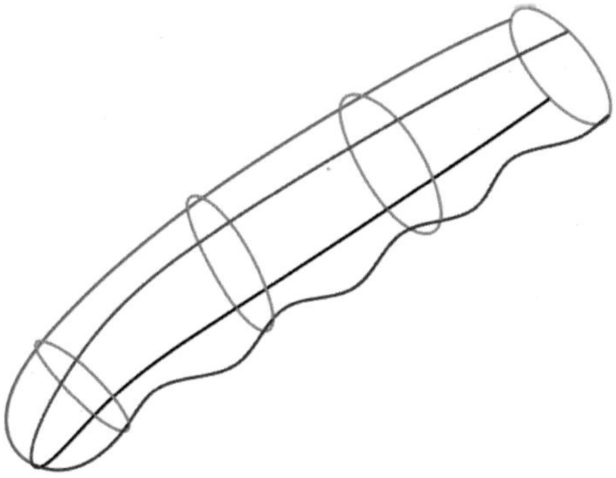

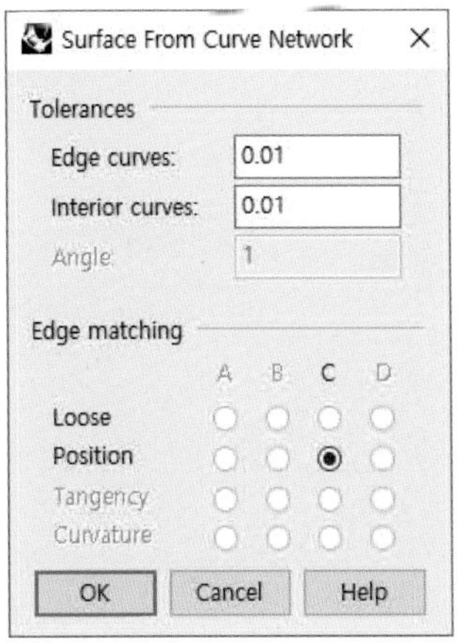

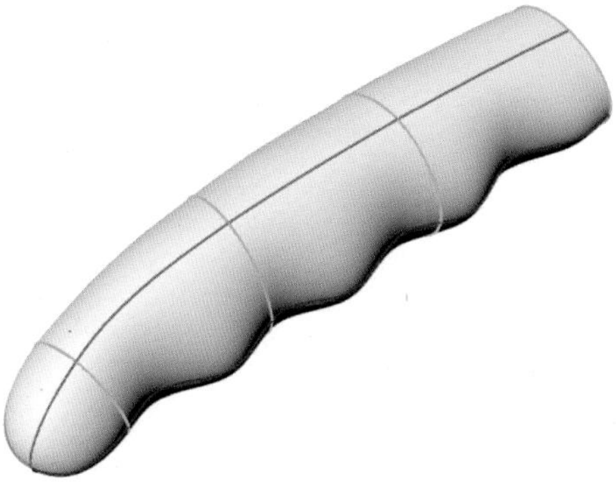

로프트 Loft

닫힌 프로파일(커브)을 가로 또는 세로의 단일 방향으로 순서대로 선택하면 면이 생성된다. 선택 시 선택 지점과 순서가 중요하다. 옵션 창을 통해 다양한 면의 변화를 줄 수 있다. 면이 일부 꼬일 경우 심의 포인트 마크를 이동하여 조정할 수 있다.

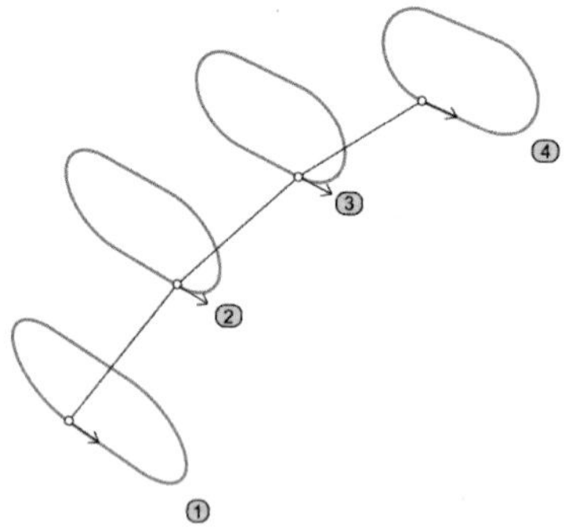

시작점의 위치 불일치

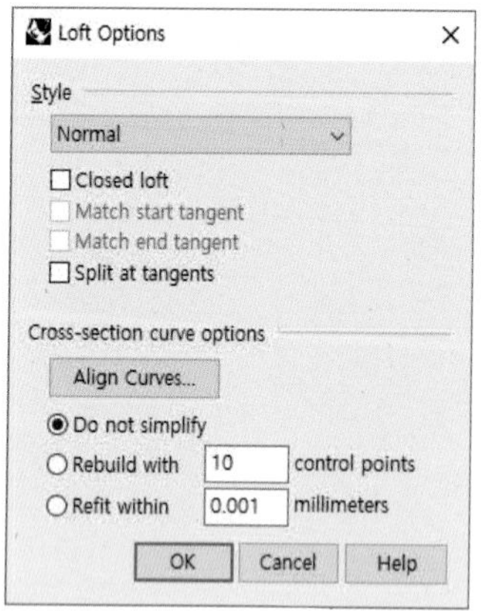

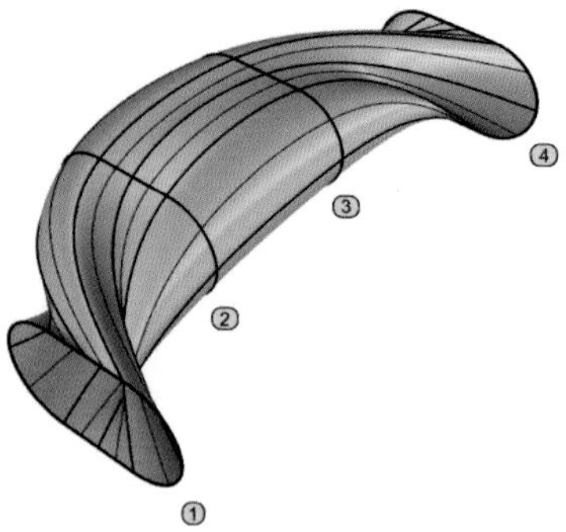

왜곡된 면의 생성

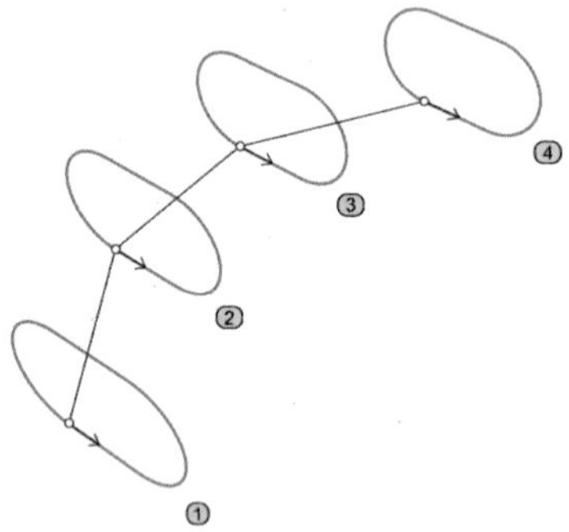

시작점의 위치 일치
Seam point 자동정렬 옵션=
Automatic 또는 Natural

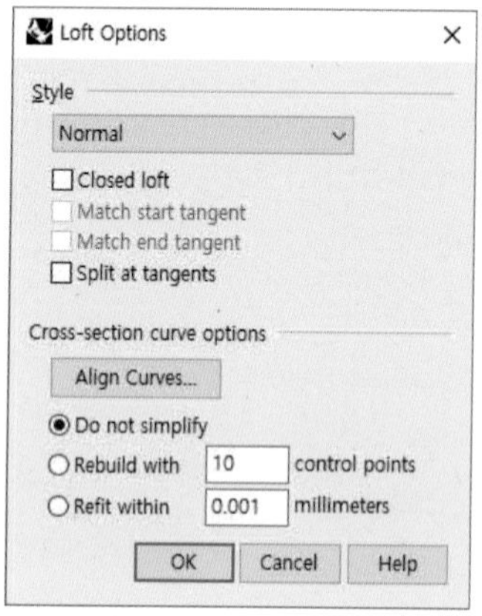

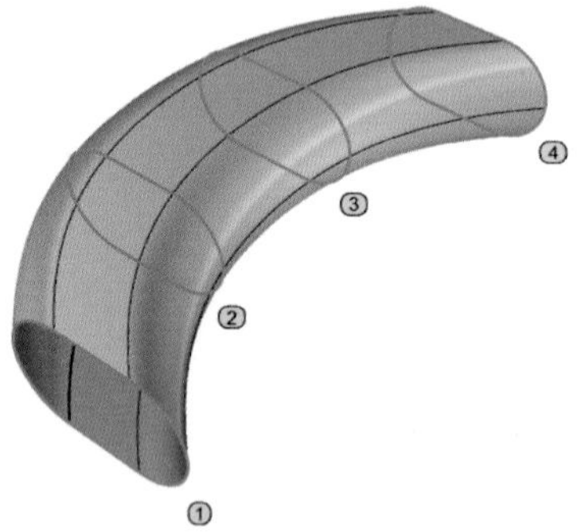

정상적인 곡면의 생성

Loft 명령은 반드시 주의하거나 지켜야 할 규칙이 있다. 첫째, 커브의 선택 지점과 선택 순서를 지켜 준다. 둘째, 면이 만들어지는 시작점인 이음새(Seam)의 정렬이다. 여기서는 화살표의 위치와 방향을 말한다. 서로 위치가 다르거나 화살표가 1개라도 다른 방향을 가지면 면이 무조건 휘거나 심하게 왜곡되어 생성된다. 또한 준비된 단면 커브의 차수가 다를 때는 면이 쪼개지는 결과를 만들기도 한다.

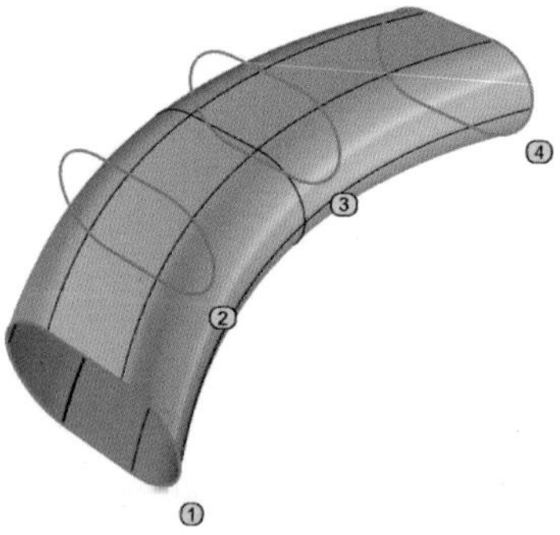

Style=Loose

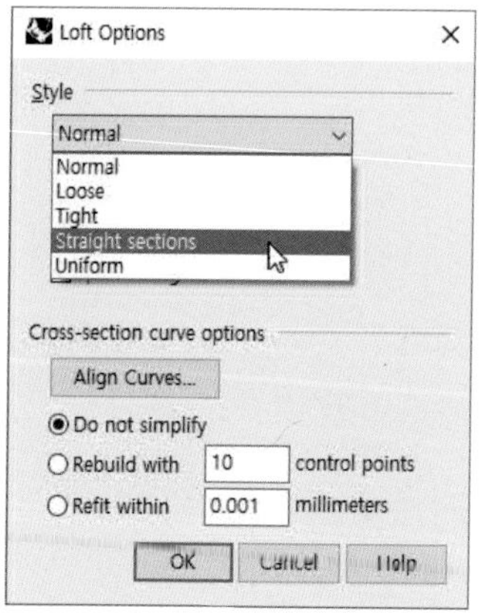

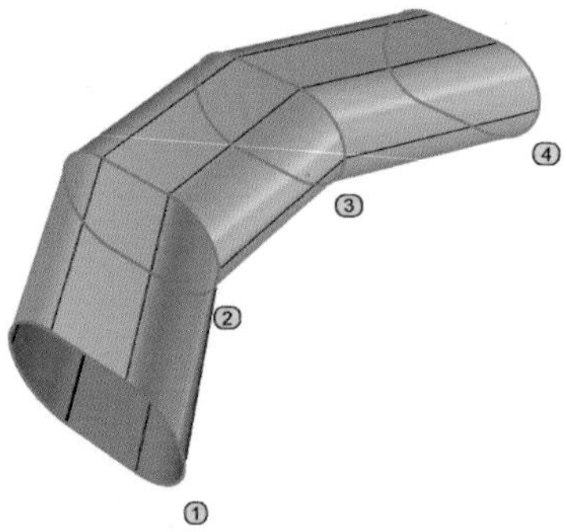

Style=Straight sections

Loft 명령은 한 방향으로 커브가 2개면 직선 면을 만들지만 3개 이상이면 바로 곡면이 생성되고, 별도의 옵션을 통해 다양한 면의 생성을 만들어 갈 수 있다.

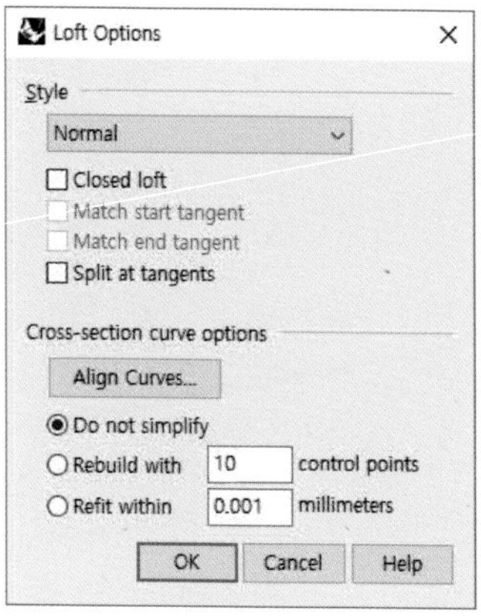

Rebuild=10

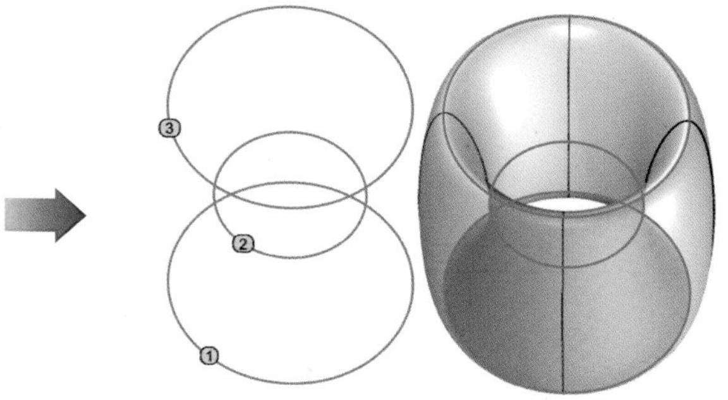

Closed loft=On

Loft 명령으로 상단 만곡점이 깔끔하게 봉합(작업 전 Match curve 됨)되고, 측면 아이소커브가 일정 간격으로 정렬되는 Rebuild 면을 생성할 수 있다.

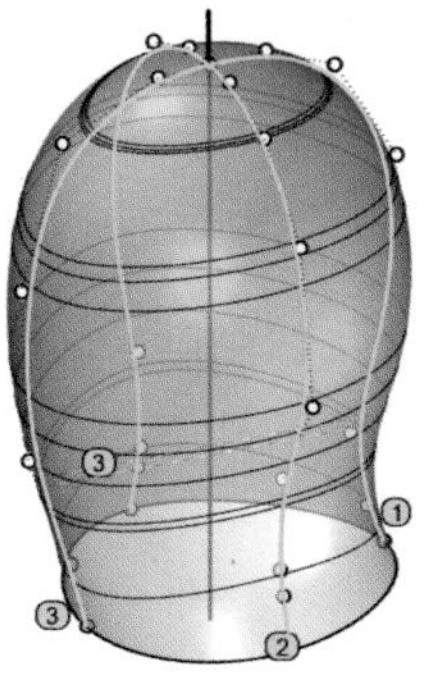

Rebuild=10

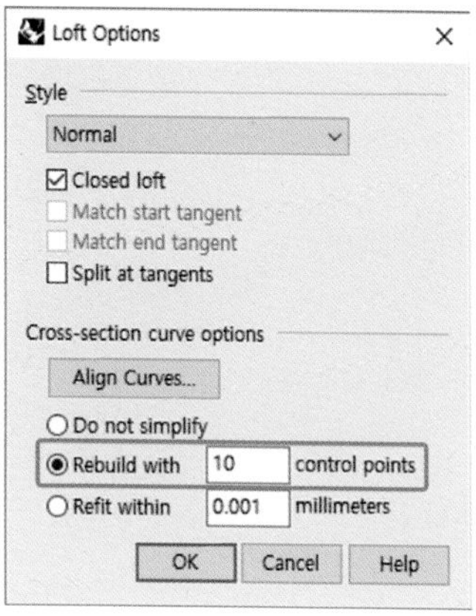

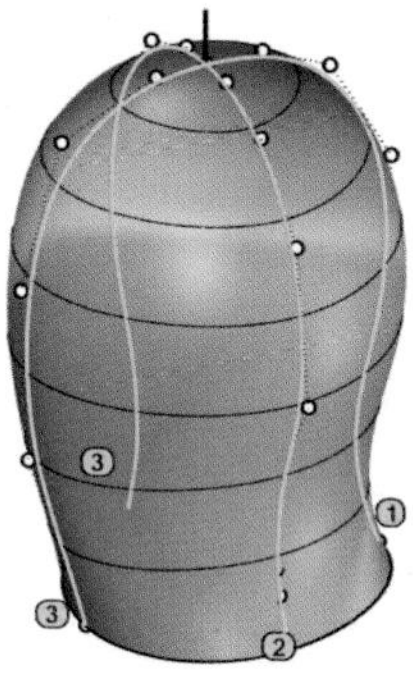

Closed loft=On

원하는 면에 투영(Project curves)하면 커브에 포인트가 급격히 증가하게 되는데 이때에도 투영된 커브에 대해 Loft 〉 Rebuild를 통해 면을 통제할 수 있다. 참고로 ①, ②, ③ 커브들은 편집을 위해 Rebuild curve한 것을 Loft에서 추가로 Rebuild한 결과이다.

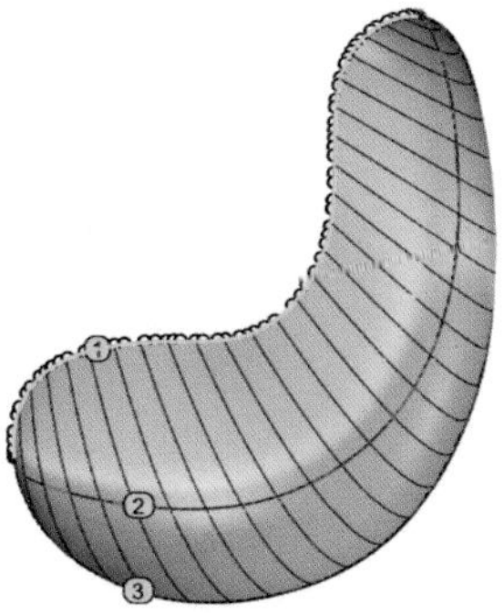

Rebuild=30

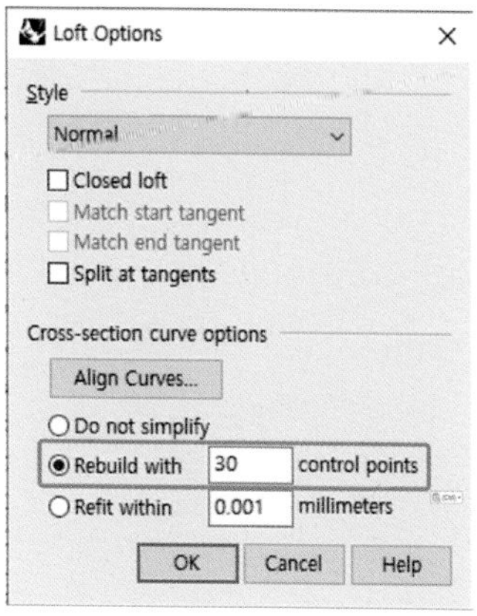

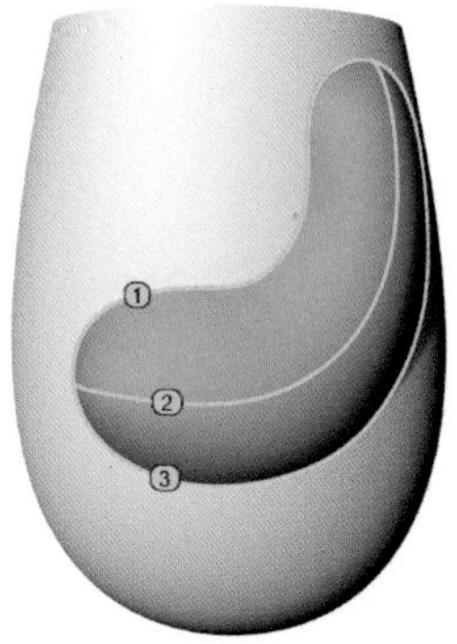

Closed loft=Off

Loft 명령은 한 방향으로 커브가 2개면 직선 면을 만들지만 3개 이상이면 바로 곡면이 생성되고, 별도의 옵션을 통해 직선 면의 연속적인 형태를 한 번에 만들 수 있다.

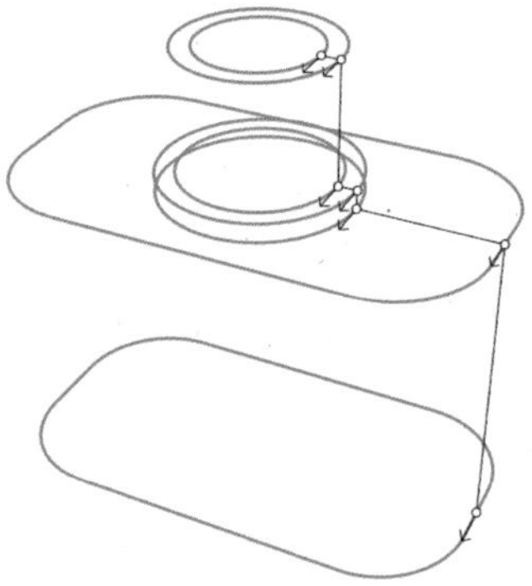

Do not simplify

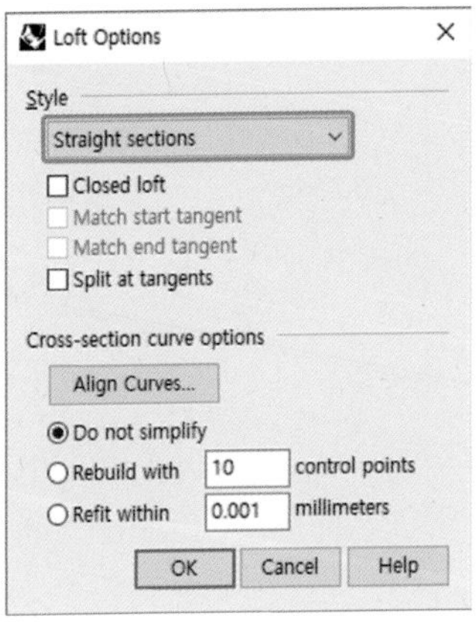

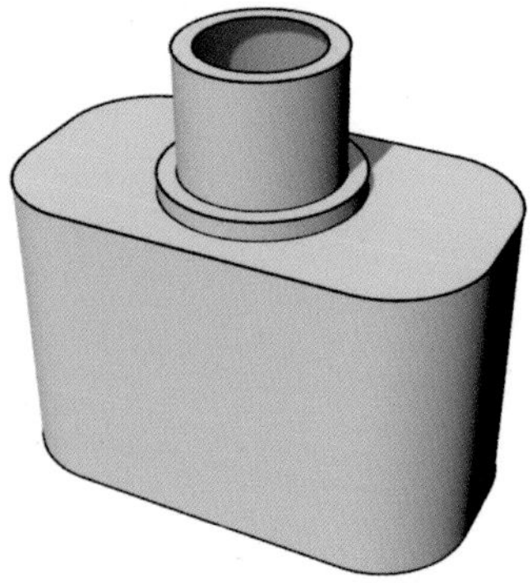

Style=Straight sections

Loft 명령은 한 방향으로 커브가 3개 이상이면 바로 곡면이 생성되고, 스타일 옵션 설정을 통해 Uniform 면을 생성할 수 있다.

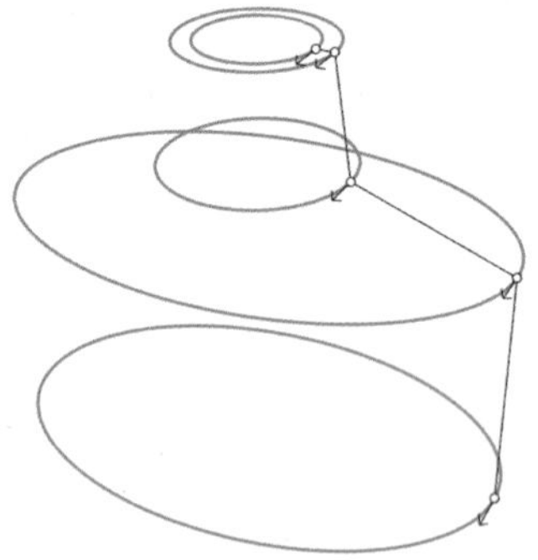

Do not simplify

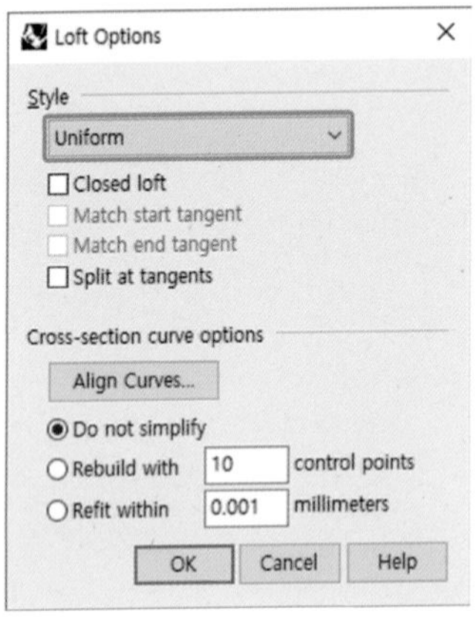

Style=Uniform

Loft 명령은 이용하면 Roundy 형태의 큐브 형태나 조약돌과 같은 자연스러운 수정이 가능한 형태를 만들 수 있다. 다만 단면 커브는 Control point curve(Degree=5로 설정)로 그리드 스냅하여 5개의 포인트만으로 그려 주고 해당 커브들을 순서대로 선택해가며 Loft해 주면 된다. 이렇게 만들어진 큐브는 포인트 편집을 해도 각이 없는 자유로운 포인트 편집이 가능해진다.

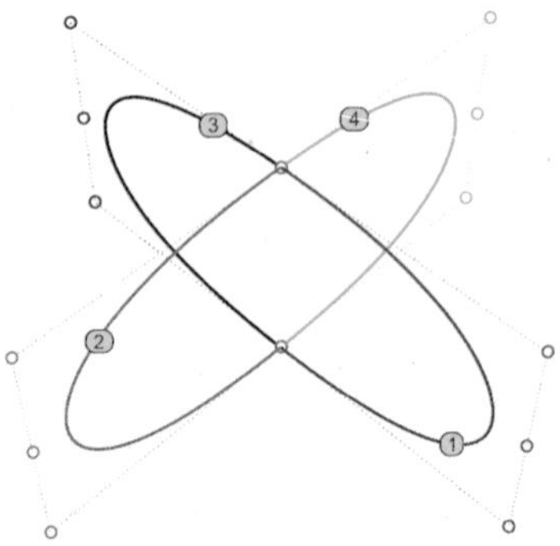

Control Point Curve

Degree=5로 설정 후 Front view에서 5개의 포인트만 찍어 1개의 커브를 그려 줌

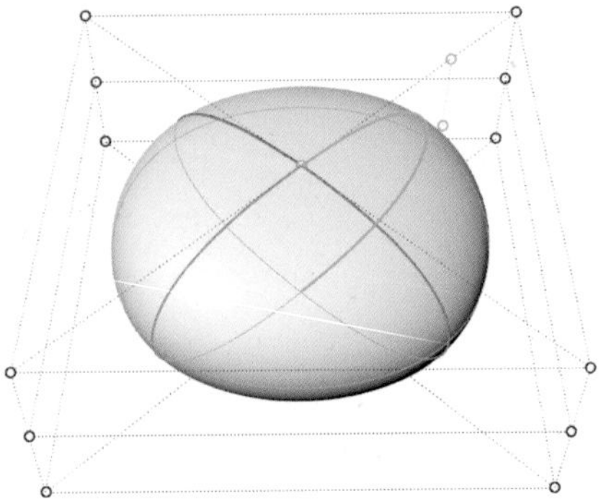

2, 3, 또는 4개의 가장자리 커브를 사용한 서피스 Surface from 2, 3 or 4 edge curves

2, 3 또는 4개의 선택된 커브로 평면 또는 곡면의 서피스를 만든다. 커브들의 끝점은 서로 일치되어야 한다. 생성된 서피스는 커브가 가진 고유의 CP를 면에 반영하게 되기에 CP 수와 일치하는 곡면을 만들 때 유용하다. 이러한 특성을 이용 CP 편집을 위한 면을 만들 때 자주 사용된다. 참고로 원하는 포인트 수의 커브를 만들기 위해서는 대표적으로 Control Point Curve 명령이나 Rebuild curve 명령이 사용될 수 있다.

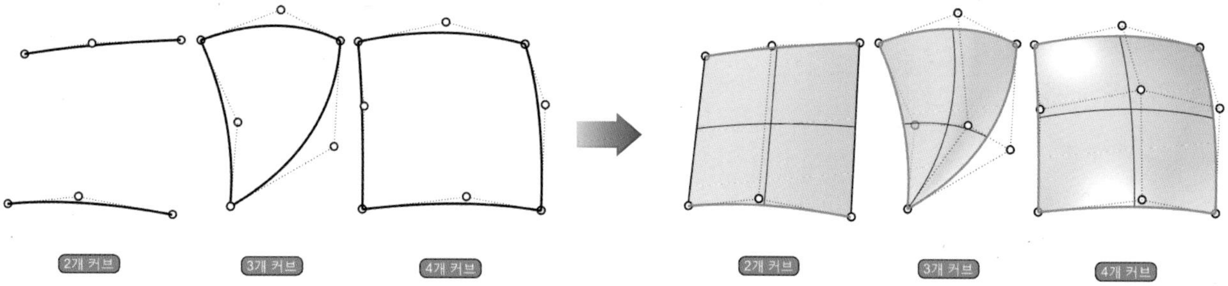

아래 예시는 4개의 직선을 Rebuild Curve 명령으로 Point count=3, Degree=2로 설정하여 포인트 개수를 지정하고 ①-②-③-④번 포인트만 선택 검볼 명령으로 살짝 올려 커브를 생성한 것이다. 여기에 Surface from 2, 3 or 4 edge curves 명령으로 심플한 곡면을 만들 수 있다.

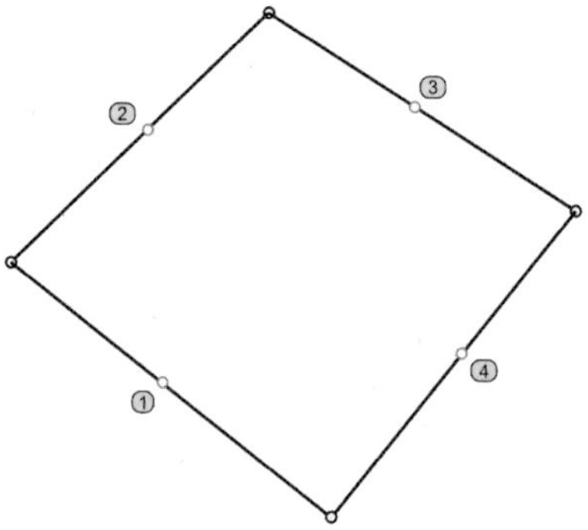

Rebuild Curve

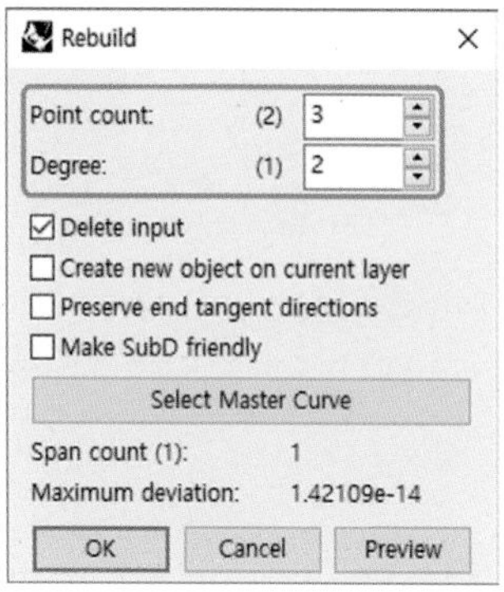

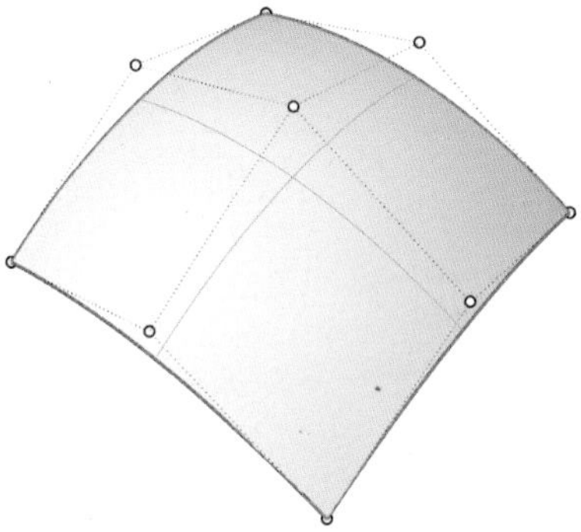

아래 예시는 Control Point Curve로 드로잉한 것으로 1개의 선에 6개의 포인트를 찍어 그려진 것이다. 이를 통해 표면에 보이는 아이소커브의 복잡성도 피하고 포인트 편집도 더욱 용이하게 진행할 수 있다.

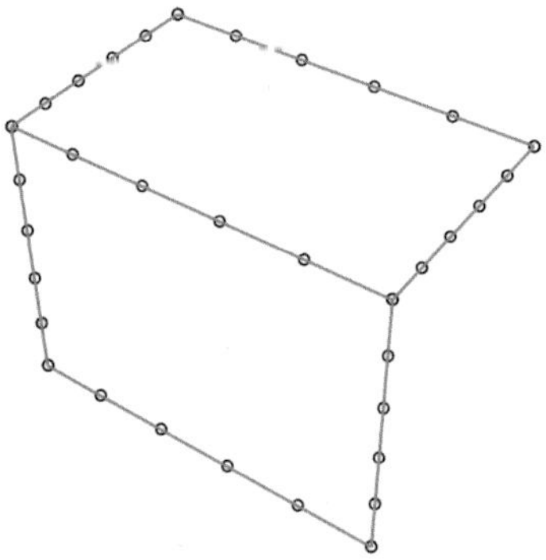

1개의 커브(Degree=5)에 6개의 포인트 동일

Control Point Curve

Degree 설정 후 원하는 포인트 수만큼 클릭하여 커브를 생성한다. Shift를 사용하면 직선형 라인도 가능하다.

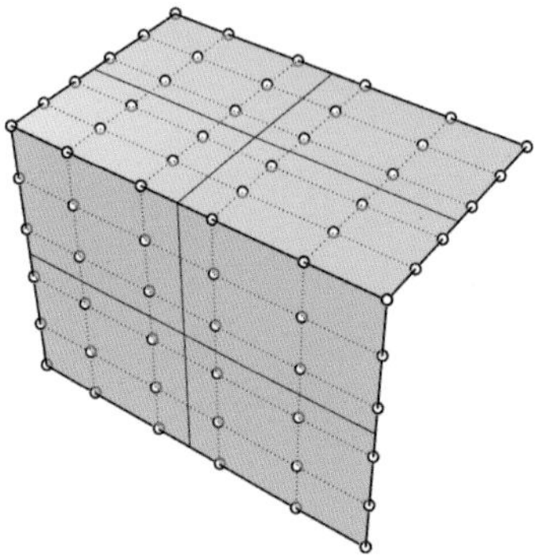

생성 면에도 동일한 포인트 편집점 생성

패치 Patch

Patch 명령은 선택된 커브, 메쉬, 점 개체, 점 구름을 통과하도록 서피스를 맞춘다. 곡면의 구멍난 곳에 손수건 같은 면을 던져 면을 메꾸는 툴로 이해하면 좋다. 면과 면의 연결성은 접선의 일치(Tangency) 옵션을 체크해야 가능하다. 또한 패치는 선과 선의 모양과 간격, 위상차에 따라 지형과 같은 임의의 형상을 가진 면을 만들 수 있다.

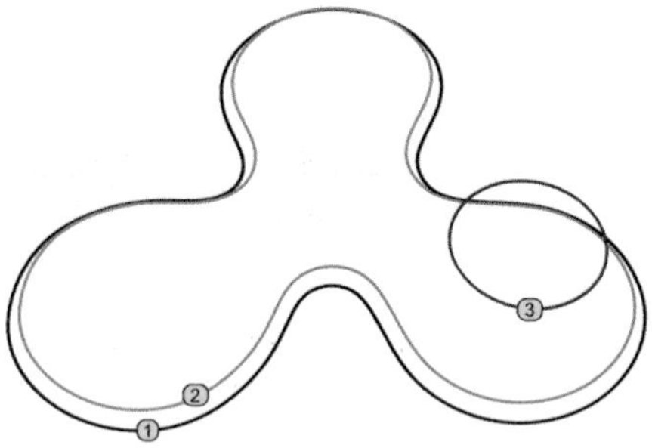

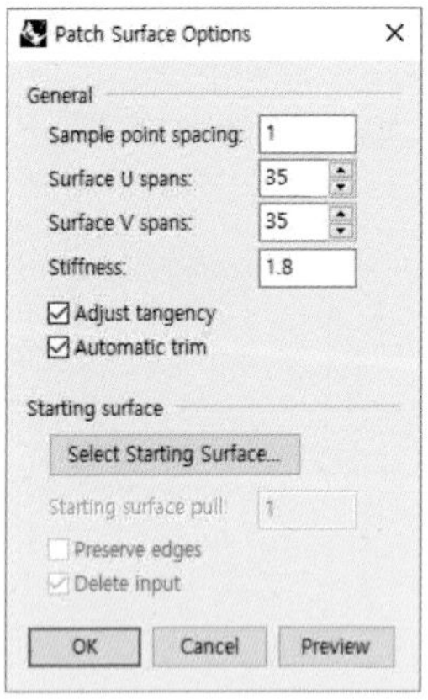

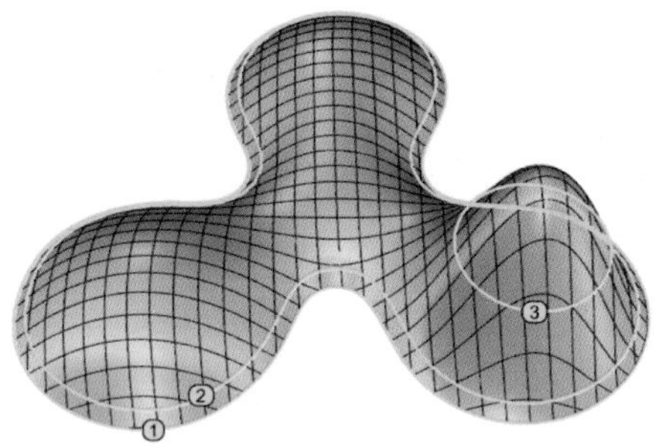

아래 예는 총 4개의 닫힌 커브가 서로 다른 높낮이로 배열된 경우 ①, ②, ③, ④ 순으로 선택하여 Patch 명령을 실행한 결과이다. 완벽하게 원하는 형상이 아닐지라도 90% 이상의 임의의 면을 어느 정도 예측하여 제작이 가능하다. Surface U, V spans의 밀도에 따라 면의 생성 정밀도에도 영향을 준다.

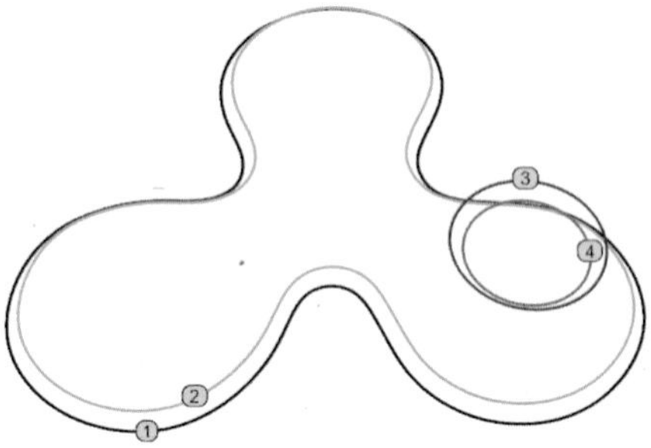

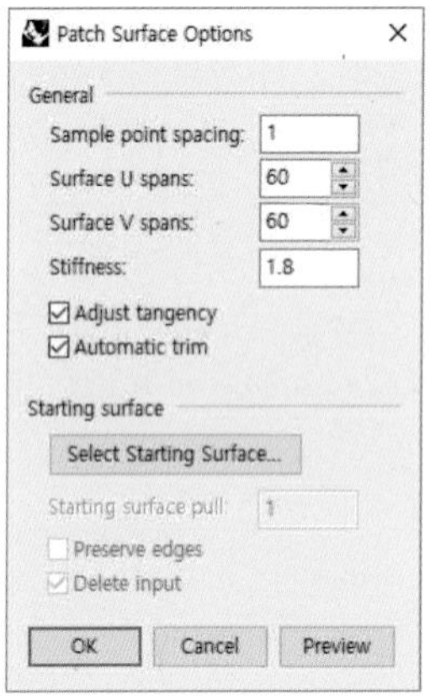

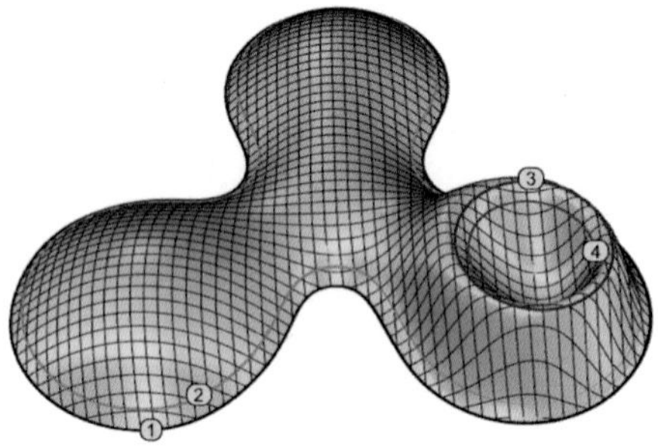

다음 예시는 Patch 명령 실행 시 ①, ②번을 먼저 클릭하고 Select Starting Surface…버튼을 클릭 후 ③번 면을 선택해 주면 반대로 기존 ③번 면이 2개의 커브에 달라붙으면서 면이 형성된다. 물론 옵션에 Adjust tangency와 Automatic trim을 off한 상태에서 본 면의 모습이다. Automatic trim은 주변의 불필요한 면을 제거해 주는 옵션으로 평소엔 켜 두면 된다.

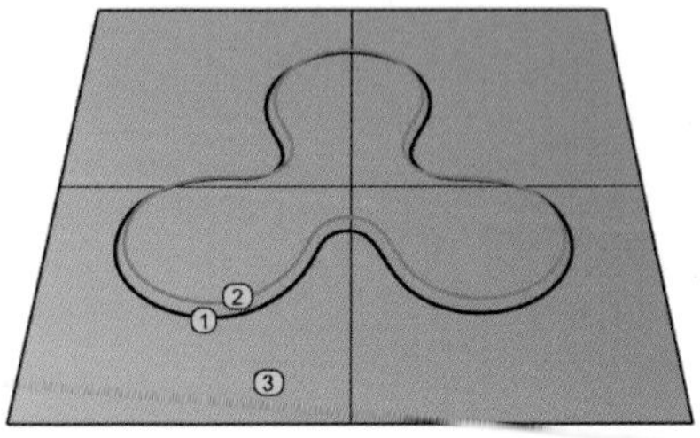

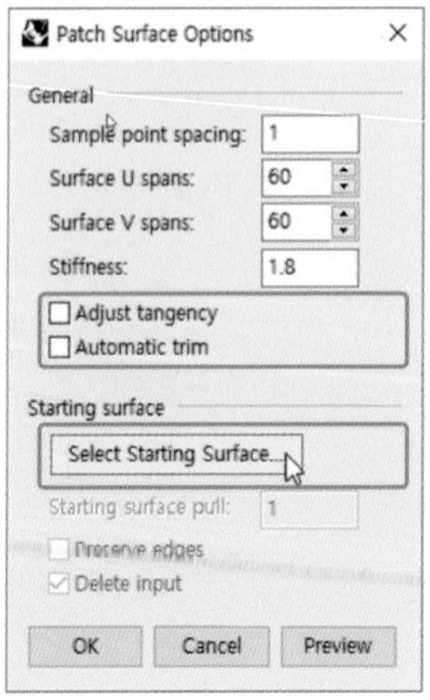

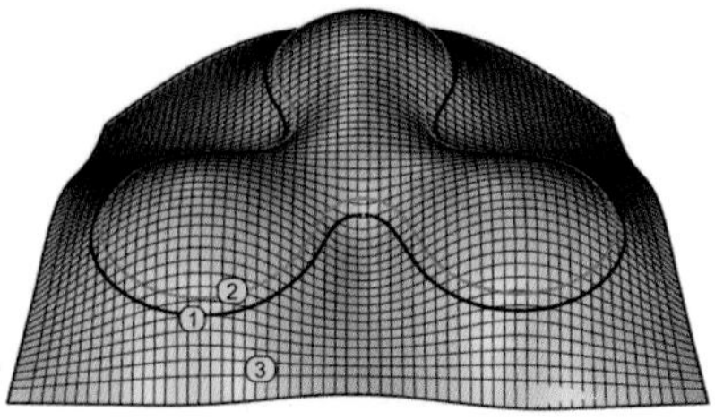

Adjust tangency=Off
Automatic trim=On

Patch 명령으로 만들 수 있는 면은 그림과 같이 ①번 엣지를 기준으로 ②, ③번 교차 커브에 일치하는 볼륨 면을 제작할 때에도 유용하다. 이때는 Adjust tangency 체크를 Off해 주어 각을 살려 준다.

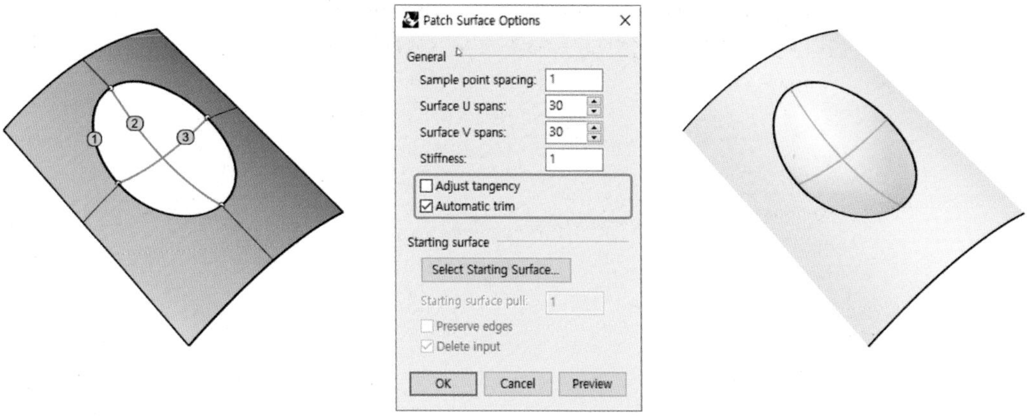

다음 예시는 Patch 명령이 가진 강력한 점 중 하나로 −Radius와 + Radius가 공존하는 지점에서의 면을 메꾸는 역할이다. 이때 Patch는 옵션에서 중요한 것은 Tangency에 반드시 On 체크해 주고 작업해야 한다. 곧 접선의 일치(Tangency=G1)가 가능하여 더욱더 매끄러운 면의 연속성을 확보할 수 있게 된다. 다만 아래 오른쪽 그림의 화살표 지점처럼 Patch 면이 함몰하는 경우 서피스의 경직도인 Stiffness를 미세하게 올려 곡률의 흐름을 개선할 수 있다. 대개 0.1~1단위(숫자가 크면 좀 더 평평해짐)로 올려가며 면의 변화를 보고 큰 움직임이 없을 때 OK한다.

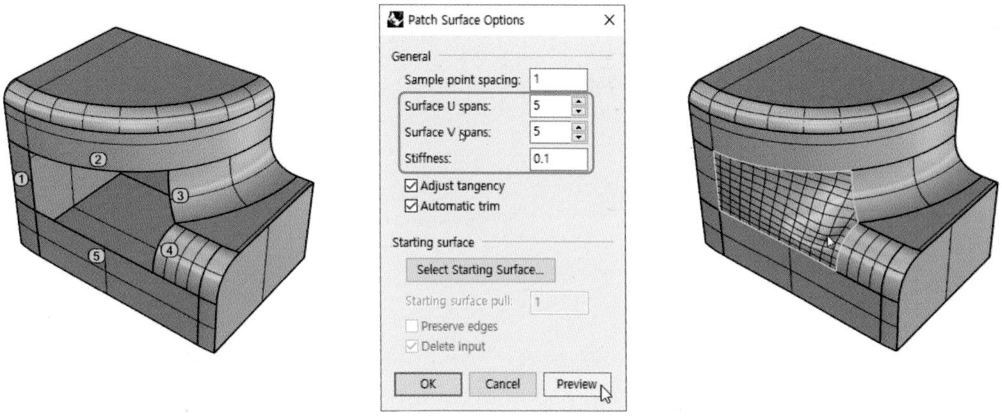

비탄력성(Stiffness)값과 동시에 Surface U, V Spans값도 동시에 정적한 비율을 높여 주면 된다. 면이 완성되면 모두 Join하고 Zebra 체크하여 패턴의 흐름이 면의 경계에서 핀트가 빗나감 없이 자연스러운 흐름이면 된다. 다만 Patch 면의 특성상 숨겨진 포인트를 가지고 있다는 것이다. 이것은 향후 Untrim을 통해 면의 복원에는 유용하나 NetworkSrf 명령과 비교하면 포인트 수정이 제한적이거나 매우 어렵다는 단점을 가지고 있다.

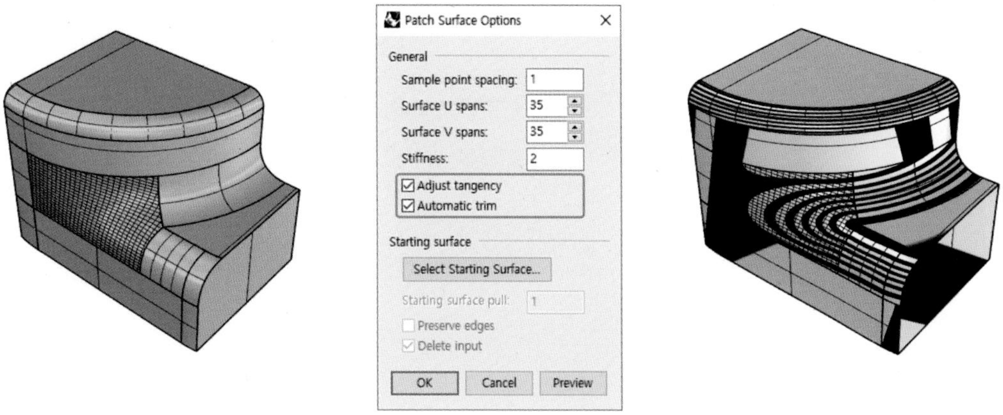

직사각형 평면: 모서리에서 모서리로 Rectangular plane: Corner to corner

직사각형의 평면인 NURBS 서피스를 그린다.

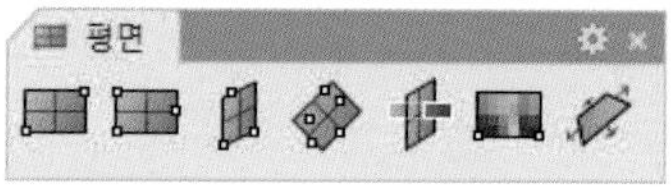

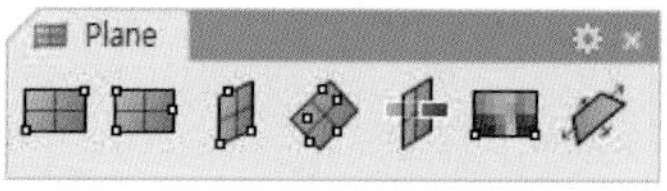

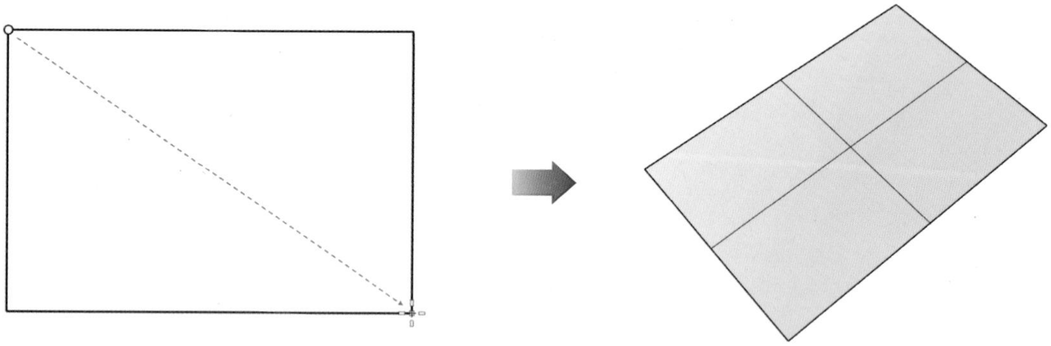

직사각형 평면: 3 점 Rectangular plane: 3 points

3개의 포인트를 찍어 직사각형의 평면인 NURBS 서피스를 그린다.

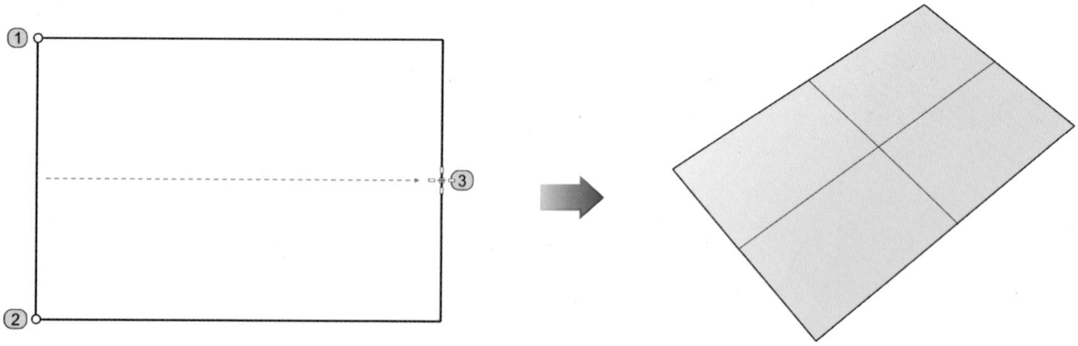

수직 평면 Vertical plane

3개의 점을 찍어 수직 평면을 그린다.

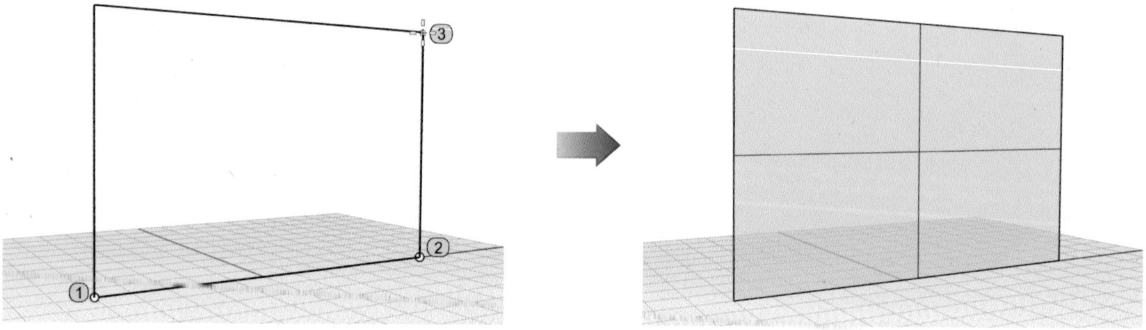

점을 통과하도록 평면 맞추기 Fit Plane Through Points

PlaneThroughPt 명령은 직사각형 평면 서피스를 점 개체, 제어점, 메쉬 정점, 또는 점 구름을 통과하며 맞춘다.

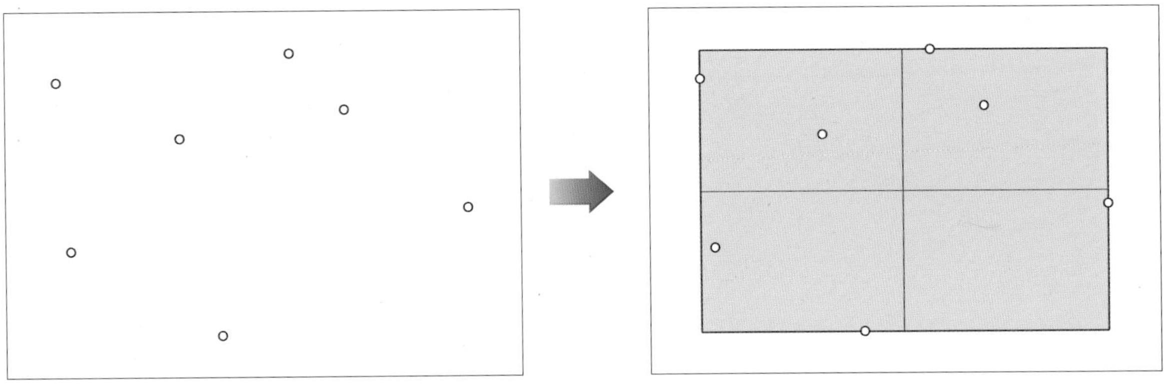

절단 평면 Cutting plane

CutPlane 명령은 개체를 지정된 위치에서 통과하는 평면형 서피스를 만든다. 1. 절단 평면에 통과할 개체를 선택하고 Enter 키를 누른다. 2. 절단 평면을 정의하는 선의 시작점을 지정한다. 3. 절단 평면을 정의하는 선의 끝점을 지정한다. 프롬프트에서 여러 개의 절단 평면을 만들기 위해 동일한 과정을 되풀이한다. 절단 평면 만들기를 중단하려면 Enter 키를 누른다. 이 명령은 현재 구성 평면에 대하여 수직인 평면을 만든다. 이러한 평면은 선택된 개체를 통과하며 모든 개체를 교차할 만큼 크기도 크다.

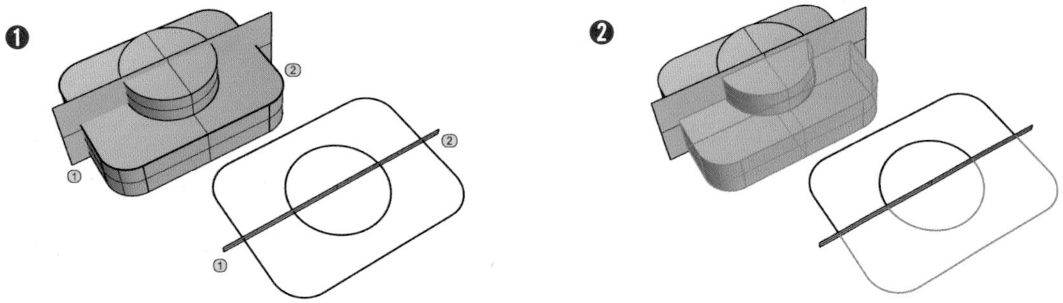

그림 평면 추가 Add a picture plane

외부의 이미지(JPEG)를 구성 평면으로 뷰포트에 보이게 한다. 이동과 축소, 포인트 편집이 가능하다. 건축물, 자동차와 같이 여러 면을 동시에 보고 라인을 그릴 때도 사용하거나, 렌더링 매핑 이미지로도 사용할 수 있다.

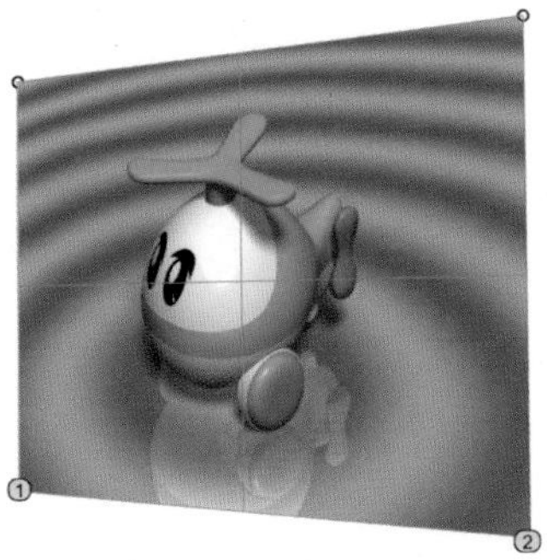

영역 지정으로 이미지 배치

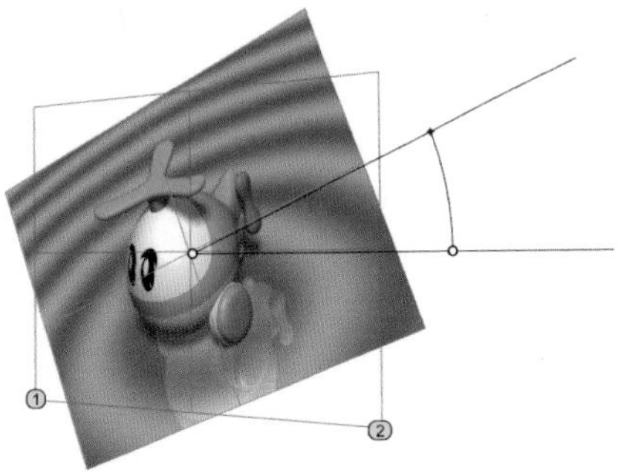

이미지 회전도 편리함

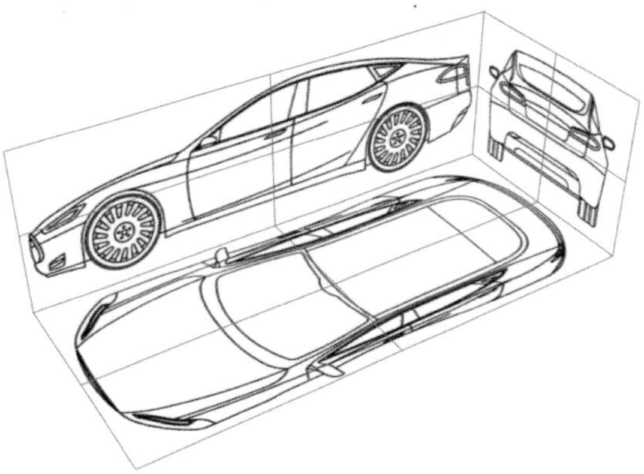

동시에 여러 이미지를 보이게 해야 하는 경우

알파 채널 투명화 이미지 사용

무한 평면 사용 Use infinite plane

작업 시 무한 평면을 사용한다.

Memo

직선 돌출 Extrude straight

커브의 경로를 직선으로 트레이스하여 돌출 서피스를 만든다.

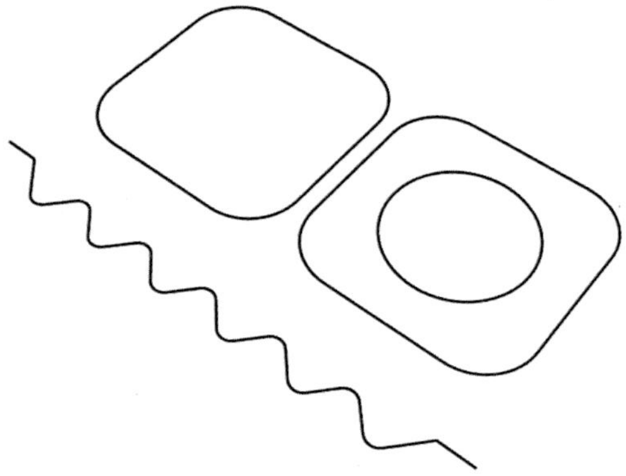

Solid=Yes

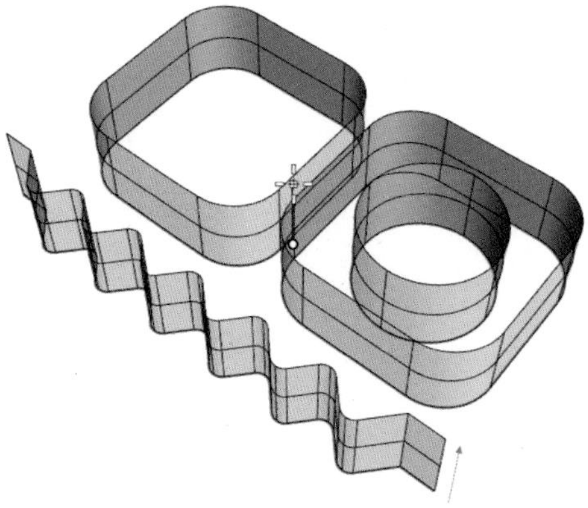

Solid=No, BothSides=No

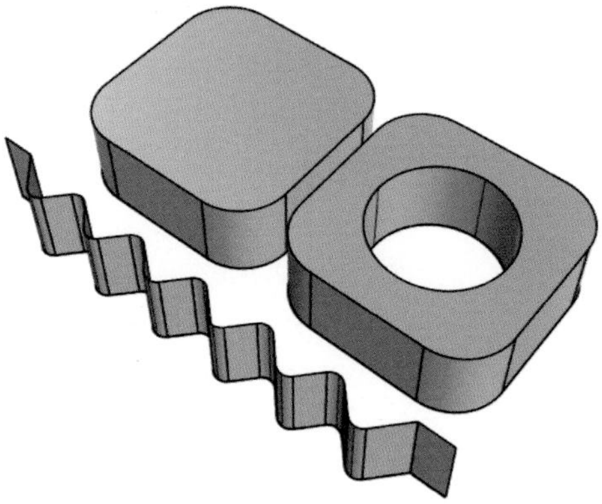

Solid=Yes

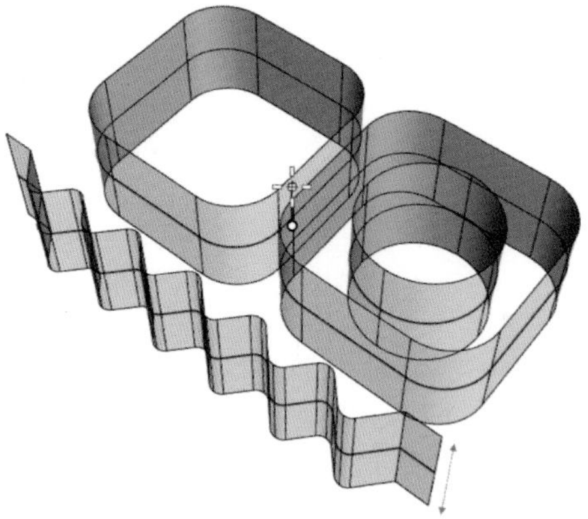

Solid=No, BothSides=Yes

커브를 따라 돌출 Extrude curve along curve
하위 커브를 따라 커브 돌출 Extrude curve along subcurve

ExtrudeCrvAlongCrv 명령은 다른 경로 커브를 따라 커브의 경로를 트레이스하여 서피스를 만든다. 커브가 평면형이 아니라면 활성 뷰포트의 구성 평면 Z 방향으로 돌출된다. 커브가 평면형인 경우, 커브 평면의 법선 방향으로 돌출된다.

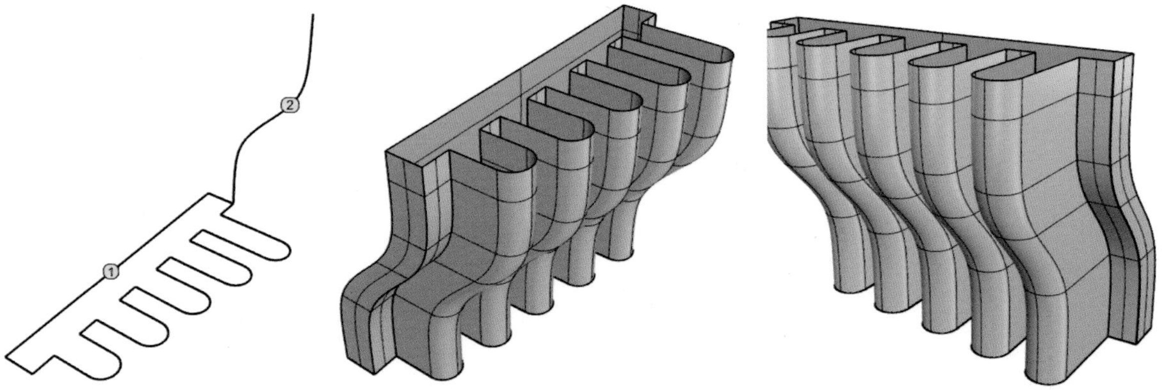

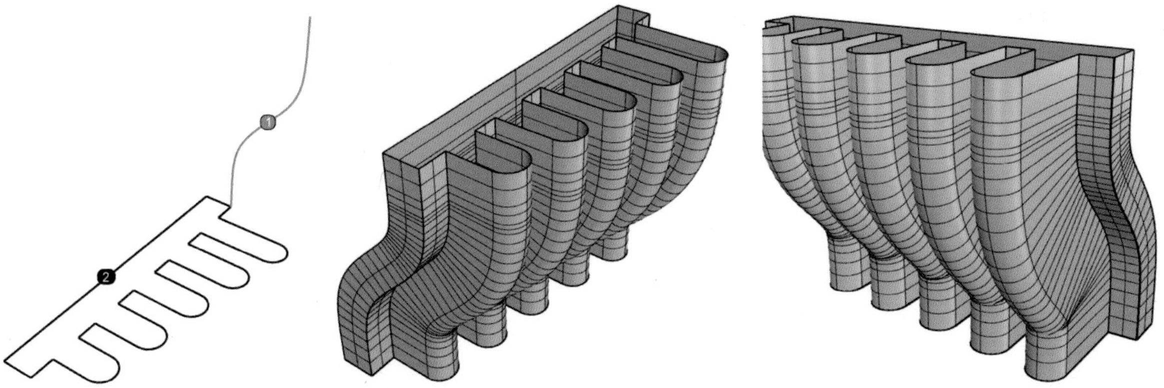

커브 테이퍼 돌출 Extrude curve tapered

ExtrudeCrvTapered 명령은 지정된 빼기 구배로 테이퍼되는 직선에서 커브 경로를 트레이스하여 서피스를 만든다.

1. 커브를 선택한다. 2. 거리를 지정한다.

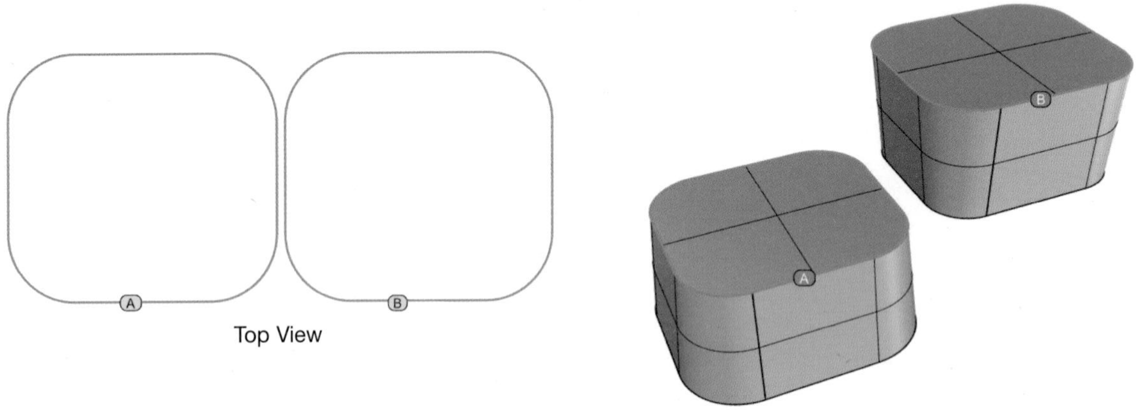

점까지 돌출 Extrude to point

ExtrudeCrvToPoint 명령은 선택된 점으로 수렴되도록 테이퍼되는 커브의 경로를 트레이스하여 서피스를 만든다.

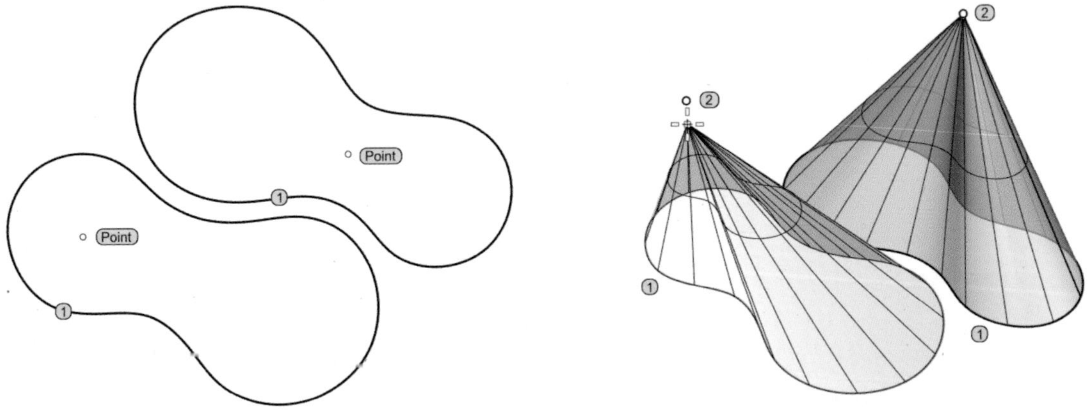

리본 Ribbon

리본(Ribbon) 명령은 커브를 간격 띄우기 실행하고 두 커브 사이에 선직면(ruled surface)을 만든다.

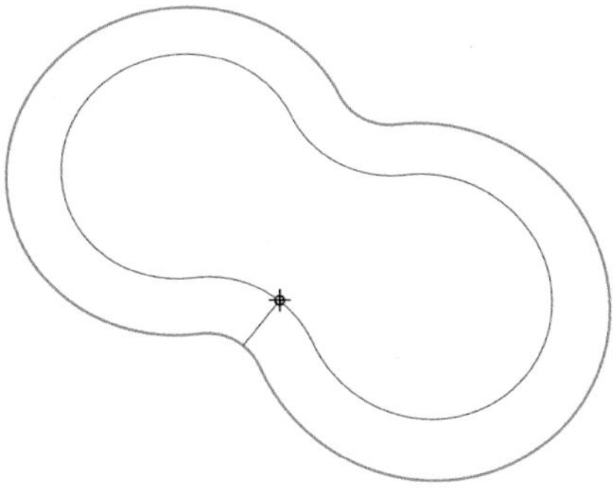

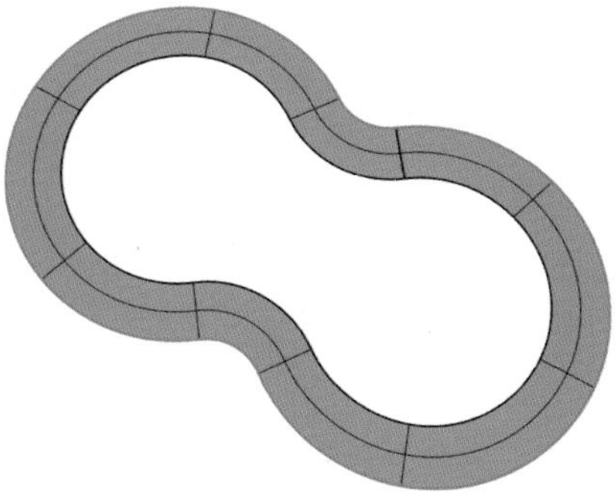

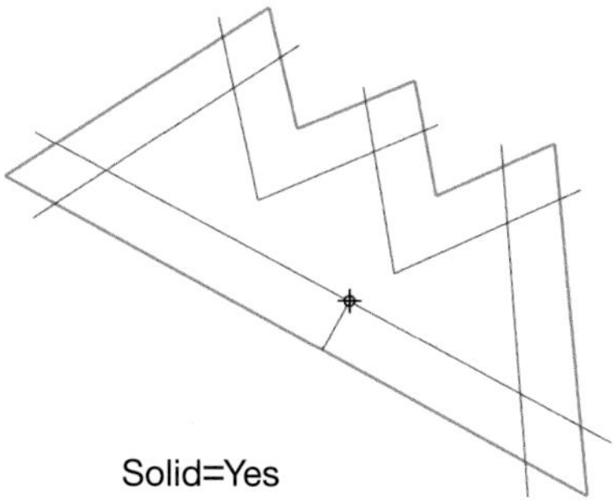

Solid=Yes

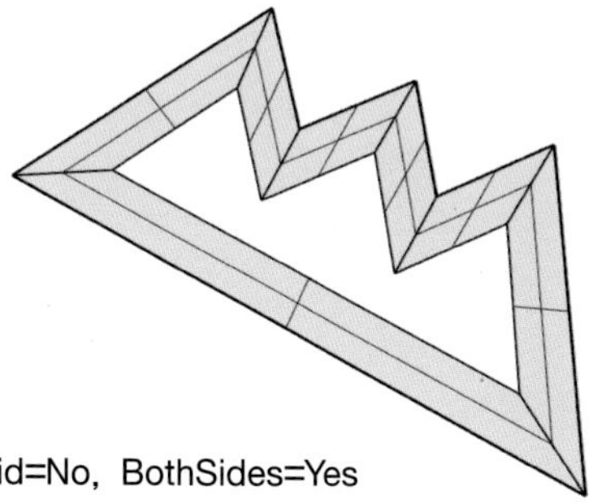

Solid=No, BothSides=Yes

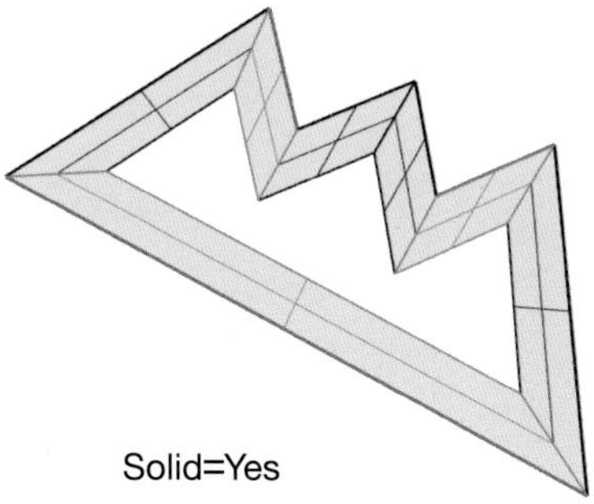

Solid=Yes

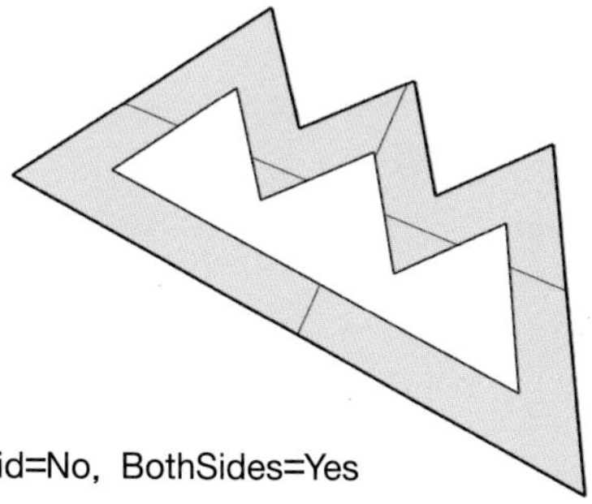

Solid=No, BothSides=Yes

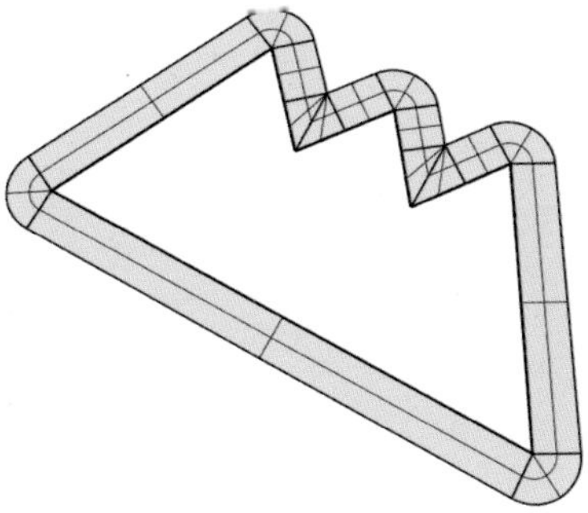

Solid=Yes

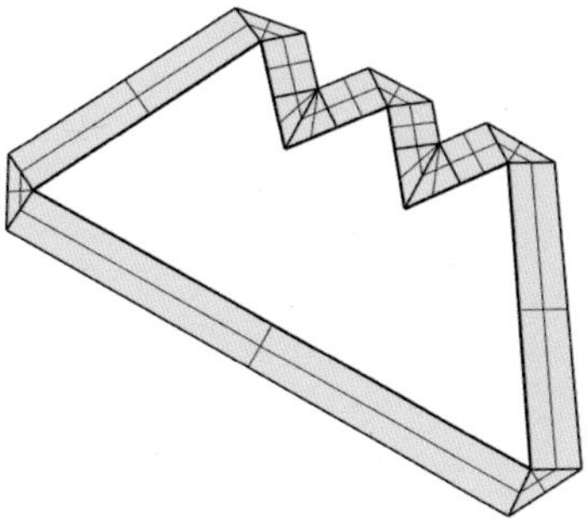

Solid=No, BothSides=Yes

리본 오프셋 Ribbon offset

리본 오프셋 명령은 닫힌 선을 기준으로 리본 오프셋 면을 만든다. 오프셋 설정에 따라 실시간 편집이 가능하다.

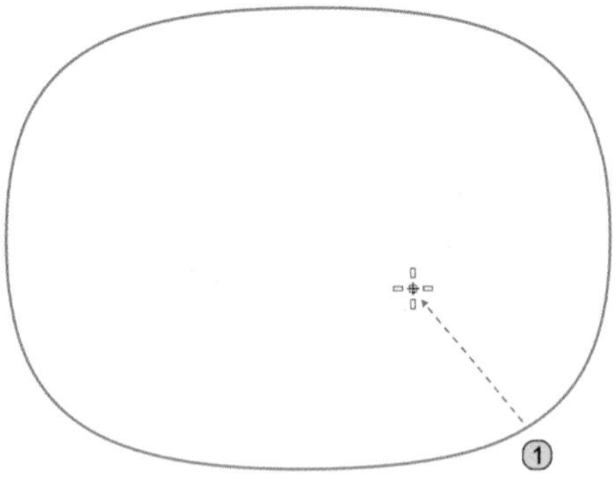

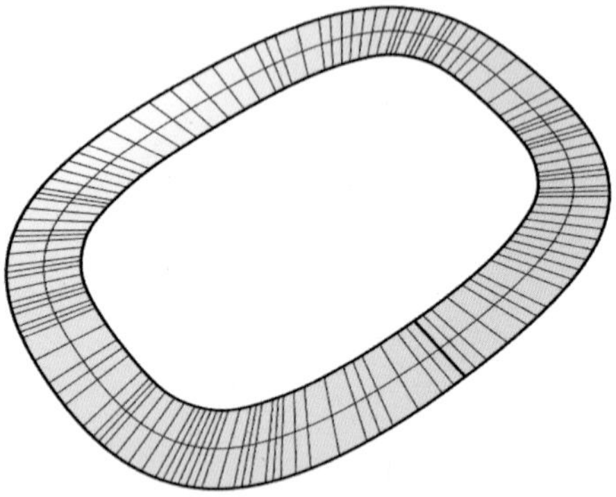

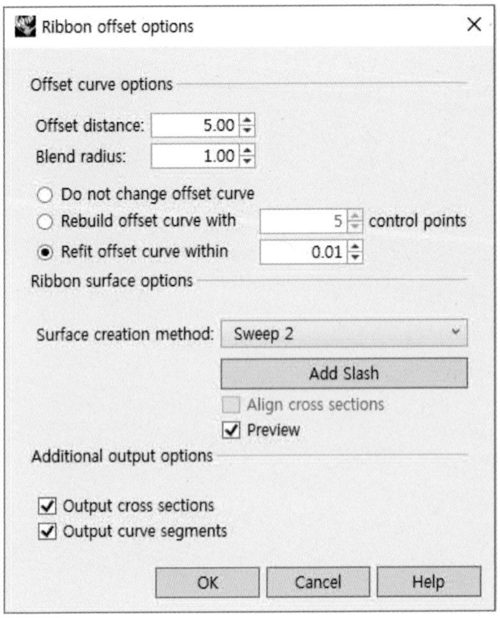

서피스 법선 방향으로 커브 돌출 Extrude curve normal to surface

서피스 법선 방향 또는 서피스에 접하도록 서피스상에서 커브를 면으로 돌출시켜 준다.

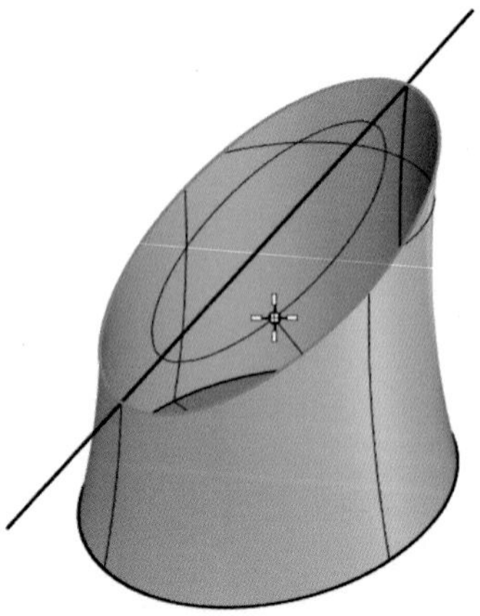

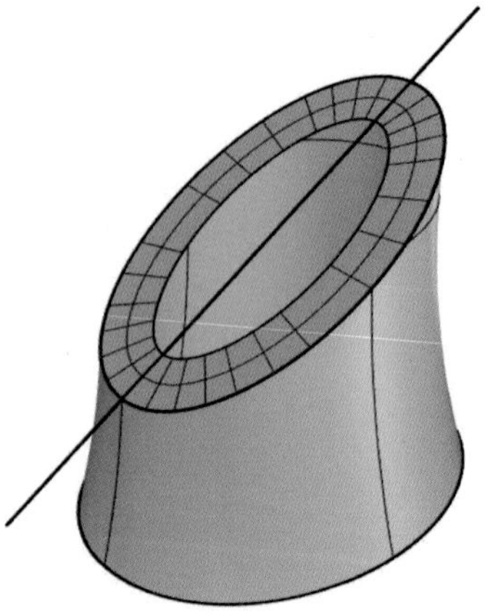

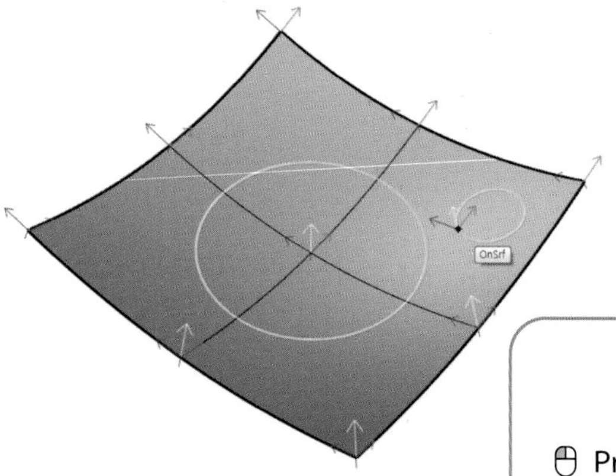

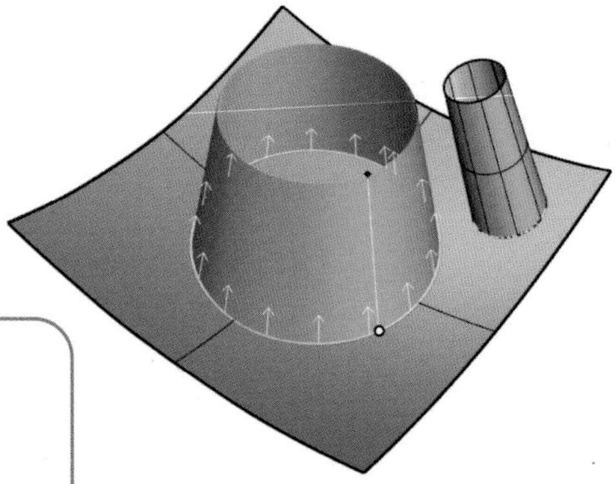

Project curves

Top view에서 오목한 곡면에 원을 투영하여 투영 개체화

스윕 1레일 Sweep 1 rail

Sweep 1 명령은 서피스 가장자리를 정의하는 하나의 커브와 서피스 단면을 정의하는 일련의 프로파일 커브를 사용하여 서피스를 생성한다. 쉽게 말해 ①, ②, ③, ④번처럼 1개의 레일을 기준으로 각각의 단면 커브가 면을 순차적으로 생성하는 원리이다. 선택 시 레일을 먼저 선택하고 단면 커브를 클릭하고 OK하면 면이 생성된다.

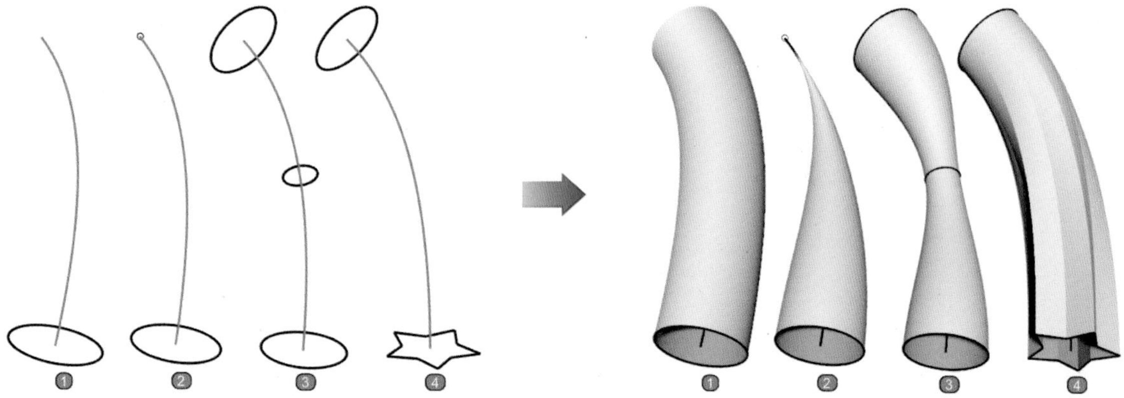

단면 커브를 만들 때 사용되는 기본 명령어 모음. 단, 원과 타원을 제외하고는 커멘드 옵션에서 **AroundCurve** 옵션을 선택해 주어야 커브에 90도 각으로 세워진 드로잉이 가능하게 된다.

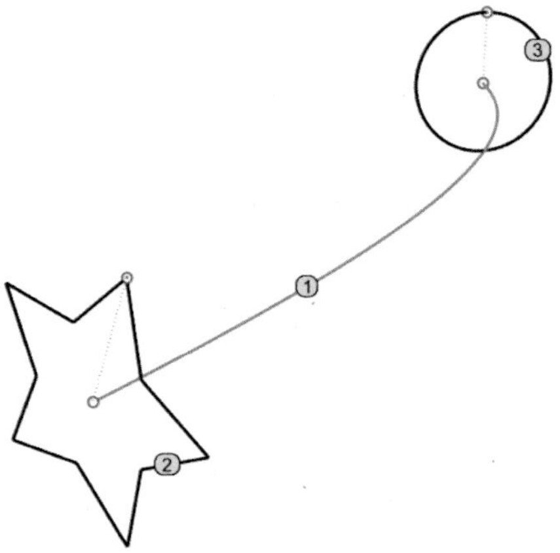

Circle around curve

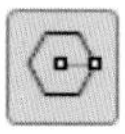

Polygon: Center, Radius

Ellipse: around curve

Polygon: Star

이외에 직접 만든 모든 형태의 드로잉을 90도 각으로 커브에 넣으려면 Transform 〉 **Orient perpendicular to curve** 명령으로 해 주면 된다. 방위각 지정과 관련된 명령어는 항상 시작 지점의 클릭 순서를 준수해야 한다. 옵션을 통해 단면의 방향 변경, 회전, 복제가 가능하다.

Orient perpendicular to curve

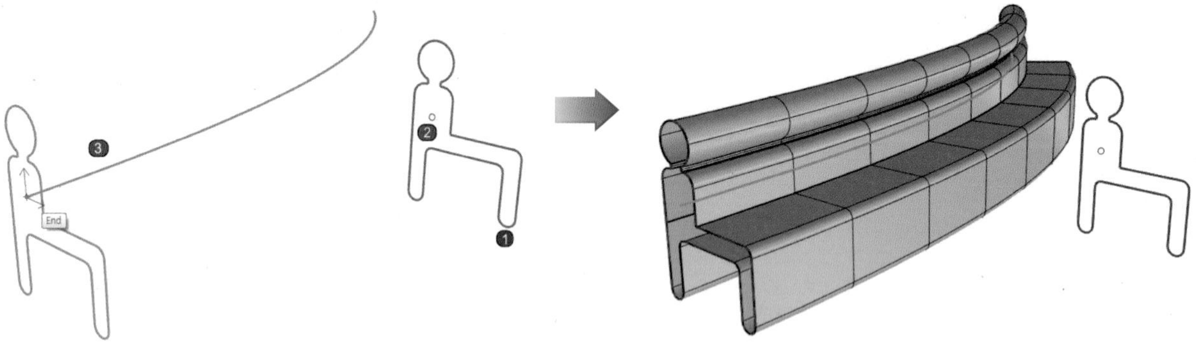

스윕 2 레일 Sweep 2 rails

Sweep 2 rails 명령은 서피스 가장자리를 정의하는 두 개의 커브와 서피스 형태를 정의하는 일련의 프로파일 커브(단면)를 사용하여 서피스를 만들어 준다. 명령의 시작은 2개의 레일을 순차적으로 우선 선택 후 단면 커브를 순서대로 선택하면 면이 생성된다.

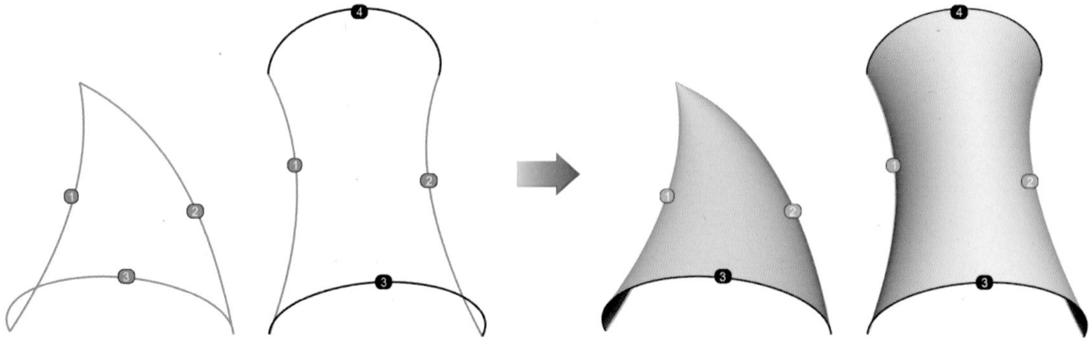

곡률이 심한 커브를 Sweep 2 rails 명령으로 실행하면 디폴트 상태에서 면의 왜곡과 아이소커브의 불균일한 배열을 경험하게 된다. 이런 문제를 해결하기 위해서 다이얼로그 박스에 Add Slash 버튼을 클릭하여 2개 커브에 90도로 지나가면 아이소커브가 가지런히 정렬된다. 높이의 불균일은 Maintain height로 간단히 해결한다.

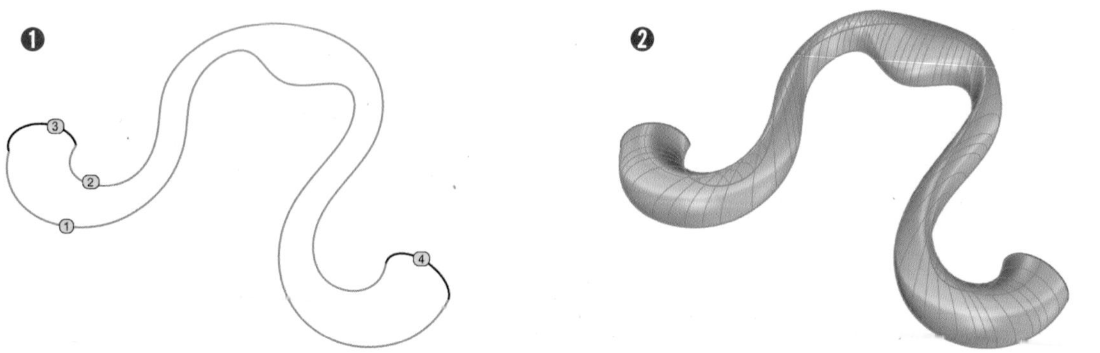

❸

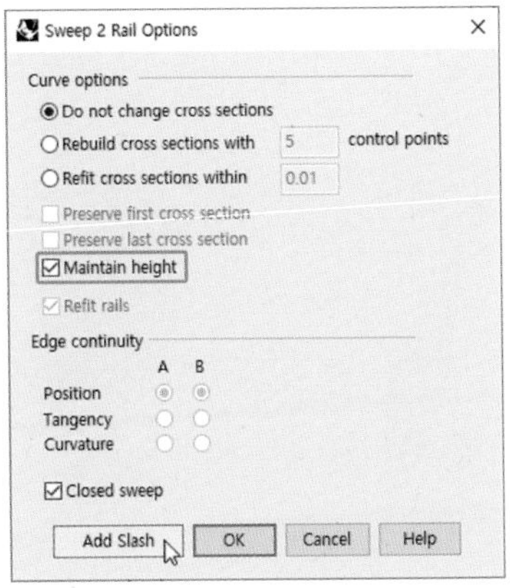

❹

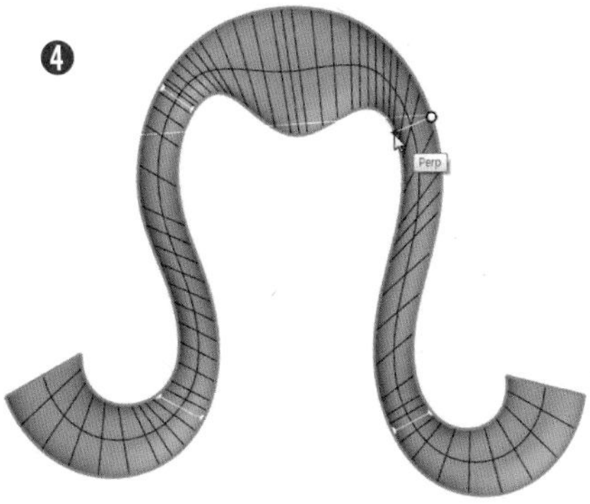

Add Slash 수행 전 Osnap에 Near, Perp 체크함

Add Slash는 Top View에서 방향을 그어 주는 게 좋음

Sweep2 rails 명령으로 만들어진 면의 편집점을 살펴보면 2개의 레일 커브에 존재하는 포인트를 면에 반영하는 특징으로 면을 2차 편집하는 데 곤란할 수 있다. 대신 같은 조건에서 NetworkSrf 명령으로 만들어진 면은 매우 포인트의 정렬이 일정하여 2차 포인트 편집에서도 유리하다.

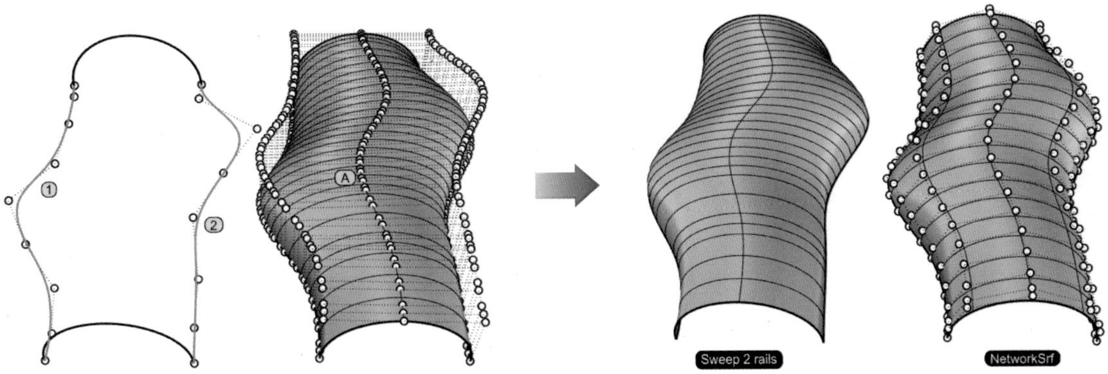

Sweep2 rails 명령 실행에 필수적인 단면 커브를 어떤 각도에서도 정확히 드로잉하려면 CPlanes 명령어 중에 하나를 사용하는 것이 좋다. 아래 예시는 기울어진 곡률을 가진 2개의 레일 커브에 대하여 90도로 원하는 단면 커브를 드로잉하는 법을 보여 준다.

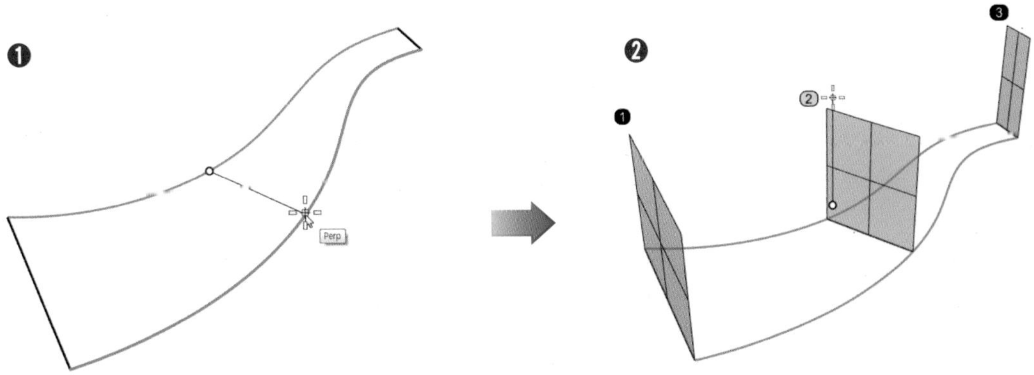

2개의 커브에 대한 Perp 지점에 일치하는 직선을 그림

그려진 ①, ②, ③ 직선을 수직 돌출 면으로 만들어 줌

Set CPlane to object — 아래 그림처럼 Perspective view에서 해당 면을 찍으면 구성 평면이 변함 〉 그곳에 단면 드로잉한다.

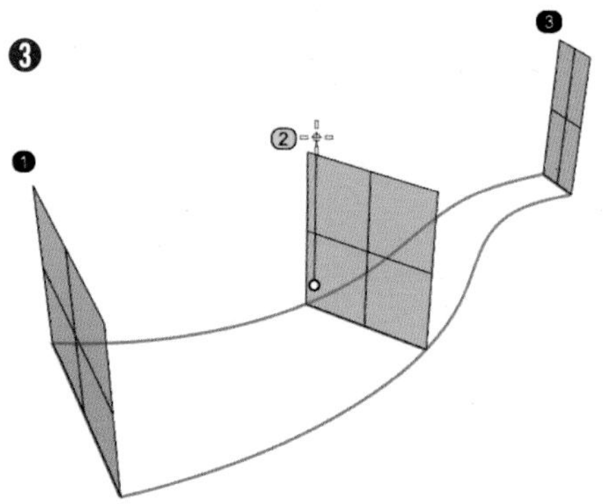

②번 면에 먼저 Set CPlane to object를 적용한 상태

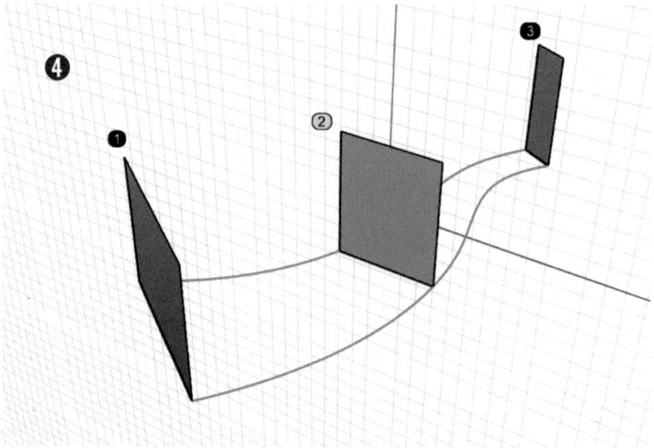

해당 면을 벽으로 단면 커브 드로잉 가능

Set CPlane to objects 명령 사용이 마무리되면 언제든 Undo CPlane Change 명령으로 복귀 후 Sweep 2 Rails해 주면 최종 면을 만들 수 있다.

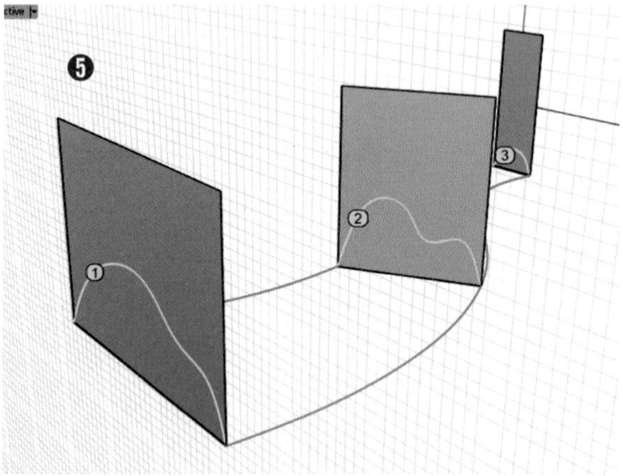

Set CPlane to object 명령으로 단면 커브 드로잉

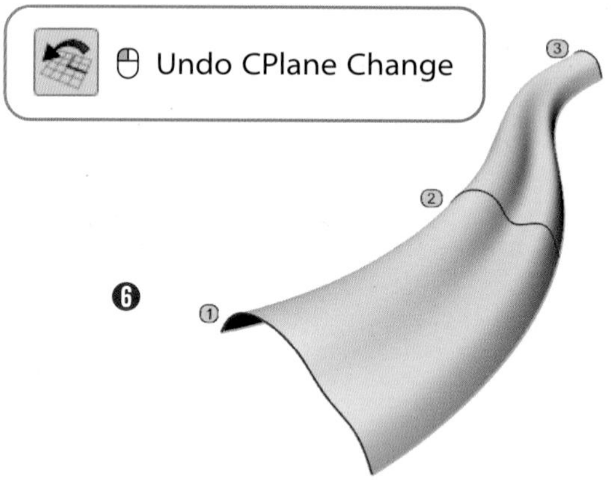

Sweep 2 Rails 명령으로 면을 완성

Sweep 2 Rails 명령에서 초기 사용자들이 가끔 면이 깨진 상태(Poly surface)로 면이 생성되는 것을 경험할 수 있다. 이것은 2개의 레일 문제보다는 단면 커브의 차수가 서로 다를 경우 발생할 수 있다. 이런 경우 포인트 편집도 어려워지기에 차수를 Rebuild curve 명령으로 동일하게 맞추어 주는 것도 해결 방법이다.

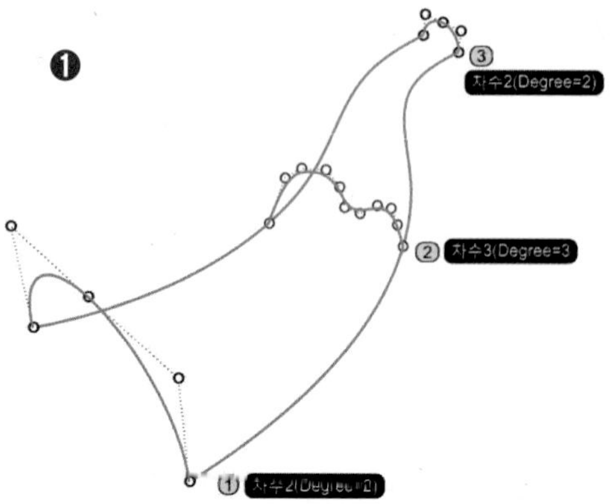

서로 다른 차수들로 이루어진 단면 커브

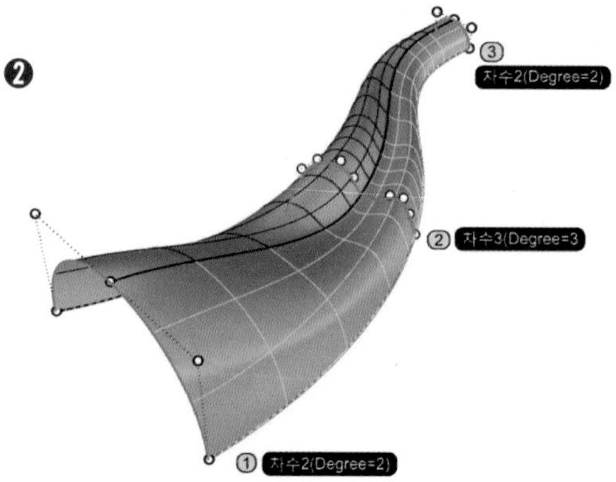

Sweep 2 rails 명령 실행 후 면의 쪼개짐(폴리 서피스 > 폭파됨)

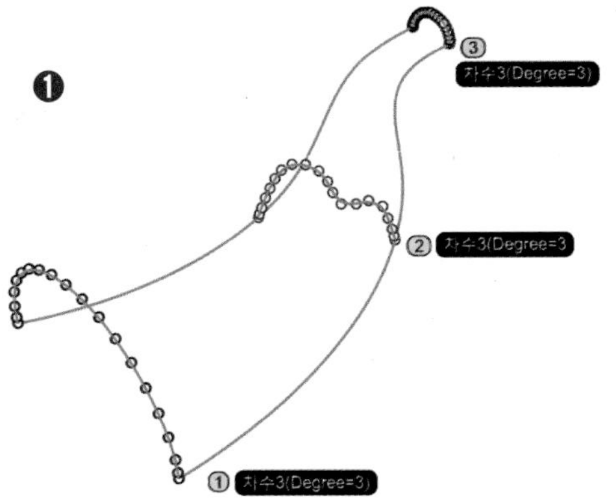

서로 동일 차수들로 이루어진 단면 커브

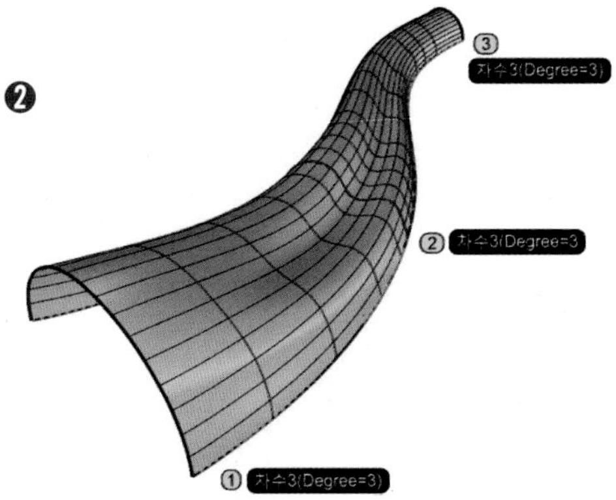

Sweep 2 rails 명령 실행 후 면은 싱글 면으로 생성됨

Sweep 2 Rails 명령은 2개의 서피스가 마주하는 경우 떨어진 사이 공간을 Tangency 또는 Curvature 연속성을 유지하면서 면을 생성할 수 있다. 특히 상대 면의 포인트를 반영하기에 깔끔한 아이소커브 면을 얻을 수도 있다. 생성된 면들은 모두 Join하고 Zebra 체크를 해 본다. 주의 사항이라면 반드시 면에 엣지 레일 ①, ②번을 우선 선택해 주어야 한다.

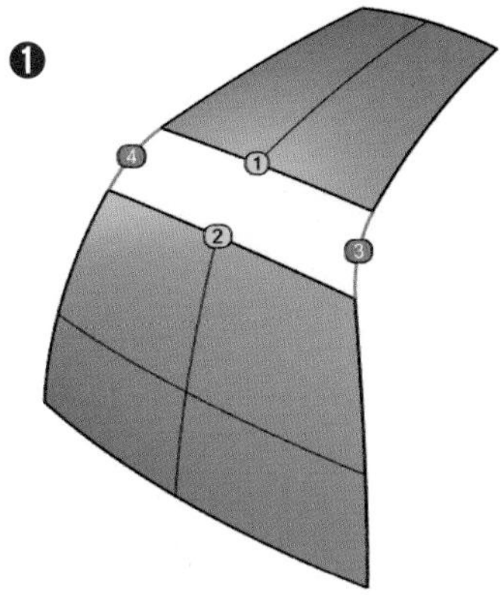

서로 동일 차수들로 이루어진 단면 커브

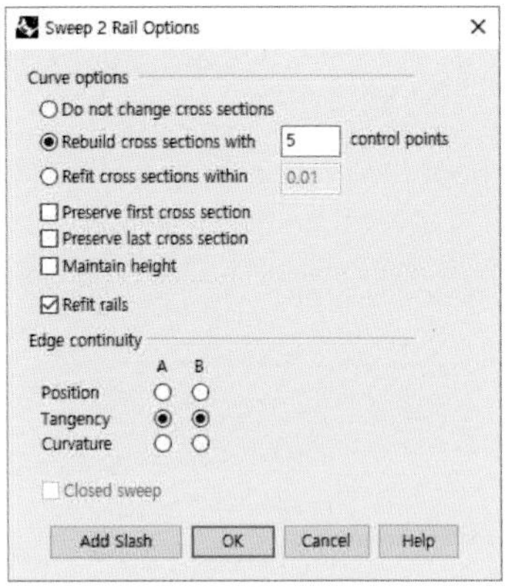

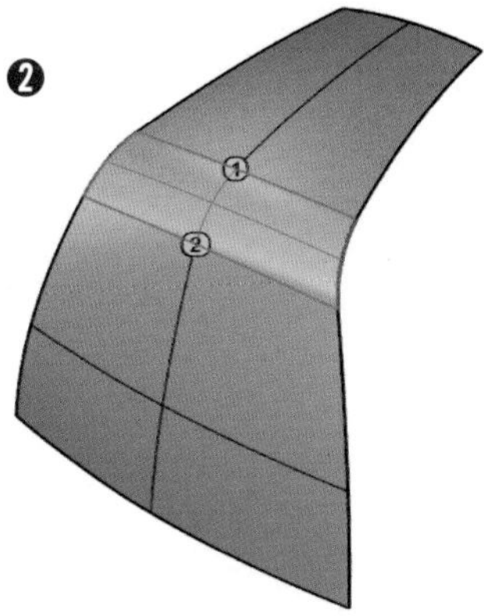

Sweep 2 rails 명령 실행 후
면은 싱글 면으로 생성됨

개체에 서피스 펼치기 Drape surface over objects

Drape 명령은 현재 뷰포트에서 구성 평면에 대하여 투영된 점과 개체의 교차로 정의된 점을 통과하는 서피스를 만든다. 간단하게 바닥에 놓인 물체에 손수건을 덮는다는 개념으로 면이 만들어진다. 밀도를 조정하고 부드럽게 할 수 있지만 생성된 면은 표면이 다소 불규칙할 수 있다. 또한 Spacing 값에 따라 면의 아이소커브 밀도 또는 성밀도가 달라진다.

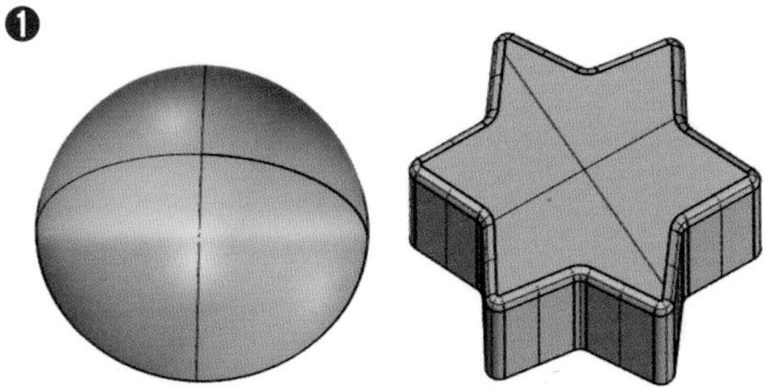

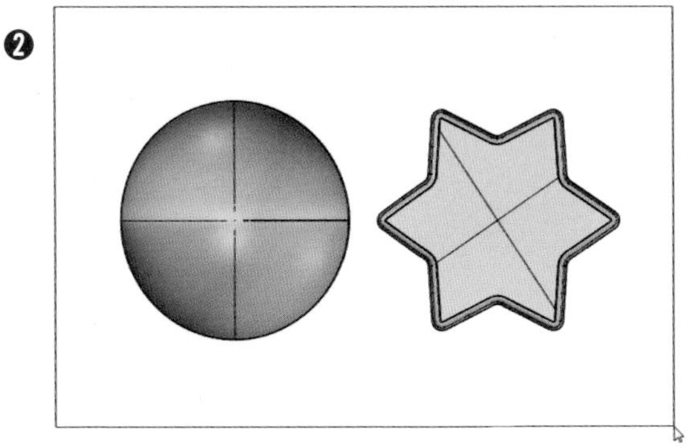

옵션 설정: Drag a window over area to drape(AutoSpacing=Yes Spacing=1 AutoDetecMaxDepth=Yes):

❸

❹

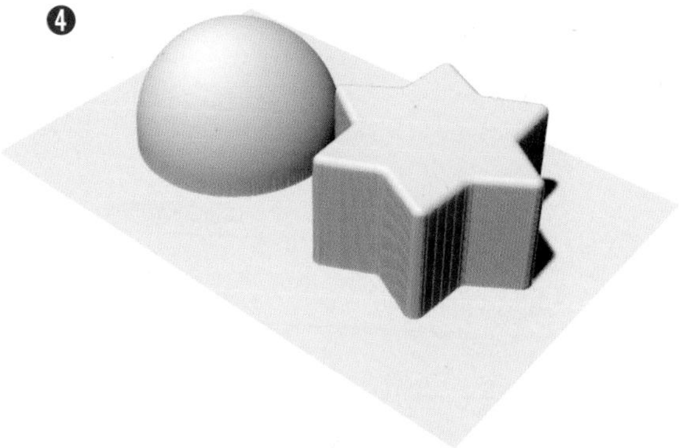

Drape 명령 후 특히 측면의 형상 왜곡이 심한 경우 Transform 명령군 〉 Smooth 명령으로 전체적인 표면 스무딩 작업이 가능하다. 이렇게 하면 형상의 변화는 있지만 앞서 심했던 측면의 왜곡이 좀 더 상쇄(相殺)됨을 확인할 수 있다.

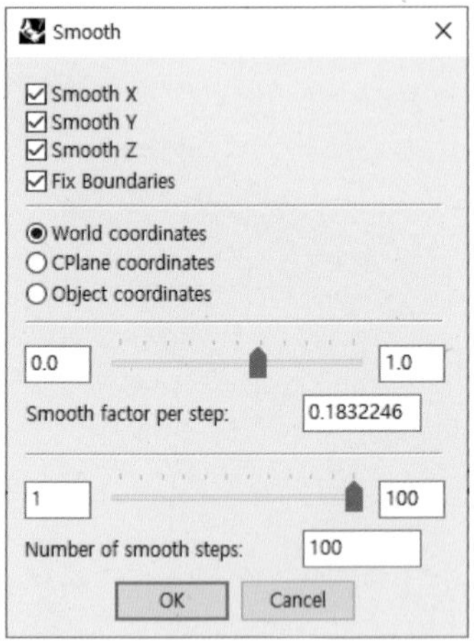

Smooth

Smooth factor per step를 크게 하면 부드러움 정도가 높아지게 된다.

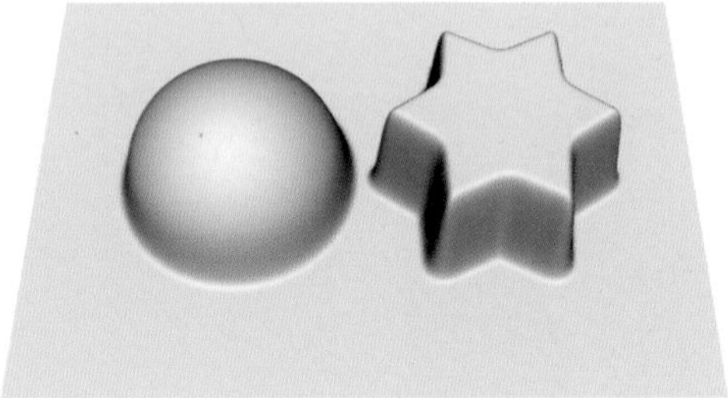

이미지의 높이 필드 사용 Heightfield from image

Heightfield 명령은 이미지 파일에서 색의 회색조 값을 기준으로 메쉬 또는 NURBS 서피스를 만든다.

❶

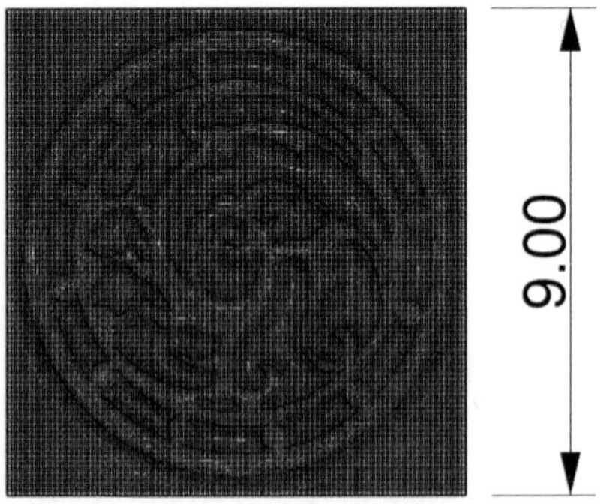

❷

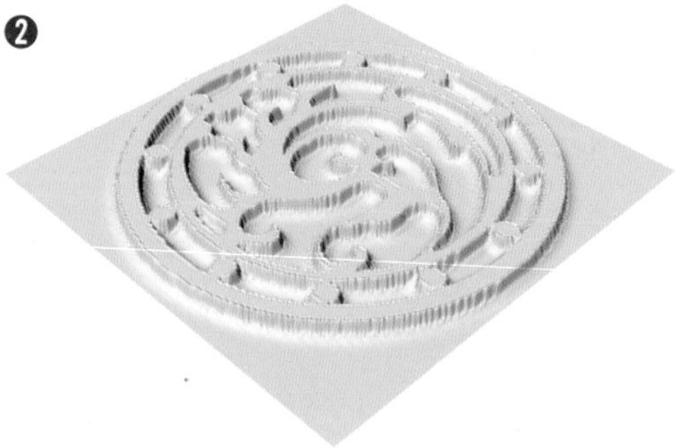

Heightfield 명령으로 불러들인 이미지 영역은 너무 크지 않게 드래그 영역을 지정하는 것이 좋다. 이미지가 큰 만큼에 비례해서 결과의 품질 저하나 용량이 허용치를 크게 벗어나 메모리 부족의 문제를 겪을 수 있다. 현재 사용된 이미지는 가로, 세로 9mm 드래그 영역이다.

❸

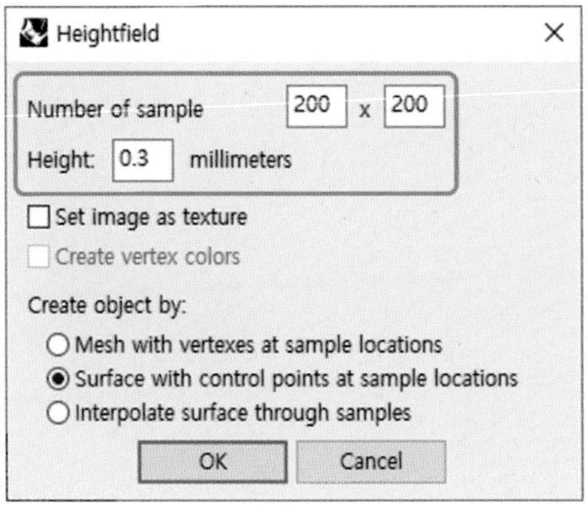

❹

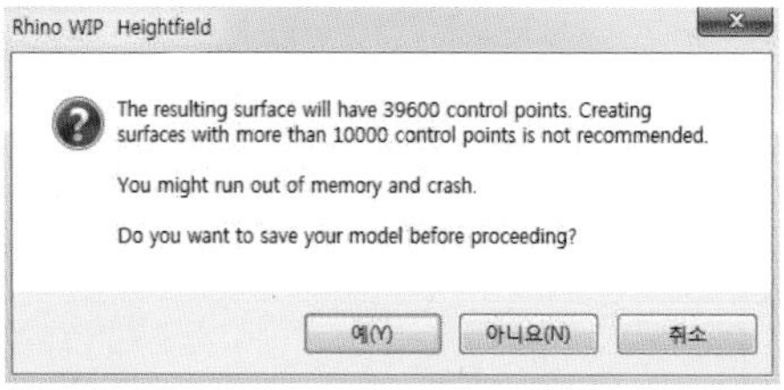

메시지 창이 뜨면 [예]를 클릭하고 별고 파일로 저장함

Heightfield 명령만으로는 면의 부드러움을 담보하기 어렵다. 이런 이유로 Transform 〉 Smooth 명령을 통해 더욱 부드럽고 정리된 면을 만들 수 있다.

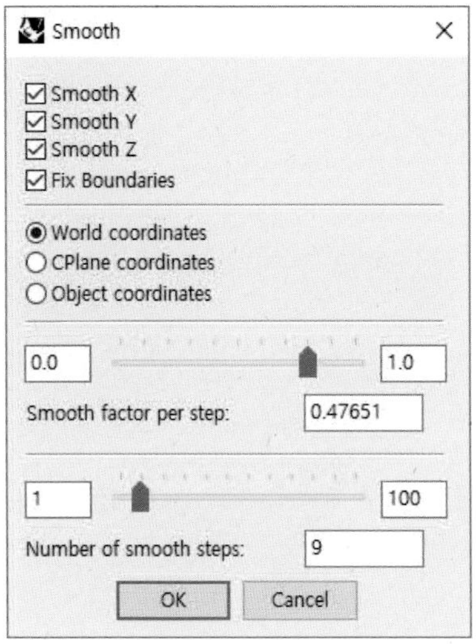

Smooth

Smooth factor per step을 크게 하면 부드러움 정도가 높아지게 된다.

Number of smooth steps: 9

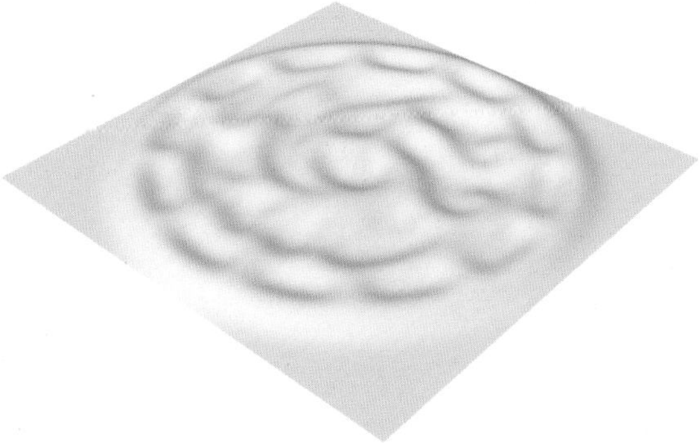

Number of smooth steps: 97

Number of smooth steps: 9

회전 Revolve
레일 회전 Rail revolve

Revolve 명령은 축을 중심으로, 서피스 형태를 정의하는 프로파일 커브를 회전시켜 서피스를 만든다. 1. 커브를 선택한다. 2. 회전축의 시작점을 지정한다. 3. 회전축의 끝점을 지정한다. 4. 옵션을 지정한다.

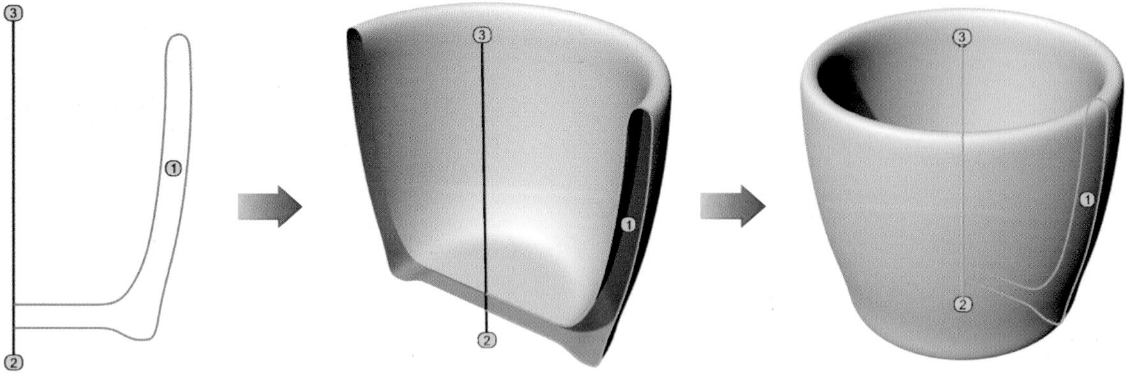

Revolve 명령을 통해 만들어진 솔리드 객체에 대해 포인트 편집을 하길 원한다면 명령 실행 중에 Deformable=Yes로 작업하면 가능하다. 또한 좀 더 디테일한 부분을 만들기 위해서는 **Insert knot** 명령으로 U, V, Both, Symmetrical 등의 옵션을 이용 편집한다.

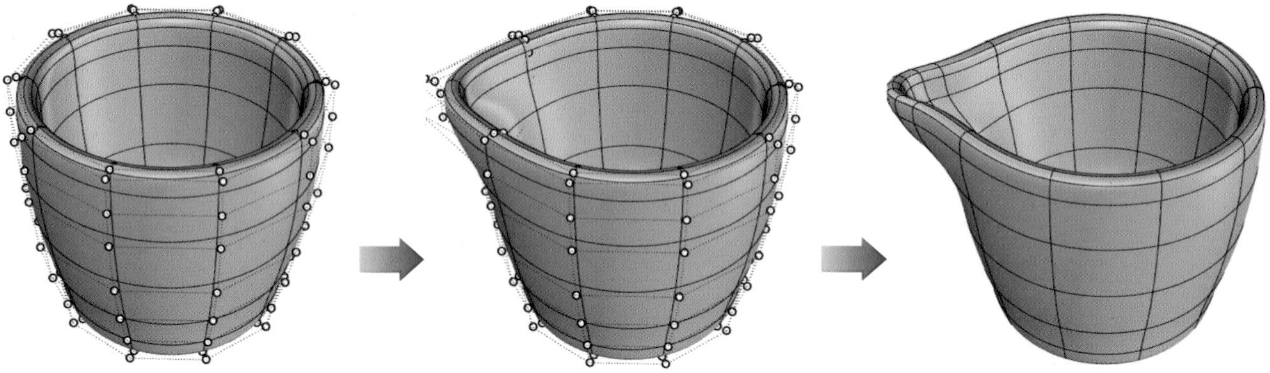

Revolve 아이콘을 오른쪽 마우스 버튼으로 클릭하여 시작하면 그림처럼 레일을 따라가는 회전체를 만들 수 있다. 레일 회전 명령보다 좀 더 다른 형태를 만들 수 있다.

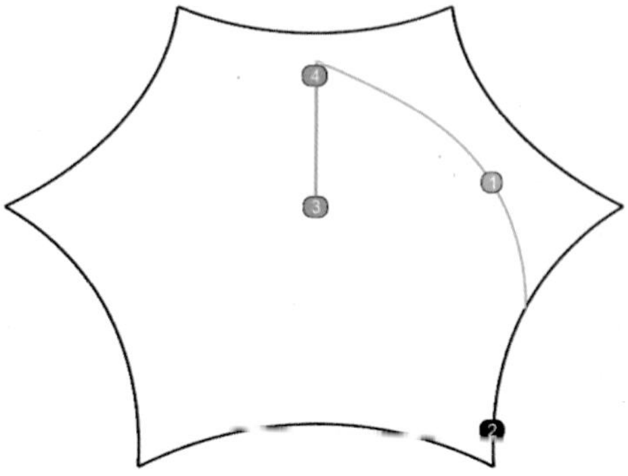

❶

Rail revolve

Rail revolve 명령은 별도의 프로파일을 선택해서 일방적인 회전체와는 다른 형태를 만든다.

❷

점 그리드를 사용한 서피스 Surface from point grid

SrfPtGrid 명령은 서피스에 있는 점(Point cloud) 그리드로 서피스를 그린다. 그림은 실린더를 예로 들었을 때 커멘드에 입력(Copy+Paste)하는 내용이다. 명령어 수행 순서는 다음과 같다.

1. 각 행(Row)에 포인트 수를 입력한다.
2. 각 열(Column)의 포인트 수를 입력한다.
3. 점 좌표(Point coordinate)를 입력한다.

그리드 제어점 좌표는 한 번에 하나씩 순서대로 입력해야 한다. 이 명령은 텍스트 파일에 정렬된 제어점(Control point) 격자가 있고 ReadCommandFile 명령과 함께 사용할 때 가장 유용하다.

```
! _SrfPtGrid
_KeepPoints
3
_Closed
6
0,-5,0
4.33,-2.5,0
4.33,2.5,0
0,5,0
-4.33,2.5,0
-4.33,-2.5,0
0,-5,5
4.33,-2.5,5
4.33,2.5,5
0,5,5
-4.33,2.5,5
-4.33,-2.5,5
0,-5,10
4.33,-2.5,10
4.33,2.5,10
0,5,10
-4.33,2.5,10
-4.33,-2.5,10
```

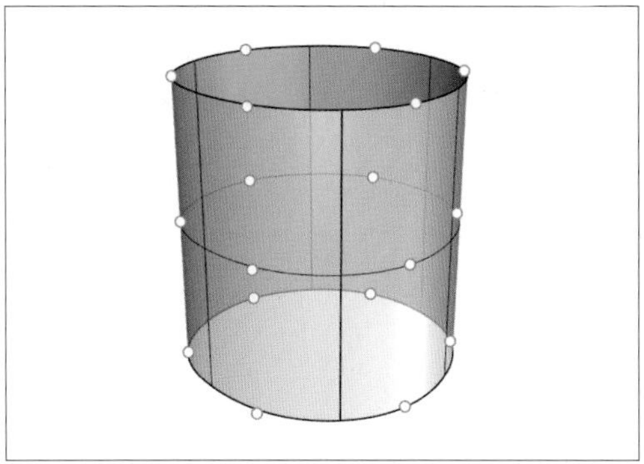

전개 가능한 로프트 Developable loft from two curves

두 레일 사이에 전개 가능한 단일 서피스를 만든다. 1. 두 커브를 선택한다. 2. 같은 끝점 가까이 커브를 선택한다. 결과로 얻은 서피스는 Unroll developable surface 명령으로 평면화할 수 있다. Smash 명령 또한 평면의 전개 면을 얻을 수 있다.

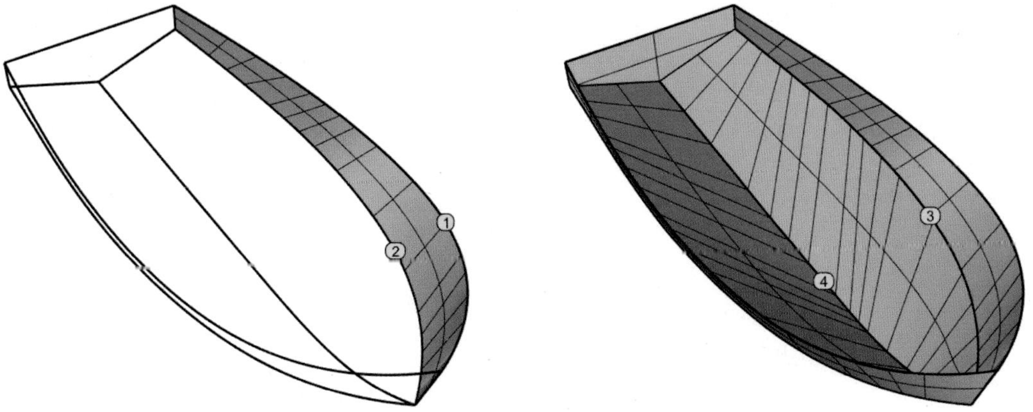

Unroll developable surface　　Smash

생성된 면을 전개 가능한 평면으로 만들기 위해서는 Unroll developable surface 명령을 이용하면 된다. 아래 그림은 평면화된 면과 그 전의 곡선 면을 가우시안 시각화 명령으로 확인해 본 결과이다. 추출된 편이 녹색(Green)이라는 것은 곡률이 0인 평면을 의미한다.

Curvature analysis

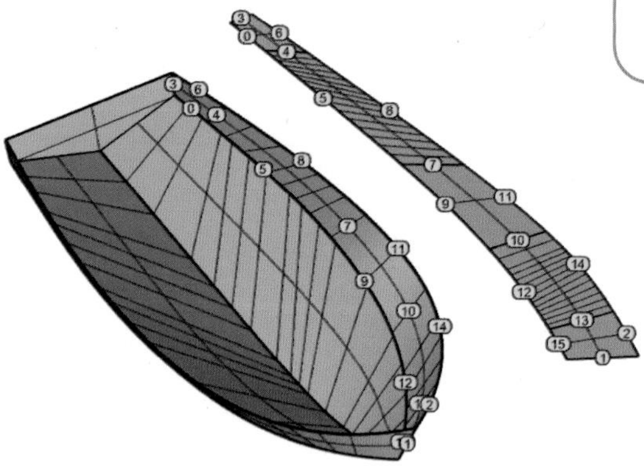

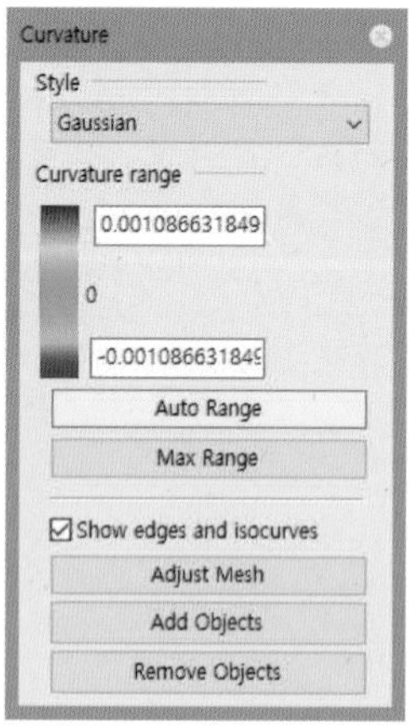

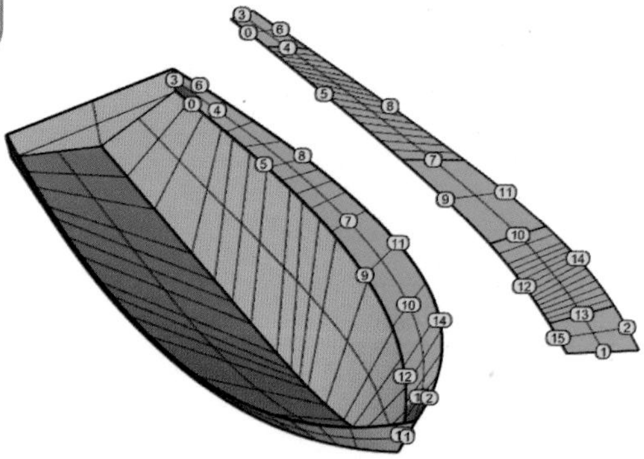

대화식 모드에서 가우스 곡률 분석.
파란색 영역은 표면이 평평할 때 신축 또는
압축 왜곡이 발생하는 곳임

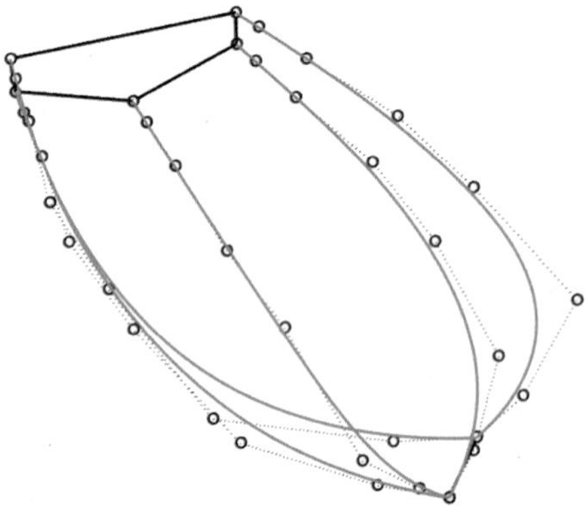

Rebuild curve 상태

Loft
Degree=5 등급으로
Rebuild해서 Loft함

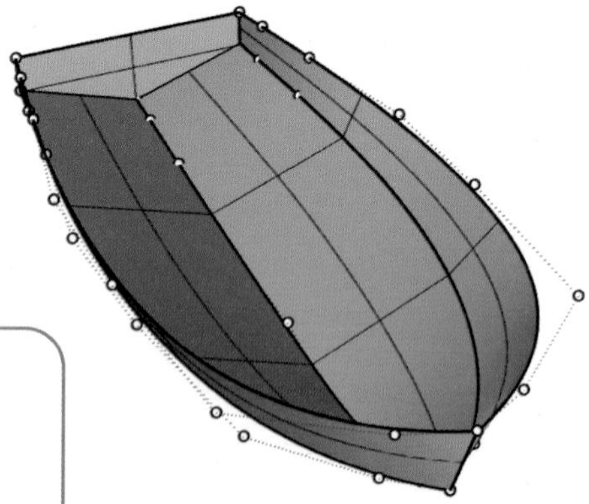

Rebuild curve를 Loft로 면 생성
아이소커브 일치 모습

12 CHAPTER 서피스 도구(Surface Tools) 명령어 그룹

서피스 도구(Surface Tools) 명령어 그룹은 초기에 만들어진 면들에 대해 이차적인 작업을 가능하게 한다. 서피스 필렛, 서피스 챔퍼, 블랜드 서피스, 오프셋 서피스, 매치 서피스, 서피스 재생성, 서피스 복원, 심의 이동, 언 롤, 면의 연속성 체크, 엣지 툴, 면의 방향, 엣지 연속성 체크까지 중요 툴이 모여 있는 곳이다.

한글 버전 서피스 도구 명령어 그룹

영문 버전 Surface Tools 명령어 그룹

서피스 필렛 Fillet Surface

면과 면이 닿아 있거나 약간 떨어진 상태에서도 그림과 같은 서피스 필렛이 가능하다. 해당 면을 번호 순서대로 찍어 주면 적용된다.

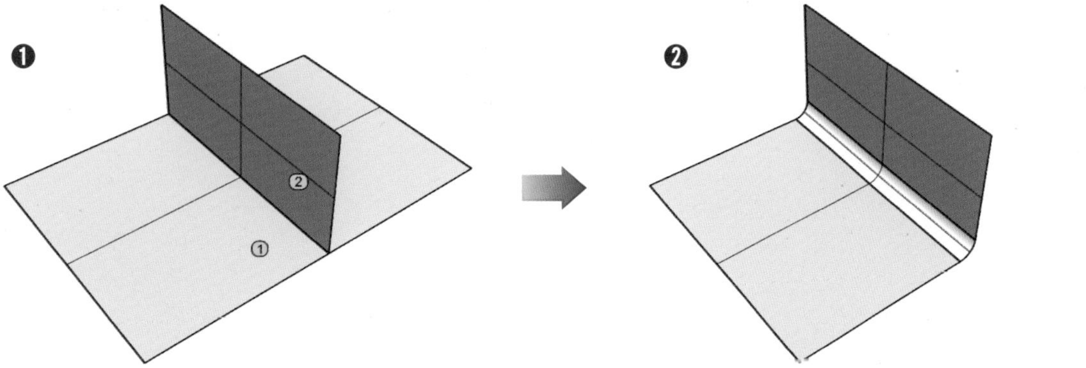

면과 면이 닿아 있는 상태에서도 서피스 필렛이 가능하다.

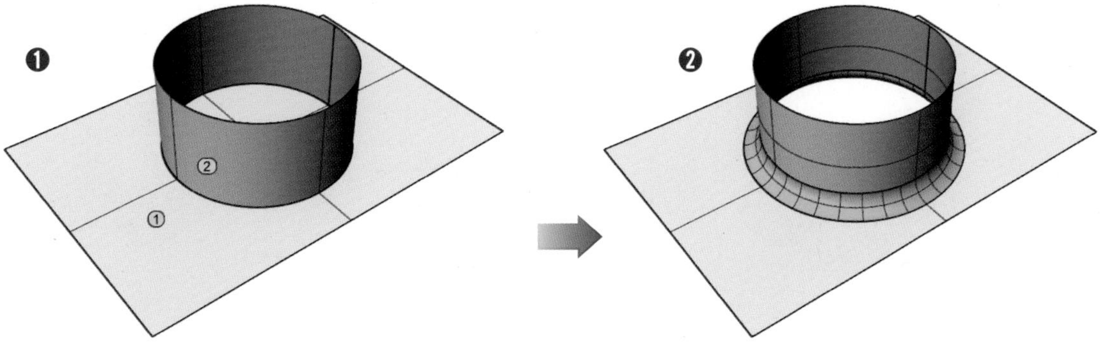

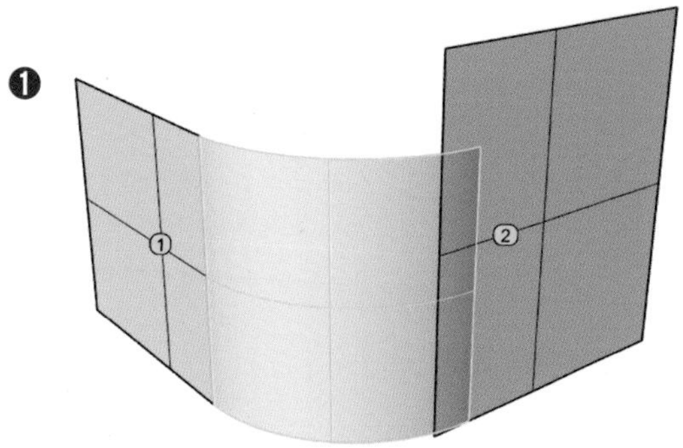

Select first surface to fillet (Radius=*2.000* Extend=*No* Trim=*Yes*):

Extend=No Trim=Yes

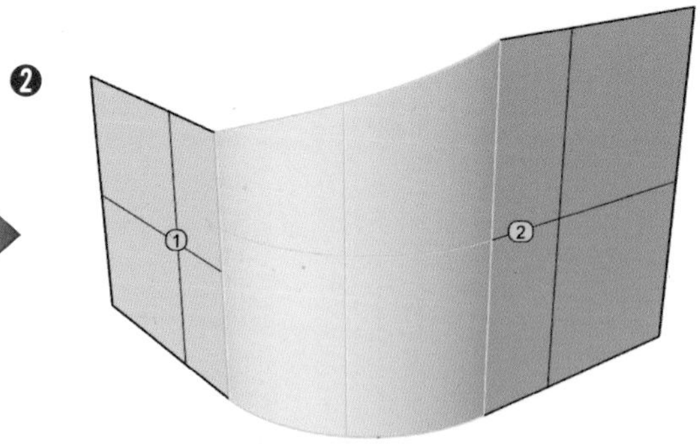

Select first surface to fillet (Radius=*2.000* Extend=*Yes* Trim=*Yes*):

Extend=Yes Trim=Yes

면과 면이 서로 겹친 상태에서 어떤 부위를 우선하여 선택했느냐에 따라 다른 방향으로 필렛이 적용된다.

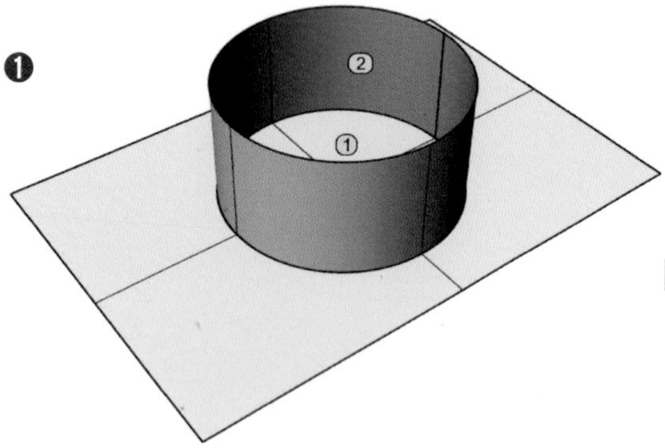

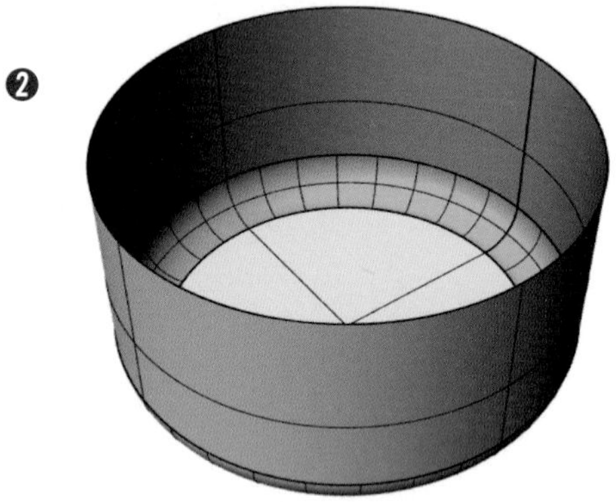

면과 면이 서로 겹친 상태로 있어도 그림과 같은 서피스 필렛이 적용된다. 나머지 한쪽 면은 사라진다.

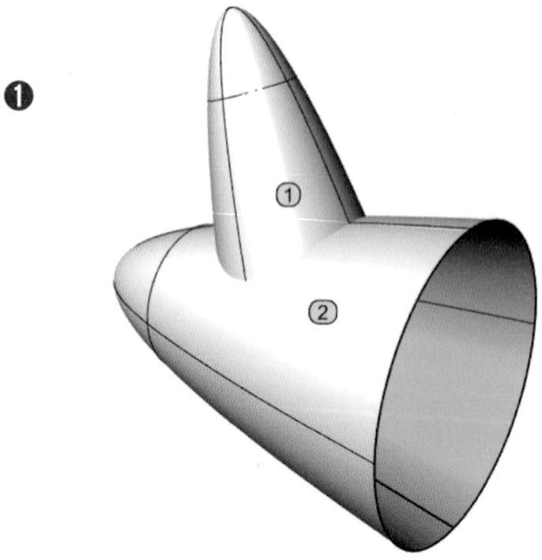

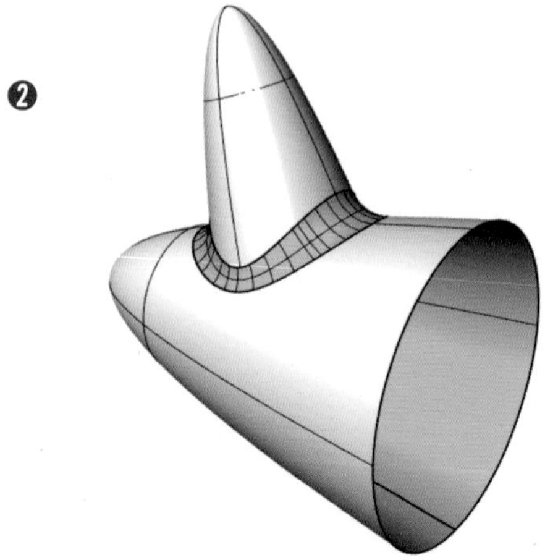

면과 면이 서로 거리를 두고 떨어져 있는 상태에서도 서피스 필렛이 적용된다. 다만 가능 필렛 곡률 반경 안에 들어와 있어야 한다.

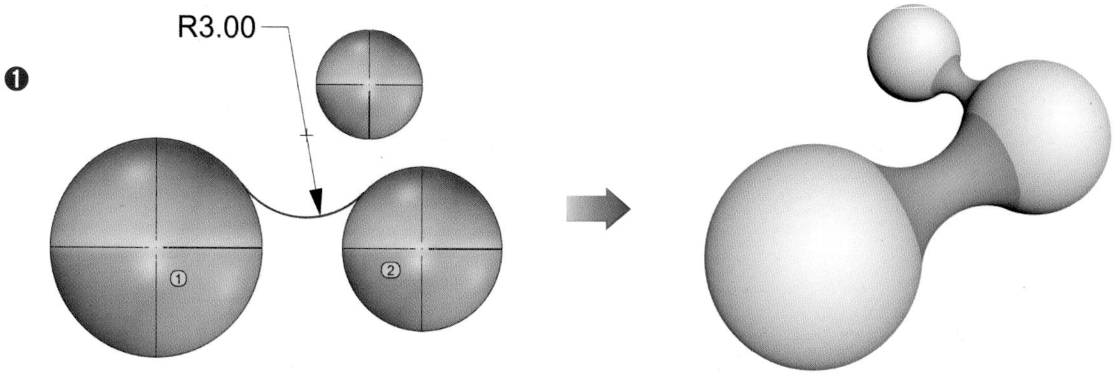

서피스 연장 Extend surface

지정된 모서리 점을 사용하여 서피스를 연장하여 그릴 수 있다.

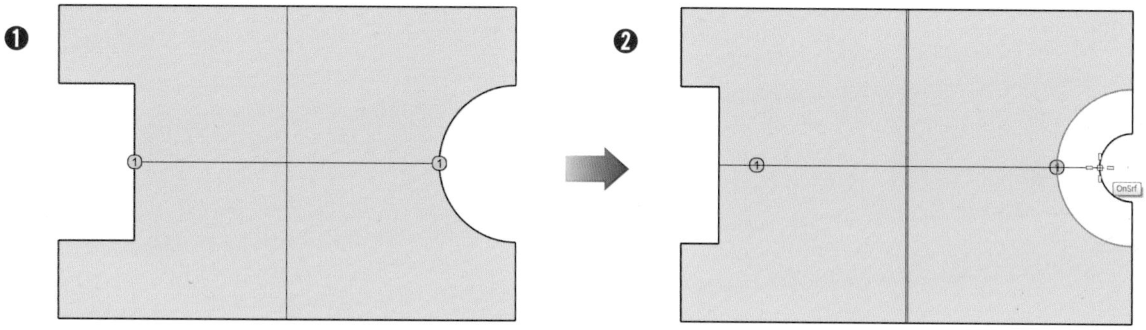

면의 연장은 면들이 독립적으로 떨어진 상태에서 가능하다.

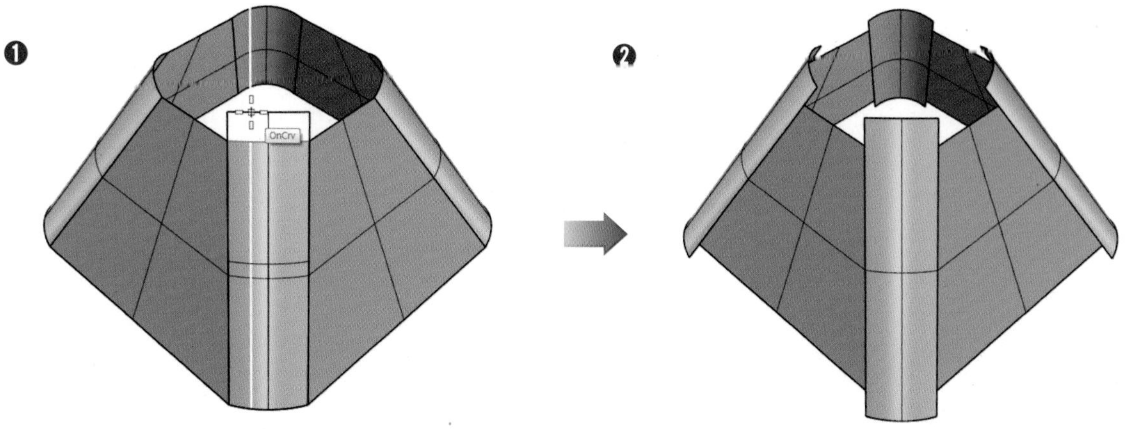

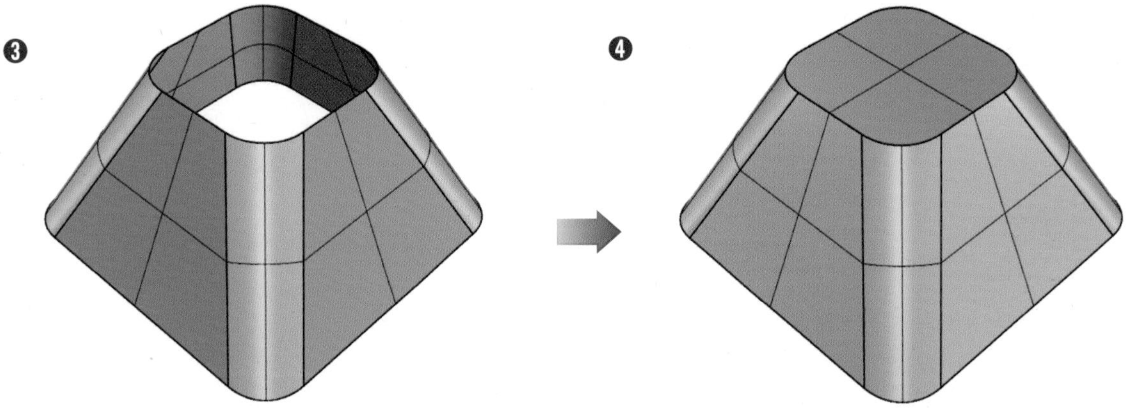

서피스 모따기 Chamfer Surface

두 개의 면이 모서리를 공유하며 맞닿아 있는 가장자리 사이에 경사면을 만든다. 모따기라고도 한다.

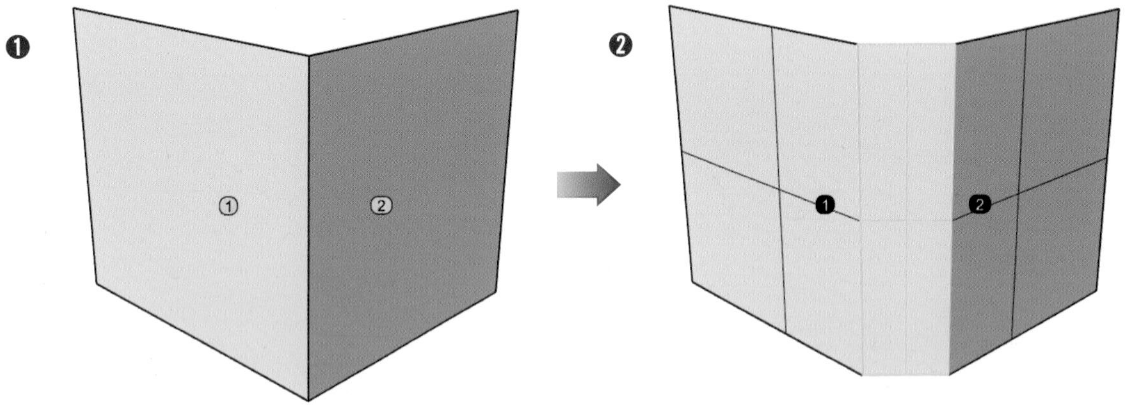

서로 마주하는 면의 길이가 다를 때 Extend=Yes, Trim=Yes하면 상대 면의 끝단까지 모따기가 적용된다. 반면 Extend=No, Trim=Yes의 경우 짧은 면에 우선하여 모따기 면이 만들어진다.

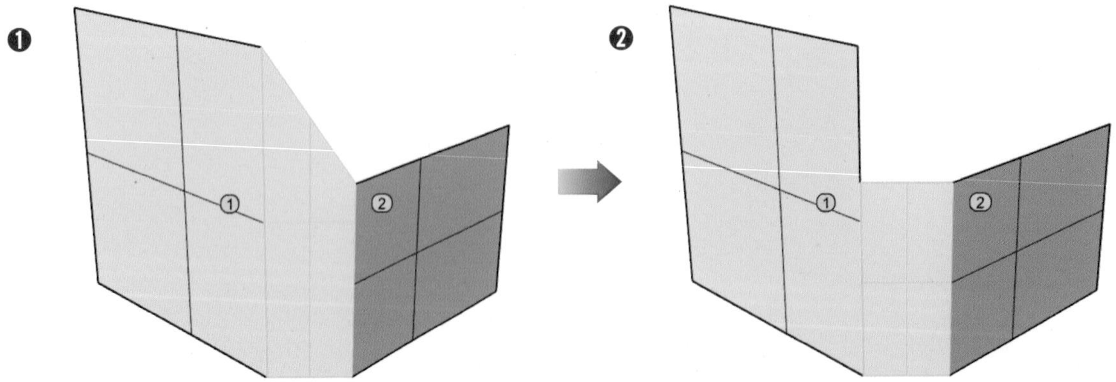

Select first surface to chamfer (Distances=*1.500,1.500* Extend=*Yes* Trim=*Yes*):

Extend=Yes Trim=Yes

Select first surface to chamfer (Distances=*1.500,1.500* Extend=*No* Trim=*Yes*):

Extend=No Trim=Yes

가변 반지름 서피스 필렛 Variable radius surface fillet
가변 반지름 서피스 블렌드 Variable radius surface blend

다양한 반지름값을 지정하여 교차하는 서피스의 가장자리 사이에 접하는 둥근 서피스를 만든다.

Select fillet handle to edit. Press Enter when done (AddHandle CopyHandle RemoveHandle SetAll LinkHandles=*No* RailType=*RollingBall* TrimAndJoin=*Yes* Preview=*No*):

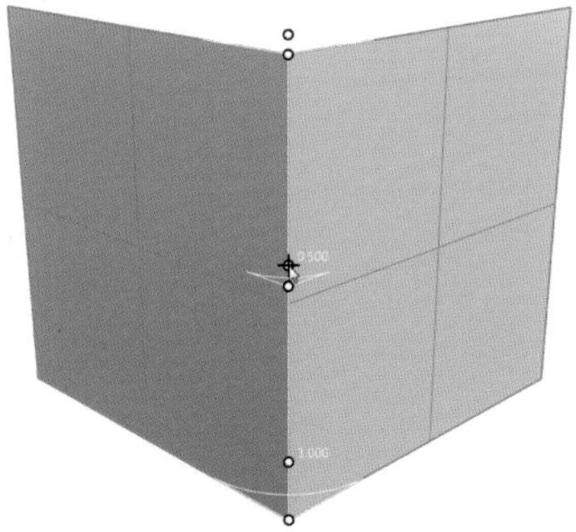

AddHandle 추가

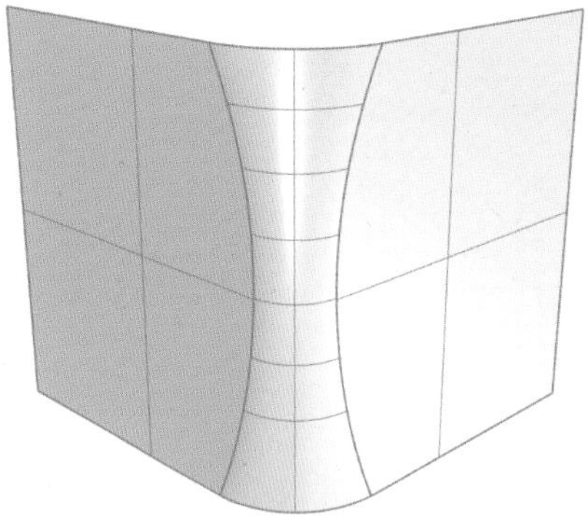

RailType=RollingBall / TrimAndJoin=Yes

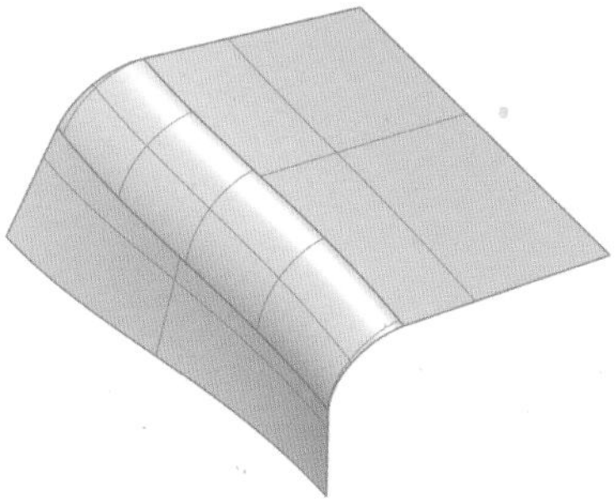

RailType options 〉 DistFromEdge

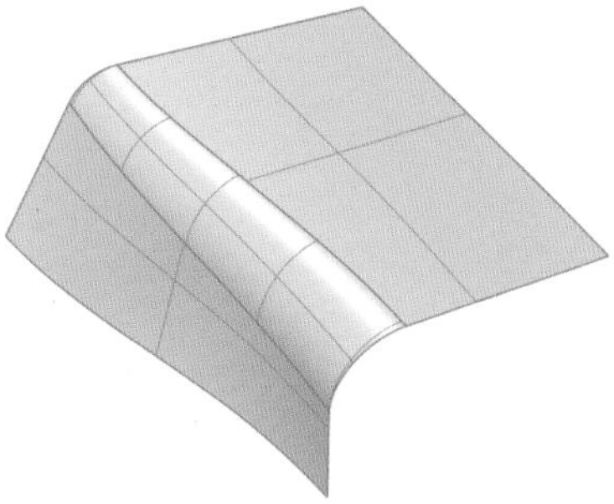

RollingBall

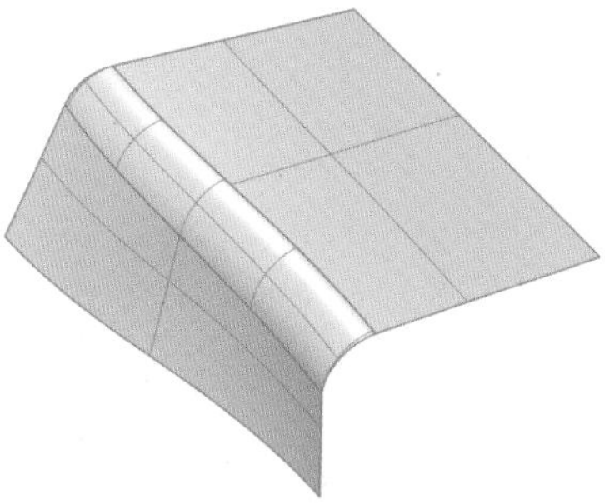

DistBetweenRails

가변 반지름 서피스 모따기 Variable radius surface chamfer

서로 교차하는 서피스 가장자리 사이에 다양한 거리값을 사용하여 모따기 서피스를 만들고, 원래 서피스 면을 트림 실행하고, 결과물인 서피스를 결합한다.

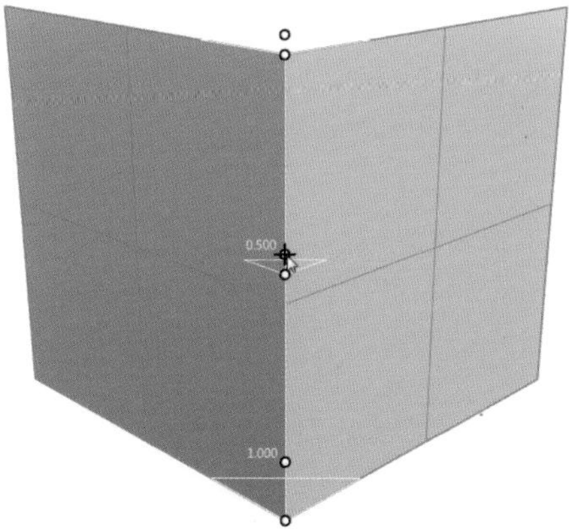

AddHandle 추가

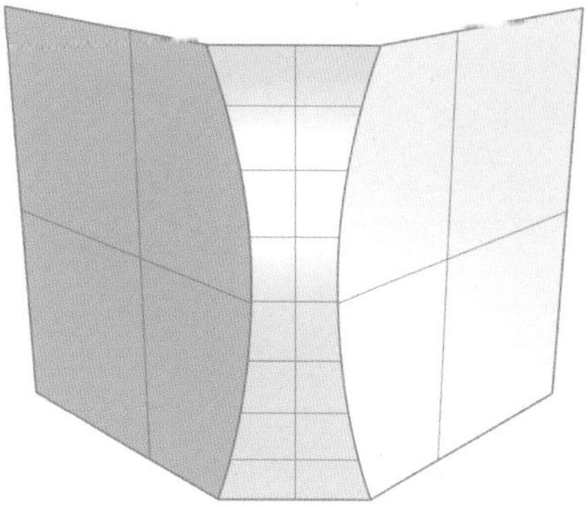

RailType=RollingBall / TrimAndJoin=Yes

Select chamfer handle to edit. Press Enter when done (AddHandle CopyHandle SetAll LinkHandles=*No* RailType=*RollingBall* TrimAndJoin=*Yes* Preview=*No*):

서피스 블렌드 Blend Surface

두 서피스 사이에 블렌드 서피스를 만든다. 히스토리 기록을 켠 상태에서는 입력 개체의 변화에 따라 결과가 업데이트되며, 편집 명령어 옵션을 사용하여, 입력 설정을 변경할 수 있다.

❶

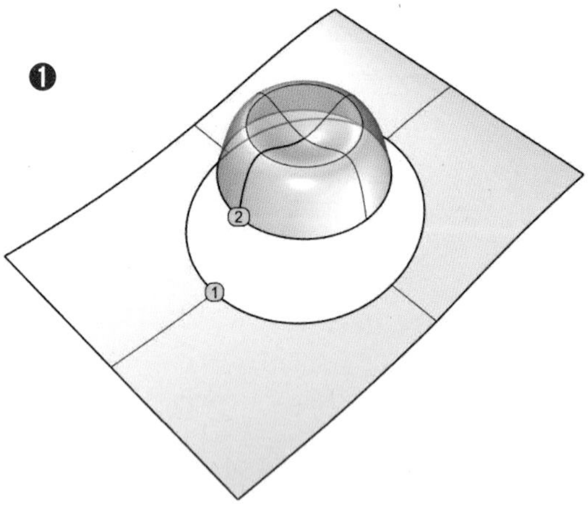

서로 떨어져 있는 면의 ①번과 ②번 엣지를 선택

❷

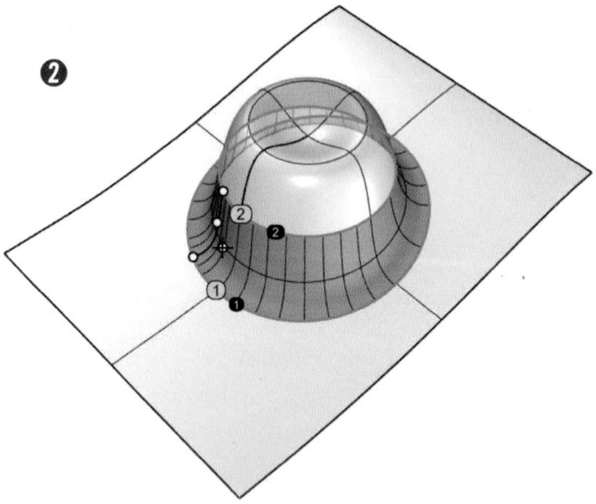

Adjust Surface Blend 옵션 조정

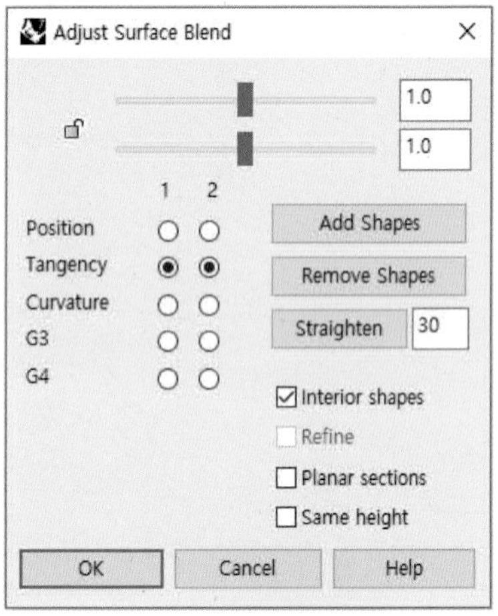

Adjust Surface Blend 옵션의 이해
Blend Bulge 스크롤 이동 〉 대칭 변화, 비대칭 변화 가능
Add Shapes 〉 아이소커브의 정렬(면의 상태 개선)

1) Position=위치의 일치(G0) 〉 접선 면에 각 유지
2) Tangency=접선의 일치(G1) 〉 접선 면에 각 없음
3) Curvature=곡률의 일치(G2) 〉 접선 면에 각 없음

❸

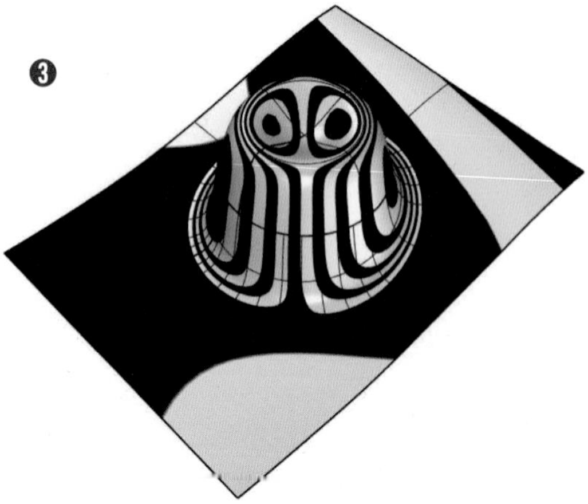

Join 후 Zebra analysis 〉 면의 연속성 확인

❹

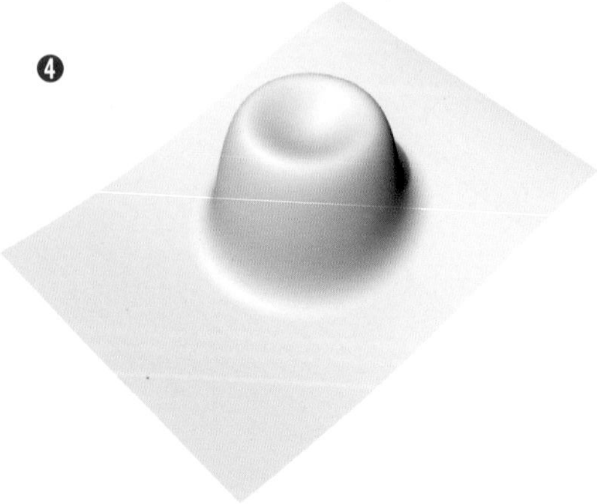

셰이딩해서 보면 면과 면의 연속성이 매우 좋음

❶

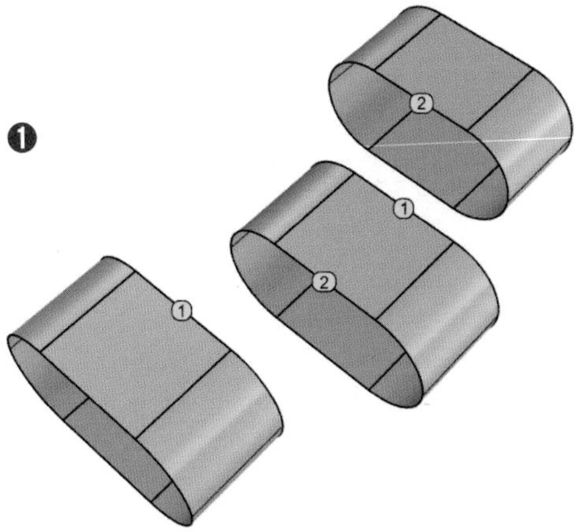

Select first edge (ChainEdges Edit):

Blend Surface의 기본은 면과 면의 Edge를 선택하는 것임
주의: 선택 시 ChainEdges=Yes로 해야 면의 엣지가 한 번에 연결되어 선택됨

❷

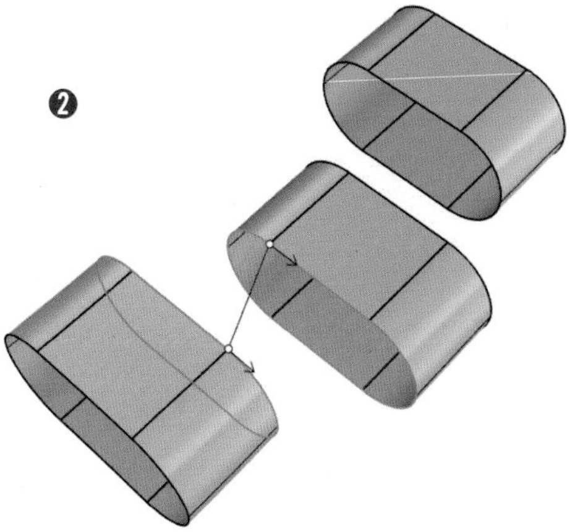

면의 시작점 위치가 어긋나면 면이 왜곡되어 만들어짐 〉 Natural 옵션 사용 정렬

❸

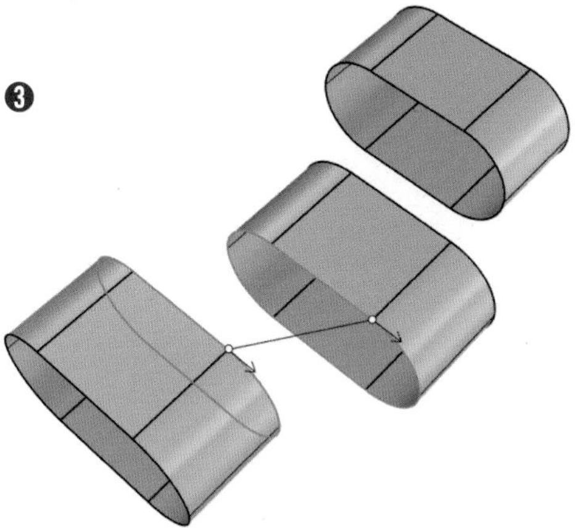

❹

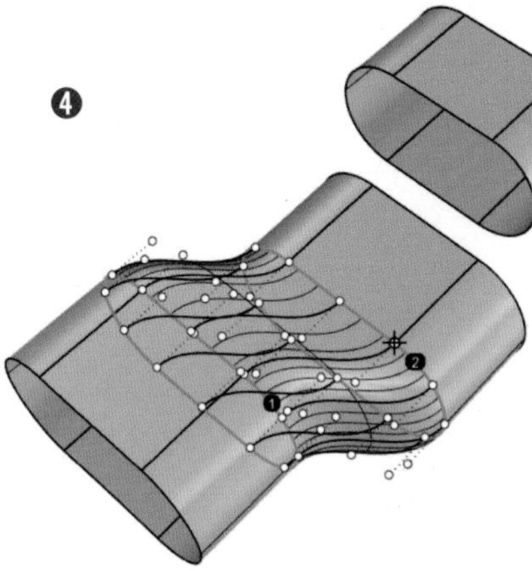

Drag seam point to adjust. Press Enter when done (Flip Automatic Natural SnapToKnots=*No*):

Natural 옵션 사용을 통해 정렬된 시작점

면의 형성 Preview 모습(옵션으로 실시간 편집 가능)

❺

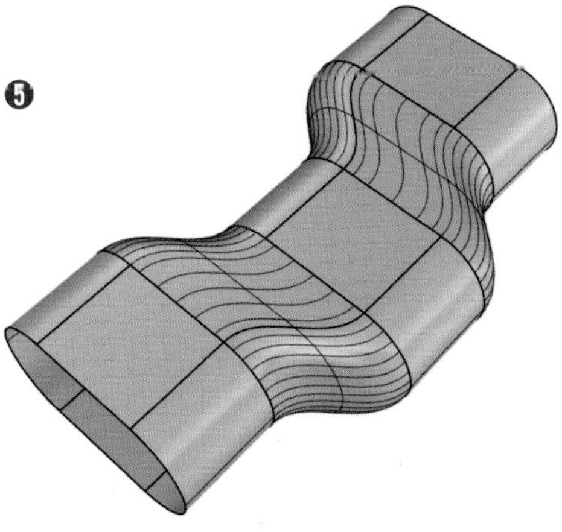

접선의 일치를 기본으로 형성된 면의 연속성 모습

❻

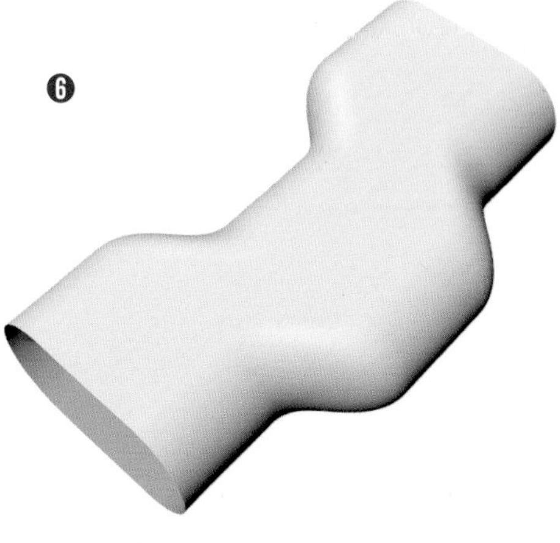

Join 후 셰이딩을 통해 면의 상태 확인

❶

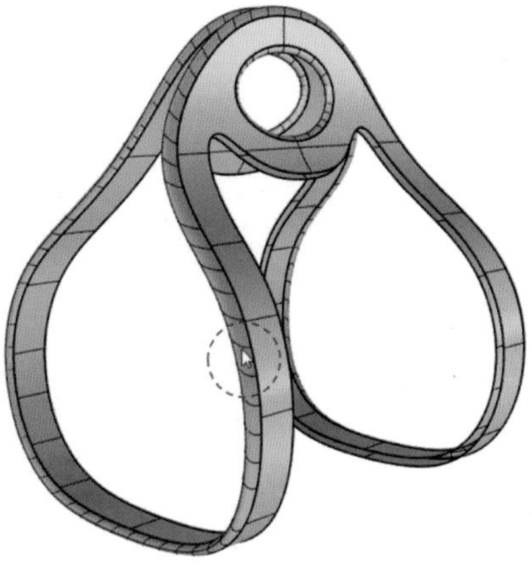

Blend Surface 〉 Adjust Surface Blend 옵션 설정을
Tangency에 맞춘 경우 볼륨 면의 높이가 일정하지 않을 수 있음

❷

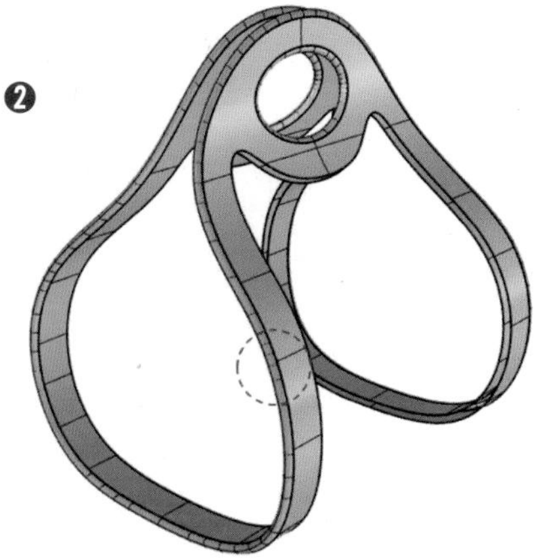

이러한 문제를 해결하는 방법은 Same height에
체크해서 작업하면 일정 높이가 유지됨

❸

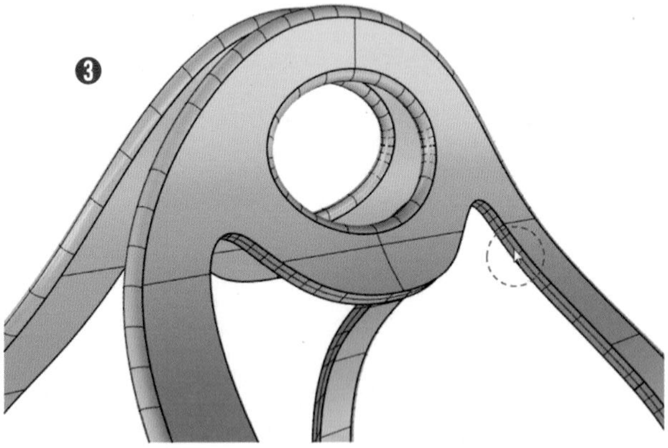

Blend Surface 〉 Adjust Surface Blend 옵션 설정을
Position에 맞추면 직선 면으로 만들어짐

❹

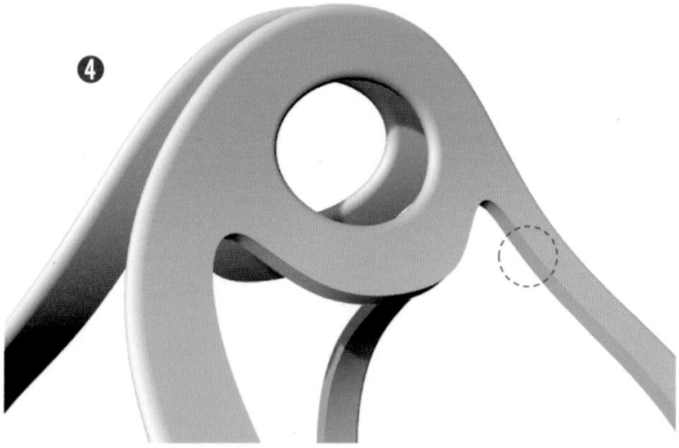

Loft 명령으로 직선 면을 만드는 것보다 효율적임

❺

바깥쪽 면의 연결은 Tangeny에, 안쪽 면의 연결은
Position에 체크해서 만들어진 결과물

❻

Join 후 셰이딩을 통해 면의 상태 확인

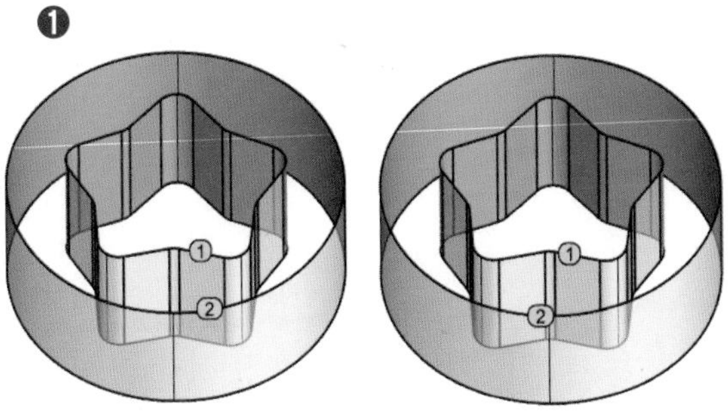

Blend Surface 〉 ①번과 ②번 순서대로 선택

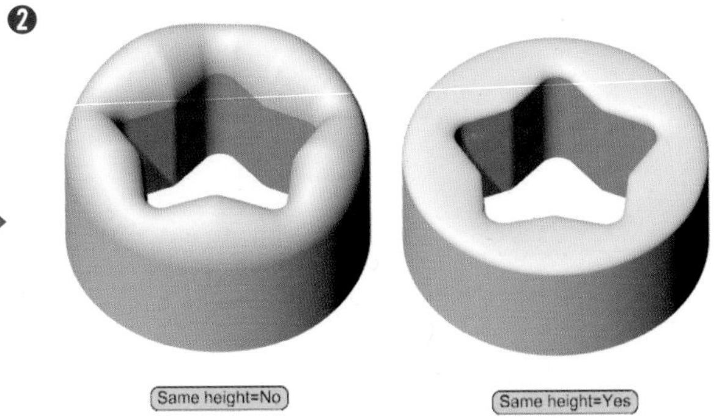

Blend Surface 〉 Same height=NO, Yes의 차이 비교

개체 제어점 표시 Show object control points
점 끄기 Points off

PointsOn 명령은 제어점을 표시한다. 제어점은 NURBS 기저 함수의 계수이다. 제어점은 제어 정점 또는 노드라고도 한다. 제어점은 커브, 서피스, 조명, 해치 테두리, 치수와 같은 개체에서 그립으로 사용되며, 개체에서 분리할 수 없다.

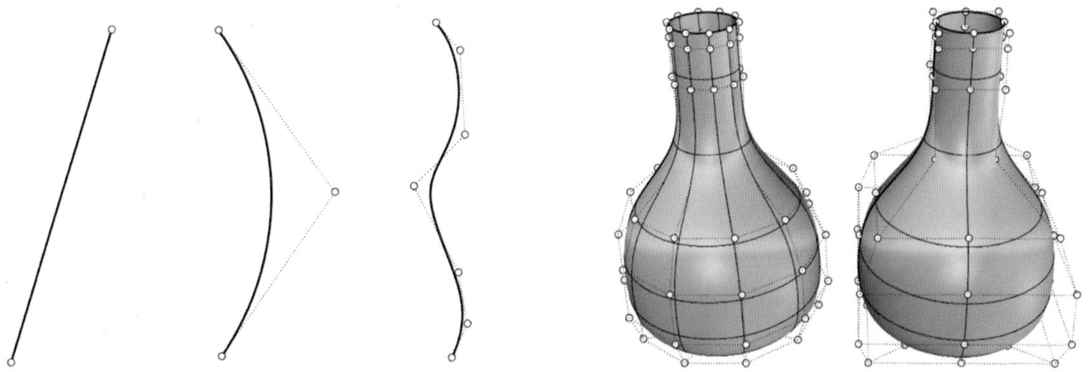

서피스 간격 띄우기 Offset Surface

서피스 또는 폴리 서피스를 복사하여 복사된 서피스의 위치가 원래 서피스로부터 동일하게 지정된 거리에 있도록 만들어진다. 면 오프셋이라고 한다.

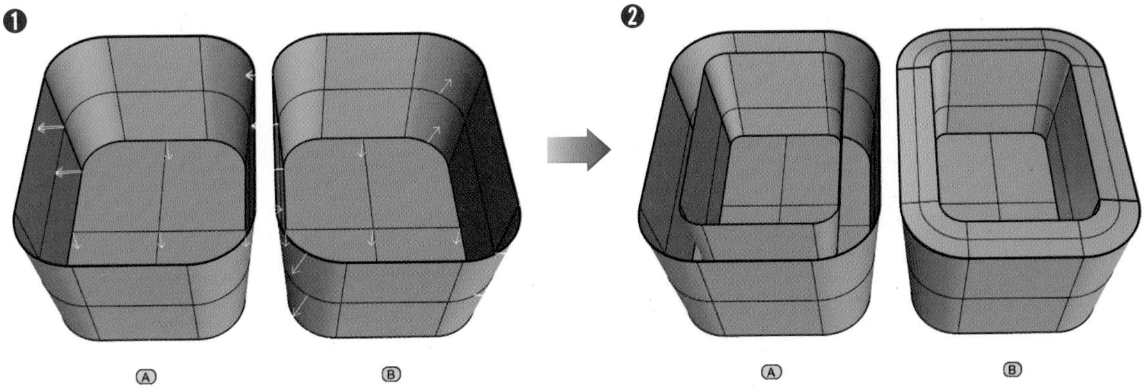

아래 Ⓐ개체와 Ⓑ개체는 서로 다른 명령으로 두께를 준 것이다. Ⓐ는 Shell, Ⓑ는 Offset Surface 명령으로 만든 개체로 Side View나 Right View에서 보면 상단부에 차이가 있음을 확인할 수 있다. 특히 구배각을 가진 경우 Offset Surface 명령으로 두께를 주게 되면 면의 Normal 방향으로 오프셋되면서 Ⓑ처럼 상단에 볼륨이 생겨 별도의 평면화 작업이 추가로 요구될 수 있다.

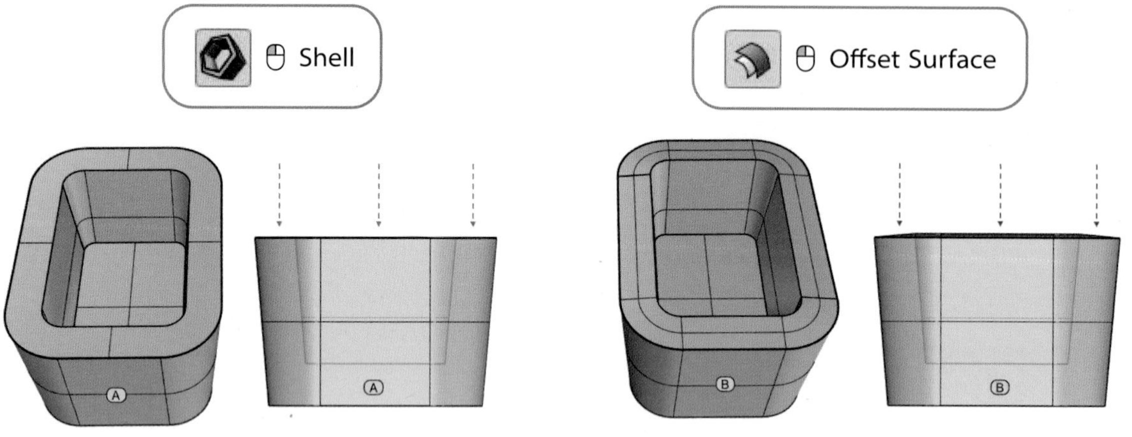

서피스의 가변 간격 띄우기 Variable offset of surface

서피스를 복사하여, 복사된 서피스의 모서리에서의 모든 위치가 원래 서피스로부터 지정된 거리에 있게 된다. 포인트를 움직이면 가변적인 거리를 가진 면 형성이 가능하다.

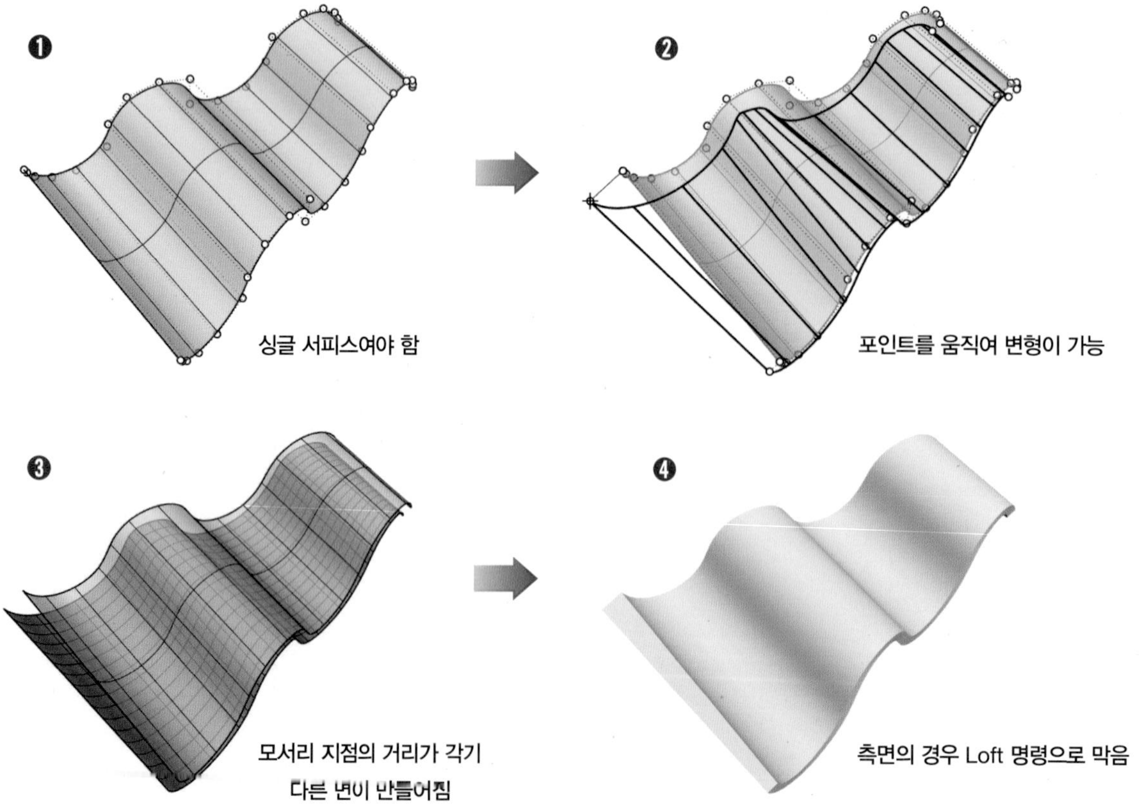

서피스 접선 방향 설정 Set surface tangent direction

트림되지 않은 서피스 가장자리 접선 방향을 설정한다.

1. 트림되지 않은 서피스 가장자리를 선택한다. 2. 접선 방향의 기준점을 지정한다. 3. 두 번째 방향점을 지정한다.

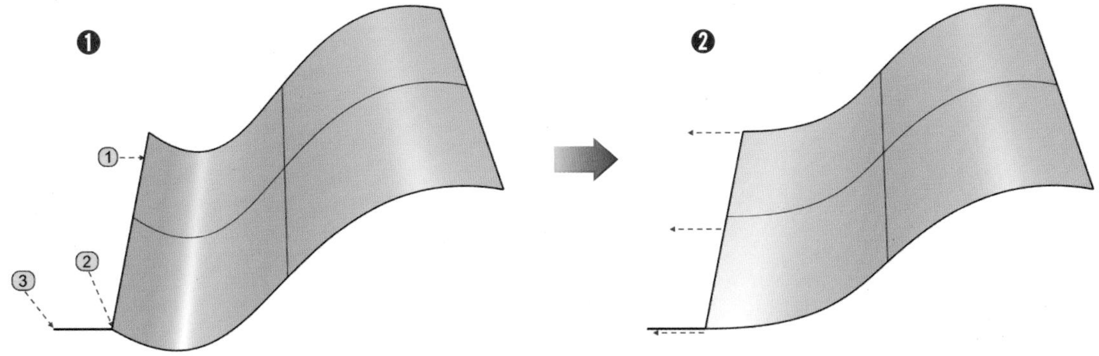

서피스 일치 Match surface
최대 4개의 서피스 가장자리까지 일치 Match up to four surface edges

서피스 일치(Match surface) 명령은 다른 면과의 위치, 접선 또는 곡률 연속성을 갖도록 면의 가장자리를 조정한다.

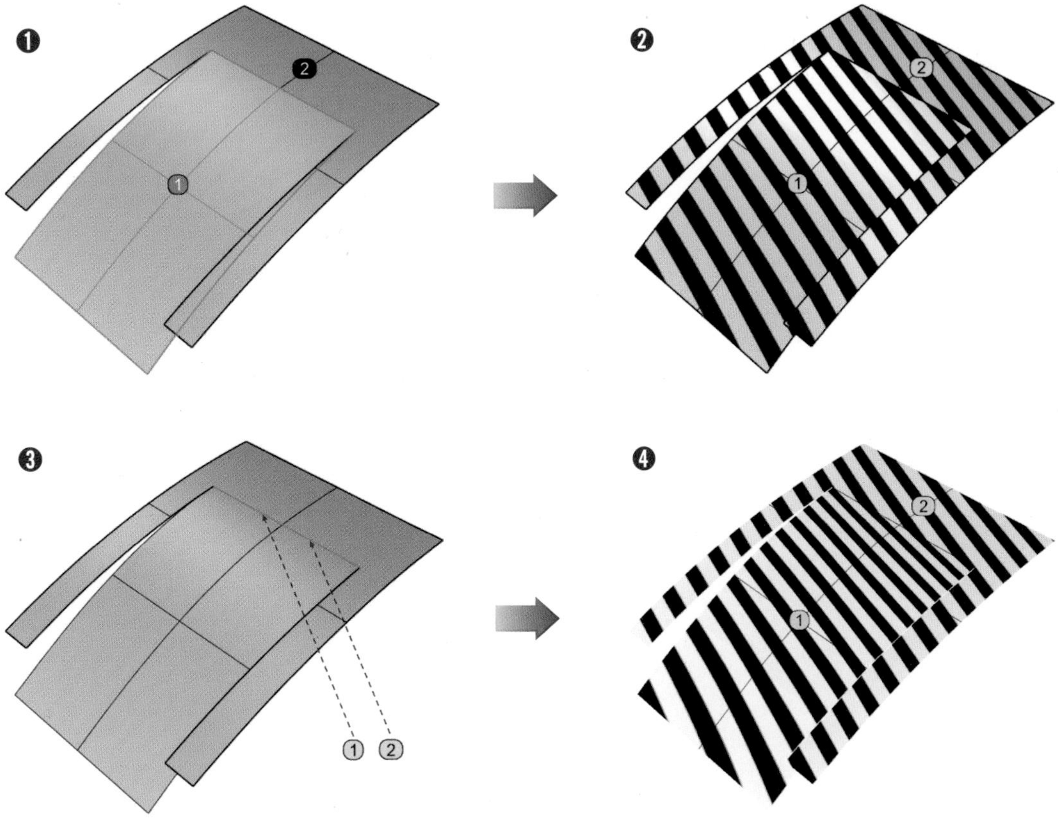

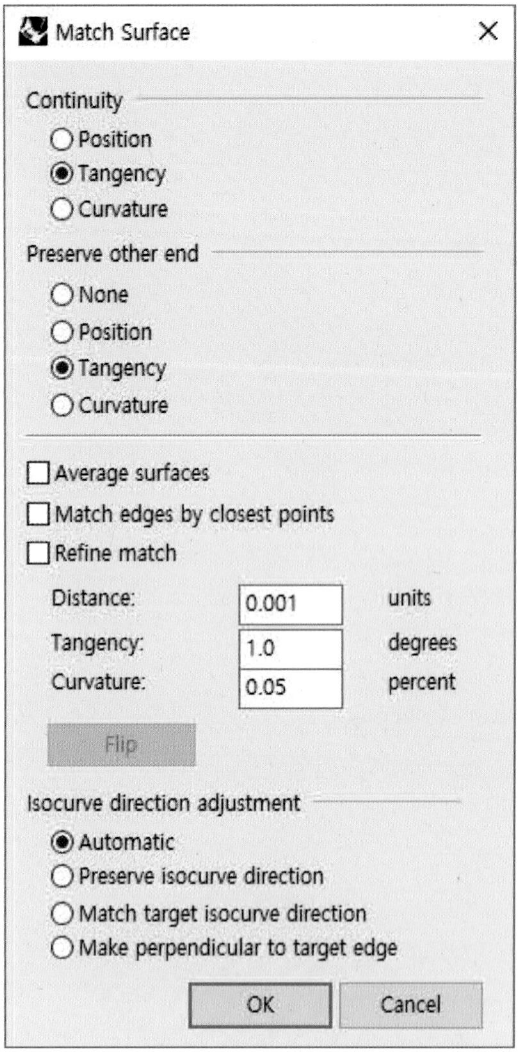

Match Surface 옵션

Continuity(연결의 연속성)
Position=G0 〉 위치의 일치(각을 유지)
Tangency=G1 〉 접선의 일치(각이 없음)
Curvature=G2 〉 곡률의 일치(각이 없음)

Continuity(다른 쪽 끝의 형상 연속성 보존)

None=해당 없음
Position=G0 〉 위치의 보존
Tangency=G1 〉 접선의 보존
Curvature=G2 〉 곡률의 보존

Average surfaces=2개 면의 평균값으로 매치함
Match edges by closest points = 가장 가까운 점으로 가장자리 일치
Refine match=매치(일치)부위의 불일치 부분 수정

Isocurve direction adjustment=아이소커브 방향 조정
Automatic=가장 기본적으로 자동에 설정 권장

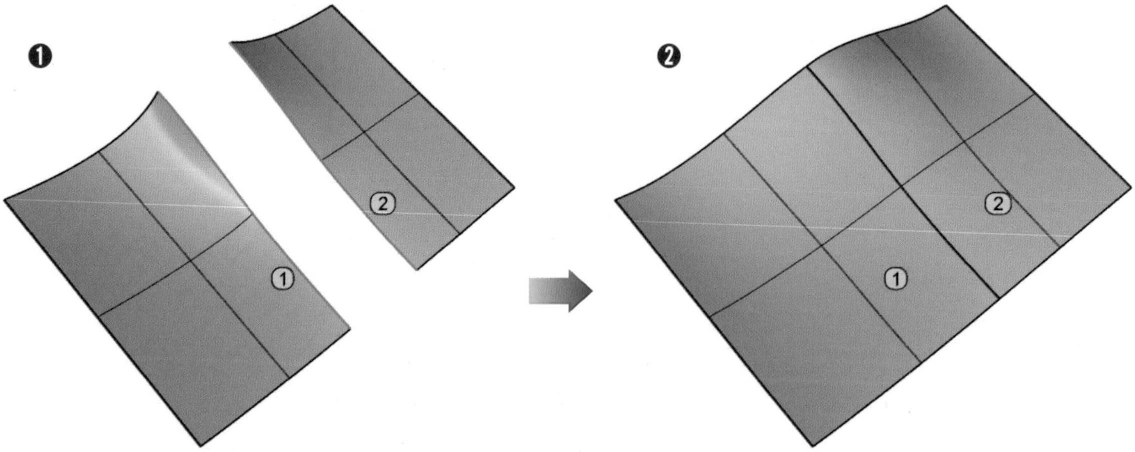

①번 면의 Edge와 ②번 면의 Edge 선택

Average surfaces=Yes

❶

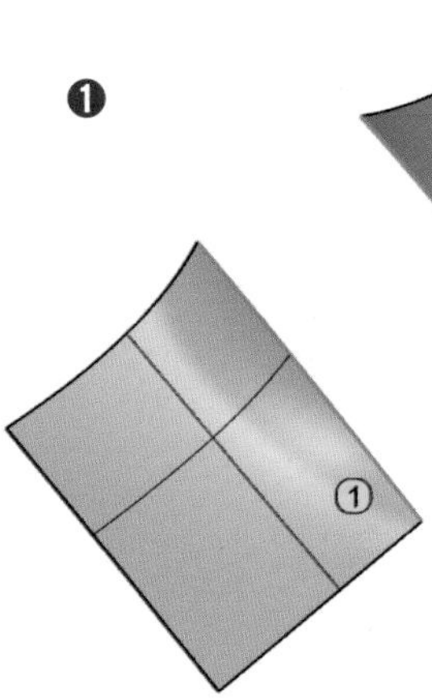

①번 면의 Edge와 ②번 면의 Edge 선택

❷

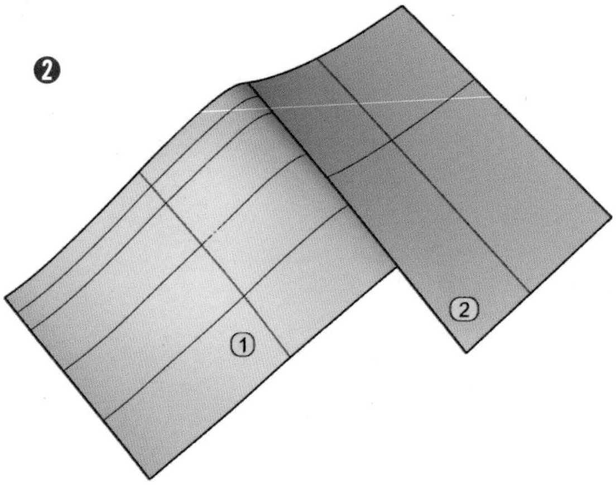

Match edges by closest points=Yes
Refine match=Yes

❸

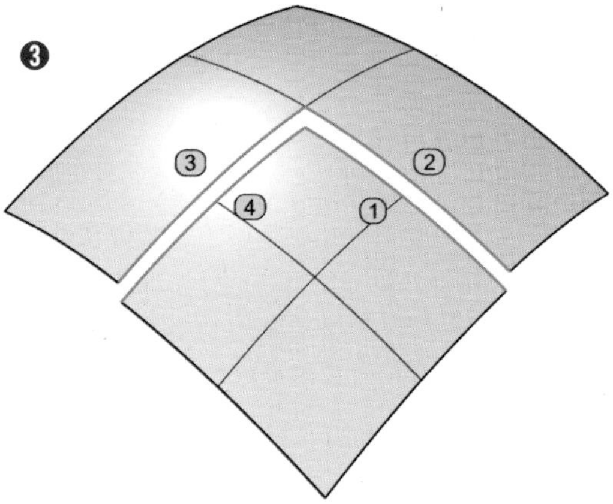

MultipleMatches=Yes
①–②–③–④번 면의 Edge를 순차적으로 선택

❹

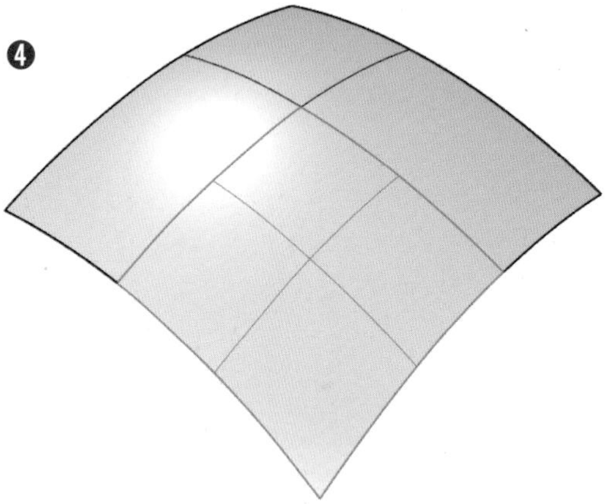

Match 결과

서피스 병합 Merge surfaces

트림되지 않은 두 서피스의 가장자리를 하나의 서피스로 병합한다.

Select a pair of surfaces to merge (Smooth=*No* Tolerance=*0.001* Roundness=*1*):

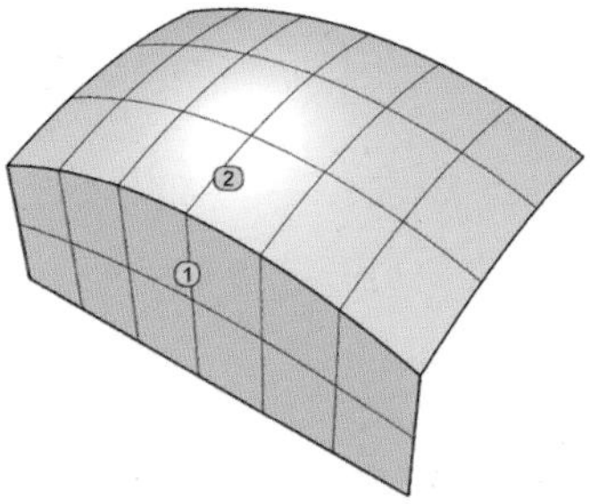

①번 면과 ②번 면을 순차적으로 선택
Smooth=No, Roundness=1

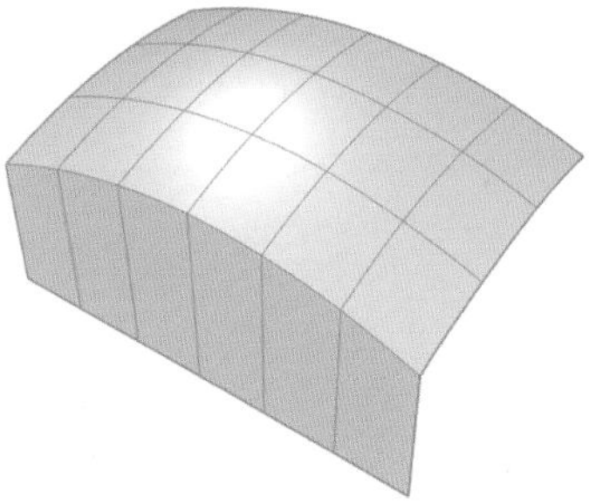

각을 유지하면서 1개의 면으로 병합됨

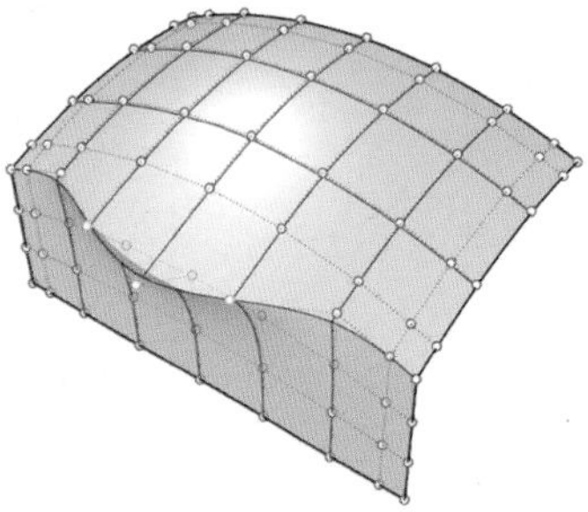

Point 편집이 가능함

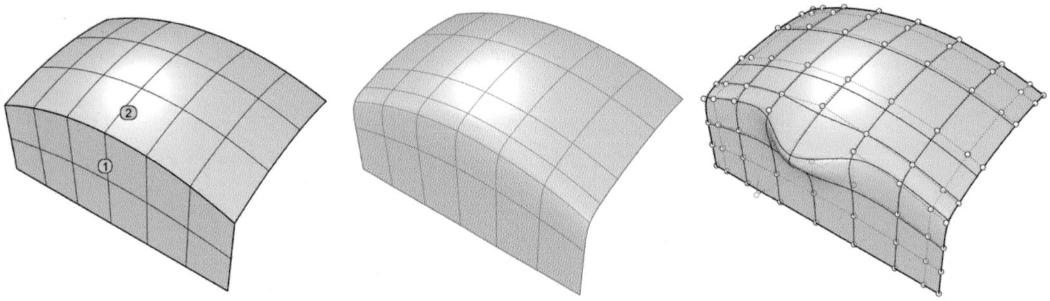

옵션 설정 : Select a pair of surfaces to merge (Smooth=*Yes* Tolerance=*0.001* Roundness=*1*):

①번 면과 ②번 면을 순차적으로 선택
Smooth=No, Roundness=1

각을 유지하면서 1개의 면으로 병합됨

Point 편집이 가능함

서피스 연결 Connect surfaces

서피스 가장자리를 연장하여 서로 만나게 하고, 서피스를 서로 트림한다.

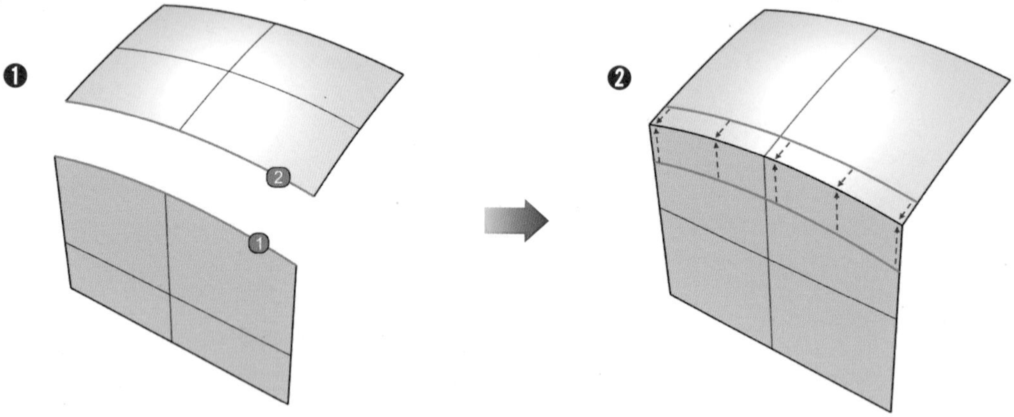

①번 면과 ②번 면의 가까운 Edge나 면을 클릭함

각각의 면은 화살표 방향으로 만남

대칭 Symmetry

커브와 서피스를 미러 실행하여, 미러 실행된 절반을 원래 개체에 접하게 만들고, 원래 개체가 편집되면 미러 실행된 절반도 원래 개체에 맞춰 업데이트된다. 명령이 실행 중일 때 히스토리 기록이 반드시 켜져 있어야 한다.

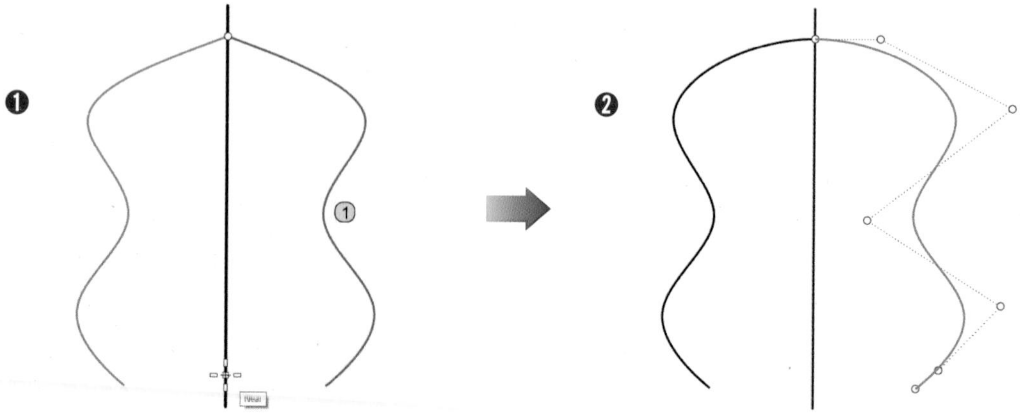

히스토리를 켜 주고 ①번 커브를 클릭하여 대칭 명령 수행함

히스토리 명령 때문에 포인트 편집이 대칭으로 동시 가능함

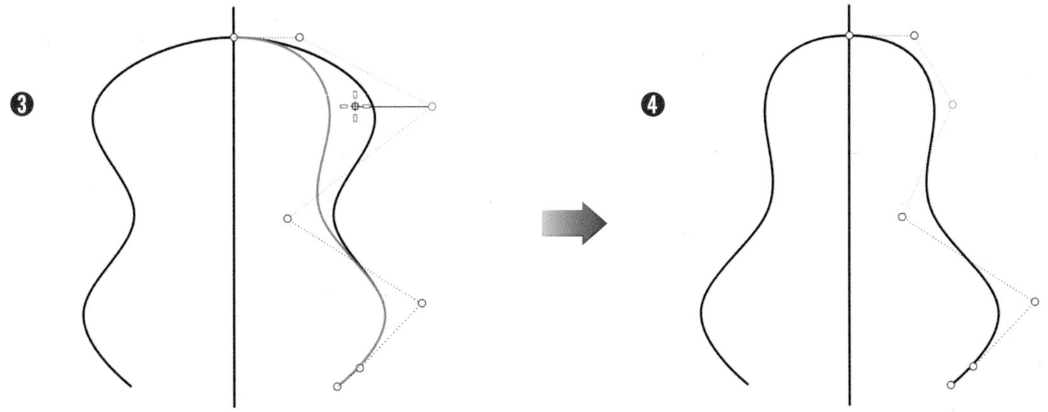

히스토리 명령 때문에 포인트 편집이 대칭으로 동시 가능함

대칭 Symmetry 명령은 기준이 되는 축의 방향에 따라 달라지기에 주의가 필요하다.

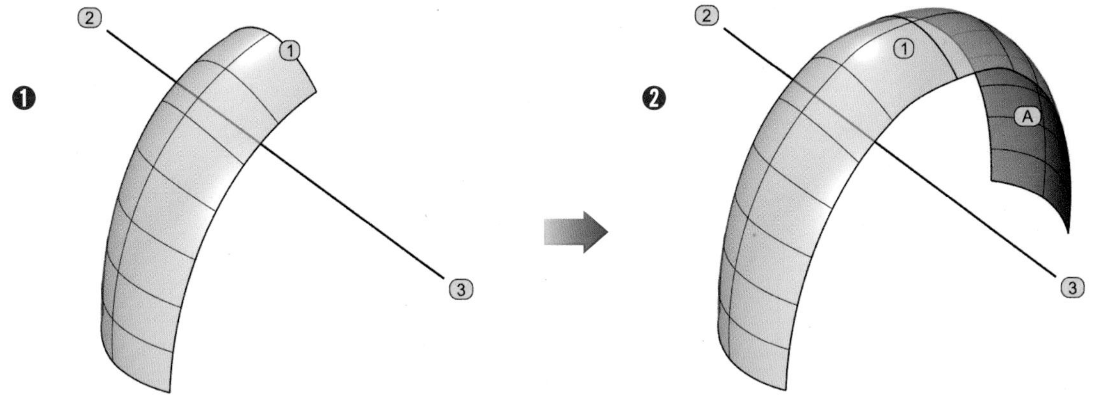

히스토리를 켜 주고 ①번 Edge 클릭, ②~③번 End 점을 클릭하여 대칭 명령 수행함

대칭 복사됨

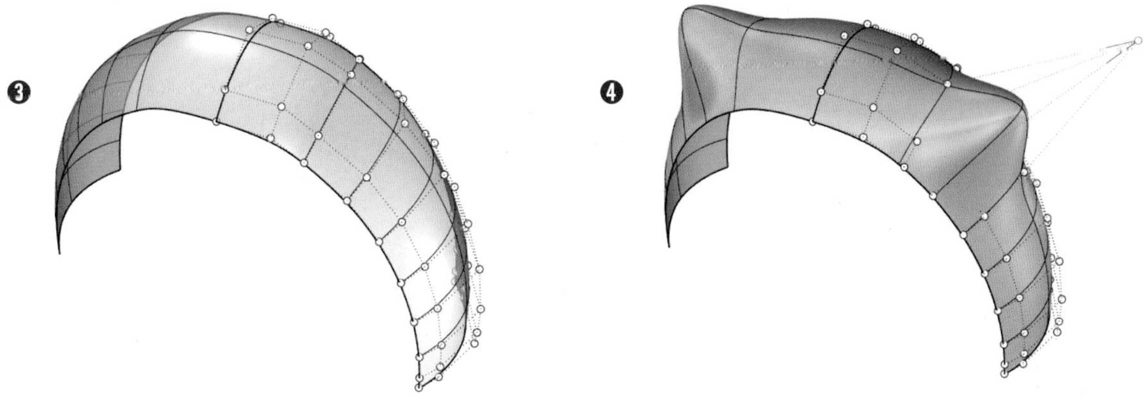

히스토리 명령 때문에 포인트 편집이 대칭으로 동시 가능함

서피스 사이 Tween between two surfaces

두 개의 입력 서피스 사이에 중간 서피스를 만들어 준다. 만들어지는 면의 개수와 아이소커브의 조정이 가능하다. 히스토리 편집도 가능하다.

❶

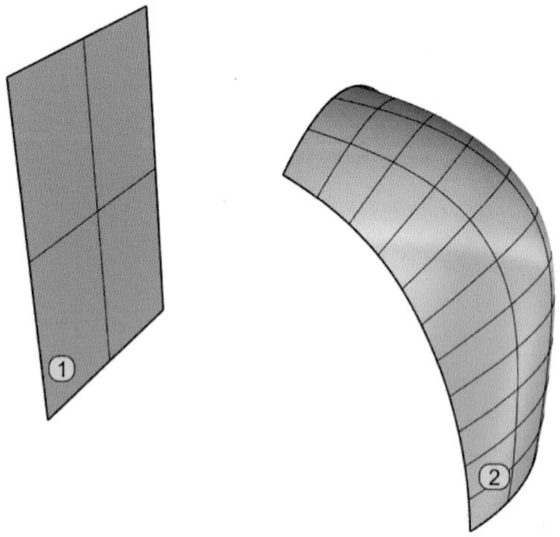

①번 면과 ②번 면을 순서대로 클릭해 준다.

❷

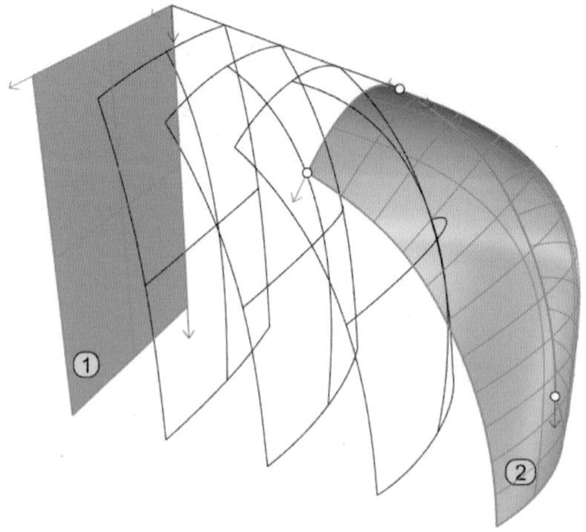

NumberOfSurfaces=3, SampleNumber=3

❸

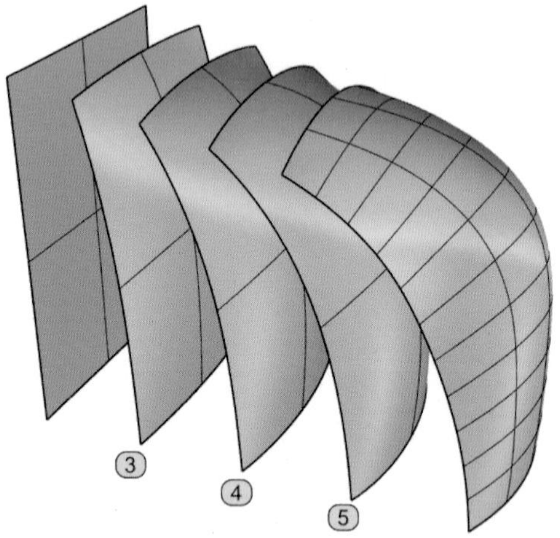

NumberOfSurfaces=3, SampleNumber=3
변화되는 ③-④-⑤번 총 3개의 면이 생성됨

❹

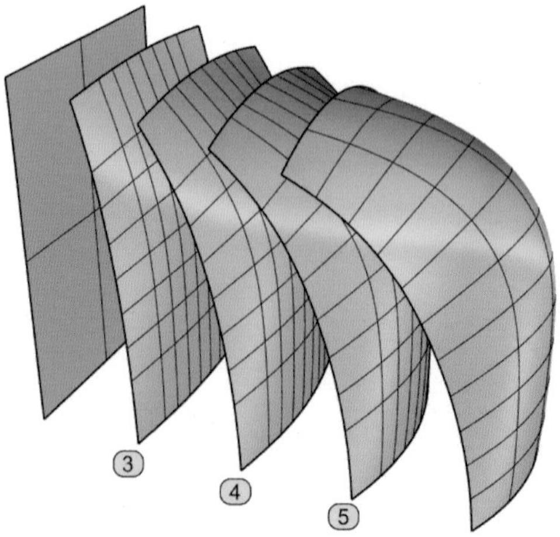

NumberOfSurfaces=3, SampleNumber=10
③-④-⑤번 면의 아이소커브가 다르게 생성됨

서피스 재생성 Rebuild surface

선택된 커브 또는 서피스를 지정된 차수(Degree)와 제어점(Point counts)의 개수로 다시 구축해 준다.

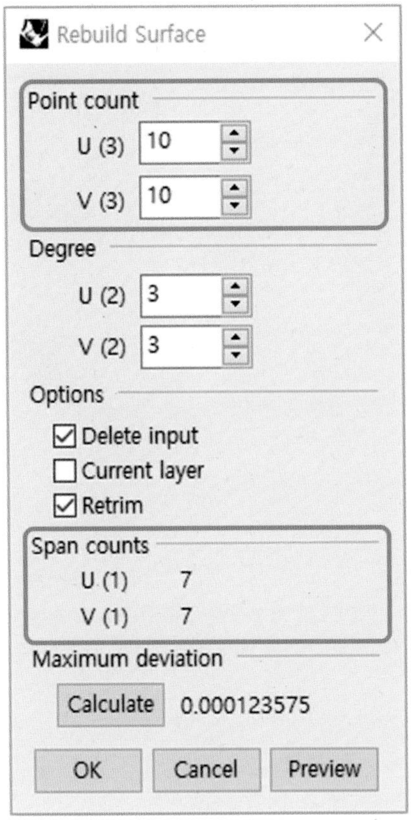

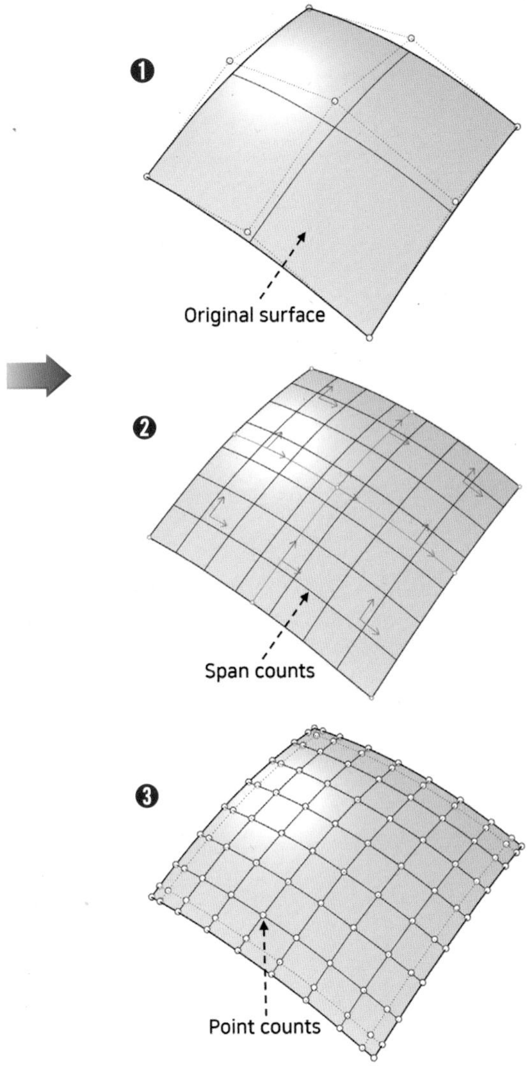

서피스 UV 재생성 Rebuild surface UV

선택된 서피스를 U 또는 V 방향에서 지정된 제어점의 수로 재구축한다.

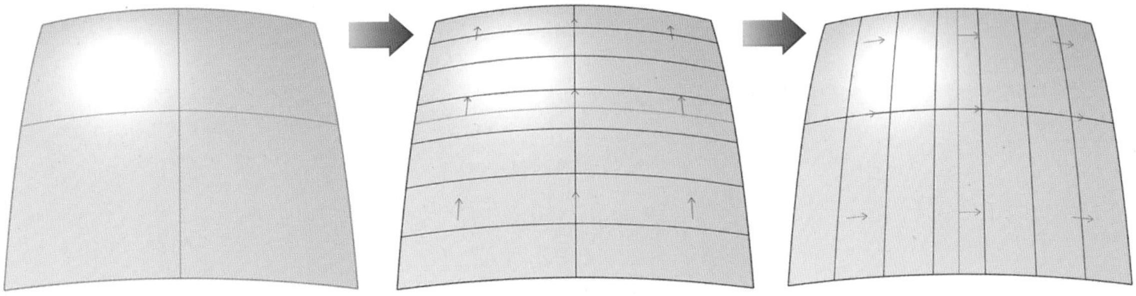

Original surface　　Direction=V, PointCount=10　　Direction=U, PointCount=10

FIT 서피스를 허용오차에 다시 맞추기 Refit surface to tolerance

서피스의 동일한 전체 형태는 유지하면서 서피스 제어점의 수를 줄일 때 사용한다. 다만 원형(회전체)의 경우 Top에서 보면 포인트가 완전한 대칭 및 방사 배열이 아닐 수 있다. 1. 서피스를 선택한다. 2. 새 허용오차값을 입력하거나, Enter 키를 눌러 기본값을 사용한다.

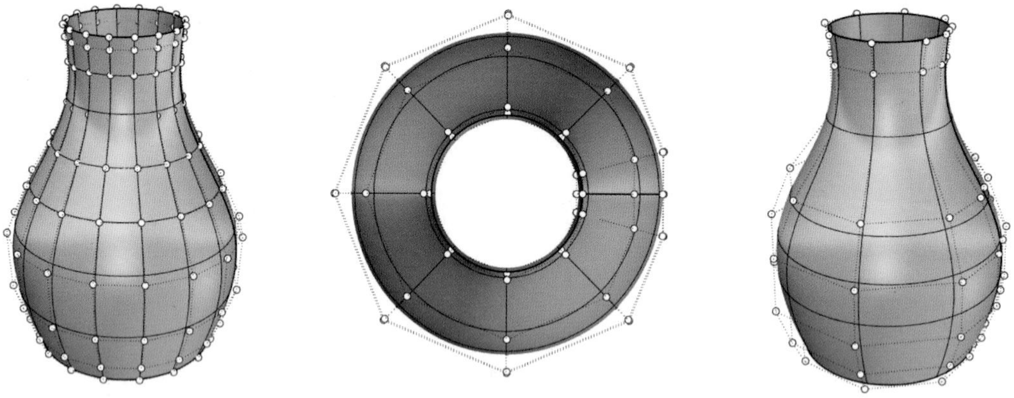

Original surface 〉 Degree=3 〉 **허용오차** 0.01　　Top View　　**허용오차** 0.1

DEG 서피스 차수 변경 Change surface degree

매듭점 구조를 유지하면서, 매듭점 스팬 사이의 제어점 수를 추가하거나 빼는 방법으로 커브 또는 서피스를 정의하는 다항식의 차수를 변경한다.

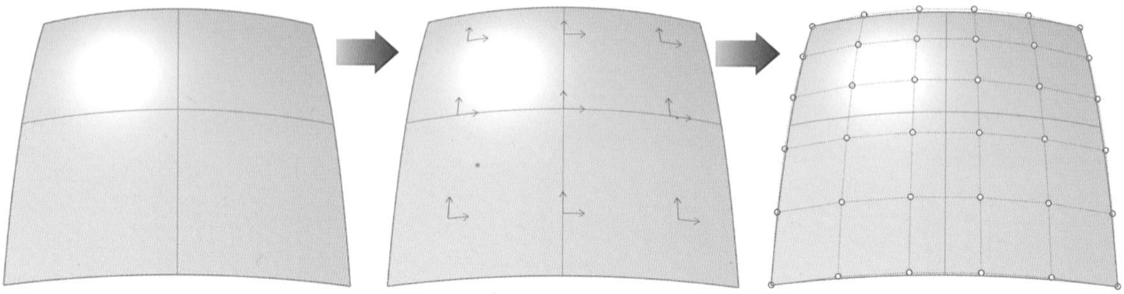

Original surface > Degree=2　　Direction=U,V　　U, V Degree=5

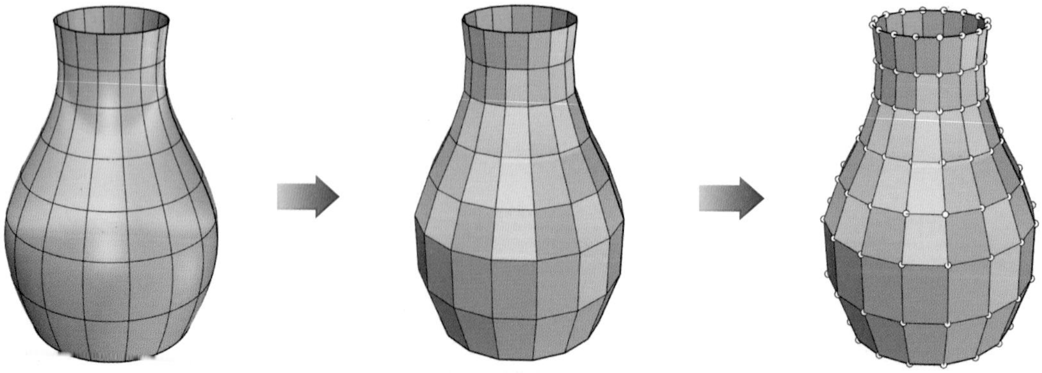

Original surface > Degree=3　　Direction=U,V　　U, V Degree=1

가장자리 분할 Split edge
가장자리 병합 Merge edge

지정한 위치에서 서피스 가장자리를 나누어 준다. 명령 순행 순서는 다음과 같다. 1. 서피스 가장자리를 선택 2. 가장자리에 한 점을 지정, 가장자리 끝점을 표시하려면 ShowEdges 명령을 사용해 준다.

Show edges 스플릿 엣지 명령 전 Show edges 명령으로 엣지 활성화함

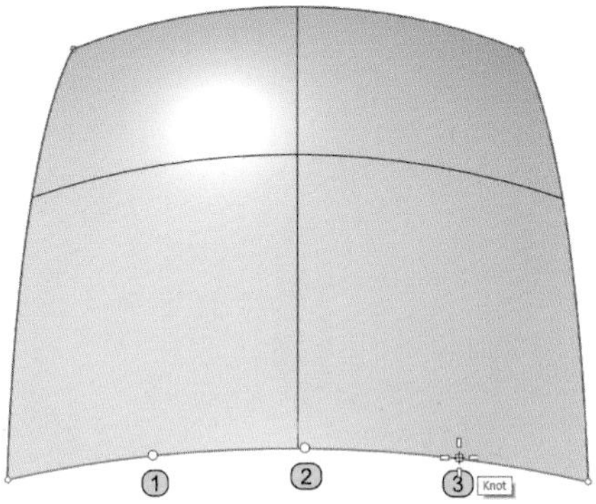

①–②–③ 순으로 가장자리 분할 클릭

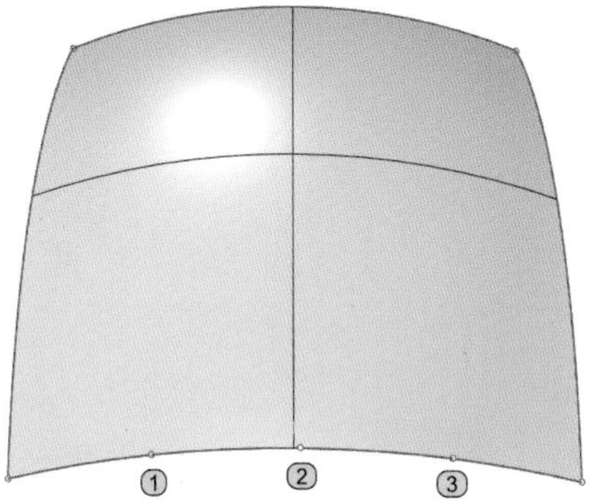

①–②–③지점이 분할된 결과

가장자리 분할 Split edge
가장자리 병합 Merge edge

지정한 위치에서 서피스 가장자리를 병합한다.

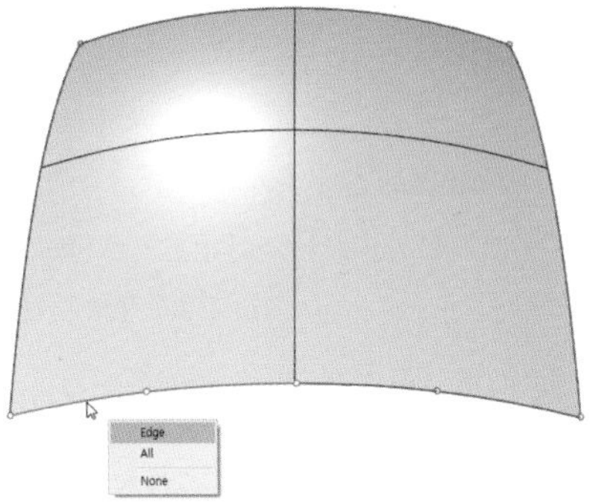

Merge edge 명령으로 가장자리 분할 지점 선택

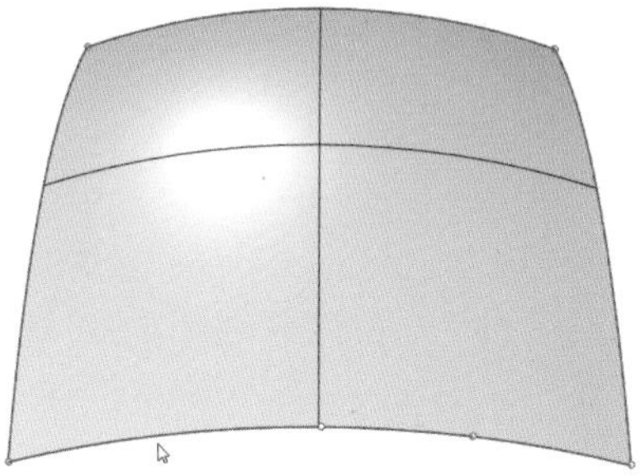

Merge edge 명령으로 가장자리 분할 지점 없앰

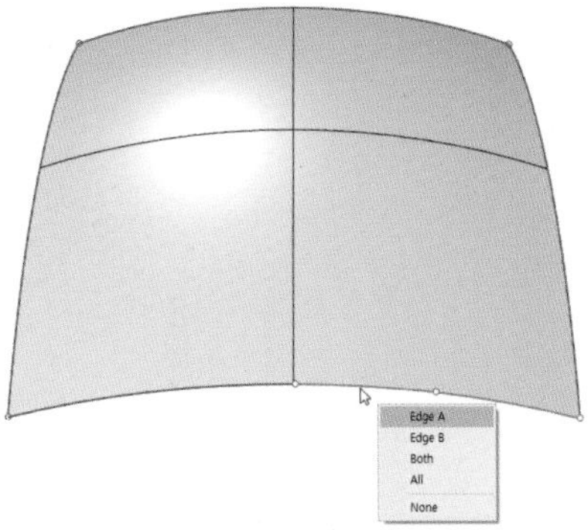

Merge edge 명령으로 가장자리 분할 지점 선택

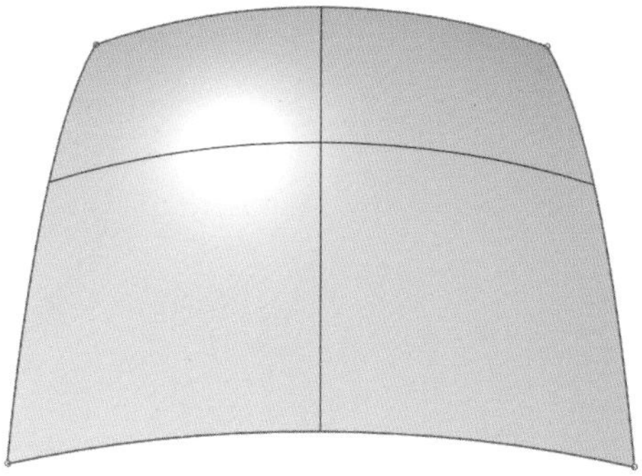

Merge edge 명령으로 가장자리 분할 지점 전체 없앰

가장자리 재생성 Rebuild edges

RebuildEdges 명령은 편집으로 서피스에서 분해된 원래 3D 서피스 가장자리를 복원한다. 폴리 서피스를 각각의 서피스로 분해 한 후, 서피스의 원래 3D 가장자리를 복원하려 할 때 이 명령을 사용하면 편리하다. 방법은 다음과 같다. 1. 몇 단위 떨어진 두 평면을 그린다. 2. Rhino에서 강제로 서피스를 결합하도록 JoinEdge 명령을 사용한다. 3. 개체를 분해하고 RebuildEdges 명령을 사용하여 가장자리를 다시 불러온다.

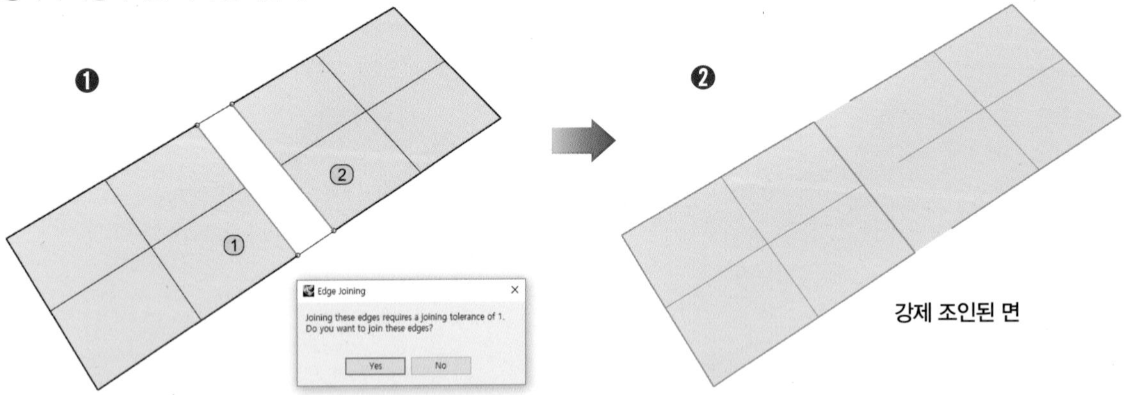
❶
①
②
Edge Joining
Joining these edges requires a joining tolerance of 1.
Do you want to join these edges?
Yes
No
❷
강제 조인된 면

Join 2 naked edges 1번과 2번 면이 떨어진 상태에서 조인 명령 실행

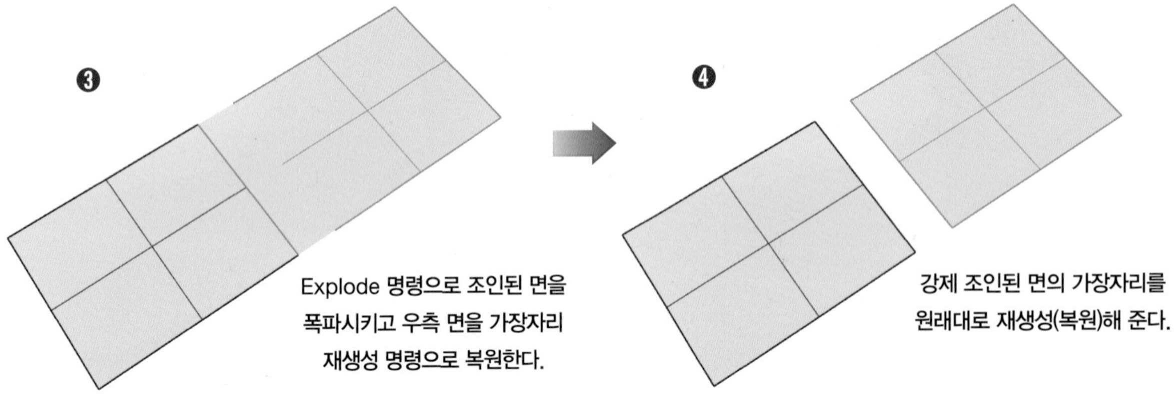
❸
Explode 명령으로 조인된 면을
폭파시키고 우측 면을 가장자리
재생성 명령으로 복원한다.
❹
강제 조인된 면의 가장자리를
원래대로 재생성(복원)해 준다.

트림 해제 Untrim
트림 분리 Detach trim

Untrim 명령은 트림된 부분의 면을 원래대로 복원시켜 준다.
그림처럼 (Edge–A), (Edge–B)를 클릭하면 복원된 개체를 얻을 수 있다.

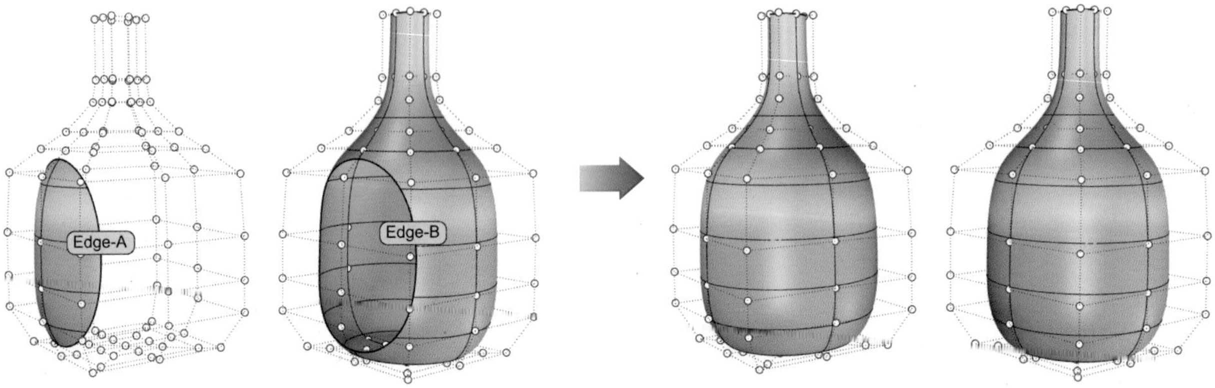
Edge-A
Edge-B

트림된 서피스 수축 Shrink trimmed surface
트림된 서피스를 가장자리까지 수축 Shrink trimmed surface to edge

ShrinkTrimmed surface 명령은 트림된 개체에 대해 숨어 있는 복원 포인트를 수축(축소)시켜 준다. 수축한 면은 Untrim 시 완전한 형태 복원에 제약이 따르게 된다.

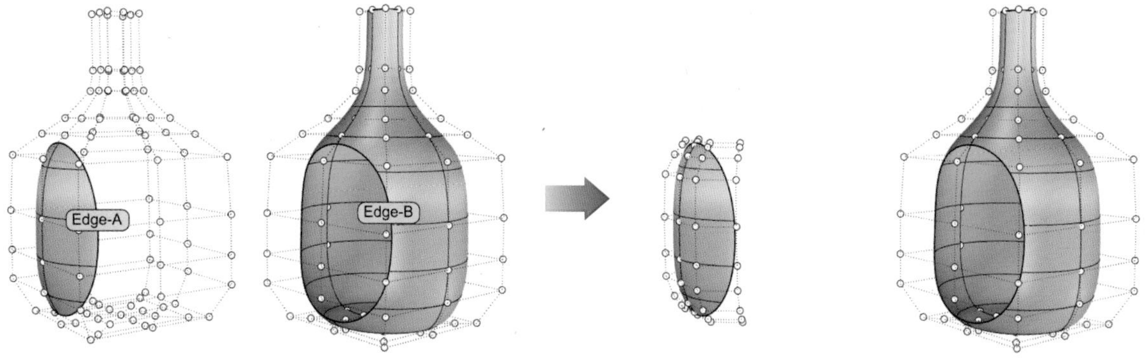

균일화 Make uniform
서피스 UV 균일화 Make surface uniform UV

MakeUniform 명령은 NetworkSrf와 같은 명령으로 만들어진 면의 아이소커브가 부분적으로 너무 많으면 RemoveKnot과 같은 명령으로 지워 주게 된다. 이때 Knot을 지나치게 지우다 보면 제어점의 위치가 Knot에서 불일치되면서 형태가 급변하게 된다. 이런 형태 변화를 최소화해 주기 위해서 매듭점의 위치를 균일하게 만들어 주면 아이소커브를 줄이면서도 형태를 최대한 유지할 수 있게 하면서 면의 최적화 및 편집이 가능하다. Uniform하게 만든 면에서 CP를 삭제하여 필요한 CP만 남기면 된다. 물론 지나친 변화는 개체의 형태에 다소간의 변형을 초래할 수 있다.

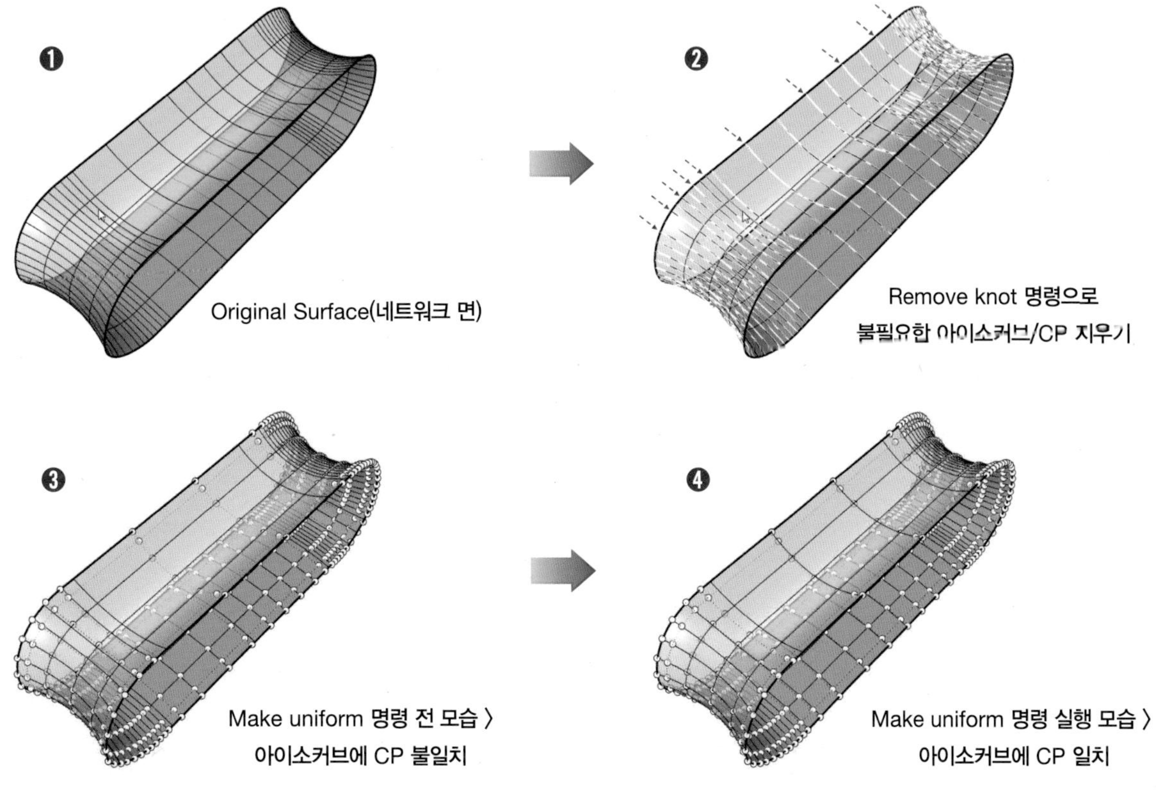

Original Surface(네트워크 면)

Remove knot 명령으로 불필요한 아이소커브/CP 지우기

Make uniform 명령 전 모습 〉 아이소커브에 CP 불일치

Make uniform 명령 실행 모습 〉 아이소커브에 CP 일치

서피스 주기화하기 Make surface periodic
서피스비주기화하기 Make surface non-periodic

MakePeriodic 명령은 커브 또는 서피스에서 꼬임(Kinks)을 제거 시에 사용한다. 특히 2차수로 그려지는 원의 경우 4군데에 Kink 존재하게 된다. Kink 포인트를 당기면 각으로 편집된다.

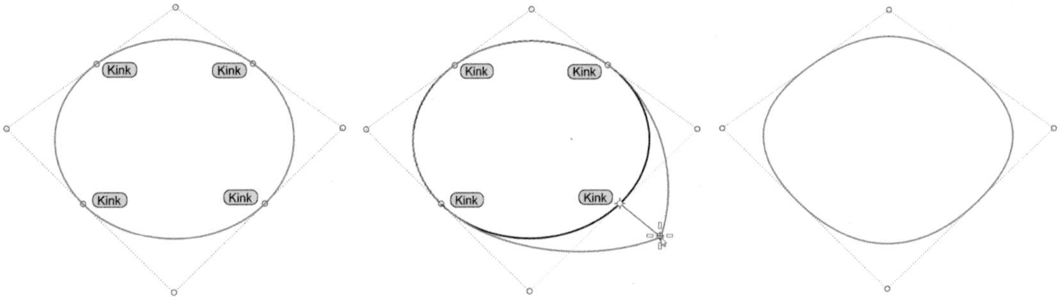

차수 2에서 보이는 Kink 모습 **Kink 포인트를 드래그하면 각이 생김** **Kink 포인트가 없으면 각이 생기지 않음**

반대로 킹크(Kink)를 인위적으로 만들고 싶다면 Insert kink 명령이나 Make surface non-periodic 명령을 이용하면 된다.

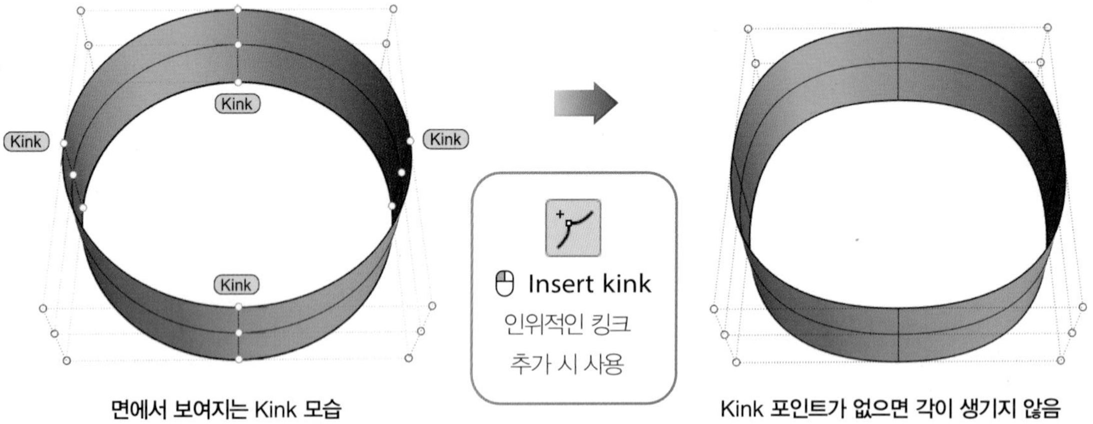

면에서 보여지는 Kink 모습 **Kink 포인트가 없으면 각이 생기지 않음**

닫힌 서피스 심 조정 Adjust closed surface seam

Seam은 이음새로 SrfSeam 명령은 서피스의 시작과 끝 가장자리가 만나는 닫힌 서피스상의 위치를 변경할 수 있다. 그림처럼 투영 커브에 심(Seam)이 겹치면 Split 시 면이 두 개로 나뉘어질 수 있다. 이를 방지하기 위해서 심을 이동해야 하는 경우가 발생한다.

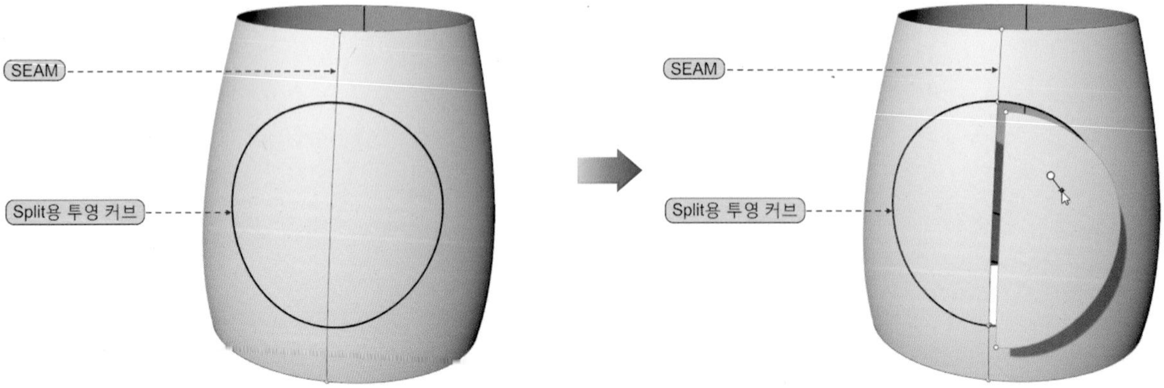

심과 투영 커브가 겹친 상황 **Split시 면이 2개로 조각난 상황**

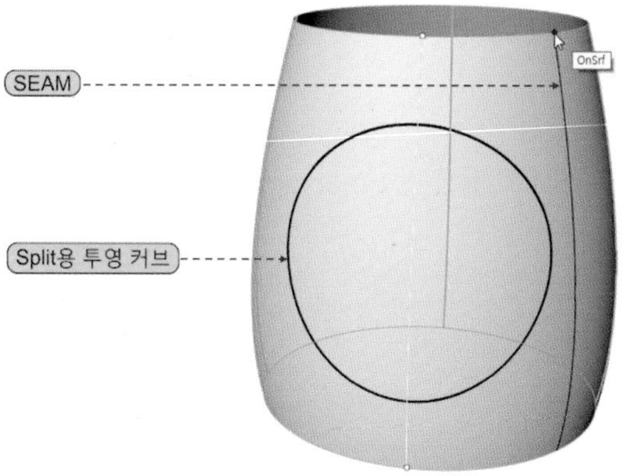

심을 우측으로 이동하는 모습

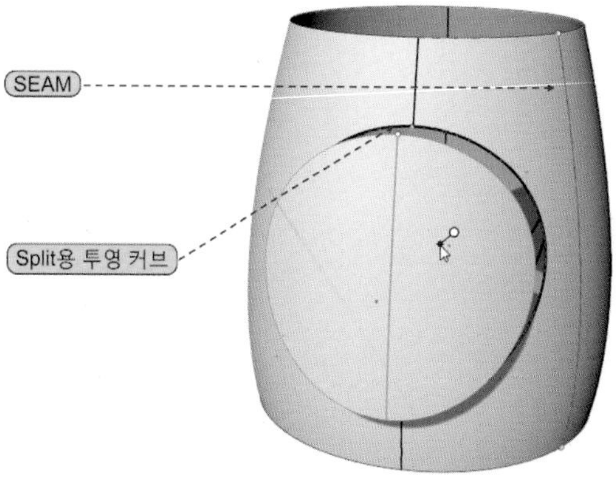

Split시 면이 1개로 깔끔하게 잘림

서피스 가장자리 대체 Remove surface edge

트림된 서피스의 가장자리(Edge)를 클릭하여 새로운 가장자리로 대체한다. 그림과 같은 번호 순서대로 클릭해 주면 된다. 어느 가장자리를 선택해 주느냐에 따라 결과가 달라진다.

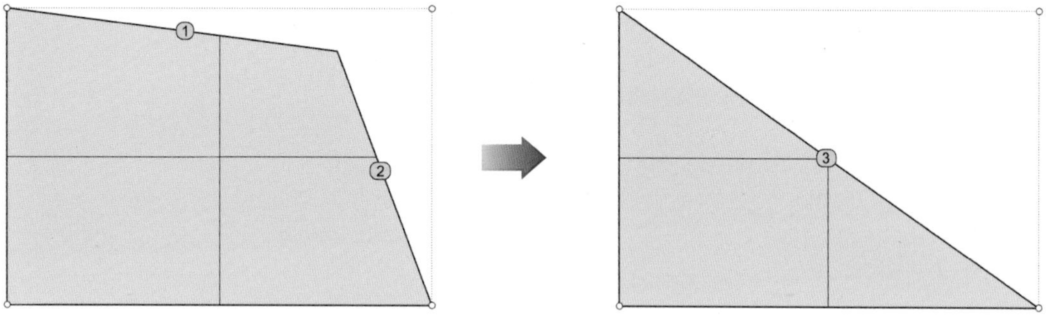

전개 가능한 서피스 전개 Unroll developable surface
서피스를 평면화 Flatten surface

UnrollSrf 명령은 서피스 또는 폴리 서피스를 평면형 서피스에 대해 1방향의 곡률로 전개, 즉 펼쳐 준다.

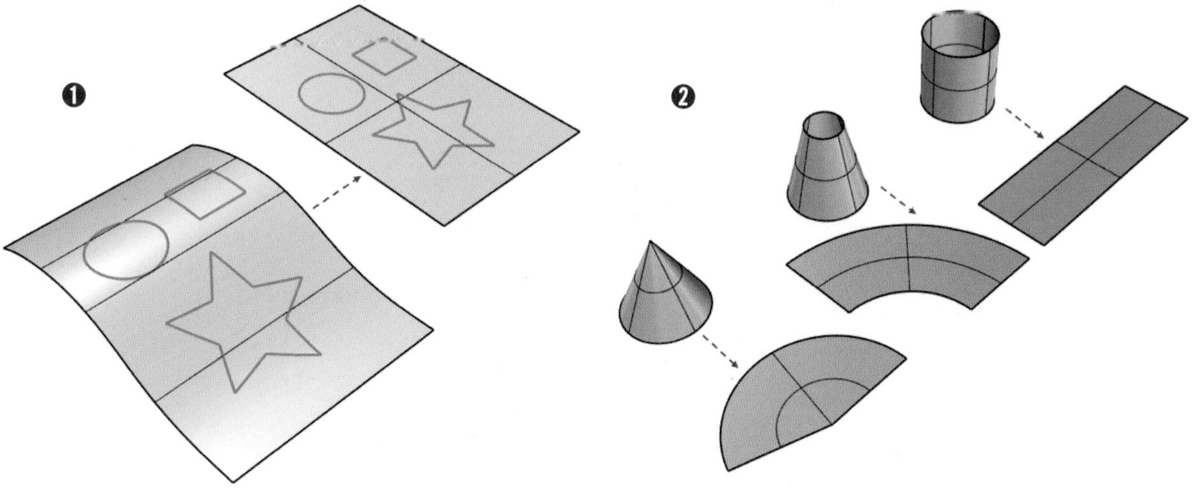

스매시 Smash

Smash 명령은 한 방향의 곡률로 제한 없이 서피스를 펼친다. 복합 곡률을 가진 서피스의 2D 전개(근삿값)를 만든다. 이 명령은 어느 정도 유연성과 신축성이 있는 직물에 사용하는 것이 가장 이상적이다. Smash 명령은 UnrollSrf 명령의 수정된 버전이다. UnrollSrf 명령에서는 전개를 실행할 한 방향으로 직선이어야 하지만, Smash 명령에서는 그렇지 않다. 페이퍼 패턴을 얻기 위해 이중 곡면 개체(예: 절반의 코코넛 껍질)를 평평하게 펴는 것은 불가능하므로, 일부 차수에서는 항상 부정확한 결과를 얻게 된다. 이 명령은, 평평하게 할 개체가 극단적인 곡면 개체가 아니고, 고무처럼 늘어나는 재질로 패턴을 만들 때 유용하다.

❶

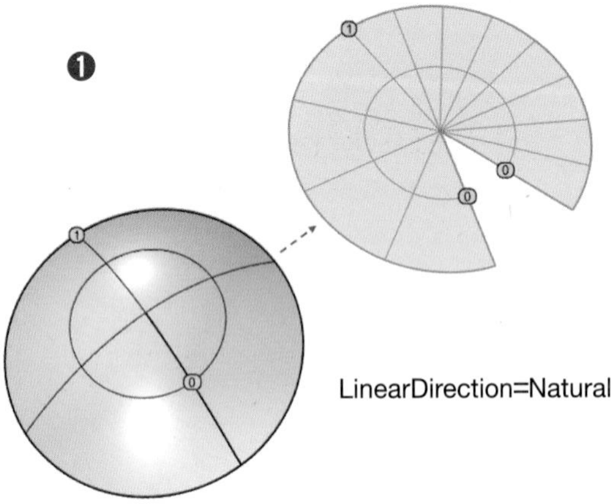

❷

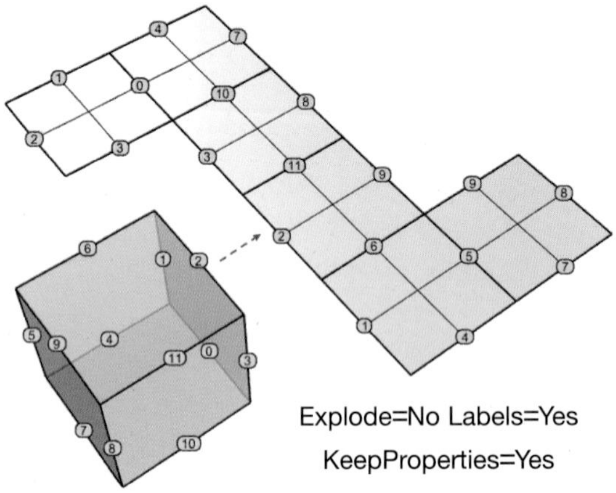

서피스 끝 벌지 조정 Adjust surface end bulge

커브의 끝점 또는 서피스의 트림되지 않은 가장자리 가까이 있는 형태를 조정(편집)할 수 있다. 옵션에서 연속성 등급을 설정할 수 있다. EndBulge 명령을 사용하여 접선 방향과 커브 곡률을 바꾸지 않고도 커브 또는 서피스의 모양을 편집할 수 있다. 이 명령은 Blend 명령으로 만든 커브나 면처럼, 다른 지오메트리에 합쳐지도록 만들어진 커브에 유용하게 사용할 수 있다. 커브를 조정하는 동안 그래프가 변경되는 것을 보려면, 곡률 그래프를 켜고 EndBulge를 사용한다. 그림과 같이 브랜드 면의 가장자리를 번호 순서대로 클릭하고 편집점을 이용 편집한다.

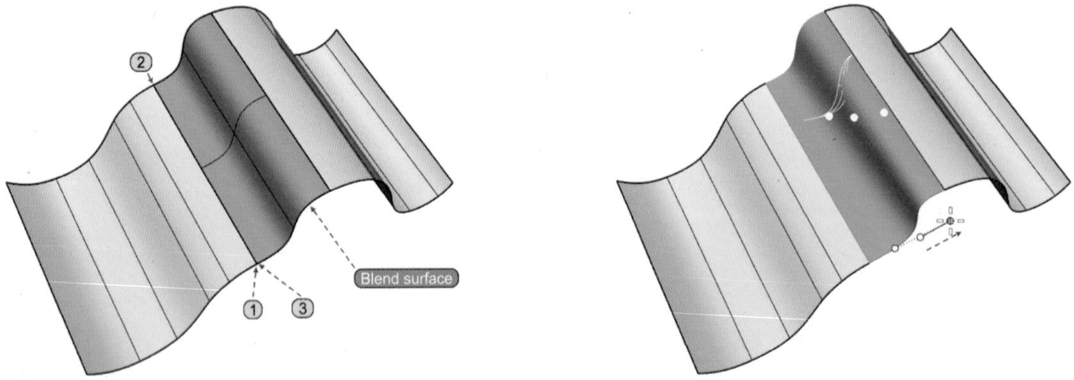

개체에 서피스 펼치기 Divide surface along creases
주름과 접점을 따라 서피스 나누기 Divide surface along creases and tangents

DivideAlongCreases 명령은 서피스를 꼬임 또는 접점 위치에서 각 파트로 나눠 폴리 서피스를 만든다. 주름진 서피스는 폴리 서피스 안에서 매끄러운 부분으로 나뉘고 결합한다. 명령 시 옵션은 다음과 같다. 접점에서 분할: 서피스를 접점 위치에서 분할한다. 꼬임에서 분할: 꼬인 위치에서 서피스를 분할한다.

다중 매듭점 제거 Remove multiple knots from surface or curve
곡률 분석 Curvature analysis

다중 매듭점 제거 명령은 생성 면에 존재하는 다중 Knot를 한 번에 제거해 준다. 면에 중복 또는 다중 Knot을 삭제해 주어야 하는 이유는 면의 연속성 품질과 편집에 문제를 야기할 수 있기 때문이다. 그림과 같이 Sweep 2 Rails 명령으로 만든 면에 중복 Knot이 존재할 경우 이 명령을 사용하여 매듭점을 제거한다. 또한, 서피스를 Smooth=No 상태로 MergeSrf 면 생성 시 중첩 Knot이 생성될 수 있다.

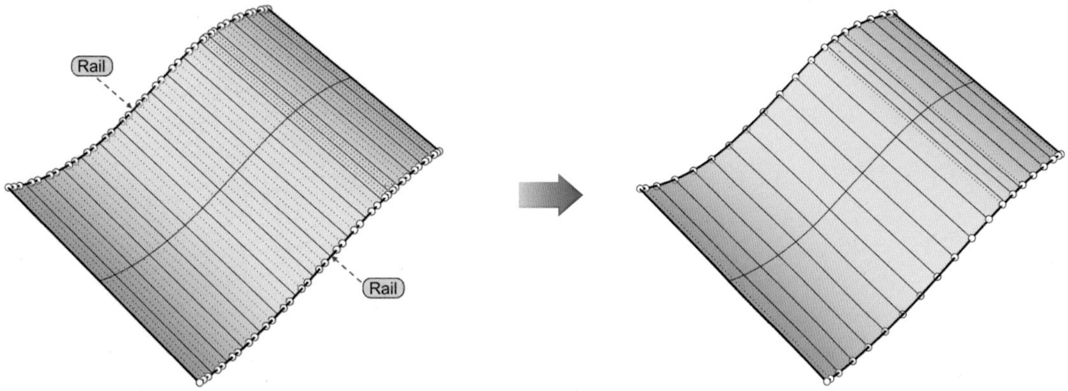

엣지 연속성 Edge continuity

엣지 연속성 명령어는 세선(지느러미)을 사용하여 두 가장자리 간의 거리, 접선, 곡률 편차를 시각화한다. 즉 면과 면의 가장자리 연속성을 체크하는 명령이다. 그림과 같이 ①번과 ②번의 거리 차이나 접한 엣지의 경우 연속성을 체크한다. 다양한 필요값을 기입하고 확인이 가능하다. 거리: 선택된 두 가장자리 간의 거리 편차를 계산한다. 접선: 선택된 두 가장자리 간의 접선 편차를 계산한다. 곡률: 선택된 두 가장자리 간의 곡률 편차를 계산한다. 밀도: 세선의 밀도를 제어한다. 곡률 허용오차: 허용된 곡률 차이, 접선 허용 오차: 허용된 접선 방향 창, 거리 허용오차: 허용된 틈의 거리 등이다. 계산된 값이 허용오차보다 아래 있으면 세선이 좋은 색으로 나타난다. 최대 색은 가장 큰 값을 보이는 부분을 말한다.

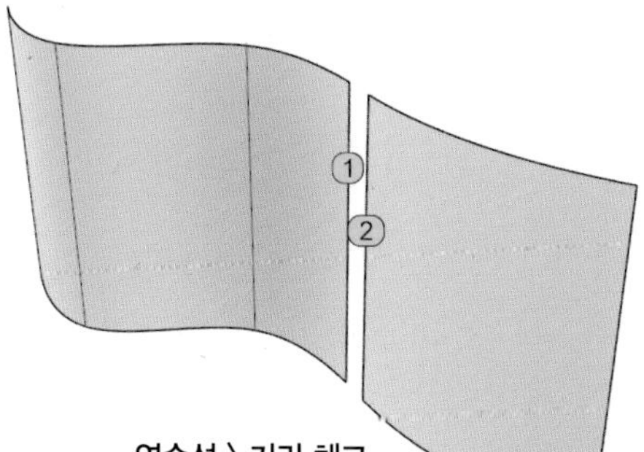

연속성 〉 거리 체크

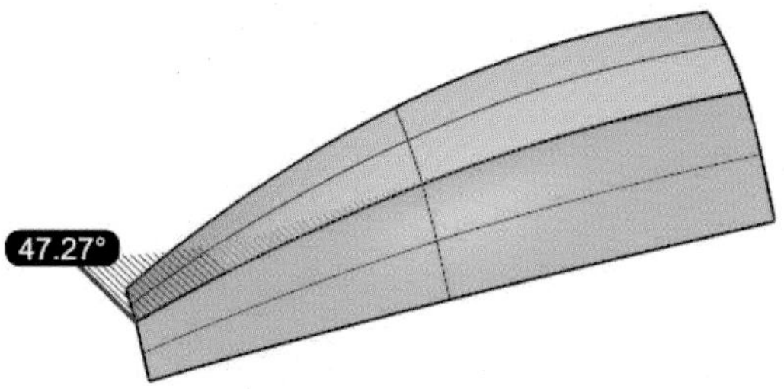

연속성 〉 접선, 곡률 등의 체크

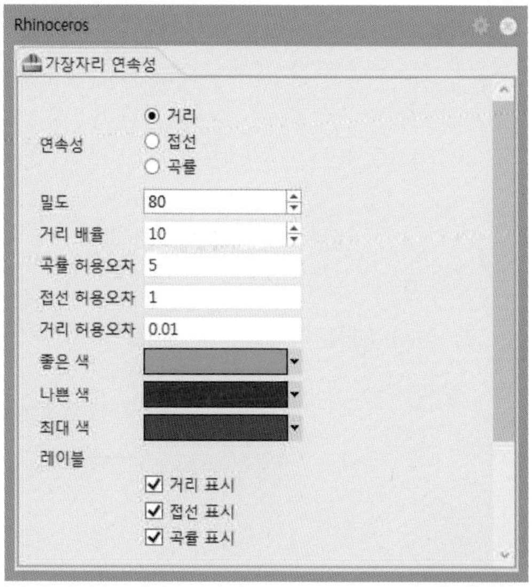

13 CHAPTER 솔리드 만들기(Solid Creation) 명령어 그룹

솔리드 만들기(Solid Creation) 명령어 그룹은 모든 면이 막혀 있는 덩어리 즉 솔리드 개체를 만드는 데 필요한 툴들이 모여 있는 곳이다. 박스, 실린더, 구, 타원체, 파라볼로이드, 원뿔, 피라미드, 실린더, 토러스와 같은 원시 도형부터 파이프, 돌출체 명령까지 준비되어 있다. 주로 솔리드 도구(Solid Tools)들과 함께 사용된다.

한글 버전 솔리드 만들기 명령어 그룹

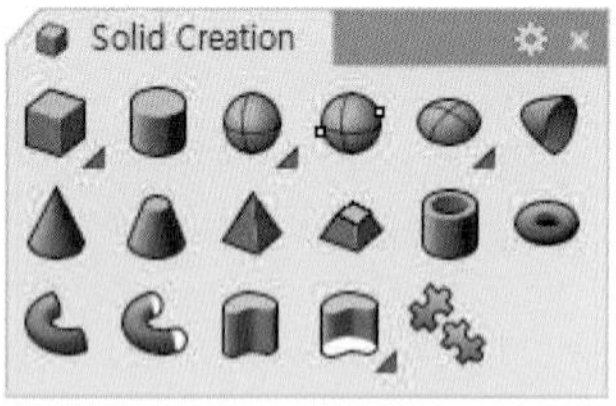

영문 버전 Solid Creation 명령어 그룹

Box 명령은 솔리드 상자를 그린다.

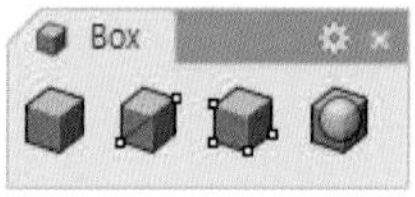

상자: 모서리에서 모서리로, 높이 Box Corner to Corner, Height

모서리에서 모서리 기점을 기준으로 박스를 그릴 수 있다.

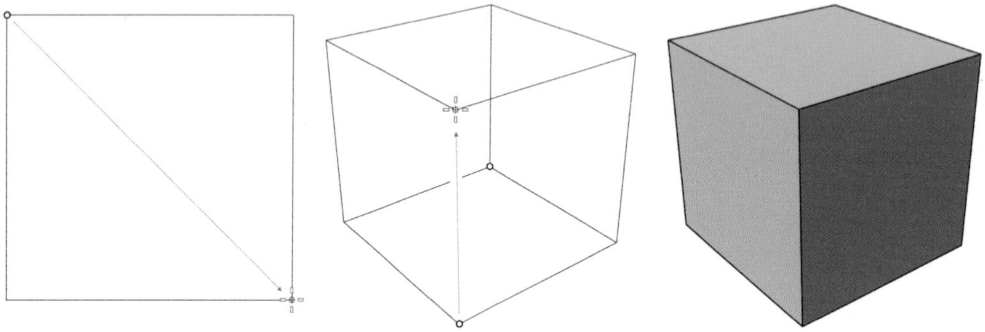

상자: 대각선 Box: Diagonal

모서리에서 대각선을 기점으로 박스를 그릴 수 있다.

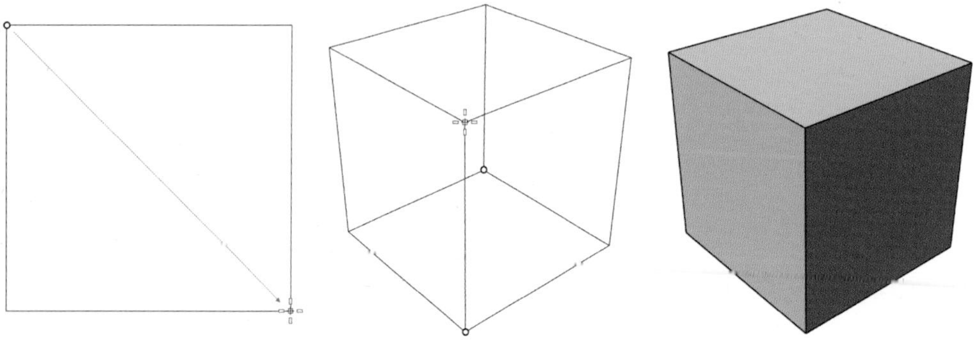

상자: 3점, 높이 Box: 3 points, height
상자: 중심점, 모서리, 높이 Box: center, corner, height

총 3개의 지점을 클릭하고 높이를 지정하여 박스를 그릴 수 있다.

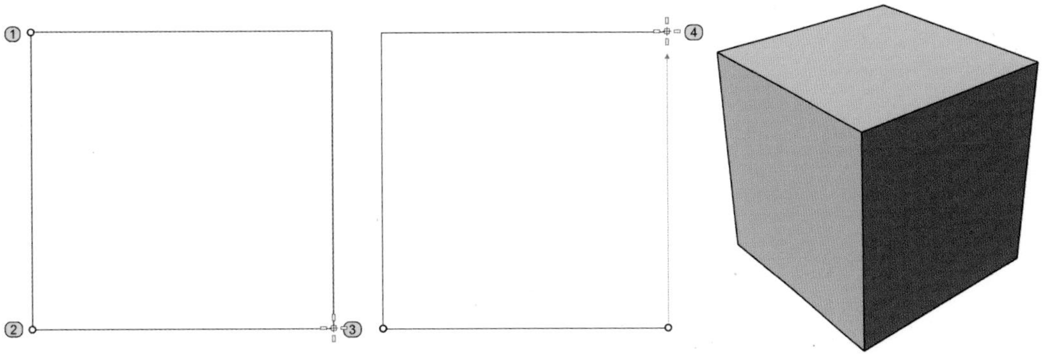

경계 상자 Bounding box
경계 상자,구성 평면의 방위 Bounding box, CPlane orientation

모델링된 개체의 경계 상자를 얻을 수 있다. 패키지 디자인과 같은 영역에서도 유용하다.

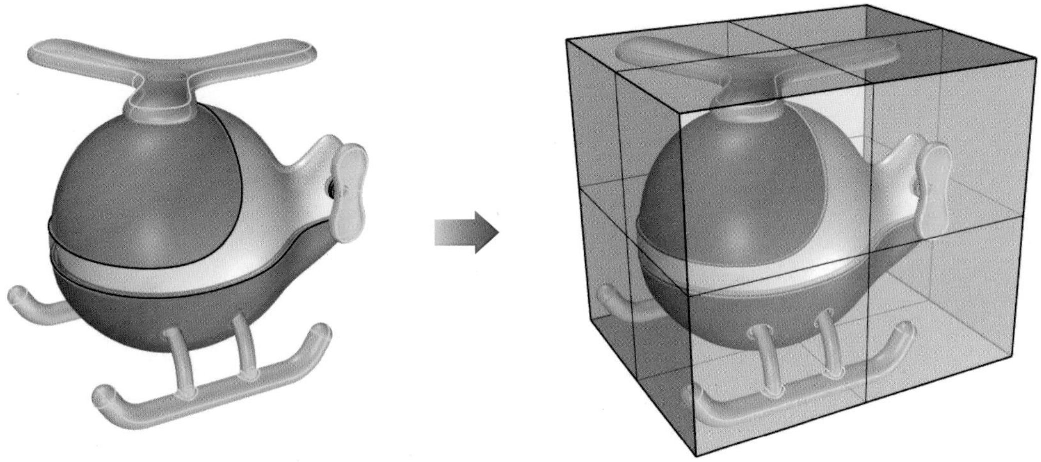

원통 Cylinder

Cylinder 명령은 원기둥을 그릴 수 있다.

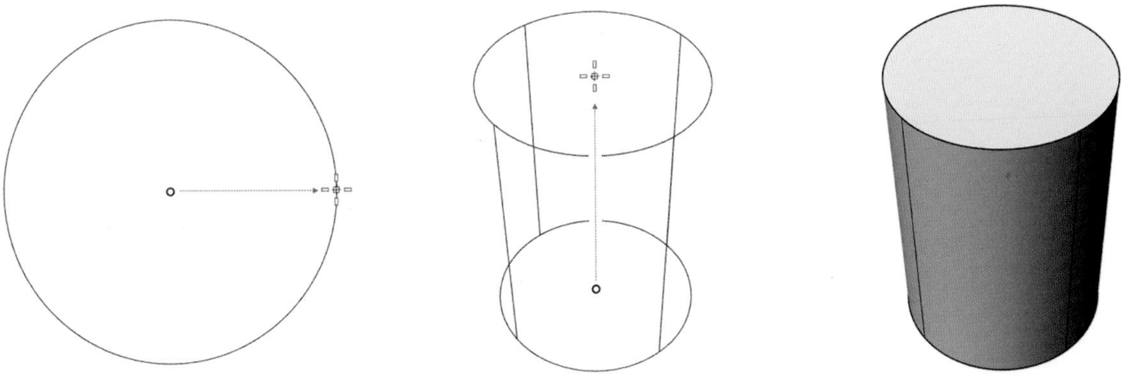

Top view　　Perspective view　　Perspective view

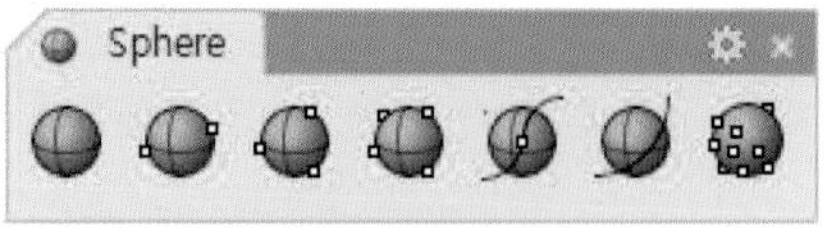

구: 중심점, 반지름 Sphere: Center, Radius

Sphere 명령은 솔리드 구를 그린다.

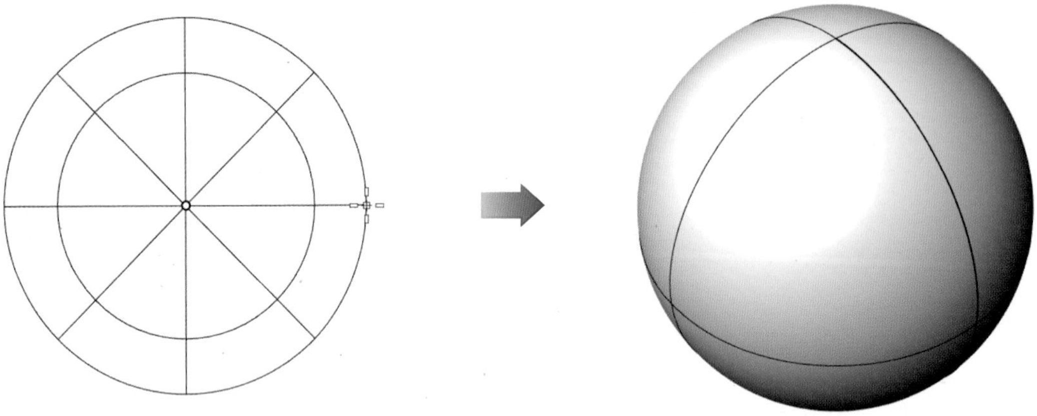

Top view　　　Perspective view

구: 지름 Sphere: Diameter

두 점(지름)을 기준으로 구를 그린다.

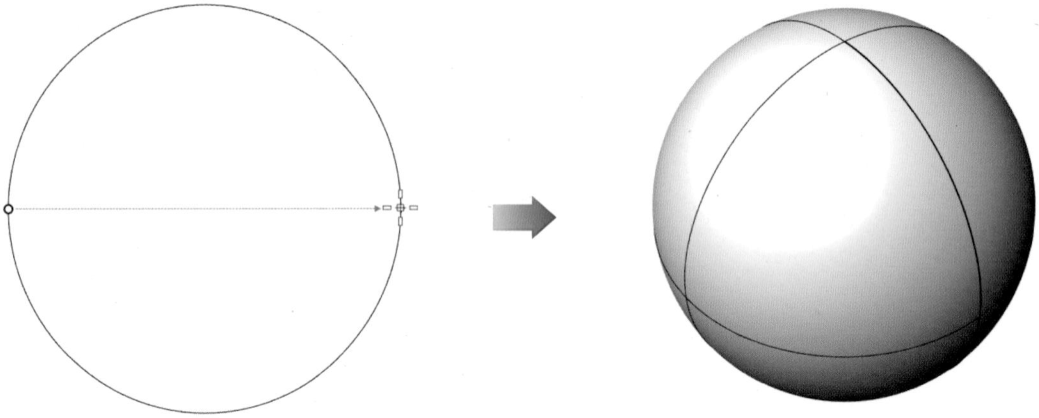

Top view　　　Perspective view

타원체: 중심점에서 Ellipsoid: From center

Ellipsoid 명령은 솔리드 타원체를 그린다.

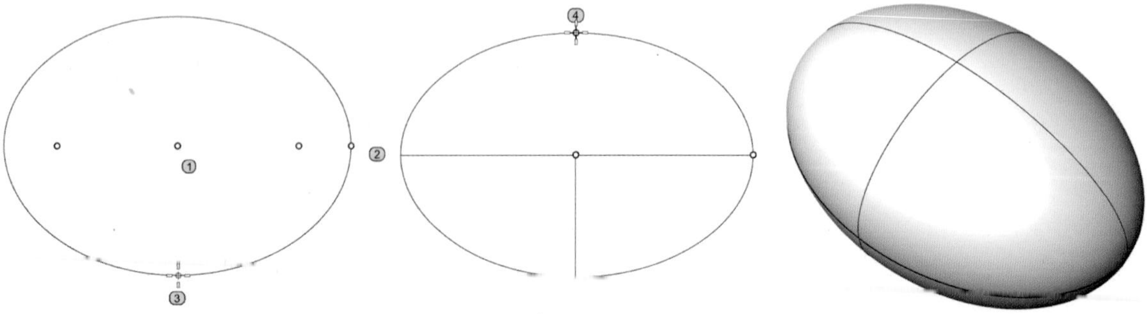

Top view　　　Front view　　　Perspective view

포물면 Paraboloid

Paraboloid 명령은 포물형 서피스를 그린다.

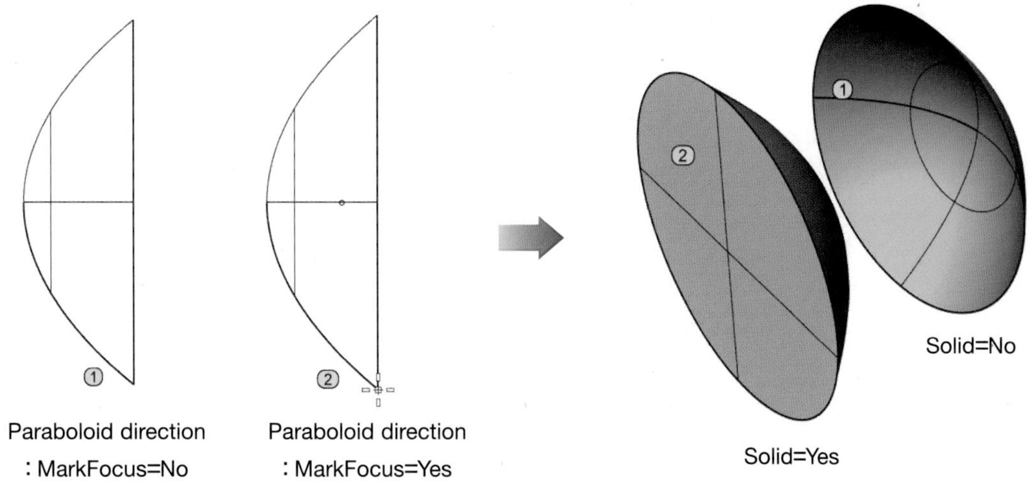

원뿔 Cone

Cone 명령은 원뿔을 그린다.

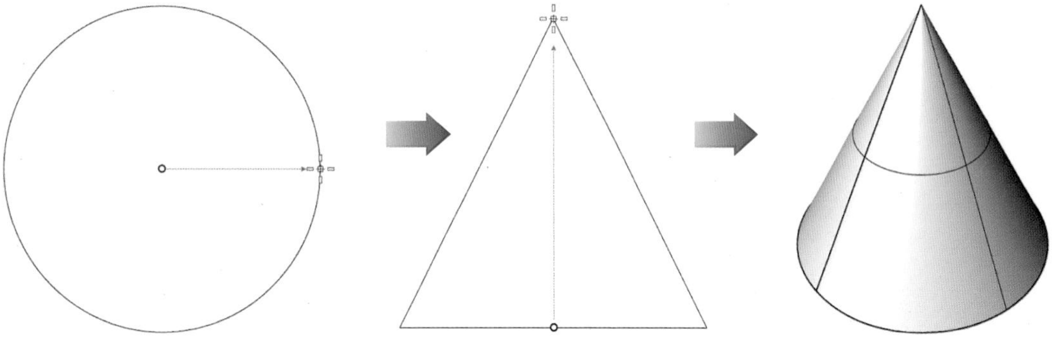

원뿔대 Truncated cone

TruncatedCone 명령은 정점이 평면으로 잘린 원뿔을 그린다.

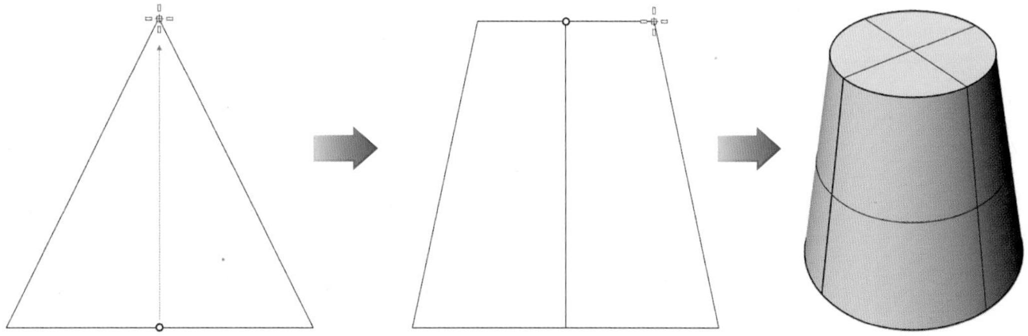

각뿔 Pyramid Pyramid 명령은 각뿔을 그린다.

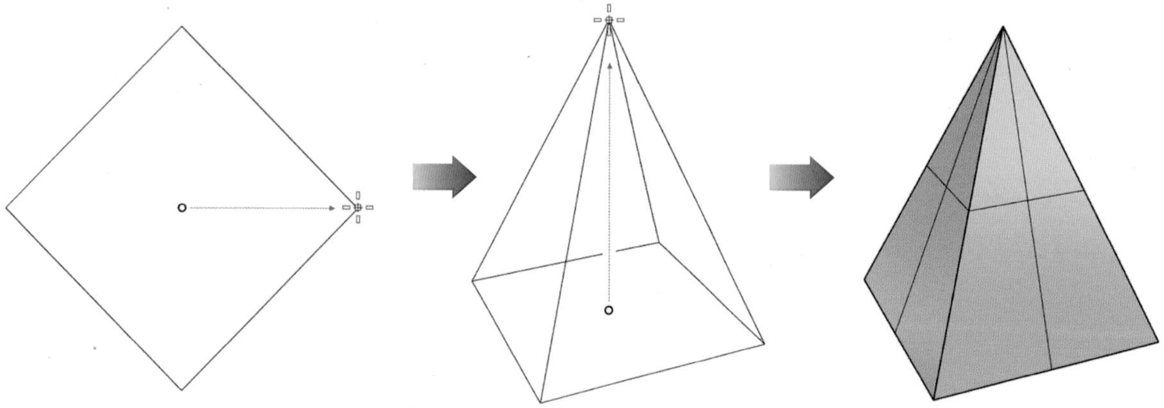

Top view

각뿔대 Truncated Pyramid TruncatedPyramid 명령은 정점이 평면으로 잘린 각뿔을 그린다.

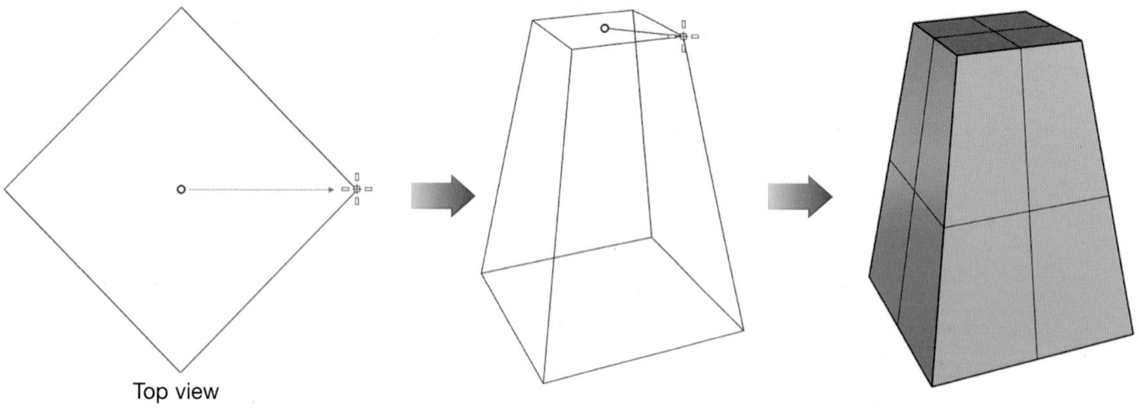

Top view

튜브 Tube Tube 명령은 중심이 같은 원통형 구멍이 있는 닫힌 원통을 그린다.

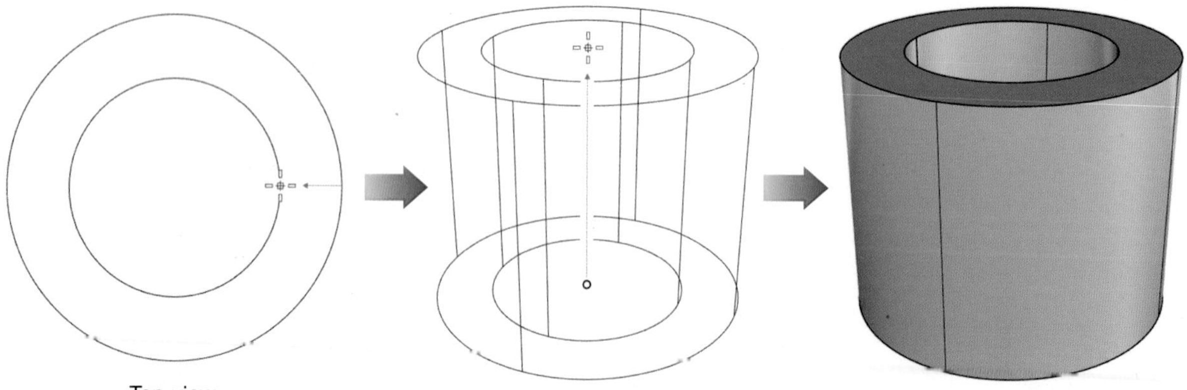

Top view

원환 Torus

Torus 명령은 원환(도넛 형태)을 그린다.

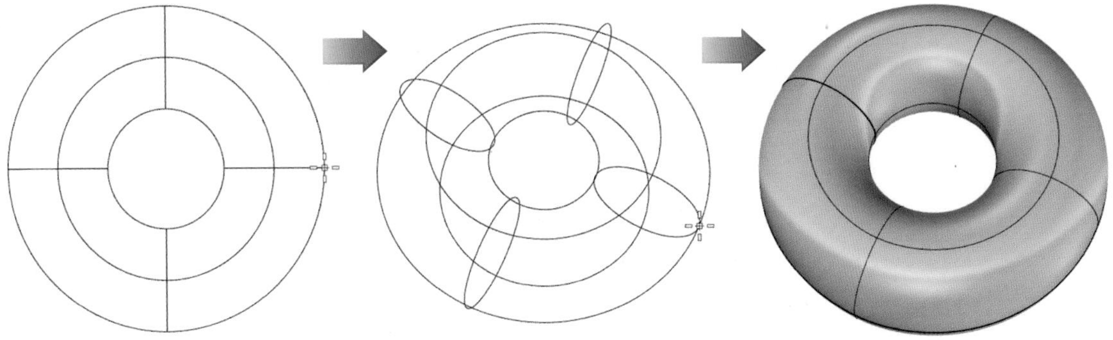

Top view   Perspective view   Perspective view

파이프: 평평한 끝막음 Pipe: Flat caps

Pipe 명령은 커브를 중심으로 원형 프로파일이 있는 서피스 또는 폴리 서피스를 만든다.

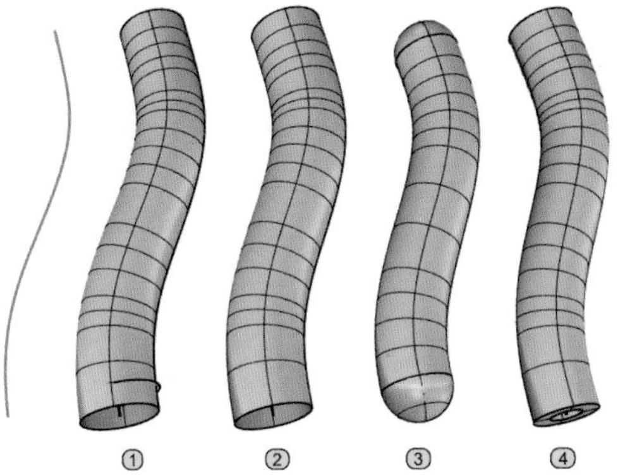

①, ② Cap=None, ③ Cap=Round, ④ Thick=Yes

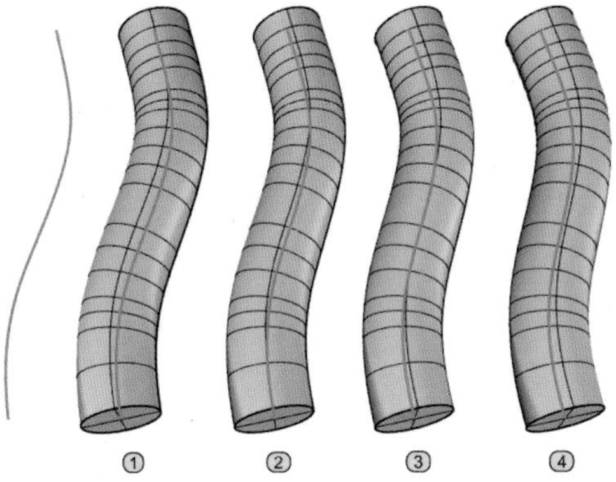

Select rail 〉 Multiple 선택 시 동시에 같은 파이프 생성

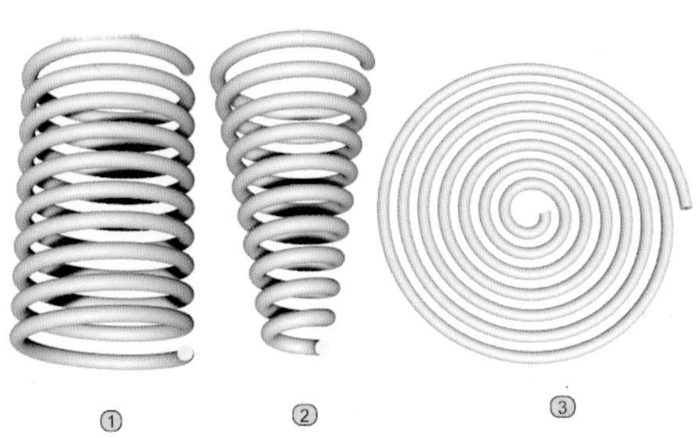

① Helix 스프링 ② Spiral 스프링 ③ Flat spiral 스프링

Helix 〉 Around curve 선택하여 만든 스프링

아래 보이는 사각, 육각 형태의 스프링은 Transform 〉 Twist 명령으로 우선 면을 트위스트하고 Top View에서 원하는 사각, 육각 라인을 트위스트 면에 투영하여 만든 스프링이다.

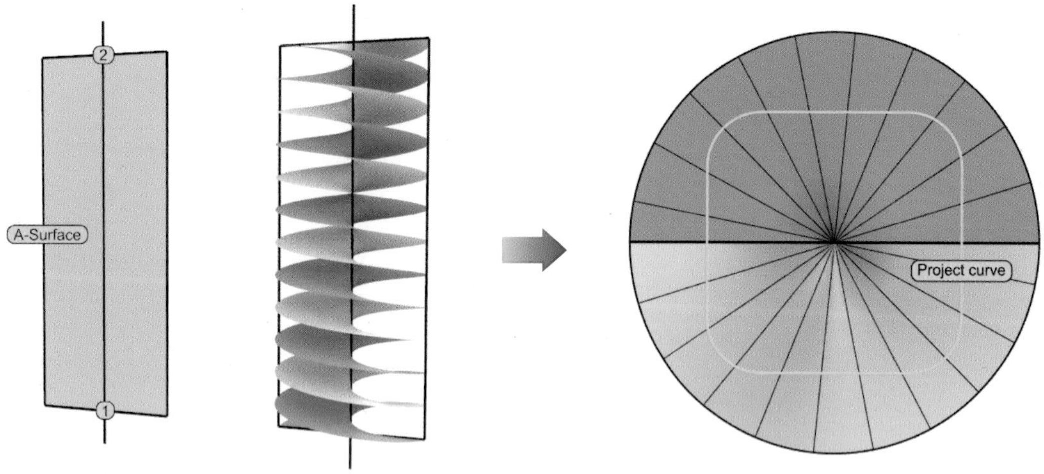

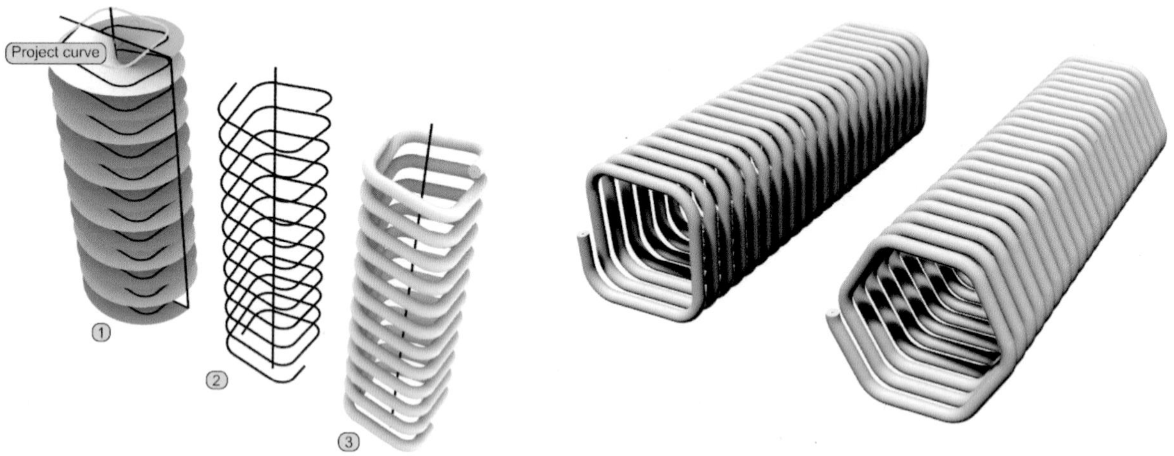

파이프: 라운드 끝막음 Pipe: Round caps

라운드 끝막음 파이프는 명령은 앞서 설명한 Flat 파이프와 동일하지만, 끝 막음이 라운드로 만들어진다는 것이다. 이러한 명령은 그림과 같이 물체의 표면에 원하는 라인 패턴을 투영하고 원형 파이프로 처리하여 엠보싱 패턴을 만드는 데 유용하다.

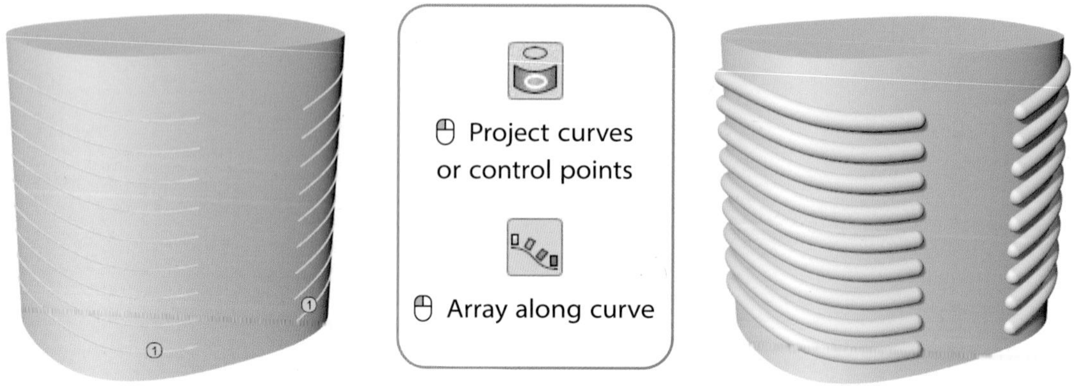

닫힌 평면형 커브 돌출 Extrude closed planar curve

Extrude closed planar curve 명령은 닫힌 커브나 열린 커브를 솔리드 돌출 개체로 만들어 준다. 열린 개체는 면이 된다. 동시에 복수의 개체를 선택하여 명령 수행이 가능하다.

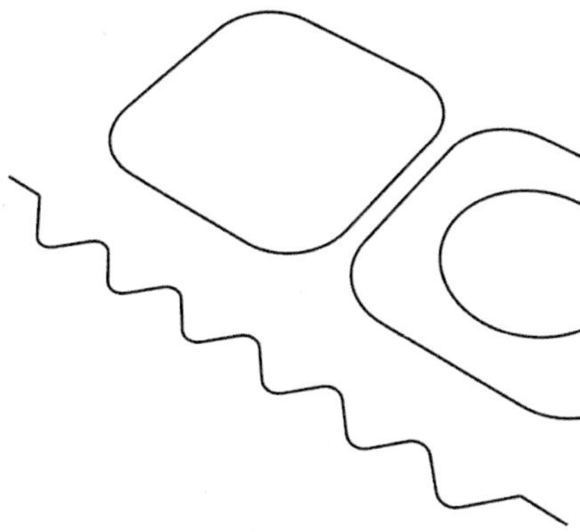

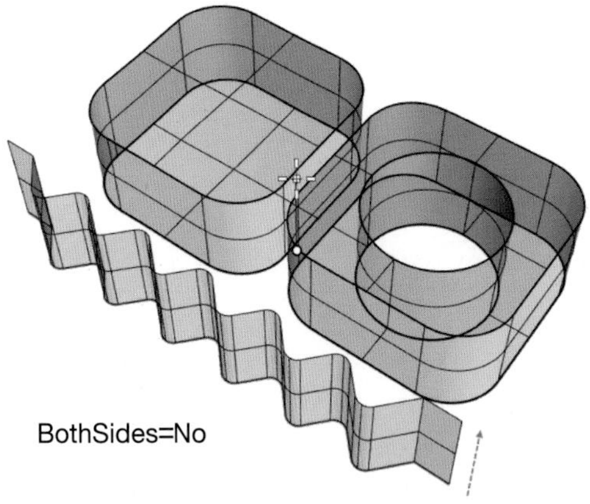

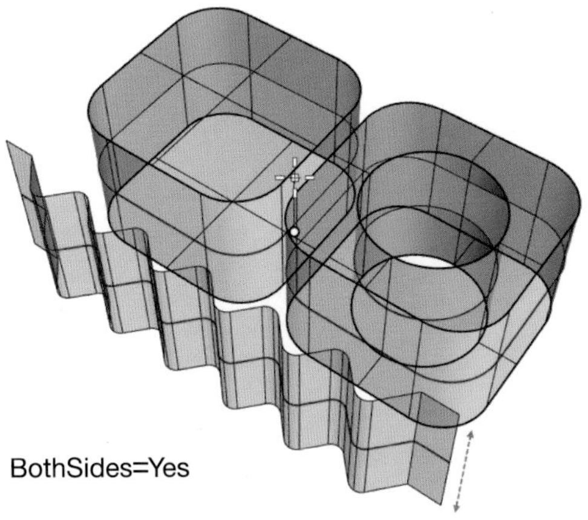

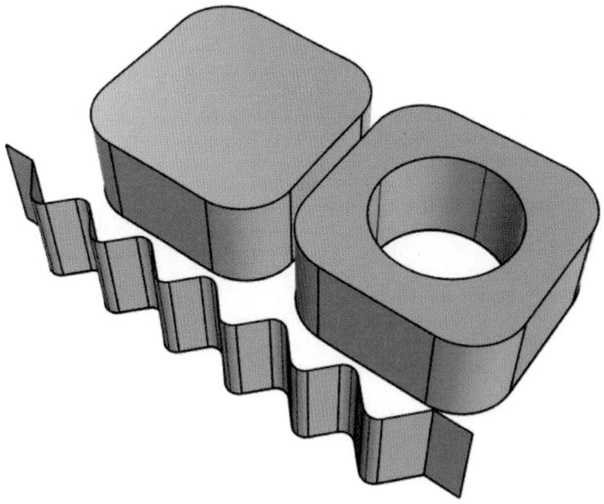

서피스 돌출 Extrude surface

평면 서피스에 대하여 가장자리 경로를 트레이스 하여 솔리드 돌출 개체를 만든다.

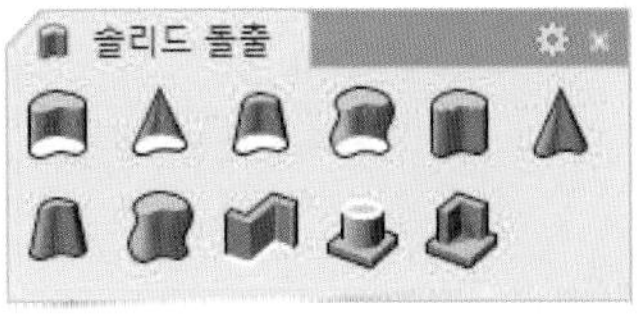

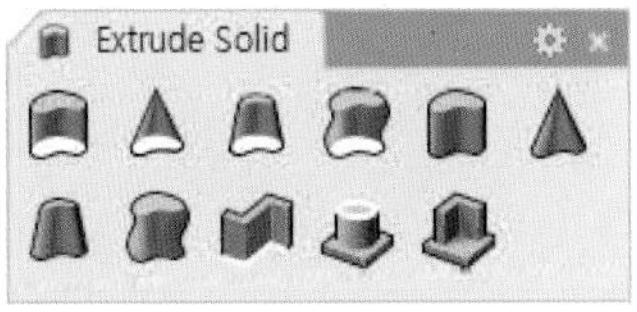

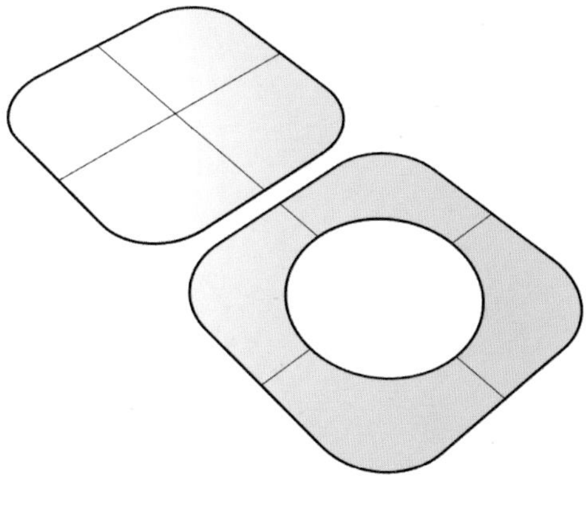

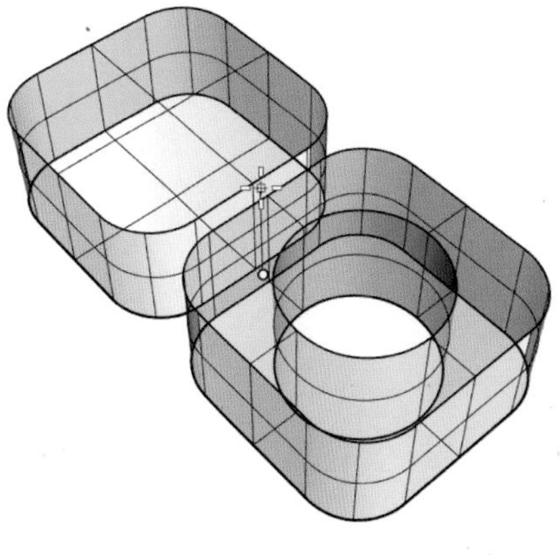

폴리 라인에서 슬래브 Slab from polyline

Slab 명령은 커브에 간격 띄우기, 돌출, 끝막음을 실행하여 솔리드를 만든다.

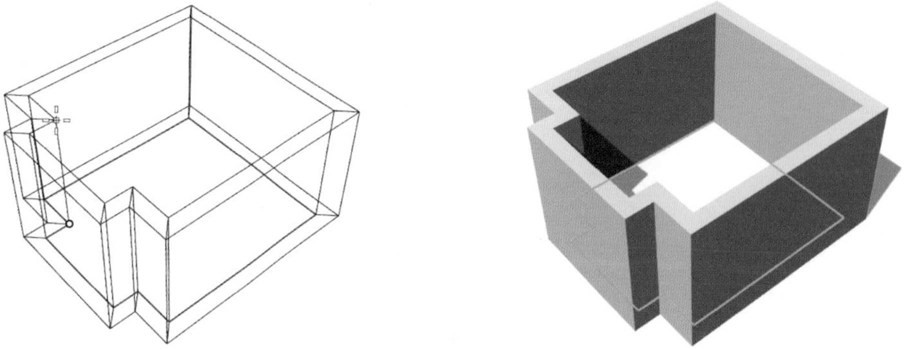

Select curve to slab (Distance=*2* Loose=*No* ThroughPoint BothSides InCPlane=*No*):

보스 Boss

Boss 명령은 닫힌 평면 커브를 경계 서피스를 향하여 커브 평면의 법선 방향으로 돌출시킨다.
경계 서피스는 돌출된 개체로 트림되고 결합한다.

1. 평면형 커브를 선택한다.
2. 서피스 또는 폴리 서피스 경계를 선택한다.

커브가 대상의 내부(예: 상자 안의 원)에 있다면, 구멍이 만들어진다.

참조: 옵션 모드에 따라 직선, 테이퍼(빼기 구배) 처리가 가능하다.

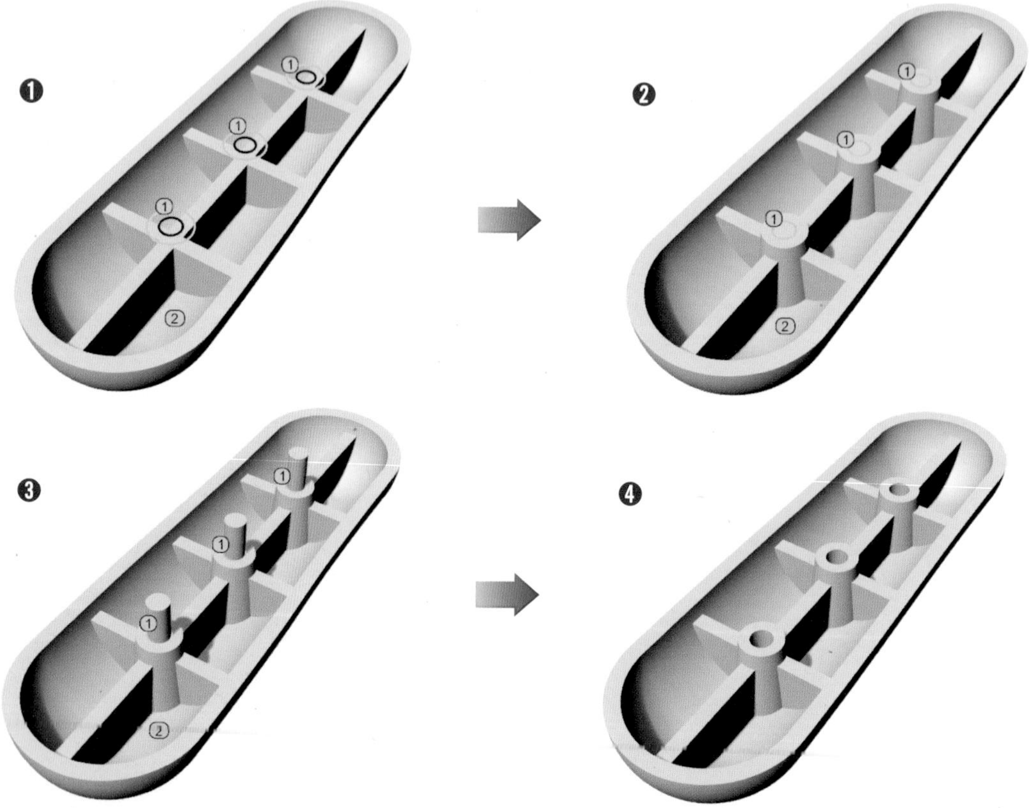

립 Rib

Rib 명령은 커브를 경계 서피스까지 두 방향으로 돌출시킨다.

1. 립을 실행할 평면형 커브를 선택한다.
2. 경계를 선택한다.

참조: 옵션 모드에 따라 직선, 테이퍼(빼기 구배) 처리가 가능하다.

주의

립은 모든 선을 한 번에 선택하지 말고 1개씩 따로따로 명령을 수행하길 권장한다. 상황에 따라 다른 결과를 얻을 수 있기 때문이다.

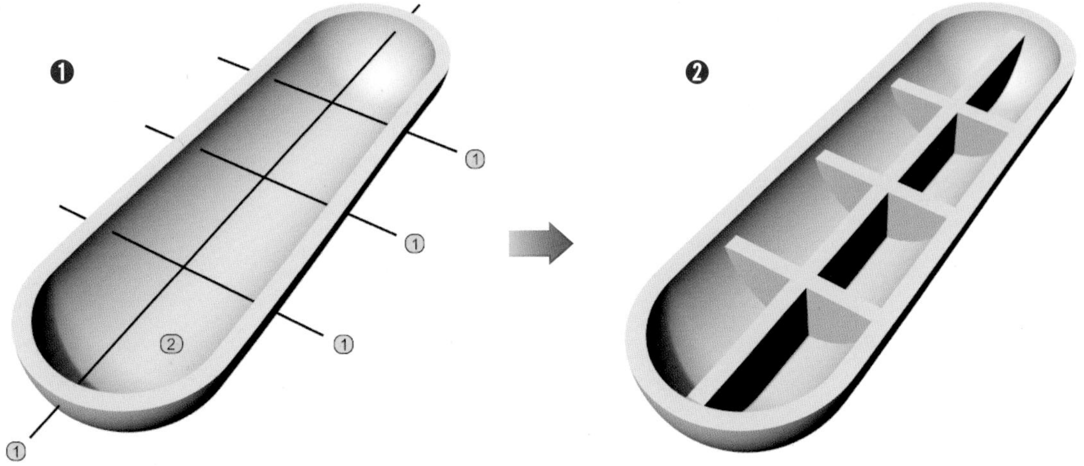

Select a planar curve to rib <1.000> (Offset=*InCurvePlane* Distance=*1* Mode=*Tapered* DraftAngle=*0*):

가장자리 결합 해제 Unjoin edge

선택된 폴리 서피스 가장자리(Edge)를 분리해 준다. 닫힌 서피스의 심(SEAM)은 분리되지 않는다.

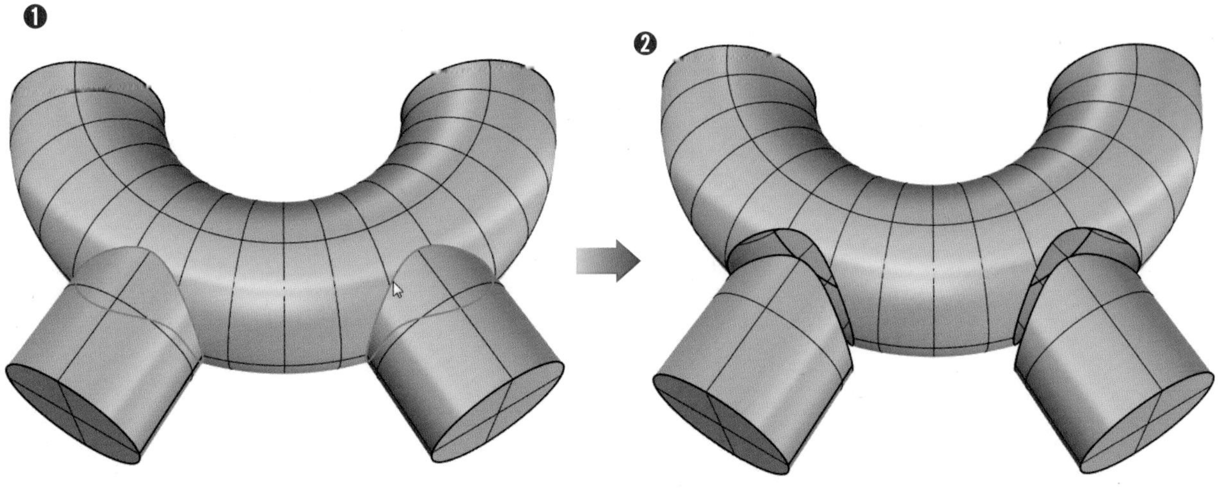

14 CHAPTER 솔리드 도구(Solid Tools) 명령어 그룹

솔리드 도구(Solid Tools) 명령어 그룹은 모든 면이 막혀 있는 덩어리, 즉 솔리드 개체를 가지고 작업하는 영역이다. 앞서 솔리드 만들기(Solid Creation)로 만들어진 개체들이 사용된다. 핵심 명령은 합집합, 차집합, 교집합, 교차 자르기, 솔리드 가변 필렛과 챔퍼, 와이어 컷, 캡 닫기와 열기, 면 이동하기, 솔리드 일부 객체면 삭제하기 등이 있다.

한글 버전 솔리드 도구 명령어 그룹

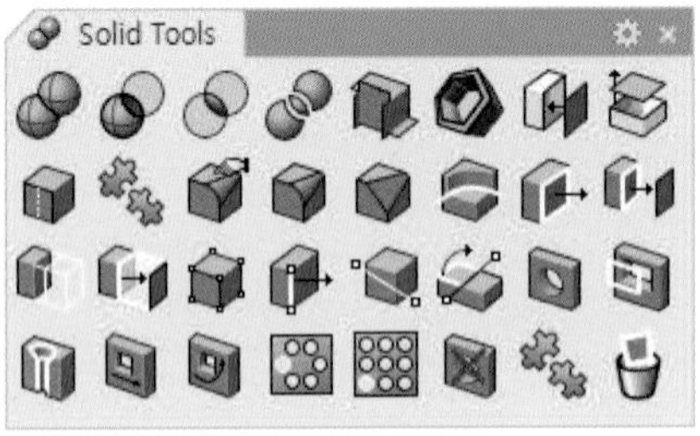

영문 버전 Solid Tools 명령어 그룹

부울 합집합 Boolean union

BooleanUnion 명령은 선택된 폴리 서피스 또는 서피스의 공통된 영역을 잘라내고, 공유되지 않은 영역을 하나의 폴리 서피스로 만든다.

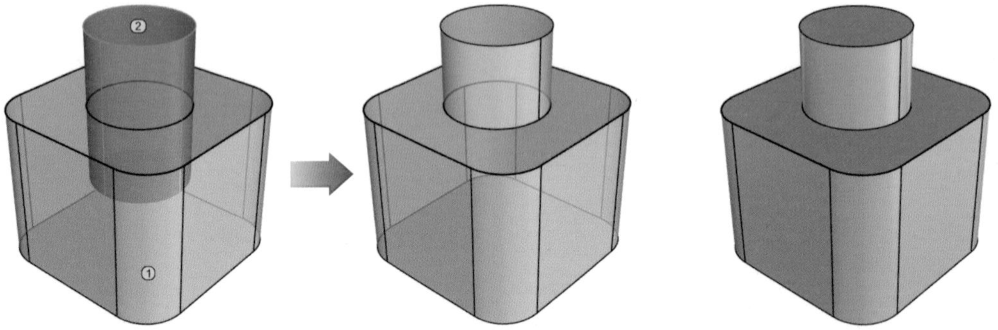

부울 차집합 Boolean difference

BooleanDifference 명령은 선택된 폴리 서피스 또는 서피스에서, 다른 폴리 서피스 또는 서피스와 공통된 영역을 잘라낸다.

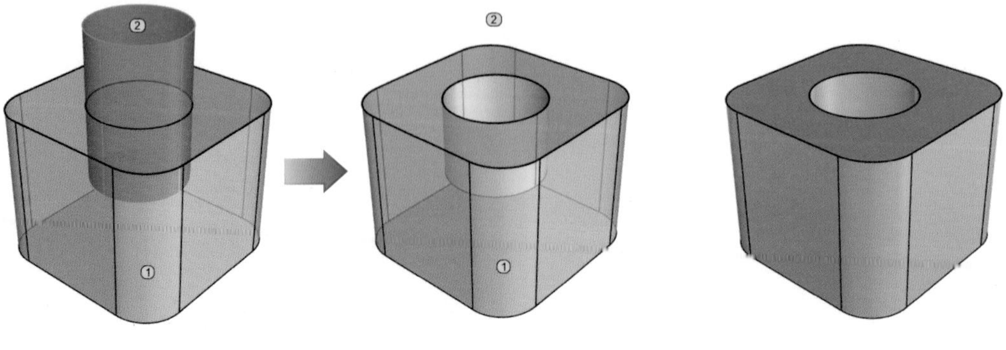

부울 교집합 Boolean intersection

BooleanIntersection 명령은 선택된 폴리 서피스 또는 서피스에서 서로 공통되지 않은 영역을 잘라낸다.

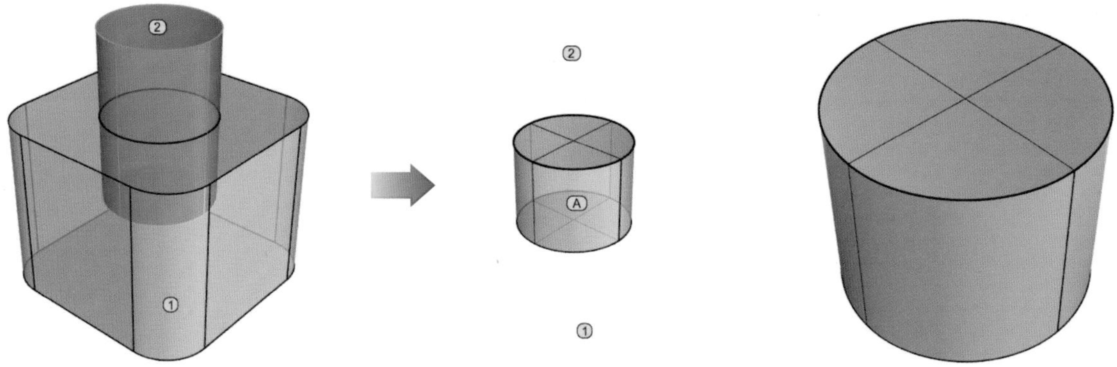

부울 연산 분할 Boolean split
2 개체 부울 연산 Boolean 2 objects

BooleanSplit 명령은 선택된 polysurfaces 또는 서피스의 공통 영역을 분할하고, 공통의 영역과 그렇지 않은 영역을 별도의 폴리 서피스로 만든다.

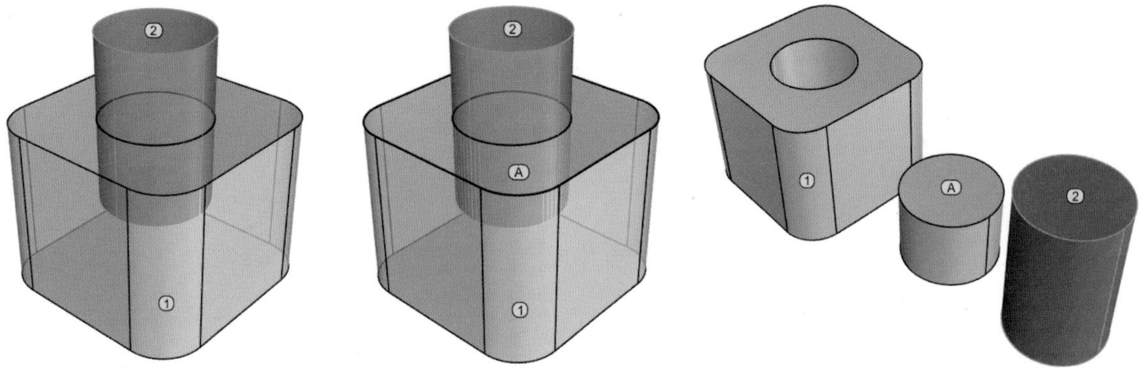

솔리드 만들기 Create solid

CreateSolid 명령은 닫힌 폴리 서피스를 만들거나, 공간에서 한 영역으로 제한된, 선택된 서피스와 폴리 서피스로 닫힌 폴리 서피스를 만든다. CreateSolid 명령은 겹쳐 있고 교차하는 서피스를 입력 개체로 인식한다. 개체들이 연결되어 있지 않다면, 일반적으로 Join 명령을 사용하면 더 좋은 결과를 얻을 수 있다.

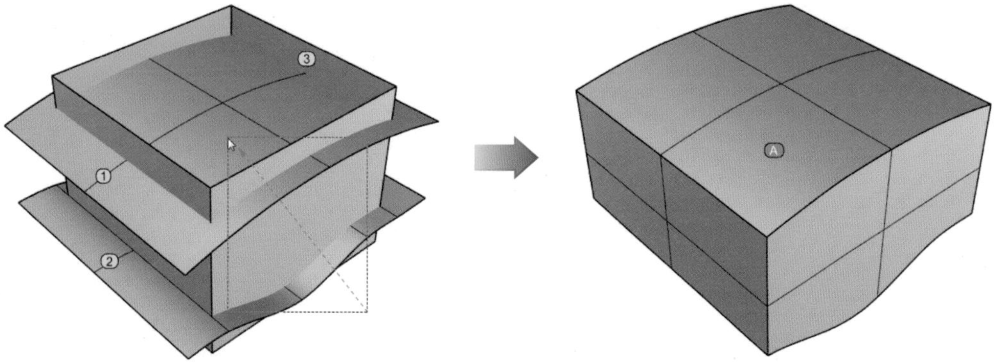

부폴리 서피스 쉘 처리 Shell closed polysurface

Shell 명령은 솔리드로 속이 빈 쉘(껍데기)을 만든다. Shell 명령은 간단한 솔리드 다양체 폴리 서피스에서만 실행된다. 이 서피스는 제거되고 남은 부분이 안쪽으로 간격 띄우기 실행된다. 제거된 서피스의 바깥쪽 부분을 사용하여 안쪽과 바깥쪽 부분을 결합한다.

쉘 명령 수행 시에 아래 예처럼 사방에 구배각(Draft angle)이 있다면 가장 작은 모서리의 곡률 반경을 고려하여 두께값을 주면 정상적인 쉘 처리가 된다.

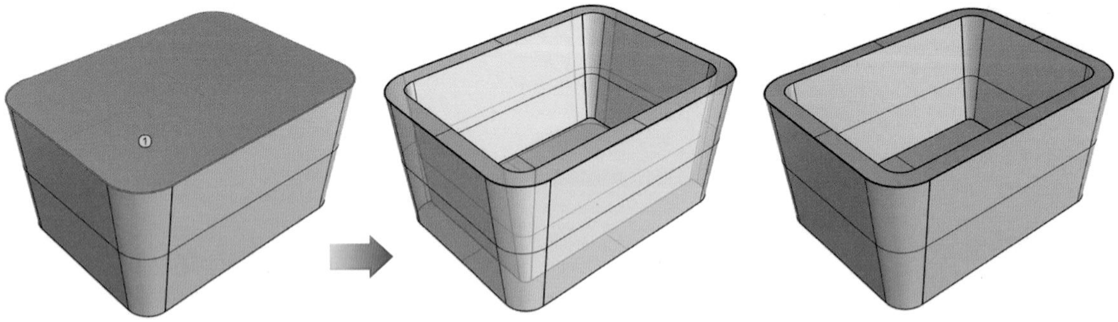

쉘 명령 수행 시에 아래 예처럼 가운데를 관통하는 홈이 있는 경우는 정상적인 쉘 처리가 된다.

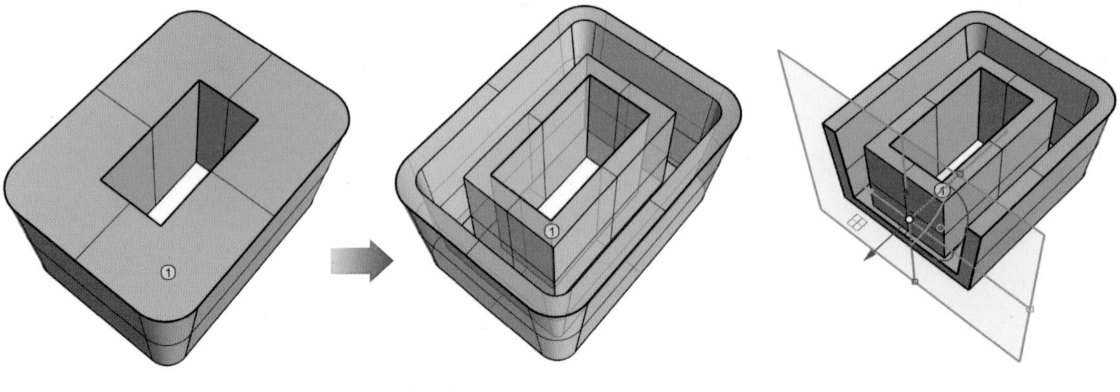

쉘 명령 수행 시에 문제가 되는 예시는 다음과 같다. 두께를 주고자 하는 객체 상면 중간에 움푹 들어간 일부분이 있는 경우로 명령을 실행하면 2개의 파트로 분리되어 만들어진다. 단면을 보면 알 수 있다.

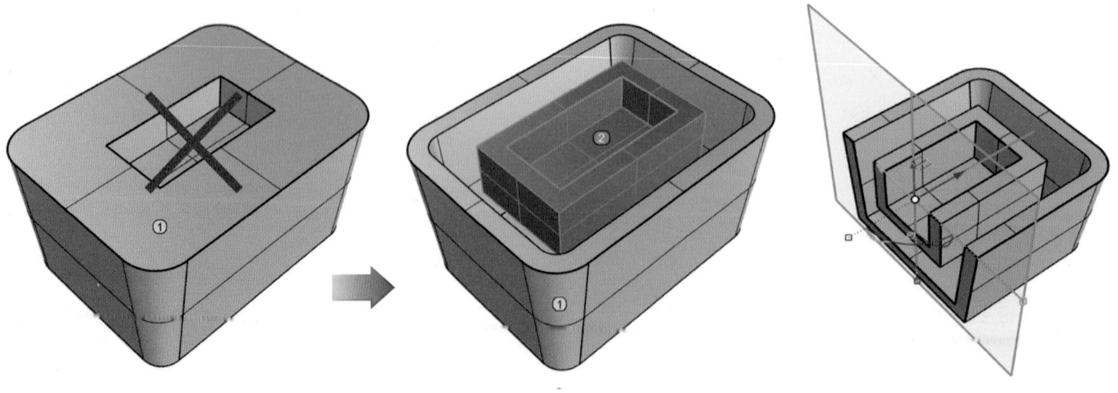

아래 Ⓐ개체와 Ⓑ개체는 서로 다른 명령으로 두께를 준 것이다. Ⓐ는 Shell, Ⓑ는 Offset Surface 명령으로 만든 개체로 Side View나 Right View에서 보면 상단부에 차이가 있음을 확인할 수 있다. 특히 구배각을 가진 경우 Offset Surface 명령으로 두께를 주게 되면 면의 Normal 방향으로 오프셋되면서 Ⓑ처럼 상단에 볼륨이 생겨 별로의 평면화 작업이 추가로 요구될 수 있다.

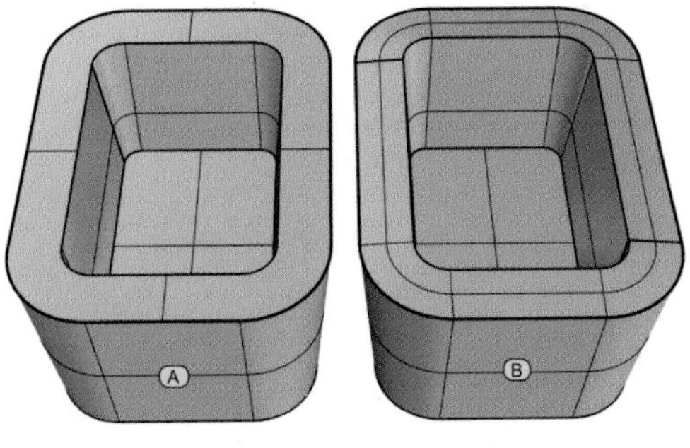

Shell 명령　　Offset Surface 명령

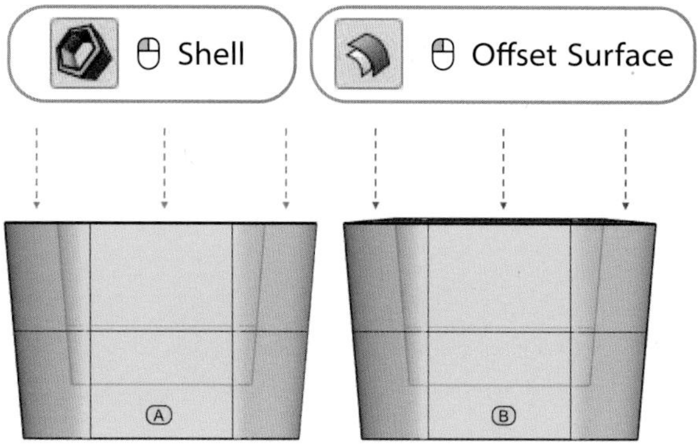

평면형 구멍 끝막음 Cap planar holes

Cap 명령은 평면형 서피스를 구멍 가장자리에 결합해 서피스 또는 폴리 서피스의 열린 부분을 면으로 닫아 준다. 열린 부분에는 평면형이고 폐곡선인 가장자리 루프가 있어야 한다. 단 2번의 경우처럼 곡률을 가진 절단면에는 명령 수행이 불가하다.

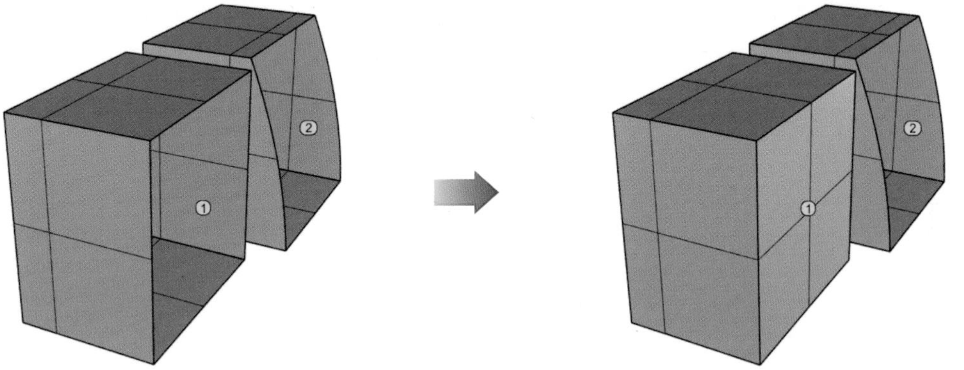

Explode
Extract surface

서피스 추출 Extract surface

ExtractSrf 명령은 선택한 폴리 서피스 면을 분리하거나 복사한다. 단 각 폴리 서피스의 나머지는 결합한 상태를 유지한다. 선택 집합에서 서피스를 제외하려면 클릭할 때 Ctrl 키를 누른다. 동일 명령으로 폴리 이이곤을 오른쪽 마우스 클릭하여 ExtractSrf 명령을 사용하면 시간을 절약할 수 있다. 이것은 폴리 서피스에서 선택한 서피스만을 떼어낼 수 있으므로, 나중에 결합하는 작업이 많지 않기 때문이다.

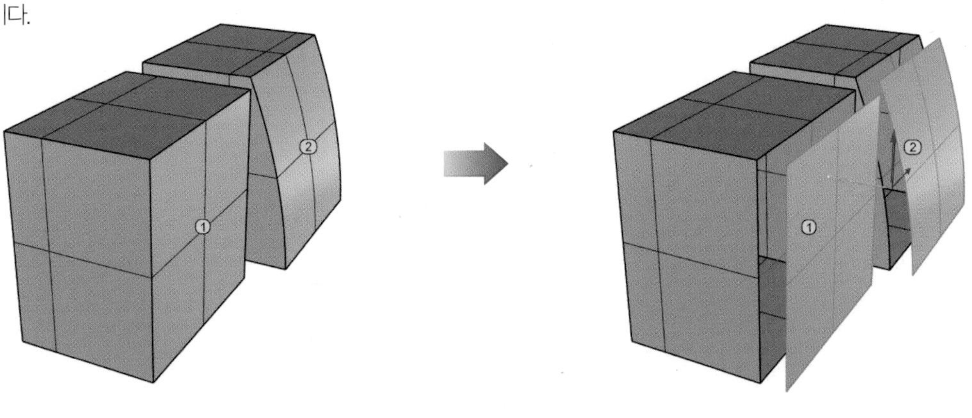

동일 평면상의 두 면 병합 Merge two coplanar faces
동일 평면상의 모든 면 병합 Merge all coplanar faces

1개의 폴리 서피스에 있는 선택된 2개의 동일 평면상의 서피스를 하나의 서피스로 결합한다.

❶

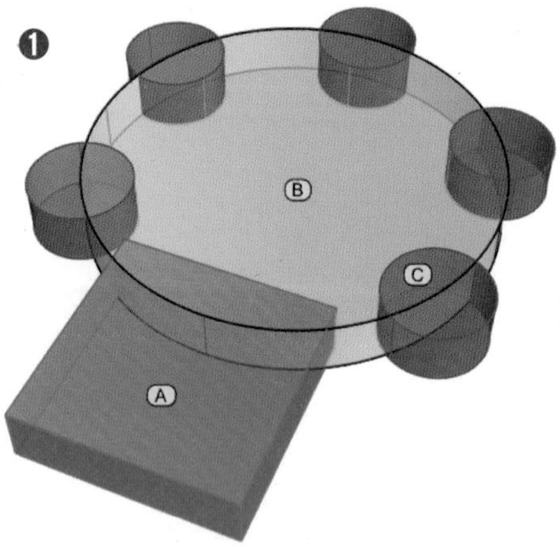

BothSides=Yes

Boolean union
부울 합집합으로
Ⓐ, Ⓑ, Ⓒ 개체를
1개로 개체화

❷

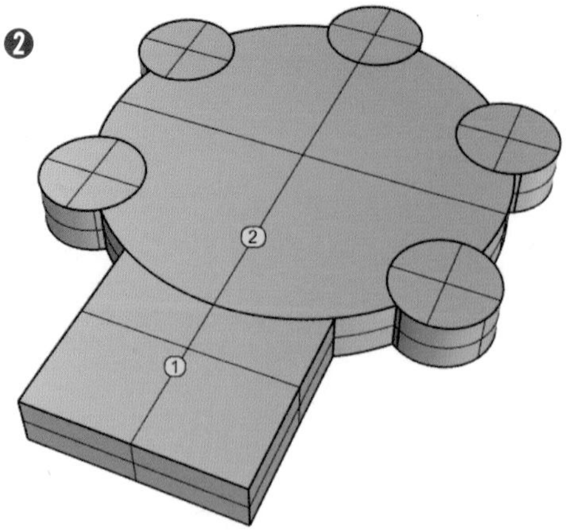

BothSides=Yes

❸

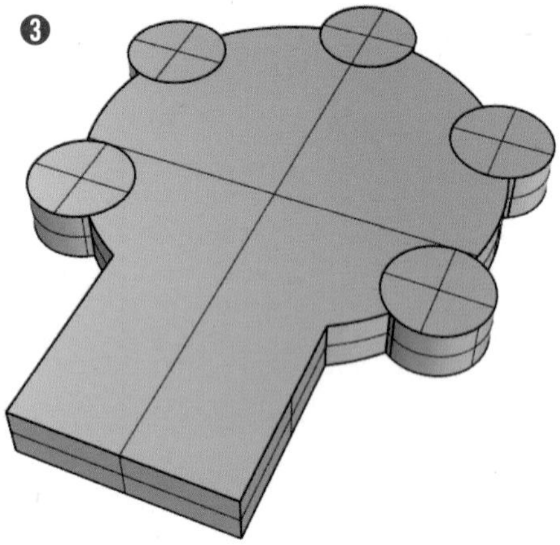

Merge two coplanar faces

❹

Merge two coplanar faces

가장자리 결합 해제 Unjoin edge

선택된 폴리 서피스 가장자리(Edge)를 분리해 준다. 닫힌 서피스의 심(SEAM)은 분리되지 않는다.

❶ ❷

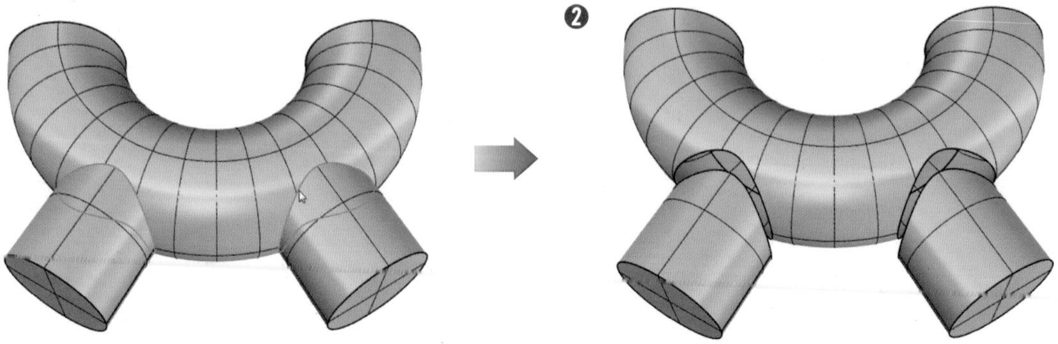

 가장자리 필렛 편집 Edit filletsedge

미리 실행된 가장자리 필렛값을 편집할 수 있게 해 준다. 단 가장 마지막에 적용된 필렛에 대한 수정이 먼저 가능하다.

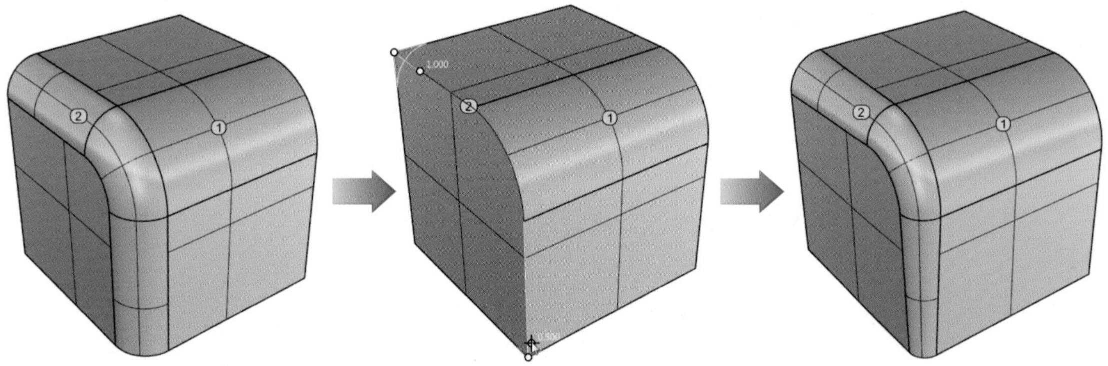

 가장자리 필렛 Fillet edges
가장자리 블랜드 Blend edges

FilletEdge 명령은 여러 개의 폴리 서피스 가장자리 사이에 다양한 반지름값을 사용하여 접하는 서피스를 만들고, 트림 실행하여 이를 필렛 서피스에 결합한다.

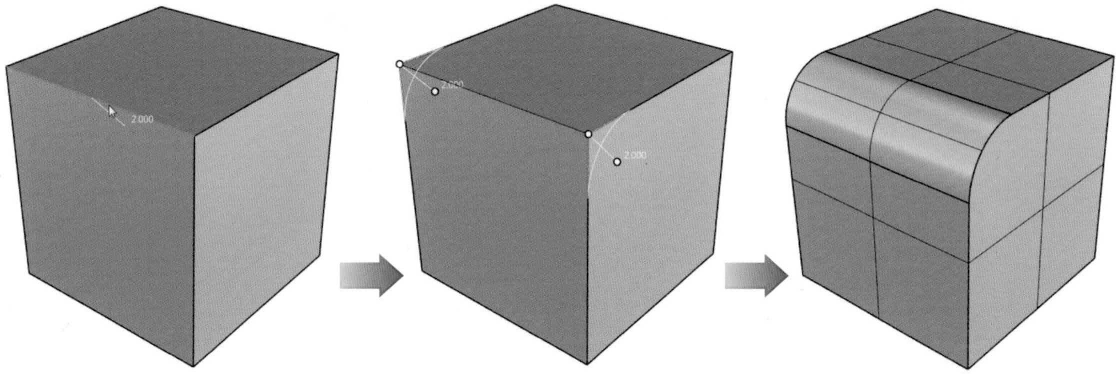

Radius값 커멘드 창에 입력 〉 Enter

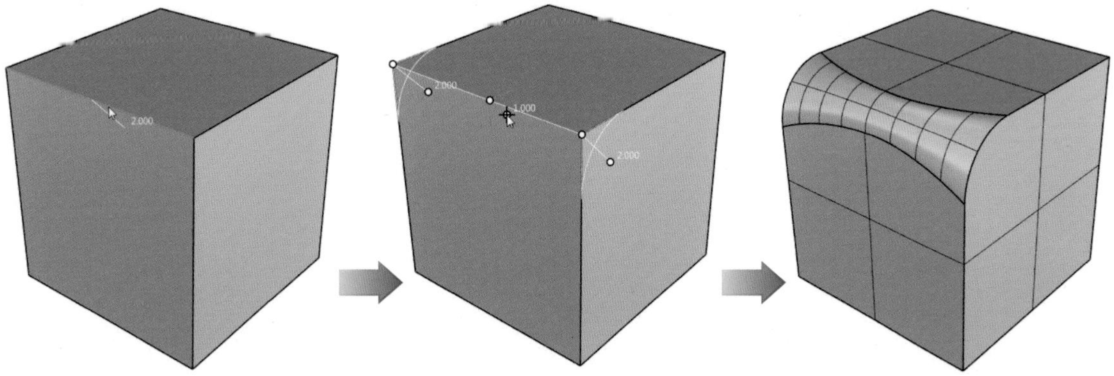

AddHandle 〉 가변 Radius값 커멘드 창에 입력 〉 Enter

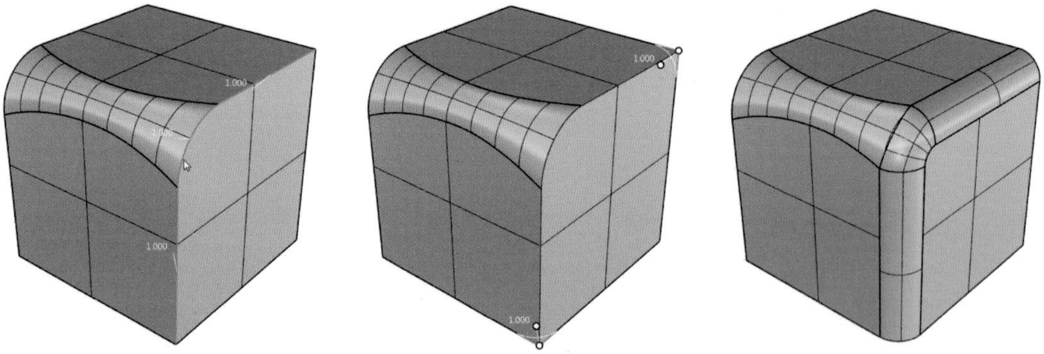

ChainEdges **선택 후 엣지 선택** Enter

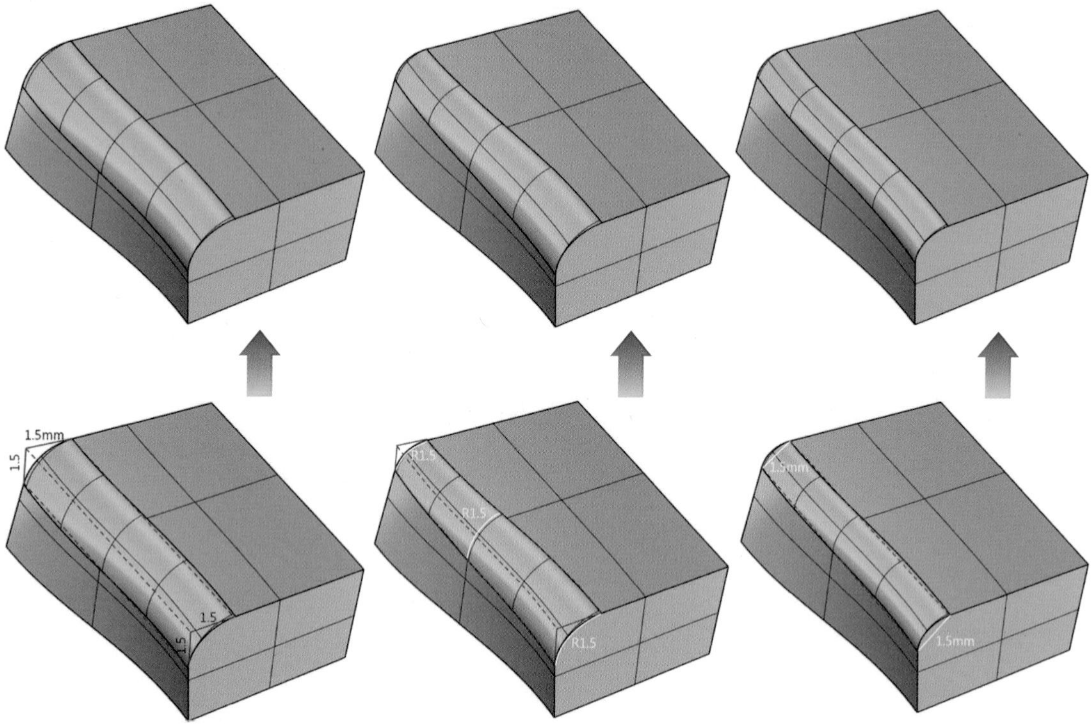

RailType options 〉 DistFromEdge RollingBall DistBetweenRails

가장자리 모따기 Chamfer edges

ChamferEdge 명령은 선택된 폴리 서피스 가장자리 사이에 다양한 모따기 거리를 사용하여 선직면(ruled surface)을 만들고, 모따기 서피스를 이 서피스에 트림하고 결합한다.

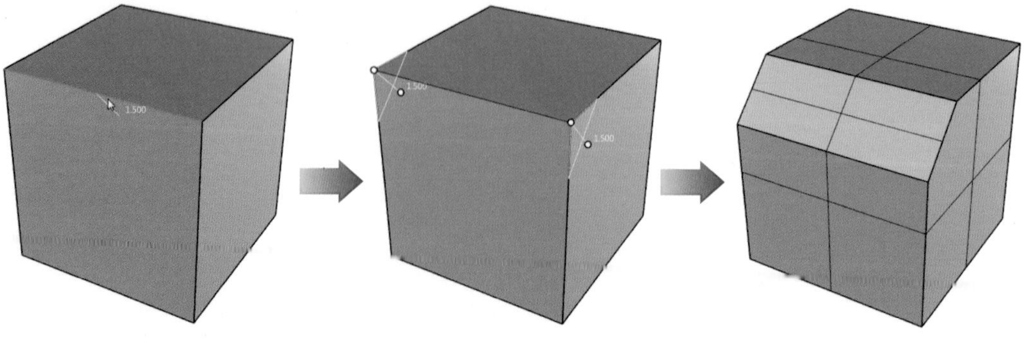

RailType에서 RollingBall은 라이노 3D 유저들이 가장 많이 사용하는 기본 필렛 중에 하나이다. 쉽게 말해 필렛이 적용될 모서리의 곡률 반경이 마치 구르는 구의 궤적과 같아 롤링 볼이라 한다. 구가 2개 경사면을 지나가면서 접하는 접선 부위가 그림처럼 폭의 변화를 만들게 된다.

RailType=RollingBall　　Rendered

RailType에서 DistFromEdge는 곡률 반경의 Quad(12시 방향)와 다른 Quad(6시 방향)와의 지름에 해당하는 길이를 필렛 형상에 반영한다.

RailType=DistFromEdge　　Rendered

RailType에서 DistBetweenRails는 롤링 볼과 비교해 보면 필렛의 폭이 일정하게 유지되면서 형성되는 필렛을 말한다.

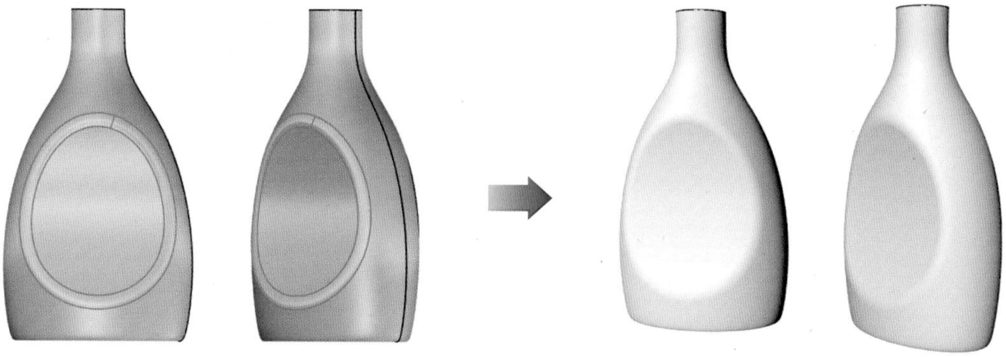

RailType=DistBetweenRails　　Rendered

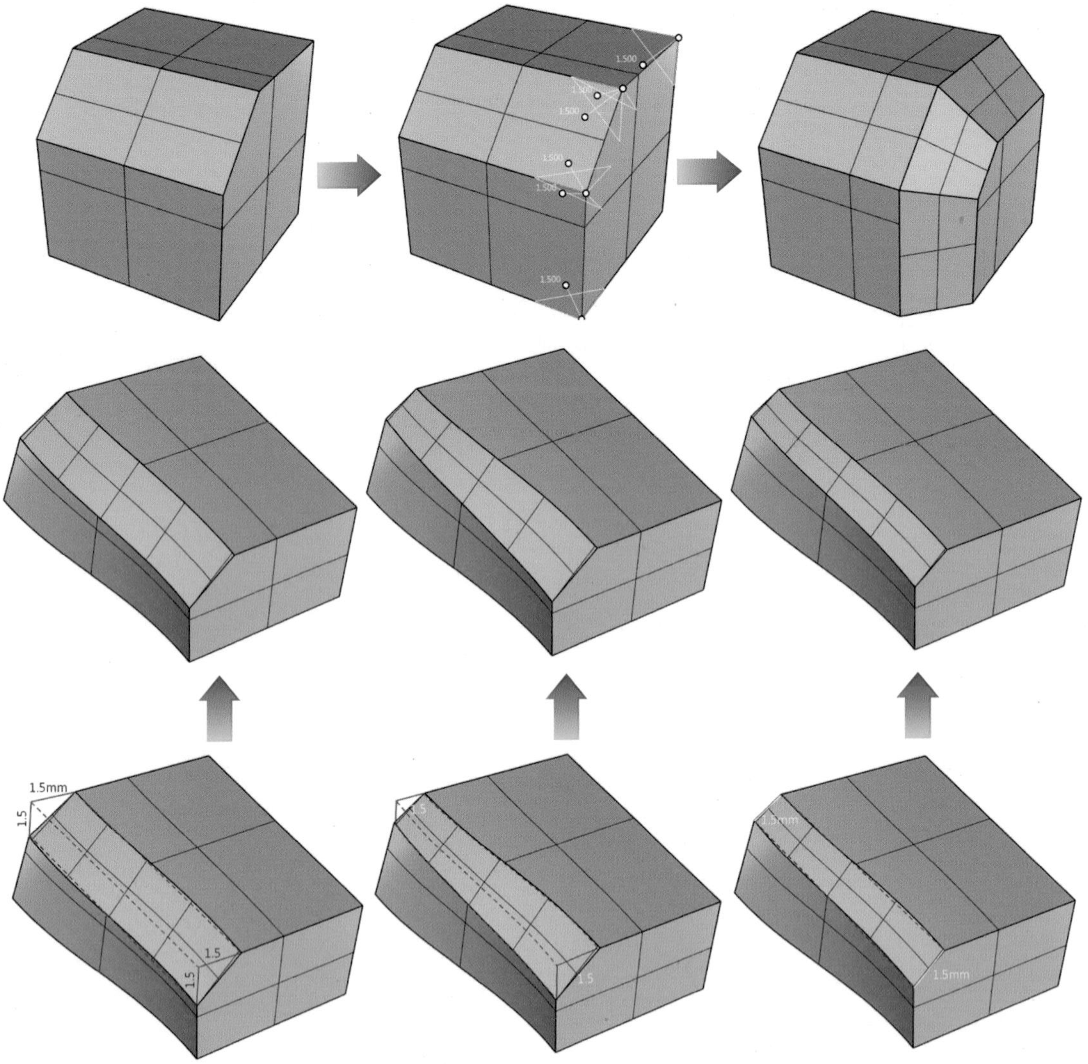

RailType options 〉 DistFromEdge　　　RollingBall　　　DistBetweenRails

와이어 컷 Wire cut

WireCut 명령은 가열된 와이어로 합성수지를 자르는 것처럼, 열린 커브 또는 닫힌 커브를 사용하여 폴리 서피스를 자른다. 수직 절단과 2개 방향이나 다양한 방향 지정으로도 커팅이 가능하다. 잘린 개체는 Solid 상태를 유지한다.

❶ 정면에서 보이는 와이어로 바로 2등분으로 자르기

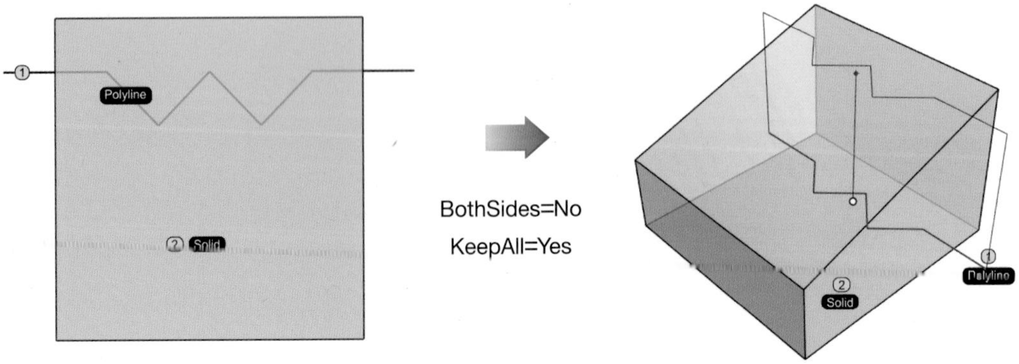

❷ 정면에서 보이는 와이어로 바로 2등분으로 자르기

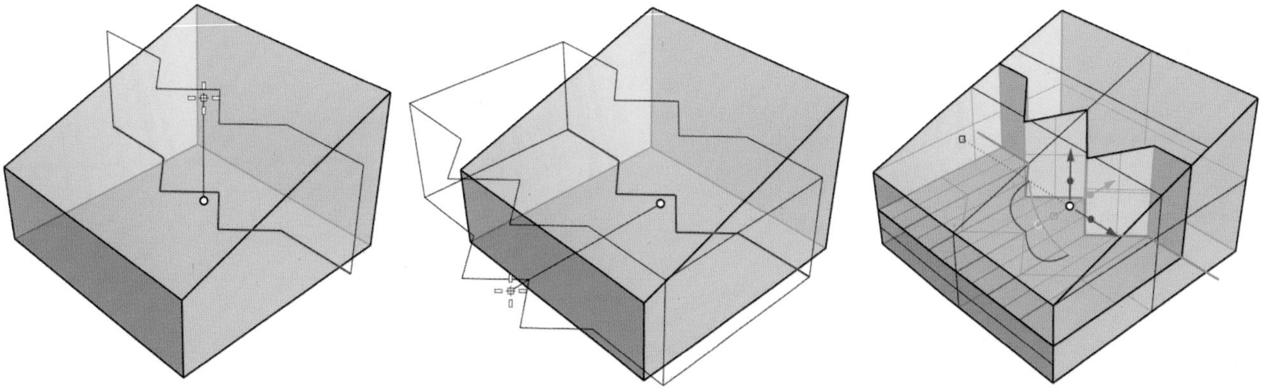

BothSides=No, KeepAll=Yes

❸ 2개 방향 Pick 지정 경사각으로 객체 자르기

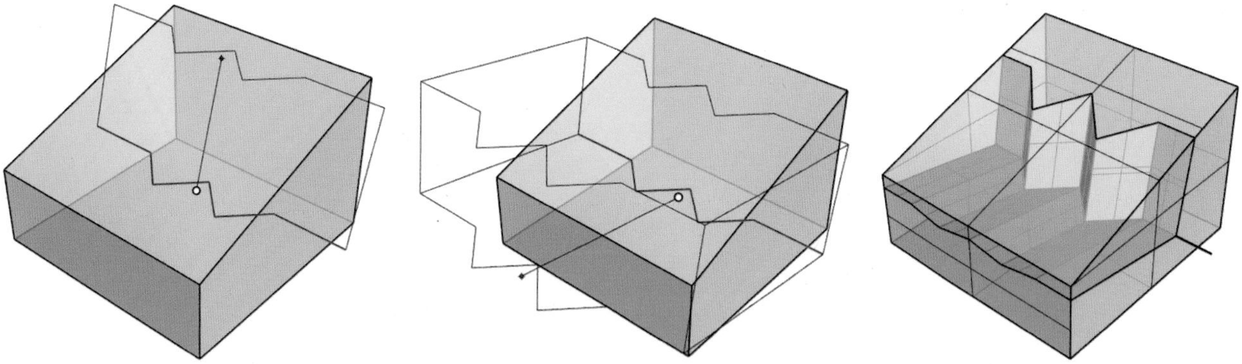

BothSides=No, KeepAll=Yes

면 이동 Move face
트림되지 않은 면 이동 Move untrimmed face

MoveFace 명령은 폴리 서피스 면을 이동한다. 주위를 둘러싼 결합된 서피스는 새로운 면의 방위를 보완하기 위해 조정된다. 빌딩의 벽 위치 또는 기계 부품 내부의 평면과 같은 개체를 조정하기 위해, 상자 형태의 평면형 개체처럼 비교적 단순한 폴리 서피스의 면을 이동할 수 있다.

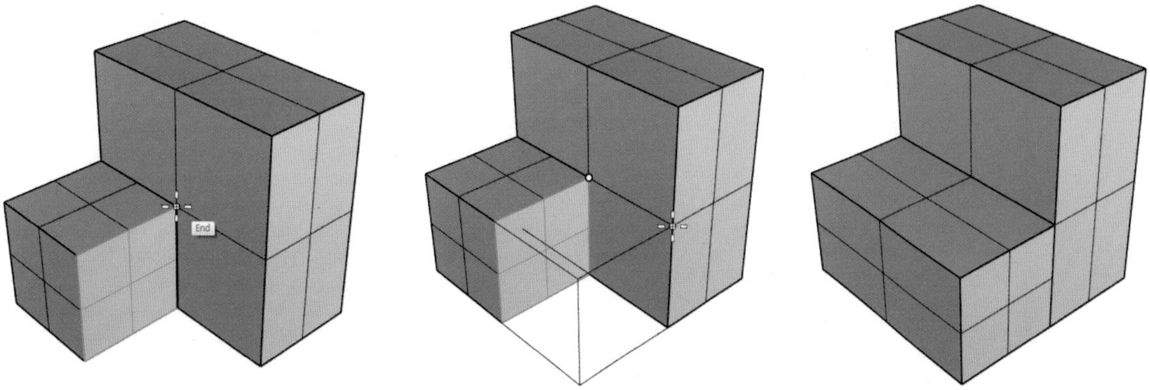

면을 경계까지 이동 Move face to a boundary

선택 면과 거리를 두고 마주 보는 또 다른 면의 경계까지 솔리드가 이동한다. 1개 면에 대해 대응하며, 만들어진 개체는 독립적인 솔리드이다.

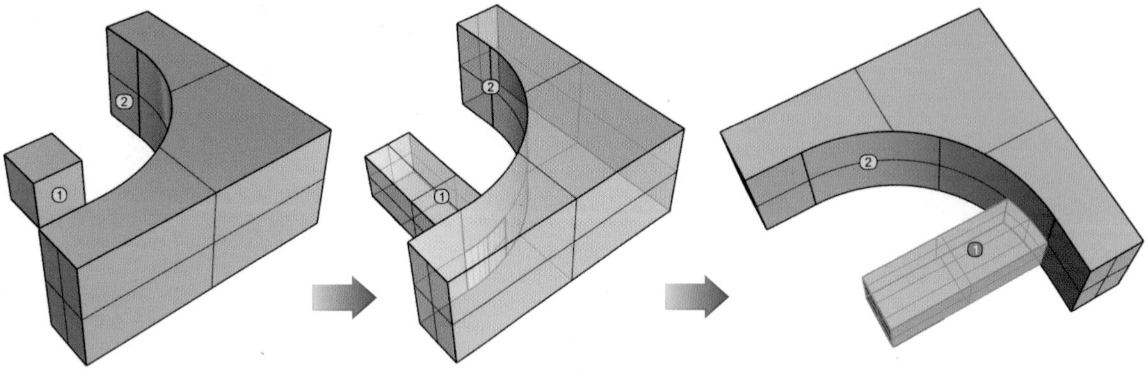

면 돌출 Extrude face
경로를 따라 면 돌출 Extrude face along path

선택한 면을 해당 방향으로 돌출할 수 있다. 옵션에 따라 돌출 조건이나 방향을 변경할 수 있다. 아이콘을 마우스 오른쪽 버튼으로 클릭하면 선택한 면을 원하는 커브 경로로 돌출이 가능하다. 마지막 아이소커브 경계면은 **Merge two coplanar faces** 명령으로 마감한다.

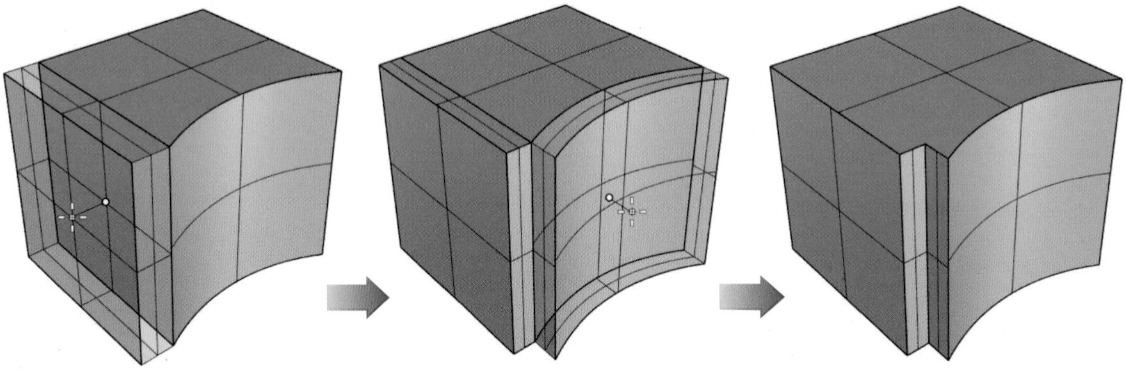

면을 경계까지 돌출 Extrude face to a boundary

①번과 ②번은 서로 마주 보는 면으로 순서대로 선택하여 경계면까지 돌출 면을 생성한다.

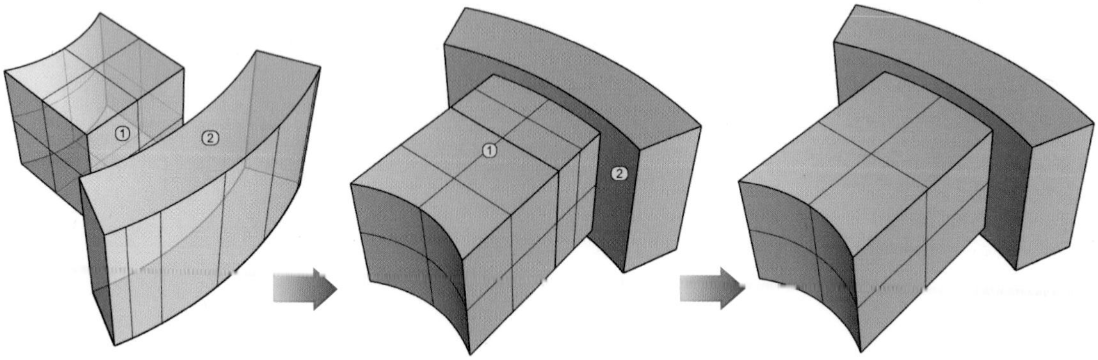

솔리드 점 켜기 Turn on solid control points

SolidPtOn 명령은 서피스 끝점, 결합된 폴리 서피스 가장자리(닫힌 솔리드 포함)의 그립을 켠다. 제어점이 활성화된다.

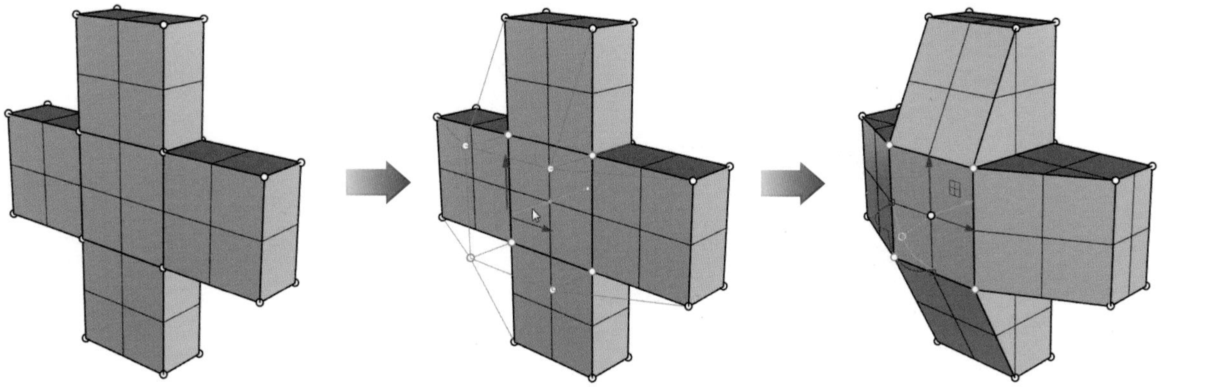

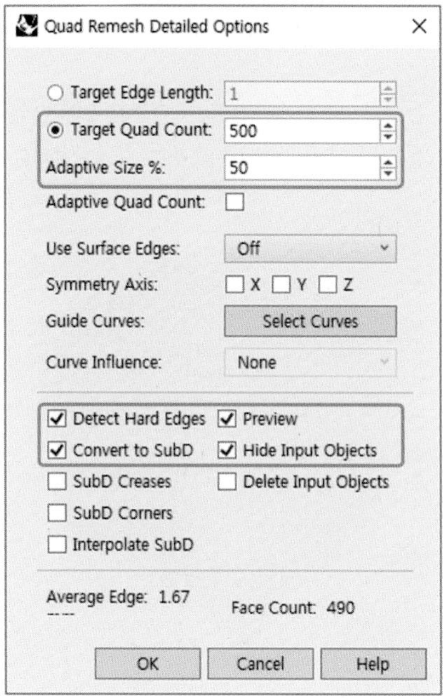

SubD Tools 명령 그룹에서 QuadRemesh 설정을 통해 더욱 유연한 곡면 수정 조건을 만들어 편집이 가능하다.

QuadRemesh

Quad Remesh Detailed Options을 선택하여 원하는 결과를 만들어 준다. 해석을 위한 양질의 메쉬면 생성에도 도움을 준다.

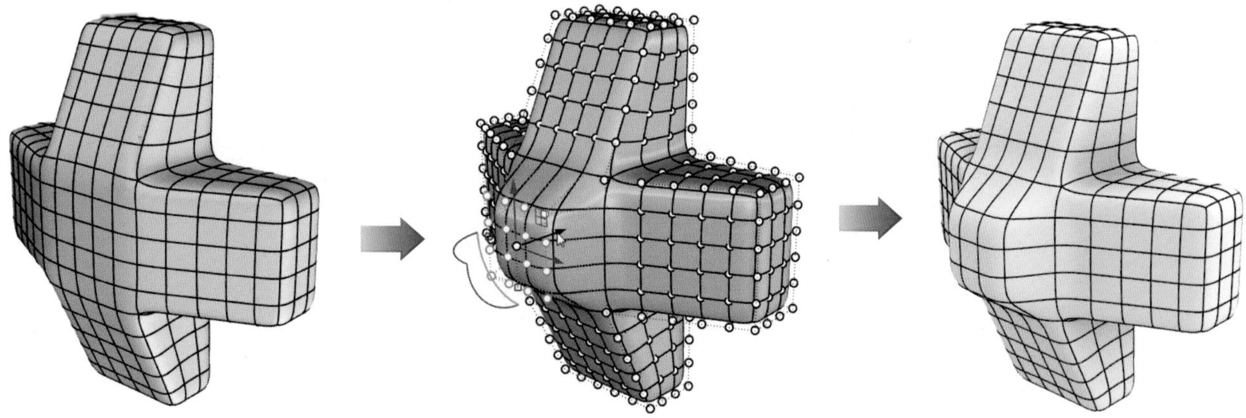

가장자리 이동 Move Edge
트림되지 않은 가장자리 이동 Move untrimmed edge

MoveEdge 명령은 폴리 서피스 가장자리를 이동한다.

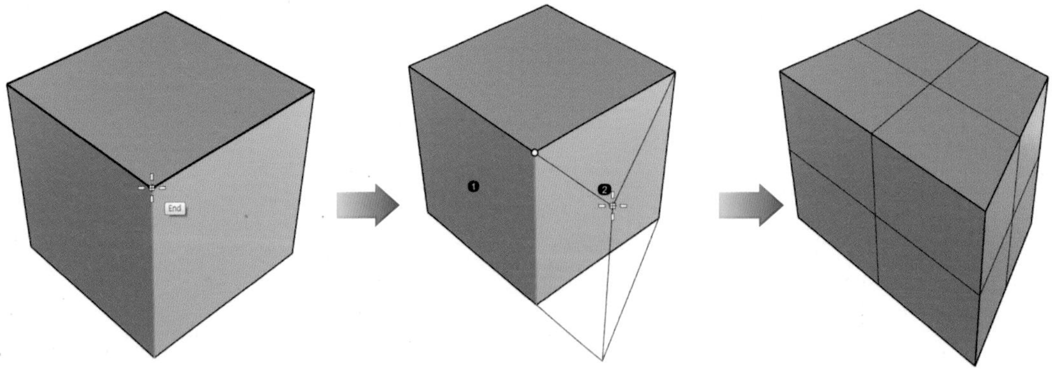

평면형 면 분할 Split planar face

폴리 서피스의 평면형 면을 선 또는 기존의 커브를 사용하여 분할한다. 분할된 면을 선택하여 Extrude Face 명령으로 돌출이 가능하다.

1. 면을 선택한다.
2. 분할 가장자리를 정의하는 선의 시작점을 지정한다.
3. 분할 가장자리를 정의하는 선의 끝점을 지정한다.

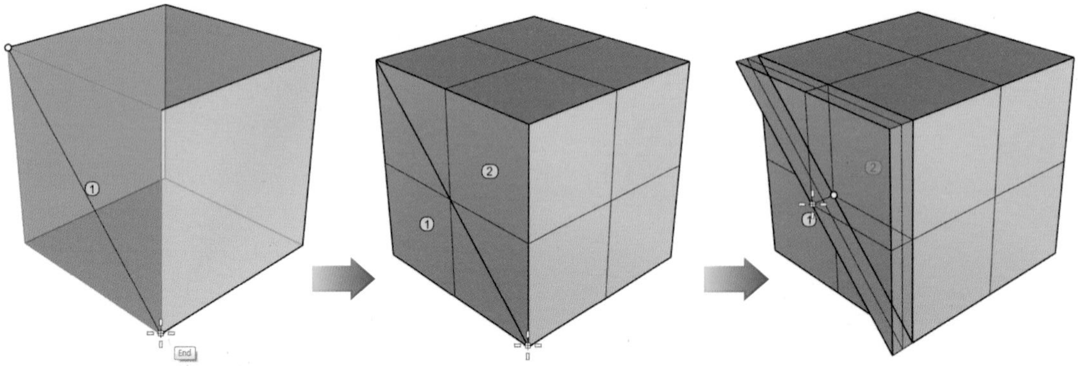

평면형 면 접기 Fold planar faces

축 선(①번과 ②번)을 중심으로 선택된 폴리 서피스 면을 회전한다. 주위를 둘러싼 결합된 서피스는 새로운 면의 방위를 보완하기 위해 조정된다. 참고로 아래 결과는 명령 수행 중 (Symmetrical)을 선택하여 대칭 구조로 만든 결과이다.

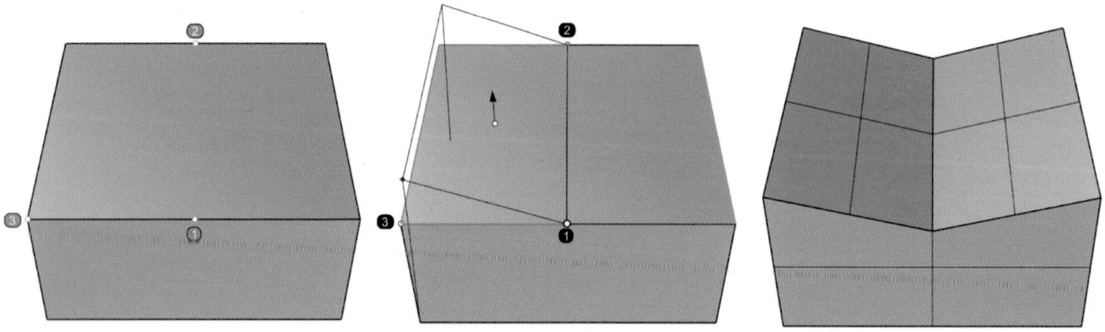

둥근 구멍 Round hole

RoundHole 명령은 서피스 또는 폴리 서피스에 원형 또는 뾰족한 경사각을 갖는 홈 또는 관통 구멍을 만들어 준다.

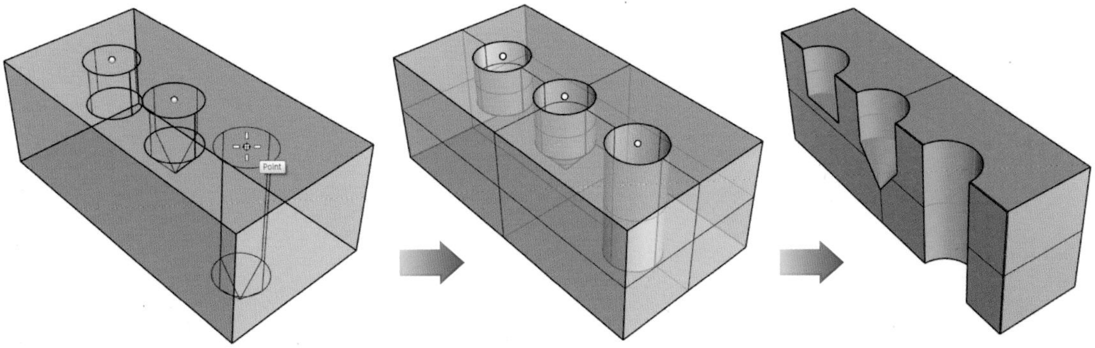

구멍 만들기 Make hole
구멍 배치 Place hole

MakeHole 명령은 닫힌 폴리 라인을 수직 방형으로 물건에 대해 관통시켜 구멍을 만들어 준다. 깊이는 조절될 수 있다.

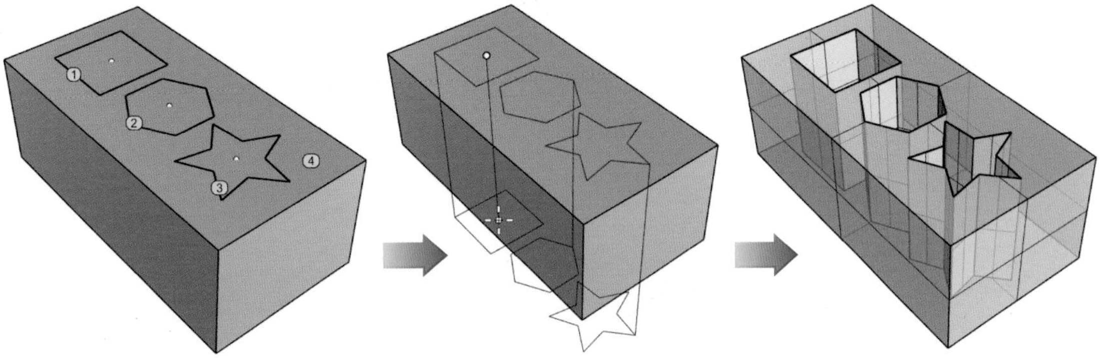

회전된 구멍 Revolved hole

RevolvedHole 명령은 서피스의 형태를 정의하는 프로파일 커브(회전 단면 라인)를 축의 중심으로 회전시켜 폴리 서피스에 구멍을 만들며, 폴리 서피스에서 구멍의 체적을 뺀다. 주의 사항은 단면 회전 폴리 라인의 상단 끝점을 찍어야 박스의 상단 표면과 위치가 일치된다.

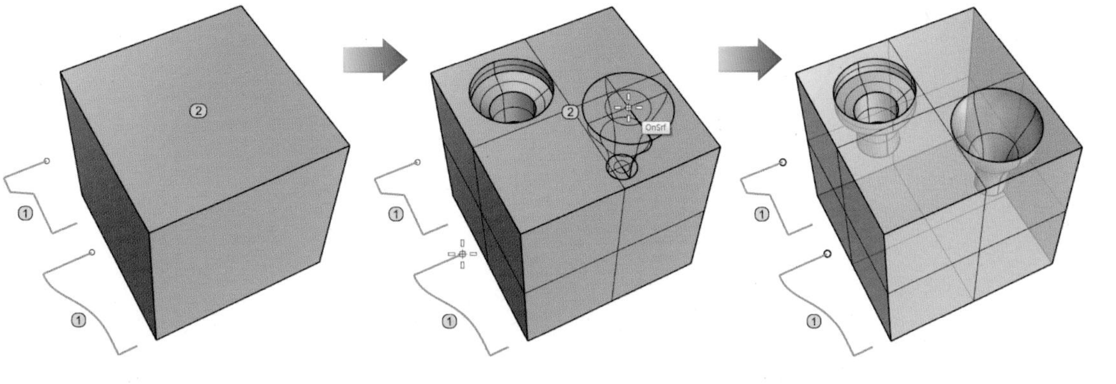

구멍 이동 Move hole
구멍을 평면 서피스에 복사 Copy holes in a planar surface

MoveHole 명령은 평면형 서피스에서 잘라낸 구멍을 이동한다.

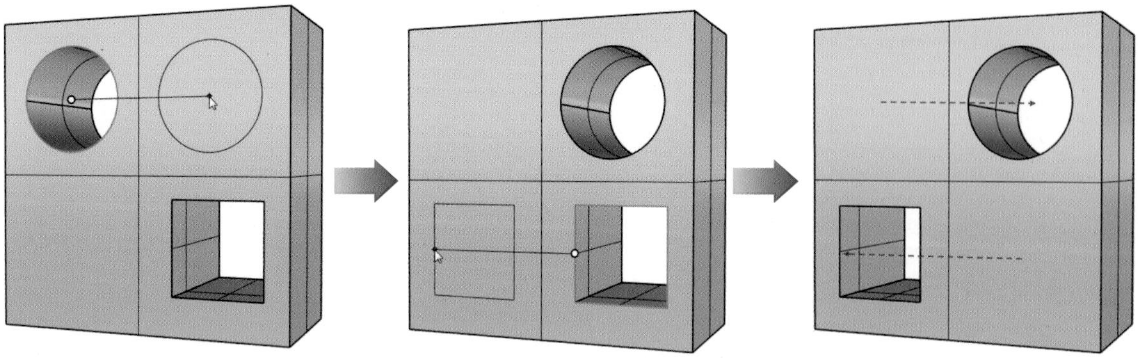

구멍 회전 Rotate hole

RotateHole 명령은 평면형 서피스에서 축을 중심으로 구멍을 회전한다.

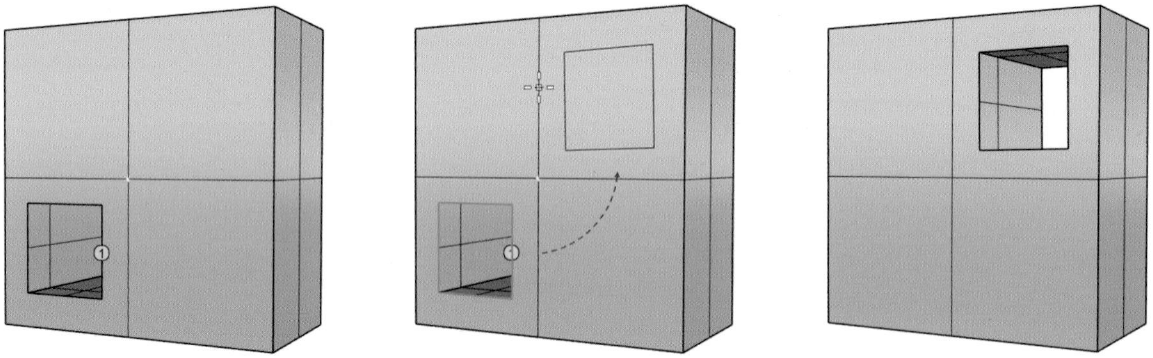

구멍 원형 배열 Array hole polar

ArrayHolePolar 명령은 어느 한 위치를 중심으로 구멍을 복사한다. 주의 사항은 ①번 원의 엣지를 선택하고 다음 ②번 회전 중심 Point를 찍어 준다. 다음 Number of holes=6, Angle to fill=360도를 기입 후 Enter 하면 원형 배열 및 홈이 만들어진다.

구멍 배열 Array hole

ArrayHole 명령은 구멍의 복사본을 지정된 숫자의 열과 행으로 배치한다. 우선 ①번 원의 엣지를 클릭하고 Ⓐ방향 개수 3, Ⓑ방향 개수 3을 입력하고 Base point: ②번 포인트를 기준으로 가로 열, 세로 열 기준을 찍어 주고 Enter 하면 된다.

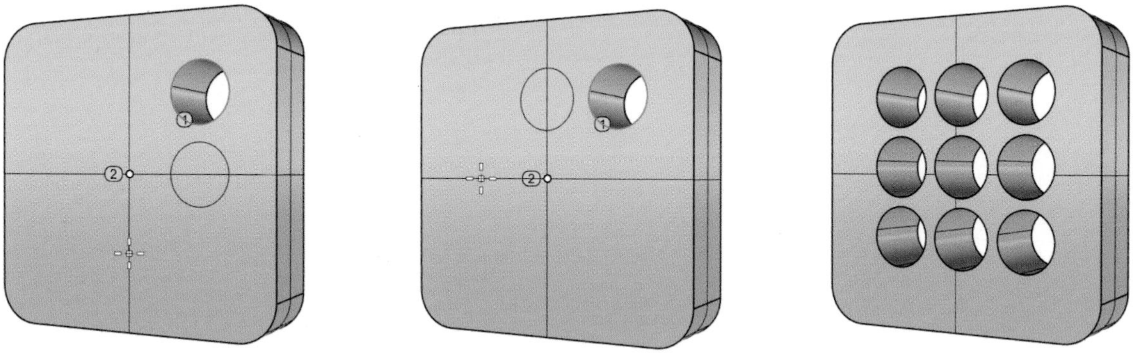

Number of holes in B direction <3> (Rectangular=*Yes*):
Base point (Rectangular=*Yes*): <3> (Rectangular=*Yes*):
Base point (Rectangular=*Yes*):

구멍 트림 해제 Untrim holes
모든 구멍 트림 해제 Delete all holes

UntrimHoles 명령은 바깥쪽 테두리는 트림된 상태로 두고, 선택된 내부 구멍을 트림 해제한다.

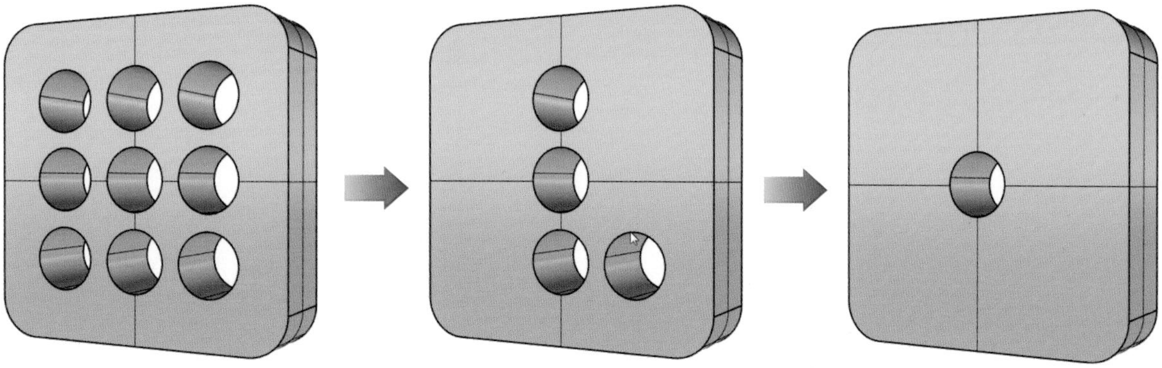

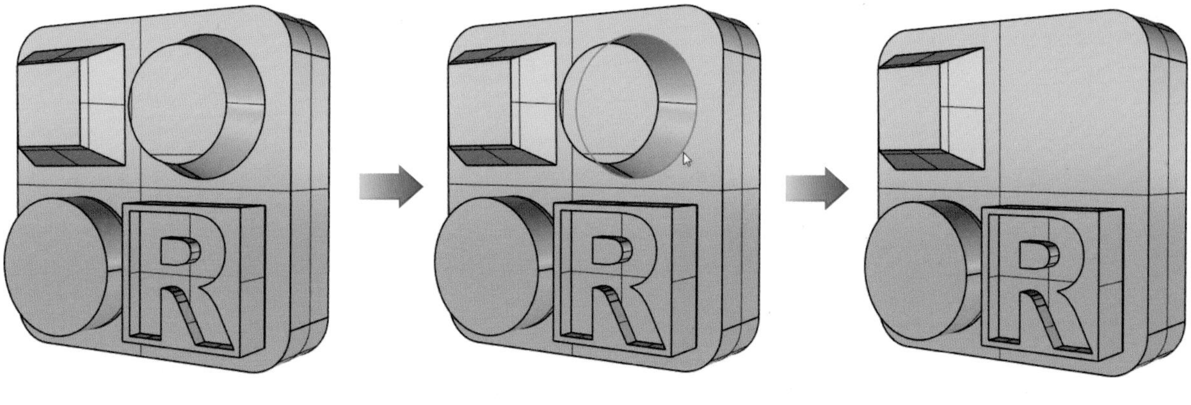

가장자리 결합 해제 Unjoin edge

선택된 폴리 서피스 가장자리(Edge)를 분리해 준다. 닫힌 서피스의 심(SEAM)은 분리되지 않는다.

❶ ❷

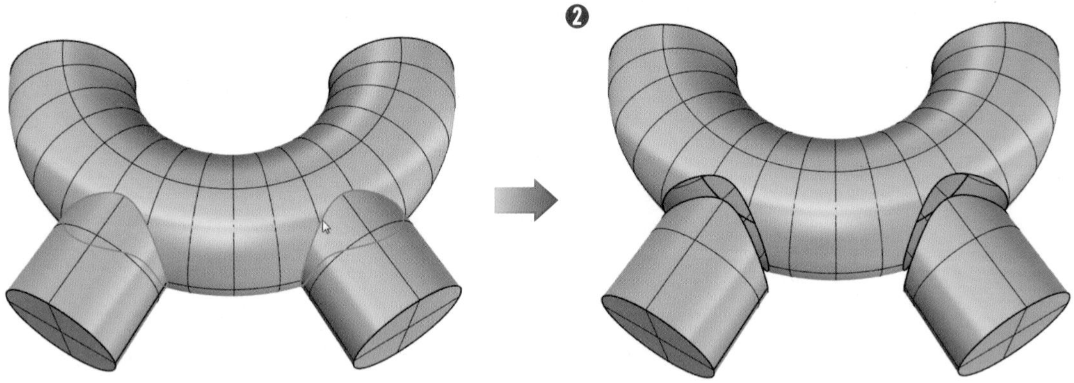

면들의 삭제 Delete faces

DeleteFaces 명령은 메쉬, SubD 또는 폴리 서피스에서 선택한 면을 제거한다. 면을 보고 직접 선택할 수 있으므로 음영 표시 모드에서 가장 효과적이다.

❶ Polysurface에서 면 삭제

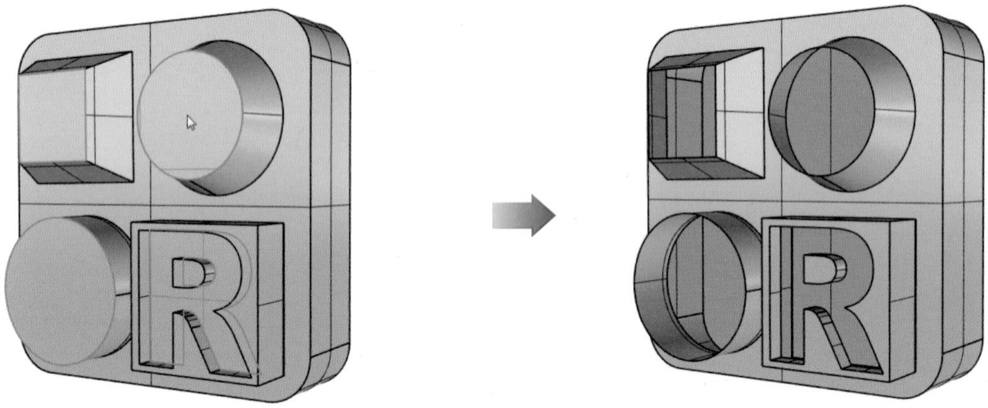

삭제 면을 마우스로 클릭 선택해 줌

Enter 와 동시에 해당 면이 삭제됨

❷ SubD 면에서의 면 삭제

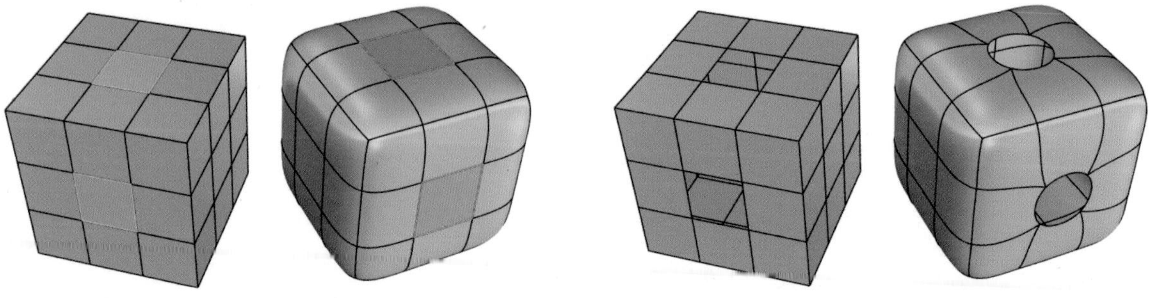

SubD 면의 클릭 선택

Enter 와 동시에 해당 면이 삭제됨

15 CHAPTER 개체로 커브 만들기 (Curve From Object) 명령어 그룹

개체로 커브 만들기(Curve From Object) 명령 그룹은 대부분의 개체로부터 커브를 추출하는 명령어들이 모여 있는 곳이다. 정투영, 비정형 투영, 엣지 추출, 보더 추출, 아이소커브 추출, 와이어 프레임 추출, 블랜드 커브 추출, 교차선 추출, 세트 교차, 등고라인 추출, 섹션 추출, 최단 거리 추출, 포인트 추출, UV 추출, 메쉬 바깥 선 및 도면 추출까지 지원한다.

한글 버전 개체로 커브 만들기 명령어 그룹

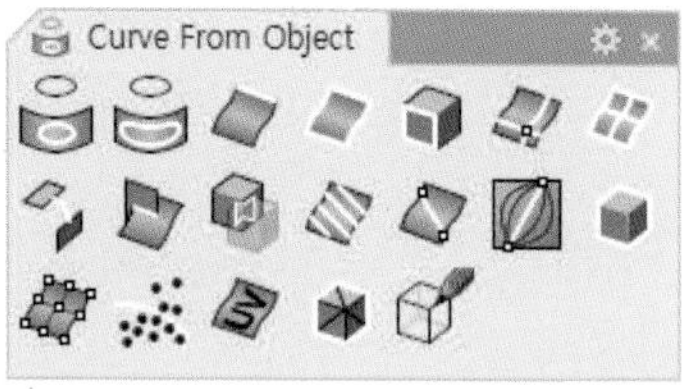

영문 버전 Curve From Object 명령어 그룹

커브 투영 Project curves or control points
커브 투영(넓게) Project curves loose

Project 명령은 구성 평면을 향하여 투영된 서피스와 커브, 또는 점의 교차인 서피스에 커브 또는 점을 만든다. 거리에 상관없이 동일 아웃라인이 투영된다. 투영하고자 하는 개체와 투영 면의 보이는 방향이 동일해야 한다.

투영은 반드시 정면 방향에서 해 주어야 함

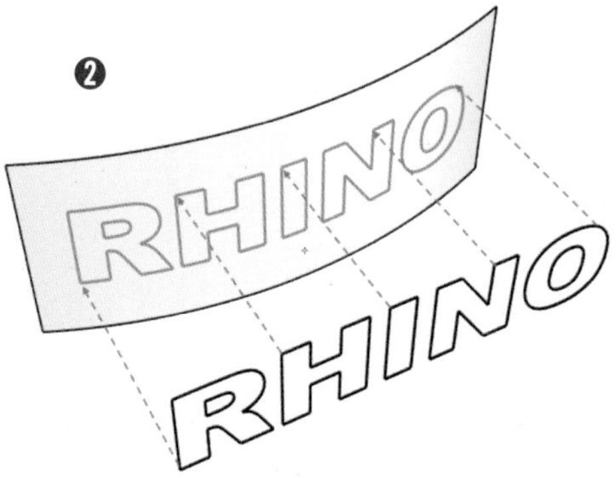

면의 Surface Normal과는 상관없이 일직선 방향으로 투영됨

Split된 글자 면

Offset Surface
Split된 글자 면을 선택하여 두께를 줌

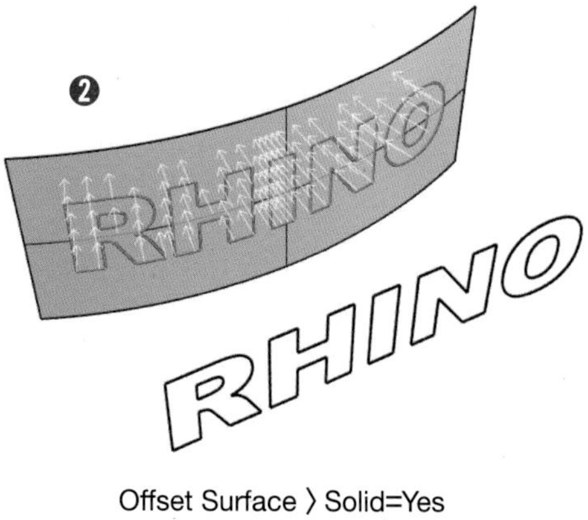

Offset Surface > Solid=Yes

❸

❹

커브 끌어오기 Pull curve
커브 끌어오기, 느슨하게 Pull curve loose

Pull 명령은 서피스 법선 방향에서 서피스를 향하여 끌어온 커브 또는 점의 교차인 서피스에 커브와 점을 만든다. 투영 거리에 영향을 받는다. 거리가 멀면 투영되는 개체는 작게 투영된다. 3D Viewport(원근법)에서 투영할 수 있다

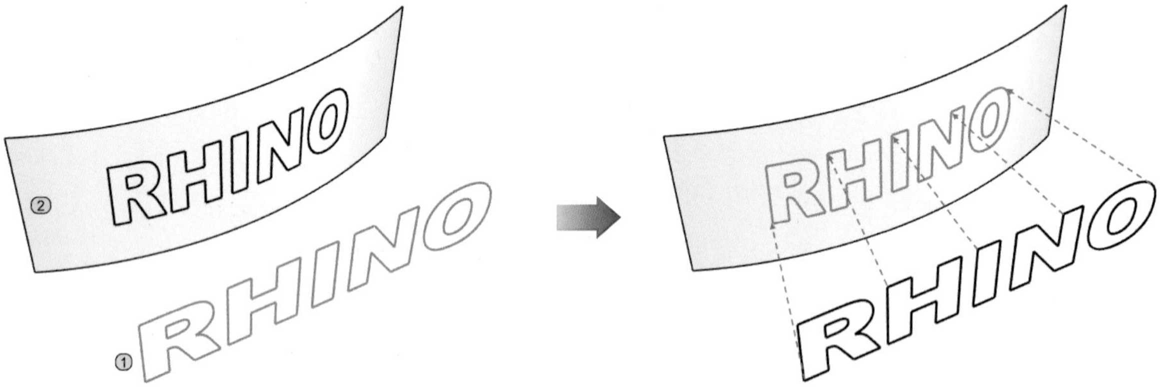

가장자리 복제 Duplicate edge
메쉬 가장자리 복제 Duplicate mesh edge

DupEdge 명령은 서피스 가장자리 또는 메쉬 가장자리를 복제한 커브를 만든다.

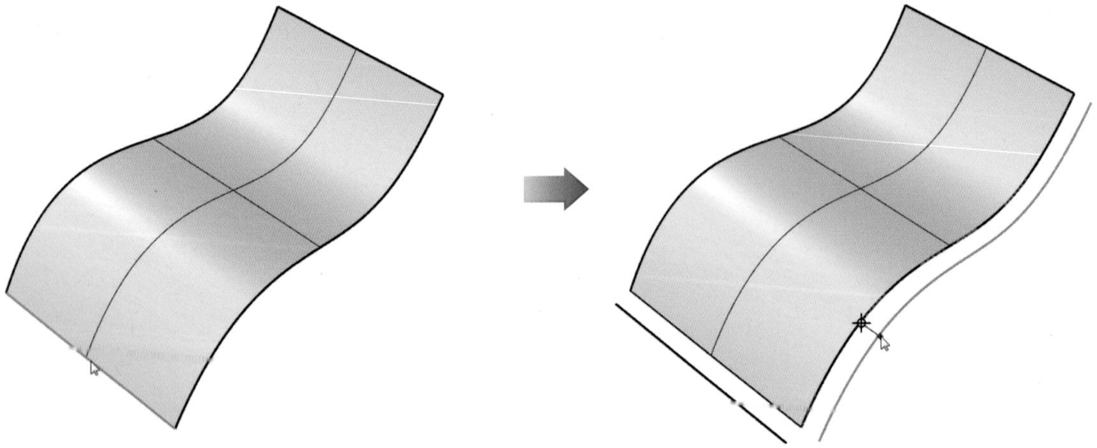

테두리 복제 Duplicate border

DupBorder 명령은 열린 서피스, 폴리 서피스, 해치 또는 메쉬의 테두리를 복제하는 커브 또는 폴리 라인을 만든다.

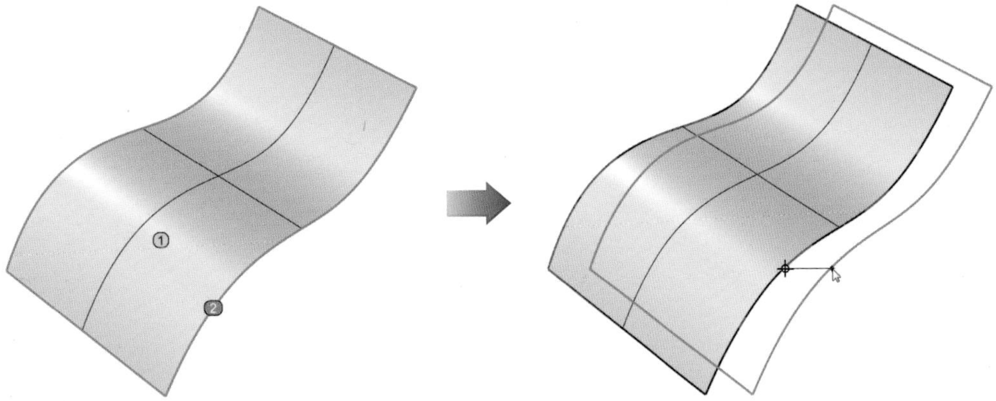

면 테두리 복제 Duplicate face border

DupFaceBorder 명령은 폴리 서피스 면 테두리를 복제하는 커브를 만든다.

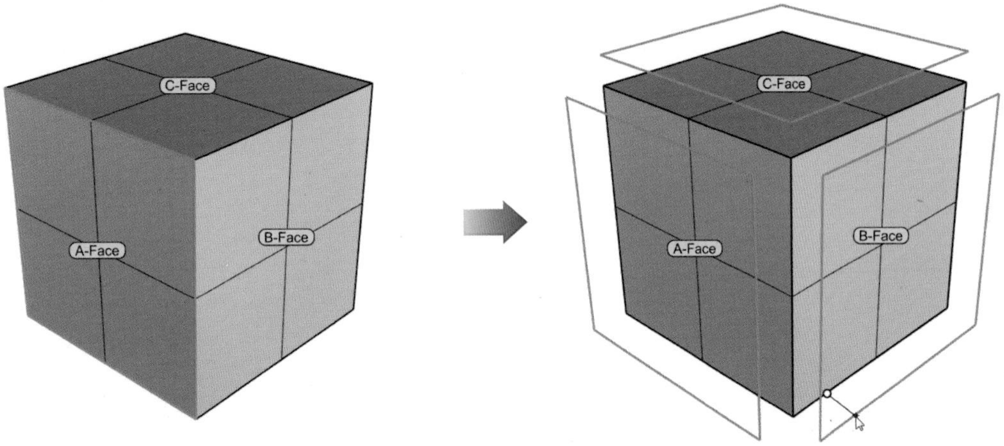

아이소커브 추출 Extract isocurve
추출된 아이소커브 이동 Move extracted isocurve

ExtractIsocurve 명령은 서피스의 지정된 위치에 아이소커브를 복제하는 커브를 만든다.

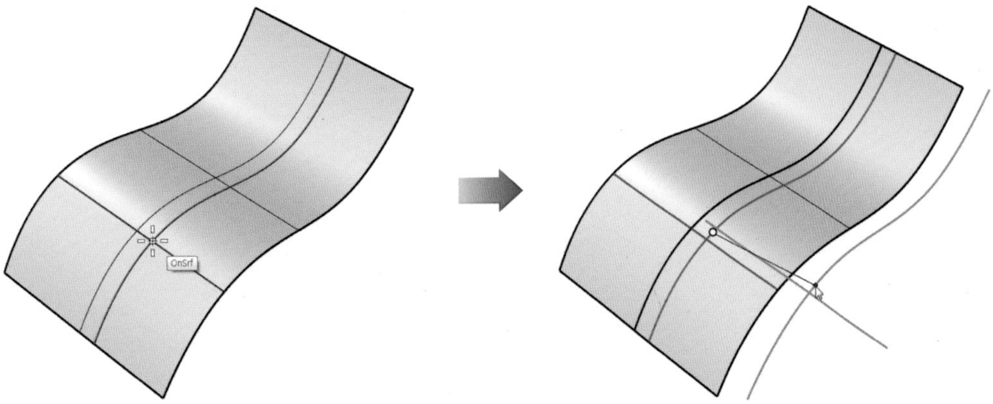

와이어프레임 추출 Extract wireframe

ExtractWireframe 명령은 와이어 프레임 뷰에 표시되는 서피스, 폴리 서피스 아이소커브, 메쉬 가장자리를 복제하는 커브를 만든다.

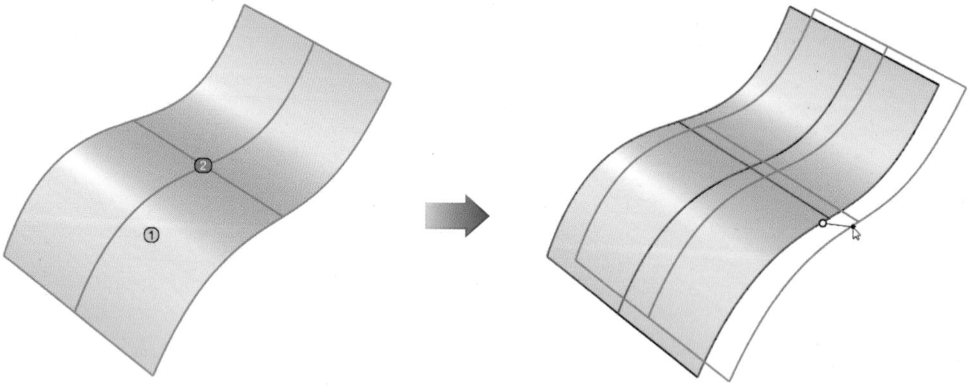

커브 블렌드 가장자리에 수직으로 Curve blend perpendicular to edges

마주 보는 떨어진 면의 공간에 면과 수직으로 라운드 커브를 생성해 준다. 면 수리 시 매우 중요한 툴이다. 면 수리 시 네트워크 명령과 함께 사용된다.

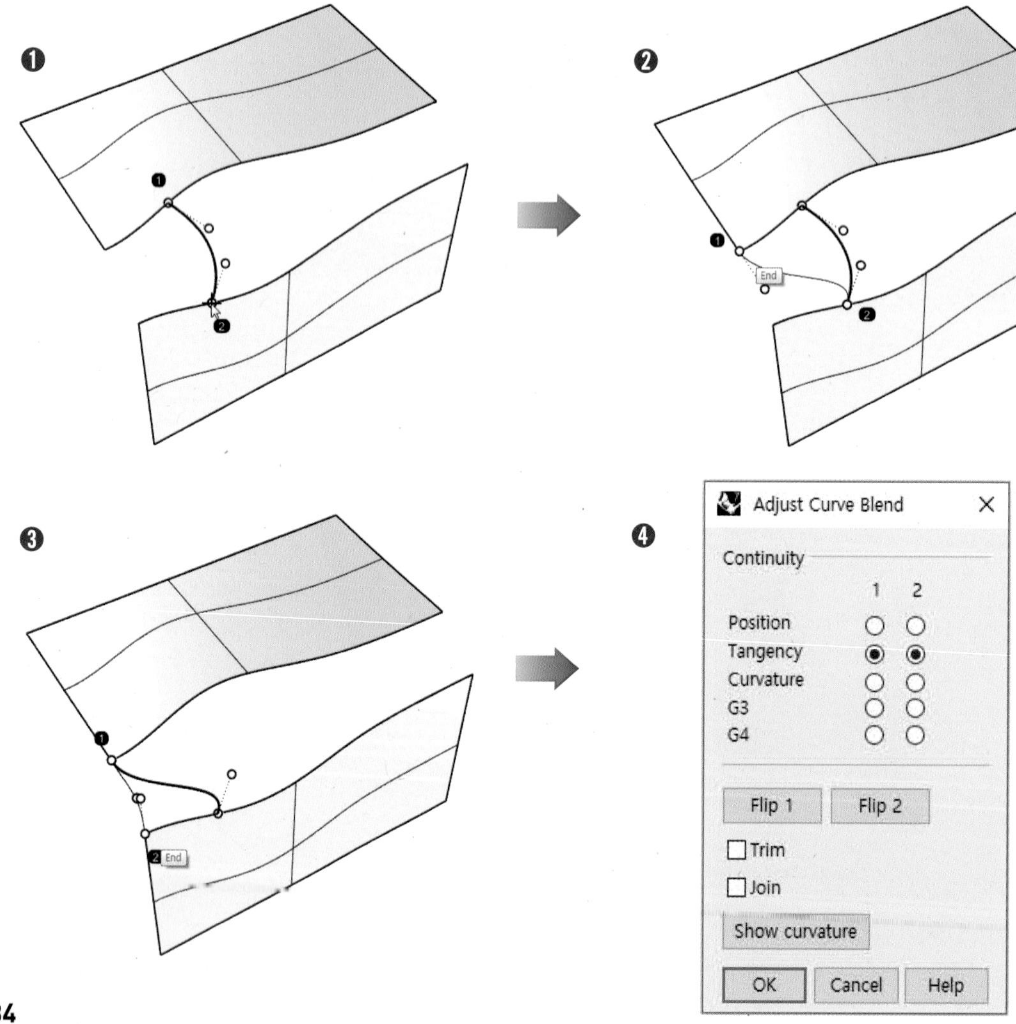

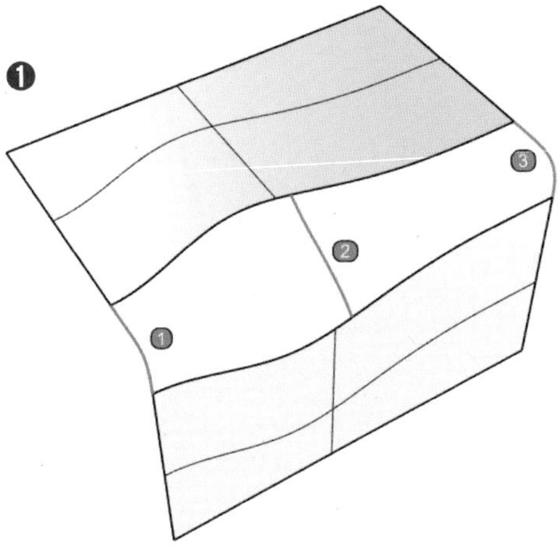

3개의 블랜드 커브 생성

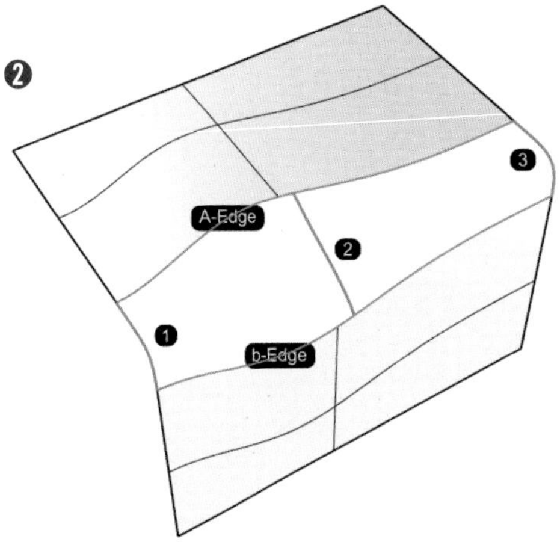

Sweep 2 Rails 명령으로 면 생성하기

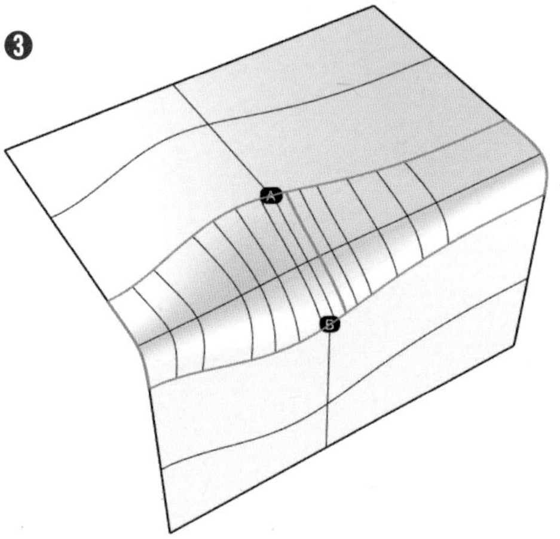

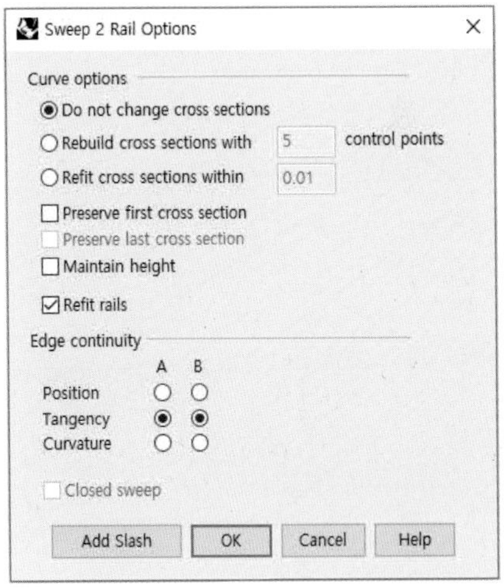

Sweep 2 Rails 옵션 〉 Tangency

개체 교차 Object intersection

Intersect 명령은 두 개 이상의 커브와 서피스가 서로 교차하는 지점에 점 개체 또는 커브를 만든다. 선과 선이 교차하면 점(Point)이 생성된다. 면과 선이 교차하면 포인트가 생성된다.

❶ 면과 면의 교차 〉 선 생성됨

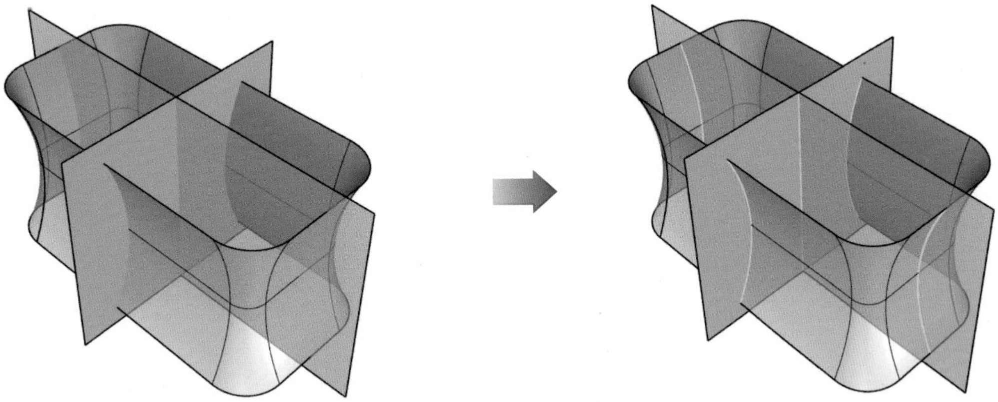

❷ 면과 선의 교차 〉 포인트 생성됨

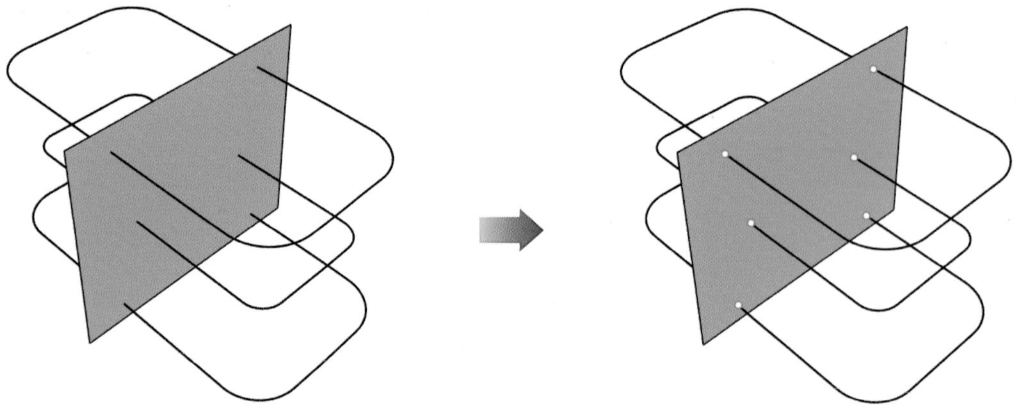

❸ 선과 선의 교차 〉 포인트 생성됨

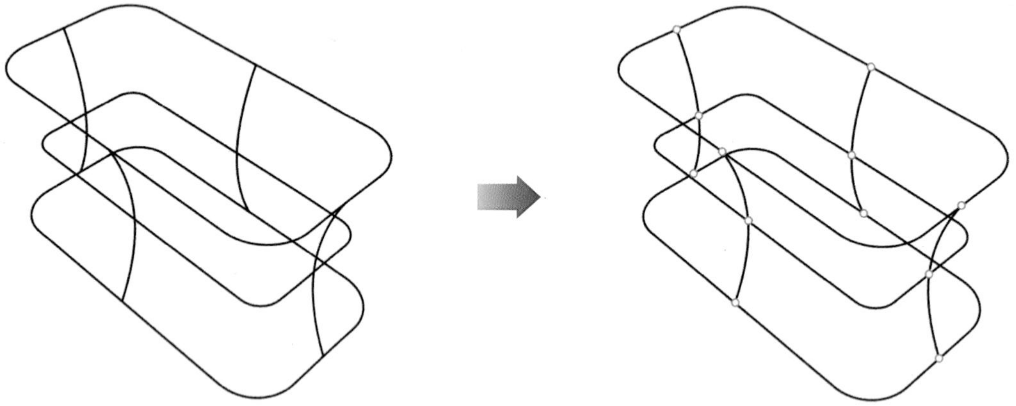

2세트 교차 Intersect Two Sets

솔리드 객체가 중첩된 곳을 아웃라인으로 생성한다.

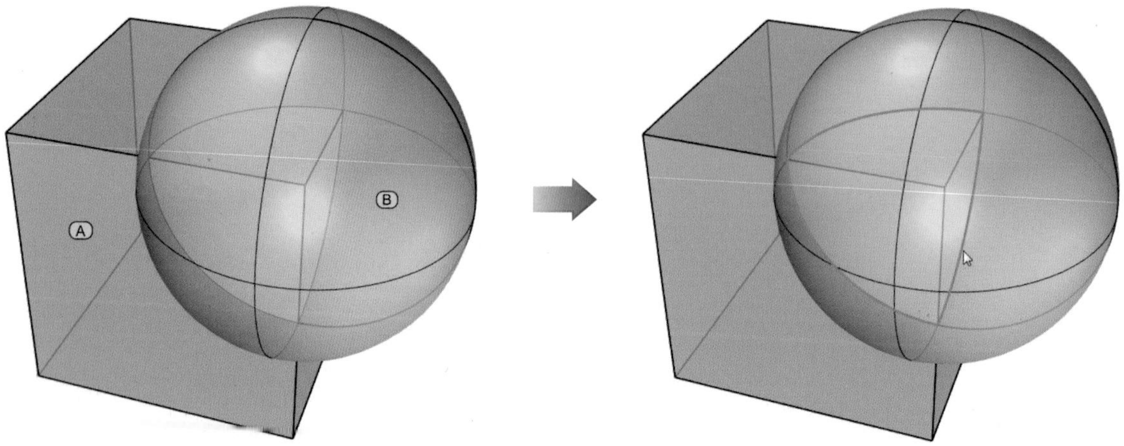

윤곽 Contour

Contour 명령은 커브, 서피스, 폴리 서피스, 또는 메쉬를 통과하는 정의된 절단 평면을 교차한 결과인, 일정한 간격을 둔 일련의 평면형 커브와 점을 만든다.

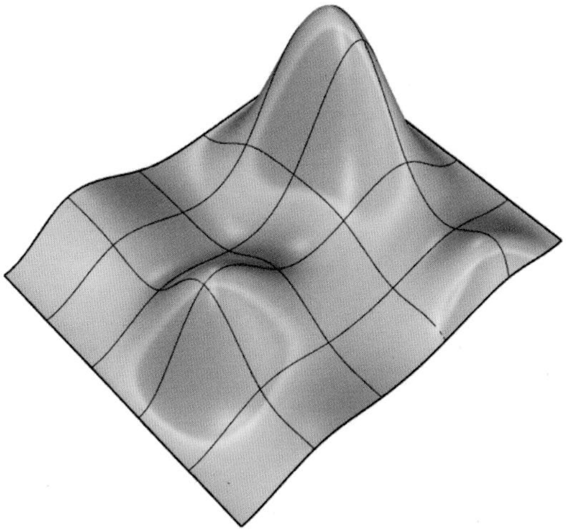

등고선을 얻기 위한 고저 차가 있는 면 준비

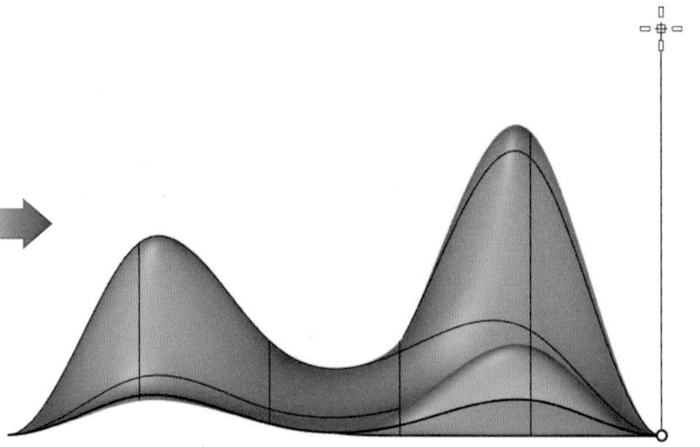

하단의 시작 기점과 높이 방향 지정 클릭

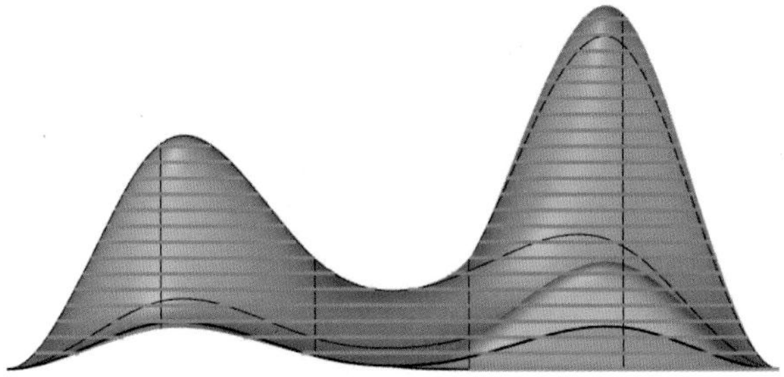

Front view에서 본 등고선 모양

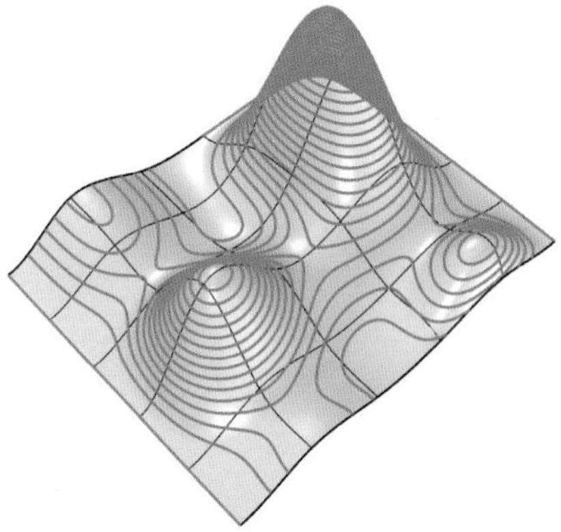

Perspective view에서 본 등고선 완성 모습

단면 Section

Section 명령은 개체를 통해 정의된 절단 평면을 교차하여 평면형 커브 또는 점을 만든다.

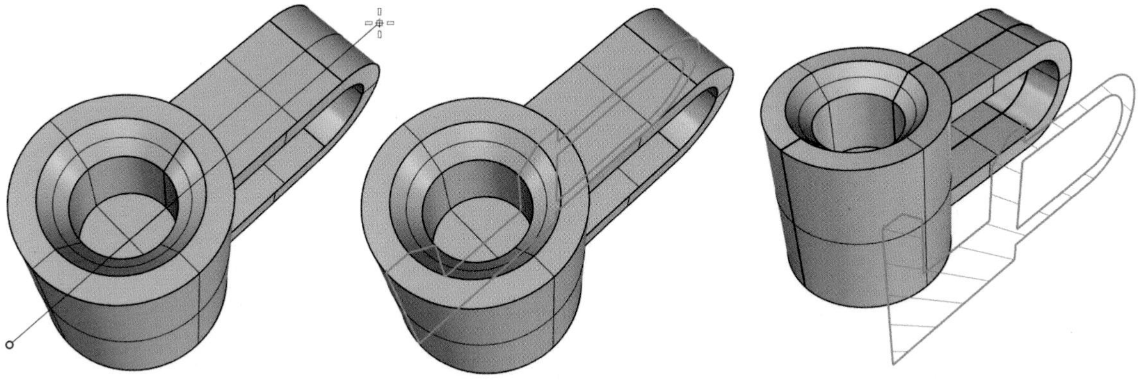

최단 커브 Geodesic curve

Geodesic curve는 ShortPath 개념의 명령으로 서피스상의 두 점 사이에서 최대한 짧은 커브(측지선)를 만든다. 가장 짧은 경로이다. 서피스 경계를 따르지 않는 경로는 측지선이다. 모든 측지선 커브가 끝점 사이의 최단 경로인 것은 아니다. 예를 들어, 구에 있는 대원은 닫힌 측지선으로, 끝점이 없다. 180도 이상인, 구에 있는 대원의 호는 측지선이지만, 끝점 사이의 최단 경로는 아니다. 그러나, 측지선은 지엽적으로 가장 짧은 경로이다. 즉, 측지선 커브에서 충분하게 일부를 취하면, 이것은 그 끝점 사이의 최단 경로가 된다.

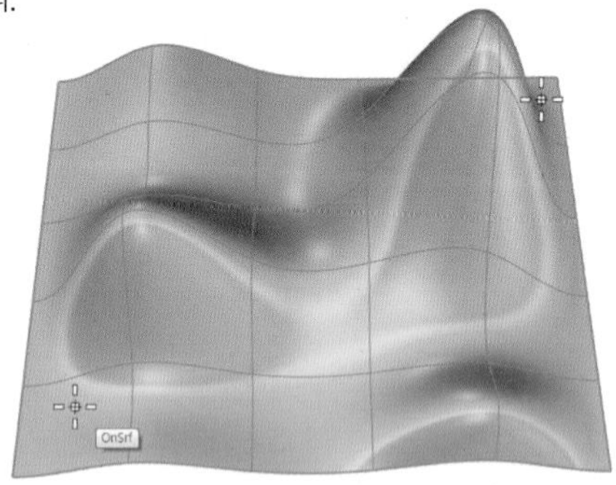

최단 거리를 측지선을 위한 시작점과 끝점 찍기

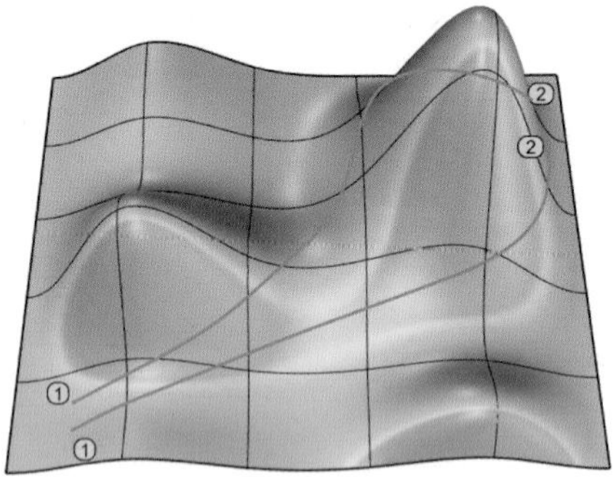

①번과 ②번을 순차적으로 찍어 측지선 비교

실루엣 Silhouette

Silhouette 명령은 선택된 서피스, 돌출, 폴리 서피스 또는 메쉬 개체로부터 외곽선 커브를 만든다. 실루엣으로부터 2차원 커브를 만들려면, ProjectToCPlane 명령을 사용한다.

❶

①번 Polysurface, ②번 Mesh

❷

①번 Polysurface, ②번 Mesh

와이어프레임 추출 Extract wireframe

❶

①번 Polysurface, ②번 Mesh

❷

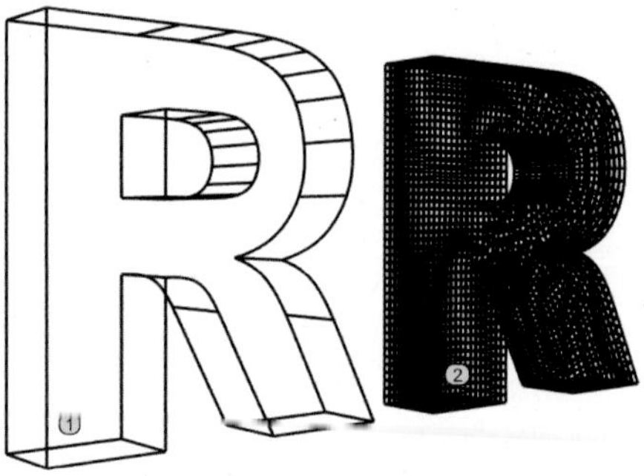

①번 Polysurface, ②번 Mesh

점 추출 Extract points

ExtractPt 명령은 점 개체를 커브의 제어점 또는 편집점 위치, 서피스와 텍스트 제어점 위치, 다각형 메쉬 정점에 배치한다.

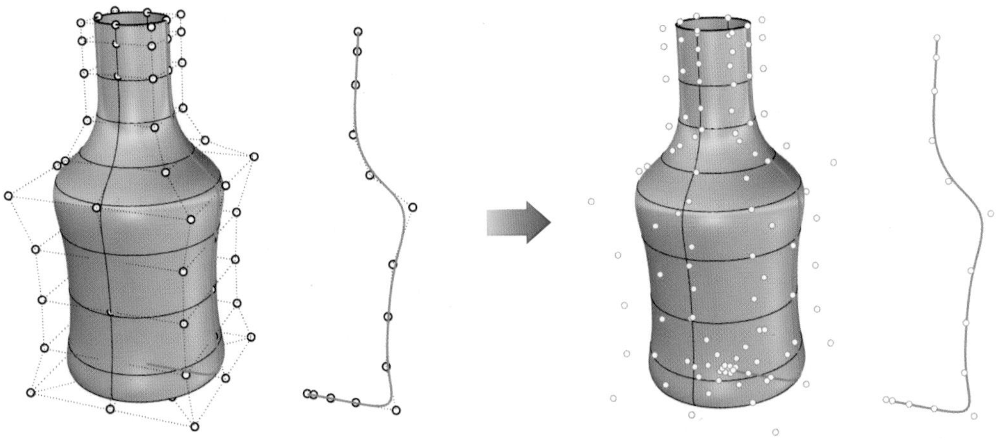

점 구름 단면 Point cloud section

PointCloudSection 명령은 점 또는 점 구름 개체와 평면을 교차시켜 평면형 커브를 만든다.

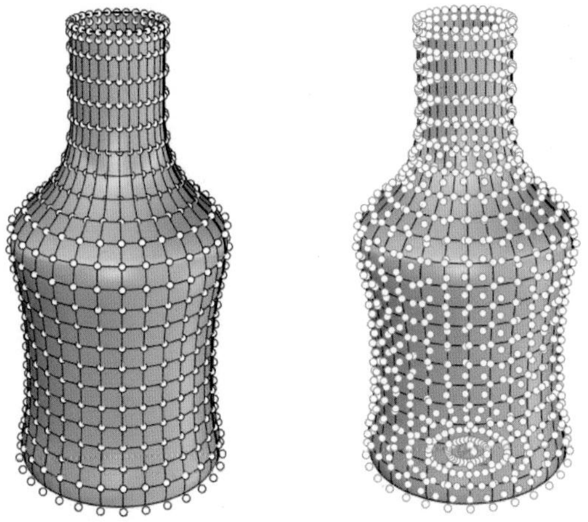

포인트 전체 선택

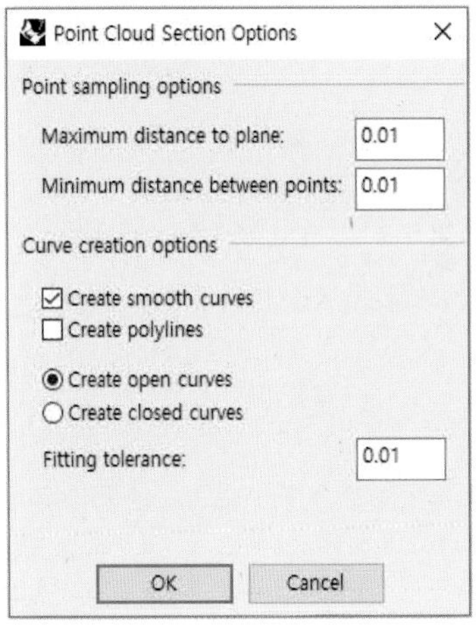

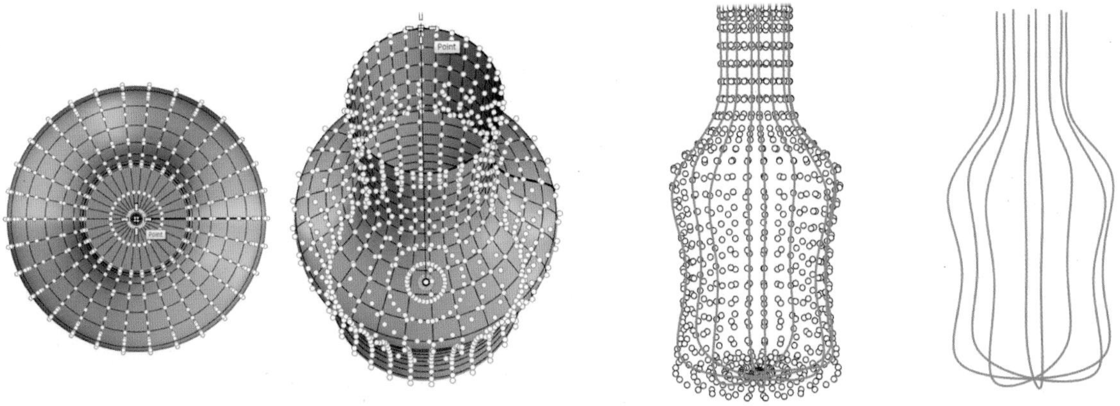

용기 커브의 안쪽 포인트 시작점 클릭, 상단 포인트 선택 〉 반복하면 여러 개의 커브가 생성됨

UV 커브 만들기 Create UV curves
UV 커브 적용 Apply UV curves

Create UV curves 명령은 단일 면(트림된 개체 포함) 개체에 대해 아웃 라인 형태의 면적 커브를 추출해 준다. 추출된 커브는 XY 좌표에 정렬된다. 이음새가 있는 경우 이음새를 시작 기점으로 펼쳐지게 된다.

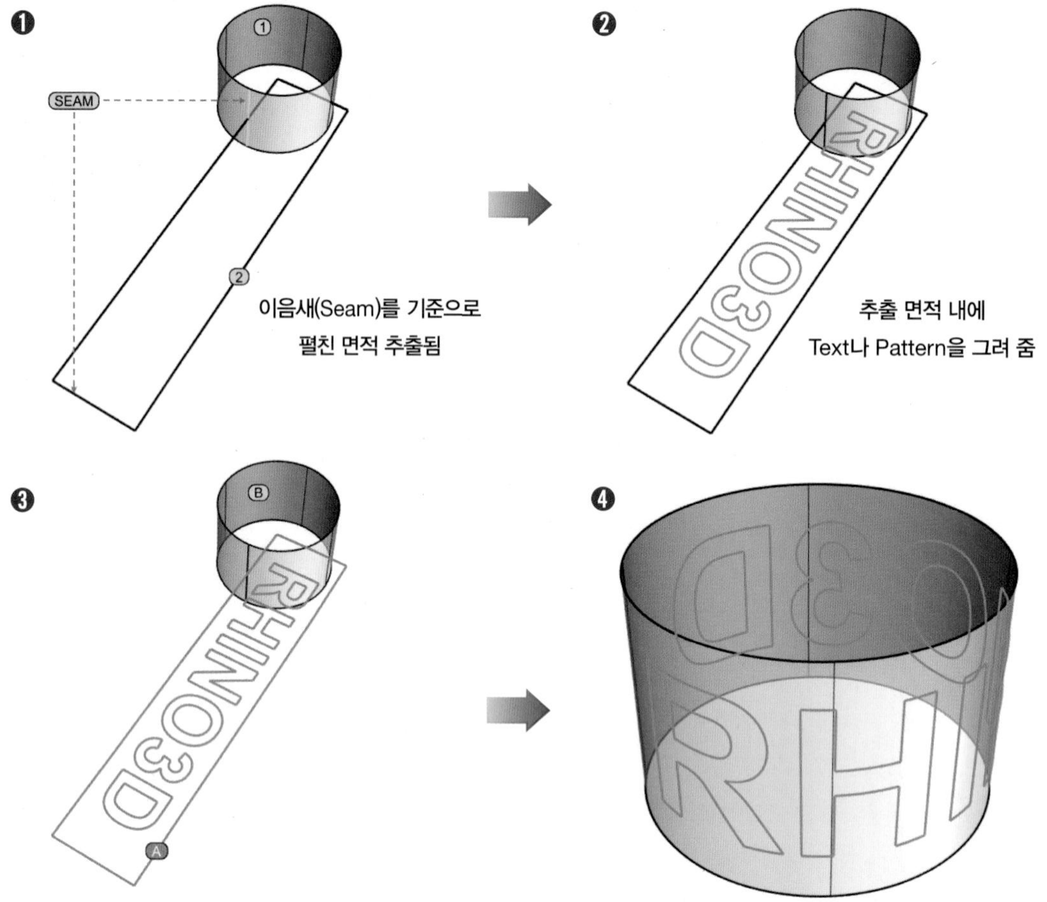

Apply 명령으로 Ⓐ 〉 Ⓑ 순으로 선택하여 적용

UV 적용 완료

메쉬 외곽선 Mesh outline

MeshOutline 다각형 메쉬 개체의 폴리 라인 외곽선 또는 선택된 서피스 또는 폴리 서피스의 렌더링 메쉬를 만든다. 외곽선의 방향은 현재 뷰를 기준으로 한다.

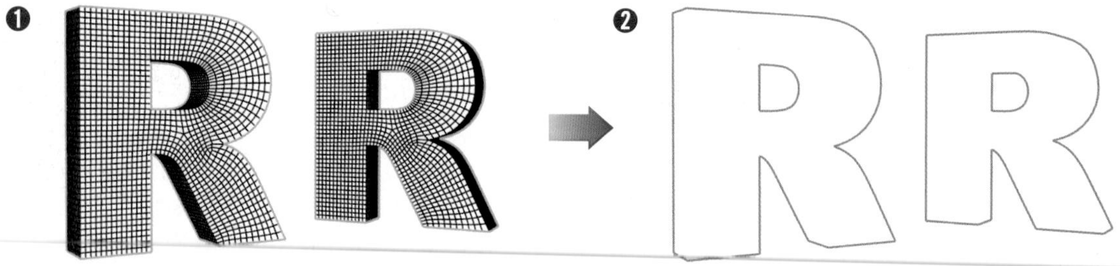

Perspective view에서 보이는 메쉬의 아웃 라인 추출

Perspective view에서 보이는 아웃 라인 생성 모습

2D 도면 그리기 Make 2-D drawing

Make2D 명령은 지오메트리를 구성 평면에 투영하여 2D 도면을 만든다. Make2D 명령은 선택한 개체로부터 활성 구성 평면에 실루엣 커브를 만든다. 실루엣 커브는 평평하게 투영되어 그 후 절대 좌표 XY 평면에 배치된다. 옵션을 선택하여 다양한 조건을 부여할 수 있다.

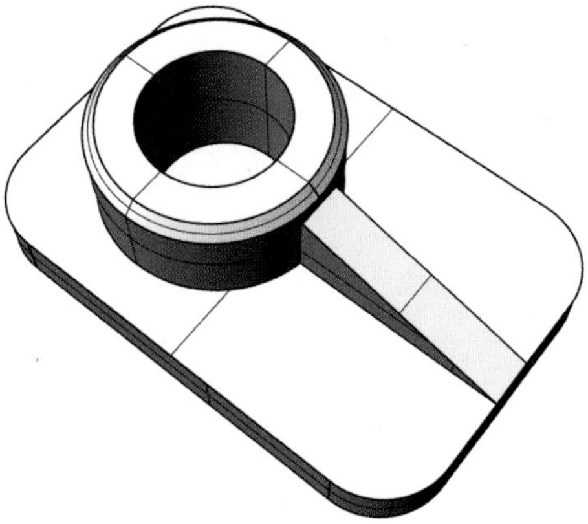

치수 추출 대상

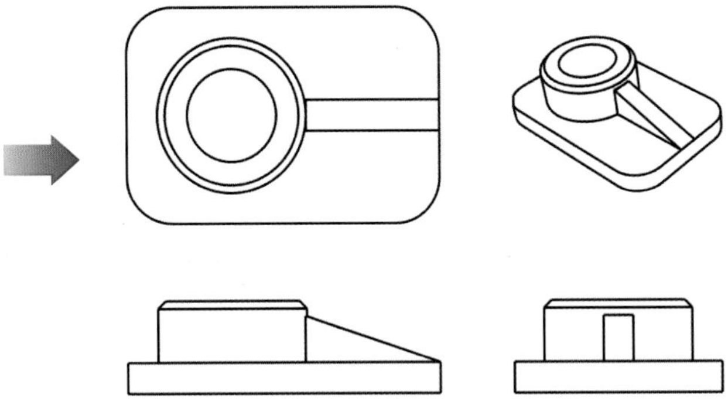

2D 라인 추출 결과

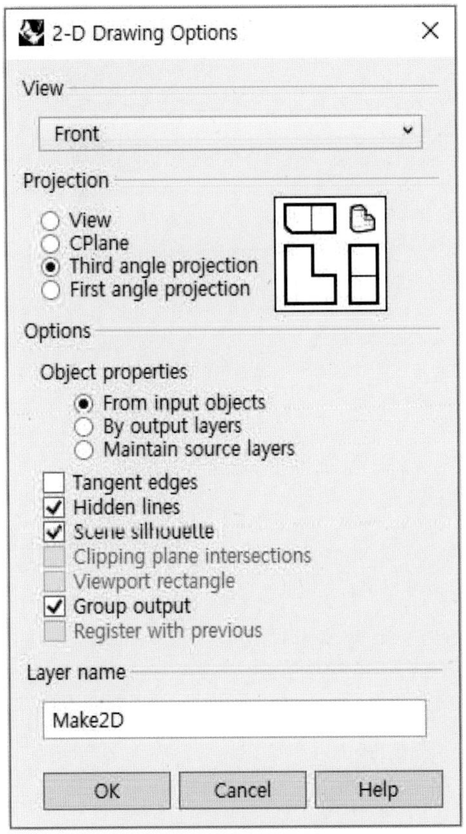

2-D Drawing Options을 통해
다양한 형식의 결과 생성

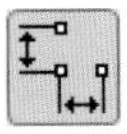

Linear dimension 치수 기입 명령을 통해 치수 표기와 출력도 가능함

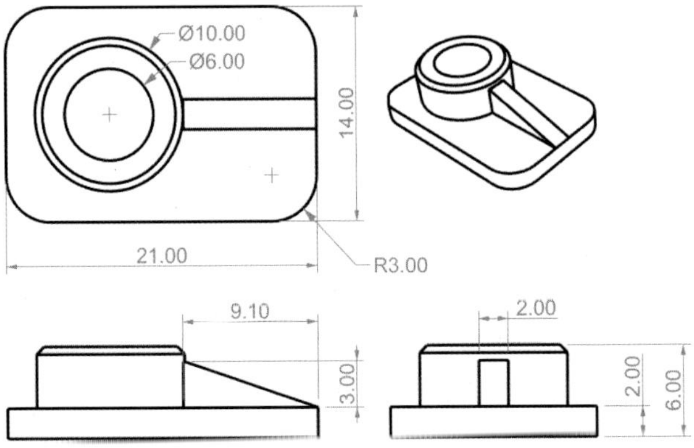

치수 기입 예시

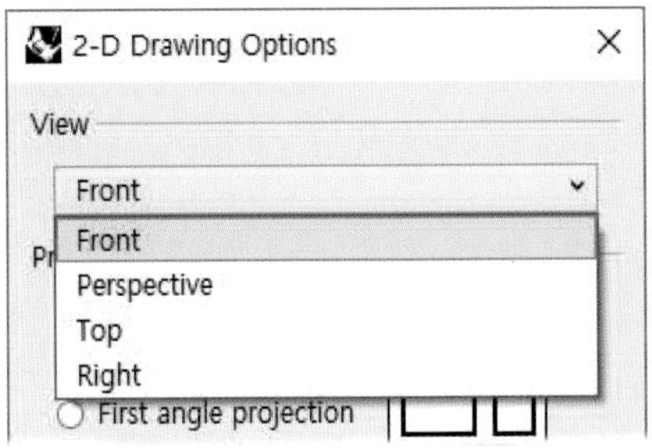

16 CHAPTER 그룹화(Grouping) 명령어 그룹

그룹화(Grouping) 명령어 그룹은 작업 도중에 필요한 개체 그룹과 해제 등에 활용되는 명령들이 모인 곳이다. 특히 그룹 중에 필요한 부분만을 언 그룹(Ungroup)하거나 다시 추가할 수 있다.

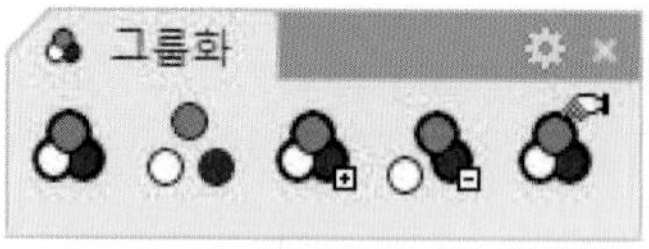

한글 버전 그룹화 명령어 그룹

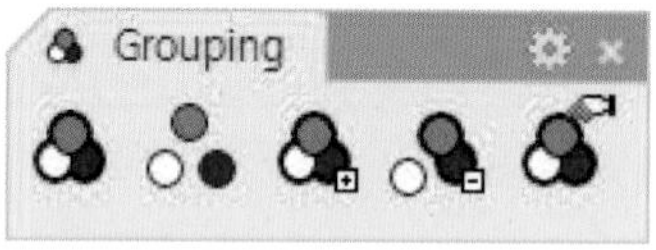

영문 버전 Grouping 명령어 그룹

그룹 Group objects　Group 명령은 독립적으로 선택된 객체에 대해 하나로 묶어 그룹화 선택이 되도록 해 준다.

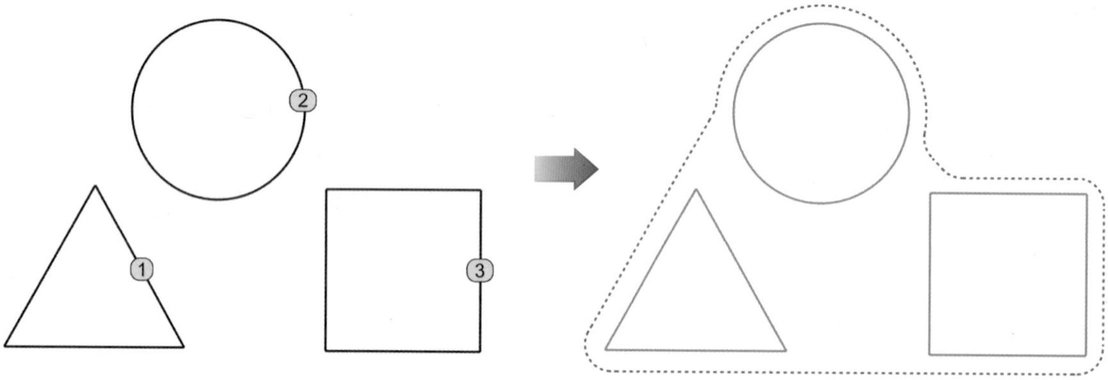

언 그룹 Ungroup　그룹 해제 명령은 선택한 그룹에서 일부를 그룹 해제시켜 준다.

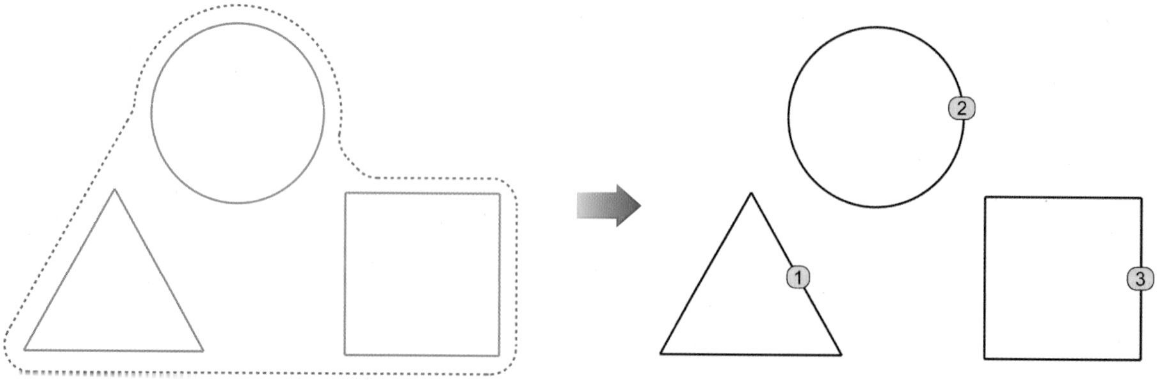

그룹에 추가 Add to group

AddToGroup 명령은 선택된 그룹에 개체를 추가한다.

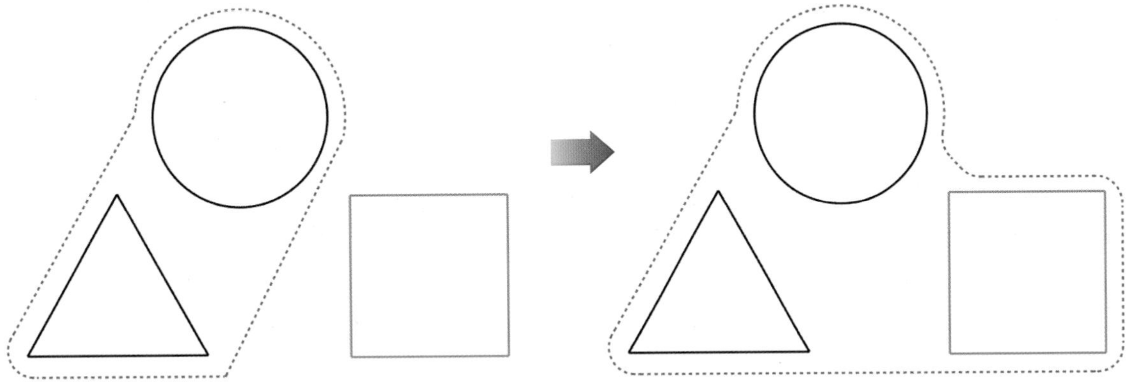

그룹에서 제거 Remove from group

RemoveFromGroup 명령은 선택된 개체를 부모 그룹에서 분리한다.

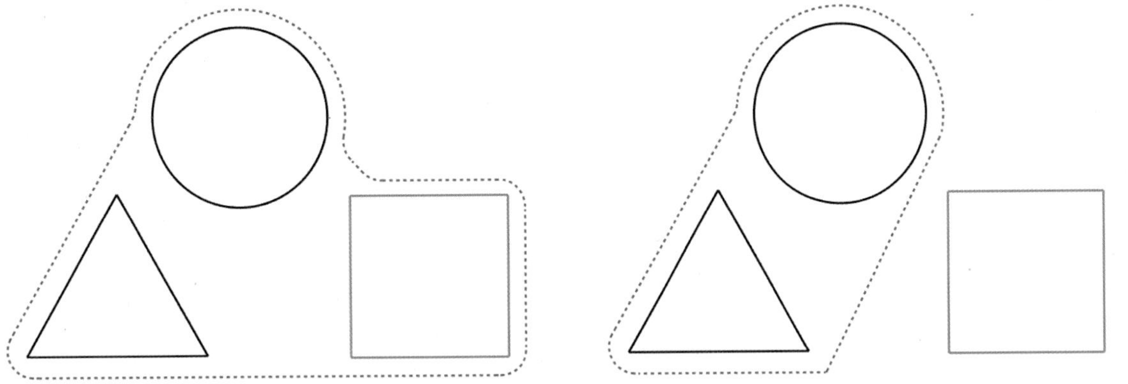

그룹 네임 셋 Set group name

SetGroupName 명령은 선택된 그룹의 이름을 지정해 놓 수 있다. 그룹된 객체를 클릭하고 Details 항목을 클릭하면 각각의 Object Description도 볼 수 있다.

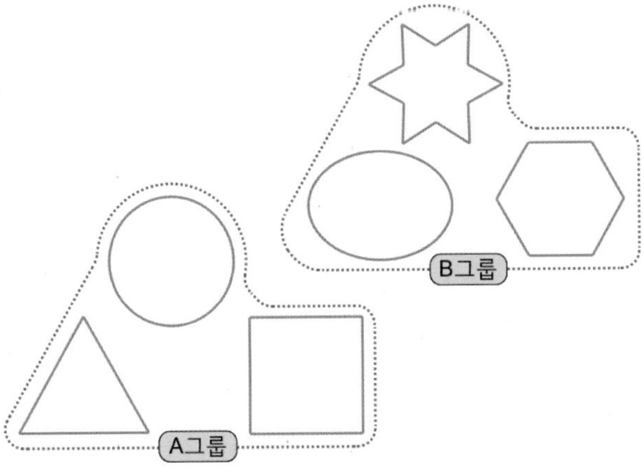

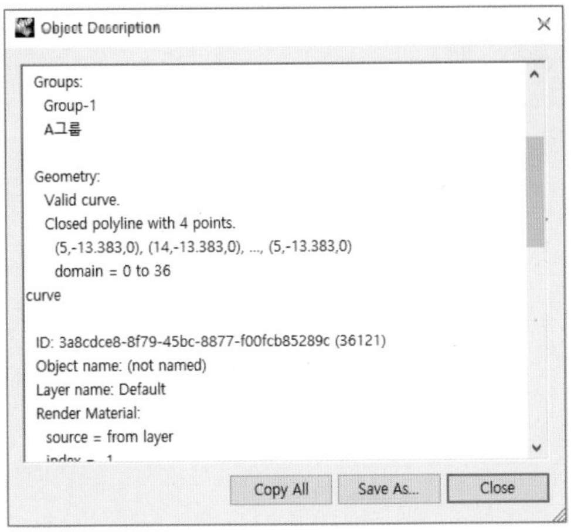

17 CHAPTER 점 편집(Point Edit) 명령어 그룹

점 편집(Point Edit) 명령은 단일선, 폴리 라인, 커브, 싱글 서피스 등에서 보이는 제어 포인트를 활성화하여 형태를 편집하는 명령어들이 모인 곳이다. F10은 포인트 ON, F11은 포인트 OFF에 해당한다. 점 편집에는 포인트 삽입, 포인트 제거, UVN 명령 편집 등이 대표적이다.

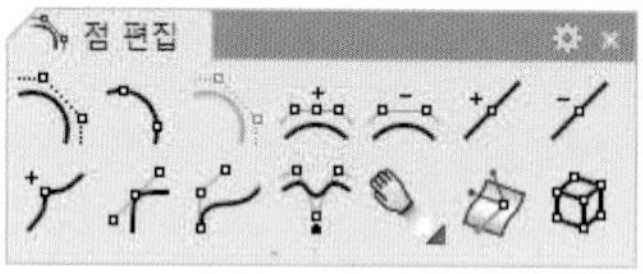

한글 버전 점 편집 명령어 그룹

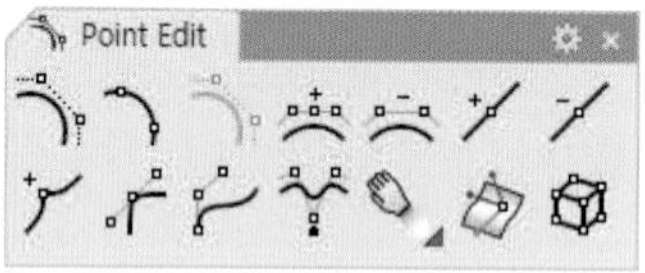

영문 버전 Point Edit 명령어 그룹

개체 제어점 표시 Show object control points
점 끄기 Points off

Show objects control points 명령은 제어점을 표시한다. 제어점은 NURBS 기저 함수의 계수이다. 제어점은 제어 정점 또는 노드라고도 한다. 제어점은 커브, 서피스, 조명, 해치 테두리, 치수와 같은 개체에서 그립으로 사용되며, 개체에서 분리할 수 없다.

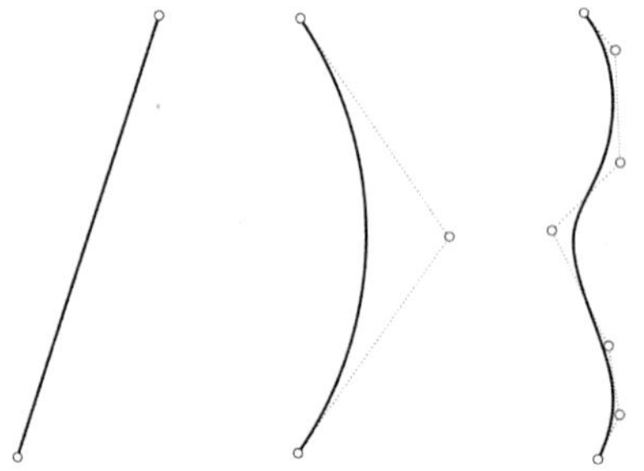

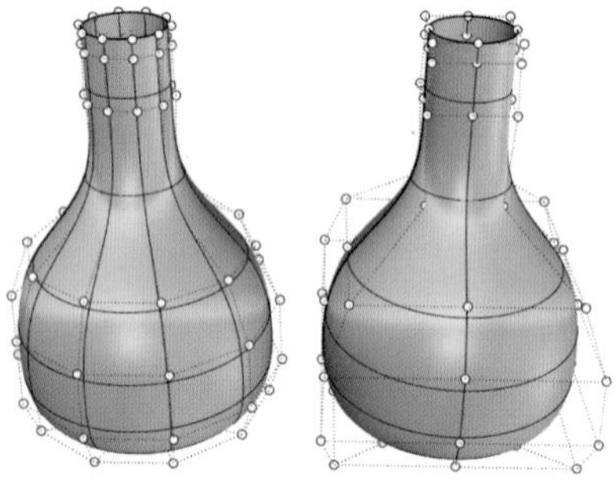

커브 편집점 표시 Show curve edit points
점 끄기 Points off

Show curve edit points 명령은 매듭점 평균으로 계산된 커브상의 편집점을 표시한다. Edit Point는 커브의 가운데 구간이 일정한 점을 지나야 하는 경우 유용할 수 있다. 하지만 아래 그림처럼 Target point로 이동 시 오리지널 커브의 형태를 쉽게 잃어버릴 수 있다. 그런 이유로 Control points 편집이 많이 쓰이는 이유이다.

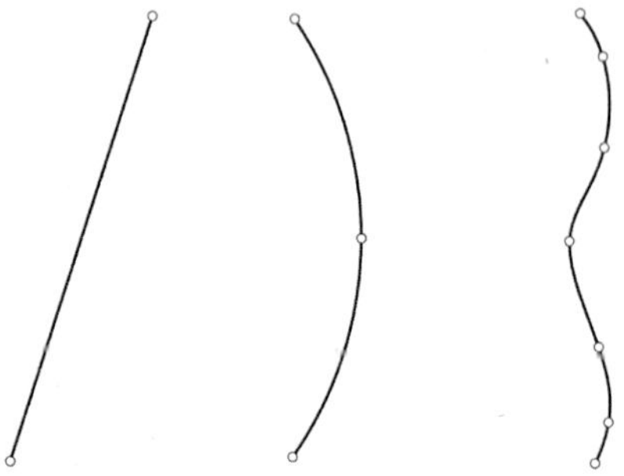

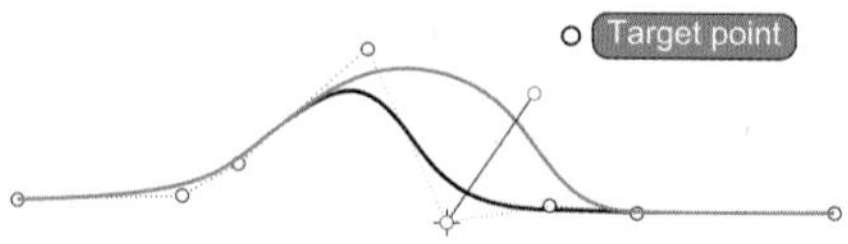

차수(Degree)별 영향 구간만 변형 범위에 들어옴

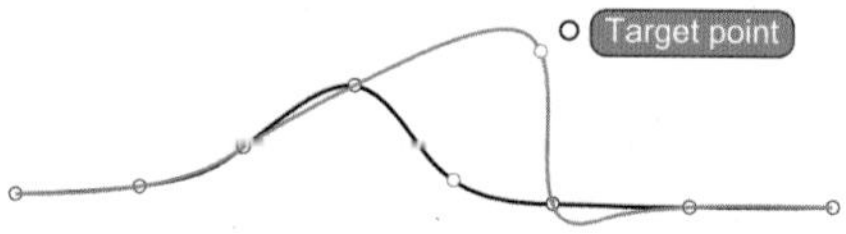

커브 전체가 변형 범위에 들어옴

선택된 개체 점 끄기 Points off selected objects

PtOffSelected 명령은 선택된 개체의 제어점과 편집점을 끈다.

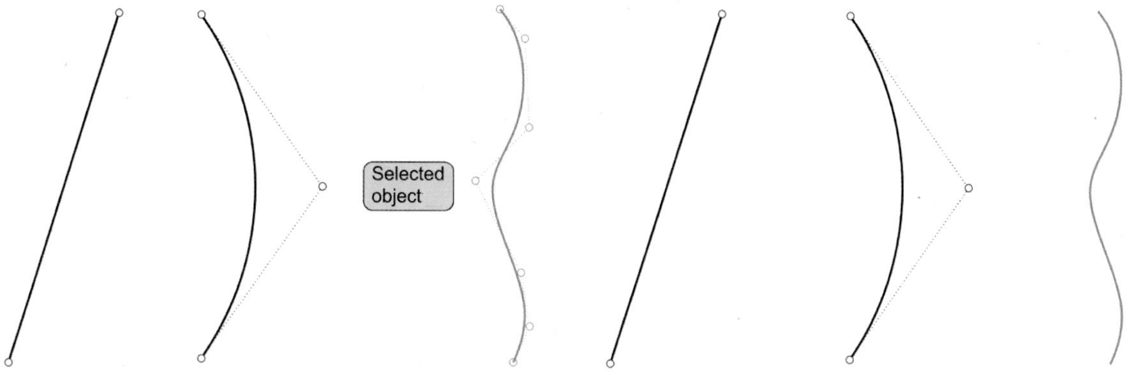

제어점 삽입 Insert a control point

Insert a control point 명령은 커브 또는 서피스의 제어점 행에 제어점을 추가할 수 있다. 추가 방향은 U, V, Both 모두 가능하고, Midpoint=No, Yes 조정도 가능하다.

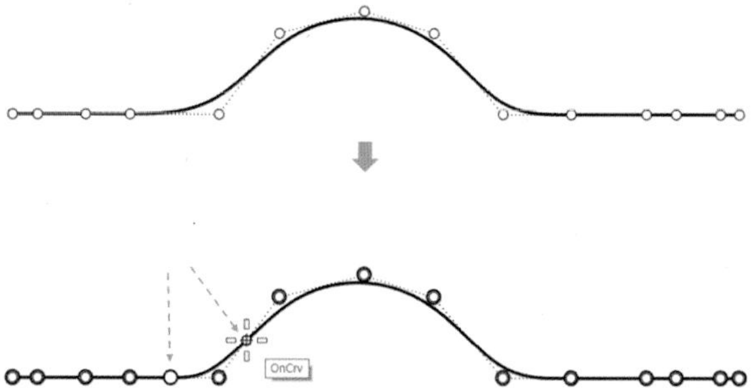

커브에 제어점 삽입

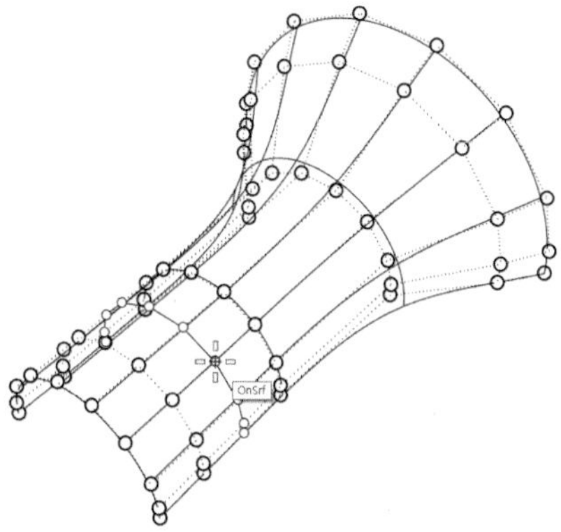

싱글 서피스에 제어점 삽입

제어점 제거 Remove control point

Remove a curve control point 명령은 커브 또는 서피스의 제어점 행에서 제어점을 제거할 수 있다. 제어점 삭제 방향은 U, V, Both 모두 가능하다. 제어점은 형태 변형을 동반한다.

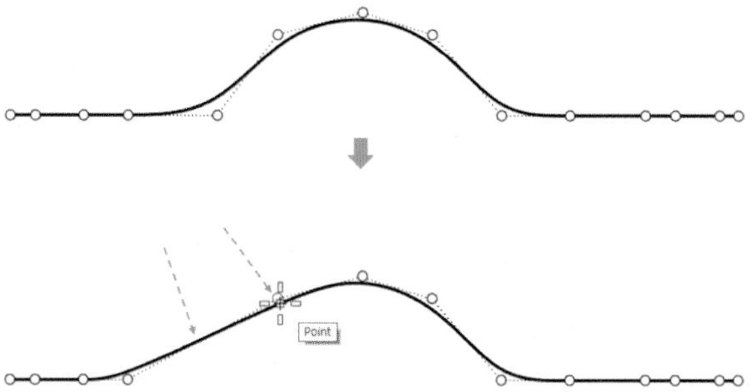

커브에 제어점 제거

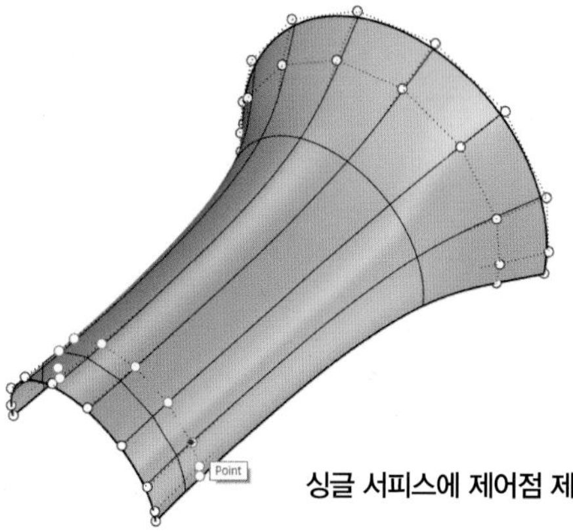

싱글 서피스에 제어점 제거

매듭점 삽입 Insert knot

Insert knot 명령은 커브 또는 서피스에 매듭점을 추가한다.

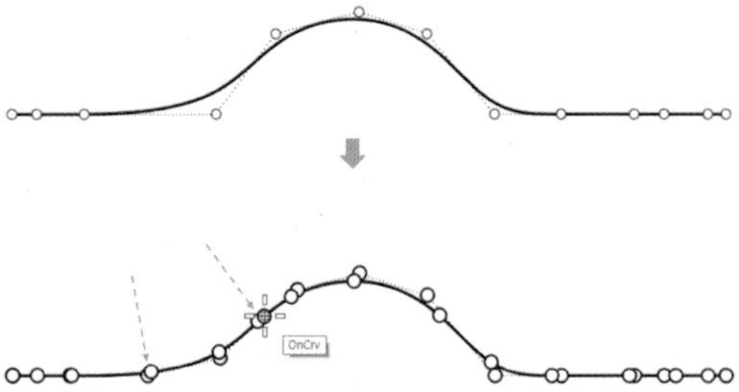

커브에 매듭점 삽입

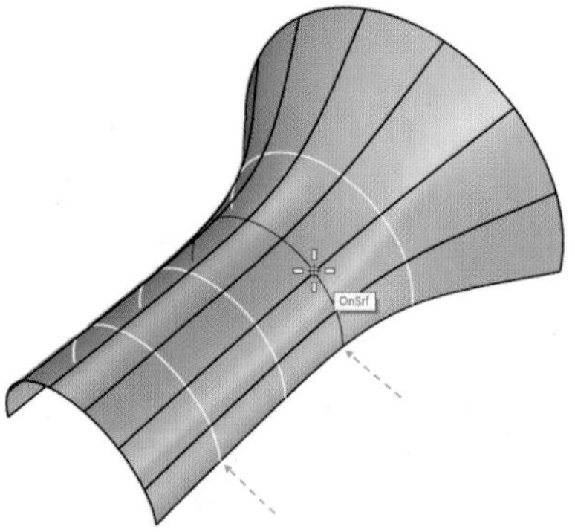

싱글 서피스에 매듭점 삽입

매듭점 제거 Remove knot

Remove knot 명령은 커브 또는 서피스에서 매듭점을 제거한다.

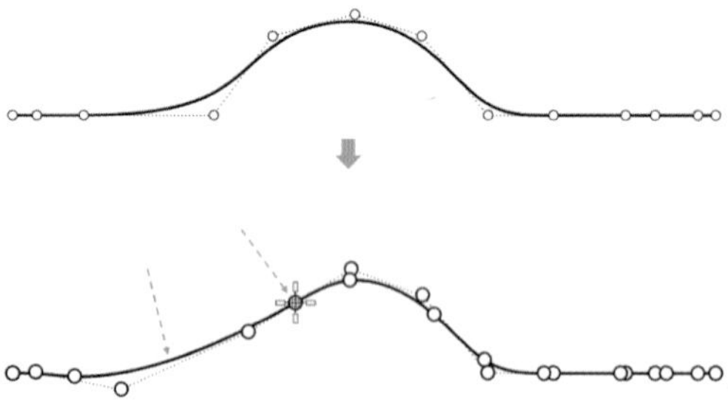

커브에 매듭점 제거

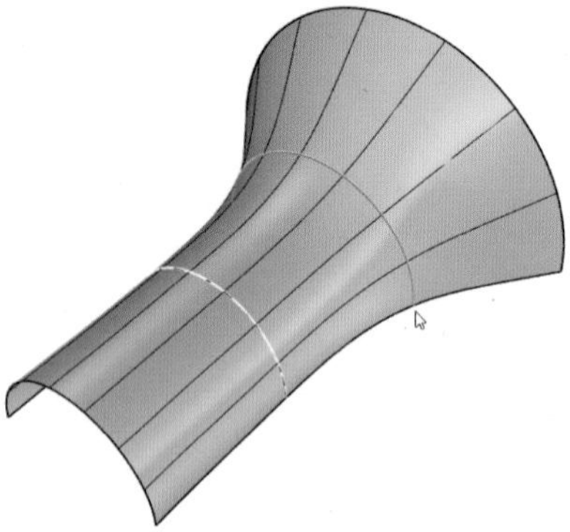

싱글 서피스에 매듭점 제거

꼬임 삽입 Insert kink

Insert kink 명령은 커브 또는 서피스에 꼬임을 추가한다.

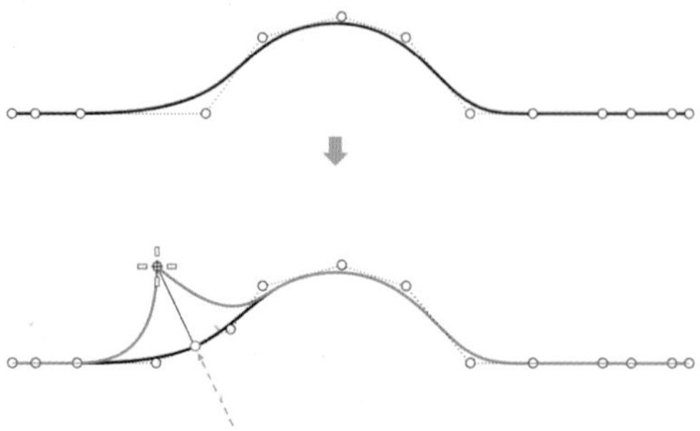

커브에 꼬임(Kink) 삽입

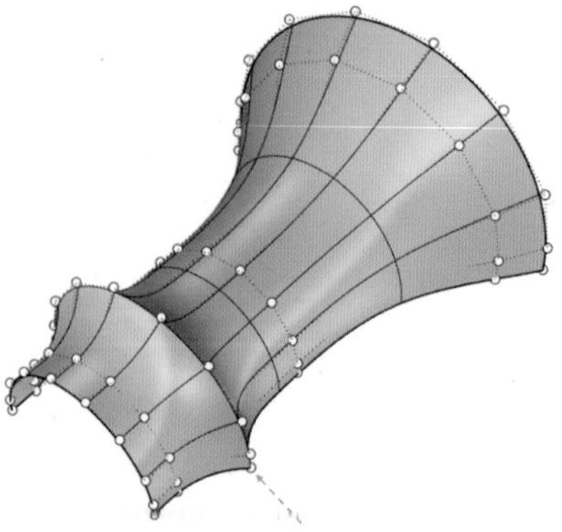

싱글 서피스에 꼬임 삽입

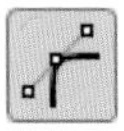

핸들 막대 편집기 Handlebar editor

Handlebar editor 명령은 베지어 커브 스타일의 핸들 막대로 커브 또는 서피스를 편집한다.

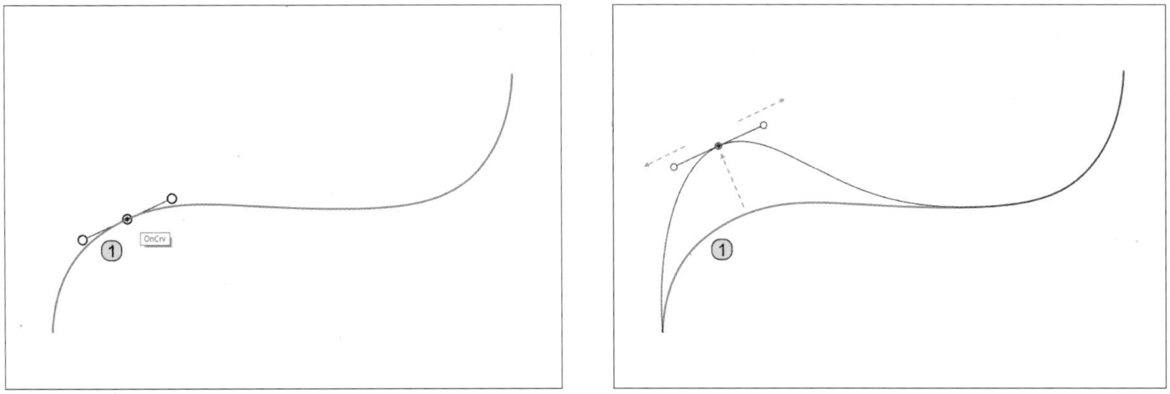

끝 벌지 조정 Adjust End Bulge

Adjust End Bulge 명령은 커브의 끝점 또는 서피스의 트림되지 않은 가장자리 가까이 있는 형태를 연속성을 유지하면서 조정할 수 있다.

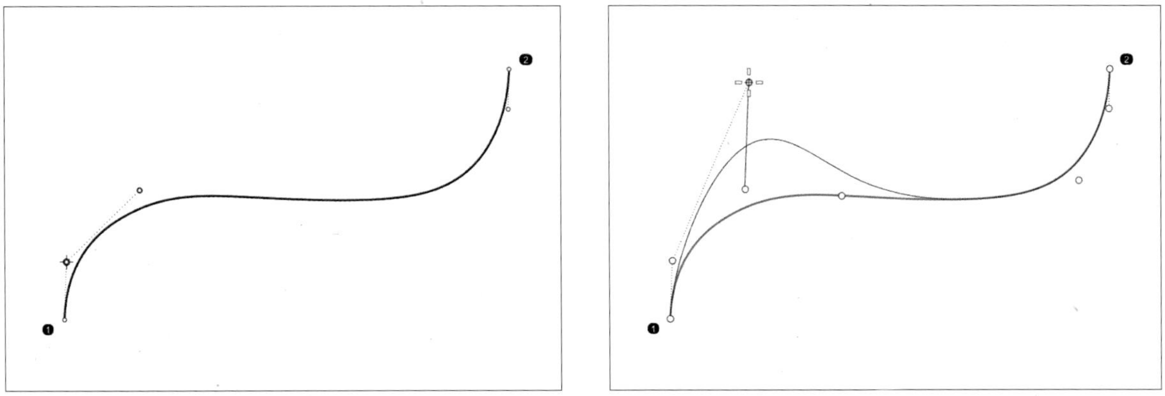

제어점 웨이트 편집 Edit control point weight
곡률 그래프 끄기 Curvature graph off

Edit control point weight 명령은 커브 또는 서피스 제어점의 웨이트를 편집한다. 제어점의 웨이트는 커브 또는 서피스가 제어점에 얼마나 많이 이끌리는가를 제어한다. 높은 웨이트값은 커브 또는 서피스가 제어점에 더욱더 가깝다는 것을 뜻한다. 주의: 다른 프로그램으로 내보내는 경우, 모든 제어점 웨이트를 1로 두는 것이 가장 좋다.

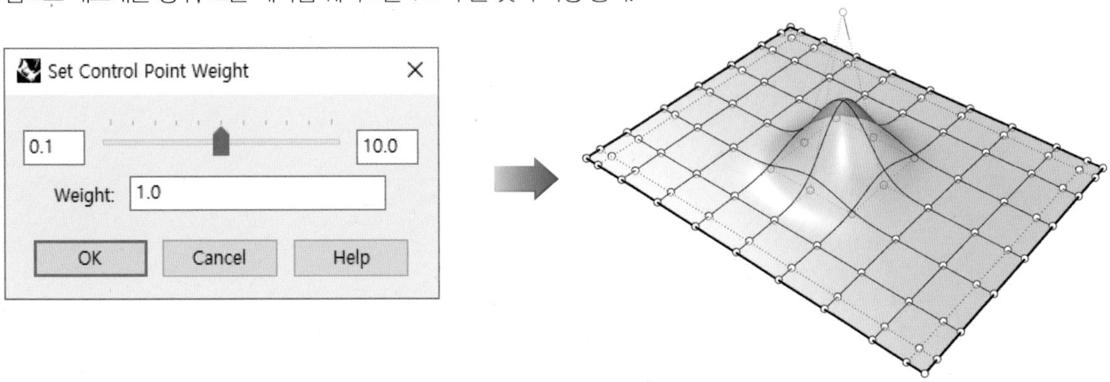

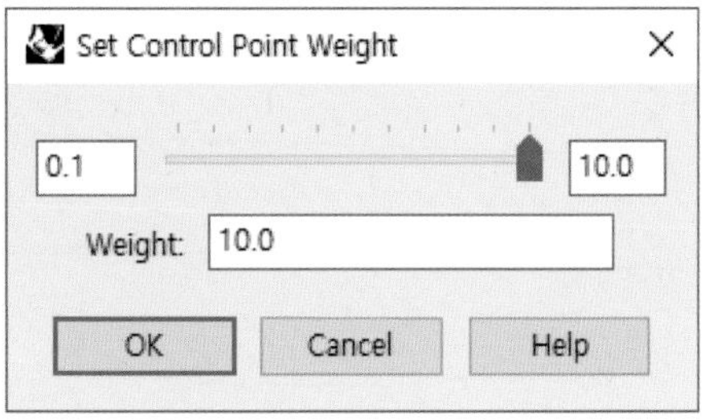

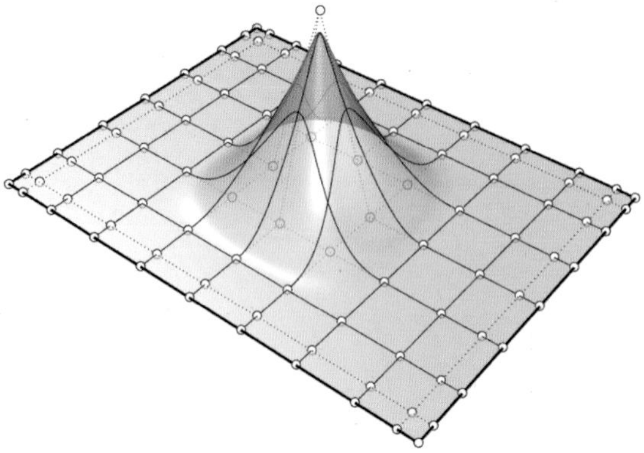

UVN 이동 Move UVN
UVN 이동 끄기 Turn moved UVN off

MoveUVN 명령은 선택된 곡선 또는 서피스 표면 제어점을 U, V 및 법선(N) 방향을 따라 이동 편집 기능을 제공한다. 변화의 강도는 Scale로 조정하면 된다. 작업 전 Select Points 명령군을 함께 사용하면 CP의 U, V, N 방향 선택이 좀 더 편리하다.

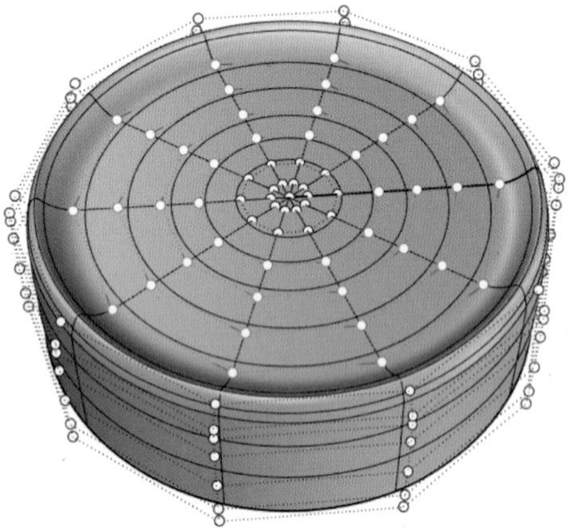

U 방향 CP의 다중 선택

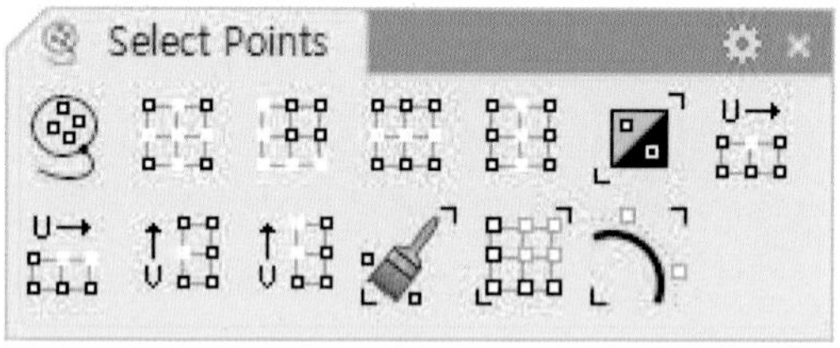

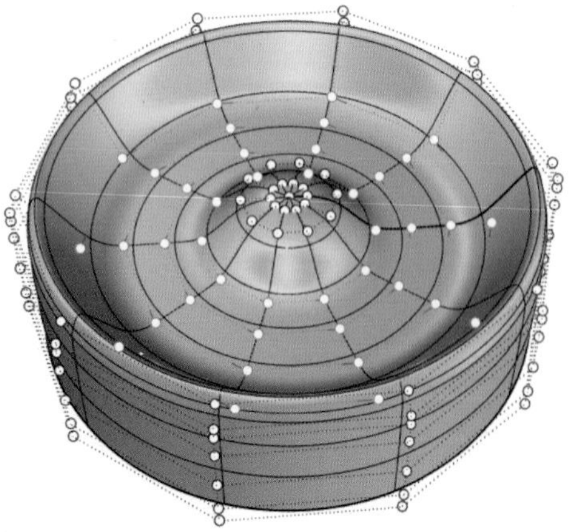

법선(N) 방향 이동 예시

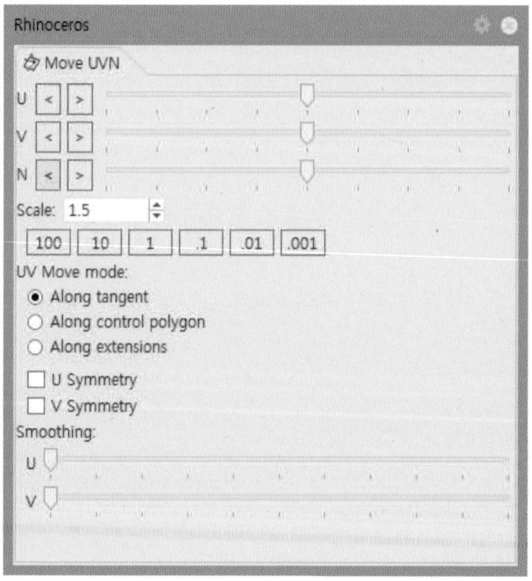

컬 컨트롤 다각형 뒷면 Cull control polygon backfaces

CullControlPolygon 명령은 객체 뒤의 표면 점, 메쉬 점 및 SubD 점(PointsOn 명령으로 켜진)을 숨긴다. 편집 시 전면에서만 지속적인 CP 편집이 가능해진다.

Cull control polygon (Cull=*Yes* Toggle):

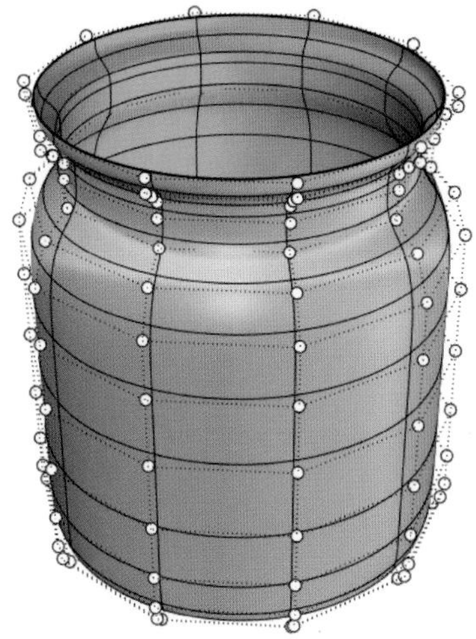

전면부 CP들만 추려져 보임

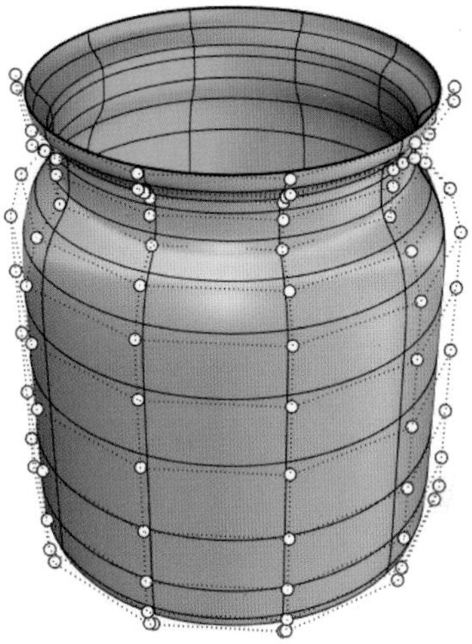

전면부 CP들만 추려져 보임

Memo

18 CHAPTER 변형(Transform) 명령어 그룹

변형(Transform) 명령어 그룹은 개체 변형과 관련된 모든 명령어들이 모여 있는 곳이다. 개체의 축소 확대, 대칭 복사, 포인트 정렬, 개체 정렬, 트위스트, 밴드, 챔퍼, 플로우 개체, 케이지 변형 등 다양하게 준비되어 있다. 특히 최신 버전에 탑재된 SubD 명령으로 유기체 형상의 유연한 모델링과 편집 및 변형이 용이해졌다.

한글 버전 변형 명령어 그룹

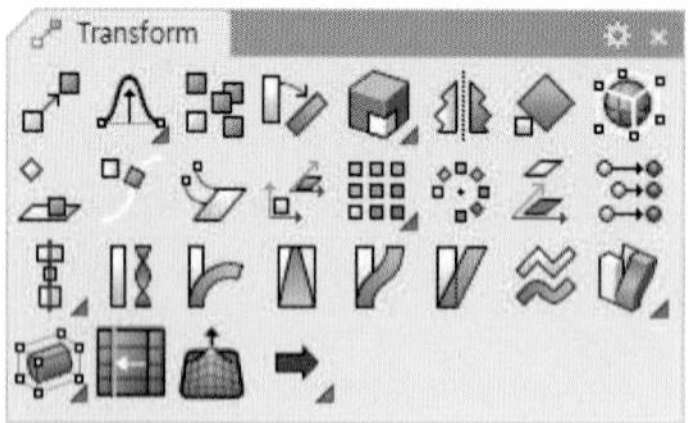

영문 버전 Transform 명령어 그룹

이동 Move

Move 명령은 개체를 이동할 때 사용된다. 옵션은 선택과 끌기에 대한 마우스 작업을 제어한다.

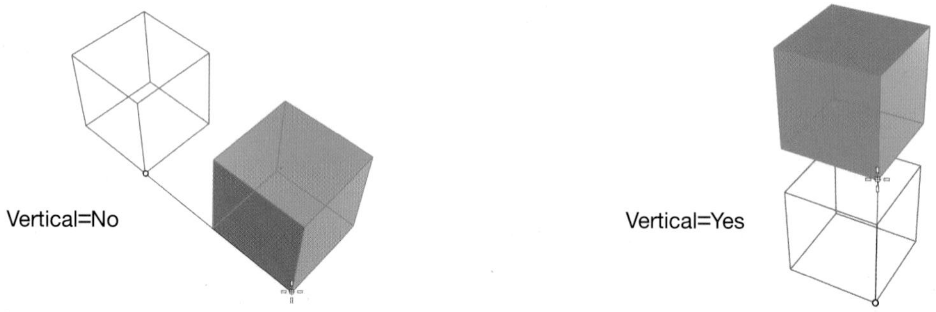

소프트 이동 Soft move

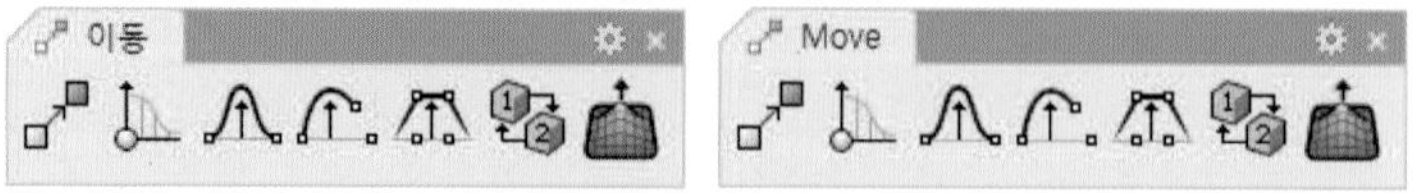

SoftMove 명령은 폴 오프(Falloff) 커브를 사용하여 이동의 기준 또는 참조 위치를 기준으로 개체를 이동한다.

❶

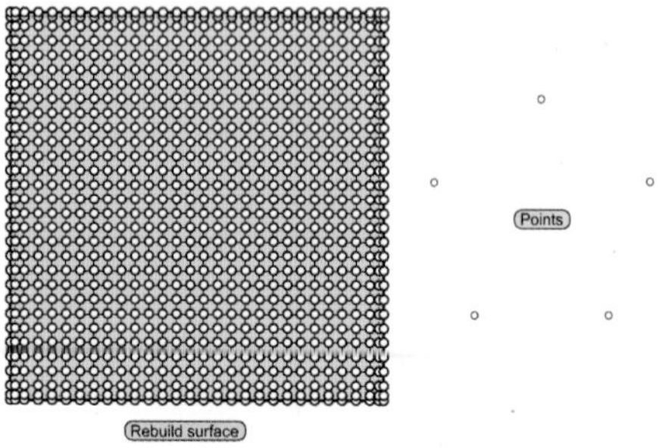

Rebuild 면에 포인트 ON

❷

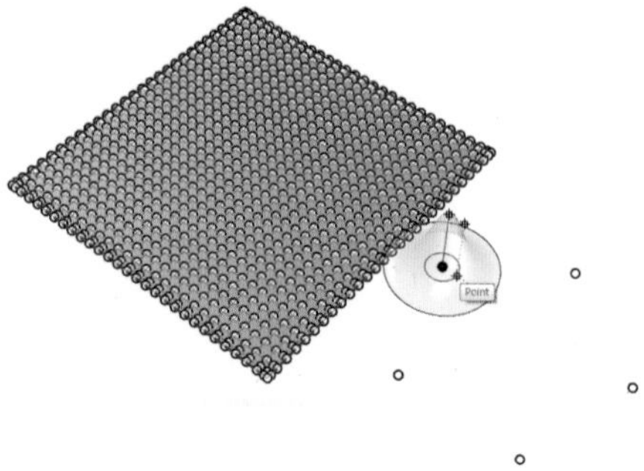

Point to move from(Points Curves Surfaces):

❸

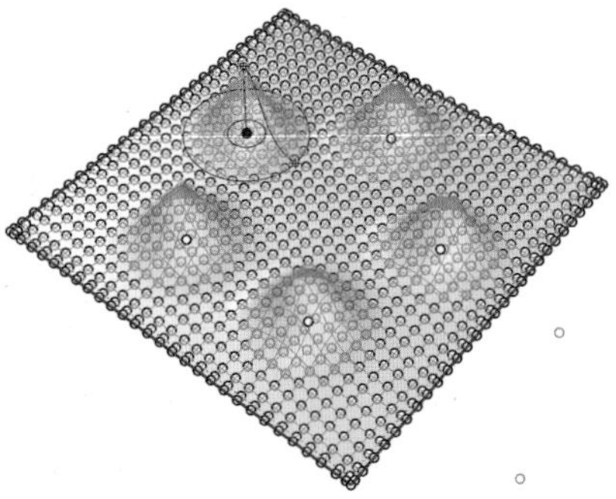

콘의 중심과 꼭대기 점을 클릭 〉 이동 중심 클릭 〉
포인트 면으로 이동하면 면 볼륨 생성

❹

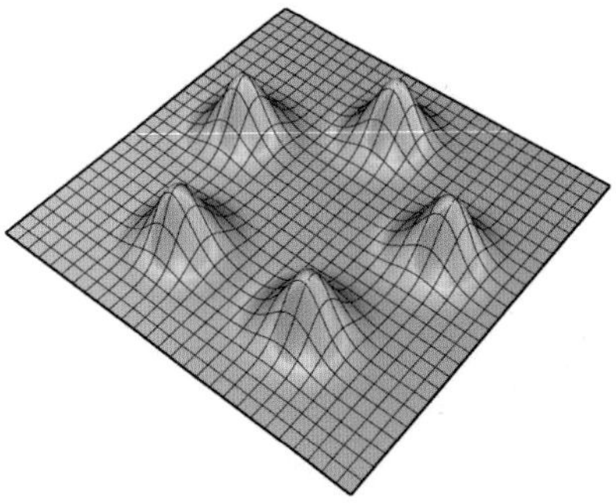

면 볼륨 생성 결과

❶

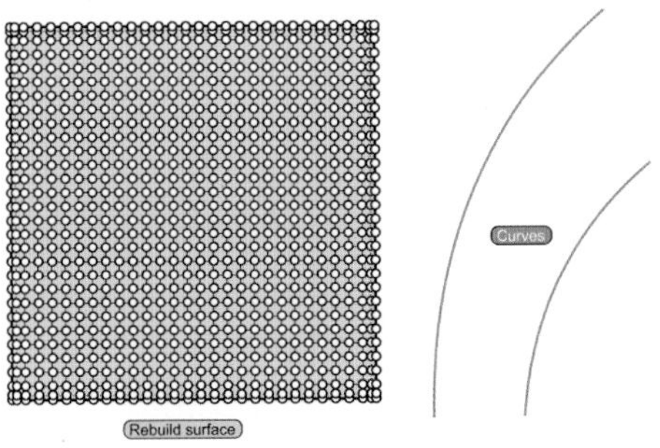

2개 커브의 이동

❷

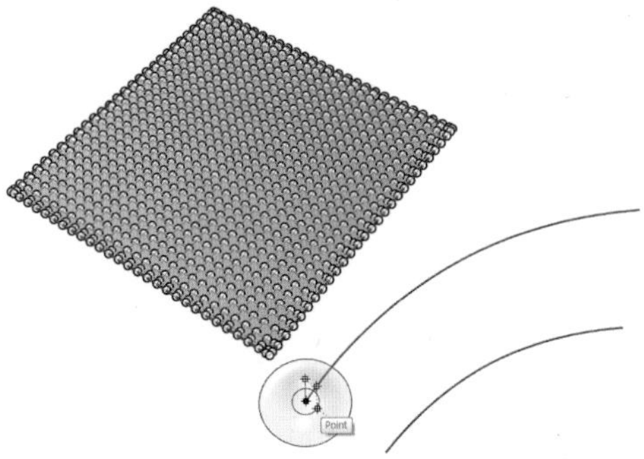

Point to move from(Points Curves Surfaces):

❸

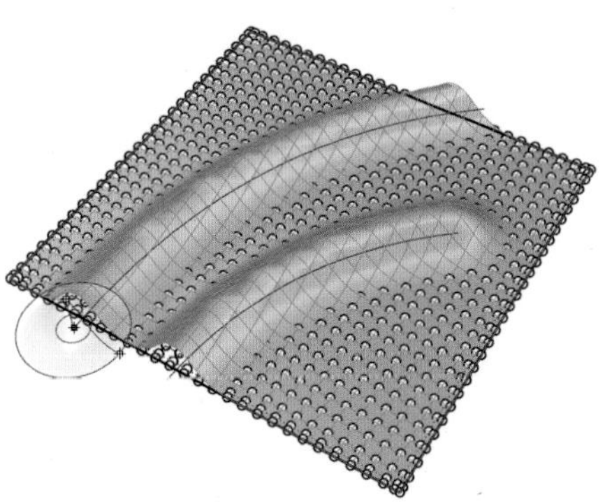

❹

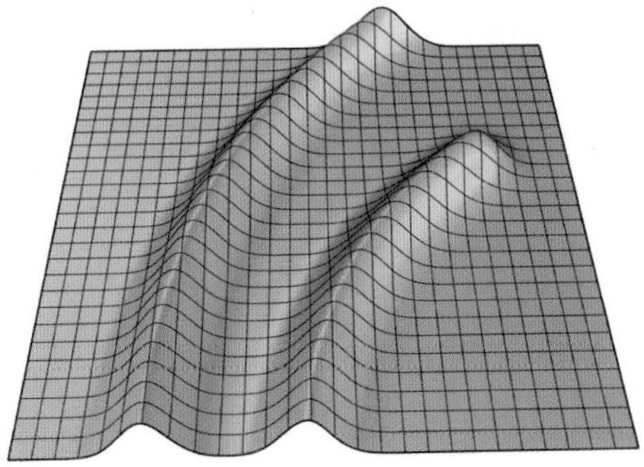

❶

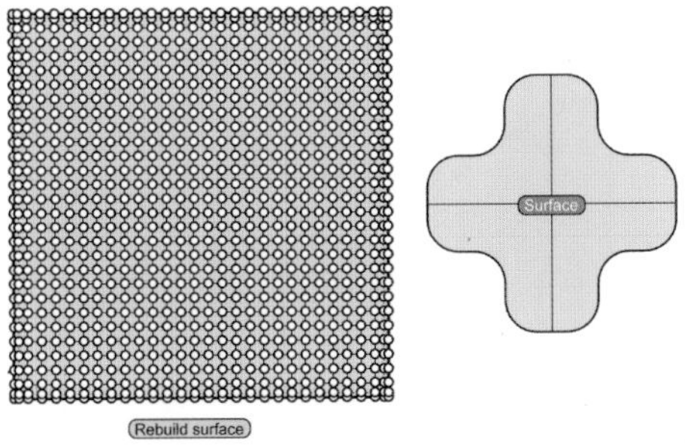

1개 서피스의 이동

❷

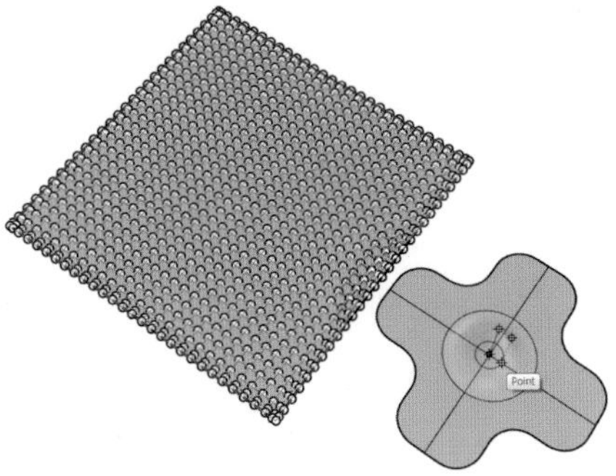

Point to move from(Points Curves Surfaces):

❸

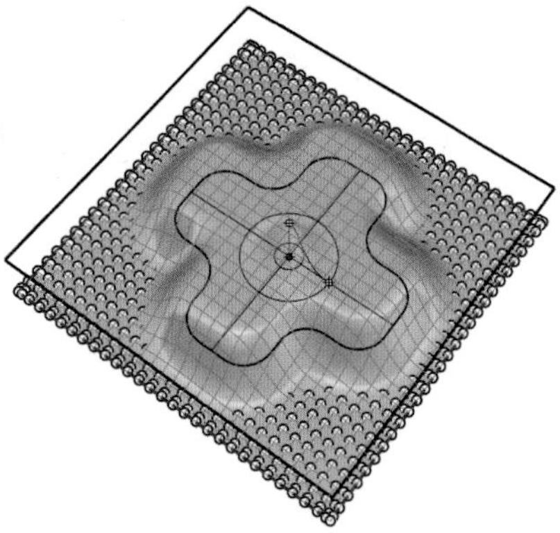

❹

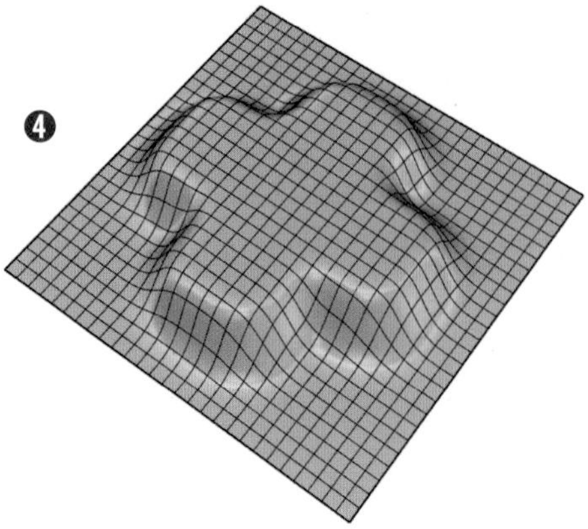

소프트-편집 커브 Soft-edit curve
소프트-편집 서피스 Soft-edit surface

Soft-edit surface 명령어는 선택한 지점을 기준으로 U, V 방향 Distance만큼 볼륨 면을 부드럽게 만들어 준다.

❶

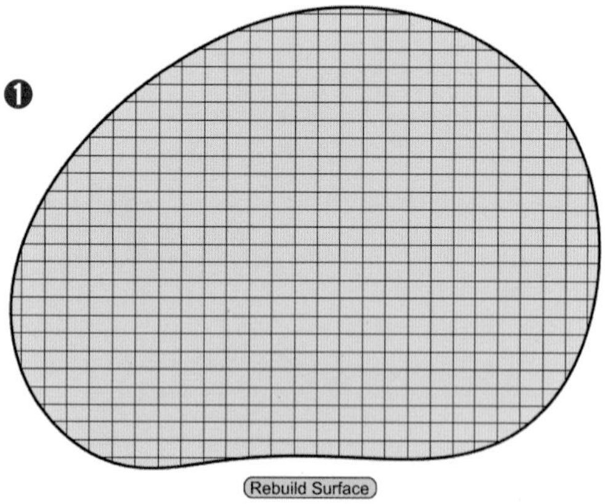

Split 면의 준비

❷

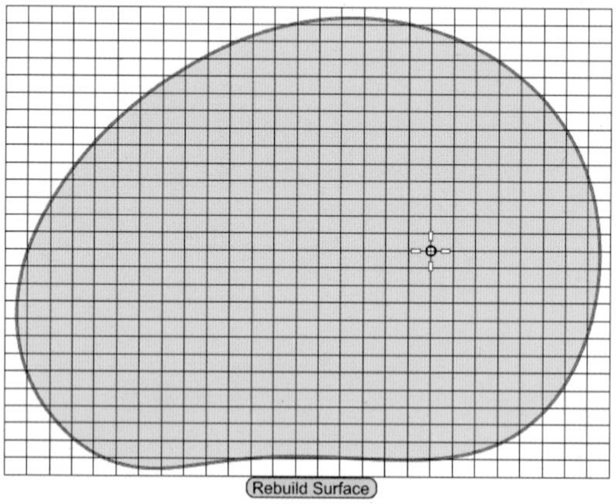

편집 지점 클릭

❸

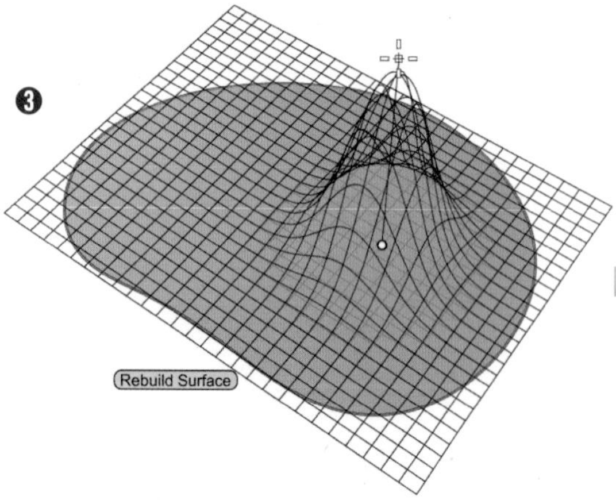

U, V Distance 지정

❹

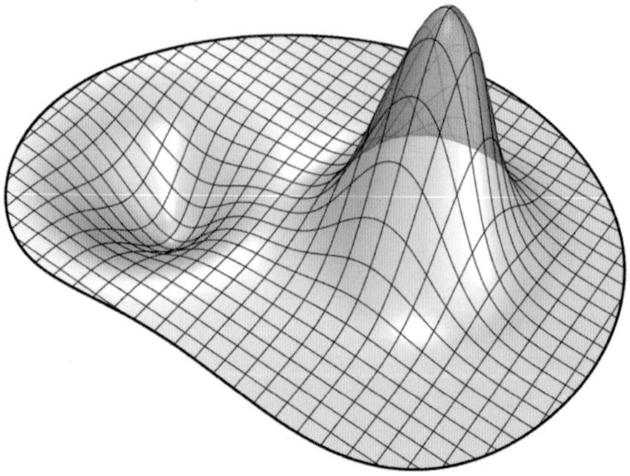

마우스 드래그 방향 지정

복사 Copy

Copy 명령은 선택된 개체의 복사본을 만든다. Osnap을 함께 이용하면 좋다. 또한 버티컬(Vertical=Yes) 방향으로도 복사가 가능하다.

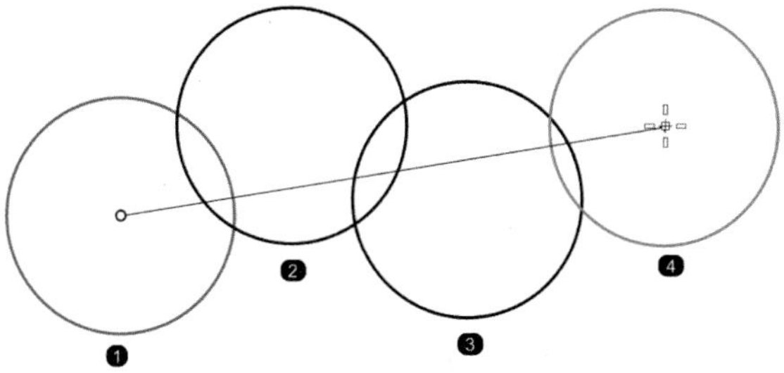

자유 방향 복사

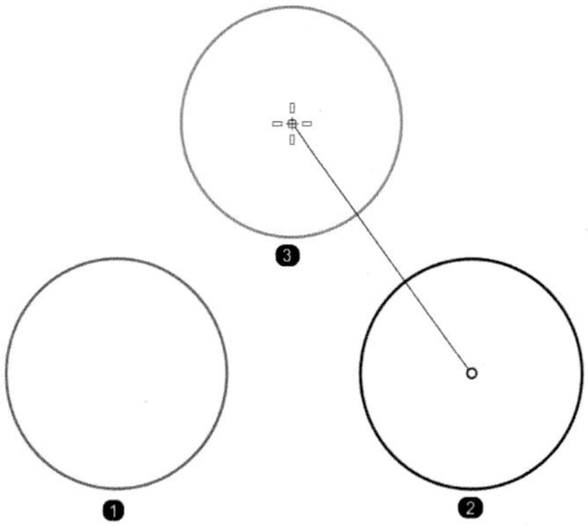

마지막 거리 시작으로 규정 복사
Point to copy to(FromLasrPoint=Yes)

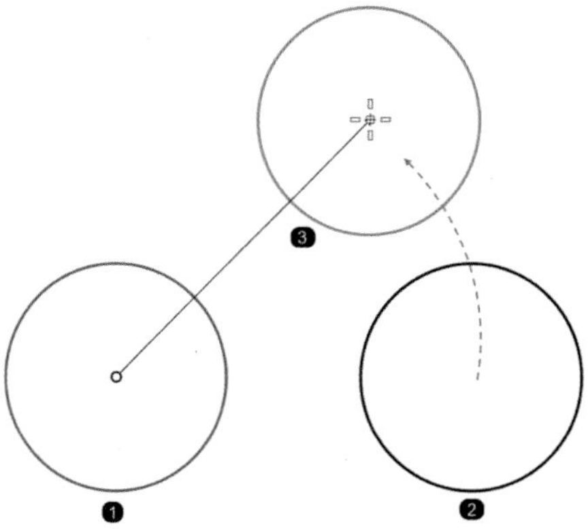

시작 중심 기점 마지막 거리 제한 복사
Point to copy to(UseLastDistance=Yes)

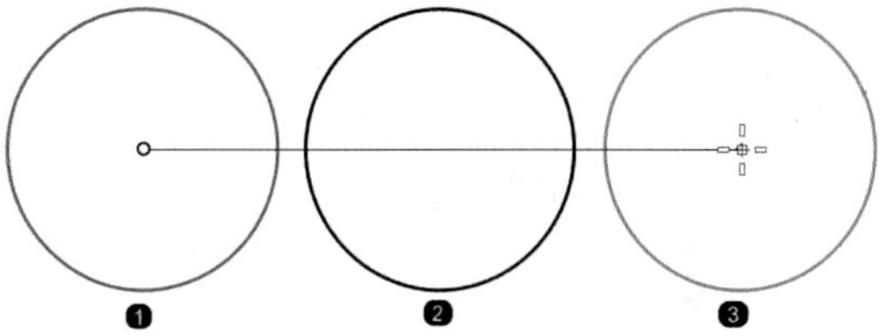

마지막 방향 제한 복사
Point to copy to(UseLastDirection=Yes)

2D **회전** Rotate 2-D
3D **회전** Rotate 3-D

현재 구성 평면에 대하여 수직 상태인 축을 중심으로 개체를 회전한다. 회전 평면은 활성 뷰포트의 구성 평면과 지정된 점을 기준으로 한다.

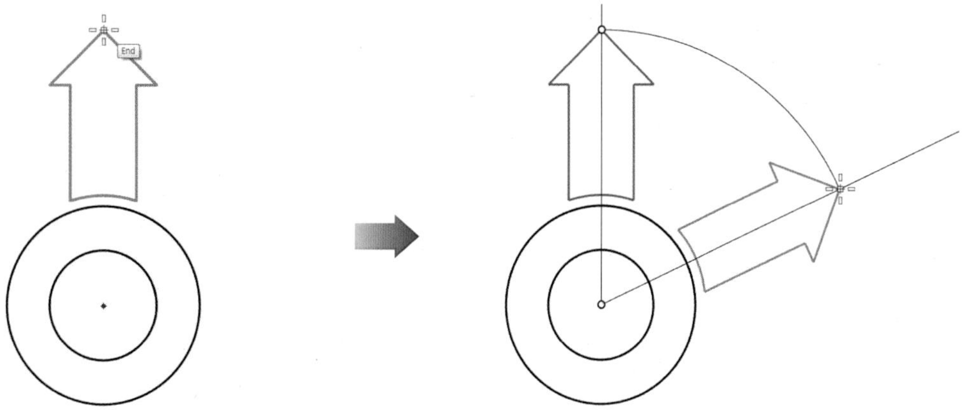

3D **크기 조정** Scale 3–D
2D **크기 조정** Scale 2–D

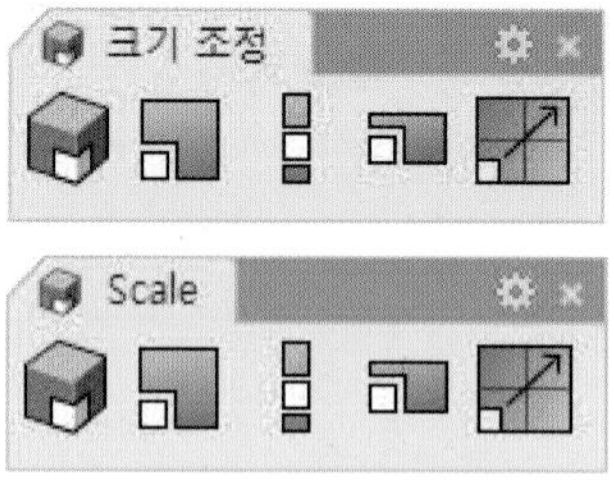

3D Scale 명령은 선택된 개체의 크기를 X, Y, Z 방향에서 균일하게 변경한다.
2D Scale 명령은 선택된 개체의 크기를 X, Y 방향에서 균일하게 변경한다.

3D **크기 조정** Scale 3–D

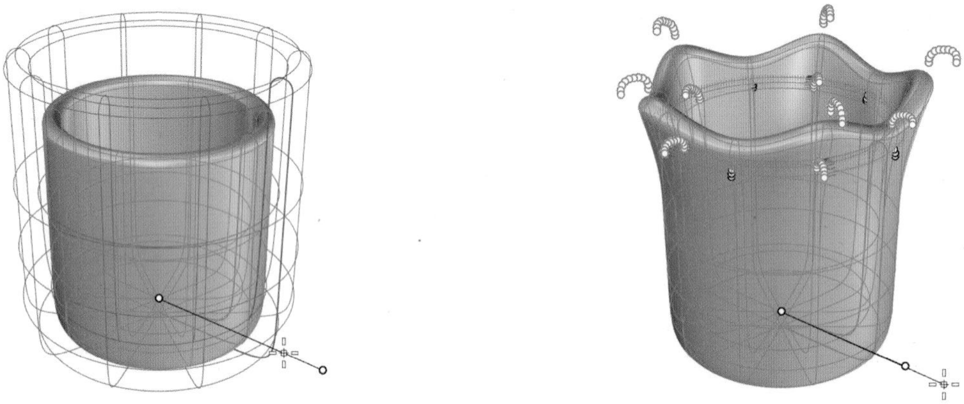

2D **크기 조정** Scale 2–D

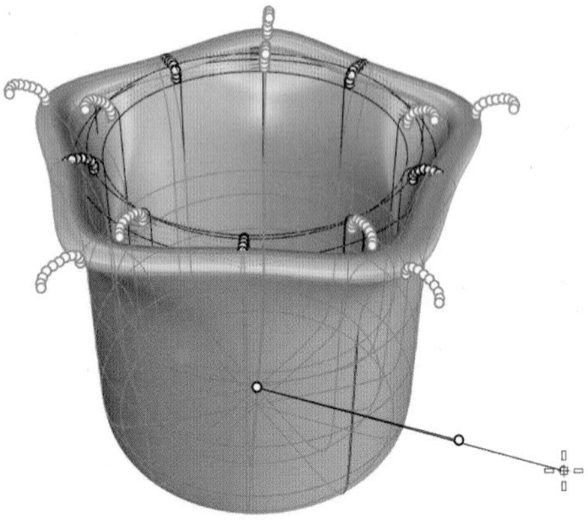

1D **크기 조정** Scale 1–D

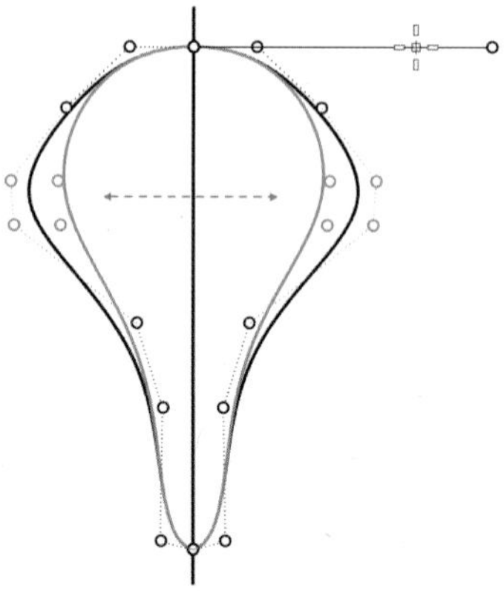

비유니폼 크기 조정 Non–uniform scale

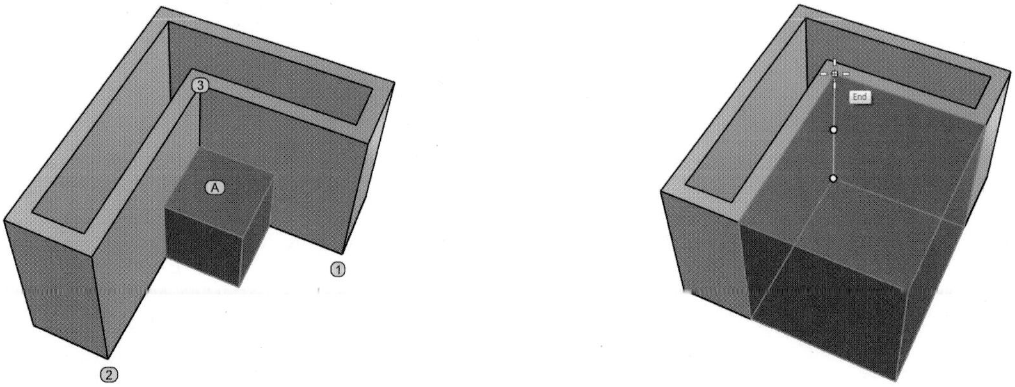

플랜 크기 조정 Scale by plane

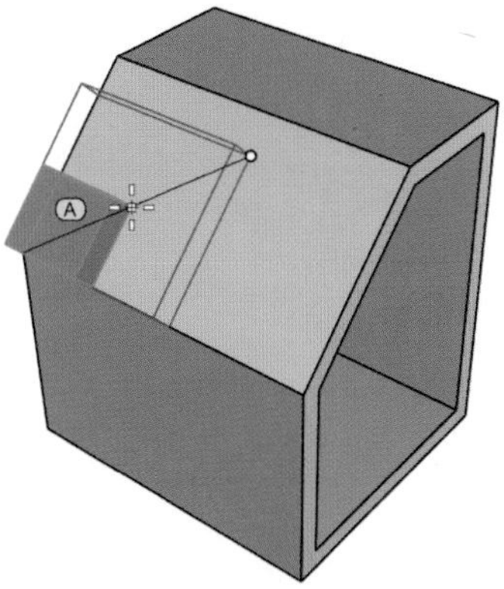

Set CPlane to object

CPlane을 객체로 설정 명령으로 해당 면에 Cplane을 적용한다. 다음 Ⓐ개체를 스케일한다.

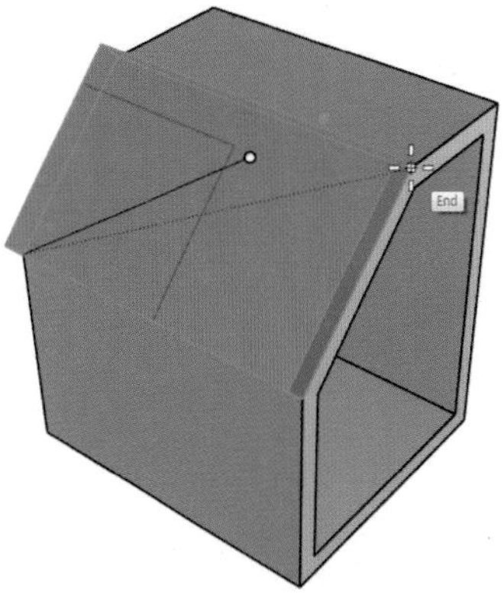

미러 Mirror
3점 평면에 미러 Mirror on 3-point plane

Mirror 명령은 개체의 거울 이미지인 대칭 복사본을 만든다.

개체 방위: 2점 Orient objects: 2 points
개체 방위: 3점 Orient objects: 3 points

Orient 명령은 두 개의 참조점과 두 개의 대상점을 사용하여 개체를 이동, 복사, 회전, 크기 조정한다.

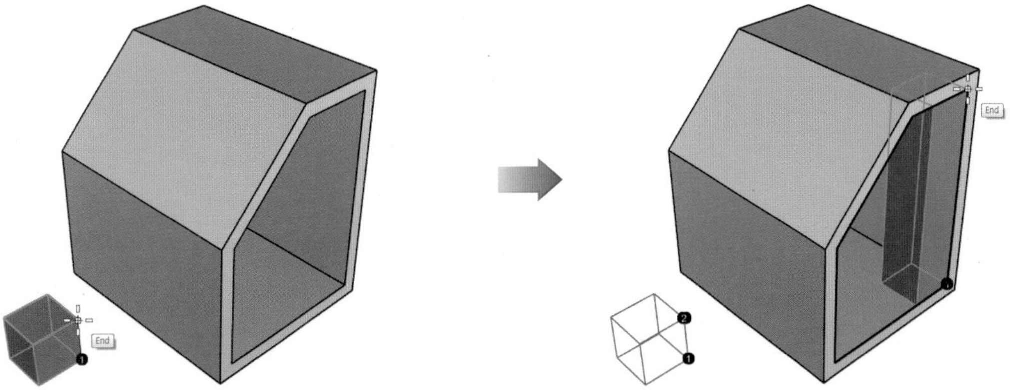

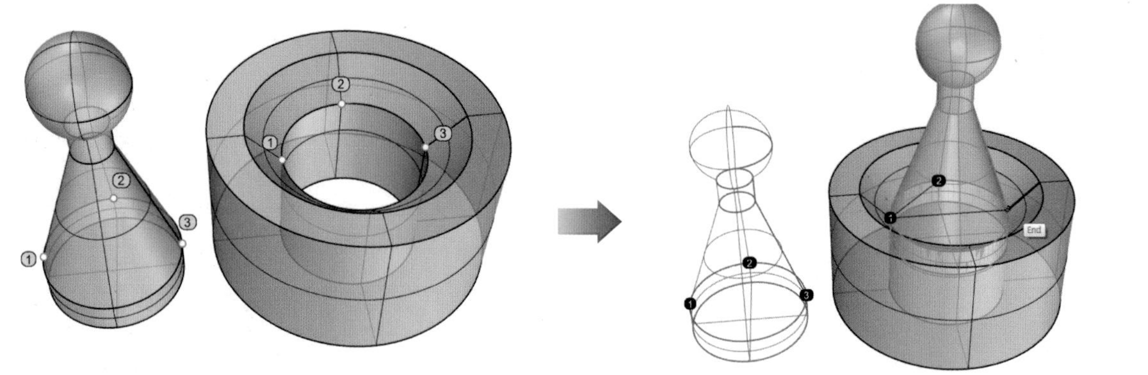

상자 편집 Box edit

경계 상자의 크기, 방향, 위치에 따라 개체를 편집한다. 설정이 적용될 때마다 새로운 경계 상자가 계산된다.

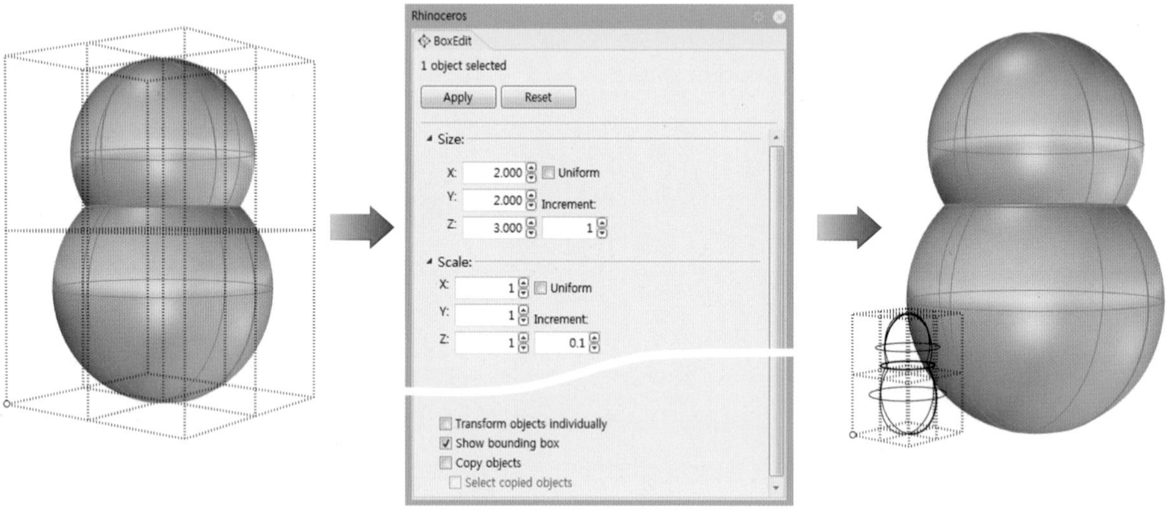

서피스상으로 개체 방위 지정 Orient object on surface

서피스 법선 방향을 방향의 기준으로 객체를 서피스상에 달라붙게 한다. 명령 도중 옵션 설정을 통해 개체를 이동/복사하고 회전할 수 있다. 총 3개의 준비물이 필요하며 특히 포인트(Point)의 위치(높이)가 면에 붙은 위치와 일치하게 된다.

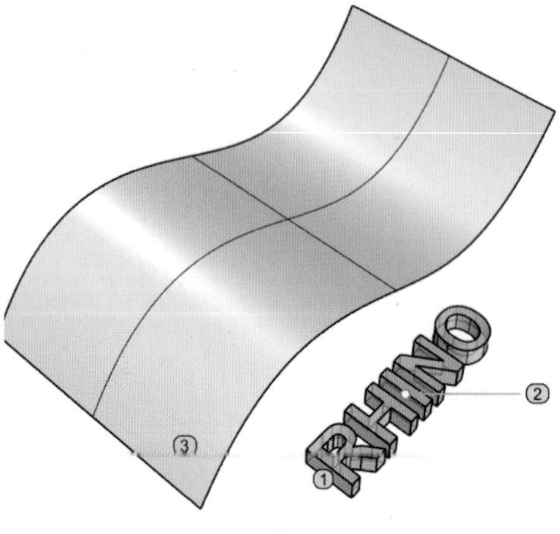

①, ②, ③(3개의)의 준비물 필요

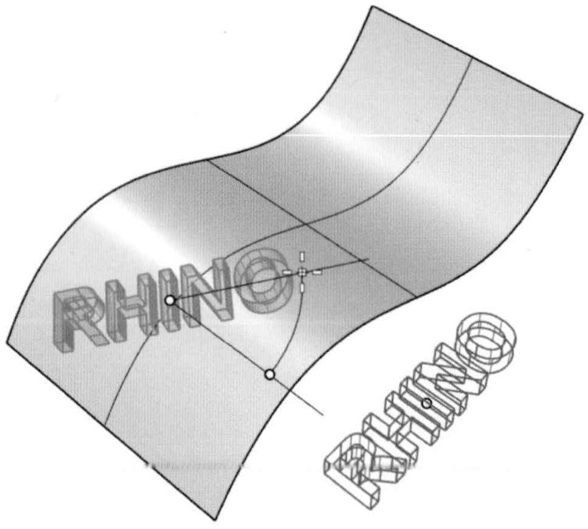

옵션 설정: ① Rigid, Rotation = Prompt

옵션 설정: Copy 설정 시 여러 개 복사 배치 가능

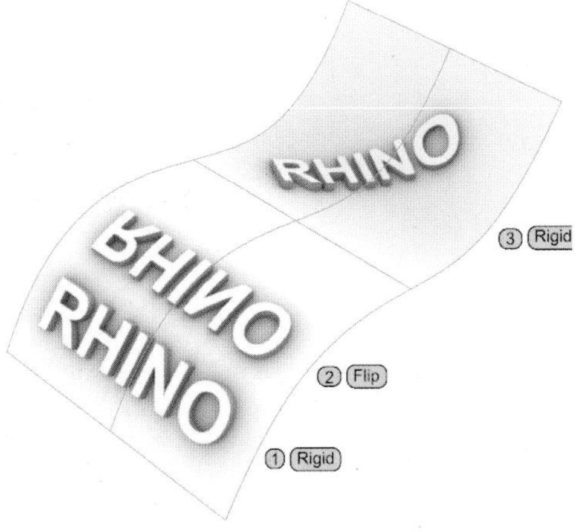

옵션 설정: ① Rigid, ② Flip, ③ Rigid=No

커브에 수직으로 방위 변형 Orient perpendicular to curve

총 3개의 준비물이 우선 필요하다. 커브 방향을 방위로 사용하여 옵션 설정을 통해 커브를 따라 개체를 이동/복사하고 회전시킬 수 있다. 특히 어떤 형태의 드로잉 또는 솔리드 개체를 90도 각으로 커브에 넣을 때 사용한다. 주의 사항은 방위각 지정과 관련된 명령어는 항상 시작 지점과 클릭 순서를 준수해야 한다.

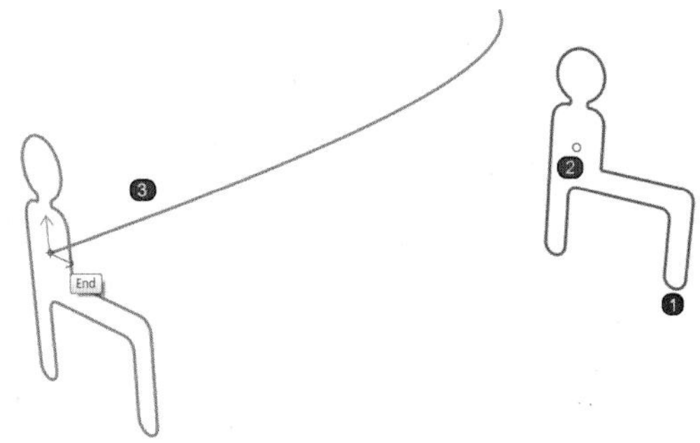

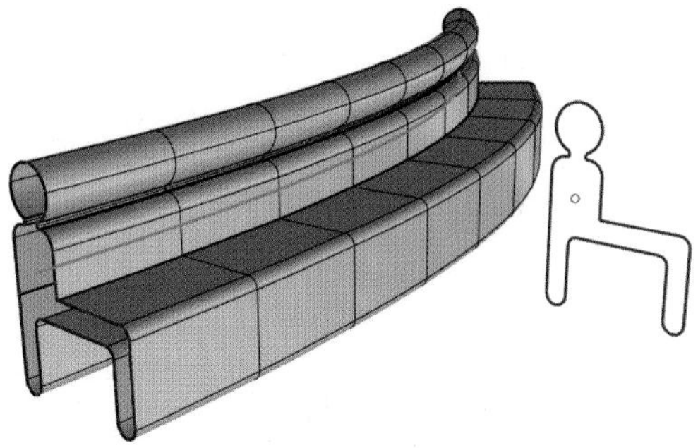

Sweep 1 rail로 부피 생성 예시

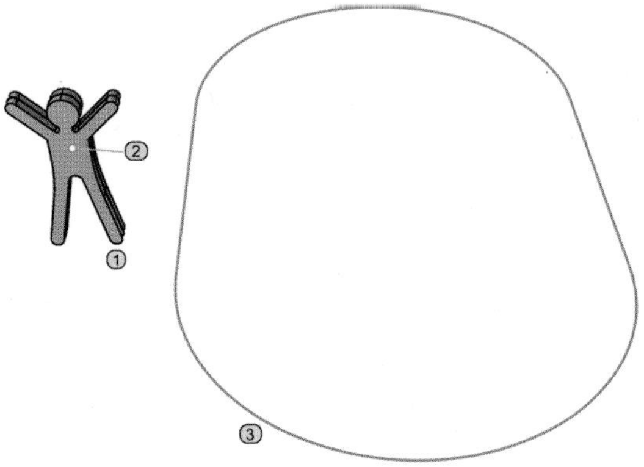

총 3개의 준비물 필요

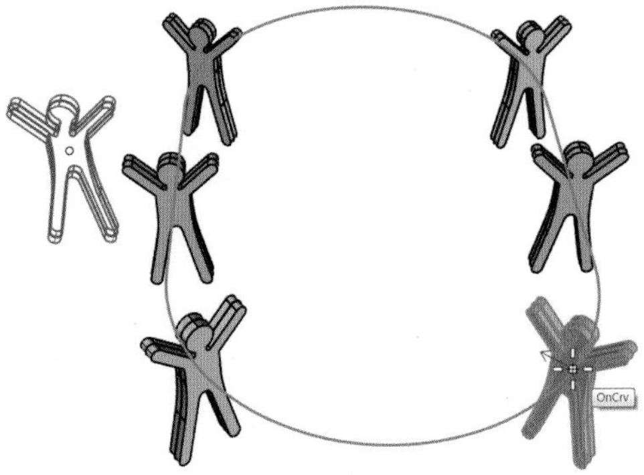

옵션 설정으로 복사, 회전 가능

커브의 방위 기준을 가장자리로 지정 Orient curve to edge

커브를 서피스 가장자리로 복사하고 정렬시킨다. 커브의 붙이는 방향은 FlipSurface=Yes, No로 조정 가능하다.

❶

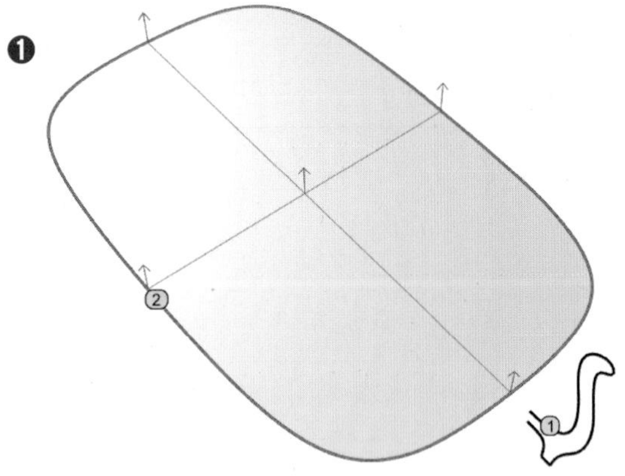

작업 전에 면의 방향(Direction)을 체크함

❷

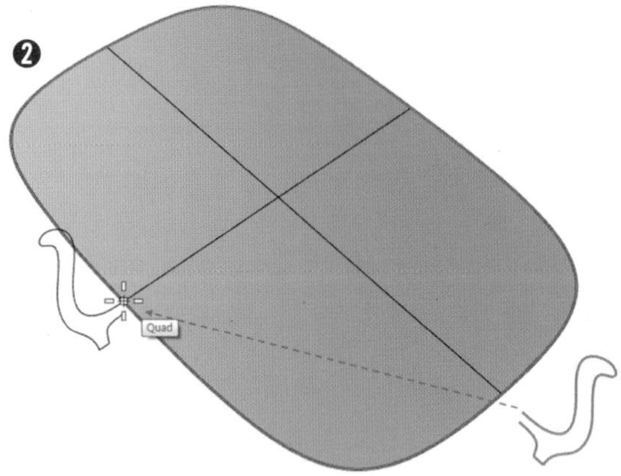

Osnap을 이용하여 배치 위치를 지정함

❸

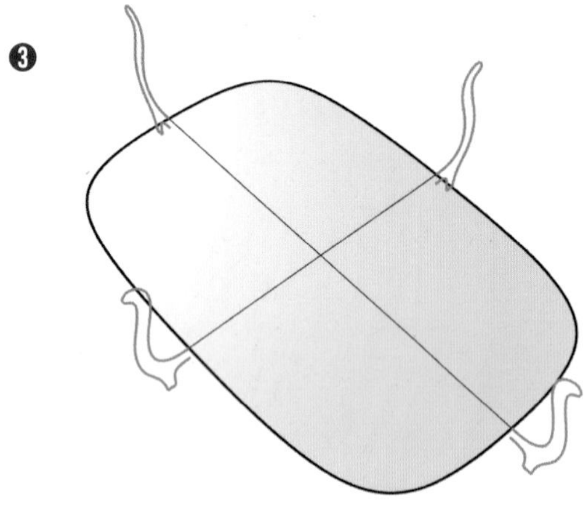

옵션: Copy=Yes하면 다중 붙이기 가능

❹

Sweep 1 rails 명령으로 면 생성

만들어진 개체를 모두 Join하고 Add Clipping plane 명령으로 그림과 같이 단면을 확인해 본다.

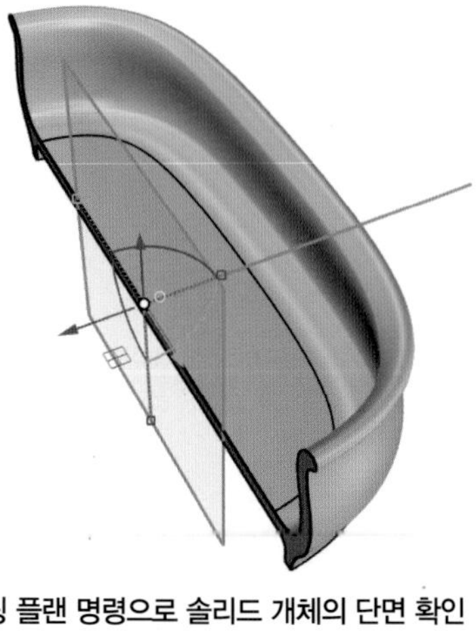

클리핑 플랜 명령으로 솔리드 개체의 단면 확인

Add Clipping plane

솔리드 개체의 단면을 부위별로 확인해 볼 수 있다. 명령은 Perspective view에서 검볼 보기가 유용하다.

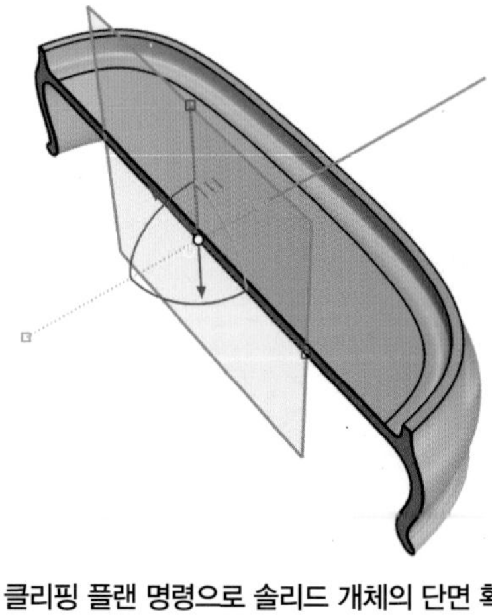

클리핑 플랜 명령으로 솔리드 개체의 단면 확인

구성 평면에 다시 매핑 Remap to CPlane

선택된 개체를 다른 구성 평면으로 다시 방위 변경한다. 명령 순서는 아이콘 클릭 후 우선 초기 작업물 뷰포트에서 모든 개체들을 선택 후 바꾸고자 하는 해당 뷰포트 공간을 클릭해 주면 작업물의 뷰 변경이 손쉽게 이루어진다. 또 다른 기능으로는 경사진 면에 개체를 위치시킬 수 있다.

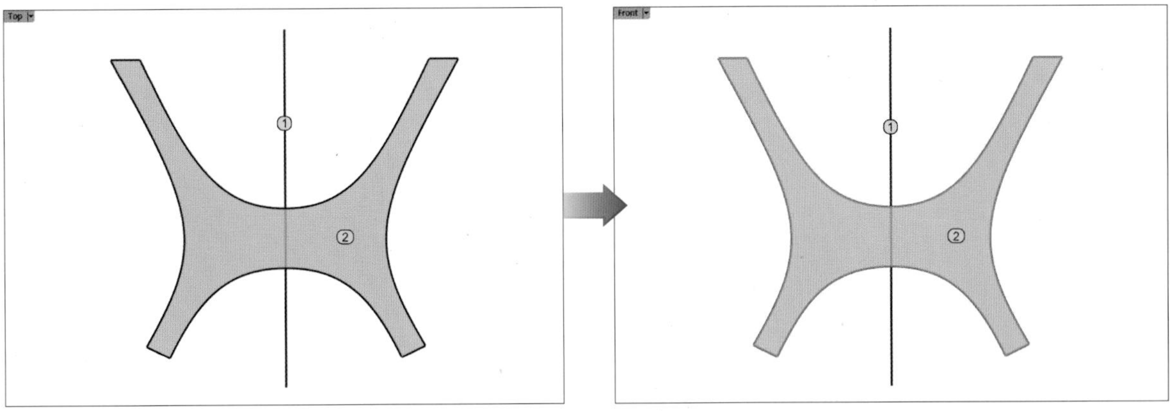

초기 작업물의 뷰포트 〉 Top view　　　　작업물의 뷰포트 변경 〉 Front view

직사각형 배열 Rectangular array

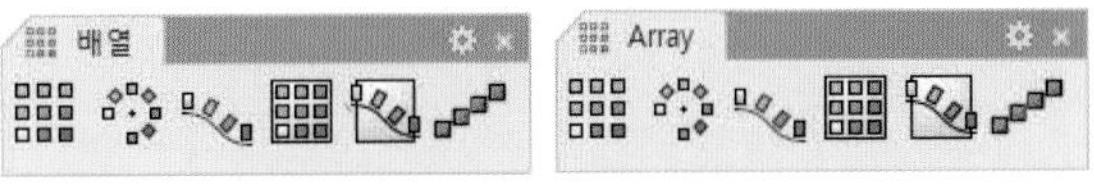

개체의 복사본을 X, Y, Z 방향으로 열과 행, 레벨로 배치할 수 있다.
배열 대상은 라인 타입과 솔리드 개체 모두 가능하다.

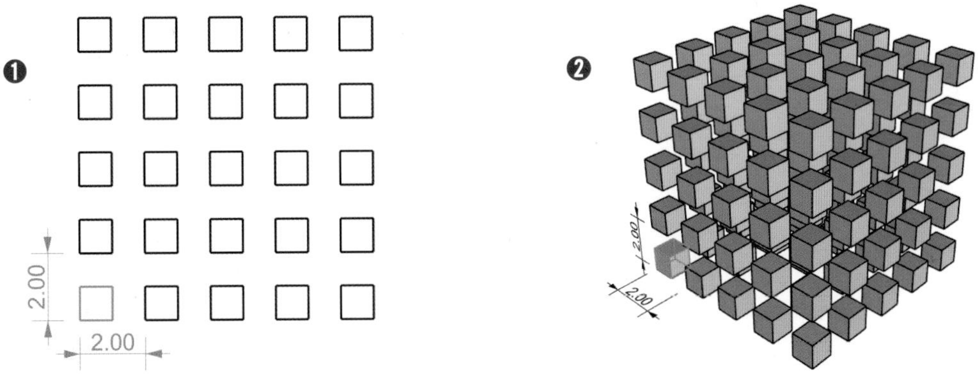

원형 배열 Polar array

개체에 대한 상대적 중심을 기준으로 개체를 원형으로 복사 배열해 준다. 아이템의 개수와 배열 각도를 지정해 주면 된다.

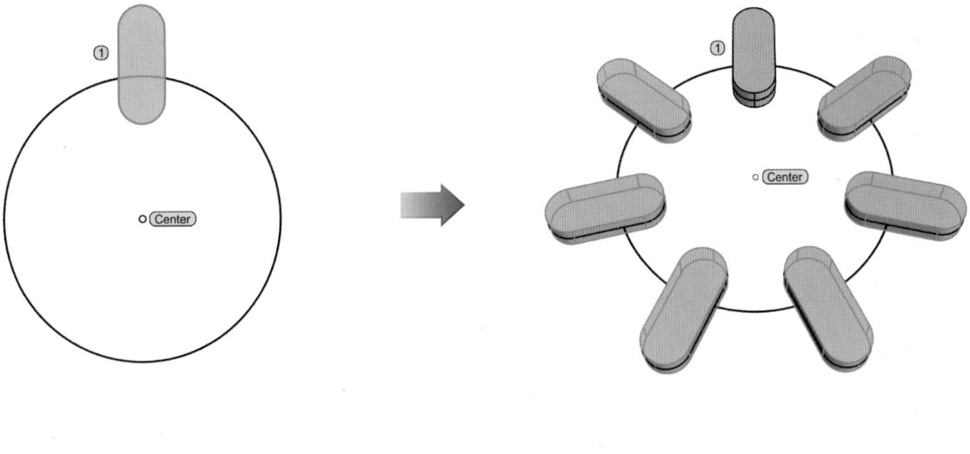

커브를 따라 배열 Array along curve

커브를 따라 간격을 두고 개체를 배열한다. 라인 개체뿐만 아니라 솔리드 배열, 아이템 간의 거리로도 조정 배열된다.

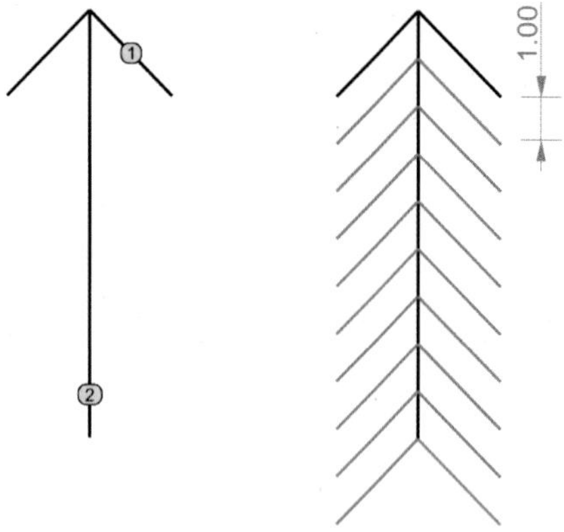

Item=배열하고자 하는 개체

Distance=아이템과 아이템 사이의 배열 간격

Orientation=배열 방위

NoRotation
Freeform
Roadlike

Roadlike의 경우 향후 Sweep 1 rail과 같은 명령이 이어질 경우 유용하다. 나사산의 왜곡을 피할 수 있게 된다.

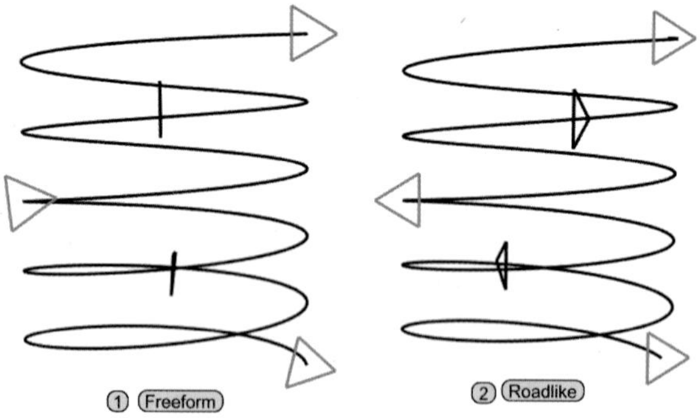

Item=배열하고자 하는 개체

Distance=아이템과 아이템 사이의 배열 간격

Orientation=배열 방위

NoRotation
Freeform
Roadlike

서피스를 따라 배열 Array on surface

서피스상에서 개체를 열과 행으로 복사 배열해 준다. 서피스 법선 방향이 배열된 개체의 방향을 결정한다.

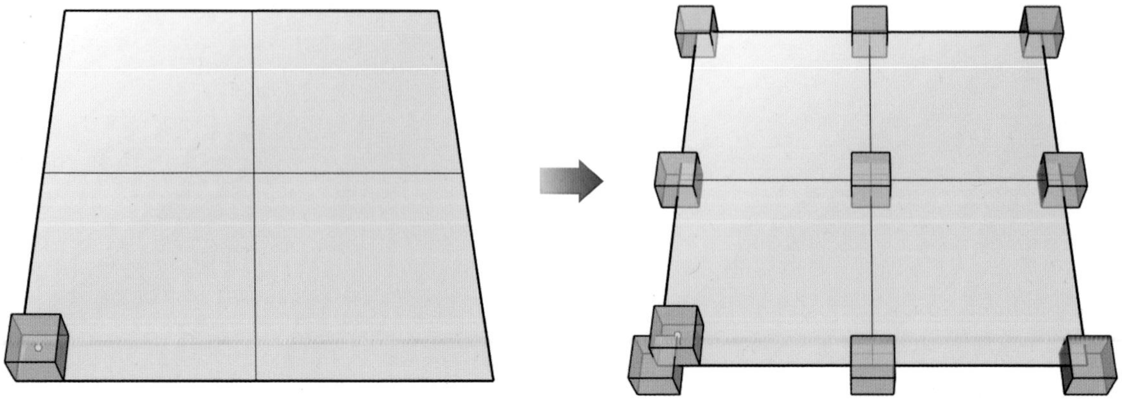

서피스상의 커브를 따라 배열 Array along curve on surface

서피스상에 있는 커브를 따라 개체의 복사본을 지정된 간격으로 배열하고 회전이 가능하다. 보석 세팅과 같은 배열에도 자주 사용된다. 곡면에 원하는 커브(선)를 투영하고 배열 객체와 기준 포인트를 준비하고 작업하면 된다. 배열 옵션으로 Divide와 Multiple이 있다.

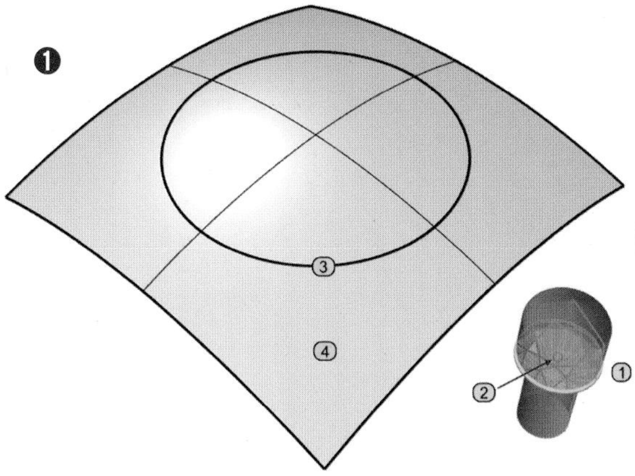

총 4개의 준비물이 필요하다.

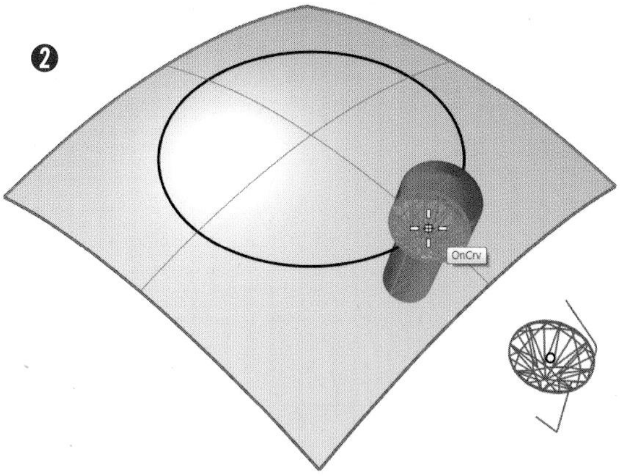

명령 도중 옵션: Divide, Multiple 선택

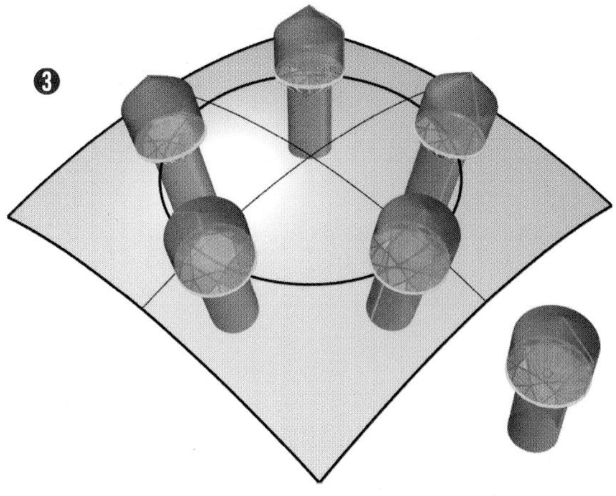

Divide 배열된 예시

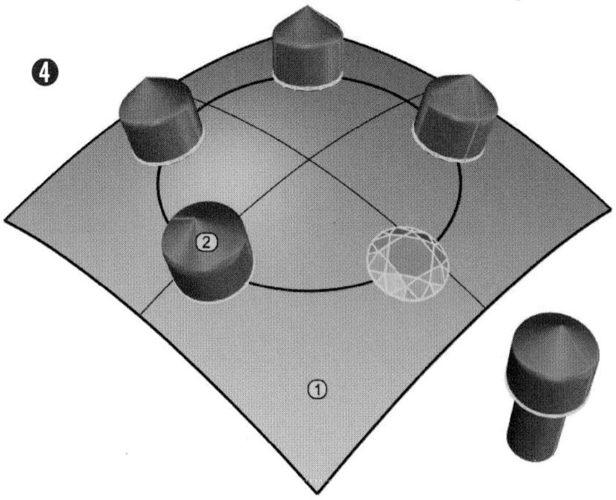

번호 순서대로 차집합(Boolean difference) 명령 실행

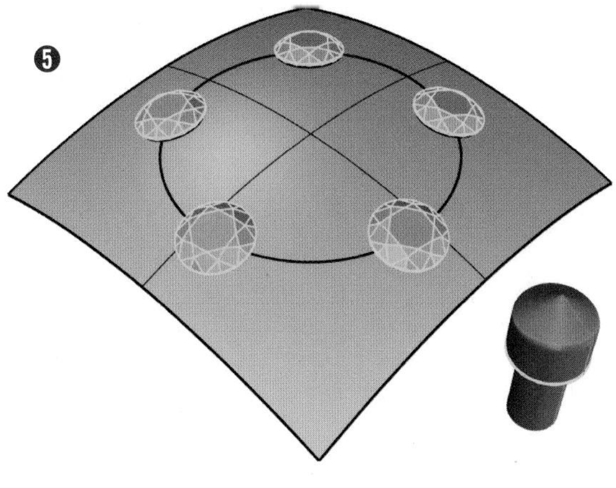

차집합 후 모습

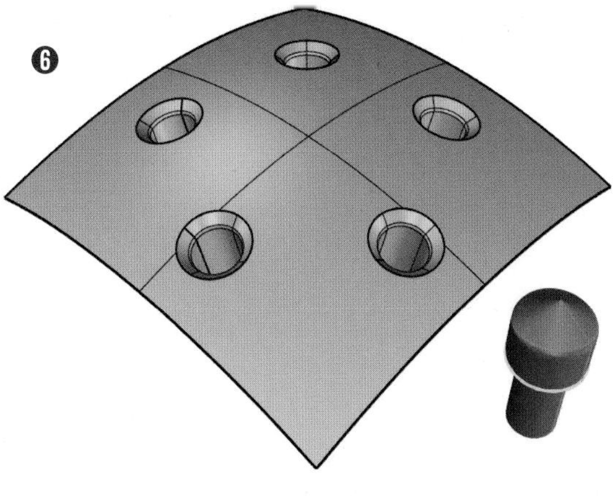

보석을 잠시 숨기면 보이는 모습

선형 배열 Linear array

한 방향으로 개체를 지정된 간격으로 복사 배열한다. 배열할 개체의 참조 점 2곳을 지정하면 된다.

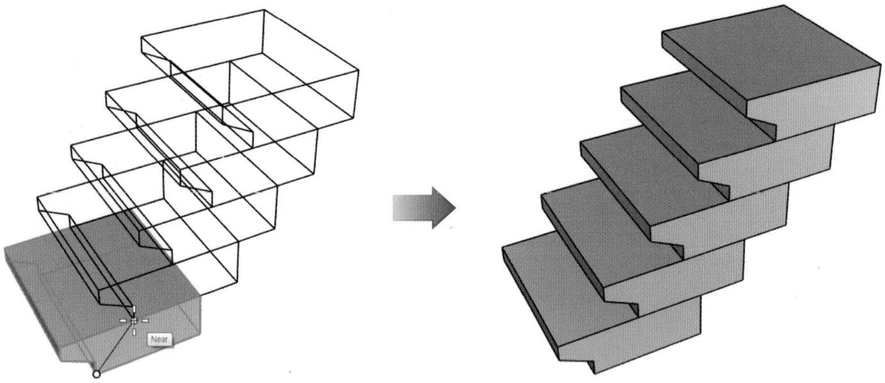

구성 평면에 투영 Project to CPlane

개체를 구성 평면상에 평평하게 표시한다. 구성 평면은 바닥으로 보면 된다. 여기에 ①번 개체를 ②번처럼 평평하게 만들어 준다.

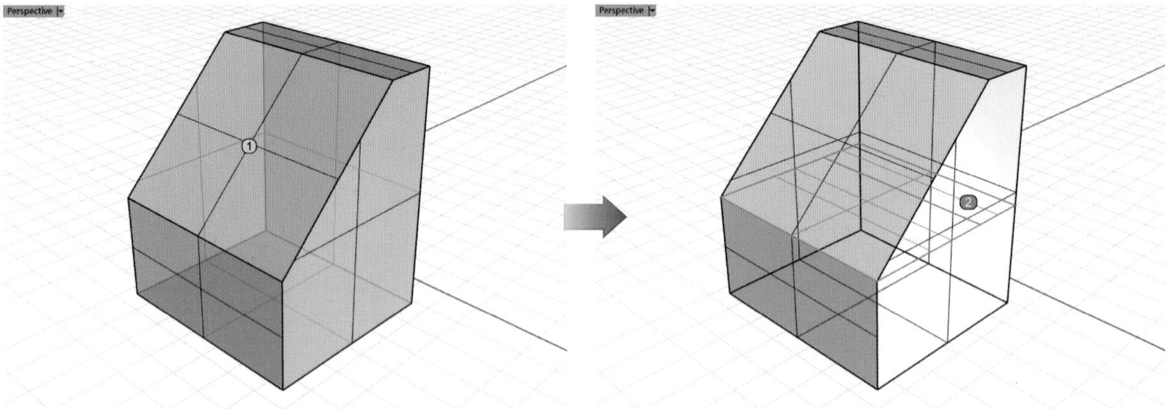

XYZ 좌표 설정 Set XYZ coordinates

Set XYZ coordinates 명령은 포인트 개체를 X, Y와 또는 Z 방향으로 지정된 위치로 정렬 이동시켜 준다. SetPt 명령은 평면형 커브의 집합을 모두 동일한 평면상에 확실하게 배치하는 가장 빠른 방법이기도 하다. 뷰포트 왼쪽 하단에서 보이는 Show world axes icon을 기준으로 방향을 결정하면 된다. 현재 예시는 Front view에서 Z축으로 올리는 상황이다.

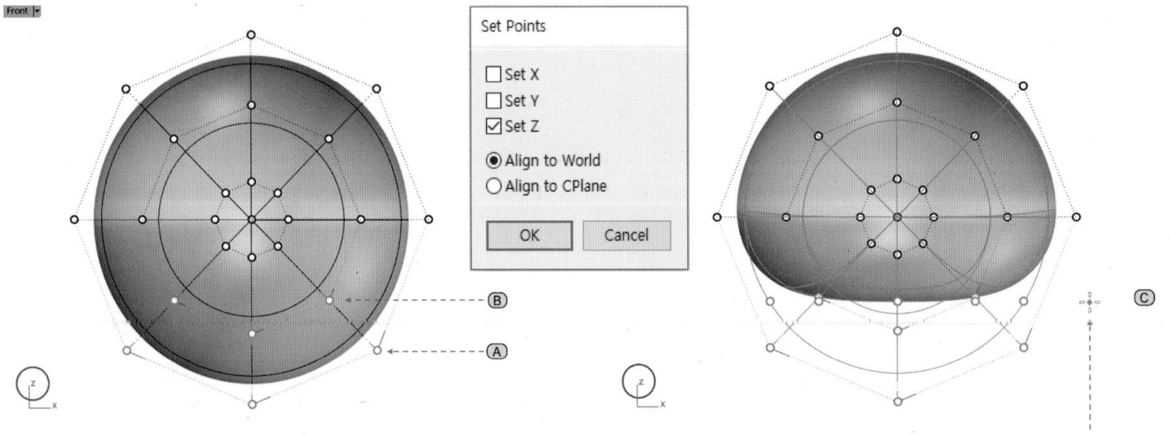

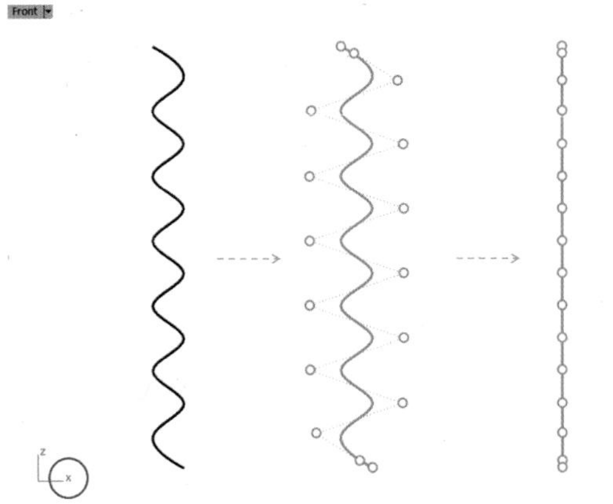

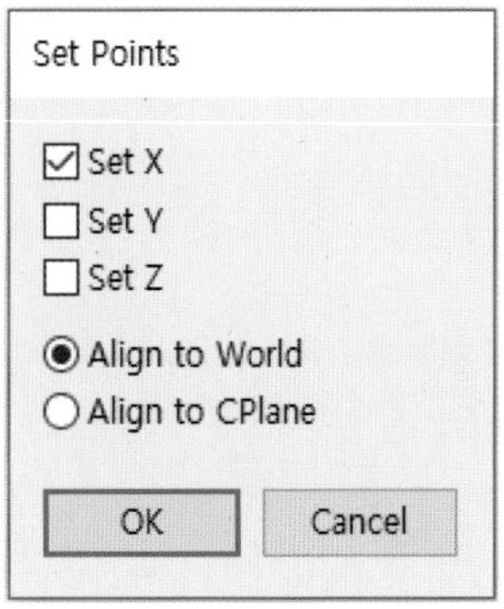

개체 정렬 Align vertical centers

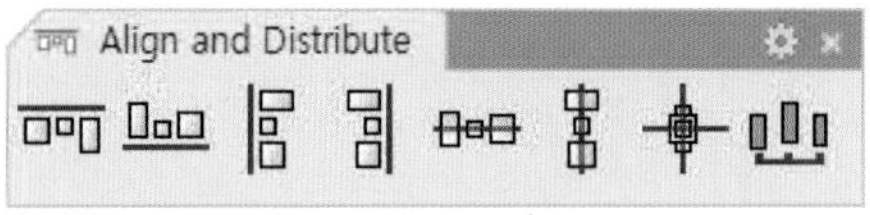

Align 명령은 개체의 경계 상자를 일렬로 정렬시킨다. 해당 아이콘은 세로축 가운데 정렬이다.

위로 정렬 Align top

개체를 경계 상자의 가장 위에 맞춰 정렬시킨다.

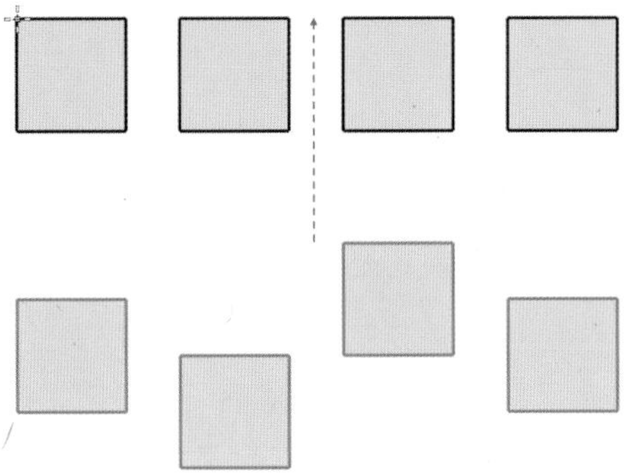

아래로 정렬 Align bottom

개체를 경계 상자의 가장 아래 위치에 맞춰 정렬시킨다.

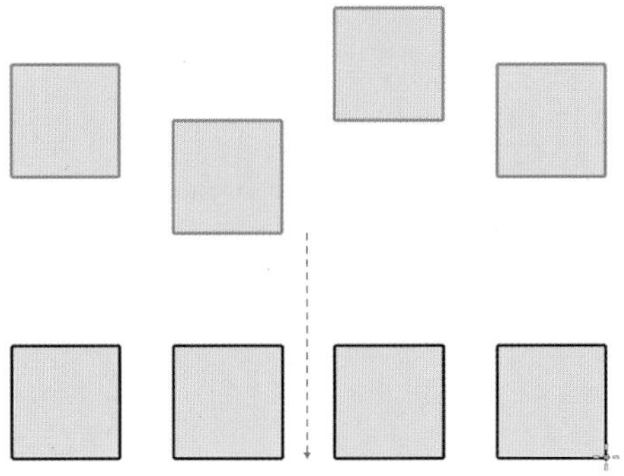

왼쪽으로 정렬 Align left

개체를 경계 상자의 가장 왼쪽에 맞춰 정렬시킨다.

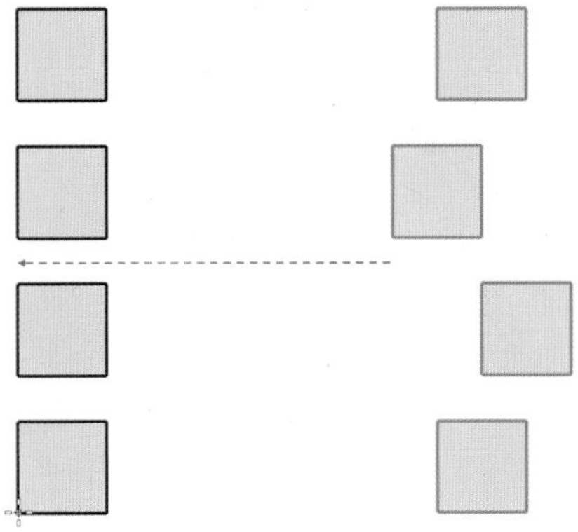

오른쪽으로 정렬 Align right

개체를 경계 상자의 가장 오른쪽에 맞춰 정렬시킨다.

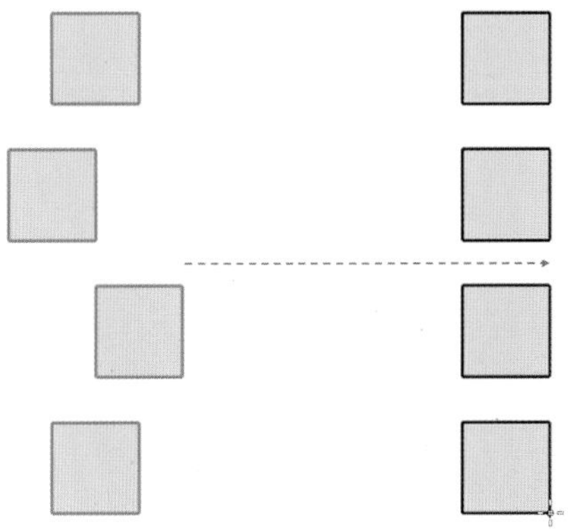

가로 중심으로 정렬 Align horizontal centers

개체를 경계 상자의 가로 가운데에 맞춰 정렬시킨다.

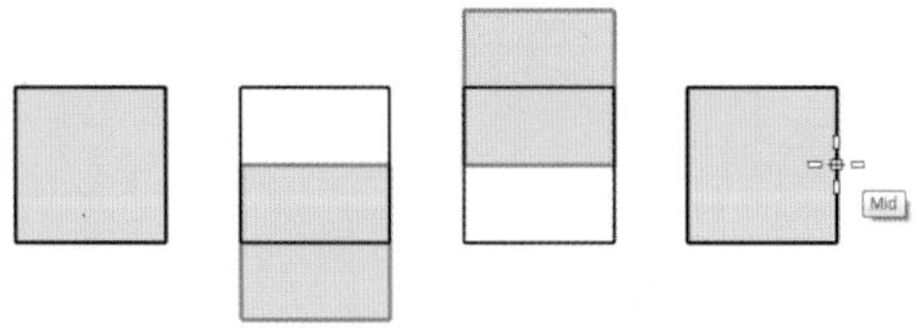

세로 중심으로 정렬 Align vertical centers

개체를 경계 상자의 세로 가운데에 맞춰 정렬시킨다.

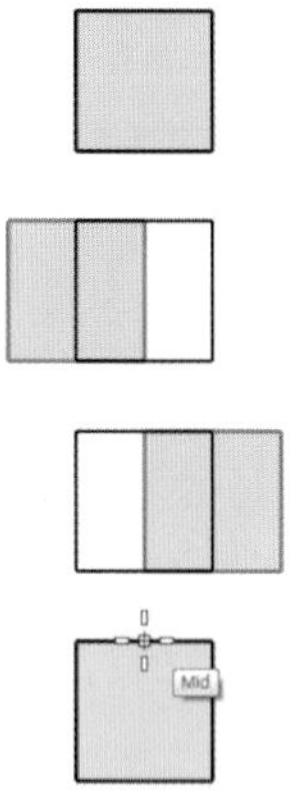

중심으로 정렬 Align centers

개체를 경계 상자의 가로와 세로 가운데에 맞춰 정렬시킨다.

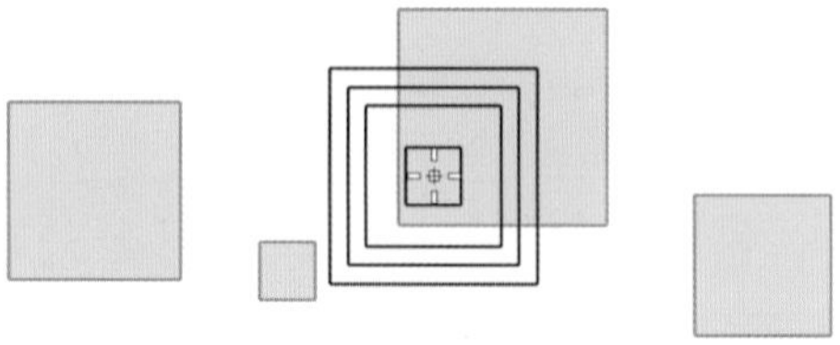

개체 배포 Distribute objects

Distribute 명령은 끝 개체 사이에 개체를 균일하게 분산시킨다.

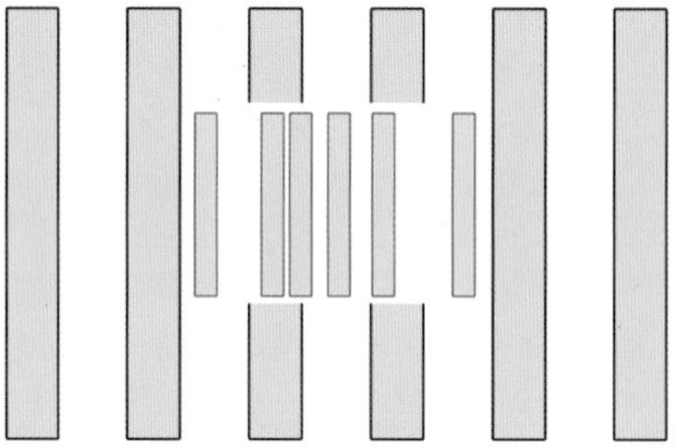

비틀기 Twist

축을 중심으로 개체를 회전시켜 개체를 변형한다.

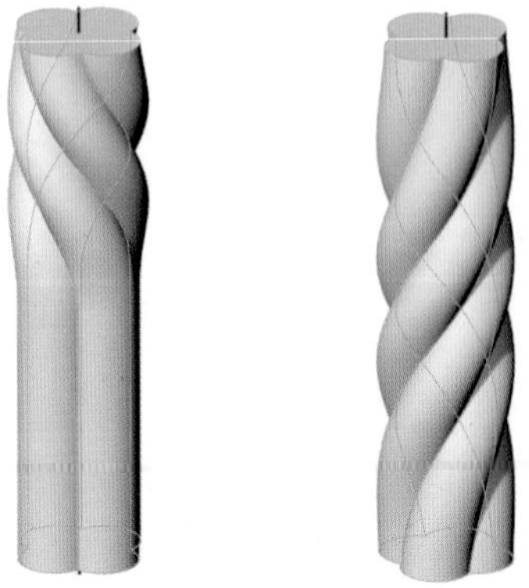

구부리기 Bend

Bend 명령은 스파인 호를 따라 구부려 개체를 변형한다.

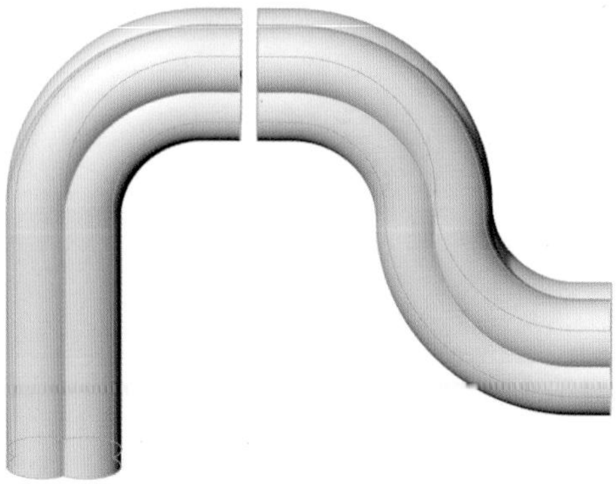

테이퍼 Taper

Taper 명령은 지정된 축에 가깝게 또는 멀게 개체를 변형한다. Imfinite=Yes, Preserve Structure=Yes로 옵션을 설정하면 곡률이 생기지 않게도 가능하다.

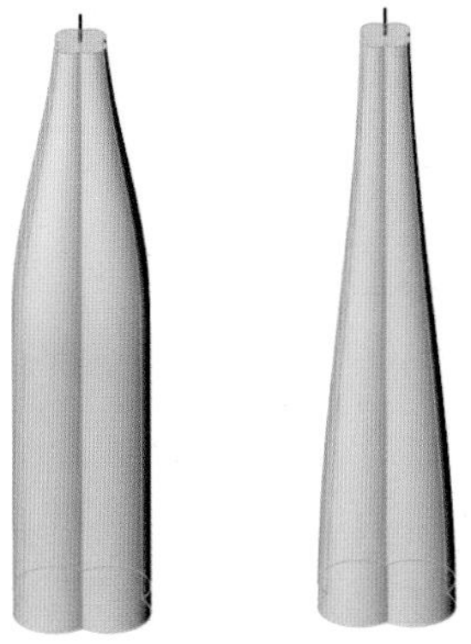

커브를 따라 흐름 Flow along curve

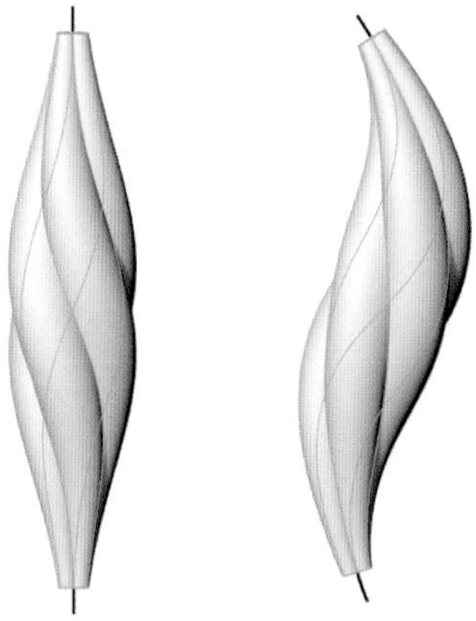

Flow 명령은 기준 커브에서 대상 커브까지 개체 또는 개체 그룹을 다시 정렬한다. Flow 명령은 평평하고 직선 형태를 곡면 형태에 매핑할 때 사용한다. 커브 주변에 복잡한 형태를 그리는 것보다 커브와 형태가 정렬되었을 때 더 생성하기 용이하다. 선택 순서를 지킨다.

❶

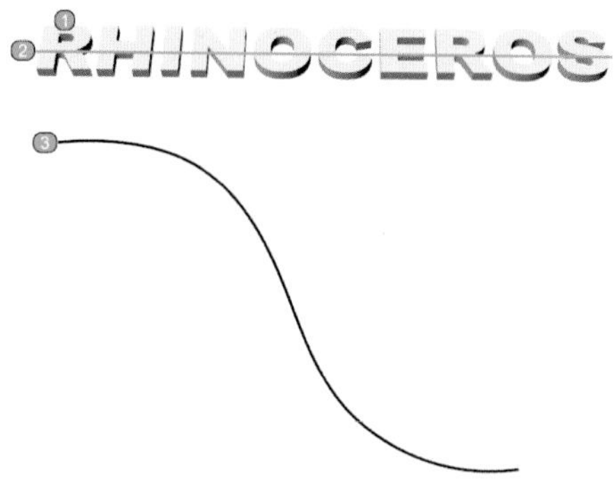

명령 실행 시 선택 순서

❷

솔리드 개체에 명령 적용

❸

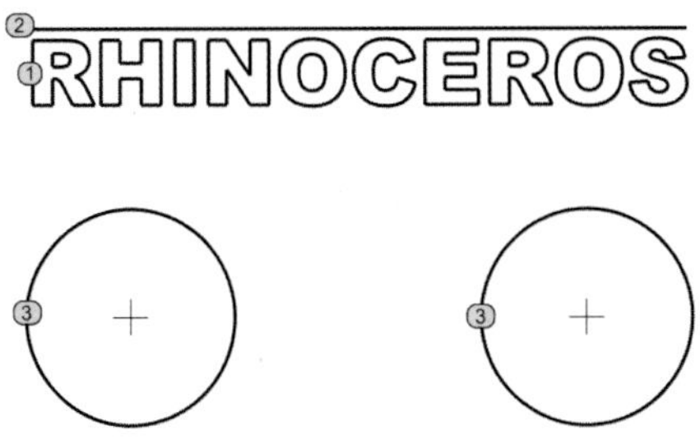

명령 실행 시 선택 순서

❹

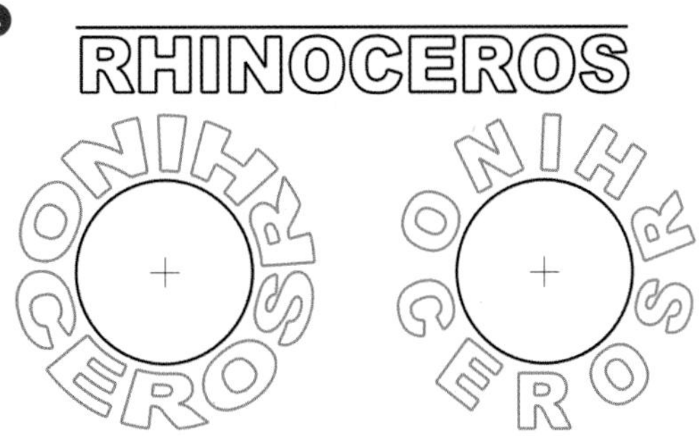

글자 왜곡 피하기 위한 Rigid=No, Yes 차이 비교

기울이기 Shear

Shear 명령은 한 축에 평행하면서 지정된 각도로 개체를 기울인다. 예를 들어, 기울어진 직사각형은 평행 사변형으로 변형된다. 변형된 후에는 평행 사변형의 옆 변이 길어지지만, 아랫변은 원래 길이를 유지한다.

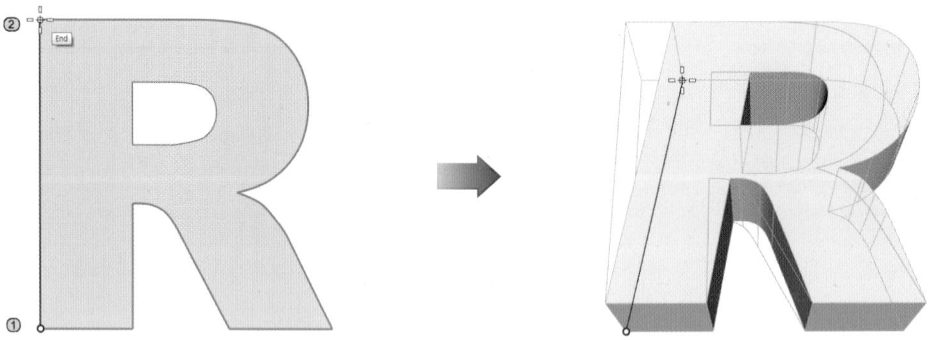

매끄럽게 Smooth

Smooth 명령은 지정된 영역에서 커브와 서피스 제어점과 메쉬 정점의 위치를 평균화한다. 이 명령은 원하지 않는 세세한 부분을 제거하거나, 커브 또는 서피스에 있는 루프(고리 모양의 지오메트리)를 제거하는 데 유용하다. 메쉬가 서로 떨어지는 것을 방지하기 위해 매끄럽게 하기 전에 메쉬 개체에 Weld 명령을 사용한다.

한 예로 아래 그림은 Heightfield 명령으로 만든 삼족오 파일이다. 결과적으로 측면과 상단부 면들이 매우 불규칙하고 거칠다. 이러한 부분을 매끄럽게 해 주는 데 Smooth 명령은 매우 유용하다.

Heightfield 명령으로 생성된 결과물

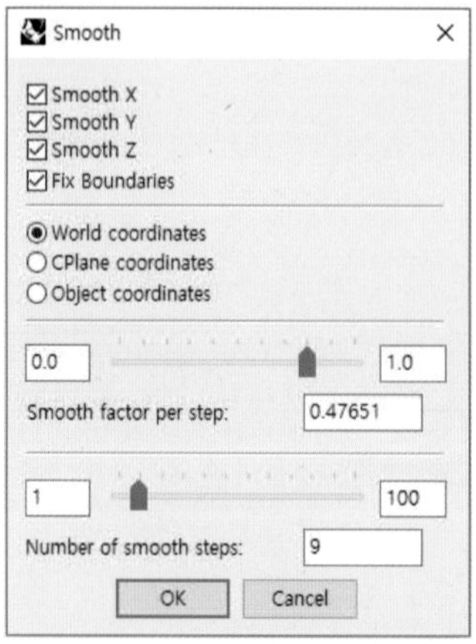

Number of smooth steps: 9

Number of smooth steps: 9

서피스를 따라 흐름
Flow along surface

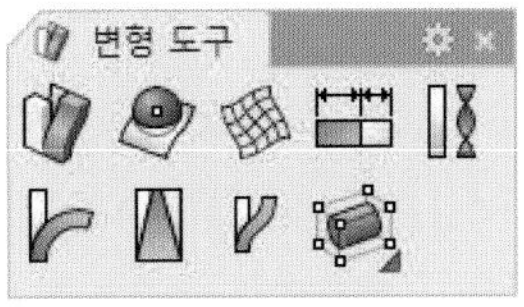

변형 도구 명령어 그룹

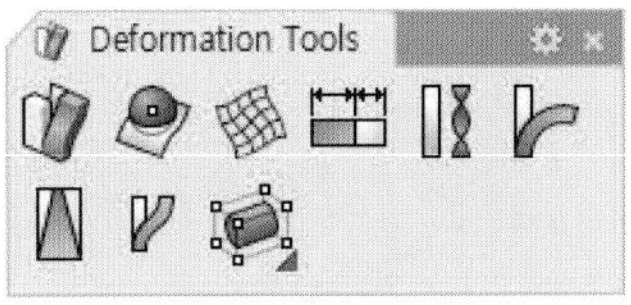

Deformation Tools 명령어 그룹

FlowAlongSrf 명령은 원본 서피스에 추출된 면적의 범위 내 존재하는 폴리 서피스, 솔리드 개체를 모프(morph) 변형 방식으로 오리지널 면에 흐름을 따라 달라붙게 하는 명령이다. 옵션에 따라 Rigid 흐름 붙이기도 가능하다. 주의 사항은 추출된 면적(면)에 대한 개체의 위치는 측면에서 볼 때 가운데 지점이 되어야 한다. 총 3개의 준비물이 필요하다. 1. 오리지널 면 개체 2. 오리지널에서 추출(UV) 평면화된 면 3. 붙이고자 하는 개체(솔리드) 등이다.

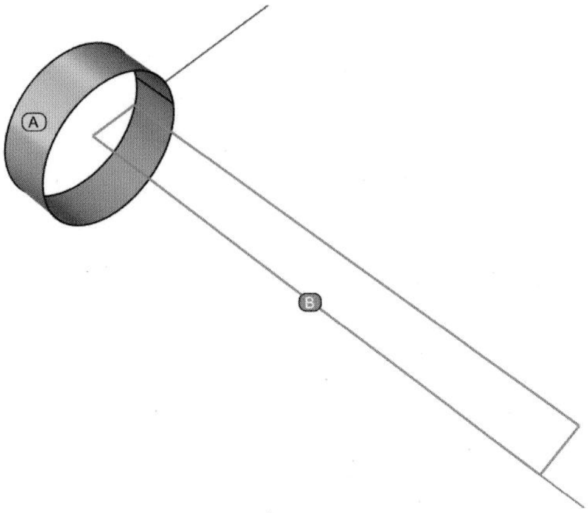

Create UV curves

Curve From Object 명령으로 면에 대한 2D 면적 라인을 추출한다.

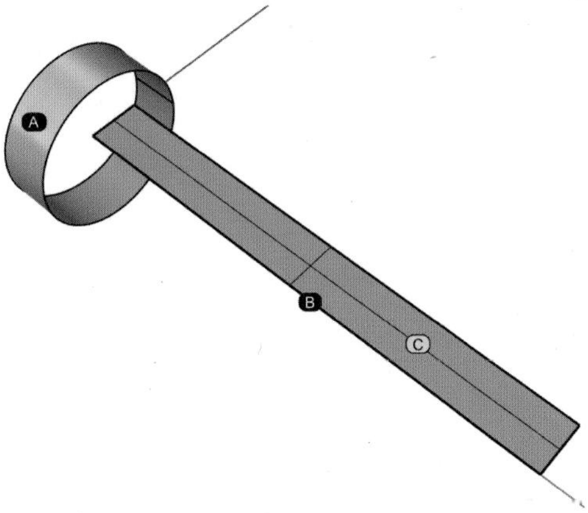

Surface from planar curves

Surface Creation 〉 추출된 닫힌 커브를 면으로 만들어 준다.

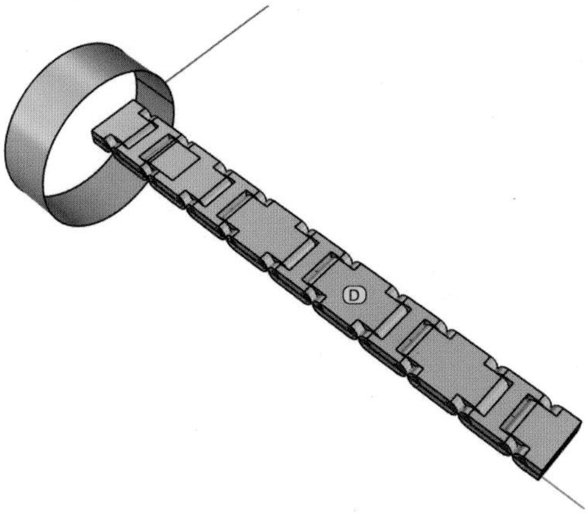

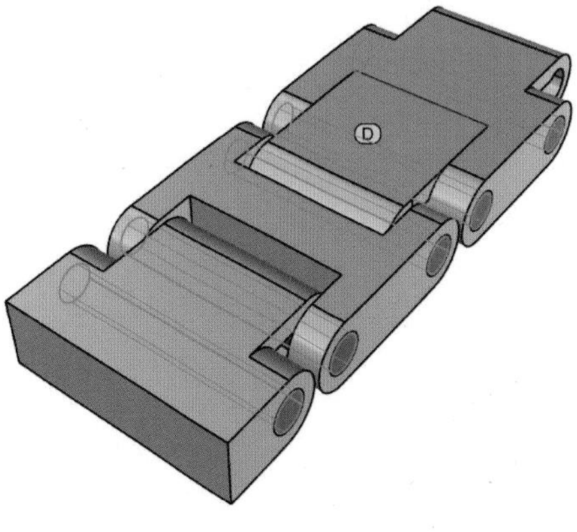

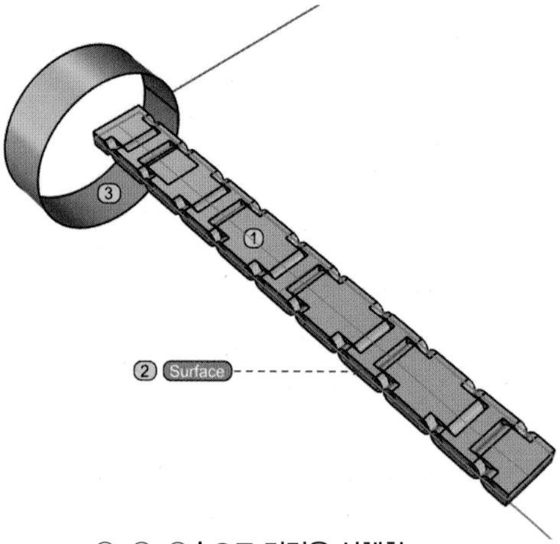

①, ②, ③순으로 명령을 실행함

Flow along surface

Transform에서 해당 명령을 이용 번호 순서대로 클릭하여 명령을 수행한다.

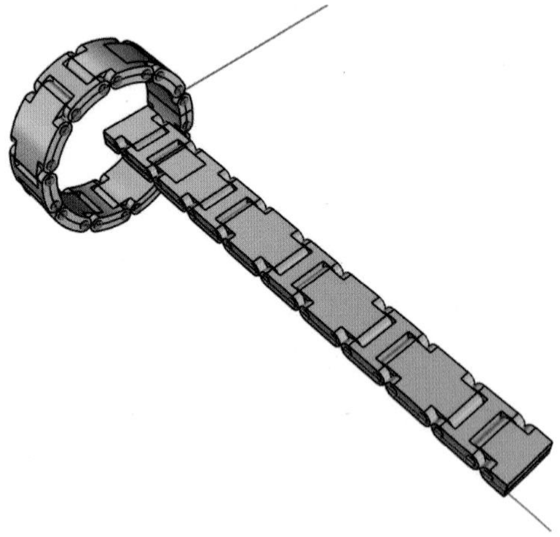

결과물 생성

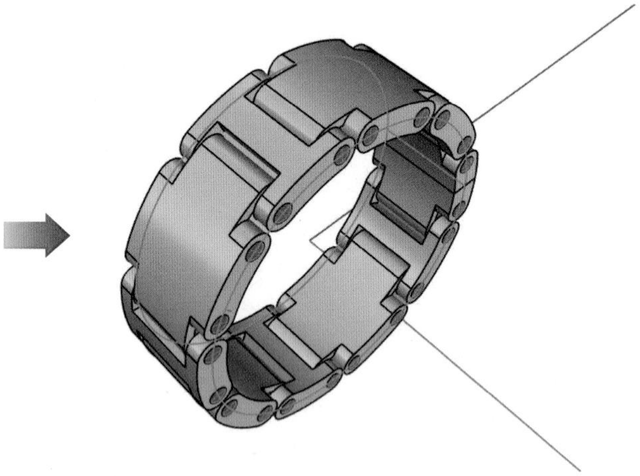

안쪽 오리지널 면의 삭제

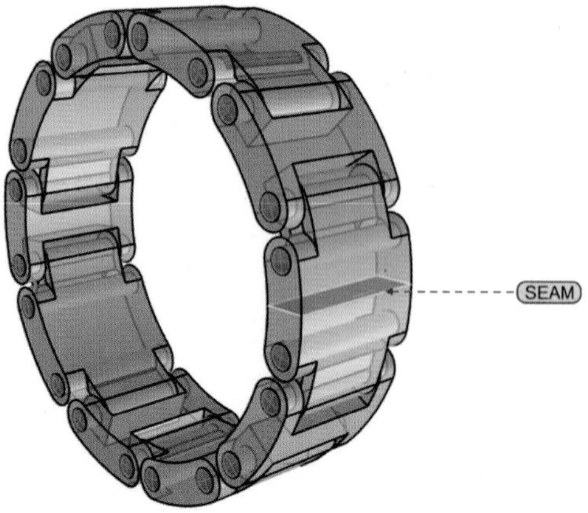

서로 만나는 부분(Seam 이음새) 겹친 내부 면 삭제 요망

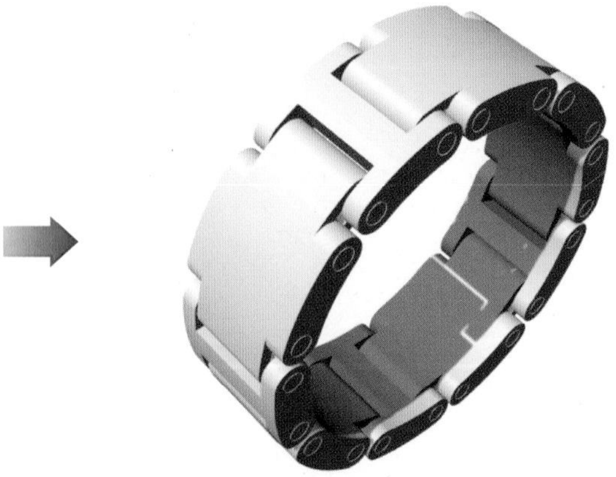

최종 완성된 모습

아래 예시는 가장 일반적인 Flow along surface 명령의 개념 이해를 위해 적정한 사례이다.

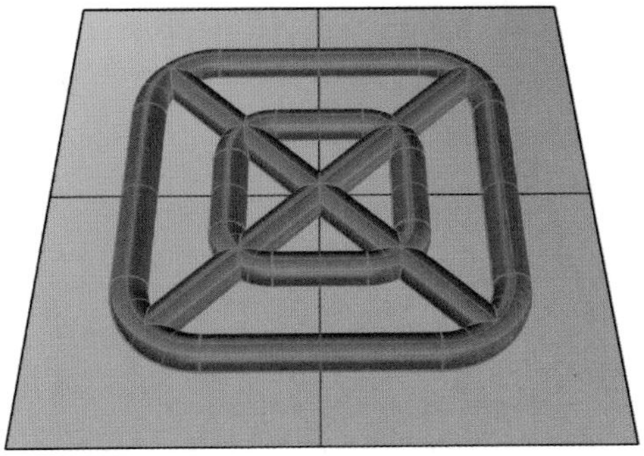

명령 실행 전 모습

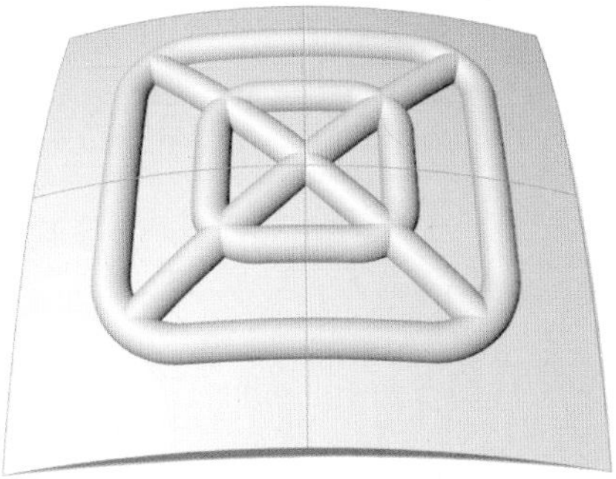

최종 완성된 모습

다음 예시는 코닉 볼륨 형태의 면에 UV 면적을 추출하고, History 명령, 차수와 포인트 편집으로 엣지 볼륨 면을 만드는 것이다. 특히 포인트 편집 시 외곽 면의 왜곡이 되지 않도록 영역 선택에 주의해야 한다. 히스토리는 실시간 확인할 수 있는 편집 방법이다.

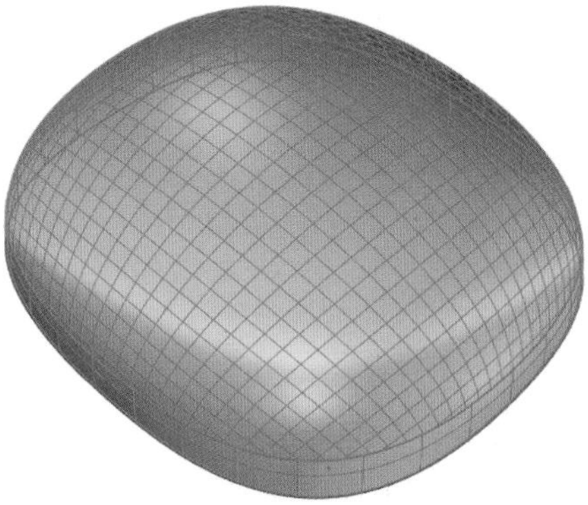

명령 실행 전 모습

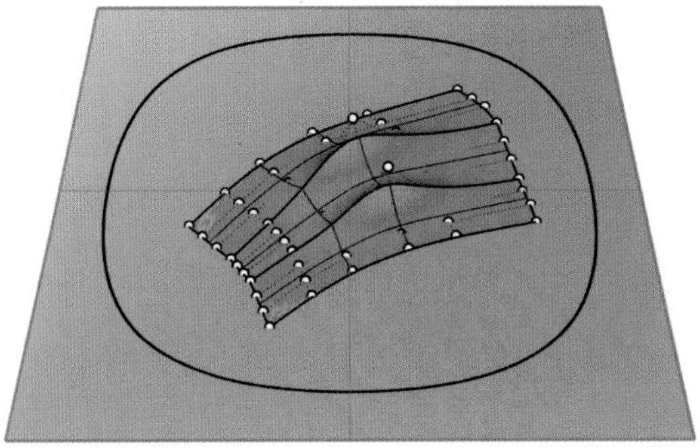

UV 추출 면에 붙일 개체 모델 편집

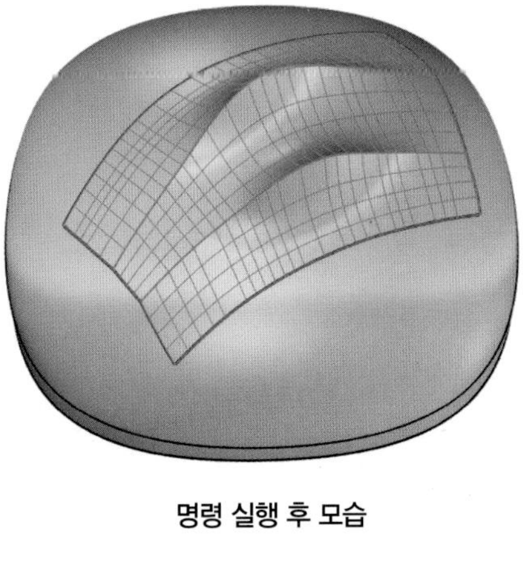

명령 실행 후 모습

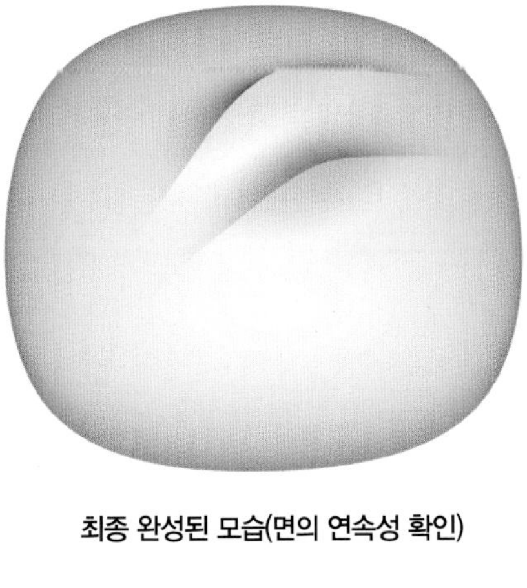

최종 완성된 모습(면의 연속성 확인)

스플롭 Splop

Splop 명령은 오리지널 개체 표면에 붙이고자 하는 개체를 복사, 회전, 크기 조정, 덮기 등이 가능하다. 주의해야 할 것은 총 3개의 준비물이 필요하고, 포인트의 위치나 높낮이가 면에 붙는 위치가 된다. 특히 이 명령은 자유롭게 다수의 개체를 붙일 때 유용하다.

Pick splop drop point. Press Enter when done (Copy=*Yes* Rigid=*No* Flip=*No*):

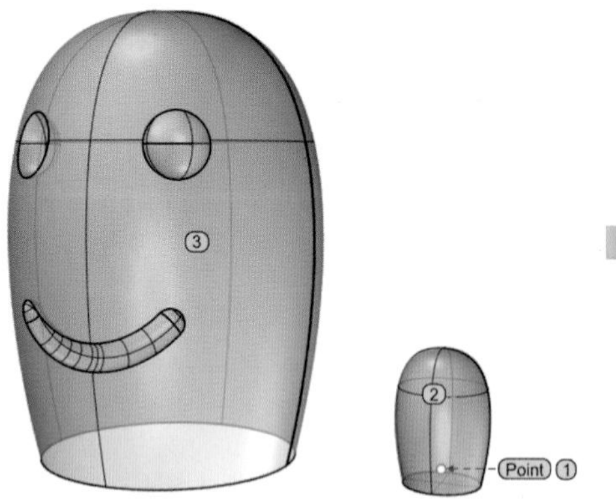

총 3개의 준비물 필요

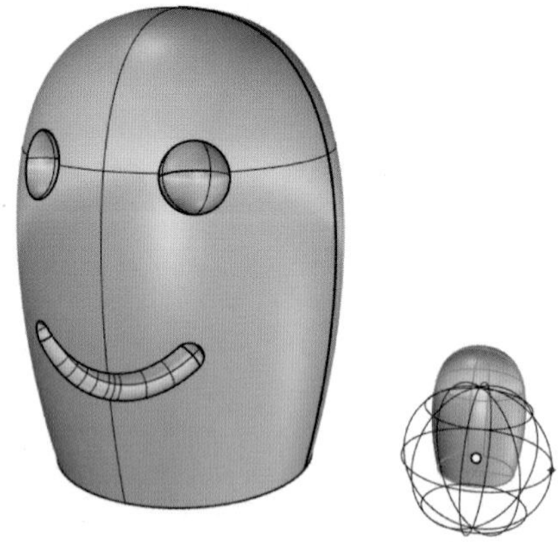

1단계로 개체 선택 후 포인트 기점 케이지 지정

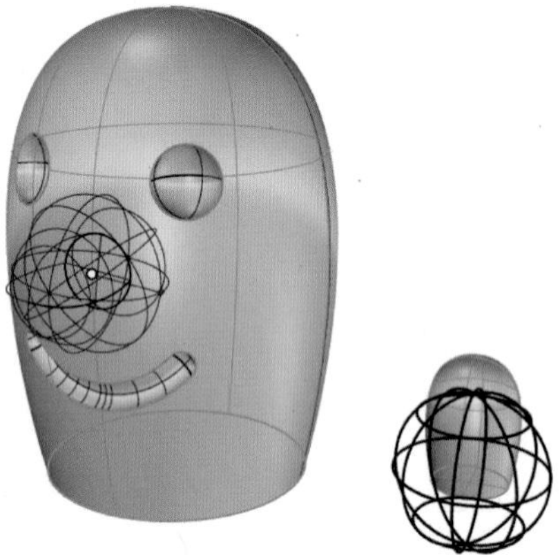

대상체로 기점 이동하여 옵션 설정 후 부착

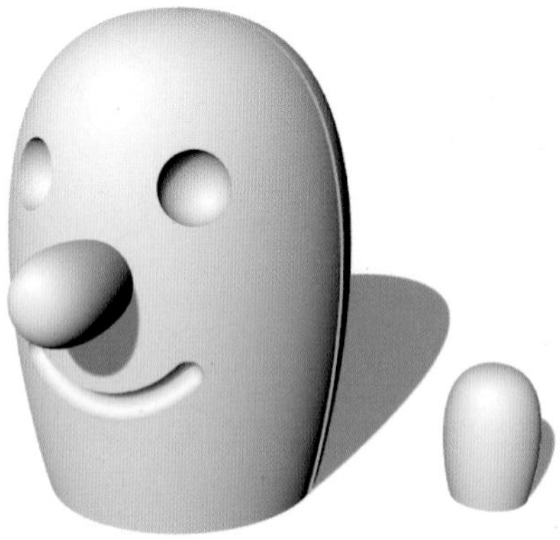

Rigid=Yes를 통해 왜곡 없이 부착 완료

소용돌이 Maelstrom

Maelstrom 명령은 주로 중심을 기점으로 잡을 수 있는 개체의 지정 범위에 대해 소용돌이 모양, 즉 나선 변형이 가능하다. 예시의 경우 ①번과 ②번 구간에서 변형이 이루어진다.

❶

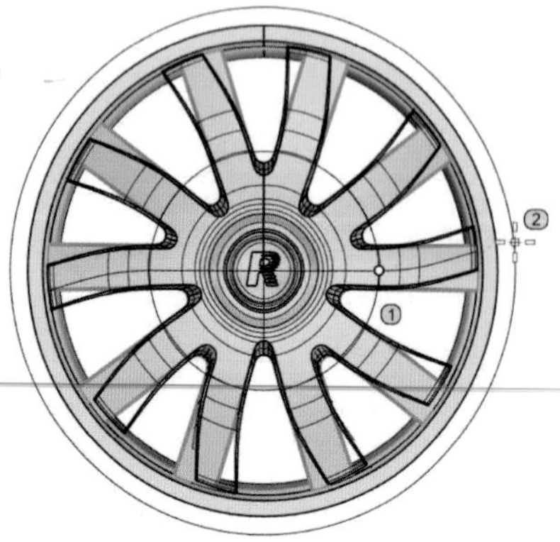

❷

스트레치 Stretch

Stretch 명령은 개체에서 선택된 영역을 한 방향으로 크기 조정한다. 직선 구간 스트레치에 좋다.

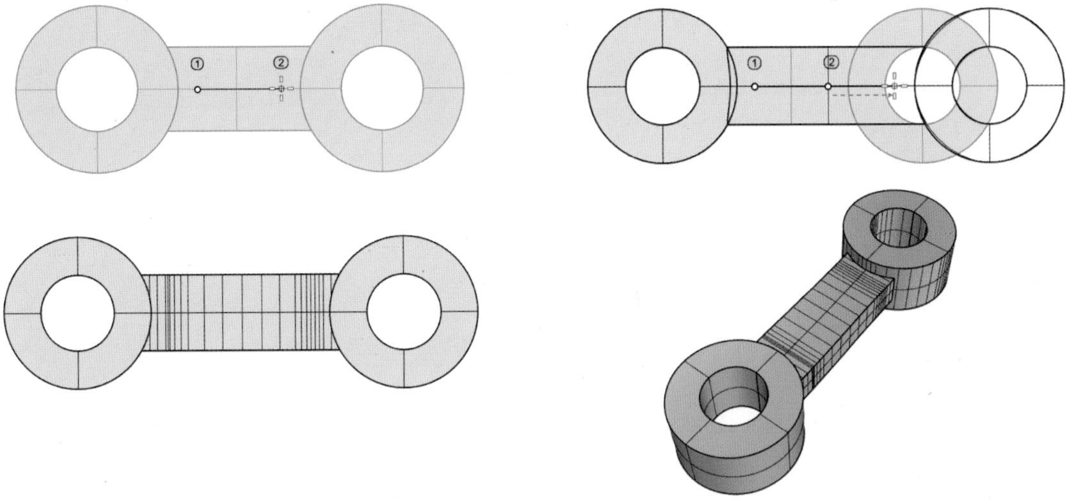

케이지 편집 Cage edit
케이지 만들기 Create cage

CageEdit 명령은 2차원, 3차원적인 케이지 개체를 사용하여 개체를 매끄럽게 변형시켜 준다.

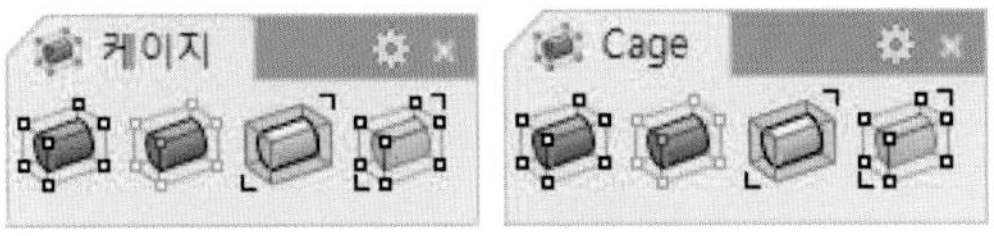

케이지 명령어 그룹 | Cage 명령어 그룹

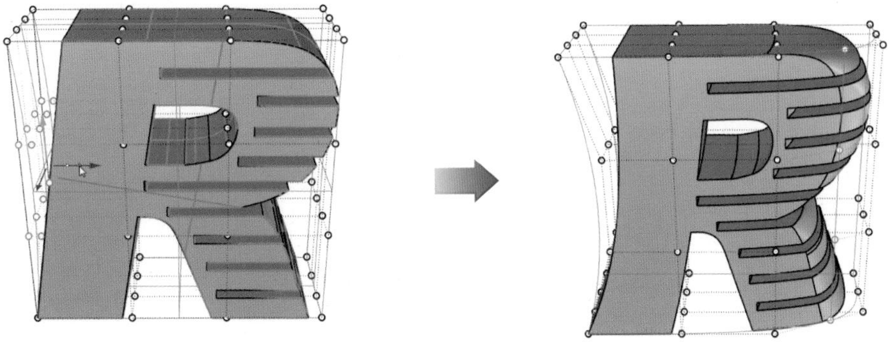

Bounding Box 옵션을 선택하여 변형

케이지 편집 Cage edit
케이지 만들기 Create cage

Line 옵션을 선택하여 변형

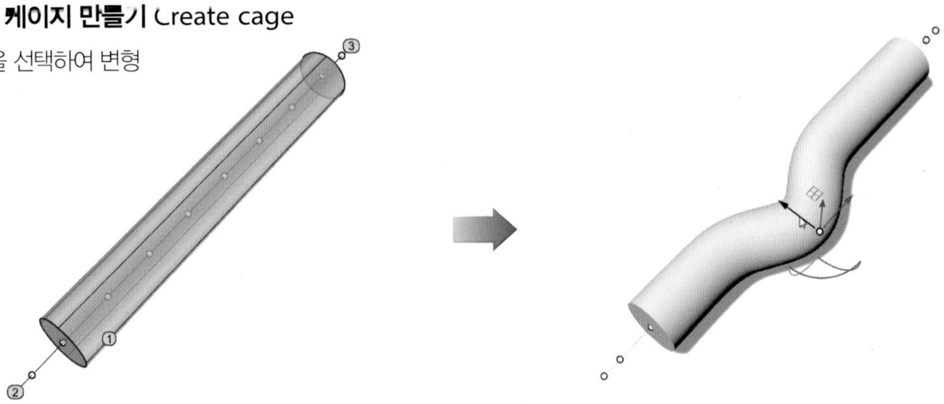

포인트의 수가 많으면 좀 더 디테일한 편집 가능

곡률 반경을 고려하여 크로스 오버랩 면이 부분이 없도록 변형

개체의 일부에 케이지 포인트 생성과 편집 방법

CageEdit 명령 아이콘을 클릭하고 해당 개체를 클릭한다. 다음 Box를 선택 〉 Top vies에서 First corner of base를 지정 〉 대각선 다음 영역 지정 〉 Front view에서 높이 지정 〉 Cage 파라메터 설정 〉 Region to edit=Local 선택 〉 Falloff distance=5 설정 〉 (Enter) 하면 부분 편집 포인트가 뜬다. 이제 검볼 또는 스케일 명령으로 원하는 편집을 하면 된다.

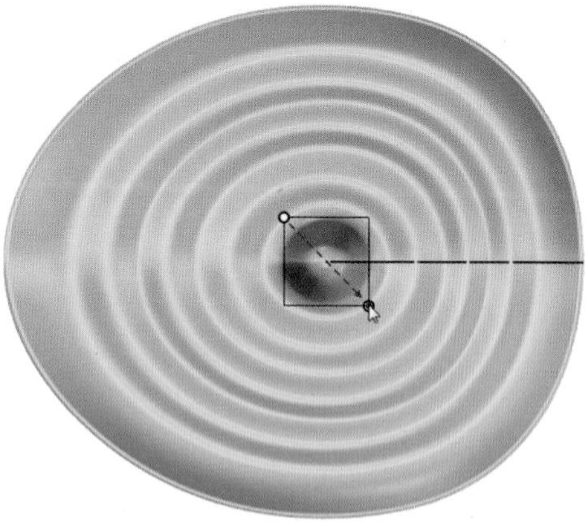

부분 편집 영역 지정

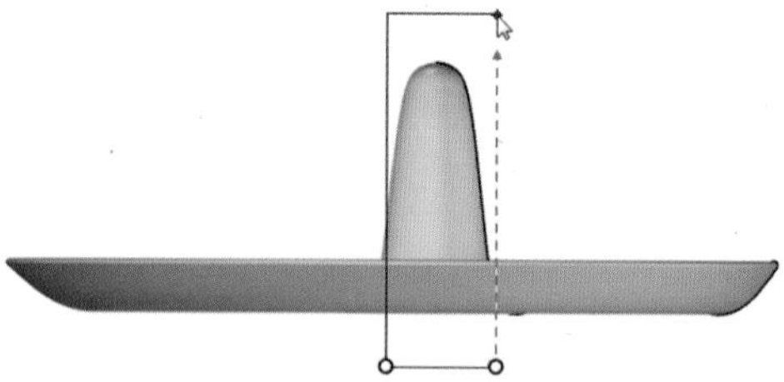

부분 편집 영역 높이 지정

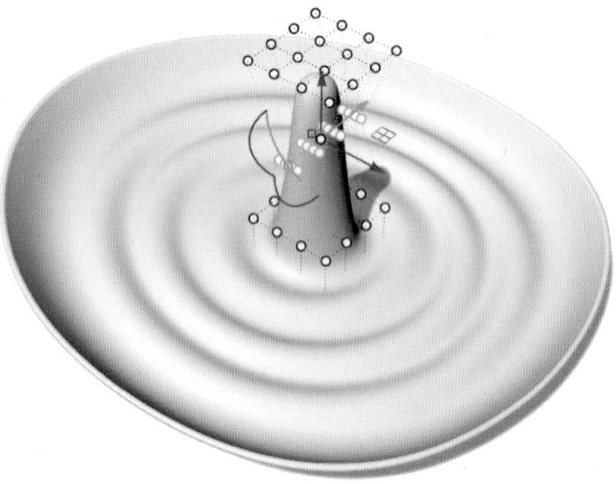

편집 포인트 활성화와 검볼 편집

필요 부분 편집된 결과물

19 CHAPTER 분석(Analyze) 명령어 그룹

분석(Analyze) 명령어 그룹은 라이노로 모델링되는 개체에 대해 분석하는 모든 명령어들이 모인 곳이다. 면의 방향 분석, 곡률 길이, 떨어진 거리, 각도, 지름, 반지름, 시각적 곡률 패턴, 연속성 등급 확인, 이탈률, 환경 맵 체크, 지브라 체크, 배드 파일, 네이키드 엣지 보기 등 다양하다. 이러한 분석 도구를 적절히 사용함으로써 모델링 파일의 완벽성을 구현할 수 있게 된다.

한글 버전 분석 명령어 그룹

영문 버전 Analyze 명령어 그룹

개체 방향 표시 Show object direction
개체 방향 표시 닫기 Close object direction display

방향 분석 명령으로 커브, 서피스, 폴리 서피스 등의 방향을 표시한다.

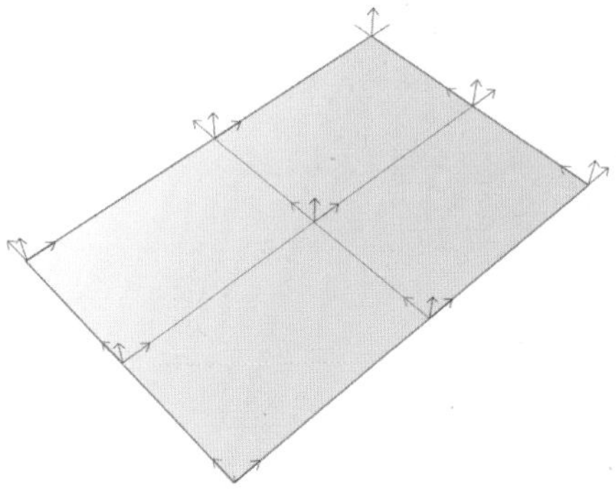

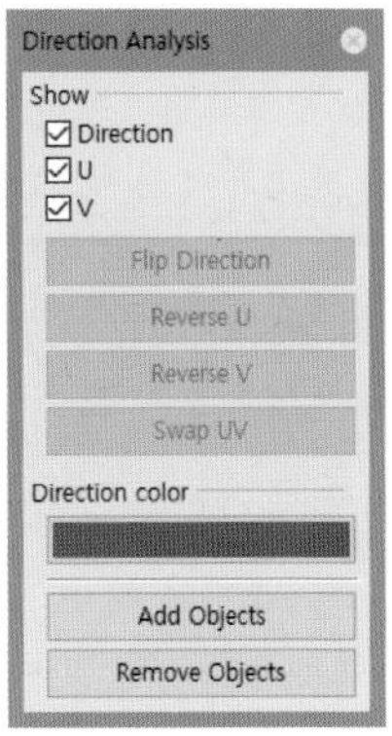

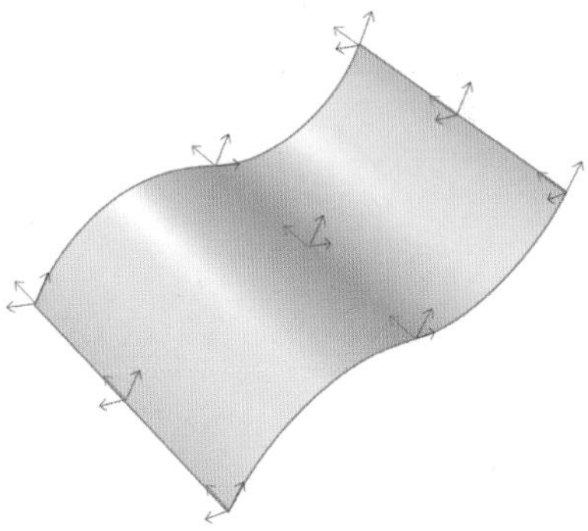

Direction Analysis 옵션을 통해 Direction, U, V를 인지할 수 있으며, Direction만 체크 시 아래 그림처럼 커브나 면에 방향을 변경할 수 있다. 커브의 방향이 바뀐다는 것은 커브의 시작점이 바뀐다고 보면 된다.

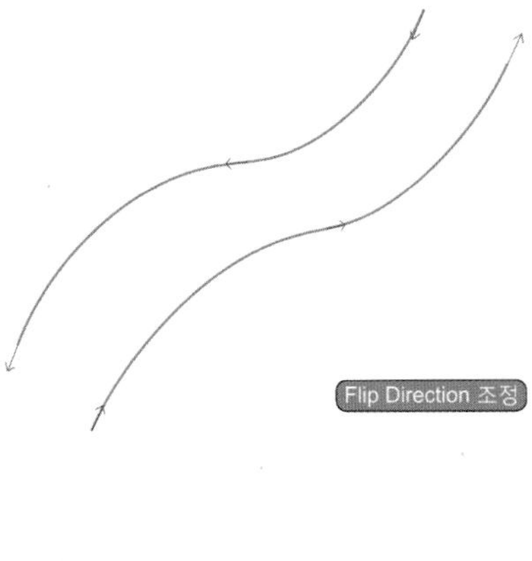

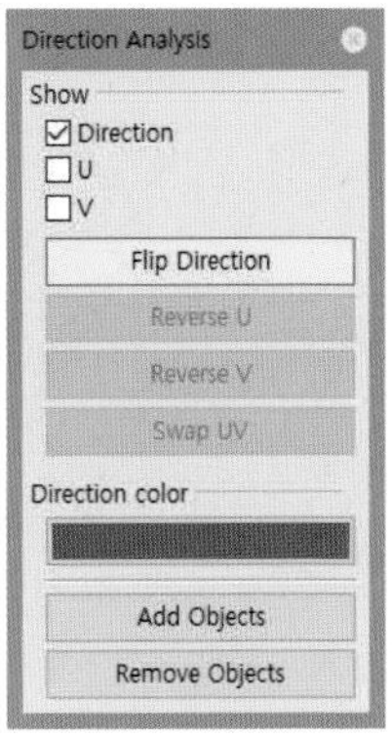

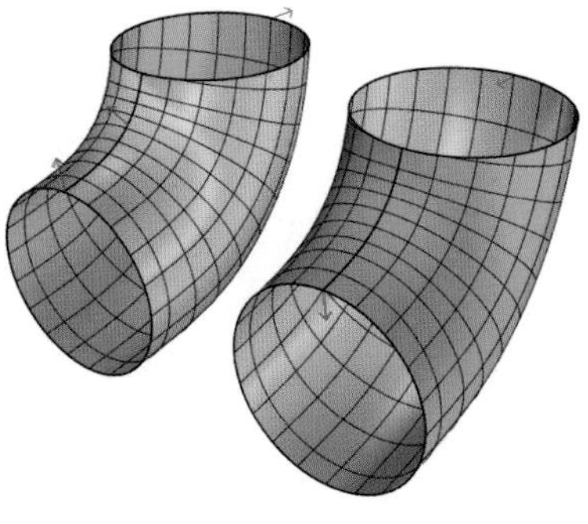

점 계산 Evaluate point
점 UV 좌표 개산 Evaluate point UV coordinates

선택된 위치의 절대 좌표와 구성 평면의 좌표를 보고하고 옵션으로 레이블을 지정한다.

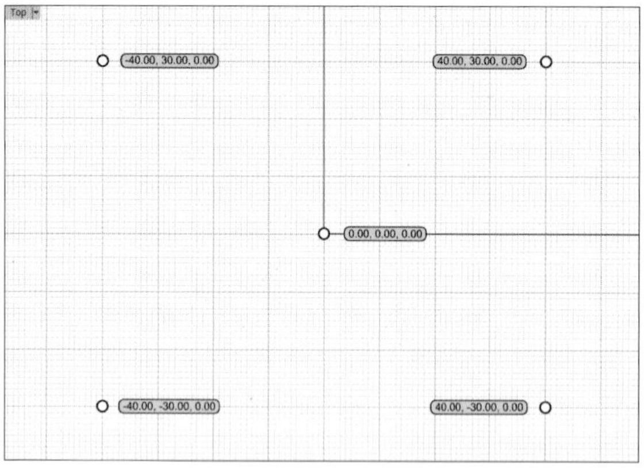

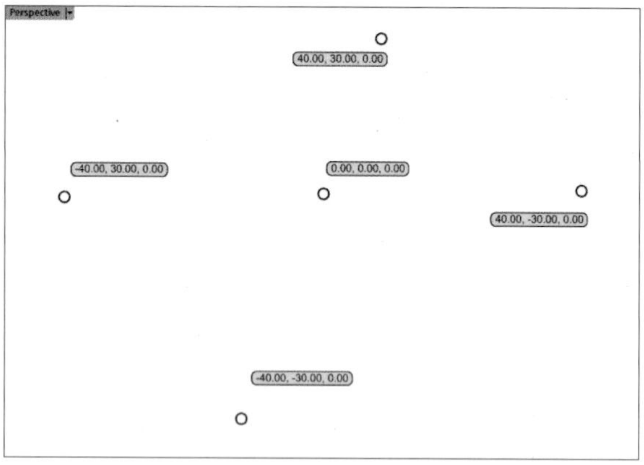

Point to evaluate (Label=*On* Style=*Dot* CoordinateSystem=*World*): Label=On

길이 측정 Measure Length
정의역 Domain

커브의 곡률 길이를 커멘드 창에 제시해 준다.

길이를 측정하고자 하는 객체를 클릭하고 (Enter) 하면 된다.

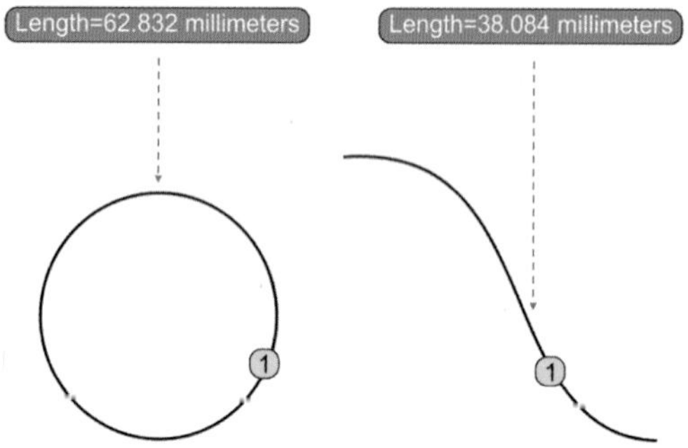

거리 측정 Measure Distance

Distance 명령은 두 점 사이의 거리를 제시해 준다.

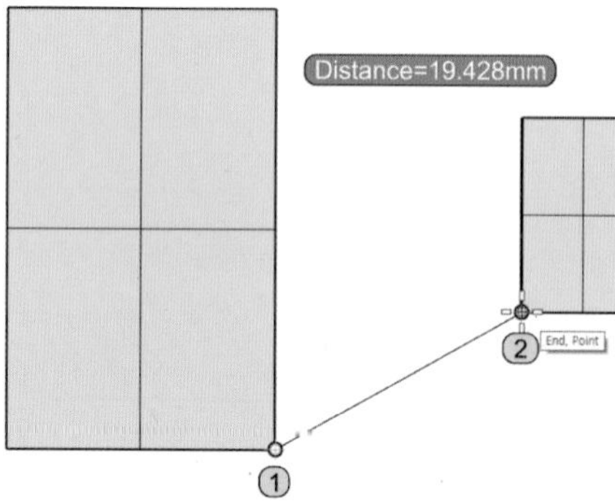

각도 Angle

Angle 명령은 두 지점 사이의 각도를 커멘드 창에 제시해 준다.

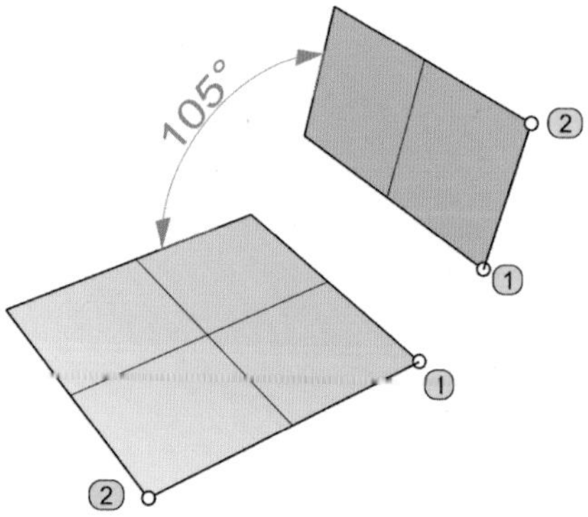

지름 측정 Measure Diameter

Diameter 명령은 지정된 두 점에서 커브의 지름을 mm 단위로 보여 준다.

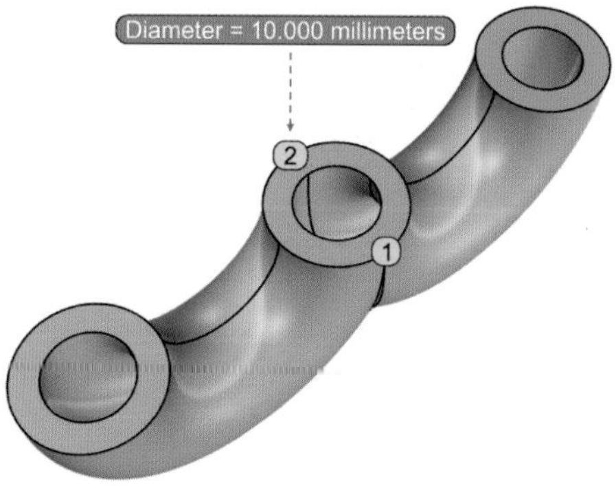

반지름 Radius
곡률 Curvature

Radius 명령은 지정된 점에서의 커브 반지름을 보여 준다.
Curvature 명령은 원의 반지름을 사용하여 커브 또는 서피스상의 한 점 위치에서 곡률 반지름을 계산한다.

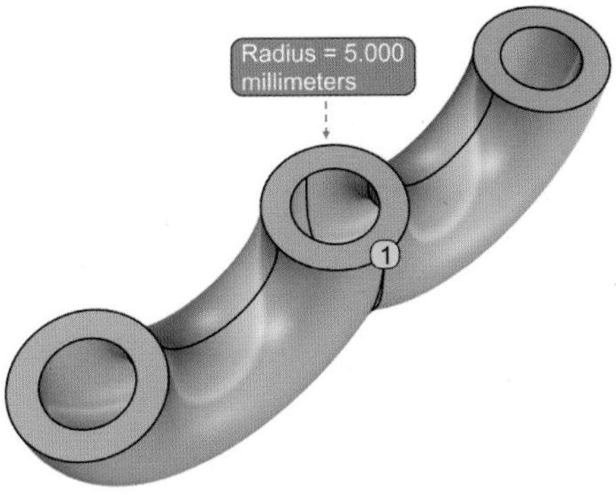

바운스 Bounce Ray

서피스에 바운스되는 빛의 방향을 보여 준다.

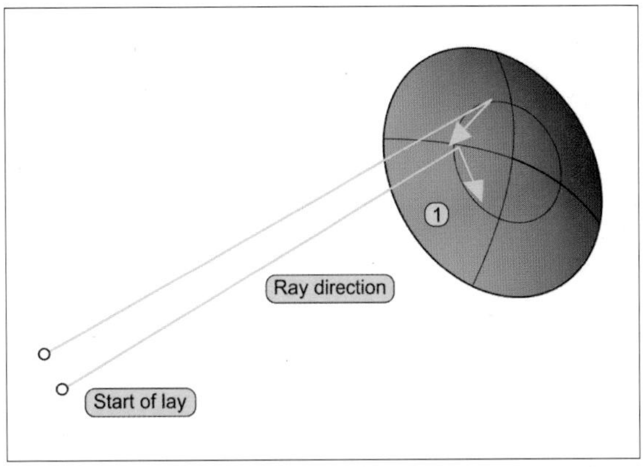

곡률 그래프 켜기 Curvature graph on
곡률 그래프 끄기 Curvature graph off

그래프를 사용하여 곡률을 시각적으로 평가할 수 있다. Display scale과 Density를 적정히 활용하여 곡률 상태를 파악한다.

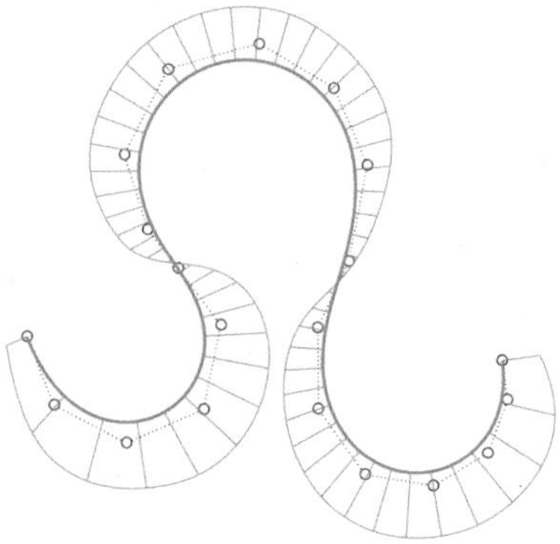

Curvature Graph=On

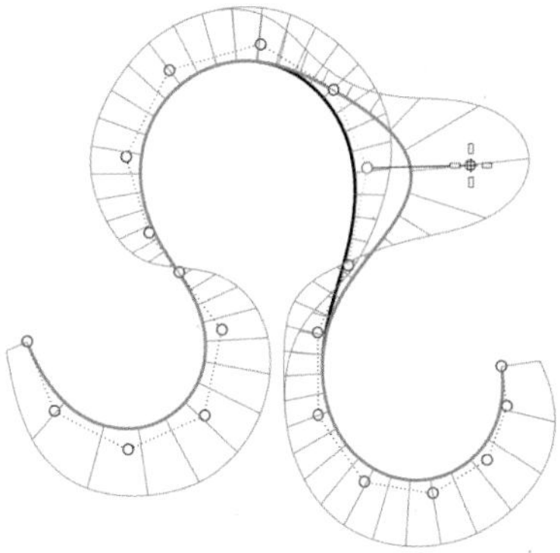

Curvature Graph=On을 통한 곡률 편집

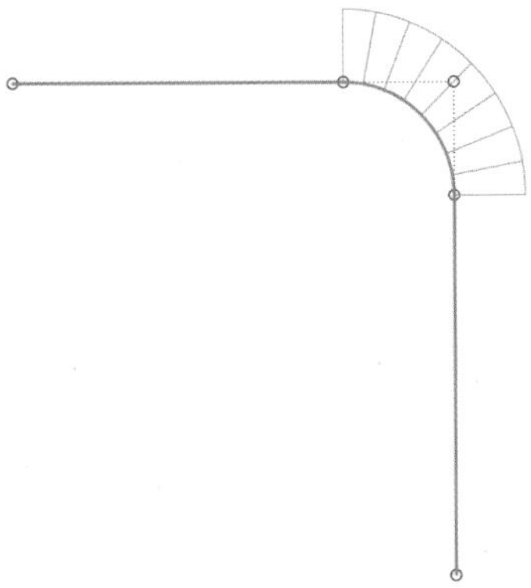

Tangency=G1 접선의 일치

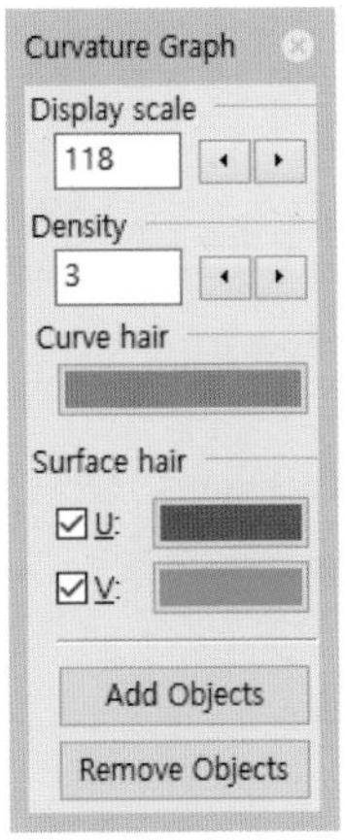

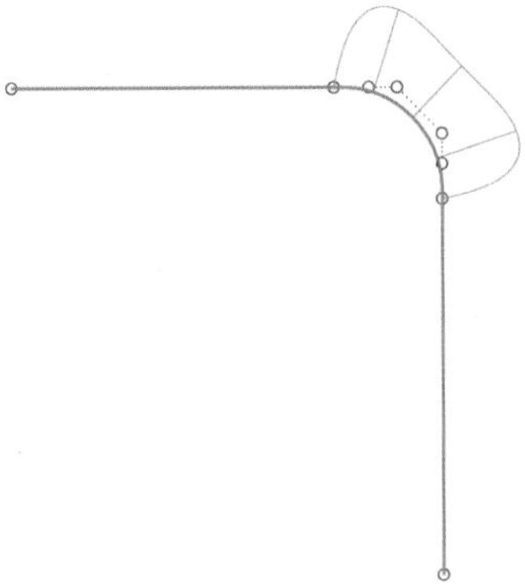

Curvature=G2 곡률의 일치

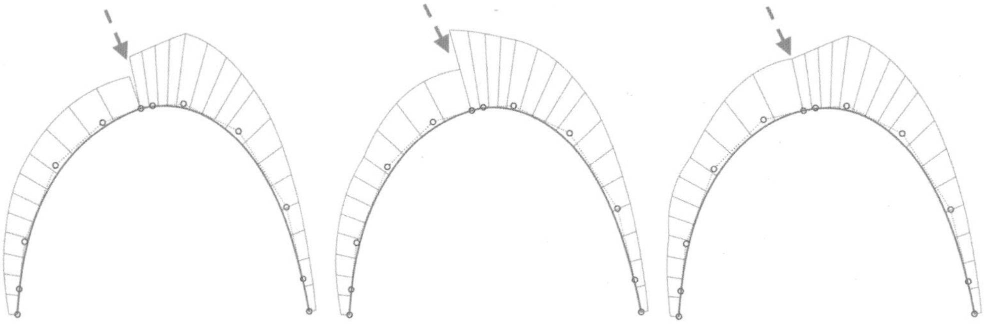

Position=G0 위치의 일치　　Tangency=G1 접선의 일치　　Curvature=G2 곡률의 일치

2 커브의 기하학적 연속성 Geometric continuity of 2 curves

GCon 명령은 두 커브 사이의 기하학적 연속성을 표시해 준다. 연속성은 G0=위치의 일치(Position), G1=접선의 일치(Tangency), G2=곡률의 일치(Curvature)로 커멘드 창에 보여 준다. 특히 Match curve 명령으로 조정된 연속성을 향후 나중에 확인할 때에도 유용하다.

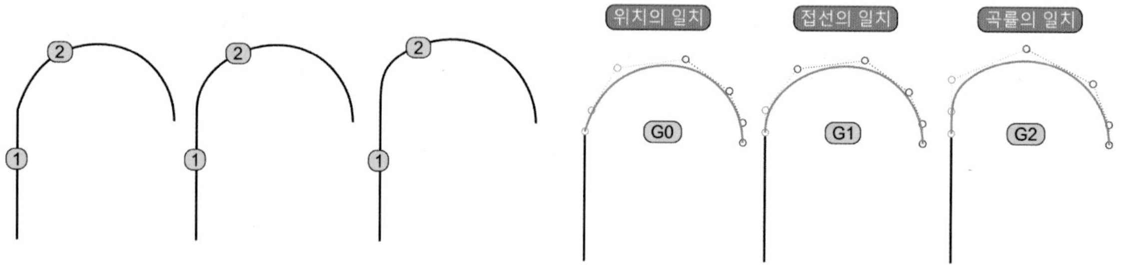

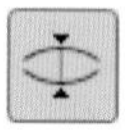

커브 편차 분석 Analyze curve deviation

두 커브 사이의 최대 및 최소 거리 즉 이탈률을 보여 준다. 색상은 레드 포인트, 그린 포인트, 화이트 포인트이다. 화이트 포인트 부분은 이탈률이 거의 없는 부분을 나타내며, 레드 포인트는 최대 이탈률을 보여 준다. 네트워크 서피스 명령 시 생성 면과 커브에 대한 이탈 정도를 검사 시에도 사용될 수 있다. NetworkSrf 명령 시 종종 발생하는 오리지널 커브와 생성 면에 대한 이탈 현상은 아래와 같은 방법으로 허용 공차값을 높여 오차 범위 내로 조정할 수 있다. 이때 이탈률의 체크는 커브 편차 분석으로 가능하다. Red point가 가장 심하게 이탈된 부분이다.

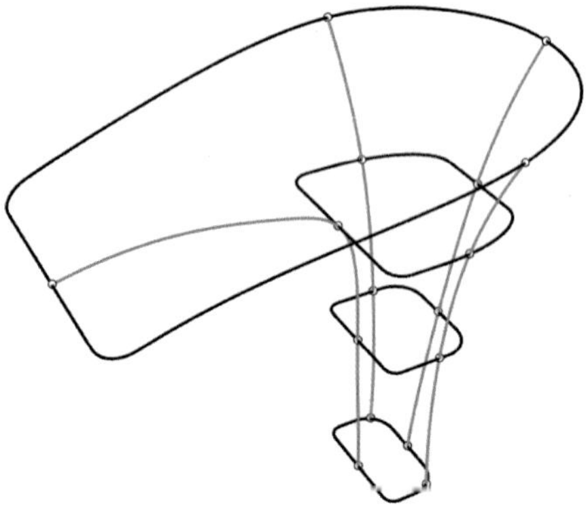

모든 교차 끝점이 일치하는 커브 구조

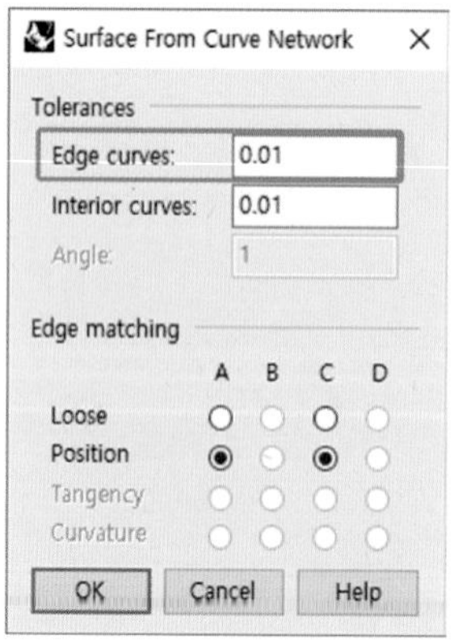

Maximum deviation = 0.101373

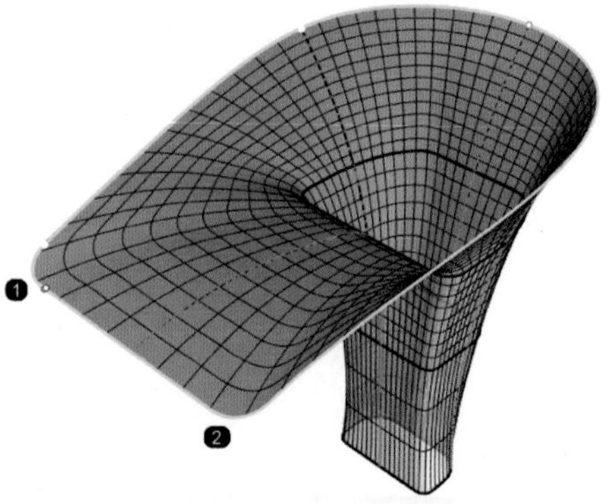

①번과 ②번 지점을 확대해 보면 이탈 면이 보임 〉
이탈률은 Analyze curve deviation 명령으로 확인 가능

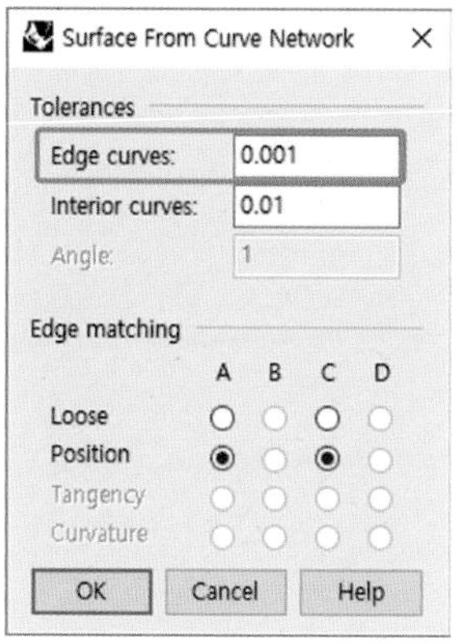

허용 공차 Tolerances /
Edge curves=0.001 설정

Analyze curve deviation

커브와 생성된 면의 엣지를 클릭하면 3개의 Point 컬러로 구분되어 이탈 정도를 확인함

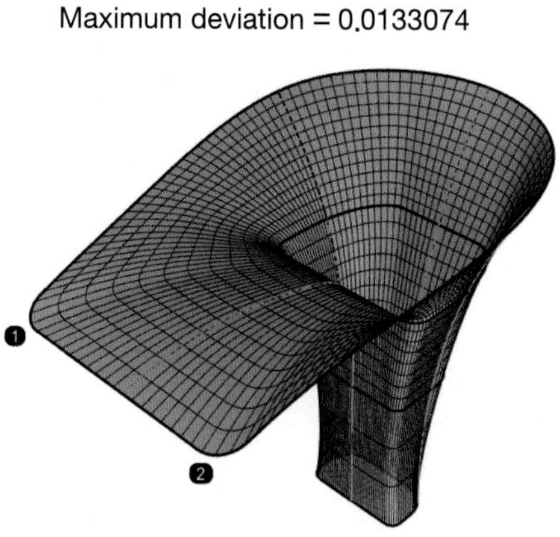

①번과 ②번 지점을 확대해 보면 이탈 면이 커브에 일치해서 생성된 것을 확인 가능

질량 속성 Mass Properties

개체에 대한 면적, 면적 중심, 관성 면적 모멘트, 체적, 체적 중심, 체적 모멘트, 유체 정역학 등 다양한 질량 속성을 파악할 수 있다.

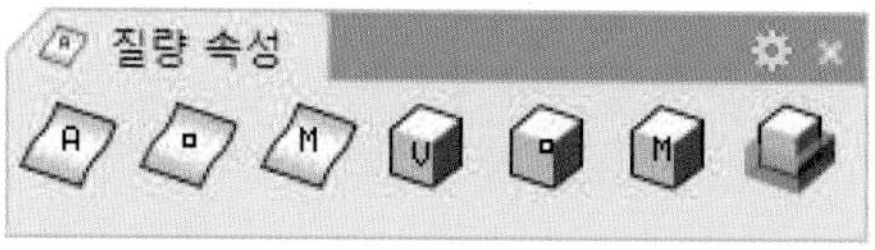

질량 속성 명령어 그룹

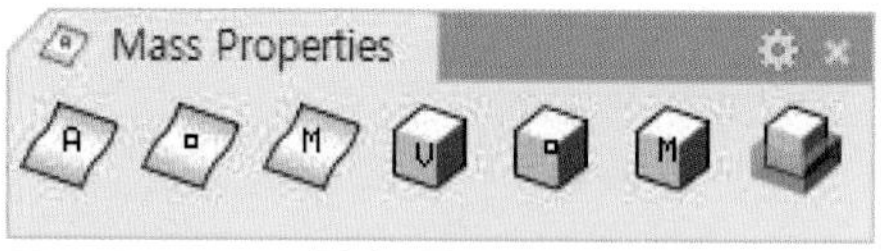

Mass Properties 명령어 그룹

면적 Area

선택한 개체 면적을 커멘드 창에 표시해 준다.

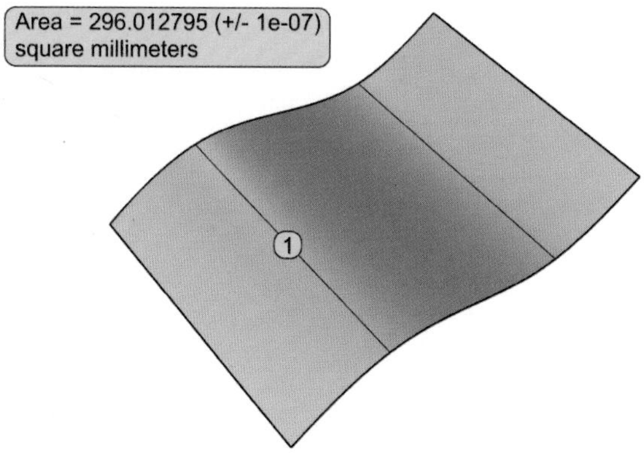

면적 중심 Area centroid

서피스, 폴리 서피스, 또는 닫힌 평면형 커브의 면적 중심에 점 개체를 배치해 준다.

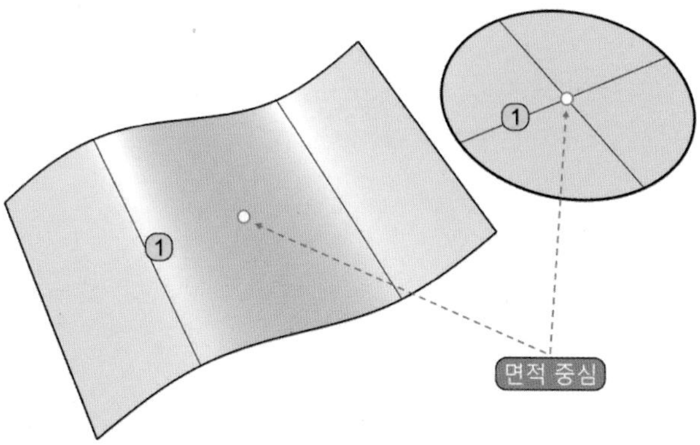

면적 모멘트 Area moments

관성의 면적 모멘트와 절대좌표계에서 서피스, 폴리 서피스, 메쉬 또는 닫힌 평면형 커브의 대응하는 별도의 창으로 보여 준다.

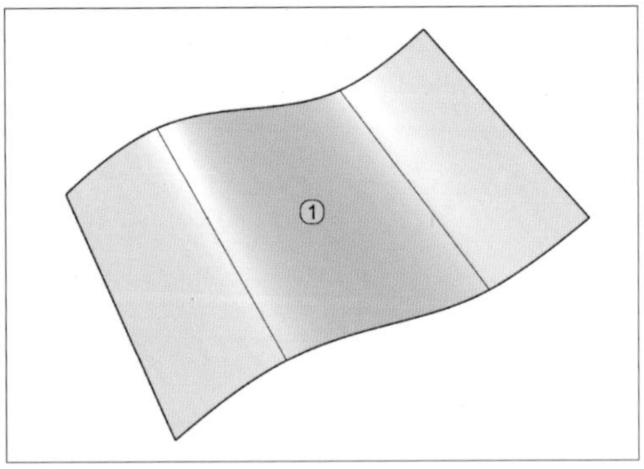

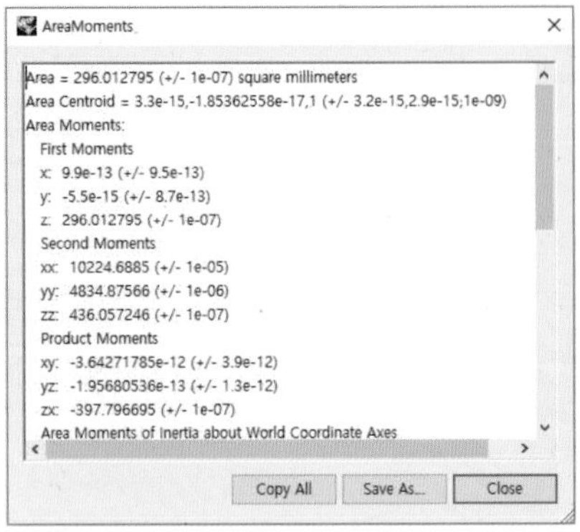

체적 Volume

Volume 명령은 닫힌 서피스, 폴리 서피스, 또는 메쉬의 체적을 알려 준다. 닫히지 않은 여러 개체 그룹의 체적을 계산할 수 있다. 이로 인해 결합하지 않았으나 닫힌 형태의 서피스의 체적을 계산할 수 있다. 명령 시행 시 선택된 개체가 없는 상태에서 체적 단위(Units)를 설정하고 시작한다.

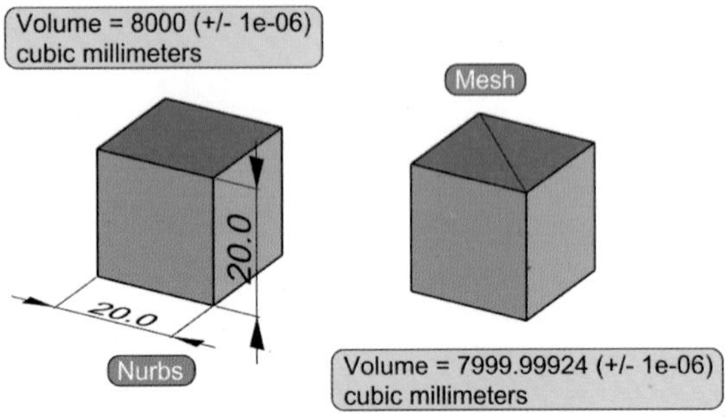

체적 중심 Volume centroid

VolumeCentroid 명령은 서피스, 폴리 서피스, 메쉬의 체적 중심을 좌표로 보여 주고, 그 위치에 점 개체를 배치한다.

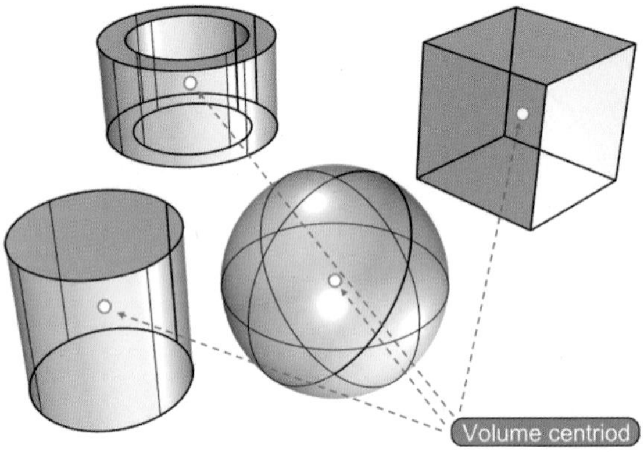

체적 모멘트 Volume moments

VolumeMoments 명령은 관성의 체적 모멘트와 절대좌표계에서 서피스, 폴리 서피스, 메쉬에 대응하는 창으로 보여 준다.

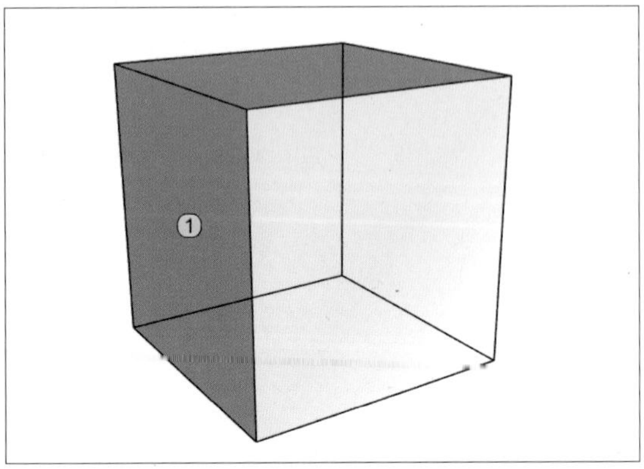

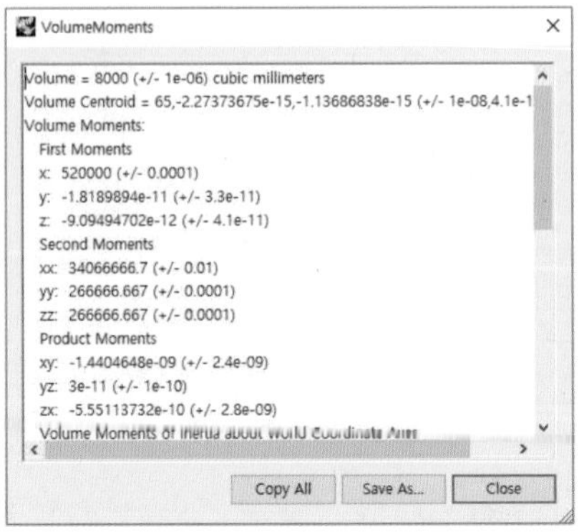

유체정역학 Hydrostatics

서피스와 폴리 서피스의 유체정역학 값을 보여 준다. 유체정역학 값(젖은 서피스 면적, 흘수선 길이, 최대 흘수선 빔, 수면 면적, 부유 중심)을 계산하고 보여 준다.

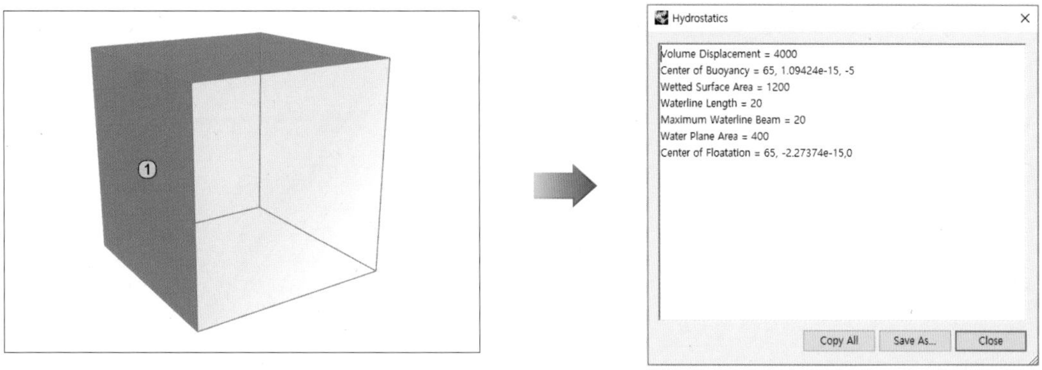

면 분석 Surface Analysis

면에 대한 곡률 분석, 구배각 분석, 환경 맵, 얼룩말 패턴, UV 좌표에서의 점, 포인트 세트 편차, 두께 분석, 뷰포트를 파일로 캡처, 방향 반전, 가장자리 연속성 등 다양한 개체의 상태를 분석하는 툴의 모음이다.

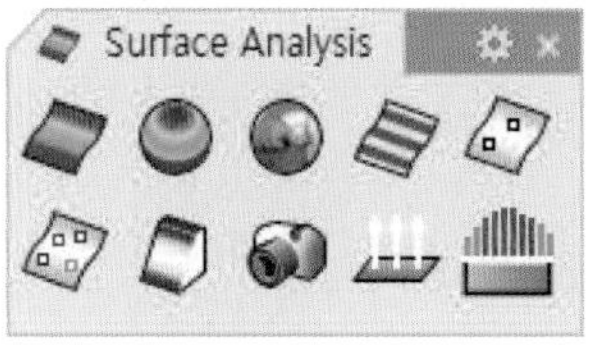

서피스 분석 명령어 그룹

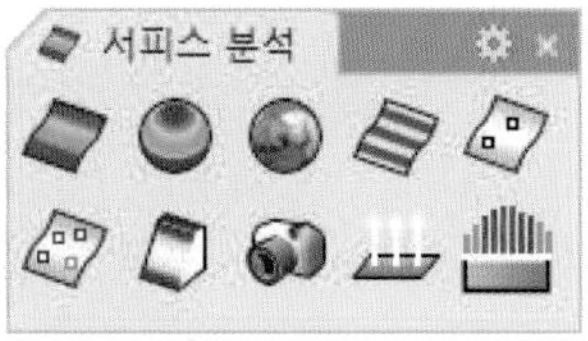

Surface Analysis 명령어 그룹

곡률 분석 Curvature analysis
곡률 분석 끄기 Curvature analysis off

컬러와 농도 변화를 통해 서피스 곡률을 표시한다. 이러한 도구를 사용하여 서피스의 종류와 곡률의 양에 대한 정보를 알 수 있다. 가우스 곡률과 평균 곡률 분석에서는 서피스 곡률에 나타나는 예외적인 부분을 표시한다. 범프, 움푹 들어간 곳, 평평한 공간, 주름처럼 급격하게 달라지는 부분 또는 주변을 둘러싼 서피스보다 높거나 낮은 곡률을 가진 일반적인 영역을 찾아 필요한 경우 이를 수정할 수 있다. 가우스 곡률 표시는 서피스를 평평한 패턴으로 전개할 수 있는지를 결정하는 데 도움이 된다. 매끄러운 서피스에는 두 개의 주 곡률이 있다. 가우스 곡률은 주 곡률의 곱이다. 평균 곡률은 두 개의 주 곡률의 평균이다.

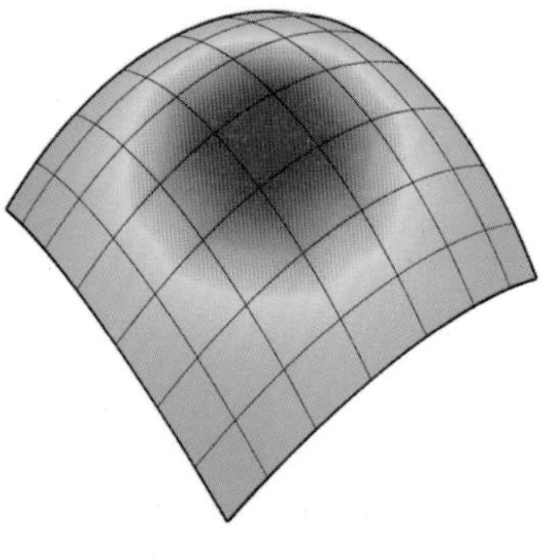
Gaussian +값: 곡면이 볼록한 형태

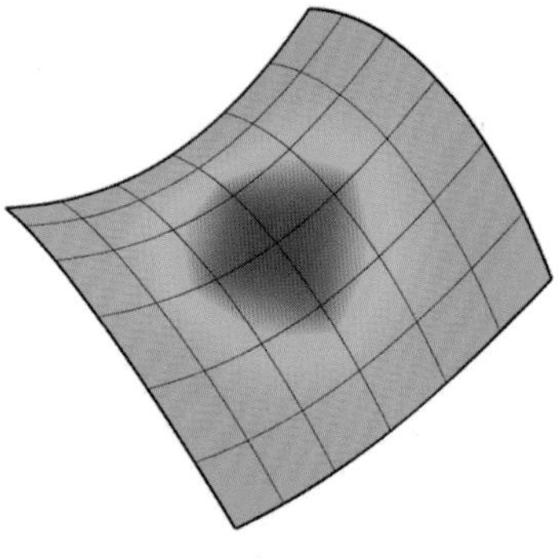
Gaussian −값: 곡면이 안장 형태

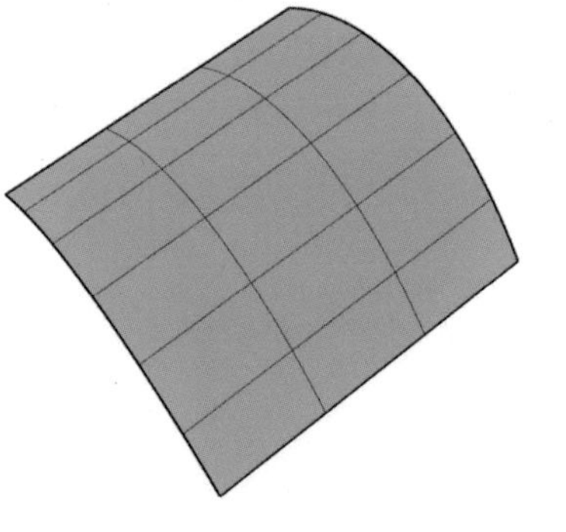
Gaussian 0값: 적어도 한 방향 직선 곡률

구배각 분석 Draft angle analysis
구배각 분석 끄기 Draft angle analysis off

DraftAngleAnalysis 명령은 컬러 색상분포 분석을 사용하여 표면 구배 각도(사출 가능 각도)를 시각적으로 평가한다. Red 컬러의 경우 구배율에 문제가 있는 부분으로 사출 시 파트가 금형(몰드)에서 빠지기 어려운 부분으로 이해하면 된다. 아래 그림은 구배율 +5, −5도 내에서 걸리는 부분을 나타낸다.

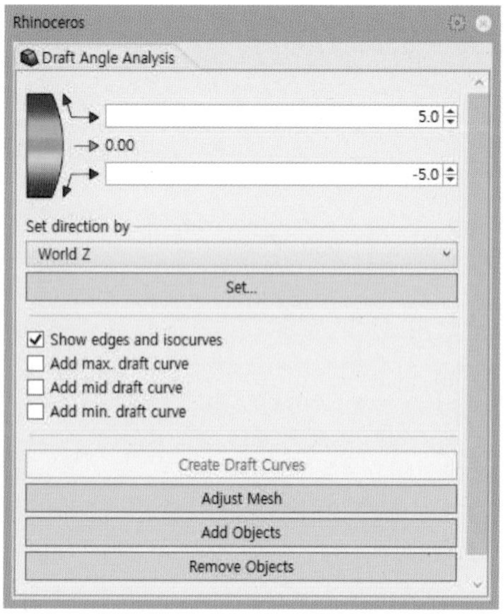

제품 파팅라인 설정 부분 〉 Yellow~Green 컬러가 접하는 곳

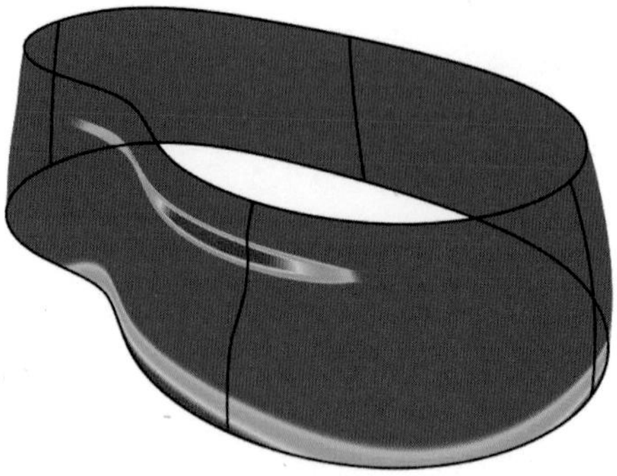

구배에 문제가 있는 부분 〉 Red color zone

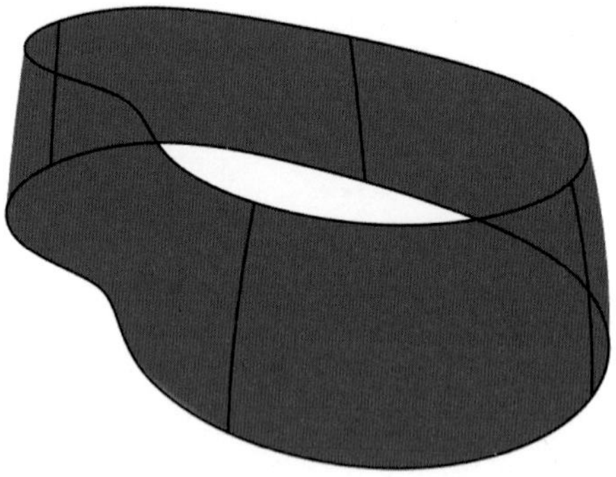

구배에 문제가 없는 부분 〉 Green, Blue color zone

환경 맵 Environment map
환경 맵 끄기 Environment map off

Zebra 체크와 달리 외부 환경에 금속이나 기타 재질로 가상 노출되어 그 반사 정도를 확인하려면 아래 그림처럼 Environment 명령으로 환경 맵들을 선택해 확인할 수 있다.

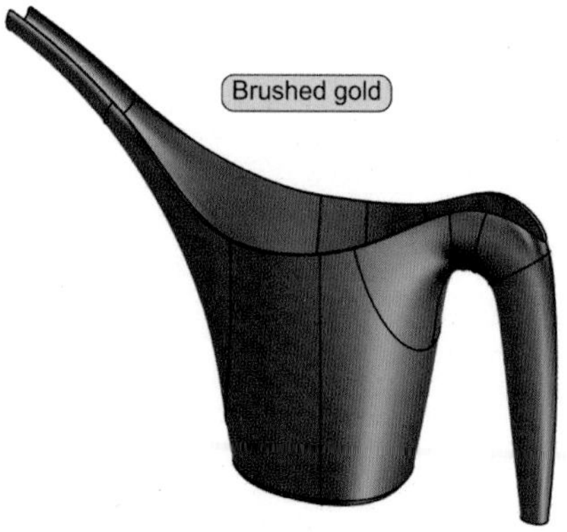

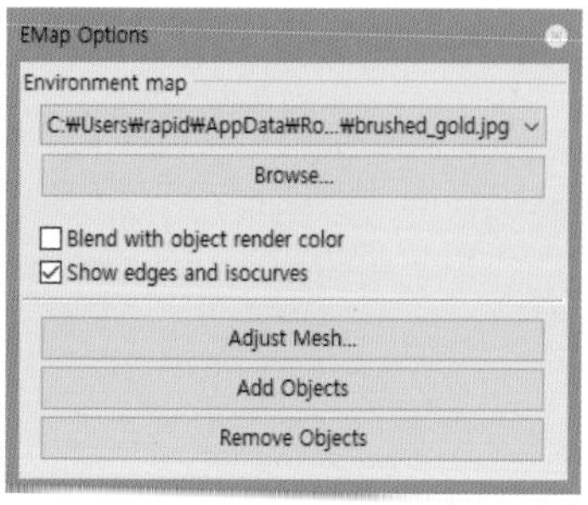

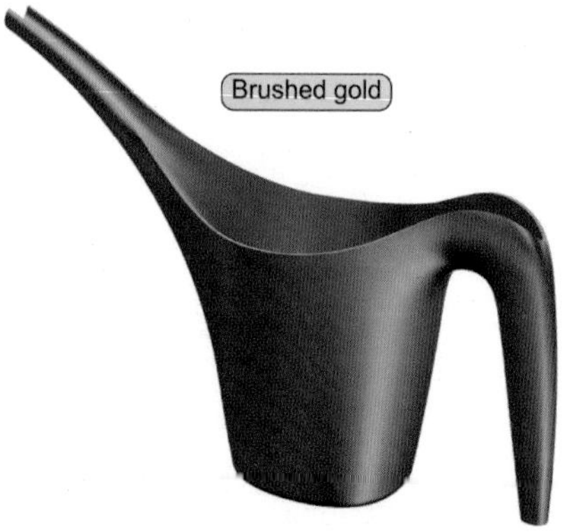

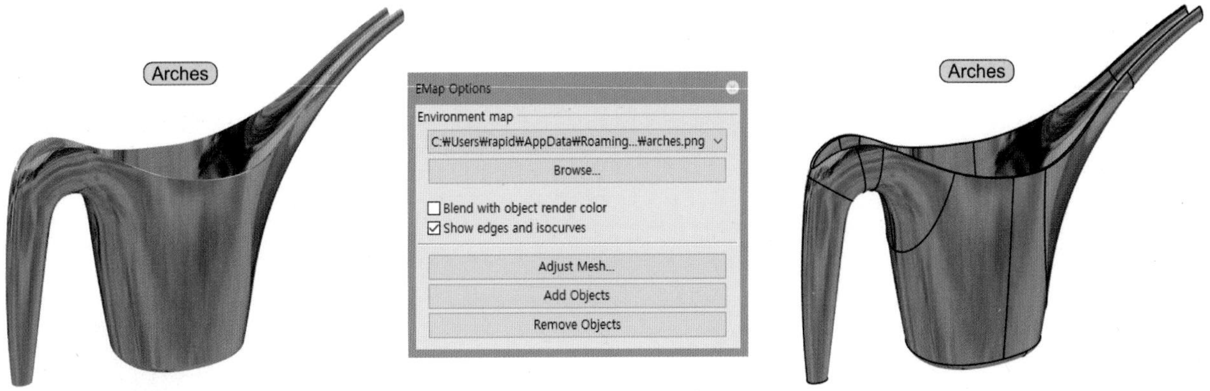

스트라이프 패턴 분석 Zebra analysis
스트라이프 패턴 분석 끄기 Zebra analysis off

Zebra 명령은 스트라이프 맵을 사용하여 표면 평활도와 연속성을 시각적으로 평가한다. Zebra 명령은 일련의 시각적 표면 분석 명령 중 하나이다. 이 명령은 NURBS 표면 평가 및 렌더링 기술을 사용하여 표면 평활도, 곡률 및 기타 중요한 속성을 시각적으로 분석할 수 있다.

Zebra 패턴은 면과 면이 맞닿는 두 면의 연속성을 시각적으로 구분할 수 있게 해 주며, 스트라이프 패턴이 경계부에서 핀트가 서로 어긋난 경우 그곳에 각이 존재한다는 개념으로 이해하면 된다.

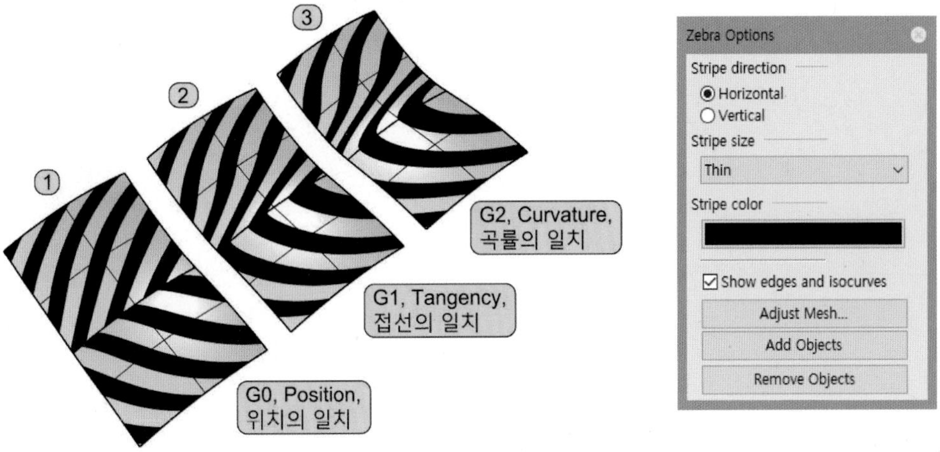

UV **좌표에서 점 만들기** Point from UV coordinates
점의 UV 좌표 UV Coordinates of a point

PointsFromUV 명령은 지정된 표면 u 및 v 좌표에서 점 객체를 만들어 준다.

옵션 보기: **Select surface to evaluate**(CreatePoint=Yes Normalized=No):

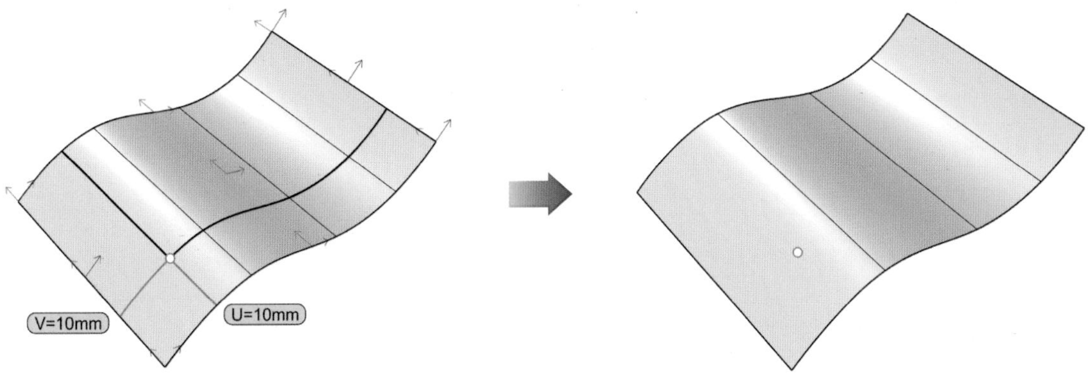

포인트 세트 편차 Point set deviation

PointDeviation 명령은 컬러 색상 포인트를 사용하여 지오메트리 객체와 포인트와의 편차(이탈률)를 시각적으로 보여 준다. 우선 아래 7개의 포인트가 면에서 어느 정도 편차를 가지는지 알기 위해서는 다음과 같은 명령 순으로 시행해 본다.

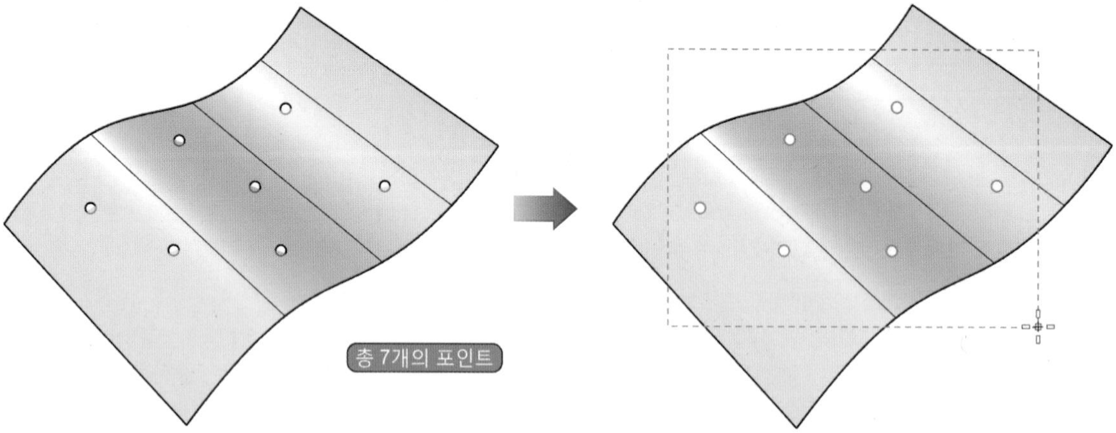

1) 명령 아이콘 클릭
2) 커멘드 창에 Visible=Yes로 지정

3) 포인트들만 드래그 후 Enter
4) Surface 클릭 후 Enter

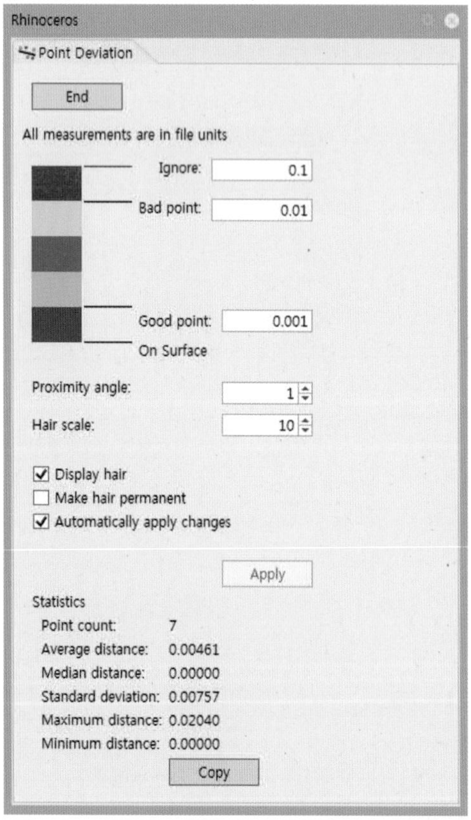

Point 편차 옵션 창을 보면 붉은색이 면에서 가장 많이 편차가 있는 포인트를 말한다. 반대로 파란색은 일치한 포인트를 말한다.

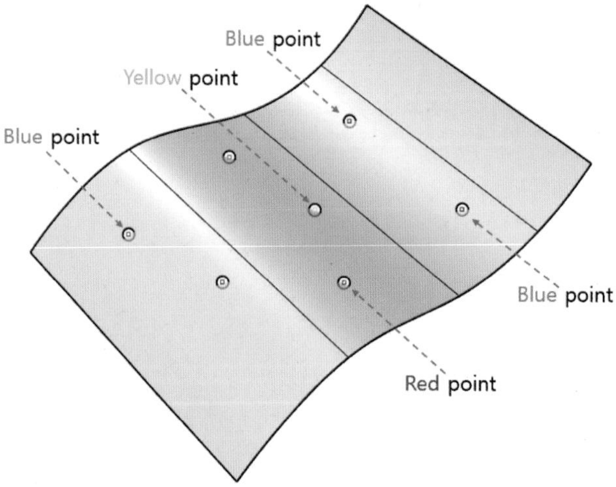

두께 분석 Thickness analysis
두께 분석 끄기 Thickness analysis off

ThicknessAnalysis 명령은 색채 패턴을 디스플레이를 사용하여 솔리드의 두께를 평가한다. 3D 프린팅 파트 제작 전 두께 검사 시에도 유용하다.

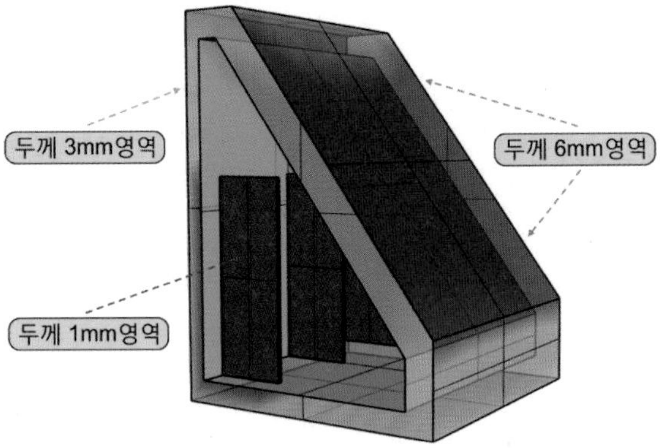

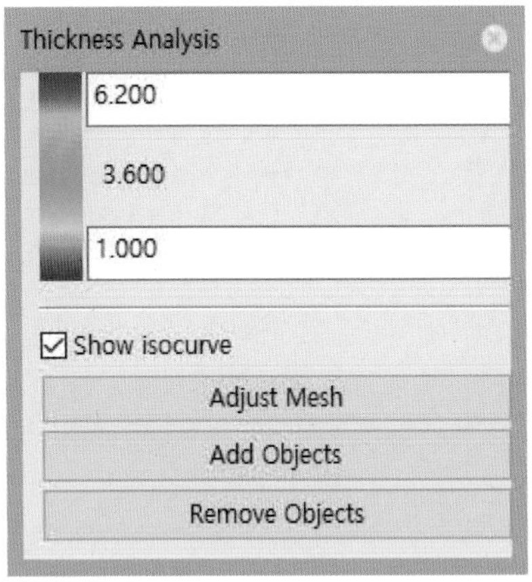

뷰포트를 파일로 캡처 Capture viewport to file
뷰포트를 클립 보드로 캡처 Capture viewport to clipboard

ViewCaptureToFile 명령은 현재 뷰포트의 이미지를 파일로 저장한다. 확장자는 *.JPEG, *.PNG, *.TIFF, *.Windows Bitmap 등이다. 또한 ViewCaptureToFile은 현재 뷰포트 크기를 무시하고 뷰의 내용을 지정된 너비와 높이로 저장 가능하며, 뷰포트 테두리, 커서 이미지 및 기타 장식은 저장되지 않는다. 특히 이미지의 배경을 투명으로 저장하려면 확장자로 PNG를 사용하면 된다.

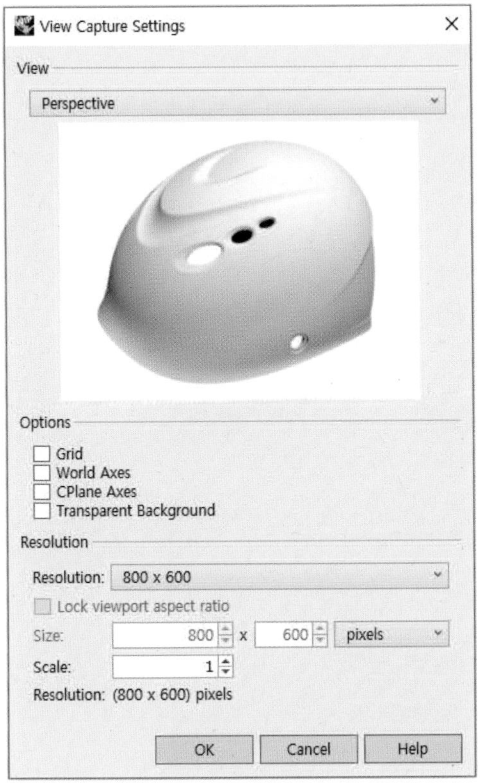

이미지의 해상도 조정

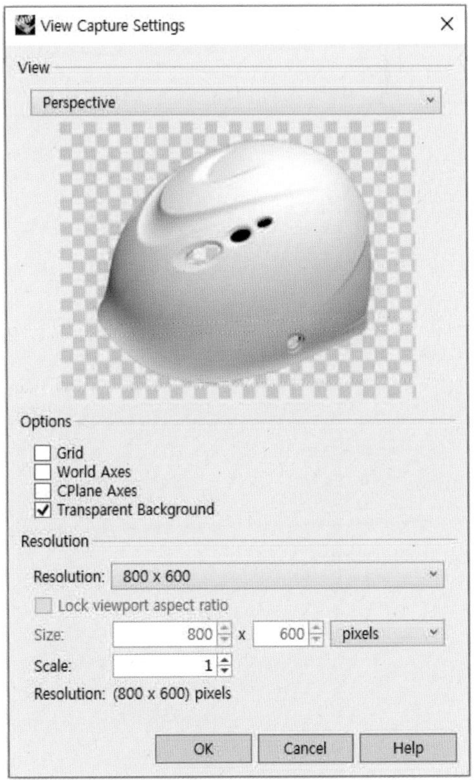

이미지의 배경을 투명으로 저장

방향 반전 Flip direction
방향 분석 Analyze direction

기본적으로 커브, 서피스, 폴리 서피스, 메쉬, SubD, 클리핑 평면, 직사각형 조명 등에 대해 방향 반전과 방향 분석을 표시한다. 반향 반전은 컬러로, 방향 분석은 화살표로 나타난다.

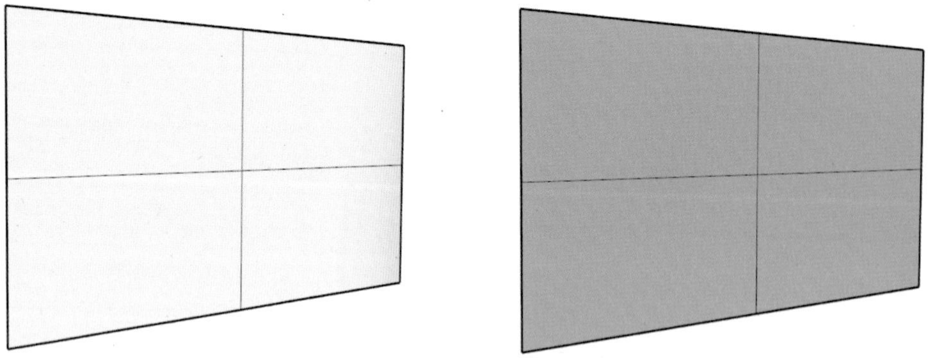

방향 반전 예시

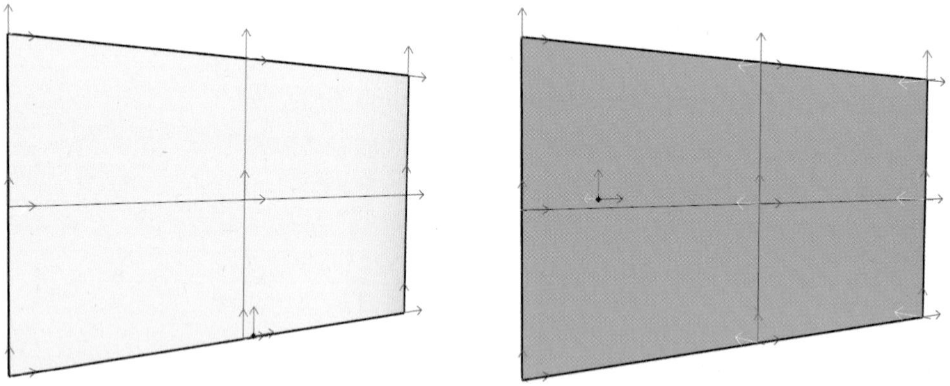

방향 분석 예시

가장자리 연속성 Edge continuity

EdgeContinuity 명령은 헤어 라인을 사용하여 모서리 쌍 사이의 거리, 접선 또는 곡률 편차를 평가하여 시각화한다. 녹색 컬러는 평가된 값이 공차 미만이면 헤어 라인이 해당 색상으로 표현된다. 레드 컬러는 평가된 값이 공차를 초과하면 헤어 라인 색상이 표시된다. 파란색은 가장 큰 값을 가진 헤어 라인 색상이 표시된다.

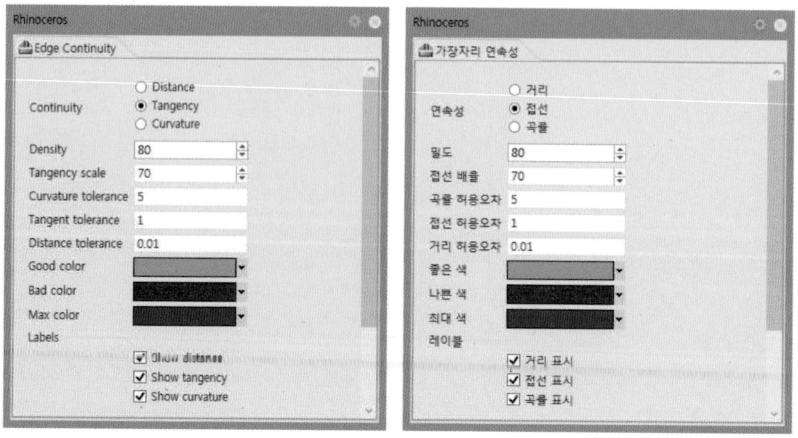

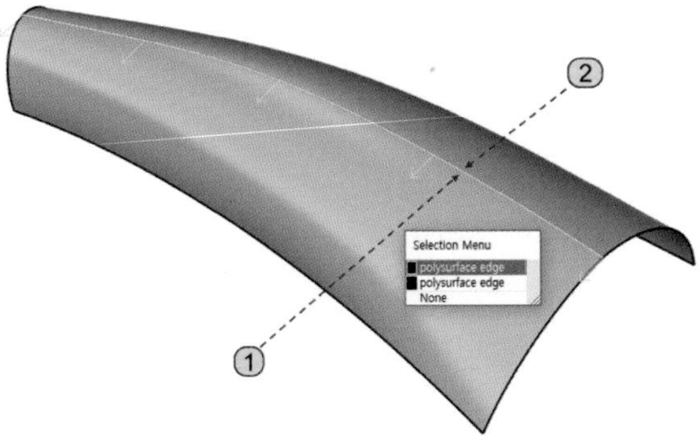

Join된 2개 면의 경계를 순차적으로 클릭

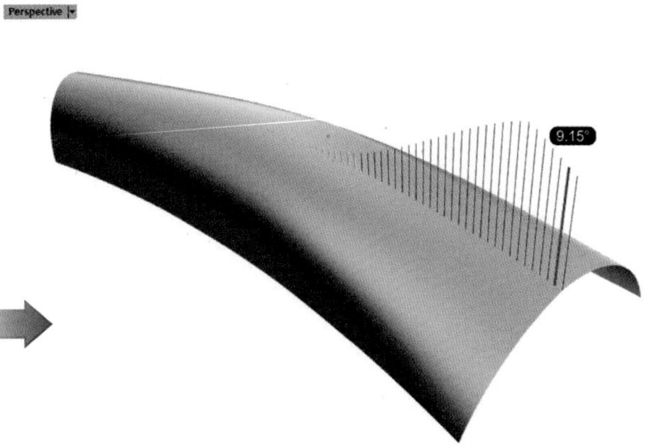

Edge continuity 그래프가 나타남

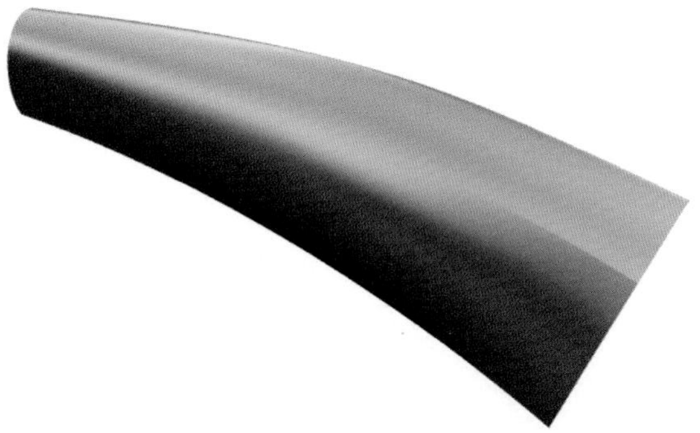

실제 크리스 지점 영역 참조

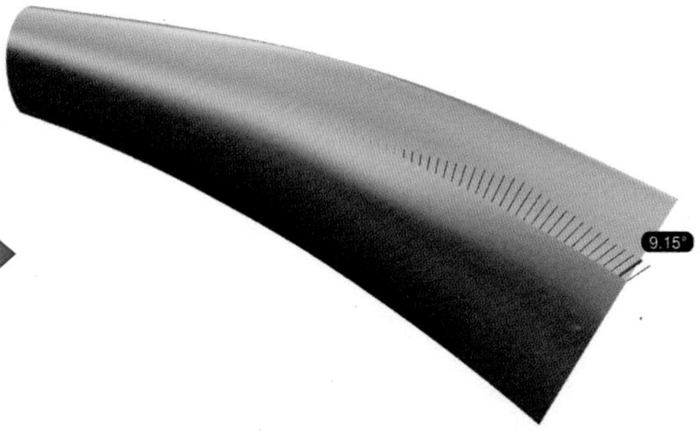

크리스로 엣지 연결성이 떨어지는 부분에
Red 헤어 라인이 높게 나타남

20 CHAPTER 가장자리 도구(Edge Tools) 명령어 그룹

가장자리 도구(Edge Tools)는 면의 열린 엣지들을 시각적으로 확인한다. 또한, 면의 엣지를 자르거나 병합할 수 있다. 틈새를 강제 조인하거나 리빌드할 수 있다. 모든 상황에 맞진 않지만 마이크로 엣지와 같은 점이 나타나는 문제도 해결할 수 있다. 정리하면 가장자리 도구를 통해 할 수 있는 가장 중요한 작업은 면의 틈새 Naked edge를 찾아내고 이를 막아 문제를 해결하는 것이다. 다음으로 엣지를 잘라 네트워크나 패치, 블랜드 서피스, 블랜드 커브, 서피스 매치 등의 명령을 함께 사용하여 면을 수리한다.

가장자리 도구 Edge Tools

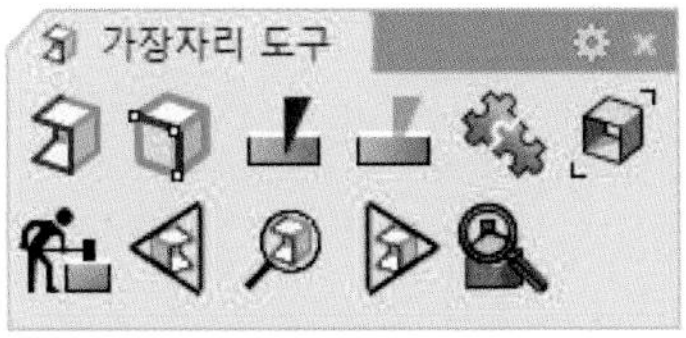

한글 버전 가장자리 명령어 그룹

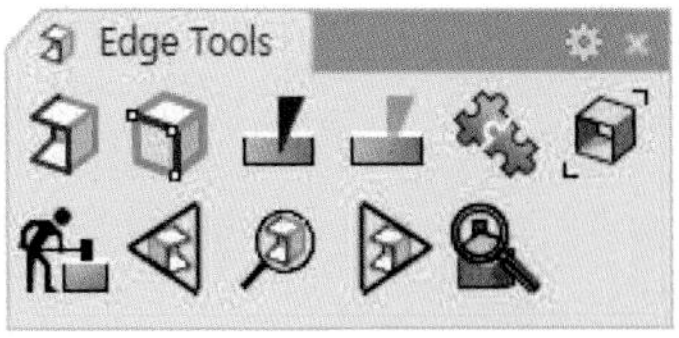

영문 버전 Edge Tools 명령어 그룹

가장자리 표시 Show edges
커브 가장자리 표시 끄기 Turn off showing curve edges

선택한 가장자리의 엣지를 보여 주거나 끌 수 있다. Edge Analysis 옵션 설정에 따라 보이는 것이 달라진다. All edges는 개체의 모든 엣지를 보여 준다.

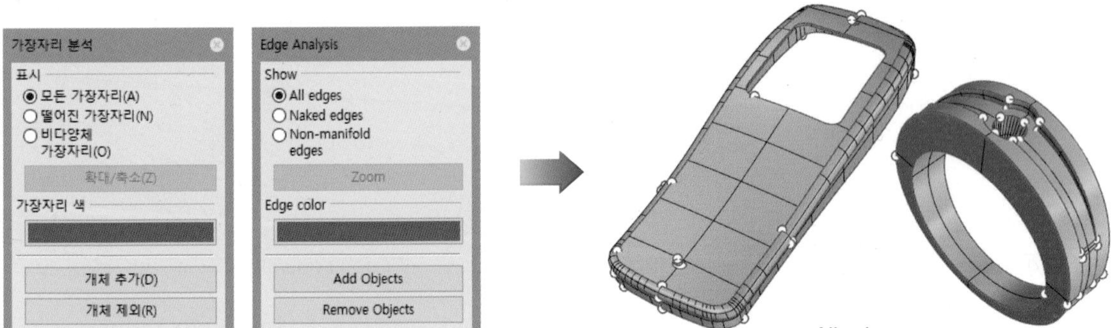

All edges

Naked edges는 엣지가 제대로 Join되지 않거나 미세하게 틈과 같은 문제가 있는 부분만을 보여 준다. 특히 Naked edge가 존재하면 합집합이나 차집합의 연산 불가나 3D 프린팅 파일에 문제를 발생시키게 된다. 아래 그림은 모두 문제가 있는 파일이다.

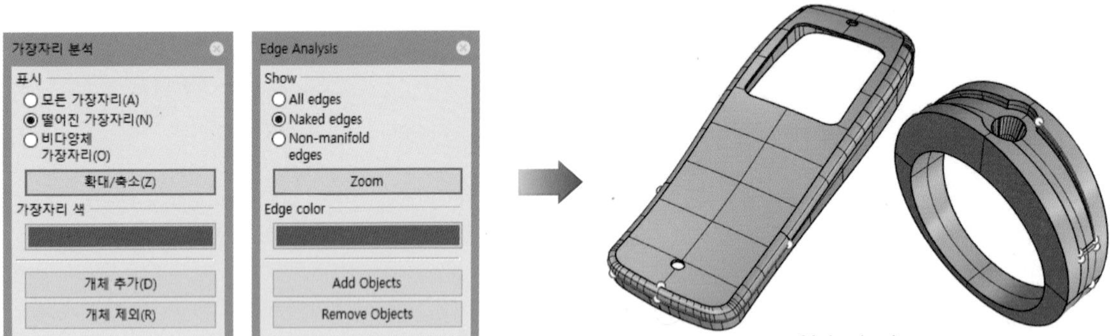

Naked edges

Found 56 edges total; 13 naked edges, no non-manifold edges.

Naked edges는 정상적인 솔리드 파일이라면 반드시 No naked edges, no non-manifold edges라는 커멘드 창의 문구가 나와야 한다. 아래 전화기 탑 커버의 경우 모든 Naked edge가 수리된 것이다.

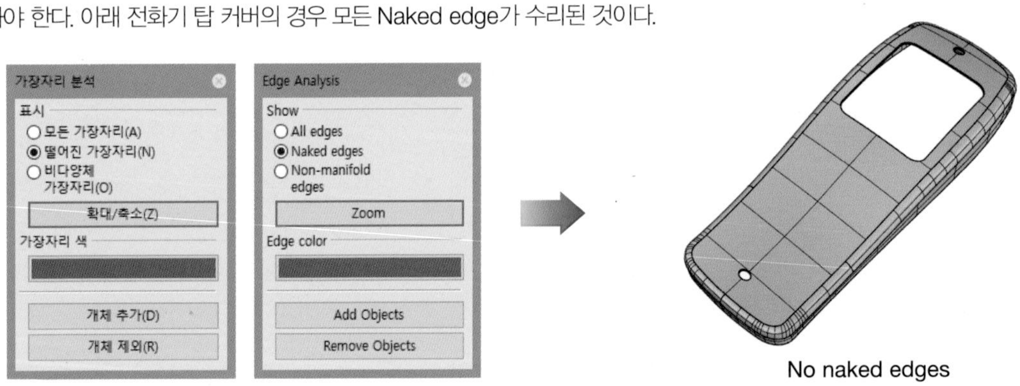

No naked edges

Found 45 edges total; no naked edges, no non-manifold edges.

참조: 비다양체 가장자리란? 모든 법선이 같은 방향을 가리키는 2D 표면으로 전개될 수 없는 3D 모양을 말한다. 한마디로 3D 프린팅 파일로 부적합한 파일 중의 하나이다. 예를 들어 한 면의 엣지에 2개의 면이 엣지를 공유하는 것, 2개의 솔리드 박스가 End 점만 서로 다 있는 경우, 사각 박스에 2면이 열린 경우 등의 개념으로 이해하면 쉽다.

떨어진 가장자리 마크 Mark naked edge

떨어진 가장자리를 포인트 마크로 표시한다.

가장자리 자르기(분할) Split edge
가장자리 병합 Merge edge

지정한 위치에서 서피스 가장자리를 나누어 준다. 그림처럼 Show edge를 On해 준 상태에서 번호 순서대로 클릭해서 가장자리 자르기를 시행한다. ①번과 ②번의 맞은편에 정확히 90도로 자르고 싶다면 Osnap에 Knot을 이용해서 자르기해 주면 된다. 이렇게 해 주는 이유는 향후 Surface Blend와 같은 명령으로 연결 면을 만들 때 균일하게 면들이 만들어지기 때문이다.

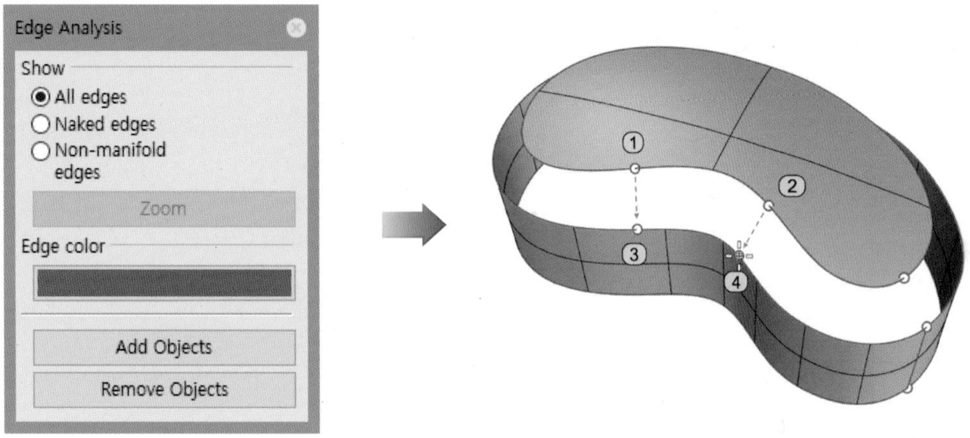

가장자리 병합 Merge edge
모든 가장자리 병합 Merge all edges

지정한 위치에서 서피스 가장자리를 병합한다.
지정한 위치에서 모든 서피스 가장자리를 병합한다.

그림처럼 잘린 가장자리 가운데를 클릭하면 어떤 영역의 잘린 가장자리를 지울 건지를 보여 주는데 원하는 영역을 선택해 주면 지워진다.

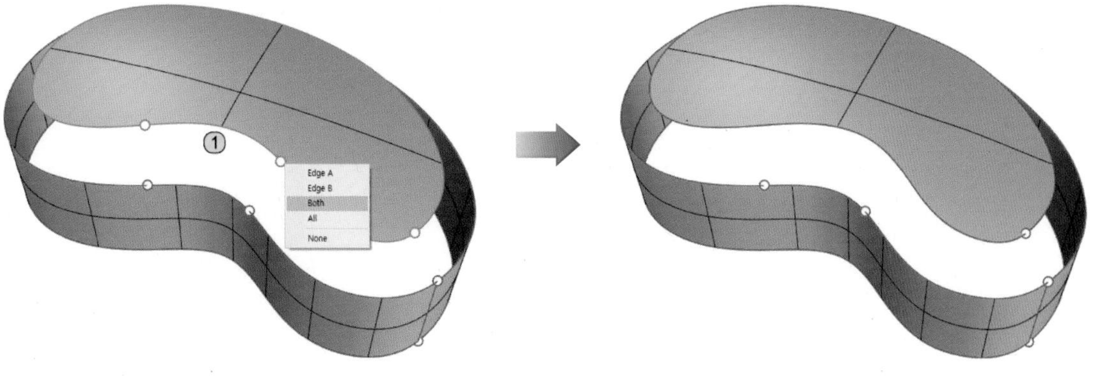

두 개의 떨어진 가장자리 결합 Join 2 naked edges

허용오차의 범위를 넘는 두 개의 떨어진 가장자리를 강제적으로 결합해 준다. JoinEdge 명령은 서피스 사이의 틈을 채우지는 않는다. 서피스에서 Join을 실행할 수 없는 경우에는 틈이 있거나, 서로 겹치는 등의 문제가 있음을 뜻하며, 이를 수정하면 당겨지면서 Join이 실행될 것이다.

서피스 가장자리가 서로 가깝지 않다면, 나중에 모델링을 어떻게 하느냐에 따라 문제가 될 수 있다. Join 명령으로 서피스를 결합할 수 없다면 서피스를 더욱 정확하게 만들어야 한다. JoinEdge 명령을 사용한다면 이 명령이 어떻게 실행되는지 충분히 이해하고 사용 여부를 결정해야 한다. 이 명령은 Join 명령에서 허용오차를 다시 설정하는 것처럼, 허용오차를 큰 값으로 설정하는 바로 가기와도 같다. 다만 강제적으로 Join하는 것이 없는 것이 제일 좋은 것이며 만약 있다면 그 수가 최소가 되거나 최소가 되더라도 향후 객체에 문제를 가지고 있을 수 있다.

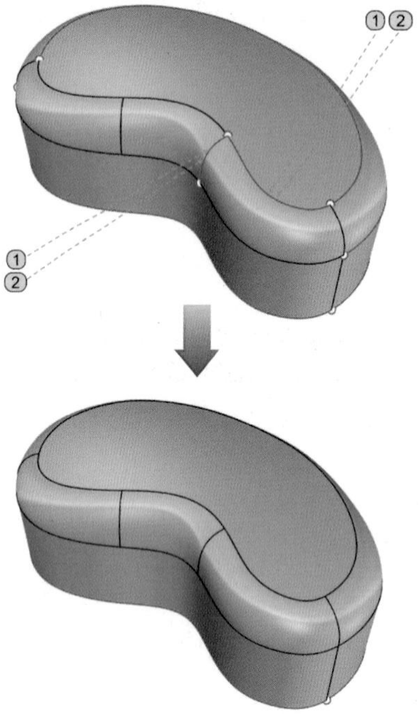

Naked edge들이 여러 군데 존재하는데 번호 순서대로 클릭하여 Join해 준다.

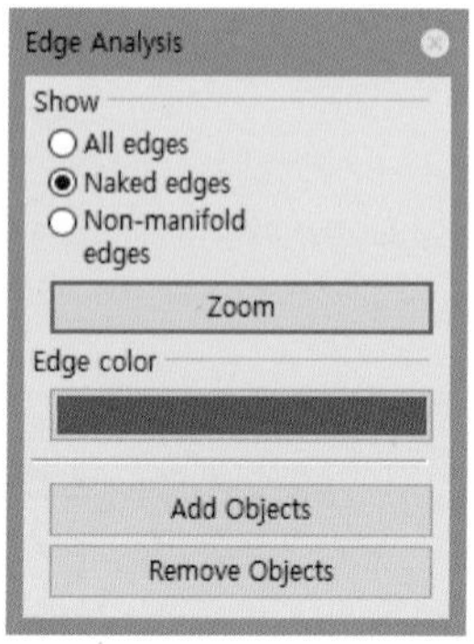

허용 공차에서 얼마나 초과하였는지를 메시지 창으로 보여 준다. Yes하면 강제로 Join된다.

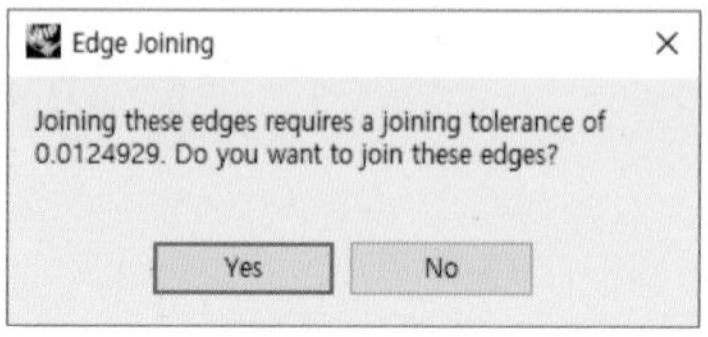

열린 폴리 서피스 선택 Select open polysurfaces

모든 열린 폴리 서피스를 자동 인식 선택 상태로 만들어 준다.

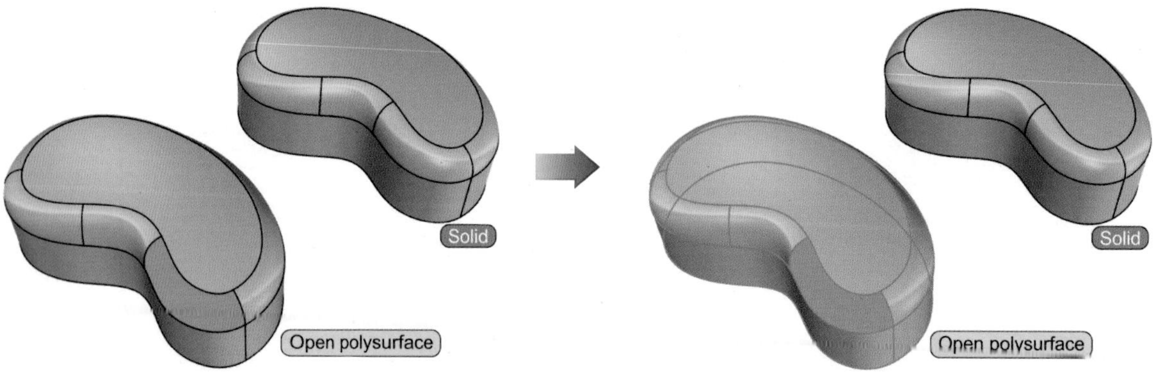

가장자리 재생성 Rebuild edges

편집으로 서피스에서 분해된 원래 3D 서피스 가장자리를 복원한다. 폴리 서피스를 각각의 서피스로 분해한 후, 서피스의 원래 3D 가장자리를 복원하려 할 때 이 명령을 사용하면 편리하다.

이전 떨어진 가장자리 확대 Zoom previous naked edge

이전 떨어진 가장자리를 확대하여 순차적으로 보여 준다.

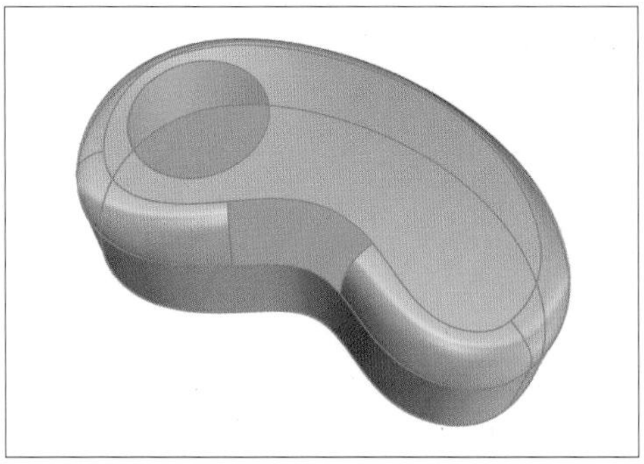

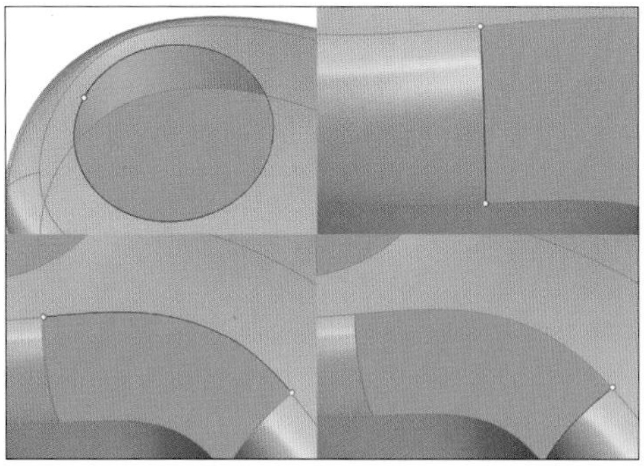

모든 떨어진 가장자리 확대/축소 Zoom all naked edges
현재 떨어진 가장자리 확대/축소 Zoom current naked edge

현재 떨어진 가장자리를 확대/축소를 강조해서 해 준다.

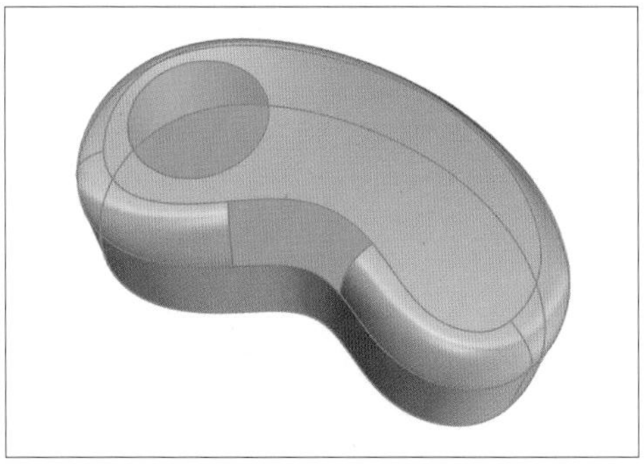

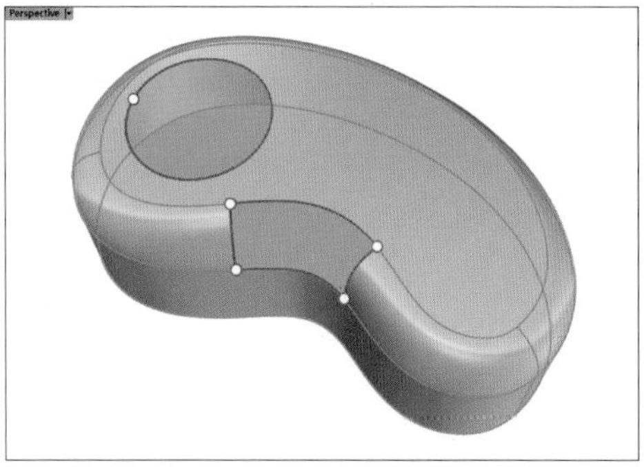

다음 떨어진 가장자리 확대 Zoom next naked edge

다음 떨어진 가장자리를 확대하여 순차적으로 보여 준다.

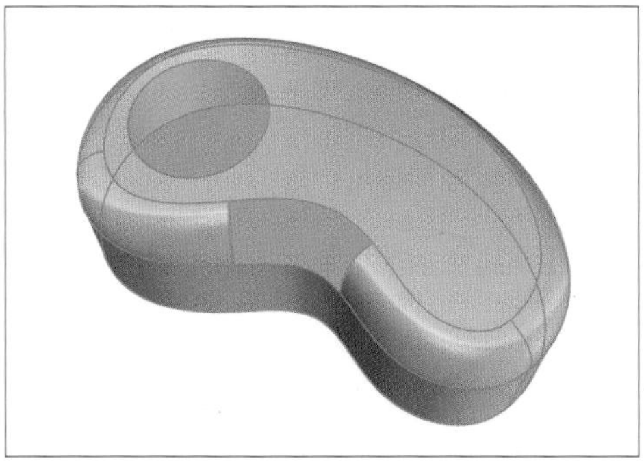

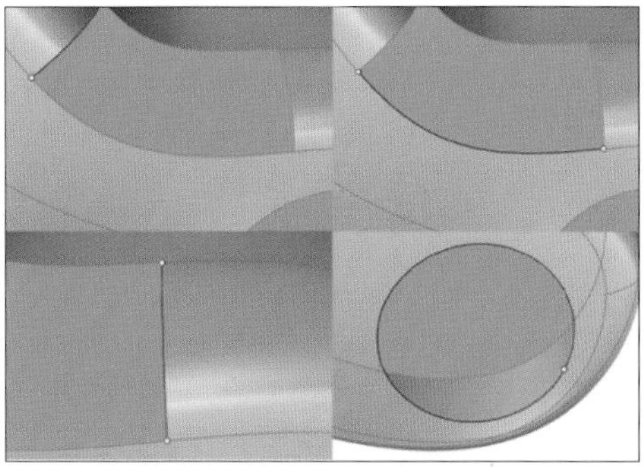

떨어진 미세 가장자리 제거 Remove naked micro edges

크기가 매우 작은, 떨어진 단일 가장자리를 제거한다. 이러한 가장자리는 접히거나, 다시 자체로 돌아가며(loop back), 이러한 가장자리가 결합할 수 있는 다른 가장자리가 없다. 주로 여러 면이 첨단으로 모여 Join되는 부분에 종종 발생하며 모두 자동으로 제거되지 않는 경우 수동으로 문제를 해결해 주어야 한다.

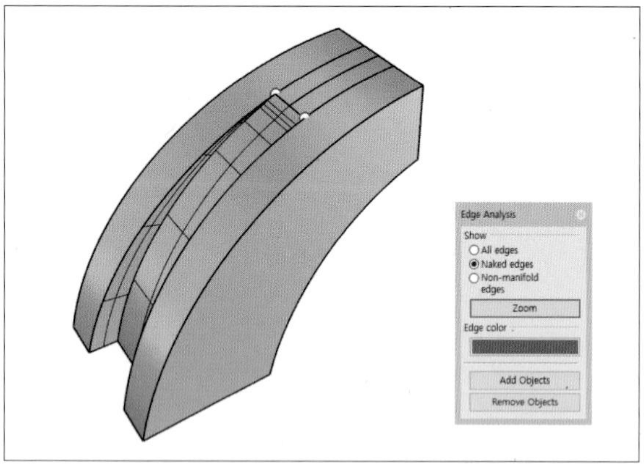

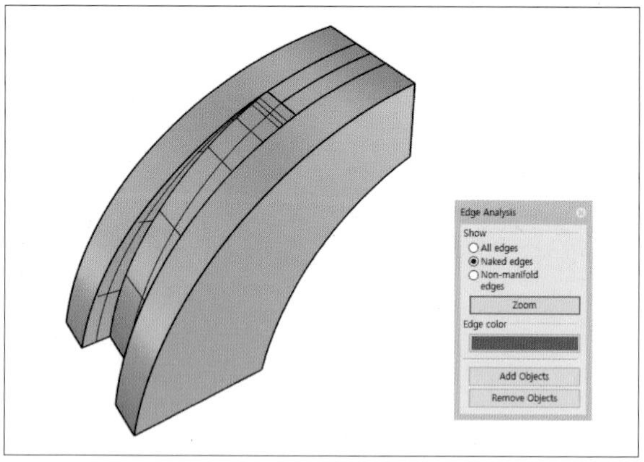

커브 끝점 표시 Show curve ends
커브 끝점 표시 끄기 Turn off showing curve ends

개체의 시작점과 끝점을 표시하거나 끌 수 있다. 표시 항목은 열린 커브 시작, 열린 커브 끝, 닫힌 커브 심, 폴리 커브 연결 부분 등이 있다.

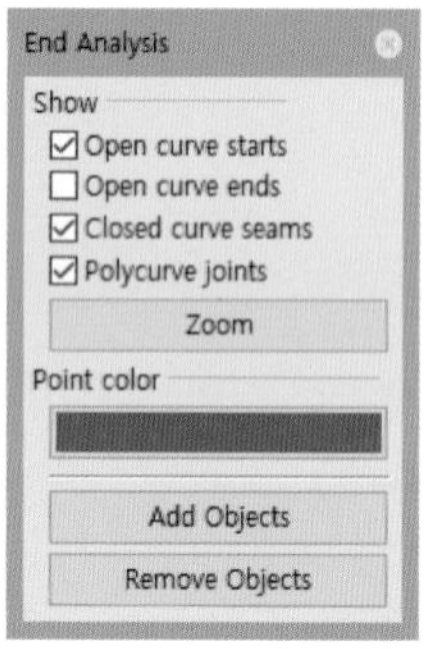

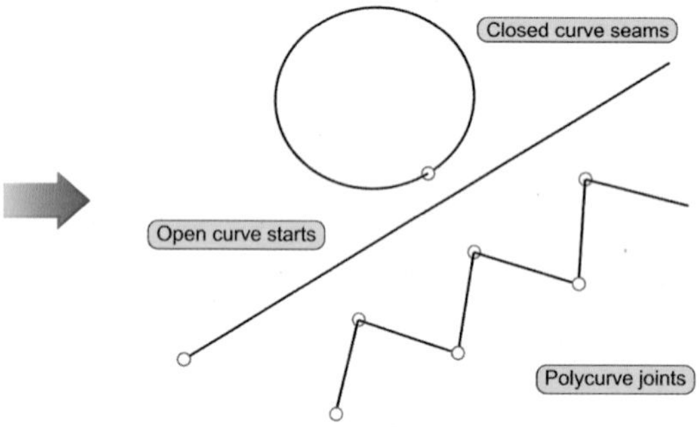

개체 검사 Check objects
모든 새 개체 검사 Check all new objects

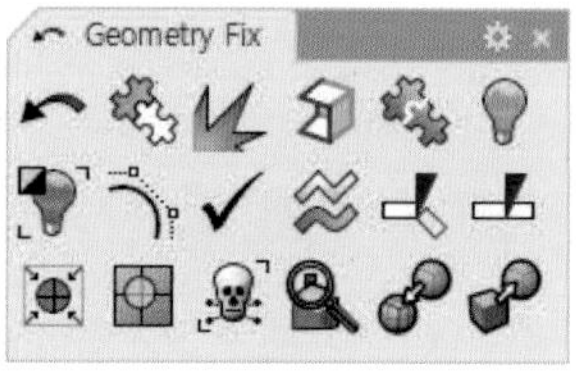

Check 명령은 선택된 개체의 데이터 구조에 있는 오류를 보고한다.
새로 만들거나 가져온 개체의 데이터 구조에 오류가 있으면 이를 보고한다.
Rhino는 세 가지 상황에서 모델에 잘못된 개체가 추가되었음을 보고한다.

3DM 파일 읽기	Rhino 7.0에서 Rhino 3DM 파일을 읽는 동안 잘못된 개체가 모델에 추가되면, 파일을 다 읽은 후 명령 히스토리 창에 다음과 같은 메시지가 표시된다. "N개의 잘못된 개체가 model.3dm을(를) 읽는 동안 만들어졌다."
다른 모델 파일 읽기	파일 가져오기 플러그인에서 파일을 읽는 동안 잘못된 개체가 모델에 추가되면, 파일을 다 읽은 후 명령 히스토리 창에 다음과 같은 메시지가 표시된다. "N개의 잘못된 개체가 model.3dm을(를) 읽는 동안 만들어졌다."
Rhino 명령 실행	명령이 실행 중일 때 잘못된 개체가 추가되었다면, 해당 명령이 끝난 후에 명령 창에 "CommandName 명령이 N개의 잘못된 개체를 만들었다"라는 메시지가 표시되고 대화상자가 표시된다.

잘못된 개체 선택 Select bad objects
잘못된 서피스 추출 Check all new objects

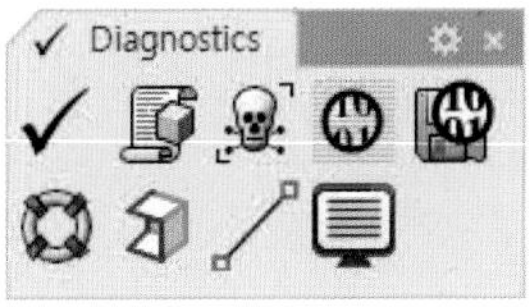

SelBadObjects 명령은 Check 명령을 통과하지 않은 모든 개체를 선택한다.
ExtractBadSrf 명령은 폴리 서피스에서 오류가 있는 서피스를 추출한다.

다각형 개수 Polygon count

PolygonCount 명령은 선택된 개체에 있는 메쉬 다각형의 개수를 알려 준다.

두 개체 사이에 가장 가까운 점 Closest points between two objects

가장 가까운 점을 만들 대상 개체를 선택하고 Enter 후 커브 또는 점 개체를 선택하면 가장 가까운 곳에 점이 생성된다.

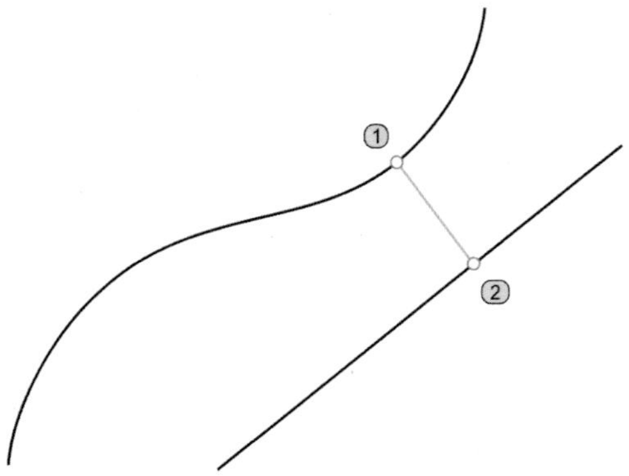

방향 반전 Flip direction
방향 분석 Analyze direction

Flip 명령은 커브 또는 서피스의 법선 방향을 반대로 설정한다.
Analyze direction은 방향 분석도 시각적으로 보여 준다.

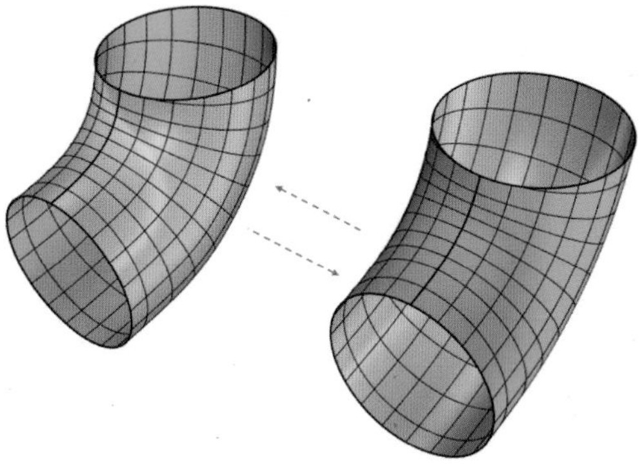

충돌 Detect clashes

Clash 명령은 간격 거리를 사용하여 두 객체 세트 간의 충돌을 감지한다. 두 물체 사이의 거리가 지정된 거리보다 작으면 터치된 것으로 식별된다. 해당 개체를 순서대로 클릭하고 해당 감지 거리를 입력하면 된다.

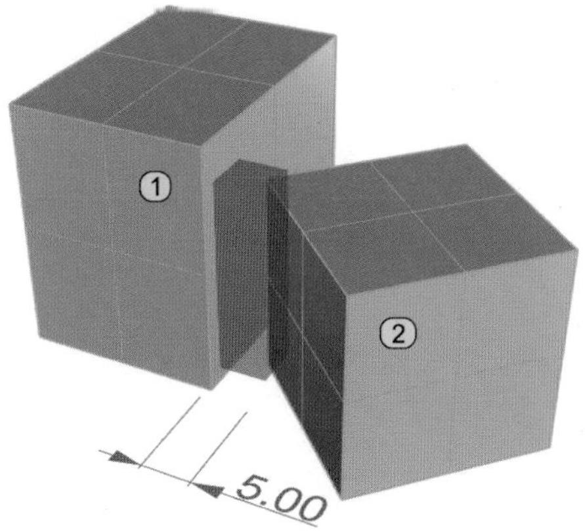

예) Clearance distance 5 mm

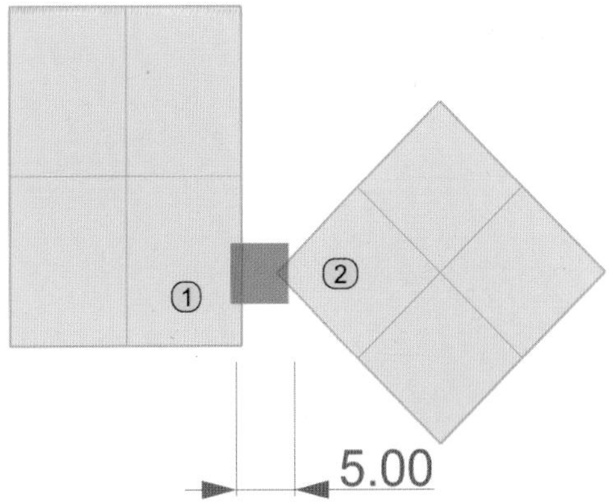

Top view에서 보기

커브 자체 교차점 찾기 Find curve self-intersections

IntersectSelf 명령은 커브에서 자체 교차점을 찾아 점 개체로 표시한다. 커브 간 교차는 무시된다.

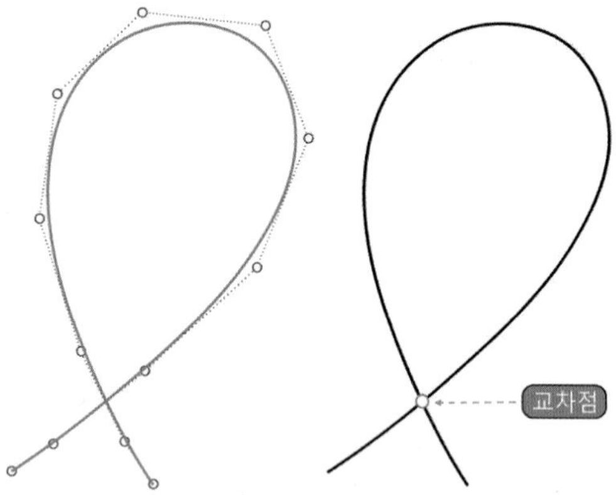

명확한 분석 메쉬 Clear Analysis Meshes

ClearAnalysisMeshes 명령은 모델에서 모든 표면 분석 메쉬를 삭제한다. 분석 메쉬는 표면 분석 명령으로 생성된다.

Memo

21 CHAPTER 메쉬 도구(Mesh Tools) 명령어 그룹

메쉬 도구(Mesh Tools) 명령어 그룹에는 라이노 3D에서 작업한 넙스(NURBS) 파일을 메쉬로 변환하거나 외부로부터 불러들인 메쉬 파일을 추가 모델링 편집하거나 수정을 위해 주로 사용된다. 메쉬 명령어 그룹의 사용빈도는 많다고 할 수 없지만 다양한 파일 편집과 수정을 위해 몇 가지 중요 명령어를 알아두면 좋다.

한글 버전 메쉬 도구 명령어 그룹

영문 버전 Mesh Tools 명령어 그룹

개체 검사 Check objects

Check 명령은 선택된 개체의 데이터 구조에 있는 오류를 알려 준다.

메쉬 복구 마법사 Mesh repair wizard

MeshRepair 명령은 메쉬 복구 패널을 연다.
메쉬 복구 패널은 잘못된 메쉬를 쉽게 복구할 수 있도록 메쉬 정보 표시와 복구 명령을 포함한다.

- 메쉬에 많은 수의 길고 가는 패싯이 있으면, 일부 STL/SLA 프린터에서 문제가 된다. 프린터의 처리 속도가 저하되고, 잘못된 결과물이 출력되거나, 프린터에 메모리 부족 문제가 발생한다.
- STL/SLA로 출력하기 위해 메쉬를 수정할 때 MeshRepair 명령이 도움이 된다.

메쉬 정점을 허용오차에 맞춰 정렬 Align mesh vertices to tolerance

AlignMeshVertices 명령은 메쉬 정점을 강제로 같은 위치에 있게 한다.

- 메쉬에 많은 수의 길고 가는 패싯이 있으면, 일부 STL/SLA 프린터에서 문제가 된다.
  프린터의 처리 속도가 저하되고, 잘못된 결과물이 출력되거나, 프린터에 메모리 부족 문제가 발생한다.
- STL/SLA로 출력하기 위해 메쉬를 수정할 때 MeshRepair 명령이 도움이 된다.

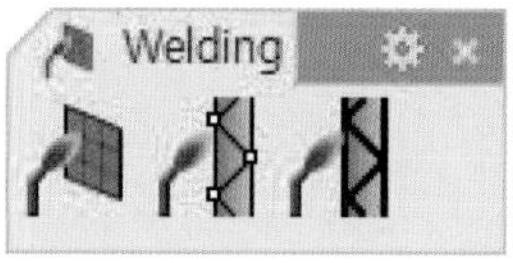

메쉬 용접 Weld mesh
메쉬 용접 해제 Unweld mesh

Weld 명령은 같은 위치를 공유하는 메쉬 정점을 병합하여 메쉬에서 주름을 제거한다. 개별적인 텍스처 매핑, 색, 법선 벡터 데이터는 영향받는 정점을 위해 평균화/생성/삭제 처리된다.
Weld 명령은 인접한 면 법선의 평균인 각각 용접된 정점 위치에 새로운 정점 법선을 만든다.
용접 처리된 후에는 두 개 이상의 면이 한 정점을 공유한다.

메쉬 정점 용접 Weld mesh vertices

WeldVertices 명령은 모든 선택된 메쉬 정점을 병합하여 메쉬에서 주름을 제거한다. WeldVertices 명령을 사용하여 메쉬 전체가 아닌, 용접할 메쉬 정점을 선택할 수 있다. 그러나 Weld 명령과는 달리, 이 명령에서는 면 사이의 허용오차 각도를 지정할 수 없다. 명령을 실행하기 전에 메쉬 점을 켜고 창 선택으로 점을 선택하거나, 명령을 실행하고 여러 개의 개별적인 점을 선택할 수 있다.

왜 용접하는가?

다각형 메쉬를 용접하는 것은 렌더링, 메쉬 개체의 텍스처 매핑, 광조형법을 위한 파일 내보내기에 영향을 준다. 와이어 프레임에서는 두 메쉬가 똑같이 보인다. 하지만 음영 처리되면, 빨간색 구의 메쉬는 매끄럽게 보이고 파란색 메쉬는 투박하게 보인다. 용접을 제거하려면(또한, 텍스처 매핑 좌표를 제거하려면), UnWeld 명령 또는 UnWeldEdge 명령을 사용한다.

메쉬 가장자리 용접 Weld mesh edge
메쉬 가장자리 용접 해제 Unweld mesh edge

WeldEdge 명령은 선택된 가장자리를 따라 같은 위치를 공유하는 메쉬 정점을 병합하여 메쉬에서 주름을 제거한다.

1. 메쉬를 선택한다.
2. 선택된 메쉬에서 가장자리를 선택한다.

메쉬 가장자리 일치 Match mesh edges

MatchMeshEdge 명령은 인접한 면 가장자리와 만나도록, 열린 메쉬의 면 가장자리를 이동한다.

메쉬 구멍 채우기 Fill mesh Hole
메쉬의 모든 구멍 채우기 Fill all holes in mesh

FillMeshHole 명령은 메쉬에서 선택된 구멍을 채운다. RP/3D 프린팅용 메쉬 파일을 복구하는 데 도움이 된다.

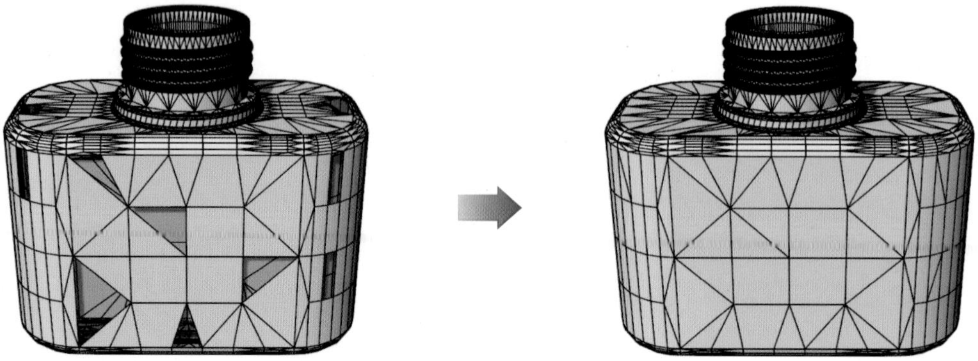

메쉬 법선 재생성 Rebuild mesh normals

RebuildMeshNormals 명령은 메쉬 법선을 제거하고, 면의 방위를 기준으로 면과 정점 법선을 재구축한다. RP/3D 프린팅용 메쉬를 복구하는 데 도움이 된다.

메쉬 재생성 Rebuild mesh

RebuildMesh 명령은 메쉬에서 텍스처 좌표, 정점 색, 서피스 곡률, 서피스 매개변수를 없앤다. 이 명령은 RP 인쇄용 메쉬를 복구하는 데 도움이 된다. 정점과 면은 유지된다. 면 법선과 정점 법선은 재계산된다. 텍스처 좌표, 정점 색, 서피스 곡률, 그리고 서피스 매개변수는 교체되지 않는다. 제대로 작동하지 않는 메쉬를 재생성하려면 이 명령을 사용한다.

메쉬 면 삭제 Delete mesh faces

DeleteMeshFaces 명령은 구멍이 있는 메쉬를 선택적으로 부모 메쉬로부터 제거하여, RP/3D 프린팅 프로토타입으로 출력할 수 있도록 메쉬를 복구하고 메쉬를 닫는다. DeleteMeshFaces 명령은 음영 처리된 메쉬 패싯 안에서 사용자가 지정하고 선택할 수 있음으로, 음영 표시 모드에서 가장 효과적으로 사용할 수 있다.

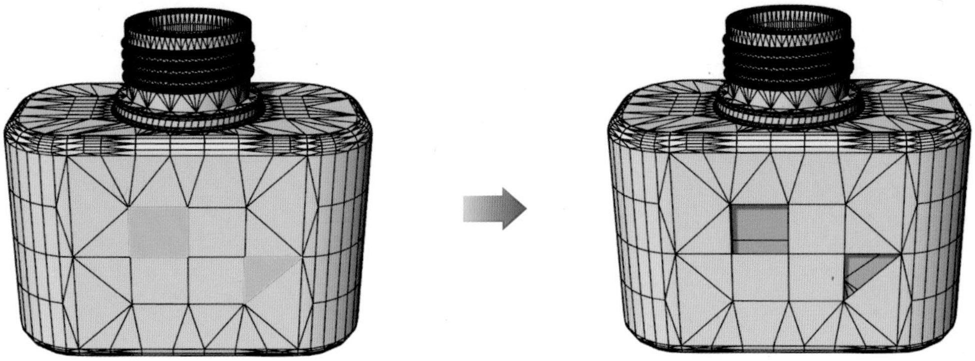

메쉬 면 추가 Add a mesh face

PatchSingleFace 명령은 메쉬의 구멍을 하나의 메쉬 면으로 채운다.

- 메쉬에 많은 수의 길고 가는 패싯이 있으면, 일부 STL/SLA 프린터에서 문제가 된다. 프린터의 처리 속도가 저하되고, 잘못된 결과물이 출력되거나, 프린터에 메모리 부족 문제가 발생한다.
- STL/SLA로 출력하기 위해 메쉬를 수정할 때 MeshRepair 명령이 도움이 된다.

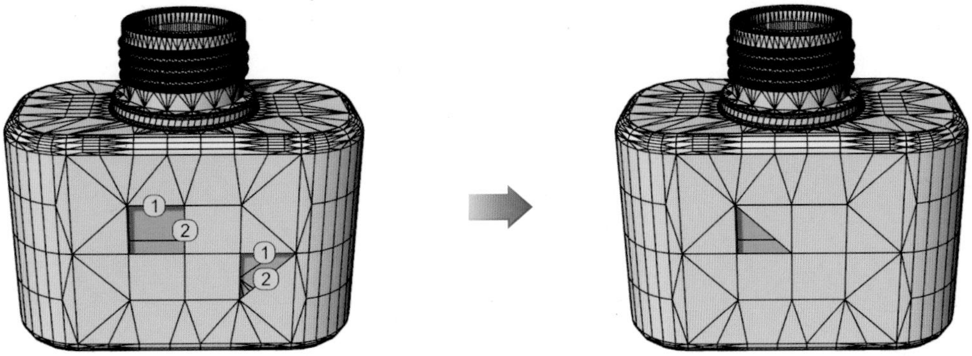

면적이 없는 메쉬 면 삭제 Cull degenerate mesh faces

CullDegenerateMeshFaces 명령은 면적이 0(영)인 메쉬 면을 삭제한다.

메쉬 가장자리 바꾸기 Swap mesh edge

SwapMeshEdge 명령은 가장자리를 공유하는 메쉬 삼각형의 모서리를 바꾼다.

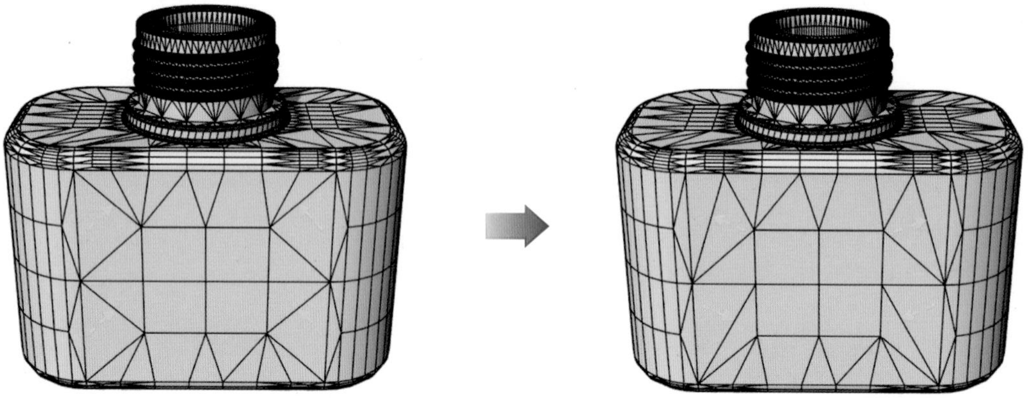

메쉬 법선 통일 Unify mesh normals
메쉬 법선 방향 반전 Flip mesh normals

UnifyMeshNormals 명령은 메쉬 개체에서 면의 법선 방향을 변경하여 일정한 방향을 향하도록 한다. RP/3D 프린팅용 메쉬를 복구하는 데 도움이 된다.

NURBS 서피스에 메쉬 적용 Apply mesh to NURBS surface

ApplyMesh 명령은 메쉬를 서피스상에 맞춘다. 적용된 메쉬에 원본 서피스 메쉬와 동일한 수의 메쉬 정점이 있어야 한다. 모프 변형 대상을 만들 때 유용하다.

메쉬 가장자리 분할 Split a mesh edge

SplitMeshEdge 명령은 메쉬 가장자리를 나눠 두 개 이상의 삼각형을 만든다. 면 분할 방법을 지정하려면 SplitMeshEdge 명령을 사용하고, 인접한 메쉬는 MatchMeshEdge 명령으로 일치시킨다.

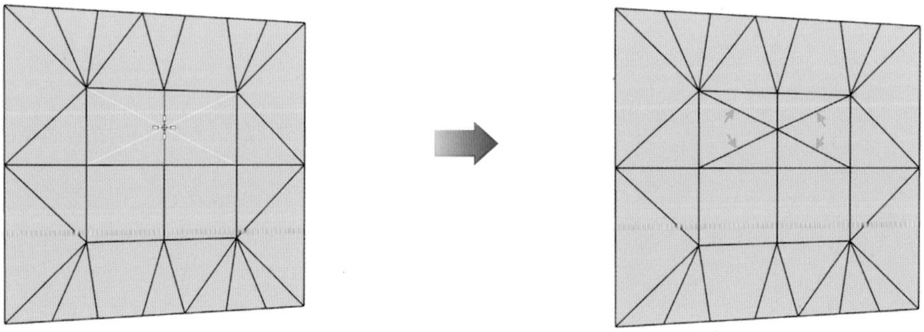

비결합 메쉬 분할 Split disjoint mesh

SplitDisjointMesh 명령은 연결되지 않은 분리된 개체 메쉬로 나눈다. 그러나 여전히 한 개체이다.

서피스/폴리 서피스로부터 메쉬 Mesh from surface/polysurface
객체를 NURBS로 변환 Convert objects to NURBS

Mesh 명령은 NURBS 서피스 또는 폴리 서피스로 다각형 메쉬를 만든다. 메쉬는 다면체 개체의 형태를 정의하는 다각형과 정점의 컬렉션이다. Rhino의 메쉬는 삼각형과 사각형으로 이루어져 있다. Rhino는 다양한 파일 형식으로 내보낼 수 있도록 삼각형과 사각형으로 메쉬를 만든다. 솔리드에서 생성된 메쉬는 심이 없는 밀폐된 메쉬가 된다.

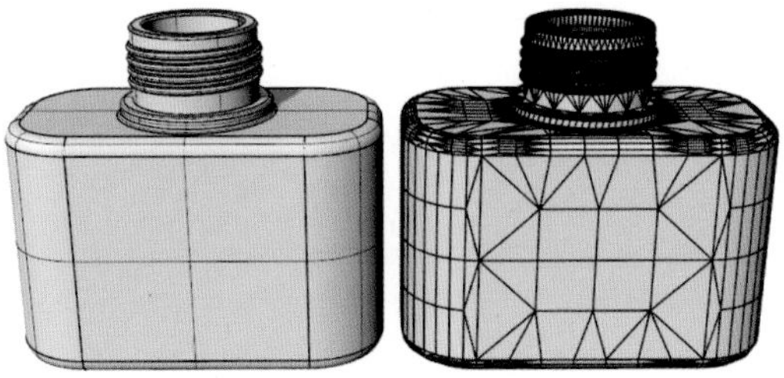

NURBS 〉 MESH로 변환

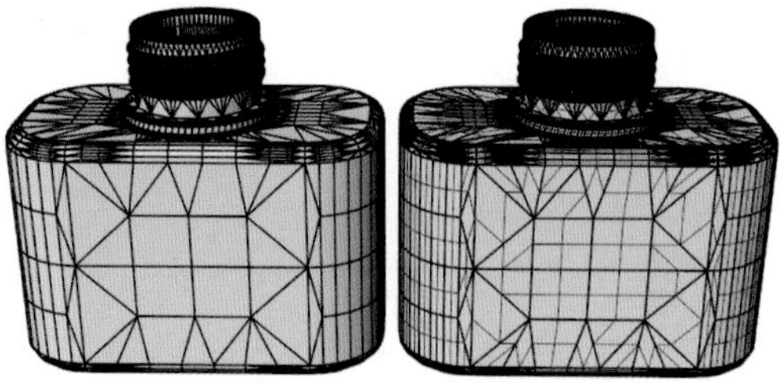

MESH 〉 NURBS로 변환

메쉬 패치 Mesh patch

MeshPatch 명령은 커브와 점으로 다각형 메쉬를 만든다.

선으로 메쉬 만들기 Create Mesh From 3 or more Lines

MeshFromLines 명령은 교차하는 선으로 메쉬를 만든다.

메쉬 또는 섭디에 포인트 삽입 Insert Point to Mesh or SubD

InsertPoint 명령은 모서리에서 선택한 점을 따라 정점과 모서리를 메쉬 또는 SubD에 추가한다.

점으로 메쉬 만들기 Mesh from points
Mesh FromLines-복사본 MeshFromLines-Copy

선택된 점 개체로 메쉬를 만든다. 점으로 메쉬 만들기 플러그인이 반드시 설치되어 있어야 한다.

메쉬 UVN 적용 Apply mesh UVN

ApplyMeshUVN 명령은 메쉬와 점을 메쉬와 서피스상에 적용시킨다. 비트맵을 사용하여 메쉬를 만들려면 Heightfield 명령을 참조한다.

1. 메쉬와 점을 선택한다.
2. 대상 서피스를 선택한다.

메쉬는 대상 서피스를 둘러싼다.

메쉬 부울 합집합 Mesh Boolean union

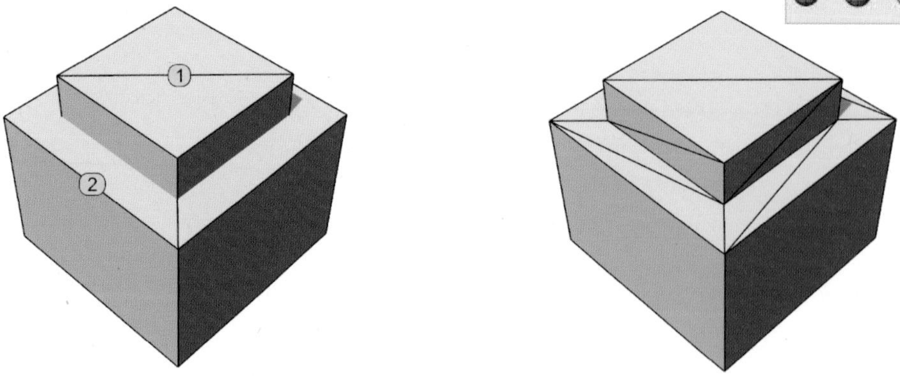

MeshBooleanUnion 명령은 선택된 메쉬, 폴리 서피스 또는 서피스의 공통된 영역을 잘라내고, 공유되지 않은 영역을 하나의 메쉬로 만든다.

메쉬 부울 차집합 Mesh boolean difference

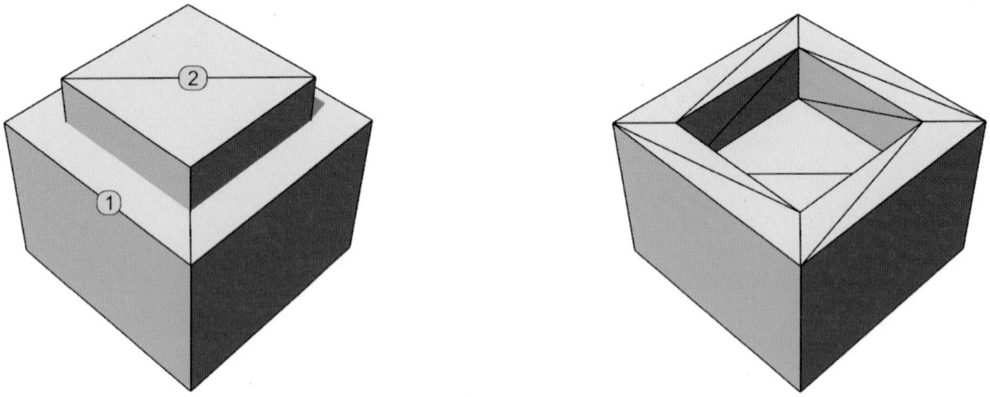

MeshBooleanDifference 명령은 선택한 메쉬, 폴리 서피스 또는 서피스의 공유 영역을 다른 메쉬, 폴리 서피스 또는 서피스 세트로 잘라낸다.

메쉬 부울 교집합 Mesh Boolean Intersection

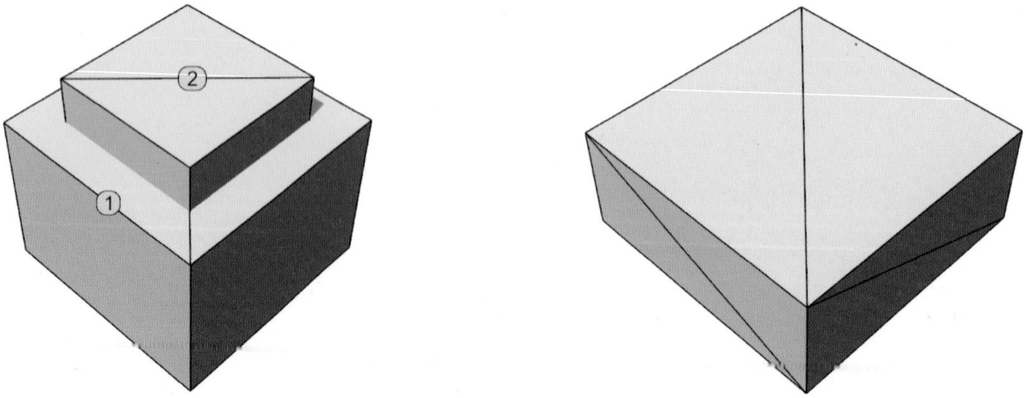

MeshBooleanIntersection 명령은 선택한 메쉬, 폴리 서피스 또는 표면의 공유되지 않은 영역을 잘라낸다.

메쉬 부울 분할 Mesh boolean split

MeshBooleanSplit 명령은 선택한 메쉬, 폴리 서피스 또는 표면의 공유 영역을 잘라내고 공유 및 공유되지 않은 부분과 별도의 메쉬를 만든다.

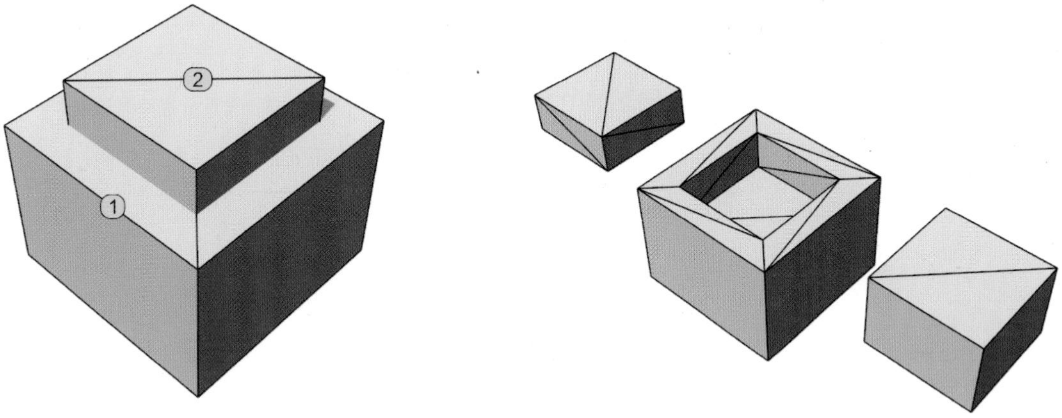

메쉬 베벨 Bevel mesh

베벨 메쉬(Bevel mesh) 명령은 세그먼트 수를 지정하여 각진 메쉬 모서리에 부드러운 라운드 모따기가 가능하다.

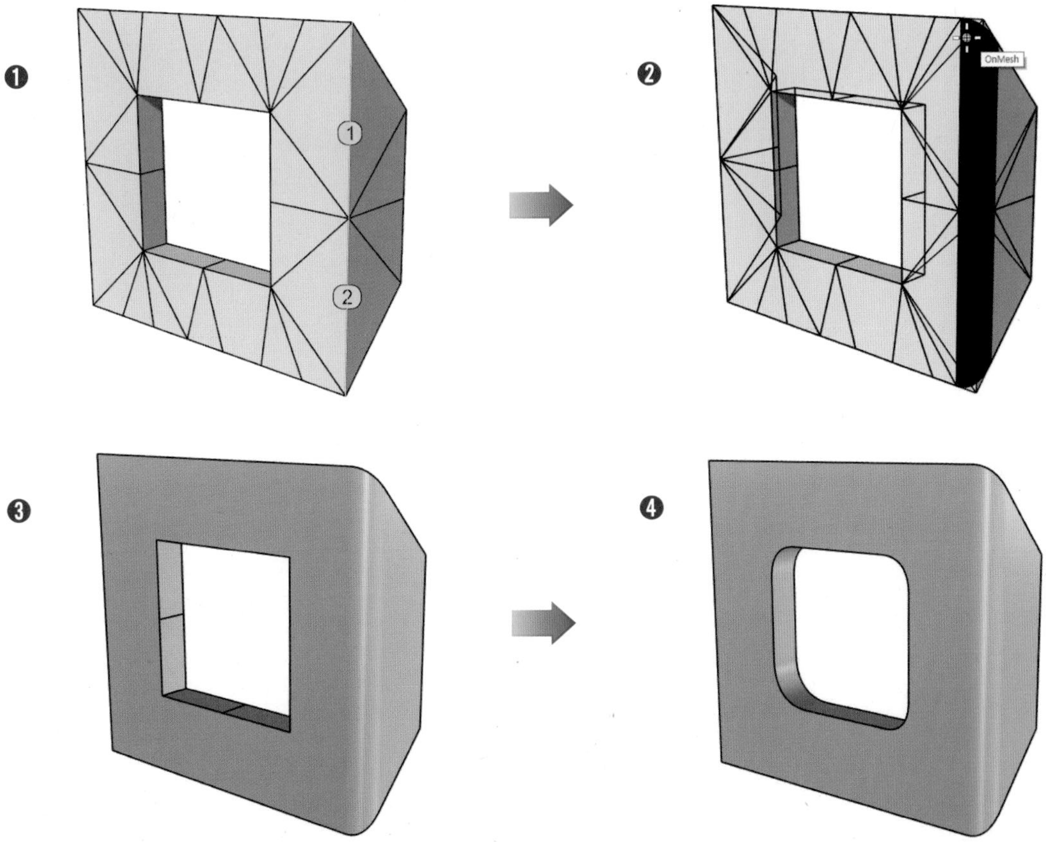

메쉬 분할 Mesh split

MeshSplit 명령은 다른 개체를 사용하여 메쉬를 분할한다.

1. 분할할 개체를 선택한다.
2. 절단 개체를 선택한다.

메쉬에 반전된 면 법선이 있으면, 분할이 실패할 수도 있다. Check 명령을 실행하여 테스트하고, 문제를 수정하려면 UnifyMeshNormals 명령을 사용한다.

메쉬 트림 Mesh trim

MeshTrim 명령은 다른 개체와 교차하는 메쉬의 내부/외부에서 선택된 부분을 삭제한다.

메쉬 간격 띄우기 Offset mesh

OffsetMesh 명령은 메쉬를 복사하여 복사된 메쉬의 모든 정점이 원래 메쉬 정점으로부터 지정된 거리에 있게 된다. 메쉬 오프셋의 방향은 언제든 바꿀 수 있다.

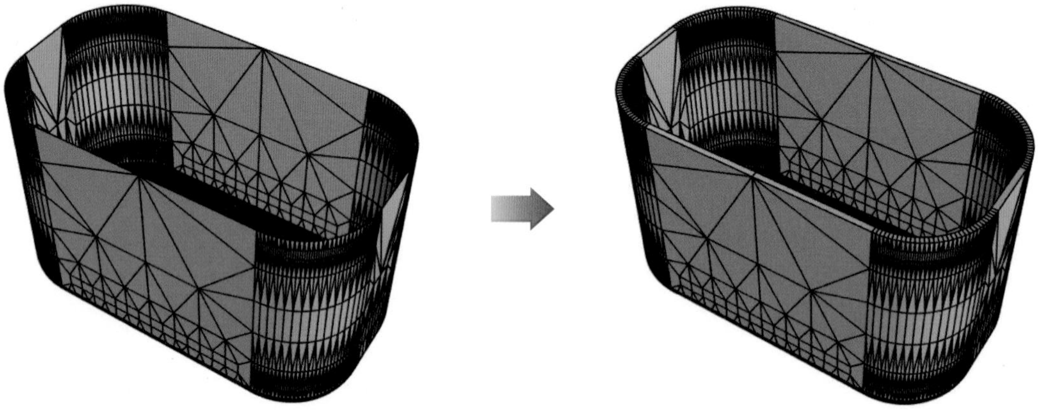

면 병합 Merge Faces

Merge2MeshFaces 명령은 한 가장자리를 공유하는 두 개의 삼각 메쉬 면을 하나의 사각 면으로 병합한다. ①-②-③-④번처럼 병합하고 싶은 메쉬 면을 클릭하고 Enter 하면 된다.

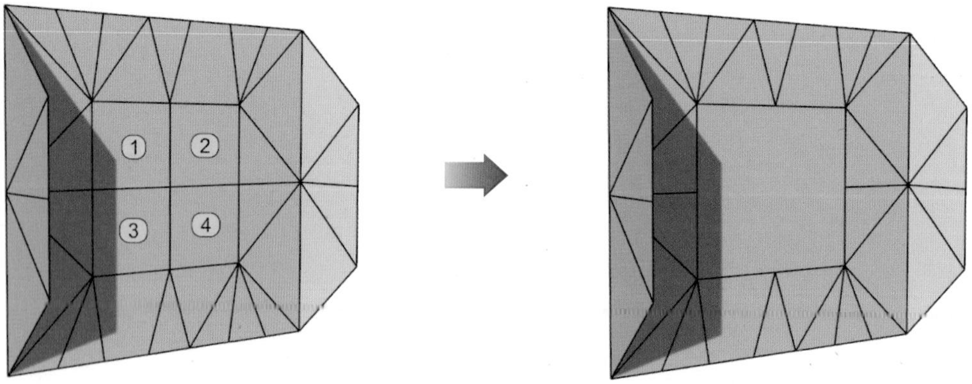

메쉬 교차 Mesh intersect

MeshIntersect 명령은 메쉬 개체가 교차하는 곳에 폴리 라인을 만든다.

메쉬 구멍 경계 복제 Duplicate mesh hole boundary

DupMeshHoleBoundary 명령은 메쉬 구멍의 경계를 복제하는 폴리 라인을 만든다.

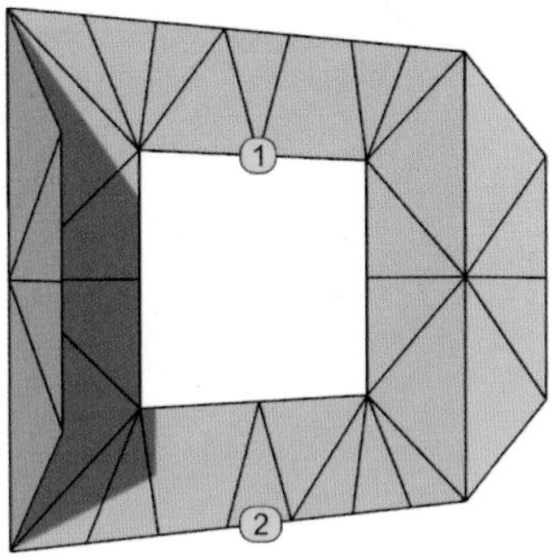

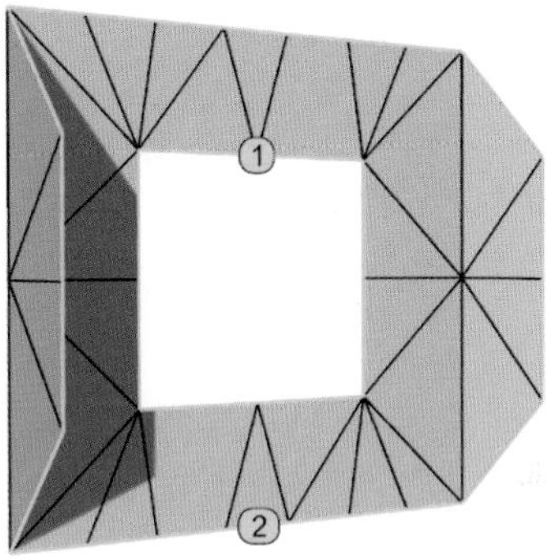

메쉬를 삼각형으로 변환 Triangulate mesh
비 평면형 사각메쉬를 삼각형으로 변환 Triangulate non-planar quads

TriangulateMesh 명령은 모든 평면형 사각 다각형 메쉬 면을 두 개의 삼각 메쉬 면으로 나눈다.

다각형 개수 Polygon count

PolygonCount 명령은 선택된 개체에 있는 메쉬 다각형의 개수를 보여준다.

메쉬 면 추출 Extract mesh faces

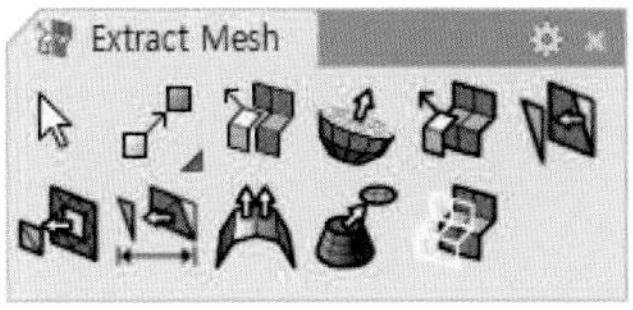

ExtractMeshFaces 명령은 부모 메쉬 개체로부터 선택된 메쉬 면을 분리한다.
이 명령은 음영 처리된 메쉬 면과 면 가장자리를 선택할 수 있으므로 음영 모드에서 가장 잘 실행된다.

연결된 메쉬 면 추출 Extract connected mesh faces

ExtractConnectedMeshFaces 명령은 선택한 면에 연결된 상위 메쉬 객체에서 메쉬 면을 분리한다.
ExtractConnectedMeshFaces 명령은 지정된 끊기 각도를 기준으로 결합된 메쉬 객체에서 메쉬 면 세트를 추출한다. 메쉬 오브젝트에서 평면 표면을 구성하는 일련의 메쉬 면을 추출하거나 메쉬에서 일관된 형상을 구성하는 면 세트를 추출하는 데 사용할 수 있다.

중복된 메쉬 면 추출 Extract duplicate mesh faces

ExtractDuplicateMeshFaces 명령은 복제된 메쉬 면을 부모 메쉬 개체에서 분리한다.

메쉬 면 추출(종횡비 지정) Extract mesh faces by aspect ratio

ExtractMeshFacesByAspectRatio 명령은 지정된 종횡비 제한보다 큰 부모 면에서 메쉬 면을 분리한다.
ExtractMeshFacesByAspectRatio는 너비와 비교하여 매우 긴 메쉬 면을 찾는다. 25 : 1 이상의 비율은 긴 것으로 간주한다.
이미지에서 추출된 붉은 면의 화면비는 9 : 1 이상이다.

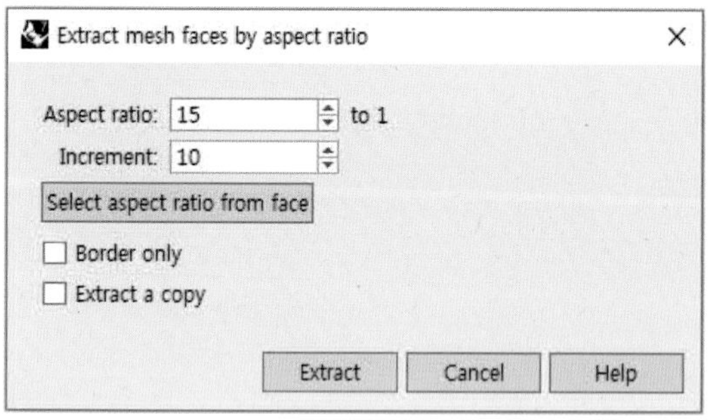

메쉬 면 추출(면적 지정) Extract mesh faces by area

ExtractMeshFacesByArea 명령은 지정된 영역 범위 내에 있는 메쉬 면을 부모 메쉬 개체에서 분리한다.

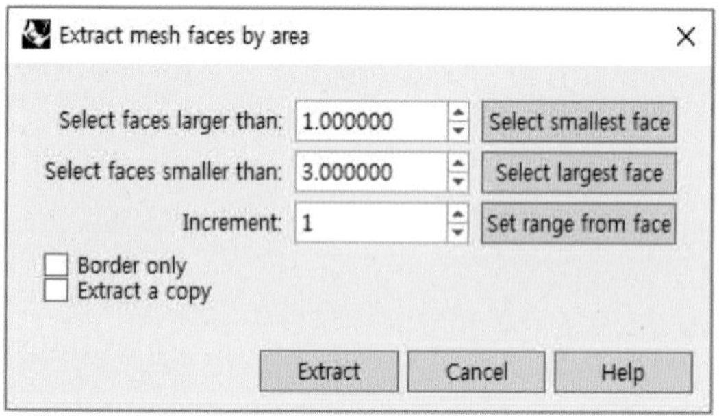

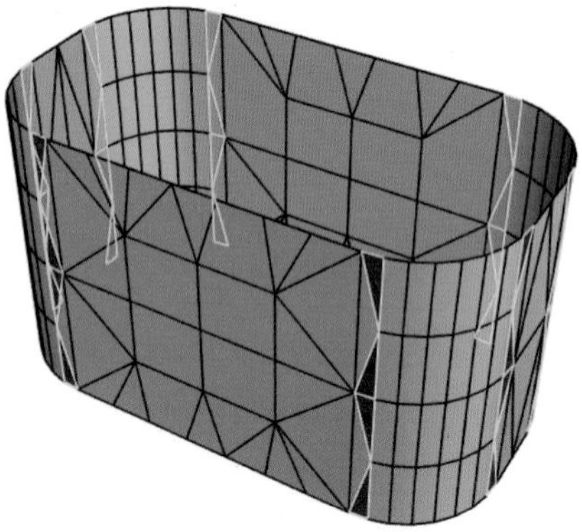

메쉬 면 추출(가장자리 길이 지정) Extract mesh faces by edge length

ExtractMeshFacesByEdgeLength 명령은 모서리 길이가 지정된 값보다 크거나 작은 부모 메쉬 객체에서 메쉬 면을 분리한다.
ExtractMeshFacesByEdgeLength는 메쉬 객체에 속하지 않는 작거나 큰 메쉬 면을 제거한다. 예시 이미지에서, 추출된 적색 면은 0.1보다 짧은 가장자리 길이를 갖는다.

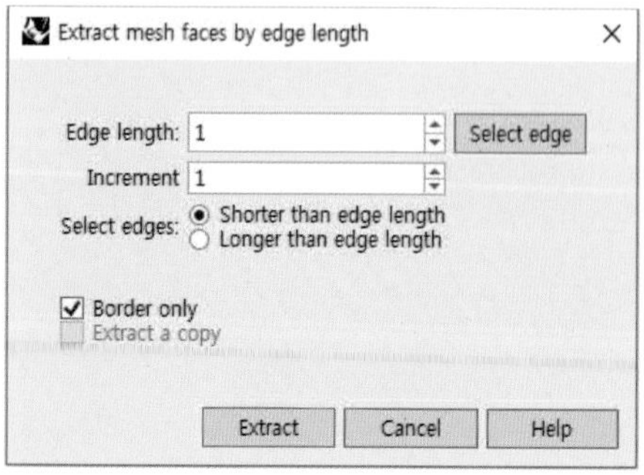

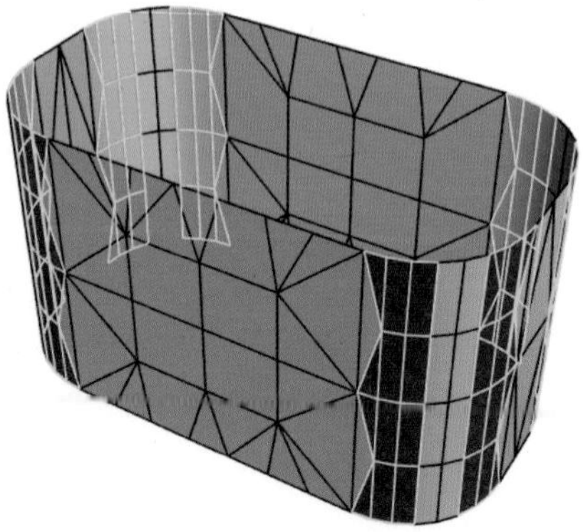

메쉬 면 추출(빼기 구배 지정) Extract mesh faces by draft angle

ExtractMeshFacesByDraftAngle 명령은 뷰에 대한 면의 각도를 기반으로 부모 메쉬 객체에서 메쉬 면을 분리한다. ExtractMeshFacesByDraftAngle은 금형의 메쉬 객체를 분할하거나 언더컷 영역을 찾을 수 있다. 이 예에서는 메쉬 면이 평면도에서 선택되었다.

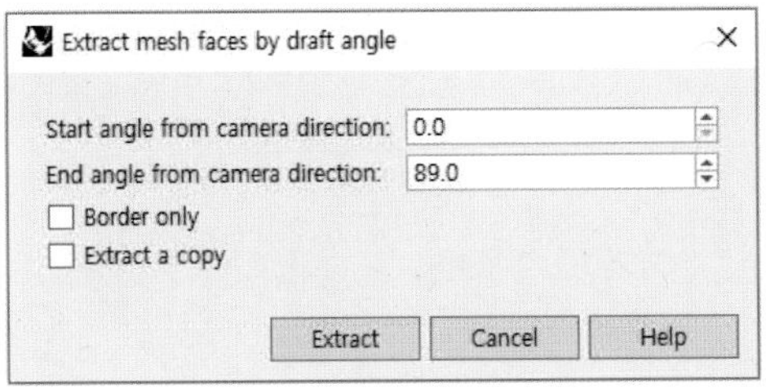

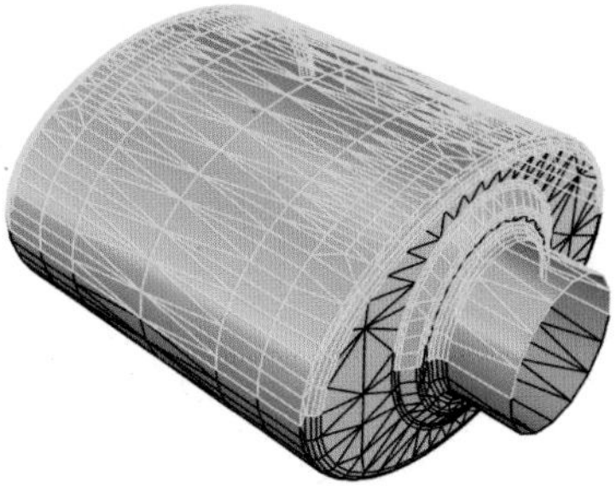

메쉬 파트 추출 Extract mesh part

ExtractMeshPart 명령은 선택한 면에서 부모 메쉬 객체의 벗겨지거나 용접되지 않은 가장자리까지 방사되는 모든 메쉬 면을 추출한다.

주의:

1) 메쉬에 길고 얇은 면이 많은 경우 일부 STL/SLA 프린터에 문제가 있다. 이러한 패싯으로 인해 프린터 속도가 느려지거나 이상한 결과가 발생하거나 프린터의 메모리가 부족해질 수 있다.

2) MeshRepair 명령은 STL/SLA 인쇄를 위해 메쉬를 튜닝할 때 유용할 수 있다.

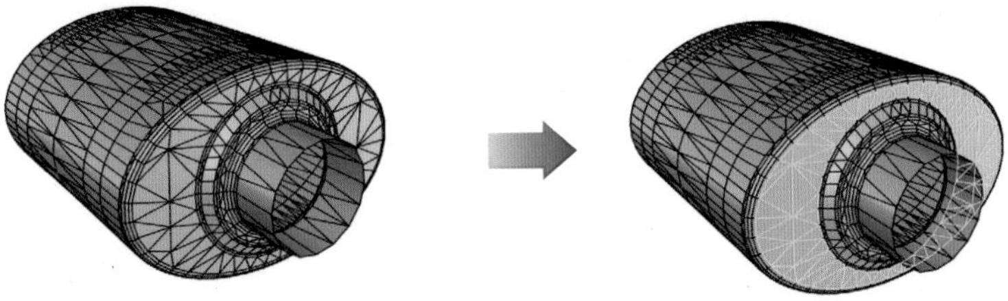

메쉬 가장자리 추출 Extract mesh edges

ExtractMeshEdges 명령은 메쉬 면 법선 사이의 각도에 의해 결정된 부모 메쉬에서 가장자리를 분리한다. 폴리 서피스에서 가져온 메쉬가 있지만 더 이상 폴리 서피스가 없는 경우 명령이 도움이 될 수 있다. 용접되지 않은 옵션과 함께 명령을 사용하면 폴리 서피스의 가장자리가 있는 위치에 대한 폴리 라인 근사가 생성된다.

주의:

1) 메쉬에 길고 얇은 면이 많은 경우 일부 STL/SLA 프린터에 문제가 있다. 이러한 패싯으로 인해 프린터 속도가 느려지거나 이상한 결과가 발생하거나 프린터의 메모리가 부족해질 수 있다.

2) MeshRepair 명령은 STL/SLA 인쇄를 위해 메쉬를 튜닝할 때 유용할 수 있다.

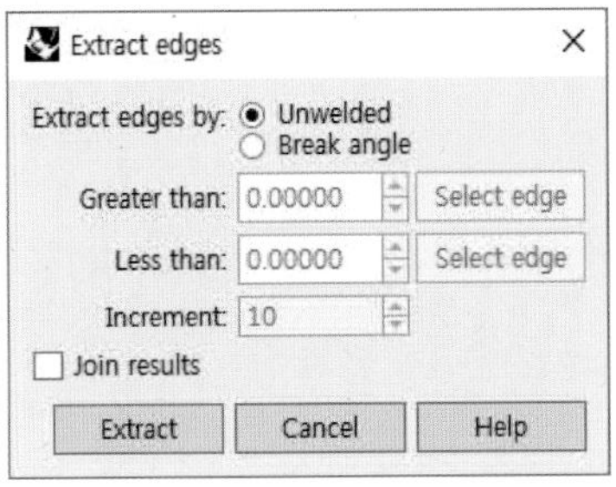

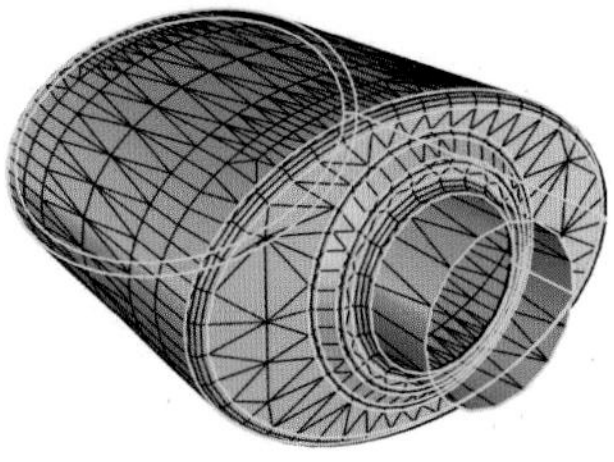

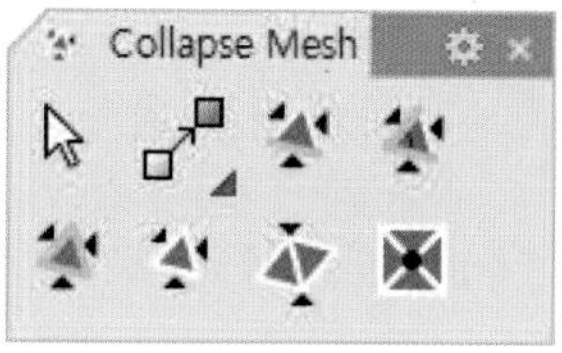

메쉬 면 축소 Collapse Mesh face

CollapseMeshFace 명령은 메쉬 면의 정점을 단일 정점으로 이동한다.

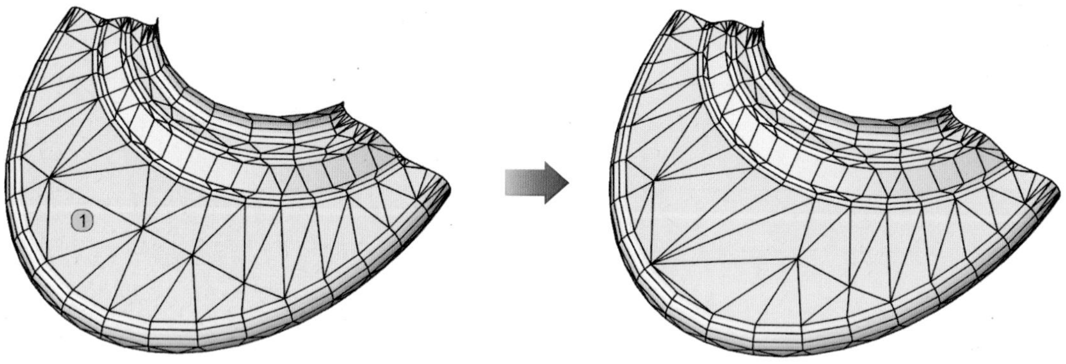

메쉬 면 축소(가장자리 길이 지정) Collapse mesh faces by edge length

CollapseMeshFacesByEdgeLength 명령은 지정된 길이보다 크거나 작은 메쉬 모서리의 정점을 단일 정점으로 이동한다.

메쉬 면 축소(종횡비 지정) Collapse mesh faces by aspect ratio

CollapseMeshFacesByAspectRatio 명령은 지정된 길이 대 너비의 비율보다 큰 메쉬 면의 정점을 단일 정점으로 이동한다. 25 : 1 이상의 비율은 긴 것으로 간주한다.

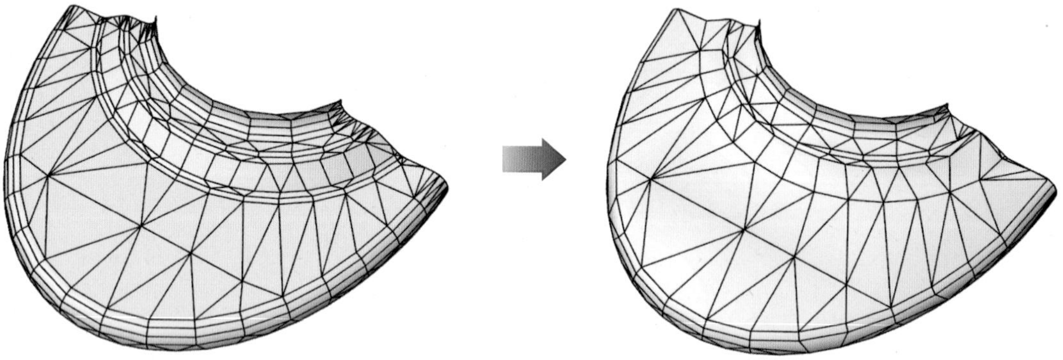

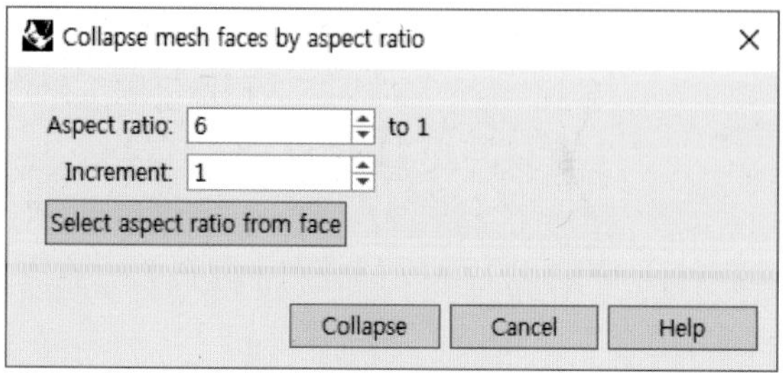

메쉬 면 축소(면적 지정) Collapse mesh faces by area

CollapseMeshFacesByArea 명령은 표면적이 지정된 값보다 크거나 작은 메쉬 면의 정점을 단일 정점으로 이동한다.

메쉬 가장자리 축소 Collapse mesh edge

CollapseMeshEdge 명령은 메쉬 모서리의 정점을 단일 정점으로 이동한다.

주의:

1) 메쉬에 길고 얇은 면이 많은 경우 일부 STL/SLA 프린터에 문제가 있다. 이러한 패싯으로 인해 프린터 속도가 느려지거나 이상한 결과가 발생하거나 프린터의 메모리가 부족해질 수 있다.
2) MeshRepair 명령은 STL/SLA 인쇄를 위해 메쉬를 튜닝할 때 유용할 수 있다.

메쉬 정점 축소 Collapse mesh vertex

CollapseMeshVertex 명령은 선택한 메쉬 정점을 인접한 메쉬 정점의 위치로 이동한다.

주의:

1) 메쉬에 길고 얇은 면이 많은 경우 일부 STL/SLA 프린터에 문제가 있다. 이러한 패싯으로 인해 프린터 속도가 느려지거나 이상한 결과가 발생하거나 프린터의 메모리가 부족해질 수 있다.
2) MeshRepair 명령은 STL/SLA 인쇄를 위해 메쉬를 튜닝할 때 유용할 수 있다.

Ngon을 메쉬에 추가 Add Ngons To Mesh

AddNgonsToMesh 명령은 연결된 동일 평면 용접 면의 영역에서 ngon을 만든다.

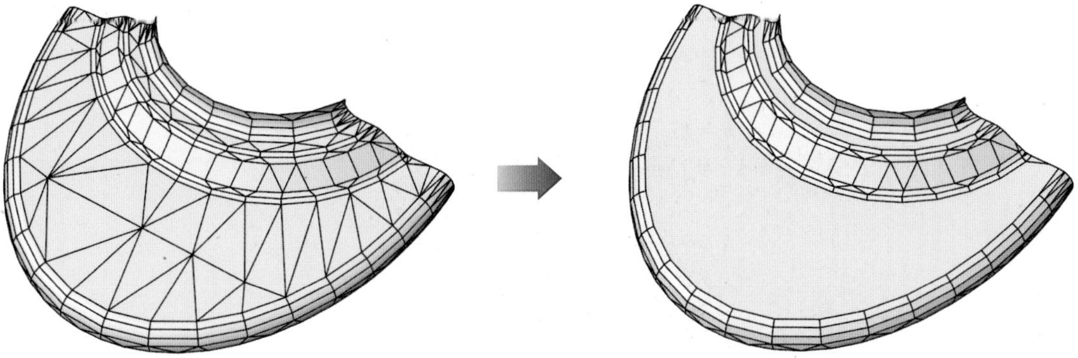

Mesh object(left), "Ngonulated" mesh object(right).

이 명령은 블록에서 메쉬를 선택할 수 없다. 블록에서 메쉬를 선택하려면 BlockEdit 명령을 사용하여 블록을 먼저 편집한다.

메쉬에서 Ngons 삭제 Delete Ngons from a mesh

DeleteMeshNgons 명령은 메쉬에서 ngon 그룹을 제거한다.

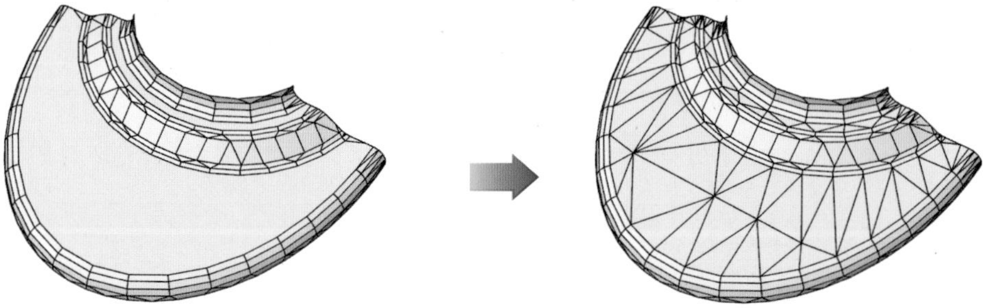

"Ngonulated" mesh object(left), mesh object with ngons deleted(right).

메쉬에 덧붙이기 Append to mesh

기존 메쉬에 삼각형, 쿼드 또는 Ngon 면을 덧붙인다.

메쉬 다각형 개수 감소 Reduce mesh polygon count
메쉬를 삼각형으로 변환 Triangulate mesh

ReduceMesh 명령은 기하학적 및 텍스처의 왜곡을 최소화하면서 다각형 메쉬 면의 개수를 감소시킨다.

– 메쉬는 먼저 삼각형으로 변환되고, 다각형 개수는 감소하며, 결과로 생성된 삼각 메쉬가 다시 사각 메쉬로 변환된다.

– 비다양체 메쉬(두 개 이상의 면이 공유하는 가장자리가 있는 메쉬)가 생성될 수 있다. 일부 경우 이는 바람직하지 않다.

1. 메쉬 개체를 선택한다.
2. 새 다각형 개수를 설정한다.

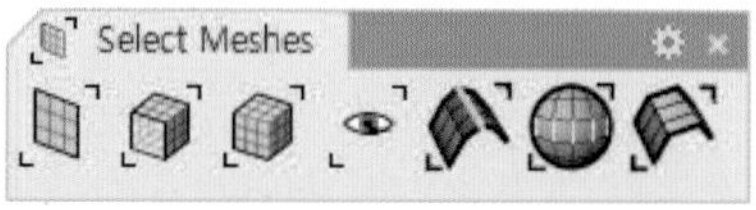

메쉬 선택 Select meshes

SelMesh 명령은 모든 메쉬 개체를 선택한다.

열린 메쉬 선택 Select open meshes

SelOpenMesh 명령은 모든 열린 메쉬 개체를 선택한다.

닫힌 메쉬 선택 Select closed meshes

SelClosedMesh 명령은 모든 닫힌 메쉬 개체를 선택한다.

표시 개체 선택 Select visible

SelVisible 명령은 활성 뷰포트에서 교차 선택을 사용하여 보이는(다른 개체 앞에 있는) 모든 서피스 또는 메쉬를 선택한다. 교차 선택 창을 마우스로 끌어온다.

22 CHAPTER 섭디 도구(SubD Tools) 명령어 그룹

SubD Tools은 라이노 3D 버전 7에 새롭게 추가된 폴리곤 개념의 모델링 툴의 집합체이다. 이 명령을 통해 마치 조각이나 캐릭터와 같은 비정형 형상 모델링을 보다 효율적으로 할 수 있다. 우선 넙스 모델링 파일을 섭디 명령으로 변화하여 검볼이나 관련 다양한 툴을 이용해 모델링하고, 수정과 편집이 더 쉽게 되었다. 최종적으로 만들어진 파일은 역으로 넙스로 변환하여 추가적인 라이노3D 모델링 작업이 가능하다. 메쉬 툴즈(Mesh Tools) 명령군과 함께 사용하면 효과적이다.

영문 버전(V7) SubD Tools 명령어 그룹

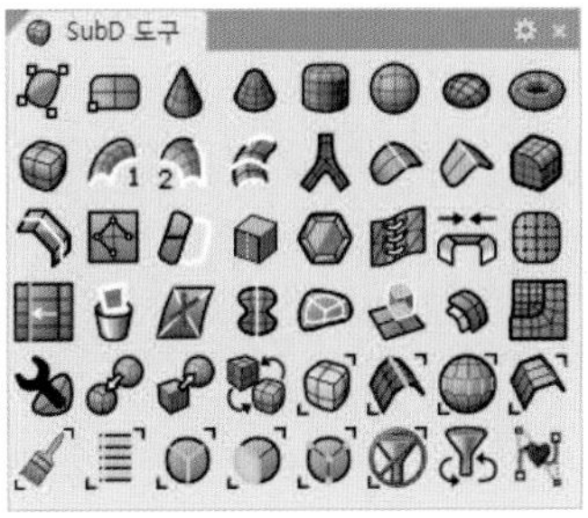

한글 버전(V8 〉 WIP) SubD 도구 명령어 그룹

 SudD **가장자리 인셋** Inset SubD edges

Inset SubD edges 명령은 선택한 메쉬 또는 SubD 면의 모서리를 각 면의 중심을 향해 일정 거리만큼 간격 띄우기가 가능하다. 준비된 메쉬 면에 (Ctrl) + (Shift) + 마우스 선택으로 작업하면 된다. 높이와 방향은 검볼(Gumball) 명령을 이용한다.

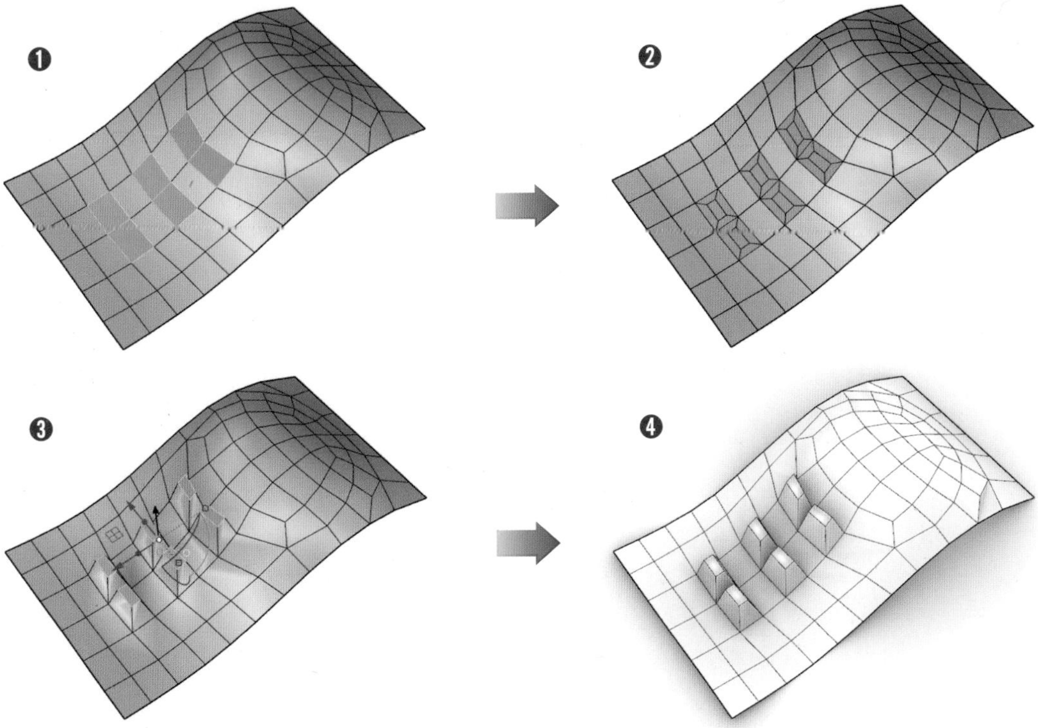

단일 **SubD 면** Create SubD plane

Create SubD Plane 명령은 Subdivision 평면 객체를 만들 수 있다.

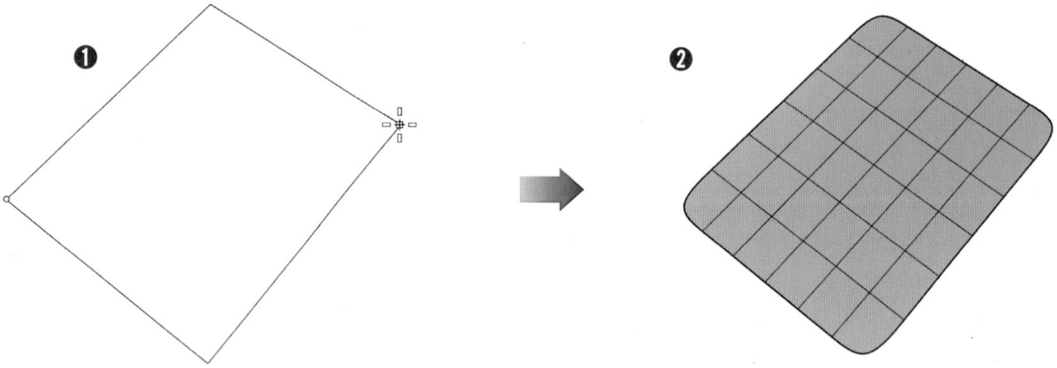

SubD **원뿔 만들기** Create SubD cone

Create SubD Cone 명령은 Subdivision cone 객체를 만들 수 있다.

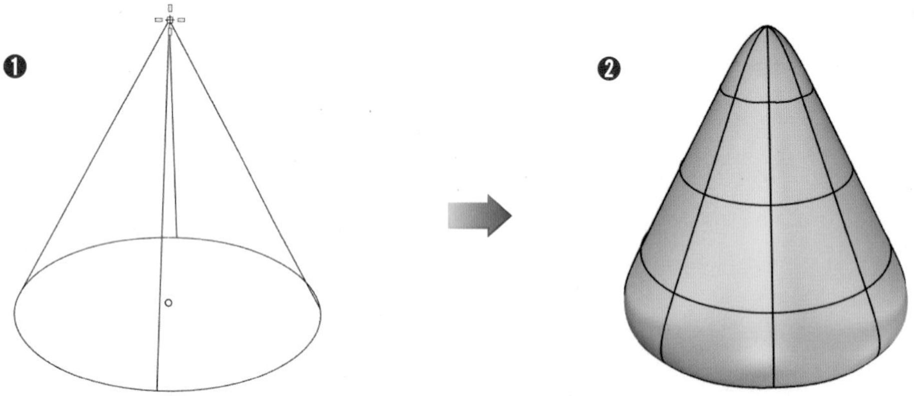

Solid=Yes

Command: 옵션 선택 항목

Base of cone(DirectionConstraint=*Vertical* Solid=*No* 2Point 3Point Tangent FitPoints VerticalFaces=*4* AroundFaces=*8*):

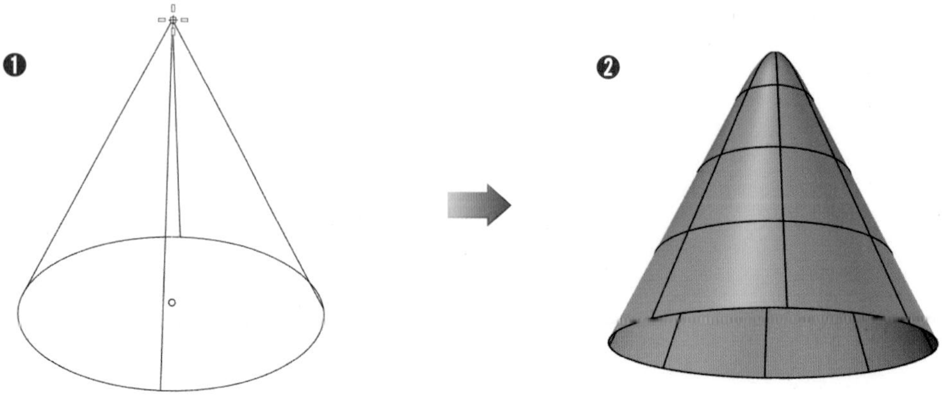

SubD 원뿔대 SubD Truncated Cone

SubD Truncated Cone 명령은 세분화된 잘린 원뿔 개체를 만들 수 있다.

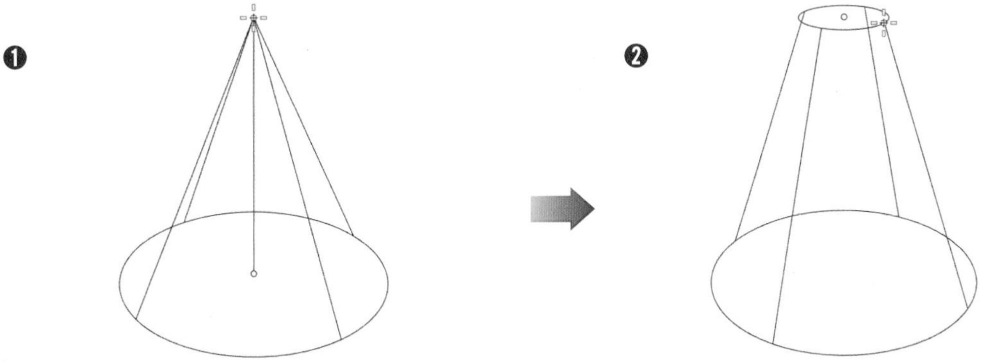

Command: **옵션 선택 항목**

Base of truncated cone

(DirectionConstraint=*Vertical* Solid=No 2Point 3Point Tangent FitPoints VerticalFaces=*8* AroundFaces=*5*):

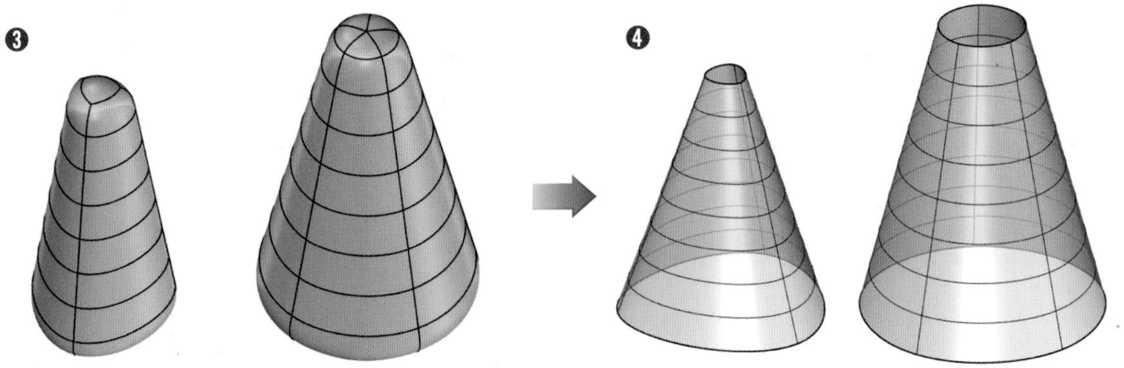

Solid=Yes　　　Solid=No

SubD 원통 만들기 Create SubD cylinder

Create SubD Cylinder 명령은 Subdivision cylinder object를 만들 수 있다.

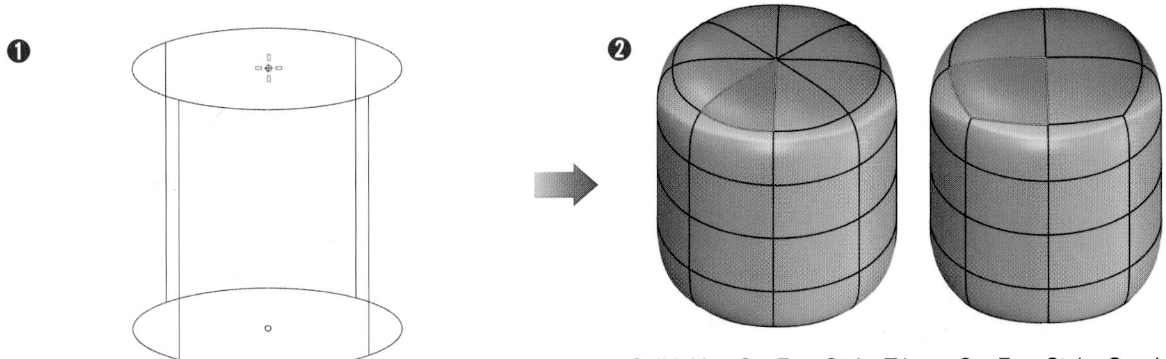

Solid=Yes, CapFaceStyle=Tri　　　CapFaceStyle=Quad

Command: **옵션 선택 항목**
Base of cylinder
(DirectionConstraint=*Vertical* Solid=No 2Point 3Point Tangent FitPoints VerticalFaces=*4* AroundFaces=*8*
CapFaceStyle=Tri):

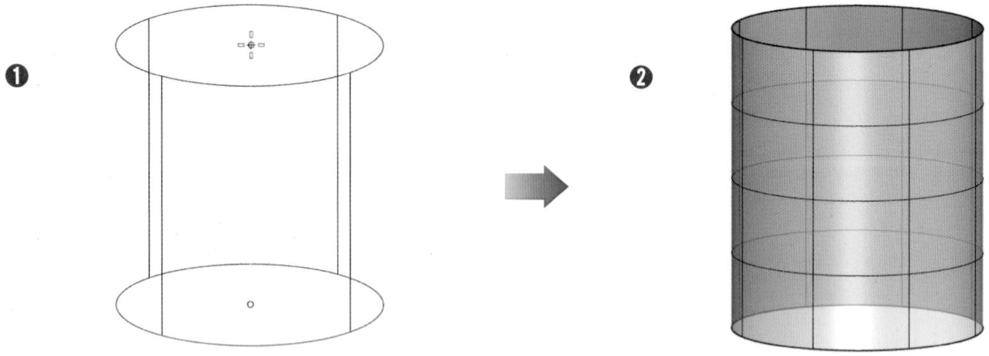

Solid=No

SubD 구 만들기 Create SubD sphere

Create SubD Sphere 명령은 세 가지 스타일로 세분화 구 개체를 만들 수 있다.

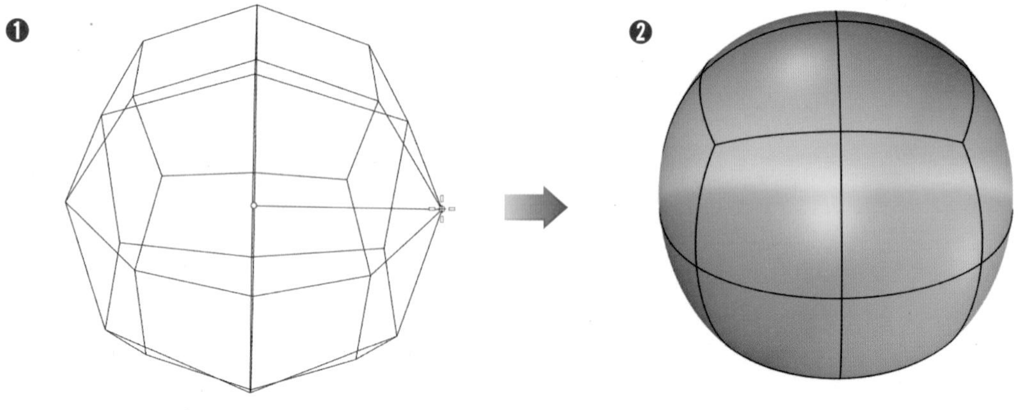

Style=(Uv Triangles Quads): Style=Quads

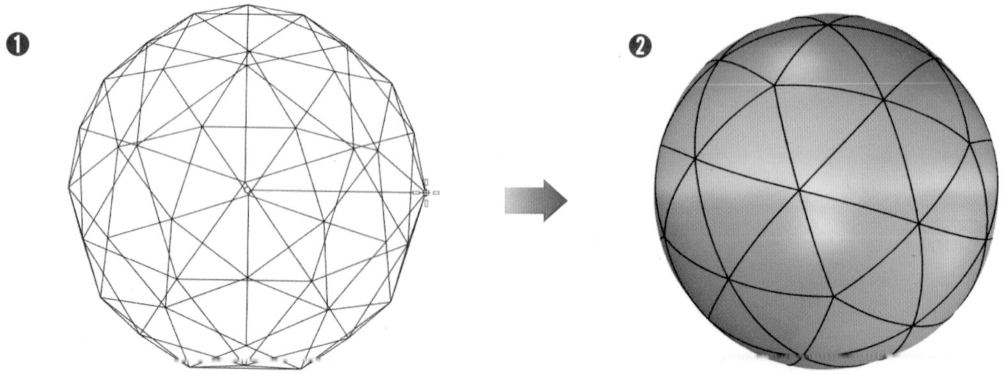

Style=(Uv Triangles Quads): Style=Triangles

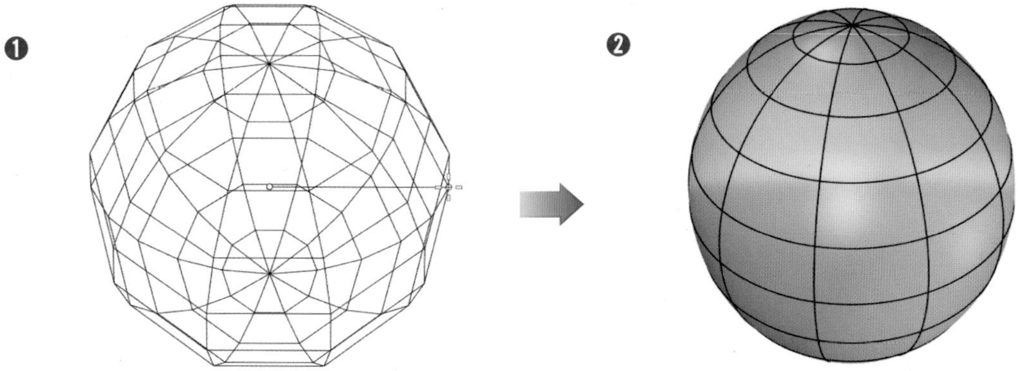

Style=UV

SubD 타원체 SubD Ellipsoid

SubD Ellipsoid 명령은 세분 타원체를 만들 수 있다.

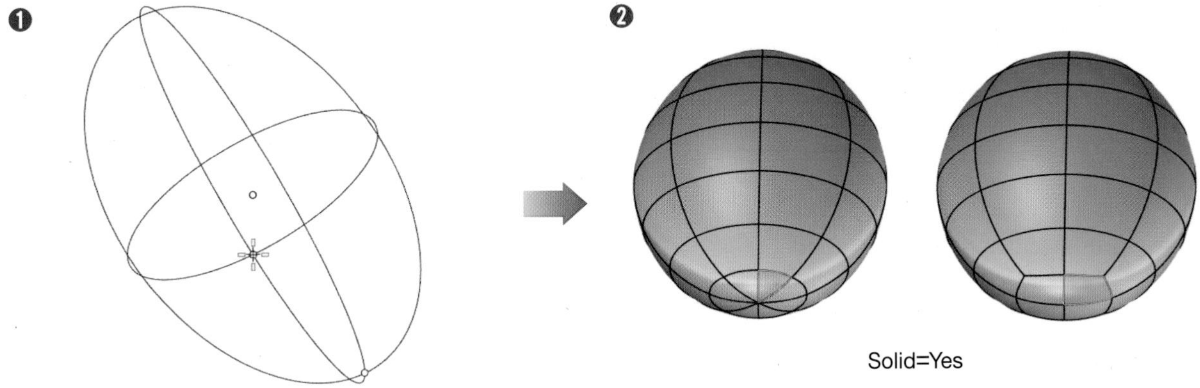

Solid=Yes

SubD 원환 SubD Torus

SubD Torus 명령은 SubD 원환 개체를 만들 수 있다.

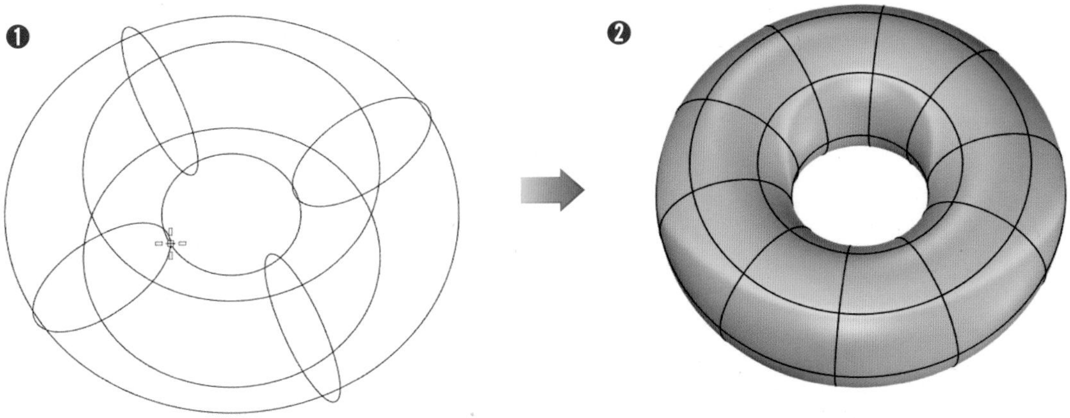

Solid=Yes

SubD **상자 만들기** Create SubD box

Create SubD Box 명령은 세분화 상자(박스) 개체를 만들 수 있다.

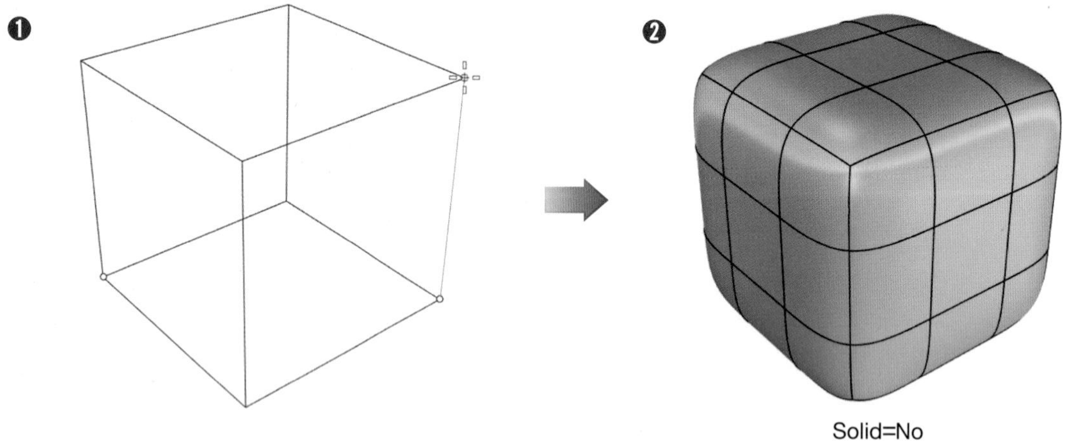

SubD **로프트** SubD loft

SubD Loft 명령은 모양을 정의하는 선택된 커브를 통해 SubD 개체를 만든다.

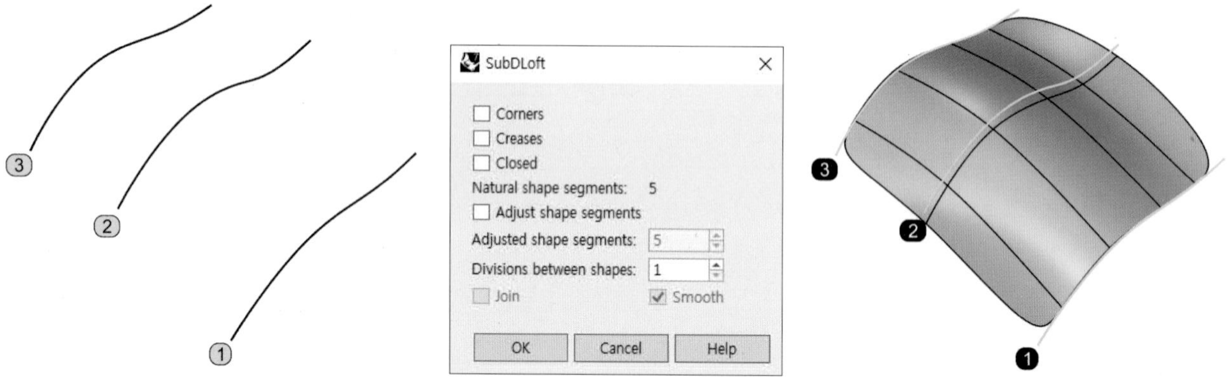

SubD **다중 파이프** SubD MultiPipe

SubD MultiPipe 선재를 멀티 파이프로 만들어 준다. 선의 경우 끝점에 일치하여야 하며 서로 분리된 상태여야 한다.

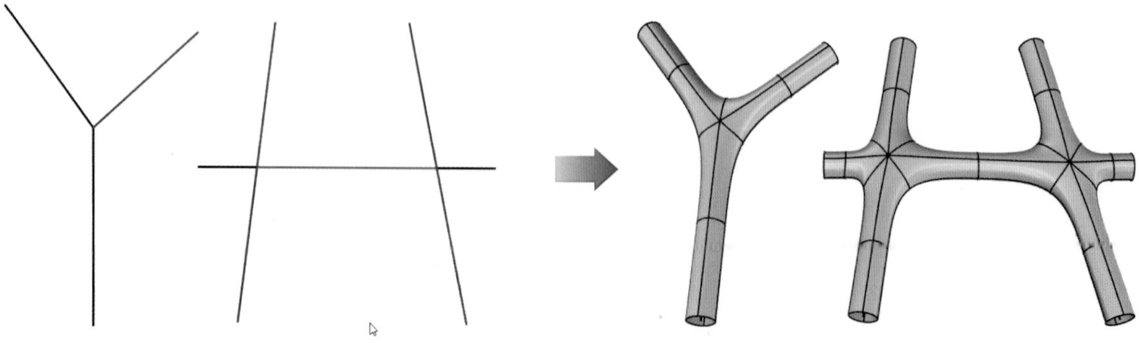

주름 제거 Remove crease

Remove crease 명령은 크리스가 존재하는 SubD 모델의 각진 모서리에 주름을 지워 다시 둥그렇게 만들어 준다.

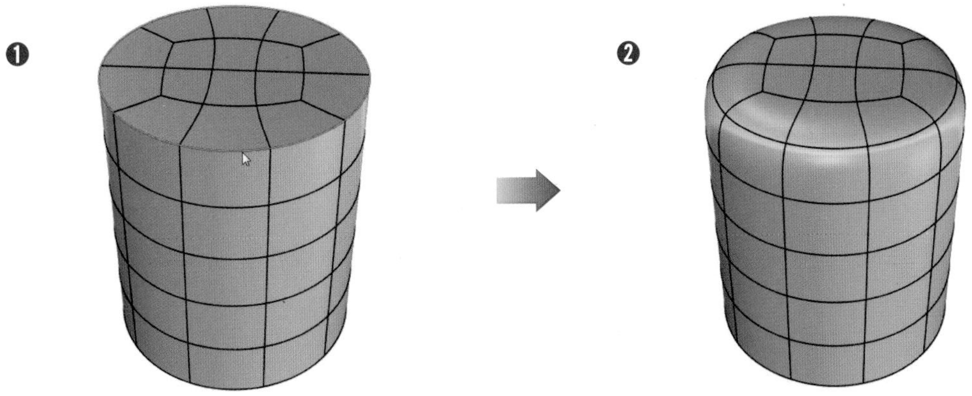

주름 추가 Add crease

SubD 모델의 둥근 외곽을 다시 주름 즉, 각진 형태로 만들어 준다.

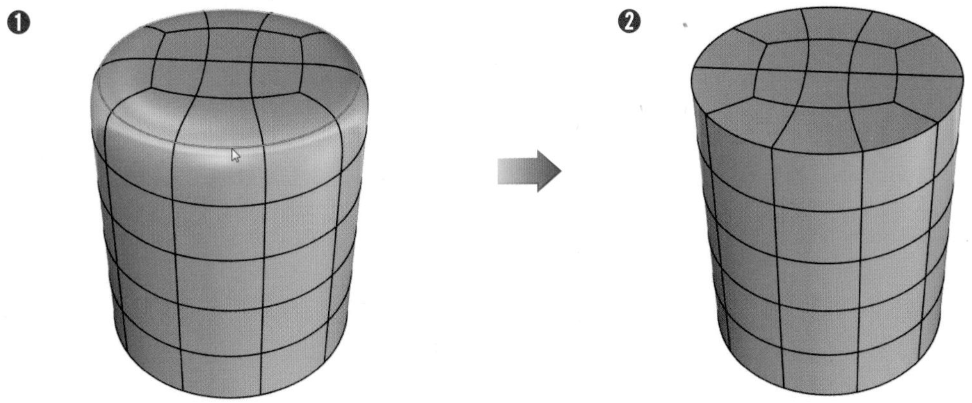

단일 SubD 면 Single SubD face

Single SubD Face 명령은 독립적(조인되지 않은 면)으로 메쉬 또는 섭디 면을 만들 수 있고, 기존 메쉬 또는 SubD에 연속적으로 조인된 추가 면을 생성할 수 있다.

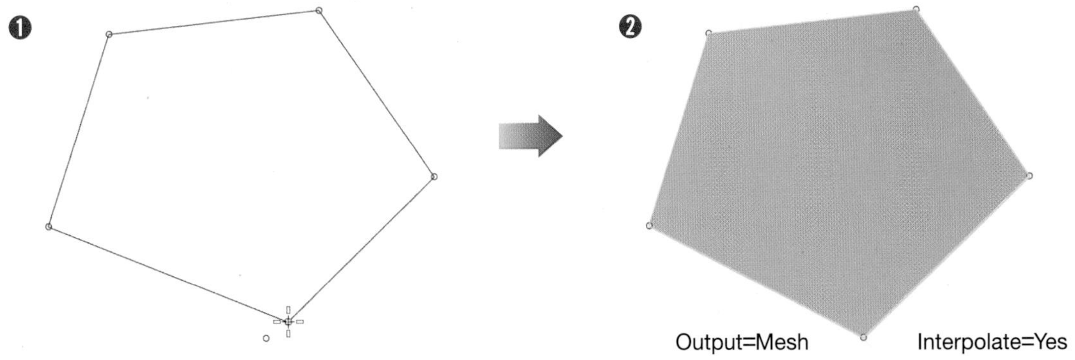

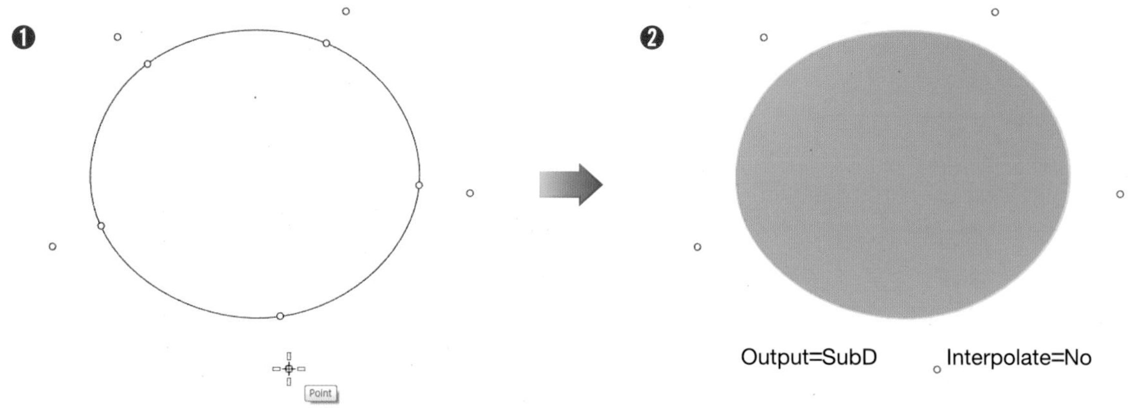

Append 옵션 선택을 통한 연속 면의 생성 방법

1. Mesh 면을 준비한다. 2. Single SubD face 명령을 클릭한다. Output=Mesh에 체크한다. 3. 연속해서 Append 옵션을 선택하고 해당 Mesh 면을 선택 후 Enter 한다. 4. Pick point(Output=Mesh PolygonType=Quad FromEdge=Yes Chain=Yes FromEdgeReset=Yes WeldAngle=180 Mode=MultipleFaces): 에 체크한다. 5. 메쉬 엣지에 마우스를 가져가면 활성 엣지가 보인다. 이제 만들고자 하는 영역의 엣지 끝점에 연속적인 지점을 클릭하여 면을 만든다. 6. 연속해서 Append 옵션을 선택하여 계속 앞의 과정을 반복할 수 있다.

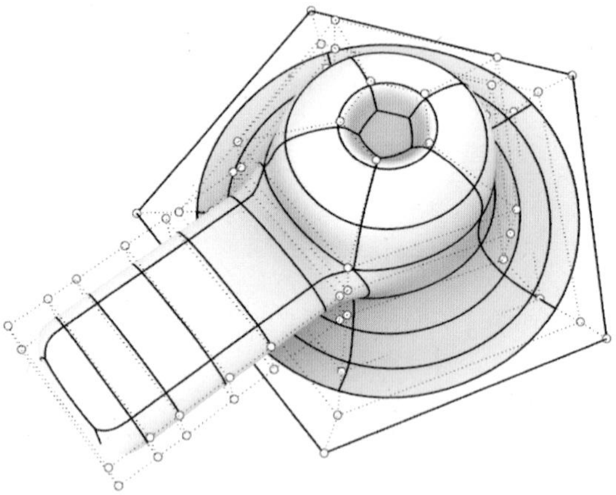

Append 옵션을 사용한 모델링 예시

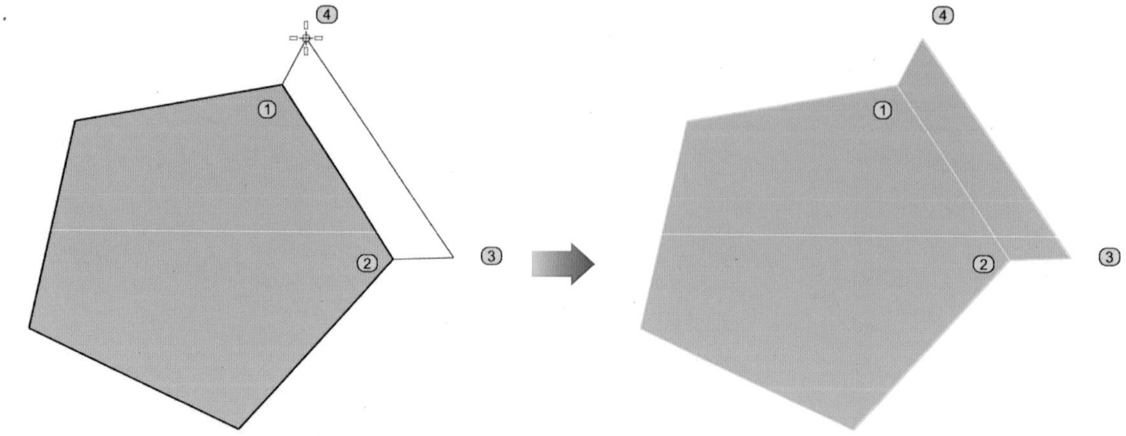

Mesh 〉Append

Pick point(Output=Mesh PolygonType=Quad FromEdge=Yes Chain=Yes FromEdgeReset=Yes WeldAngle=180 Mode=MultipleFaces):

❸

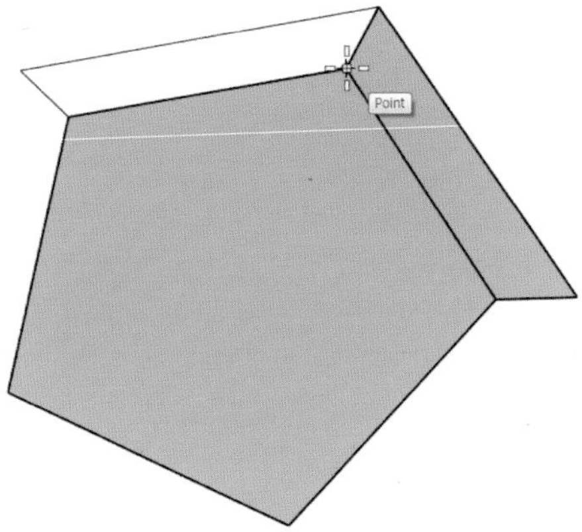

❹

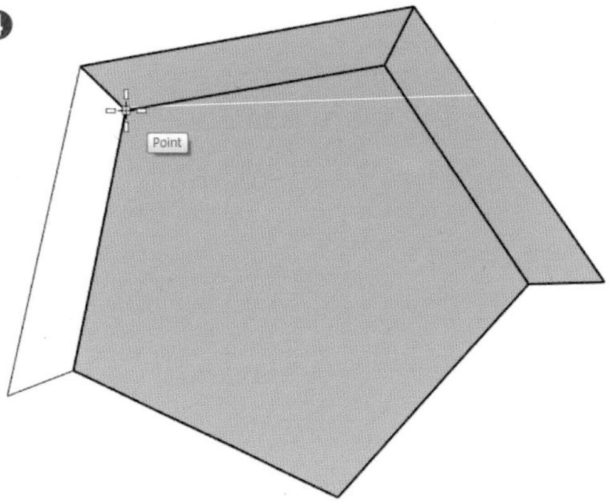

❺

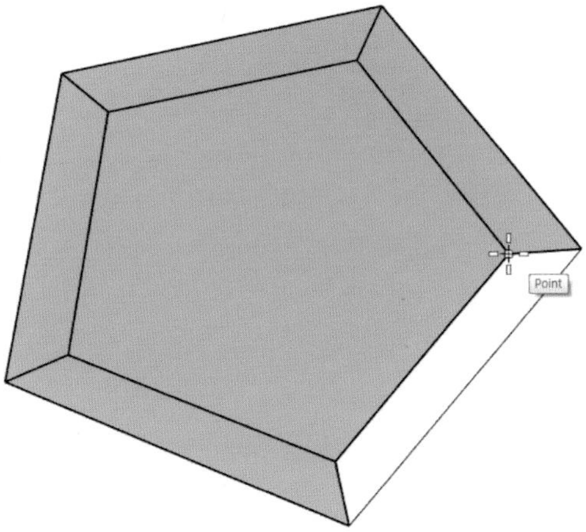

❻

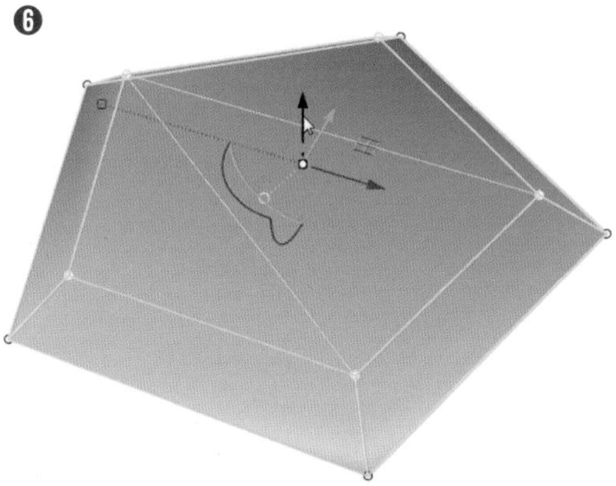

Gumball 명령으로 볼륨 편집된 예시
Mesh 면의 편집 포인트 활성화는 Show object control points 명령으로 사용한다.

SubD **가장자리 루프 삽입** Insert SubD edge loop
SubD **가장자리 링 삽입** Insert SubD edge ring

Insert SubD edge loop 명령은 메쉬 면에 모서리를 선택하여 동일 방향으로 모서리를 추가해 주는 명령이다. 옵션 설정에 따라 다양한 모서리 삽입이 가능하다.

Command: 옵션 선택 항목

Type=Loop **선택한 모서리 루프 옆에 모서리를 한다.**
Type=Ring **선택한 모서리 링에 모서리를 삽입한다.**

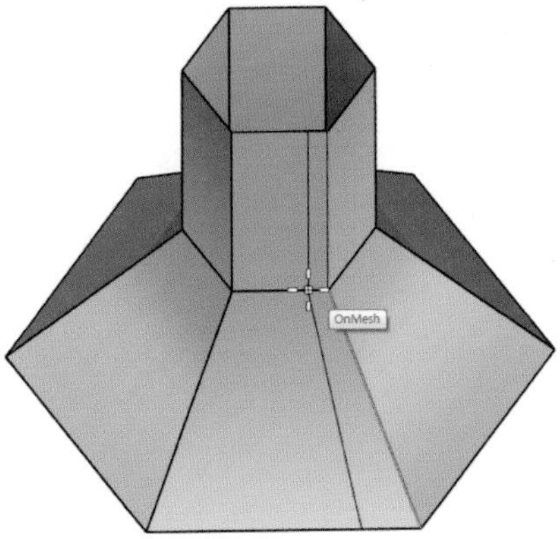

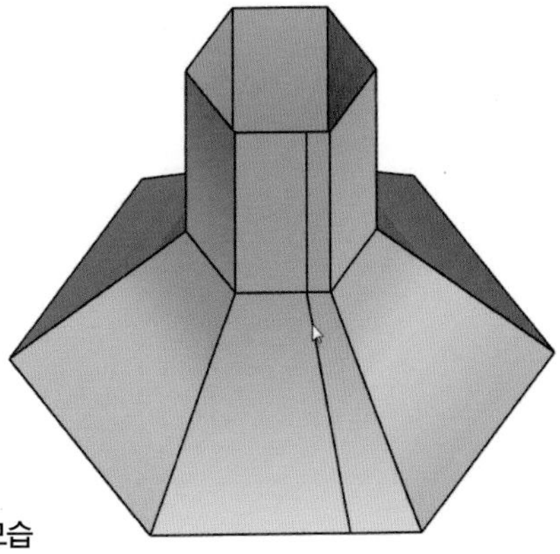

세로 모서리가 추가된 모습

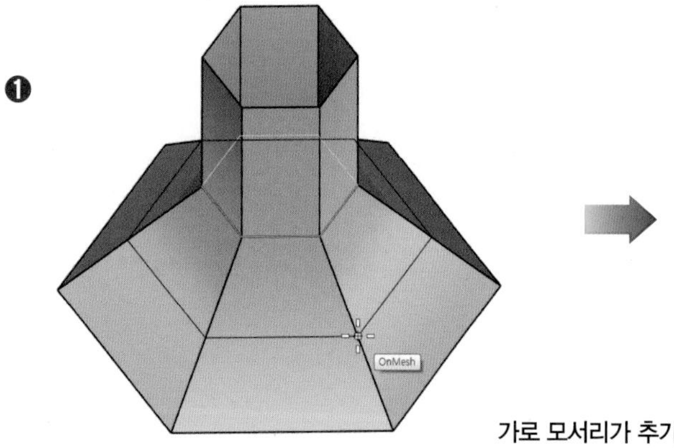

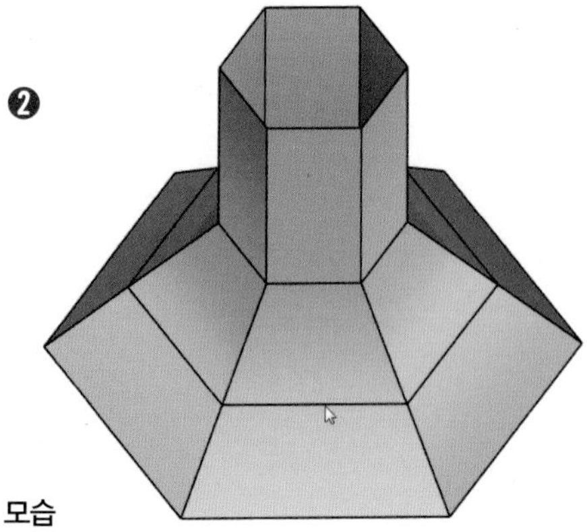

가로 모서리가 추가된 모습

Command: 옵션 선택 항목

Mode=Full 모서리를 삽입하려면 유형 옵션에 따라 전체 모서리 루프(왼쪽) 또는 링(오른쪽)을 선택해 준다.

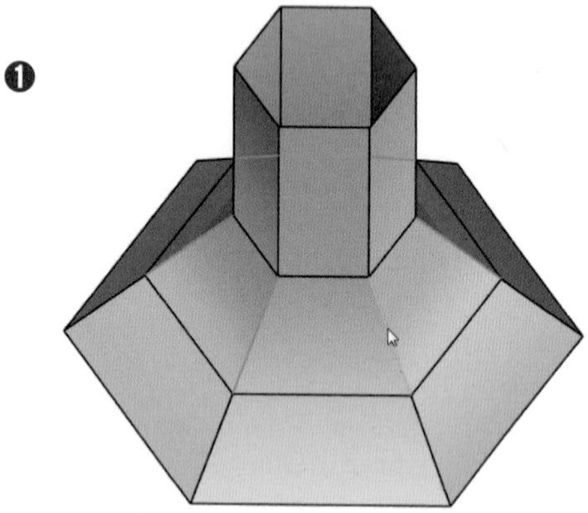

Type=*Ring* Mode=*Full*

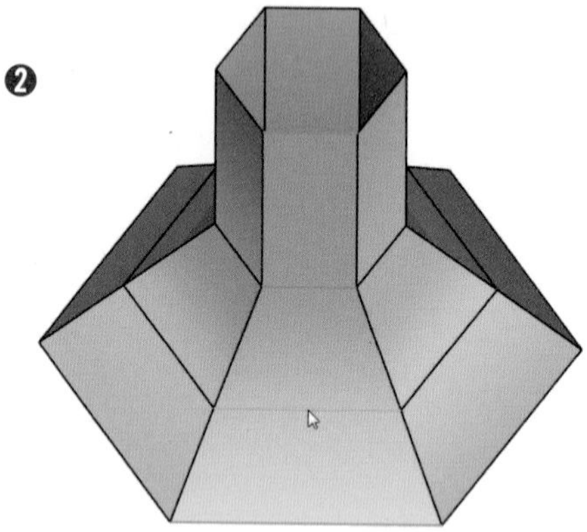

Type=*Ring* Mode=*Full*

Command: 옵션 선택 항목

Mode=Range 모서리를 삽입하려면 유형 옵션에 따라 루프(왼쪽) 또는 링(오른쪽) 범위에서 시작 및 끝 모서리를 선택해 준다.

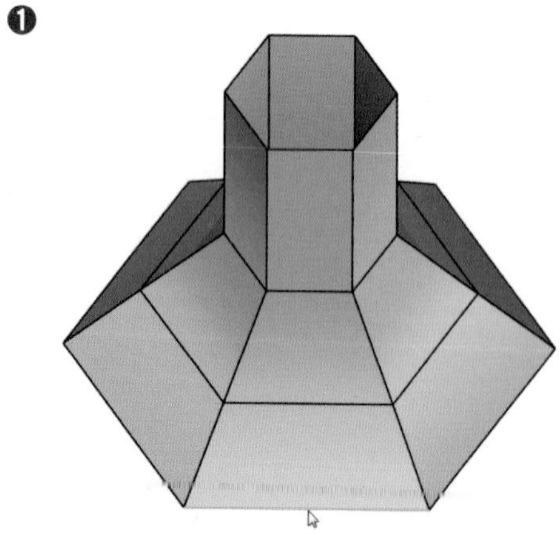

Type=*Ring* Mode=*Range*

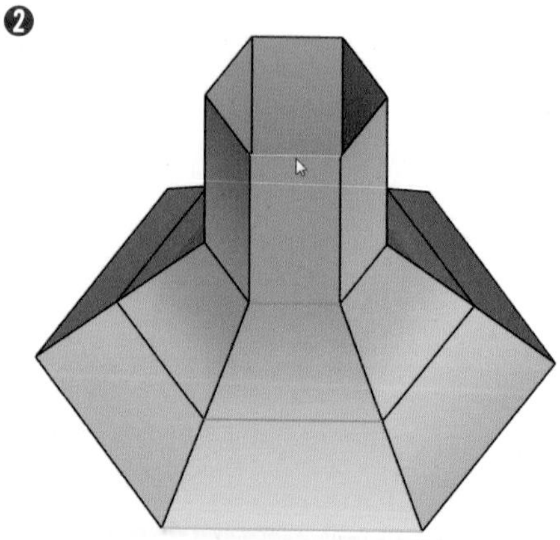

Type=*Ring* Mode=*Range*

❶

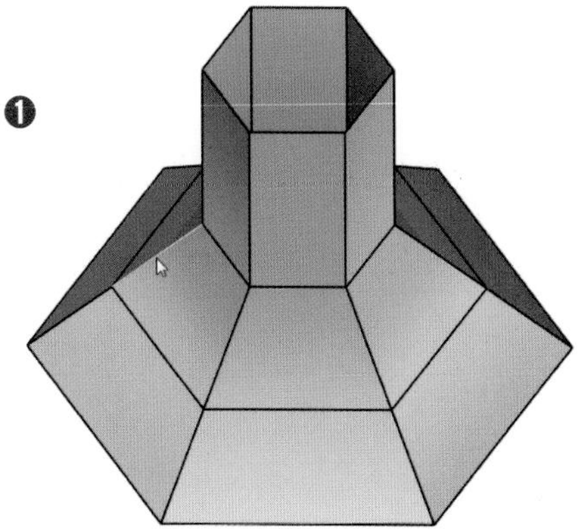

Type=*Ring* Mode=*Range*

❷

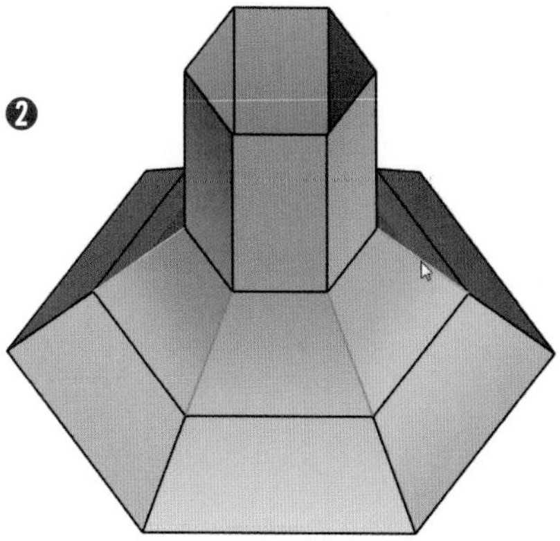

Type=*Ring* Mode=*Range*

Command: 옵션 선택 항목

BothSides 선택한 모서리 루프의 양쪽에 모서리를 삽입한다.

❶

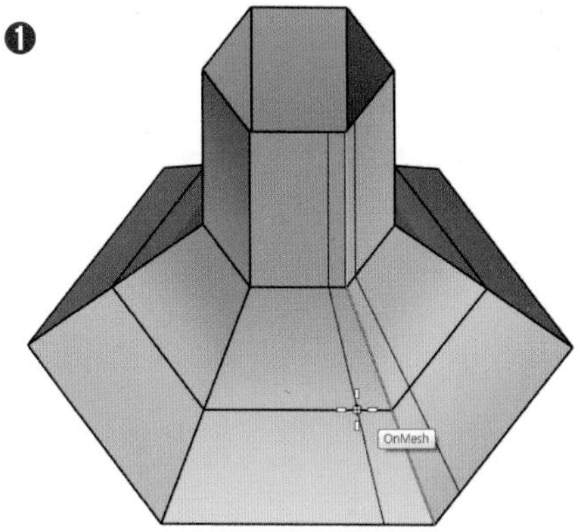

Type=*Loop* Mode=*Full*
Edge positioning :
(BothSides=***Yes*** / Offset Mode=***Proportional***)

❷

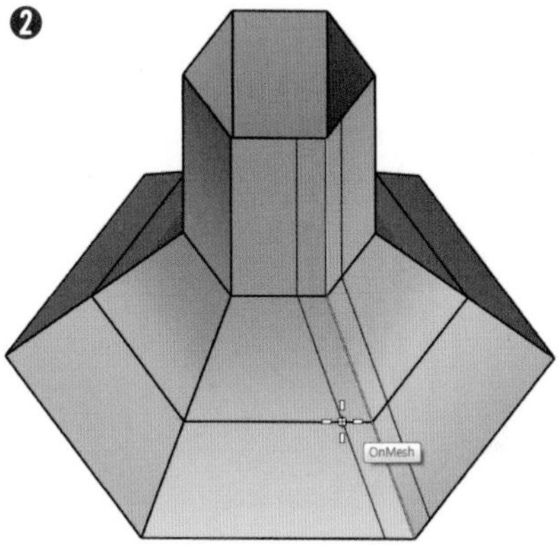

Type=*Loop* Mode=*Full*
Edge positioning :
(BothSides=***Yes*** / Offset Mode=***Absolute***)

메쉬 또는 SubD 베벨 Bevel mesh or SubD

Bevel mesh or SubD 경사 명령은 지정된 세그먼트로 모따기, 모 깎기 메쉬 또는 SubD 모서리를 모따기한다.

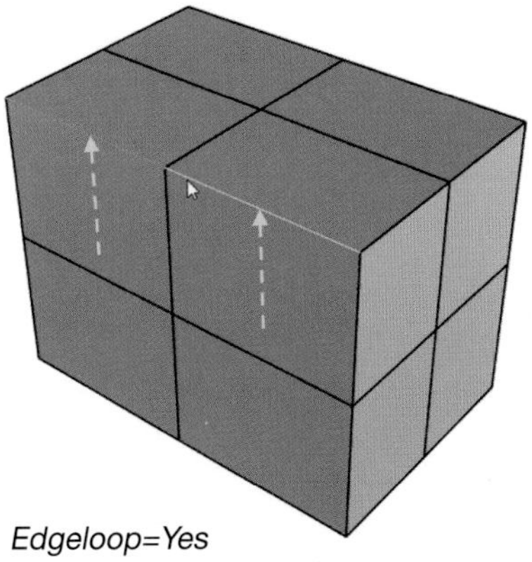

Edgeloop=Yes

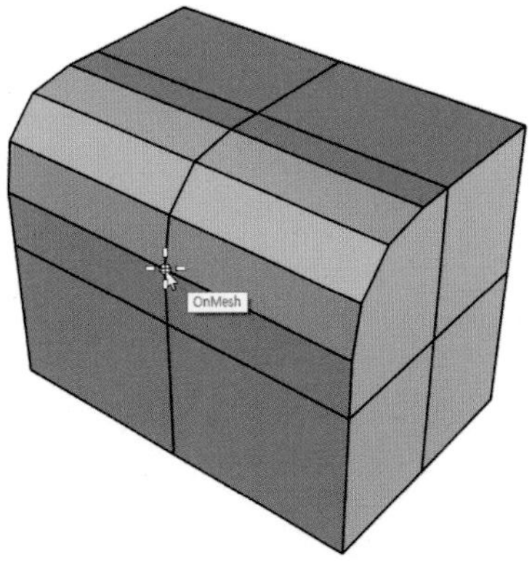

 객체를 Nurbs로 변환 Convert objects to Nurbs

Convert objects to Nurbs 명령은 Mesh 또는 SubD 모델링 데이터를 넙스(Nurbs)로 변환해 준다. 참고로 넙스(Nurbs)는 라이노 3D로 모델링 시 수학적 방정식을 의미한다.

❶

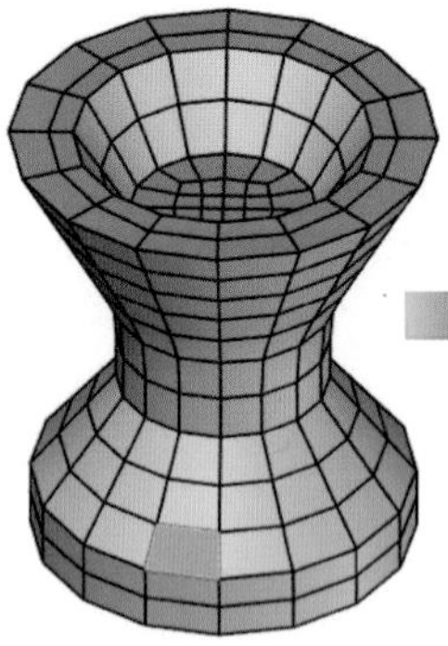

Mesh 〉 Nurbs

❷

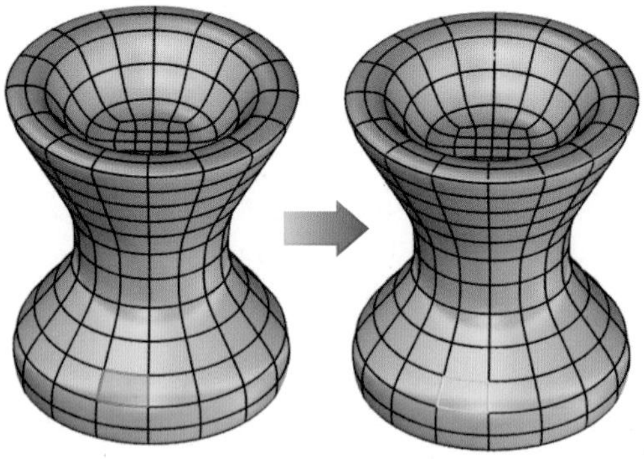

SubD 〉 Nurbs

 메쉬 또는 SubD 가장자리 또는 정점 스티치 Stitch Mesh or SubD edges or vertices

Mesh 면의 경계나 SubD 면의 경계를 서로 스티치해 주는 기능으로 이렇게 붙은 면은 일반적인 폭파(Explode) 명령으로 폭파되지 않는 면이 생성된다. 일반적인 Join 명령과 다르다. 즉 Join 명령으로 붙이면 폭파가 된다.

❶

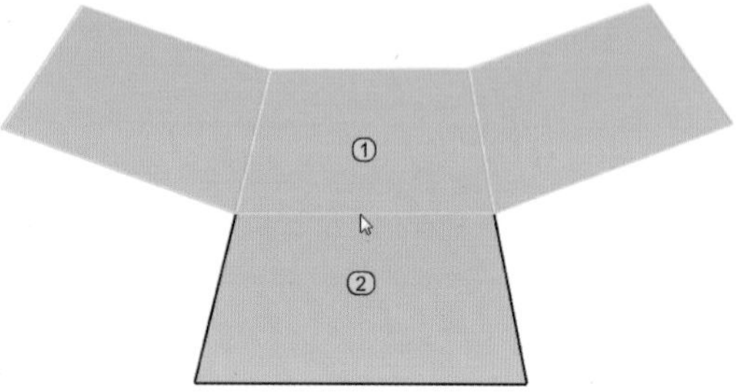

서로 닿아 있으나 분리된 ①과 ②번 Mesh 면

❷

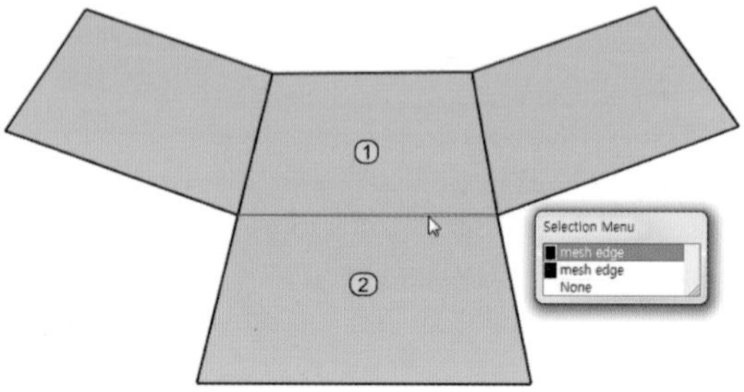

①번 Mesh Edge의 선택 〉 Enter

❸

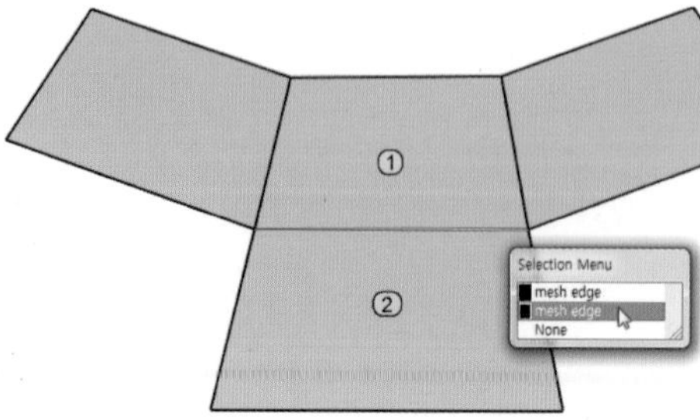

②번 Mesh Edge의 선택 〉 Enter

❹

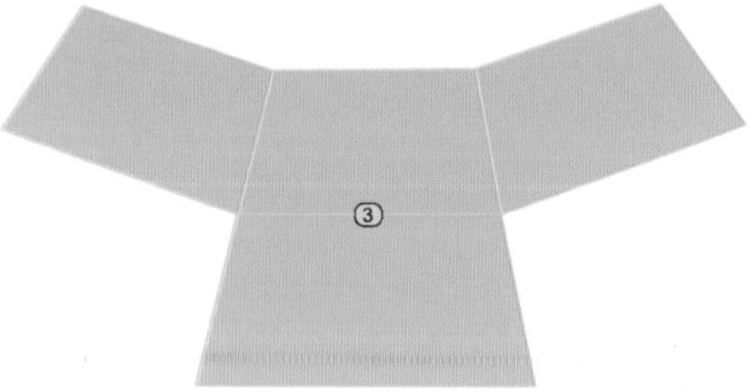

①번과 ②번 면의 엣지 경제면이 서로 붙어 ③번 객체화

❶

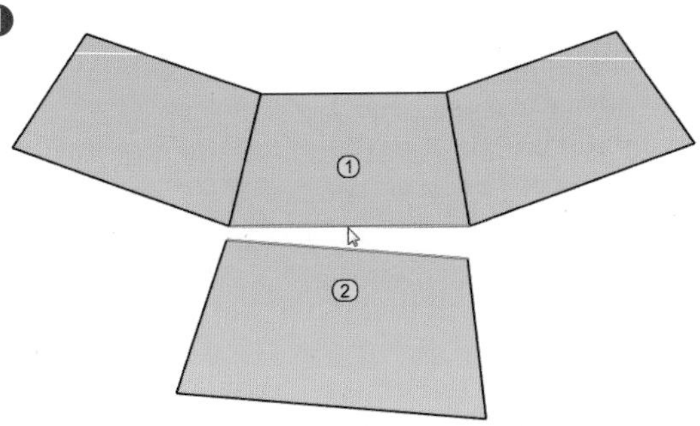

서로 떨어져 있는 ①번 Mesh 엣지를 선택 〉 Enter

❷

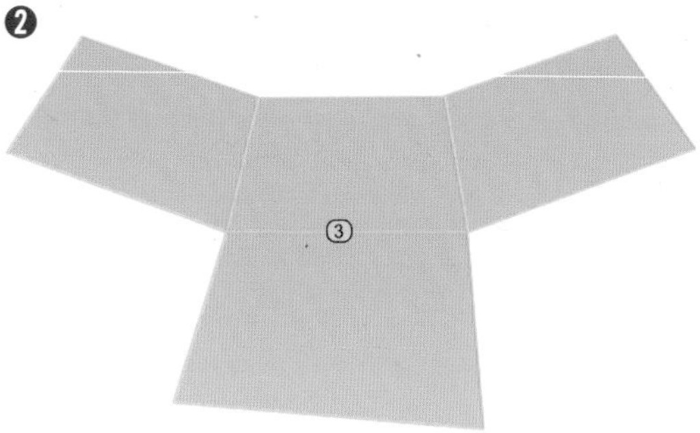

서로 떨어져 있는 ②번 Mesh 엣지를 선택 〉 Enter

SubD로 변환 Convert to SubD

ToSubD 명령은 지원되는 객체 유형을 SubD 객체로 변환할 수 있게 해 준다. 먼저 Mesh 상태면 언제든 변환이 가능하다.

❶

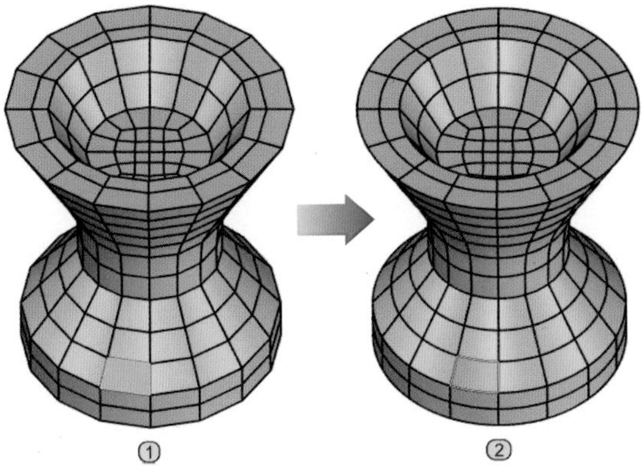

Mesh 〉 Creases=Yes

❷

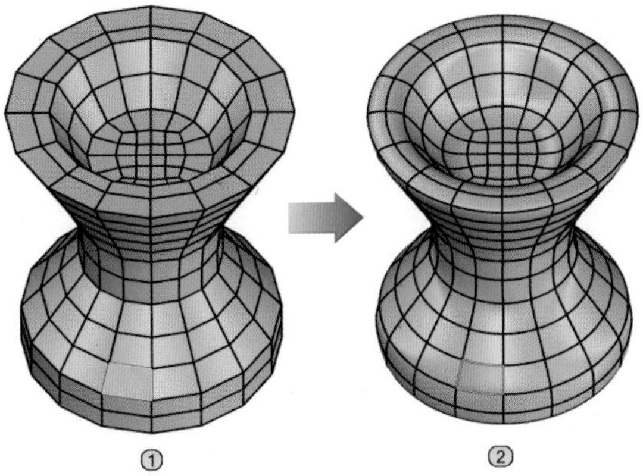

Mesh 〉 Creases=No

❶

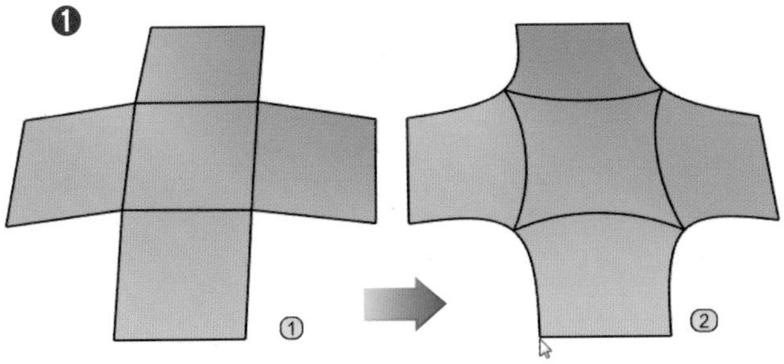

Subdivision options 〉 Corners=No

❷

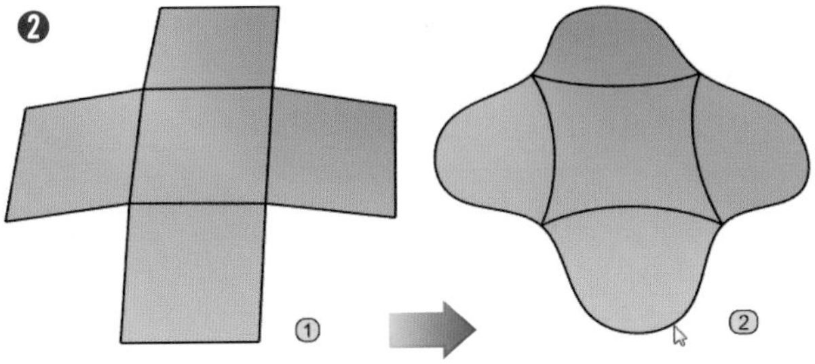

Subdivision options 〉 Corners=Yes

메쉬 또는 SubD 가장자리 또는 정점을 슬라이드 Slide Mesh or SubD edges or vertices

Slide Mesh or SubD edges or vertices 명령은 정점을 교차 모서리를 따라 이동하여 선택한 SubD/메쉬 모서리를 옆으로 이동시킬 수 있다.

Command: 옵션 선택 항목

슬라이드 엣지 명령에는 아래와 같은 옵션이 있으며, 설정에 따라 다른 엣지 배열이 만들어진다.

Slide amount. SelectPoint
(OffsetMode=Proportional Smoothness=0):

Slide amount. SelectPoint
(OffsetMode=Absolute Smoothness=0):

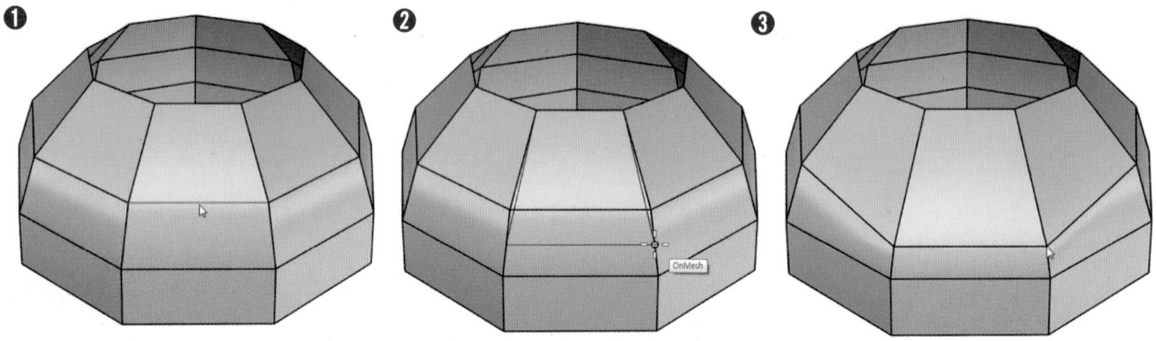

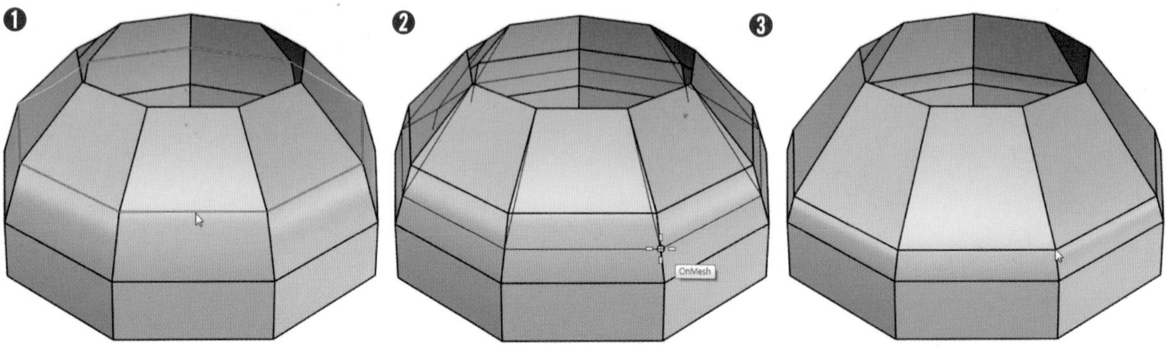

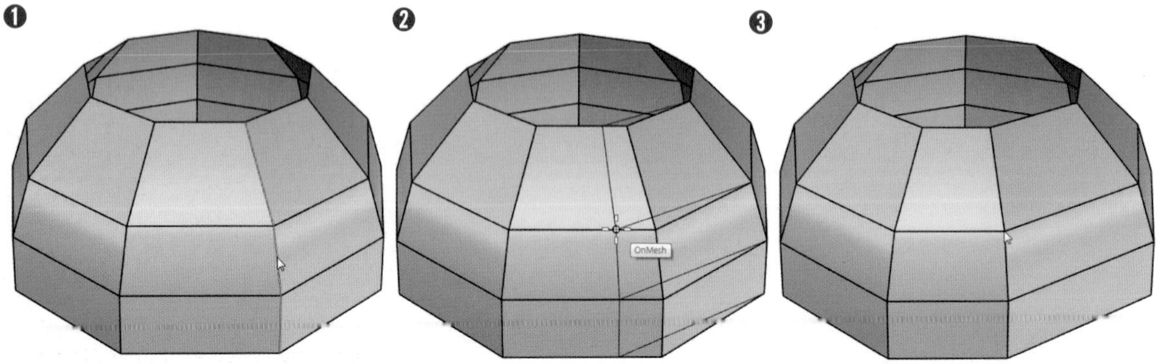

SubD 부분 분할 Subdivide SubD

SubDivide 명령은 Catmull–Clark 하위 분할의 반복을 전체 Mesh/SubD 객체 또는 선택한 면에 적용한다.

❶ ❷ ❸

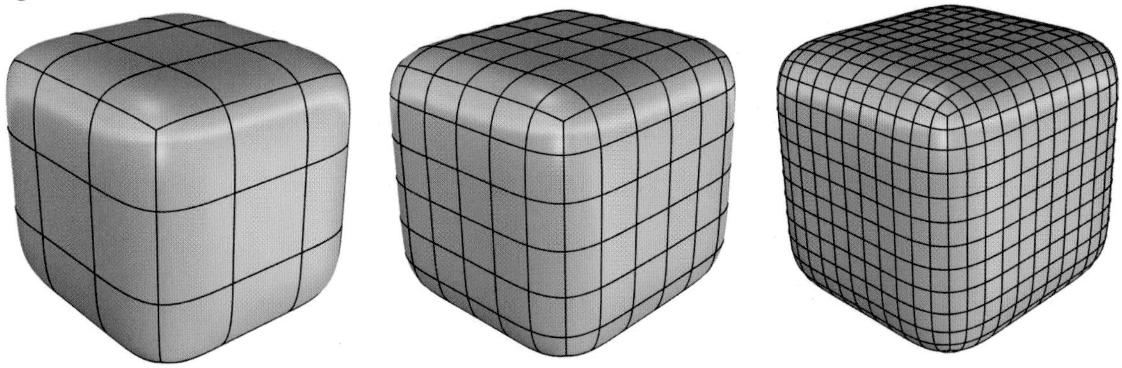

점을 메쉬 또는 SubD에 삽입 Insert Point to Mesh or SubD

Insert Point to Mesh or SubD 명령은 모서리에서 선택한 점을 따라 정점과 모서리를 메쉬 또는 SubD에 추가한다.

❶ ❷ ❸

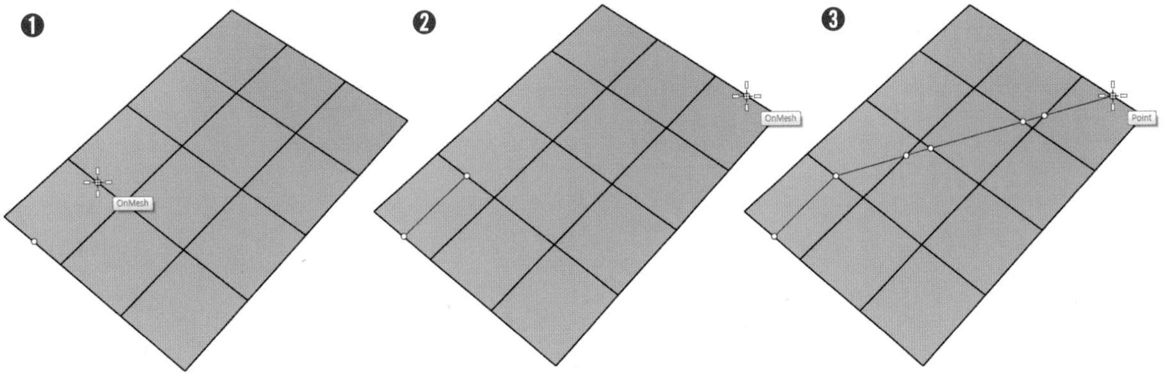

면 삭제 Delete faces

DeleteFaces 명령은 메쉬, SubD 또는 폴리 서피스에서 선택한 면을 제거한다.
면을 보고 직접 선택할 수 있으므로 음영 표시 모드에서 가장 효과적이다.

❶ ❷

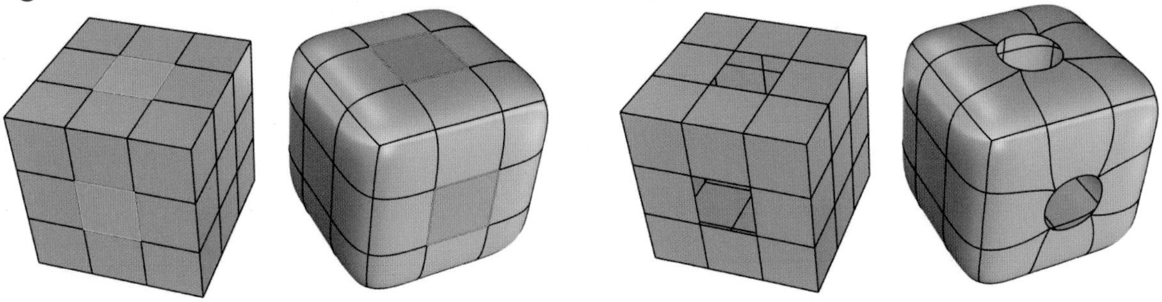

메쉬 또는 SubD 브리지 Bridge Meshes or SubDs

Bridge Meshes or SubDs 명령은 두 개의 SubD 또는 메쉬 엣지 체인 사이에 브리지를 만든다.

Ctrl + Shift 를 누른 상태에서 마우스 왼쪽 클릭 1회 시 싱글 모서리가 선택된다. 2회 클릭하면 가장자리 루프를 선택할 수 있다. Ctrl + 클릭은 단일 모서리를 선택 해제한다. Ctrl + 더블 클릭은 가장자리 루프를 선택 해제할 수 있다.

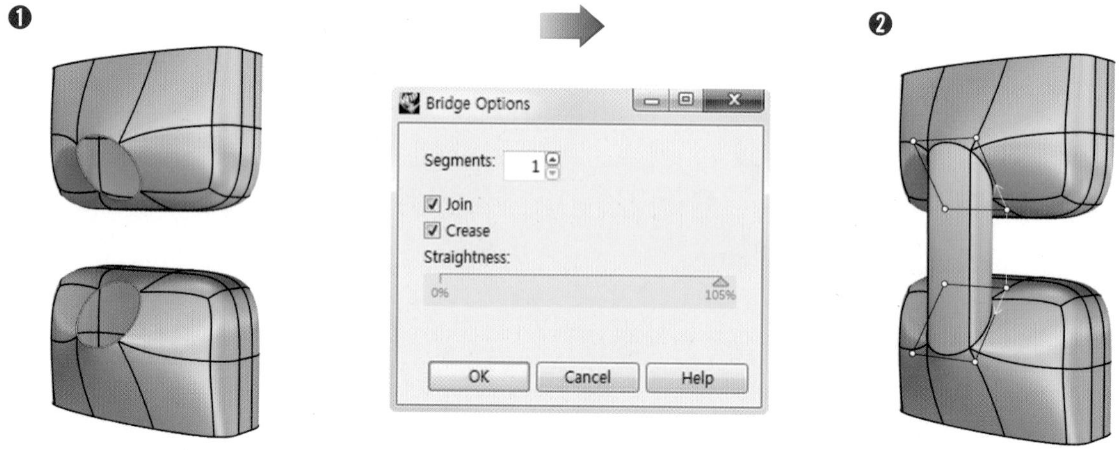

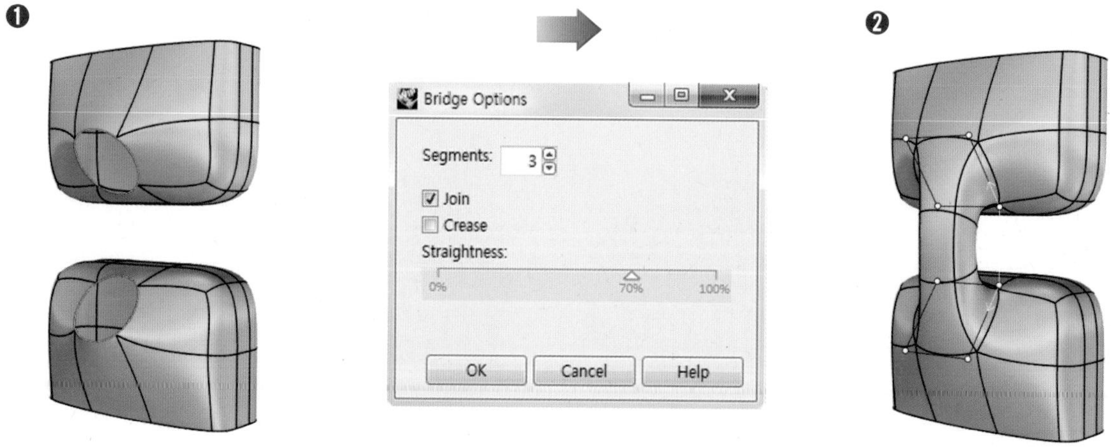

SubD 개체 반사 Reflect SubD object
SubD에서 반사 대칭 제거 Remove reflection symmetry from SubD

History 적용 가능

Reflect 명령은 반사면에서 SubD를 대칭으로 만들고 양쪽을 단일 SubD로 병합된다. 히스토리는 항상 기억된다. 축을 어떤 방향으로 찍어 주느냐에 따라 다양한 대칭 반영이 가능하다.

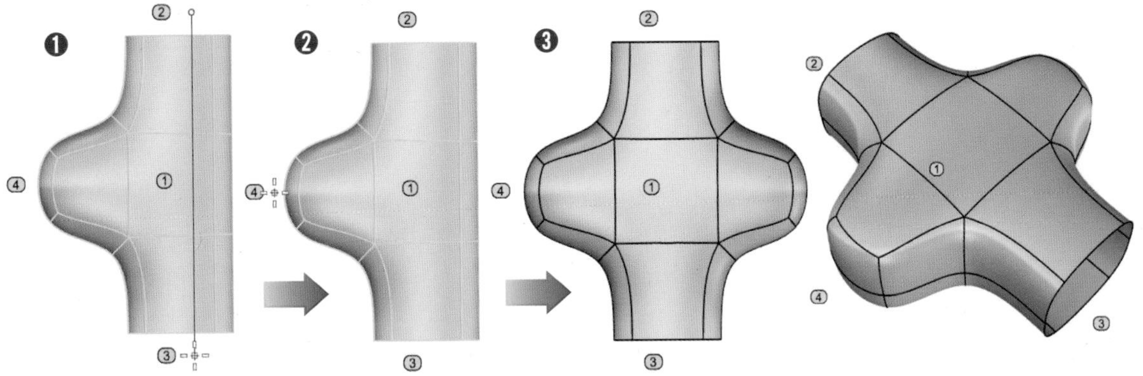

명령 실행 순서는 아래 그림의 번호 순서와 같다. 1. 객체 클릭 2. 반영 축 지정(②–③) 3. 반영 모양 근처 클릭 지정(④) 4. 입체적 반영물 생성

동일평면상의 두 면 병합 Merge faces

Merge Faces 명령은 연결된 SubD 또는 메쉬 면 세트를 단일 면으로 병합해 준다. ①번 그림처럼 독립적으로 선택되는 부분을 원하는 부위만큼 선택하고 면 병합 명령을 내리면 ②번처럼 선택했던 면들이 1개의 면으로 병합된다.

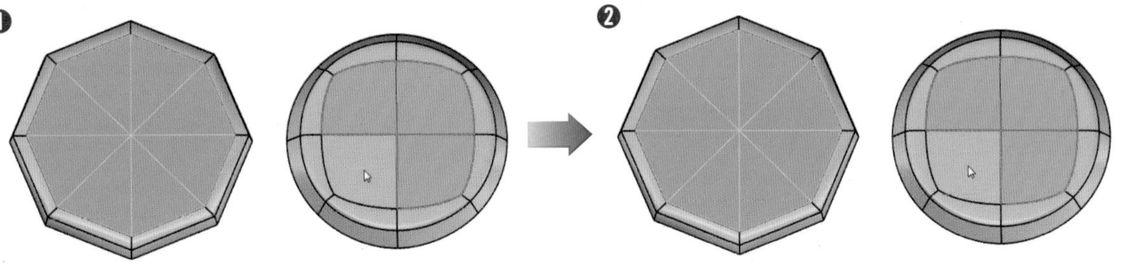

Mesh Original　　SubD Original　　**내측이 1개의 면으로 선택됨**　　**내측이 1개의 면으로 선택됨**

SubD에 덧붙이기 Append to SubD

Append to SubD 명령을 기존 SubD에 삼각형, 쿼드 또는 Ngon 면을 추가한다.

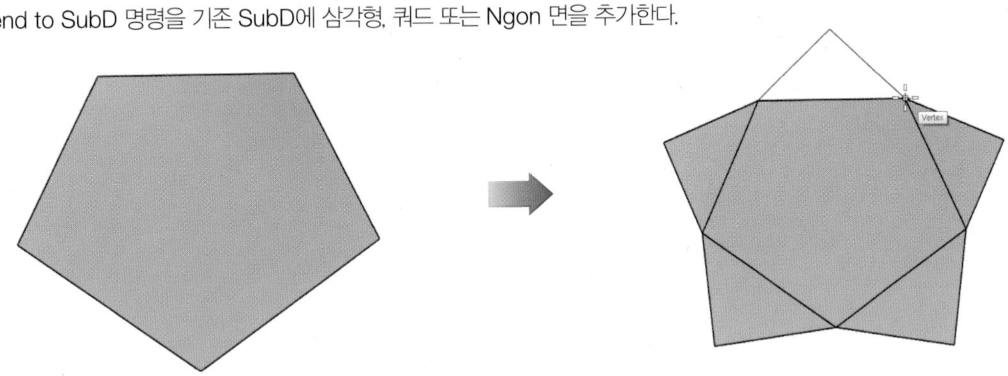

Mesh Original　　PolygonType=Triangle

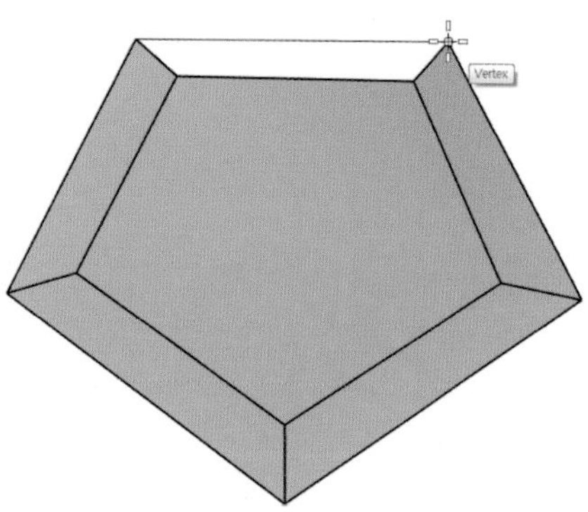

PolygonType=Quad

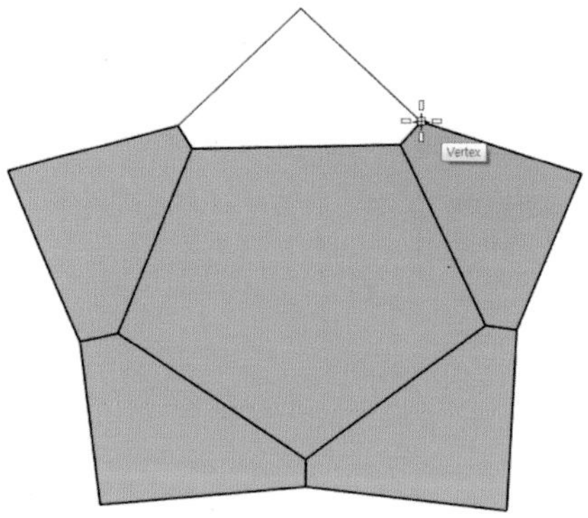

PolygonType=Ngon

SubD **구멍 채우기** Fill SubD hole

Fill SubD hole 명령은 SubD의 선택된 경계 모서리를 SubD 면으로 채워 준다. ①번 그림의 안쪽 면의 엣지를 한 번에 선택하려면 Shift + Ctrl + 마우스 더블 클릭하면 된다. ②번의 노란색 부위가 복원 즉, 채우기 완료 시 보이는 면이 된다.

❶ ❷

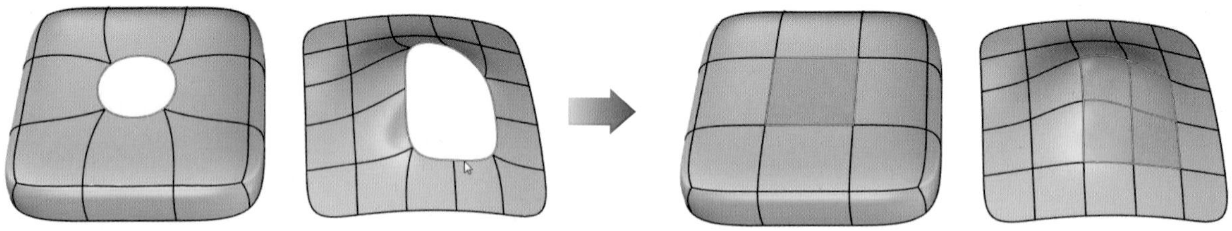

SubD **돌출** Extrude SubD

ExtrudeSubD 명령은 다른 방향 모드로 SubD 면과 경계 모서리를 돌출시킬 수 있다.

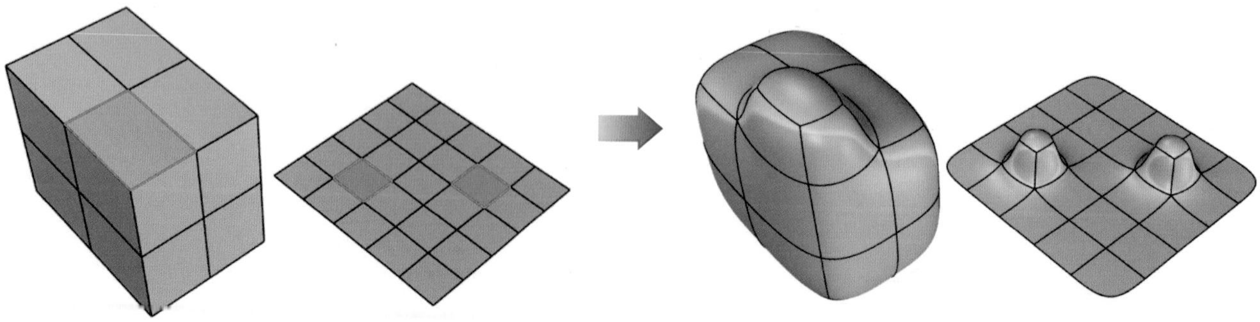

SubD 간격 띄우기 Offset SubD

Offset SubD 명령은 SubD 면에 대해 두께를 생성한다. 디렉션 방향에 따라 안쪽과 바깥쪽으로 오프셋이 가능하며, Solid=Yes 하면 솔리드 벽두께가 생성된다. 또한 ②번과 같이 Insert edge가 끝단에 추가된 상태에서 오프셋하면 모서리 각을 좀 더 명확하게 표현이 가능하다.

❶
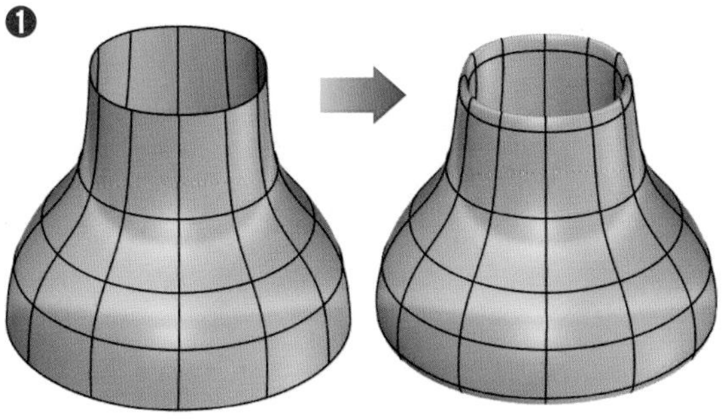
Solid=Yes

❷
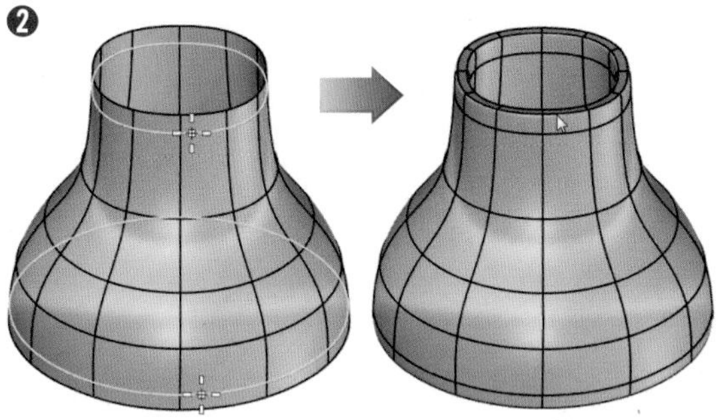
Insert edge 추가

사각 재메쉬 QuadRemesh

QuadRemesh 명령은 고유한 알고리즘을 사용하여 최적화된 다각형 레이아웃으로 2D 및 3D 메쉬를 사각형으로 만들어 준다. 또한 서피스, 폴리 서피스, 메쉬 또는 SubD에서 사각형으로 완전히 구성된 메쉬를 만드는 데 사용할 수 있다.

1) Target Quad Count 설정 예시

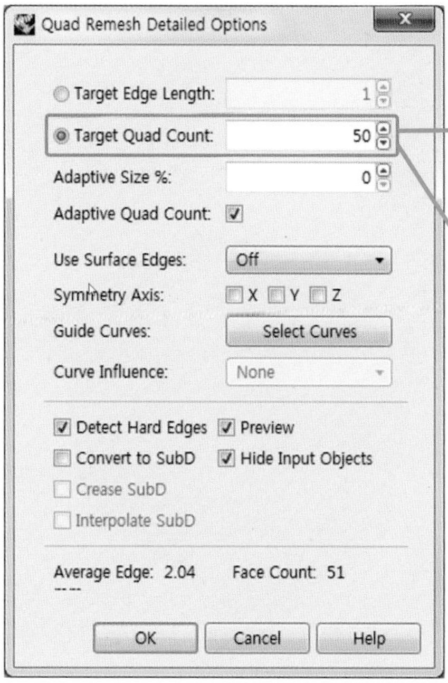

❶
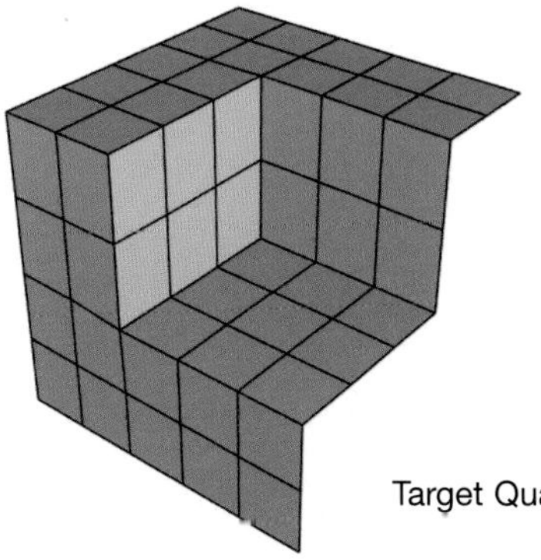
Target Quad Count=50

❷
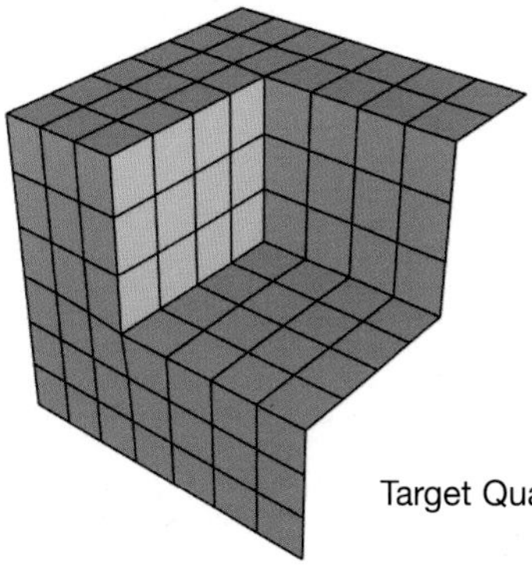
Target Quad Count=100

2) Adaptive Size % 설정 예시

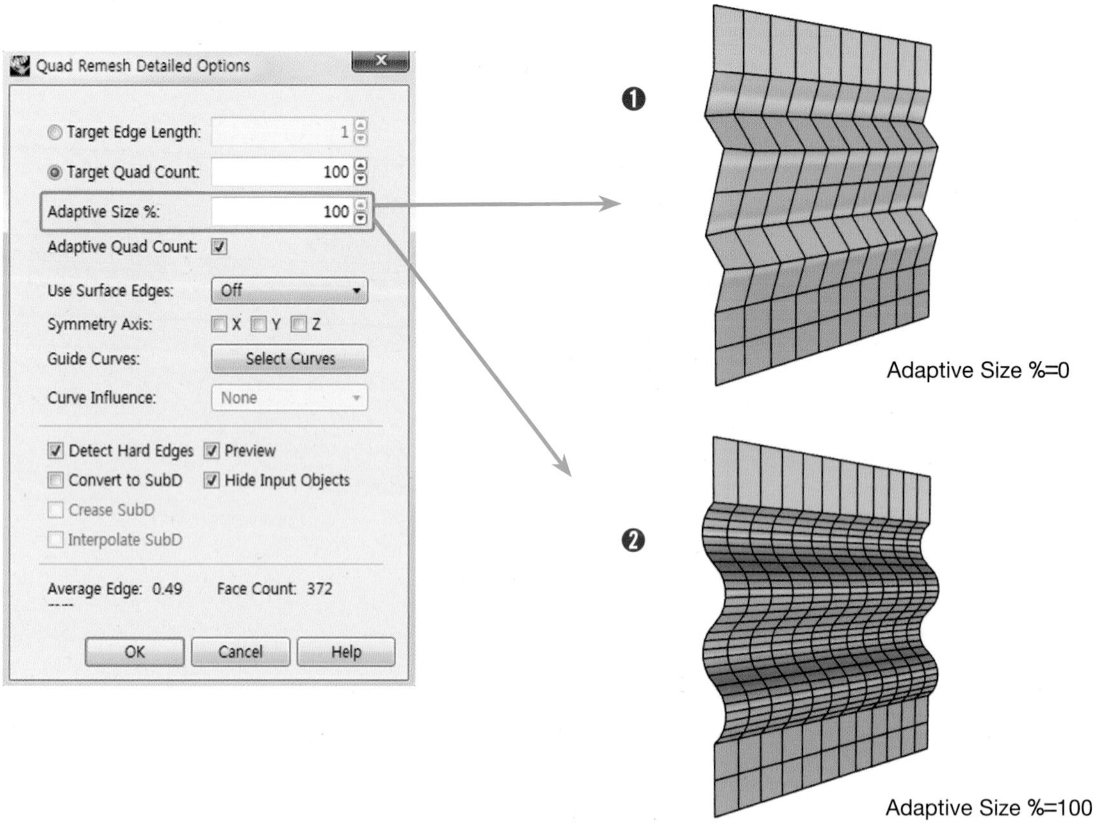

3) Convert to SubD 설정 예시

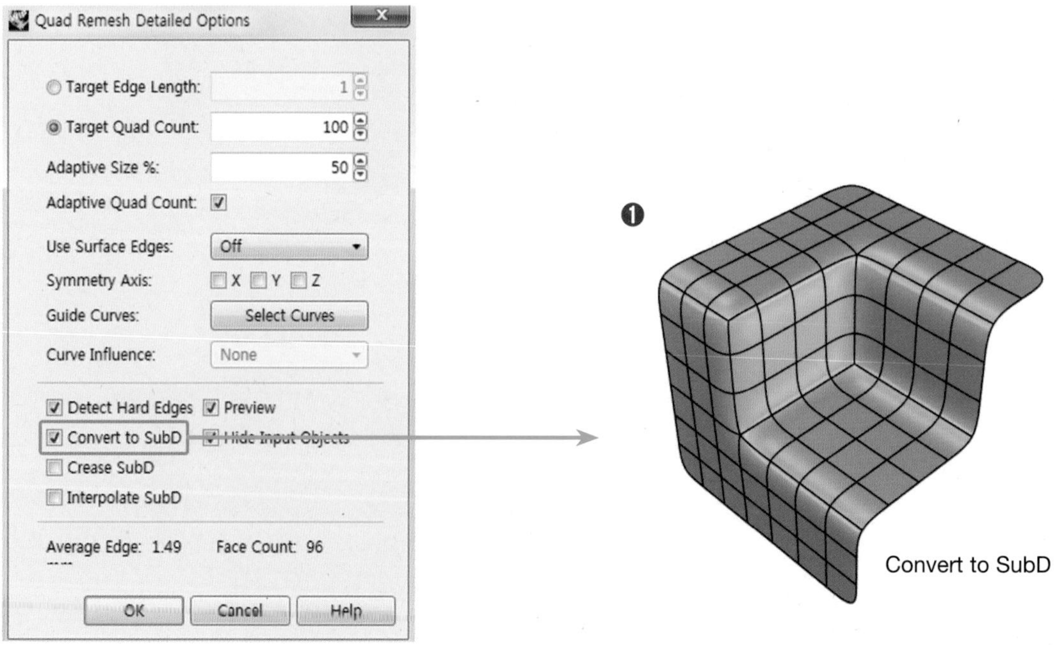

4) Crease SubD 설정 예시

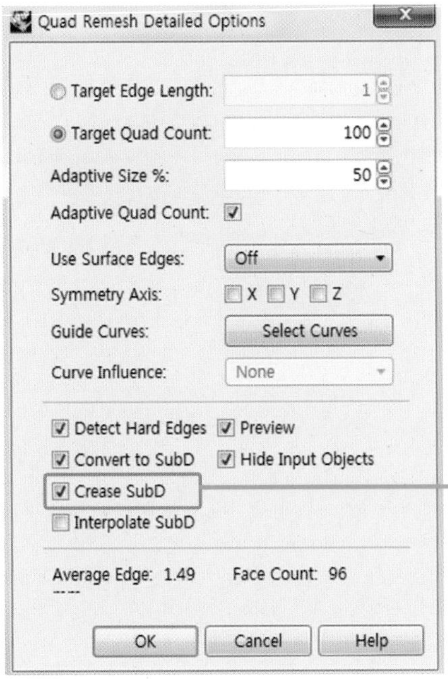

❷

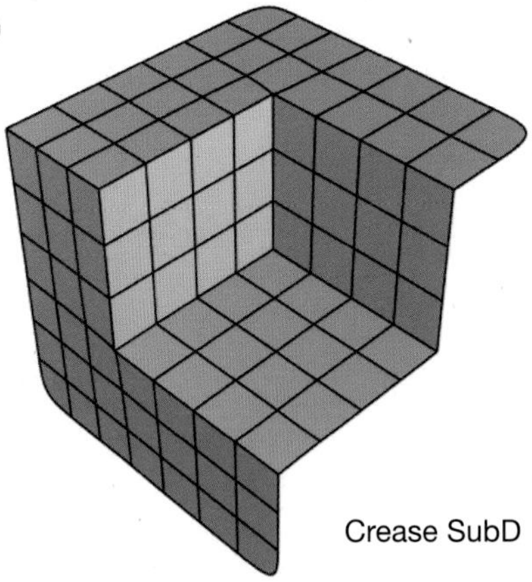

Crease SubD

5) Symmetry Axis 설정 예시

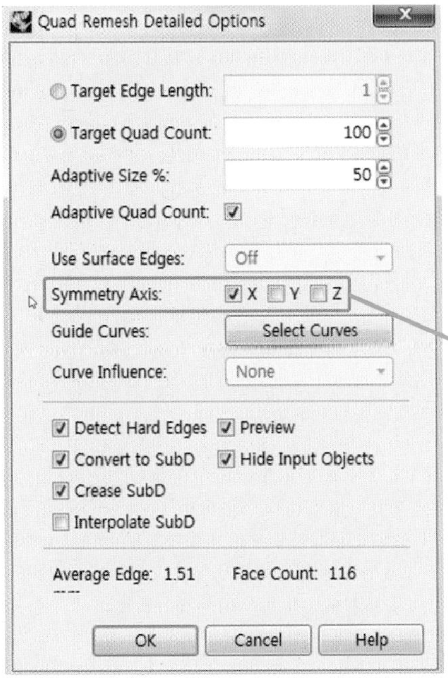

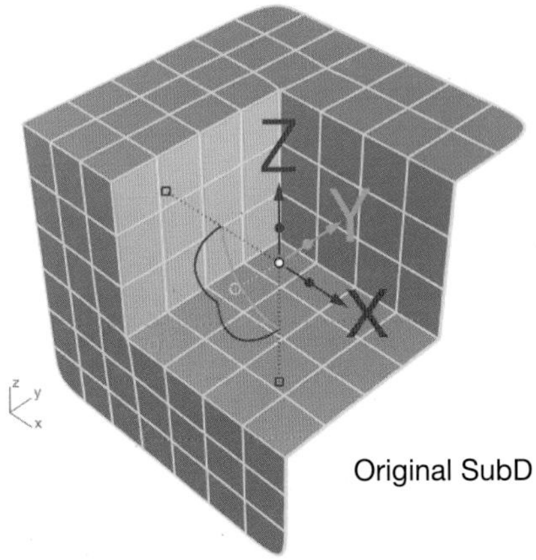

Original SubD 개체

❶

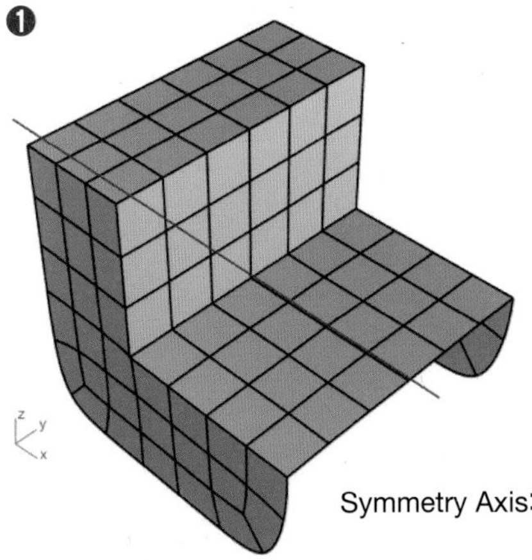

Symmetry Axis: X축 기준

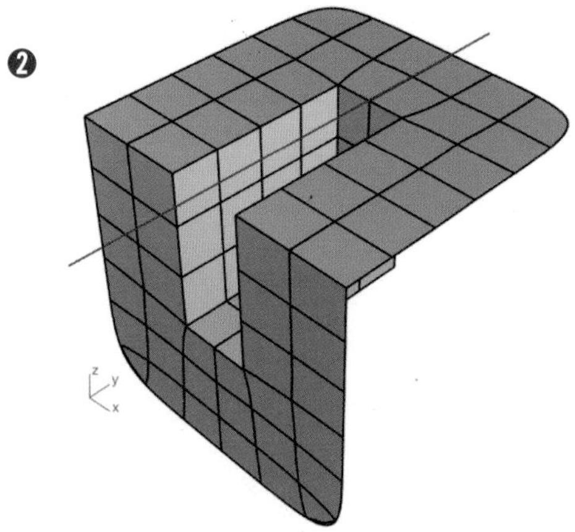

Symmetry Axis: Y축 기준

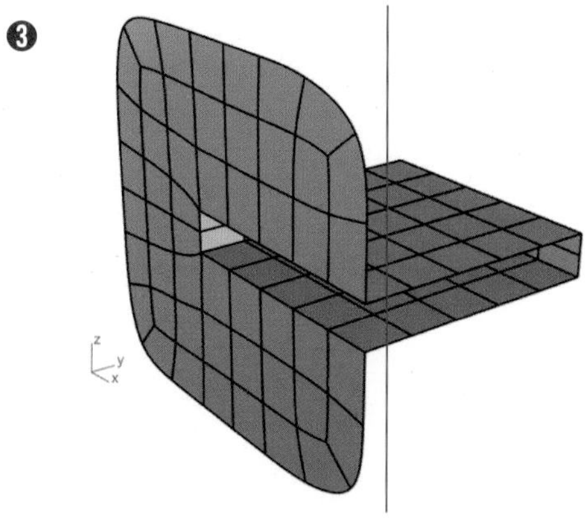

Symmetry Axis: Z축 기준

명명된 선택 패널 NamedSelections panel

Named Selections panel 명령은 모델링 파트를 클릭하고 디스켓 아이콘을 클릭하여 이름을 부여하고 관리, 선택이 용이하도록 돕는다.

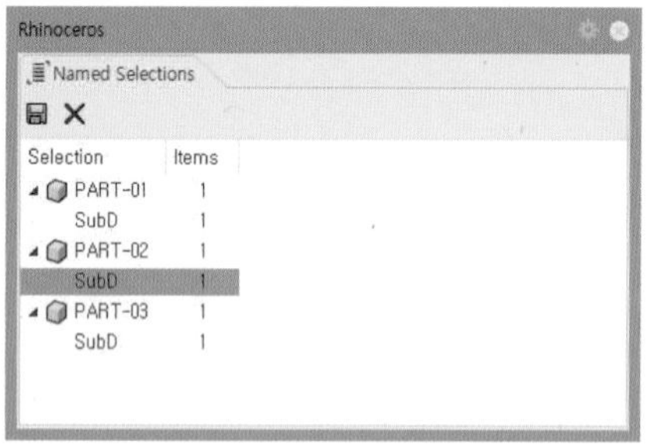

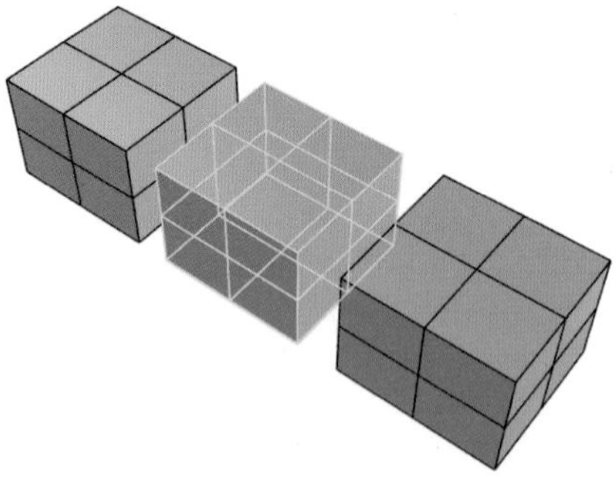

SubD **복구** Repair SubD

Repair SubD는 SubD에서 손상된 구성 요소, 와이어 모서리 및 비매니 폴드 모서리를 검사하고 삭제할 수 있다.

SubD **표시 전환** Toggle SubD display

SubDDisplayToggle 명령은 모든 SubD 개체의 모양을 부드럽게 보이게 하는 모드와 각진 평면으로 보이는 플랫 모드 간에 전환을 담당하는 명령어이다.

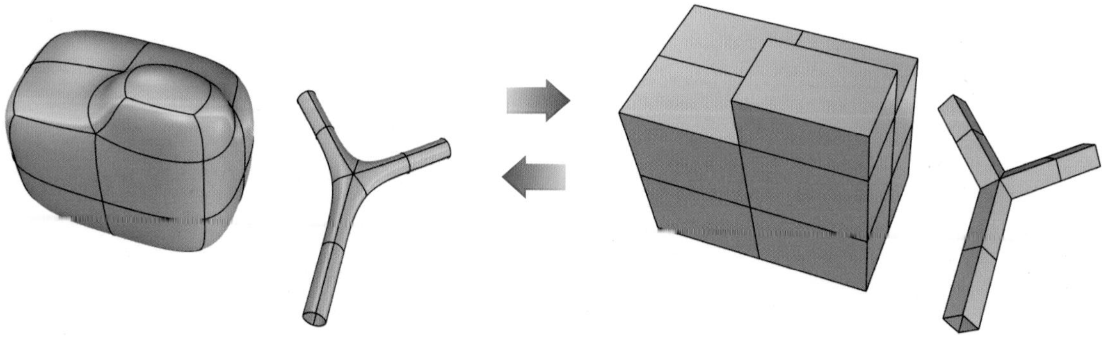

SubD 개체 선택 Select SubD objects

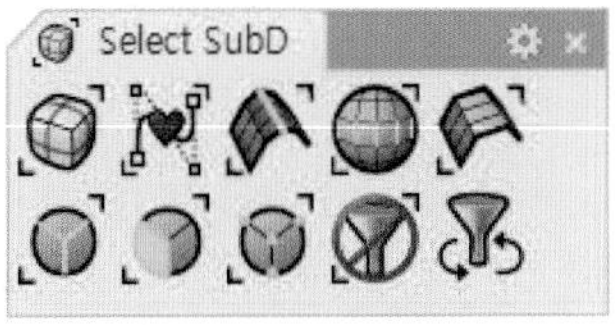

Select SubD 선택 도구 모음

Select SubD objects 명령은 모든 SubD 개체를 선택할 수 있다.

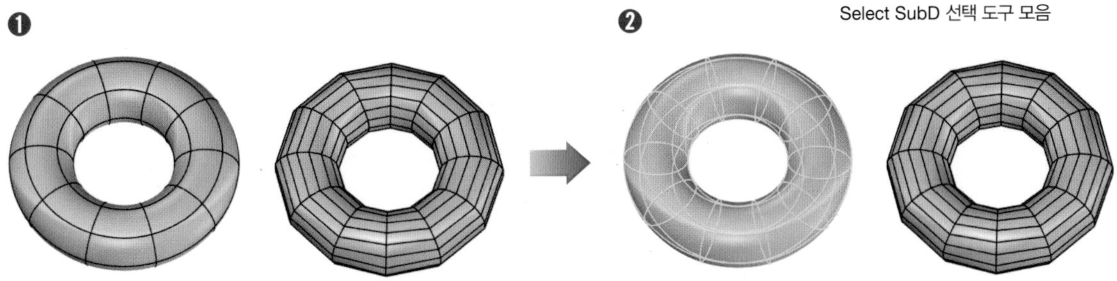

SubD 모델　메쉬 모델　SubD 모델 자동 선택됨　메쉬 모델

가장자리 루프 선택 Select edge loop

SelEdgeLoop 명령은 루프에서 모서리를 선택하여 메쉬/SubD 모서리의 루프를 선택할 수 있다. 연속 선택과 Ctrl을 통해 부분 해제도 가능하다. 참고로 SubD 개체의 경우 선택된 상태에서 Enter + Delete 해 주면 해당 엣지를 지울 수 있으며 이때 향상된 만큼 변형될 수 있다. Mesh 개체의 경우 엣지를 지울 수 있지만 그 자리에 편집 포인트는 그대로 존재하며 형태에는 변화가 없다.

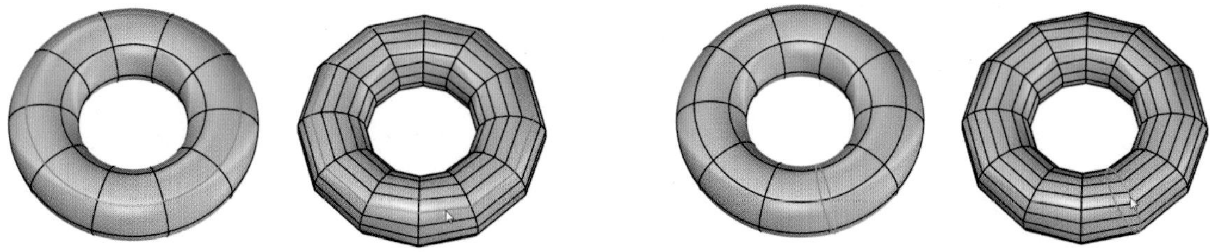

수평 루프 선택　수직 루프 선택

가장자리 링 선택 Select edge ring

Select edge ring 명령은 링에서 모서리를 선택하여 메쉬/SubD 모서리의 링을 선택할 수 있다. 연속 선택과 Ctrl을 통해 부분 해제도 가능하다.

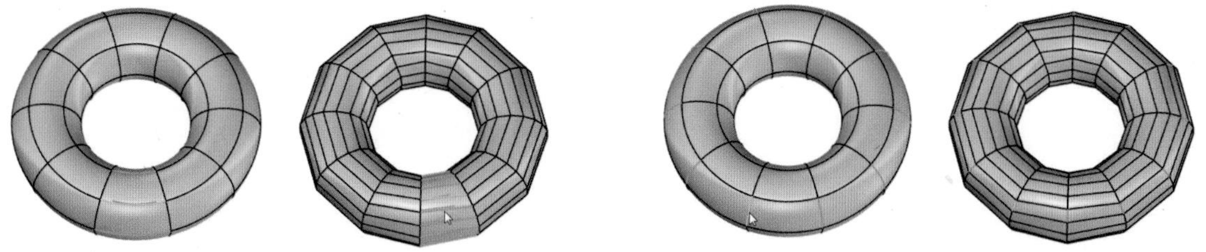

수평 엣지 링의 선택　수직 엣지 링의 선택

면 루프 선택 Select face loop

Sel face loop 명령은 루프에서 두 면 사이의 모서리를 선택하여 메쉬/SubD 면의 루프를 선택할 수 있다. 단 선택 시 가장 먼저 해당 방향의 아이소커브 엣지를 선택 후 (Enter) 해 주어야 해당 선택 부위의 전체가 선택된다.

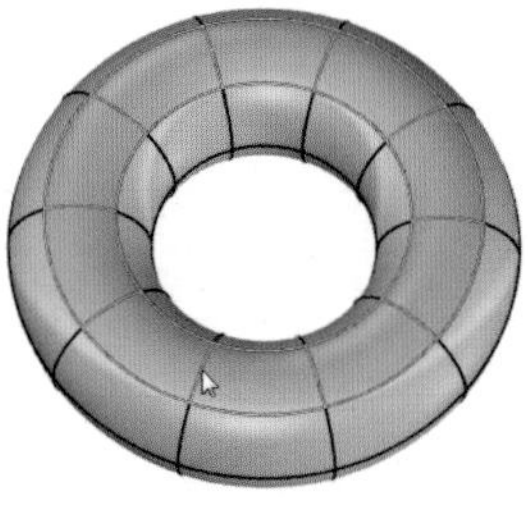

SubD 모델의 수평 선택

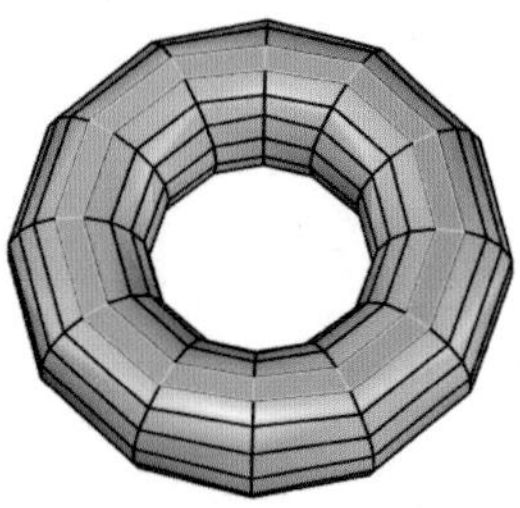

메쉬 모델의 수평 선택

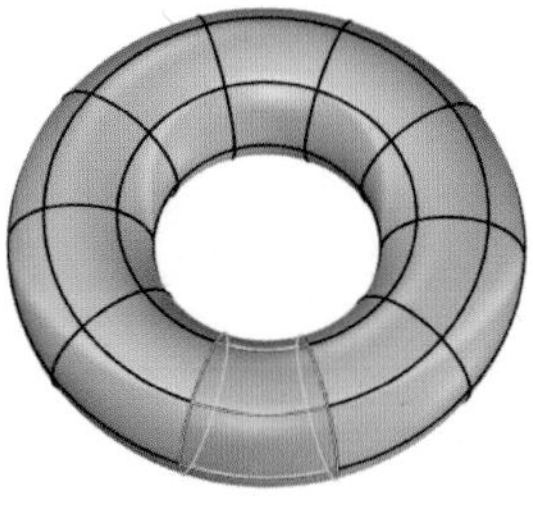

SubD 모델의 수직 선택

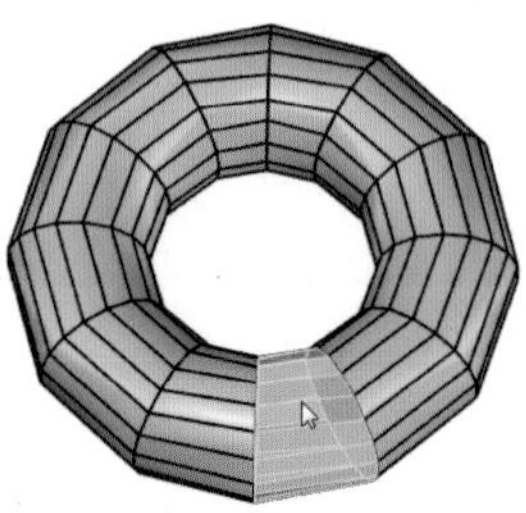

메쉬 모델의 수직 선택

브러시 선택 Select by brushing

Select by brushing 명령은 두꺼운 브러시 획으로 그린 부분을 기준으로 개체를 선택한다. 클릭하고 마우스를 끌어오거나, 여러 번 클릭하여 획을 그린다. 기본적으로 교차 선택을 사용한다. 획에 닿은 개체가 선택된다. 선택 가능한 개체/하위 개체 유형을 변경하려면 선택 필터를 사용한다.

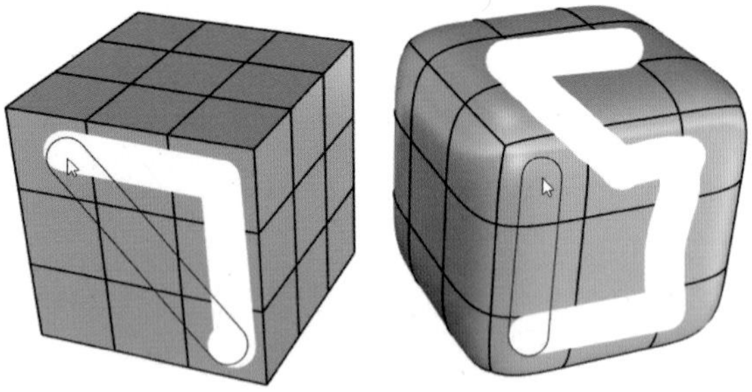

선택 필터: 가장자리 Selection filter: Edges

Selection filter edges 명령은 선택을 서피스, 메쉬, SubD로 제한한다. 필요한 일부분 또는 드래그 선택이 가능하며 선택 필터를 통해 항목을 제한할 수 있다.

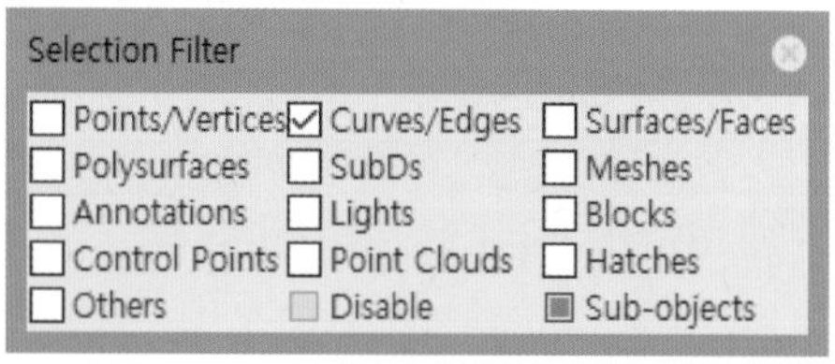

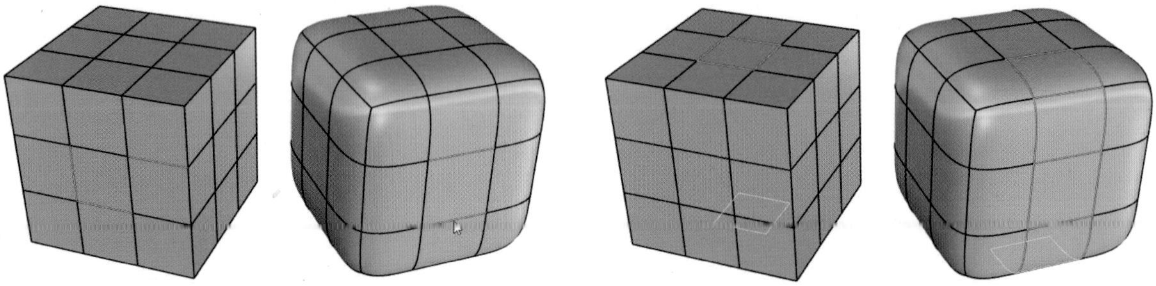

🖰 선택 필터 면 Selection filter: Faces
🖰 선택 필터 없음 Selection filter: None

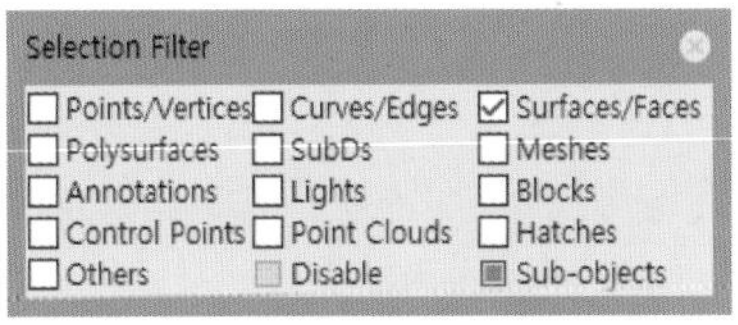

Selection filter Faces 명령은 서피스, 메쉬 면, SubD 면으로 선택을 제한한다. 그림과 같이 메쉬나 섭디 면의 일부 또는 다중 드래그 선택이 가능하다.

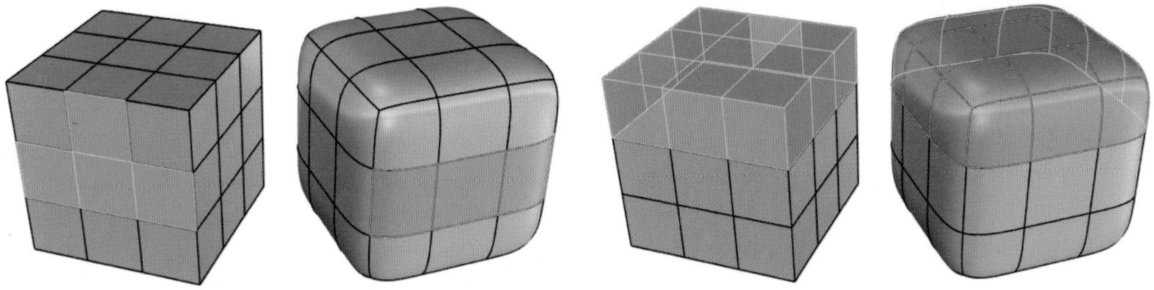

메쉬 모델의 면 선택 SubD 모델의 면 선택 메쉬 모델의 다중 면 선택 SubD 모델의 다중 면 선택

🖰 선택 필터 정점 Selection filter: Vertices
🖰 선택 필터 없음 Selection filter: None

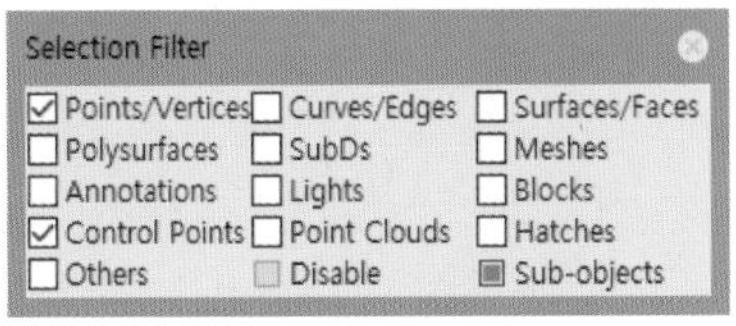

Selection filter: Vertices 명령은 선택을 개체 그립 정점으로 제한한다. 여기서 개체 그립이란 제어점, 편집점 등과 같이 기본적으로 개체에서 켜거나 끌 수 있는 유형의 점을 말한다. 단일 및 다중 드래그 선택이 가능하다. 검볼(Gumball)을 활용하여 더욱 유연한 편집도 가능하다.

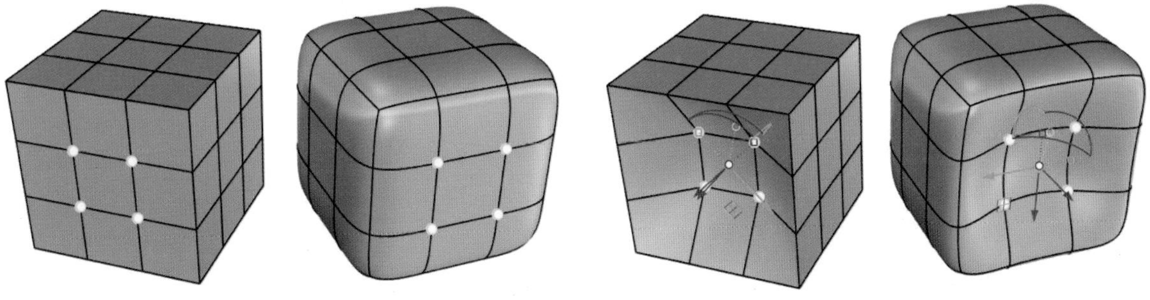

메쉬 모델의 제어점 선택 SubD 모델의 제어점 선택 메쉬 모델 검볼 편집 SubD 모델 검볼 편집

🖰 선택 필터: 없음 Selection filter: None

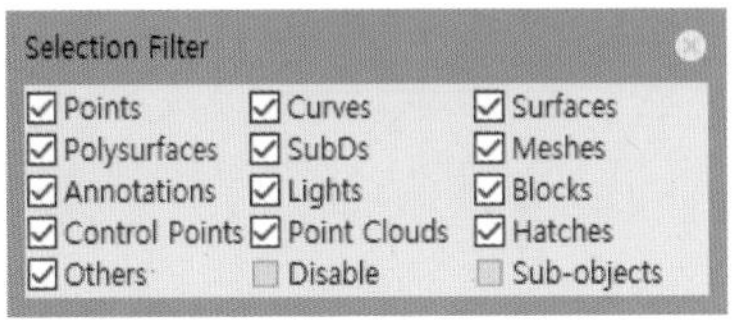

선택 필터를 없음으로 처리한다.

🖰 SubD 가장자리/정점 선택 전환 Toggle SubD edge/vertex selection

Toggle SubD edge/vertex selection은 SubD의 가장자리와 정점 선택 토글이다.

■ **한글 버전(V8 〉 WIP) SubD 도구 추가 명령어 그룹 소개(정품 사용자 사용 가능)**

SubD 1**개 레일 스윕** SubD Sweep one rail

SubD Sweep one rail 명령은 1개의 레일을 따라 단면 커브 모양의 면(SubD friendly)을 만들어 준다. 세그먼트 수를 쉽게 변경할 수 있다.

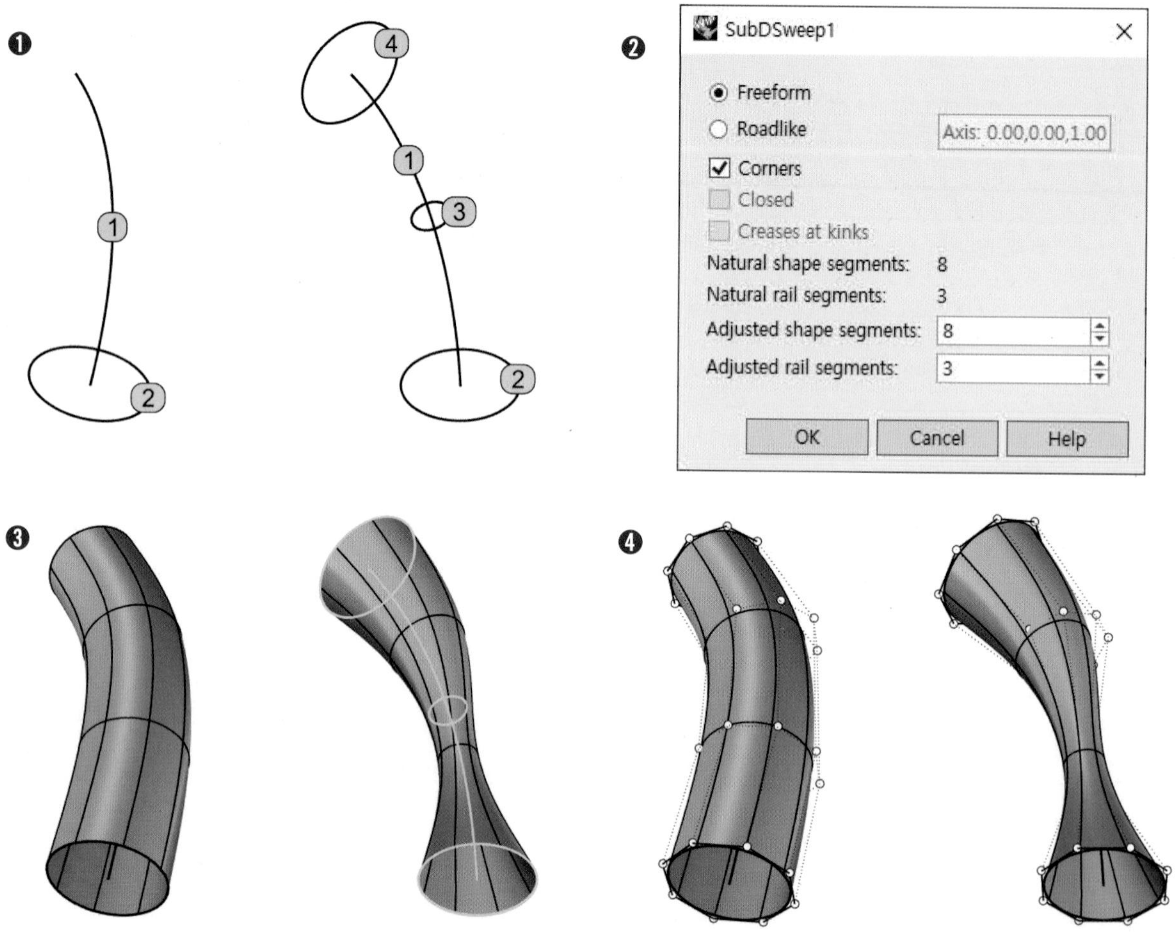

SubD 2**개 레일 스윕** SubD Sweep two rails

SubD Sweep two rails 명령은 2개의 레일을 따라 단면 커브 모양의 면 (SubD friendly)을 만들어 준다.

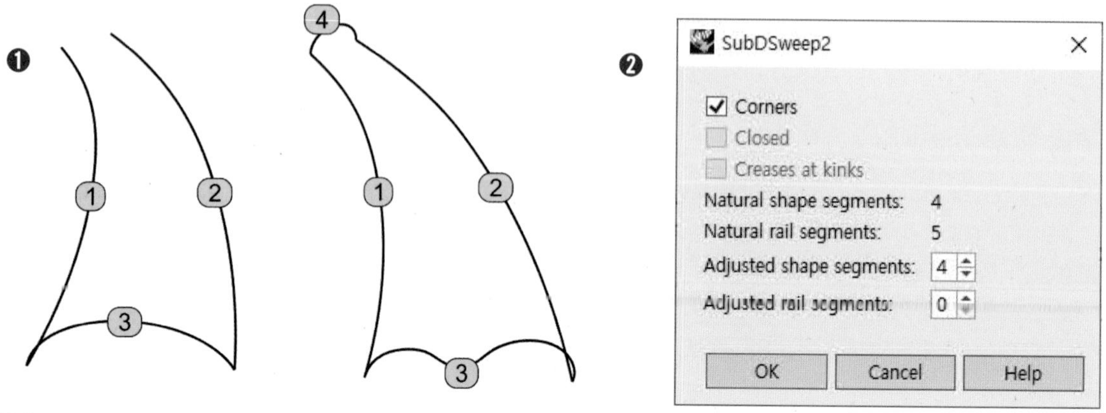

❸

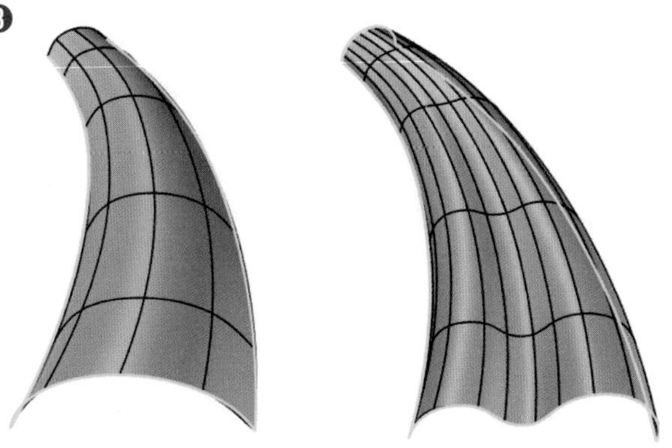

❹

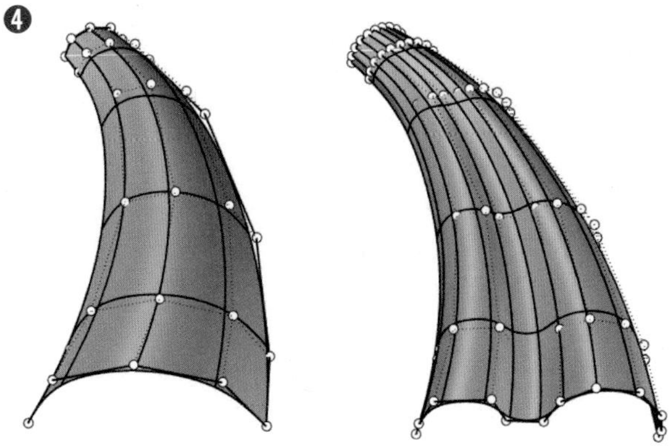

동일평면상의 두 면 병합 Merge two coplanar faces
동일평면상의 모든 면 병합 Merge all coplanar faces

Merge two coplanar faces 명령은 동일 평면상의 두 면을 병합하고 Merge all coplanar faces 명령은 동일 평면상의 모든 면을 병합해 준다.

❶

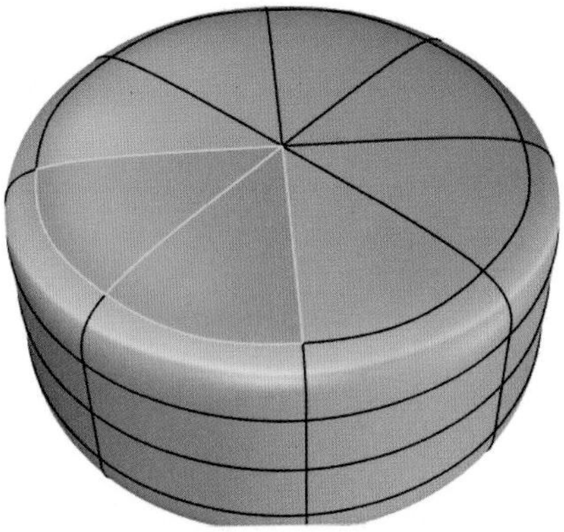

❷

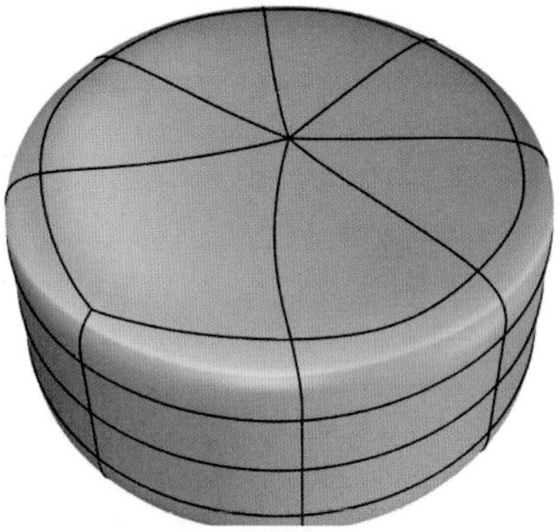

❶

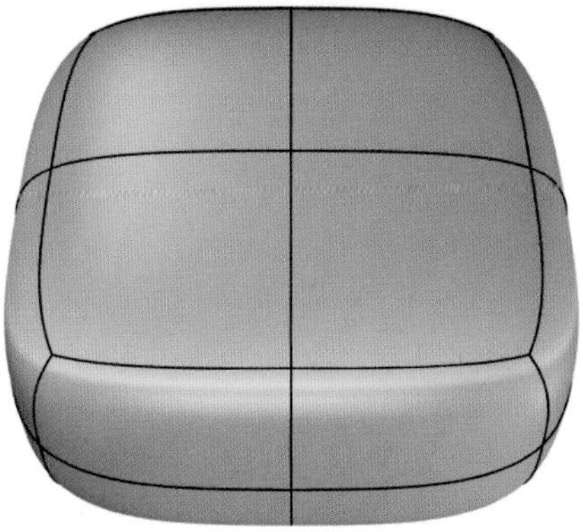

❷

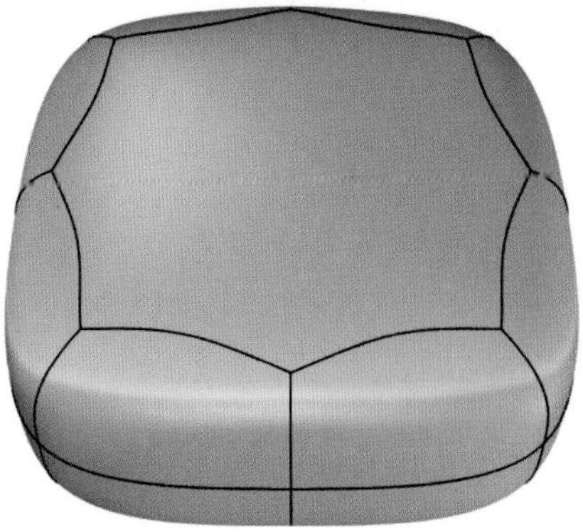

커브를 SubD 친화적으로 만들기 Make curves SubD friendly

Make curves SubD friendly 명령은 NURBS 커브를 SubD friendly 커브로 변경시켜 준다.

Rhino 3D

Bible

for industrial desingers

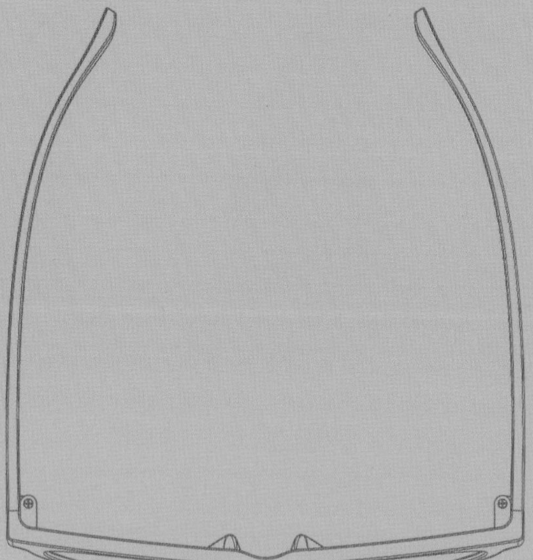

PART

04

라이노 3D 응용 모델링

01 CHAPTER 정리함 모델링

Organizing Box

플라스틱 사출을 통해 대량 생산되는 정리함 모델링을 진행해 본다. 이번 튜토리얼에서는 3D 모델링에서 가장 기본이 되는 솔리드 만들기(Solid Creation), 솔리드 도구(Solid Tools) 명령어를 주로 사용해 본다. 학습의 요점은 모델에 두께(Shell) 주기, 구배 각(Draft angle) 주기, 립(Rib)과 보스(Boss) 제작, 필렛 주기 등이다.

Organizing box rendering

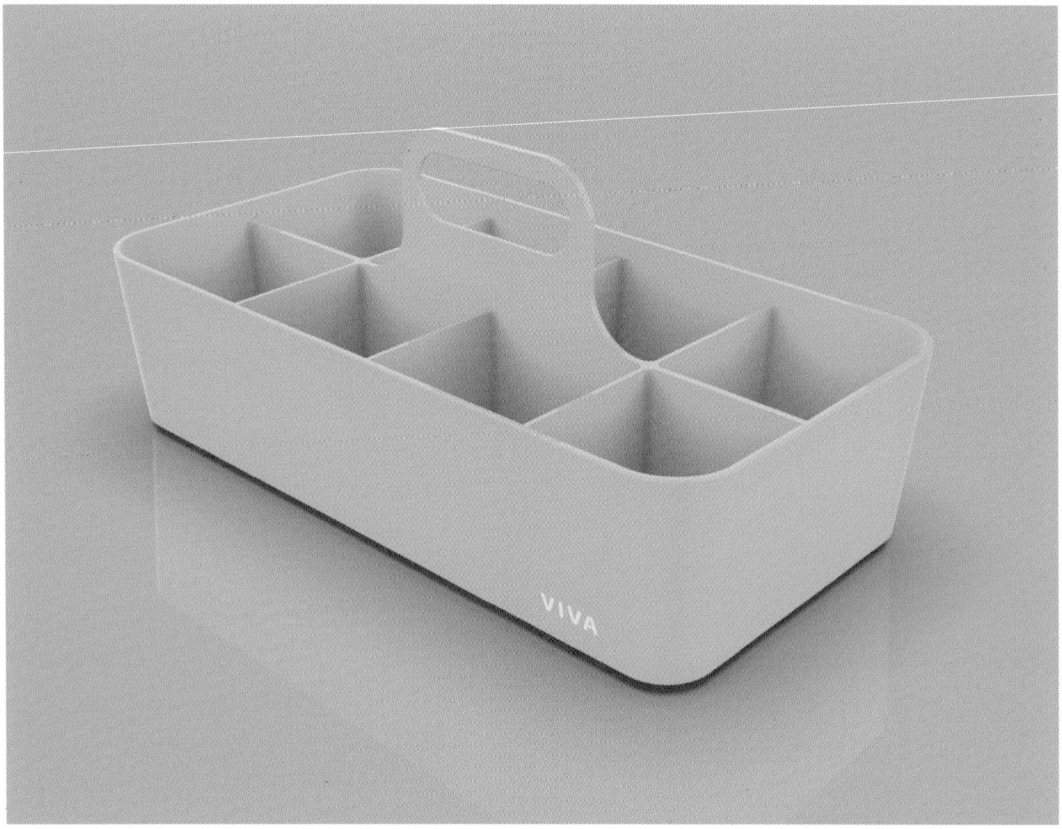
VIVA

VIVA

01 라운드형 모서리 직사각형 그리기

드로잉의 시작은 Top View에서 시작한다. Rectangle 〉 Rounded rectangle 명령을 클릭 후 커멘드 옵션에서 Center를 클릭한다. Center of rectangle=0을 기입한 후 (Enter) 한다. 다음 Other corner or length(3 Point)=165 기입 후 (Enter), Width=86 기입 후 (Enter), Radius=14 기입 후 (Enter) 하면 최종적인 결과가 나타난다.

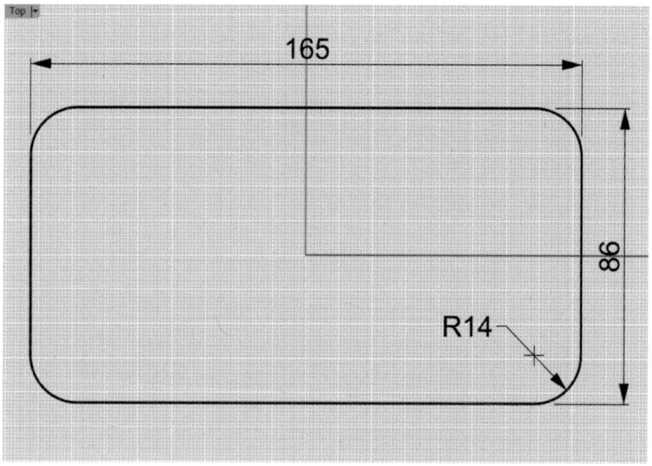

Rounded rectangle
Rounded rectangle conic corners

02 구배(경사) 각을 가진 솔리드 개체 그리기

Solid Creation 〉 Extrude Solid 〉 Extrude curve tapered 명령을 클릭한다. 커멘드 창에 Select Curves to Extrude: 지시대로 해당 직사각형 라인을 클릭 후 (Enter), Extrude distance=−40 기입하고 해당 옵션 Draft Angle=5, Solid=Yes, Corner=Sharp로 설정 후 (Enter) 한다. 5도의 경사진 솔리드 개체가 만들어진다.

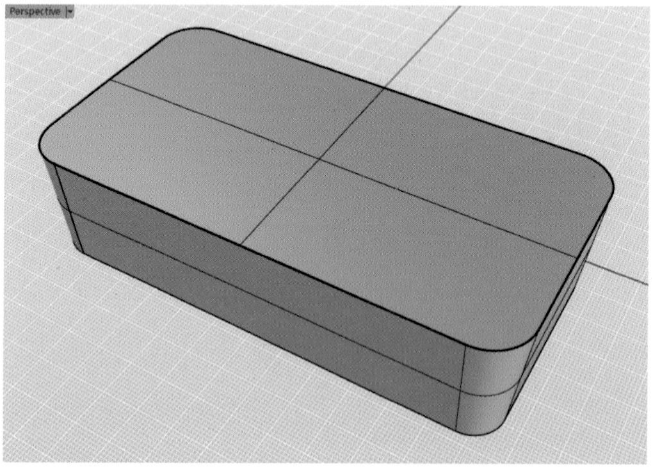

Extrude curve tapered

03 솔리드 개체에 살 두께(Shell) 주기

라이노 3D에서 면에 두께를 주는 방법은 Offset Surface가 대표적이다. 하지만 솔리드(폴리 서피스)에 바로 주기 위해 다른 명령을 사용한다. Solid Tools 〉 Shell closed polysurface 명령을 클릭, 두께(Thickness)는 1.5를 기입 후 (Enter), 연속해서 솔리드 객체의 상단 면을 클릭 후 (Enter)한다. 그림과 같이 두께가 들어가 객체가 만들어진다.

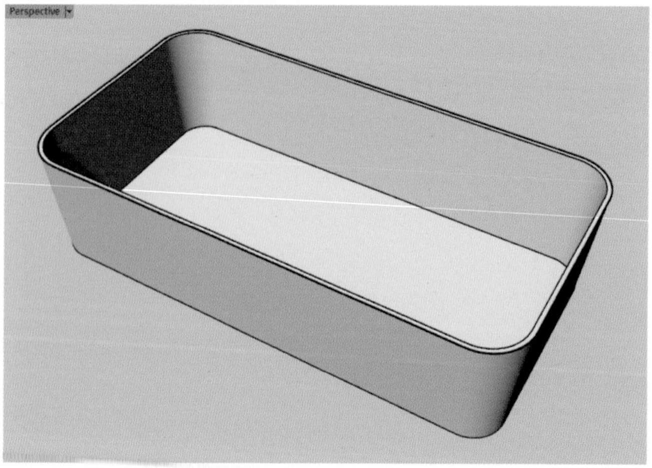

Shell closed polysurface

04 칸막이용 라인 그리기

Top View에서 작업한다. Line: from midpoint 아이콘을 클릭하고 Middle of line: 커멘드 창에 0을 기입하고 Enter 한다. End of line=55를 기입하고 다시 Enter 한다. 키보드의 Shift를 누른 상태에서 전체 110mm의 수직선을 완성한다.

Line: from midpoint

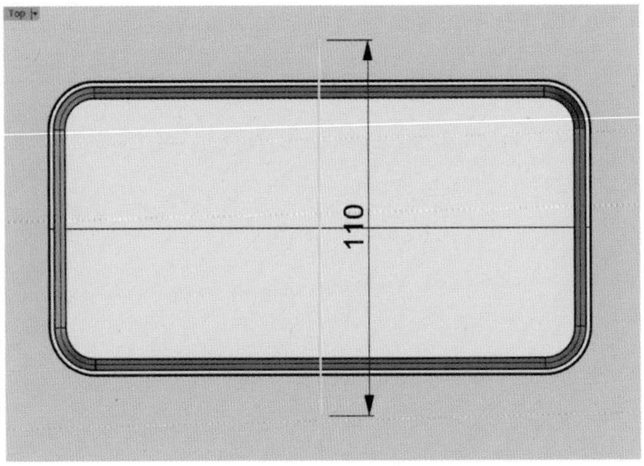

05 중심을 지나는 수평선 그리기

Top View에서 동일한 방법으로 180mm의 수평선을 그려준다.

Line: from midpoint

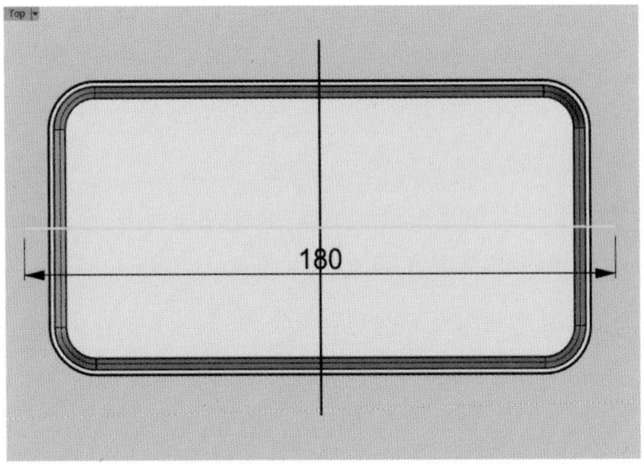

06 수직선 양쪽으로 오프셋하기

이제 Curve Tools 〉 Offset curve 명령을 클릭한다. Select curve to offset 옵션 항목에서 Distance=41을 기입하고 BothSides를 클릭하면 그림과 같이 양쪽으로 동시 41mm 대칭 오프셋(Offset) 라인이 그려진다.

Offset curve
Offset multiple

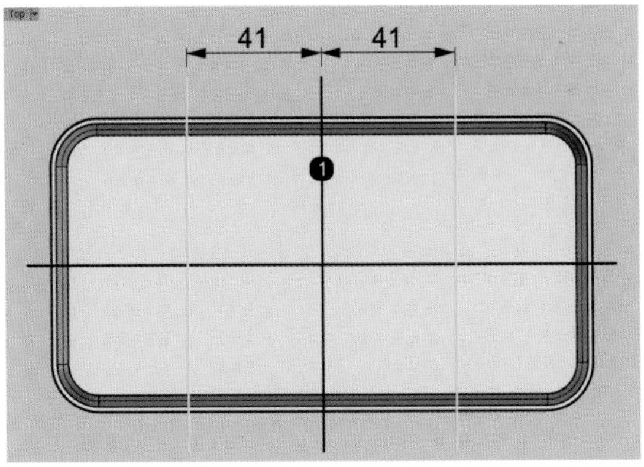

07 칸막이 라인 아래로 내리기

수직선 3개와 수평선 1개를 모두 선택한다. 다음 검볼(Gumball) 명령의 파란색 화살표를 두 번 클릭 후 −2.4를 입력 후 Enter 한다.

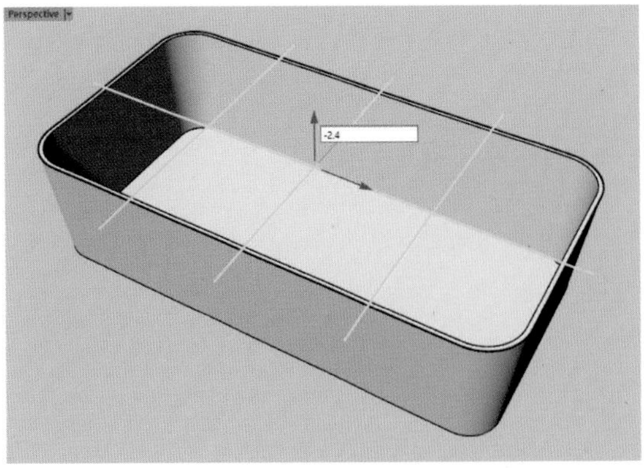

그림과 같이 4개의 선이 아래로 −2.4mm 내려간 것을 확인할 수 있다. 이 선들은 칸막이가 될 기준선으로 보면 된다.

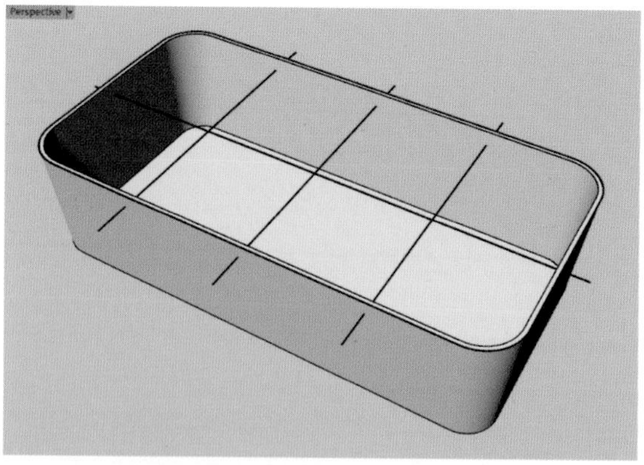

08 립 명령으로 칸막이 만들기

Perspective View에서 작업한다. Solid Creation 〉 Extrude Solid 〉 Rib 명령을 클릭한다. Select a planar curve to rib 옵션은 Distance=1, Mode=Straight로 설정한다. 다음 3개의 칸막이 라인(①-②-③번)을 순서대로 선택 후 Enter 한다. 이어서 몸체의 안쪽 면(④번)을 클릭하고 Enter 하면 3개의 칸막이가 만들어진다.

Rib

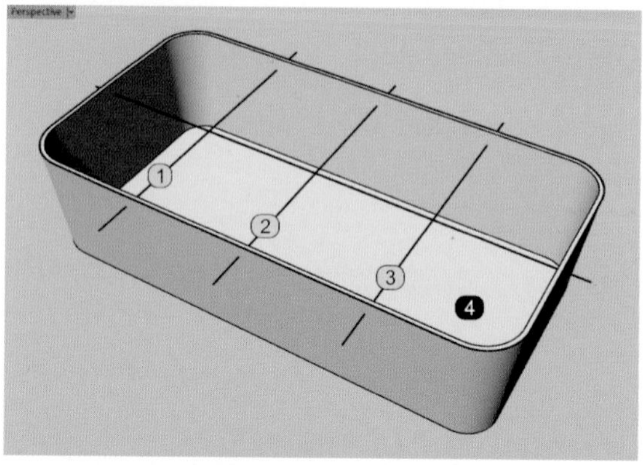

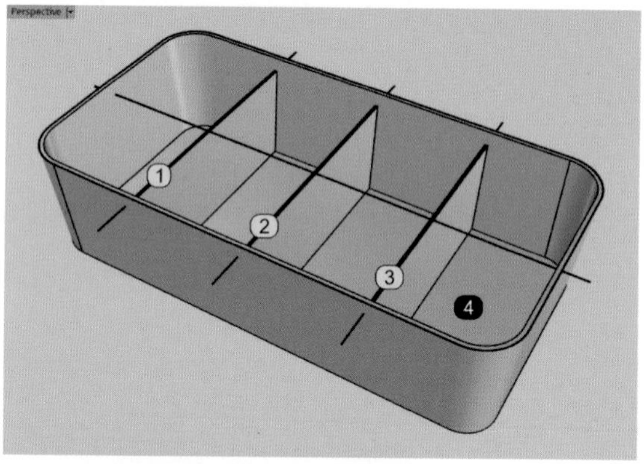

09 립 명령으로 추가 칸막이 만들기

Perspective View에서 작업한다. 동일한 방법으로 Solid Creation 〉 Extrude Solid 〉 Rib 명령을 클릭한다. Select a planar curve to rib 옵션은 Distance=1.5, Mode=Straight 설정한다. 다음 1개의 칸막이 라인(Ⓐ)을 선택 후 Enter 한다. 이어서 몸체의 안쪽 면(Ⓑ)을 클릭하고 Enter 하면 1개의 가운데 칸막이가 만들어진다. 불필요한 선은 숨겨준다.

Rib

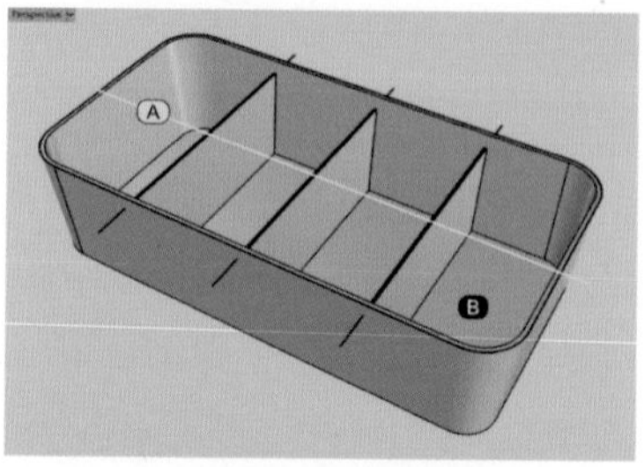

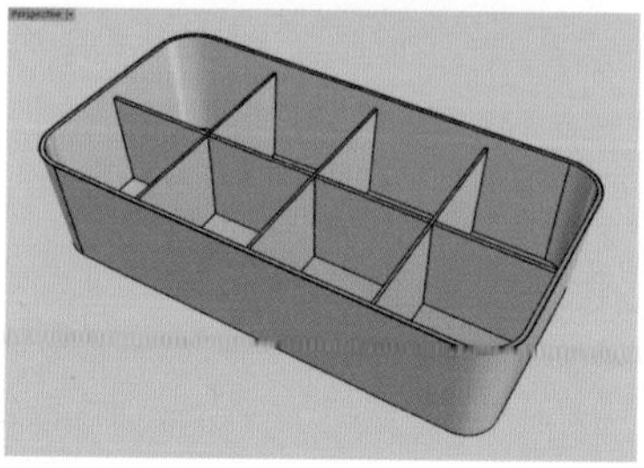

10 직사각형 드로잉

Perspective View에서 작업한다. Osnap에 End만 체크한다. 다음 Rectangle 〉 Rectangle: 3 Points 명령으로 제품의 끝점을 세 군데 클릭하여 그림과 같이 직사각형 라인을 그려 준다.

Rectangle: 3 Points

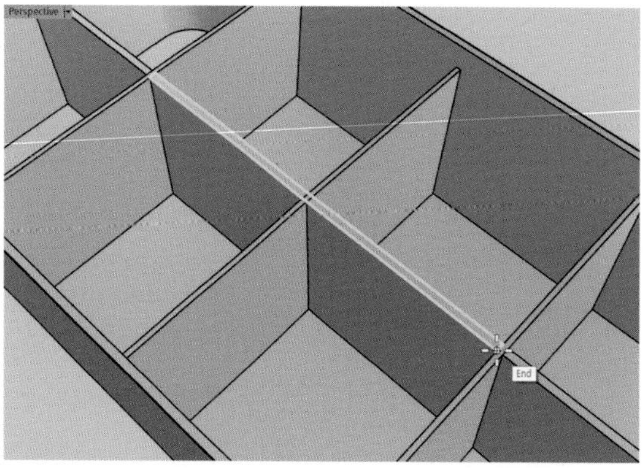

11 직사각형 드로잉

Top View에서 작업한다. Osnap에 Center만 체크한다. 다음 Rectangle 〉 Rectangle: Center, Corner 명령으로 방금 그린 직사각형의 중심점을 기준으로 가로 52mm, 세로 1.5mm의 직사각형을 일부 중첩해서 그려 준다. 이 부분은 앞으로 돌출될 손잡이 드로잉에 해당한다.

Rectangle: Center, Corner

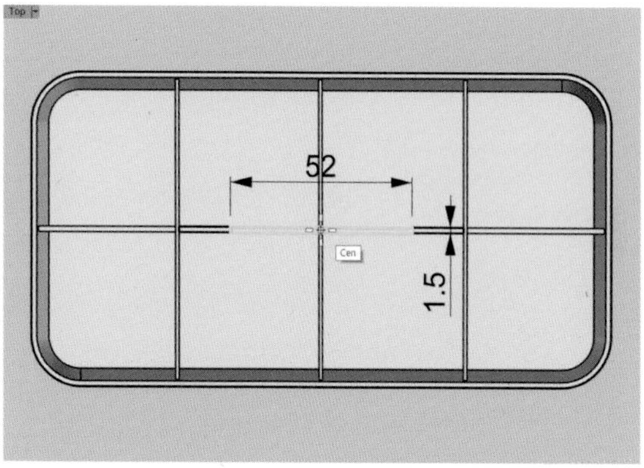

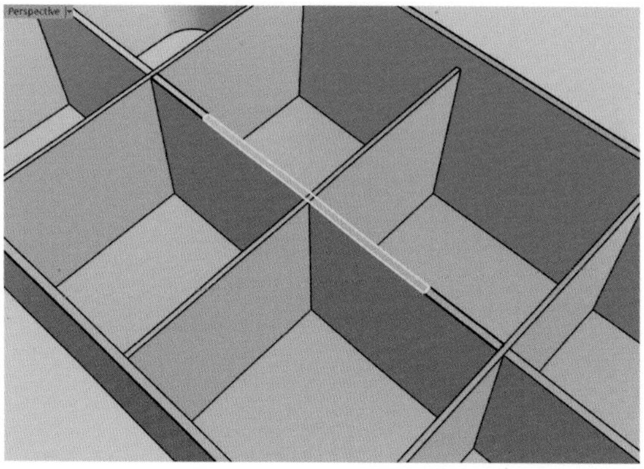

12 손잡이 솔리드 만들기

Perspective View에서 작업한다. 앞서 그린 직사각형을 선택한 상태에서 Solid Creation 〉 Extrude closed planar curve 명령을 클릭한다. 다음 Extrusion distance 세부 옵션은 BothSides=No, Solid=Yes로 바꾸어 주고 돌출 거리 34mm를 입력 후 Enter 한다.

Extrude closed planar curve

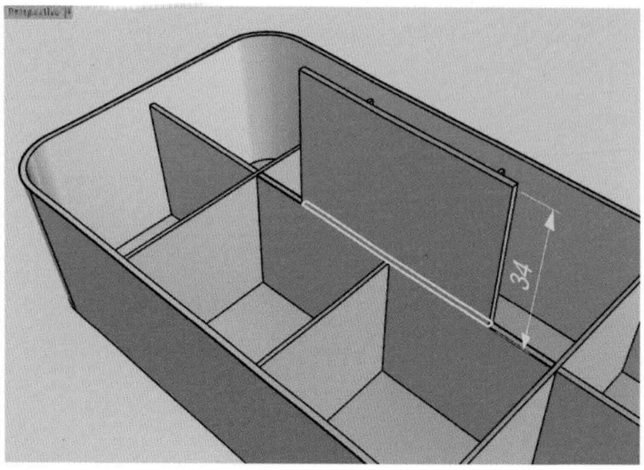

13 개체 붙이기

Perspective View에서 작업한다. Solid Tools 〉 Boolean union 명령을 클릭한다. 다음 개체 Ⓐ와 개체 Ⓑ를 순차적으로 선택하고 Enter 하면 1개의 개체로 붙게 된다.

Boolean union

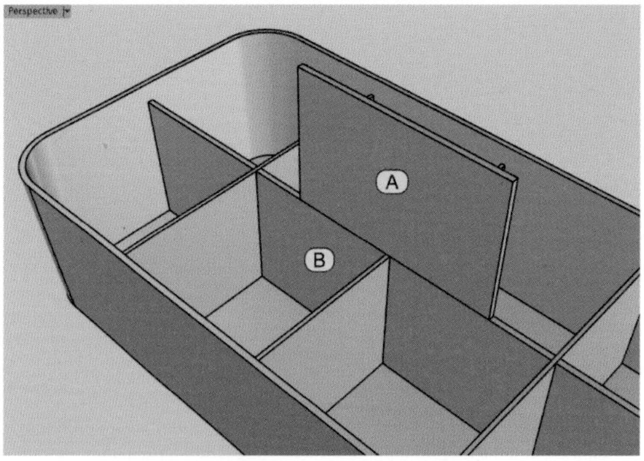

14 접합 경계부 병합하기

Perspective View에서 작업한다. Solid Tools 〉 Merge all coplanar faces 명령을 클릭한다. 커멘드 창에 Select meshes, polysurfaces or SubDs: 가 나타나면 개체를 선택하고 Enter 한다. 모든 접합 경계 부위가 깔끔하게 병합된 것을 확인할수 있다.

Merge two coplanar faces
Merge all coplanar faces

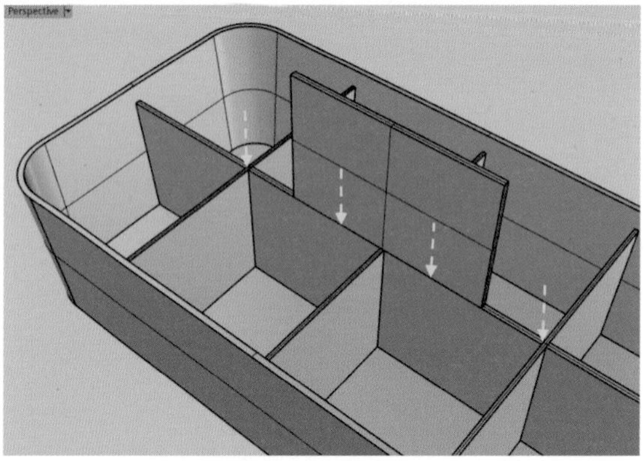

15 모서리 필렛 주기

Perspective View에서 작업한다. Solid Tools 〉 Fillet edges 명령을 클릭한다. 커멘드 창에 Select edges to fillet 괄호 설정인 Next radius 클릭하고 12를 입력 Enter 한다. 다음 각진 모서리를 두 곳을 동시에 선택하고 Enter 한다. 둥그런 필렛 결과가 반영된다.

Fillet edges
Blend edges

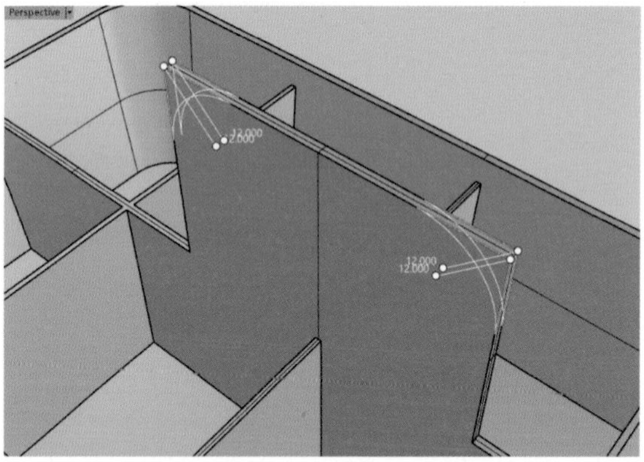

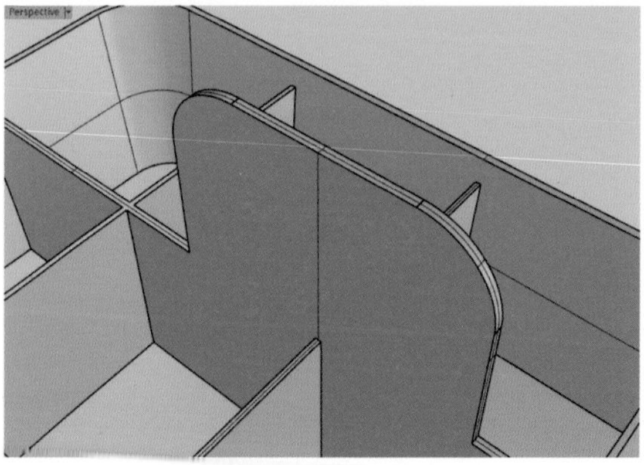

16 모서리 필렛 주기

연속해서 동일 작업을 부위별로 반복한다. Solid Tools 〉 Fillet edges 명령을 클릭한다. 커멘드 창에 Select edges to fillet 괄호 설정인 Next radius를 클릭하고 12를 입력 (Enter) 한다. 다음 각진 모서리를 두 곳을 동시에 선택하고 (Enter) 한다. 둥그런 필렛 결과가 반영된다.

Fillet edges
Blend edges

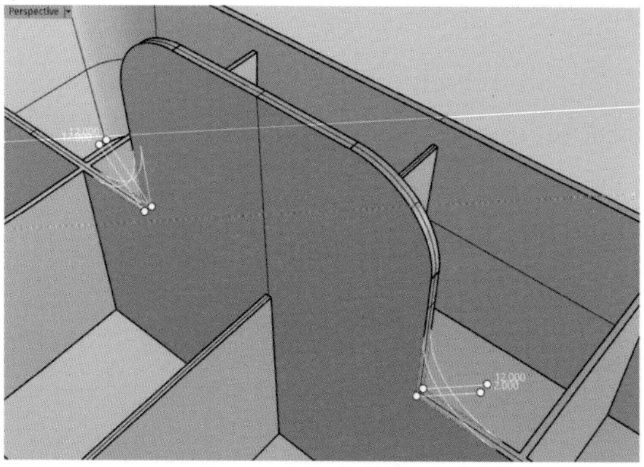

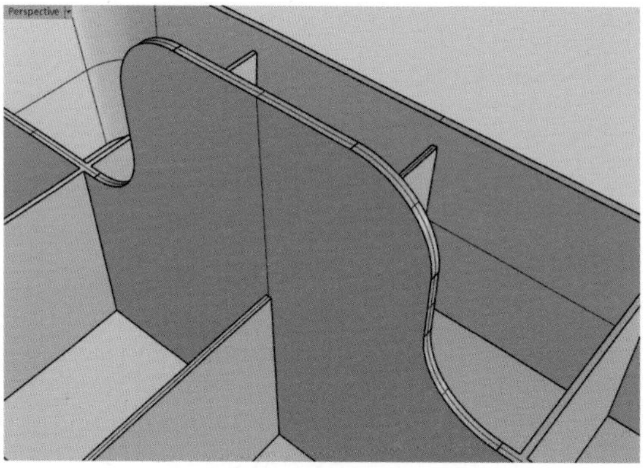

17 모서리 필렛 주기

연속해서 동일 작업을 부위별로 반복한다. Solid Tools 〉 Fillet edges 명령을 클릭한다. 커멘드 창에 Select edges to fillet 괄호 설정인 Next radius 클릭하고 2를 입력하고 (Enter) 한다. 다음 내부 칸막이의 각진 모서리 모두를 동시에 선택하고 (Enter) 한다. 둥그런 필렛 결과가 반영된다.

Fillet edges
Blend edges

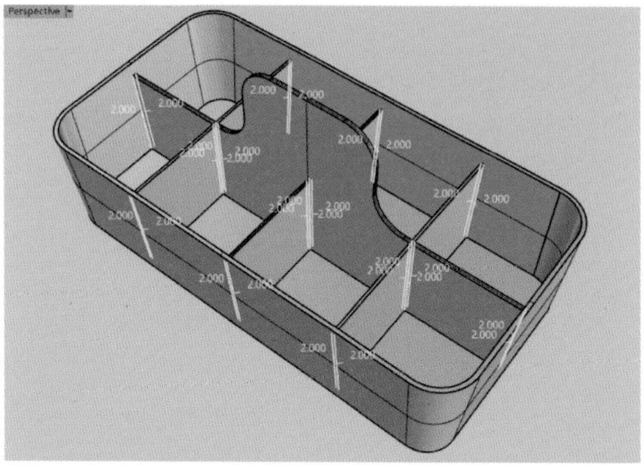

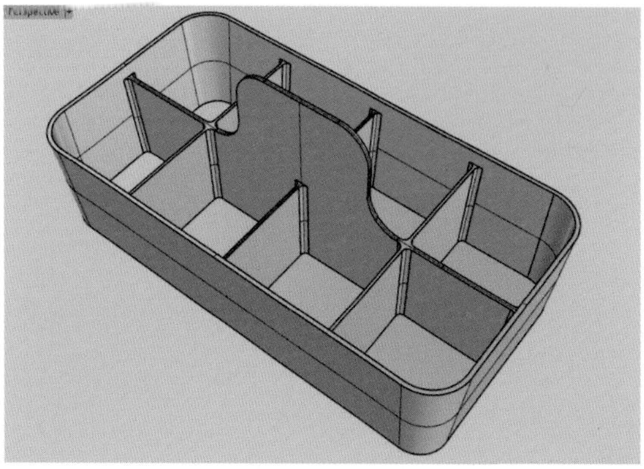

18 가장자리 엣지 커브 추출 복제하기

Perspective View에서 작업한다. Curve From Object 〉 Duplicate edge 명령을 클릭한다. 다음 커브 복제를 위한 해당 모서리를 클릭하고 Enter 한다. 그림과 같이 선택 영역에 대한 엣지 커브가 추출된 것을 확인할 수 있다. 추출된 커브를 곧바로 서로 Join시켜 준다.

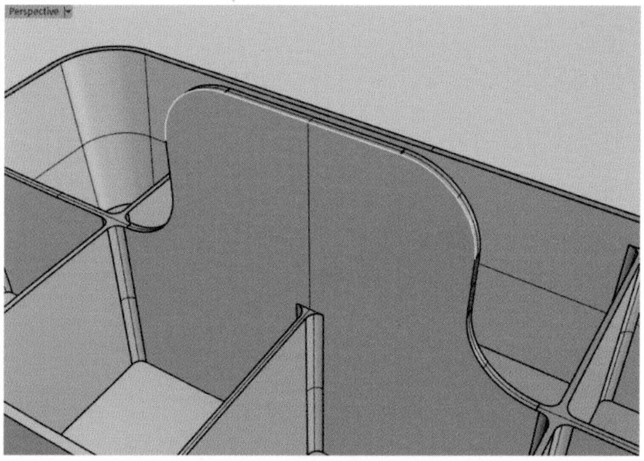

Duplicate edge
Duplicate mesh edge

Join

19 커브 오프셋하기

복제 추출된 커브를 Offset curve 명령으로 그림과 같이 안쪽으로 5mm 오프셋시켜 준다.

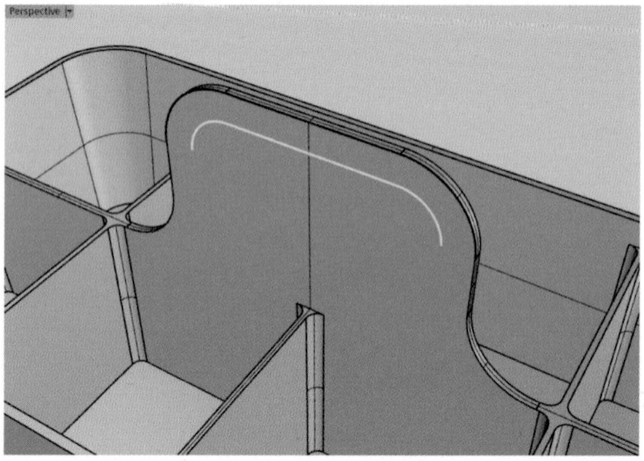

Offset curve

20 대칭 복사하기

Front View에서 작업한다. Ghosted 디스플레이 모드로 바꾸어 반투명 정도로 모델을 보이게 한다. 오프셋된 개체를 선택하고 Mirror 명령을 클릭한다. 다음 좌측 End와 우측 End를 클릭하여 대칭 복사한다.

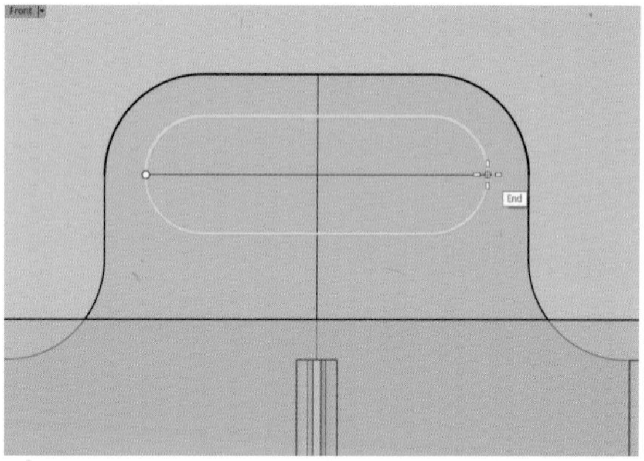

Ghosted viewport
Set all viewport displays to Ghosted

Mirror
Mirror on 3-point plane

21 와이어 컷으로 구멍 뚫기

Front View에서 작업한다. 앞서 대칭 복사된 커브들은 서로 Join시켜 준다. Solid Tools 〉 Wire cut 명령을 클릭한다. 커멘드 창에 Selecting cutting curve가 뜨면 정면에서 라운드 커브①을 클릭하고 Select object to cut이 뜨면 정면에서 정리함 몸체②를 클릭하고 Enter 한다. 커멘드 옵션은 Keep All=No로 지정하면 잘린 내부에 개체 없이 구멍이 생긴다.

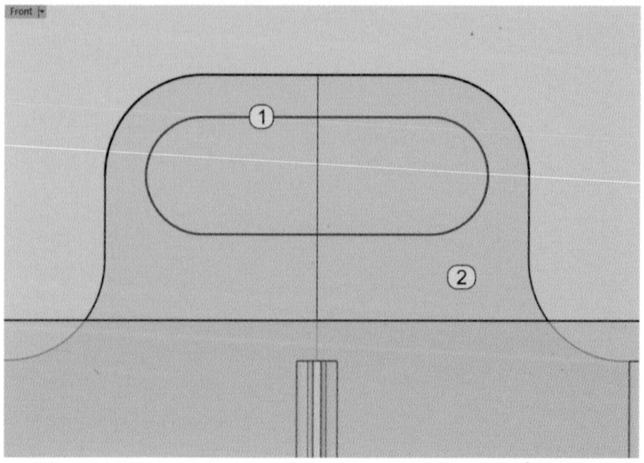

Wire cut

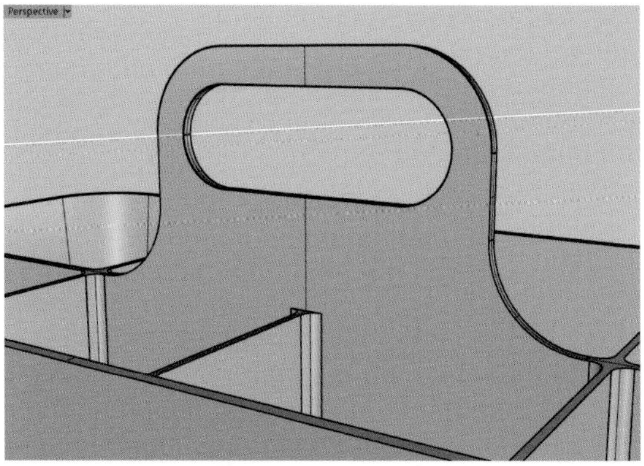

22 뚜껑 만들기-라인 추출하기

이제부터 뚜껑 만들기를 위한 드로잉을 할 차례이다. Curve From Object 〉 Duplicate edge 명령을 클릭한다. 커브 복제를 위한 해당 안쪽 모서리를 클릭하고 Enter 한다. 그림과 같이 선택 영역에 대한 엣지 커브가 추출된 것을 확인할 수 있다. 추출된 커브를 곧바로 서로 Join시켜 준다.

Duplicate edge
Duplicate mesh edge

Join

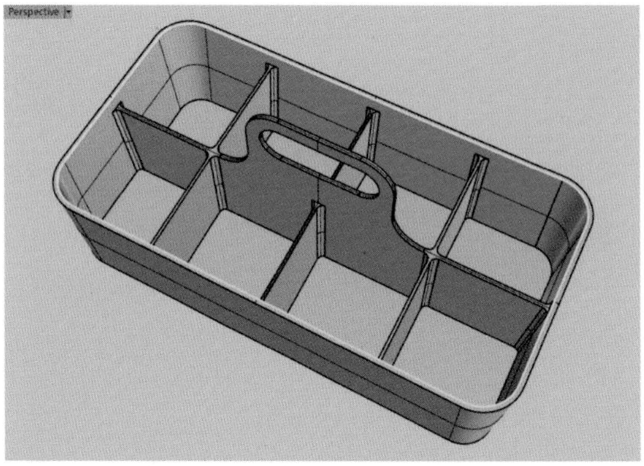

23 추출 라인만 보이게 하기

스탠더드 툴바 〉 Visibility 〉 Isolate objects 명령으로 추출 커브만 남기고 모두 숨겨 준다.

Isolate objects
Unisolate objects

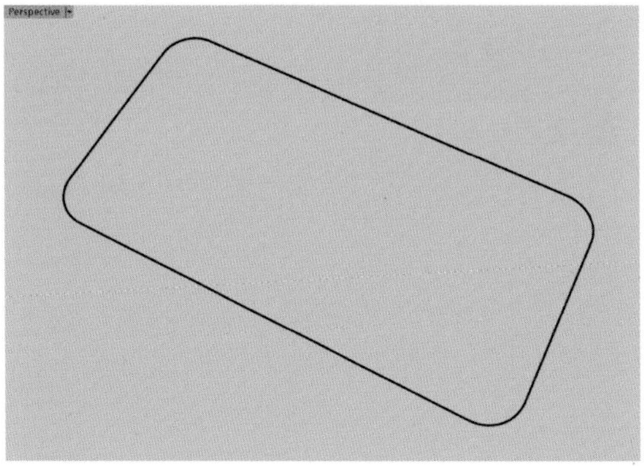

24 중심축 그리기

Top View에서 작업한다. 회전축을 만들기 위한 과정이다. Single Line을 클릭 〉 커멘드 라인에 숫자 0을 치고 Enter 〉 Front View로 이동하여 -4.8을 기입 후 Shift 를 동시에 누르고 원하는 지점을 클릭하면 수직선이 그려진다.

Single Line

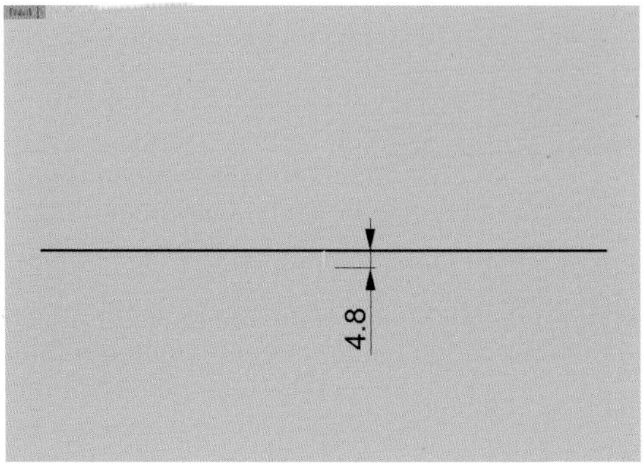

가운데 위치를 확인하면 그림과 같다.

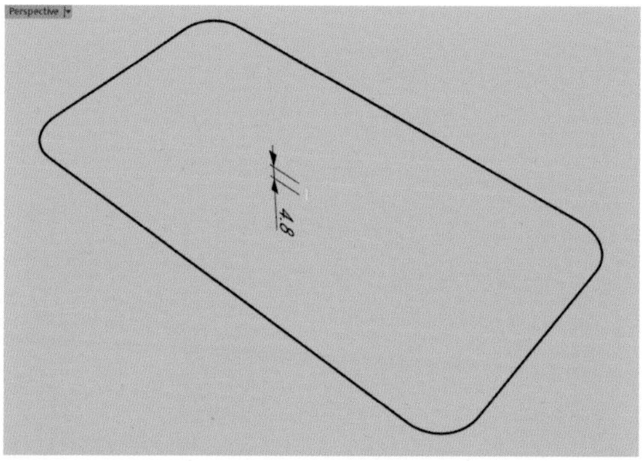

25 추출 커브 일시적 폭파하기

Explode 명령으로 해당 커브를 선택하고 폭파해 서로 떨어진 상태로 만들어 준다.

Explode
Extract surface

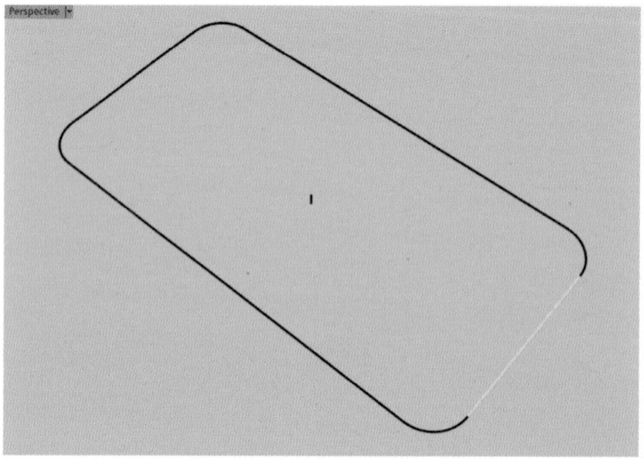

26 가운데 포인트 삽입하기

Osnap에 Mid만을 체크한다. 다음 Point 명령을 클릭하고 해당 가운데 부위에 그림과 같이 1개의 포인트를 위치시켜 준다.

Single Point

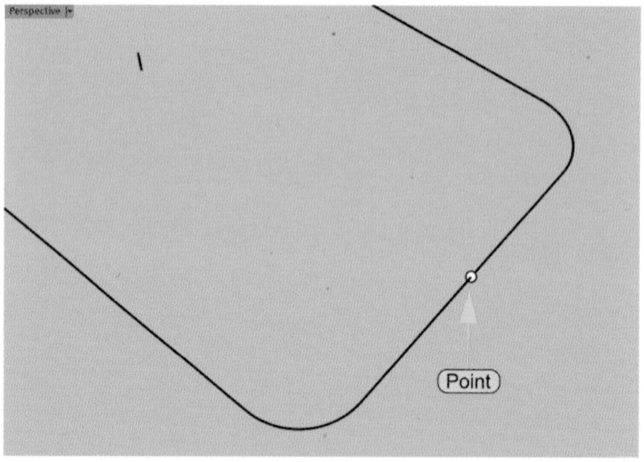

27 수평 라인 그리기

Front View에서 작업한다. 먼저 Osnap에 End만을 체크한다. Single Line을 그림과 같이 73mm 길이로 지정하여 그려 준다.

Single Line

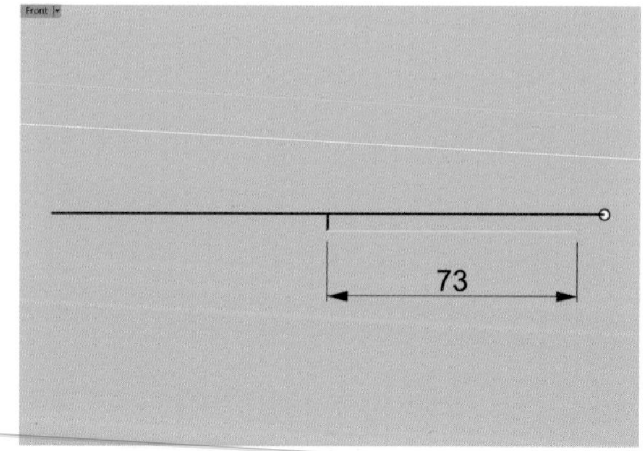

28 호 그리기

Front View에서 작업한다. End 스냅 체크 후 Arc: start, end, point on arc 명령으로 그림과 같은 순서대로 적정한 호(Arc)를 그려 준다.

Arc: start, end, point on arc
Arc: start, point on arc, end

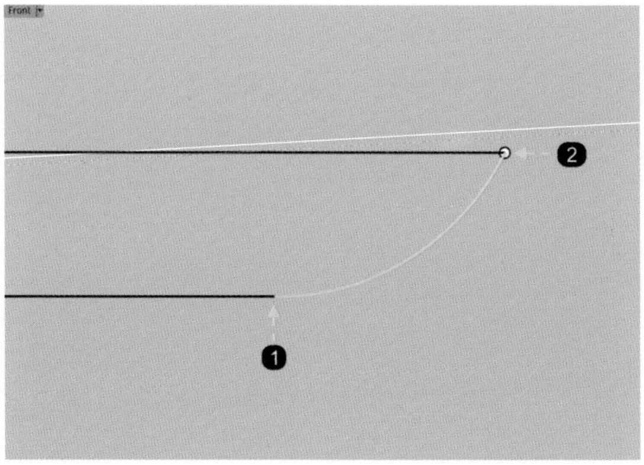

29 매치를 통한 선의 연속성 유지하기

Front View에서 작업한다. 커브 매치를 통해 두 선의 접선 연속성을 좋게 해 주어야 한다. 쉽게 말해서 연결 부위에 각을 없애 주고 곡률을 개선하기 위함이다. 매우 중요한 작업이다. Curve Tools 〉 Match curve 명령을 클릭한다. 다음 반드시 그림의 번호 순서대로 커브를 선택한다. Match Curve 옵션 창이 뜨면 Continuity=Tangency, Preserve other end=Tangency, Average curves=해제, Join은 선택사항이지만 여기서는 Join에 체크한다.

Match curve

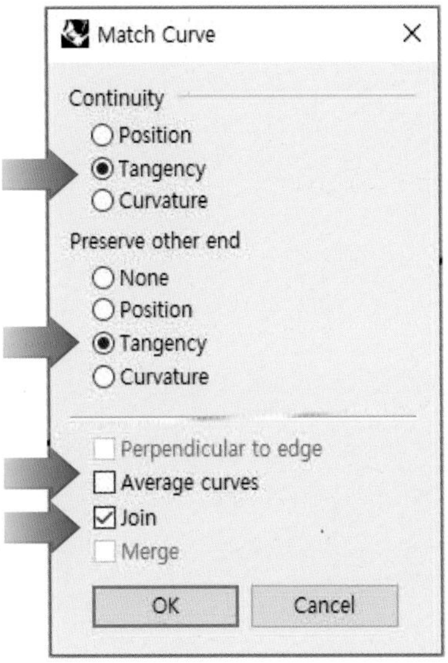

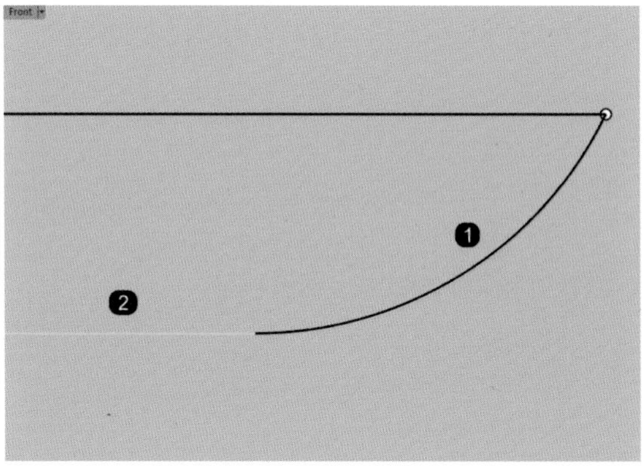

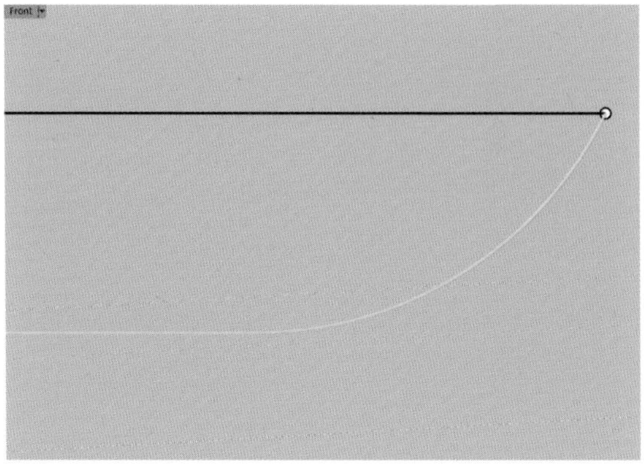

30 해당 커브 조인하기

다음 작업을 위해 폭파해 두었던 라운드 커브를 Join시켜 준다.

Join

31 뚜껑 면 만들기

Perspective View에서 작업한다. Surface Creation 〉 Rail Revolve(RMB) 명령을 클릭한다. ①Select profile curve, ②Select rail curve, End 체크 후 ③Start of Rail Revolve axis를 그림 순서대로 클릭하면 면이 생성된다.

Revolve
Rail revolve

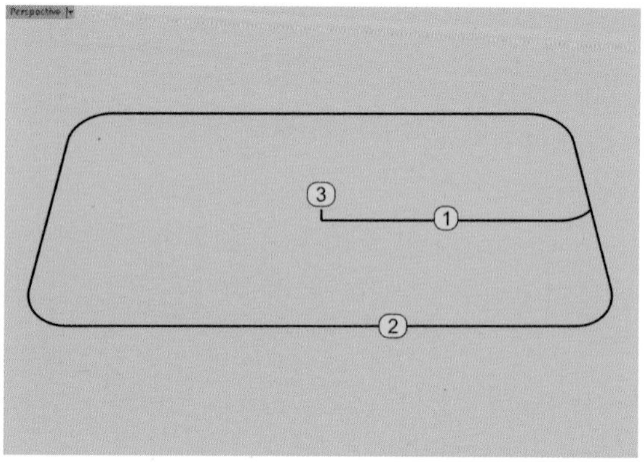

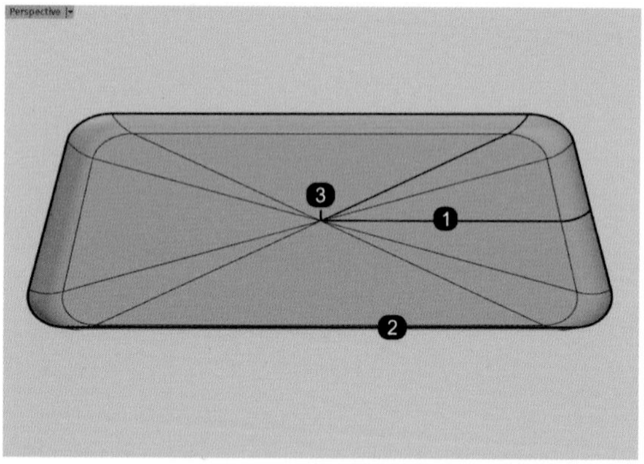

32 솔리드화하기

Perspective View에서 작업한다. Solid Tools 〉 Cap Planar Holes 명령으로 앞서 만든 면을 선택하고 윗면을 막아 준다. 이제 솔리드가 되었다.

Cap planar holes

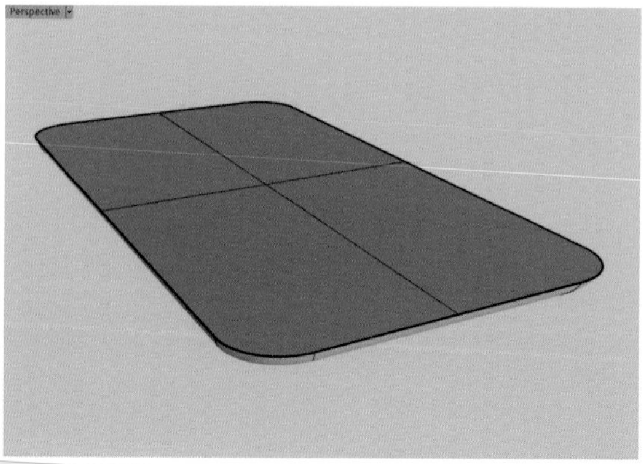

33 솔리드 개체에 살 두께(Shell) 주기

뚜껑에 두께를 준다. Solid Tools 〉 Shell closed polysurface 명령을 클릭, 두께(Thickness)는 1.5를 기입 후 Enter, 연속해서 솔리드 객체의 상단 면을 클릭 후 Enter 한다. 그림과 같이 두께가 들어가 객체가 만들어 진다.

Shell closed polysurface

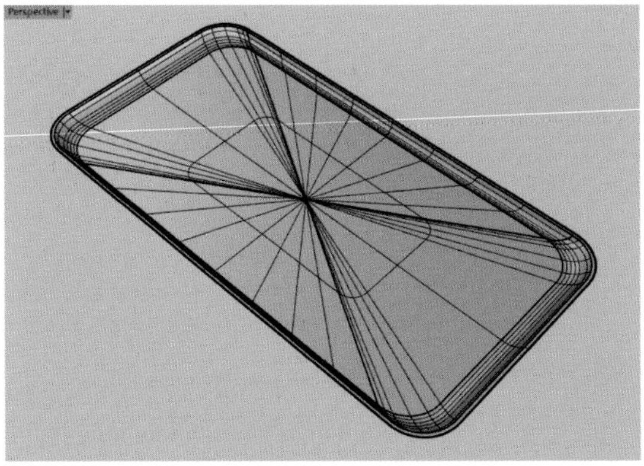

34 분할 면 정리하기

Perspective View에서 작업한다. Solid Tools 〉 Merge all coplanar faces(RMB) 명령을 클릭한다. 커멘드 창에 Select meshes, polysurfaces or SubDs: 가 나타나면 개체를 선택하고 Enter 한다. 모든 접합 경계 부위가 깔끔하게 병합된 것을 확인할 수 있다.

Merge two coplanar faces
Merge all coplanar faces

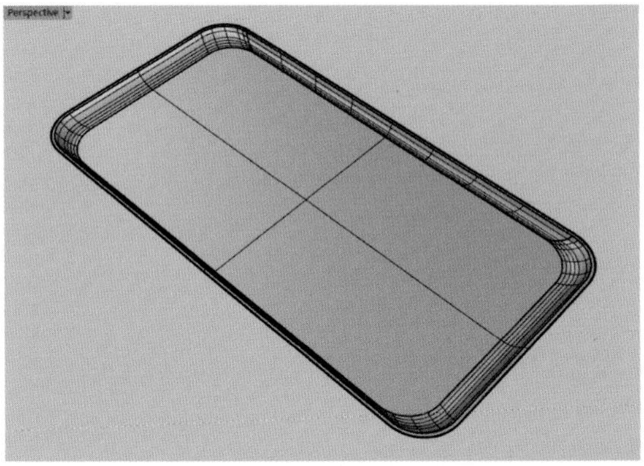

35 라운드형 모서리 직사각형 그리기

드로잉의 시작은 Top View에서 시작한다. Rectangle 〉 Rounded rectangle 명령을 클릭 후 커멘드 옵션에서 Center를 클릭한다. Center of rectangle=0을 기입한 후 Enter 한다. 다음 Other corner or length(3 Point)=70 기입 후 Enter, Width=6.7 기입 후 Enter 하면 최종적인 결과가 나타난다.

Rounded rectangle
Rounded rectangle conic corners

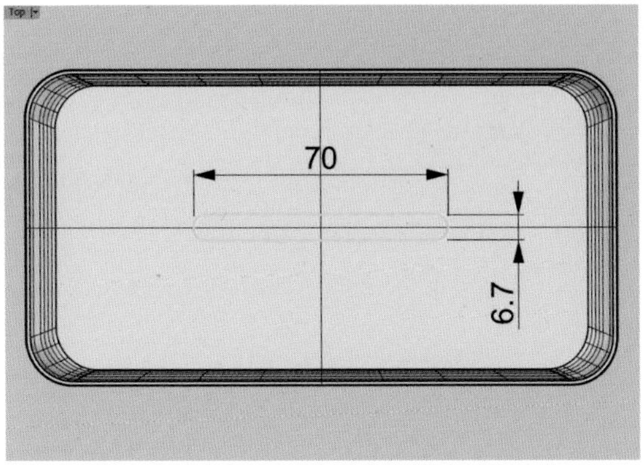

36 커브 오프셋해 두기

Top View에서 작업한다. 이제 Curve Tools 〉 Offset curve 명령을 클릭한다. Select curve to offset 옵션 항목에서 Distance=1.5을 기입하고 Enter 하면 그림과 같이 안쪽으로 Offset이 완료된다.

Offset curve
Offset multiple

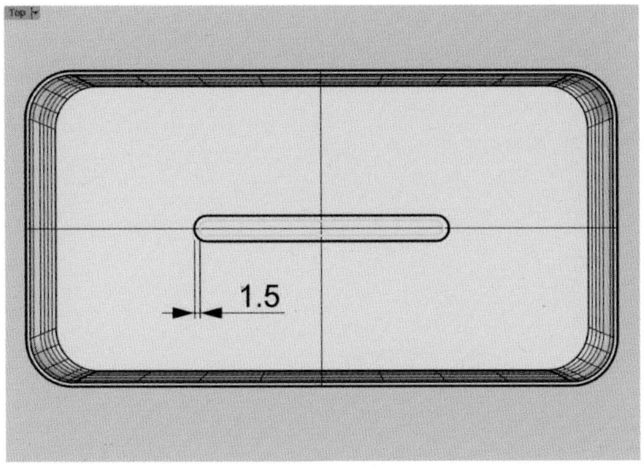

37 솔리드 돌출 개체 만들기

Perspective View에서 작업한다. 앞서 그려 둔 외형선을 선택하고 Solid Creation 〉 Extrude closed planar curve 명령으로 위로 4mm 돌출 개체를 만들어 준다. 뚜껑을 열게 되면 작은 손잡이 역할을 하게 된다.

Extrude closed planar curve

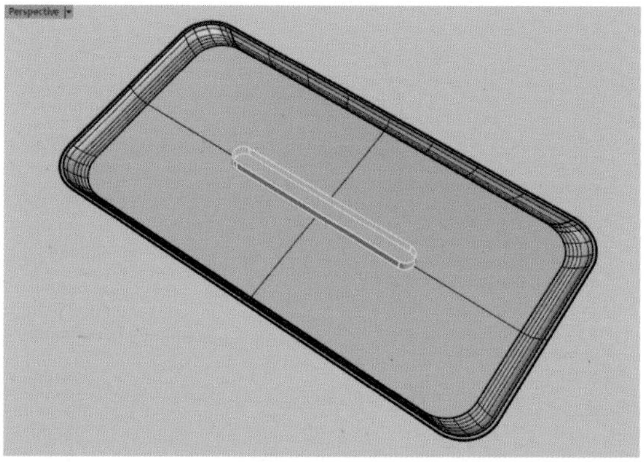

38 돌출 개체 뚜껑에 붙이기

Perspective View에서 작업한다. Solid Tools 〉 Boolean union 명령을 클릭한다. 다음 방금 만든 돌출 개체와 앞서 만든 솔리드 상태의 뚜껑을 선택하고 (Enter) 한다. 이제 두 개의 개체가 1개로 붙여졌다.

Boolean union

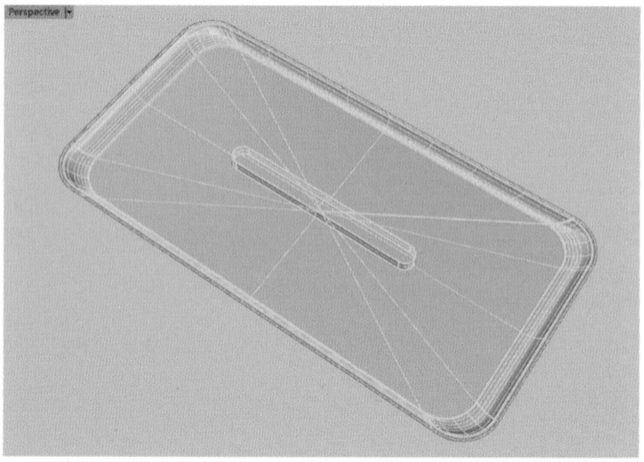

39 안쪽 라인 돌출시키기

앞서 만들어진 안쪽 오프셋 커브를 이용하여 그림과 같이 돌출 개체를 만들어 준다. 구멍을 내기 위한 것이기에 높이는 자유롭게 해도 된다. 돌출 시 옵션을 BothSides=Yes로 하면 좋다.

Extrude closed planar curve

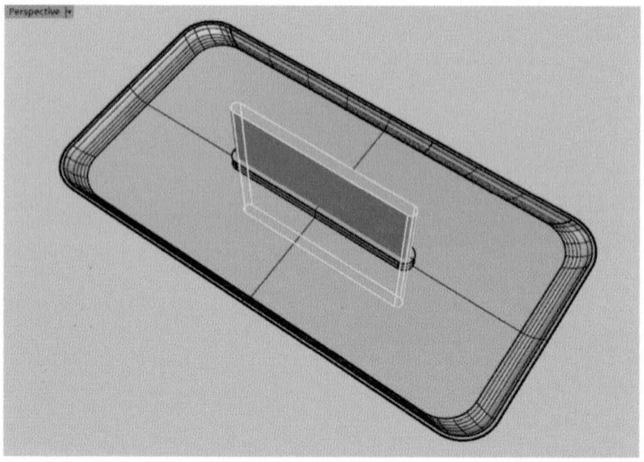

40 뚜껑에 구멍 내 주기

Perspective View에서 작업한다. Solid Tools 〉 Boolean difference 명령을 클릭한다. 먼저 ①뚜껑을 선택하고 (Enter), 다음 방금 만든 ②돌출 개체를 클릭하고 (Enter) 하면 구멍이 만들어진다.

Boolean difference

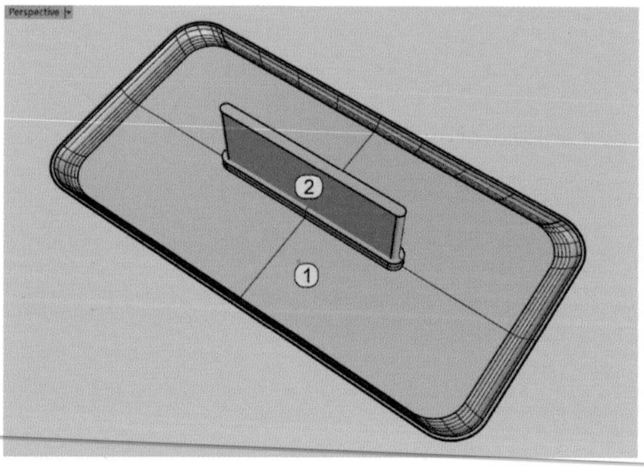

41 파트 확인하기

정리함 본체를 보이게 하고 파트들을 확인해 본다.

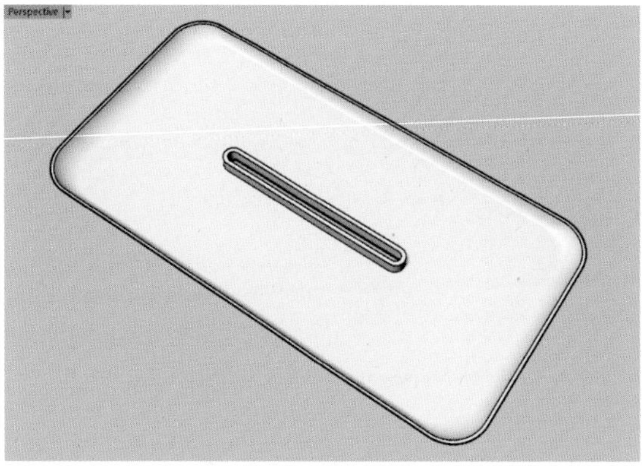

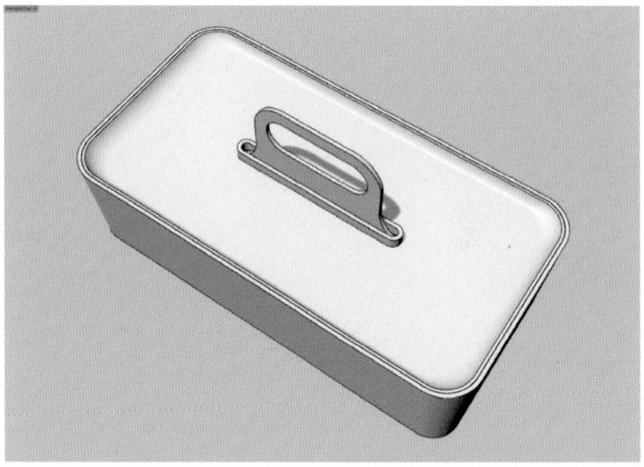

42 바닥 보스용 라인 드로잉

정리함 바닥을 보이게 한다. Osnap에 중심(Cen)을 체크한다. Circle 〉 Circle : center, radius 명령으로 그림과 같이 제품의 라운드 엣지(화살표 영역)에 중심 스냅하여 지름 10mm의 원을 그려 준다.

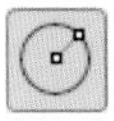

Circle: center, radius

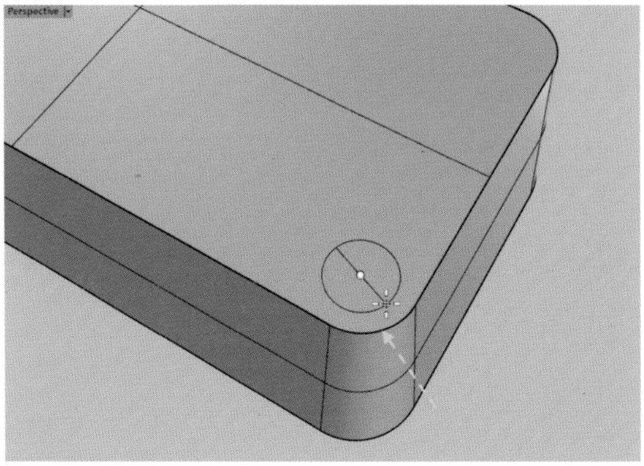

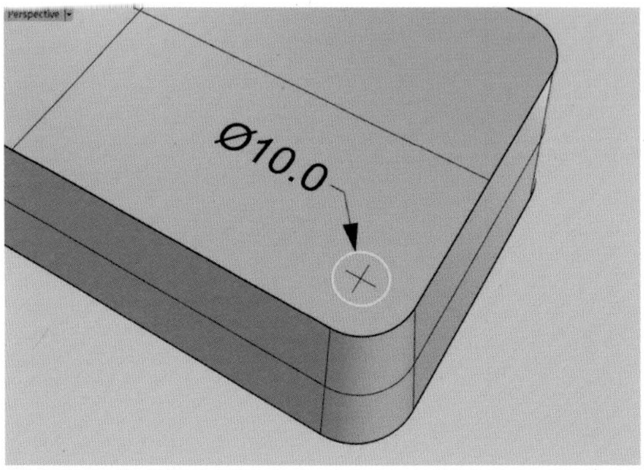

43 원 복제하기

그려진 원을 Mirror 명령으로 총 4군데에 위치시킨다.

 Mirror

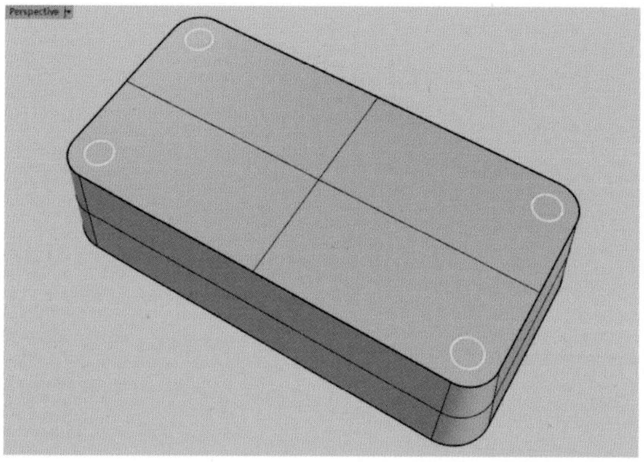

44 검볼 이용 원 이동하기

Front View에서 검볼 명령을 이용하여 그림과 같이 4개의 원을 모두 아래로 −2mm 정도 이동시켜 준다.

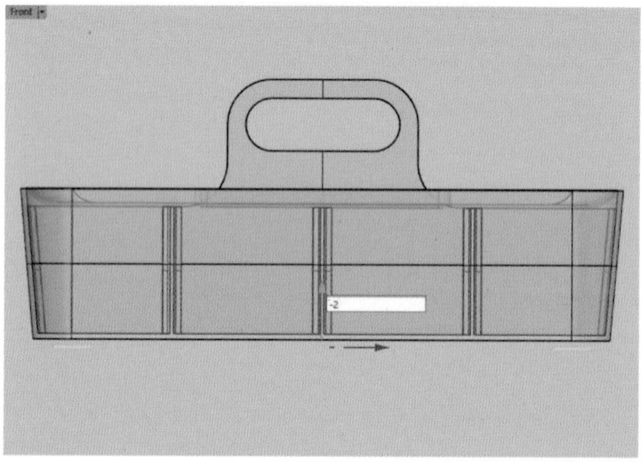

45 바닥 보스용 라인 드로잉

마지막으로 Boss 명령을 클릭한다. Select a planar closed curve to boss(Mode=Straight)라 뜨면 4개의 원을 모두 선택하고 Enter, Select a boundary(Mode=Straight)가 뜨면 정리함 본체 ②번을 클릭 Enter 한다. 돌출 형태의 보스가 붙은 상태로 만들어진다.

 Boss

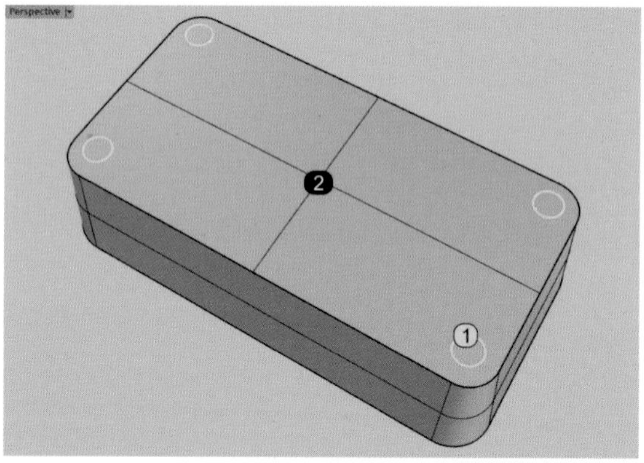

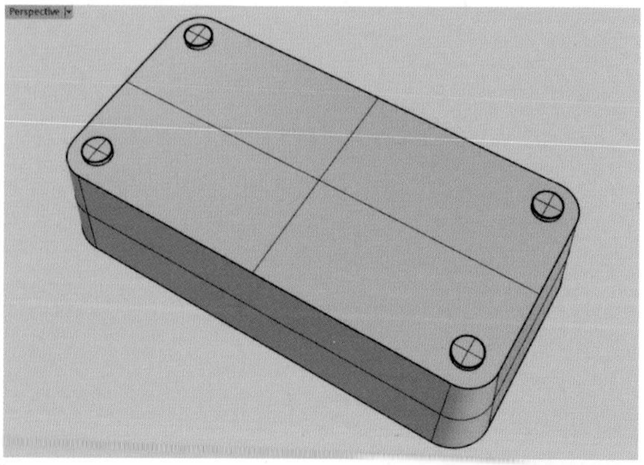

46 최종 결과물 보기

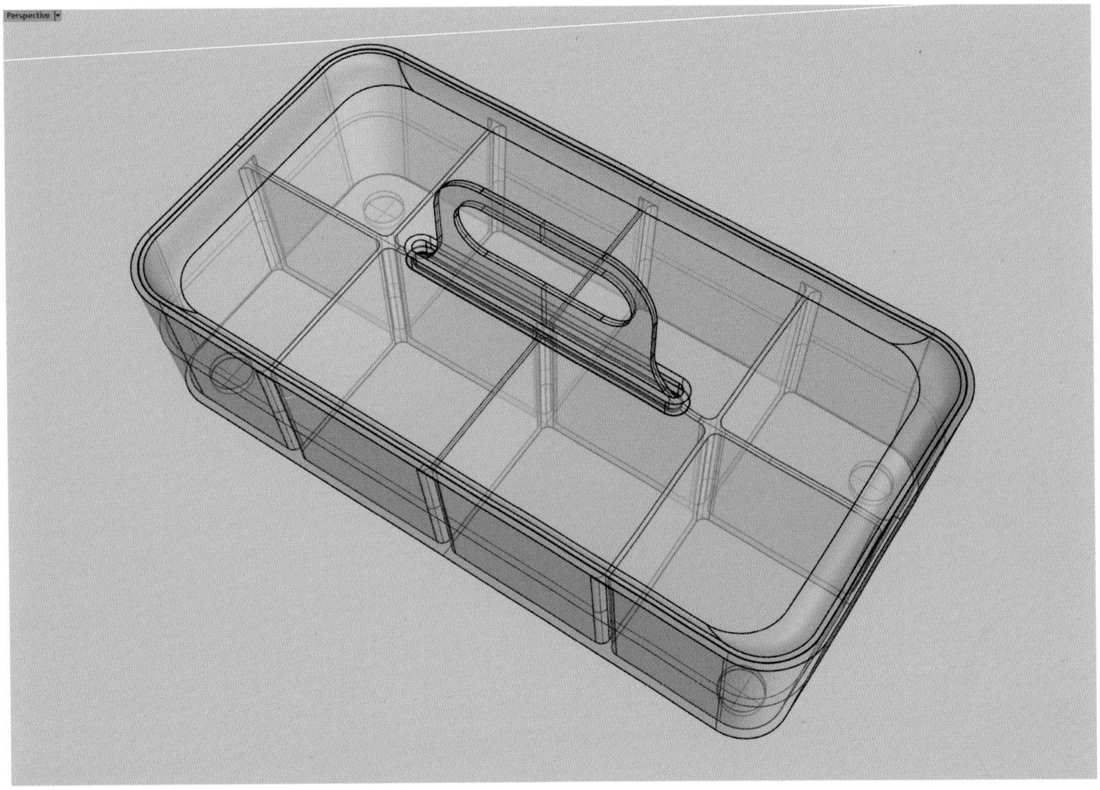

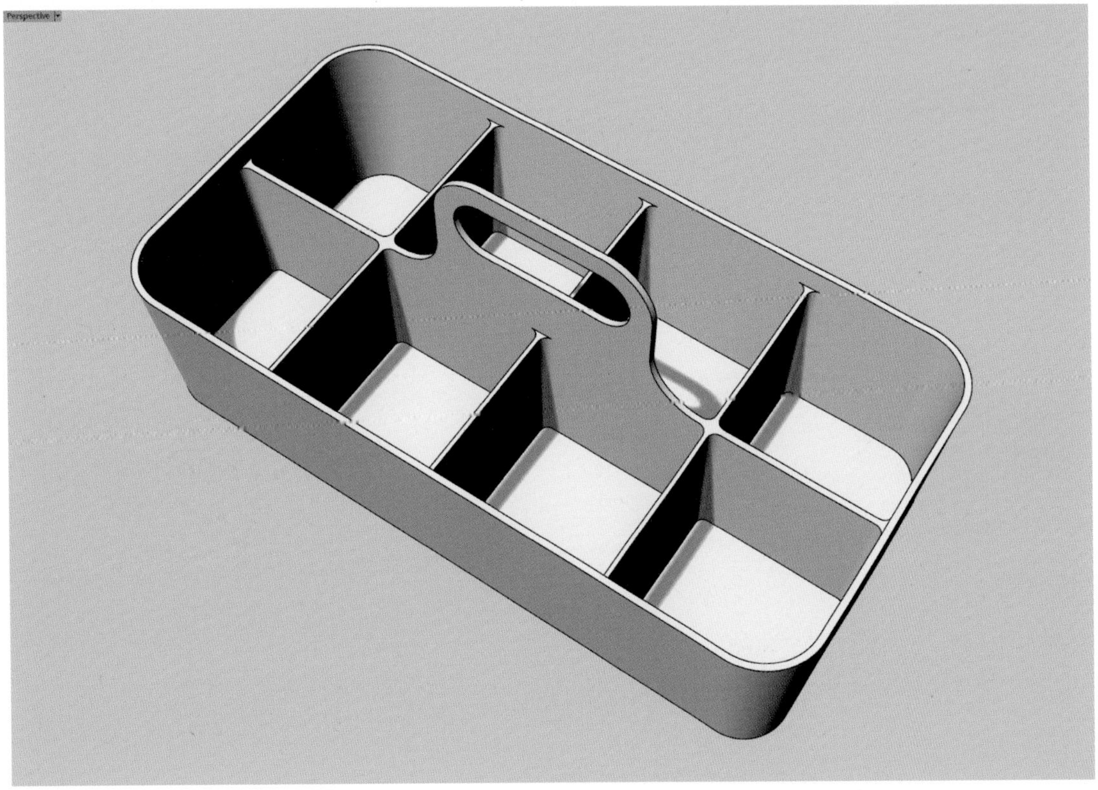

CHAPTER 02 티타늄 망치 모델링

Hammer Modeling

티타늄 재질의 망치 모델링을 진행해 본다. 이번 튜토리얼에서는 3D 모델링의 가장 기본이 되는 솔리드 만들기(Solid Creation), 솔리드 도구(Solid Tools), 서피스 만들기(Surface Creation), 서피스 도구(Surface Tools) 명령어를 주로 사용해 본다. 학습의 요점은 2D 드로잉, 커브 연속성 확보, 필렛, 챔퍼, CPlane, 와이어 컷, 텍스트 생성, 오프셋 서피스(Offset Surface), 블랜드 서피스(Blend Surface) 등이다.

Hammer rendering

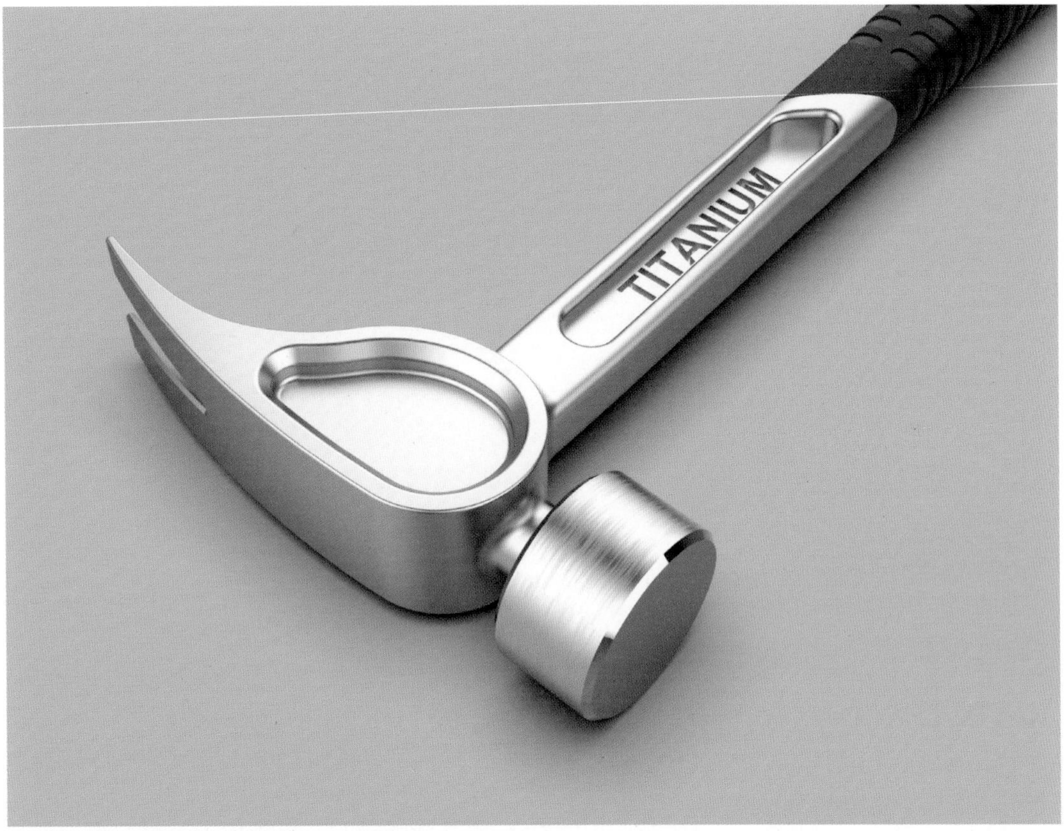
TITANIUM

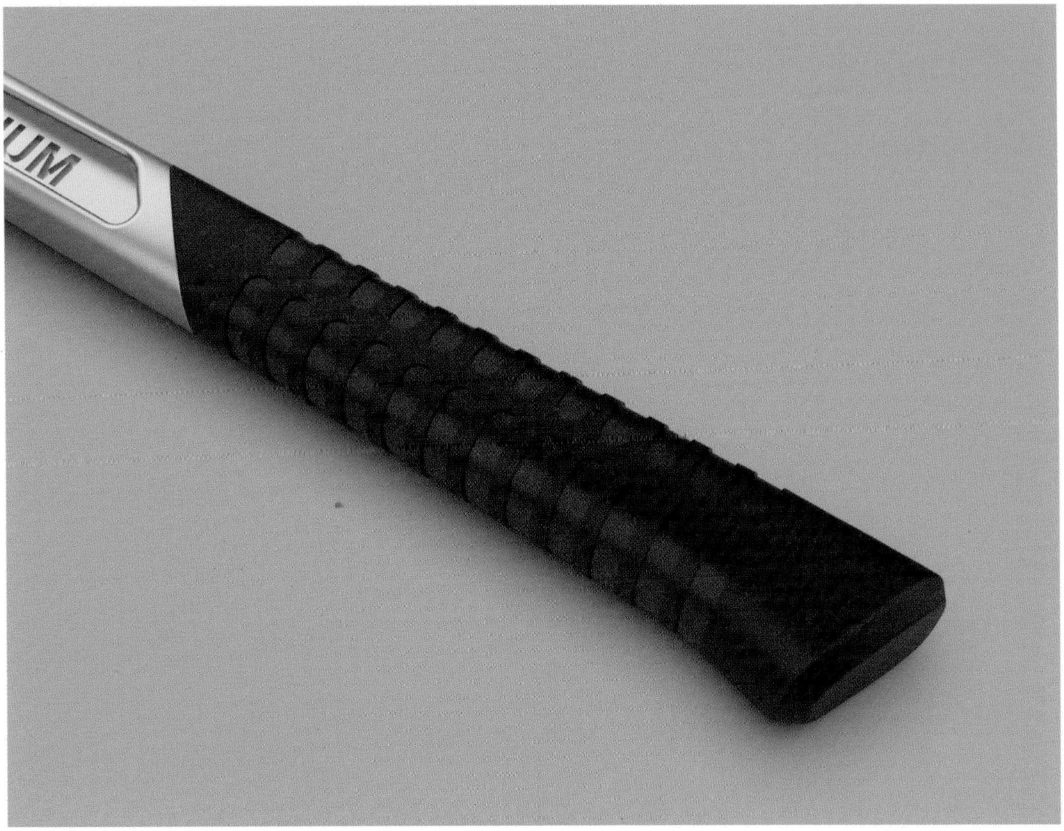

01 중심 수평선 그리기

Top View에서 시작한다. Grid Snap, Ortho를 체크해 준다. Lines〉 Line: front midpoint 명령을 클릭한다. Middle of line이라 뜨면 키보드로 숫자 0을 치고 Enter 한다. End of line이라 뜨면 반지름 120mm를 기입하고 Enter 하면 총 240mm 수평선이 생성된다.

Line: from midpoint

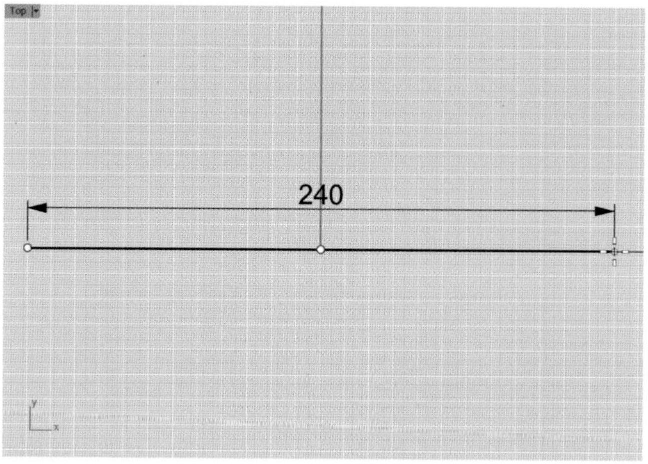

02 수직선 양쪽으로 오프셋하기

이제 Curve Tools 〉 Offset curve 명령을 클릭한다. Select curve to offset 옵션 항목에서 Distance=7.5를 기입하고 BothSides를 클릭하면 그림과 같이 ①, ②번 양쪽으로 동시 대칭 Offset이 완료된다.

Offset curve
Offset multiple

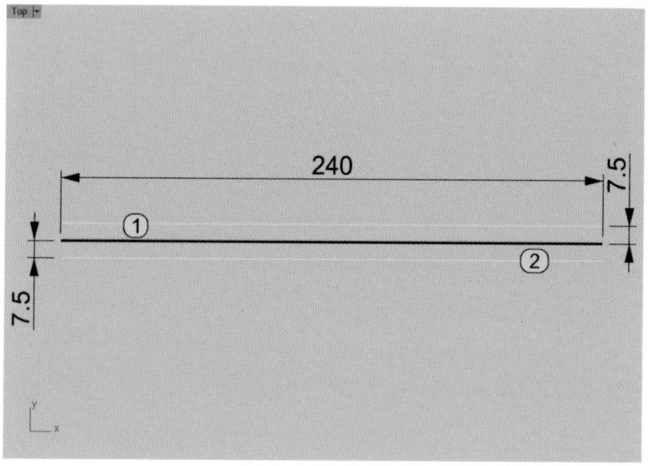

03 1번, 2번 라인 동일 경사 주기

Top View에서 작업한다. Osnap=End에 체크한다. Rotate 2-D 명령을 클릭한다. ①번 선의 왼쪽 끝점을 기준으로 0.8도 경사를 만들어 준다. 같은 방법으로 ②번 선의 왼쪽 끝점을 기준으로 −0.8도 경사를 만들어 준다.

Rotate 2-D
Rotate 3-D

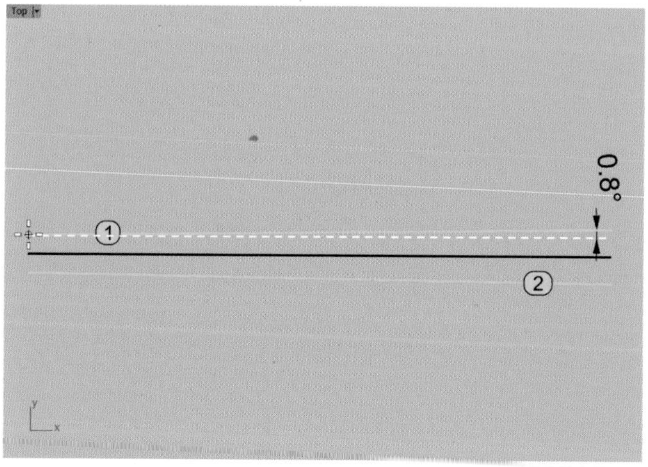

04 경사 라인 안쪽으로 오프셋하기

Curve Tools 〉 Offset curve 명령을 클릭한다. Select curve to offset 옵션 항목에서 Distance=4를 기입하고 Enter, Select curve to offset이라 뜨면 ①번 경사 라인을 클릭하고 안쪽 방향을 클릭하면 ③번 라인이 오프셋된다. 동일 방법으로 ④번처럼 만들어 준다. 물론 대칭 복사 Mirror 명령을 사용해도 된다.

Offset curve
Offset multiple

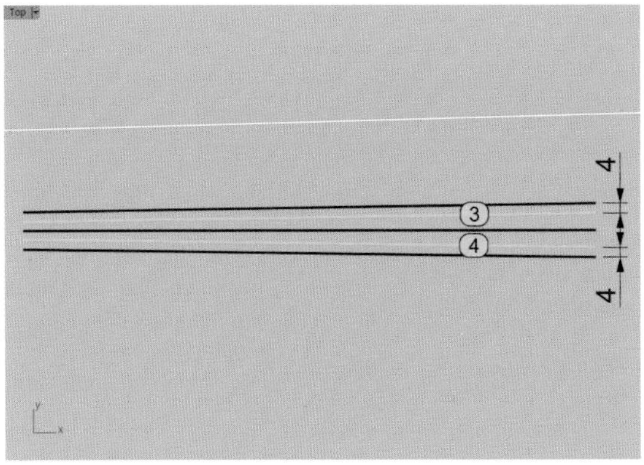

05 원 그리기

Top View에서 작업한다. Osnap=Eed, Near에 체크한다. Circle: diameter 명령을 클릭하고 가운데 수평 라인의 End 점을 시작 기점으로 그림과 같이 Diameter=31의 원을 그려 준다.

Circle: diameter

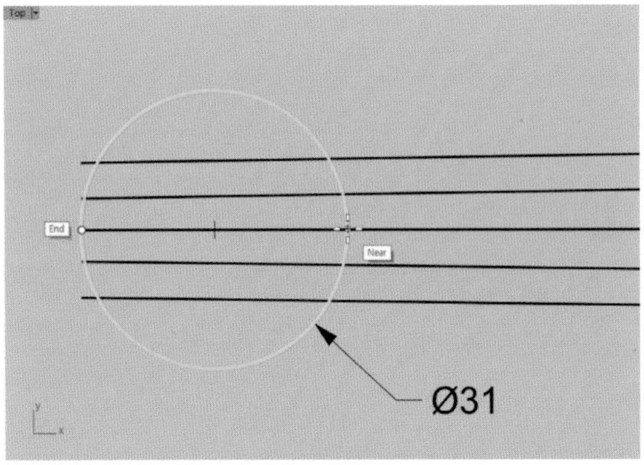

06 기역자 모양 가이드라인 그리기

Top View에서 작업한다. Osnap=Cen을 기준으로 시작하는 Ⓐ 기역자 모양의 폴리 라인(Polyline)을 그려 준다. 이것은 가이드라인으로 향후 지워 줄 것이다.

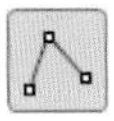

Polyline
Line Segments

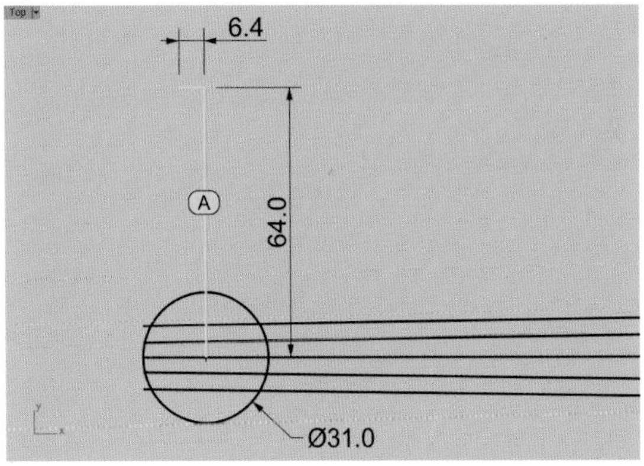

07 원 그리기

Snap=End에 체크한다. Circle: center, radius 명령으로 지름(Diameter) 1.5의 원을 그려 준다. 망치 헤드의 제일 끝단이 되는 부분이다.

Circle: center, radius

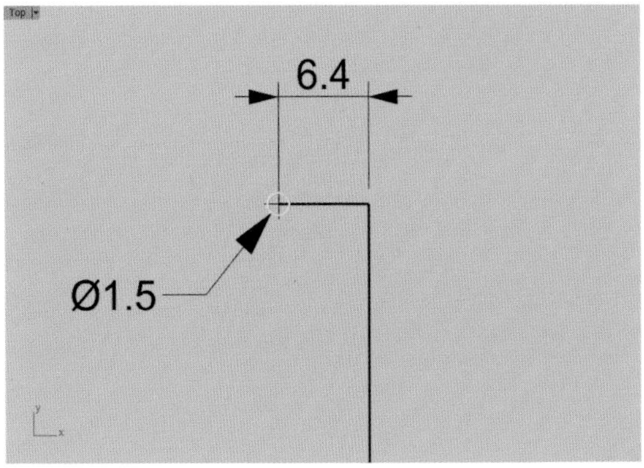

08 호(Arc) 그리기

Top View에서 시작한다. 마우스 오른쪽 버튼으로 Arc: tangency, tangent, radius 명령을 클릭한다. 다음 ①번과 ②번 지점을 순차적으로 클릭, Radius=157을 입력하고 Enter 한다. 치수 체크하면 그림과 같이 접선(Tangent)이 일치된 호(Arc)가 생성된다.

Arc: tangent to curves
Arc: tangent, tangent, radius

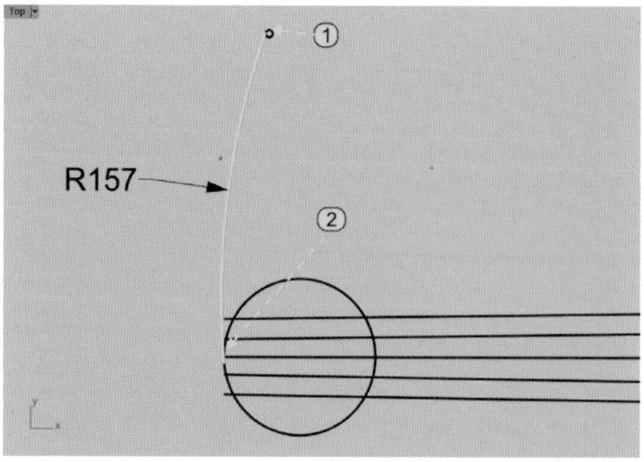

09 커브 그리기

Top View에서 시작한다. Osnap=Near를 체크한다. 자유로운 커브를 그리기 위해서는 Grid Snap, Ortho는 꺼 주고 하는 것이 좋다. Curve: interpolate points 명령으로 상단 원 접선과 하단 원 접선을 최대한 자연스럽게 연결하는 커브를 그려 준다.

Curve: interpolate points
Handle curve

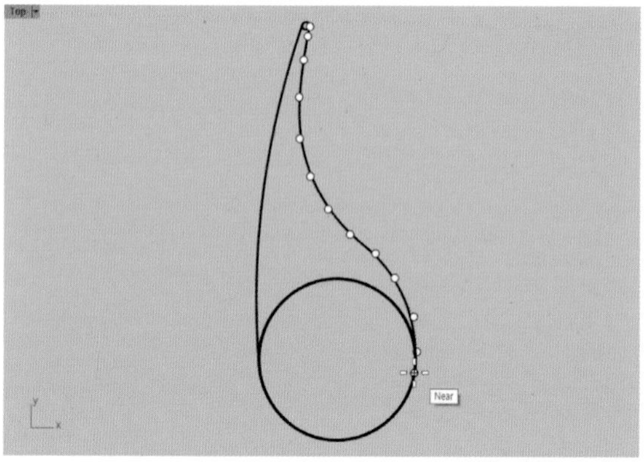

10 교차 라인 트림으로 정리하기

Trim 명령으로 불필요한 부분을 모두 지워 준다. 다만 모두 트림 후 접선 Ⓐ지점과 Ⓑ지점은 각이 존재함을 알 수 있다. 이것은 앞서 드로잉에서 접선(Tangency)을 완벽하게 일치하도록 그린 것이 아니기에 당연한 결과이다. 이제 접선 부위의 각을 없애고 접선의 일치(G=1)가 되도록 해 주어야 한다.

Trim
Untrim

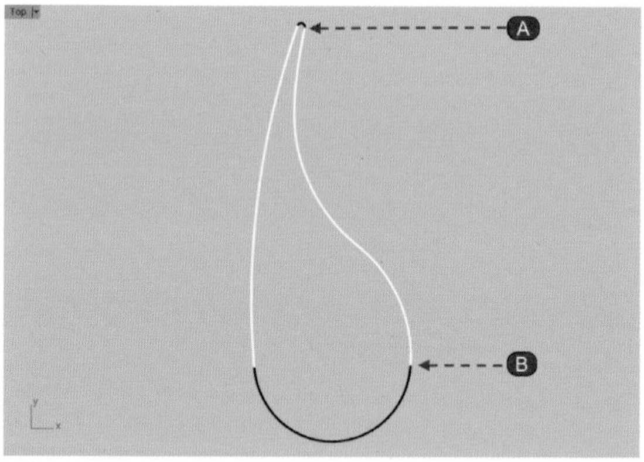

11 곡률 연속성 수정하기

Ⓐ부분을 그림과 같이 확대한다. 먼저 Curve Tools 〉 Match curve 명령을 클릭한다. 다음 반드시 ①–②번호 순서대로 클릭하고 옵션을 그림과 같이 설정해 준다.

Match curve

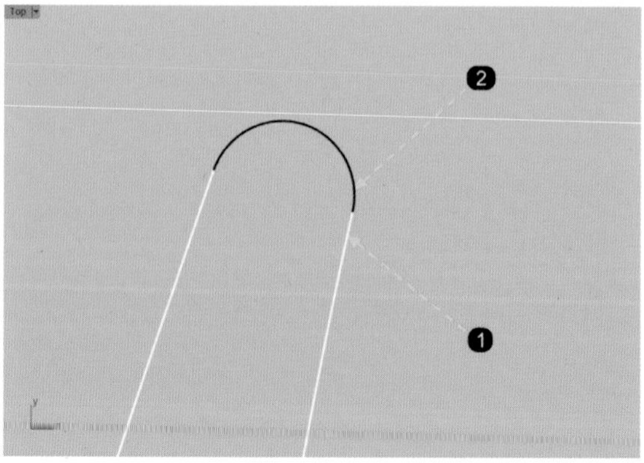

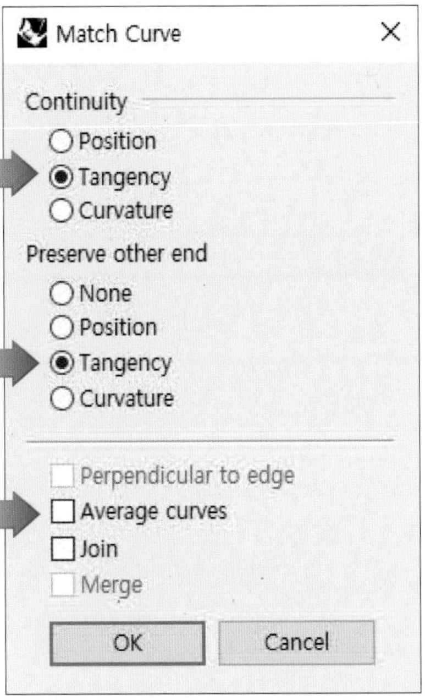

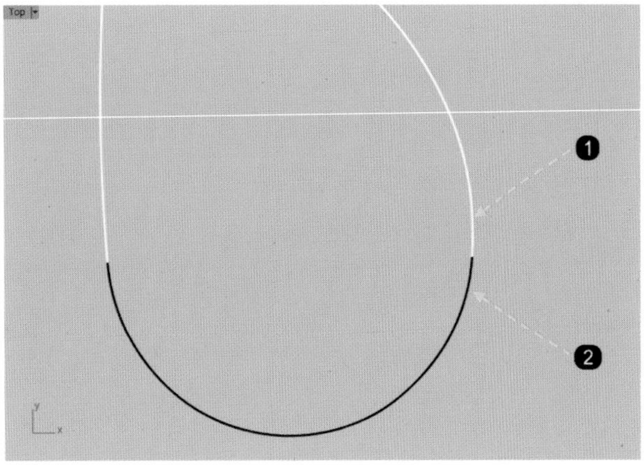

12 연속성 등급 확인하기

Match Curve 한 접선 부위의 연결 상태를 분석해 본다. Analyze 〉 Geometric continuity of 2 curves 명령을 클릭한다. First curve-select near end:라 뜨면 ①번 커브를 선택하고 Second curve - select near end라 뜨면 ②번 커브를 클릭한다. 클릭과 동시에 커멘드 창에 Curve are G1이라 뜨면 접선(Tangency) 일치가 되었음을 알 수 있다. 윗부분도 해 준다.

Geometric continuity of 2 curves

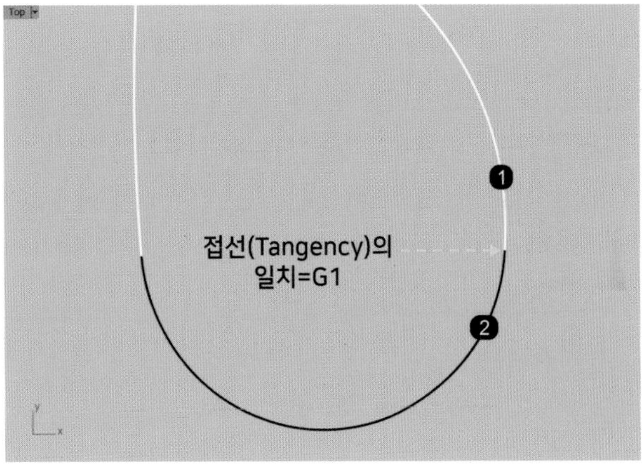

13 외형선 안쪽으로 오프셋하기

Curve Tools 〉 Offset curve 명령을 클릭한다. 커멘드 창에 Select Curves to offset이라 뜨면 외형 커브를 선택하고 Side to offset에서 Distance를 클릭 후 5를 입력하고 원하는 안쪽 위치를 클릭하고 Enter 하면 오프셋 라인이 생성된다.

Offset curve
Offset multiple

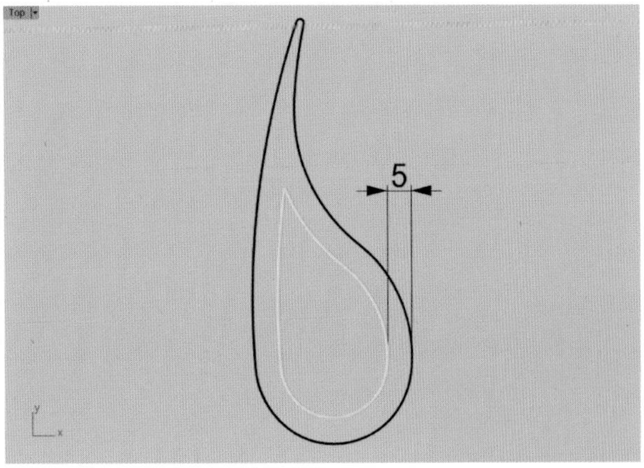

14 라운드 처리하기

Top View에서 작업한다. Fillet curves 명령을 클릭한다. Radius=3.7을 입력하고 Select first curve to fillet이라 뜨면 ①번, Select second curve to fillet이라 뜨면 ②번 커브를 선택하여 라운드 처리를 해 준다.

Fillet curves
Fillet curves repeat

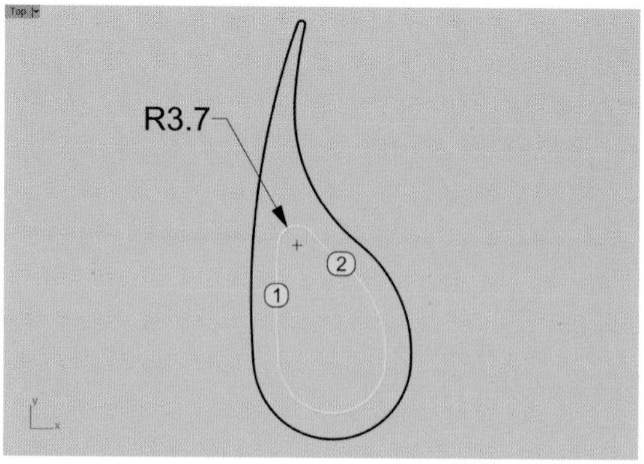

15 목(Throat) 부분 드로잉하기

Top View에서 작업한다. Snap=Quad에 체크한다. 먼저 Line: from midpoint 명령으로 ①번 수직선을 그려 준다. 다음 Polylines 명령으로 그림과 같이 치수를 참조하여 ②번 드로잉을 마무리한다. 목 부분 드로잉만 선택하고 검볼(Gumball) Y(Green) 축 방향으로 3mm 올려 준다.

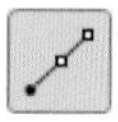

Line: from midpoint

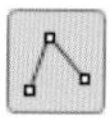

Polylines
Line Segments

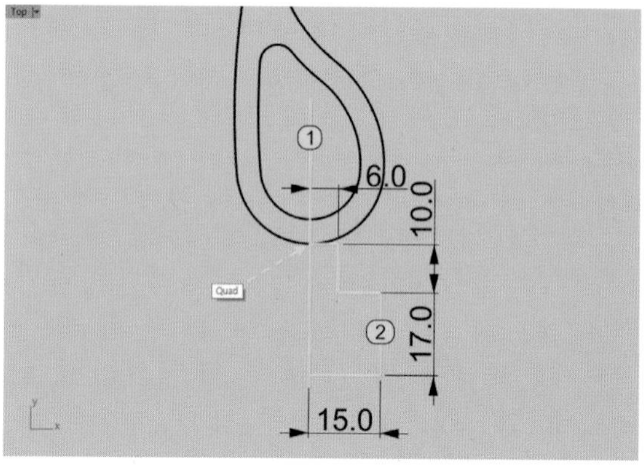

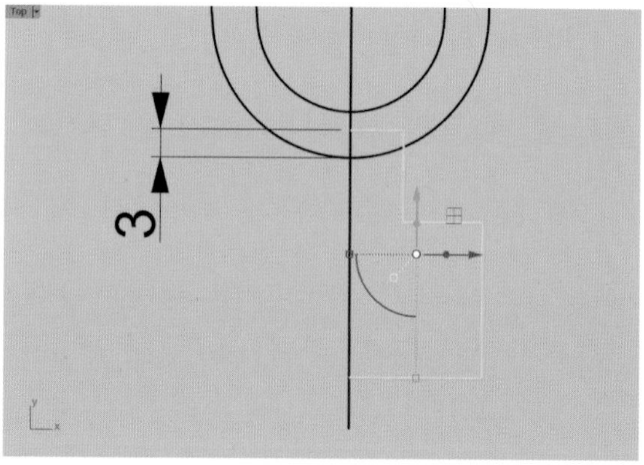

16 추가 드로잉하기

망치 목(Throat)의 중심축을 오른쪽으로 그림과 같은 거리만큼 오프셋하여 ①번 라인을 그려 준다. ②번 라인은 사선으로 만들어 주면 된다.

Offset curve
Offset multiple

Single Line

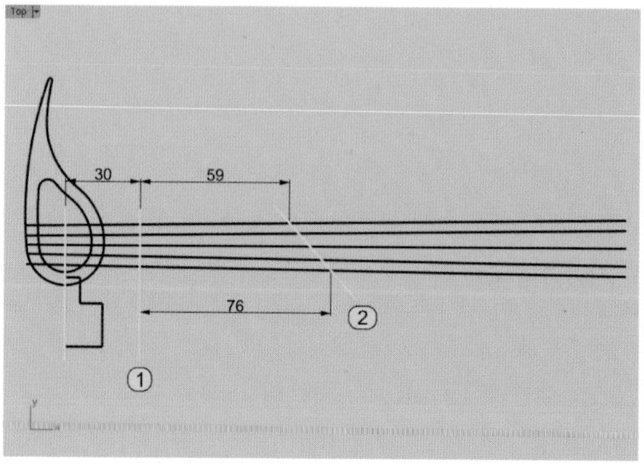

17 라인 정리하기

그림과 같이 해당 라인들만 선택하고 Trim 명령으로 정리해 준다.

- Trim
- Untrim

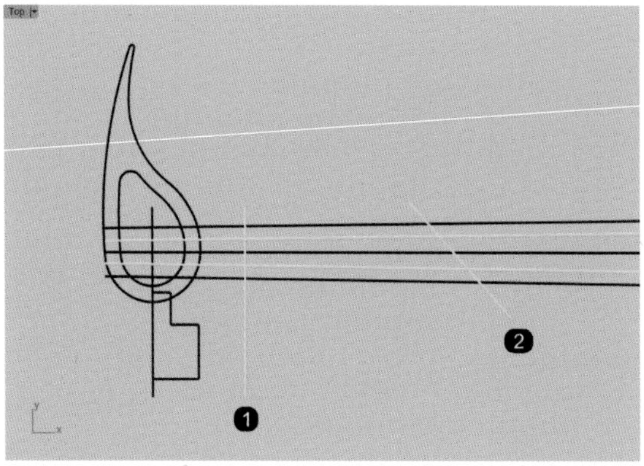

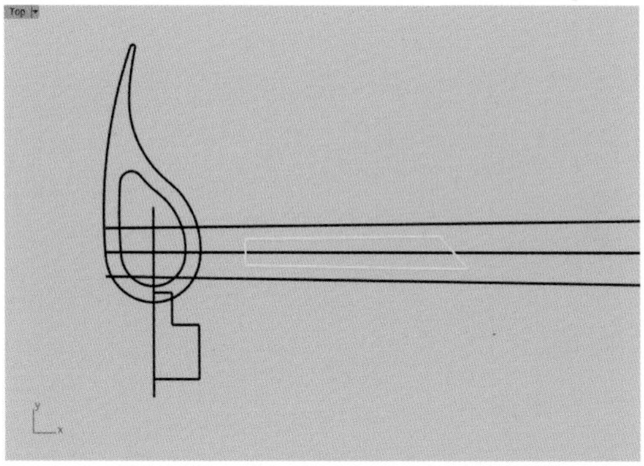

18 모서리 필렛 주기

Curve Tools 〉 Fillet curves 명령으로 각진 모서리 부위에 그림과 같이 라운드 필렛을 적용한다.

- Fillet curves
- Fillet curves repeat

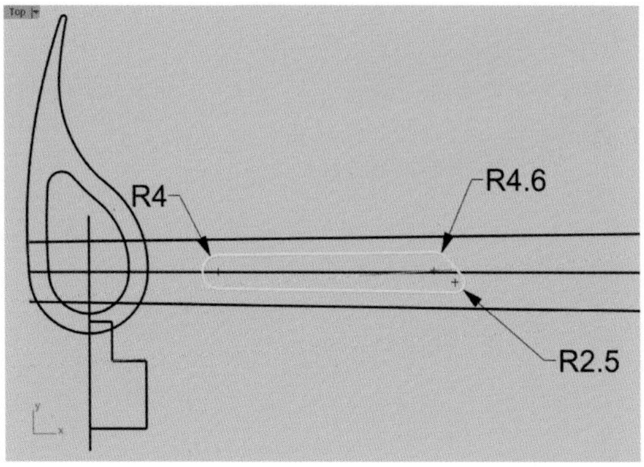

19 추가 기준 라인 그리기

Top View에서 시작한다. Grid Snap, Ortho를 체크해 준다. Osnap=End, Quad를 체크한다. 다음 Lines 〉 Line: front midpoint 명령을 클릭한다. Middle of lin이라 뜨면 End나 Quad 점을 기준으로 수직 Ⓐ라인을 먼저 그려 주고 나머지는 그려진 수직 Ⓐ라인으로 그림과 같은 거리만큼 오프셋하여 Ⓑ, Ⓒ 수직 라인을 그려 준다.

- Line: from midpoint
- Offset curve
- Offset multiple

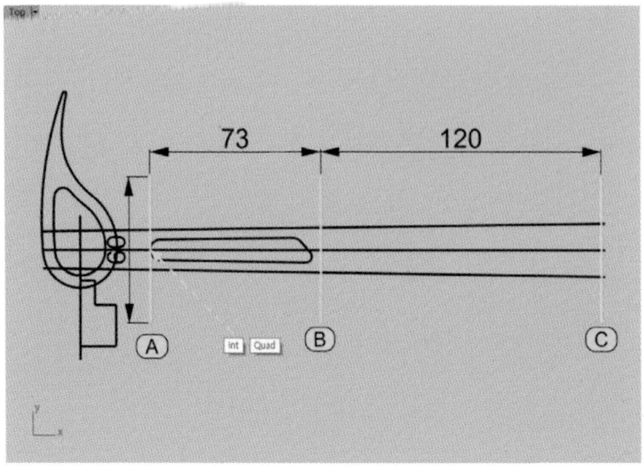

20 추가 라인 그리기

망치 손잡이 우측 끝단을 약간 경사지게 드로잉해 주어야 한다. Snap=End, Near 체크한다. Single Line 명령을 클릭하고 ①번 End 점에서 시작하여 ②번 Near 스냅으로 겹친 라인에서 끝나는 Distance=30mm 라인을 그려 준다.

Single Line

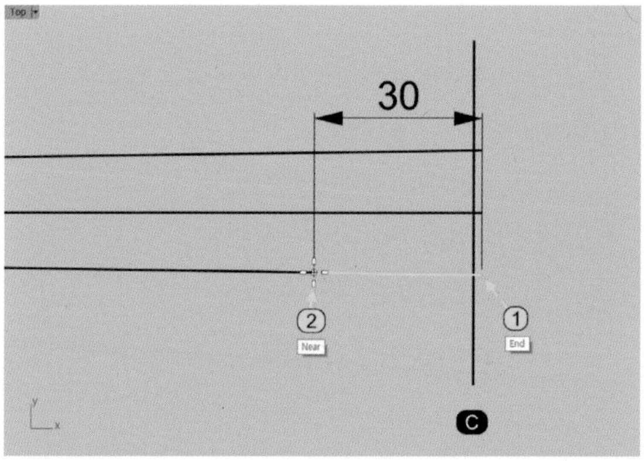

21 경사진 라인 만들기

Rotate 2-D 명령을 클릭하고 End를 기점으로 −14.5도 기울어진 라인을 그림과 같이 만들어 준다.

Rotate 2-D
Rotate 3-D

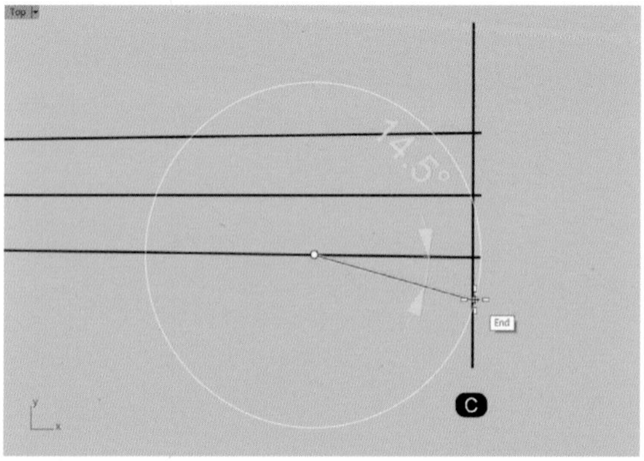

22 필렛 주기

Front View에서 작업한다. 그림과 같이 Fillet curves 명령으로 Radius=57의 라운드 처리를 해 준다. 해당 연속선들은 서로 Join해 준다.

Fillet curves
Fillet curves repeat

Join

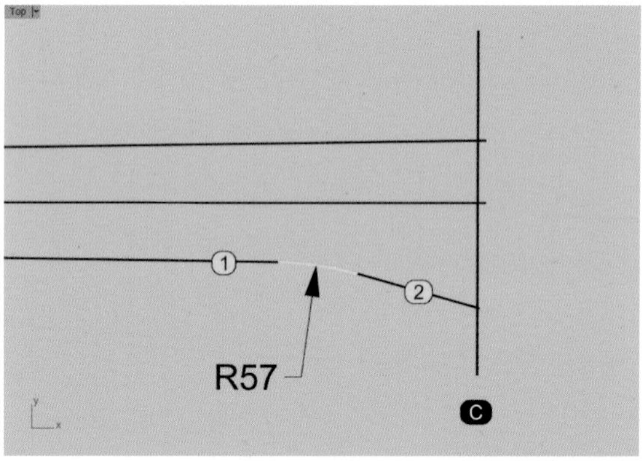

23 추가 수평 라인 그리기

Top View에서 시작한다. Snap=Near에 체크한다. 그림상의 치수를 참조하여 Single Line 명령으로 길이 72mm의 수평 라인(Ⓐ)을 중심선에 중첩되게 그려 준다. 대략적인 위치에 두어도 크게 문제 되지 않는다.

Single Line

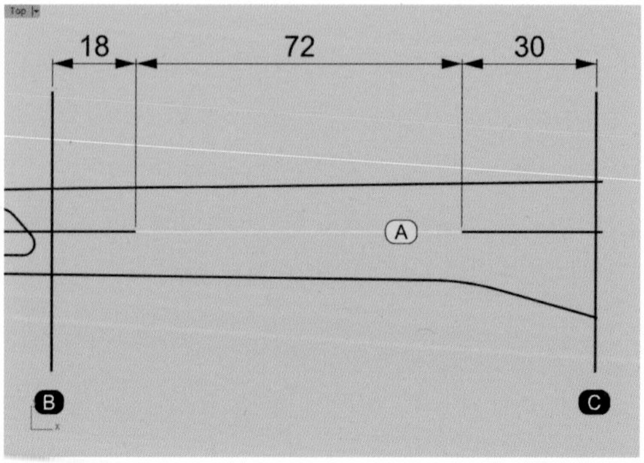

24 라운드형 모서리 직사각형 그리기

Top View에서 작업한다. Snap=End에 체크한다. Rectangle 〉 Rounded rectangle 명령을 클릭 후 커멘드 옵션에서 Center를 클릭한다. End 기점으로 Other corner or length(3 Point)=4 기입 후 Enter, Width=20 기입 후 Enter 하면 최종적인 결과가 나타난다.

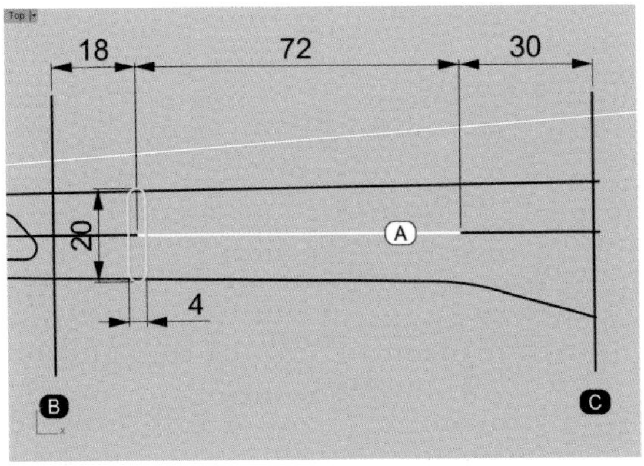

Rounded rectangle
Rounded rectangle conic corners

25 패턴 배열하기

Top View에서 작업한다. Array along curve 명령을 클릭한다. Select objects to array라 뜨면 ①번 개체를 선택하고 Enter, Select path curve라 뜨면 ②번 라인을 선택하고 Enter, 커멘드 창에 Items=12개로 기입하고 Enter 하면 총 12개가 자동 배열된다.

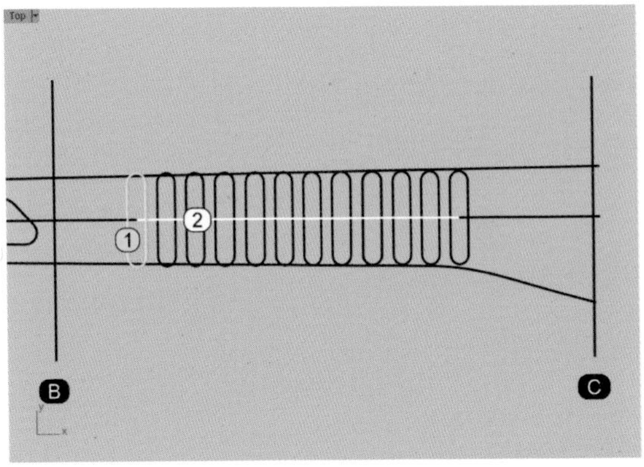

Array along curve

26 패턴 개체 위치 이동하기

검볼(Gumball) 명령을 이용 배열된 패턴을 그림과 같이 아래로 −11.25mm 이동시켜 준다.

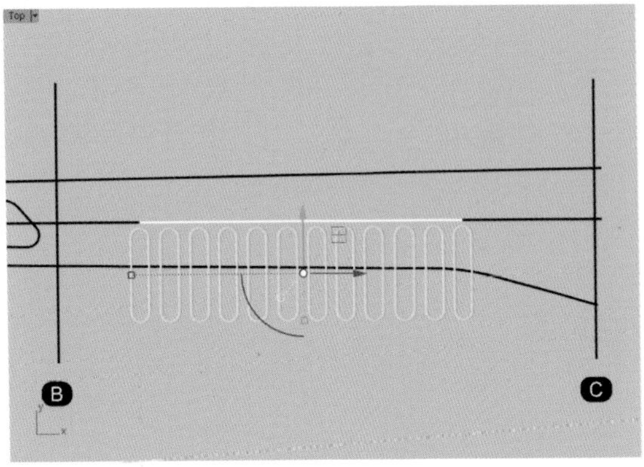

27 대칭 복사하기

Top View에서 작업한다. Osnap=End 체크한다. 해당 패턴을 Mirror 명령으로 그림과 같이 대칭 복사해 준다.

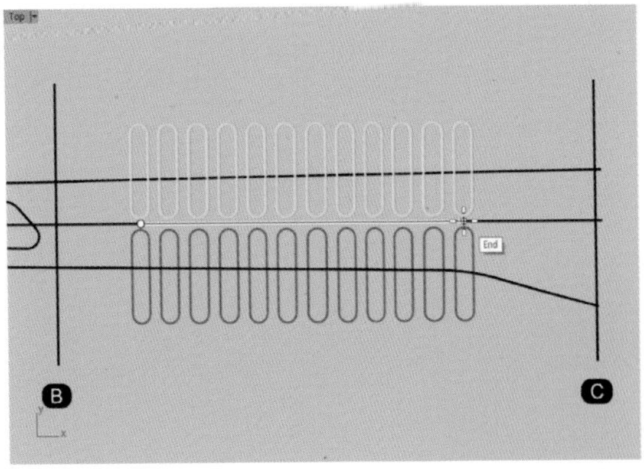

Mirror
Mirror on 3-point plane

28 모든 드로잉 확인하기

망치 모델링을 위한 모든 기본 치수 드로잉이 마무리되었다. 그림과 같이 모든 드로잉이 준비되어 있는지 확인한다.

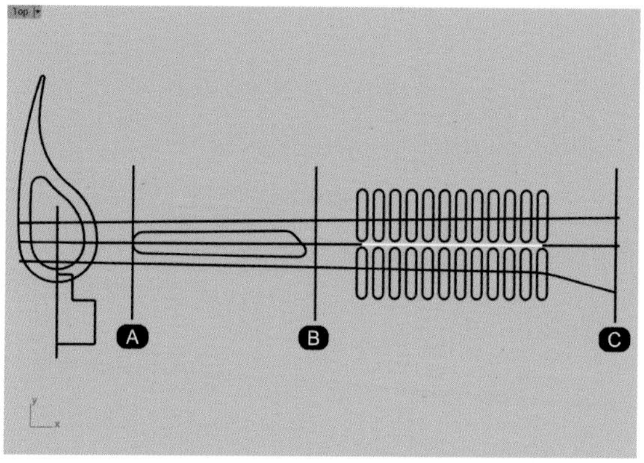

29 망치 헤드 입체 모델링하기

Isolate objects 명령으로 망치 헤드 관련 라인들만 남기고 나머지 드로잉들은 모두 숨겨 준다.

Isolate objects
Unisolate objects

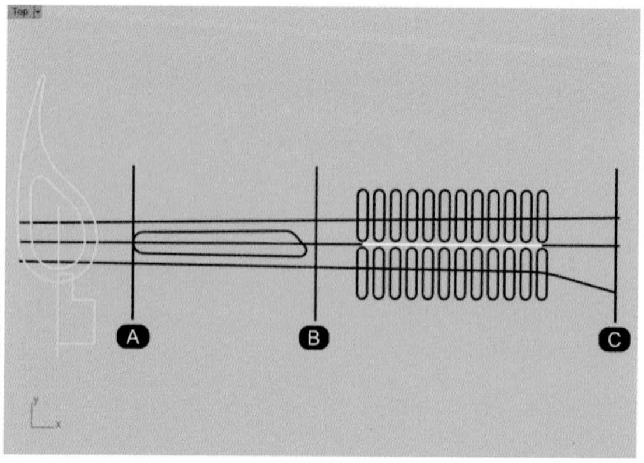

30 돌출 개체로 만들기

Solid Creation 〉 Extrude closed planar curve 명령으로 반지름 12mm(커멘드 옵션 설정: BothSides=Yes, Solid=Yes)를 기입하여 전체 24mm의 돌출 개체를 만들어 준다.

Extrude closed planar curve

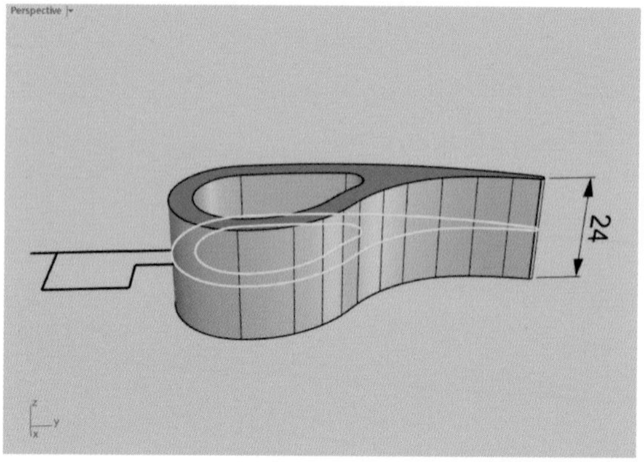

31 내부 돌출 개체 만들기

Solid Creation 〉 Extrude closed planar curve 명령으로 반지름 7.5mm(커멘드 옵션 설정: BothSides=Yes, Solid=Yes)를 기입하여 전체 15mm의 돌출 개체를 만들어 준다.

Extrude closed planar curve

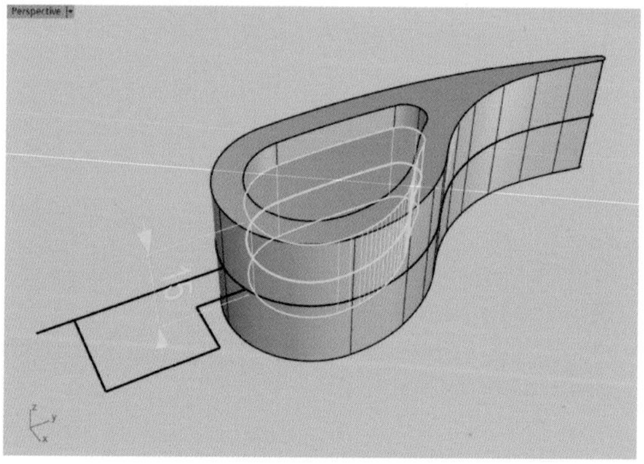

32 회전체 만들기

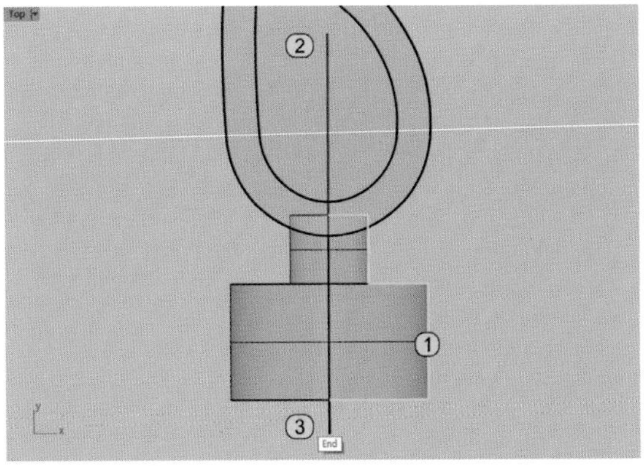

Top View에서 작업한다. Snap=End에 체크한다. Revolve 명령으로 회전축 End 점을 기준으로 ①-②-③ 번호 순서대로 클릭하여 360도(FullCircle) 회전체를 만들어 준다.

Revolve
Rail revolve

33 개체 붙이기

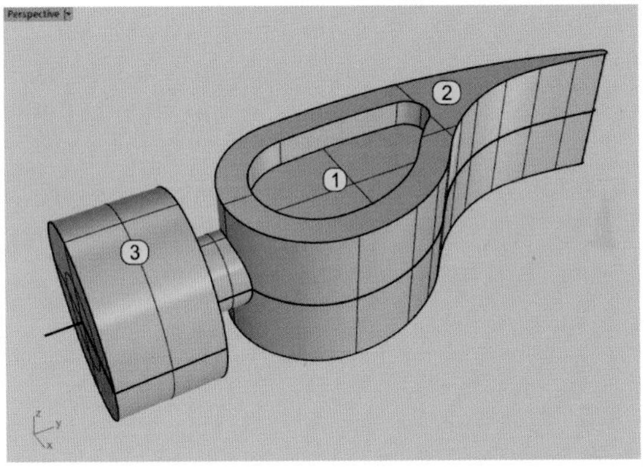

Perspective View에서 시작한다. 지금까지 만들어진 3개의 솔리드(Solid) 개체를 Boolean union 명령으로 1개의 개체로 붙여 준다.

Boolean union

34 모서리에 각각의 챔퍼(모따기) 주기

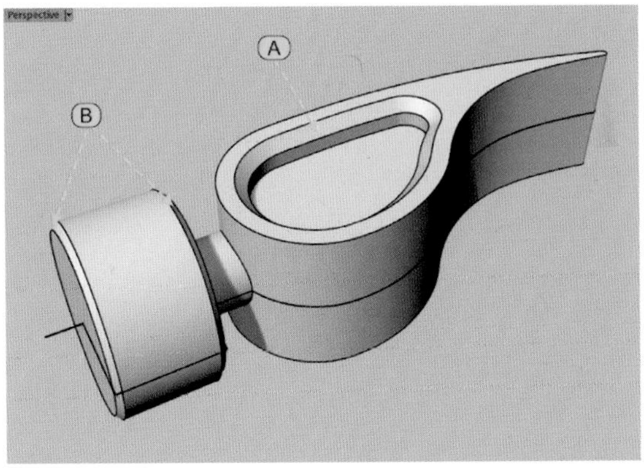

Perspective View에서 시작한다. 각각 Solid Tools 〉 Chamfer edges 명령을 클릭하고 Ⓐ 영역엔 챔퍼 2, Ⓑ 영역엔 챔퍼 1을 적용한다.

Chamfer edges

35 모서리에 각각의 필렛 주기

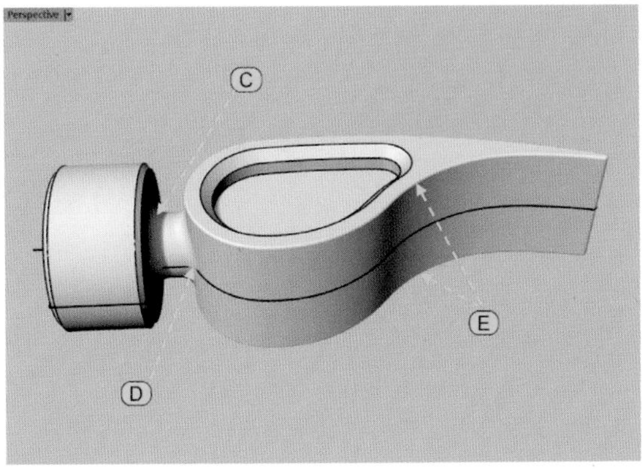

Perspective View에서 시작한다. 각각 Solid Tools 〉 Fillet edges 명령을 클릭하고 Ⓒ, Ⓓ 영역엔 Radius=3, Ⓔ 영역엔 Radius=0.5를 적용한다.

Fillet edges
Blend edges

36 못을 빼기 위한 경사 라인 추가하기

Right View에서 작업한다. 가운데 수평 라인을 그려 주고 그것을 기준으로 Line: single line 명령으로 삼각형 모양의 라인 드로잉을 추가해 준다. 끝단에는 Radius=1.0을 적용하여 마무리한다.

Single Line

Fillet curves
Fillet curves repeat

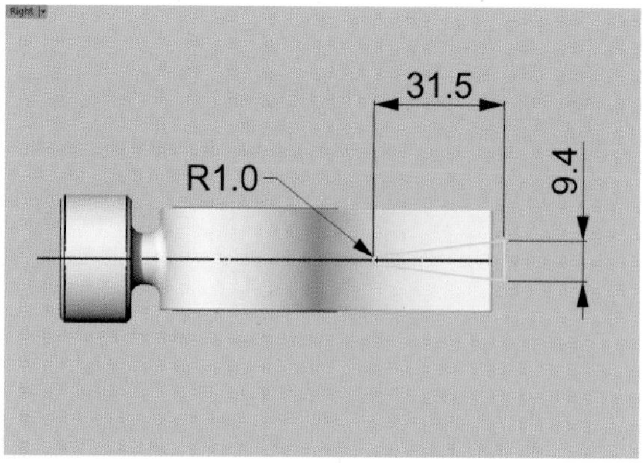

37 내부 잘라서 지워 주기

Right View에서 작업한다. Wire cut 명령을 클릭한다. Select cutting curve:라 뜨면 ①번 라인을 선택하고, Select objects to cut:이라 뜨면 커맨드 옵션은 BothSides=Yes, KeepAll=No로 지정 후, ②번 헤드를 선택 후 Enter, Enter 한다.

Wire cut

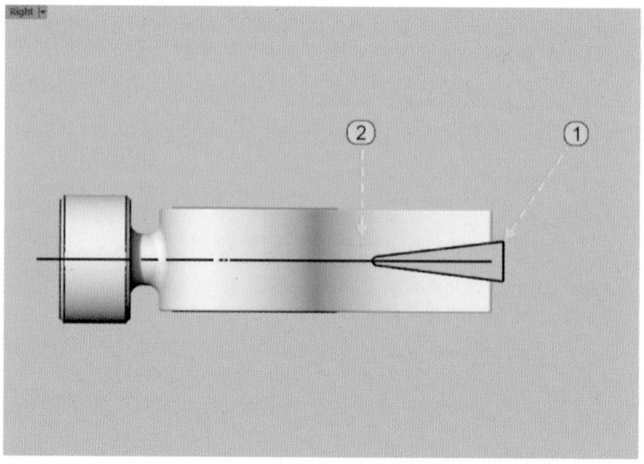

38 모서리에 각각의 챔퍼(모따기) 주기

Perspective View에서 시작한다. 각각 Solid Tools 〉 Chamfer edges 명령을 클릭하고 Ⓕ 영역에 챔퍼 0.5를 적용한다.

Chamfer edges

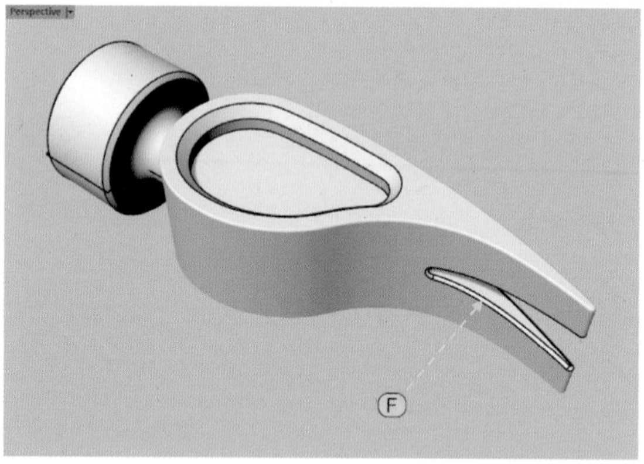

39 손잡이 만들기

Top View에서 볼 때 앞서 만들어 둔 해당 라인들만 보이게 한다. 이제 손잡이 단면을 만들 계획이다.

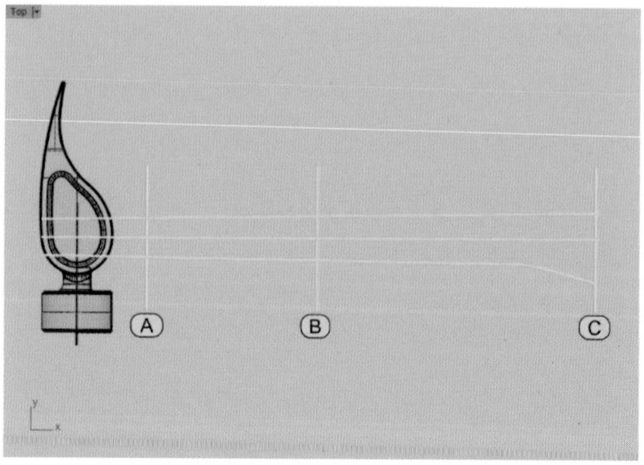

40 작업을 위한 예비 면 만들기

Surface Creation 〉 Extrude straight 명령으로 반지름 27mm(BothSides=Yes)를 기입하고 전체 54mm의 돌출 면을 만들어 준다. 각 면들은 단면 커브를 그리기 위한 작업 면의 역할을 하게 된다.

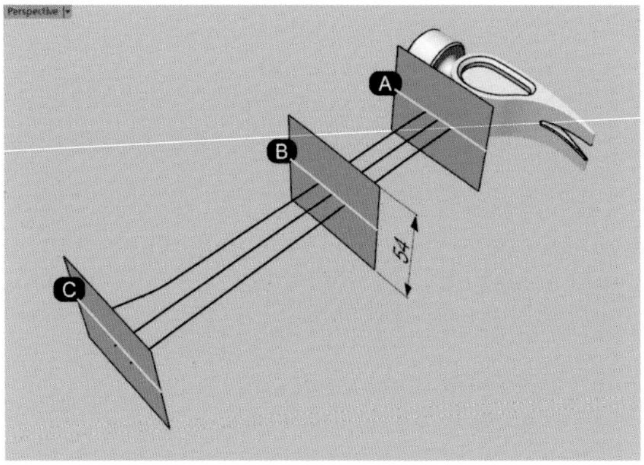

Extrude straight

41 교차 점(Point)을 만들어 주기

Perspective View에서 작업한다. 우선 그림처럼 해당 라인만 모두 선택하고 Curve From Object 〉 Object intersection 명령을 클릭하면 교차 부위에 Point가 생성된다. 이러한 포인트들은 향후 작업에서 단면 커브 시작 지점의 역할을 하게 된다.

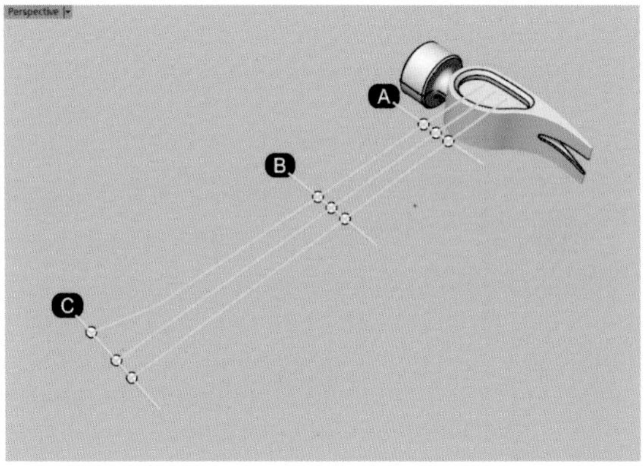

Object intersection

42 해당 개체들만 보이게 하기

그림과 같이 앞서 만든 면(A-1)을 보이게 한다. 나머지 Ⓑ, Ⓒ 해당 라인과 포인트들을 모두 숨겨 준다. 작업 시 혼란을 피하기 위함이다. 또한 그리드(Grid) 라인들이 보이게 한다.

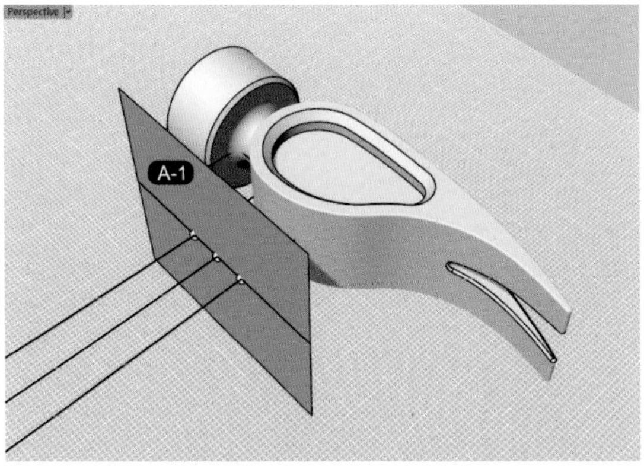

43 CPlane 사용하기

Perspective View에서 작업한다. 스탠더드 툴바 〉 CPlanes 〉 Set Cplane to object 명령을 클릭하고 (A-1) 면을 선택한다. 선택과 동시에 바닥의 그리드가 (A-1) 면에 접하게 된다.

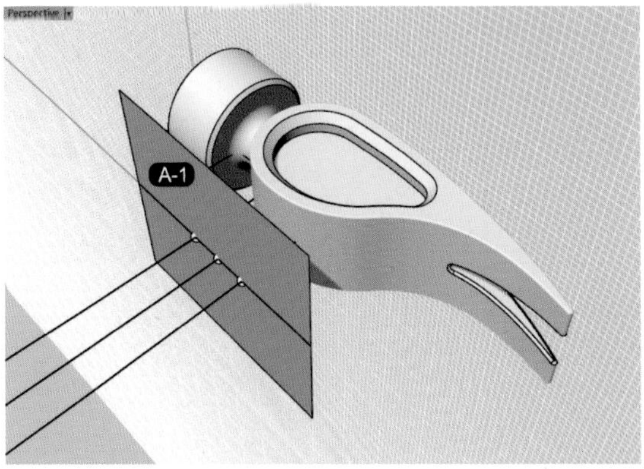

Set CPlane to object

44 정면으로 작업뷰 변경하기

Perspective View에서 작업한다. 스탠더드 툴바 〉 Set View 〉 Bottom view of CPlane 아이콘을 클릭한다. 그림과 같이 정면으로 작업뷰가 바뀐다.

Bottom view of CPlane

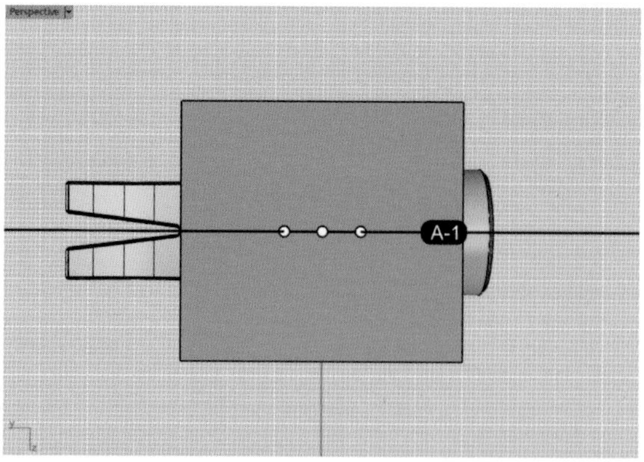

45 단면 그리기

Perspective View에서 작업한다. 그림과 같은 단면을 그려 준다. 주의 사항은 단면 커브의 ①번과 ②번의 End 점이 Point와 일치하게 만들어 주어야 한다. 참고로 작업된 16mm 영역은 소수점을 가진 치수로 측정되는 게 정상이다.

Single Line

Fillet curves
Fillet curves repeat

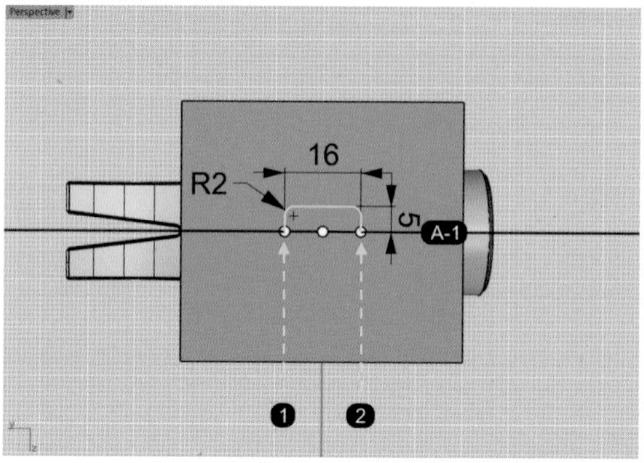

46 대칭 복사하기

Mirror 명령으로 그림과 같이 아래로 대칭 복사한다. 다음 서로 Join해 준다.

Mirror
Mirror on 3-point plane

Join

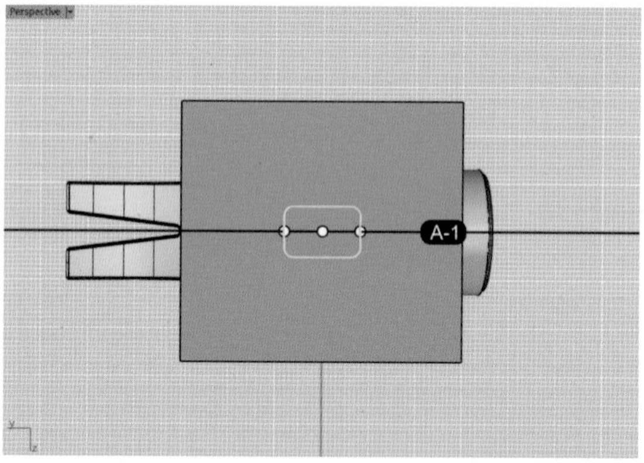

47 뷰 정상화하기

Perspective View에서 Undo CPlane Change 명령으로 클릭하면 원래 바닥 좌표로 복귀하게 된다. 물론 연속 Undo, Redo도 가능하다.

Undo CPlane Change
Redo CPlane Change

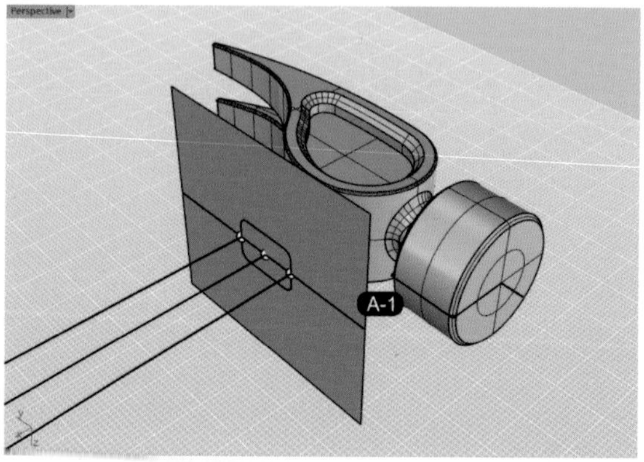

48 A-2 면 보이게 하기

동일 작업을 반복해야 하기에 이번엔 (A-2) 면을 보이게 한다.

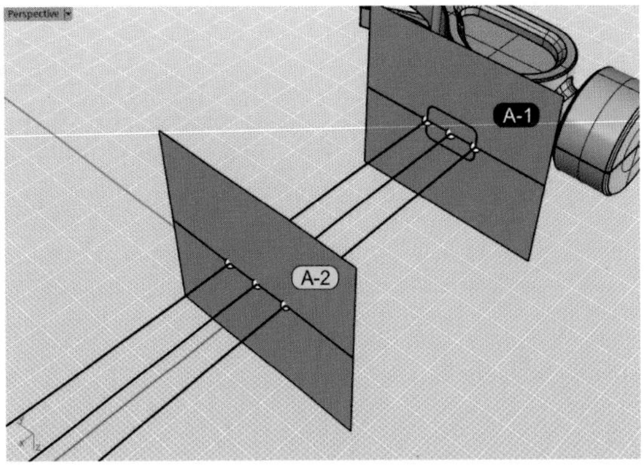

49 주변 개체 숨겨 주기

(A-2)에 단면 커브를 만들기 위해서는 주변의 혼란을 줄 수 있는 개체들은 모두 숨겨 주는 것이 좋다. 그림과 같이 나머지는 모두 Hide 명령으로 숨겨 준다.

Hide objects
Show objects

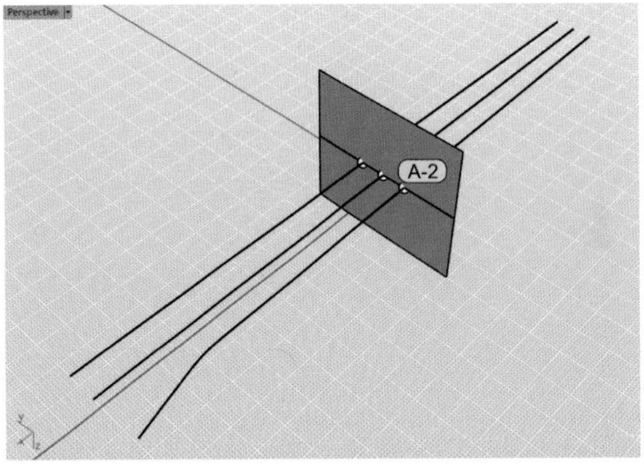

50 CPlane 사용하기

Perspective View에서 작업한다. 스탠더드 툴바 〉 CPlanes 〉 Set Cplane to object 명령을 클릭하고 (A-2) 면을 선택한다. 선택과 동시에 바닥의 그리드가 (A-2) 면에 접하게 된다.

Set CPlane to object

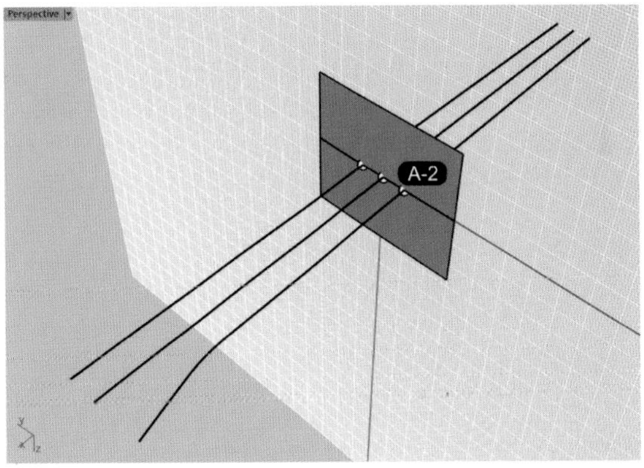

51 정면으로 작업뷰 변경하기

Perspective View에서 작업한다. 스탠더드 툴바 〉 Set View 〉 Bottom view of CPlane 아이콘을 클릭한다. 그림과 같이 정면으로 작업뷰가 바뀐다.

Bottom view of CPlane

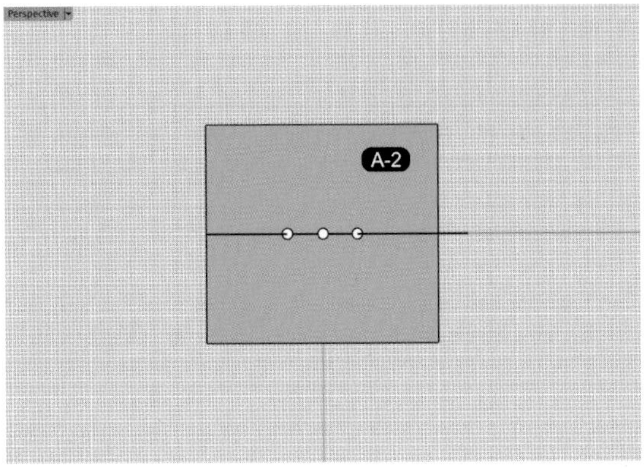

52 A-1 라인 보이게 하기

Perspective View에서 시작한다. 디스플레이 모드를 Ghosted로 하고 앞서 그려 둔 단면 라인을 보이게 한다. 이것은 점진적으로 변화하는 단면을 그리기 위해 필요한 절차로 보면 된다.

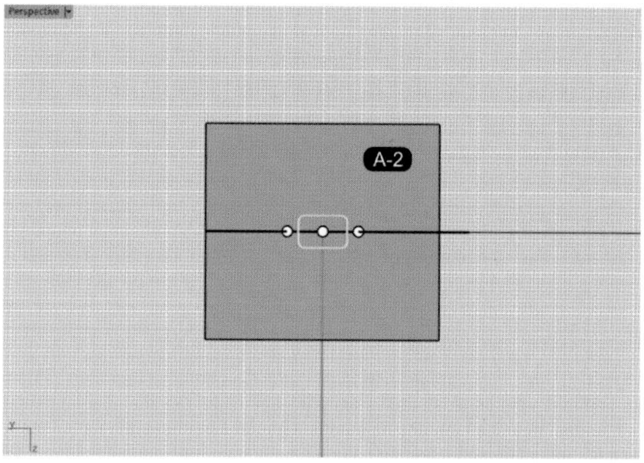

53 A-1 라인 보이게 하기

같은 방법으로 Right View에서 시작한다. 디스플레이 모드를 Ghosted로 하고 앞서 그려 둔 단면 라인을 보이게 한다. 이것은 점진적으로 변화하는 단면을 그리기 위해 필요한 절차로 보면 된다.

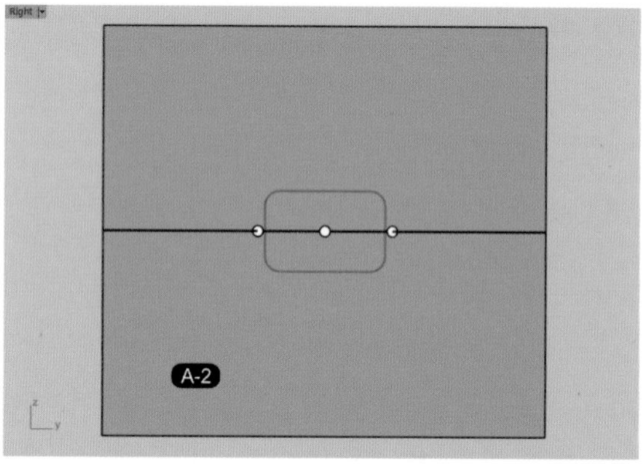

54 A-2 면 위에 단면 그리기

Right View에서 2번째 단면 커브를 그려 줄 것이다. Osnap=Point를 체크한다. Rectangle 〉 Rounded rectangle 명령을 클릭, 커멘드 옵션에서 Center를 클릭하고 ①번 포인트 지점을 먼저 클릭하고 ②번 포인트 지점을 클릭하고 Point 스냅을 잠시 풀고 자연스럽게 라운드형태(Corner=Conic)를 결정 후 완료한다.

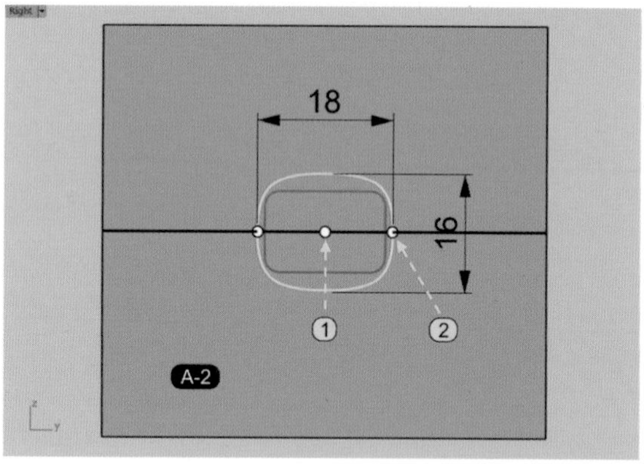

- Rounded rectangle
- Rounded rectangle conic corners

55 A-2 면 위에 단면 확인하기

Perspective View에서 뷰를 회전시켜 단면을 확인해 본다.

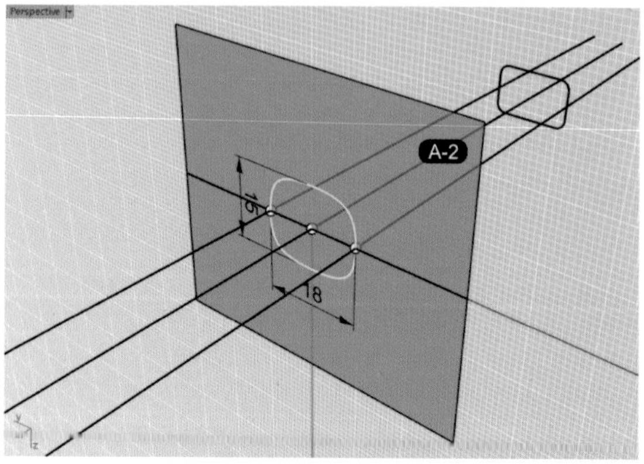

56 A-3 라인 보이게 하기

Perspective View에서 시작한다. 디스플레이 모드를 Ghosted로 하고 앞서 그려 둔 단면 라인을 보이게 한다. 이것은 점진적으로 변화하는 단면을 그리기 위해 필요한 절차로 보면 된다.

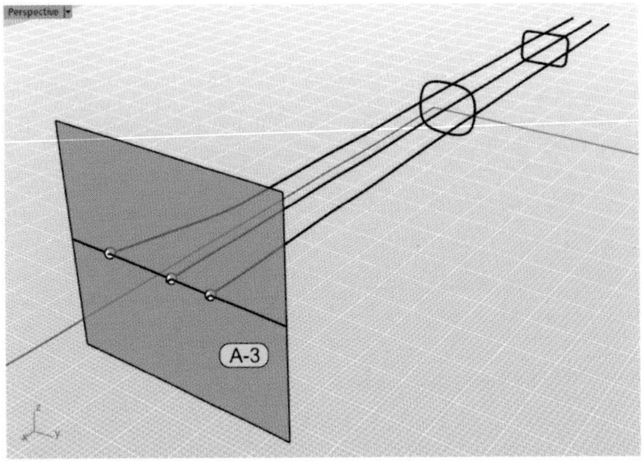

57 동일 방법으로 A-3 단면 그리기

(A-2) 단면 그리기와 동일한 방법으로 (A-3) 마지막 단면을 그려 준다. 완성된 마지막 단면은 Right View와 같다. 현재 CPlane가 적용된 상태이다.

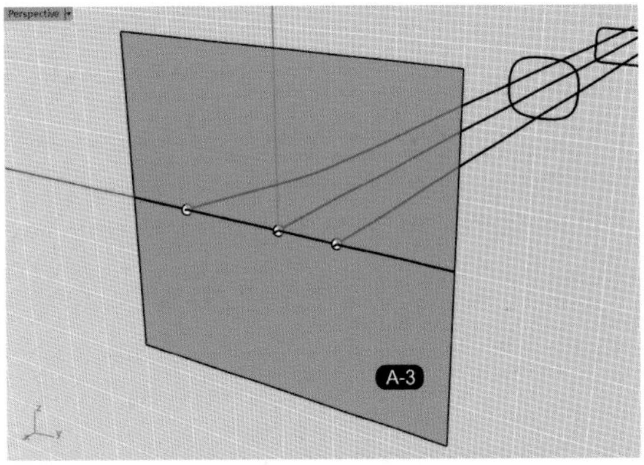

58 A-3 면 위에 단면 그리기

Right View에서 3번째 단면 커브를 그려 줄 것이다. Osnap=Point를 체크한다. Rectangle 〉 Rounded rectangle 명령을 클릭, 커멘드 옵션에서 Center를 클릭하고 ① 번 포인트 지점을 먼저 클릭하고 ②번 포인트 지점을 클릭하고 Point 스냅을 잠시 풀고 자연스럽게 라운드형태(Corner=Conic)를 결정 후 완료한다.

Rounded rectangle
Rounded rectangle conic corners

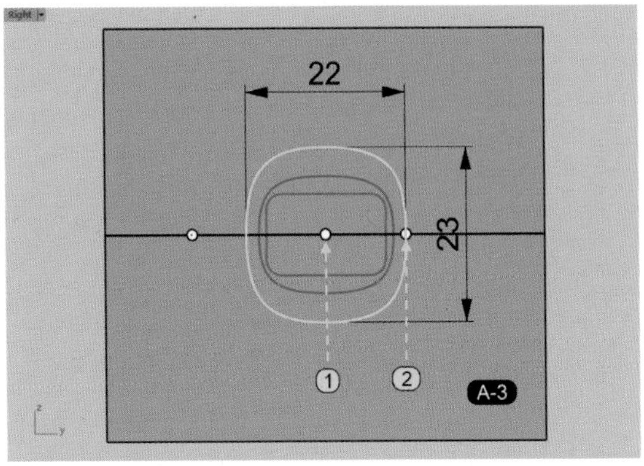

59 A-3 면 위에 단면 크기 변형하기

Right View에서 작업한다. 3번째 단면을 Point=On하여 준다. 다음 왼쪽 3개의 일렬 포인트군을 선택 후 그림과 같이 왼쪽 Quad 지점 Point 위치로 이동 일치시켜 준다.

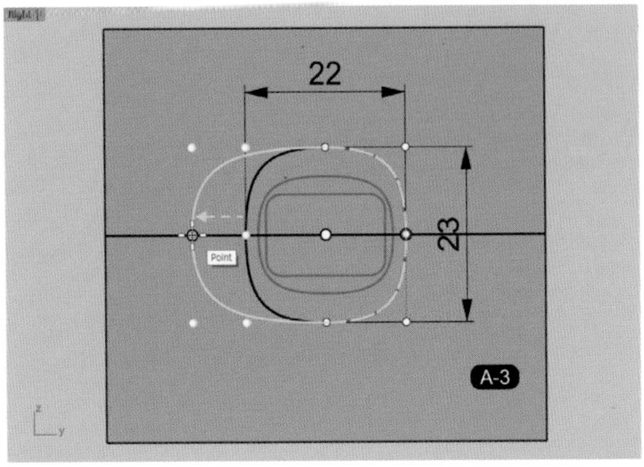

60 단면 커브 확인하기

Perspective View에서 지금까지 그려 준 3개의 단면 커브의 생김새를 확인해 본다.

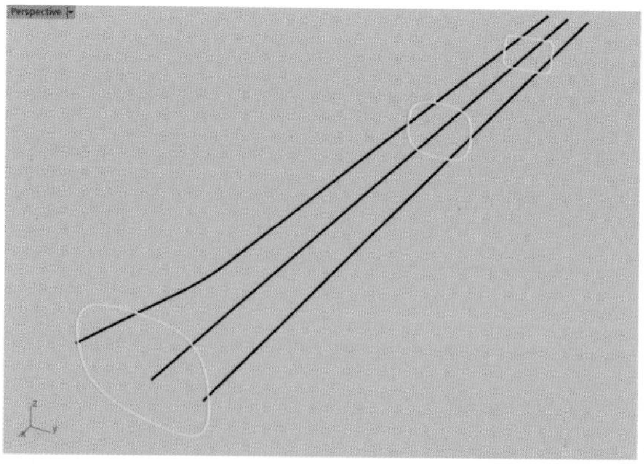

61 손잡이 면으로 만들기

Surface Creation 〉 Sweep 2 rails 명령어를 클릭한다. 다음 그림과 같이 번호 순서대로 클릭, 옵션을 설정 후 OK 하면 면이 만들어진다. 특히 포인트 정렬이 중요하기에 Automatic으로 맞추거나 수동으로 Int 스냅으로 조정해도 된다. 다만 스냅 위치가 심(Seam), 즉 이음새가 된다는 점은 알고 있어야 한다. 여기서는 Automatic으로 작업해 준다.

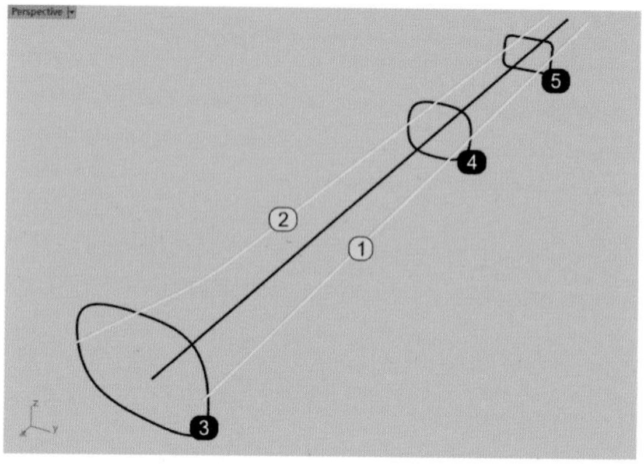

Sweep 2 rails

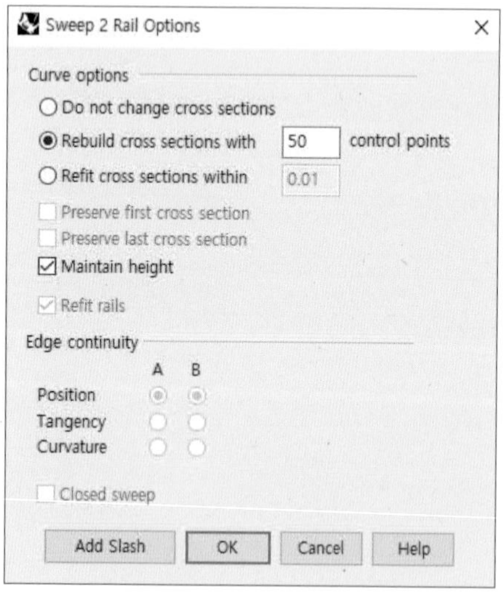

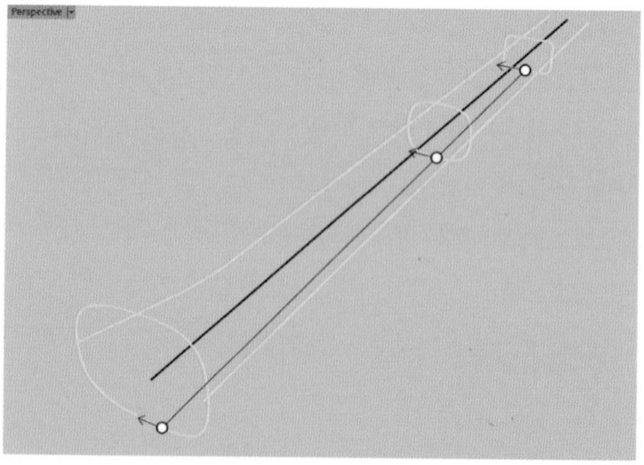

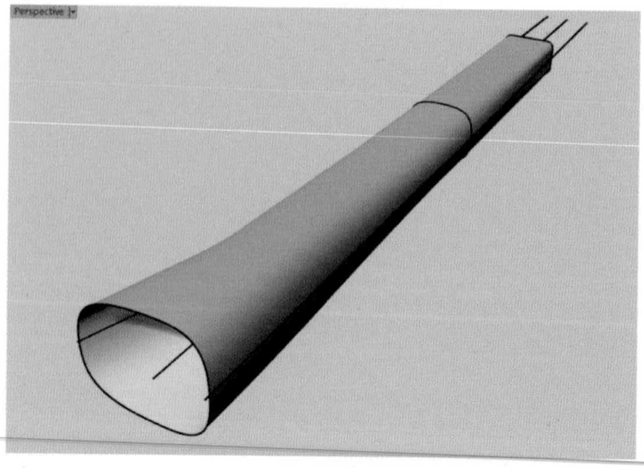

62 면 끝단 연장하기

Top View에서 노란색 화살표 지점을 확인해 보면 면의 길이가 짧다는 것을 알 수 있다. 헤드와 약간만 중첩되도록 손잡이의 면을 늘려 줄 것이다. Surface Tools 〉 Extend surface 명령을 클릭한다. Select an edge to extend(Type=Smooth Merge=Yes)라 뜨면 연장하려는 면의 Edge를 클릭 후 18mm를 입력하고 Enter 하면 연장된다.

 Extend surface

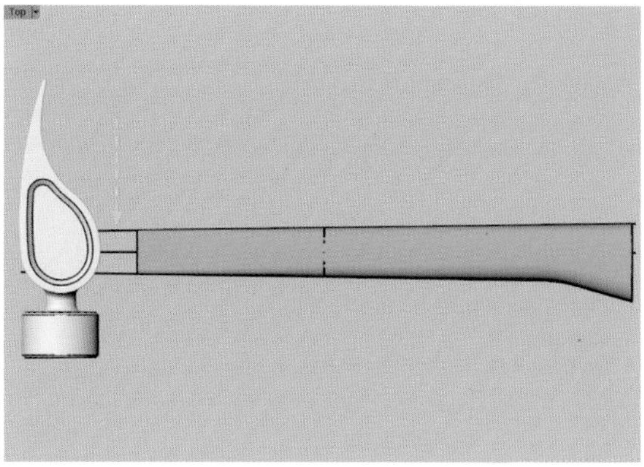

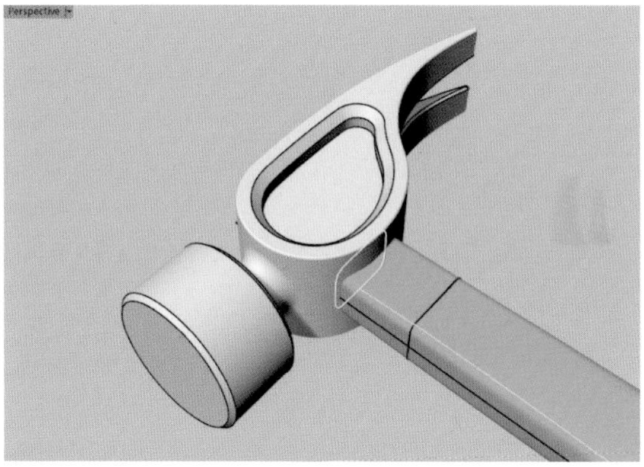

63 끝단 면으로 막아 주기

Perspective View에서 손잡이의 끝단을 보이게 하고 Solid Tools 〉 Cap planar holes 명령으로 닫아 준다. 이제 손잡이 양쪽 구멍이 막혀 솔리드 개체가 되었다.

 Cap planar holes

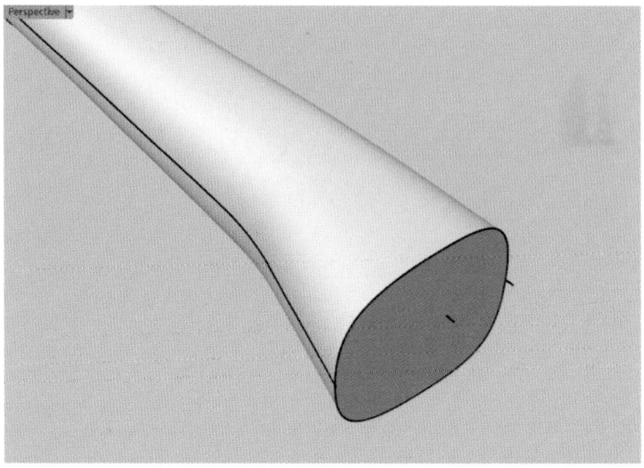

64 드로잉 보이게 하기

Top View에서 앞서 그려 둔 드로잉들을 그림과 같이 보이게 한다. 다음 Line 〉 Single line 명령으로 ①번과 ②번 대략적인 위치에 그어 준다. 자르기 위한 선으로 보면 된다.

 Single Line

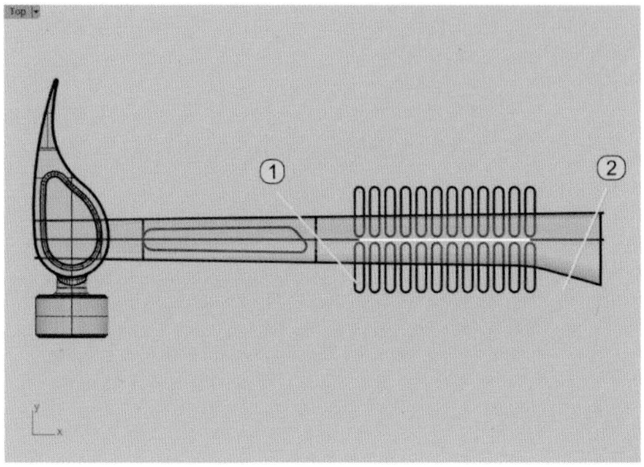

65 손잡이 잘라 주기

Top View에서 작업한다. Wire cut 명령을 클릭한다. Select cutting curve:라고 뜨면 ①번 라인을 선택하고, Select objects to cut:이라 뜨면 커멘드 옵션은 BothSides=Yes, KeepAll=Yes로 지정 후, ②번 헤드를 선택 후 Enter, Enter 한다.

 Wire cut

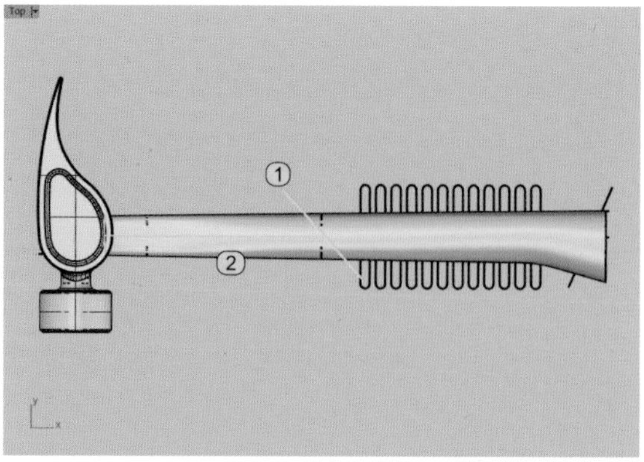

66 손잡이 잘라 주기

Top View에서 작업한다. Wire cut 명령을 클릭한다. Select cutting curve:라 뜨면 ①번 라인을 선택하고, Select objects to cut:이라 뜨면 커멘드 옵션은 BothSides=Yes, KeepAll=No로 지정 후, ②번 헤드를 선택 후 Enter, Enter 한다.

 Wire cut

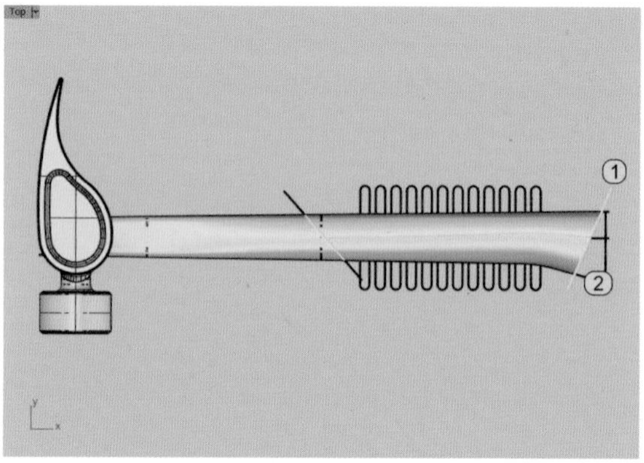

67 구멍 내기

Top View에서 작업한다. Wire cut 명령을 클릭한다. Select cutting curve:라 뜨면 ①번 라인을 선택하고, Select objects to cut:이라 뜨면 커멘드 옵션은 BothSides=Yes, KeepAll=No로 지정 후, ②번 헤드를 선택 후 Enter, Enter 한다.

 Wire cut

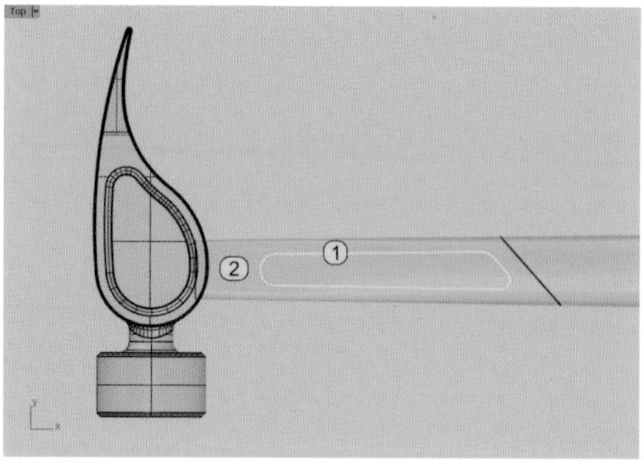

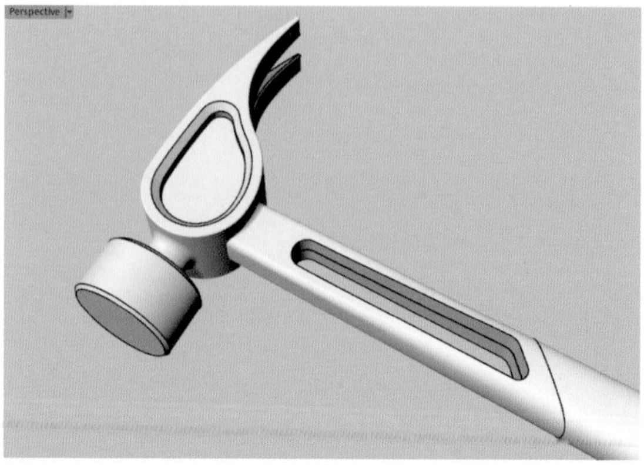

68 안쪽 돌출 개체 만들기

안쪽 라인을 다시 선택한다. Solid Creation 〉 Extrude closed planar curve (BothSides=Yes, Solid=Yes) 명령으로 총 두께 5mm의 돌출 개체를 만들어 준다.

Extrude closed planar curve

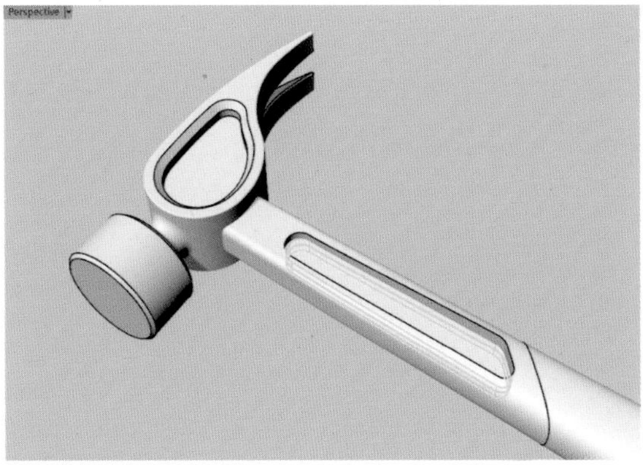

69 개체 붙여 주기

Perspective View에서 작업한다. Solid Tools 〉 Boolean union 명령으로 ①번과 ②번 개체를 모두 선택하여 하나로 붙여 준다.

Boolean union

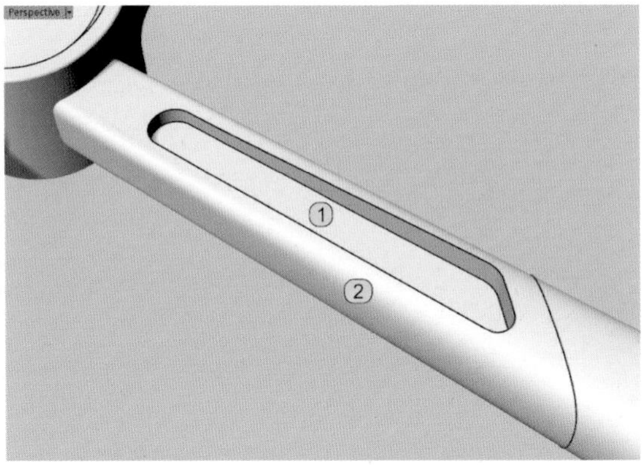

70 모서리 필렛 주기

Perspective View에서 작업한다. Solid Tools 〉 Fillet edges 명령으로 Radius=1.5를 적용하여 부드럽게 만들어 준다. 양쪽 모두 동일한 값으로 해 준다.

Fillet edges
Blend edges

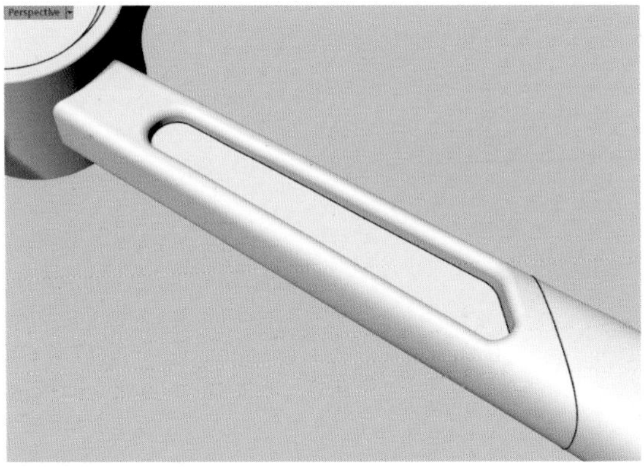

71 경계면 필렛 주기

Perspective View에서 작업한다. 이번엔 2개의 개체를 붙이지 말고 필렛을 적용해 본다. Surface Tools 〉 Fillet Surface 명령을 클릭한다. Select first surface to fillet라고 뜨면 Radius=5.0을 입력하고 Enter, ①번 면을 클릭, ②번 면을 클릭하면 필렛이 적용된다.

Fillet Surface

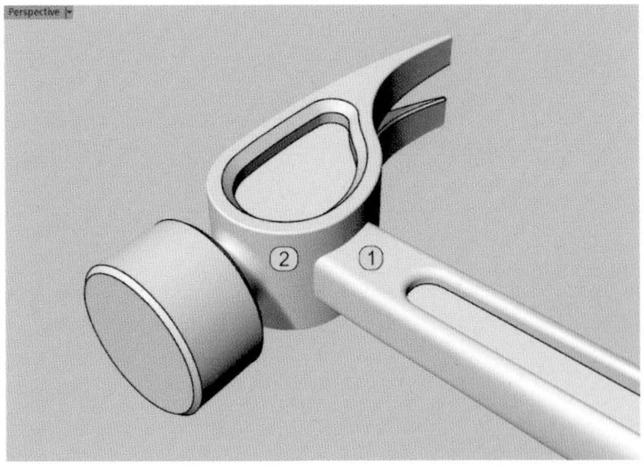

72 양쪽 모서리 필렛 주기

Perspective View에서 작업한다. Solid Tools 〉 Fillet edges 명령으로 Radius=0.2를 적용하여 부드럽게 만들어 준다. 마주 보는 양쪽 모두 동일한 값으로 해 준다.

Fillet edges
Blend edges

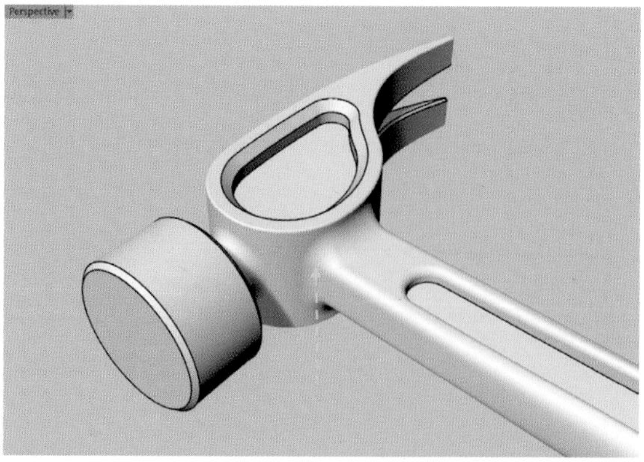

73 문자(Text) 넣기

Top View에서 작업한다. Text object 아이콘을 클릭한다. 옵션 설정은 그림과 동일하게 설정 후 OK한다. 측면 두께 2mm의 솔리드 텍스트 개체가 만들어진다. 적정 위치로 이동시킨다.

Text object

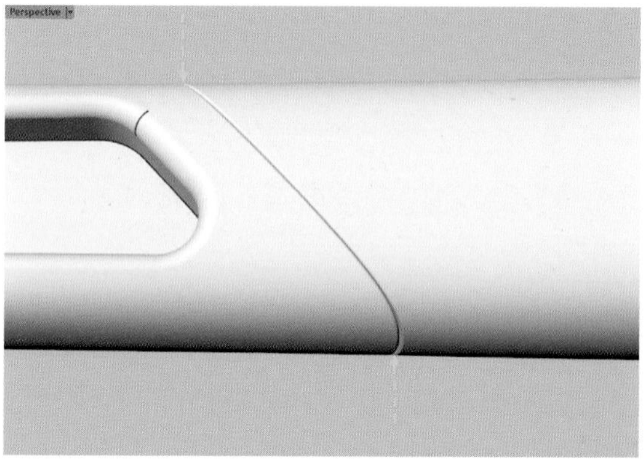

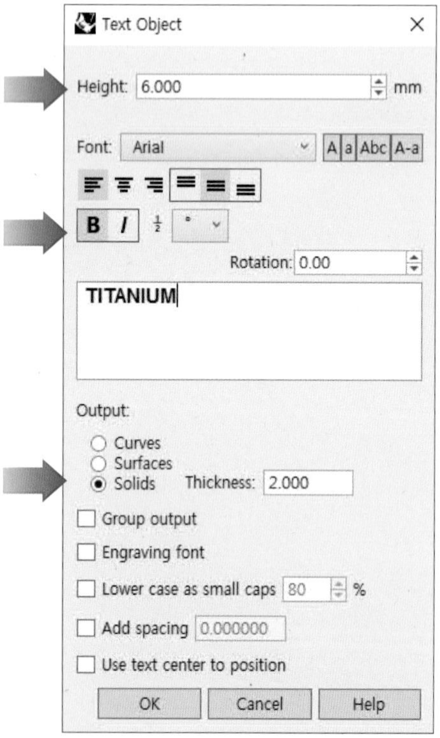

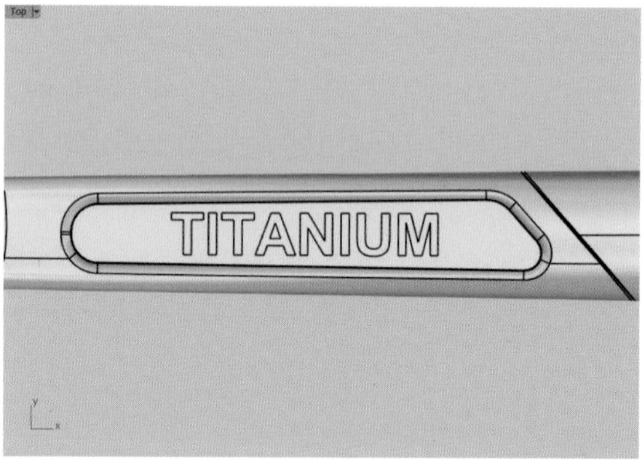

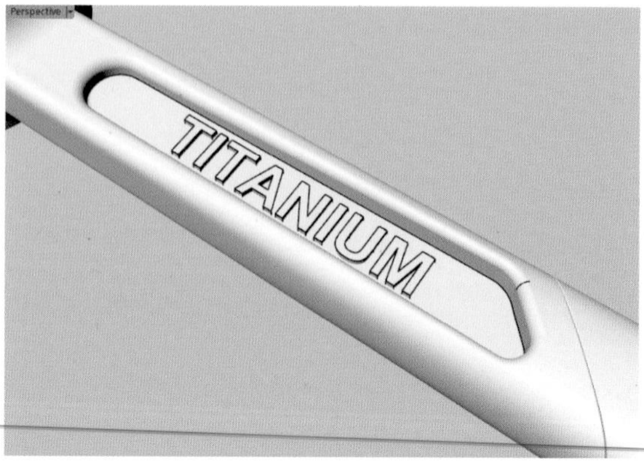

74 텍스트 홈 파기

Perspective View에서 작업한다. Solid Tools 〉 Boolean difference 명령으로 클릭한다. 먼저 손잡이를 클릭하고 Enter, 다음 Text 개체를 선택 후 Enter 하면 음각 텍스트가 된다. 깊이는 약 1mm 정도면 된다.

Boolean difference

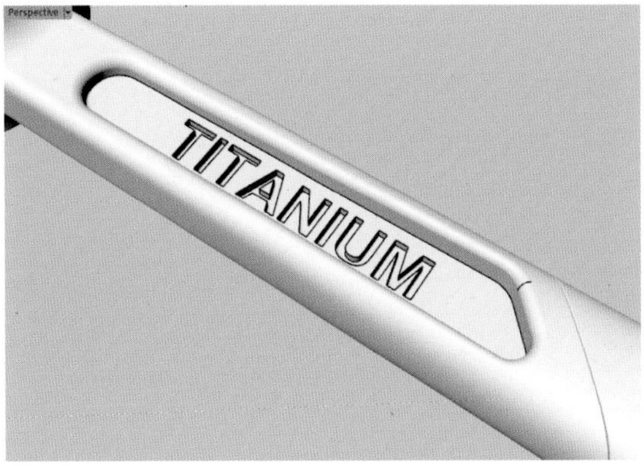

75 패턴 잘라 내기

반드시 Top View에서 작업한다. 앞서 그려 둔 패턴을 보이게 한다. Split 명령으로 그림과 같이 선택 순서를 지켜 ①번 면을 패턴 라인으로 잘라 준다.

Split
Split surface by isocurve

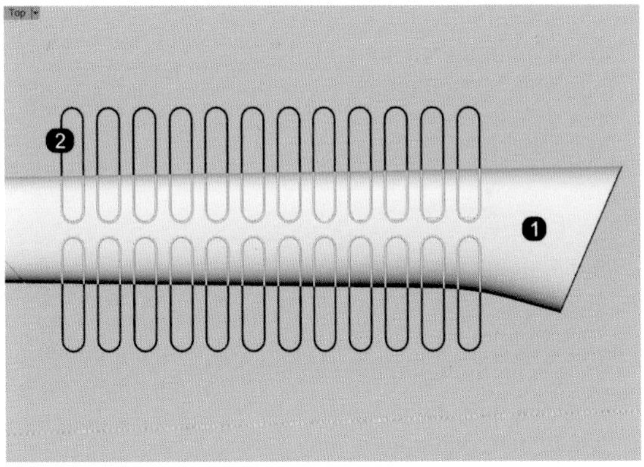

76 두께 주기

Surface Tools 〉 Offset Surface 명령을 클릭한다. 잘린 패턴 면들만 드래그 선택 후 Enter 한다. 커멘드 창에서 FlipAll을 클릭하여 화살표 방향(오프셋 방향)을 안쪽 방향으로 바꾸어 준다. Offset distance=0.4 기입 후 Enter 한다. 그림과 같이 안쪽으로 0.4mm 두께가 적용된다.

Offset Surface

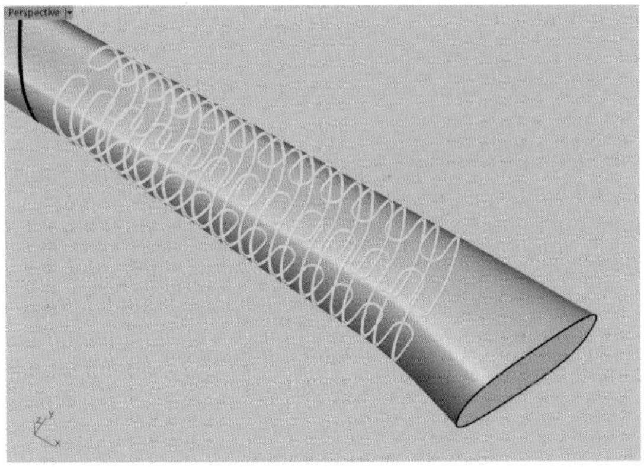

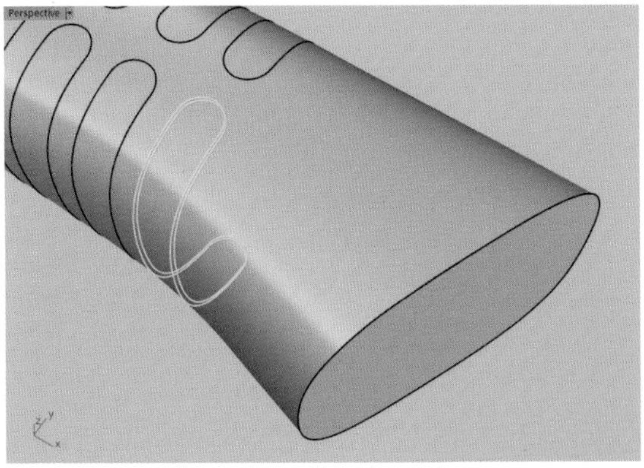

77 면 분리하기

Perspective View에서 작업한다. Solid Tools 〉 Extract surface 명령을 클릭한다. ①번 면을 클릭하고 Enter 하면 해당 면이 떨어진다. ①번 면을 지워 주면 0.4mm 홈이 보이게 된다. 다른 부분도 모두 동일하게 작업해 준다.

 Extract surface  Explode / Extract surface

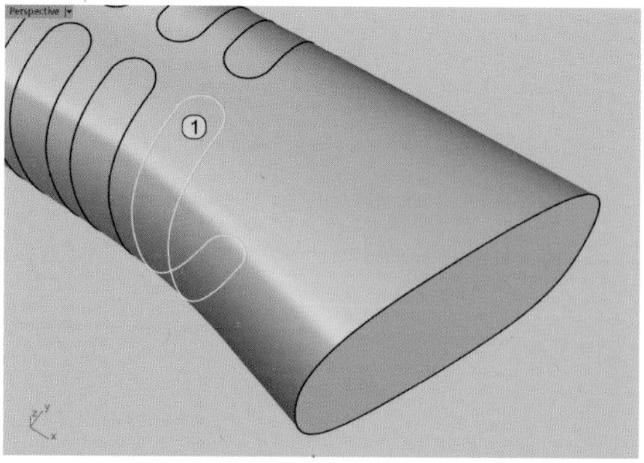

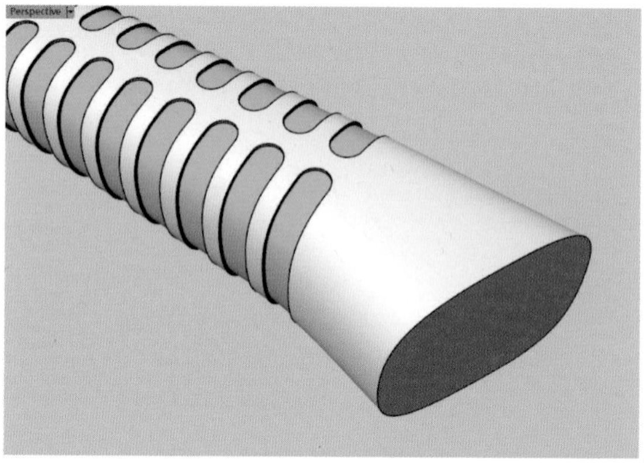

78 A면 떼어내기

Perspective View에서 작업한다. 이번엔 Solid Tools 〉 Extract surface 명령으로 Ⓐ면을 떼어낸다.

 Extract surface  Explode / Extract surface

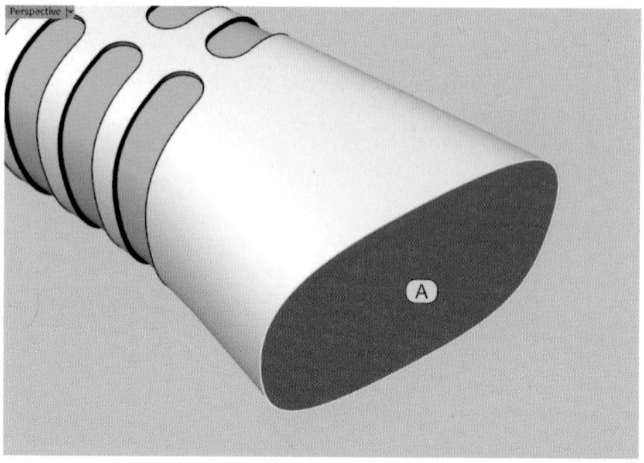

79 면에 일치하는 오프셋 라인 만들기

Perspective View에서 작업한다. Curve Tools 〉 Offset curve on surface 명령을 클릭한다. 다음 Ⓐ면의 엣지를 클릭하고 Flip으로 방향을 안쪽으로 향하게 만든다. 다음 Offset distance=3을 기입하고 Enter 한다.

 Offset curve on surface

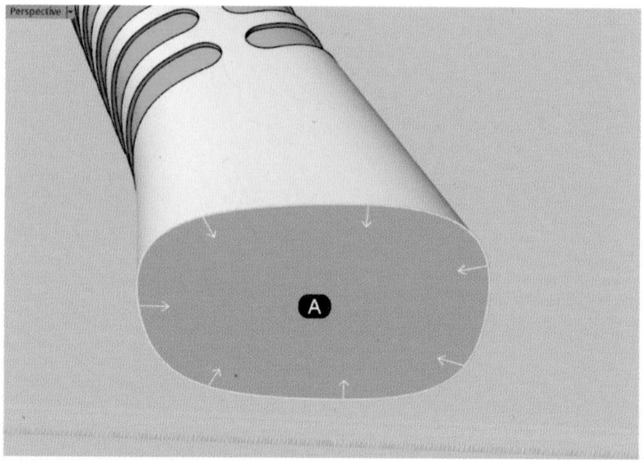

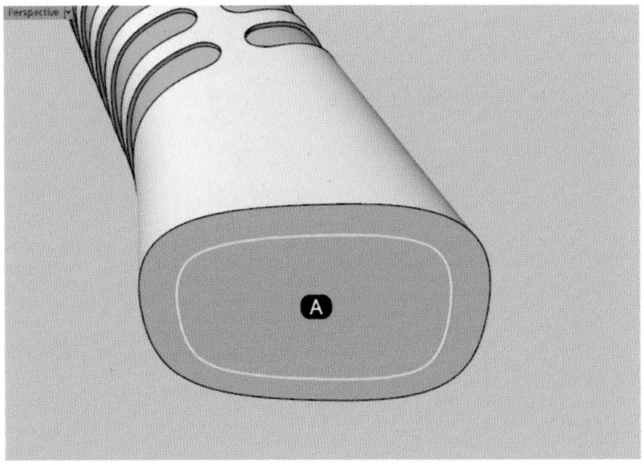

80 면에 일치하는 오프셋 라인 만들기

Perspective View에서 작업한다. Curve Tools 〉 Offset curve on surface 명령을 클릭한다. 다음 Ⓑ면의 엣지를 클릭하고 Flip으로 방향을 안쪽으로 향하게 만든다. 다음 Offset distance=3을 기입하고 Enter 한다.

 Offset curve on surface

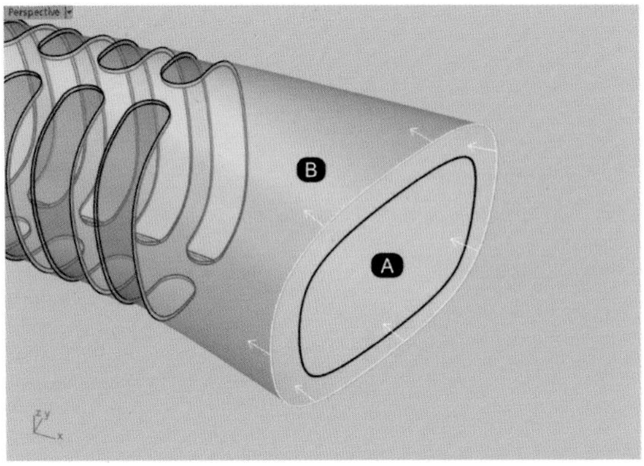

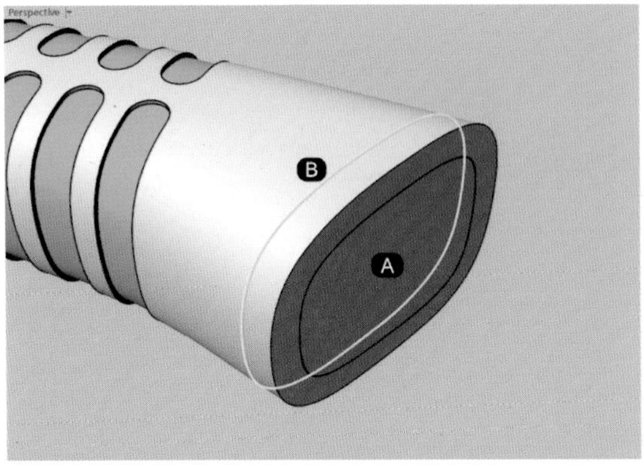

81 면 잘라 주기

Perspective View에서 작업한다. Split 명령으로 오프셋된 커브를 이용해서 Ⓐ면, Ⓑ면을 각각 잘라 준다. 잘린 안쪽 면들은 지워 준다.

Split
Split surface by isocurve

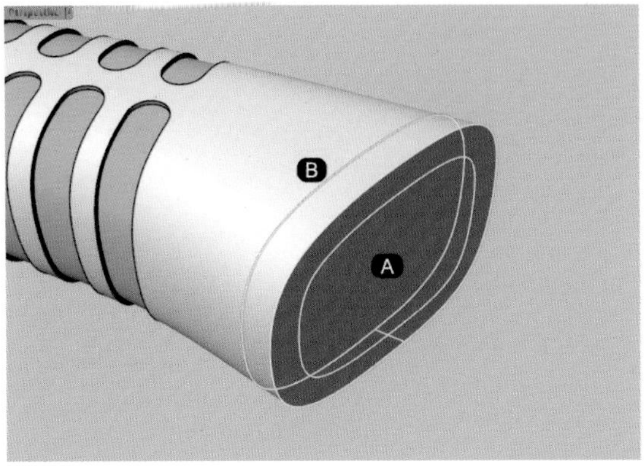

82 직선 연결 면 만들기

Perspective View에서 작업한다. Surface Tools 〉 Blend surface 명령을 선택한다. Select first edge : 라 뜨면 Ⓐ면의 엣지를 클릭하고, Select second edge라 뜨면 Ⓑ면의 엣지를 순차적으로 선택, 옵션 설정 후 OK한다.

참고로 Position은 각을 그대로 유지하기에 직선 면이 생성된다. 이러한 부분은 Loft 명령으로도 처리가 손쉽게 가능하다. 망치 모델링이 모두 완료되었다.

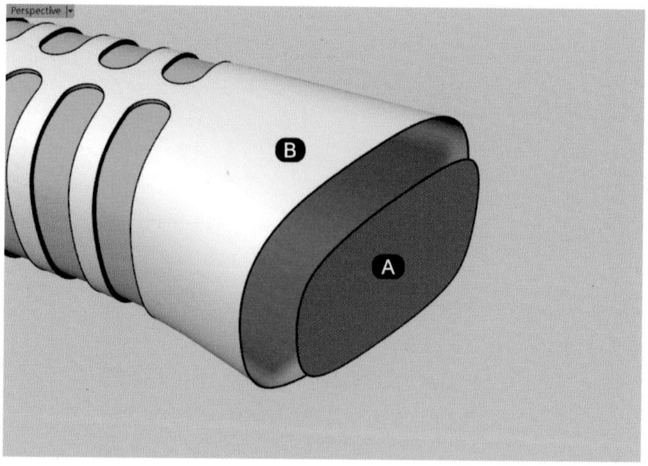

 Blend Surface

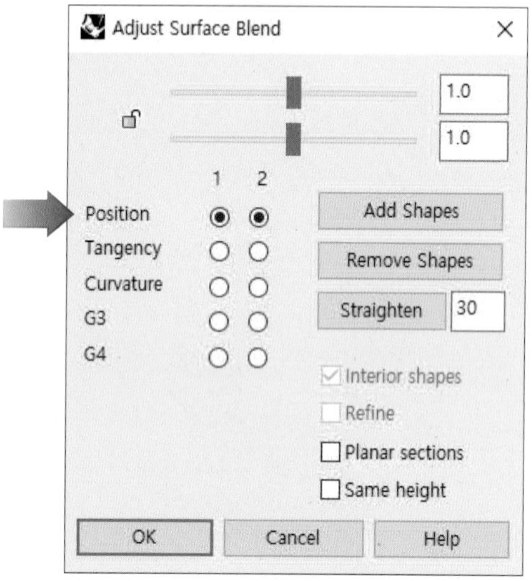

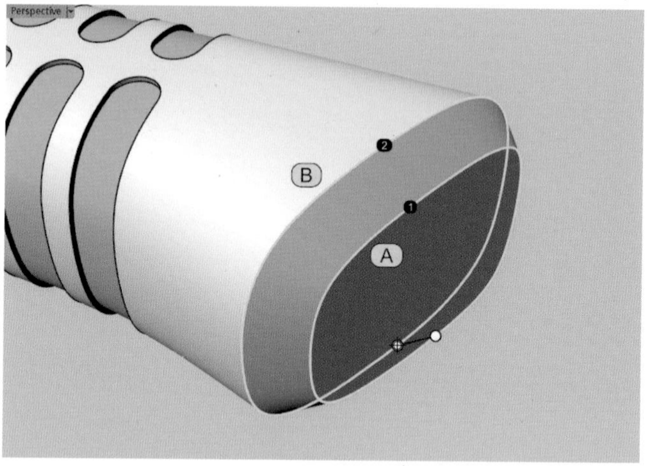

83 최종 결과물 보기

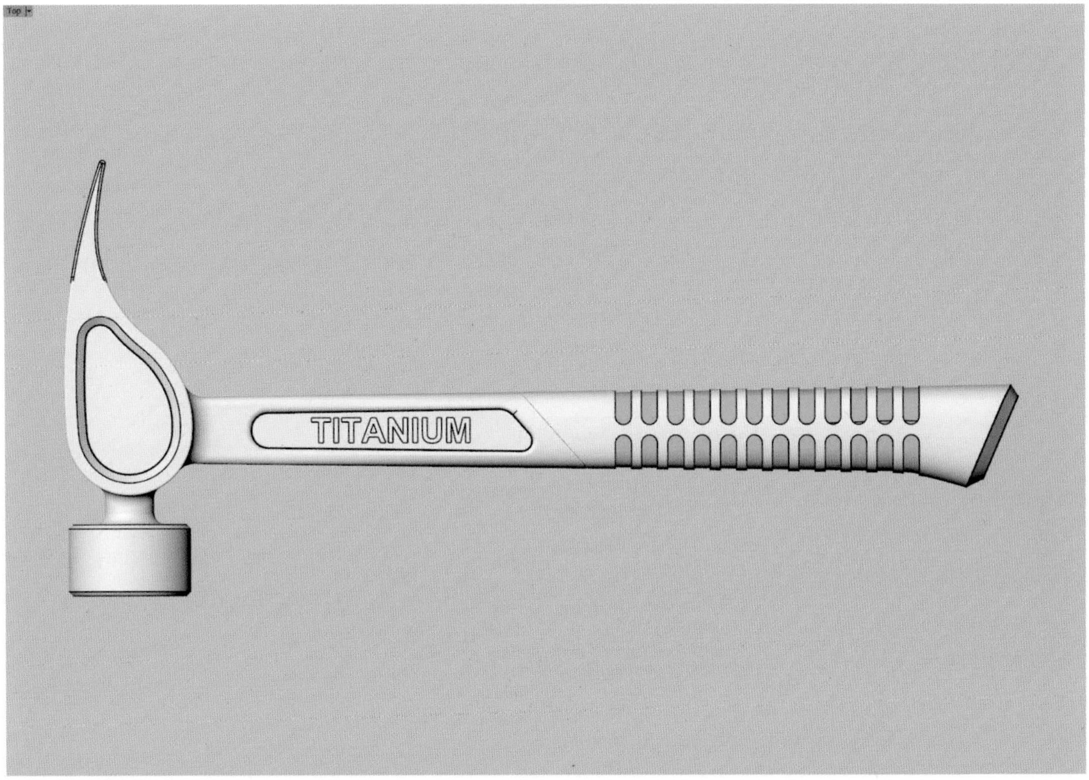

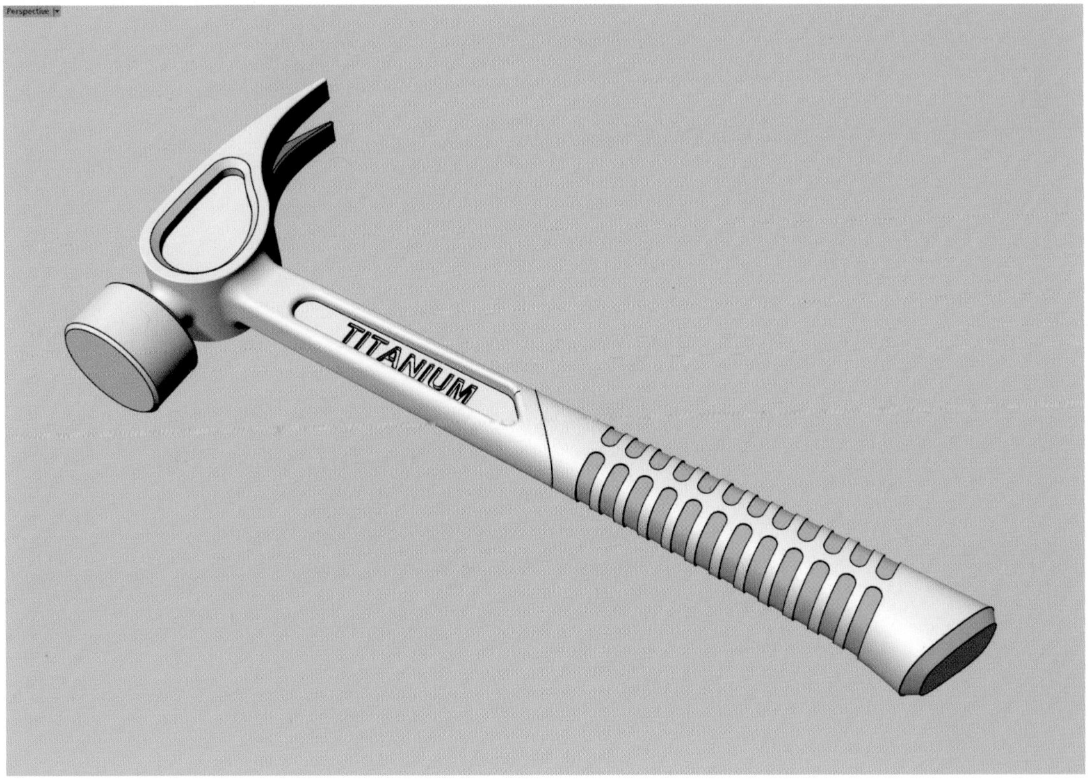

03 CHAPTER 토스터 모델링

Toaster Modeling

주방 전자 제품으로 플라스틱 재질의 토스터 모델링을 진행해 본다. 이번 튜토리얼에서는 3D 모델링에서 가장 활용 빈도가 높은 서피스 만들기(Surface Creation), 서피스 도구(Surface Tools), 솔리드 만들기(Solid Creation), 솔리드 도구(Solid Tools) 명령어를 주로 사용해 본다. 학습의 요점은 모델에 코닉 코너, 네트워크 면 생성, 면 리빌드, 포인트 편집, Move UVN, 이음새(Seam) 이동, Show edge, Blend Surface 등이다.

Toaster rendering

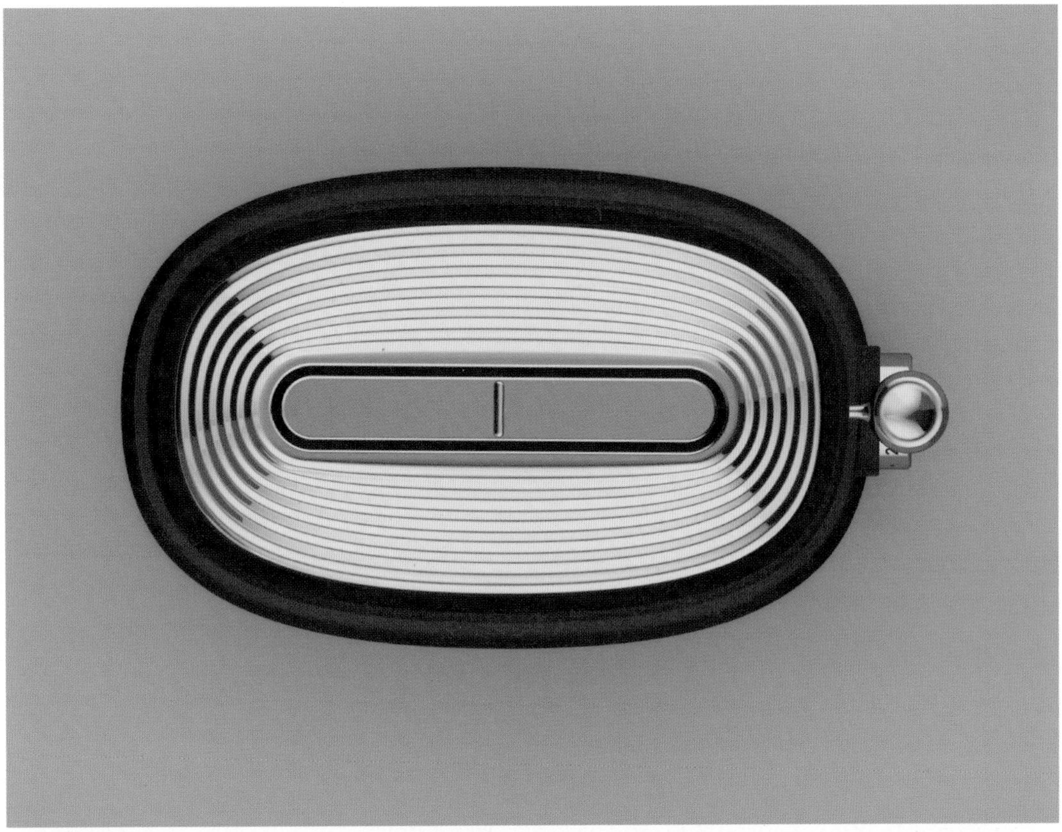

STOP

01 직사각형 그리기

Top View에서 작업한다. Rectangle: Center, Corner 명령을 클릭한다. 키보드의 0을 치고 Enter 후 Center of rectangle(Rounded)이라 뜨면 212를 기입 후 Enter, Width라 뜨면 128 기입 후 Enter 하면 직사각형이 그려진다.

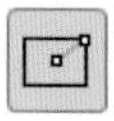

Rectangle: Center, Corner

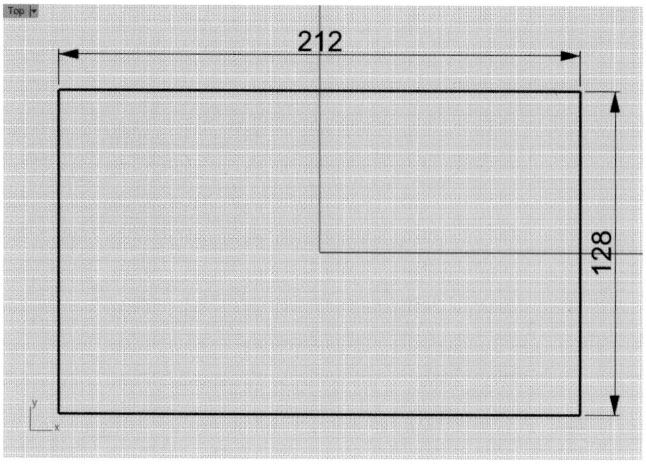

02 코닉(Conic) 라운드 커브 그리기

Top View에서 작업한다. Osnap=End에 체크한다. 다음 Rectangle > Rounded rectangle conic corners 명령을 클릭(RMB)한다. ①번과 ②번 엣지 포인트를 클릭 후 안쪽으로 드래그하여 그림과 같은 코닉 라운드를 그려 준다. 이 부분은 토스터의 외형선이 된다.

Rounded rectangle

Rounded rectangle conic corners

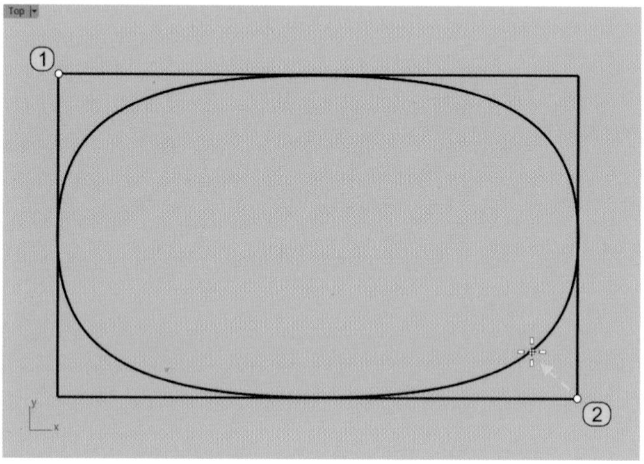

03 코닉 라운드 커브 오프셋하기

Top View에서 작업한다. Curve Tools > Offset curve 명령을 클릭한다. Select curve to offset이라 뜨면 코닉 라운드 커브를 클릭하고 Enter 한다. Side to offset이라 뜨면 Distance=6mm을 기입하고 Enter, 안쪽으로 방향 지정하여 마무리한다.

Offset curve

Offset multiple

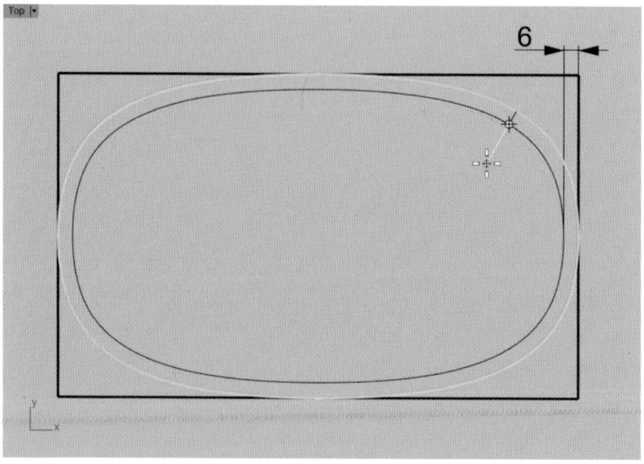

04 코닉 라운드 커브 오프셋하기

Top View에서 작업한다. Curve Tools 〉 Offset curve 명령을 클릭한다. Select curve to offset이라 뜨면 코닉 라운드 커브를 클릭하고 (Enter) 한다. Side to offset이라 뜨면 Distance=5.5mm를 기입하고 (Enter), 안쪽으로 방향 지정하여 마무리한다.

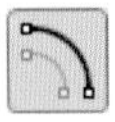

Offset curve
Offset multiple

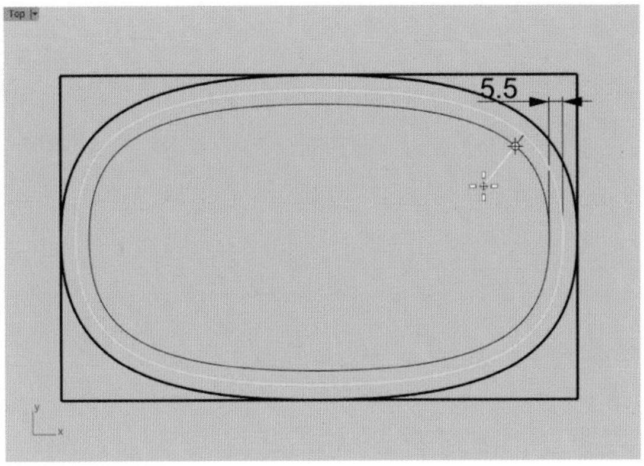

05 라운드 모서리 직사각형 그리기

Top View에서 작업한다. Rectangle 〉 Rounded rectangle 명령을 클릭한다. First corner of rectangle (Center)이라 뜨면 Center를 클릭한다. Center of rectangle이라 뜨면 0을 치고 (Enter) 한다. Other corner or length라 뜨면 137을 기입하고 (Enter), Width라고 뜨면 28을 기입하고 (Enter) 한다. Corner=Arc 확인 후 안쪽으로 드래그하여 그려 준다.

Rounded rectangle
Rounded rectangle conic corners

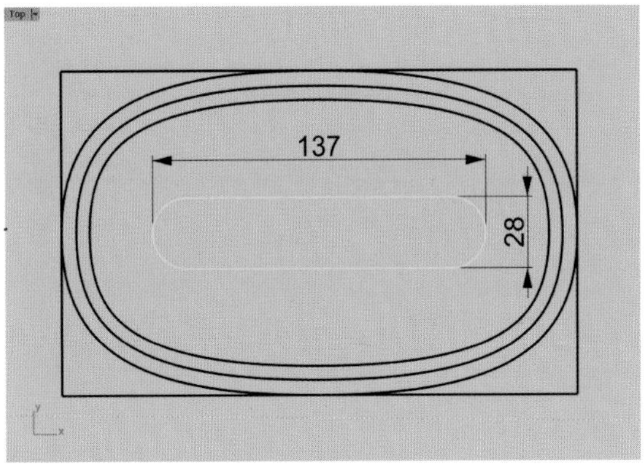

06 오프셋하기

Top View에서 작업한다. Curve Tools 〉 Offset curve 명령을 클릭한다. Select curve to offset이라 뜨면 ①번 라운드 커브를 클릭하고 (Enter) 한다. Side to offset이라 뜨면 Distance=2mm를 기입하고 (Enter), 안쪽으로 방향 지정하여 마무리한다.

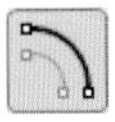

Offset curve
Offset multiple

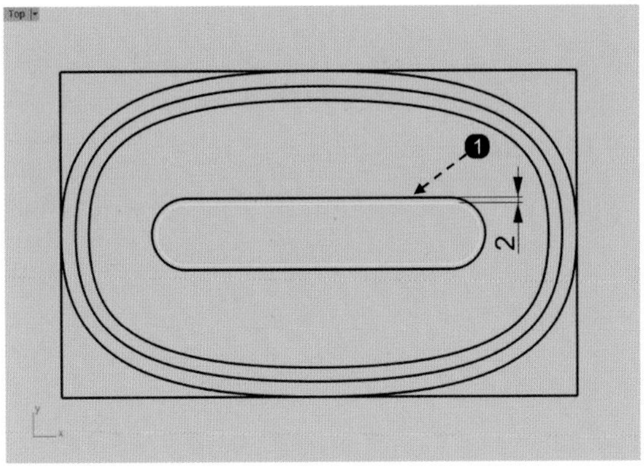

07 오프셋하기

Top View에서 작업한다. Curve Tools 〉 Offset curve 명령을 클릭한다. Select curve to offset이라 뜨면 ②번 라운드 커브를 클릭하고 (Enter) 한다. Side to offset이라 뜨면 Distance=3mm를 기입하고 (Enter), 안쪽으로 방향 지정하여 마무리한다.

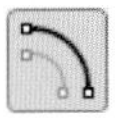

Offset curve
Offset multiple

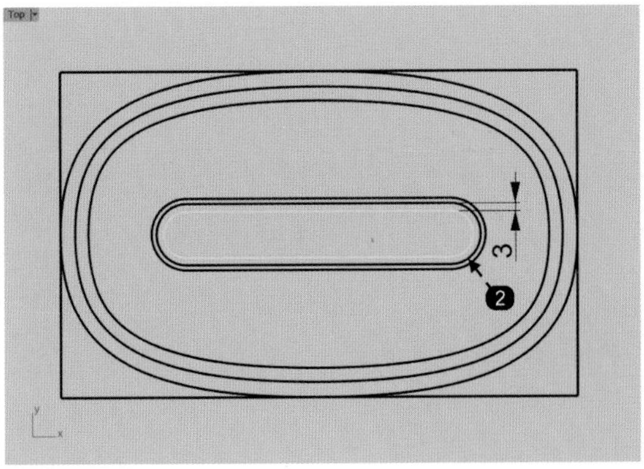

08 라운드 모서리 직사각형 그리기

Top View에서 작업한다. Rectangle 〉 Rounded rectangle 명령을 클릭한다. First corner of rectangle (Center)이라 뜨면 Center를 클릭한다. Center of rectangle이라 뜨면 0을 치고 Enter 한다. Other corner or length라 뜨면 3을 기입하고 Enter, Width라 뜨면 17을 기입하고 Enter 한다. Corner=Arc 확인 후 안쪽으로 드래그하여 그려 준다.

Rounded rectangle
Rounded rectangle conic corners

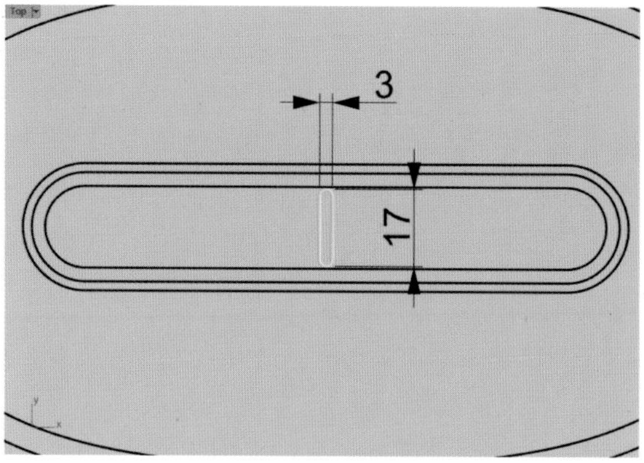

09 직사각형 그리기

Top View에서 작업한다. Rectangle: Center, Corner 명령을 클릭한다. 키보드의 0을 치고 Enter 후 Center of rectangle(Rounded)라 뜨면 150를 기입 후 Enter, Width라 뜨면 78 기입 후 Enter 하면 직사각형이 그려진다.

Rectangle: Center, Corner

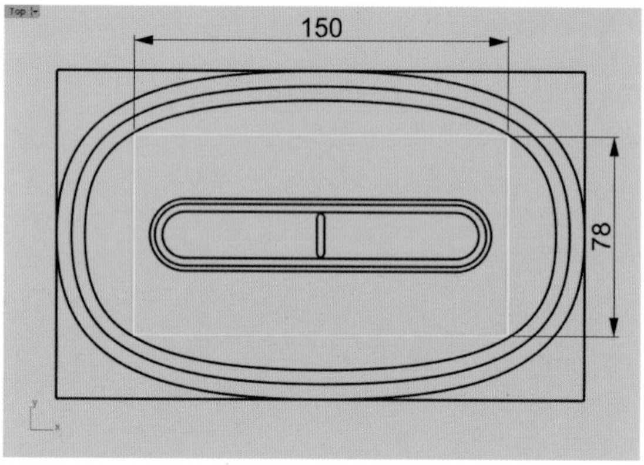

10 원 그리기

Top View에서 작업한다. Osnap=End에 체크한다. Circle 〉 Circle: center, radius 명령을 클릭한다. Center of circle이라 뜨면 직사각형의 End 지점을 클릭하고 Diameter=18 입력 후 Enter 하여 4개의 원을 배치한다. 이것은 나중에 고무 패킹 다리가 된다.

Circle: center, radius

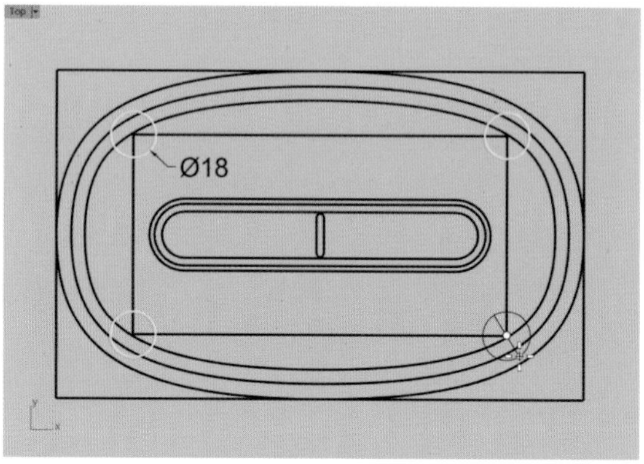

11 개체 일부 숨기기

Top View에서 선택된 개체들을 Hide 명령으로 숨겨 준다. 나중에 사용할 것이다. 레이어(Layer) 지정이나 그룹(Group)으로 숨겨 주면 나중에 개체들 관리에 편리하다.

Hide objects
Show objects

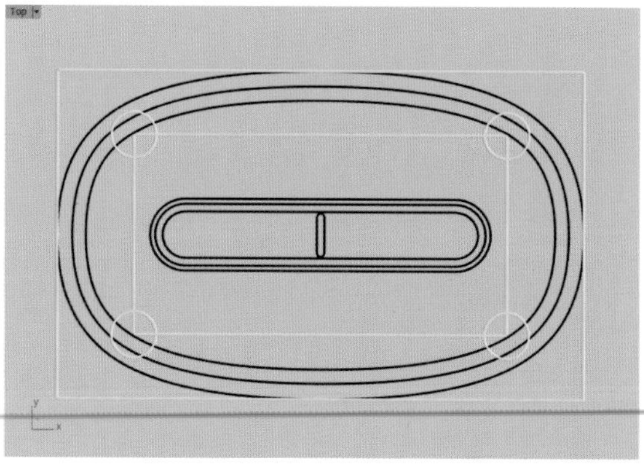

12 수평 라인 그리기

Top View에서 작업한다. Osnap=Quad에 체크한다. 다음 Lines 〉 Single Line 명령으로 Quad 점에 일치하는 수평 라인을 그려 준다.

Single Line

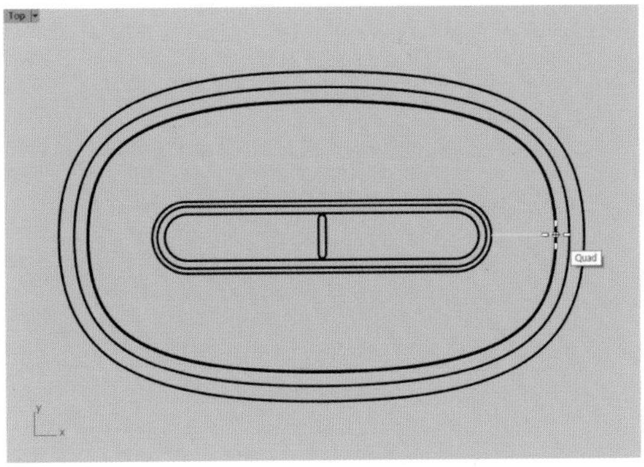

13 참조 포인트 추가하기

Top View에서 작업한다. Osnap=Een에 체크한다. Point 명령으로 2개의 참조 포인트를 위치시켜 준다. 이것은 Front View에서 다음 작업을 하는 데 도움을 준다.

Point

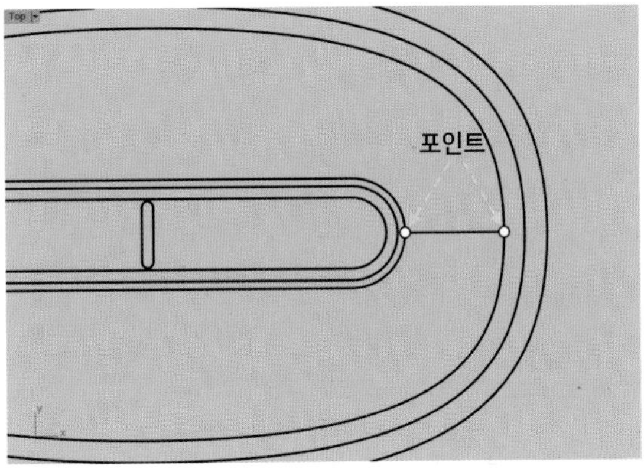

14 웨이브(Wave) 라인 그리기

Front View에서 작업한다. Osnap=Point에 체크한다. 이제 Curve 〉 Curve: interpolate points 명령으로 그림과 같이 웨이브 라인을 그려 준다. 호(Arc) 명령을 사용해도 된다.

Curve: interpolate points
Handle curve

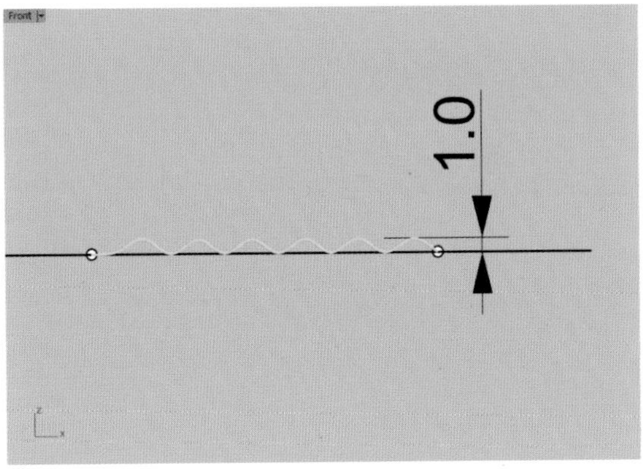

15 웨이브 라인 확인하기

Perspective View에서 볼 때 직선 대비 높이 1mm 정도 웨이브 라인이면 된다.

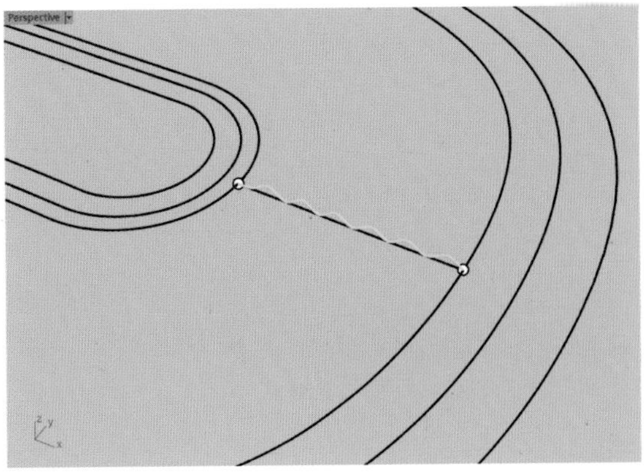

16 개체 이동시키기

가장 외곽 라인만 바닥에 남겨두고 안쪽 해당 드로잉 개체들을 한 번에 선택하여 위쪽으로 145mm 검볼(Gumball)로 이동시켜 준다.

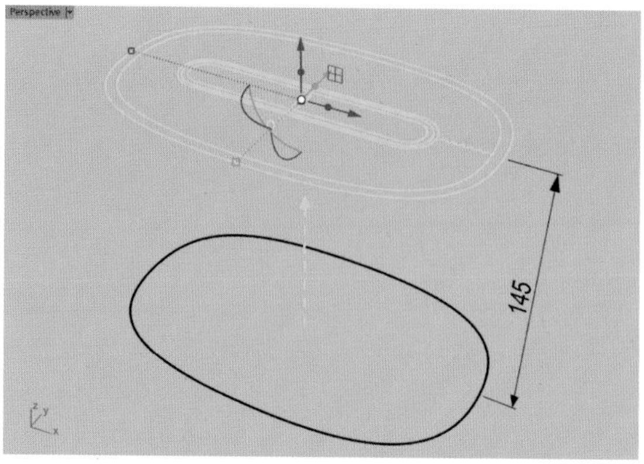

17 호(Arc) 그리기

Front View에서 작업한다. 그릴 호(Arc)는 토스터의 정면에서 보이는 외형선으로 보면 된다. Osnap=Quad를 체크한다. Arc: start, end, point on arc 명령으로 3지점을 클릭하여 ①번호를 그려 준다.

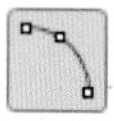

Arc: start, end, point on arc
Arc: start, point on arc, end

18 대칭 복사하기

Front View에서 작업한다. Grid Snap, Ortho를 체크한다. 가운데 Quad 점을 기준으로 방금 그린 ①번 호(Arc)를 Transform > Mirror 명령으로 오른쪽으로 대칭 복사해 준다.

Mirror
Mirror on 3-point plane

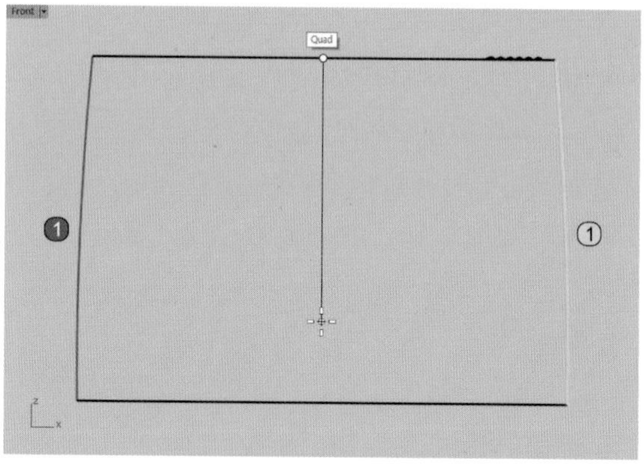

19 호(Arc) 그리기

Right View에서 작업한다. 그릴 호(Arc)는 토스터의 정면에서 보이는 외형선으로 보면 된다. Osnap=Quad를 체크한다. Arc: start, end, point on arc 명령으로 3지점을 클릭하여 ②번 호를 그려 준다.

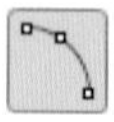

Arc: start, end, point on arc
Arc: start, point on arc, end

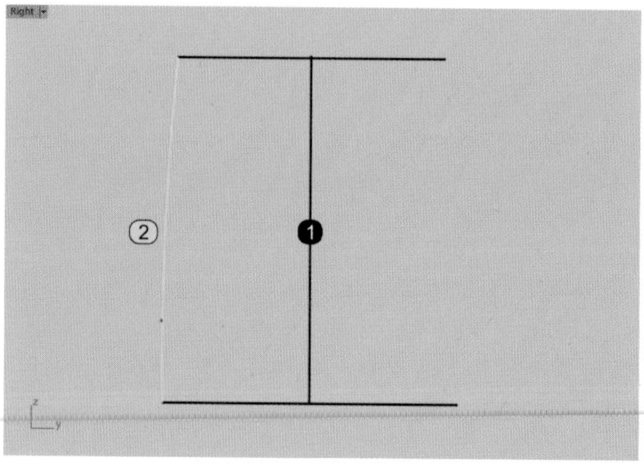

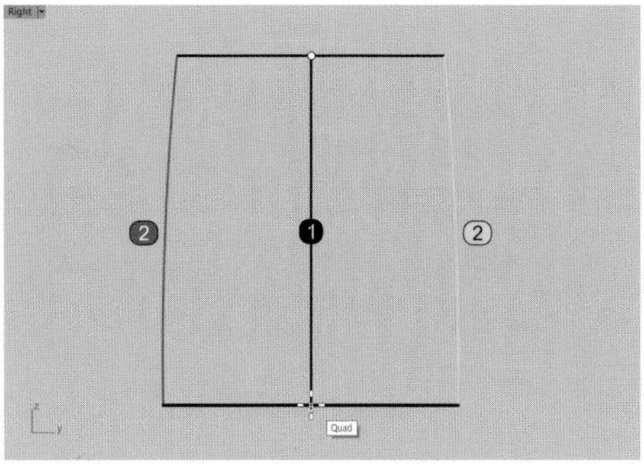

20 대칭 복사하기

Right View에서 작업한다. Grid Snap, Ortho를 체크한다. 가운데 Quad 점을 기준으로 방금 그린 ②번 호(Arc)를 Transform 〉 Mirror 명령으로 오른쪽으로 대칭 복사해 준다.

Mirror
Mirror on 3-point plane

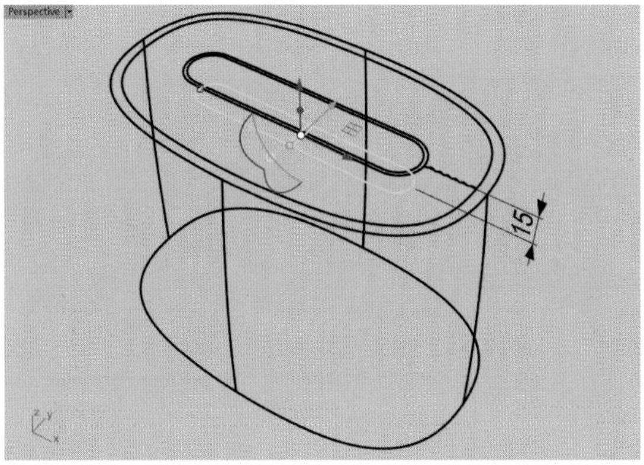

21 개체 이동시키기

Perspective View에서 작업한다. 가장 안쪽 2개의 개체를 검볼(Gumball)을 이용하여 아래쪽 방향으로 −15mm 이동시켜 준다. 이 부분은 뚜껑 홈의 깊이가 된다.

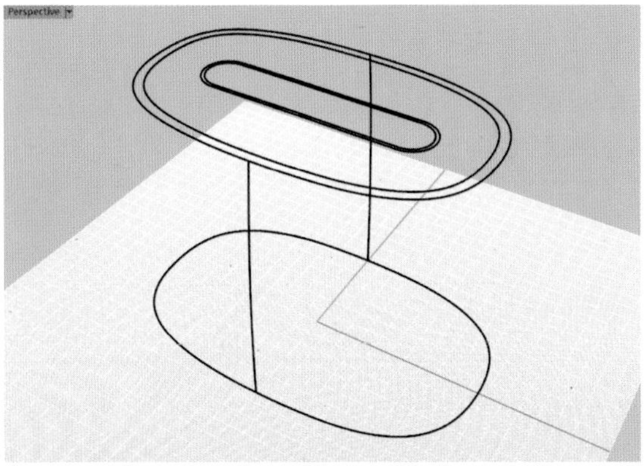

22 개체 숨기기

Perspective View에서 작업한다. 그림과 같은 라인 개체들만 남기고 나머지는 모두 잠시 숨겨 준다. Right View에서 추가 드로잉을 하기 위함이다.

Hide Objects
Show Objects

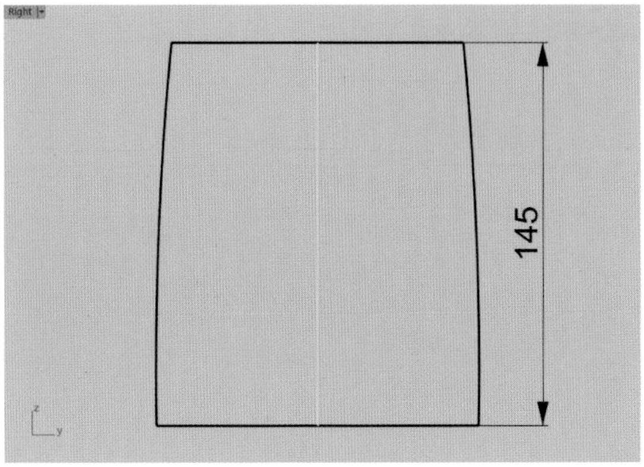

23 중심선 그리기

좌표의 기준점에서 위쪽으로 145mm의 수직선을 그려 줄 것이다. Right View에서 시작한다. Lines 〉 Single Line 명령을 클릭한다. 키보드상의 숫자 0을 치고 Enter 한다. End of line이라 뜨면 145mm를 입력하고 Enter 하고 수직점을 클릭하여 드로잉을 완료한다.

Single Line

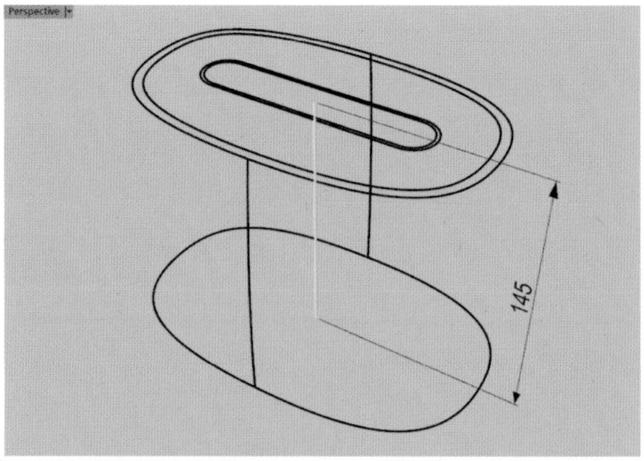

24 기준 포인트 추가하기

Right View에서 다음 작업을 용이하게 하기 위해 중심축 기준으로 포인트를 배치한다. 중심축 상단 End 점에 우선 ①번 포인트를 배치한다. 다음 ①번 포인트를 Copy 명령으로 치수와 같은 거리에 ②번-③번 포인트를 배치해 준다.

Single Point

Copy
Copy objects in place

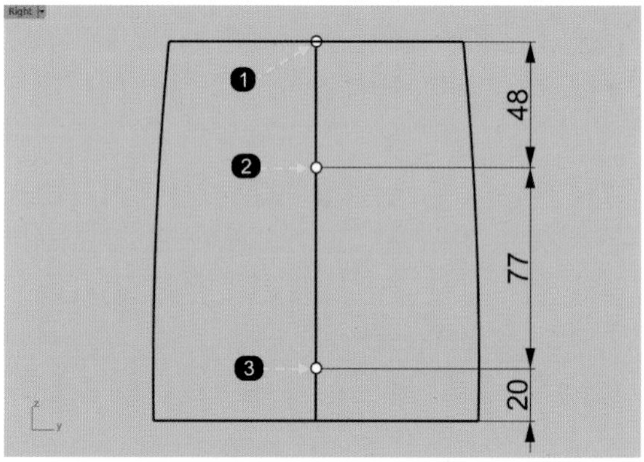

25 포인트 기준 개체 드로잉

Right View에서 작업한다. Osnap=Point에 체크한다. Rectangle 〉 Rounded rectangle 명령을 클릭한다. Center를 클릭하고 Ⓐ 치수의 개체를 그려 준다. 동일 방법으로 Ⓑ 치수 개체도 그려 준다. Ⓑ 개체는 나중에 빵 부스러기 트레이가 된다.

Rounded rectangle
Rounded rectangle conic corners

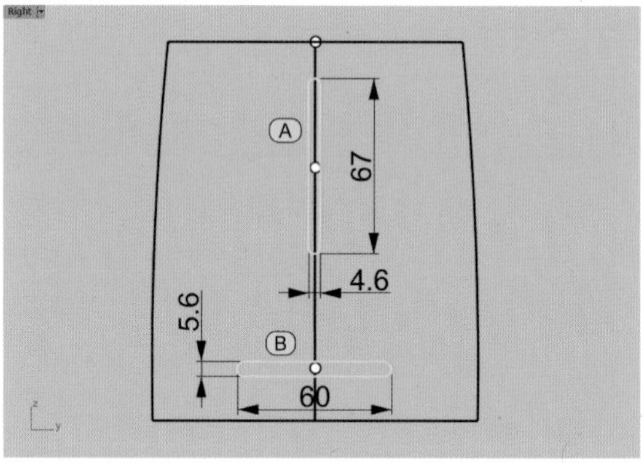

26 포인트 배치하기

Right View에서 작업한다. 앞서 작업한 대로 기준 Point를 하나 만들고 제자리 복사하여 원하는 거리에 이동 배치하면 된다.

Single Point

Copy
Copy objects in place

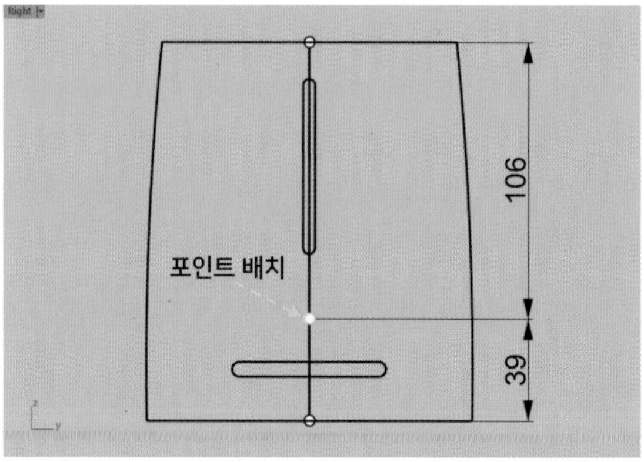

27 원 그리기

Right View에서 작업한다. Osnap=Point에 체크한다. Circle 〉 Circle: center, radius 명령을 클릭한다. 지름(Diameter) 37mm의 원을 그려 준다. 이 원은 나중에 토스터 온도 조절 노브(Knob)가 된다.

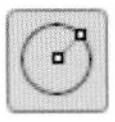

Circle: center, radius

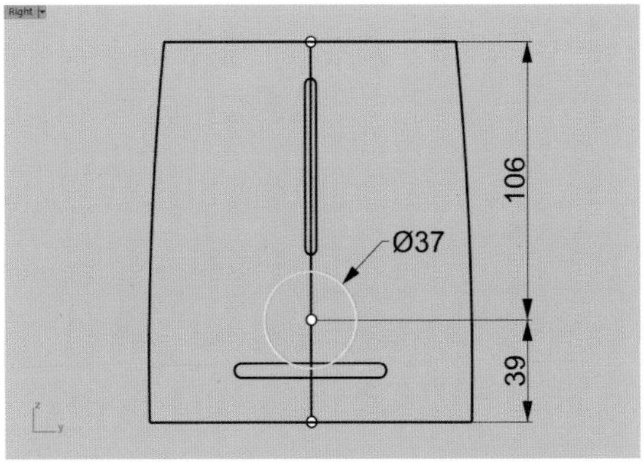

28 추가 원 그리기

Right View에서 작업한다. Osnap=Point에 체크한다. Circle 〉 Circle: center, radius 명령을 클릭한다. 그림상의 치수를 참고하여 모든 원을 그려 준다. 물론 지름 37mm의 원을 Offset curve 명령으로 손쉽게 만들어 주어도 된다.

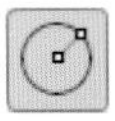

Circle: center, radius

Offset curve
Offset multiple

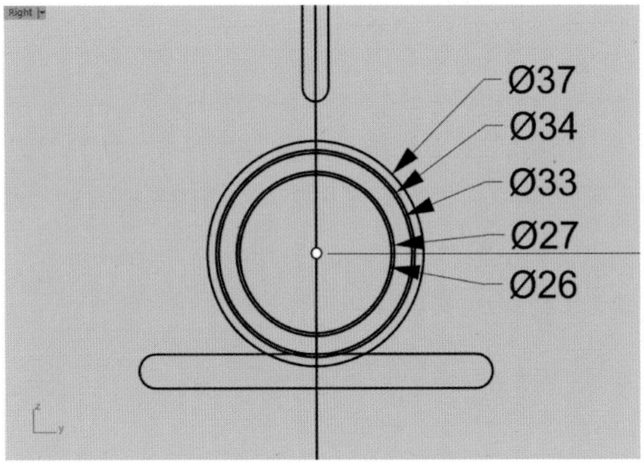

29 모든 드로잉 확인하기

이제 지금까지 작업한 모든 드로잉 개체들을 확인해 본다.

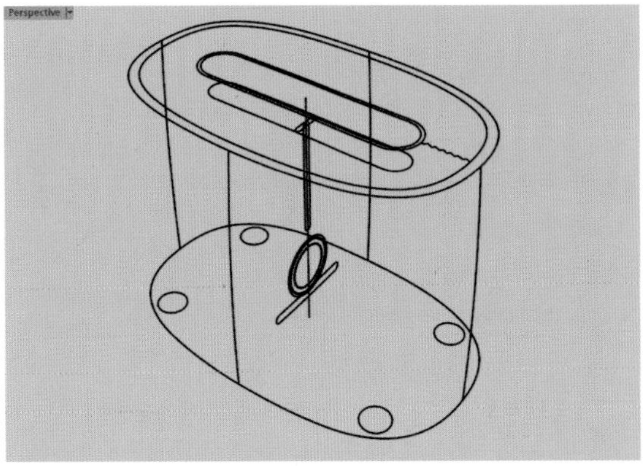

30 토스터 바디 면 만들기–방법1

Perspective View에서 작업한다. 이제 작업을 위한 라인 개체들만 남기고 다시 잠시 숨겨 준다. Surface Tools 〉 Surface from network of curves 명령을 클릭한다. 번호 순서대로 클릭하거나 한 번에 드래그 선택 후 Enter 한다. 옵션 체크 후 OK하면 면이 만들어진다.

Surface from network of curves

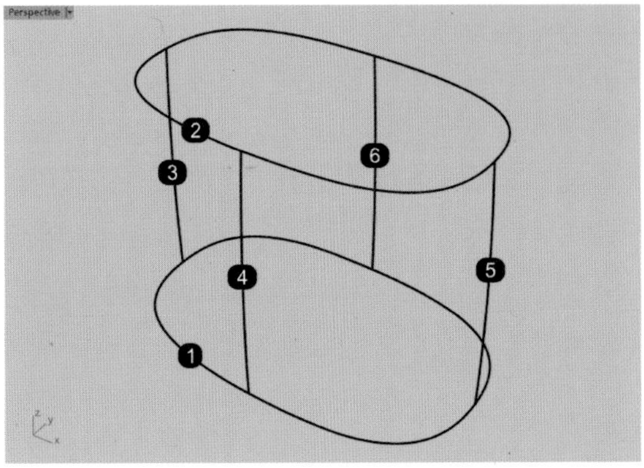

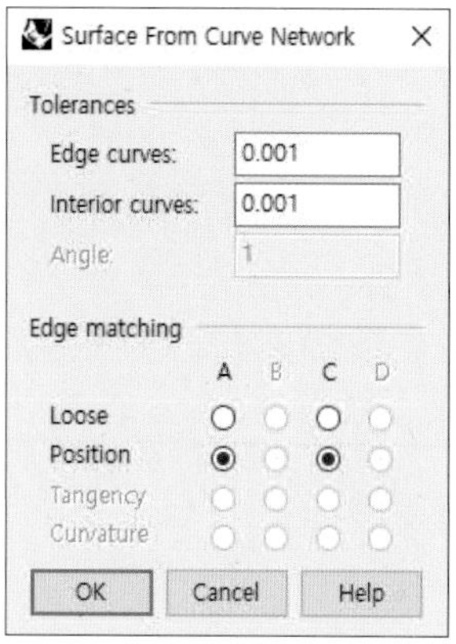

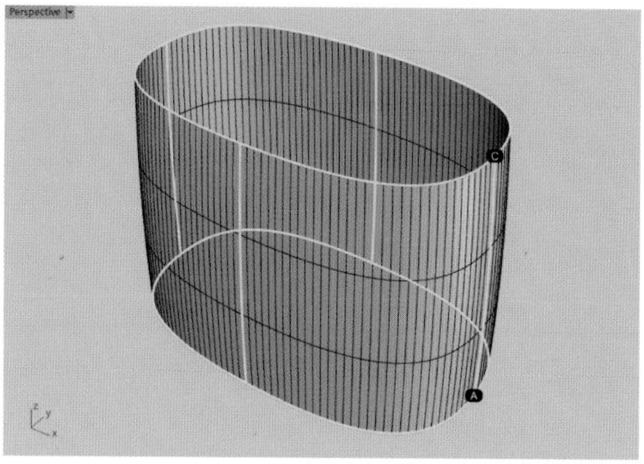

31 토스터 바디 면 만들기-방법2

또 다른 방법은 Surface Tools 〉 Sweep 2 Rails 명령을 클릭한다. Select first rail이라 뜨면 먼저 ①번과 ②번 레일을 선택하고 한다. 다음 그림의 번호 순서대로 클릭하고 Enter 한다. Sweep 2 Rail Options 옵션에서 Closed sweep에 체크 후 OK하면 면이 만들어진다.

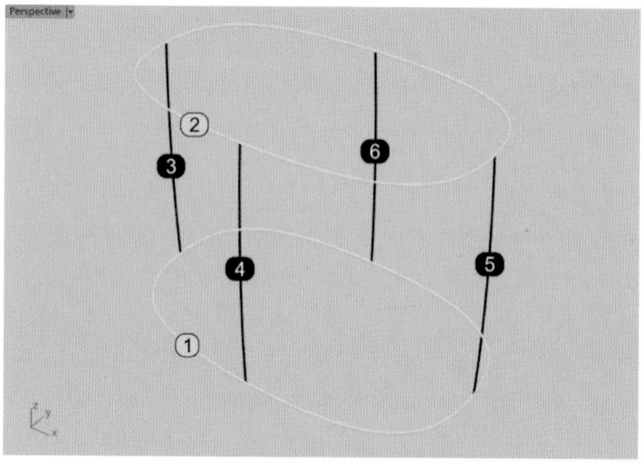

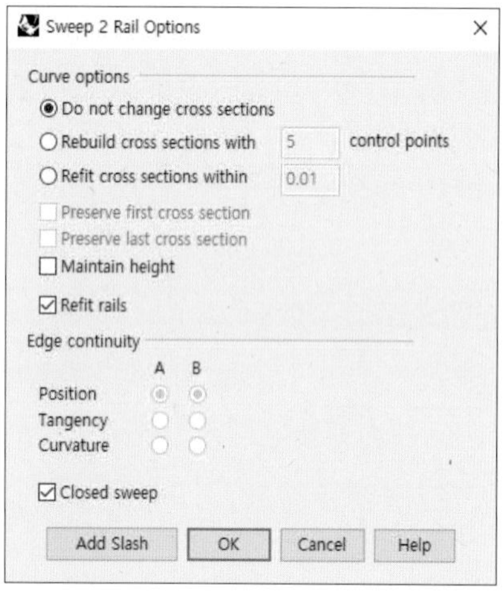

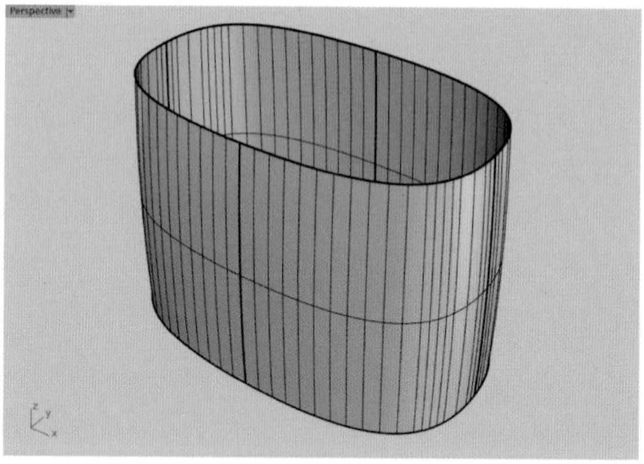

32 포인트 편집용 면 최적화하기

Perspective View에서 작업한다. 면을 포인트 편집하기 위한 최적화 작업을 수행할 계획이다. Surface Tools 〉 Rebuild surface 명령을 클릭한다. 해당 면을 클릭하고 Enter 한다. 옵션 다이얼로그 박스 설정은 Point count 〉 U=52, V=16, Degree=3으로 설정하고 OK한다. 언제든 편집 방법에 따라 가감이 가능하다.

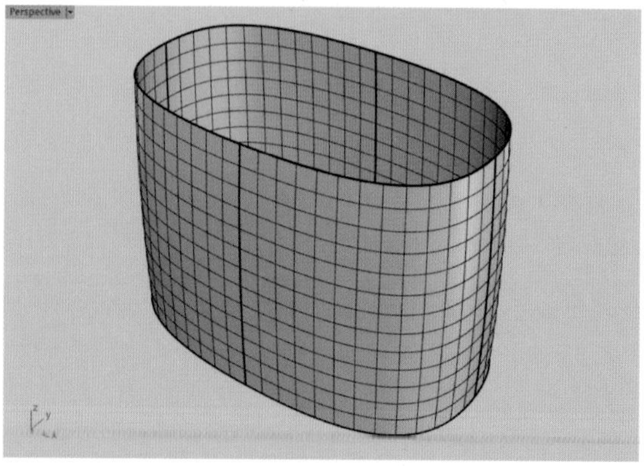

Rebuild surface

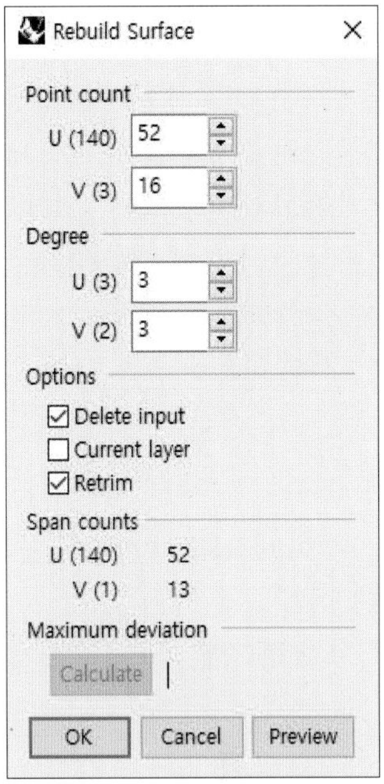

33 포인트 보이게 하기

Perspective View에서 작업한다. 편집 포인트들을 보이게 하기 위해 해당 면을 클릭하고 (F10)을 누른다. (F11)은 포인트 Off에 해당한다.
포인트를 보이게 하는 또 다른 방법은 Main Toolbar 〉 Point Edit 〉 Points on 아이콘을 클릭해 주면 된다.

Show object control points
Points off

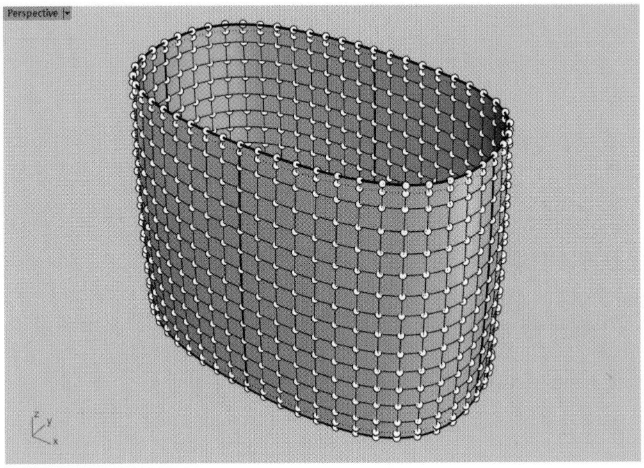

34 다중 포인트 선택하기

Perspective View에서 작업한다. 포인트를 편집하는 영역에서 포인트(Point) 하나만을 먼저 선택한다. 여기서는 2번째 포인트 열에 1개만을 선택하면 된다. 이어 Standard Toolbar 〉 Select 〉 Select points 〉 Select U 아이콘을 클릭한다. 클릭과 동시에 가로(U) 방향 한 줄이 자동으로 선택되게 된다.

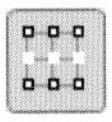

Select U

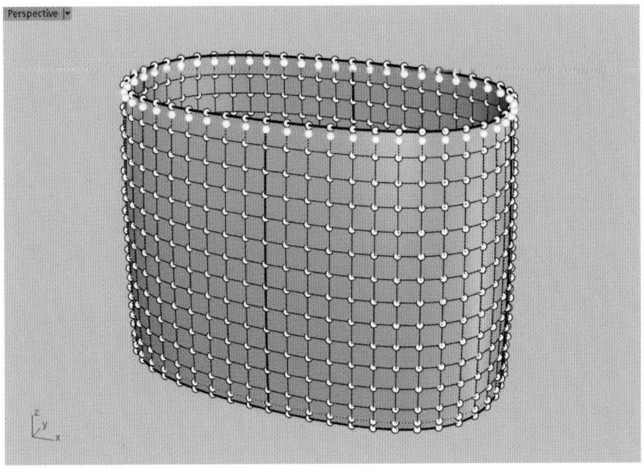

35 선택 영역 편집하기

Perspective View에서 작업한다. 연속해서 선택 영역을 바깥쪽으로 균일하게 튀어나오도록 편집할 계획이다. Main Toolbar 〉 Point Edit 〉 Move UVN 명령을 클릭한다. Move UVN 옵션에서 N 방향(우측 화살표)으로 클릭하여 돌출 볼륨을 만들어 준다. 이때 Scale 설정에 따라 볼륨 변화를 가감할 수 있다. 스케일 숫자가 작으면 그만큼 미세하게 통제가 가능하다. 여기서 N(Surface Normal) 방향이란 곡면이 지점마다 향하고 있는 90도 방향을 의미한다. 즉 면이 바라보는 방향으로 돌출이 된다는 것으로 이해하면 된다.

우측 이미지의 경우 N 방향(Scale=1)으로 4번 정도 클릭하여 생성된 볼륨 면의 모습이다.

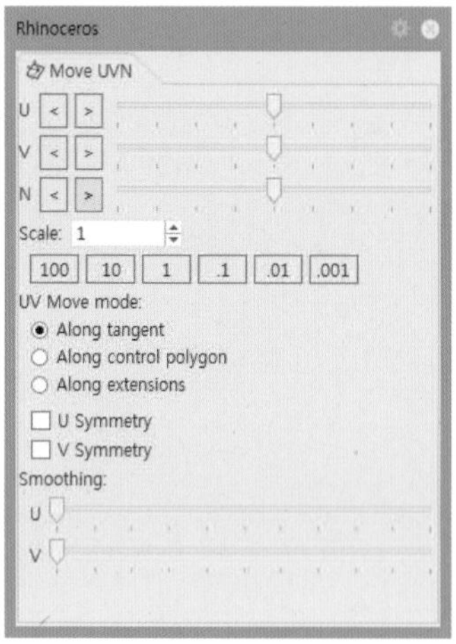

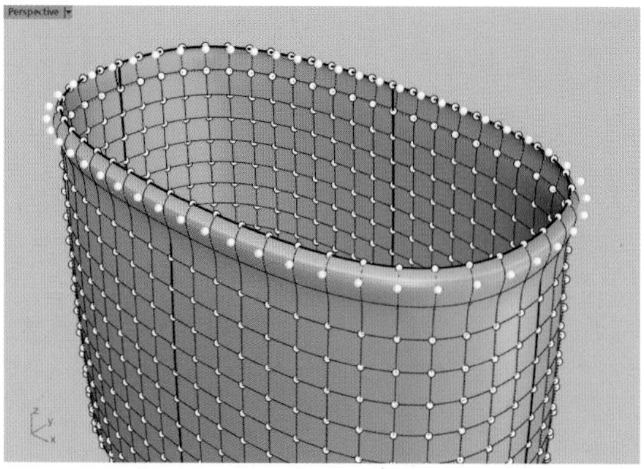

36 선택 영역 편집하기

Perspective View에서 작업한다. 동일한 방법으로 아래쪽 2열 포인트를 선택하여 N 방향(Scale=1) 총 7회 클릭해 볼륨 면을 만들어 준다.

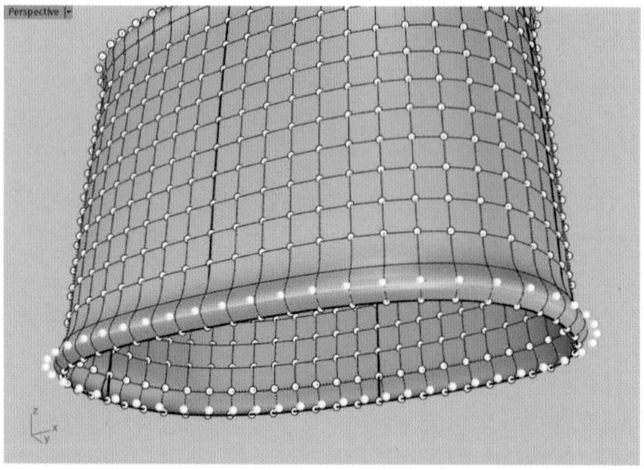

37 드로잉 보이게 하기

Perspective View에서 작업한다. 그림과 같이 선택된 숨겨둔 드로잉을 보이게 한다.

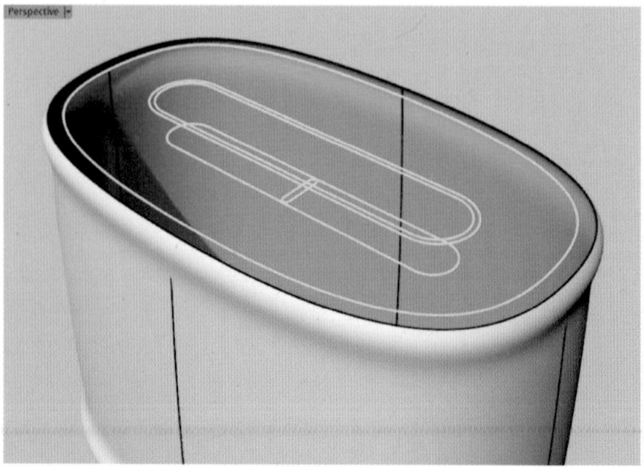

38 평면 만들기

Perspective View에서 작업한다. Surface Creation 〉 Surface from planar curves 명령을 클릭한다. ①번 라인을 클릭하고 Enter 하여 바닥 면을 완성한다.

Surface from planar curves

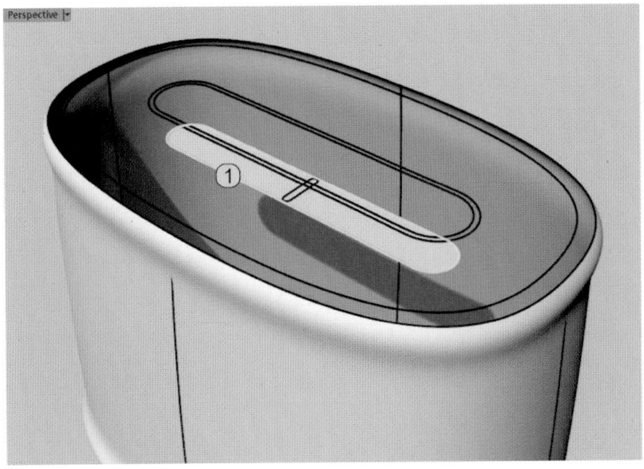

39 평면 만들기

Perspective View에서 작업한다. Surface Creation 〉 Surface from planar curves 명령을 클릭한다. ②번과 ③번 라인을 클릭하고 Enter 하여 상단 면을 완성한다.

Surface from planar curves

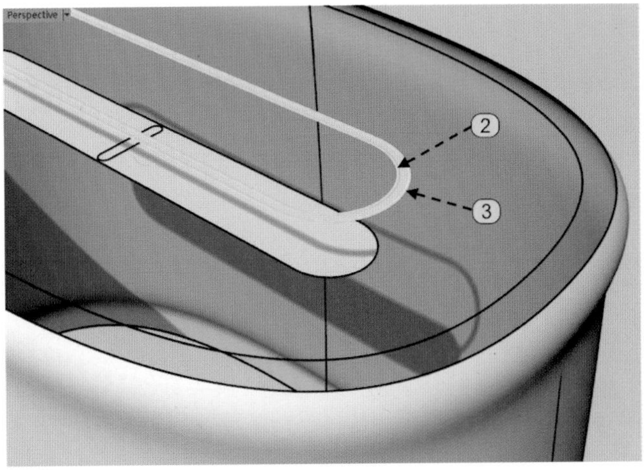

40 평면 만들기

Perspective View에서 작업한다. Surface Creation 〉 Surface from planar curves 명령을 클릭한다. ④번과 ⑤번 라인을 클릭하고 Enter 하여 상단 면을 완성한다.

Surface from planar curves

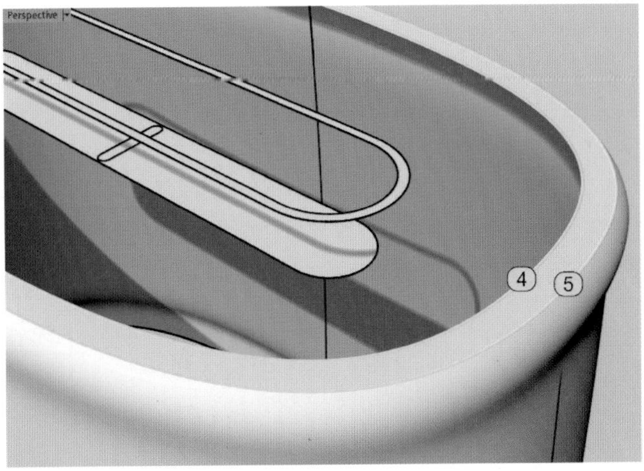

41 경사면 만들기

Perspective View에서 작업한다. Surface Creation 〉 Loft 명령을 클릭한다. Ⓐ라인과 Ⓑ라인을 클릭하고 옵션에서 Style=Straight sections를 선택하고 OK한다. 경사면이 만들어진다.

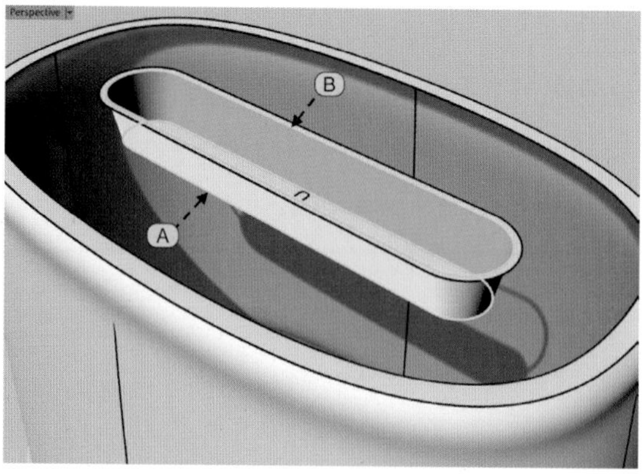

Loft

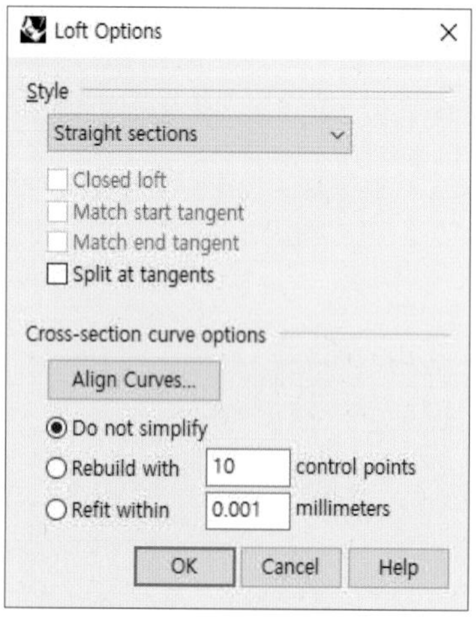

42 웨이브 패턴 그리기

Perspective View에서 작업한다. ③번 웨이브 라인을 보이게 한다. 다음 Surface Creation 〉 Sweep 2 Rails 명령을 클릭한다. ①번과 ②번 레일을 먼저 클릭하고 ③번 웨이브 단면 라인을 클릭한다. 옵션은 Closed sweep 체크 후 OK 하면 웨이브 면이 만들어진다.

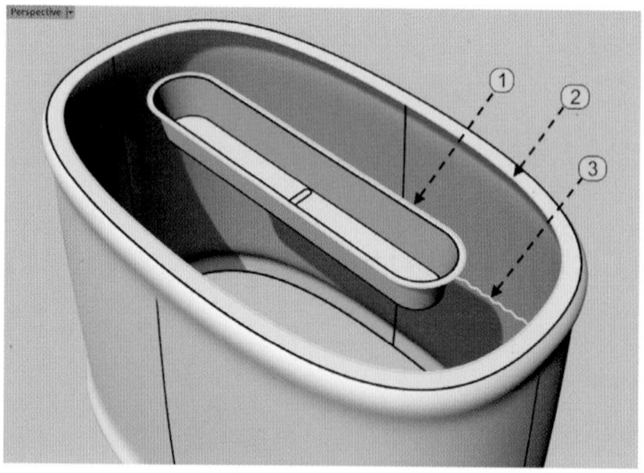

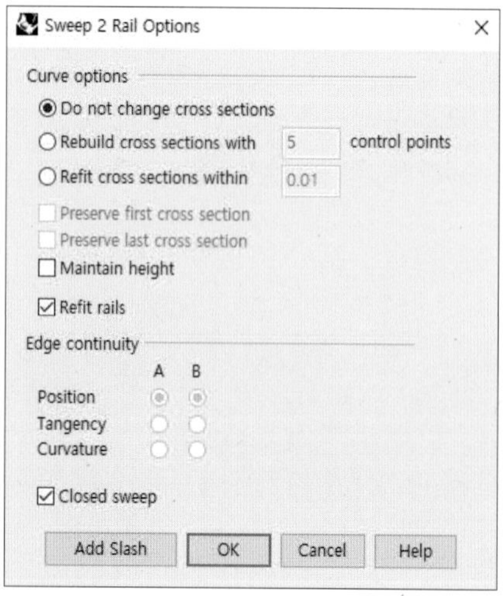

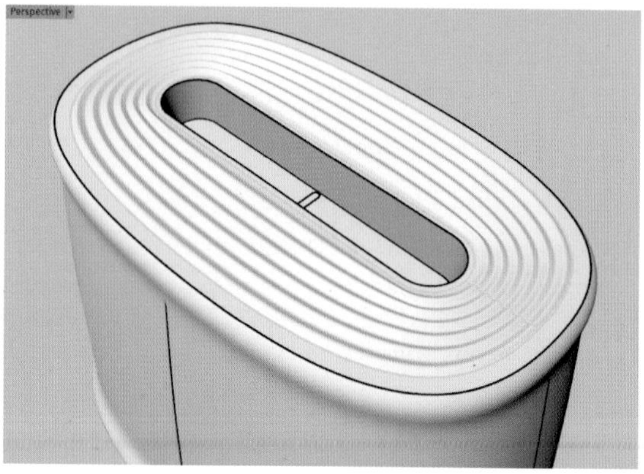

43 손잡이 돌출 개체 만들기

Perspective View에서 작업한다. 손잡이 돌출 개체를 만들어 줄 것이다. 해당 드로잉을 선택한다. 다음 Solid Creation 〉 Extrude closed planar curve 명령으로 위쪽으로 15mm 돌출시켜 준다.

Extrude closed planar curve

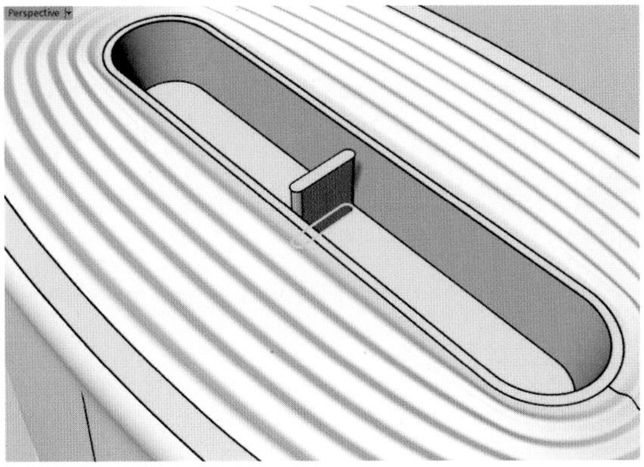

44 바닥면 만들기

Perspective View에서 작업한다. 바닥 부분을 보이게 한다. Surface Creation 〉 Surface from planar curves 명령을 클릭한다. ①번 라인을 클릭하고 Enter 하여 바닥면을 완성한다.

Surface from planar curves

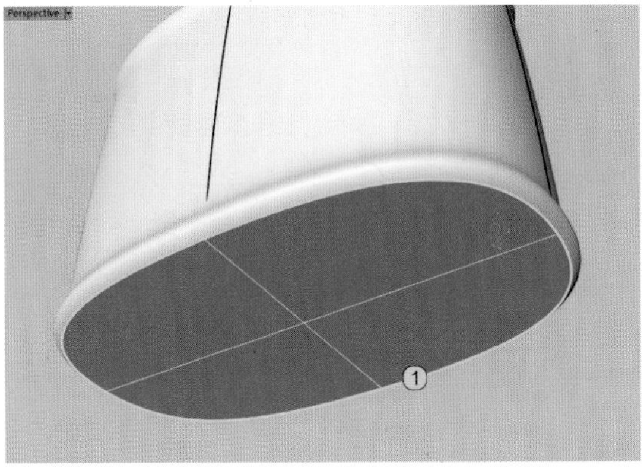

45 드로잉 보이게 하기

Perspective View에서 작업한다. Show selected objects 명령으로 해당 드로잉이 보이게 한다.

Show selected objects

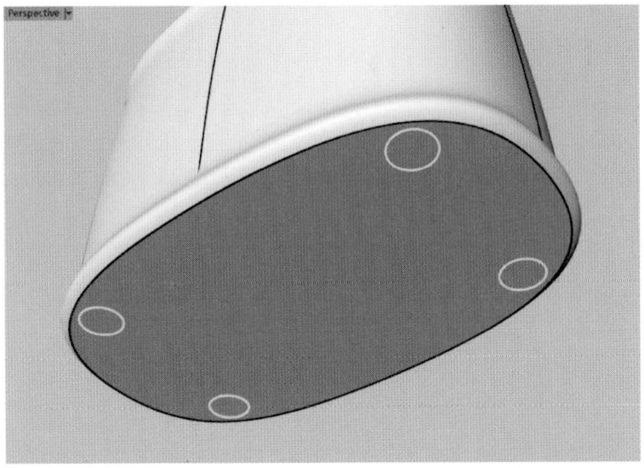

46 구(Sphere) 삽입하기

Perspective View에서 작업한다. Osnap=Quad에 체크한다. Solid Creation 〉 Sphere: Diameter 명령을 클릭한다. 해당 원의 Quad 기준점을 클릭하여 총 4개의 구를 위치시킨다. 토스터 고무 패킹 다리로 보면 된다.

Sphere: Diameter

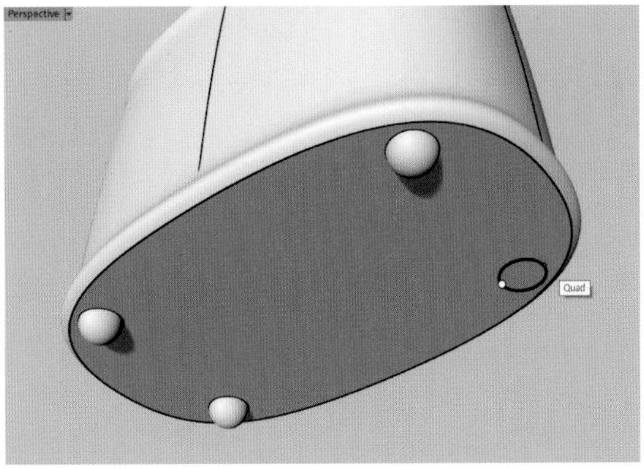

47 해당 개체 보이게 하기

Right View에서 앞서 그려 둔 개체 Ⓐ를 보이게 한다.

Show selected objects

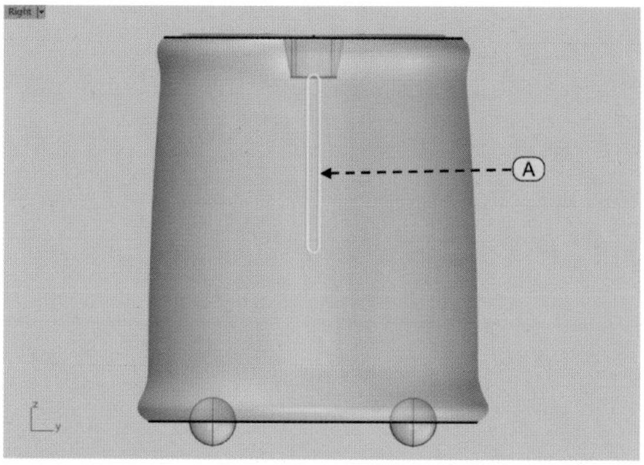

48 개체 이동하기

Front View에서 작업한다. Move 명령으로 개체 Ⓐ를 우측으로 75mm 이동시켜 준다. 이미지와 같은 대략적인 위치여도 문제는 없다.

Move

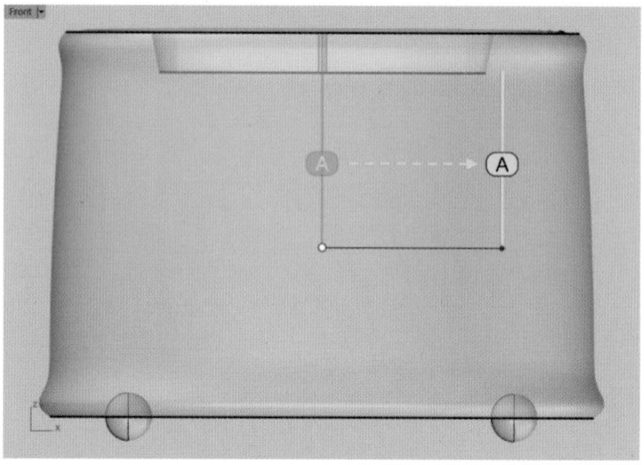

49 돌출 개체 만들기

Perspective View에서 작업한다. Solid Creation 〉 Extrude closed planar curve 명령으로 그림과 같이 정도의 돌출 개체로 만들어 준다.

Extrude closed planar curve

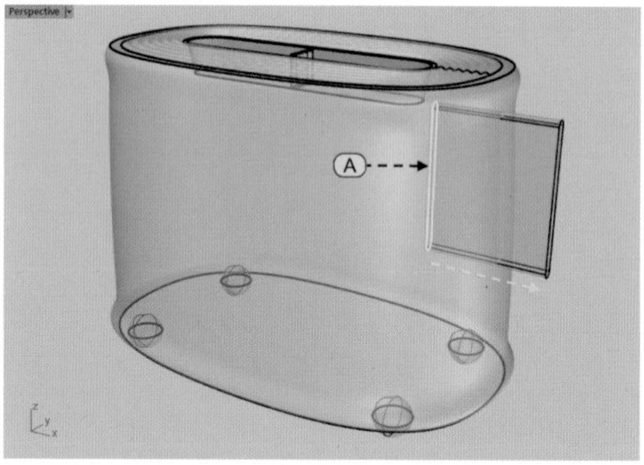

50 구멍 파 주기

Perspective View에서 작업한다. 토스터 푸시 레버가 위치하는 홈을 파 주는 작업이다. Solid Creation 〉 Boolean difference 명령을 클릭한다. ①번 클릭 후 Enter, ②번 클릭 후 Enter 하면 홈이 파이게 된다. 만약 반대로 되면 ①번 면의 Direction 방향을 Flip으로 변경 후 다시 명령을 실행하면 정상적으로 구멍이 파이게 된다.

Boolean difference

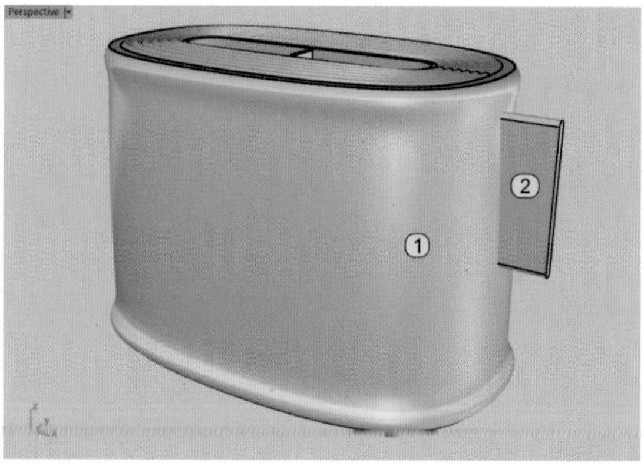

51 파이프 만들기

Perspective View에서 작업한다. 파인 홈의 테두리를 따라가는 파이프를 만들어 줄 차례이다. Solid Creation 〉 Pipe: Flat caps 명령을 클릭한다. Select rail이라 뜨면 ChainEdges를 클릭한다. Select first segment for rail이라 뜨면 다시 AutoChain=Yes로 해 주고 해당 엣지를 선택하고 Radius for closed pipe라 뜨면 0.5를 기입하고 Enter 하면 파이프 테두리가 완성된다.

Pipe: Flat caps

52 원 그리기

Right View에서 작업한다. Osnap=Cen에 체크한다. Circle 〉 Circle: center, radius 명령으로 지름(Diameter)=4mm와 24mm를 그려 준다.

Circle: center,radius

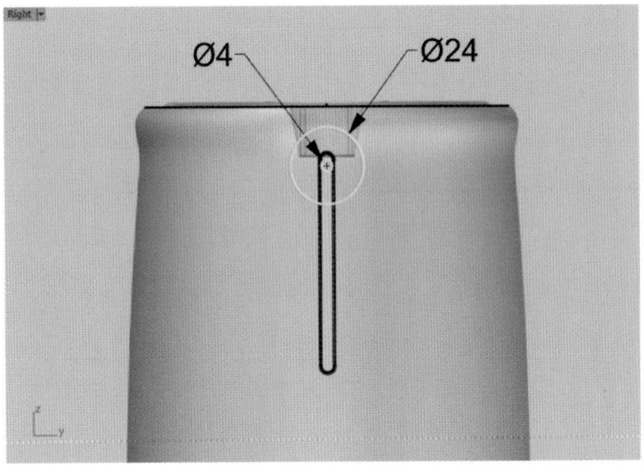

53 위치 이동하기

Front View에서 작업한다. 앞서 그린 2개의 원을 Move 명령으로 그림과 같이 이동 위치시킨다. 작은 원은 본체에서 약 1mm 정도 떨어진 상태면 된다.

Move

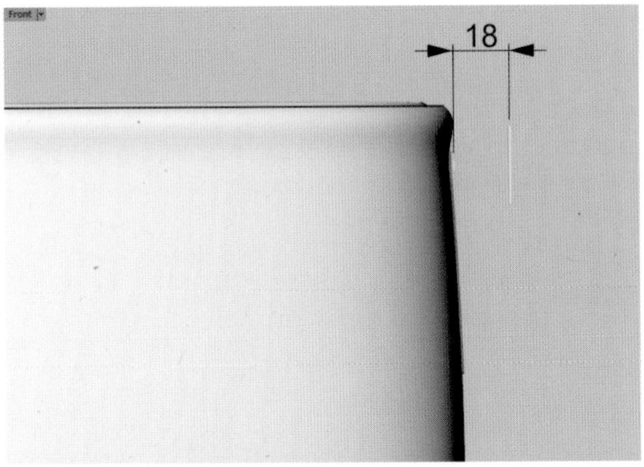

54 개체 위치 확인하기

Perspective View에서 작업한다. 개체 배치 상태를 확인해 본다.

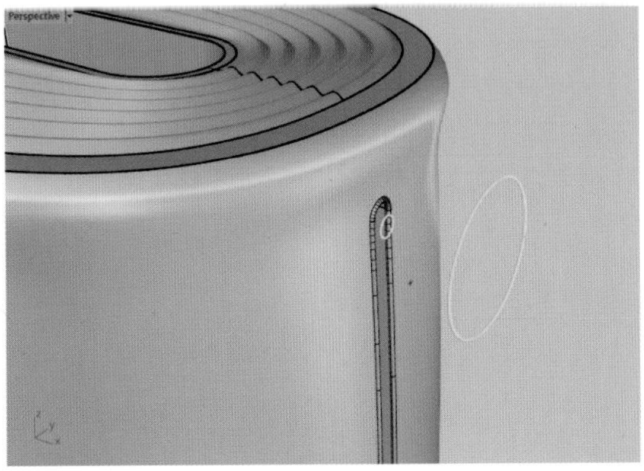

55 돌출 면 만들기

Perspective View에서 작업한다. 작은 원을 Extrude straight 명령으로 안쪽으로 적정 길이(대략 20mm) 면 기둥으로 만들어 준다.

Extrude straight

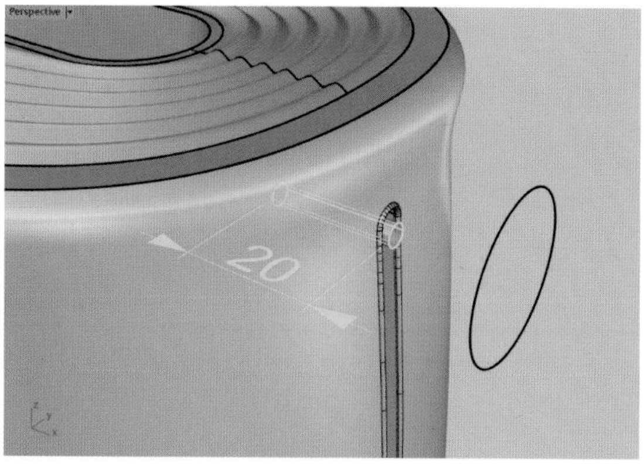

56 구(Sphere) 삽입하기

Perspective View에서 작업한다. Osnap=Quad에 체크한다. Solid Creation 〉 Sphere: Diameter 명령을 클릭한다. 해당 원의 Quad 기준점을 클릭하여 1개의 구를 위치시킨다. 나중에 레버 헤드가 되는 부분이다.

Sphere: Diameter

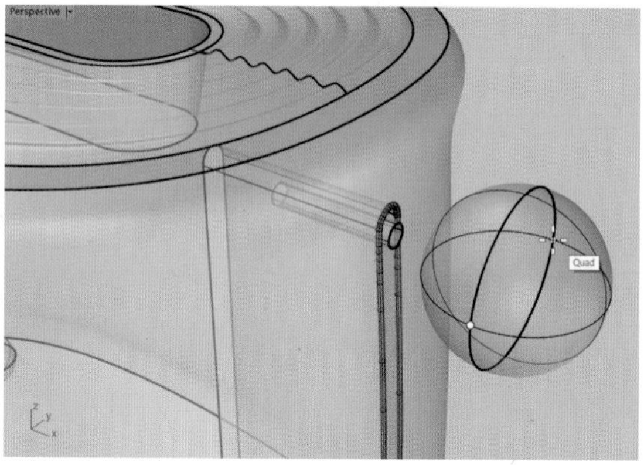

57 구 복사하기

Front View에서 작업한다. Copy 명령으로 앞서 만든 ①번 구를 위쪽으로 겹치지게 복사해 ②번 구를 만들어 준다. 구 형태로 파 주기 위한 사전 작업이다.

Copy
Copy objects in place

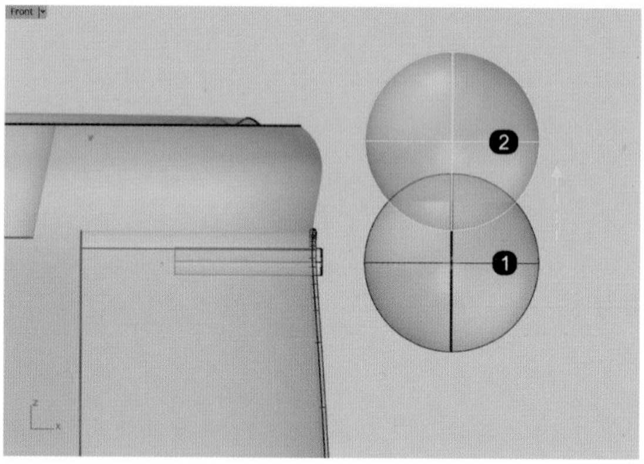

58 홈 파 주기

Perspective View에서 작업한다. Solid Tools 〉 Boolean difference 명령을 클릭한다. ①번 구 선택 후 Enter, ②번 구 선택 후 Enter 하면 파지게 된다.

Boolean difference

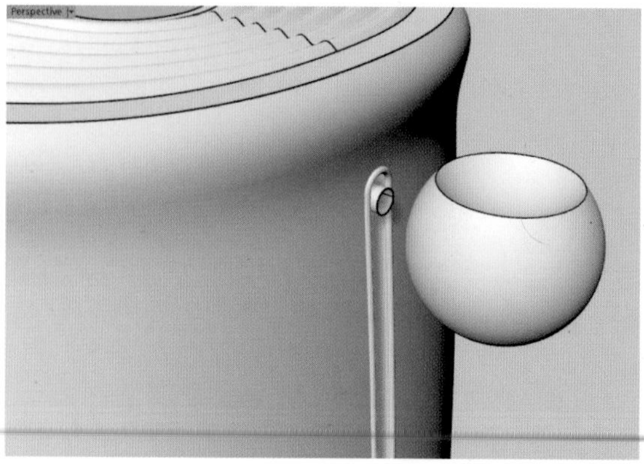

59 모서리 필렛 주기

Perspective View에서 작업한다. Solid Tools 〉 Fillet edges 명령을 클릭한다. Radius=2.2를 적용하고 Enter 한다. 그림과 같이 필렛이 적용된다.

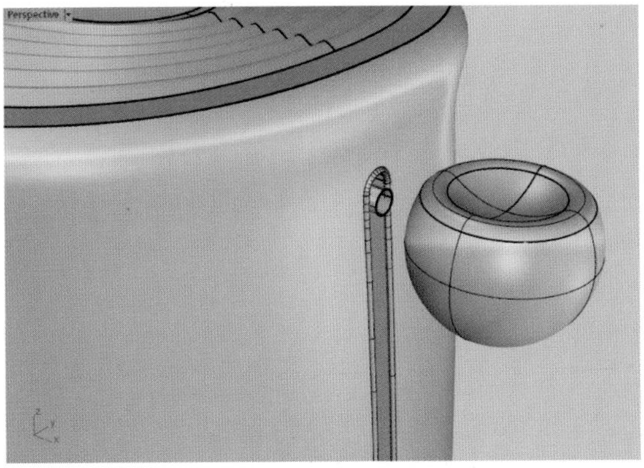

Fillet edges
Blend edges

60 면 엣지 연장하기

Perspective View에서 작업한다. Surface Tools 〉 Extend surface 명령을 클릭한다. Select an edge to extend(Type=Smooth Merge=Yes)라 뜨면 해당 엣지를 클릭한다. Extension point라 뜨면 숫자 10을 기입하고 Enter 하거나 임의로 겹쳐지게 연장해도 된다.

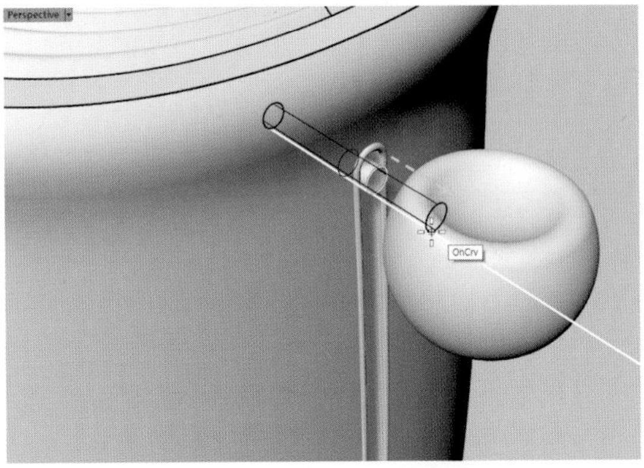

Extend surface

61 개체 붙이기

Perspective View에서 작업한다. Solid Tools 〉 Boolean Difference 명령을 클릭한다. ①번과 ②번 개체를 선택하고 Enter 하여 1개의 개체로 붙여 준다.

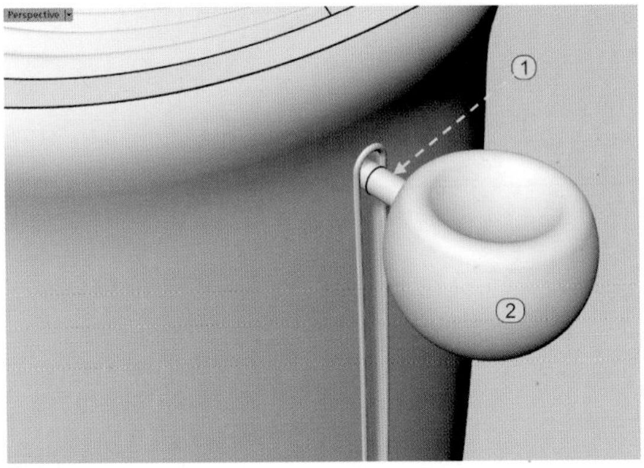

Boolean union

62 블랜드 엣지 주기

Perspective View에서 작업한다. Solid Tools 〉 Blend edges 명령을 클릭(RMB)한다. Select edges to blend라 뜨면 해당 모서리를 선택한다. NextRadius=7을 입력하고 Enter 하면 블랜드 엣지가 적용된다. 블랜드 엣지는 필렛 연결성이 Curvature=G2 등급이라 Tangency=G1 등급보다 자연스러운 연결성을 만들어 준다.

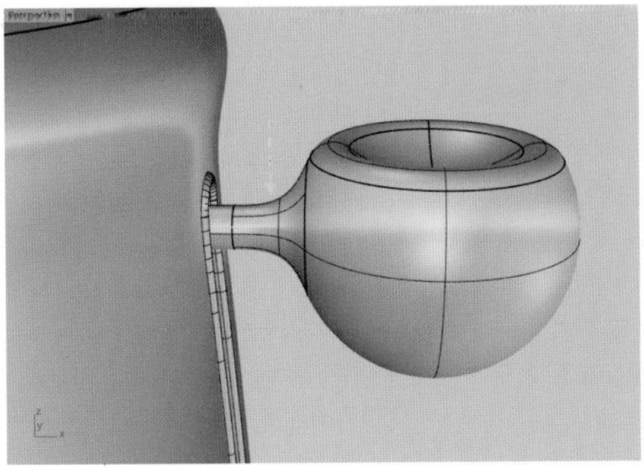

Fillet edges
Blend edges

63 면 체크하기

Perspective View에서 작업한다. Analyze 〉 Surface Analyze 〉 Zebra analysis 명령을 클릭한다. 패턴 방향과 크기를 변경해 가면서 경계선을 잘 관찰해 본다. G2 이상의 연결성을 확인할 수 있다.

Zebra analysis

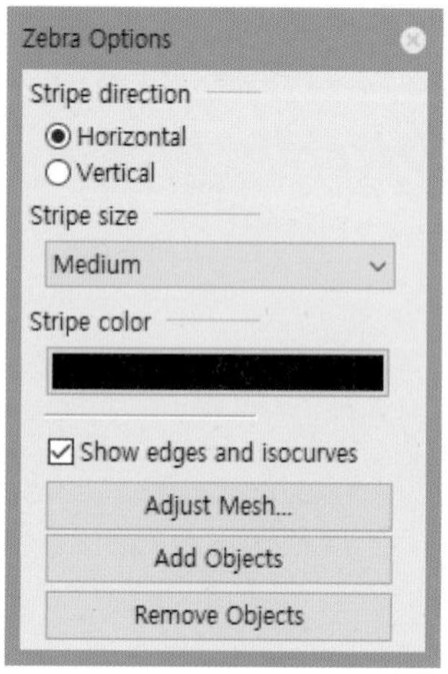

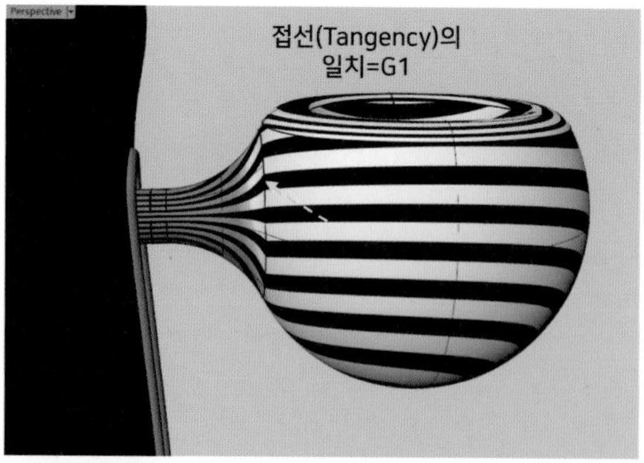

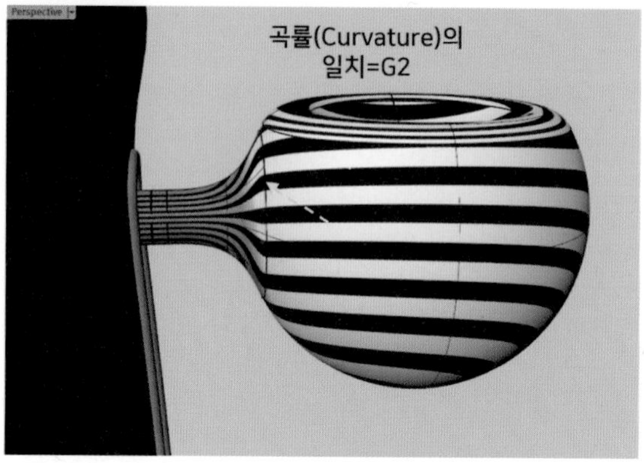

64 원 보이게 하기

Right View에서 작업한다. 앞서 그려 둔 노브(Knob)용 원 5개를 모두 보이게 한다.

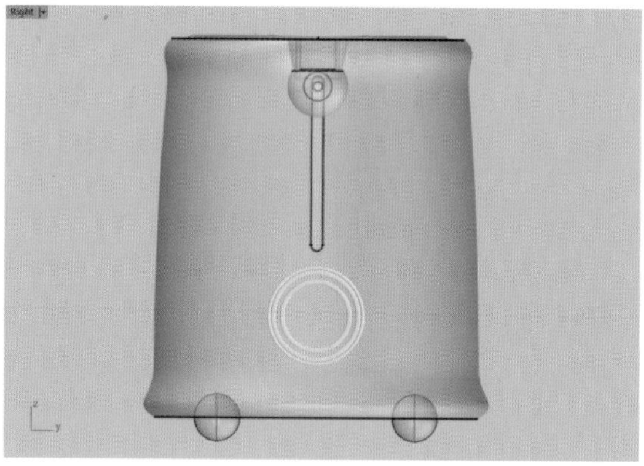

65 원 위치 조정하기

Front View에서 작업한다. 검볼(Gumball)을 이용 5개의 원을 대략 제품에서 대략 7mm 정도 위치에 놓이게 한다. 정확할 필요는 없는 부분이다.

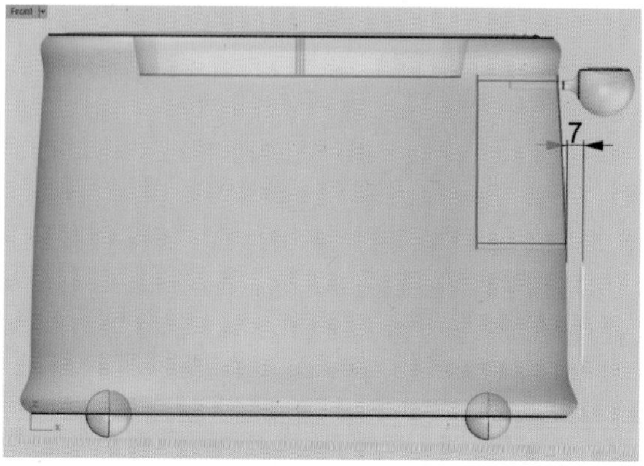

66 돌출 개체 만들기

Perspective View에서 작업한다. Solid Creation 〉 Extrude closed planar curve 명령을 클릭한다. 토스터 안쪽으로 돌출 개체를 만들어 준다.

Extrude closed planar curve

67 개체 붙이기

Perspective View에서 작업한다. Solid Tools 〉 Boolean Difference 명령을 클릭한다. ①번과 ②번 개체를 선택하고 Enter 하여 1개의 개체로 붙여 준다.

Boolean union

68 블랜드 엣지 주기

Perspective View에서 작업한다. Solid Tools 〉 Blend edges 명령을 클릭(RMB)한다. Select edges to blend라 뜨면 해당 모서리를 선택한다. NextRadius=6을 입력하고 Enter 하면 블랜드 엣지가 적용된다. 블랜드 엣지는 필렛 연결성이 Curvaturc=G2 등급이라 Tangency=G1 등급보다 자연스러운 연결성을 만들어 준다.

Fillet edges
Blend edges

69 추가 돌출 개체 만들기

Perspective View에서 작업한다. Solid Creation 〉 Extrude closed planar curve 명령을 클릭한다. BothSides=Yes 상태로 그림과 같이 돌출 개체를 만들어 준다. 구멍을 파기 위한 작업이다.

Extrude closed planar curve

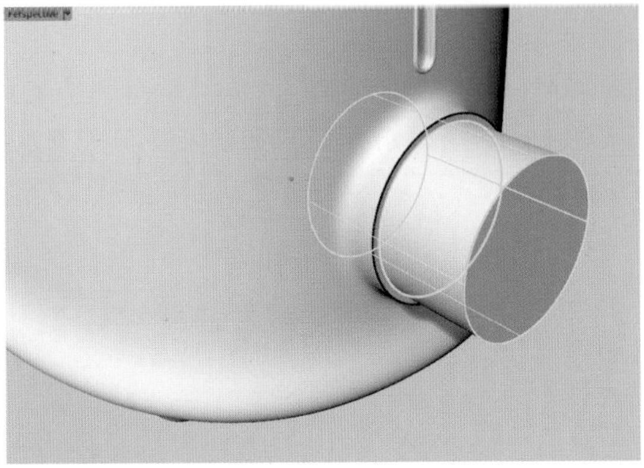

70 홈 파 주기

Perspective View에서 작업한다. Solid Tools 〉 Boolean difference 명령을 클릭한다. 토스터 몸체를 먼저 클릭하고 Enter, 방금 만든 실린더를 선택하고 Enter 하여 홈을 파 준다.

Boolean difference

71 돌출 개체 만들기

Perspective View에서 작업한다. Solid Creation 〉 Extrude closed planar curve 명령을 클릭한다. ③번째 원을 선택하고 BothSides=Yes로 체크한다. Extrusion distance=9.4를 입력하고 Enter 한다.

Extrude closed planar curve

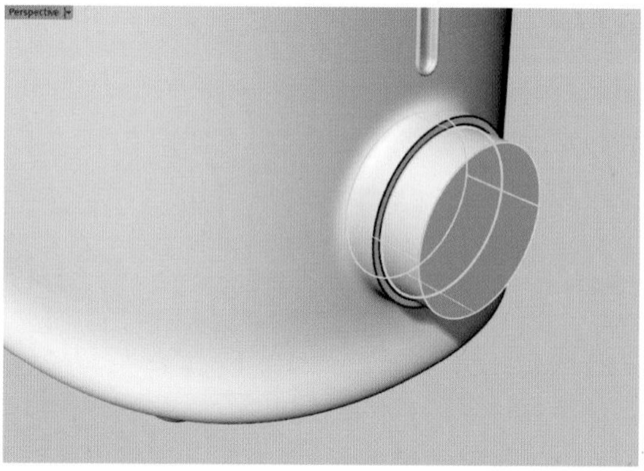

72 모서리 필렛 주기

Perspective View에서 작업한다. Solid Tools 〉 Fillet edges 명령을 클릭(LMB)한다. Select edges to fillet이라 뜨면 해당 모서리를 선택한다. NextRadius=1.5를 입력하고 Enter 하면 필렛이 적용된다.

Fillet edges
Blend edges

73 노브(Knob)에 홈 파기

Perspective View에서 작업한다. Solid Creation 〉 Extrude closed planar curve 명령을 클릭한다. 안쪽 가장 작은 원 ④번, ⑤번 원을 동시에 선택한다. BothSides=No 상태로 그림과 같이 돌출 개체를 만들어 준다. 검볼로 약간만 중첩되도록 위치를 조정한다.

Extrude closed planar curve

74 홈 파 주기

Perspective View에서 작업한다. Solid Tools 〉 Boolean difference 명령을 클릭한다. 노브 ①을 먼저 클릭하고 Enter, 방금 만든 ②번 튜브를 선택하고 Enter 하여 홈을 파 준다. 깊이는 1mm 이내면 된다.

Boolean difference

75 라인 드로잉 보이게 하기

마지막으로 토스터의 빵부스러기를 받아 주는 더스트 트레이 파팅 라인을 만들어 줄 것이다. 물론 내부 부품은 생략한다. 앞서 그려 둔 개체를 보이게 한다.

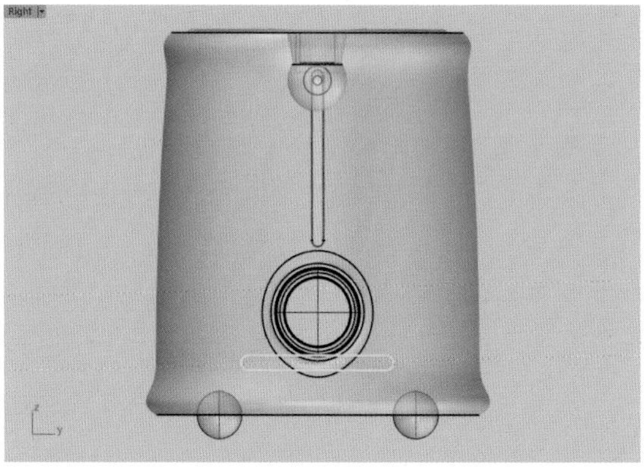

76 이음새(Seam) 위치 변경하기

더스트 트레이 작업을 수행하기 전 토스터 몸체 면의 이음새(Seam)를 체크해 본다. 체크 결과 작업하려는 위치에 이음새가 있음을 확인할 수 있다. 이러한 Seam은 향후 투영이나 기타 필렛 적용 시 면이 분할되거나 필렛면에 Naked Edge가 발견될 수 있기에 사전에 이음새 위치를 변경하여 문제를 피하면 좋다. 언제든 다시 제자리로도 옮길 수 있다. 이음새의 확인은 간단하다. Analyze 〉 Show edges 명령을 클릭하고 토스터 몸체 면을 선택하고 Enter 하면 Red 컬러로 세로줄의 이음새가 보이게 된다. 참고로 Edge Analysis 〉 Show 〉 All edges에 체크해야 보이게 된다.

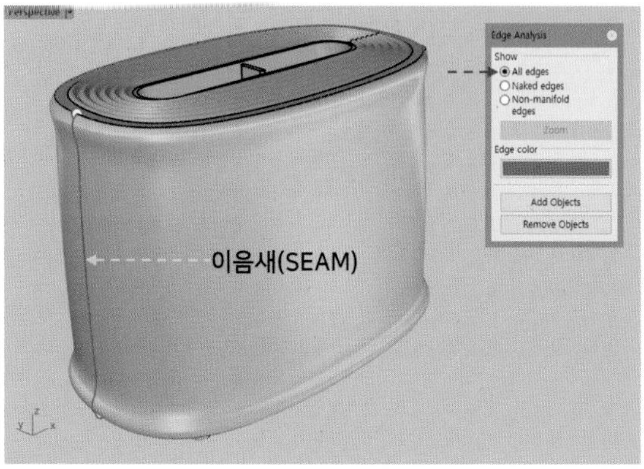

Show edges
Turn off showing curve edges

77 이음새(SEAM) 이동하기

Perspective View에서 작업한다. 우선 Extract surface 명령을 이용해 토스터 몸체 면을 분리한다. 여러 면이 붙어 있으면 작업이 곤란하다. 다음 Surface Tools > Adjust closed surface seam 명령을 클릭한다. 이제 이음새를 선택해서 작업이 없는 곳으로 잠시 이동시켜 준다.

Explode
Extract surface

Adjust closed surface seam

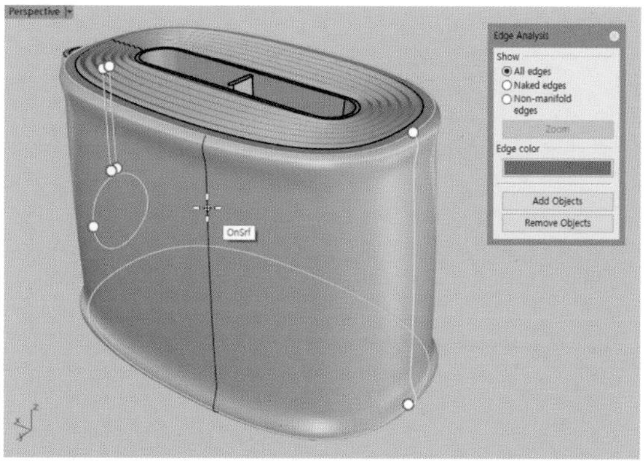

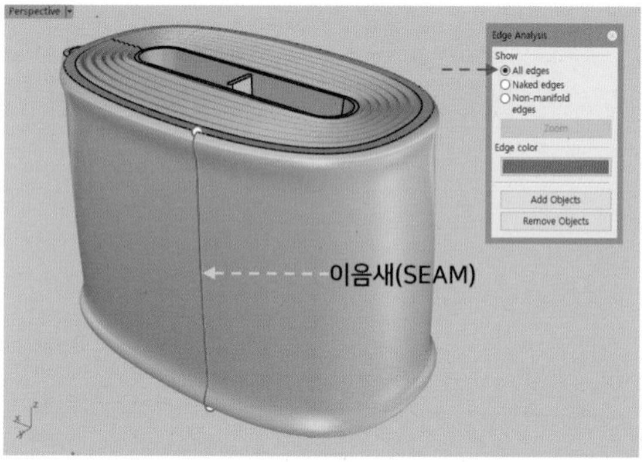

78 빵가루 받이 작업하기

앞서 그려 둔 해당 드로잉을 보이게 한다. 이 부분은 빵가루 받이가 되는 부분으로 몸체 표면에 파팅 라인 정도로 표현할 예정이다. 원래 좌표의 중심에 그려진 개체이기에 그림과 같이 토스터의 좌측으로 이동시켜 준다. 이동 위치는 자유롭게 정한다.

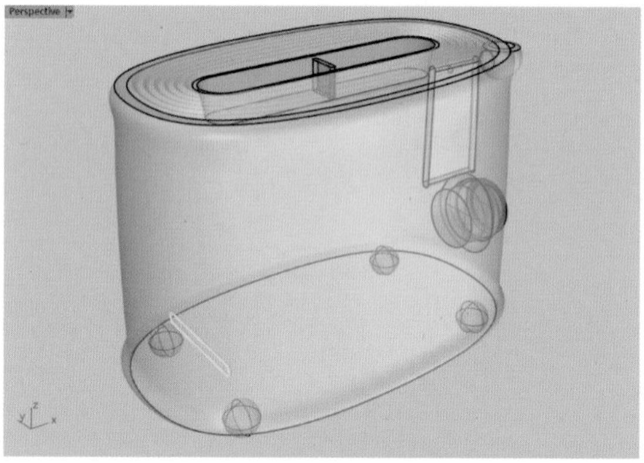

79 돌출 개체 만들기

Perspective View에서 작업한다. Solid Creation > Extrude closed planar curve 명령을 클릭한다. BothSides=No 상태로 그림과 같이 돌출 개체를 만들어 준다. 바깥쪽으로 조금만 나오게 하면 된다.

Extrude closed planar curve

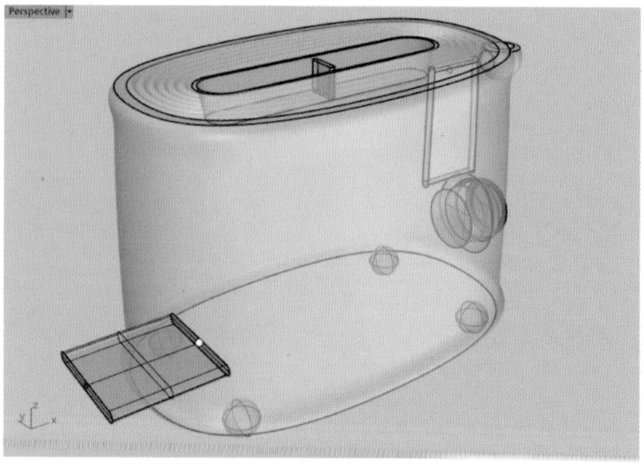

80 개체 잘라 주기

Perspective View에서 작업한다. Solid Tools 〉 Boolean split 명령을 클릭한다. Select surface or polysurface to split이라 뜨면 개체 ①번을 먼저 클릭하고 Enter 한다. 이어서 Select cutting surfaces or poly라 뜨면 ②번 개체를 선택하고 Enter 하면 중첩 개체를 포함하면서 서로 잘리게 된다.

Boolean split
Boolean 2 objects

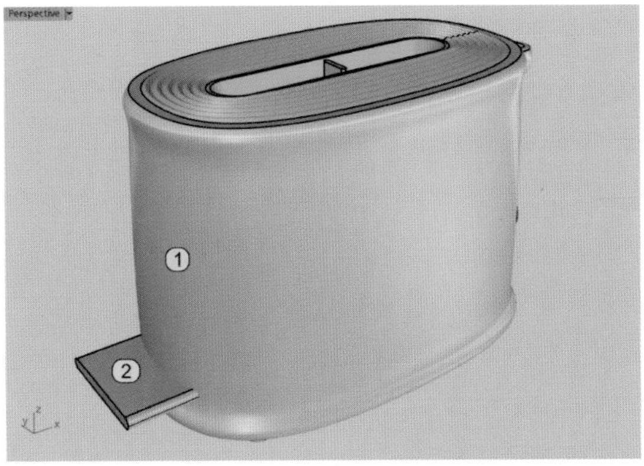

불필요한 부분을 지우면 그림과 같이 최종 중첩 개체와 몸체에 구멍에 만들어진 것을 확인할 수 있다.

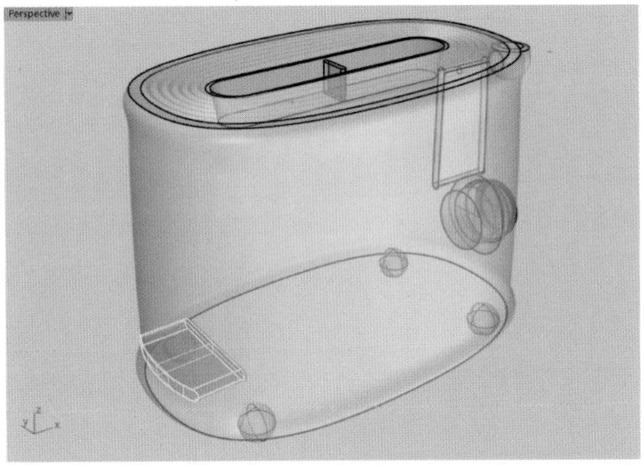

81 모서리 필렛 주기

Boolean split을 통해 얻은 개체의 모서리와 중첩되는 몸체의 구멍 모서리에 종일 필렛을 적용할 것이다. Solid Tools 〉 Fillet edges 명령을 클릭(LMB)한다. Select edges to fillet이라 뜨면 해당 모서리를 한 번에 드래그 선택할 수 있는 뷰에서 선택한다. 다음 NextRadius=1.2를 입력하고 Enter 하면 필렛 엣지가 적용된다.

Fillet edges
Blend edges

82 수평 라인 그리기

Front View에서 작업한다. 고무다리(구) 일부를 잘라 줄 것이다. 자르고자 하는 높이에 자유롭게 그림과 같이 ①번 수평 라인을 그려 준다.

Single Line

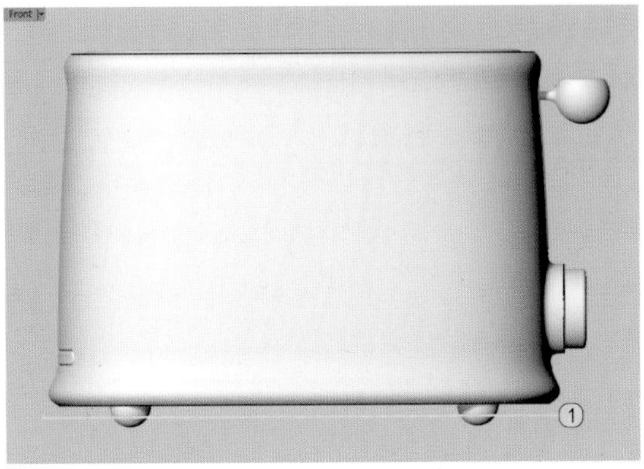

83 개체 잘라 주기

Front View에서 작업한다. 구형의 다리 일부를 자르기 위해 Wire cut 명령을 클릭한다. 다음 ①번 수평 라인을 클릭한다. Select object to cut:라 뜨면 바로 드래그 방법으로 4개의 구형 다리를 선택하고 Enter 한다. BothSides=Yes, KeepAll=Yes로 설정하고 Enter 한다. 잘린 구의 일부는 지워 준다.

Wire cut

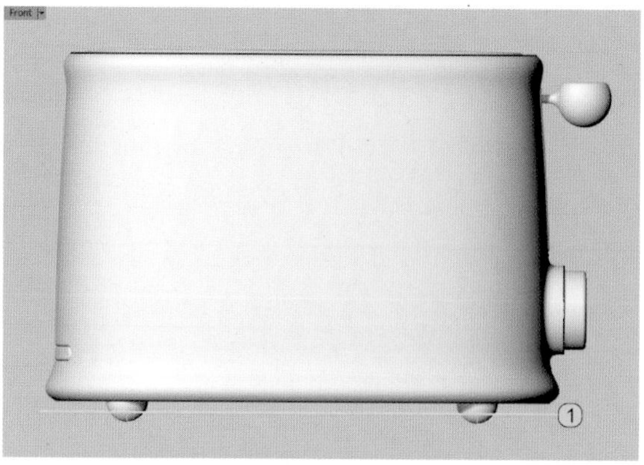

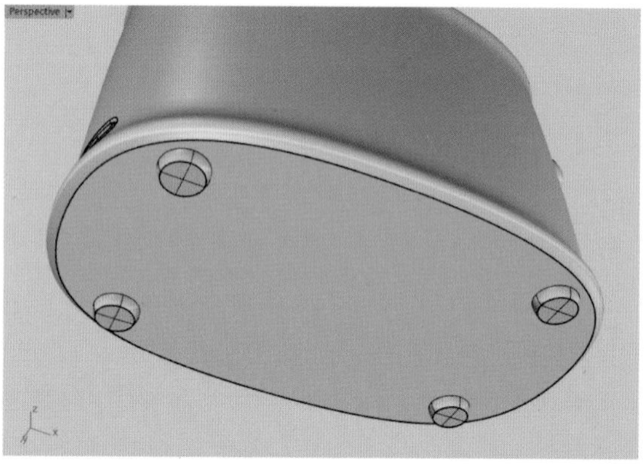

84 기타 디테일(Detail) 처리하기

Perspective View에서 작업한다. 앞서 작업해 둔 뚜껑의 작은 손잡이 개체를 확대한다. Solid Tools 〉 Extract surface 명령을 클릭한다. 윗면을 클릭하고 Enter 하면 윗면이 분리된다. 떼어낸 윗면은 지워 준다.

Extract surface

Explode
Extract surface

85 블랜드 면 연결하기

Perspective View에서 작업한다. Surface Tools 〉 Blend Surface 명령을 클릭한다. 그림과 같이 마주 보는 2개의 Edge를 클릭한다.

Blend Surface

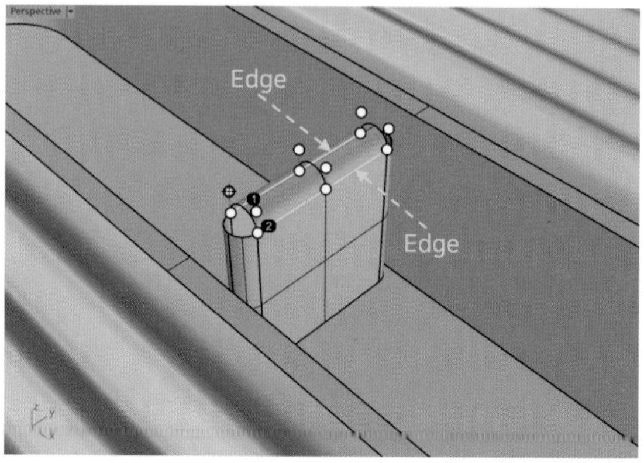

Adjust Surface Blend 옵션이 뜨면 그림과 같이 자물쇠를 잠금(Locking)해 주고 슬라이드를 움직여 0.737 정도에 맞춘다. 물론 치수를 직접 입력해도 된다. 연속성 등급은 Tangency로 맞추고 OK한다. 블랜드 연결 면이 생성된다.

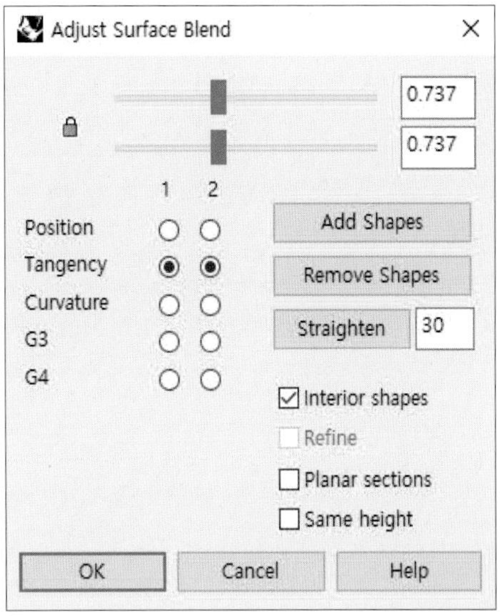

86 면의 엣지 상태 확인하기

Perspective View에서 작업한다. Osnap=Quad에 체크한다. Analyze > Edge Tools > Show edges 명령으로 모든 열린 엣지가 보이게 한다. 결과적으로 블랜드 면의 상단 Quad 지점을 Split edge 명령으로 잘라 주어야 하는 상황이다. 그 이유는 Quad 점과 마주하는 곳에 이음새(Seam)가 존재하기 때문이다. 맞은편을 잘라 주지 않고 그냥 블랜드하면 면이 왜곡되는 원인이 된다. Split edge 명령을 클릭하고 그림처럼 잘라 줄 Quad 지점 Edge 지점을 클릭해 준다. 잘린 Quad 지점에 빨간색 포인트가 보인다.

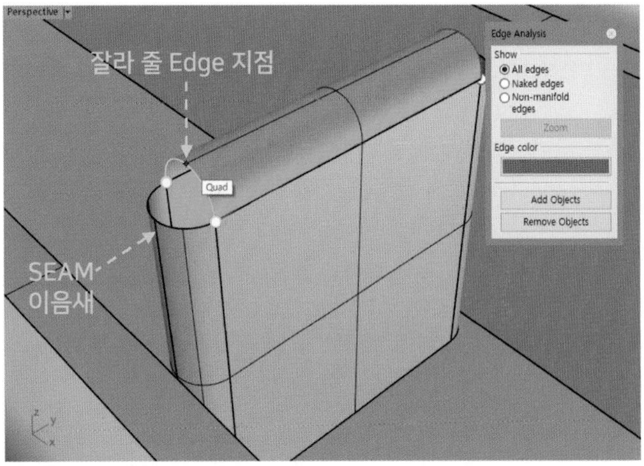

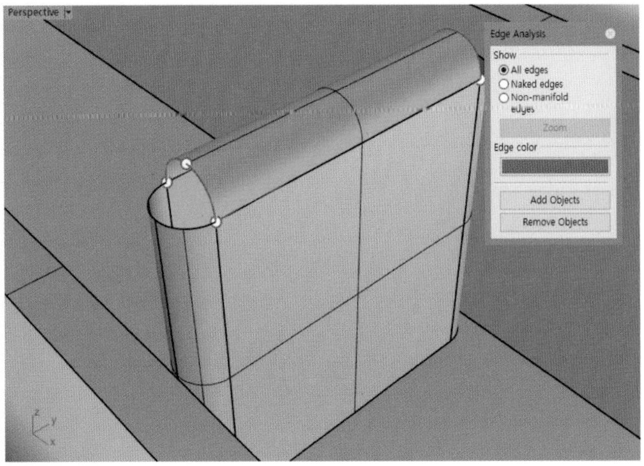

Show edges
Turn off showing curve edges

Split edge
Merge edge

87 블랜드 면 연결하기

Perspective View에서 작업한다. Surface Tools > Blend Surface 명령을 클릭한다. 그림과 같이 마주 보는 2개의 Edge를 클릭한다. 봉합되는 반쪽 면이 만들어진다. 옵션은 모두 동일하게 설정해 주면 된다.

Blend Surface

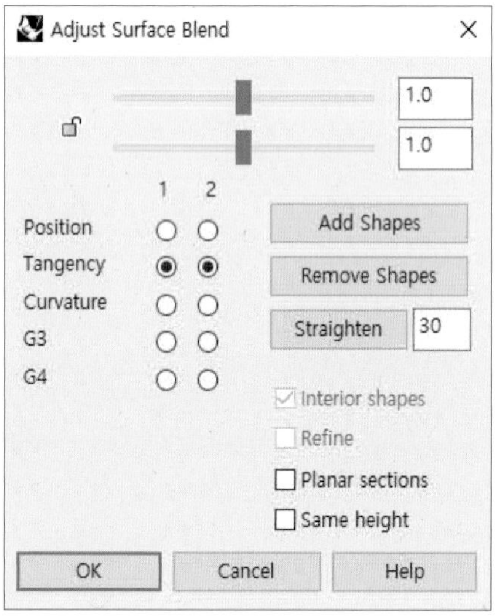

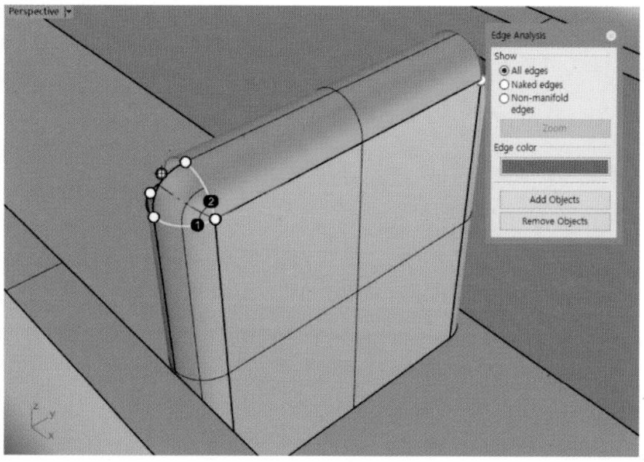

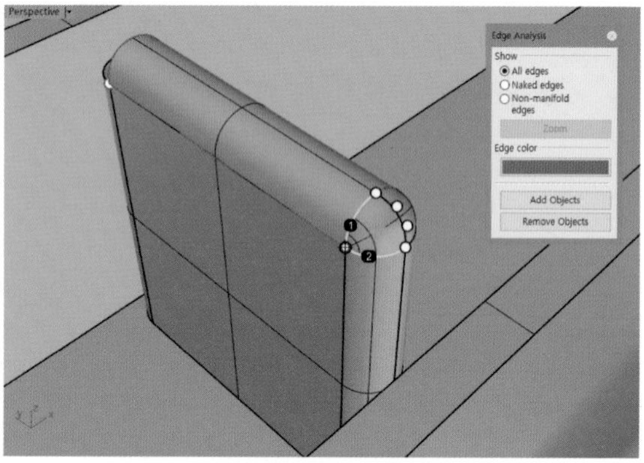

동일한 방법으로 열려 있는 다른 부위도 모두 블랜드 서피스 명령으로 닫아 준다.

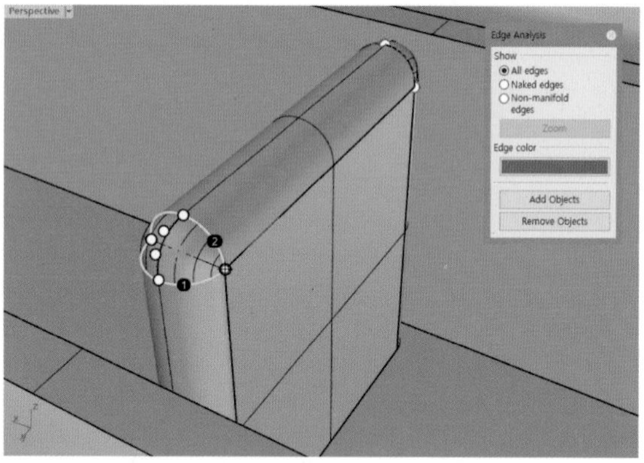

88 블랜드 면 확인하기

Perspective View에서 지금까지 작업한 블랜드 면들을 확인하고 관련 부위 면들을 모두 Join해 준다.

Join

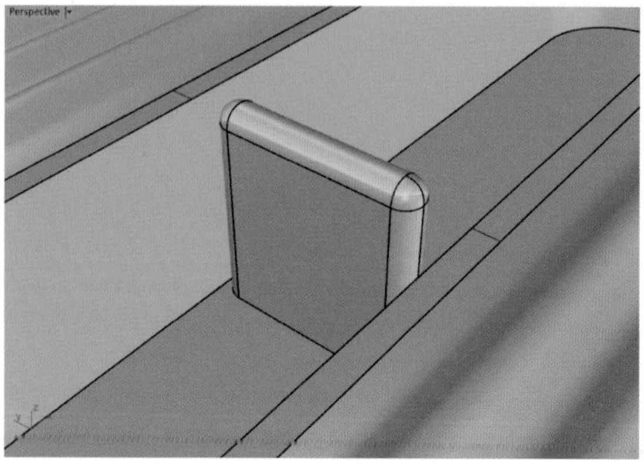

89 돌출 개체 추가하기

토스터의 온도 조절 기준 돌기를 만들어 준다. 우선 Rectangle 〉 Rounded rectangle 명령을 사용하여 라인 드로잉을 한다. 길이는 5mm정도면 된다. 다음 Solid Creation 〉 Extrude closed planar curve 명령으로 높이 1.5~3mm 내 정도로 만들어 준다. 위치는 이미지에 준한다.

- Rounded rectangle
- Rounded rectangle conic corners
- Extrude closed planar curve

90 노브(Knob)에 텍스트 넣기

토스터의 온도 조절은 숫자로 단계적으로 조절이 가능하다. 원형 노브(Knob) 표면에 숫자를 각인해 본다. 우선 그림과 같이 숫자를 배열할 면을 분리해 주어야 한다. Perspective View에서 작업한다. Solid Tools 〉 Extract surface 명령을 클릭한다. 윗면을 클릭하고 Enter 하면 윗면이 분리된다.

- Extract surface
- Explode
- Extract surface

91 개체 숨기기

Perspective View에서 작업한다. 분리된 면을 선택한 상태에서 Visibility 〉 Isolate objects 명령을 클릭한다. 클릭과 동시에 나머지는 모두 숨겨지게 된다.

- Isolate objects
- Unisolate objects

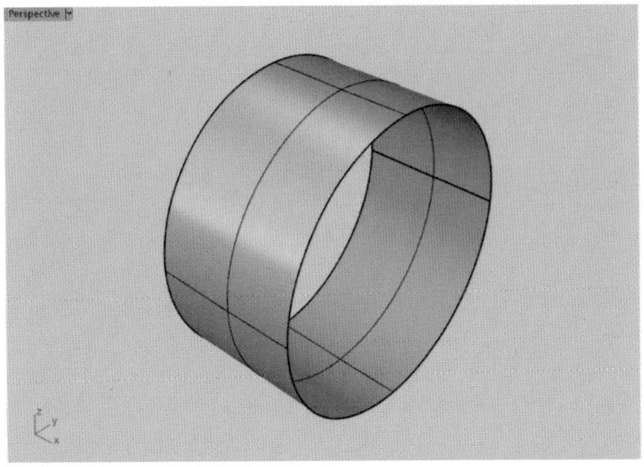

92 UV 라인 추출하기

Perspective View에서 작업한다. Curve From Object 〉 Create UV curves 명령을 클릭한다. 해당 ①번 면을 클릭하고 Enter 하면 Top View 좌표 기준 직사각형 Ⓐ UV 커브가 생성된다.

- Create UV curves
- Apply UV curves

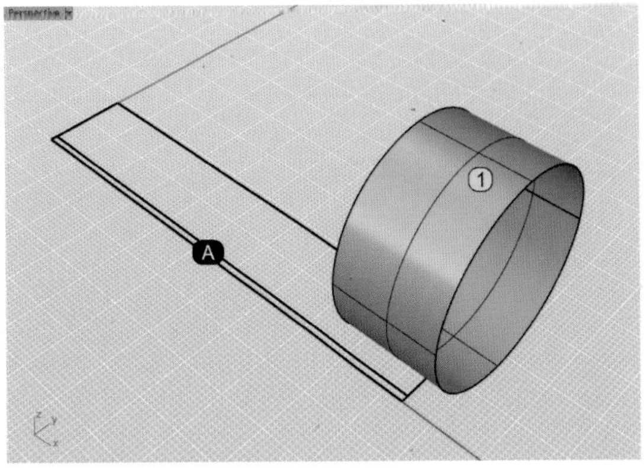

93 텍스트 넣기

온도 등급을 표시하기 위한 숫자 텍스트를 만들어 본다. Text object 명령을 클릭한다. 숫자를 기입한다. 다음 Font=Arial(Bold), Height=4, Output=Curves, Group =No로 설정하고 OK한다. Tip View에서 간격을 자유롭게 조정한다. 가운데 포인트 원(중간 눈금)은 임으로 만든 것이다.

Text object

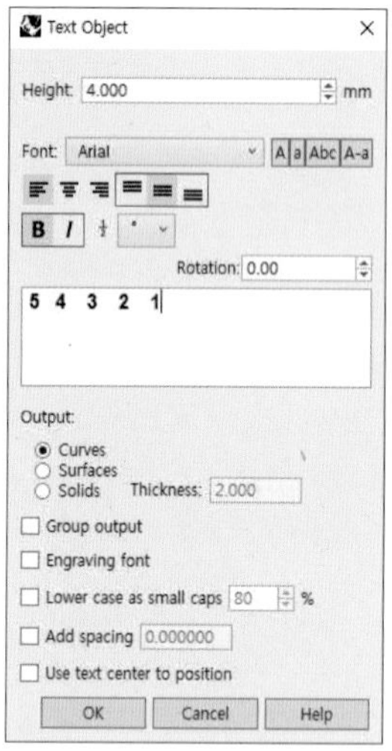

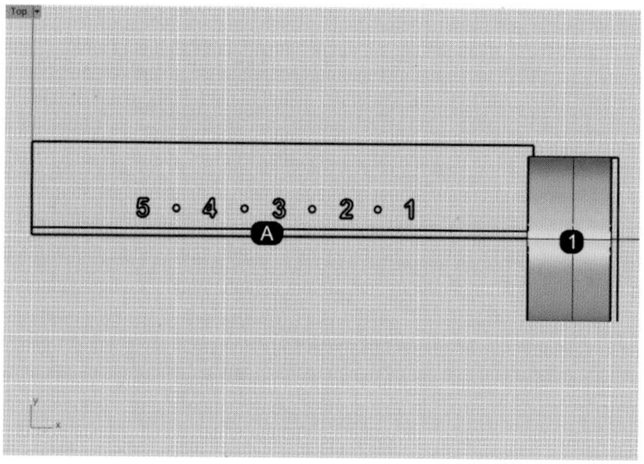

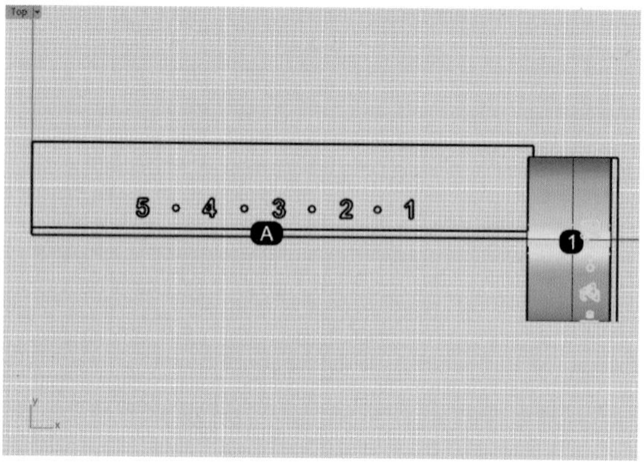

94 UV 적용하기

Top View에서 작업한다. Curve From Object 〉 Apply UV curves 명령을 클릭(RMB)한다. 해당 텍스트와 직사각형을 한 번에 선택하고 (Enter), ①번 면을 클릭하면 숫자가 ①번 면에 달라붙어 배열된다.

Create UV curves
Apply UV curves

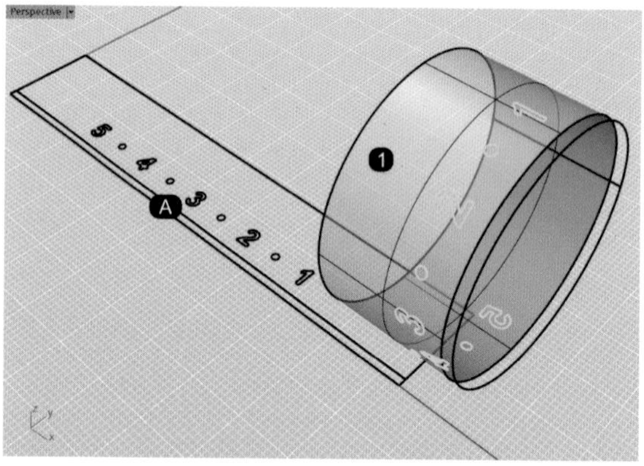

95 문자 배열 확인하기

지금까지 작업한 결과를 확인해 본다. 그림같이 보인다면 정상적으로 작업한 것이다.

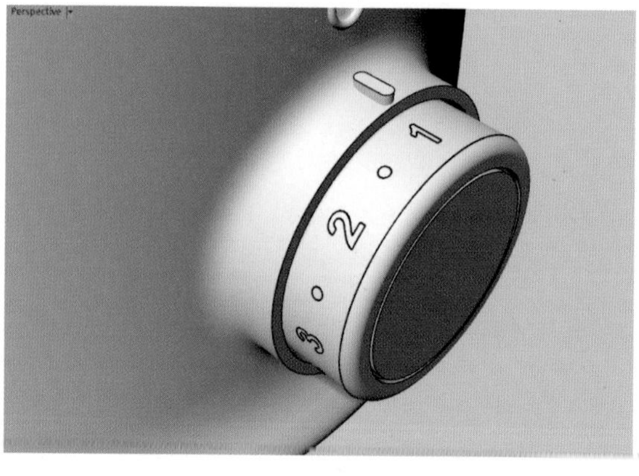

96 텍스트로 면 자르기

Split 명령으로 해당 면을 텍스트 오브젝트 라인으로 잘라 준다.

Split
Split surface by isocurve

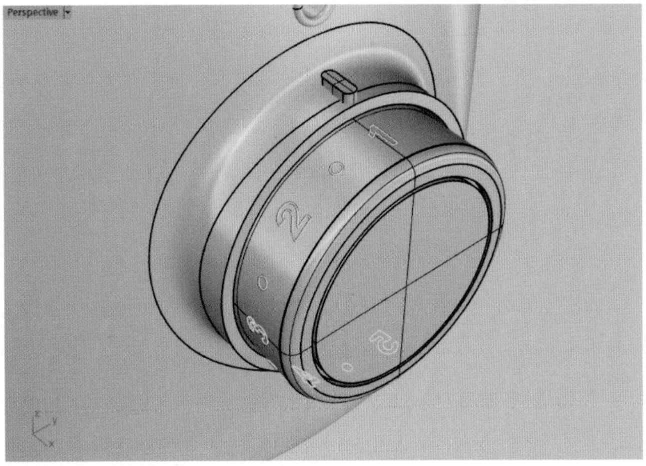

97 텍스트 양각 두께 주기

Split된 글자 면들만 모두 선택한다. 다음 Surface Tools 〉 Offset Surface 명령으로 두께를 부여한다. 이때 오프셋 방향은 Flip으로 바꿔 줄 수 있다. Solid=Yes, BothSides=No, Offset distance=0.5mm를 적용하였다.

Offset Surface

98 최종 배열된 양각 텍스트 확인하기

그림과 같이 숫자 텍스트가 0.5mm 양각된 것을 볼 수 있다. 참고로 솔리드 상태의 숫자를 노브에 붙이고자 한다면 숫자 뒷면에 면을 Extract Surface 명령으로 떼어 내고 노브 면과 텍스트 면을 Join하면 마무리된다.

Extract surface

Join

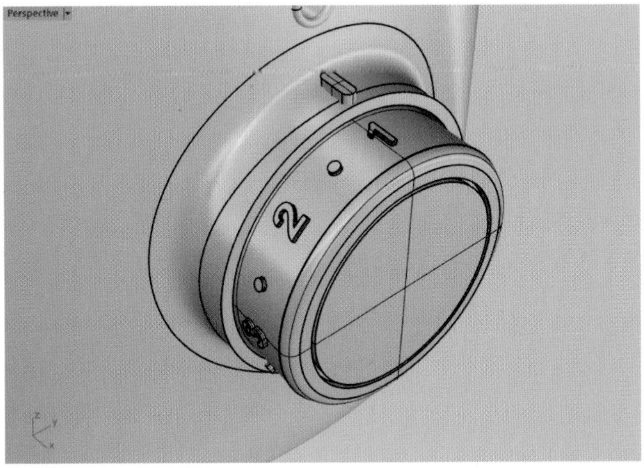

99 최종 결과물 보기

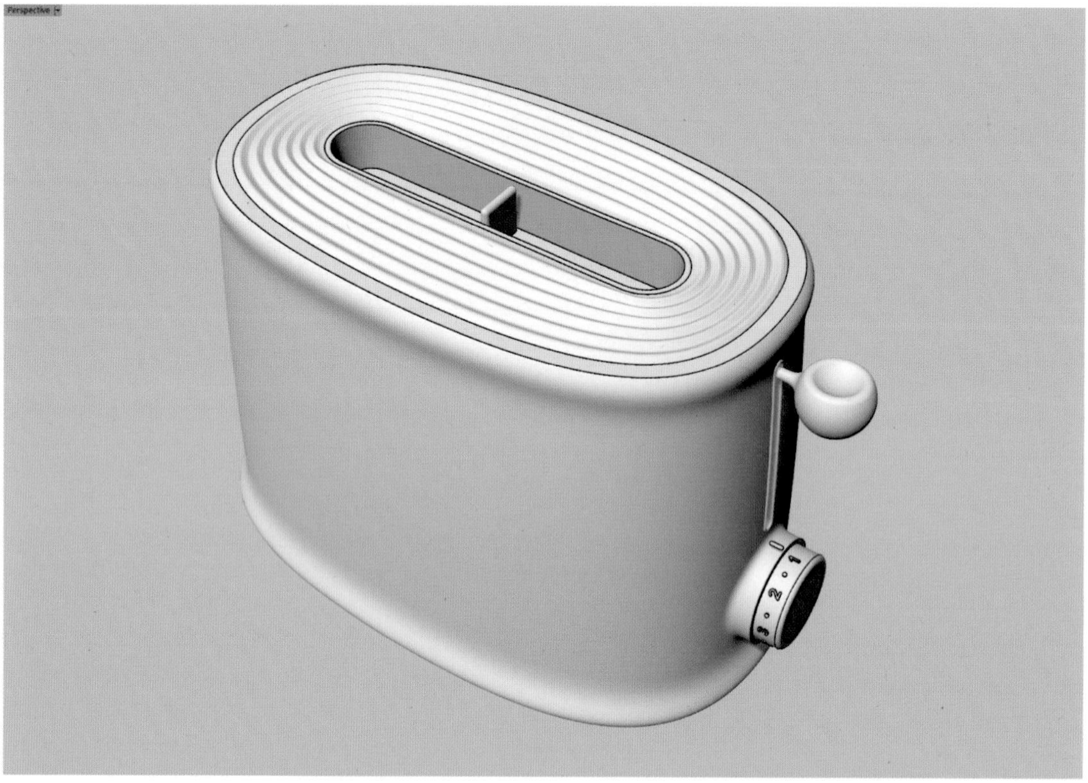

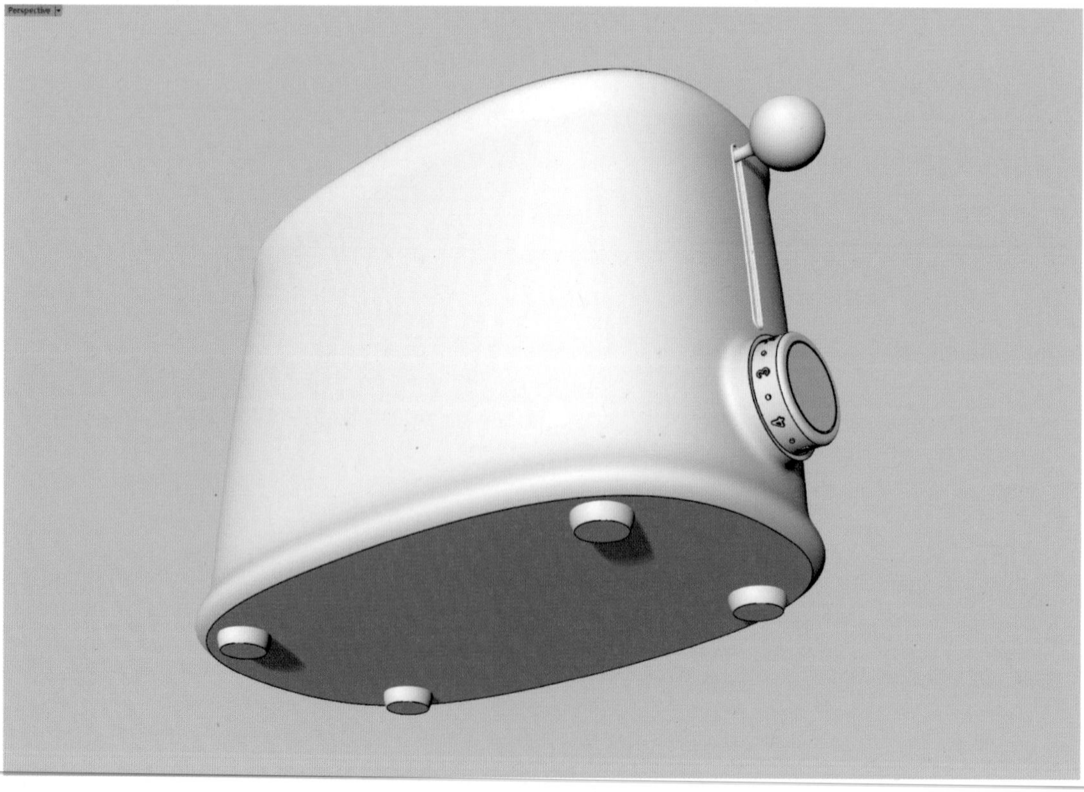

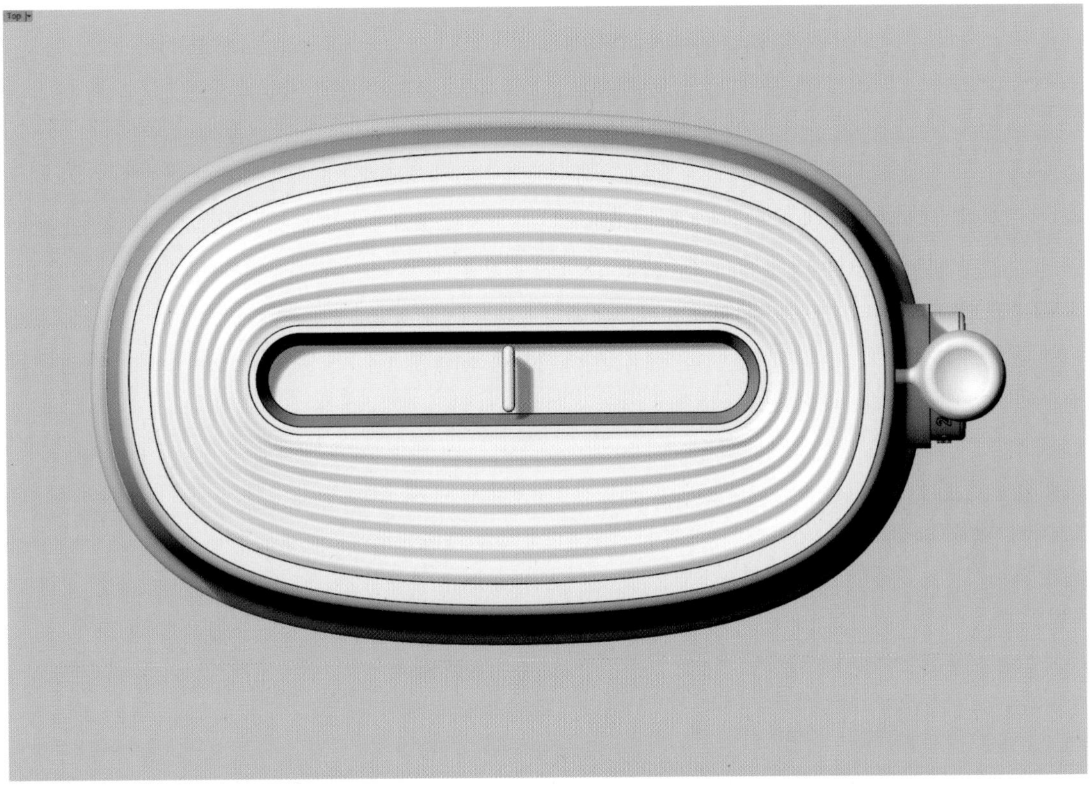
Top

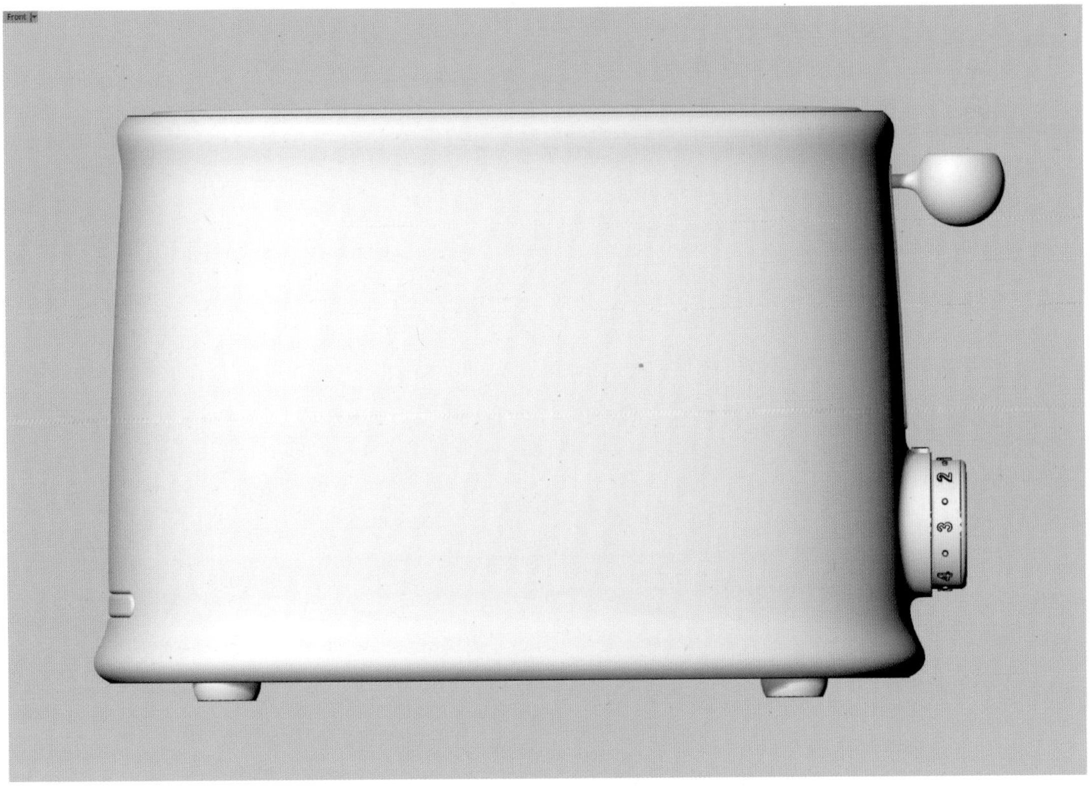
Front
2
3
4

04 CHAPTER

가스 점화기 모델링

Gas lighter modeling

가스레인지에 불꽃 점화를 위해 사용되는 가스 점화기(일명 가스라이터)를 모델링해 본다. 이번 튜토리얼에서는 3D 모델링의 가장 기본이 되는 솔리드 만들기(Solid Creation), 솔리드 도구(Solid Tools), 서피스 만들기(Surface Creation), 서피스 도구(Surface Tools) 명령어를 사용해 본다. 학습의 요점은 2D 드로잉, Match curve, 커브 포인트 편집, 배열(Array), 교차 포인트 추출, 단면 커브 그리기, 네트워크 면 만들기, 개체 투영(Project), 파팅 라인(Parting line) 분석하기 등을 학습한다.

Gas lighter rendering

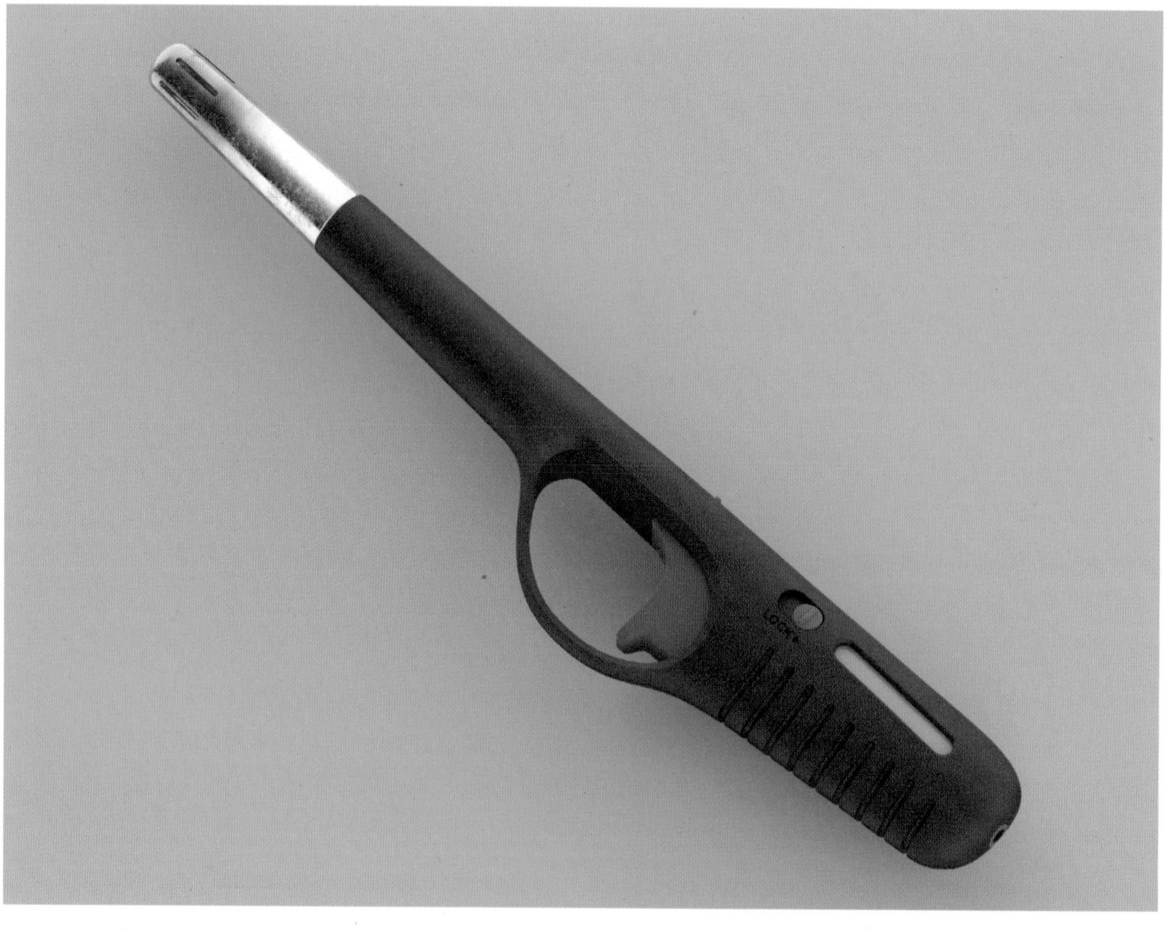

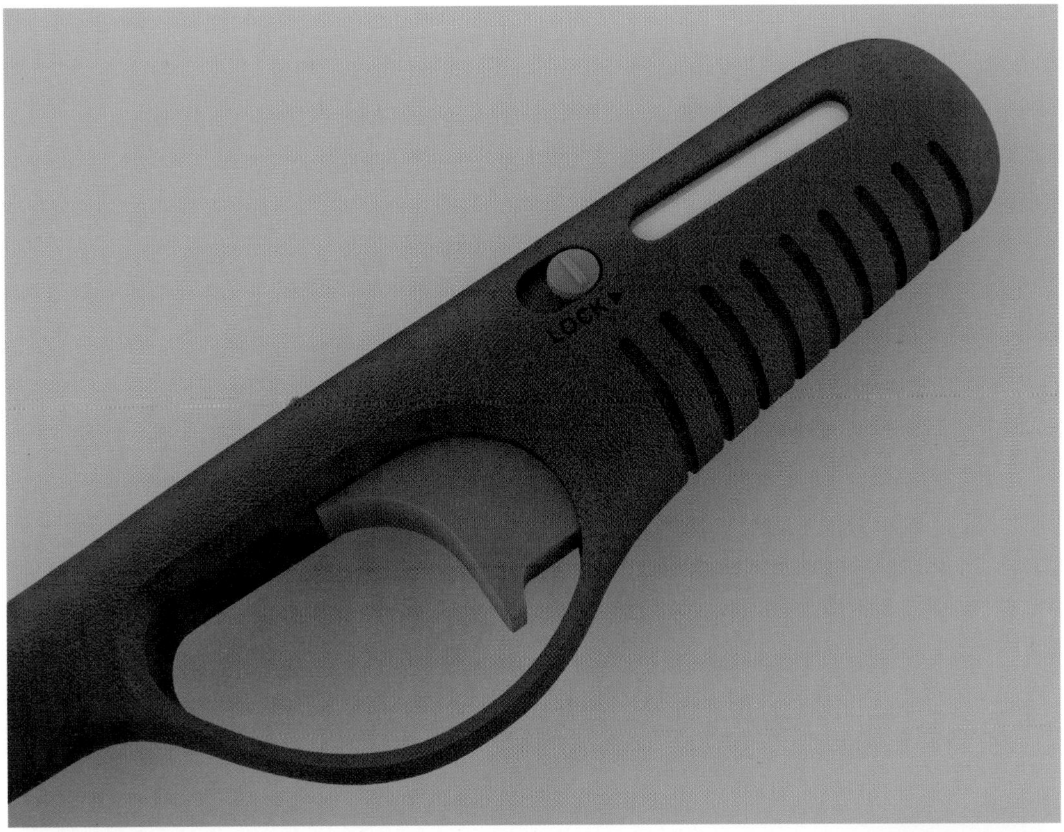
LOCK

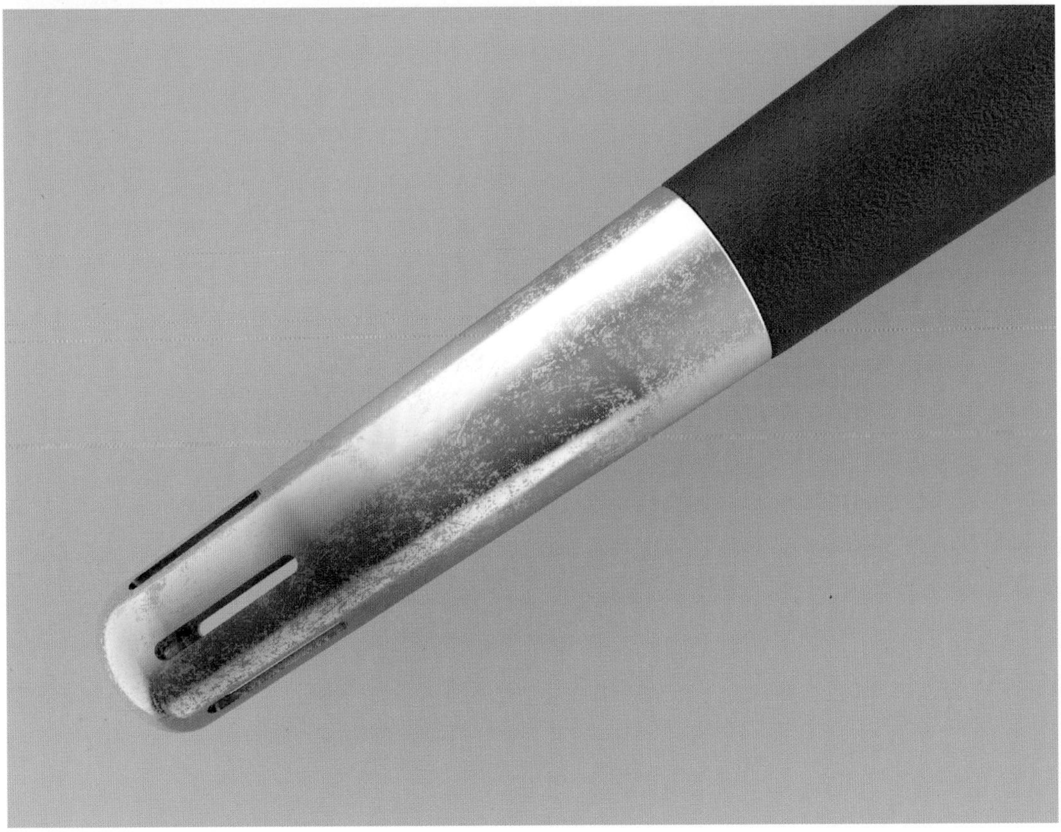

01 수평선 그리기

Top View에서 작업한다. Middle of line이라 뜨면 키보드 숫자 0을 쳐 주면 좌표의 가운데부터 시작된다. Lines 〉 End of line이라 뜨면 105를 기입하고 Enter 후 원하는 수평 끝점을 찍어 주면 된다.

Line: from midpoint

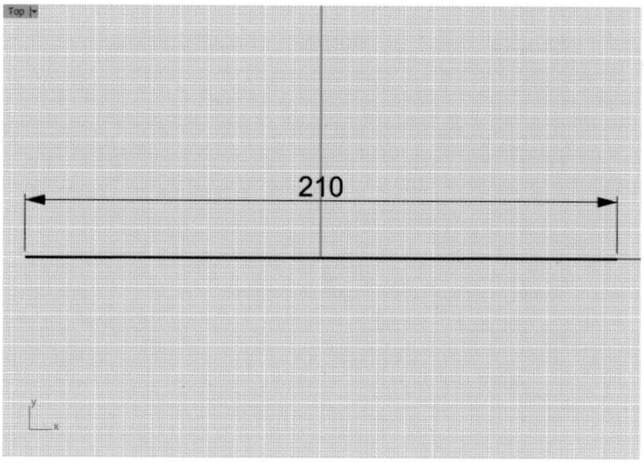

02 포인트 복사 후 배치하기

Top View에서 작업한다. Osnap=End에 체크한다. ①번 End 점에 Point를 배치한다. 이제 ①번 포인트를 선택하고 바로 Copy 명령을 클릭해 Point to copy to라 뜨면 45를 기입하고 Enter 하면 ②번 위치에 포인트가 배치된다. 동일한 방법으로 ②번 포인트를 복사 이동하여 ③번 지점에 배치한다.

Single Point

Copy
Copy object in place

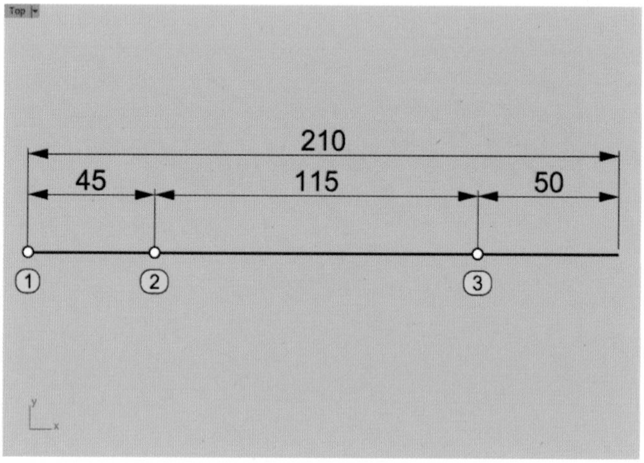

03 수직 라인 3개 그려 주기

Top View에서 작업한다. Osnap=Point에 체크한다. 다음 Lines 〉 Line: from midpoint 명령을 클릭한다. 포인트를 기점으로 해당 치수의 반지름을 적용하여 수직 라인 Ⓐ–Ⓑ–Ⓒ를 그려 준다.

Line: from midpoint

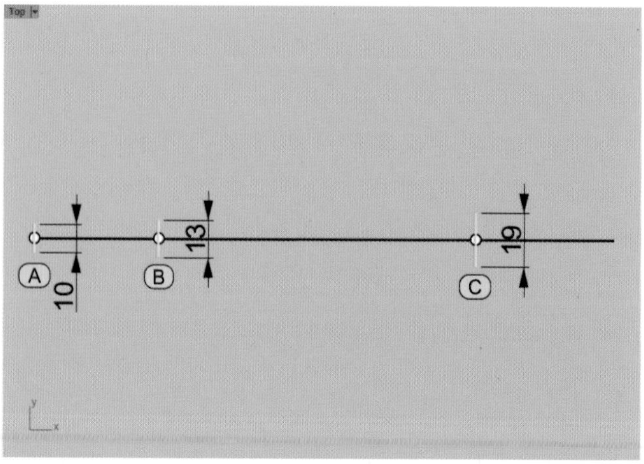

04 라인 그리기

Top Viewport에서 작업한다. Osnap=End에 체크한다. Lines 〉 Single Line 명령으로 그림과 같이 2개 수직선의 End에 일치하는 사선을 그려 준다.

Single Line

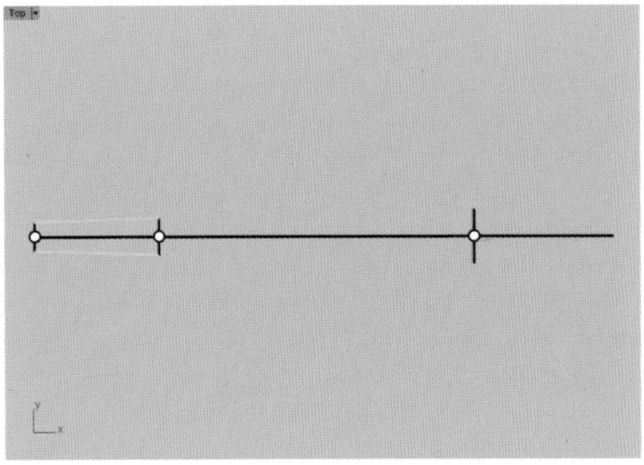

05 외형 선 그리기

Top View에서 작업한다. Osnap=End에 체크한다. Curve 〉 Curve: interpolate points 명령을 클릭한다. B개체의 End 점에서 시작하여 C개체의 End 점을 경유하는 커브를 그려 준다. 이 라인은 가스 점화기의 Top View에서 보았을 경우 외형선이 된다. 물론 커브 편집을 할 경우를 생각한다면 구간별로 따로 그려 March curve(Tangency=G1 이상) 후 Join하는 것도 좋은 방법이다.

Curve: interpolate points
Handle curve

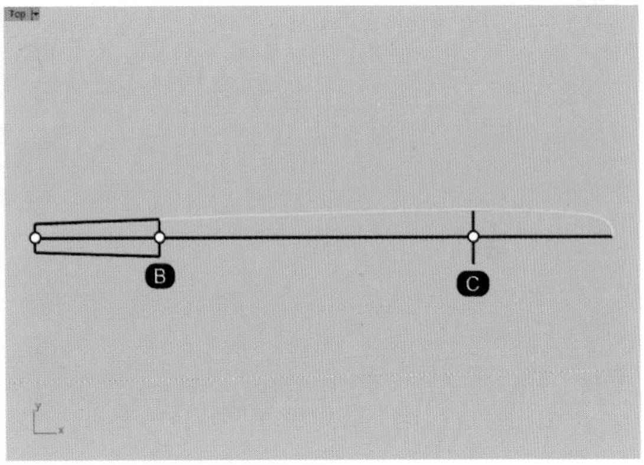

06 대칭 복사하기

Top View에서 작업한다. Osnap=End에 체크한다. Transform 〉 Mirror 명령으로 수평축의 End 점에 일치하는 대칭 개체를 만들어 준다.

Mirror
Mirror on 3-point plane

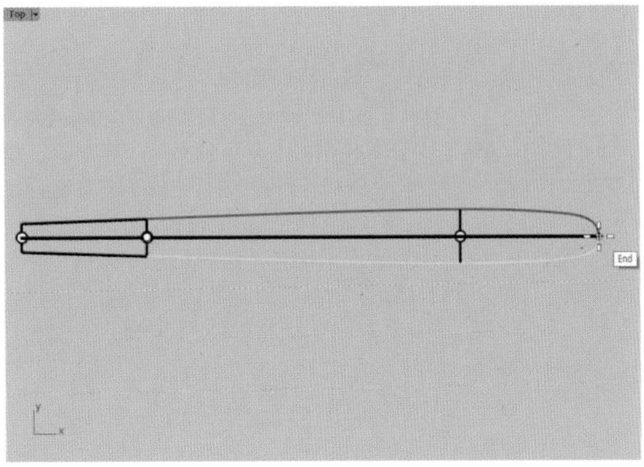

07 연속성 체크하기

Top View에서 작업한다. 서로 대칭 복사된 곡선 끝단의 경우 연속성에 문제가 있는 경우가 많다. 쉽게 말해 각이 있을 수 있다는 것이다. 이를 없애기 위해 Curve Tools 〉 Match curve 명령을 클릭한다. 다음 그림과 같은 지점과 번호 순서대로 개체를 클릭한다.

Match curve

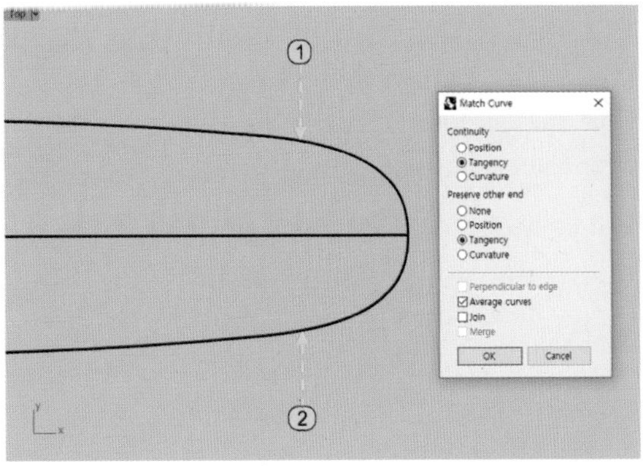

08 개체 복사 후 아래로 이동하기

Top View에서 작업한다. Osnap=End에 체크한다. 앞서 그려 둔 해당 객체들만 선택하고 Copy 명령을 클릭하고 아래로 70mm 복제 이동시켜 준다. Shift를 누르면 수직으로 방향 제어가 가능하다.

Copy
Copy object in place

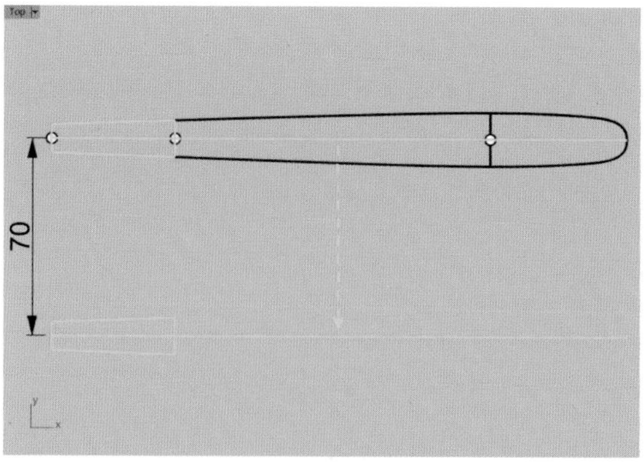

09 커브 그리기

Top View에서 작업한다. Osnap=End에 체크한다. 자유롭게 커브를 그리기 위해 Grid Snap, Ortho 체크를 해제한다. Curve > Control Point Curve 또는 Curve: interpolate points 명령으로 ①번 커브를 그려 준다.

Control Point Curve
Curve through points
Curve: interpolate points
Handle curve

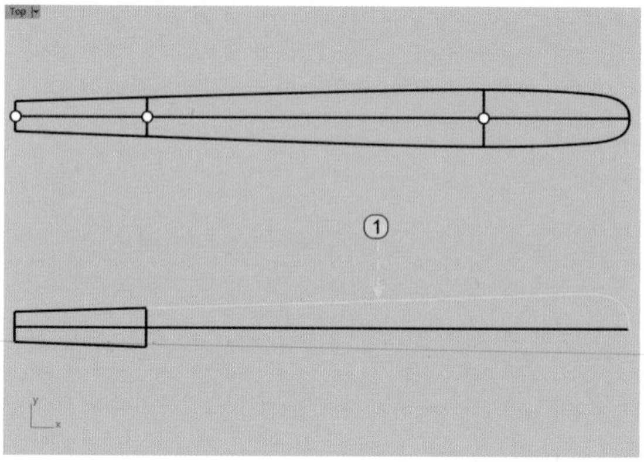

10 커브 그리기

Top View에서 작업한다. Osnap=End에 체크한다. 자유롭게 커브를 그리기 위해 Grid Snap, Ortho 체크를 해제한다. 그림에 보이는 치수 비율을 대략 고려하여 그려 준다. Curve > Control Point Curve 또는 Curve: interpolate points 명령으로 ②번 커브를 그려 준다.

Control Point Curve
Curve through points

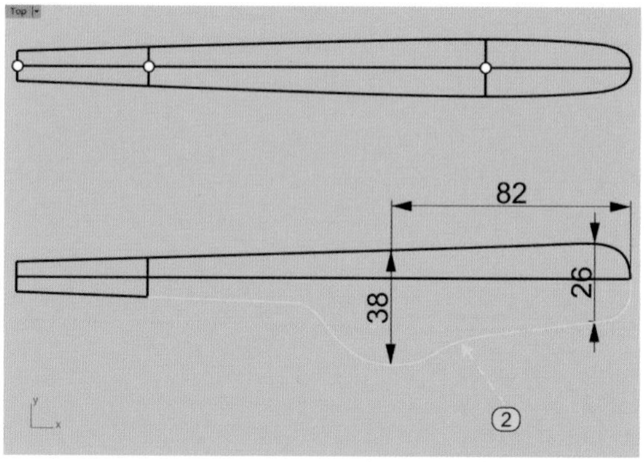

11 안쪽 닫힌 커브 그리기

Top View에서 작업한다. Snap들은 해제한다. Curve > Control Point Curve 또는 Curve: interpolate points 명령으로 ③번 커브를 그려 준다. ②번 라인을 안쪽 방향으로 2.4mm 오프셋하여 일부로 사용하면 좋다. 또한 직선을 먼저 그리고 Trim, 해당 Fillet을 적당히 주어 그려 주어도 된다.

Control Point Curve
Curve through points
Offset curve
Offset multiple

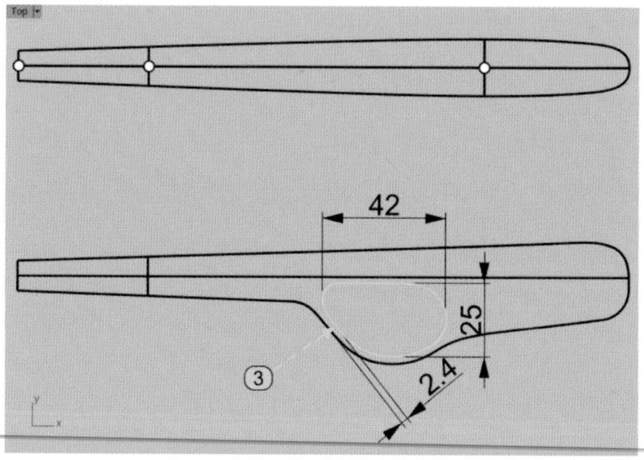

12 수평 라인 그리기

Top View에서 작업한다. Osnap=End에 체크한다. 복제할 아웃 라인만을 선택하고 Copy 명령으로 그림과 같이 End 기점에 복사해 준다.

Copy
Copy object in place

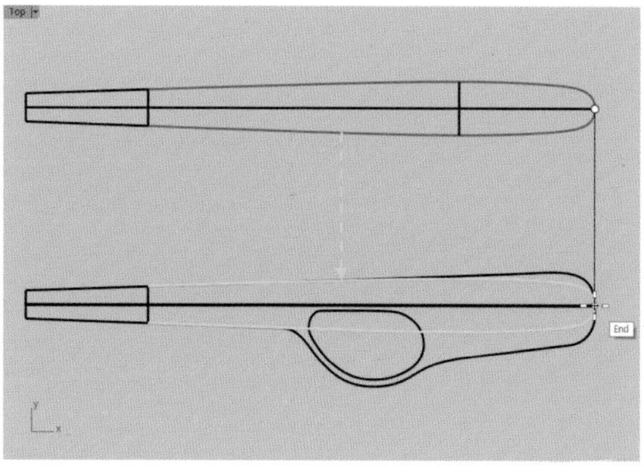

13 불필요한 드로잉 숨겨 주기

Top View에서 그림처럼 작업용 개체만 남기고 나머지는 Hide시켜 준다.

Hide objects
Show objects

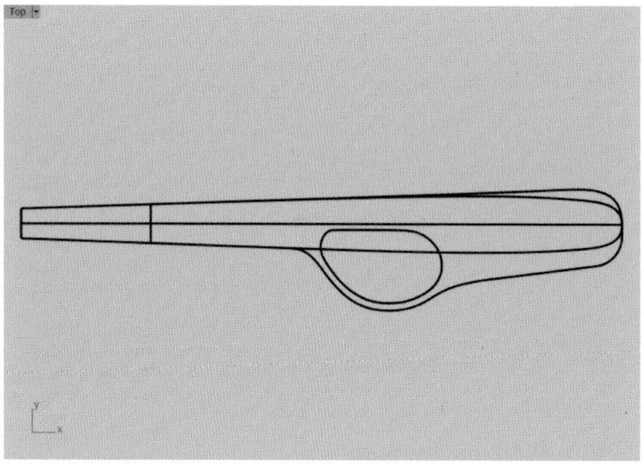

14 객체 세워 주기

Perspective View에서 작업한다. 방금 복제한 아웃 라인을 선택한다. 검볼(Gumball) 회전축에 90도를 입력하고 Enter 한다.

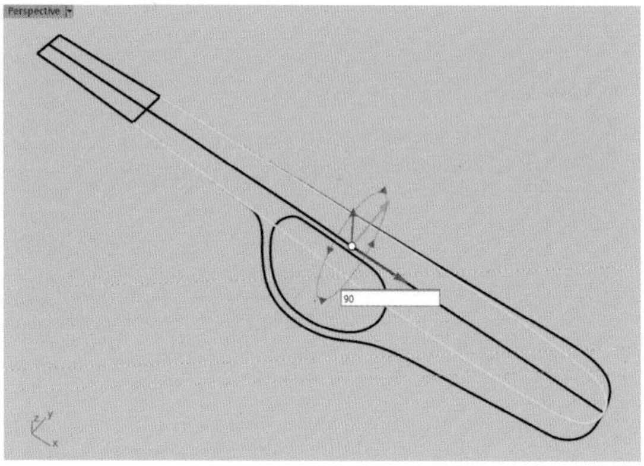

그림과 같이 90도 회진하여 세워신 상태를 확인할 수 있다. 물론 회전 End 점을 기준으로 Rotate과 같은 명령으로도 개체를 회전시켜 세워 주어도 된다.

Rotate 2-D
Rotate 3-D

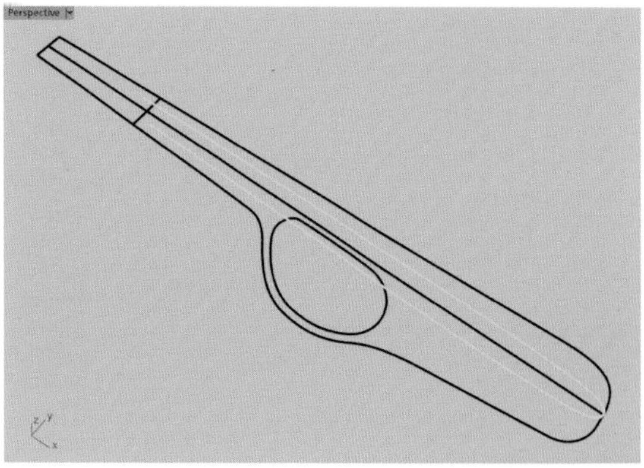

15 포인트 배치하기

Top View에서 작업한다. Osnap=End에 체크한다. Point 명령을 클릭하고 그림처럼 End 기점에 Point를 배치한다.

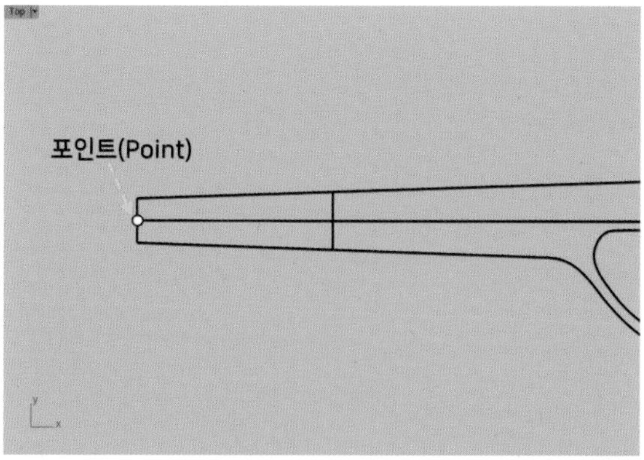

16 포인트 이동시키기

Osnap=Point, Near에 체크한다. Point를 선택하고 Move 명령을 클릭 후 이동 거리 9mm를 기입하고 Enter 하면 그림과 같이 배치된다.

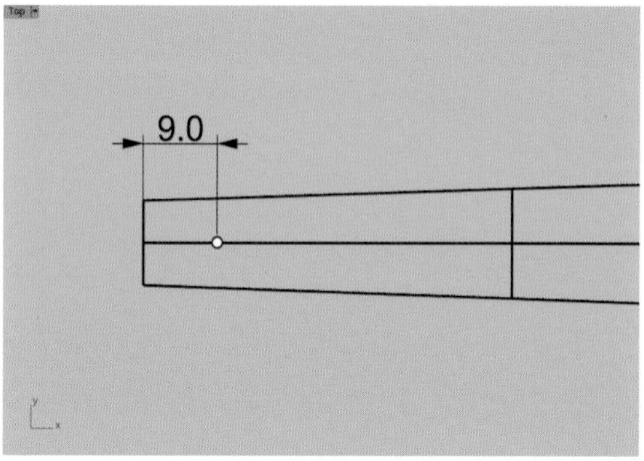

17 라운드된 직사각형 그리기

Front View에서 작업한다. Osnap=Point에 체크한다. 참고로 이것은 라이터의 통기 구멍이 될 부분이다. Rectangle 〉 Rounded rectangle 명령을 클릭한다. Center 옵션을 클릭하고 Point를 기점으로 가로 10, 세로 1.2mm의 라운드된 직사각형을 그려 준다.

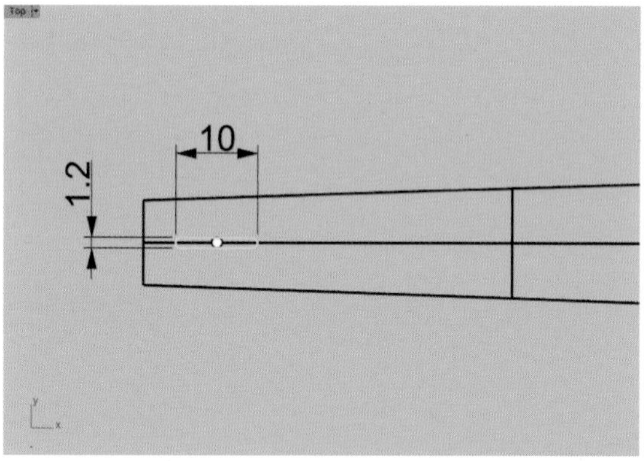

Rounded rectangle
Rounded rectangle conic corners

18 누름 버튼(Push Button) 드로잉

Front View에서 작업한다. Line, Arc, Fillet, Trim 명령을 이용해 Ⓐ 누름 버튼(Push Button)이 될 라인 드로잉을 해 준다. 이미지와 비슷한 형태와 크기면 된다. 서로 Join해서 마무리한다.

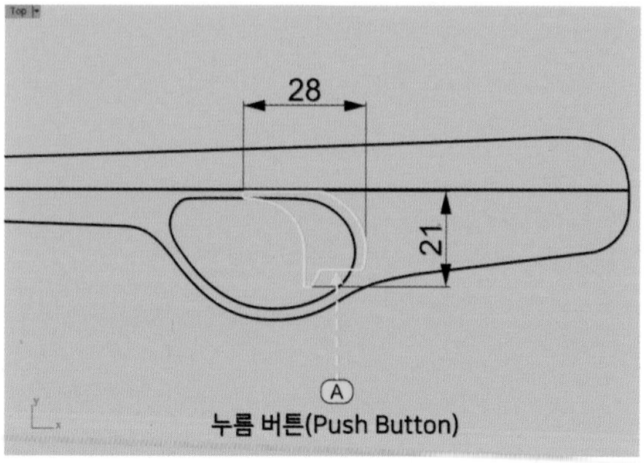

Single Line

Arc: start, end, point on arc
Arc: start, point on arc, end

19 수평 라인 그리기

Top View에서 작업한다. Lines 〉 Single Line 명령을 클릭하여 그림과 같은 비슷한 위치에 40mm 수평 라인을 그려 준다.

Single Line

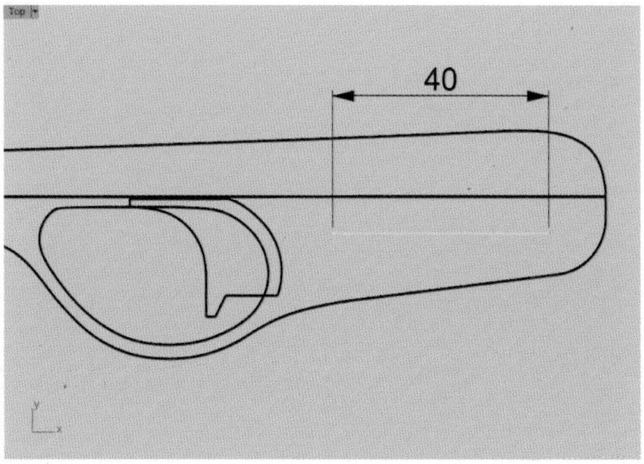

20 호(Arc) 그리기

Top View에서 작업한다. Osnap=End에 체크한다. Arc 〉 Arc: start, end, point on arc 명령으로 그림과 비슷한 정도의 호를 그려 준다. 이 부분은 손잡이 Grip 향상을 위한 연속 패턴이 될 부분이다.

Arc: start, end, point on arc
Arc: start, point on arc, end

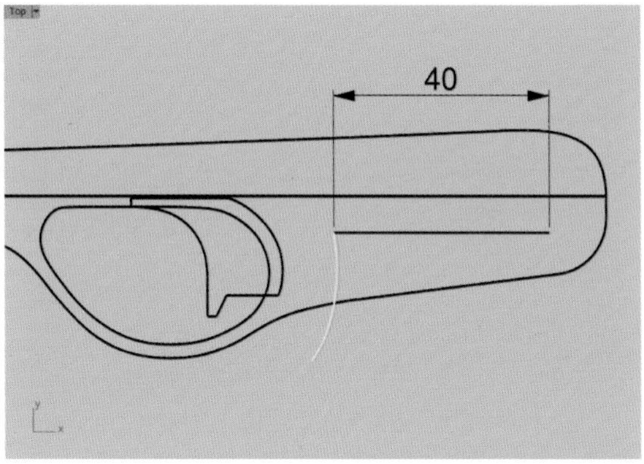

21 호(Arc) 배열하기

Top View에서 작업한다. Array 〉 Array along curve 명령을 클릭한다. 다음 ①번 개체를 클릭하고 Enter 한다. Select path curve라 뜨면 ②번 수평 라인을 클릭한다. Array by number of items라 뜨면 Item을 클릭하고 9개를 기입하고 Enter 하면 그림과 같이 배열된다.

Array along curve

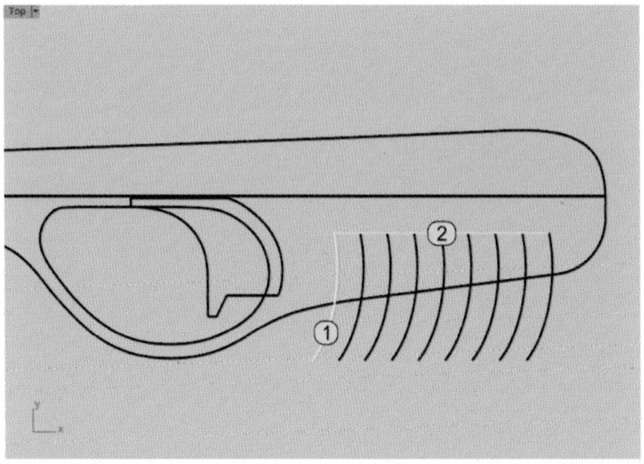

22 가스 용량 확인용 투명 창 드로잉

Top View에서 작업한다. 가스 용량 투명 창 라인 드로잉을 할 차례이다. Rectangle 〉 Rounded rectangle 명령을 클릭한다. Center 옵션을 클릭하고 원하는 지점을 클릭하고 가로 28, 세로 4mm의 라운드된 직사각형을 그려 준다. 이 또한 그림과 비슷한 위치면 된다.

Rounded rectangle
Rounded rectangle conic corners

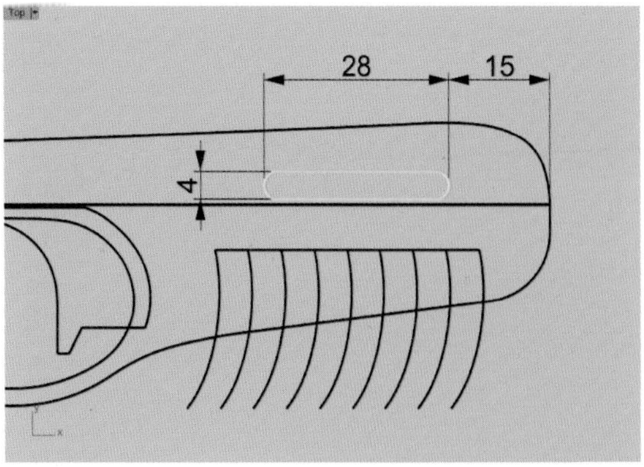

23 잠금(Lock) 스위치 드로잉하기

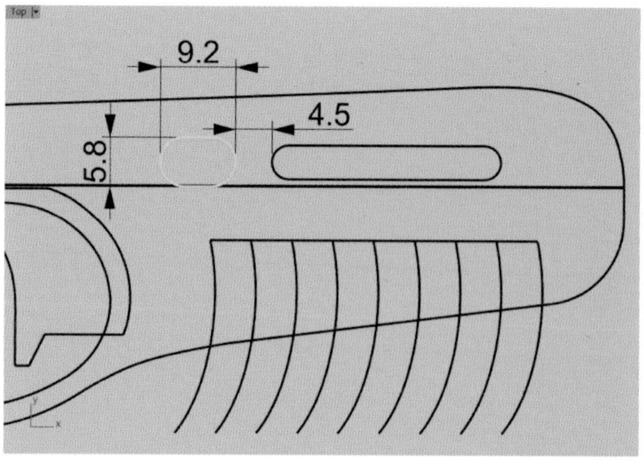

Top View에서 작업한다. 가스 용량 투명 창 라인 드로잉을 할 차례이다. Rectangle 〉 Rounded rectangle 명령을 클릭한다. Center 옵션을 클릭하고 원하는 지점을 클릭하고 가로 9.2, 세로 5.8mm의 라운드된 직사각형을 그려 준다. 이 또한 그림과 비슷한 위치면 된다.

Rounded rectangle
Rounded rectangle conic corners

24 원 그리기

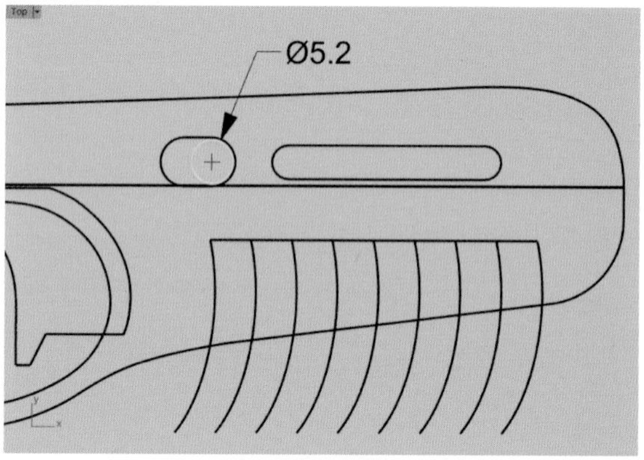

Top View에서 작업한다. Osnap=Cen에 체크한다. Circle 〉 Circle: center, radius 명령을 클릭한다. Cen 기점으로 지름 5.2의 원을 그려 준다.

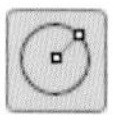

Circle: center, radius

25 돌기 라인 그리기

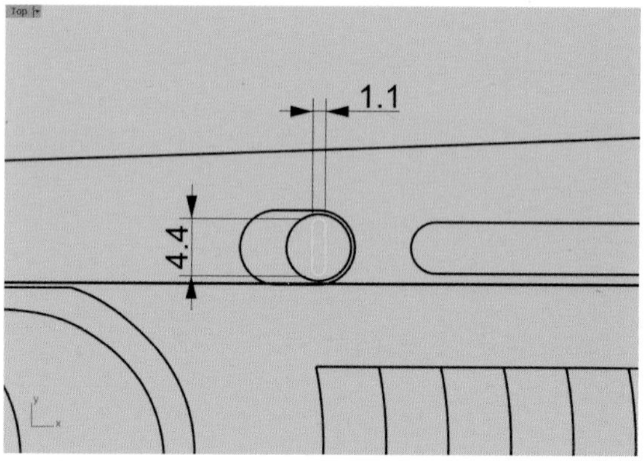

Top View에서 작업한다. Osnap=Cen에 체크한다. Rectangle 〉 Rounded rectangle 명령을 클릭한다. Center 옵션을 클릭하고 원하는 지점을 클릭하고 가로 1.1, 세로 4.4mm의 라운드된 직사각형을 그려 준다.

Rounded rectangle
Rounded rectangle conic corners

26 불꽃 심도 조절 레버 라인 드로잉하기

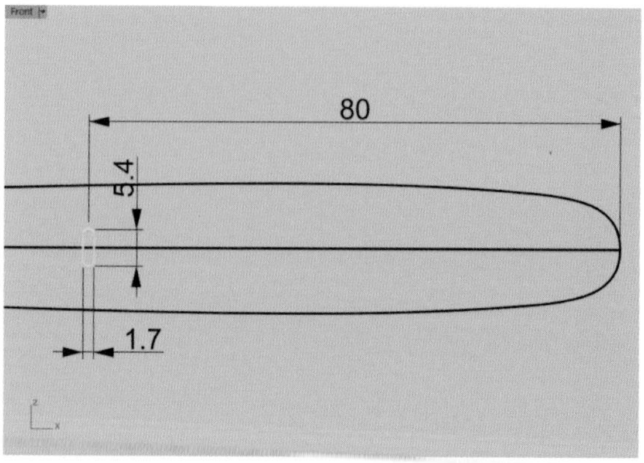

Front View에서 작업한다. 이미지 치수를 참조하여 그려 준다. Rectangle 〉 Rounded rectangle 명령을 클릭한다. Center 옵션을 클릭하고 원하는 지점을 클릭하고 가로 1.7, 세로 5.4mm의 라운드된 직사각형을 그려 준다.

27 추가 드로잉하기

Front View에서 작업한다. 안쪽에 또 하나의 작은 개체를 하나 더 그려 준다. Rectangle 〉 Rounded rectangle 명령을 클릭한다. Center 옵션을 클릭하고 원하는 지점을 클릭하고 가로 1.3, 세로 2.6mm의 라운드된 직사각형을 그려 준다.

Rounded rectangle
Rounded rectangle conic corners

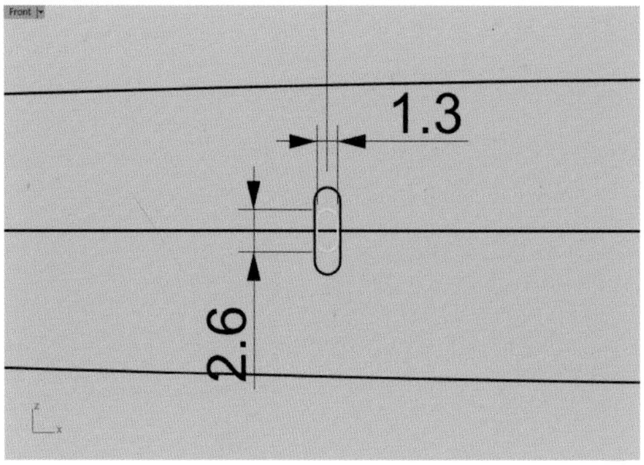

28 텍스트 추가하기

Top View에서 작업한다. Text Object 명령을 클릭한다. Text Object 설정은 그림과 같다. 글자 높이=1.6mm, 폰트=Arial, 아웃풋=Curves라 설정하고 OK한다. 작은 화살표는 Polygon 명령을 사용하여 적정 크기로 그려 주면 된다.

Text object

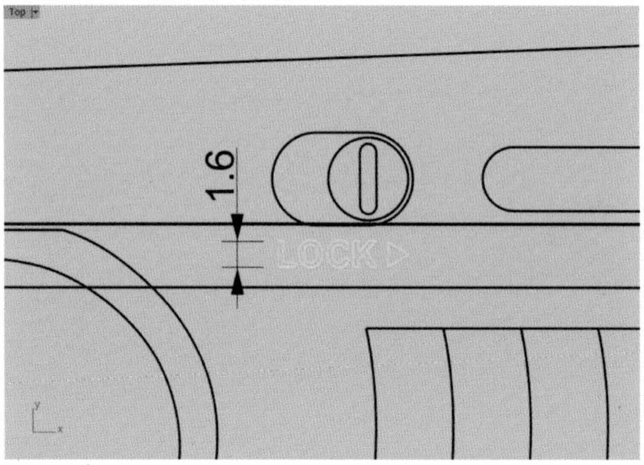

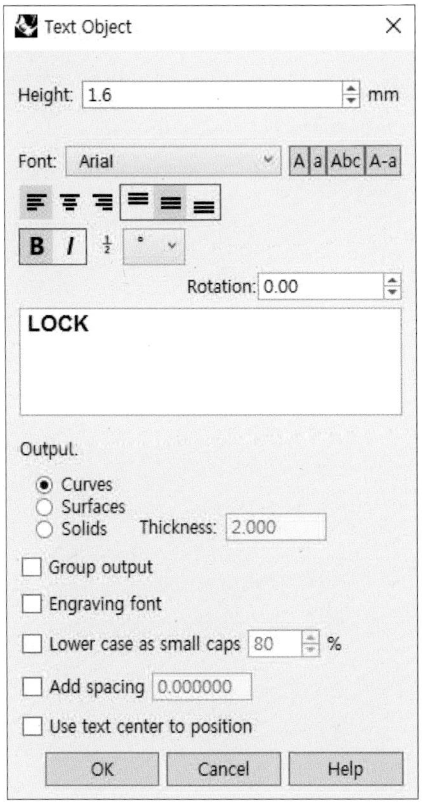

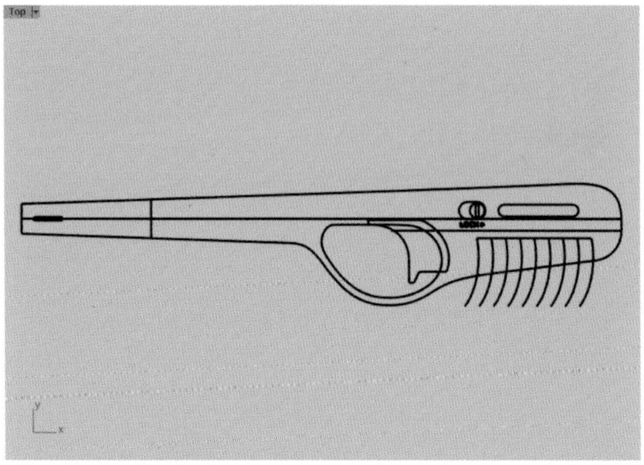

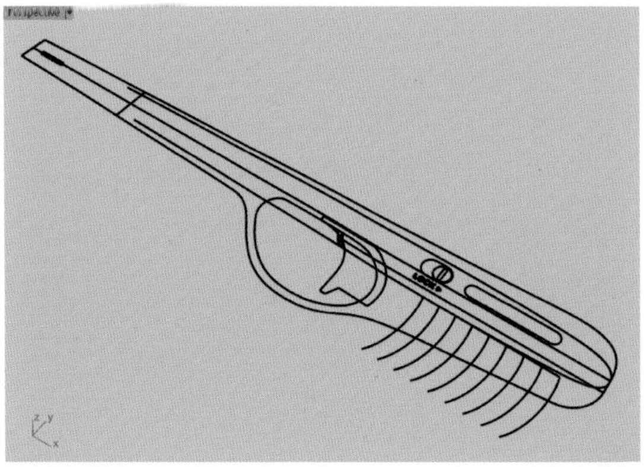

29 토오치 부분 단면 드로잉하기

Top View에서 작업한다. Curve Tools 〉 Fillet curves 명령을 클릭한다. Radius를 클릭하고 Fillet radius=3을 기입하고 (Enter), Join=No에 체크하고 해당 영역 ①번, ②번을 클릭한다. 그림과 같이 Radius 3이 적용된다.

Fillet curves
Fillet curves repeat

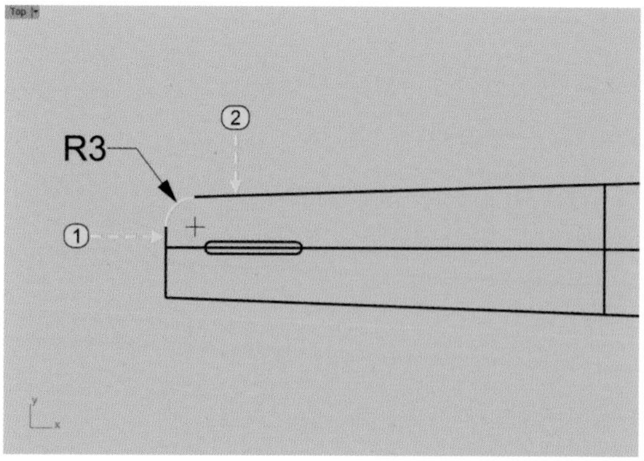

30 해당 라인만 붙여 주기

그림과 같이 Join 명령으로 선택된 라인들만 서로 붙여 준다. 맞은편 라인은 숨겨 준다.

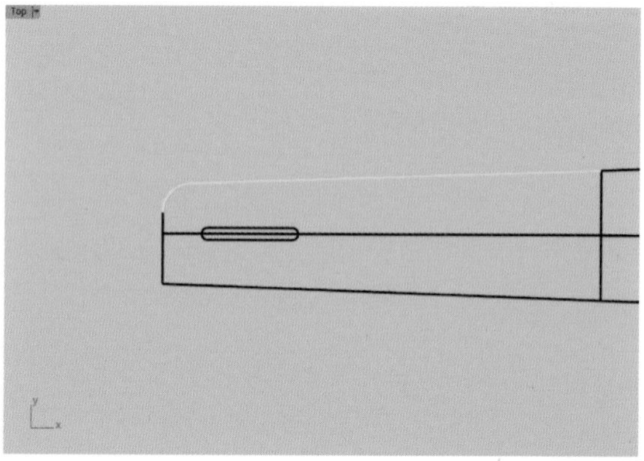

31 안쪽 방향으로 라인 오프셋해 주기

선택된 라인 개체를 Curve Tools 〉 Offset curve 명령으로 안쪽으로 0.5mm 오프셋해 준다.

Offset curve

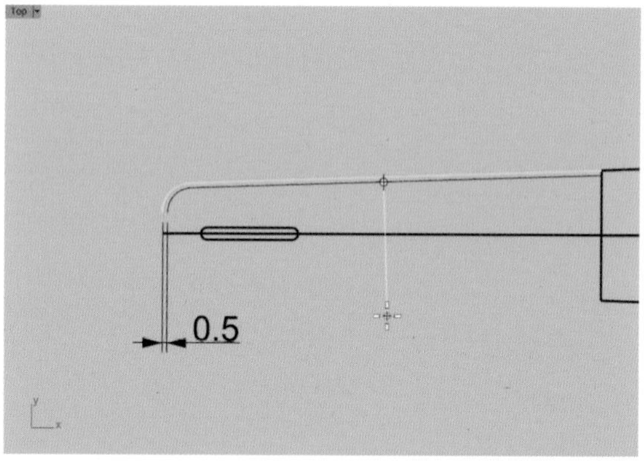

32 직선 라인 이어 주기

Osnap=End, Int를 체크한다. 오프셋 결과 양쪽 열린 곳을 Lines 〉 Single Line 명령으로 연결해 준다. 주의할 부분은 ②번 연결 시 영역을 확대해 보면 오프셋되면서 안쪽 오프셋 라인이 약간 오른쪽으로 튀어나온 것을 볼 수 있는데 이곳은 수직선을 그어서 정확하게 Trim으로 제거해 준다. 다음 해당 라인들은 모두 Join하여 닫힌 개체가 되게 한다.

Single Line

Trim
Untrim

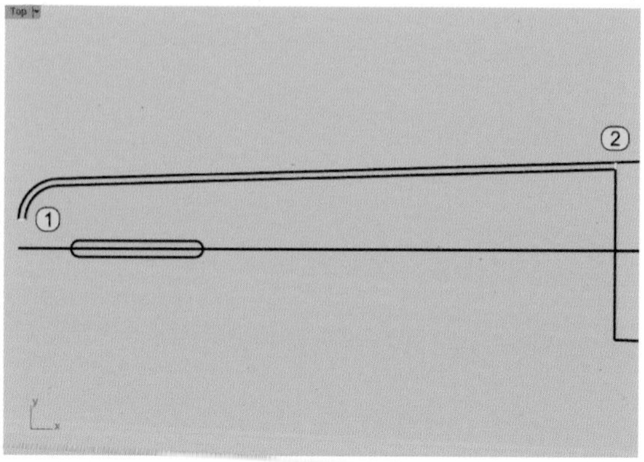

33 회전체 만들기

Top View에서 작업한다. Osnap=End, Near에 체크한다. Surface Creation 〉 Revolve 명령을 클릭한다. 회전시킬 라인 개체를 선택하고 (Enter) 한다. 다음 회전축이 될 End와 Near 축을 클릭하고 Full Circle을 클릭하면 바로 360도 회전체가 만들어진다.

Revolve
Rail revolve

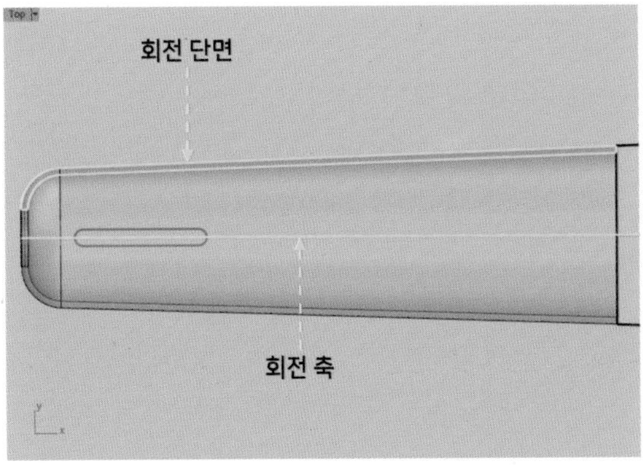

34 돌출 개체 만들기

Perspective View 또는 Front View에서 작업한다. 공기 구멍이 될 라인을 선택한다. Extrude Closed planar curve 명령(BothSides=No)을 클릭, 그림과 같이 약간만 올려 준다.

Extrude closed planar curve

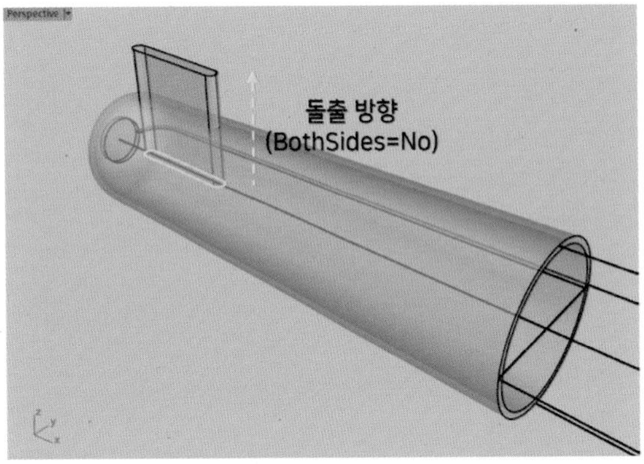

35 돌출 개체 이동하기

Gumball을 이용하여 돌출 개체를 다시 위쪽으로 2~3mm 정도 이동시켜 준다. 다음 명령 시 개체들이 서로 중첩되는 것을 피하기 위함이다.

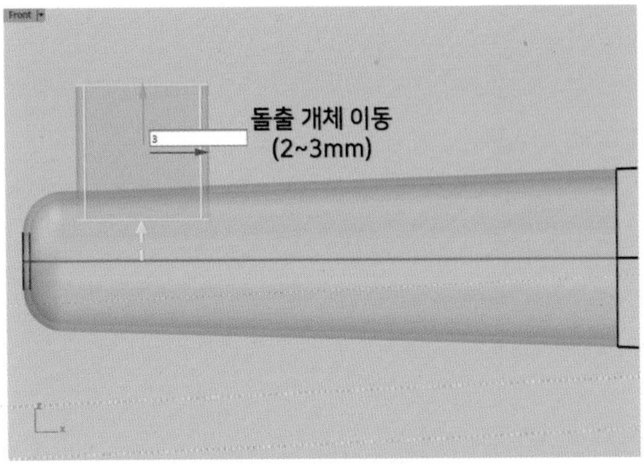

36 돌출 개체 원형 배열하기

Right View에서 작업한다. Osnap=Cen에 체크한다. 다음 Transform 〉 Polar Array 명령을 클릭한다. 배열 객체를 클릭하고 (Enter) 한다. Center 스냅에 클릭하고 Number of items=6을 기입하고 (Enter), (Enter) 하면 그림과 같이 개체가 원형 배열된다.

Polar array

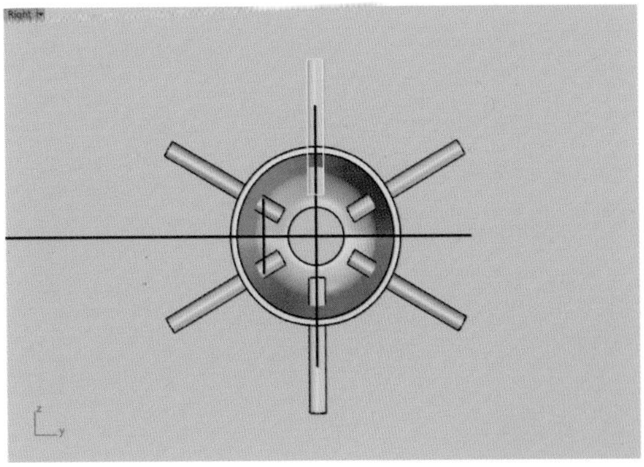

37 차집합으로 구멍 파 주기

Perspective View에서 작업한다. Solid Tools 〉 Boolean difference 명령을 클릭한다. ①번 개체를 먼저 선택하고 Enter, ②번 모든 개체를 선택하고 Enter 하면 구멍이 파이게 된다.

Boolean difference

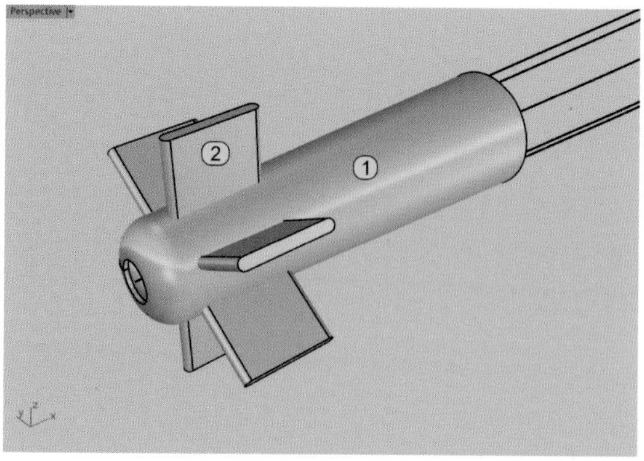

38 결과 확인하기

Perspective View에서 결과를 확인해 본다. 실제 제품은 이 부분이 얇은 철판 밴딩으로 만들어진다.

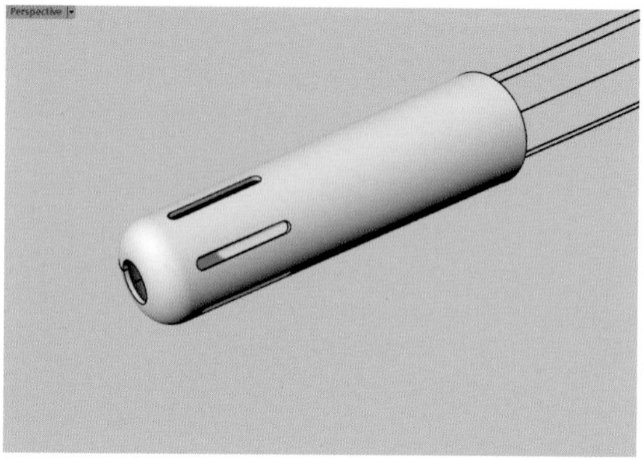

39 바디 개체 만들기

Perspective View에서 작업하다. Osnap=End에 체크한다. 이제 몸체를 모델링할 차례이다. 작업에 필요한 라인 개체들만 보이게 하고 나머지는 숨겨 준다. 그다음 Circle 〉 Circle: 3 points 명령을 클릭하고 그림과 같이 End 점 3곳을 클릭하여 원을 그려 준다.

Circle : 3 points

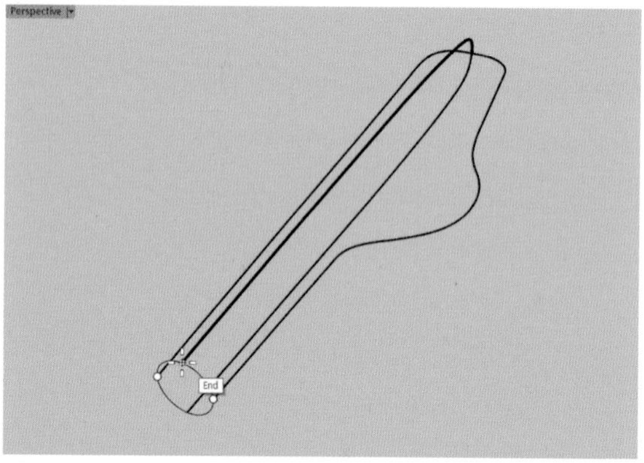

40 단면 추가를 위한 작업하기

현재 상태의 라인 개체만으로 네트워크 명령을 수행하면 원하는 형태를 얻기 곤란하기에 필요한 단면을 원하는 단면 위치에 추가하는 사전 작업을 하는 게 좋다. 우선 Top View에서 그림과 같이 정확한 단면이 필요한 부분에 직선 라인을 그려 준다. 길이는 그림과 비슷하면 된다. 참고로 너무 많은 단면 배치는 오히려 면의 자연스러운 형성을 방해할 수 있다.

Single line

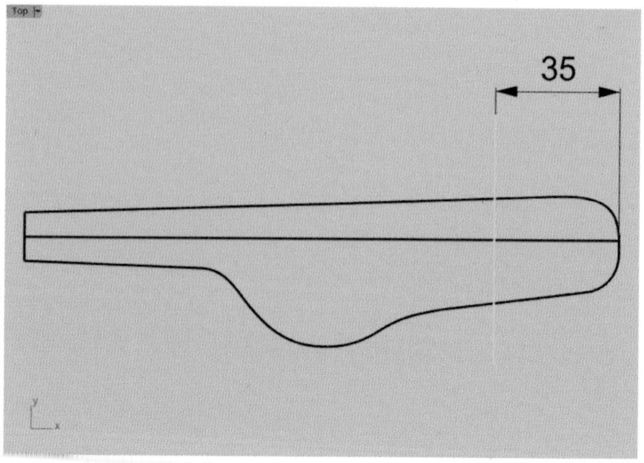

41 돌출 면 만들기

Perspective View에서 작업한다. Surface Creation 〉 Extrude straight 명령을 클릭한다. 앞서 그린 직선을 클릭하고 그림과 같이 양쪽(BothSides=Yes)으로 돌출 면을 만들어 준다.

Extrude straight

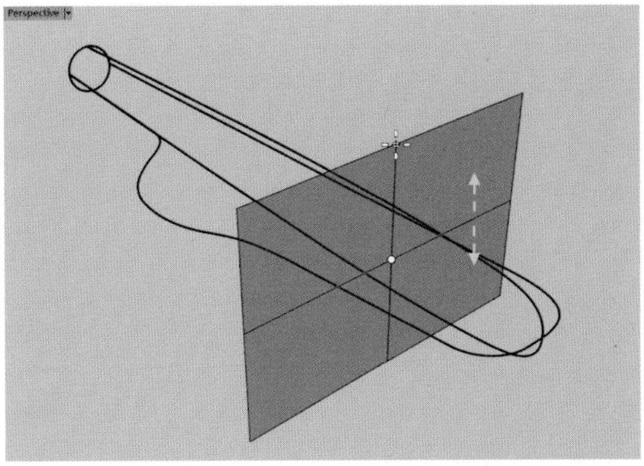

42 교차 포인트 만들기

Perspective View에서 작업한다. Curve From Object 〉 Object Intersection 명령을 클릭한다. ①번 면과 ②번(4개의 선) 개체를 선택하고 Enter 하면 그림과 같이 교차 포인트들이 만들어진다.

Object intersection

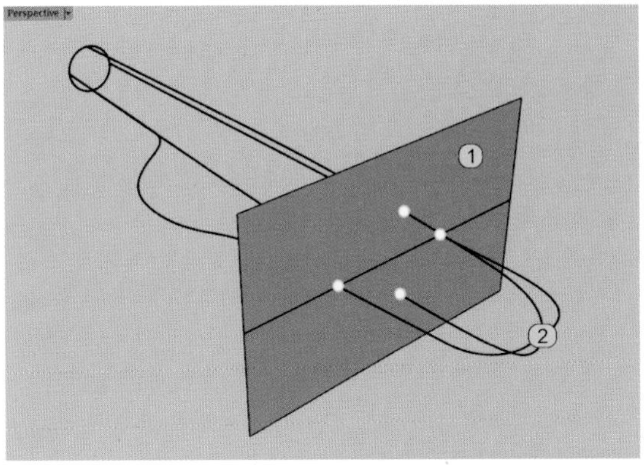

43 단면 그리기

Perspective View에서 작업한다. Osnap=Point에 체크한다. 정교한 단면도 가능하지만 여기서는 개념적 접근을 해 본다. Ellipse 〉 Ellipse: diameter 명령을 클릭한다. 그림과 같이 Point 기준 ①-②-③번 지점을 순서대로 클릭하여 타원을 만들어 준다.

Ellipse: diameter

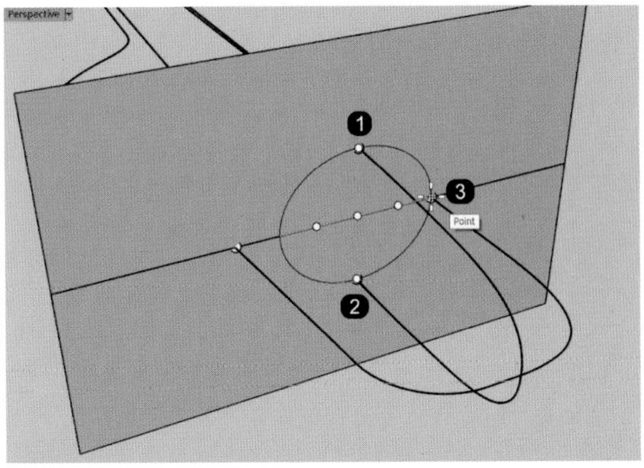

44 단면 커브 편집하기

Perspective View에서 작업한다. Osnap=Point에 체크한다. 타원을 선택하고 F10 을 쳐 주면 Point=On 상태가 된다. 이제 그림처럼 왼쪽 포인트 열을 모두 선택하고 가운데 Point를 이동시켜 ④번 교차 포인트에 일치시켜 준다.

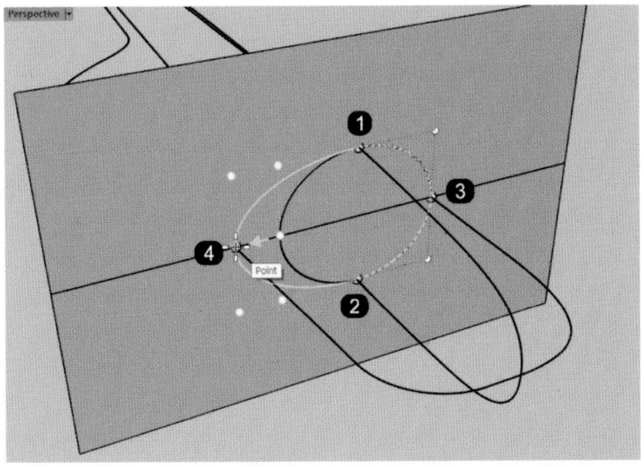

45 네트워크 면 만들기

Perspective View에서 작업한다. 총 6개의 라인을 모두 드래그 선택한다. 그다음 Surface Creation 〉 Surface from network of curves 명령을 클릭한다. 옵션 설정은 Tolerances 설정에서 Edge curves=0.001, interior curves=0.01에 맞추어 OK하면 면이 만들어진다.

Surface from network of curves

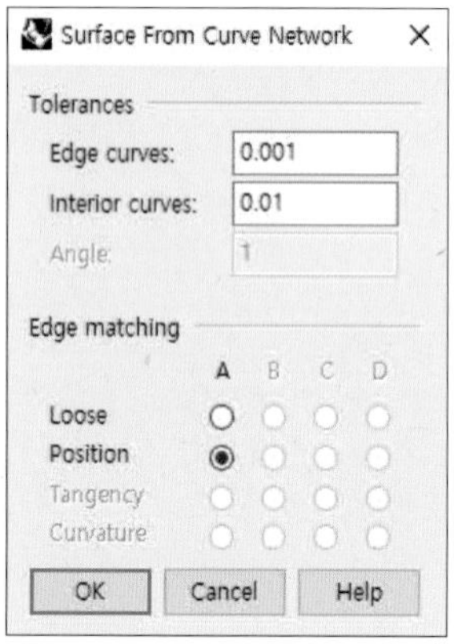

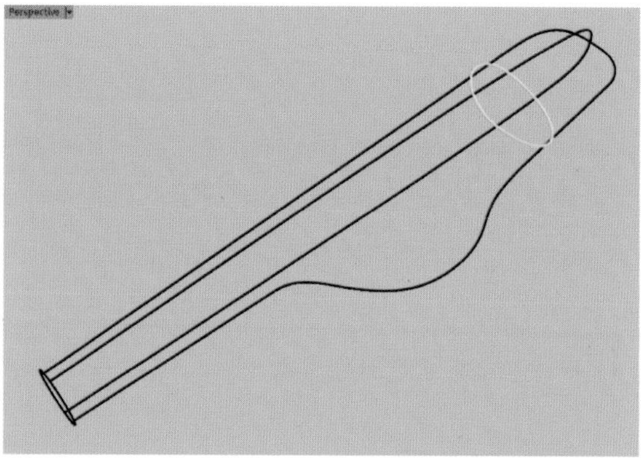

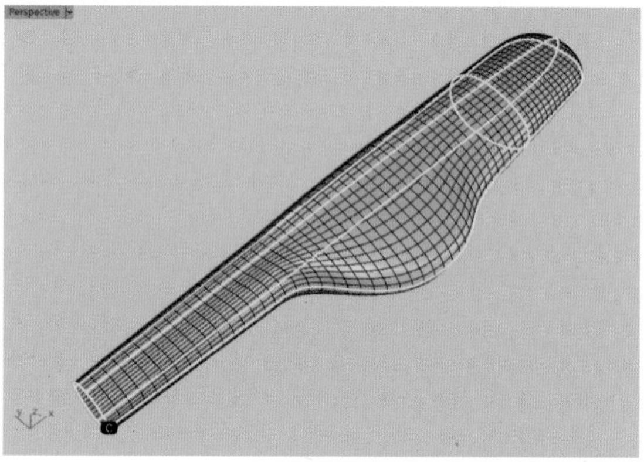

46 뚜껑 닫기

Perspective View에서 작업한다. Solid Tools 〉 Cap planar holes 명령으로 그림과 같이 열린 면을 캡으로 닫아 준다.

Cap planar holes

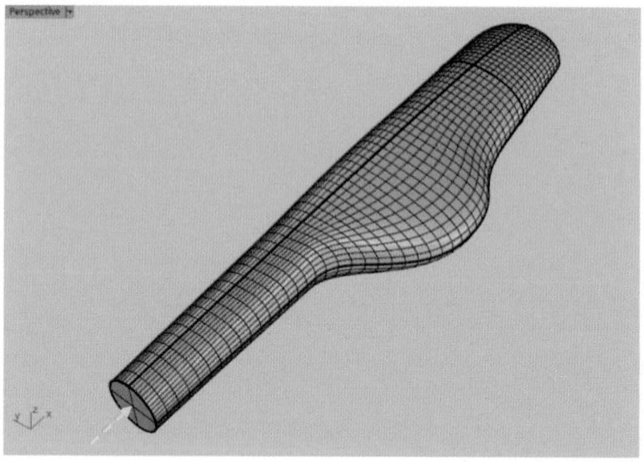

47 개체 잘라내기

Top View에서 작업한다. 해당 라인을 보이게 한다. Solid Tools 〉 Wire cut 명령을 클릭한다. Select cutting curve라 뜨면 라인 ①을 클릭하고 Select object to cut이라 뜨면 몸체 ②를 클릭하고 Enter 한다. BothSides=Yes, KeepAll=Yes로 체크하고 Enter 하면 그림과 같이 잘리게 된다.

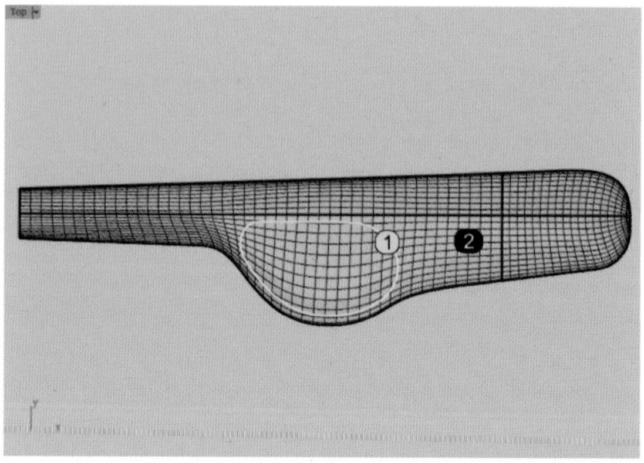

48 잘린 개체 두께 조정하기

Perspective View에서 작업한다. Gumball을 활성화한다. 해당 개체를 클릭하고 개체 높이(두께) 조정 사각 포인트를 클릭, 그림과 같이 두께를 약간 얇게 스케일링한다. 너무 얇게 할 필요는 없다.

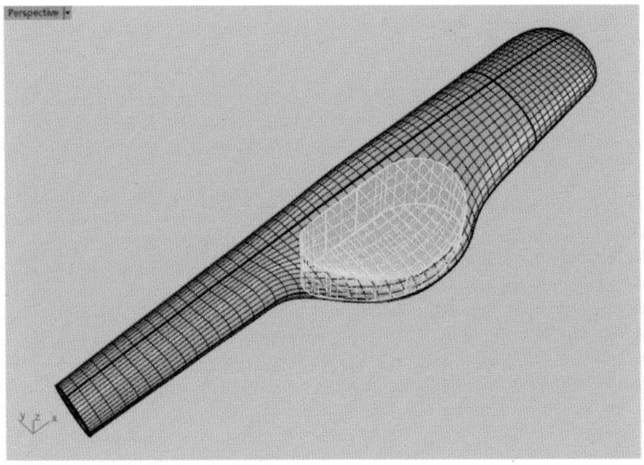

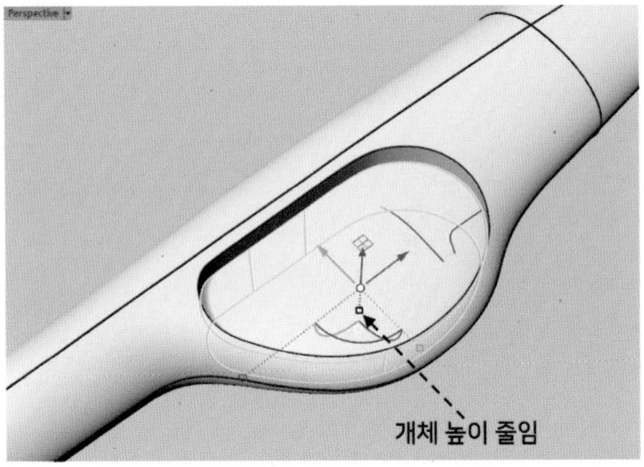

49 푸시 버튼 만들기

Top View에서 작업한다. Solid Tools 〉 Wire cut 명령을 클릭한다. 앞서 했던 동일한 방법으로 ②번 솔리드 개체를 ①번 라인으로 잘라 준다.

Wire cut

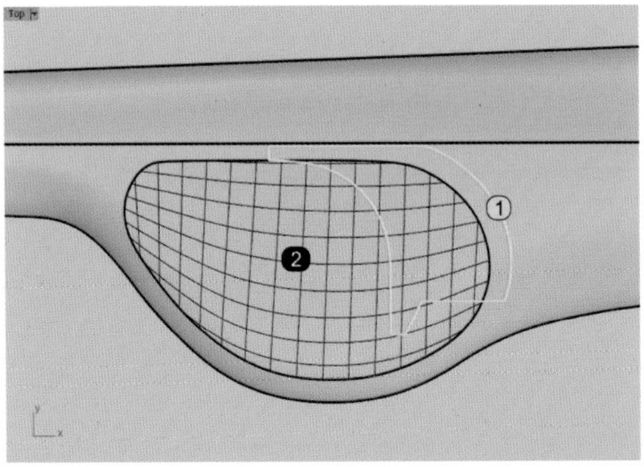

그림과 같이 푸시 버튼 개체만 남기고 불필요한 부분은 지워 준다.

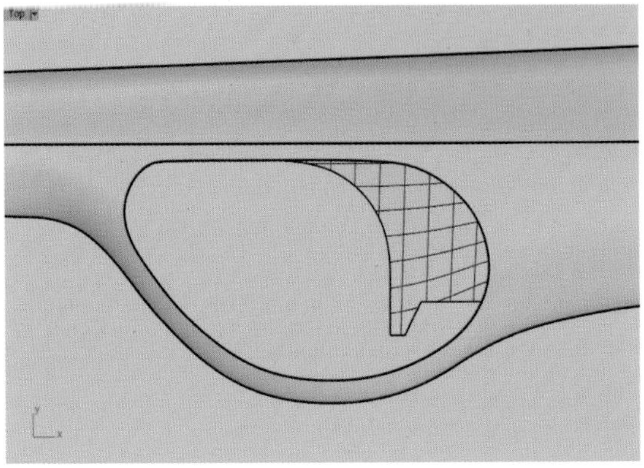

50 테두리에 모따기

Perspective View에서 작업한다. Solid Tools 〉 Chamfer edges 명령을 클릭한다. Select edges to chamfer라 뜨면 NextChamferDistance=2를 입력한다. 그다음 ChainEdges를 클릭하고 [Enter] 한다. 다시 한번 [Enter], [Enter] 하고 RailType=DistFromEdge를 정해 주고 [Enter] 하면 모따기가 적용된다.

Chamfer edges

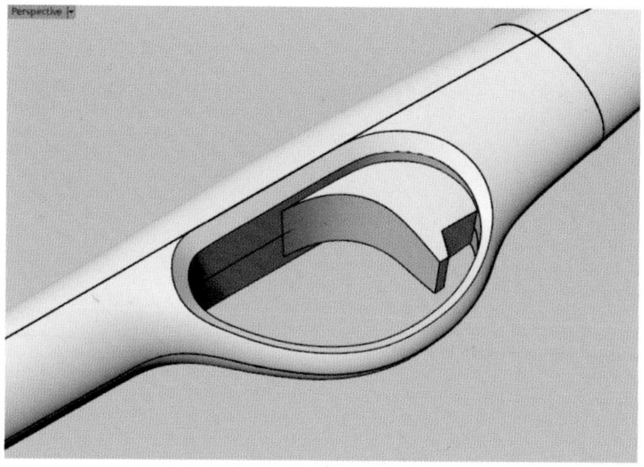

51 모서리에 라운드 필렛 주기

Perspective View에서 작업한다. Solid Tools 〉 Fillet edges 명령을 클릭한다. 해당 영역에 Radius=2.0을 적용한다.

Fillet edges
Blend edges

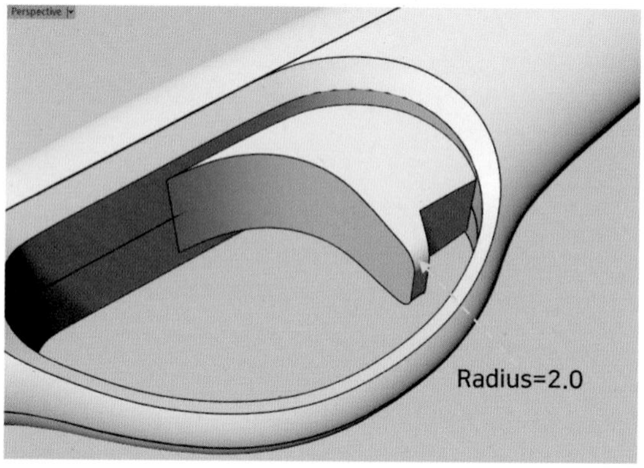

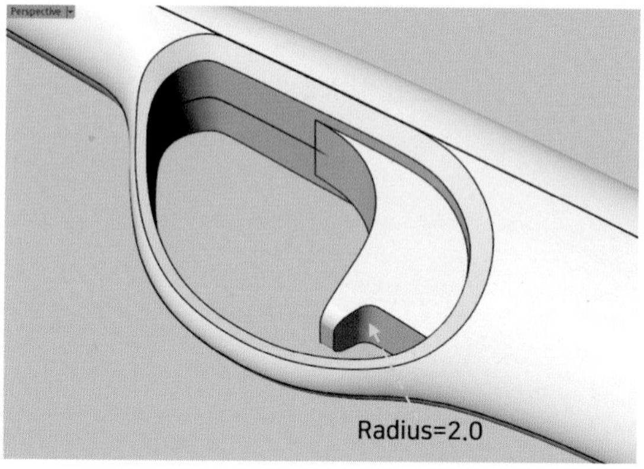

52 패턴 라인 투영하기

Top View에서 작업한다. 앞서 그려 둔 패턴 라인을 보이게 한다. Curve From Object 〉 Project curves or control points 명령을 클릭한다. ①번 호(Arc)를 모두 선택하고 [Enter], 다음 ②번 몸체를 선택하고 [Enter] 하면 그림과 투영된다.

Project curves or control points
Projects curves loose

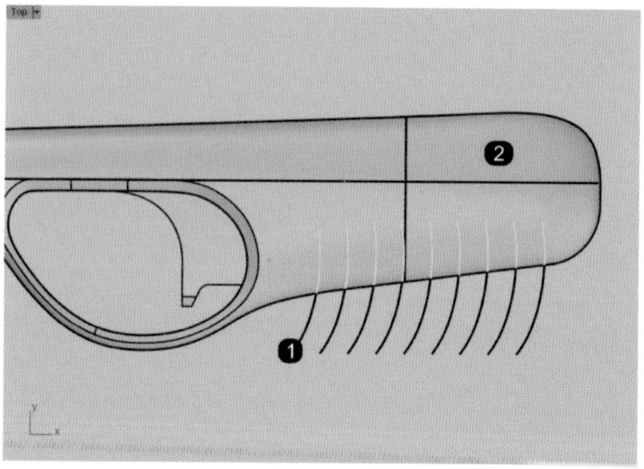

53 파이프 만들기

Perspective View에서 작업한다. Solid Creation 〉 Pipe: Round caps 명령을 클릭한다. Select rail이라 뜨면 Multiple을 선택한다. Select curves to create pipes around 라 뜨면 드래그로 투영 커브 모두를 선택하고 Enter 한다. Cap=Round로 변경하고 Pipe radius=0.75를 기입하고 Enter 한다.

Pipe: Round caps

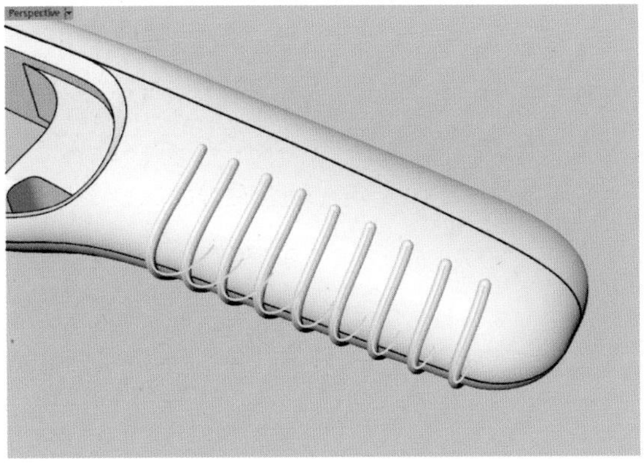

54 홈 파 주기

Perspective View에서 작업한다. Solid Tools 〉 Boolean difference 명령을 클릭한다. ①번 몸체를 클릭하고 Enter, ②번 파이프를 클릭하고 Enter 하면 홈이 파이게 된다.

Boolean difference

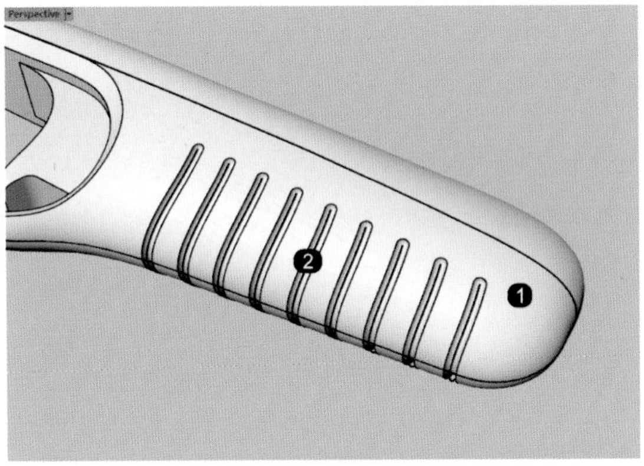

55 가스 확인 창 만들기

반드시 Top View에서 작업한다. 앞서 그려 둔 해당 개체를 보이게 한다. Solid Tools 〉 Wire cut 명령을 클릭한다. ①번 라인 개체를 클릭한다. 이어서 ②번 몸체를 클릭하고 Enter 한다. BothSides=Yes, KeepAll=Yes 상태로 Enter 하면 잘리게 된다.

Wire cut

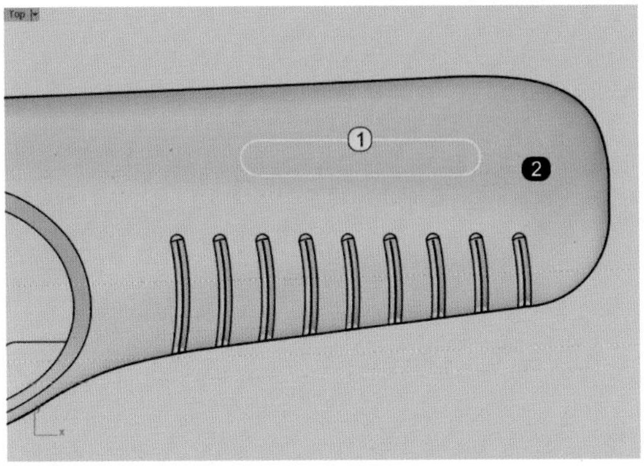

그림과 같이 안쪽에 살린 솔리드 개체가 확인된다.

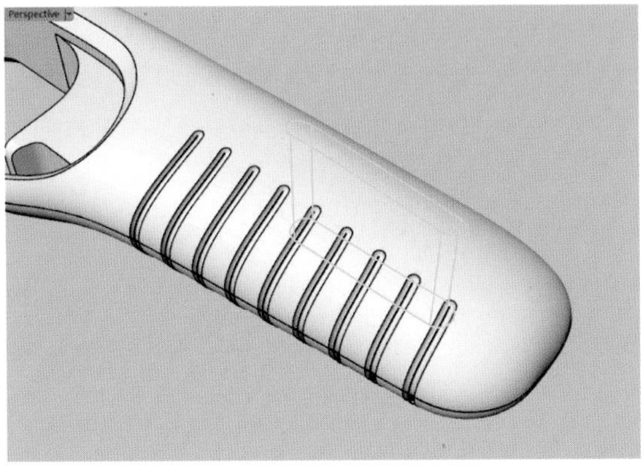

56 파이프 만들기

Perspective View에서 작업한다. 검볼(Gumball)을 활성화한다. 앞서 했던 방법으로 검볼의 4각 포인트를 선택해서 Scale 축소를 해 준다. 두께(높이)가 양쪽으로 줄어들게 된다.

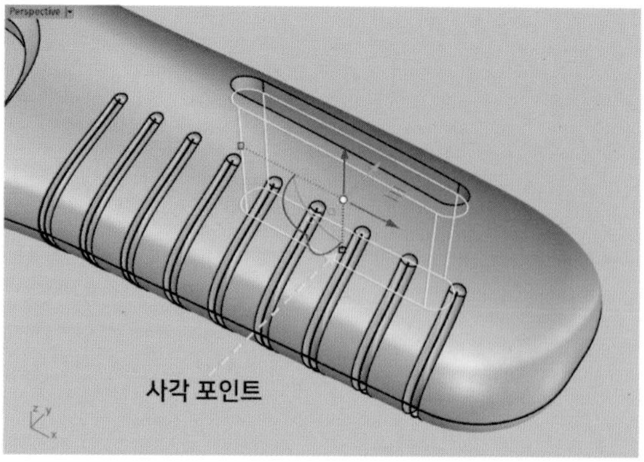

57 모서리 라운드 필렛 주기

Perspective View에서 작업한다. Solid Tools 〉 Fillet edges 명령을 클릭한다. Select edges to fillet라 뜨면 NextRadius=0.6을 기입하고 Enter 한다. 다음 ChainEdges를 클릭하고 모서리를 선택 후 Enter 하면 라운드 필렛이 적용된다.

Fillet edges
Blend edges

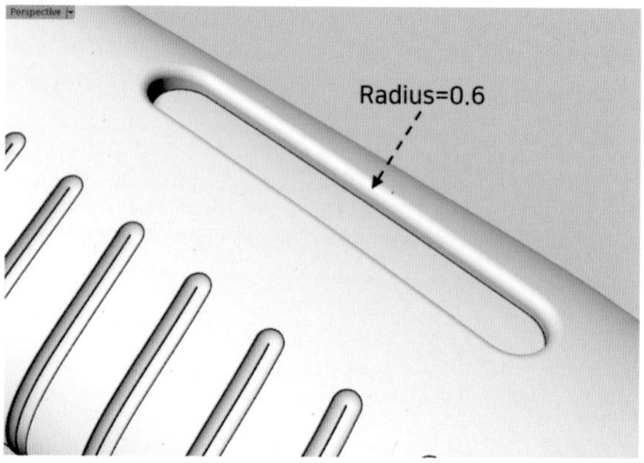

58 투영하기

Top Vie에서 작업한다. 앞서 그린 ①번 라인을 보이게 한다. Curve From Object 〉 Project curves or control points 명령을 클릭한다. ①번 개체를 먼저 클릭 후 Enter, ②번 몸체를 클릭 후 Enter 하면 표면에 투영된다.

Project curves or control points
Projects curves loose

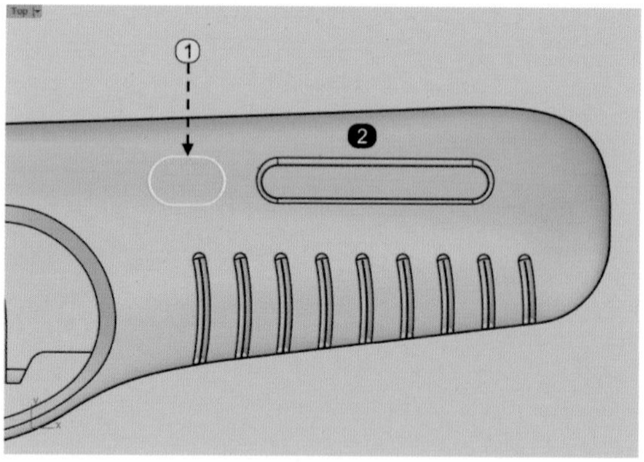

59 바디 면 잘라 주기

Perspective View에서 작업한다. 방금 투영된 개체 ①번으로 몸체 면을 Split 명령으로 잘라 준다. 잘린 면을 선택하고 Properties 〉 Show surface isocurve에 체크하면 네트워크 아이소커브를 보이게 할 수 있다. 가끔 만든 면들의 아이소커브가 너무 많이 보여 복잡하면 체크를 Off해 주면 보다 심플하게 면이 보이게 된다. 여기서는 잘린 면을 구분하기 위해 설명한 것이다.

Split
Split surface by isocurve

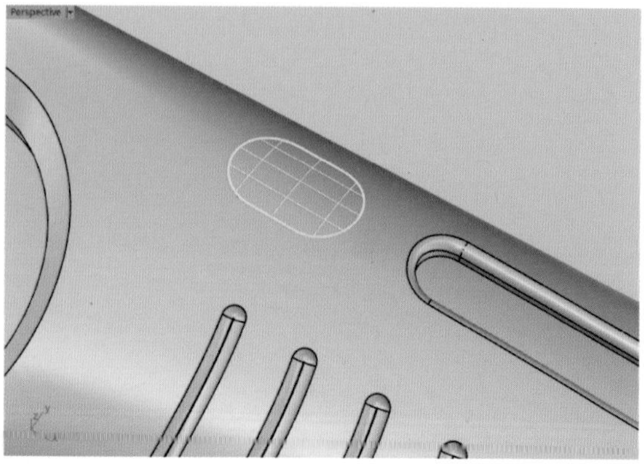

60 면 돌출시키기

Perspective View에서 작업한다. Solid Creation 〉 Extrude surface 명령을 클릭한다. 해당 면을 클릭하고 DeleteInput=Yes로 하고 Extrusion distance=1.5를 기입하고 (Enter) 한다. 그림처럼 안쪽으로 두께가 있는 개체가 만들어진다.

Extrude surface

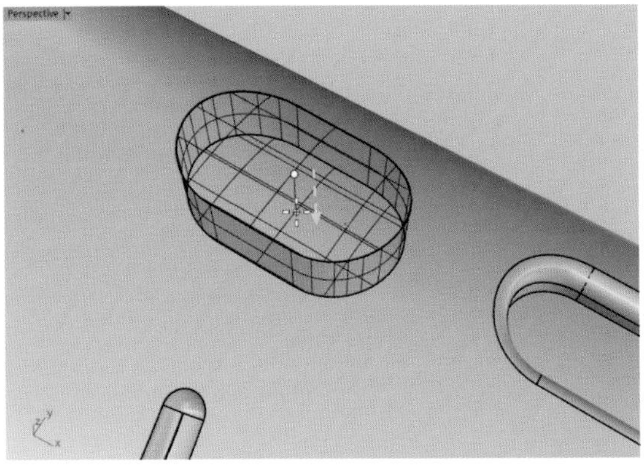

61 원 보이게 하기

Top View에서 작업한다. 앞서 그려 둔 원을 보이게 한다. Curve From Object 〉 Project curves or control points 명령을 클릭한다. 방금 만든 입체 개체에 원을 투영한다.

Project curves or control points
Projects curves loose

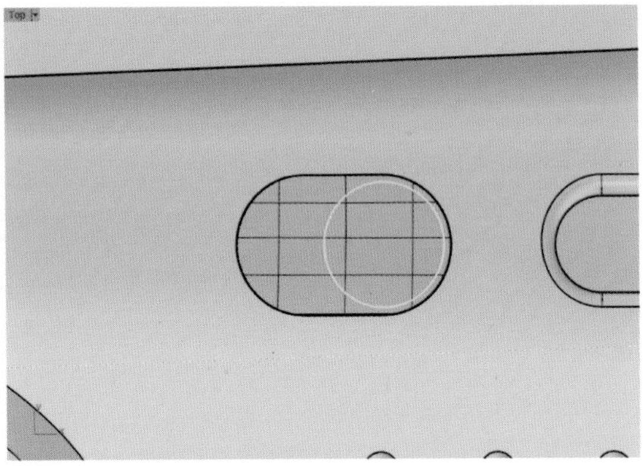

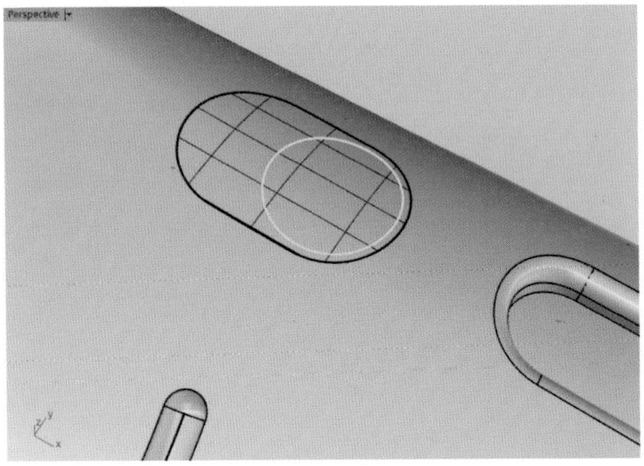

62 윗면 분리하기

Perspective View에서 작업한다. Solid Tools 〉 Extract surface 명령을 클릭한다. 윗면을 클릭하고 (Enter) 하면 윗면이 분리된다. 떼어낸 윗면은 그대로 둔다.

Extract surface

Explode
Extract surface

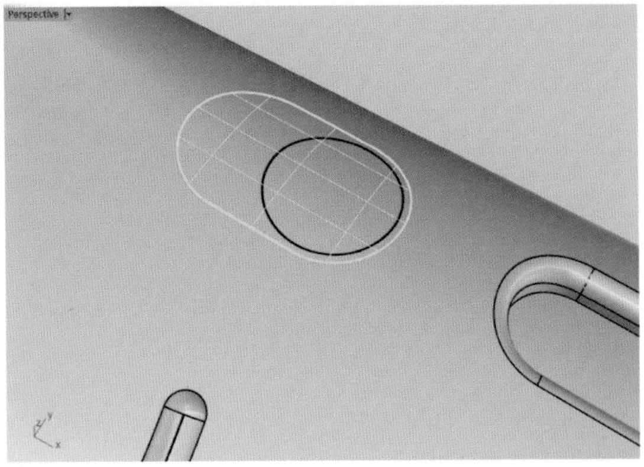

63 면 잘라 주기

Perspective View에서 작업한다. Split 명령을 클릭한다. 분리된 ①번 면을 ②번 투영 라인으로 잘라 준다. 잘린 ①번 면의 일부를 지워 주면 그림과 같이 보이게 된다.

Split
Split surface by isocurve

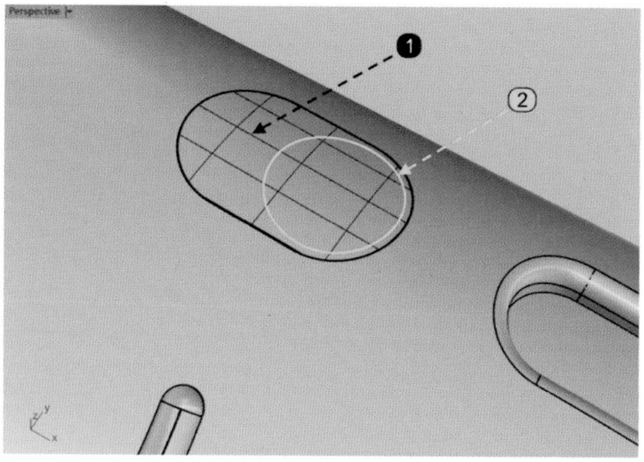

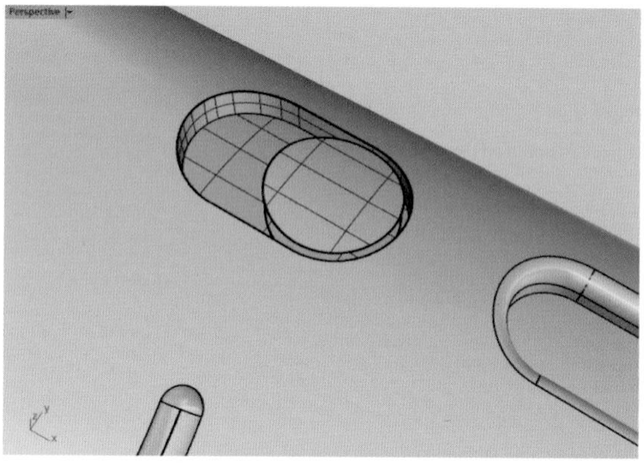

64 면 돌출시키기

Perspective View에서 작업한다. Solid Creation 〉 Extrude surface 명령을 클릭한다. 해당 면을 클릭하고 DeleteInput=Yes로 하고 Extrusion distance=1.5를 기입하고 Enter 한다. 그림처럼 안쪽으로 두께가 있는 개체가 만들어진다.

Extrude surface

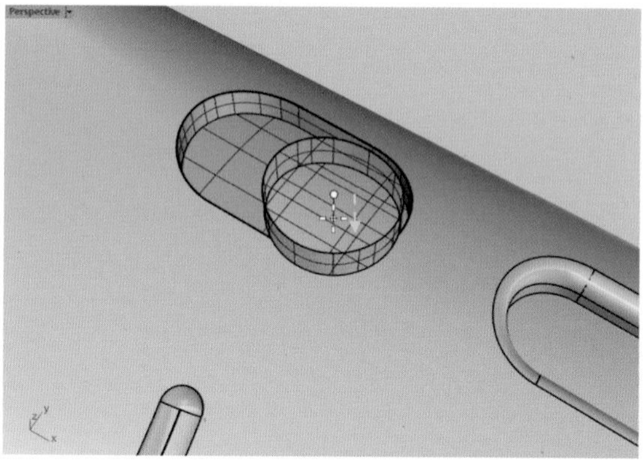

65 추가 드로잉하기

Top View에서 작업한다. 앞서 작업해 둔 해당 라인을 보이게 한다. Osnap=Cen에 체크한다. 다음 Lines 〉 Single Line 명령으로 Cen 기점에서 시작하는 직선을 그어 준다.

Single line

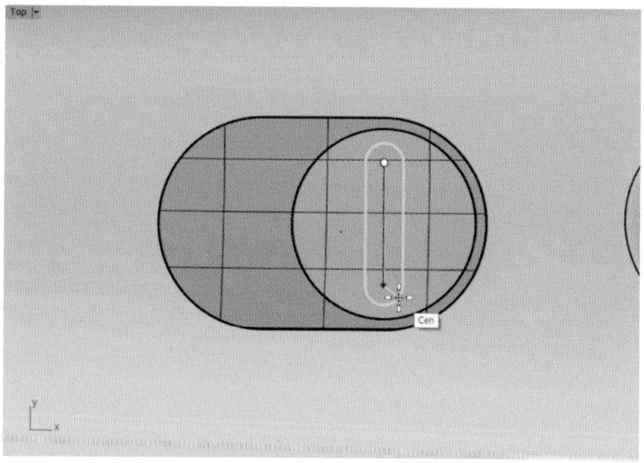

66 직선 라인 투영하기

Top Vie에서 작업한다. 앞서 그린 직선 라인만 보이게 한다. Curve From Object 〉 Project curves or control points 명령을 클릭한다. 직선 클릭 후 Enter, 버튼 면 클릭 후 Enter 하면 그림과 같이 선이 면에 투영된다.

Project curves or control points
Projects curves loose

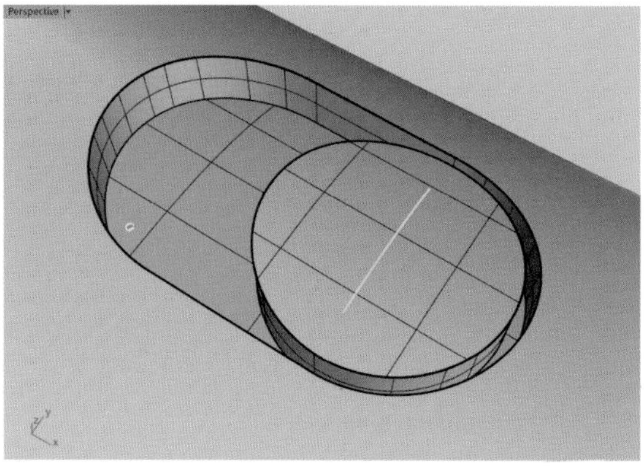

67 파이프 만들기

Perspective View에서 작업한다. Solid Creation 〉 Pipe: Round caps 명령을 클릭한다. Select rail이라 뜨면 투영된 선을 클릭한다. 다음 Radius=0.5를 기입하고 Enter, 0.5 기입 후 Enter 하면 라운드 캡 파이프가 만들어진다.

Pipe: Round caps

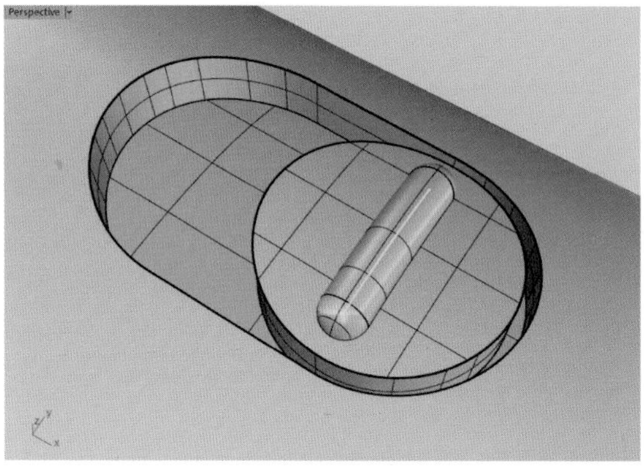

68 개체 붙이기

Perspective View에서 작업한다. 앞선 만든 원형 버튼과 라운드 캡 파이프를 Solid Tools 〉 Boolean union 명령으로 하나로 붙여 준다.

Boolean union

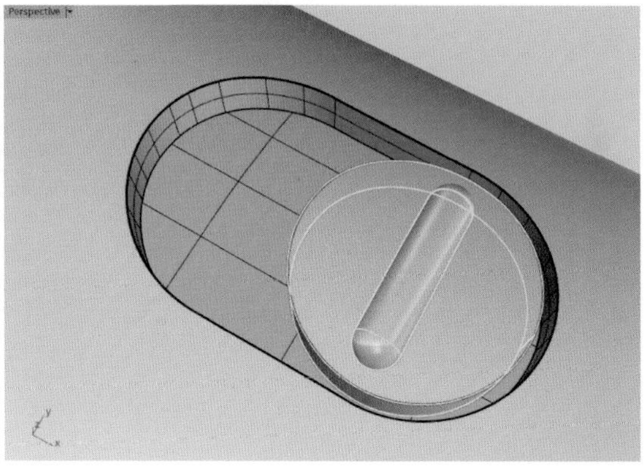

69 텍스트 투영하기

Top Vie에서 작업한다. 앞서 그린 LOCK 텍스트와 삼각형을 보이게 한다. 다음 Curve From Object 〉 Project curves or control points 명령을 클릭한다. 텍스트 클릭 후 Enter, 몸체 면 클릭 후 Enter 하면 그림과 같이 투영된다.

Project curves or control points
Projects curves loose

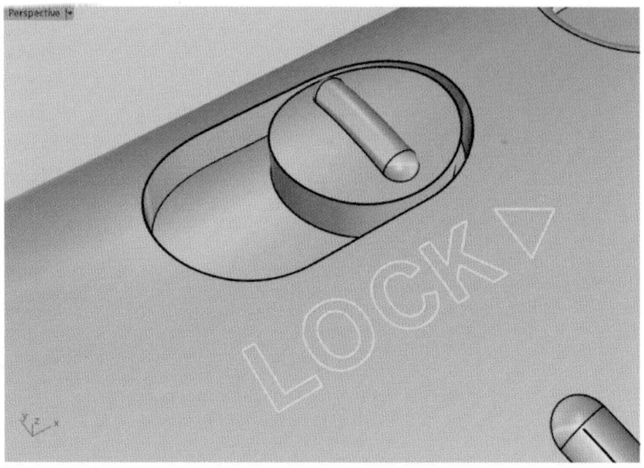

70 면 잘라 주기

Perspective View에서 작업한다. Split 명령을 클릭한다. 몸체를 클릭하고 Enter 한다. Select object to split이라 뜨면 몸체를 먼저 클릭하고 Enter 한다. 다음 Select cutting objects라 뜨면 LOCK 텍스트 개체들을 클릭하고 Enter 하면 잘리게 된다.

Split
Split surface by isocurve

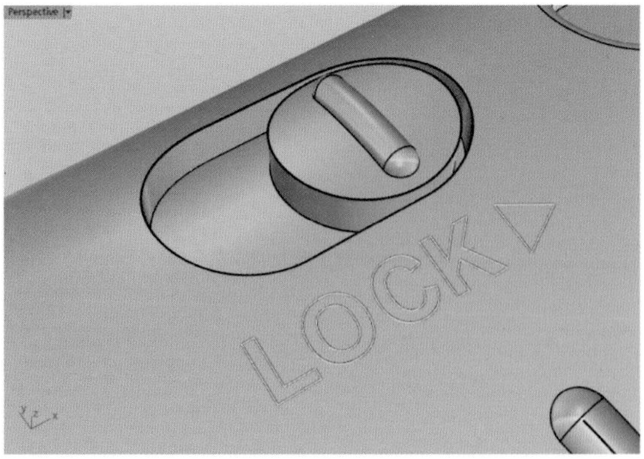

71 텍스트 음각 주기

Perspective View에서 작업한다. Surface Tools 〉 Offset Surface 명령을 클릭한다. 잘린 텍스트 면만 선택하고 Enter 한다. 오프셋 방향 표시가 나오면 FlipAll로 원하는 음각 방향으로 바꾸어 준다. 다음 Distance 0.5를 기입하고 Enter 하면 된다.

Offset Surface

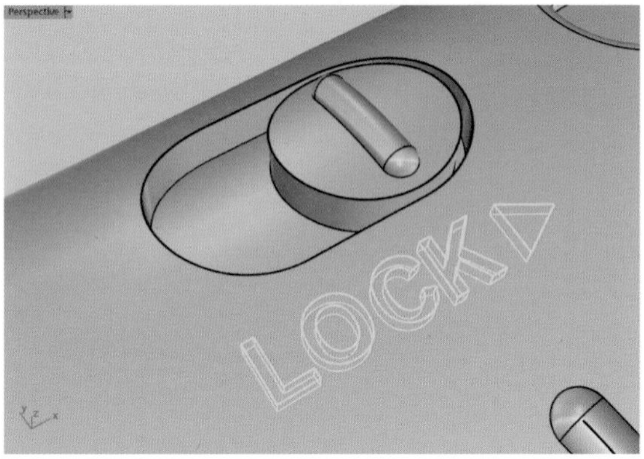

72 텍스트 윗면 분리하기

Perspective View에서 작업한다. Solid Tools 〉 Extract surface 명령을 클릭한다. 텍스트의 윗면을 클릭하고 Enter 하면 윗면이 분리된다. 떼어낸 윗면은 그대로 지워 준다.

Extract surface

Explode
Extract surface

73 개체 보이게 하기

Front View에서 작업한다. 앞서 그려 둔 해당 개체를 보이게 한다.

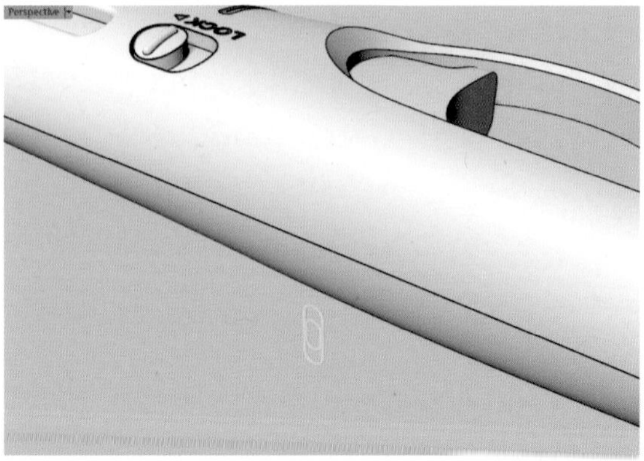

74 돌출 개체 만들기

Perspective View에서 작업한다. Solid Creation 〉 Extrude closed planar curve 명령을 클릭(BothSides=No)한다. 해당 라인을 선택하고 몸체와 약간 겹칠 정도로 돌출 개체를 만들어 준다.

Extrude closed planar curve

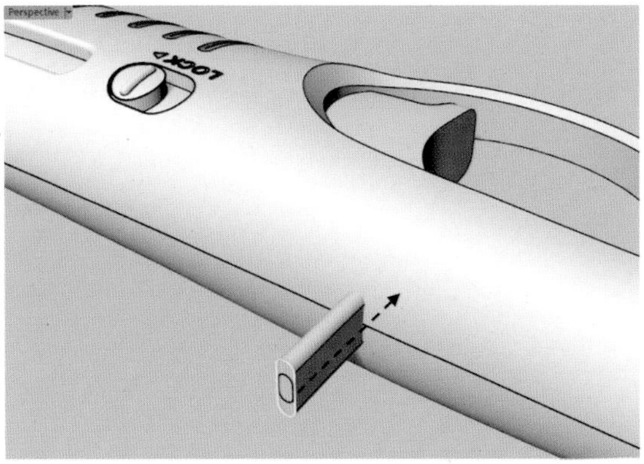

75 홈 파 주기

Perspective View에서 작업한다. Solid Tools 〉 Boolean difference 명령을 클릭한다. 토스터 몸체를 먼저 클릭하고 Enter, 방금 만든 돌출 개체를 선택하고 Enter 하여 홈을 파 준다.

Boolean difference

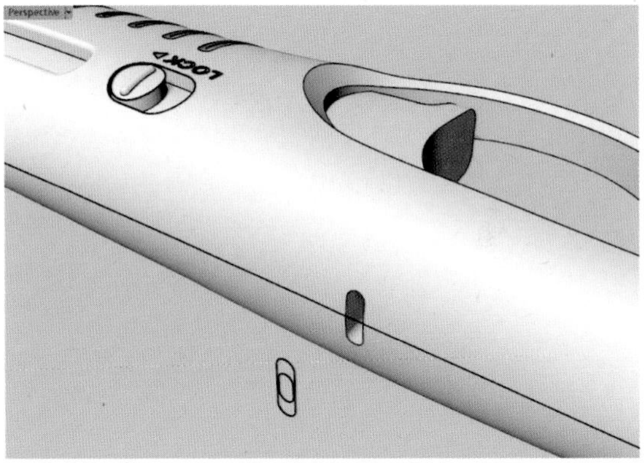

76 돌출 개체 만들기

Perspective View에서 작업한다. Solid Creation 〉 Extrude closed planar curve 명령을 클릭한다. 해당 안쪽 라인 개체를 선택하고 BothSides=No로 체크한다. Extrusion distance=10을 입력하고 Enter 한다.

Extrude closed planar curve

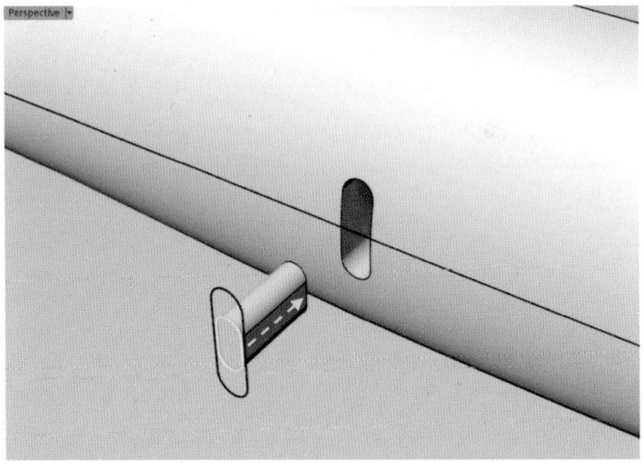

77 돌출 개체 위치 이동하기

Perspective View에서 작업한다. 검볼(Gumball)을 활성화한다. 그림과 같이 미니 레버 개체를 약간 돌출한 정도로 이동시켜 준다.

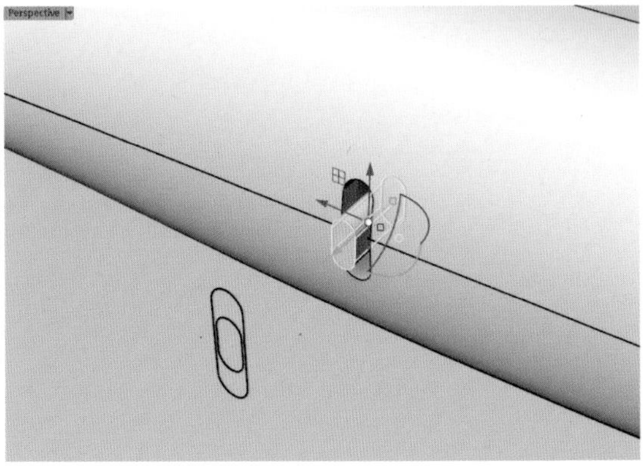

78 가스 투입구 만들기

Perspective View에서 작업한다. 앞서 그려 둔 가스 투입구 원들을 보이게 한다.

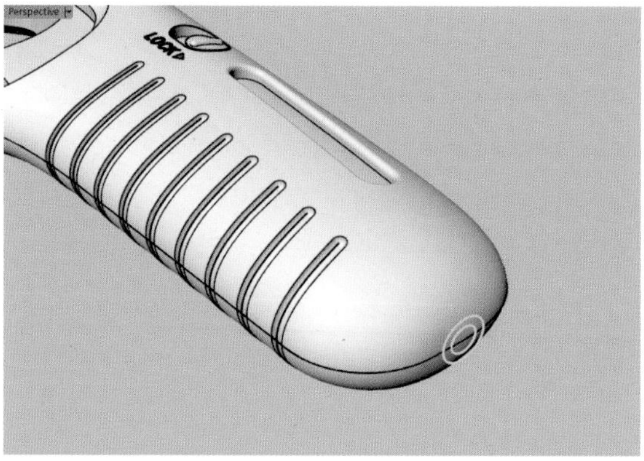

79 돌출 개체 만들기-1

Perspective View에서 작업한다. Solid Creation 〉 Extrude closed planar curve 명령을 클릭한다. 안쪽 원을 선택하고 Enter 한다. 옵션은 BothSides=Yes로 하고 그림과 같은 정도의 돌출 개체를 그려 준다.

Extrude closed planar curve

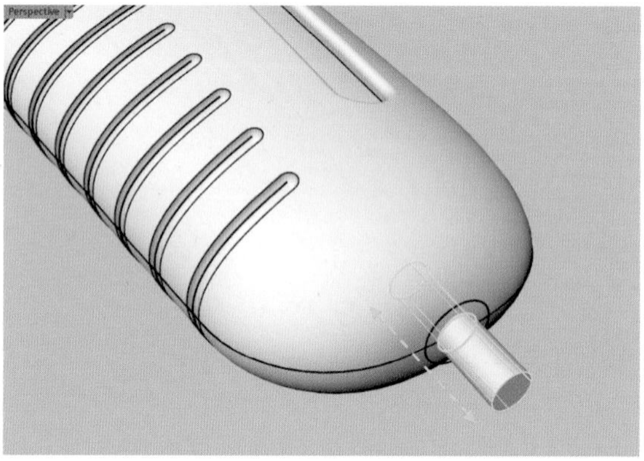

80 구멍 파기

Perspective View에서 작업한다. Solid Tools 〉 Boolean difference 명령을 클릭한다. ①번 몸체를 클릭하고 Enter 한다. 그다음 ②번 실린더 개체를 클릭하고 Enter 하면 홈이 파이게 된다.

Boolean difference

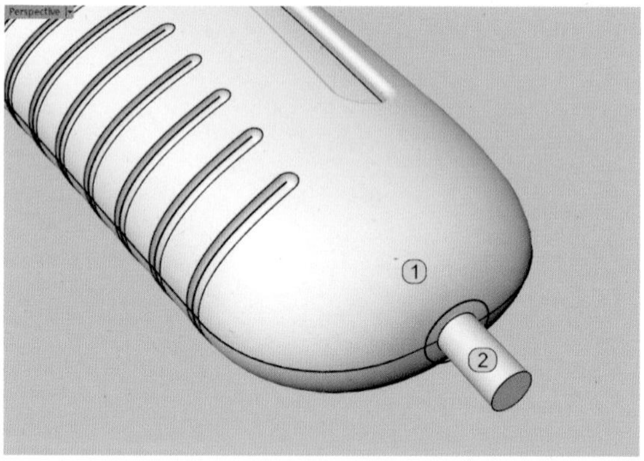

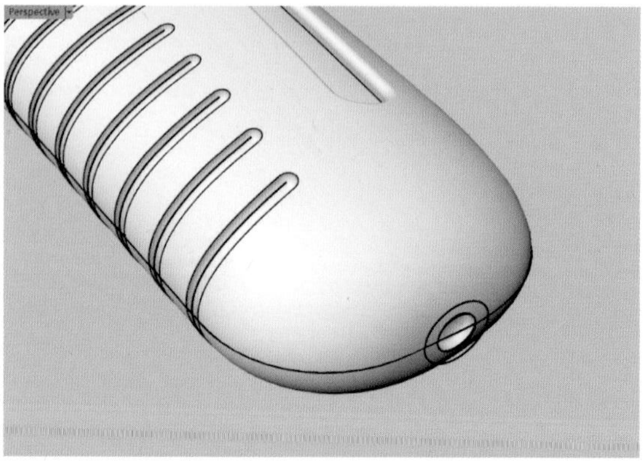

81 돌출 개체 만들기-2

Perspective View에서 작업한다. Solid Creation 〉 Extrude closed planar curve 명령을 클릭한다. 바깥쪽 원을 선택하고 (Enter) 한다. 옵션은 BothSides=Yes로 하고 그림과 같은 정도의 돌출 개체를 그려 준다.

Extrude closed planar curve

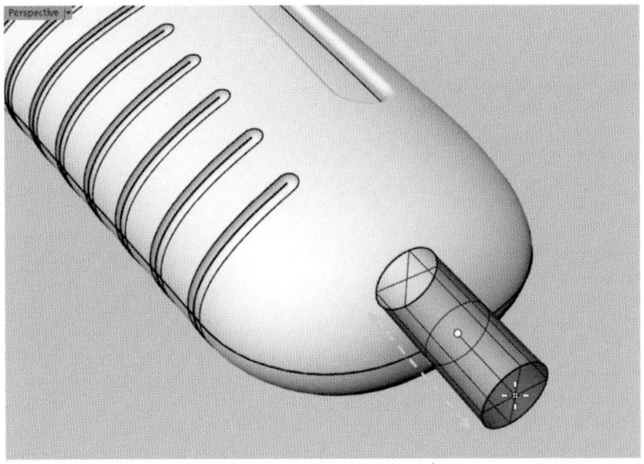

82 구멍 파기

Perspective View에서 작업한다. Solid Tools 〉 Boolean split 명령을 클릭한다. ①번 몸체를 클릭하고 (Enter) 한다. 그다음 ②번 실린더 개체를 클릭하고 (Enter) 하면 잘리게 된다. 불필요한 부분은 모두 지워 준다.

Boolean split
Boolean 2 objects

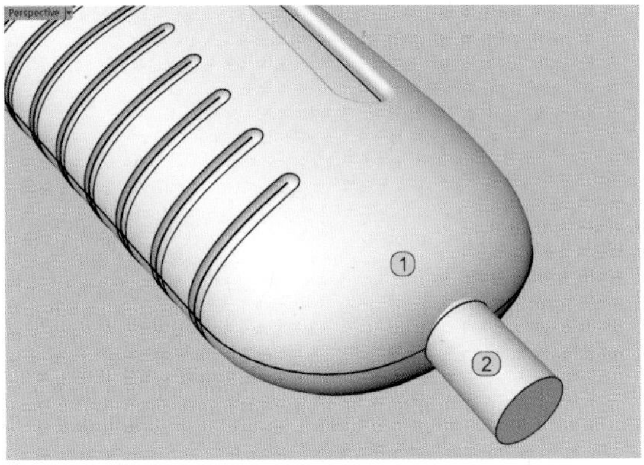

Boolean split 명령 실행 후 그림처럼 안쪽 튜브만 남겨 두고 모두 지워 주면 된다.

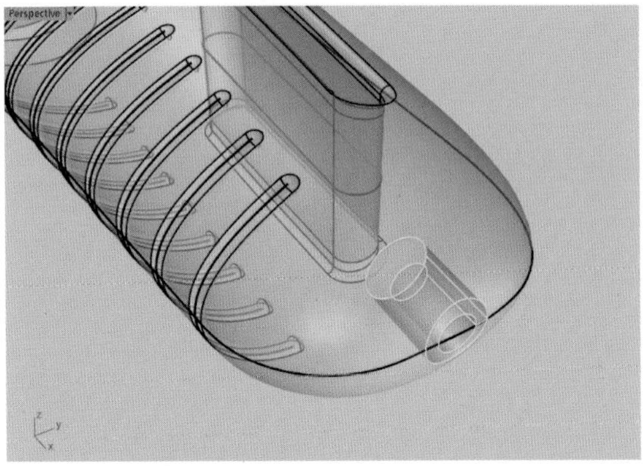

83 튜브 모서리에 라운드 필렛 수기

Perspective View에서 작업한다. Solid Tools 〉 Fillet edges 명령을 클릭한다. 튜브의 각진 모서리에 Radius=0.2를 적용한다.

Fillet edges
Blend edges

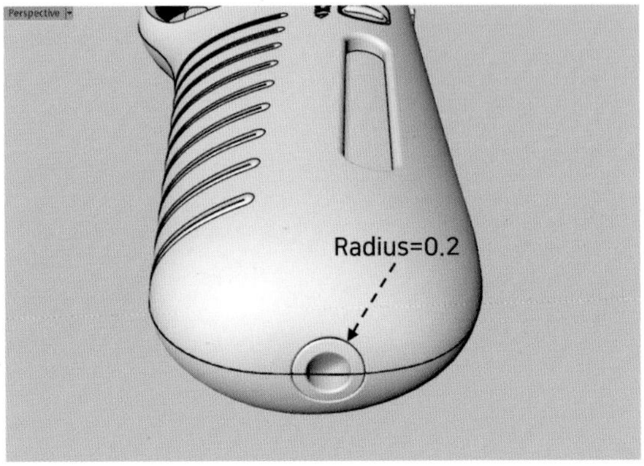

84 제품의 파팅 라인 만들기

대량생산을 위한 제품들은 주로 금형을 이용하게 된다. 금형은 코어와 캐비티로 구성되기에 제품은 반드시 파팅 라인(Parting line=분리선 및 절개 라인)이 필수적이다. 특히 금형에서 사출되는 파트에는 구배각(Draft angle)이 적정히 유지되어야 틀에서 사출물이 잘 빠지게 된다.

라이노 3D에서는 모델링된 제품의 파팅 라인을 색상 차이를 통해 시뮬레이션할 수 있다. 원리는 간단한데 만곡부를 0(Green color)으로 보여 주며 그곳이 잘라도 되는 부분이 된다고 보면 된다. 물론 정확성을 더 높이려면 전문적인 해석 도구를 사용하는 것이 좋다.

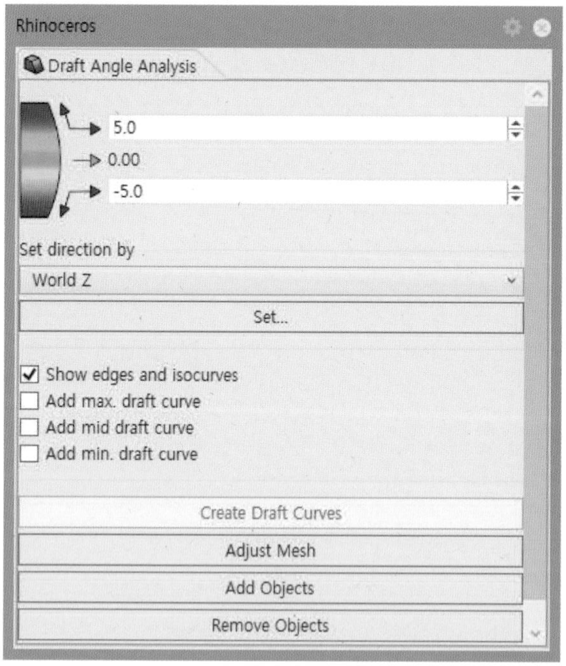

가스 점화기 메인 몸체의 파팅 라인 지점을 시각적으로 확인해 본다. Analyze > Surface Analysis > Draft angle analysis 명령을 클릭한다. 그다음 몸체를 선택하고 Enter 하면 그림처럼 적정한 지점의 파팅 라인이 보이게 된다.

Draft angle analysis
Draft angle analysis off

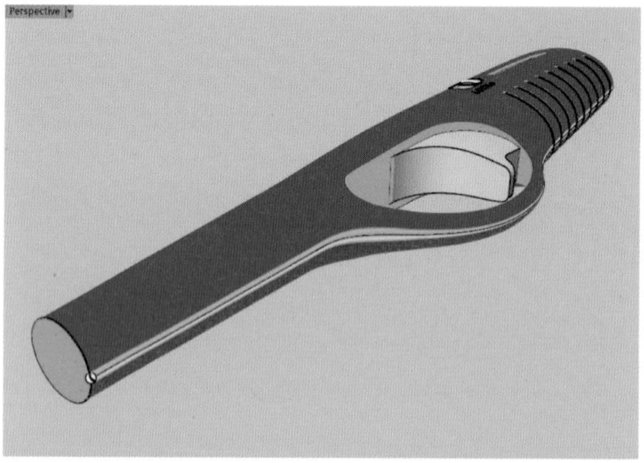

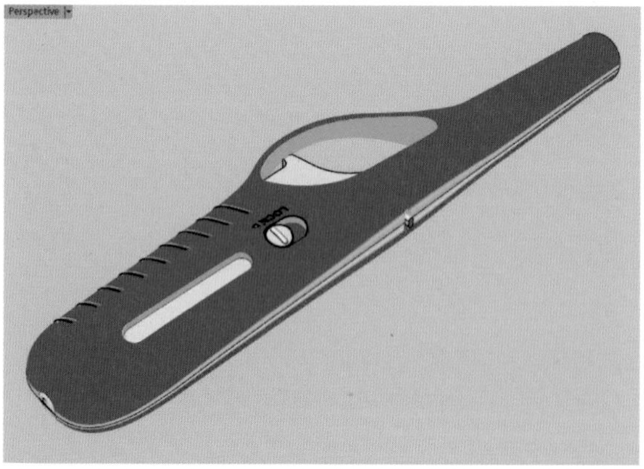

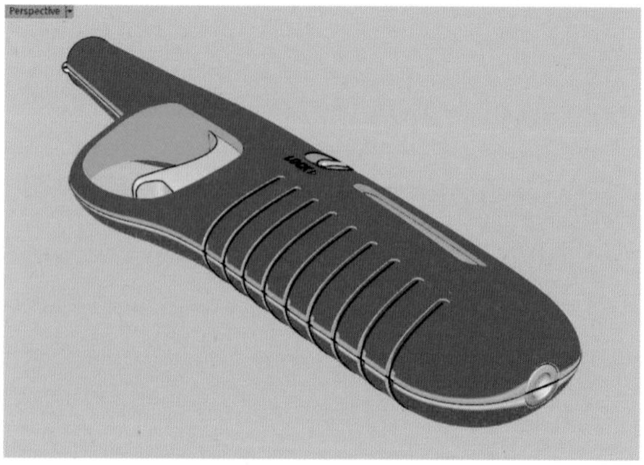

85 아웃 라인 연결하기

초기에 그려 준 가스 점화기 몸체의 외형선을 보이게 하여 서로 그림과 같이 Join해 준다. 여기서는 개념적으로만 파팅 라인을 만들어 본다. 이것은 나중에 렌더링 시에도 좀 더 제품처럼 보이게 할 것이다. 물론 실제 파팅 라인은 설계 단계부터 계획돼야 한다.

Join

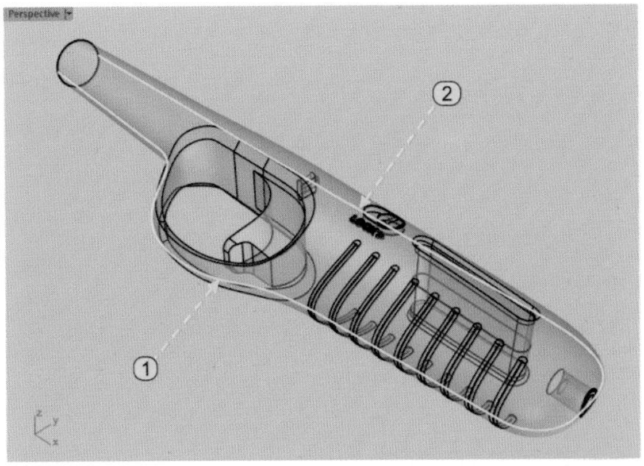

86 단면 배치하기

파팅 라인처럼 보이기 위해서 직사각형 단면을 만들어 준다. Osnap=End에 체크한다. Rectangle 〉 Rectangle Center, Corner 명령을 클릭한다. 그림과 같은 End 점에 가로 2.0 세로 0.2 mm의 직사각형을 배치한다.

Rectangle Center, Corner

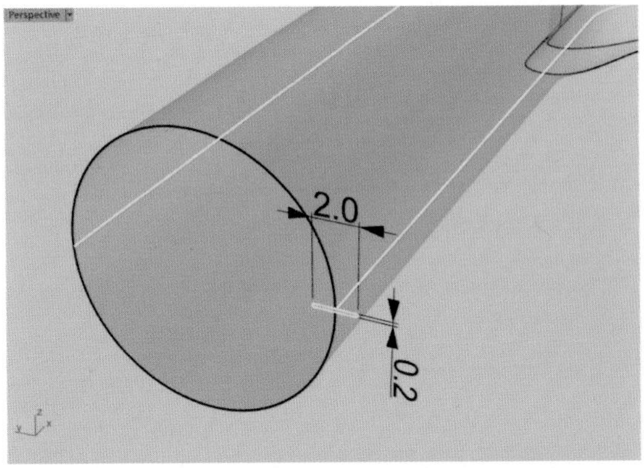

87 파팅 라인 만들기-1

사실 여기서는 내부 구조나 두께 설계가 안 돼 있기에 파팅 라인이라기보다 홈을 파 주는 정도로 보면 된다. Surface Creation 〉 Sweep 1 rail 명령을 클릭한다. 다음 번호 순서대로 클릭하여 그림과 같이 만들어 준다. 또한 Solid Tools 〉 Cap planar holes 명령으로 끝단의 열린 곳을 막아 준다.

Sweep 1 rail Cap planar holes

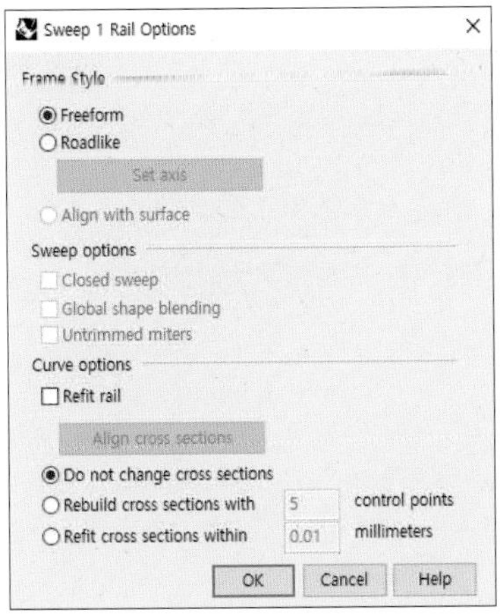

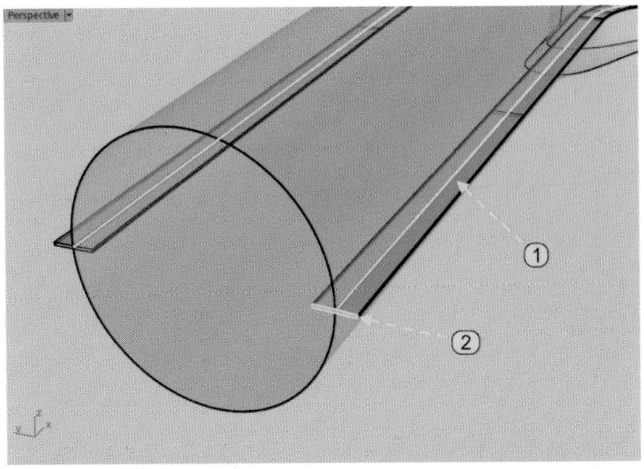

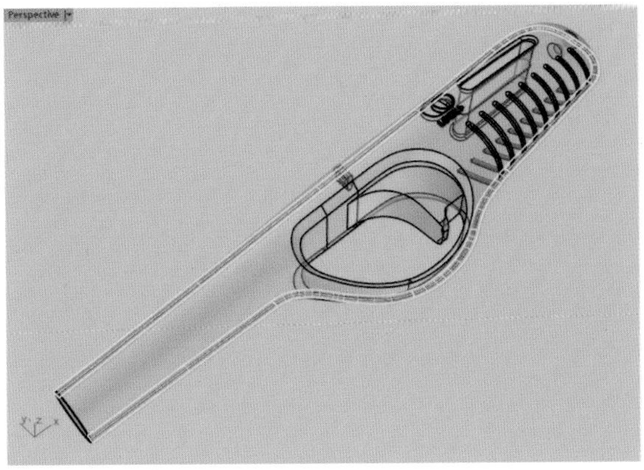

88 파팅 라인 만들기-2

앞선 방법처럼 숨겨 준 안쪽 드로잉을 보이게 하고 직사각형을 배치한다. 직사각형의 크기는 동일하다. 다음 Surface Creation 〉 Sweep 1 rail 명령을 클릭하여 그림과 같은 개체를 만들어 준다. 옵션 설정은 동일하다.

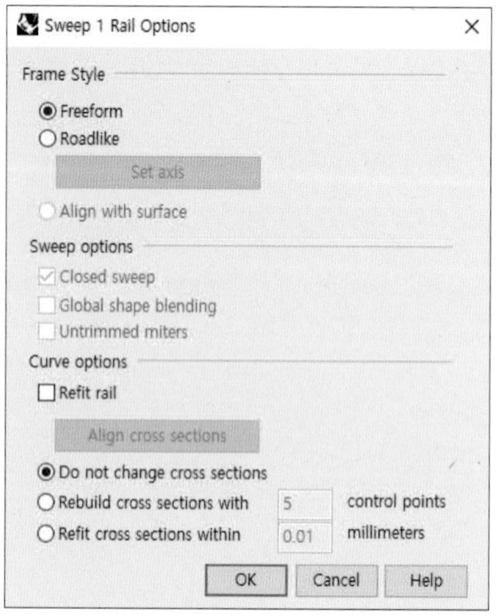

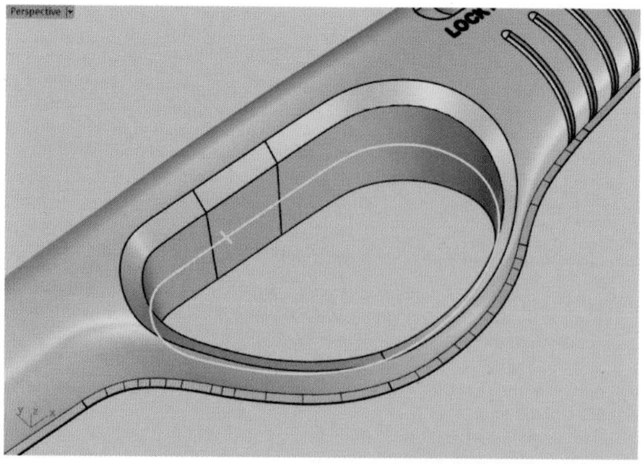

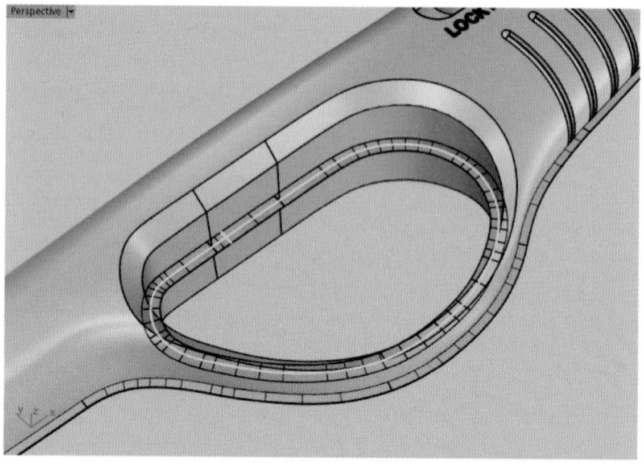

89 홈 파 주기

Perspective View에서 작업한다. Solid Tools 〉 Boolean difference 명령을 클릭한다. ①번 몸체를 클릭하고 Enter 한다. 다음 ②번, ③번을 클릭하고 Enter 한다. 홈이 파이게 된다.

Boolean difference

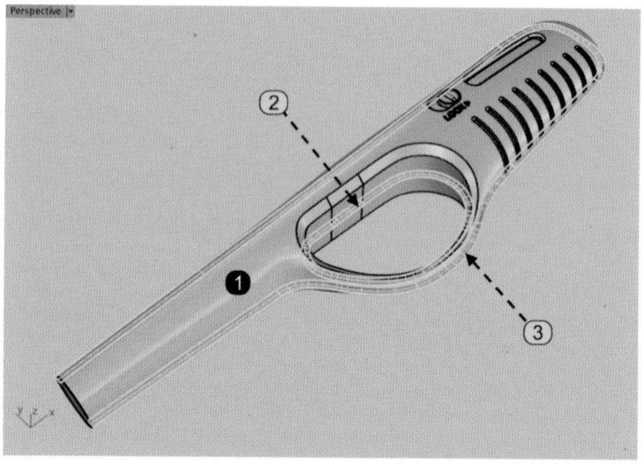

파팅 라인 상태를 확인해 본다. 이제 모든 모델링이 마무리되었다.

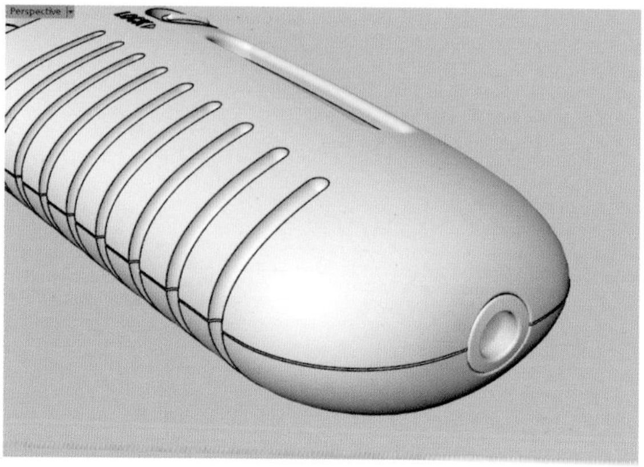

90 최종 결과물 보기

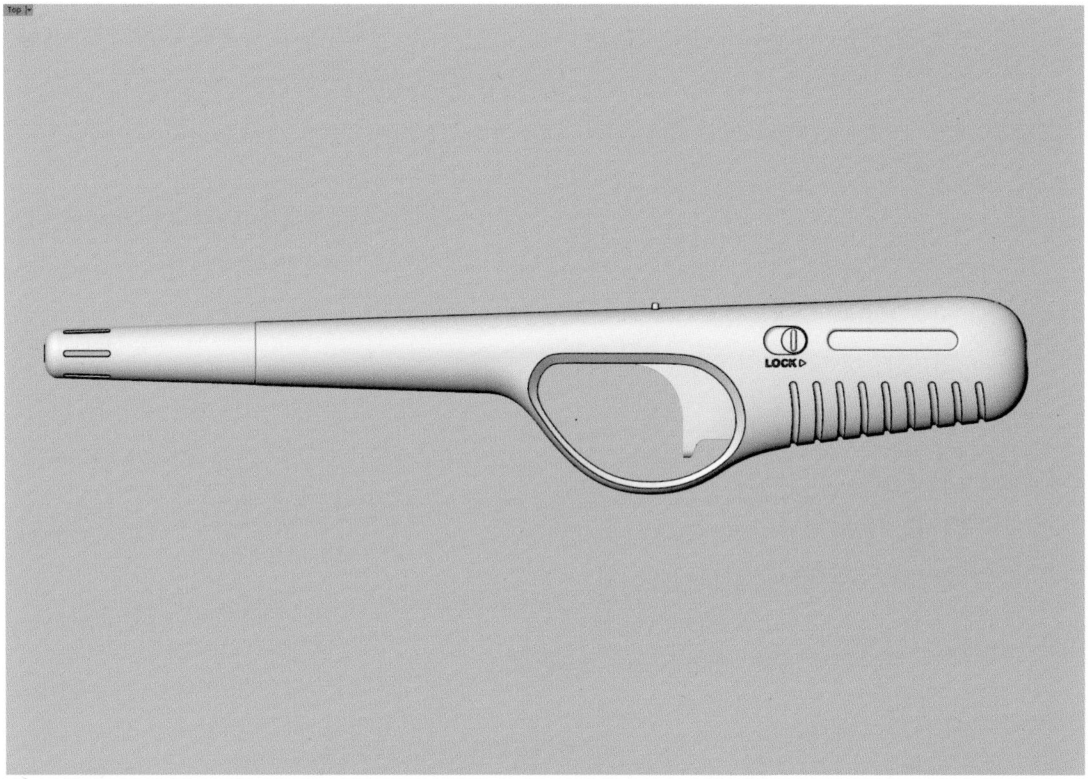

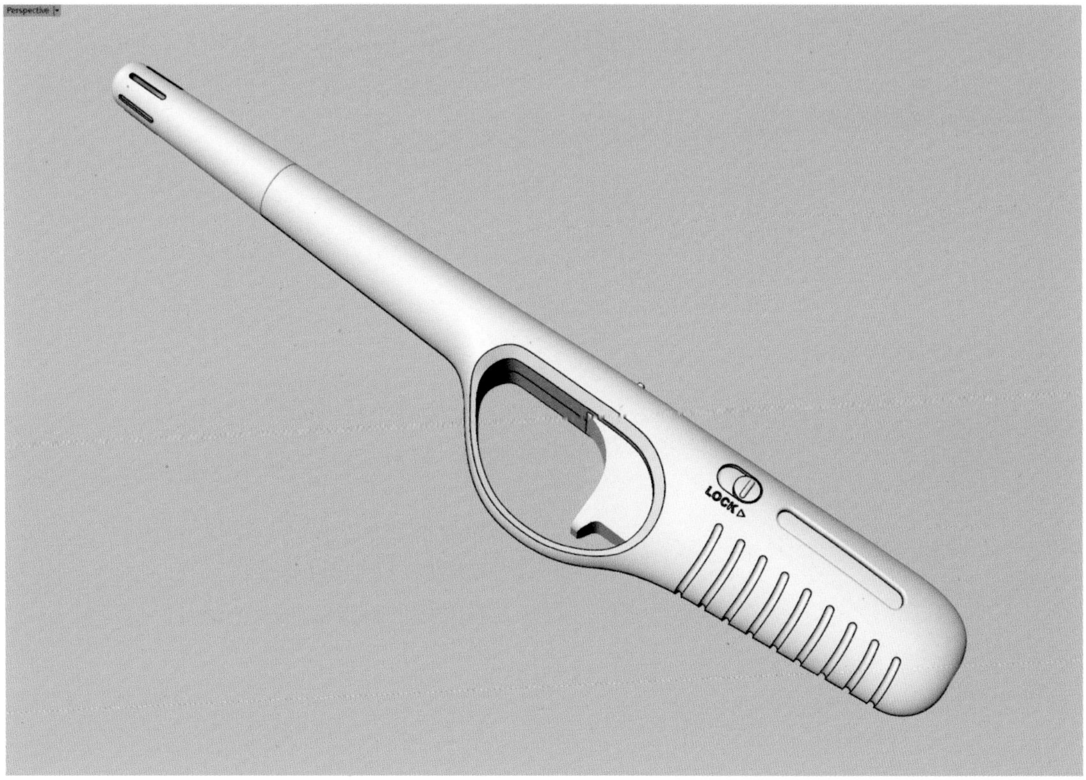

05 CHAPTER 드론 모델링

Drone Modeling

사진 및 영상 촬영, 게임, 다양한 산업 분야에서도 활용도가 높아지고 있는 심플한 드론을 모델링해 본다. 이번 튜토리얼에서는 3D 모델링의 가장 기본이 되는 솔리드 만들기(Solid Creation), 솔리드 도구(Solid Tools), 서피스 만들기(Surface Creation), 서피스 도구(Surface Tools), 개체 커브 추출(Curve From Object) 등의 명령어를 학습해 본다.

Drone rendering

01 라운드형 직사각형 그리기

드로잉의 시작은 Top Viewport에서 시작한다. Rectangle 〉 Rounded rectangle 명령을 클릭 후 커멘드 옵션에서 Center를 클릭한다. Center of rectangle=0을 기입한 후 (Enter) 한다. 다음 Other corner or length(3Point)=70 기입 후 (Enter), Width=190 기입 후 (Enter), Radius=35 기입 후 (Enter) 하면 최종적인 결과가 나타난다.

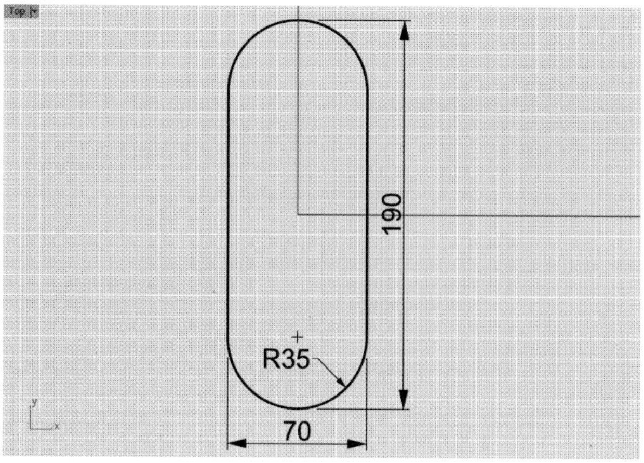

Rounded rectangle
Rounded rectangle conic corners

02 외형선 오프셋하기

Curve Tools 〉 Offset curve 명령을 클릭한다. 커멘드 창에 Select Curves to offset이라 뜨면 Ⓐ커브를 선택하고 Side to offset에서 Distance를 클릭 후 5를 입력하고 원하는 안쪽 위치를 클릭하고 (Enter) 하면 Ⓑ라인이 생성된다. 같은 방법으로 Ⓑ라인을 20mm 오프셋하여 Ⓒ라인을 만들어 준다.

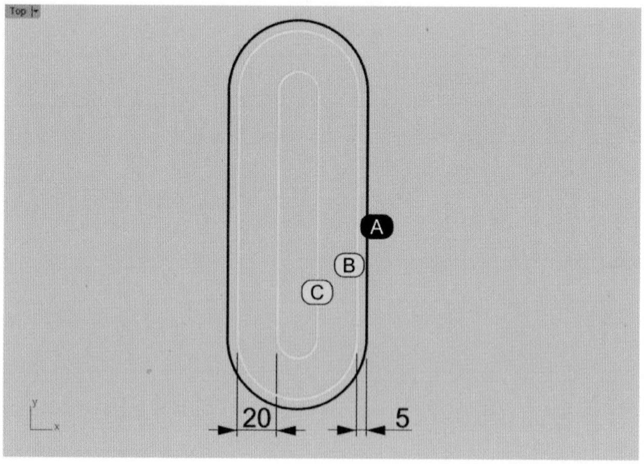

Offset curve
Offset multiple

03 라인들 위치 변경하기

Perspective View에서 시작한다. 검볼(Gumball) 명령을 활성화하고 Ⓑ라인을 클릭한다. 검볼 방향에서 Z축-파란색 화살표를 두 번 클릭하고 25mm 입력 후 (Enter) 한다.

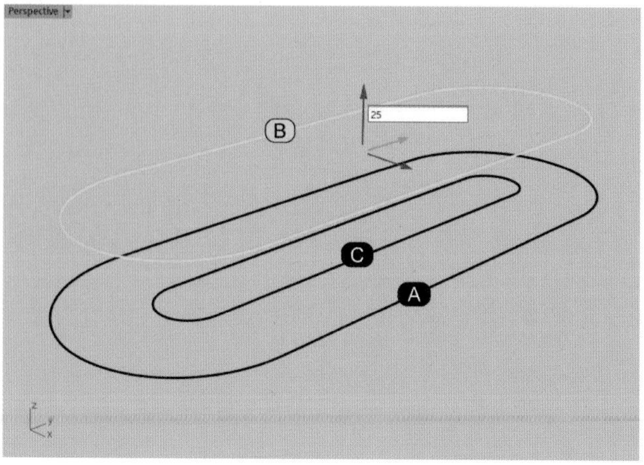

다음 ©라인을 클릭, 동일 Z축을 클릭하고 −25를 입력하고 Enter 하여 밑으로 이동시켜 준다. Front View에서 보면 그림과 같은 위치로 변경된 것을 확인할 수 있다.

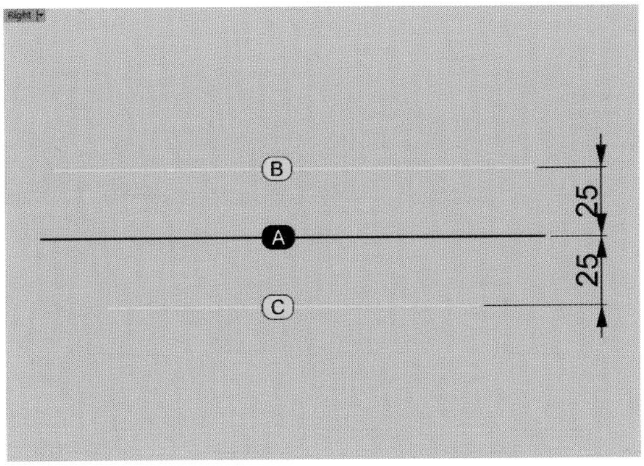

04 외형선 호(Arc) 그리기

Right View에서 작업한다. Osnap에 Quad를 체크한다. Arc 〉 Arc: start, end, radius 명령을 클릭한다. Start of arc라 뜨면 Quad ①번 지점을 클릭하고 End of arc라 뜨면 Quad ②번 지점을 클릭, Radius and orientation of arc라 뜨면 Radius=65를 입력 후 Enter 하고 커서 지점을 클릭하여 호를 완성한다.

 Arc: start, end, radius

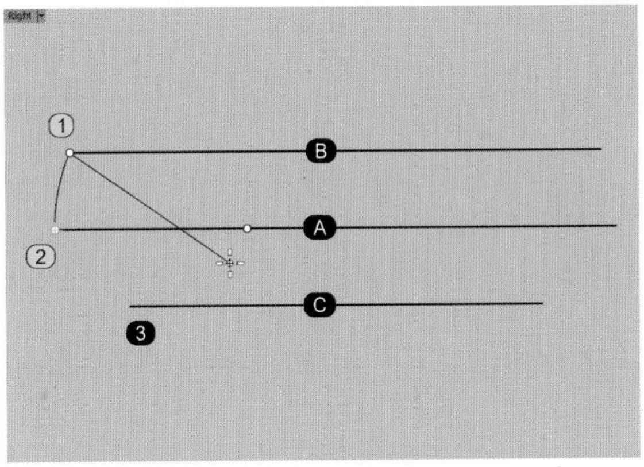

05 외형선 호(Arc) 그리기

Right View에서 작업한다. Osnap에 Quad를 체크한다. Arc 〉 Arc: start, end, radius 명령을 클릭한다. Start of arc라 뜨면 Quad ②번 지점을 클릭하고 End of arc라 뜨면 Quad ③번 지점을 클릭, Radius and orientation of arc라 뜨면 Radius=25를 입력 후 Enter 하고 커서 지점을 클릭하여 호를 완성한다.

 Arc: start, end, radius

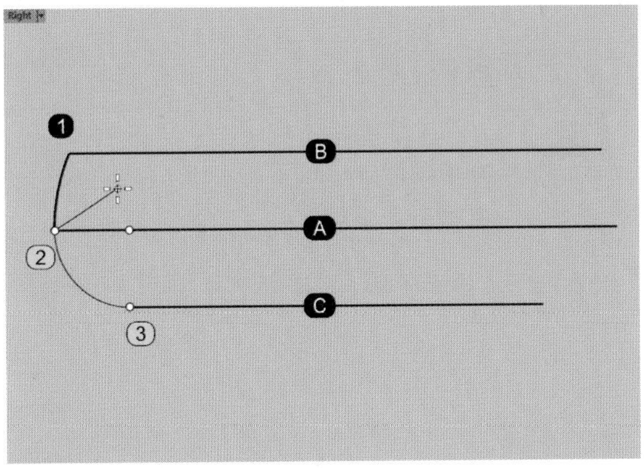

06 2개의 호 연속성(Continuity) 체크하기

Right View에서 작업한다. Analyze 〉 Geometric continuity of 2 curves를 클릭한다. 다음 ①번과 ②번 호(Arc)를 선택해 주면 커멘드 창에 Curves are G1이라고 뜨면 된다. 여기서 G1이란 서로 접하는 접선의 일치, 즉 Tangency가 맞아 연결되는 부분에 각이 존재하지 않고 연속성이 좋다는 뜻이다. 이제 서로 Join해 준다.

 Geometric continuity of 2 curves

07 시각적으로 연속성 살펴보기

①번과 ②번 호를 서로 Join해 준다. Analyze 〉 Curvature graph on 명령을 클릭하고 Join된 외형선을 클릭한다. 흰색 지느러미 모양으로 접선의 일치(Tangency)가 되어 있음을 시각적으로 확인할 수 있다. 스케일과 밀도를 자유롭게 바꿔 가면서 확인할 수 있다.

Join

Curvature graph on
Curvature graph off

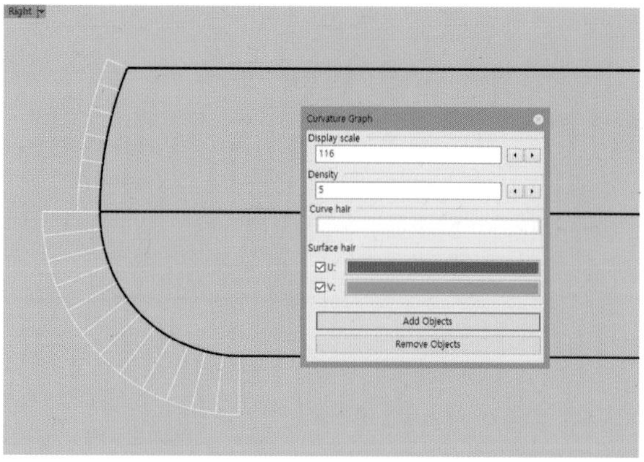

08 외형선 대칭 복사하기

Right View에서 작업한다. Osnap에 Mid를 체크한다. Transform 〉 Mirror 명령을 클릭한다. Select object to mirror라 뜨면 Ⓐ라인을 클릭 후 Enter 한다. Start of mirror plane이라 뜨면 ①번과 ②번 가운데(Mid) 기준점으로 우측으로 대칭 복사해 준다.

Mirror
Mirror on 3-point plane

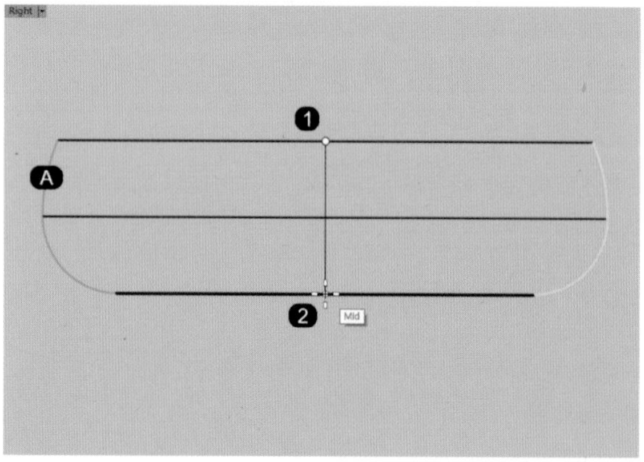

09 Mid 기준 외형선 호(Arc) 그리기

Front View에서 작업한다. Osnap에 Mid를 체크한다. Arc 〉 Arc: start, end, radius 명령을 클릭한다. Start of arc라 뜨면 Mid ①번 지점을 클릭하고 End of arc라 뜨면 Mid ②번 지점을 클릭, Radius and orientation of arc라 뜨면 Radius=65를 입력 후 Enter 하고 커서 지점을 클릭하여 호를 완성한다.

Arc: start, end, radius

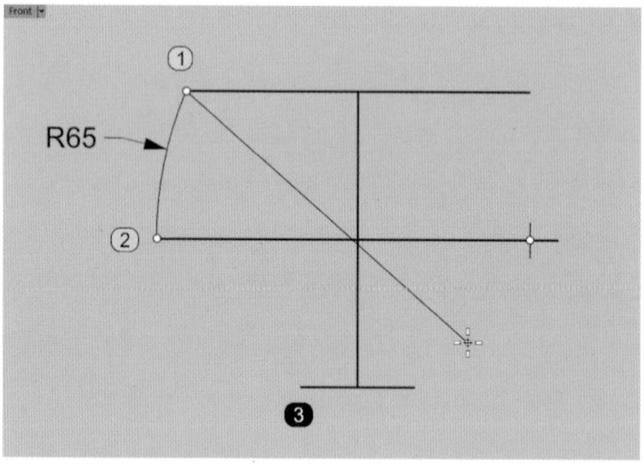

10 Mid 기준 외형선 호(Arc) 그리기

Front View에서 작업한다. Osnap에 Mid를 체크한다. Arc 〉 Arc: start, end, radius 명령을 클릭한다. Start of arc라 뜨면 Mid ②번 지점을 클릭하고 End of arc라 뜨면 Mid ③번 지점을 클릭, Radius and orientation of arc라 뜨면 Radius=25를 입력 후 Enter 하고 커서 지점을 클릭하여 호를 완성한다. 두 개의 호는 서로 Join시켜 준다.

Arc: start, end, radius

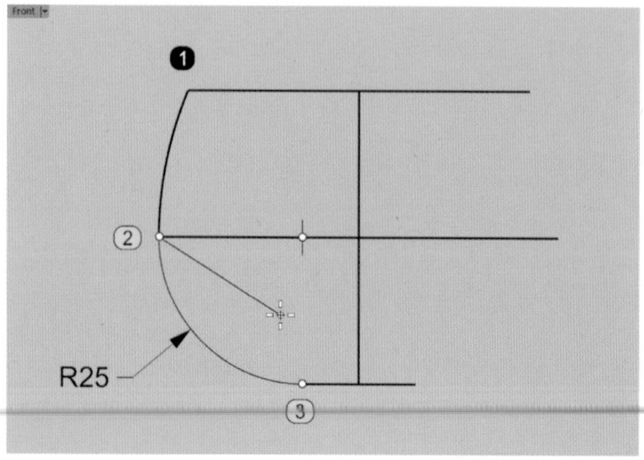

11 외형선 대칭 복사하기

Front View에서 작업한다. Osnap에 Mid를 체크한다. Transform 〉 Mirror 명령을 클릭한다. Select object to mirror라 뜨면 Ⓐ라인을 클릭 후 Enter 한다. Start of mirror plane이라 뜨면 ①번과 ②번 가운데(Mid) 기준점으로 우측으로 대칭 복사해 준다.

Mirror
Mirror on 3-point plane

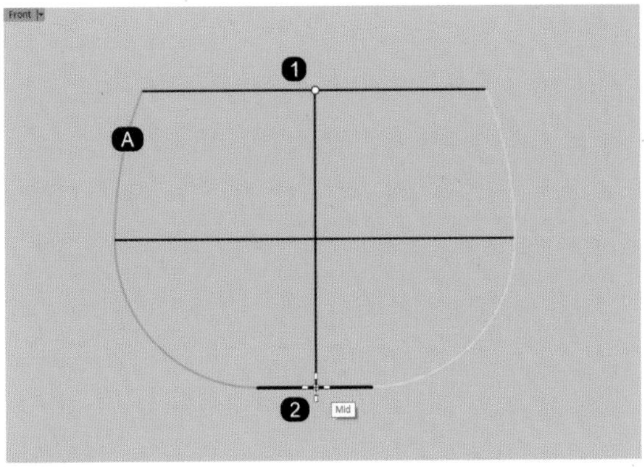

12 개체 숨기기

Perspective View에서 지금까지 작업된 라인 작업을 확인해 본다. 이제 반복 작업을 위해 그림처럼 선택된 라인을 Hide object 명령으로 숨겨 준다.

Hide objects
Show objects

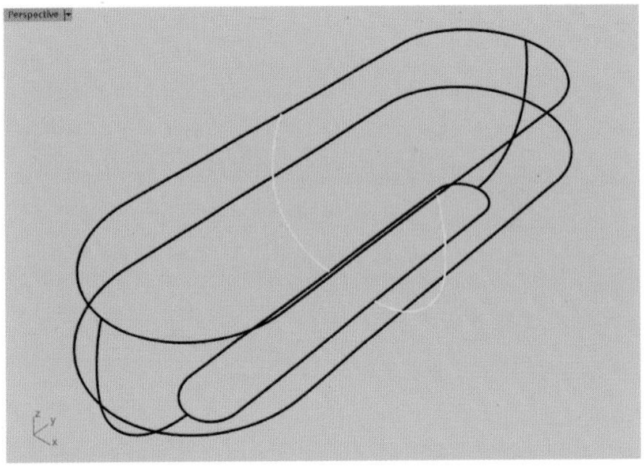

13 Quad 기준 외형선 호(Arc) 그리기

Front View에서 작업한다. 이제 Quad 점을 기준으로 동일한 작업을 반복하여 그림과 같이 만들어 준다. 2개의 개체는 Join해 주면 된다.

Arc: start, end, radius

Join

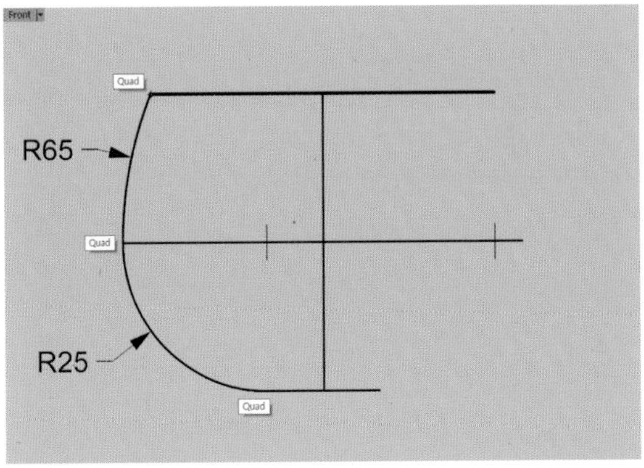

14 외형선 대칭 복사하기

Front View에서 작업한다. Osnap에 Quad가 체크된 상태에서 Transform 〉 Mirror 명령을 클릭한다. Select object to mirror라 뜨면 Ⓐ라인을 클릭 후 Enter 한다. Start of mirror plane이라 뜨면 ①번과 ②번 가운데(Quad) 기준점으로 우측으로 대칭 복사해 준다.

Mirror
Mirror on 3-point plane

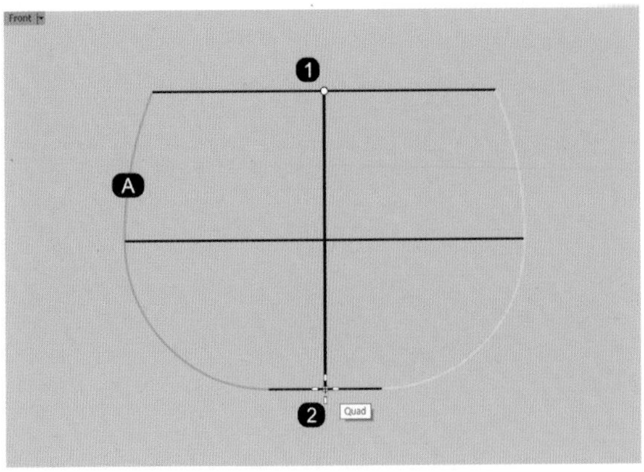

15 외형선 대칭 복사하기

Right View에서 작업한다. Osnap에 Mid를 체크한다. Transform 〉 Mirror 명령을 클릭한다. Select object to mirror라 뜨면 Ⓐ라인(중복 라인) 모두를 클릭 후 Enter 한다. Start of mirror plane이라 뜨면 ①번과 ②번 가운데(Mid) 기준점으로 우측으로 대칭 복사해 준다.

Mirror
Mirror on 3-point plane

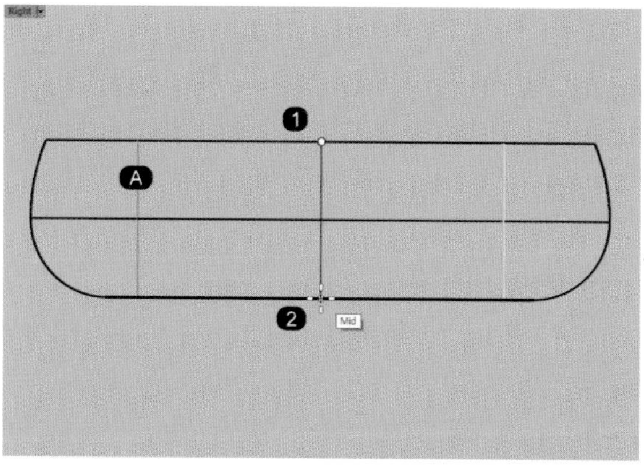

16 개체 보이게 하기

Perspective View에서 지금까지 작업된 라인 작업을 확인해 본다. Show object 명령으로 앞서 숨겨 둔 2개의 라인도 보이게 한다.

Show objects

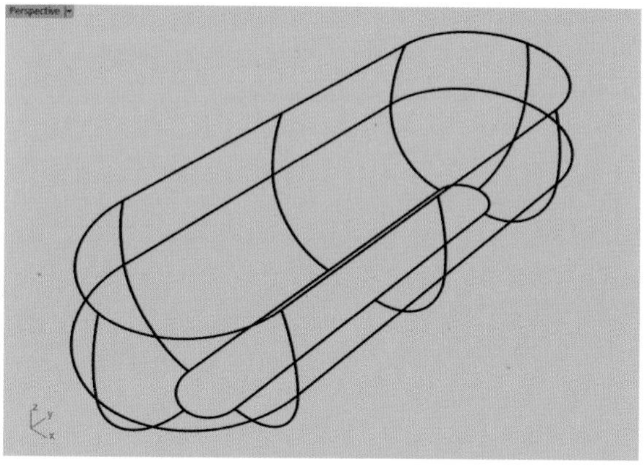

17 면 생성하기

Perspective View에서 작업한다. Surface Creation 〉 Sweep 2 rails 명령을 클릭한다. Select first rail(ChainEdges)이라 뜨면 ①번과 ②번 라인을 클릭한다. Select cross section curves(Point)라 뜨면 ③~⑩ 순으로 클릭 후 Enter 한다. Closed sweep 옵션 체크 후 OK한다. 면이 생성된다.

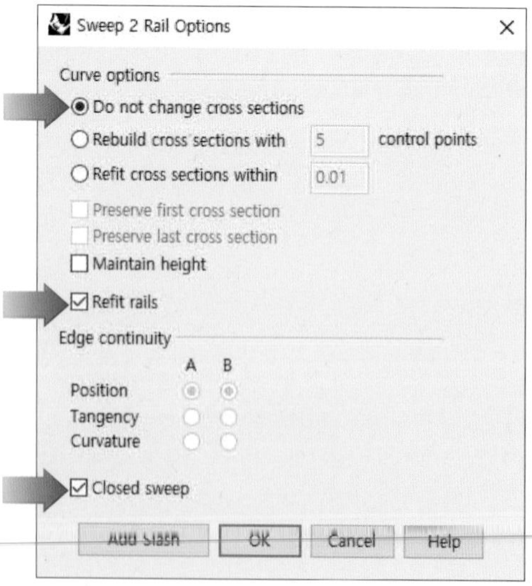

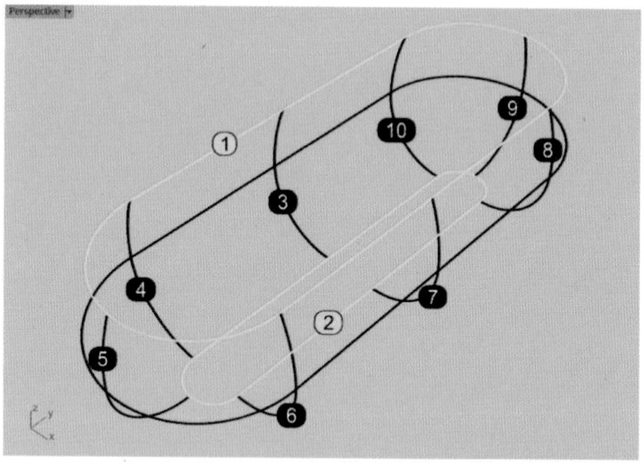

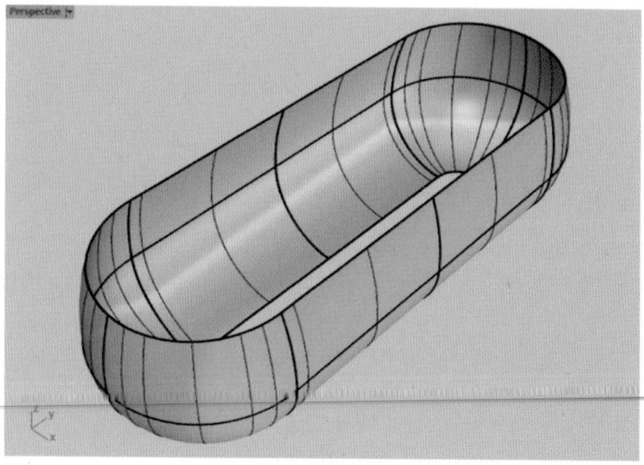

18 상단 호(Arc) 드로잉하기

Front View에서 작업한다. Snap을 정확하게 잡기 위해서 방금 생성된 면은 잠시 숨겨 준다. Osnap에 Mid를 체크한다. Arc > Arc: start, end, radius 명령을 클릭한다. Start of arc라 뜨면 Mid ①번 지점을 클릭하고 End of arc라 뜨면 Mid ②번 지점을 클릭, Radius and orientation of arc라 뜨면 Radius=93을 입력 후 (Enter) 하고 커서 지점을 클릭하여 호를 완성한다.

Arc: start, end, radius

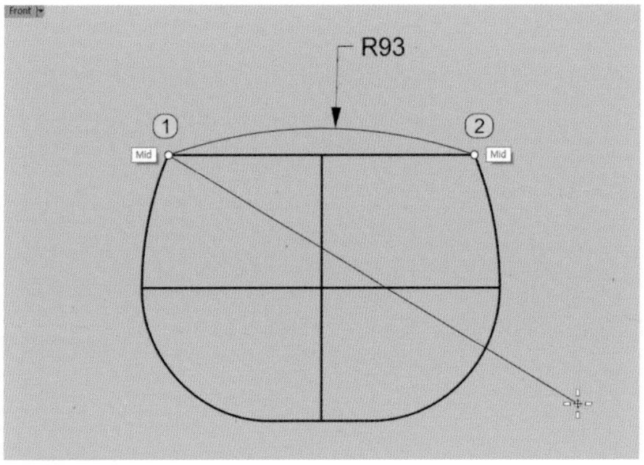

19 Quad 기준 외형선 호(Arc) 그리기

Right View에서 작업한다. Osnap에 Quad를 체크한다. Arc > Arc: start,end, point on arc 명령을 클릭한다. ①번과 ②번 Quad 지점을 클릭하고 ③번 지점을 클릭하여 호(Arc)를 완성한다.

Arc: start, end, point on arc
Arc: start, point on arc, end

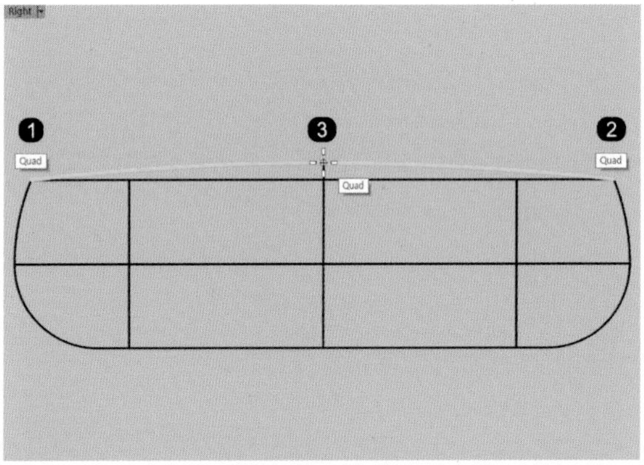

20 외형선 분할하기

Perspective View에서 작업한다. Split 명령을 클릭하고 Select objects to split이 뜨면 라인 Ⓐ를 선택하고 (Enter) 한다. 다음 Select cutting objects라 뜨면 Ⓑ라인을 클릭 후 (Enter) 하면 그림과 같이 잘리게 된다.

Split
Split surface by isocurve

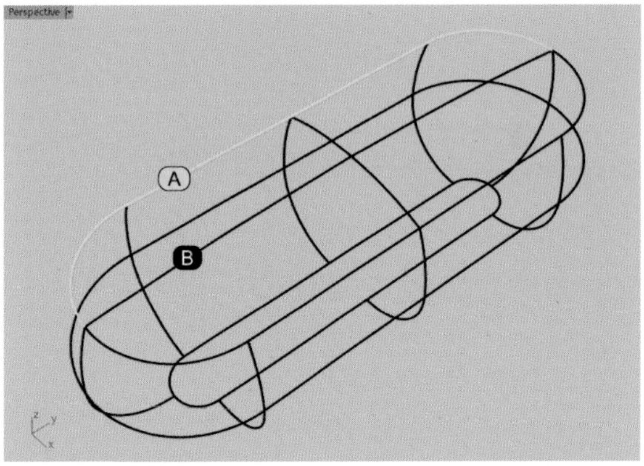

21 볼륨 커브 만들기

Perspective View에서 작업한다. Snap은 End에 체크한다. Curve Tools > Curve from cross section profiles 명령을 클릭한다. Select profile curves in order가 뜨면 ①-②-③ 번호 순서대로 클릭 후 (Enter) 한다.

Curve from cross section profiles

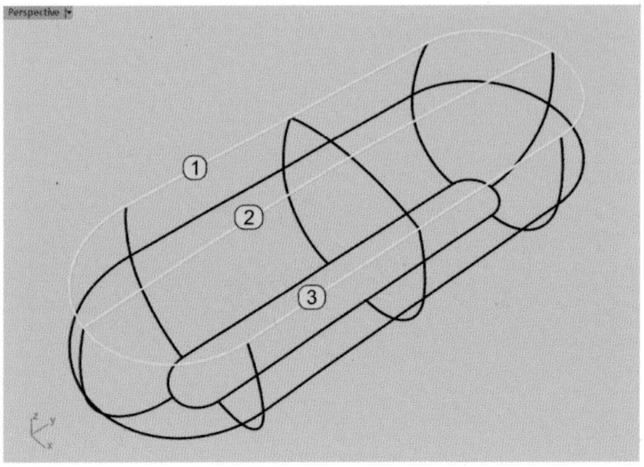

커멘드 창에 Start of cross-section line(Closed=No LineObjects)이라 뜨면 그림과 같은 순서대로 End 점을 클릭, Enter 하면 3개의 커브를 가로지르는 단면 커브가 생성된다.

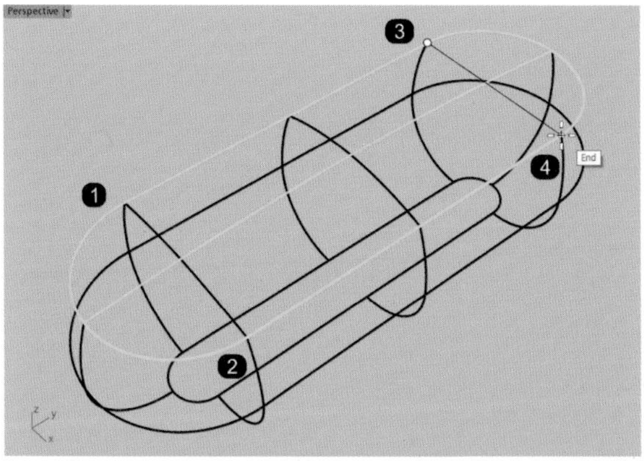

이렇게 단면 커브를 추가하는 이유는 면이 급격히 처지는 문제를 방지하고 보다 정확한 면의 볼륨을 만들기 위함이다.

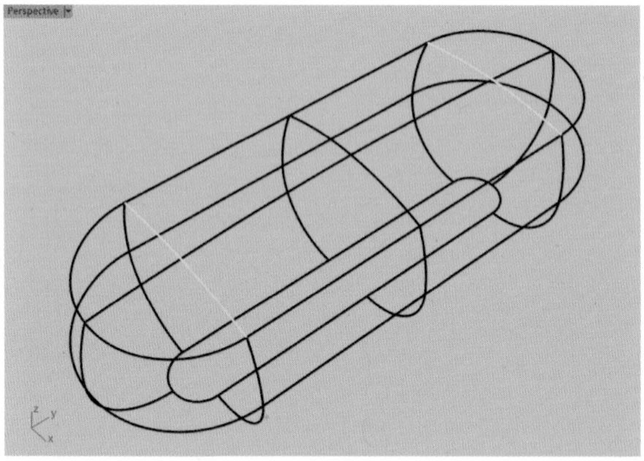

22 네트워크 볼륨 면 만들기

Perspective View에서 작업한다. Surface Creation 〉 Surface from network of curves 명령을 클릭한다. 커멘드 창에 Select curves in network라 뜨면 번호 순서대로 선들을 선택 후 Enter 한다. 옵션 창이 나타나면 그림과 같이 설정하고 OK한다.

Surface from network of curves

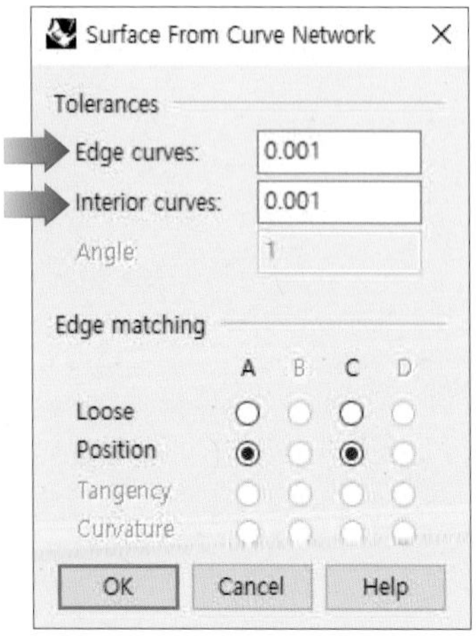

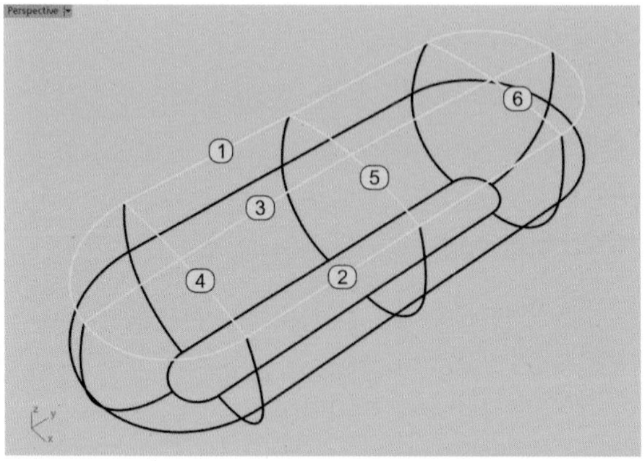

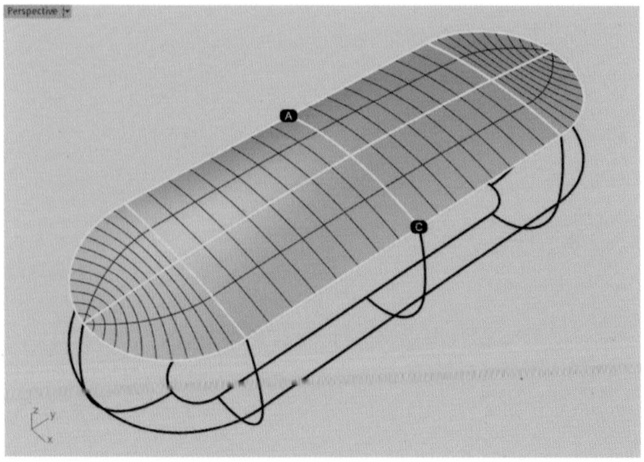

23 하단 면 만들기

Perspective View에서 작업한다. 숨겨둔 초기 Body 면을 보이게 한다. Point Edit 명령을 클릭하고 해당 면을 선택 후 Enter 하면 Point가 나타난다. 포인트 ON=F10, Off=F11도 가능하다.

Show object control points
Point off

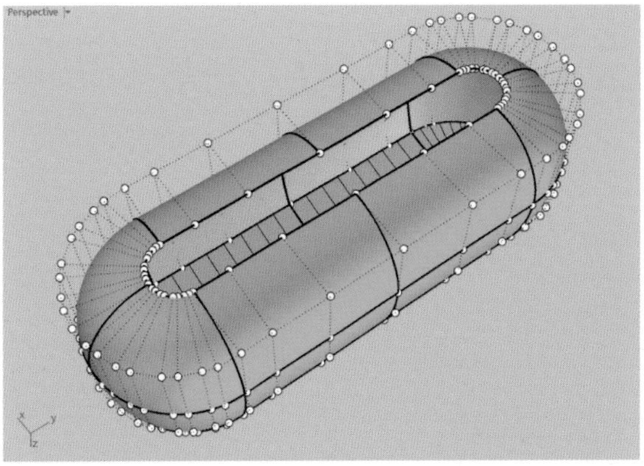

24 중복 Knot 삭제하기

앞서 Sweep 2 Rails로 만든 면의 경우 멀티 낫(Multi Knot) 중복이 발생할 수 있다. 이를 없애 주기 위해 Surface Tools > Remove multi knots from surface or curve를 클릭하고 Body 면을 클릭 후 Enter 한다. 동시에 중복됐던 매듭점(Knot)이 사라진 것을 확인할 수 있다.

Remove multiple Knots from surface or curve

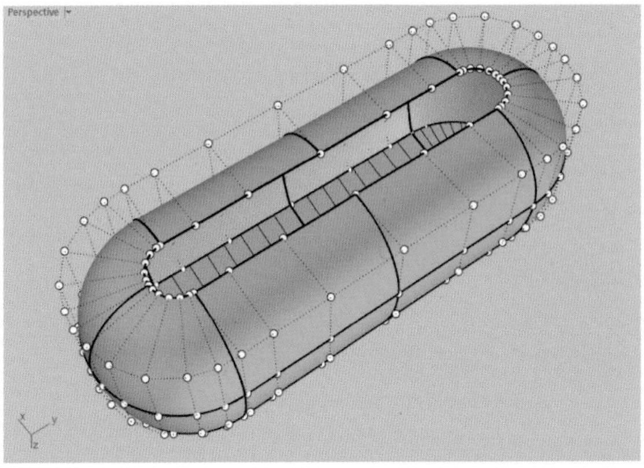

25 밑면 메꾸기

키보드의 F11을 눌러 포인트를 Off시켜 준다. Surface Creation > Surface from planar curves 명령을 클릭하고 그림과 같이 Curve를 클릭하고 Enter 하면 평면이 만들어진다. 이제 모든 면을 서로 Join하여 1개의 솔리드 개체로 만들어 준다.

Surface from planar curves

Join

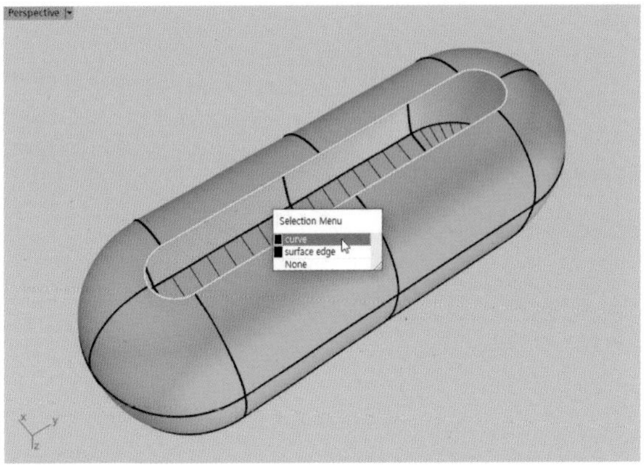

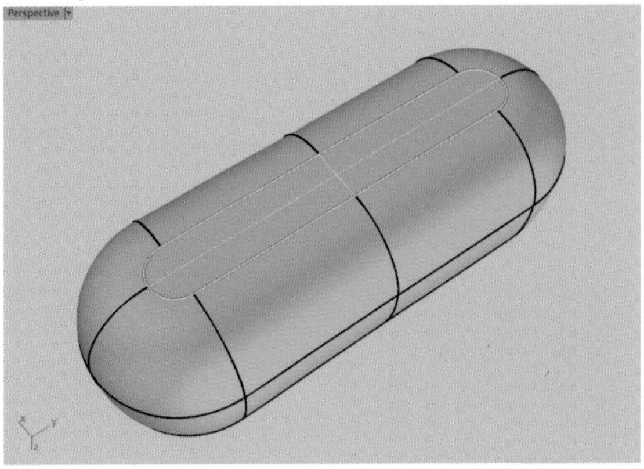

26 커브들 숨기기

Select 〉 Select curves 명령으로 선을 자동 선택 후 Hide 시켜 준다.

Select curves

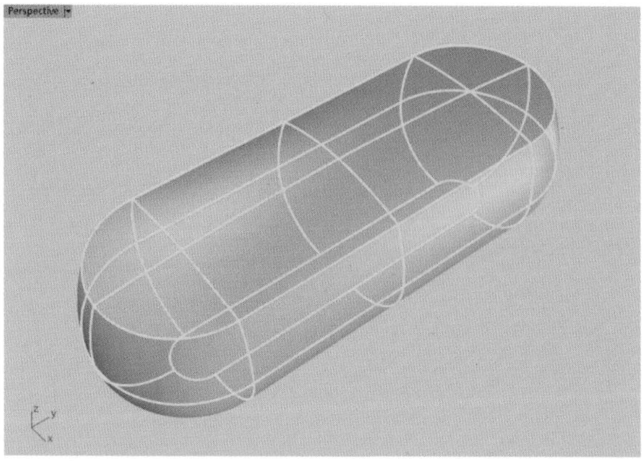

27 라운드형 직사각형 그리기

Right Viewport에서 시작한다. Rectangle 〉 Rounded rectangle 명령을 클릭 후 커멘드 옵션에서 Center를 클릭한다. Center of rectangle=0을 기입한 후 Enter 한다. 다음 Other corner or length(3Point)=112 기입 후 Enter, Width=7 기입 후 Enter 하면 최종적인 결과가 나타난다.

Rounded rectangle
Rounded rectangle conic corners

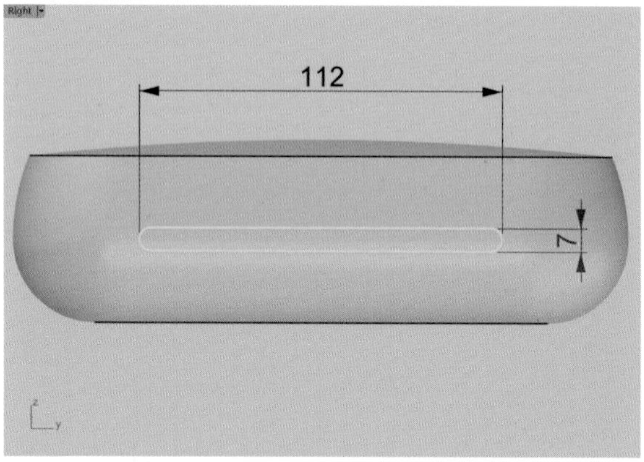

28 커브 오프셋해 두기

Right Viewport에서 작업한다. Curve Tools 〉 Offset curve 명령을 클릭한다. Select curve to offset 옵션 항목에서 Distance=3.6을 기입하고 Enter 하면 그림과 같이 안쪽으로 Offset이 완료된다.

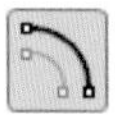

Offset curve
Offset multiple

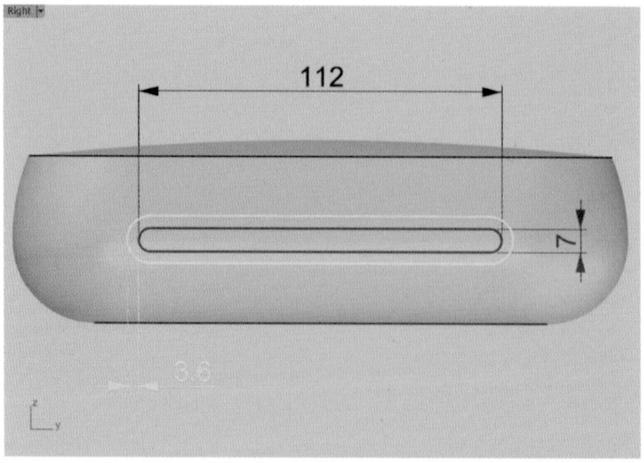

29 라인들 위치 변경하기

Perspective View에서 시작한다. 검볼(Gumball) 명령을 활성화하고 앞서 그려진 개체 2개를 선택, 검볼 방향에서 X축-빨간색 화살표를 두 번 클릭하고 40mm 입력 후 Enter 한다. Body의 바깥쪽 만곡부에서 5mm 정도 나오게 된다.

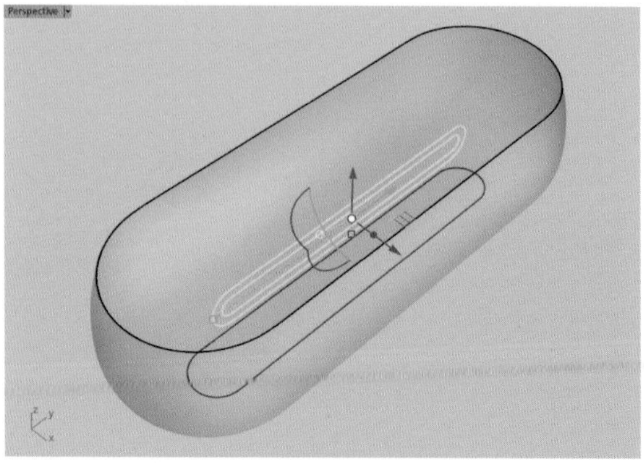

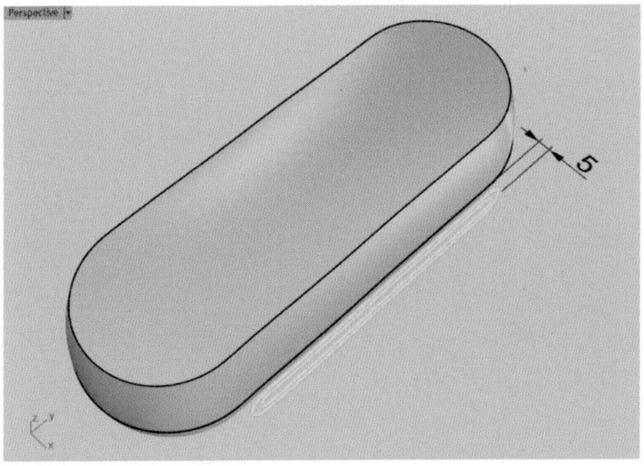

30 돌출 개체 만들기

Solid Creation 〉 Extrude closed planar curves 명령을 클릭한다. Select curve to Extrude:라 뜨면 바깥쪽 라운디드 커브를 선택 후 Enter 한다. Extrusion distance 옵션은 BothSides=No, Solid=Yes로 하고 거리는 15mm 입력 후 Enter 한다.

Extrude closed planar curve

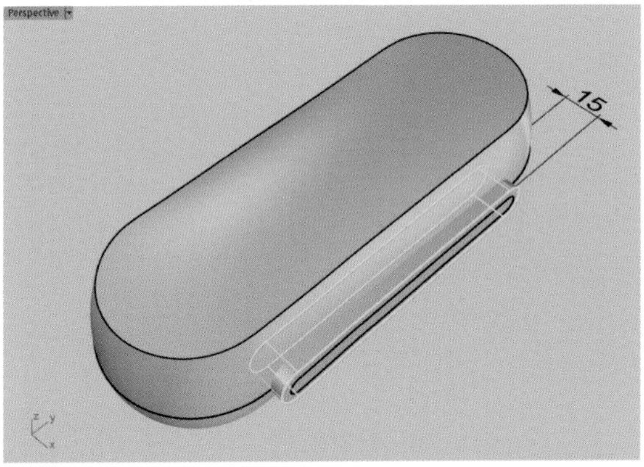

31 돌출 개체 대칭 복사하기

Top View에서 작업한다. Transform 〉 Mirror 명령을 클릭한다. Select objects to mirror가 뜨면 드로잉 라인을 모두 포함한 돌출 개체를 드래그 선택 후 Enter 한다. 가운데 Quad 축을 기준으로 대칭 복사한다.

Mirror
Mirror on 3-point plane

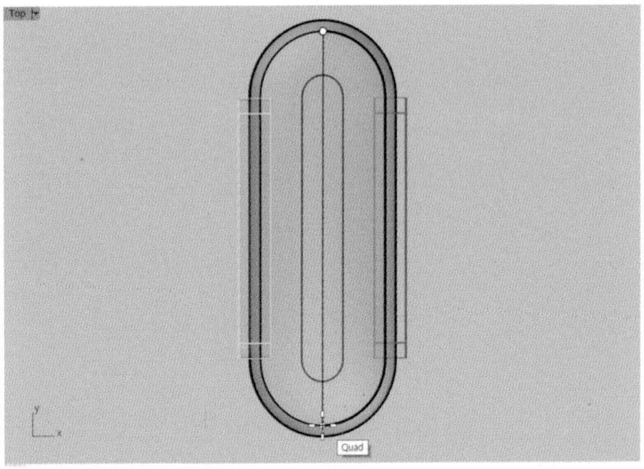

32 돌출 개체 바디에 붙이기

Perspective View에서 작업한다. Solid Tools 〉 Boolean union 명령을 클릭한다. Select surface or polysurfaces to union:라 뜨면 ①–②–③번 객체를 모두 선택하고 Enter 한다. 이제 1개의 Solid 개체가 되었다.

Boolean union

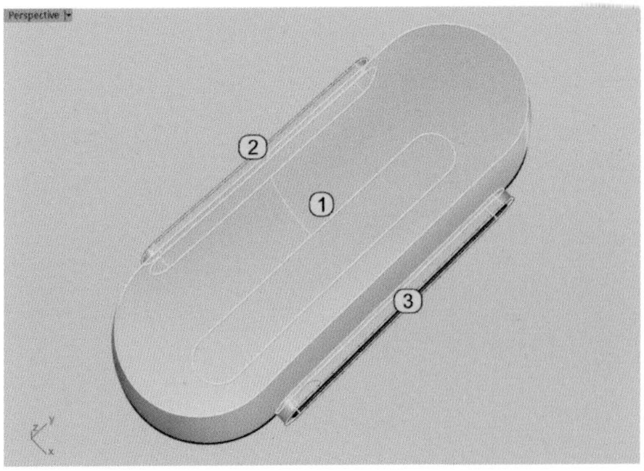

33 안쪽 커브 양쪽으로 돌출시키기

Perspective View에서 작업한다. 먼저 Solid Creation 〉 Extrude closed planar curves 명령을 클릭한다. Select curve to Extrude:라 뜨면 안쪽 라운디드 커브를 선택 후 Enter 한다. Extrusion distance 옵션은 BothSides=Yes, Solid=Yes로 하고 거리는 15mm 입력 후 Enter 한다. 전체 30mm의 돌출 개체가 만들어진다.

Extrude closed planar curve

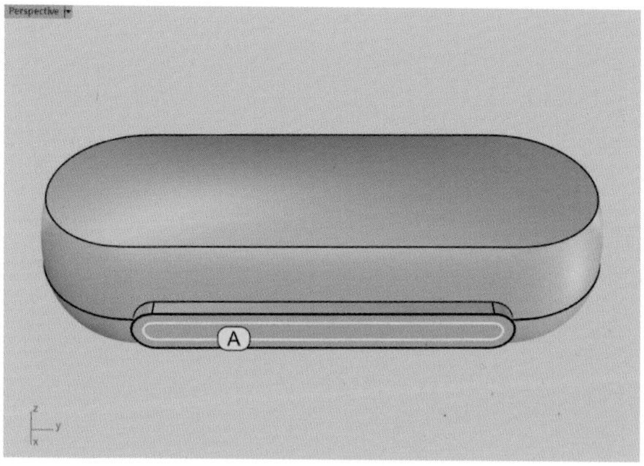

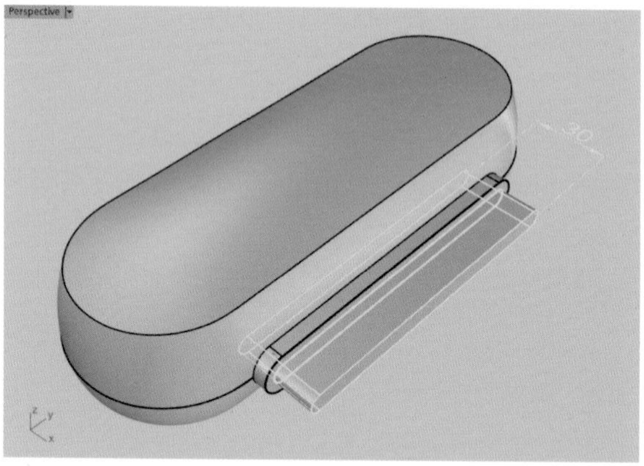

34 돌출 개체 대칭 복사하기

Top View에서 작업한다. Transform 〉 Mirror 명령을 클릭한다. Select objects to mirror가 뜨면 돌출 개체를 선택 후 Enter 한다. 가운데 Quad 축을 기준으로 대칭 복사한다.

Mirror
Mirror on 3-point plane

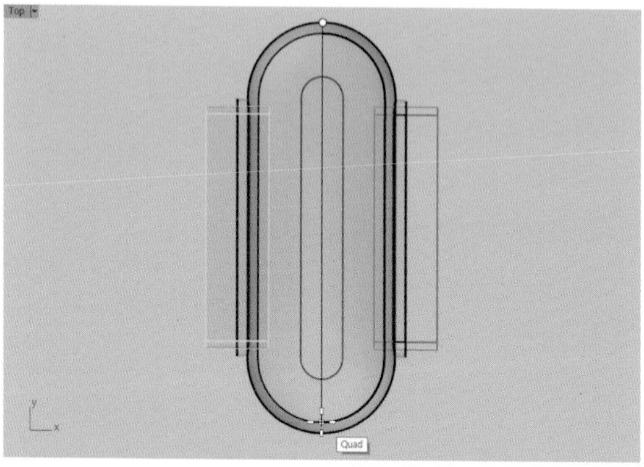

35 구멍 파기

Perspective View에서 작업한다. Solid Tools 〉 Boolean difference 명령을 클릭한다. 먼저 ①Body 선택하고 Enter, 다음 방금 만든 ②, ③돌출 개체를 클릭하고 Enter 하면 양쪽에 깊이 15mm의 홈이 만들어진다.

Boolean difference

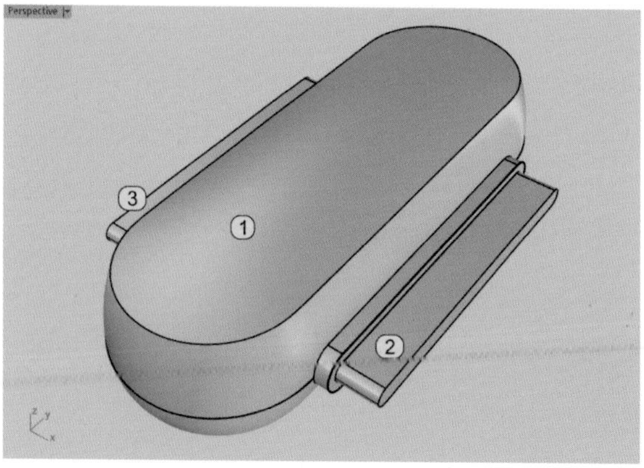

36 내부 홈 확인하기

Ghosted 화면 모드로 내부 파인 홈을 확인한다.

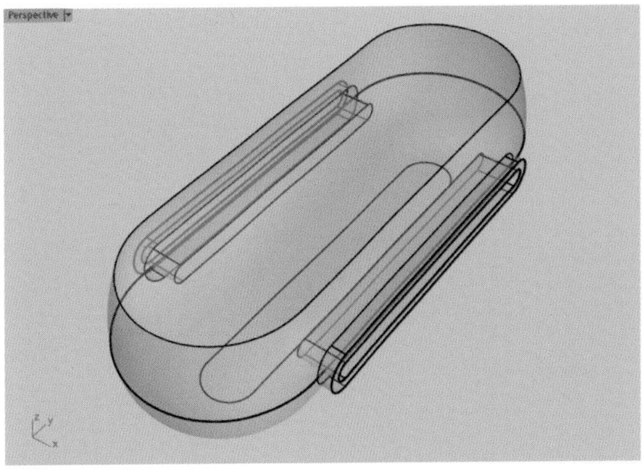

37 모서리 필렛 주기

Perspective View에서 작업한다. Solid Tools 〉 Fillet edges 명령을 클릭한다. 커멘드 창에 Select edges to fillet 괄호 설정인 Next radius를 클릭하고 3을 입력하고 Enter 한다. 다음 Chain Edges를 클릭 후 각진 모서리 양쪽 엣지를 동시 선택하고 Enter 한다. 둥그런 필렛 결과가 반영된다.

Fillet edges
Blend edges

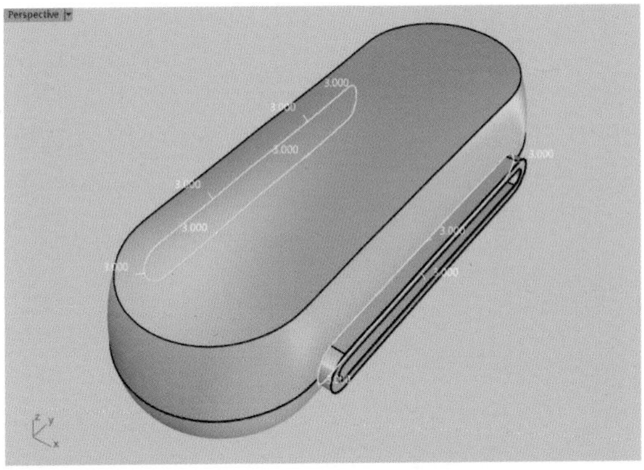

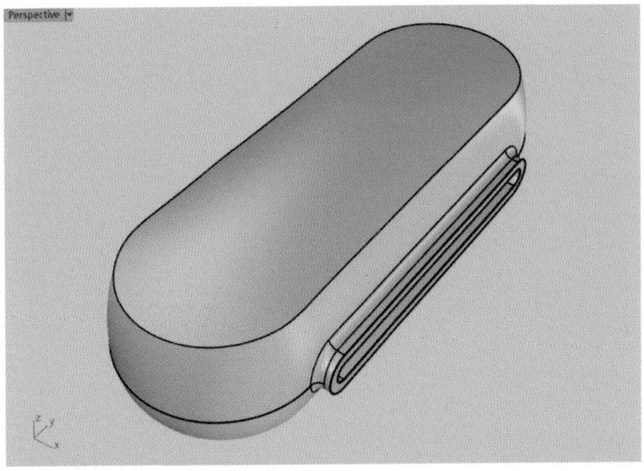

38 모서리 모따기(챔퍼) 주기

Perspective View에서 작업한다. Solid Tools 〉 Chamfer edges 명령을 클릭한다. 커멘드 창에 Select edges to chamfer 괄호 설정인 NextChamferDistance=1.3을 입력한 다음 ChainEdges를 클릭 후 각진 모서리 동시 선택하고 Enter 한다. 모따기 결과가 나타난다.

Chamfer edges

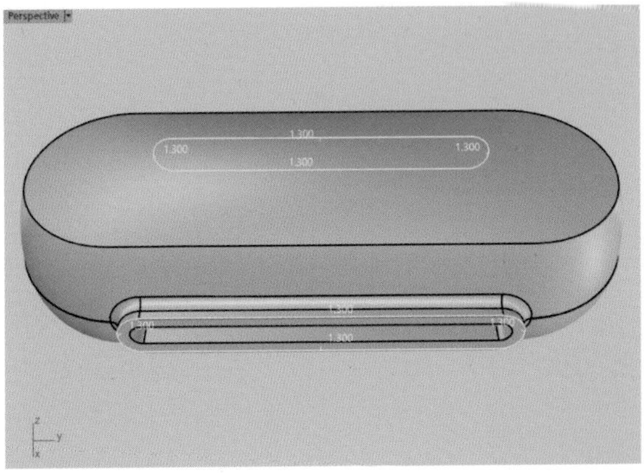

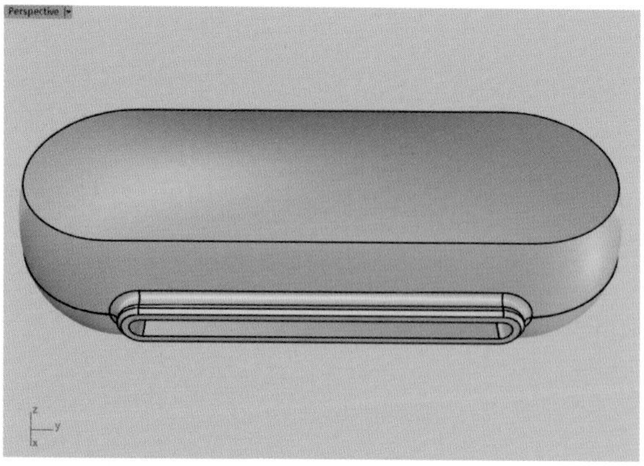

39 모서리 모따기(챔퍼) 주기

Perspective View에서 작업한다. Solid Tools 〉 Chamfer edges 명령을 클릭한다. 커멘드 창에 Select edges to chamfer 괄호 설정인 NextChamferDistance=1.6을 입력한 다음 ChainEdges를 클릭 후 각진 모서리를 선택하고 Enter 한다. 모따기 결과가 나타난다.

 Chamfer edges

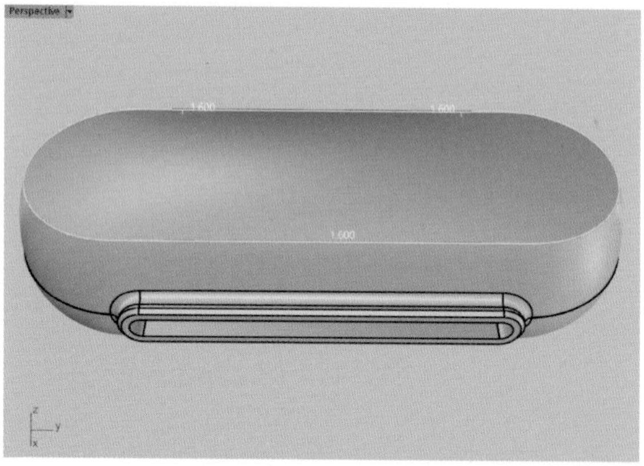

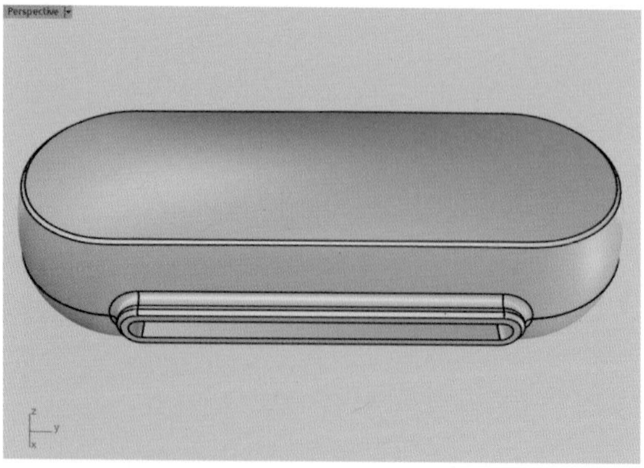

40 정사각형 라인 그리기

Front View에서 작업한다. 먼저 디스플레이 모드를 Ghosted로 변경하여 내부가 보이게 한다. Rectangle 〉 Rectangle: Center, Corner 명령을 클릭한다. 숫자 0을 치고 Enter 하면 가운데서부터 그려진다. Other corner or length라 뜨면 40을 입력하고 Enter, Width=40을 입력하고 Enter 한다. ①번 안쪽 커브가 생성된다. 동일 방법으로 50을 입력하고 ②번 바깥쪽 커브로 만들어 준다.

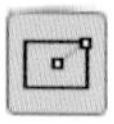 Rectangle: Center, Corner

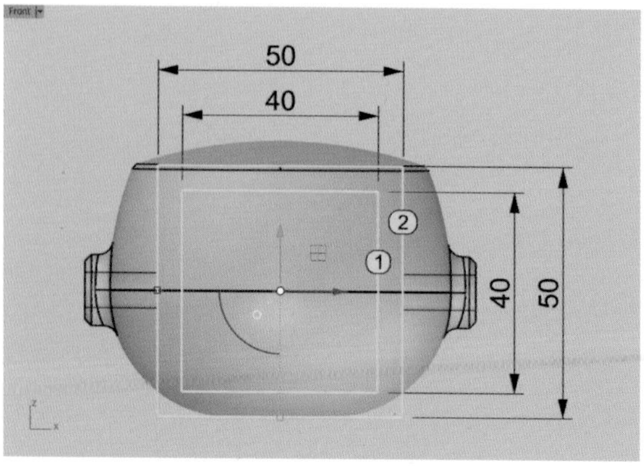

41 아래쪽으로 1, 2번 개체 이동하기

Front View에서 작업한다. 검볼(Gumball)의 녹색 화살표 방향을 기준으로 중심 좌표에 그려진 ①번 개체는 −28mm, ②번 개체는 −8mm 아래로 내려 준다. 화살표를 두 번 클릭하고 치수를 기입해 주면 이동이 된다.

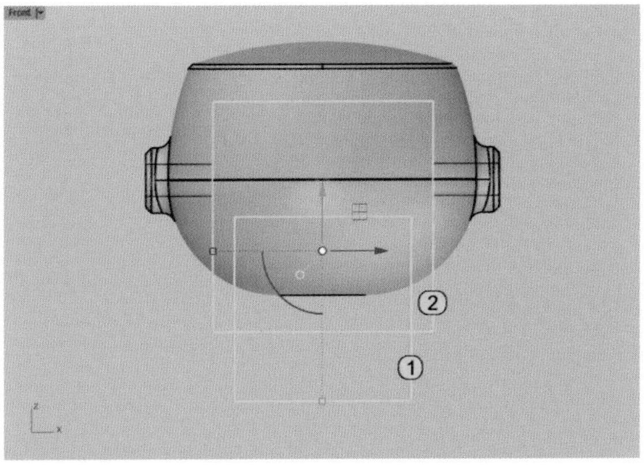

42 바깥쪽으로 1, 2번 개체 이동하기

Perspective View에서 작업한다. 검볼(Gumball)의 녹색 화살표 방향을 기준으로 중심 좌표에 그려진 ①번 개체는 48mm, ②번 개체는 −72mm 바깥쪽으로 이동시켜 준다. 화살표를 두 번 클릭하고 치수를 기입해 주면 이동이 된다.

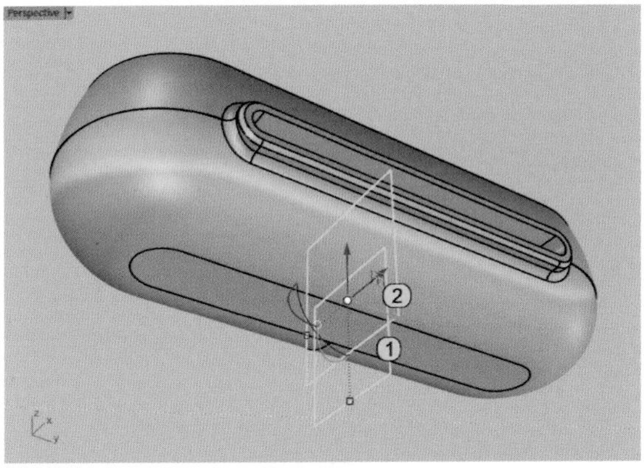

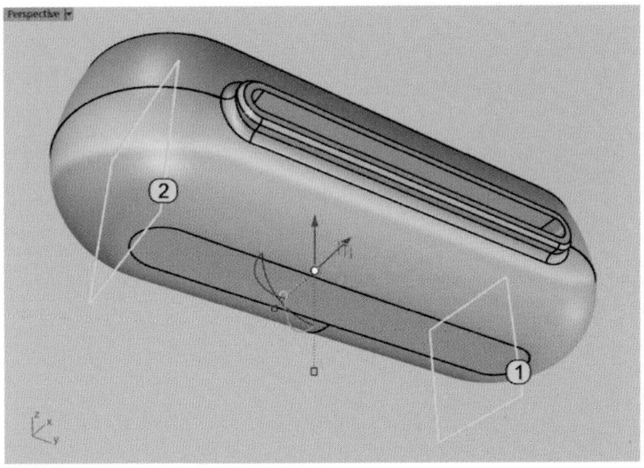

43 이동 위치 확인하기

Front View에서 볼 때 그림과 같이 ①번과 ②번 개체가 위치해 있는지 확인한다.

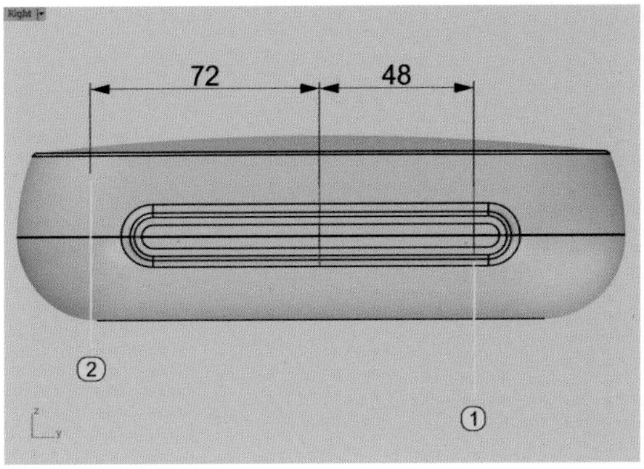

44 돌출 개체로 만들기

①번과 ②번 직사각형 개체를 각각 선택하고 Solid Creation 〉 Extrude closed planar curve 명령으로 해당 치수 만큼의 돌출 개체로 만들어 준다.

Extrude closed planar curve

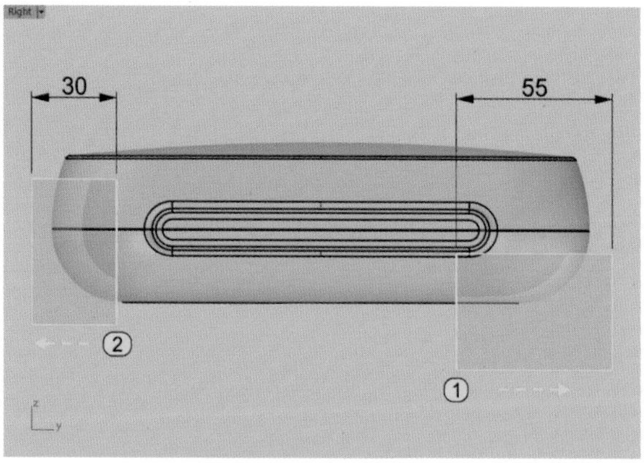

45 모서리 필렛 주기

Perspective View에서 작업한다. 메인 Body를 잠시 Hide 시켜 준다. Solid Tools 〉 Fillet edges 명령을 클릭한다. 커멘드 창에 Select edges to fillet 괄호 설정인 Next radius를 클릭하고 7.6을 입력 후 Enter 한다. ②번 개체를 드래그하여 각진 모서리를 동시 선택하고 Enter 한다. 둥그런 필렛 결과가 반영된다.

Fillet edges
Blend edges

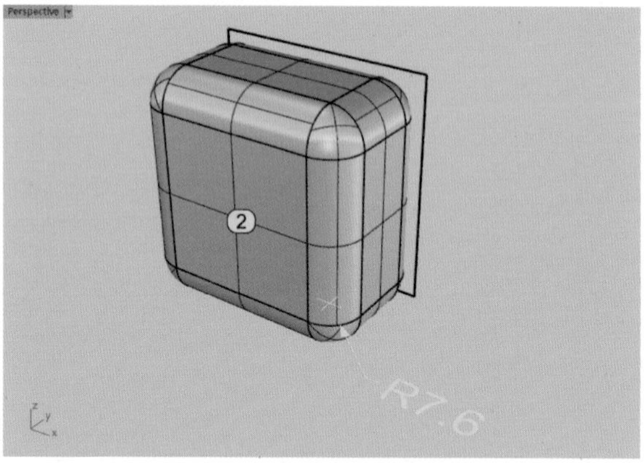

46 모서리 필렛 주기

Perspective View에서 작업한다. 메인 Body를 잠시 Hide 시켜 준다. Solid Tools 〉 Fillet edges 명령을 클릭한다. 커멘드 창에 Select edges to fillet 괄호 설정인 Next radius를 클릭하고 5를 입력 후 Enter 한다. ①번 개체를 드래그하여 각진 모서리를 동시 선택하고 Enter 한다. 둥그런 필렛 결과가 반영된다.

Fillet edges
Blend edges

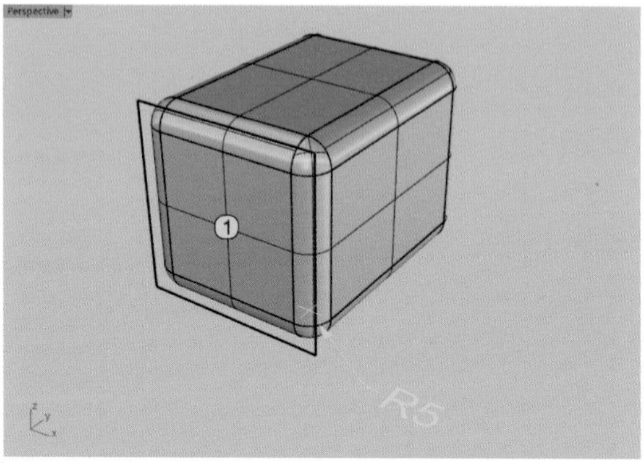

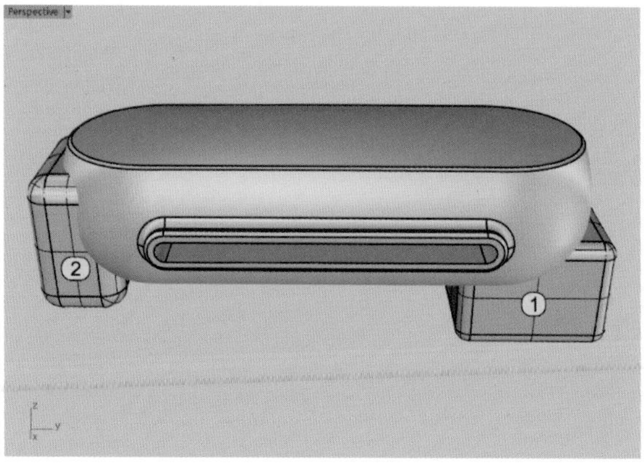

47 중첩 개체로 잘라 내기

Perspective View에서 작업한다. Solid Tools 〉 Boolean split 아이콘을 클릭한다. Select surfaces or polysurfaces to split이라 뜨면 메인 Body Ⓐ개체를 선택 후 Enter 한다. Select cutting surfaces or polysurfaces라 뜨면 Ⓑ개체를 선택 후 Enter 하면 중첩 개체가 생성된다. 나머지는 지워 준다.

Boolean split
Boolean 2 objects

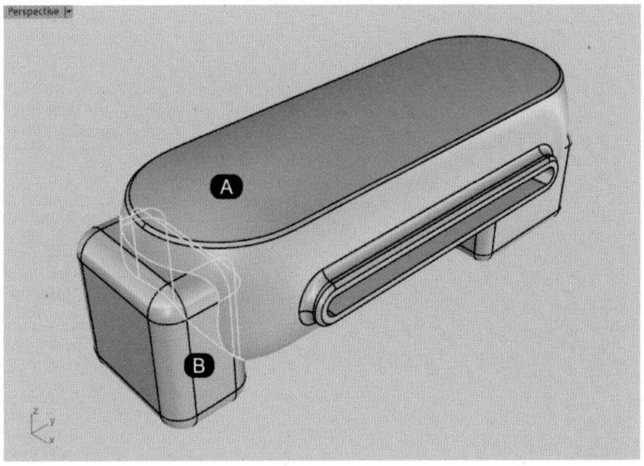

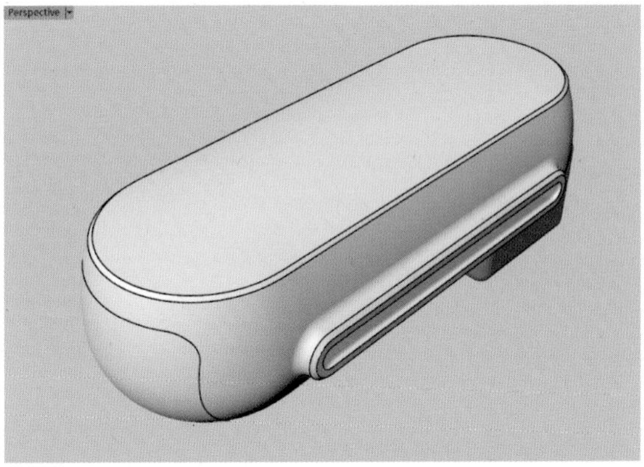

48 중첩 개체로 잘라 내기

Perspective View에서 작업한다. Solid Tools 〉 Boolean split 아이콘을 클릭한다. Select surfaces or polysurfaces to split이라 뜨면 메인 Body Ⓒ개체를 선택 후 Enter 한다. Select cutting surfaces or polysurfaces라 뜨면 Ⓓ개체를 선택 후 Enter 하면 중첩 개체가 생성된다. 나머지는 지워 준다.

Boolean split
Boolean 2 objects

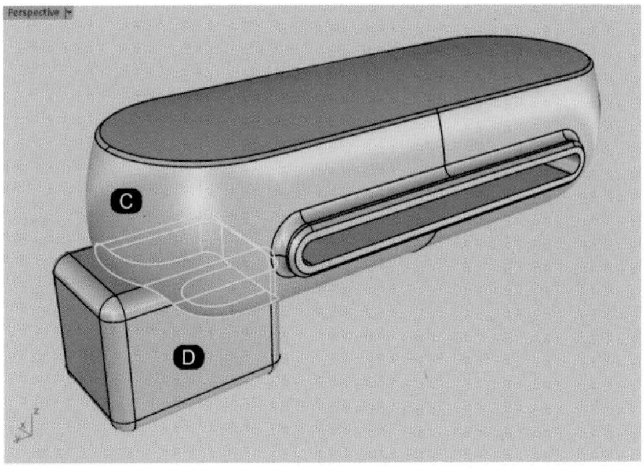

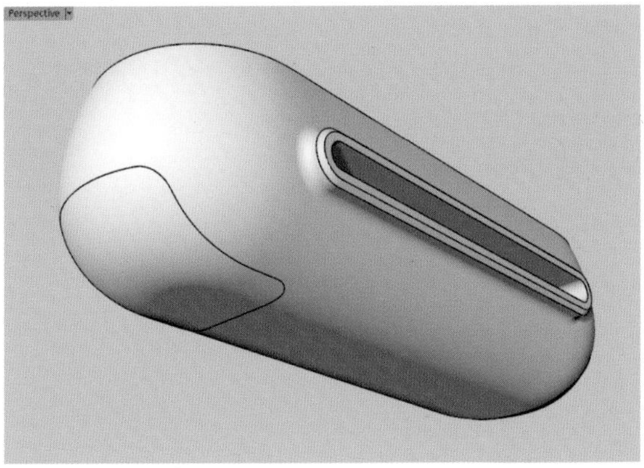

49 모서리 필렛 주기

Perspective View에서 작업한다. Solid Tools 〉 Fillet edges 명령을 클릭한다. 커멘드 창에 Select edges to fillet 괄호 설정인 Next radius 클릭하고 0.25를 입력 후 Enter 한다. 다음 Chain Edges를 클릭 후 각진 모서리 양쪽 엣지를 동시 선택하고 Enter 한다. 둥그런 필렛 결과가 반영된다. 다른 파트로도 동일하게 작업한다.

Fillet edges
Blend edges

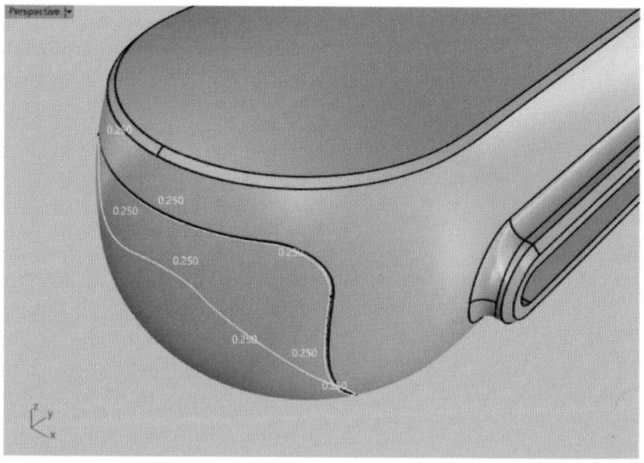

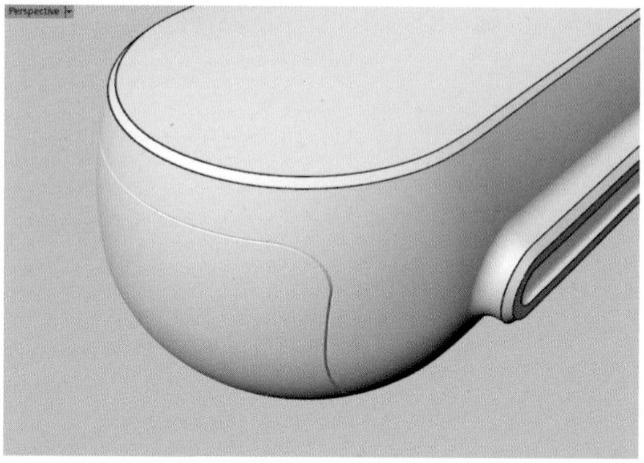

50 프레임 구조 만들기

Top View에서 시작한다. 드론의 날개가 되는 프레임 구조를 만들 차례이다. Rectangle 〉 Rectangle: center, corner 명령을 클릭한다. Center of rectangle이 뜨면 숫자 0을 치고 Enter 한다.Other corner or length는 200을 기입하고 Enter, Width=200을 기입하고 Enter 한다.

Rectangle: center, corner

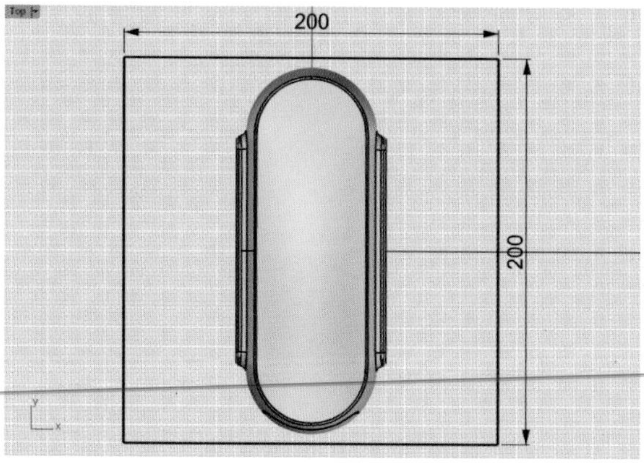

51 기준 대각선 그려 주기

Top View에서 작업한다. Osnap에 End 체크한다. 다음 Lines > Single line 명령으로 모서리를 기점으로 대각선을 2개 그려 준다.

Single line

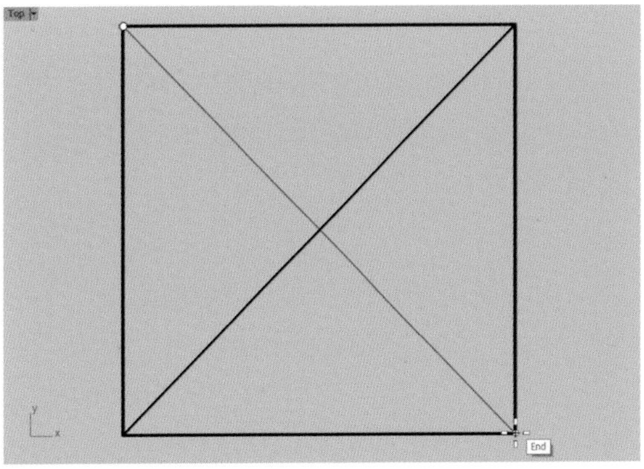

52 기준 대각선 그려 주기

Top View에서 작업한다. Osnap에 Int와 Near를 동시에 체크한다. 다음 Lines > Line: from midpoint 명령을 클릭한다. 가운데 교차 지점을 클릭하고 End of line이라 뜨면 반지름 16을 입력하고 대각선 라인 선상을 클릭하면 지름 32mm 대각선이 그려진다.

Line: from midpoint

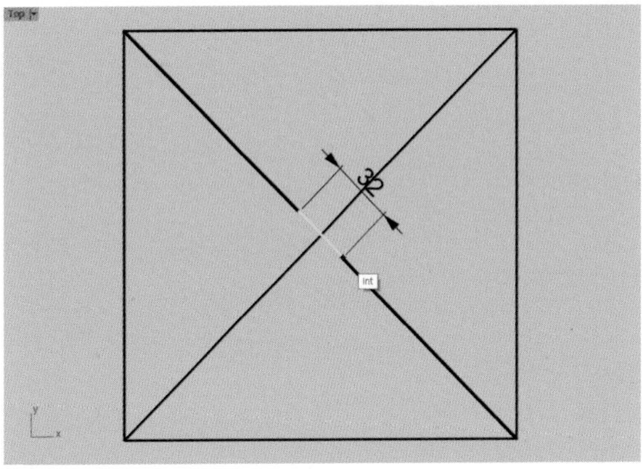

53 원 그리기

Top View에서 작업한다. Osnap에 End를 체크한다. 다음 Circle > Circle: center, radius 명령을 클릭한다. Center of circle이 뜨면 우측 End 점을 기준으로 지름(Diameter)=34의 원을 그려 준다.

Circle: center, radius

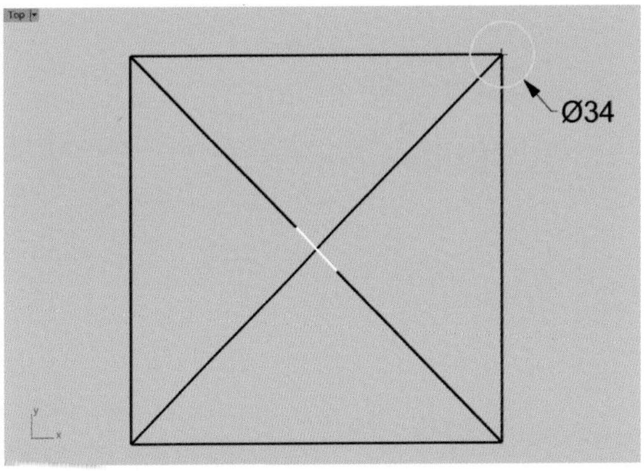

54 포인트 기점 사선 그리기

Top View에서 작업한다. Osnap에 Near, End를 체크한다. 다음 그림과 같이 대략 포인트 지점에서 시작하는 사선을 그려 준다.

Single line

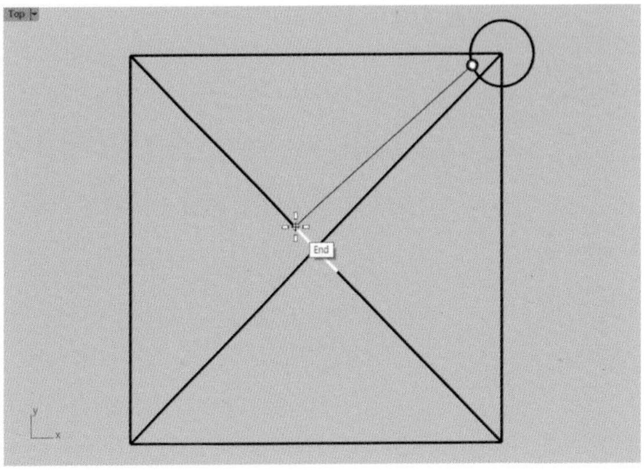

55 대칭 복사하기

Top View에서 작업한다. Osnap에 End 체크한다. 다음 Lines > Single line 명령으로 모서리를 기점으로 대각선을 2개 그려 준다.

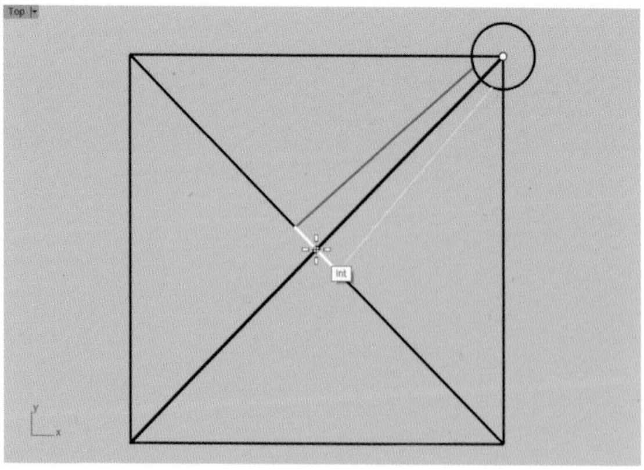

56 안쪽 방향으로 오프셋하기

Curve Tools > Offset curve 명령을 클릭한다. 커멘드 창에 Select Curves to offset이라 뜨면 Ⓐ라인을 선택하고 Side to offset에서 Distance를 클릭 후 5를 입력하고 원하는 안쪽 위치를 클릭 후 Enter 한다. 반복하면 그림과 같이 2개의 안쪽 라인이 만들어진다.

Offset curve
Offset multiple

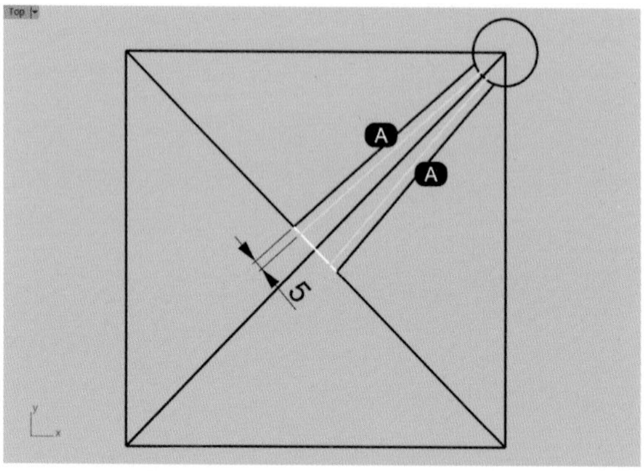

57 수직선 그리기

Top View에서 작업한다. Osnap=Int를 체크한다. Lines > Line: from midpoint 명령으로 대각선의 교차점에서 시작하는 ①번 수직선(반지름=60mm 정도)을 그어 준다.

Line: from midpoint

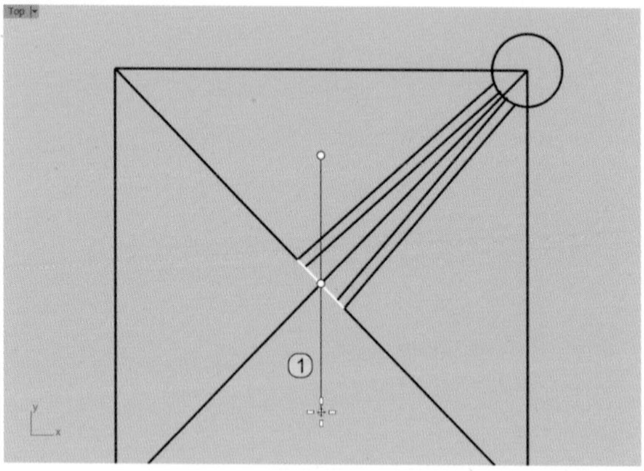

58 안쪽 방향으로 오프셋하기

Curve Tools > Offset curve 명령을 클릭한다. 커멘드 창에 Select Curves to offset이라 뜨면 ①번 라인을 선택하고 Side to offset에서 Distance를 클릭 후 24를 입력하고 원하는 안쪽 위치를 클릭 후 Enter 한다. 반복하여 19mm 안쪽 라인도 만들어 준다. 다음 Osnap=Near에 체크 후 Lines > Line: from midpoint 명령으로 7mm 거리의 사선을 1개 그려 드로잉을 마무리한다.

Offset curve
Offset multiple

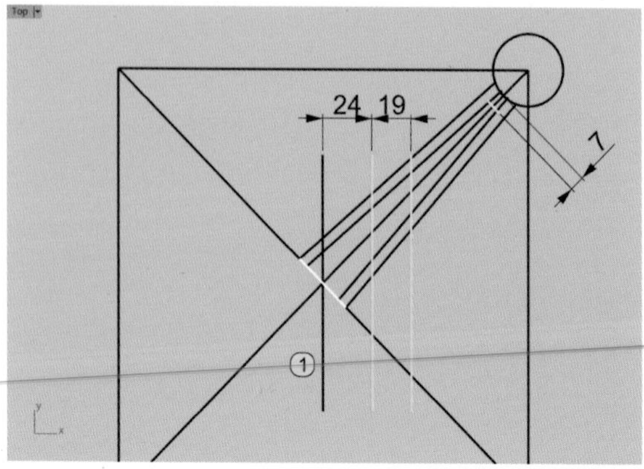

59 트림으로 드로잉 정리하기

Top View에서 작업한다. 트림을 위한 해당 개체들만 드래그 선택한다. Trim 명령을 클릭하고 지우고 싶은 부분만을 선택하여 드로잉을 정리한다.

Trim
Untrim

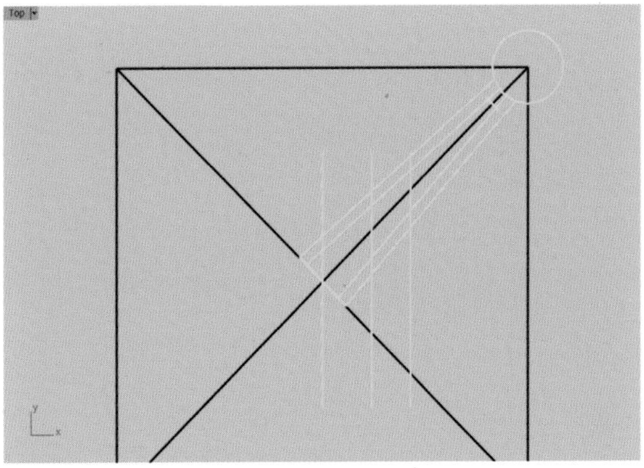

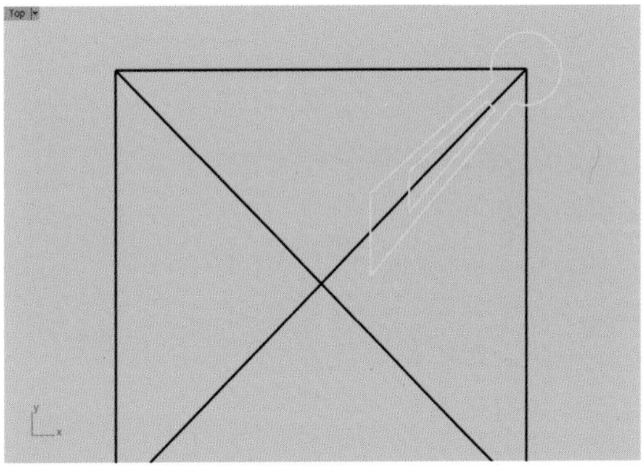

60 개체 숨기기

Top View에서 작업한다. 남기고 싶은 개체만을 선택하고 Standard Toolbar 〉 Isolate objects를 클릭한다. 또는 Hide objects로 숨기고 싶은 개체만을 각각 선택하여 숨겨 줘도 된다. 남겨진 선들을 모두 Join시켜 준다.

Isolate objects
Unisolate objects

Hide objects
Show objects

Join

61 돌출 개체로 만들기

Perspective View에서 작업한다. Solid Creation 〉 Extrude closed planar curve 명령을 클릭한다. Select curves to Extrude라 뜨면 해당 커브를 모두 선택 (Enter) 하고 BothSides=Yes, Solid=Yes된 상태에서 Extrusion distance=3을 기입하고 (Enter) 한다.

Extrude closed planar curve

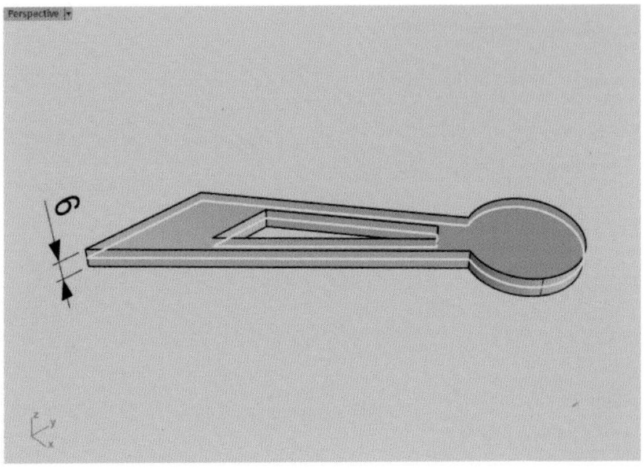

62 각각의 모서리 필렛 주기

Perspective View에서 작업한다. Solid Tools 〉 Fillet edges 명령을 클릭한다. 커멘드 창에 Select edges to fillet 괄호 설정인 Next radius를 클릭하고 해당 부위의 Radius 값을 입력하고 Enter 한다. 다음 Select edges to fillet이 뜨면 해당 부위를 클릭하고 Enter, 다시 한번 Enter 하면 적용된다.

Fillet edges
Blend edges

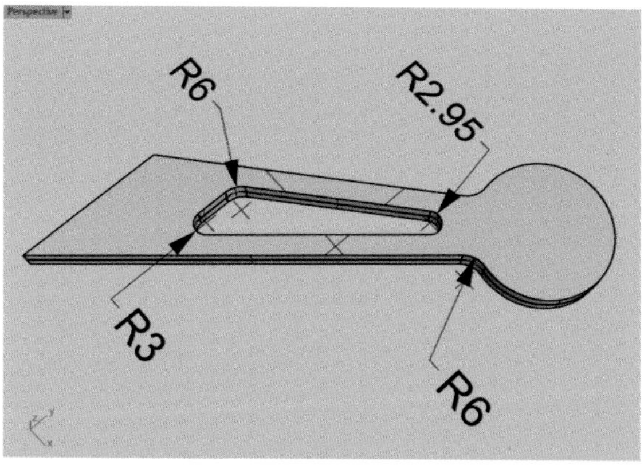

63 모서리 모따기(챔퍼) 주기

Perspective View에서 작업한다. Solid Tools 〉 Chamfer edges 명령을 클릭한다. 커멘드 창에 Select edges to chamfer 괄호 설정인 NextChamferDistance=1.5를 입력한 다음 ChainEdges를 클릭 후 각진 모서리를 선택하고 Enter 한다. 모따기 결과가 나타난다.

Chamfer edges

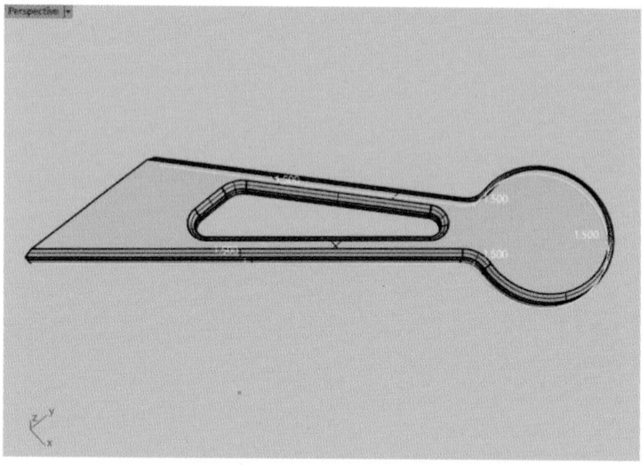

64 모터(Motor) 부품 그리기

Perspective View에서 작업한다. Osnap=Cen을 체크한다. Solid Creation 〉 Cylinder 명령을 클릭한다. Base of cylinder라 뜨면 그림과 같이 Yellow line의 Center를 기준으로 클릭, Diameter=25, End of cylinder=13.5, BothSides=Yes 상태로 Enter 하면 실린더가 생성된다.

Cylinder

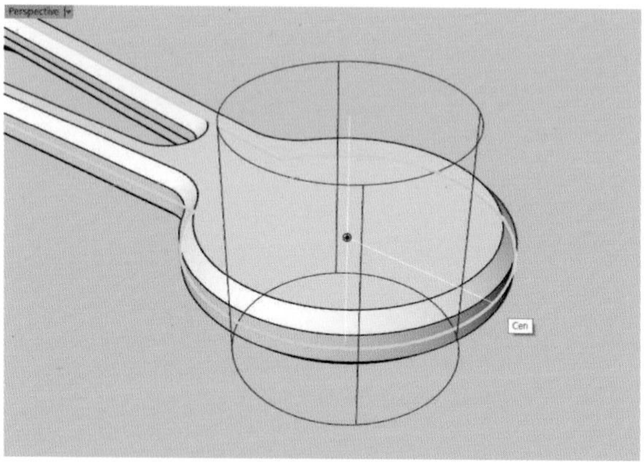

65 모터(Motor) 부품 그리기

Perspective View에서 작업한다. Osnap=Cen을 체크한다. Solid Creation 〉 Cylinder 명령을 클릭한다. Base of cylinder라 뜨면 그림과 같이 Yellow line의 Center를 기준으로 클릭, Diameter=28, End of cylinder=4.5, BothSides=Yes 상태로 Enter 하면 실린더가 생성된다.

Cylinder

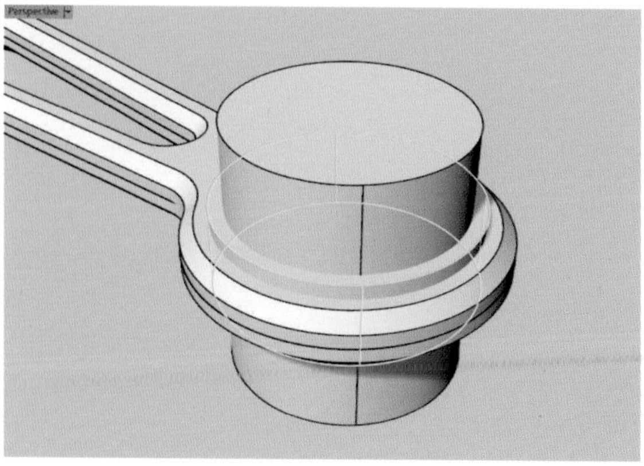

66 돌출체 붙이기

Perspective View에서 작업한다. Solid Tools 〉 Boolean union 명령을 클릭한다. Select surface or polysurfaces to union:라 뜨면 ①–②번 객체를 모두 선택하고 Enter 한다. 이제 1개의 Solid 개체가 되었다.

Boolean union

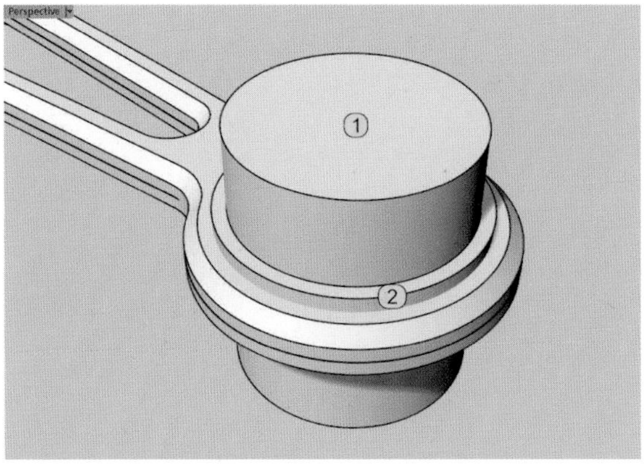

67 모서리 모따기(챔퍼) 주기

Perspective View에서 작업한다. Solid Tools 〉 Chamfer edges 명령을 클릭한다. Select edges to chamfer 괄호 옵션인 NextChamferDistance를 클릭한다. Next distance=5를 입력 후 Enter, Select edges to chamfer라 뜨면 모서리를 선택해 주면 모따기가 적용된다.

Chamfer edges

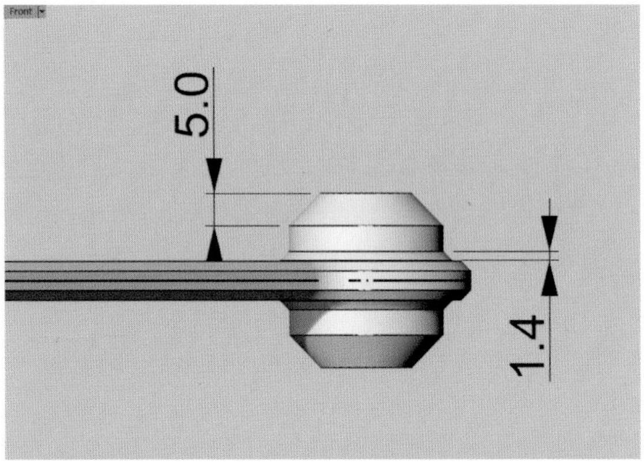

Perspective View에서 작업한다. Solid Tools 〉 Chamfer edges 명령을 클릭한다. Select edges to chamfer 괄호 옵션인 NextChamferDistance를 클릭한다. Next distance=5를 입력 후 Enter, Select edges to chamfer라 뜨면 모서리를 선택해 주면 모따기가 만들어진다. 동일한 방법으로 모따기 ①, ④ 영역도 적용한다.

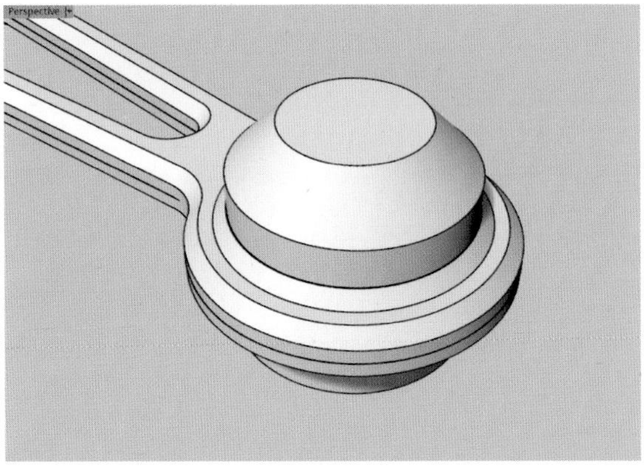

68 라운드형 모서리 식사각형 그리기

Front View에서 시작한다. Osnap=Quad에 체크한다. Rectangle 〉 Rounded rectangle 명령을 클릭 후 커멘드 옵션에서 Center를 클릭한다. Center of rectangle=0을 기입한 후 Enter 한다. 다음 Other corner or length(3Point)=5.7 기입 후 Enter, Width=1.5기입 후 Enter 하면 최종적인 결과가 나타난다.

Rounded rectangle
Rounded rectangle conic corners

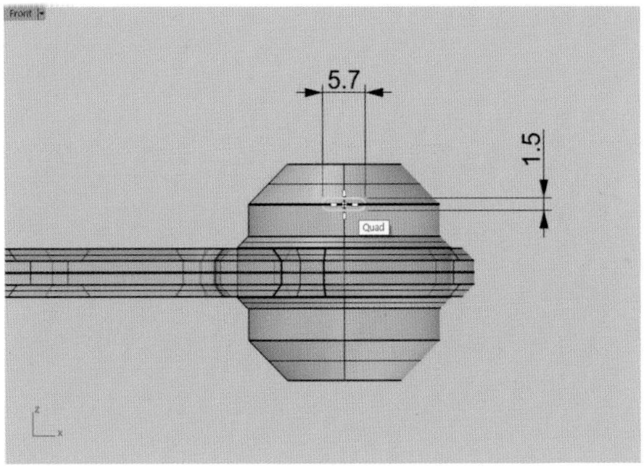

69 드로잉 위치 확인하기

Front View에서 작업한다. 해당 개체의 드로잉 위치를 확인한다.

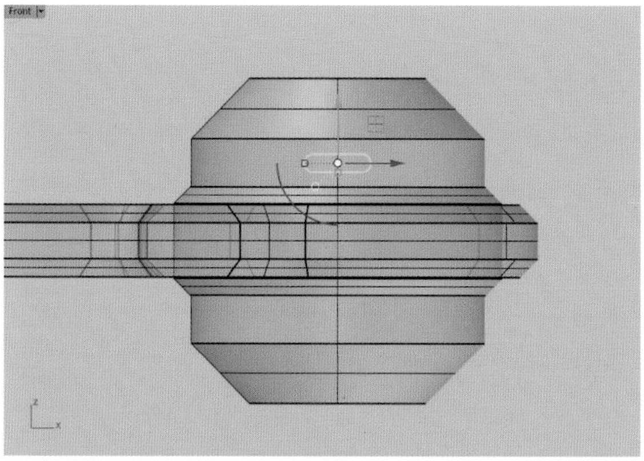

70 돌출 개체로 만들기

Perspective View에서 작업한다. Solid Creation 〉 Extrude closed planar curve 명령을 클릭한다. 그림과 같은 정도로 돌출 개체를 만들어 준다.

Extrude closed planar curve

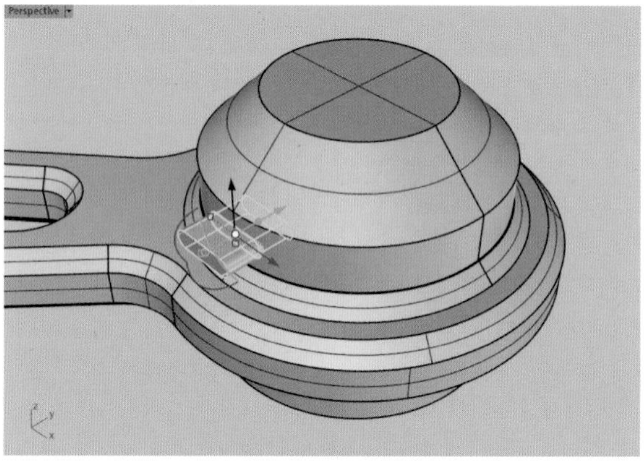

71 모서리 모따기(챔퍼) 주기

Top View에서 시작한다. Snap=Cen에 체크한다. 먼저 원형 배열하고자 하는 돌출 개체를 선택한다. 다음 Transform 〉 Polar array 명령을 클릭한다. Center of polar array라 뜨면 Cen 기점을 클릭한다. Number of items=10을 기입하고 Enter, Angle to fill or first reference point 〈360〉가 뜨면 그대로 Enter, 다시 Enter 하면 총 10개가 원형 배열된다.

Polar array

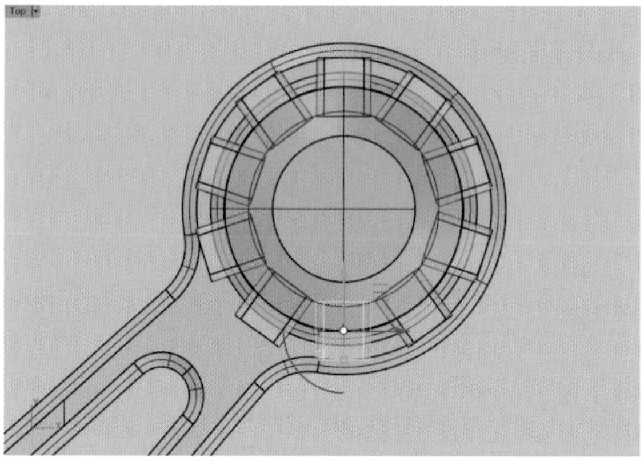

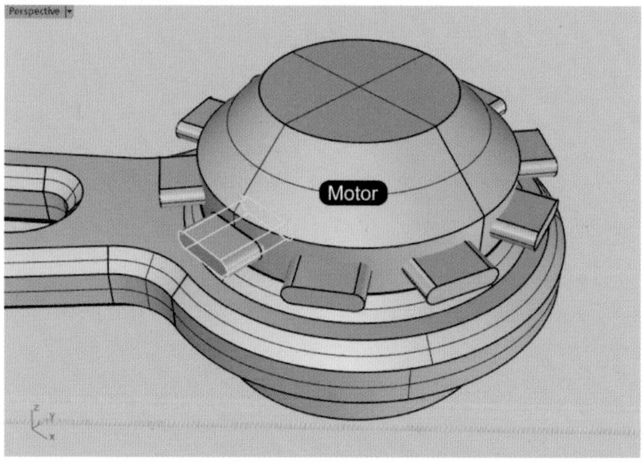

72 구멍 내 주기

Perspective View에서 작업한다. Solid Tools 〉 Boolean difference 명령을 클릭한다. 먼저 Motor를 선택하고 Enter, 다음 방금 만든 10개의 돌출 개체를 클릭하고 Enter 하면 양쪽에 깊이 3mm의 홈이 만들어진다.

Boolean difference

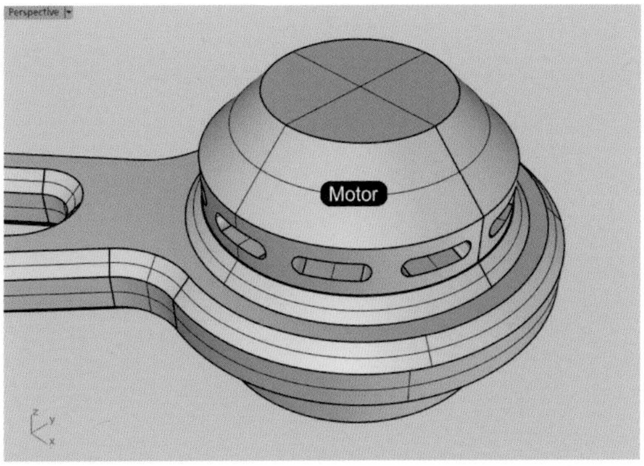

73 프로펠러 블레이드 영역 그리기

Top View에서 작업한다. Osnap=Cen에 체크한다. Circle 〉 Circle: center, radius 명령어로 지름(Diameter) 128mm 원을 그려 준다. 대략 회전하는 블레이드 반경이 된다고 보면 된다.

Circle: center, radius

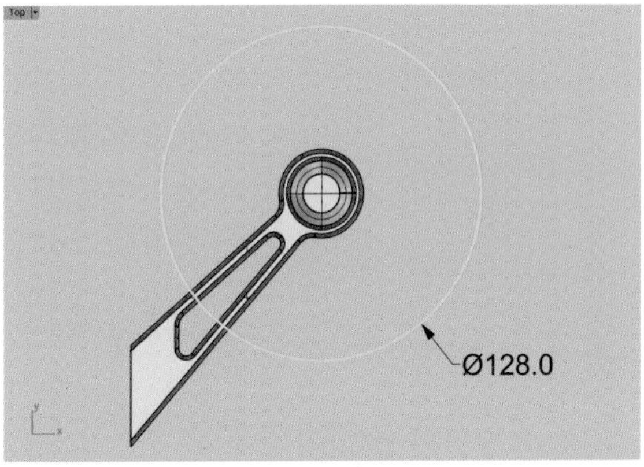

74 블레이드 그리기

Top View에서 시작한다. Osnap=Cen을 체크한다. 우선 중심 포인트를 기준으로 Line: from midpoint 명령으로 10mm(반지름=5)의 수평 라인을 그린다. 나머지는 End 스냅하고 아래 명령을 사용 그림상의 치수와 비슷하게 그려 주면 된다.

Line: from midpoint

Offset curve
Offset multiple

Single line

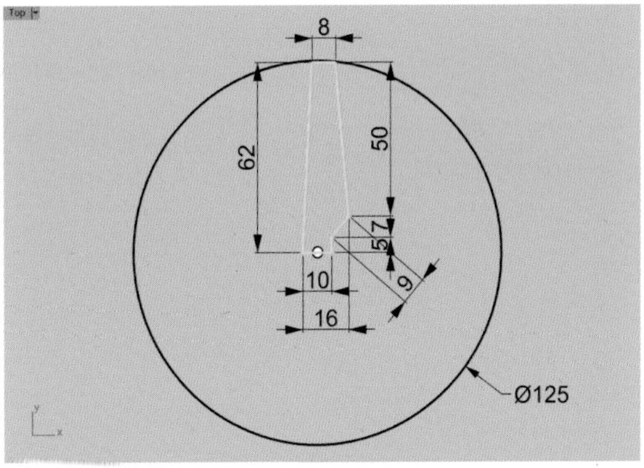

75 모서리 필렛 주기

Top View에서 시작한다. Curve Tools 〉 Fillet Curves 명령으로 그림과 같이 해당 모서리에 Radius 2 또는 3을 적용해 준다. 서로 Join해 준다.

Fillet curves
Fillet curves repeat

Join

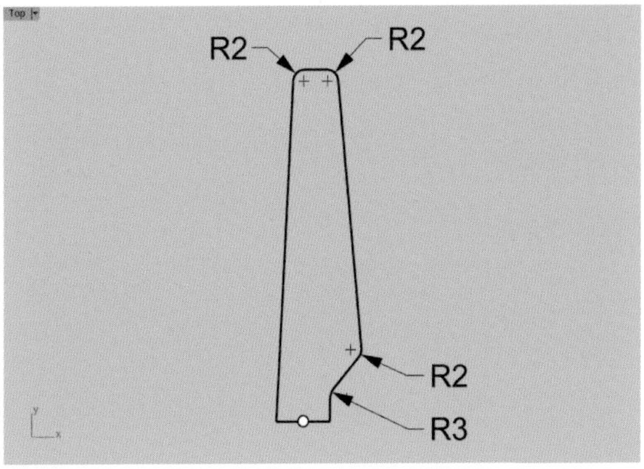

76 블레이드 단면 라인 그리기

Front View에서 시작한다. Curve: interpolate points 명령으로 그림과 같이 앞서 그려진 Blade 크기를 기준으로 하단에 Blade 단면 커브를 그려 준다.

Curve: interpolate points
Handle curve

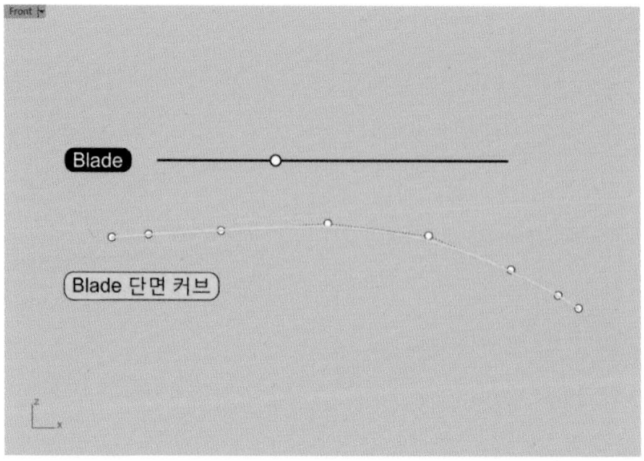

77 블레이드 면 만들기

Perspective View에서 작업한다. Blade 단면 커브를 선택하고 Surface Creation 〉 Extrude straight 명령으로 그림과 같은 길이의 면으로 만들어 준다. Blade 드로잉 라인보다 길면 된다.

Extrude straight

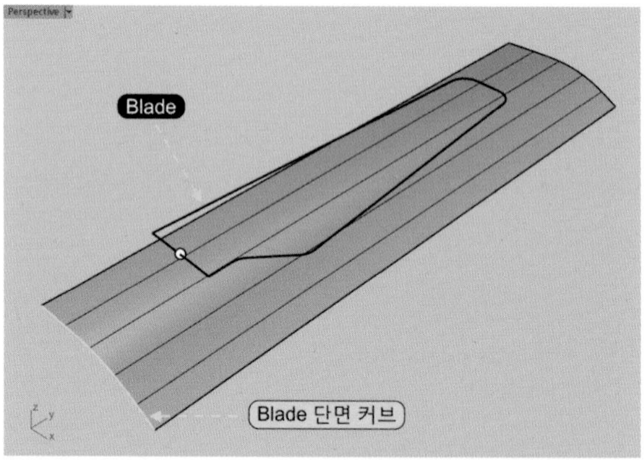

78 블레이드 라인 투영하기

반드시 Top View에서 시작한다. Curve From Object 〉 Project curves or control points 명령을 클릭한다. 다음 Blade 라인을 클릭하고 (Enter) 한다. 다음 Blade 면을 선택하고 (Enter) 한다. 면 위에 투영된 것을 확인할 수 있다.

Project curves or control points
Projects curves loose

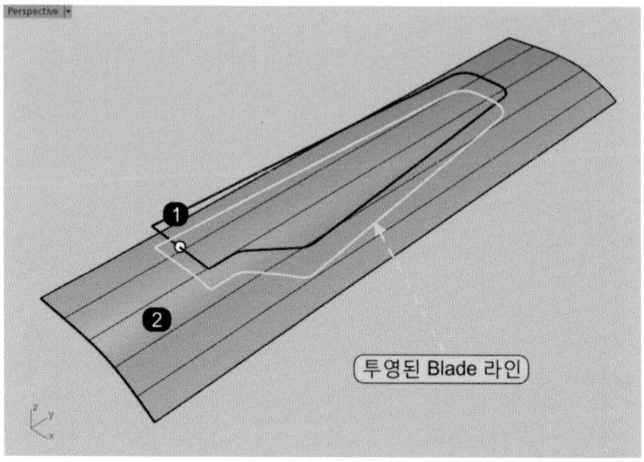

79 면 자르기

Top View에서 시작한다. Split 또는 Trim 명령으로 그림처럼 면을 선으로 잘라 준다. 불필요한 부분은 지워 준다.

Split
Split surface by isocurve

Trim
Untrim

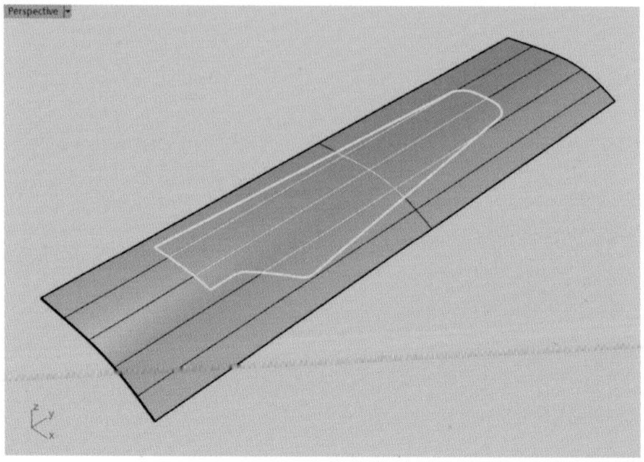

80 면 복제하기

Right View에서 시작한다. Copy 명령으로 블레이드 면을 선택하여 아래로 −1.5mm 복사해 준다. 그림과 같이 같은 크기가 2개가 된다. 여기서는 일부러 Offset Surface 명령을 쓰지 않았다.

Copy
Copy objects in place

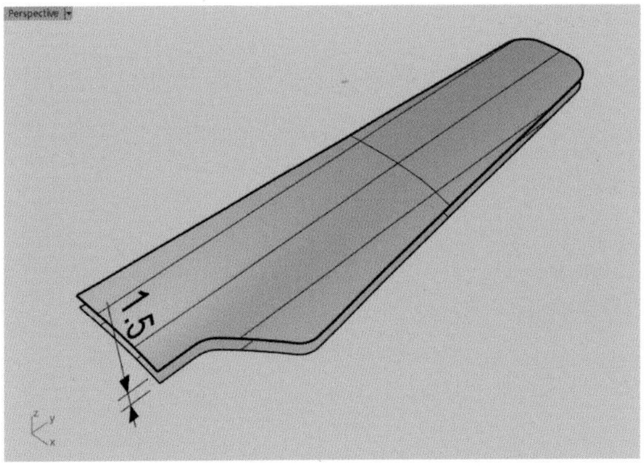

81 측면 연결 메우기

Perspective View에서 작업한다. Surface Tools 〉 Blend Surface 명령을 클릭한다. 다음 ChainEdges를 선택하고 Blade 면의 엣지를 클릭한다. 다시 Enter 하고 이번에 두 번째 엣지를 클릭한다. 옵션 설정 후 OK하면 측면 블랜드 면이 생성된다. 다음 모든 면을 Join한다.

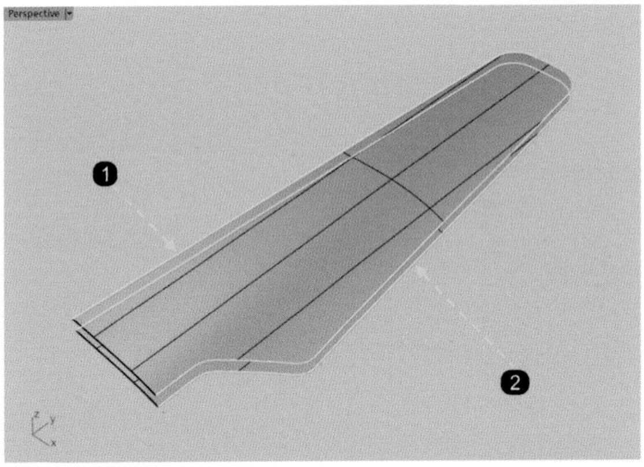

Blend Surface

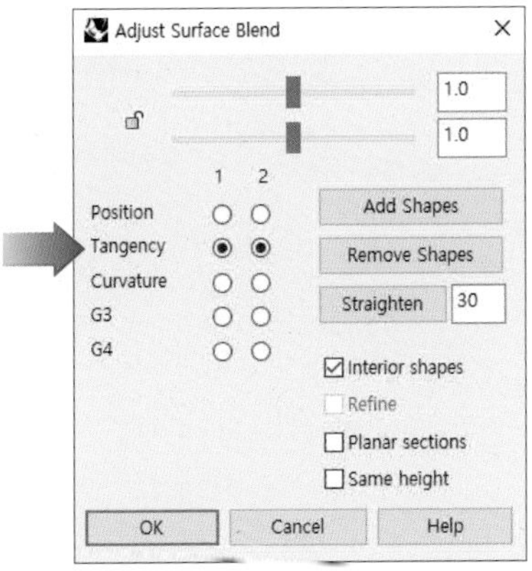

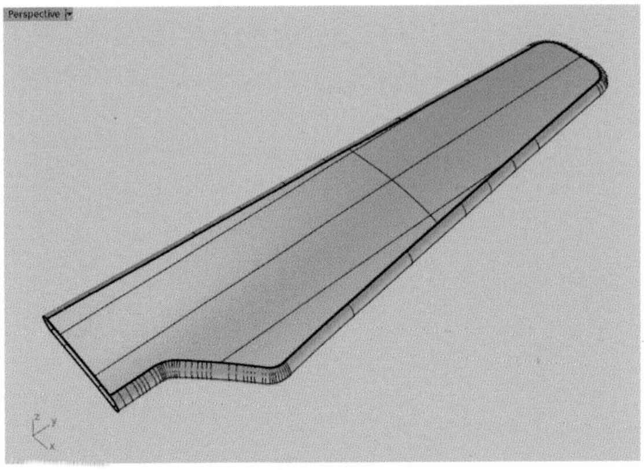

82 블레이드 일부분 구부리기

Front View에서 Transform 〉 Bend 명령으로 날개의 끝단 일부를 기울여 준다. 이것은 양력을 향상시키는 디자인으로 이해하면 된다. 물론 미리 계획하여 드로잉하면 좋다.

Bend

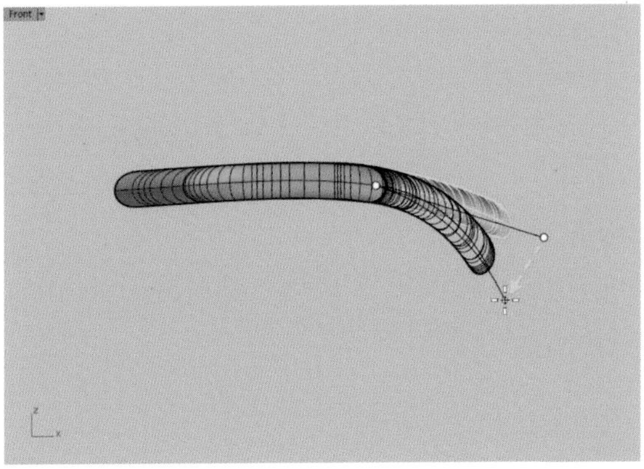

83 대칭 복사하기

Top View에서 작업한다. Snap=Mid를 체크한다. Mid를 기준으로 Mirror 명령으로 그림과 같이 왼쪽으로 대칭 복사해 준다.

Mirror
Mirror on 3-point plane

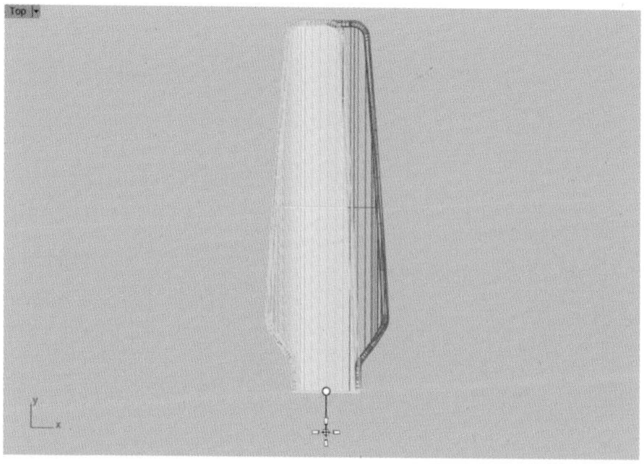

84 대칭 복사하기

Top View에서 작업한다. Snap=Mid를 체크한다. Mid를 기준으로 Mirror 명령으로 그림과 같이 아래쪽으로 대칭 복사해 준다.

Mirror
Mirror on 3-point plane

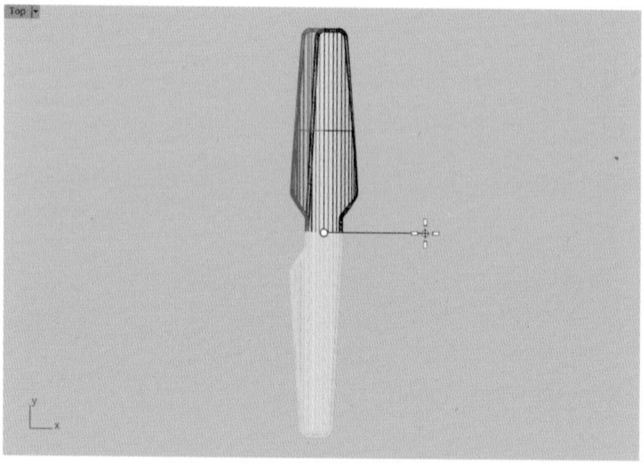

접점 부위에 틈이 생기는 것은 당연한 결과이다. 두 경계면을 바르게 잘라 Blend Surface로 연결할 수 있으나 여기서는 생략한다.

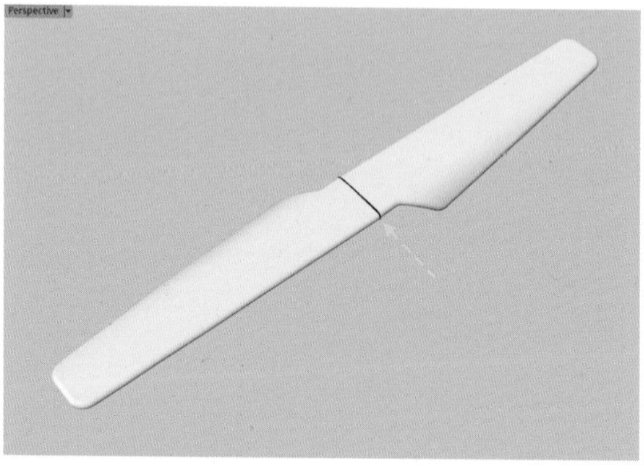

85 프로펠러 블레이드 축 그리기

Perspective View에서 작업한다. Osnap=Cen을 체크한다. Solid Creation 〉 Cylinder 명령을 클릭한다. Base of cylinder가 뜨면 Center를 기준으로 클릭, Diameter=14, End of cylinder=8, BothSides=No 상태로 Enter 하면 실린더가 생성된다.
모따기는 Solid Tools 〉 Chamfer edges 명령으로 Next distance=1.4를 부여한다.

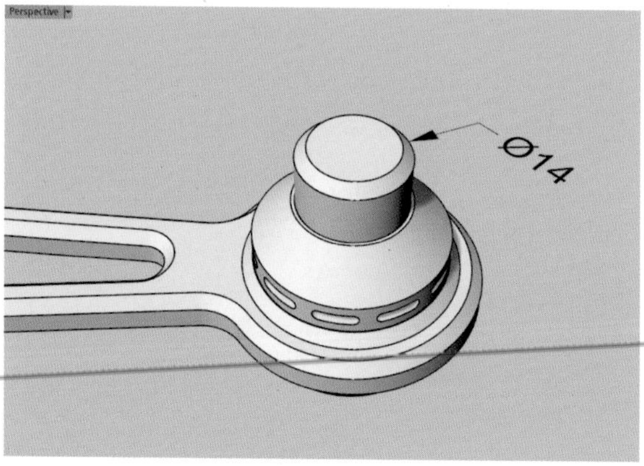

Cylinder　Chamfer edges

86 프로펠러 블레이드 위치시키기

앞서 그려 둔 블레이드를 축의 중심을 기준으로 그림과 같은 지점에 위치시킨다.

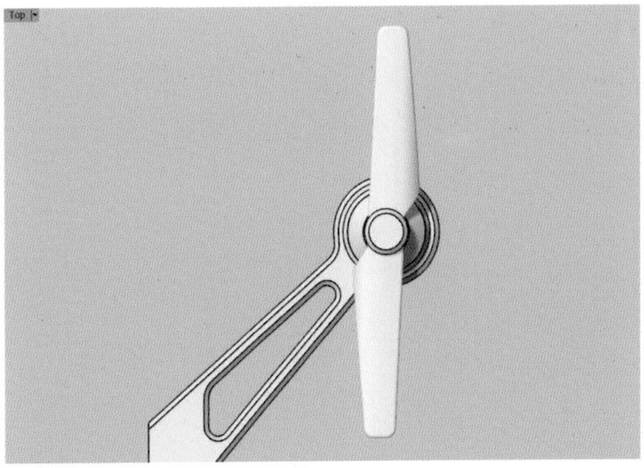

87 프로펠러 블레이드 축 그리기

Perspective View에서 작업한다. Solid Tools 〉 Boolean union 명령으로 ①-②-③번 개체들을 하나로 붙여 준다.

Boolean union

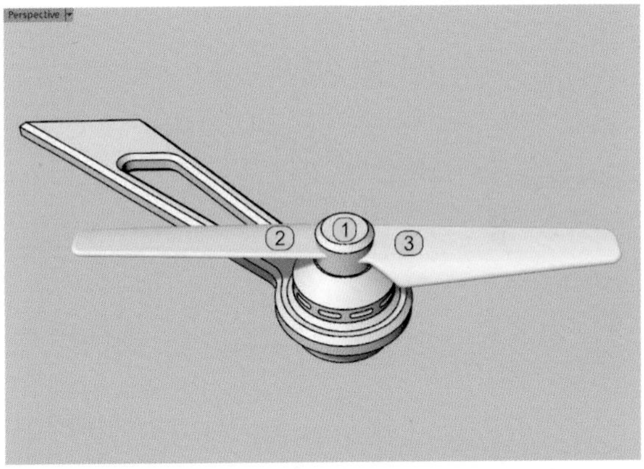

88 대칭 복사하기

드론의 메인 Body를 보이게 한다. 지금까지 작업한 부분을 확인해 본다. Top View에서 작업한다. Snap=Quad를 체크한다. Quad를 기준으로 Mirror 명령으로 그림과 같이 왼쪽을 먼저 대칭 복사해 준다.

Mirror
Mirror on 3-point plane

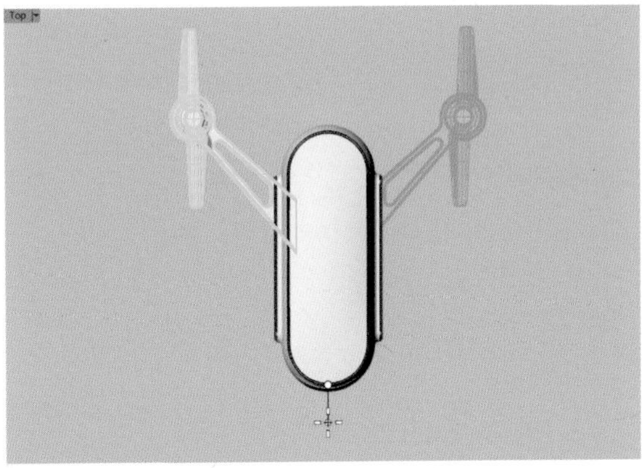

89 대칭 복사하기

같은 방법으로 Top View에서 작업한다. Snap=Mid를 체크한다. Mid를 기준으로 Mirror 명령으로 그림과 같이 아래쪽으로 대칭 복사해 준다.

Mirror
Mirror on 3-point plane

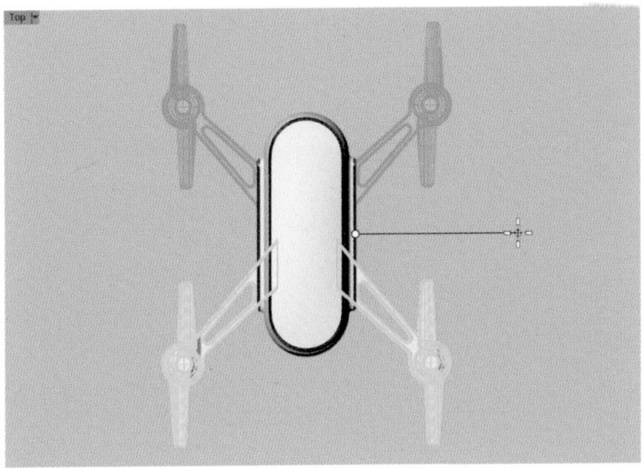

90 블레이드 방향 바꾸기

Top View에서 각각의 블레이드를 선택하고 검볼(Gumball)을 이용하여 45도씩 돌려 준다.

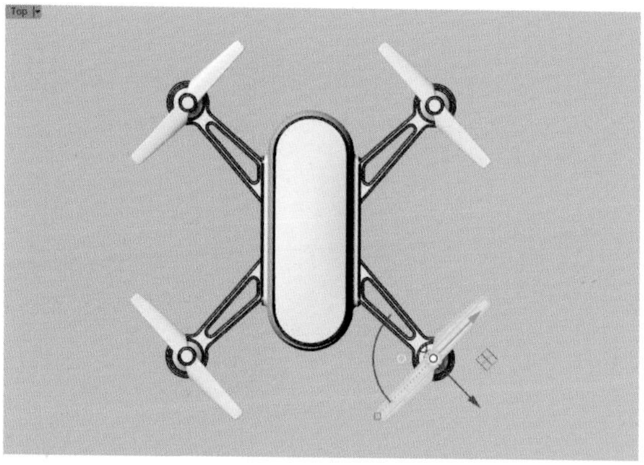

91 카메라 만들기

카메라가 들어갈 앞부분 모듈만을 남기고 모든 파트를 Hide로 숨겨 준다. Front View에서 시작한다. Circle: center, radius 명령으로 총 4개의 원을 좌표 중심에 그려 준다.

 Circle: center, radius

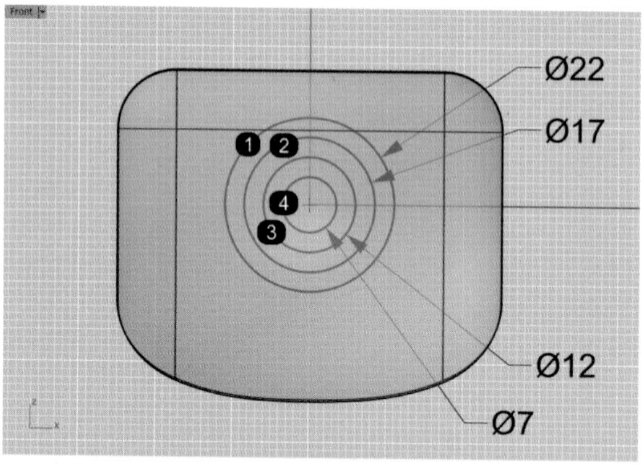

92 투영하기

반드시 Front View에서 시작한다. Curve From Object 〉 Project curves or control points 명령을 클릭한다. 다음 ①번 라인을 클릭하고 Enter 한다. 다음 Ⓐ면을 선택하고 Enter 한다. 면 위에 투영된 것을 확인할 수 있다.

 Project curves or control points
Projects curves loose

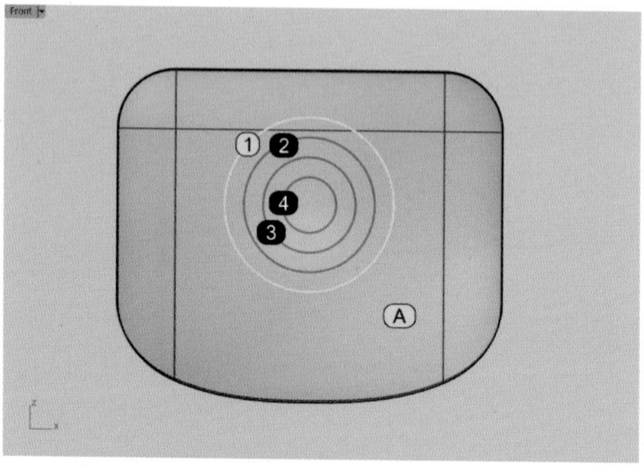

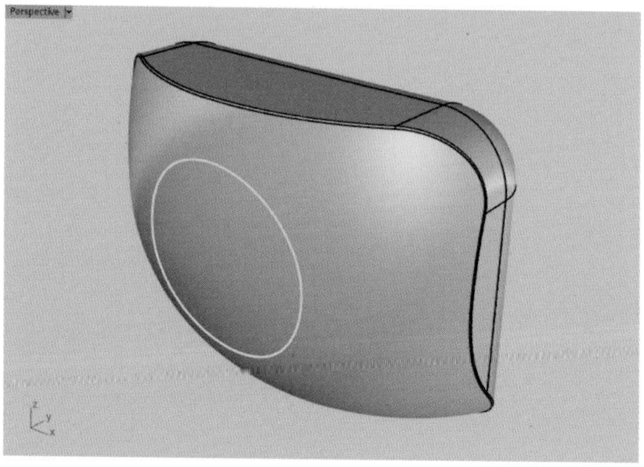

93 블레이드 방향 바꾸기

Perspective View에서 Split 명령으로 투영된 커브를 이용하여 안측 면을 자른 후 지워 준다.

Split
Split surface by isocurve

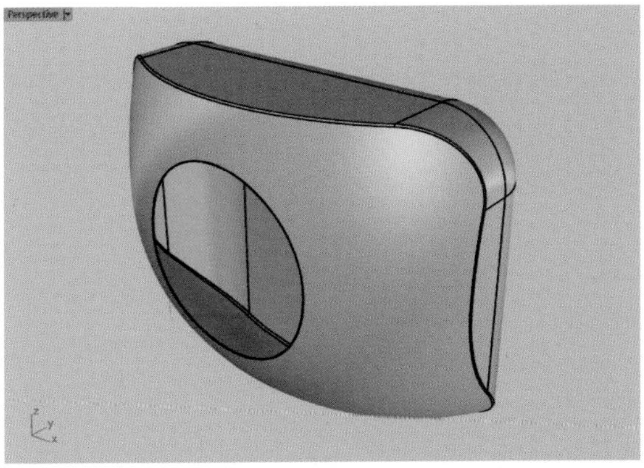

94 경사면 만들기

Perspective View, Right View를 봐 가면서 검볼(Gumball)을 이용하여 ②번 원을 그림과 같은 위치로 이동시켜 준다. 약간 안쪽으로 들어간 모습이면 된다. 다음 Perspective View에서 작업한다. Surface Creation 〉 Loft 명령을 클릭하고 잘린 모서리와 ②번 라인을 선택하여 경사면을 만들어 준다.

Loft

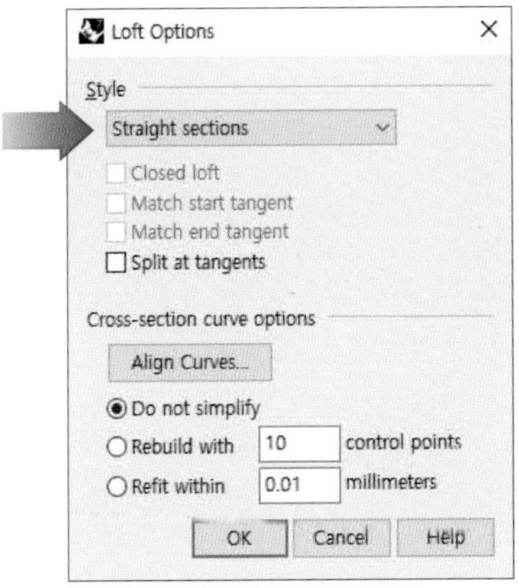

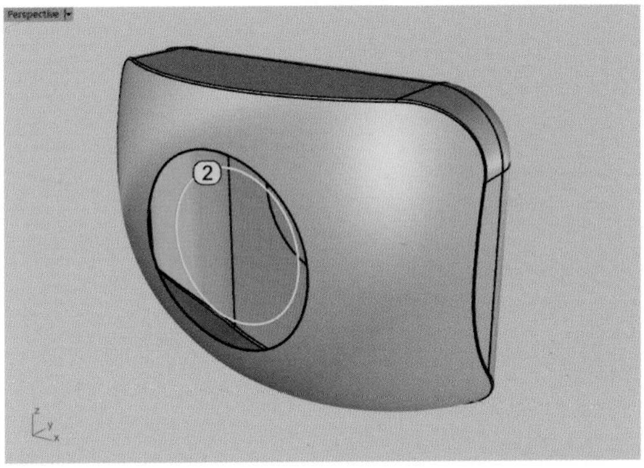

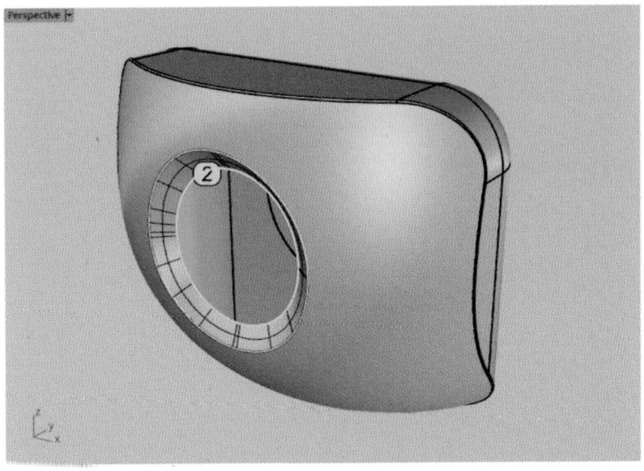

95 원 이동하기

Perspective View, Right View를 봐 가면서 검볼(Gumball)을 이용하여 ③번 원을 그림과 같은 위치로 이동시켜 준다. 약간 나온 모습이면 된다.

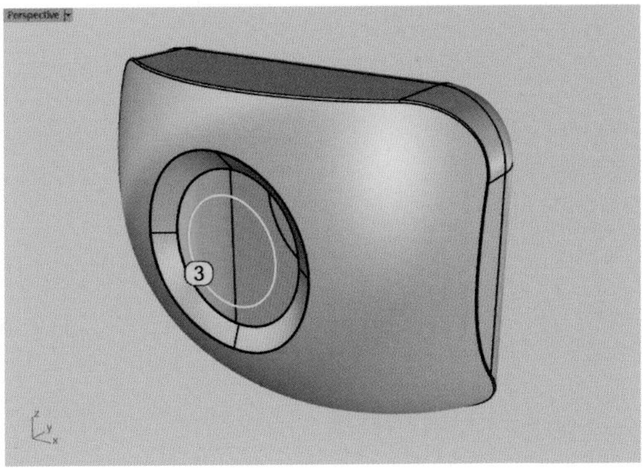

96 볼륨 면 만들기

Perspective View에서 작업한다. Surface Creation 〉 Patch 명령으로 ②번 원(라인 선택)과 마주한 ③번 원을 클릭하고 옵션을 설정한 후 OK하면 볼륨 패치 면이 생성된다.

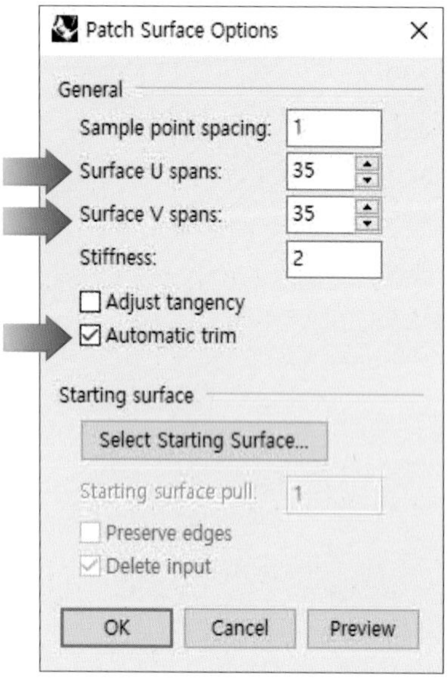

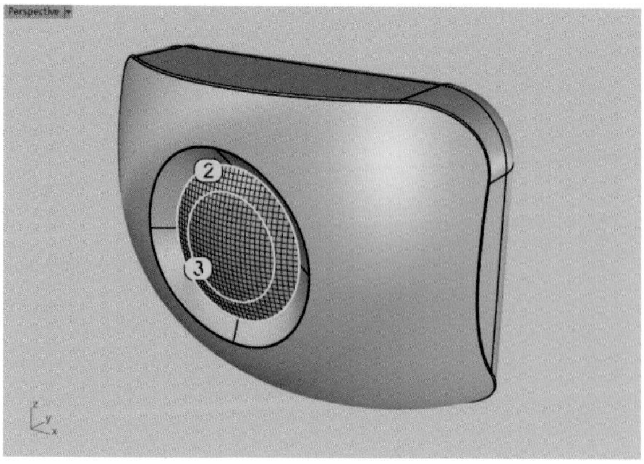

97 패치(Patch) 면 잘라 주기

Perspective View에서 작업한다. Split 명령으로 앞서 만든 Patch 면을 ③번 라인으로 잘라 주고 안쪽 면은 지워 준다.

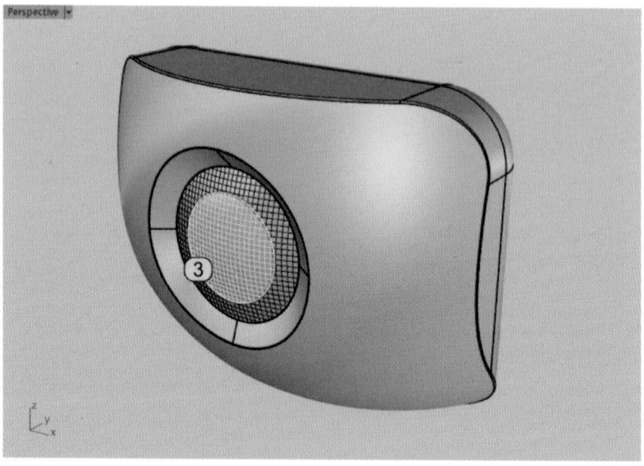

98 계단 모양 드로잉하기

④번 원을 그림과 같은 위치로 검볼을 이용하여 이동시켜 준다. 다음은 Quad점을 기준으로 Line 〉 Polyline 명령으로 계단형 단면을 그려 준다. 계단형 단면은 서로 Join시켜 주면 된다.

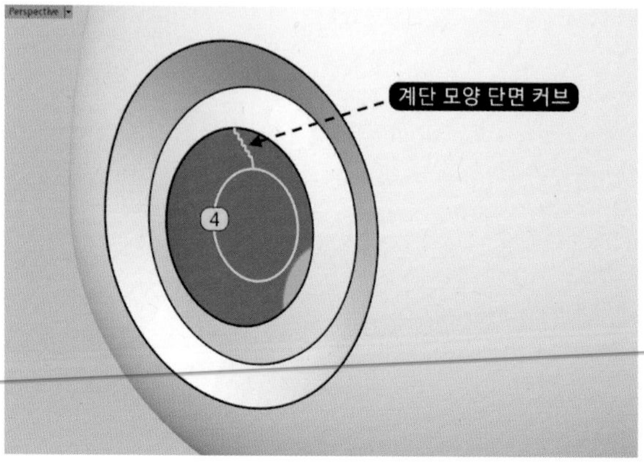

99 계단 형상 만들기

Perspective View에서 작업한다. Surface Creation 〉 Sweep 2 Rails 명령으로 ③번과 ④번 레일을 먼저 선택하고 계단 모양 단면 커브를 클릭하고 옵션 체크 후 OK하면 그림과 같이 형상이 만들어진다.

Sweep 2 rails

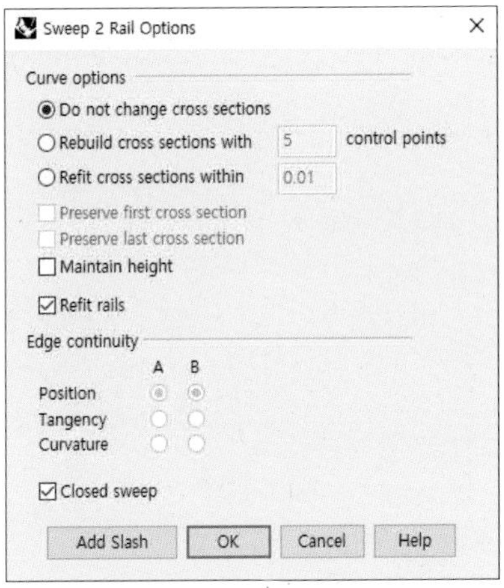

100 렌즈 만들기

그림과 같이 중심 기점 렌즈 단면을 그려 준다. 다음 Perspective View나 Right View에서 Revolve 명령으로 단면 커브를 360도 회전시켜 렌즈를 완성한다.

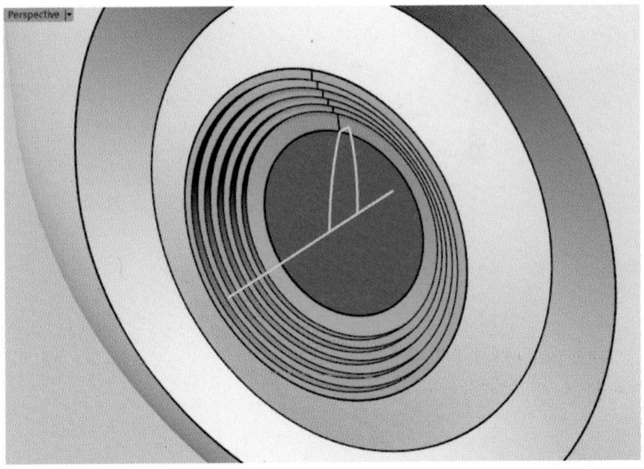

Revolve
Rail revolve

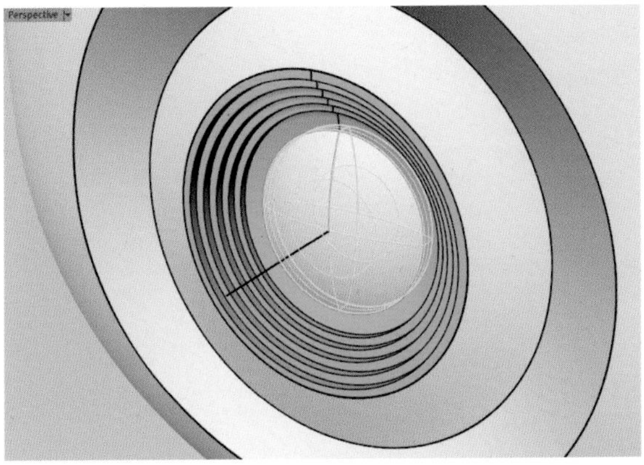

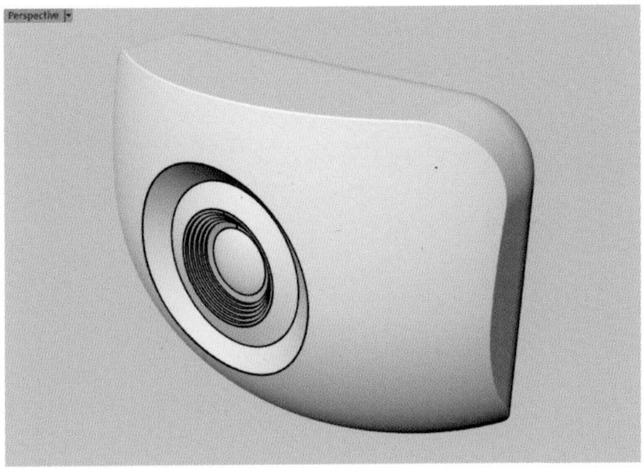

101 디테일 부분 자유롭게 만들기

드론의 앞쪽 상단부에 그림과 같은 LED와 홈을 만들어 준다.

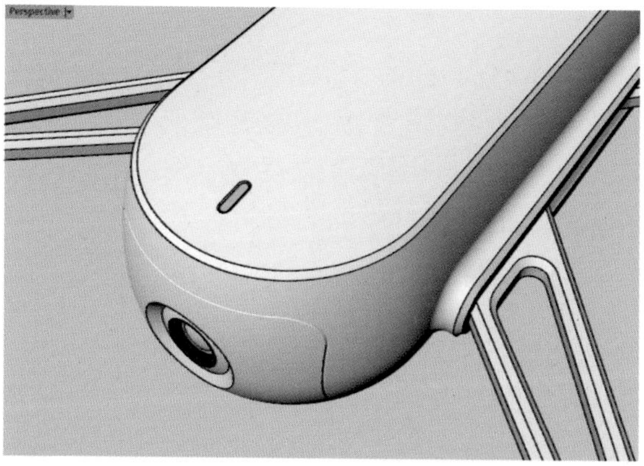

뒤쪽 상단에 지문인식 파워 버튼과 Type C 충전 단자도 만들어 준다.

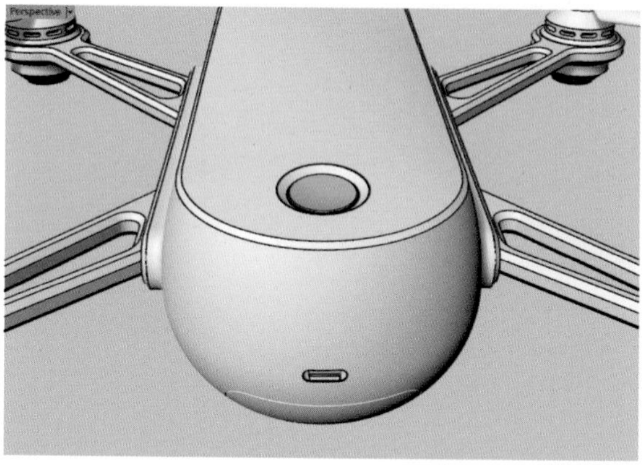

바닥에 충격 흡수용 고무 돌기를 만들어 준다. 모양은 자유롭게 해도 된다.

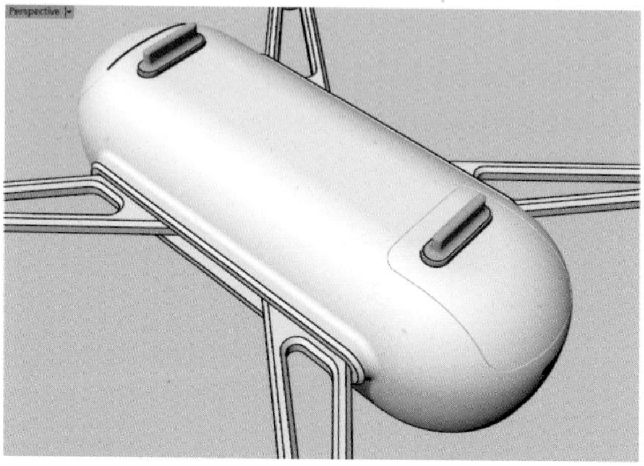

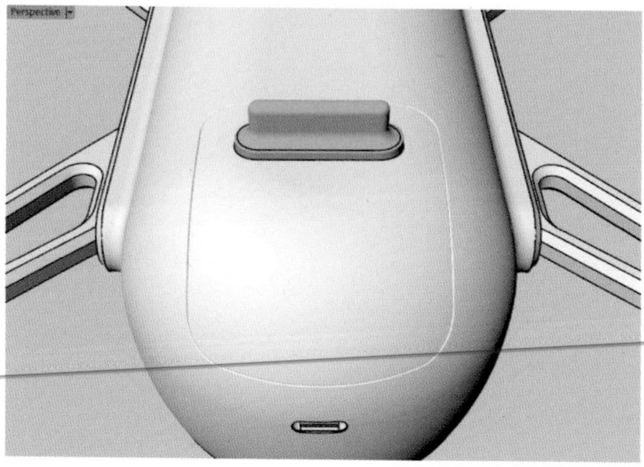

102 최종 결과물 보기

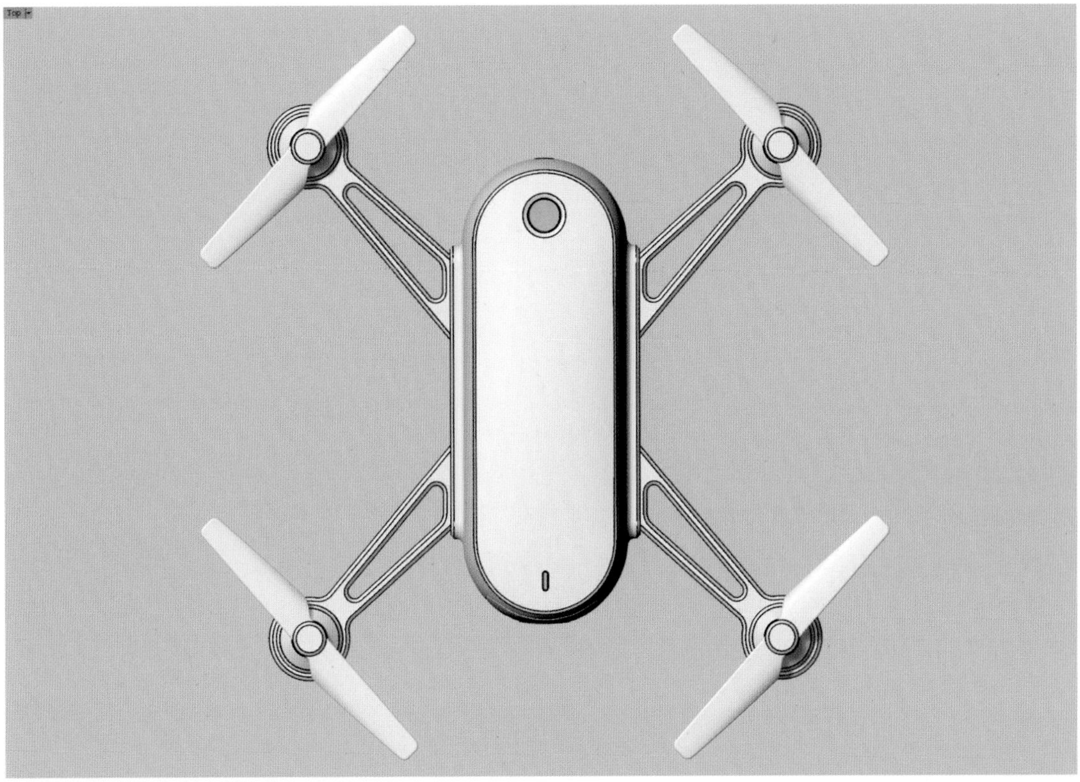

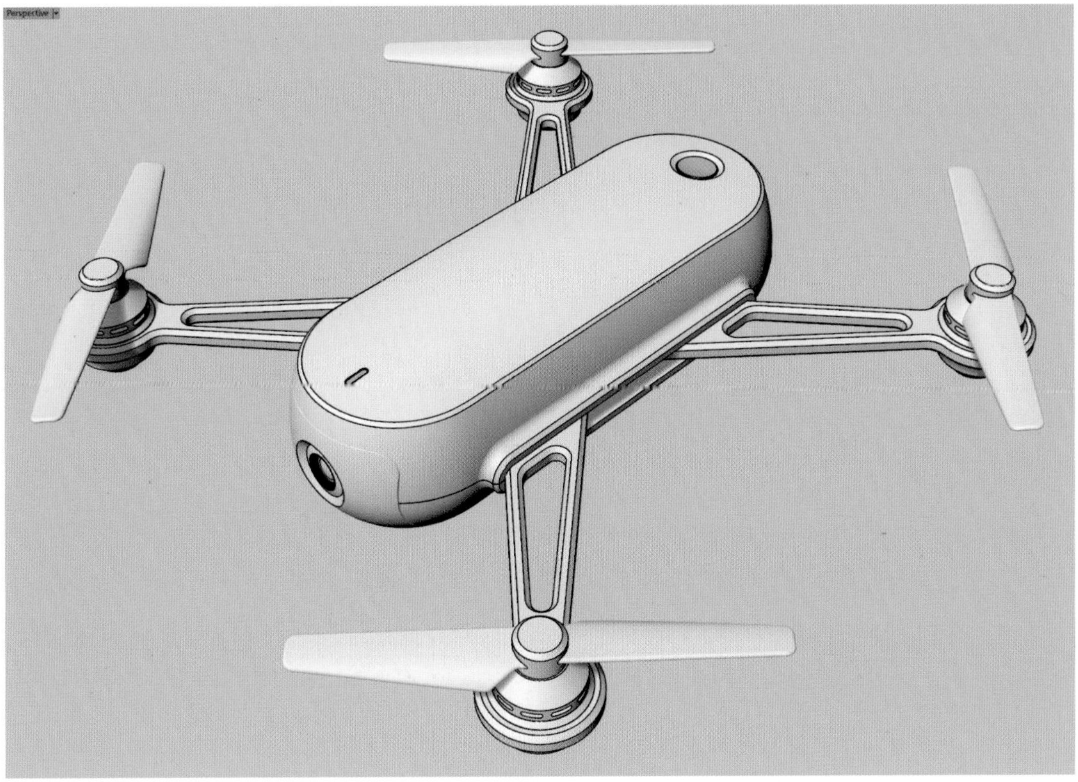

Perspective

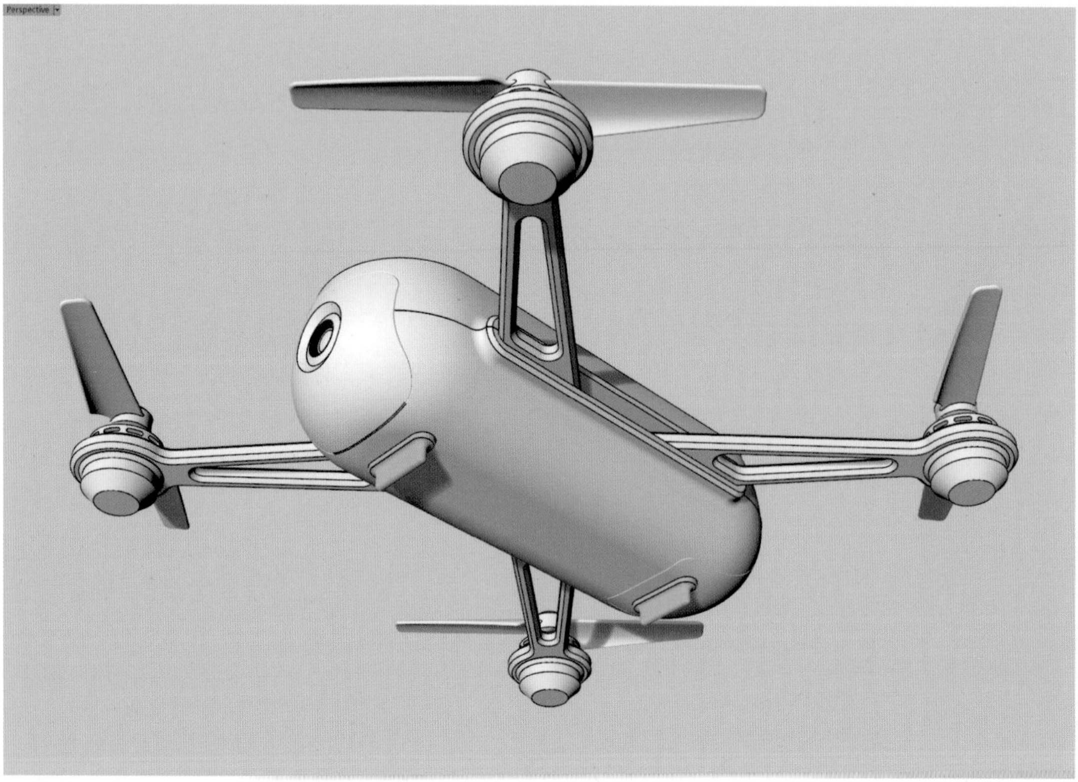
Perspective

06 CHAPTER 용기 모델링

Bottle modeling

자동차 엔진에 들어가는 플라스틱 재질의 오일 용기 모델링을 해 본다. 이번 튜토리얼에서는 3D 모델링의 가장 기본이 되는 솔리드 만들기(Solid Creation), 솔리드 도구(Solid Tools), 서피스 만들기(Surface Creation), 서피스 도구(Surface Tools) 명령군의 학습이 이루어진다. 특히 용기 표면에서의 면 사라짐과 뚜껑 부위의 나선 스크루 제작법에 대해 학습한다.

Bottle rendering

01 중심선 그리기

Front View에서 작업한다. Grid Snap, Ortho를 활성화한다. Lines 〉 Line: from midpoint 아이콘을 클릭하고 Middle of line: 커멘드 창에 0을 기입 후 Enter 한다. End of line=90를 기입 후 Enter 한다. 해당 지점을 클릭하여 수직 중심선을 완성한다.

Line: from midpoint

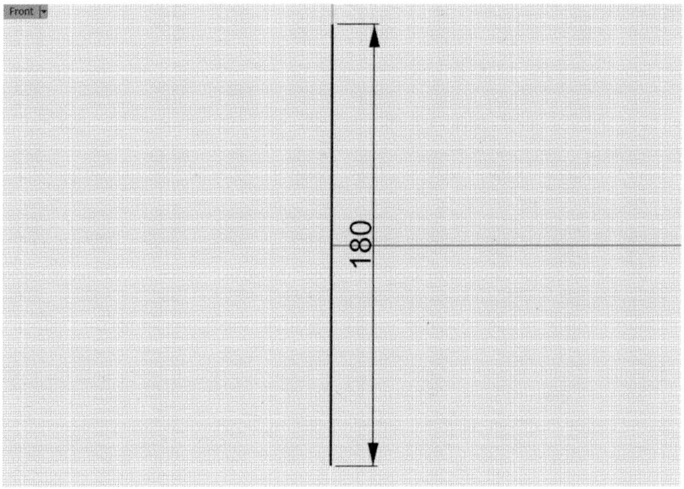

02 원 그리기

Top View에서 작업한다. Osnap=End에 체크한다. 다음 Circle 〉 Circle: center, radius 명령을 클릭한다. Center of circle이라 뜨면 중심선의 End점을 클릭한다. 지름(Diameter)=30을 기입하고 Enter 하면 그림과 같이 Ⓐ원이 만들어 진다.

Circle: center, radius

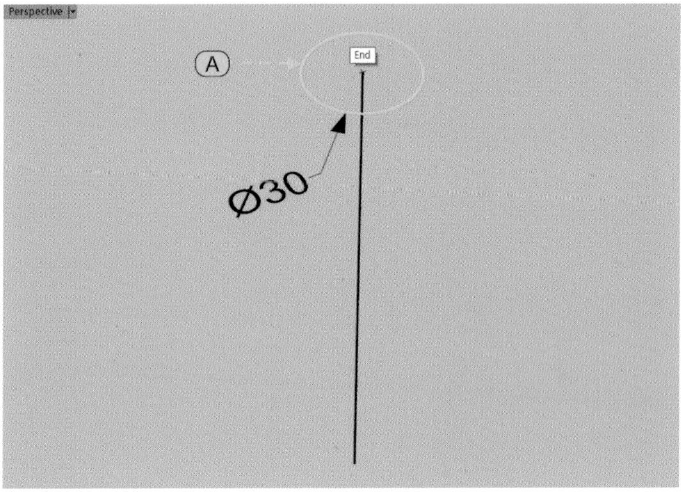

03 원 복제 후 아래로 이동하기

Ⓐ원을 클릭하고 Ctrl + C, Ctrl + V 하여 제자리 복사하고 검볼(Gumball)을 이용하여 아래로 −20mm 이동시켜 준다. 검볼에 파란색 화살표를 클릭하고 치수를 넣어 주면 간단히 이동이 가능하다. 아래 아이콘 명령을 사용해서도 제자리 복제가 가능하다.

Copy to clipboard: Ctrl - C

Paste from clipboard: Ctrl-V
Paste to current layer

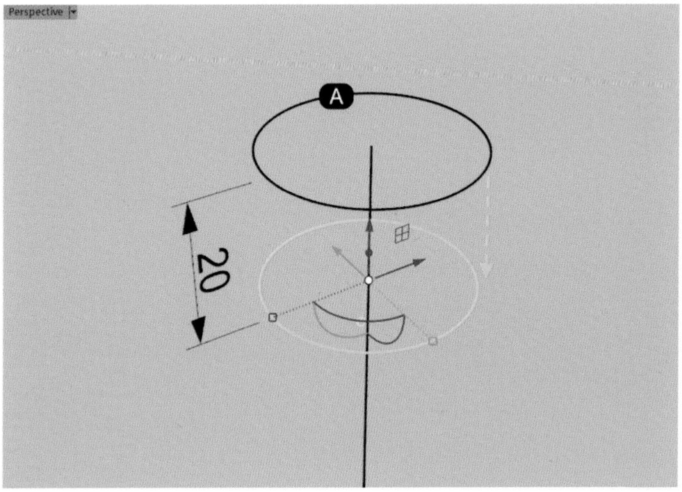

04 수직선 그리기

Front View에서 작업한다. Osnap=Quad를 체크한다. Lines 〉 Single Line 명령을 클릭한다. Start of line이라 뜨면 원의 좌측 Quad점을 클릭, End of line이라 뜨면 160을 기입하고 원하는 지점을 클릭하면 160mm의 수직선(Ⓑ)이 그려진다. 이때 Shift를 누르고 하면 반듯한 선을 그릴 수 있다.

Single Line

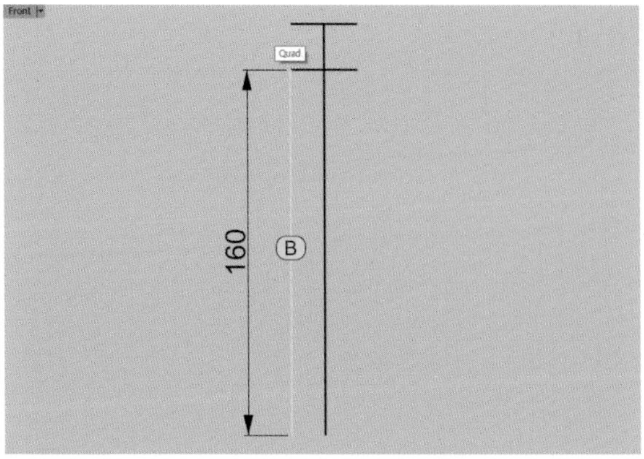

05 수평 라인 그리기

Front View에서 작업한다. Osnap=End를 체크한다. Lines 〉 Single Line 명령을 클릭한다. Start of line이라 뜨면 좌측 End점을 클릭, End of line이라 뜨면 64를 기입하고 원하는 지점을 클릭하면 64mm의 수평선(Ⓒ)이 그려진다. 이때 Shift를 누르고 하면 반듯한 선을 그릴 수 있다.

Single Line

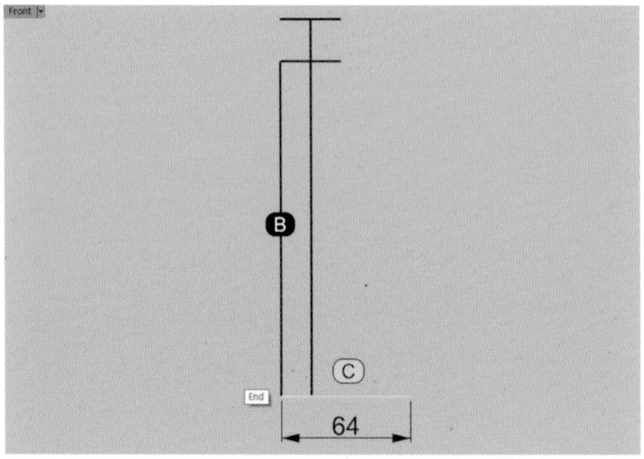

06 폴리 라인으로 연속선 그리기

Front View에서 작업한다. 이번에 D라인을 한 번에 그려본다. Osanp=Quad를 체크한다. 다음 Lines 〉 Polyline 명령을 클릭한다. Start of polyline이라 뜨면 Quad점을 시작점으로 그림과 같은 치수와 각도(−30)를 참고하여 그려준다. 경사진 선의 각도는 해당 선의 길이 치수를 먼저 치고, 키보드 기호 〈−30으로 기입 후 Enter 해 주면 각도가 구속된다.

Polyline
Line Segments

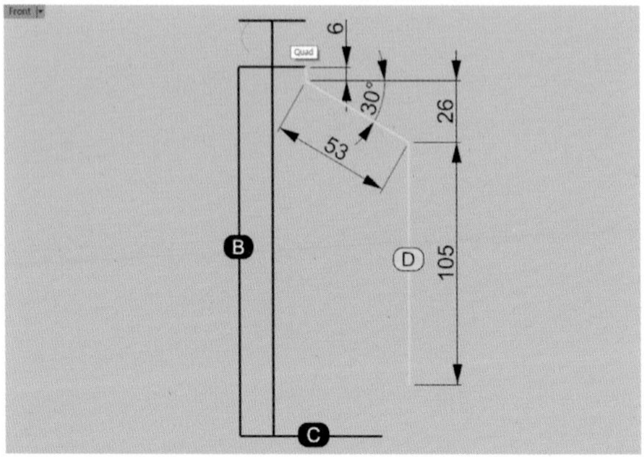

07 라인 끝단 이어 주기

Front View에서 작업한다. Osnap=End를 체크한다. 그림처럼 Single Line으로 E라인을 그려 마무리한다.

Single Line

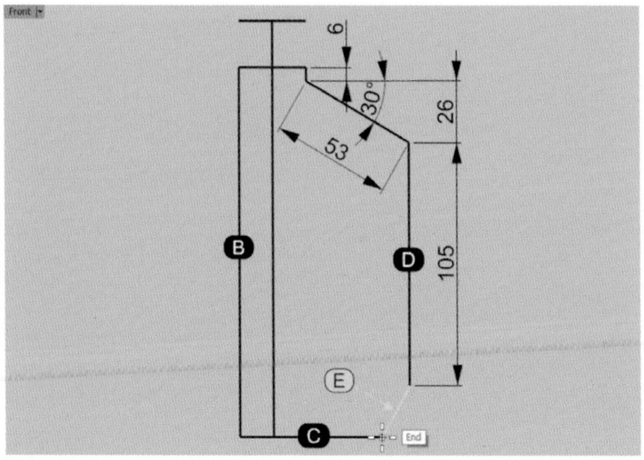

08 라운드 필렛 주기

Front View에서 작업한다. Curve Tools 〉 Fillet curves 명령을 클릭한다. Radius=7을 기입하고 Enter 후 해당 직선과 직선 부위를 클릭하면 라운드 필렛이 적용된다. 동일 방법으로 Radius=22, Radius=51을 적용한다.

Fillet curves
Fillet curves repeat

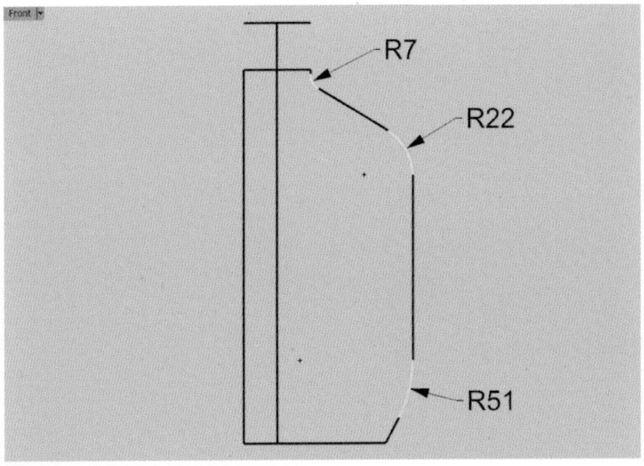

09 최종 라인 확인하기

그림과 같이 2개의 중요 라인 상태를 확인해 본다. 참고로 앞서 필렛된 선들은 서로 Join해 주면 된다.

Join

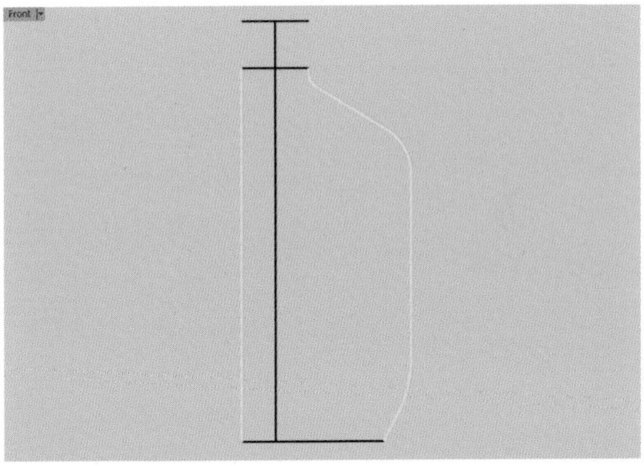

10 수평선 그리기

Front View에서 작업한다. Lines 〉 Single Line 명령으로 제일 먼저 ①번 기준 수평 라인을 그려 준다. ①번 수평 라인은 원의 Quad점을 이용해서 위치를 잡고 이동시켜 그려 주면 된다. 다음 Curve Tools 〉 Offset curve 명령으로 치수를 참조하여 아래로 오프셋 수평선 ②-③-④-⑤를 모두 그려 주면 된다.

Offset curve
Offset multiple

Single Line

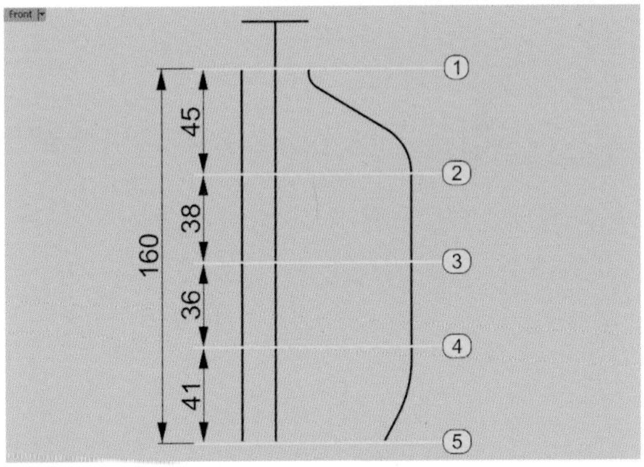

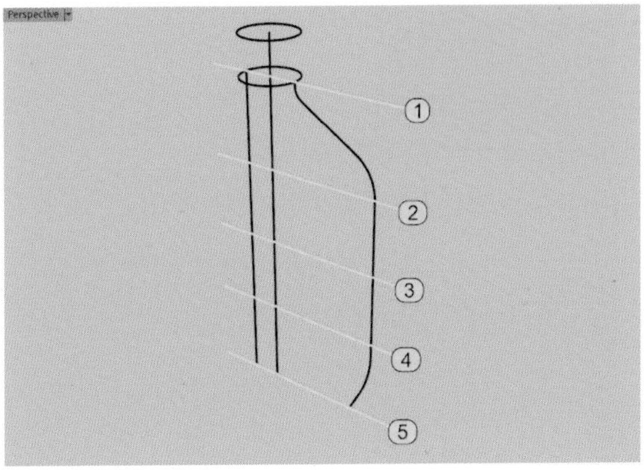

11 교차 포인트 만들기

Perspective View에서 작업한다. Curve From Object 〉 Object intersection 명령을 클릭한다. Ⓐ, Ⓑ, ⑤번 개체들을 모두 선택하고 Enter 하면 그림과 같이 교차점에 포인트가 만들어진다.

Object intersection

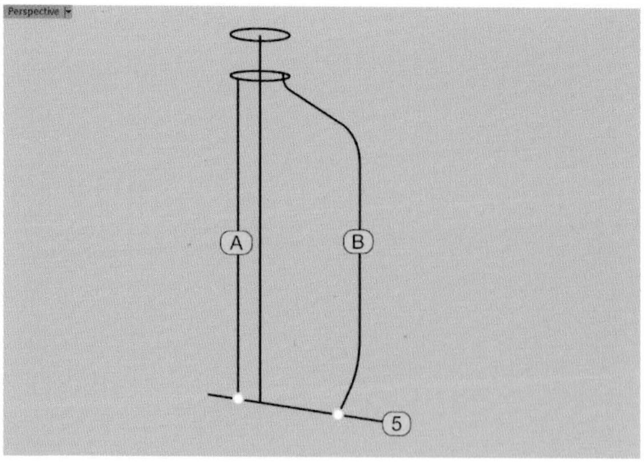

12 용기의 단면 그리기

Top View에서 시작한다. Osnap=Point를 체크한다. 자유로운 커브를 그리기 위해서는 Grid Snap, Ortho는 꺼 주고 하는 것이 좋다. Curve 〉 Curve: interpolate points 명령으로 그림처럼 그려 준다. 물론 Rectangle 〉 Rounded rectangle conic corners로도 가능하다. 단 시작점은 Center를 클릭하고 시작하면 된다.

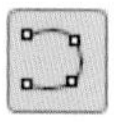
Curve: interpolate points
Handle curve

Rounded rectangle
Rounded rectangle conic corners

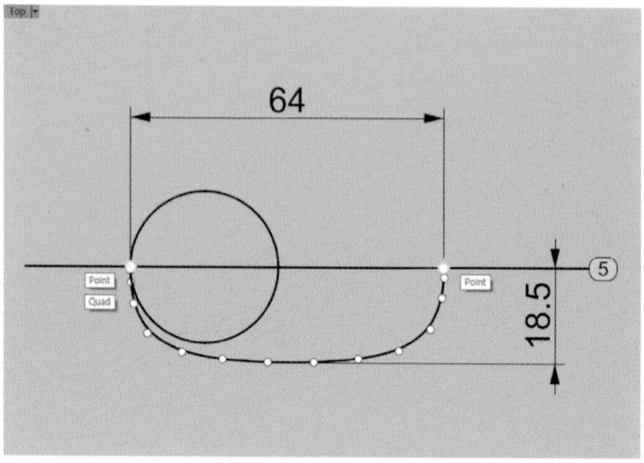

13 대칭 복사하기

Top View에서 작업한다. Osnap=End or Point를 체크한다. Transform 〉 Mirror 명령으로 대칭 복사한다.

Mirror
Mirror on 3-point plane

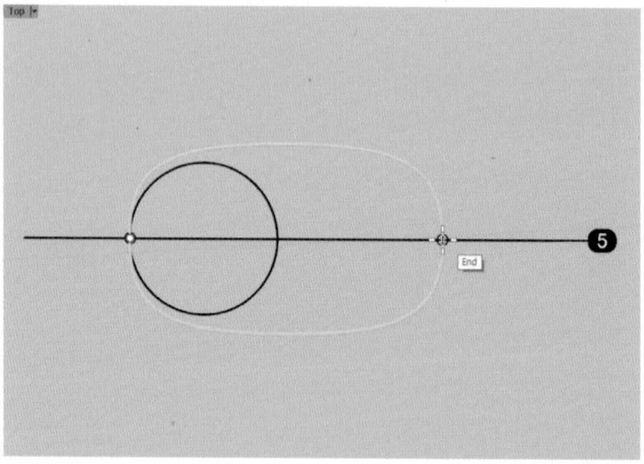

14 접선의 끝 점 매치하기

Perspective View에서 작업한다. 복제된 대칭 접선 부위에 각이 있을 수 있기에 곡률 연속성을 향상해 주어야 한다. Curve Tools 〉 Match curve 명령을 클릭하고 ①번 지점과 마주하는 ②번 지점을 클릭한다. Match Curve 옵션은 그림과 같이 동일하게 설정 후 OK한다.

Match curve

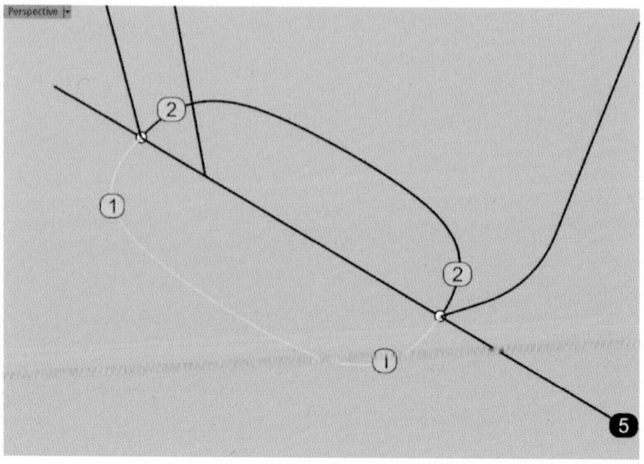

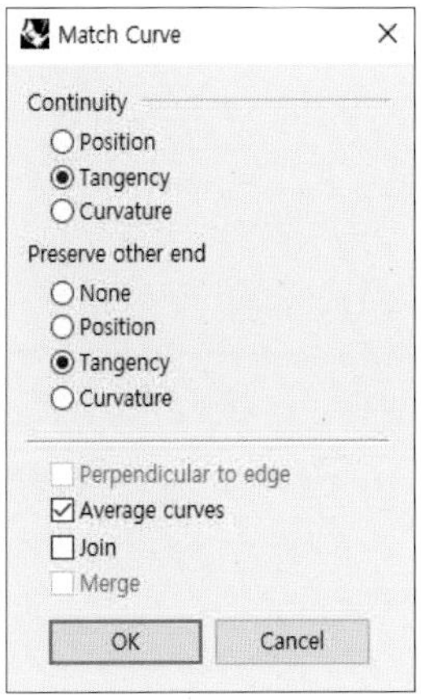

15 연속성 분석 보기

Perspective View에서 작업한다. Match Curve 명령이 제대로 되었는지 시각적으로도 체크해 볼 수 있다. Analyze 〉 Curvature graph on 명령을 클릭한다. 해당 단면 라인(Join된 상태일 것)을 선택하고 (Enter) 하면 지느러미 모양의 그래프가 보이게 된다. Tangent 즉 접선이 일치된 모습을 확인할 수 있다. 다만 커브에 포인트가 많으면 불규칙한 그래프의 높낮이 지느러미 모양이 보이게 된다. 크게 문제는 없다.

Curvature graph on
Curvature graph off

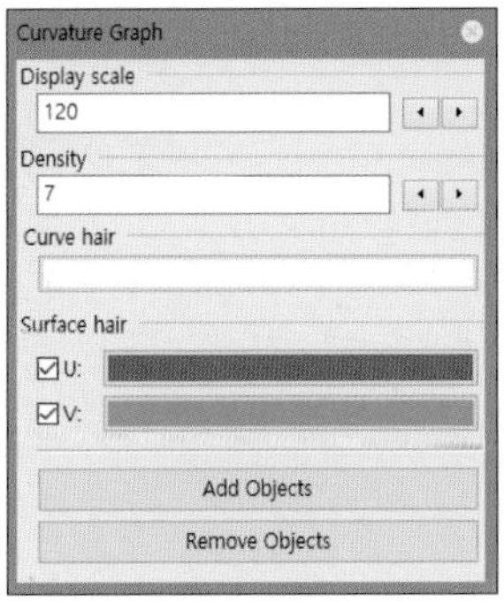

16 단면 확인하기

Perspective View에서 최종 완성된 단면 모양을 확인한다. 참고로 현재 보이는 단면 커브는 Interpolate points로 드로잉된 것이다.

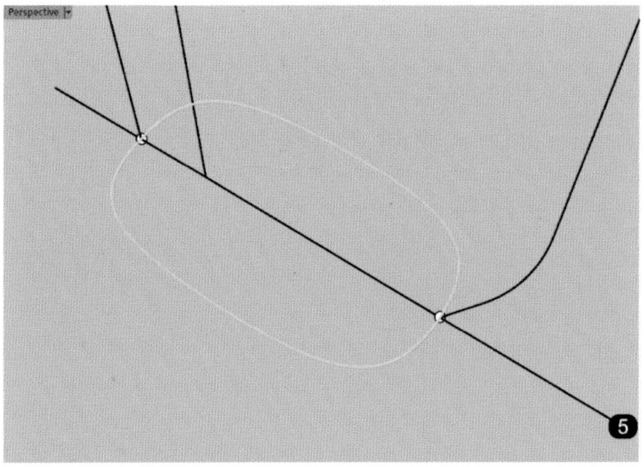

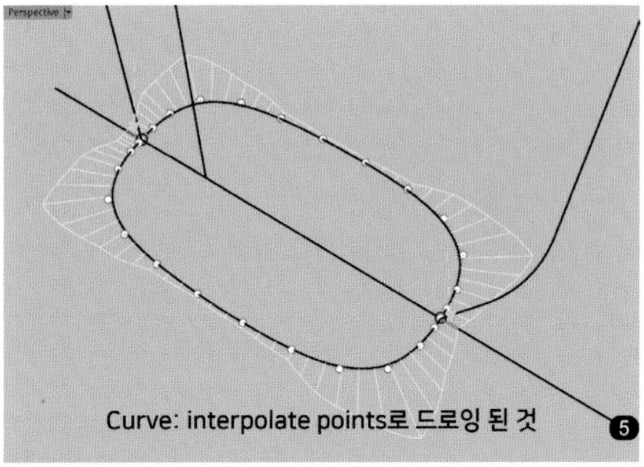

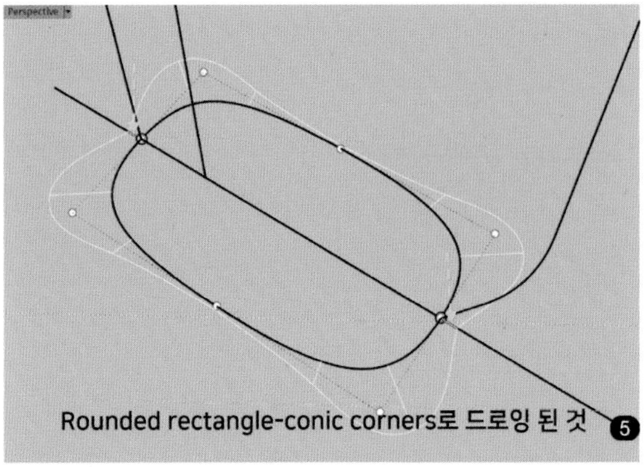

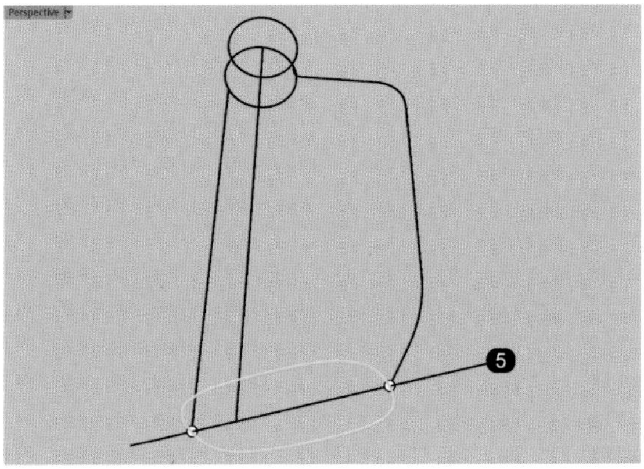

17 면 돌출시키기

Perspective View에서 작업한다. Surface Creation 〉 Extrude straight 명령(BothSides=Yes)으로 그림과 같은 방향으로 적당한 넓이의 면을 만들어 준다.

Extrude straight

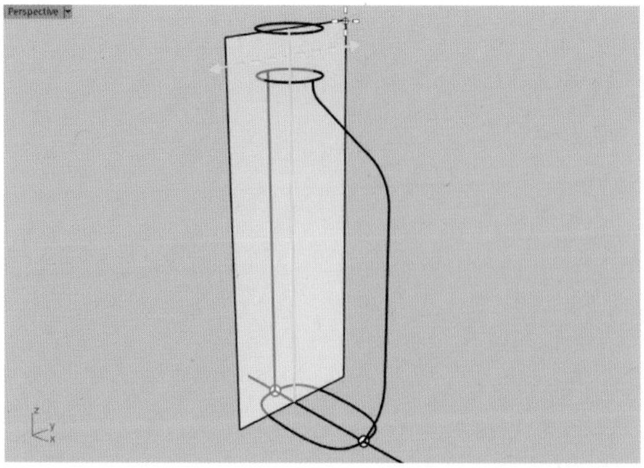

18 교차 포인트 만들기

Perspective View에서 작업한다. Curve From Object 〉 Object intersection 명령을 클릭한다. 그림과 같이 ①–②–③번 개체를 모두 선택 후 Enter 하면 그림과 같이 총 4개의 교차 포인트가 생성된다. 이것은 드로잉을 위한 기준점이 될 것이다.

Object intersection

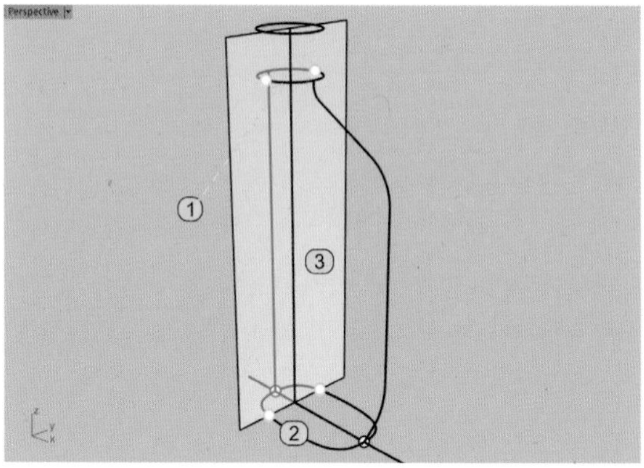

19 외형 커브 그리기

Right View에서 작업한다. Osnap=Point에 체크한다. Curve 〉 Control Points Curve 또는 Curve: interpolate points 명령으로 Ⓐ곡선 커브를 그려 준다. 포인트 개수를 최소화해서 그리면 좋다.

Control Point Curve
Curve through points

Curve: interpolate points
Handle curve

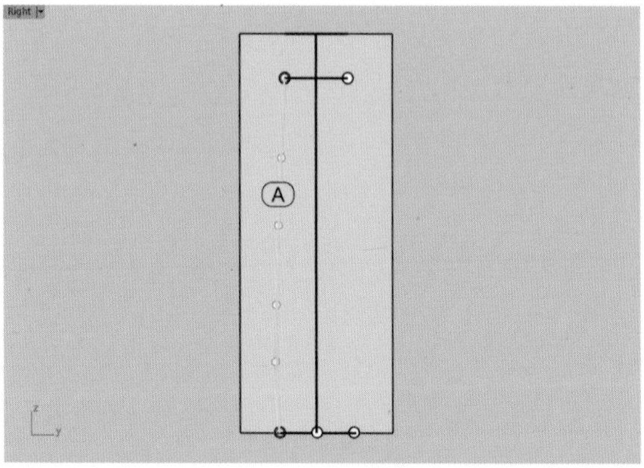

20 대칭 복사하기

Right View에서 작업한다. Osnap=Point, End에 체크한다. Transform 〉 Mirror 명령으로 Ⓐ커브를 오른쪽으로 대칭 복사해 준다.

Mirror
Mirror on 3-point plane

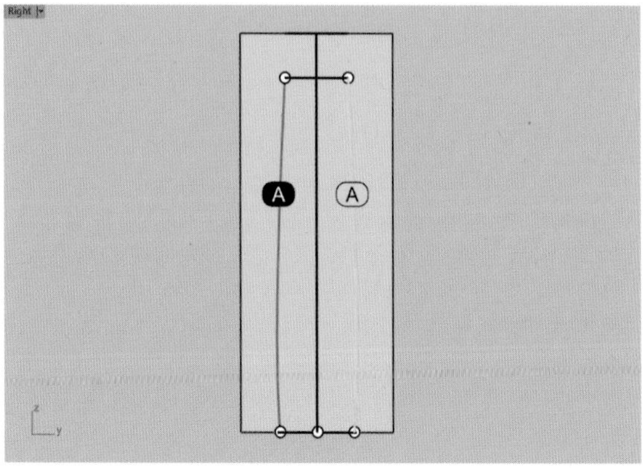

21 수평 라인 보이게 하기

Front View에서 보이는 ②-③-④번 수평 라인들을 Visibillity 〉 Show selected objects 명령을 이용해 모두 보이게 한다.

Show selected objects

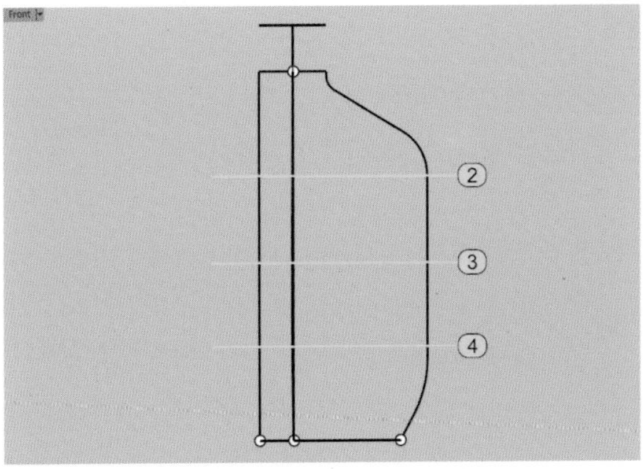

22 돌출 면 만들기

Perspective View에서 작업한다. Surface Creation 〉 Extrude straight 명령을 클릭한다. ②-③-④번 수평 라인을 동시 선택 후 양쪽 방향(BothSides=Yes)으로 돌출 면들을 만들어 준다.

Extrude straight

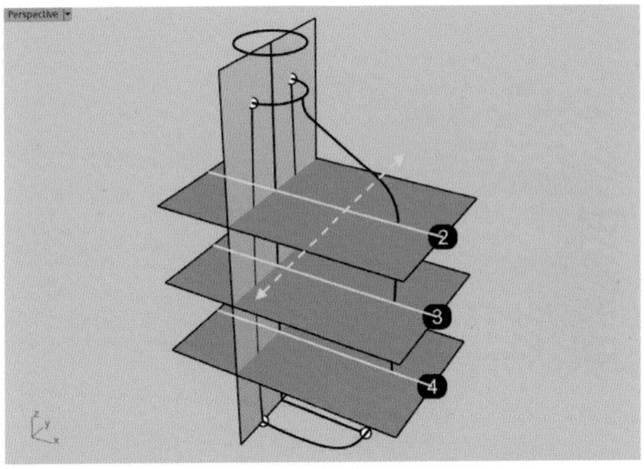

23 교차 포인트 만들기

Perspective View에서 작업한다. 우선 앞서 만든 수직 면을 Hide objects 명령으로 숨겨 준다. 다음 Curve From Object 〉 Object intersection 명령으로 Ⓐ-Ⓑ-Ⓒ-Ⓓ선과 ②-③-④면을 모두 선택 후 Enter 하면 그림과 같이 교차 포인트가 바로 생성된다.

Hide objects
Show objects

Object intersection

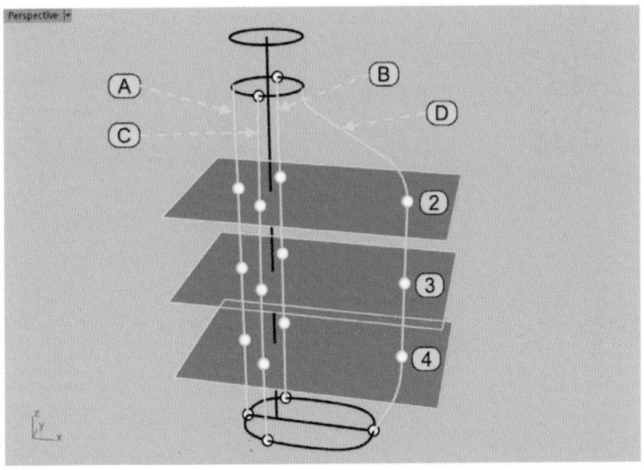

24 개체 숨기기

Perspective View에서 작업한다. Hide objects 명령으로 불필요한 나머지 개체들은 잠시 숨겨 준다. 다만 그림처럼 ②번 면과 교차 포인트들은 보이게 한다.

Hide objects
Show objects

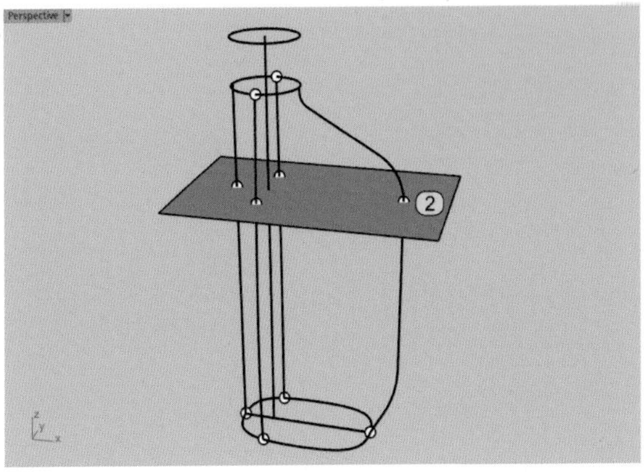

25 단면 커브 그리기

Top View에서 작업한다. 디스플레이 모드를 Ghosted로 변경한다. 그림과 같이 반투명한 모습으로 앞서 그린 단면이 오버랩되어 보인다. 이제 Osnap=Point를 체크한다. 자유로운 커브를 그리기 위해서는 Grid Snap, Ortho는 꺼주고 작업한다. Curve: interpolate points 명령으로 총 3군데 포인트에 일치하는 ②번 지점 단면 커브를 그려 준다. 한 번에 커브를 그리기 어려우면 포인트 지점마다 따로 그려 Match curve(접선 Tangency 일치) 후 Join하면 된다.

Curve: interpolate points
Handle curve

Match curve

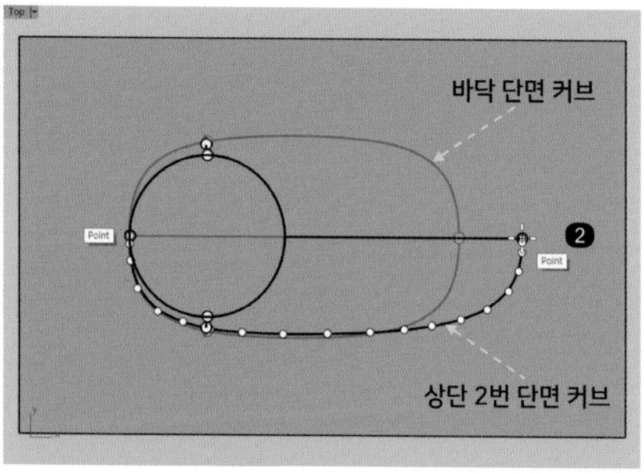

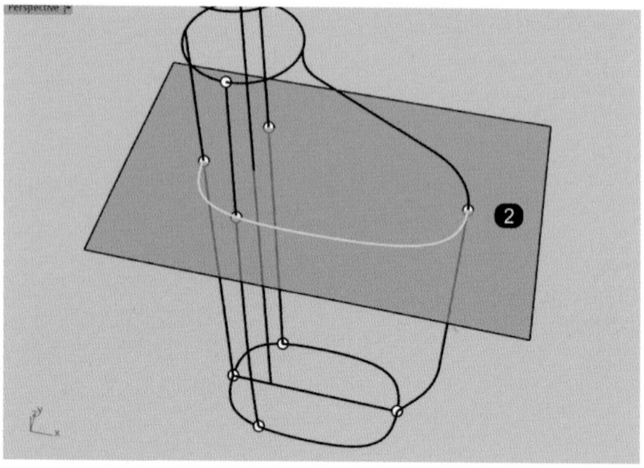

26 대칭 복사하기

Top View 또는 Perspective View에서 작업한다. Osnap=End에 체크한다. 방금 그린 ②번 단면 커브를 Transform 〉 Mirror 명령으로 대칭 복사해 준다.

Mirror
Mirror on 3-point plane

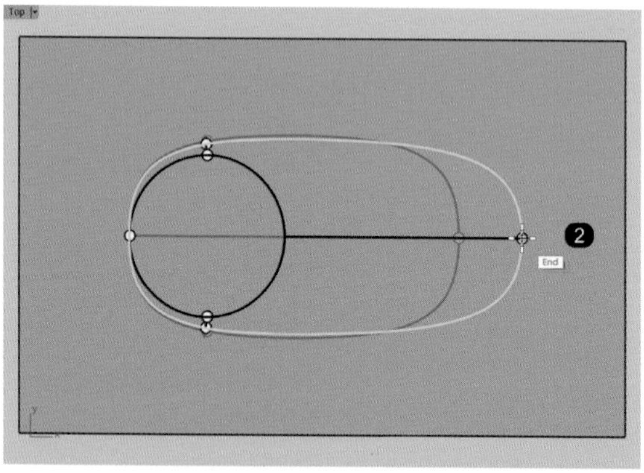

27 접선의 끝점 매치하기

Perspective View에서 작업한다. 복제된 대칭 접선 부위에 각이 있을 수 있기에 곡률 연속성을 향상해 주어야 한다. Curve Tools 〉 Match curve 명령을 클릭하고 ①번 지점과 마주하는 ②번 지점을 클릭한다. Match Curve 옵션은 그림과 같이 동일하게 설정 후 OK한다.

Match curve

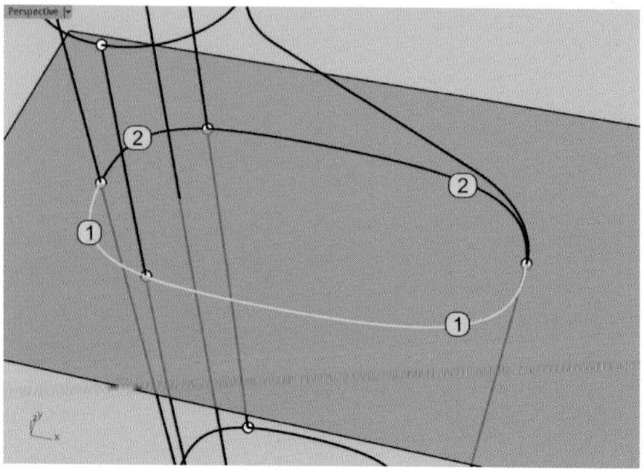

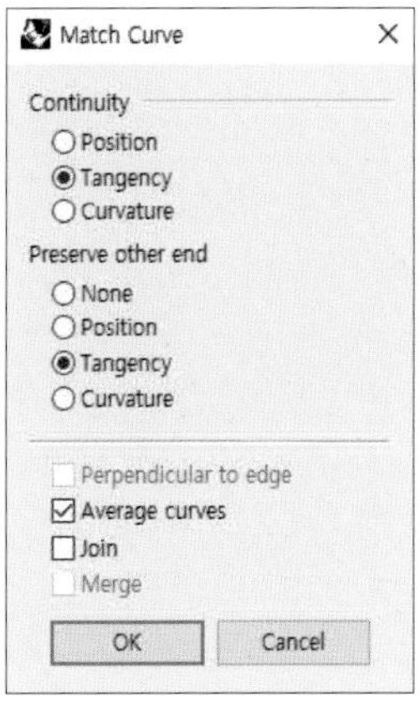

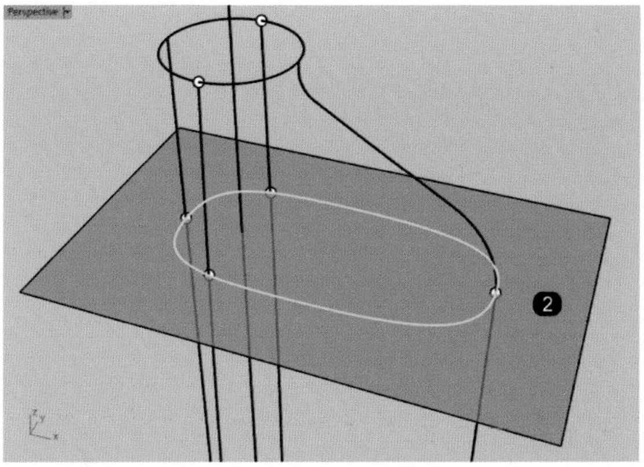

28 3번 단면 라인 그리고 대칭 복사하기

앞서 작업한 동일한 방법으로 ③번 단면 커브를 Curve: interpolate points 명령으로 그려 준다. 다음 Mirror 명령으로 대칭 복사한다. Match curve 명령으로 접선의 일치(Tangency=G1)를 만족하는 연속성을 확보해 준다.

- Curve: interpolate points
- Handle curve
- Mirror
- Mirror on 3-point plane
- Match curve

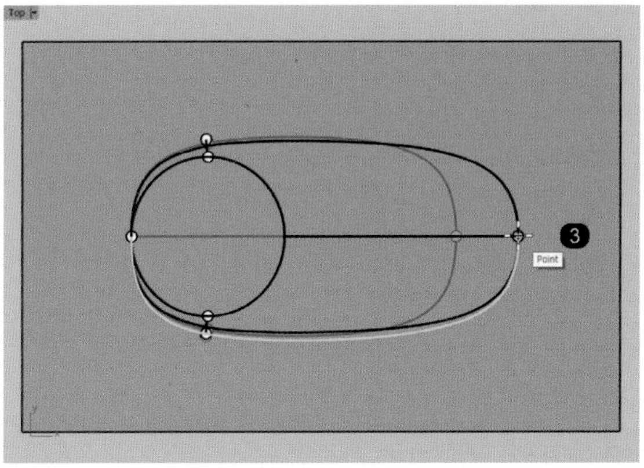

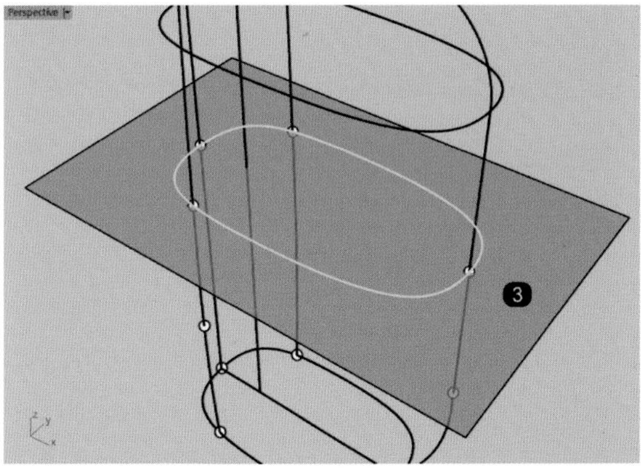

29 4번 단면 라인 그리고 대칭 복사하기

앞서 작업한 동일한 방법으로 ④번 단면 커브를 Curve: interpolate points 명령으로 그려 준다. 다음 Mirror 명령으로 대칭 복사한다. Match curve 명령으로 접선의 일치(Tangency=G1)를 만족하는 연속성을 확보해 준다.

- Curve: interpolate points
- Handle curve
- Mirror
- Mirror on 3-point plane
- Match curve

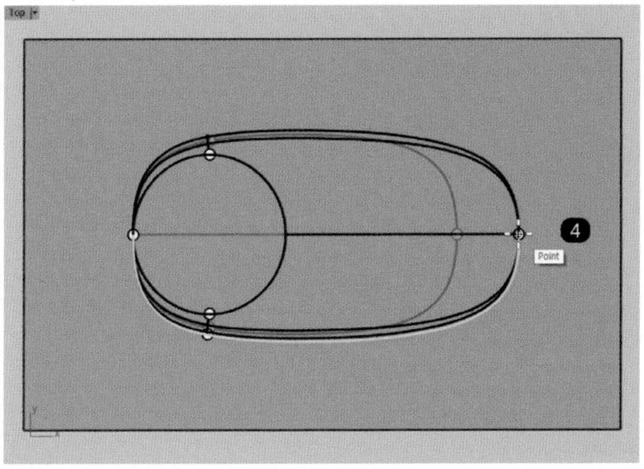

30 커브 매치 후 조인하기

④번 단면 커브의 Match 작업이 완료됐다면 Join해 준다. Match curve 옵션에서도 Join을 체크해도 된다.

Join

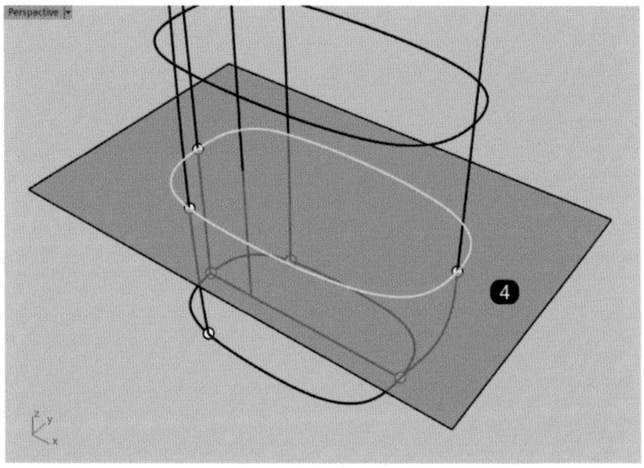

31 교차점 일치 체크하기

Perspective View에서 작업한다. 지금까지 만들어진 커브들을 모두 선택한다. 다음 Curve From Object 〉 Object intersection 명령을 클릭하면 교차 지점에 포인트들이 생성된다. 이 방법을 통해 라인들이 서로 정확하게 교차하거나 끝점들이 일치하는지 검사하는 것이다. 선들이 서로 일치하지 않으면 포인트가 생성되지 않게 된다. 확인만 하고 Point는 바로 지워 준다.

Object intersection

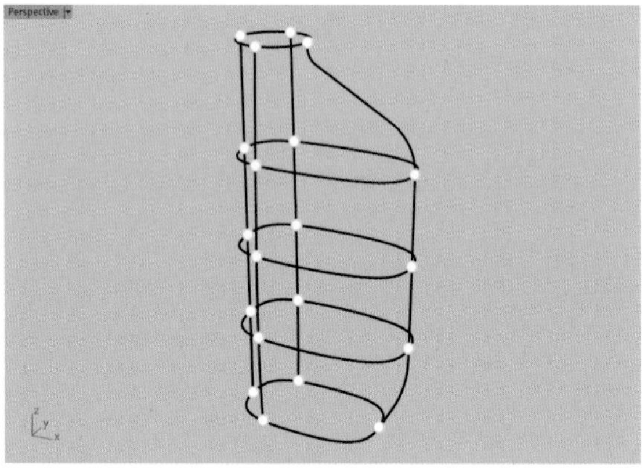

32 용기 바디 면 만들기

Perspective View에서 작업한다. Surface Creation 〉 Surface from network of curves 명령을 클릭한다. 해당 커브를 모두 드래그 선택 후 Enter 한다. 네트워크 면이 생성된다. Surface From Curve Network 옵션은 Tolerances: Edge curves=0.001, interior curves=0.01을 주었다. Edge matching=Position에 체크하고 OK하면 된다.

Surface from network of curves

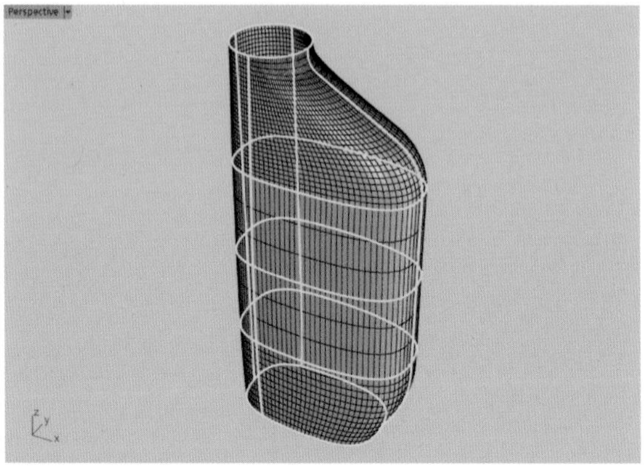

33 작업용 라인만 보이게 하기

다음 작업을 위해서 Hide objects 명령으로 나머지들은 모두 숨겨 준다. 그림과 같은 개체들만 보이게 하면 된다.

Hide objects
Show objects

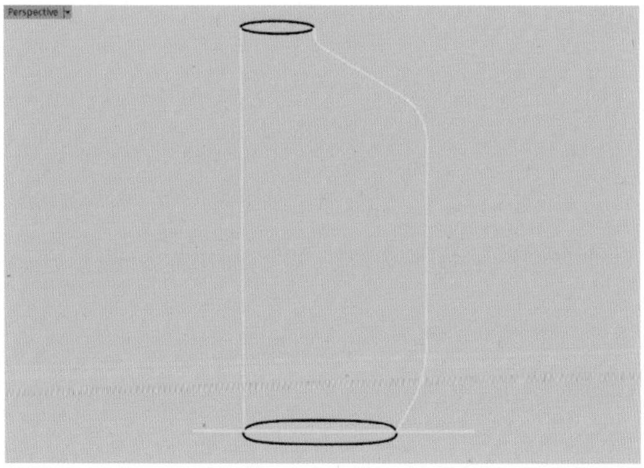

34 안쪽으로 오프셋하기

Front View에서 작업한다. Curve Tools 〉 Offset curve 명령을 클릭한다. 먼저 ①번 외형선을 안쪽으로 10mm 오프셋해 준다. 다음 ②번 외형선을 안쪽으로 20mm 오프셋해 준다. 다음 ③번 수평 라인을 위로 10mm 오프셋해 준다. 교차 선들이 만들어졌다.

Offset curve
Offset multiple

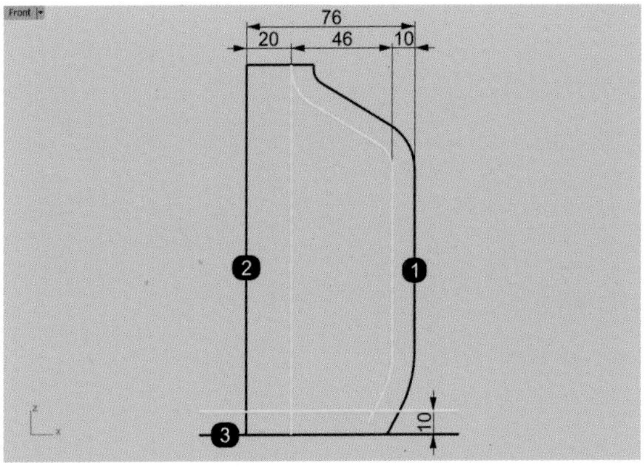

35 라운드 필렛 주기

Front View에서 작업한다. Curve Tools 〉 Fillet curves 명령을 클릭한다. 그림과 같이 해당 부위별 마주하는 선들을 순차적으로 선택하여 라운드 필렛을 적용한다. 적용 후 선들은 Join시켜 준다.

Fillet curves
Fillet curves repeat

Join

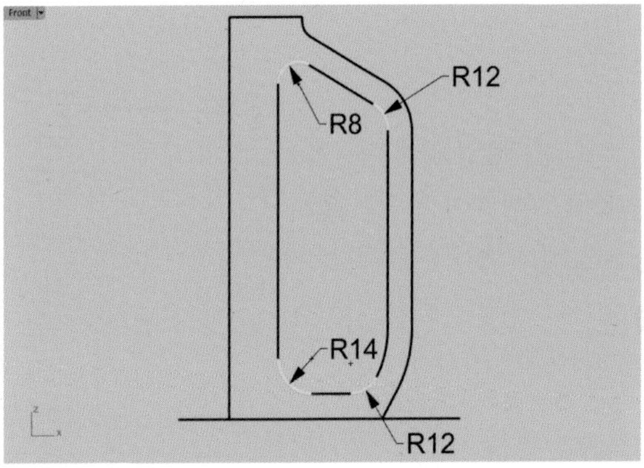

36 안쪽으로 오프셋하기

Front View에서 작업한다. Curve Tools 〉 Offset curve 명령을 클릭한다. 방금 그린 개체를 안쪽으로 6mm 오프셋시켜 준다.

Offset curve
Offset multiple

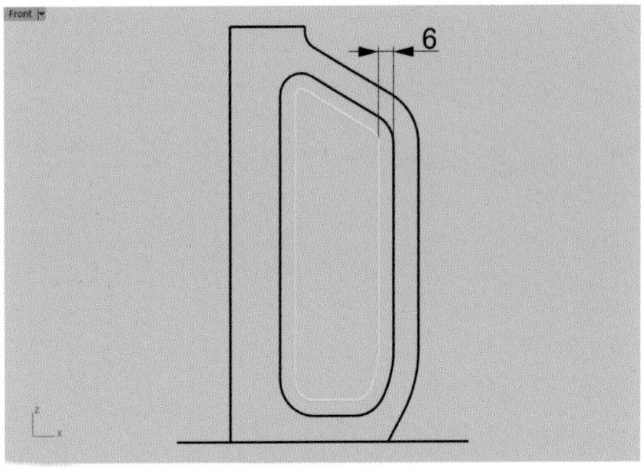

37 면 잘라 지워 주기

Front View에서 작업한다. 디스플레이 모드를 Ghosted로 해 준다. 다음 Split 명령을 클릭한다. 다음 ①번 개체(용기)를 클릭하고 Enter, 다음 ②번 선을 클릭하고 Enter 하면 면이 잘리게 된다.

Split
Split surface by isocurve

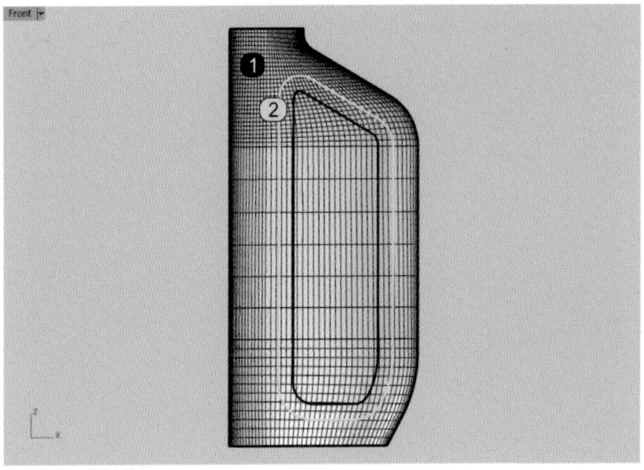

38 잘린 안쪽 면들 지워 주기

용기의 뒤쪽도 잘리게 된다. 잘린 안쪽 면들은 모두 지워 준다.

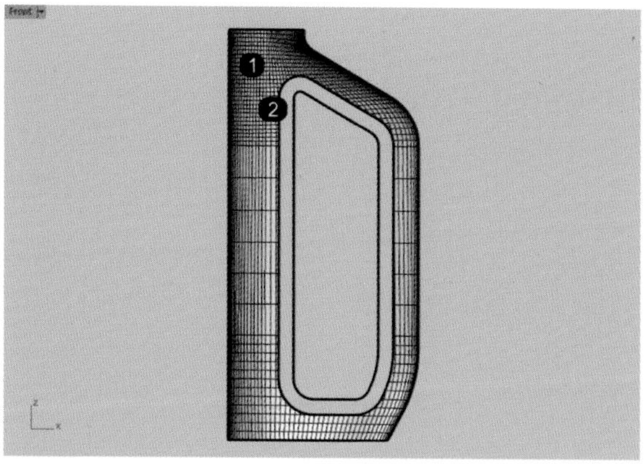

39 포인트 배치하기

Perspective View에서 작업한다. Osna=Near를 체크한다. Point 명령을 이용하여 ①–②–③번 엣지에 일치하는 포인트를 배치한다. 포인트 배치 간격은 대략 정해도 되는 부분이다. 최대한 그림과 비슷하게 위치시키면 좋다.

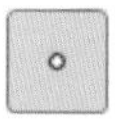
Single Point

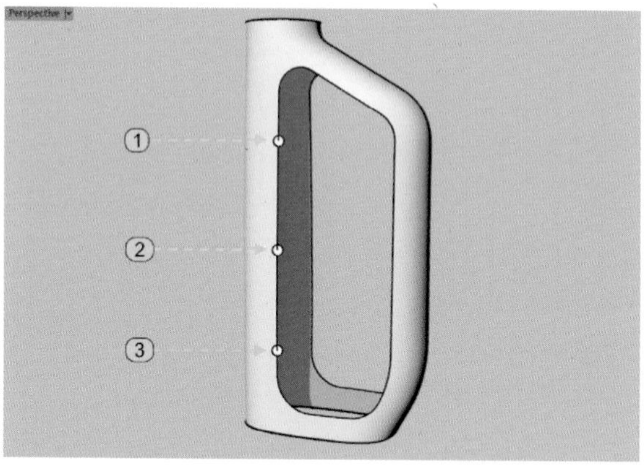

40 호(Arc) 그리기

Top View에서 시작한다. Snap=Point에 체크한다. Arc 〉 Arc: start, end, point on arc 명령을 클릭하고 첫 번째 포인트를 시작 기점으로 하는 완만한 호(Arc)를 그려 준다. 물론 디자인상 직선도 가능하다.

Arc : start, end, point on arc
Arc : start, point on arc, end

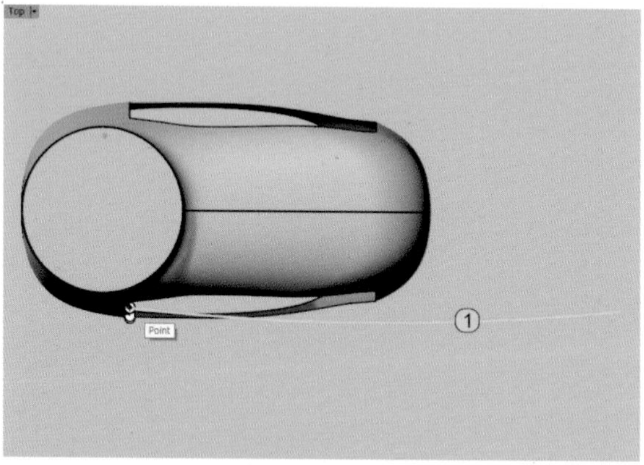

41 호(Arc) 복사 후 배치하기

Perspective View에서 작업한다. Snap=Point에 체크한다. ①번 호(Arc)를 클릭하고 바로 Copy 명령을 클릭한다. 다음 배치할 Point를 기점을 클릭하여 밑으로 복사해 준다.

Copy
Copy objects in place

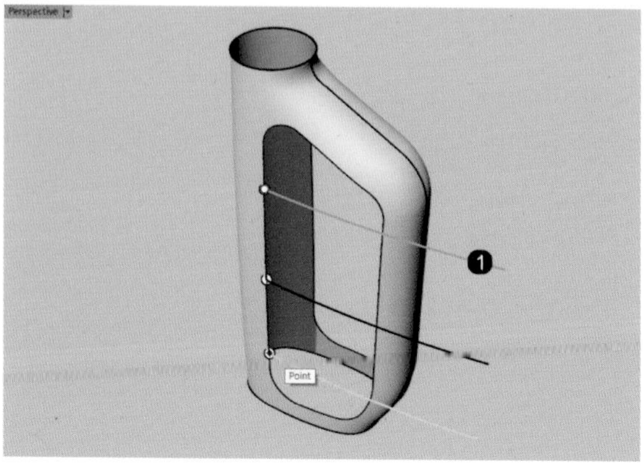

42 각도 지정하기

Rotate 2-D 명령을 클릭한다. 호(Arc)를 클릭하고 Enter 후 End점을 선택하고 각도=15를 기입 후 Enter 하면 안쪽으로 기울게 된다. 각각 동일 작업을 수행한다.

Rotate 2-D
Rotate 3-D

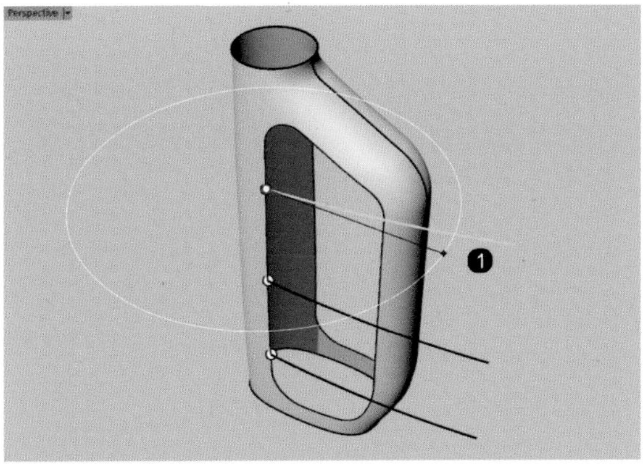

43 경사 깊이 확인하기

Perspective View에서 경사 깊이가 적정한지 확인해 본다. 각도는 고정값은 아니기에 비슷하게 진행하면 된다.

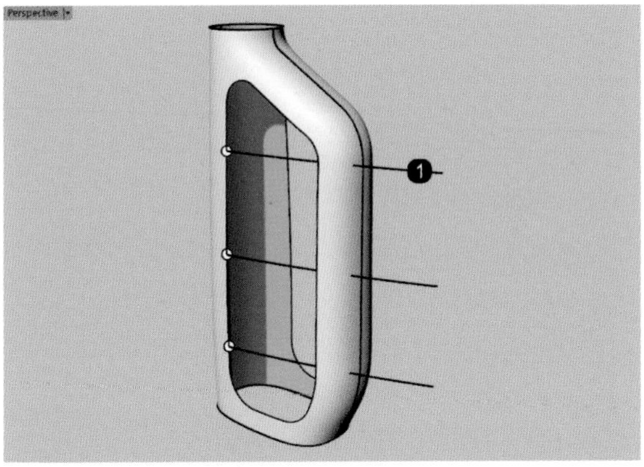

44 로프트(Loft) 면 만들기

Perspective View에서 작업한다. Surface Creation 〉 Loft 명령으로 클릭한다. ①-②-③번호 순서대로 호(Arc)를 클릭 후 Enter 하고 옵션은 그림과 같이 체크 후 OK하면 면이 생성된다.

Loft

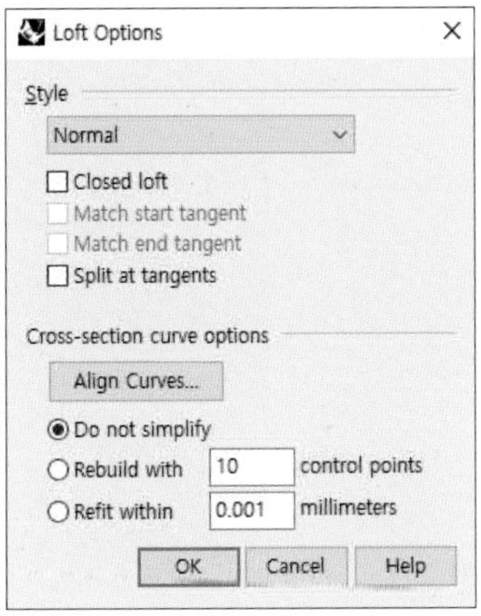

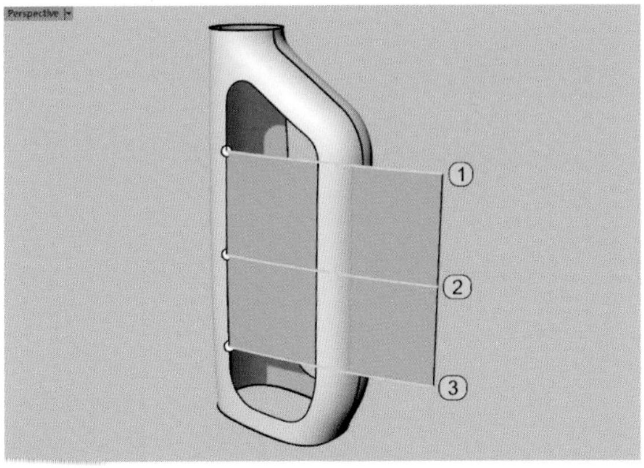

45 면 연장하기

Perspective View에서 작업한다. Loft 면의 끝단을 연장해 줄 예정이다. Surface Tools 〉 Extend surface 명령을 클릭하고 Loft 면의 상단 엣지를 선택하고 올려 주면 된다. 길이는 이미지와 비슷하면 된다. 물론 치수를 기입해서도 가능하다. 옵션은 Type=smooth, Merge=Yes로 설정하고 해 주면 된다.

Extend surface

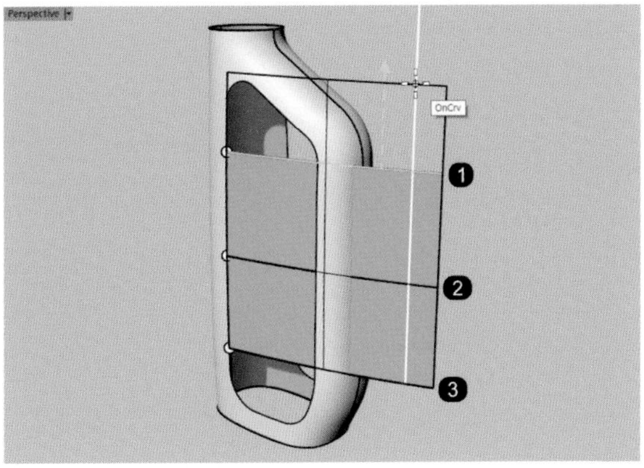

46 면 연장하기

Perspective View에서 작업한다. Surface Tools 〉 Extend surface 명령을 클릭하고 Loft 면의 하단 엣지를 선택하고 내려 주면 된다. 길이는 이미지와 비슷하면 된다. 옵션은 Type=smooth, Merge=Yes로 동일하게 설정하고 해 주면 된다.

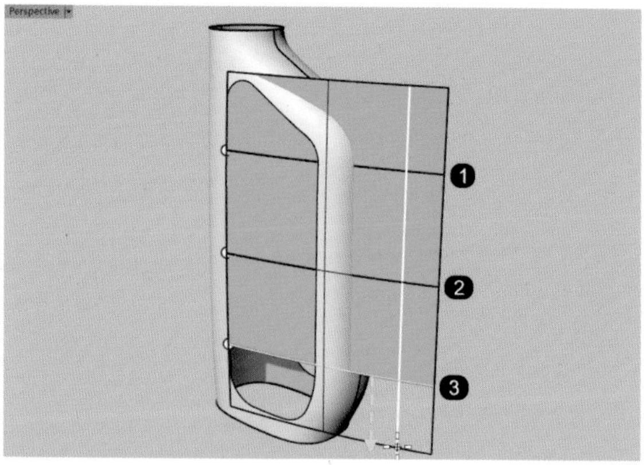

47 면 연속성 확보하기

연장된 면과 용기의 접선 부위는 각이 존재하게 된다. 자연스러운 연속성 확보를 위해 Surface Tools 〉 Match surface 명령을 클릭한다. 다음 ①번 면의 엣지와 ②번 면의 엣지를 선택한다. Match Surface 옵션은 그림과 같게 설정하고 OK한다. Tangency 연결성이 확보된다.

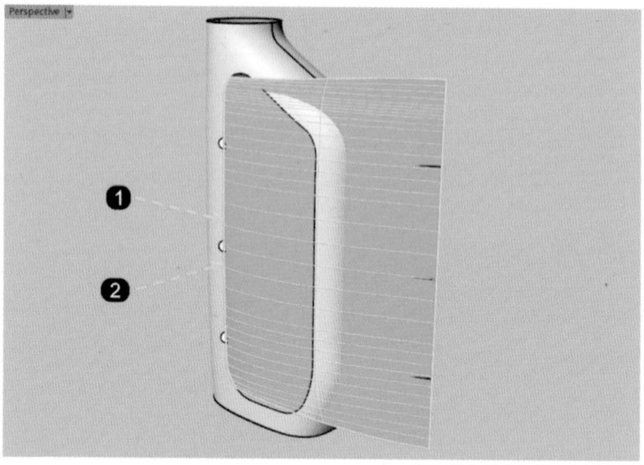

Match surface
Match up to four surface edges

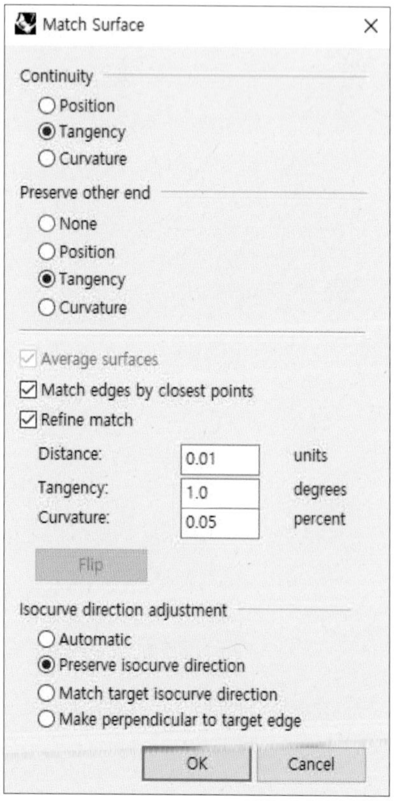

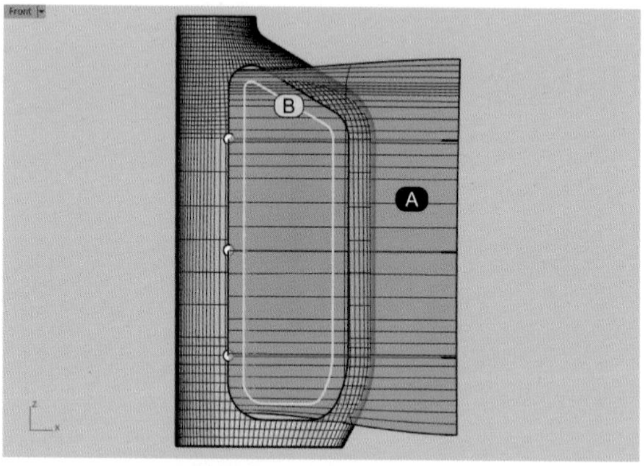

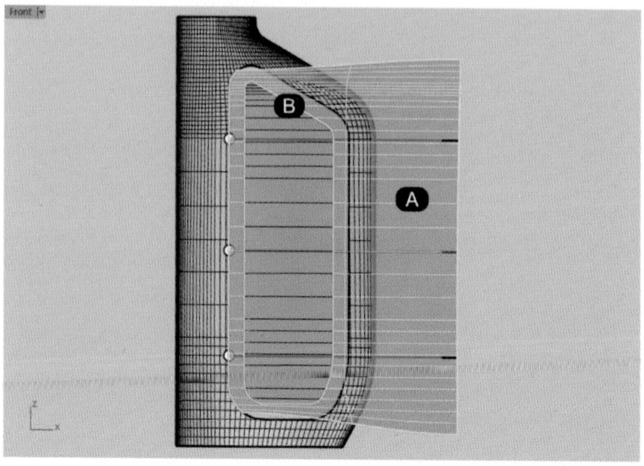

48 내측 면 자르고 대칭 복사하기

Front View에서 Split 명령으로 안쪽 커브로 Loft 연장 면을 잘라 준다. 나머지 면들은 지워 주면 그림과 정리된다. 안쪽 면(Blue Color)을 Right View에서 대칭 복사해 준다.

Mirror
Mirror on 3-point plane

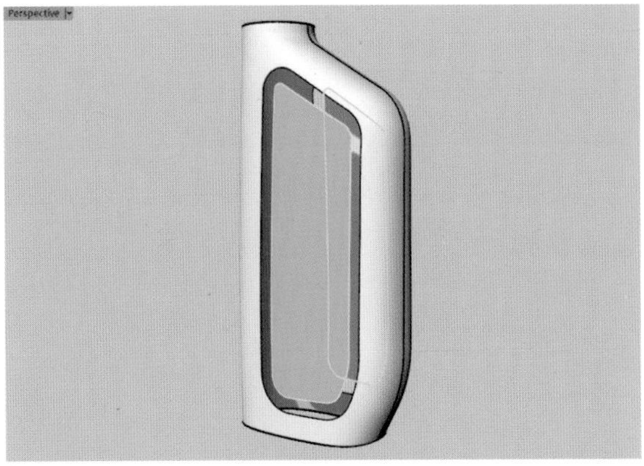

49 심(Seam) 확인하기

선을 제외한 개체들을 모두 선택하고 Analyze 〉 Edge Tools 〉 Show edges 명령을 클릭한다. 열린 곳의 엣지들이 붉게 보이게 된다. All edges에 체크하면 이음새(Seam)도 보이게 된다. Osnap=Quad에 체크한다.

Show edges
Turn off showing curve edges

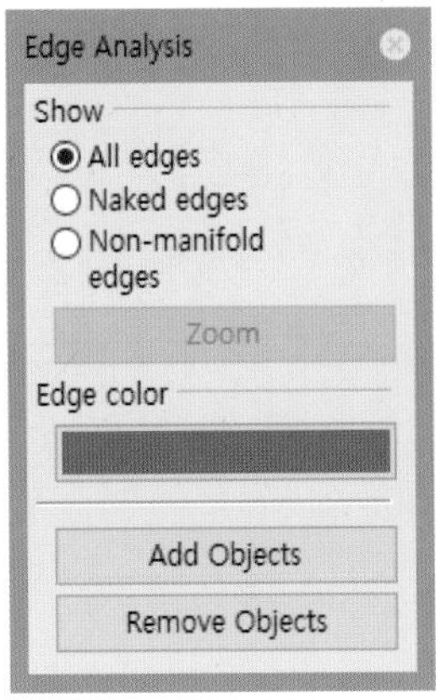

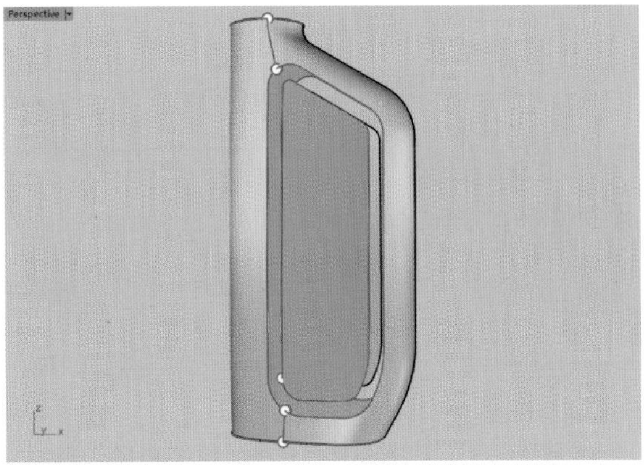

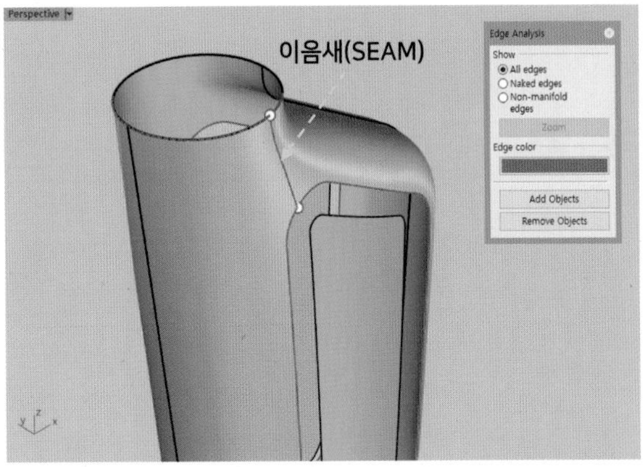

50 심(Seam) 이동하기

이어서 이음새를 Quad 지점으로 이동하기 위해 Surface Tools 〉 Adjust closed surface seam 명령을 클릭한다. 그림과 같이 마우스 커서로 Quad 지점으로 이동시켜 준다. 이음새는 향후 작업 시 면 분할에 영향을 덜 주는 곳으로 미리 이동시켜 주면 좋다.

Adjust closed surface seam

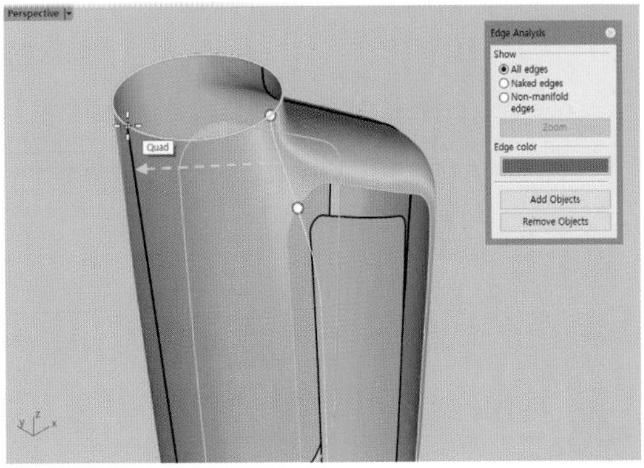

51 Edge 포인트 정리하기

다음 작업을 위해 사전 엣지 정돈 작업을 해 준다. 불필요한 Edge point를 삭제하거나 위치를 이동시켜 주는 정도로 보면 된다. Analyze 〉 Edge Tools 〉 Merge edge 명령을 클릭한다.

- Show edges
- Turn off showing curve edges

- Merge edge
- Merge all edges

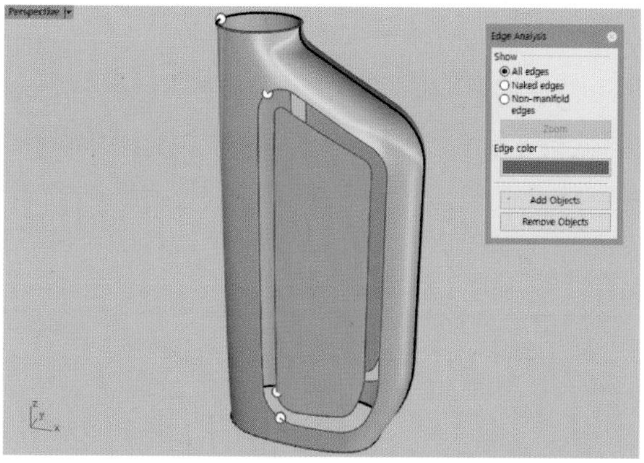

그림과 같이 ①번 Edge를 클릭하고 Enter 하면 불필요한 Point를 모두 지울 수 있다.

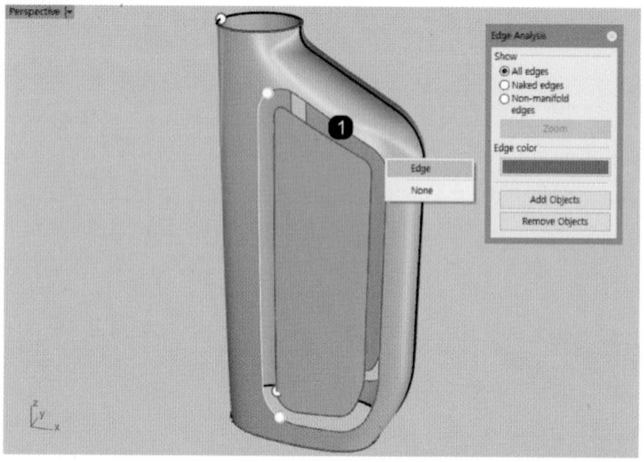

Edge point 정리 결과 그림과 같이 정리되었다.

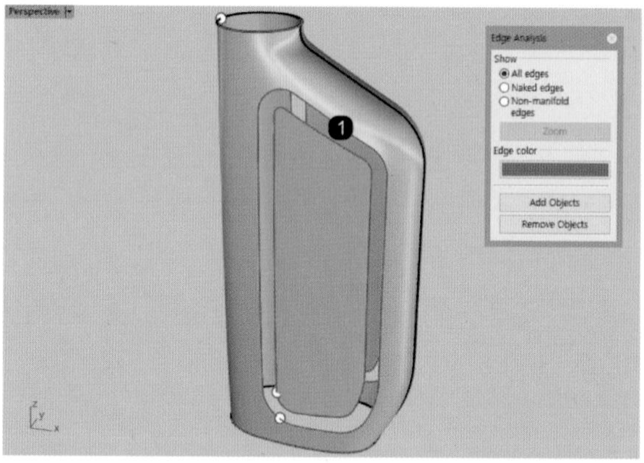

52 원하는 위치에 Edge Point 추가하기

Osnap=Knot에 체크한다. Show edges가 활성화된 상태에서 Spilt edge 명령을 클릭하고 ①-②-③-④번 지점의 엣지를 클릭하여 잘라 준다. Edge에 포인트가 생기게 된다. 비슷한 위치면 된다.

- Show edges
- Turn off showing curve edges

- Split edge
- Merge edge

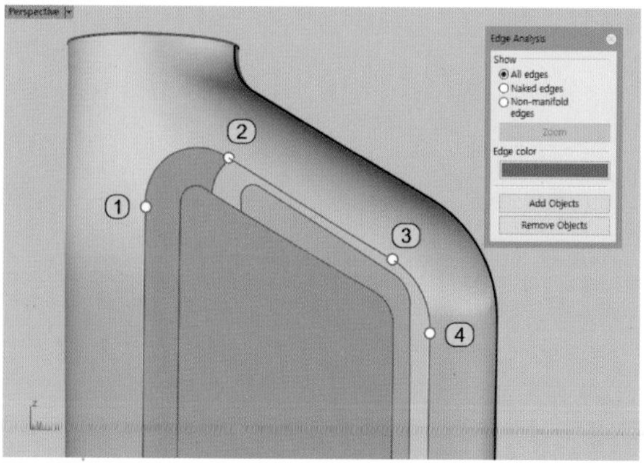

53 맞은편에 Edge Point 추가하기

이제 방금 잘라 준 엣지의 맞은편도 잘라 주어야 한다. Osnap=Knot을 체크한다. 그림과 같이 Knot 지점에서 시작하여 앞서 잘라 준 Point 지점을 클릭하면 잘리게 된다. 동일한 방법으로 ②-③-④번 맞은편까지 잘라 준다.

Split edge
Merge edge

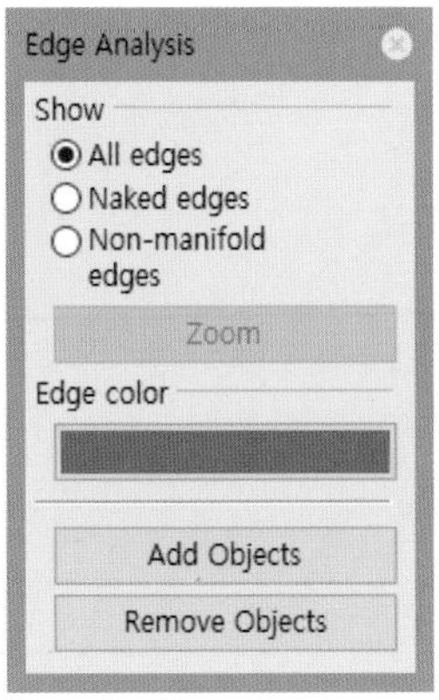

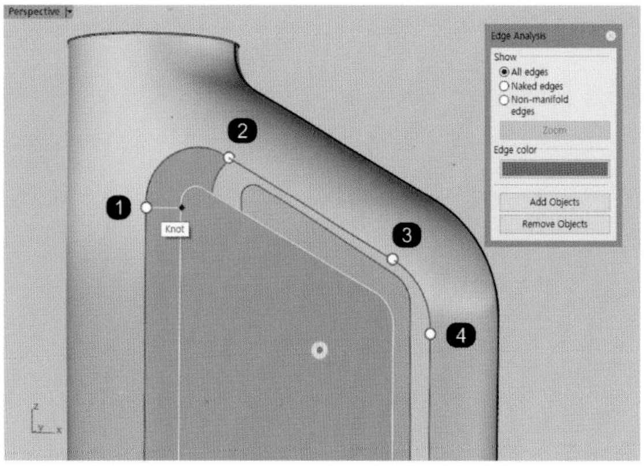

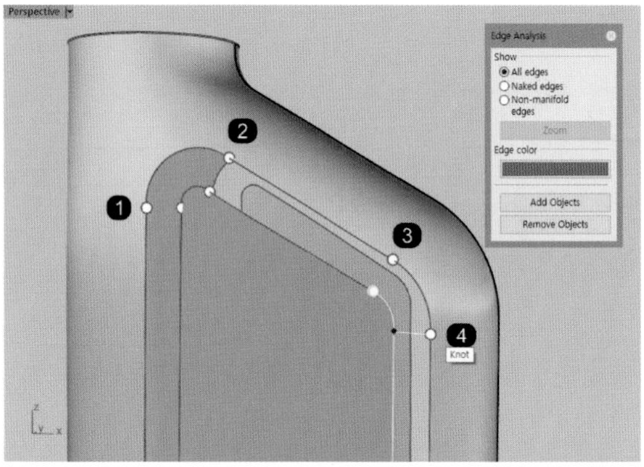

54 원하는 위치에 Edge Point 추가하기

Osnap=Knot에 체크한다. Show edges가 활성화된 상태에서 Spilt edge 명령을 클릭하고 ⑤-⑥-⑦-⑧번 지점의 엣지를 클릭하여 잘라 준다. Edge에 포인트가 생기게 된다. 비슷한 위치면 된다.

Split edge
Merge edge

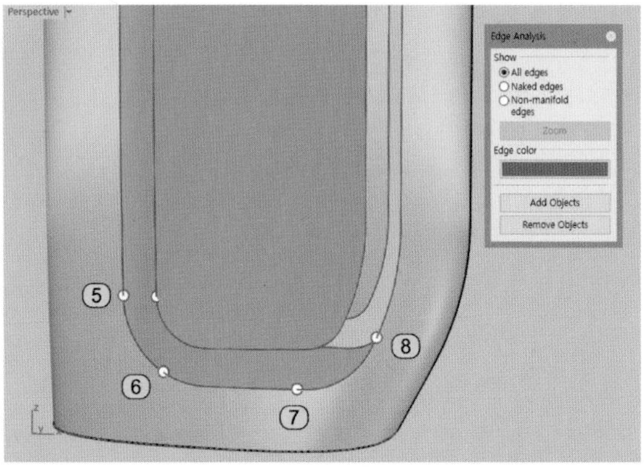

55 맞은편에 Edge Point 추가하기

이제 방금 잘라 준 엣지의 맞은편도 잘라 주어야 한다. Osnap=Knot을 체크한다. 그림과 같이 Knot 지점에서 시작하여 앞서 잘라 준 Point 지점을 클릭하면 잘리게 된다. 동일한 방법으로 ⑤-⑥-⑦-⑧번 맞은편까지 잘라 준다.

Split edge
Merge edge

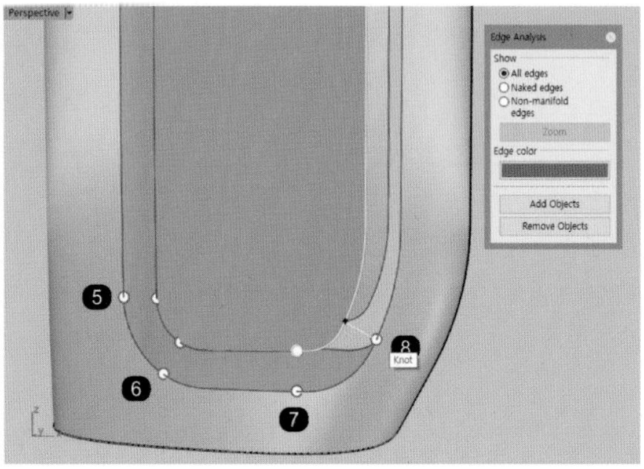

56 Edge 포인트 확인하기

지금까지 작업된 Split edge 상태를 다시 한번 확인해 본다. 균등하게 분포되어 있으면 된다. 참고로 잘못된 포인트를 지우고 싶다면 Merge edges 명령을 사용하면 된다.

Show edges
Turn off showing curve edges

Merge edge
Merge all edges

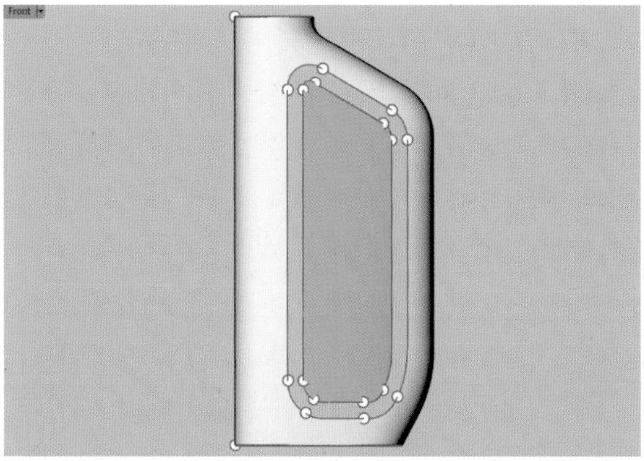

57 블랜드 연결 면 만들기

분할된 Edge들을 선택하여 블랜드 면으로 연결해 줄 것이다. Surface Tools > Blend Surface 명령을 클릭한다. ①번과 ②번 엣지를 순차적으로 선택하고 Enter 한다. Adjust Surface Blend 옵션은 그림과 같이 설정하고 OK한다.

Blend Surface

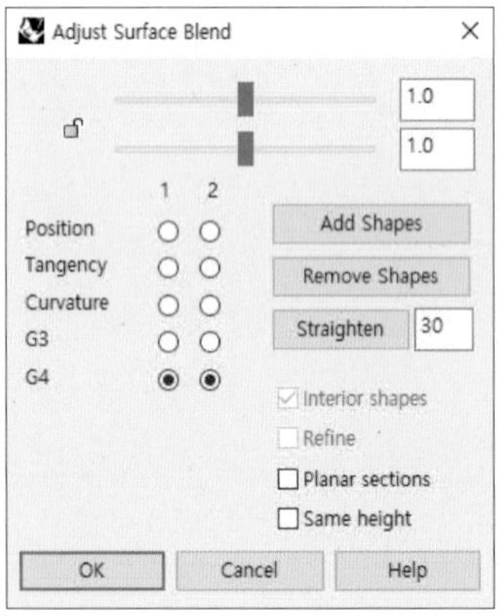

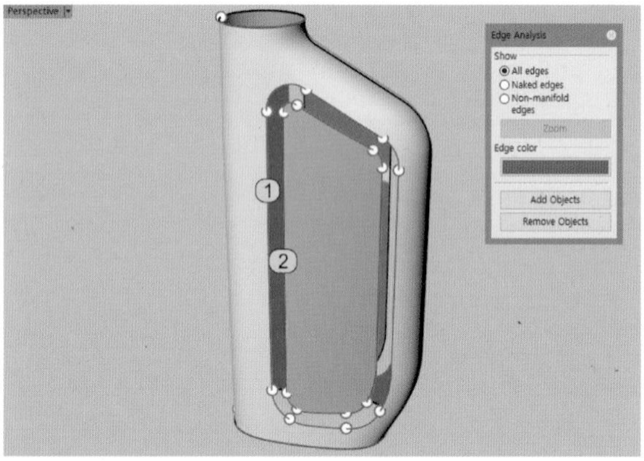

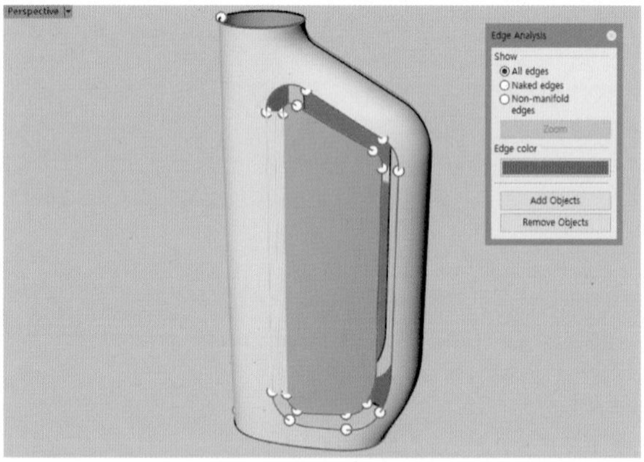

58 블랜드 연결 면 만들기

동일한 방법으로 오른쪽 ①번과 ②번 엣지를 연결하는 블랜드 면도 만들어 준다. 다만 Adjust Surface Blend 옵션은 그림과 같이 설정한다.

Blend Surface

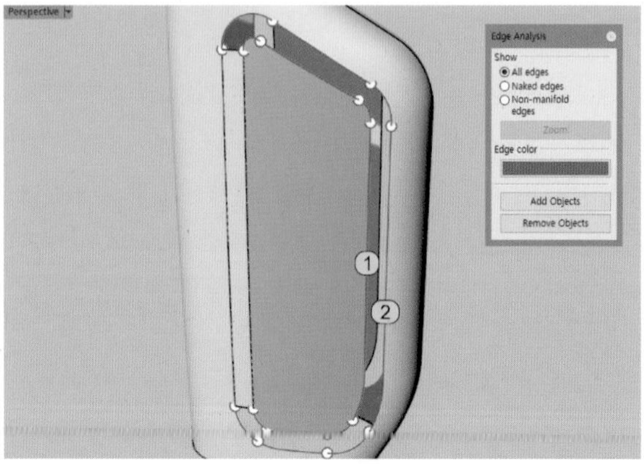

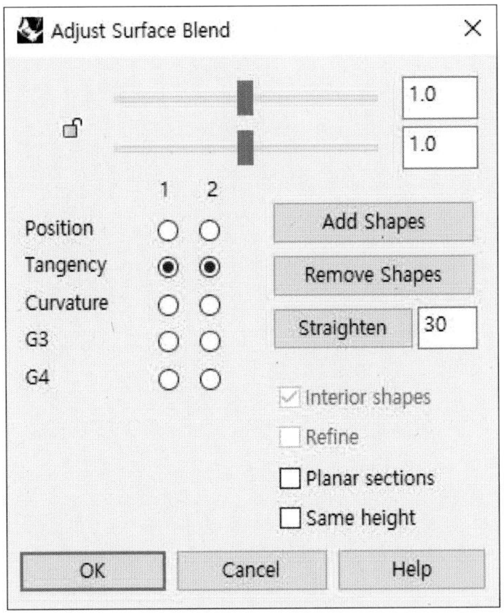

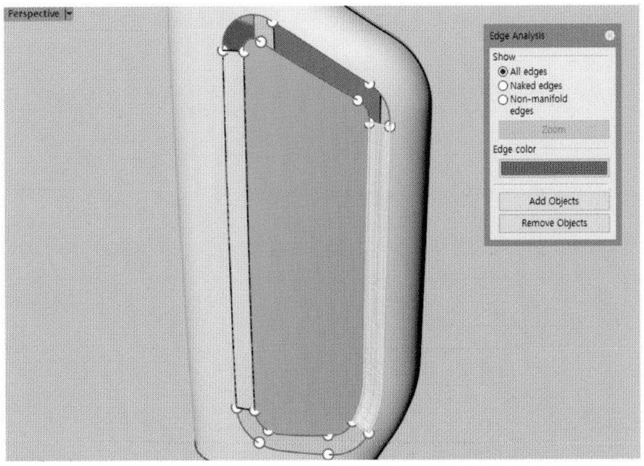

59 블랜드 연결 면 만들기

동일한 방법으로 Surface Tools 〉 Blend Surface 명령을 클릭한다. ①번과 ②번 엣지를 순차적으로 선택하고 (Enter) 한다. Adjust Surface Blend 옵션은 그림과 같이 설정하고 OK한다. 제일 밑 부분도 동일하게 만들어 준다.

Blend Surface

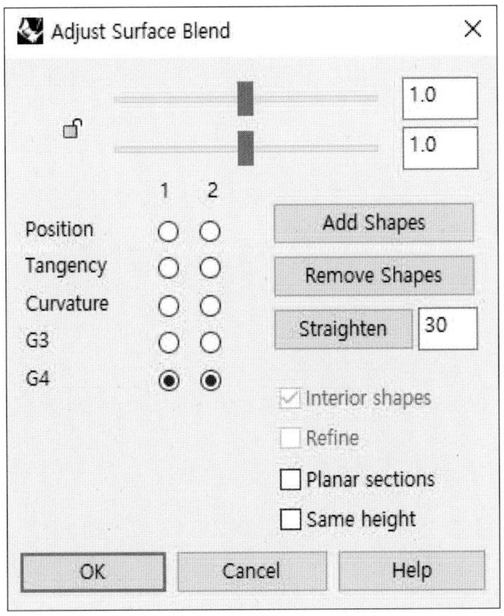

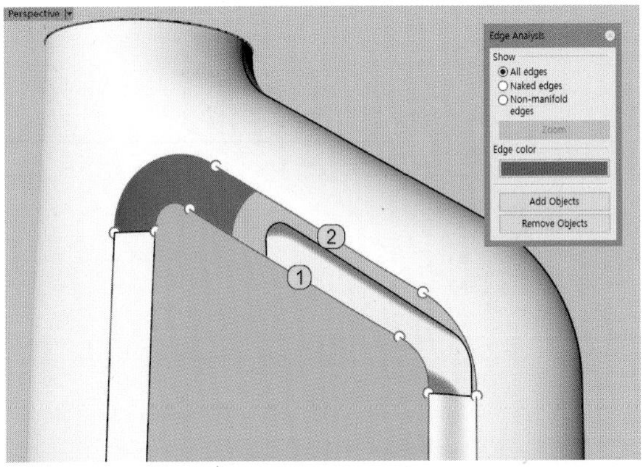

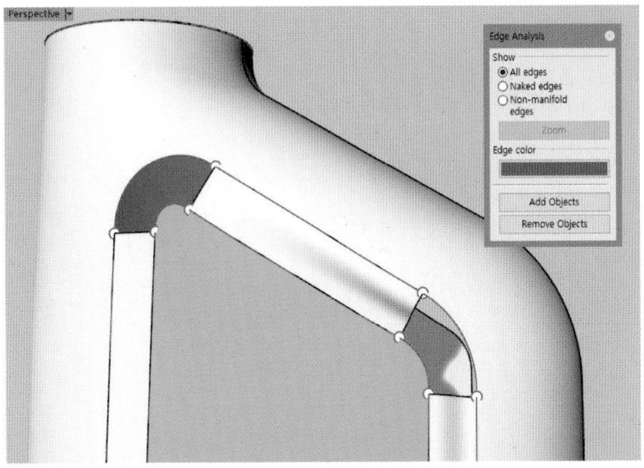

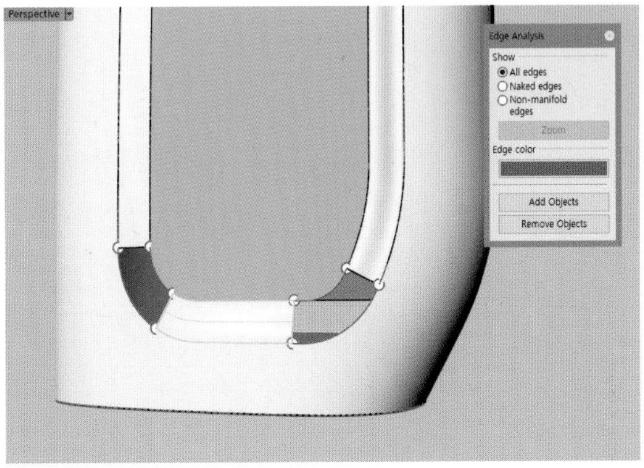

60 네크워크 면으로 메꾸기

Perspective View에서 작업한다. Surface Creation 〉 surface from network of curves 명령을 클릭한다. 그림과 같이 뚫린 엣지들을 순차적으로 선택하고 Enter 한다. 옵션 설정은 그림과 같이 체크하고 OK하면 면이 만들어 진다.

Surface from network of curves

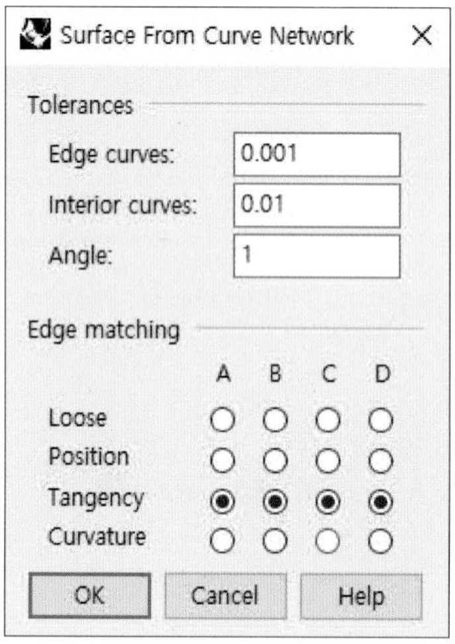

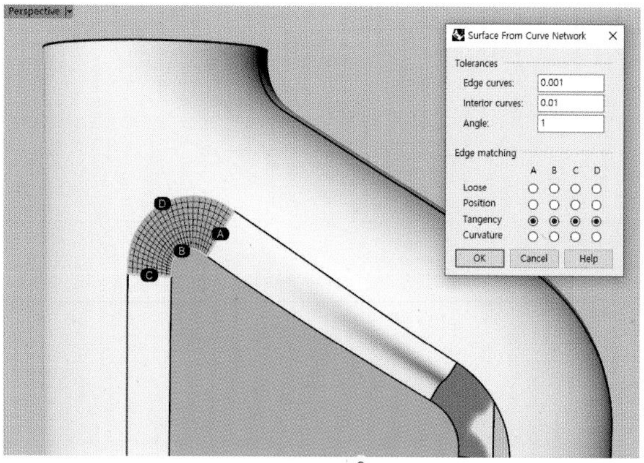

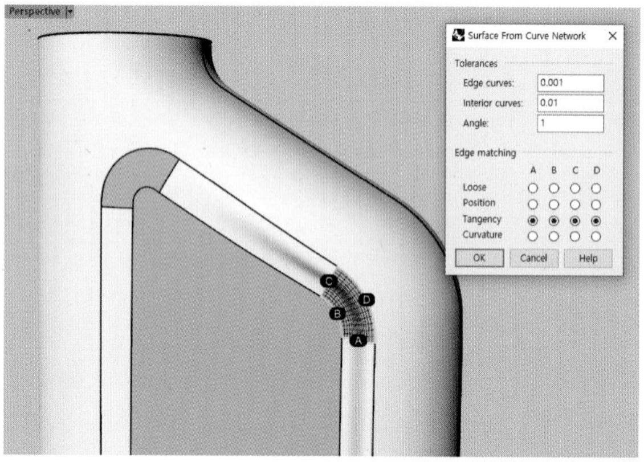

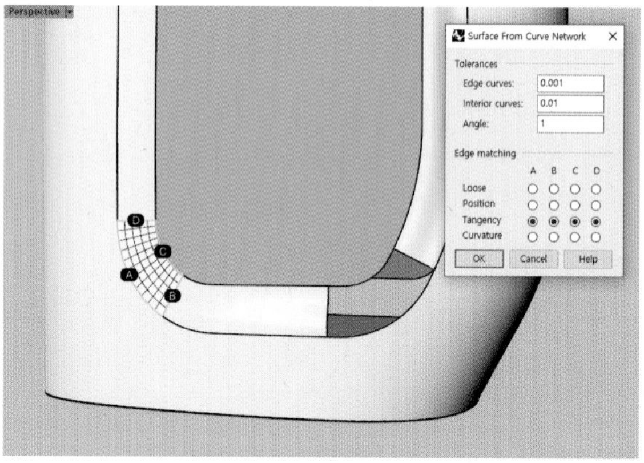

동일한 방법으로 네트워크 면 메꾸기 작업을 마무리한다. 주의할 것은 학습하는 사람마다, 모델의 상태에 따라 연결성이 동일한 결과를 가지지 않을 경우도 생길 수 있기에 반드시 연결성을 확인해 보고 자신의 모델에 맞게 설정을 변경해 가면서 작업해 주는 것을 권장한다. 특히 면들을 Join하고 연결 부위에 Naked Edge가 발견되면 다시 작업해야 한다. No Naked Edges, non-manifold edge가 되어야 한다.

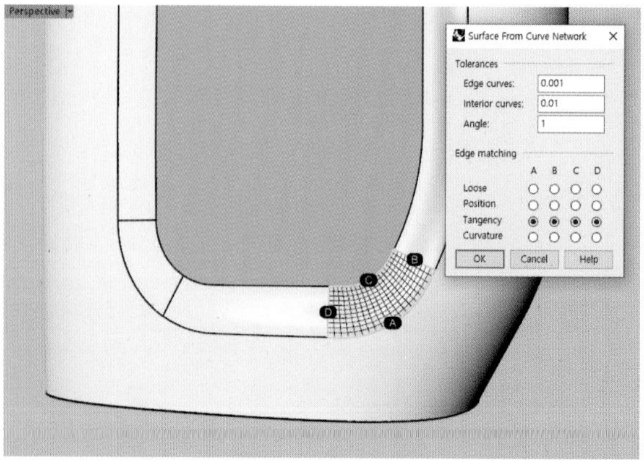

61 면 상태 체크하기

모든 면들을 Join한다. 면들의 연결성을 시각적으로도 체크해 볼 수 있다. Analyze > Surface Analysis > Zebra analysis 명령을 클릭한다. 해당 객체를 선택하면 그림과 같이 Zebra 패턴의 흐름이 보이게 된다. 면과 면의 연결성에 문제가 있게 되면 접선 부위에 패턴이 끊어지거나 엇갈리게 나타나게 된다. 현재 문제는 없다.

Zebra analysis
Zebra analysis off

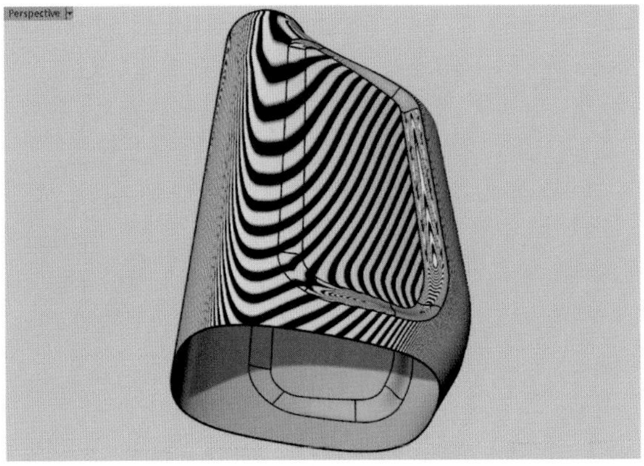

62 면 상태 체크하기

면의 상태는 Display > Render viewport 모드에서도 표면의 굴곡 명암의 흐름으로도 어느 정도 찾아낼 수 있다. 면이 왜곡된 부분은 미세한 음영으로 나타날 수 있다. 현재는 모든 연결 부위들이 매끄럽게 보인다.

Rendered viewport
Set all viewport display to Rendered

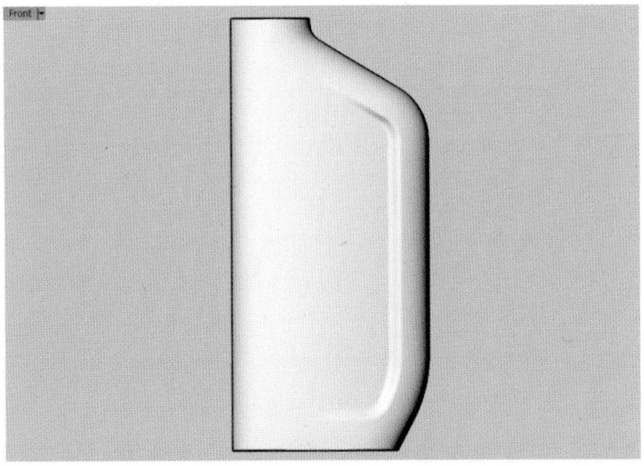

63 바닥 면 메우기

용기의 바닥 면을 만들어 준다. Surface Creation > Surface from planar curves 명령을 클릭한다. 앞서 그려 둔 단면 커브를 클릭하고 Enter 하면 면으로 바뀌게 된다. 물론 용기 자체의 Edge를 선택해서도 가능하다.

Surface from planar curves

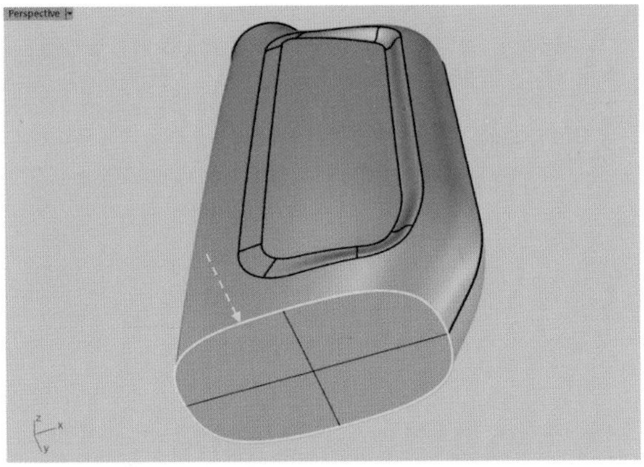

64 면 위에 커브 오프셋하기

Perspective View에서 작업한다. Curve Tools > Offset curve on surface 명령을 클릭한다. 다음 ①번 라인 또는 엣지를 선택하고 다음 ②번 면을 선택한다. Flip으로 오프셋 방향을 안쪽으로 변경하고 Offset distance=3을 기입하고 Enter 한다.

Offset curve on surface

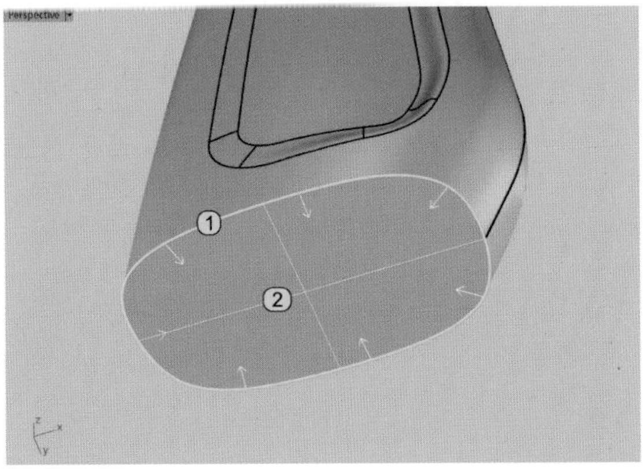

실행과 동시에 그림과 같이 3mm 안쪽으로 면 위에 Ⓐ오프셋 커브가 생성된다. 참고로 오프셋 개수 Number=1인 상태이다.

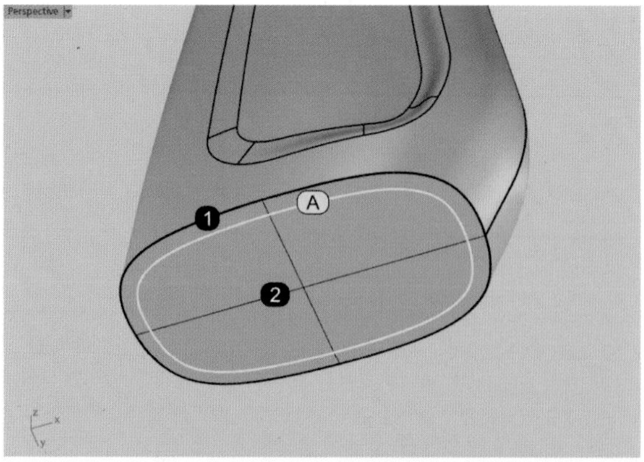

65 면 위에 커브 오프셋하기

동일 작업을 Perspective View에서 시행한다. Curve Tools 〉 Offset curve on surface 명령을 클릭한다. 다음 ①번 라인 또는 엣지를 선택하고 다음 ②번 면을 선택한다. Flip으로 오프셋 방향을 위쪽으로 변경하고 Offset distance=3을 기입하고 Enter 한다. Ⓑ오프셋 커브가 생성된다.

Offset curve on surface

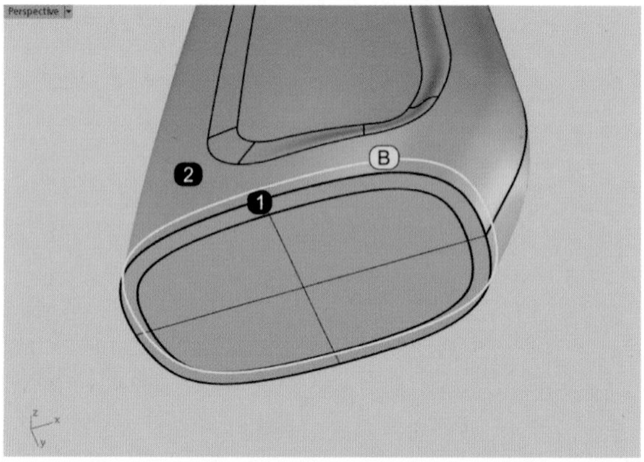

66 면 자르기

오프셋된 Ⓐ, Ⓑ커브를 이용하여 각각의 해당 면을 Split 명령으로 잘라 주고 그림과 같이 안쪽 면들을 삭제해 준다.

Split
Split surface by isocurve

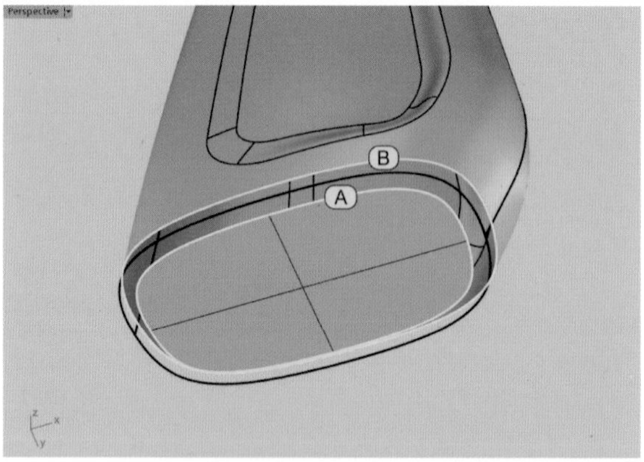

67 블랜드 연결 면 만들기

Surface Tools 〉 Blend Surface 명령을 클릭한다. Select first edge라 뜨면 ①번, Select second edge라 뜨면 ②번 엣지를 선택한다.

Blend Surface

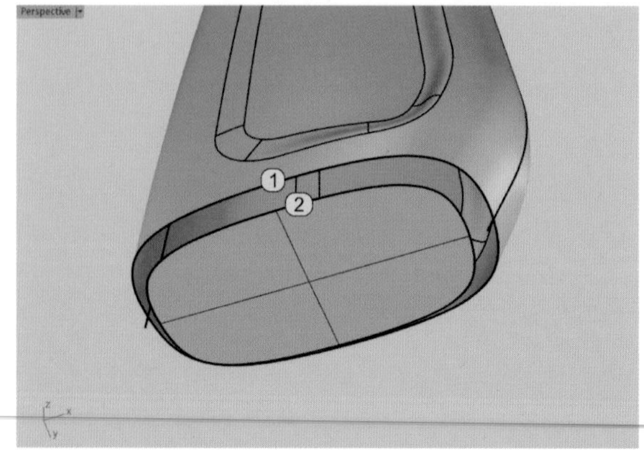

Adjust Surface Blend 옵션 창은 Tangency에 체크하고 OK하면 그림과 같이 부드러운 연결 면이 만들어진다.

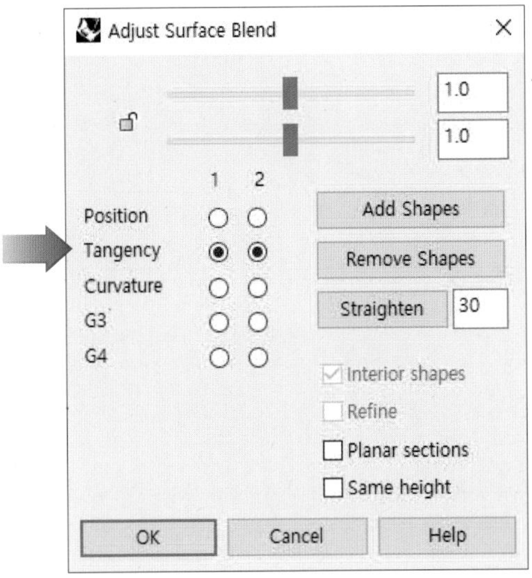

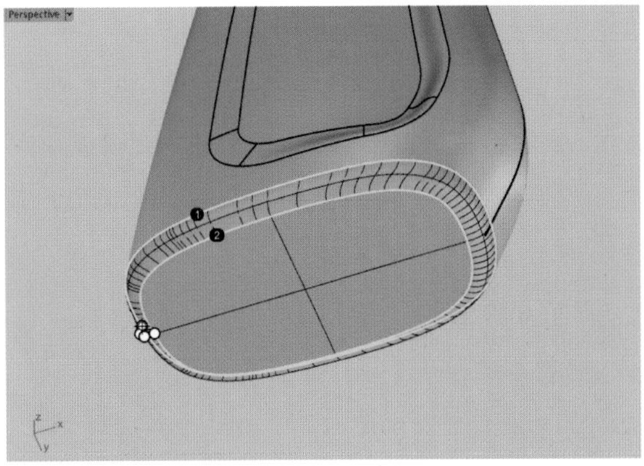

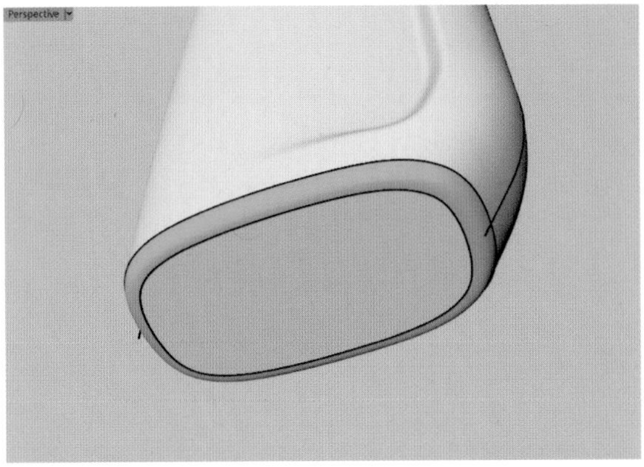

68 면 위에 커브 오프셋하기

Offset curve on surface 명령으로 커브를 다시 안쪽으로 3mm 오프셋해 준다.

Offset curve on surface

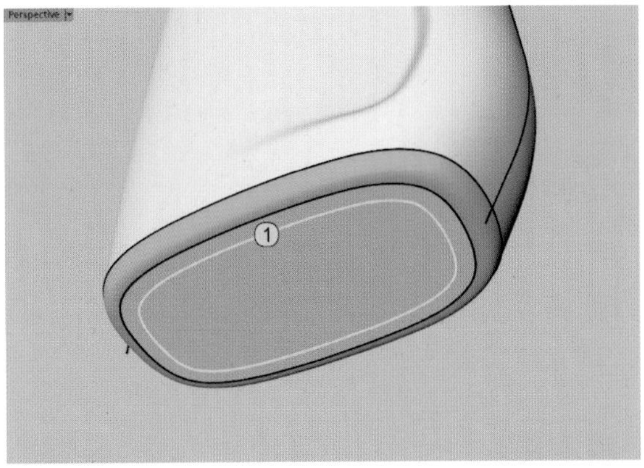

69 면 자르기

오프셋된 ①번 커브를 이용하여 해당 면을 Split 명령으로 잘라 그림과 같이 바깥쪽 면을 삭제해 준다.

Split
Split surface by isocurve

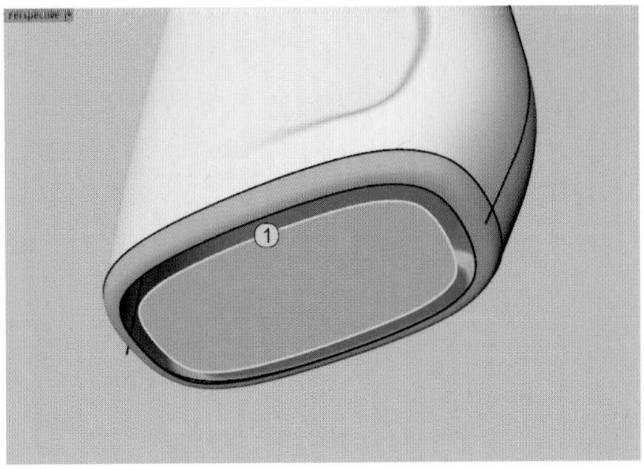

70 잘린 면 이동시키기

검볼(Gumball)을 체크 후 잘린 면을 선택한다. 검볼의 파란색 화살표를 클릭하고 치수 2를 기입하고 Enter 한다. 위쪽으로 2mm 올라가게 된다. 불필요한 커브는 숨겨 준다.

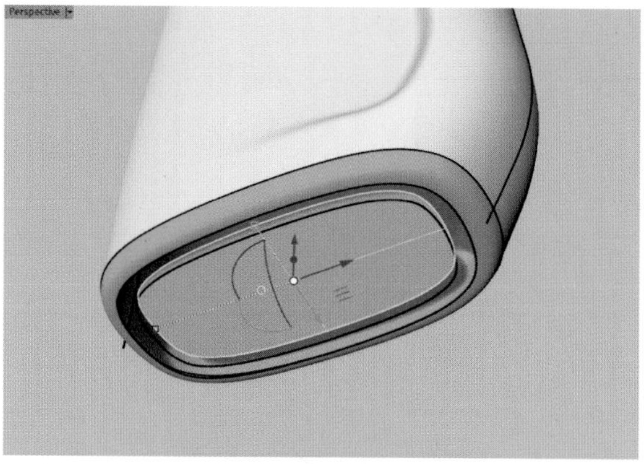

Split
Split surface by isocurve

71 블랜드 면 만들기

Surface Tools 〉 Blend Surface 명령을 클릭한다. Select first edge라 뜨면 ①번, Select second edge라 뜨면 ②번 엣지를 선택하여 옵션 선택 후 OK하여 부드러운 연결 면을 만들어 준다.

Blend Surface

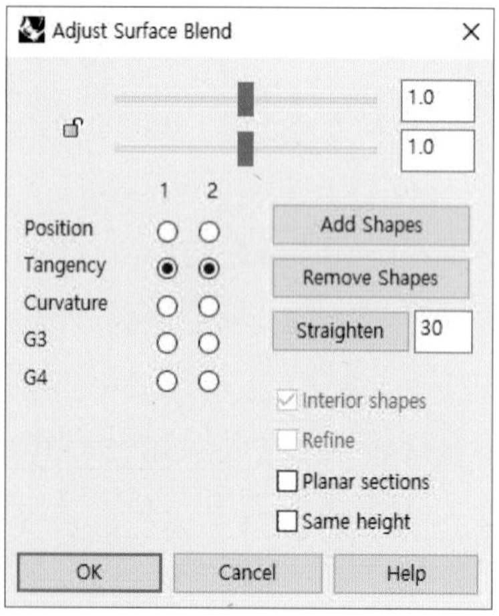

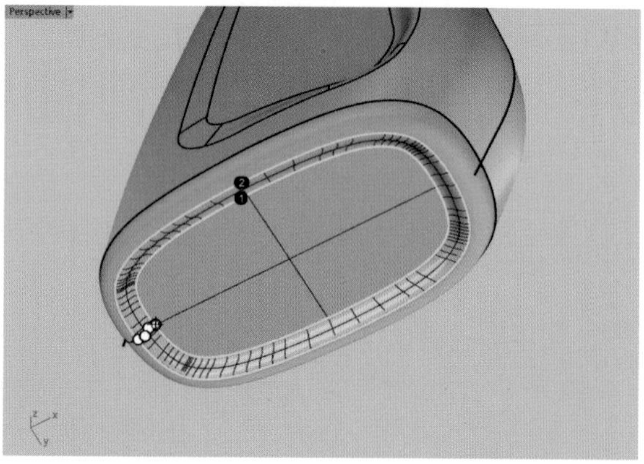

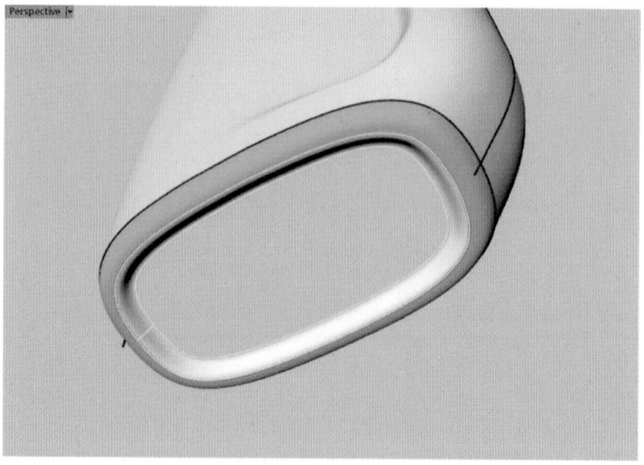

72 추가 드로잉하기

Front View에서 작업한다. Single line 또는 Polyline 명령으로 그림과 같이 치수를 참조하여 라인을 드로잉해 준다. 해당 필렛은 Fillet curves 명령을 사용한다. 디자인적 요소이기에 길이나 영역은 비슷하게 해 주면 된다.

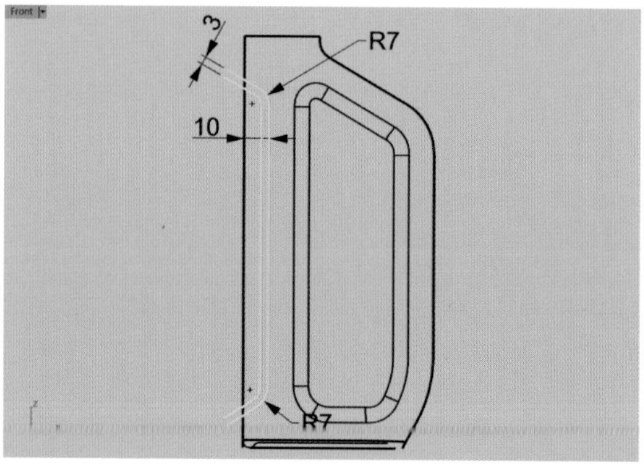

Single line

Offset curve
Offset multiple

Fillet curves
Fillet curves repeat

73 면 자르기

Front View에서 작업한다. Split 명령으로 2개의 커브를 이용해 그림과 같이 용기 몸체를 잘라 주고 안쪽 잘린 면을 지워 준다.

Split
Split surface by isocurve

74 잘린 면 이동시키기

Front View에서 작업한다. 검볼(Gumball)을 활성화해 준다. 앞서 Split으로 잘린 면 중에 왼쪽 작은 면을 선택하여 오른쪽(빨간색 화살표 방향)으로 1.5mm 이동시켜 준다. 불필요한 선들은 잠시 숨겨 준다.

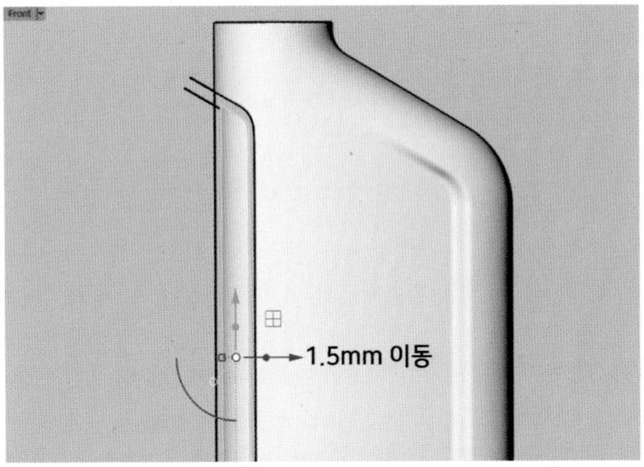

75 블랜드 면 만들기

Perspective View에서 작업한다. Surface Tools 〉 Blend Surface 명령을 클릭한다. Select first edge(ChainEdges Edit)라 뜨면 ChainEdges를 클릭한다. 다음 그림과 같이 마주 보는 각각의 Edge를 클릭하고 Enter 하면 생성 면이 일시적으로 보이게 되는데 이때 곡률이 급격한 모서리 부분의 아이소커브가 많이 왜곡되어 생성될 수 있다.

Blend Surface

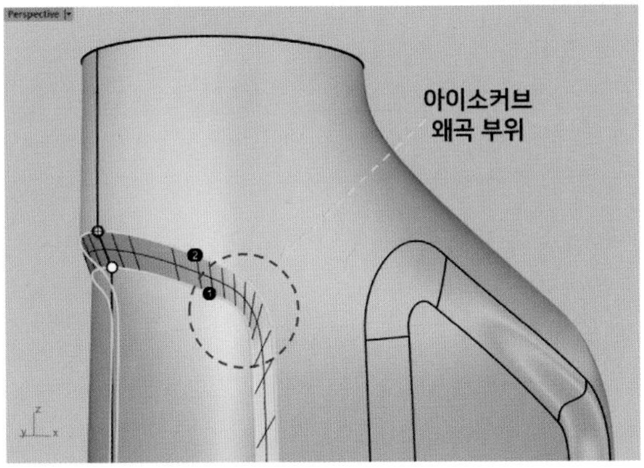

이럴 경우 Adjust Surface Blend 옵션에서 Add Shapes를 클릭한다. 다음 Snap=Near, Perp를 선택하고 왜곡된 곳에 Near 점과 상대 엣지의 Perp 점을 지정해 주면 아이소커브가 바르게 정렬되는 것을 확인할 수 있다. 왜곡 부위에 동일 작업을 모두 해 주고 Position에 마킹하고 OK한다. 정상적인 블랜드 면이 만들어진다.

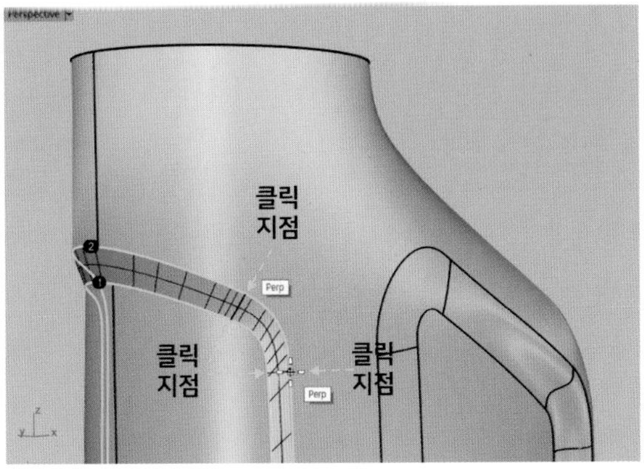

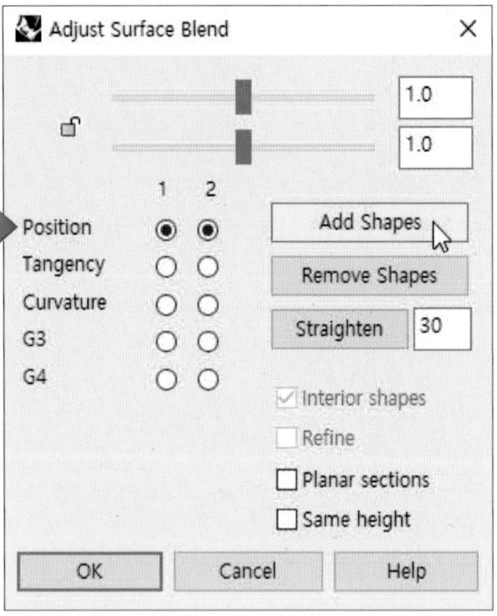

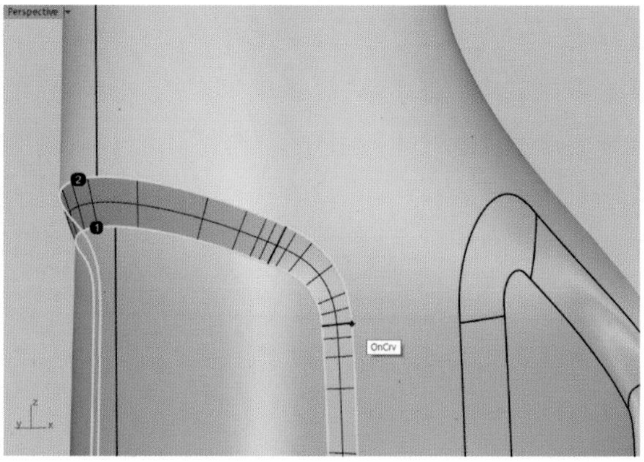

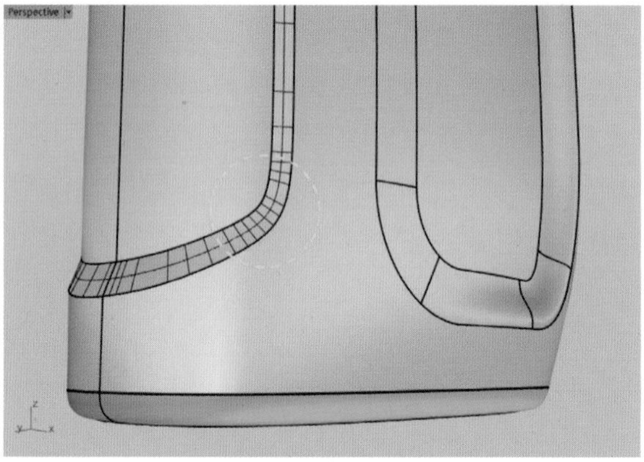

그림은 왜곡된 다른 부위도 동시에 작업 완료된 모습으로 아이소커브가 가지런하게 정렬된 것을 확인할 수 있다. Add Shapes 영역이나 위치는 자유롭게 정하면 된다.

76 구멍 메꾸기

Perspective View에서 작업한다. 지금까지 모델링된 용기 몸체의 면들을 모두 Join시켜 준다. 다음 Solid Tools 〉 Cap planar holes 명령으로 용기 상단의 구멍을 막아 준다. 이제 1개의 솔리드(Solid) 개체로 보면 된다.

Cap planar holes

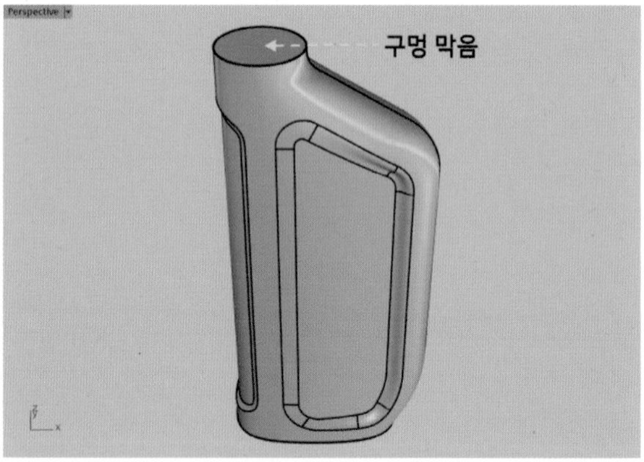

77 용기 바디에 두께 주기

이제 병의 살 두께를 줄 차례이다. Solid Tools 〉 Shell closed polysurface 명령을 클릭한다. Thickness=1mm를 기입하고 그림과 같이 상단 막힌 평면을 클릭 후 Enter 하면 적용된다. 참고로 Offset Surface 명령을 사용하지 않은 이유는 오프셋 시 상단 면의 평면도 차이가 발생하는 것을 피하기 위함이다.

Shell closed polysurface

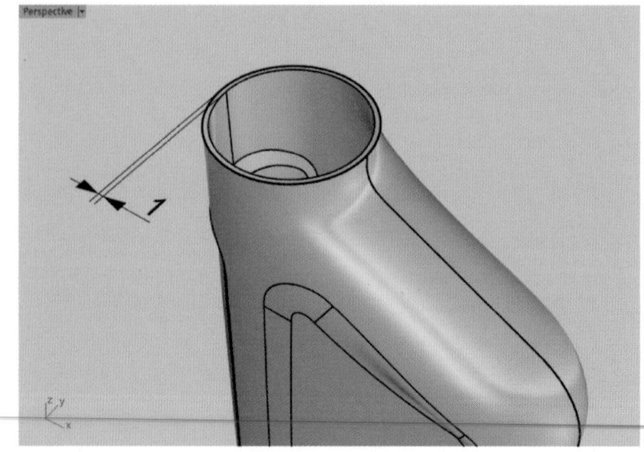

78 단면 상태 검사하기

Perspective View에서 작업한다. Standard Toolbar 〉 Visibility 〉 Add Clipping plane 명령을 클릭한다. Perspective View에서 용기 바닥에 사각형 영역을 지정한다고 생각하고 영역을 지정한다.

Add Clipping plane

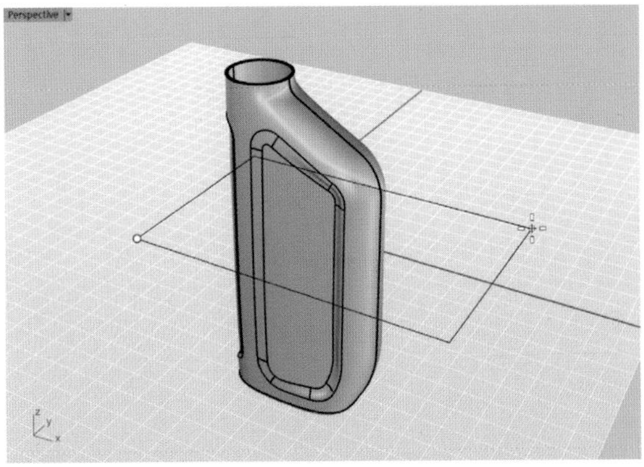

지정과 동시에 단면이 보이게 된다. 보이지 않는다면 검볼을 이용하여 용기 쪽으로 위치시켜 주면 단면이 보이기 시작한다. 검볼 회전축을 기준으로 다양한 단면을 볼 수 있다.

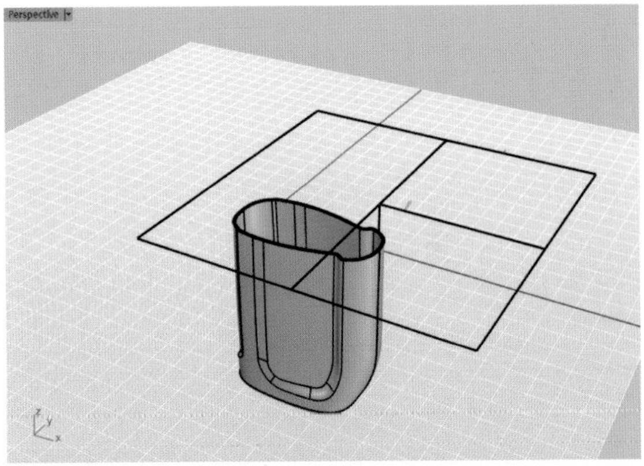

79 단면 상태 검사하기

클리핑 명령의 Undo, Redo 기능은 Disable clipping plane으로 가능하다. 지우려면 사각형 면을 선택 후 지워 주면 된다.

Disable clipping plane
Enable clipping plane

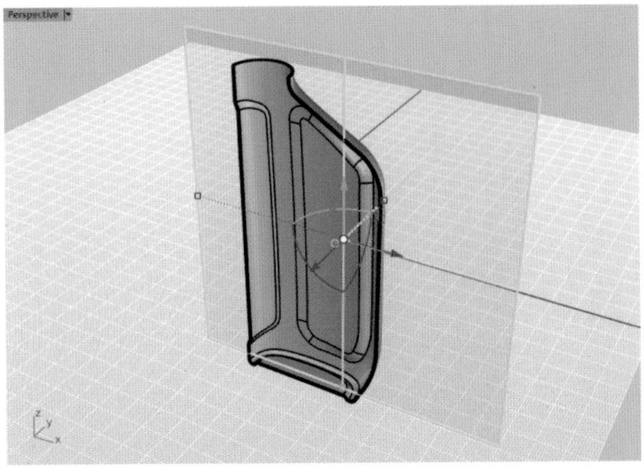

80 뚜껑 만들기

이제 용기의 뚜껑을 만들 것이다. 사전에 그려 둔 ①번 원과 ②번 중심축을 보이게 한다. 반대로 작업 시 화면의 복잡성을 최소화하기 위해 용기는 이제 숨겨 준다.

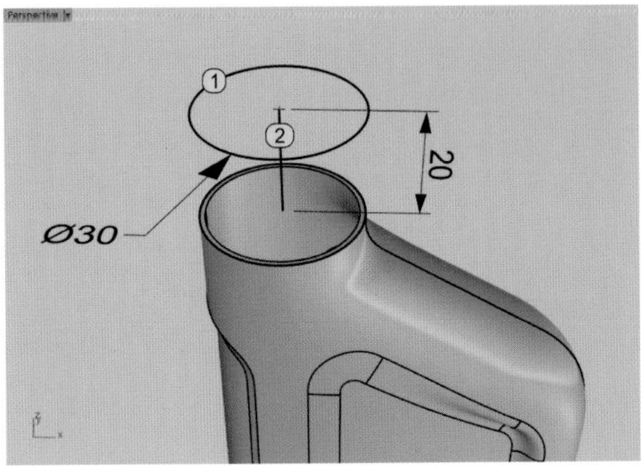

81 해당 라인 확인하기

뚜껑 제작을 위해 기준이 되는 라인들만 남겨 두고 모두 숨긴 상태이다.

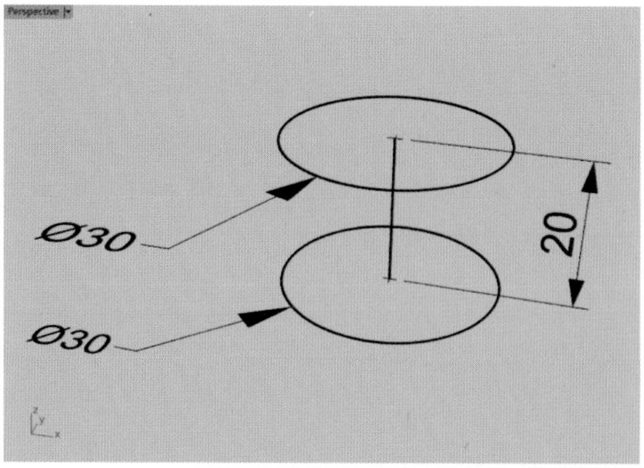

82 포인트 위치시키기

Osnap=End, Quad를 체크하고 ①-②-③-④번 지점에 포인트를 위치시켜 준다. 포인트 배치를 통해 Front View에서 더 편하게 Line 작업의 기준점을 잡는 데 용이해진다.

Single point

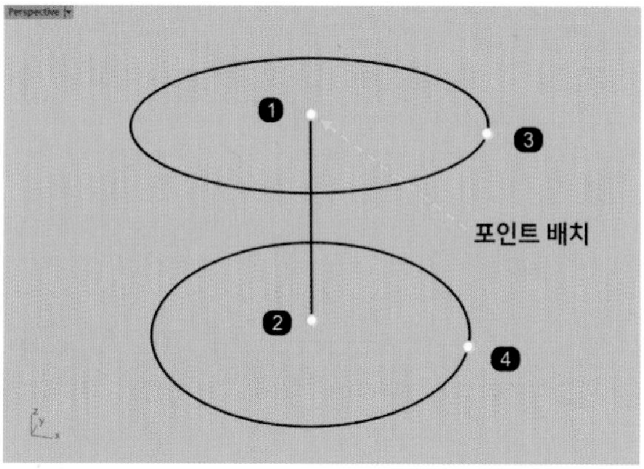

83 뚜껑 단면 그리기

Front View에서 작업한다. Snap=Point에 체크한다. 다음 그림의 치수를 참조하여 Single line 명령이나 Polyline 명령으로 뚜껑의 단면 라인을 그려 준다. 서로 Join된 상태로 완료한다.

Single line

Polyline
Line Segments

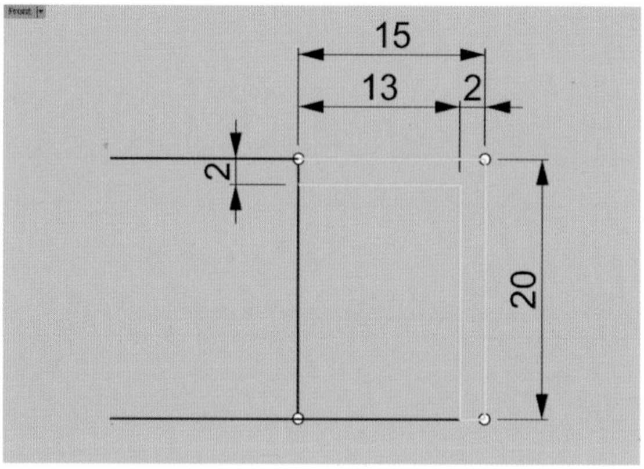

84 안쪽 돌기 단면 그리기

그림의 치수를 참조하여 Single line 명령이나 Polyline 명령으로 앞서 만들어 둔 용기와 붙을 입구 부위의 단면을 그려 준다.

Single line

Polyline
Line Segments

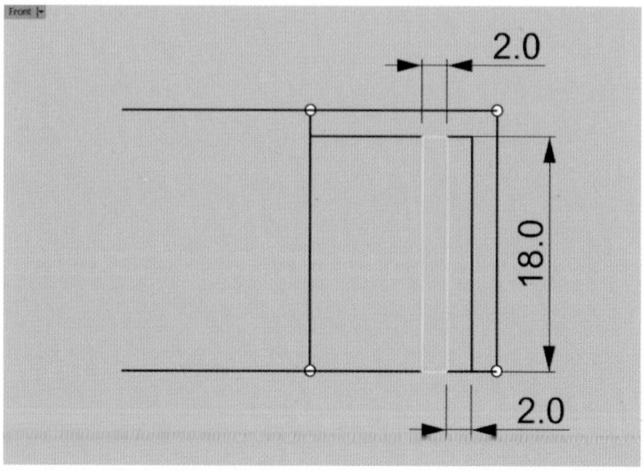

85 포인트 추가하기

중심축에 2개의 포인트를 배치해야 한다. Osnap=End, Near하고 기존의 포인트를 제자리 복사한다. 다음 각각 검볼(Gumball)을 이용하여 위, 아래로 치수만큼 이동시키면 된다.

Single Point

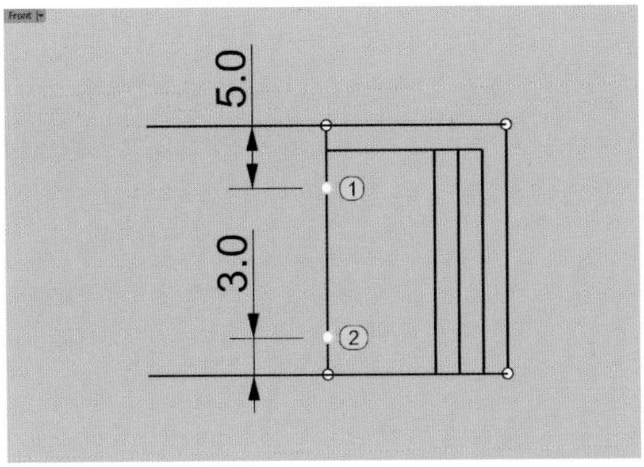

86 나선 그리기

Osnap=Point에 체크한다. Curve 〉 Helix 명령을 클릭한다. Start of axis라 뜨면 먼저 ①번 포인트 지점 클릭, End of axis라 뜨면 ②번 포인트 위치를 클릭한다. Diameter=22를 기입하고 Enter, Turns=4.5, Front View에서 왼쪽을 클릭하면 나선이 만들어진다. 물론 나사산의 방향 변경은 ReverseTwist를 통해 언제든 가능하다.

Helix
Vertical helix

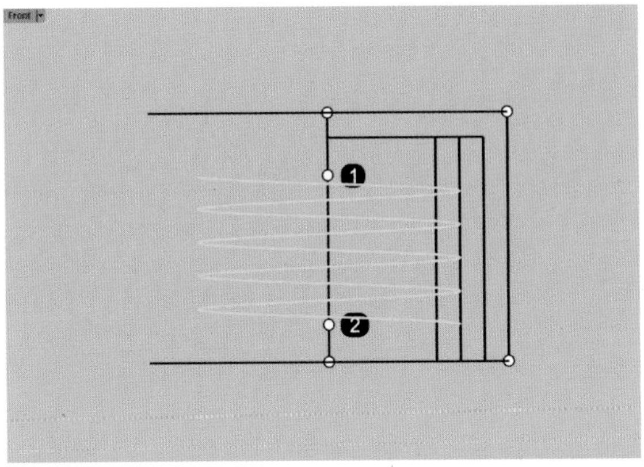

87 나선 형태 확인하기

만들어진 나선의 방향과 형태는 그림과 같다. 물론 나선의 트위스트 방향은 언제든 변경할 수 있다.

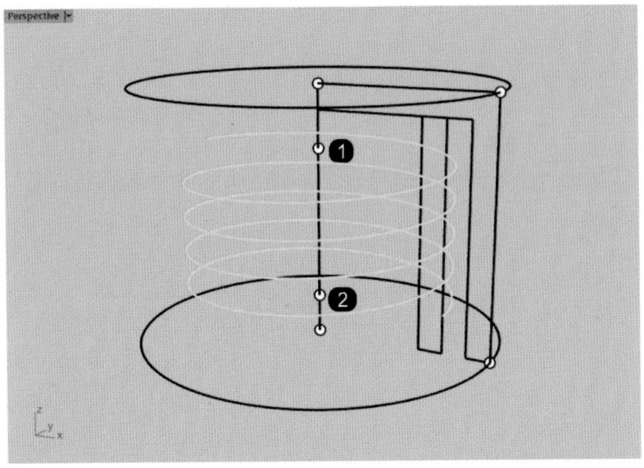

88 교차 포인트 만들기

방금 만든 Ⓐ나선과 Ⓑ단면을 선택하고 Object intersection 명령으로 교차 포인트를 만들어 준다.

Object intersection

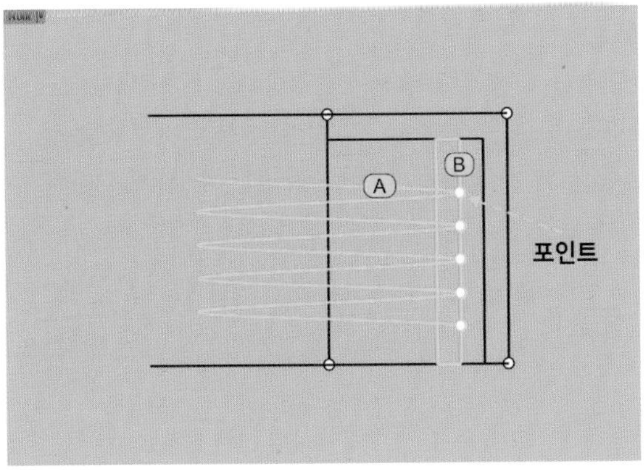

89 기준 라인 그리기

Front View에서 작업한다. Osnap=Point에 체크한다. Lines 〉 Line: from midpoint 명령으로 지름 2mm의 기준 수직 라인을 그려 준다.

Line: from midpoint

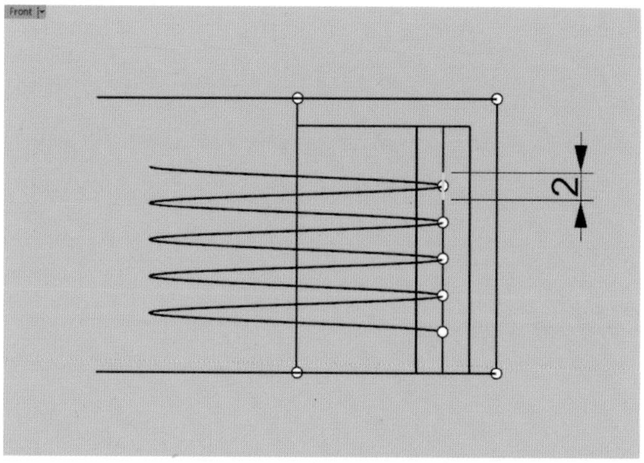

90 나사산 그리기

해당 지점을 확대한다. Osnap=End에 체크한다. Polygon 〉 Polygon: by Edge 명령으로 그림과 일치하는 삼각형을 그려 준다.

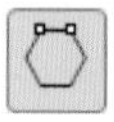

Polygon: by Edge

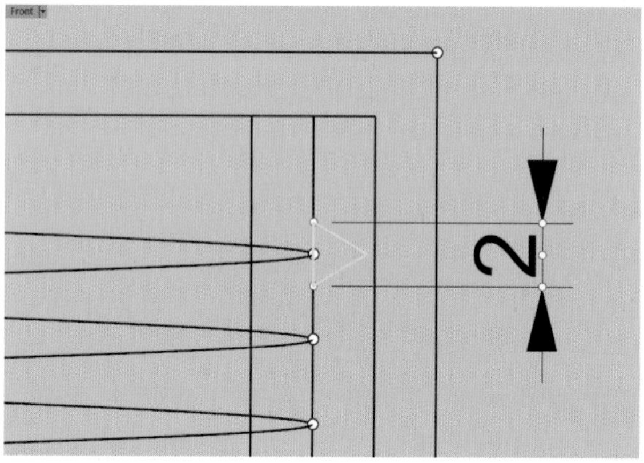

91 나사산 꼭지점 이동하기

키보드의 F10 으로 삼각형의 Point를 보이게 하고 Move 명령으로 삼각형의 우측 꼭짓점 포인트를 선택 후 1.4mm 우측으로 이동시켜 준다. 참고로 포인트 해제는 F11 이다.

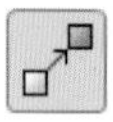

Move

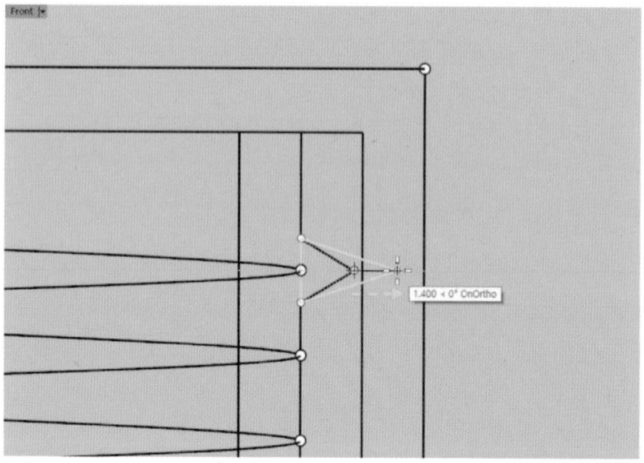

92 역 대칭 복사하기

첫 번째 그려진 삼각형을 선택한 상태에서 Transform 〉 Orient objects 2points 명령을 클릭(옵션 Copy=Yes)한다. 그림과 같이 ①–②–③번호 순서대로 End나 Point 지점을 클릭하고 역 대칭 복사를 완료한다.

Orient objects 2 points
Orient objects 3 points

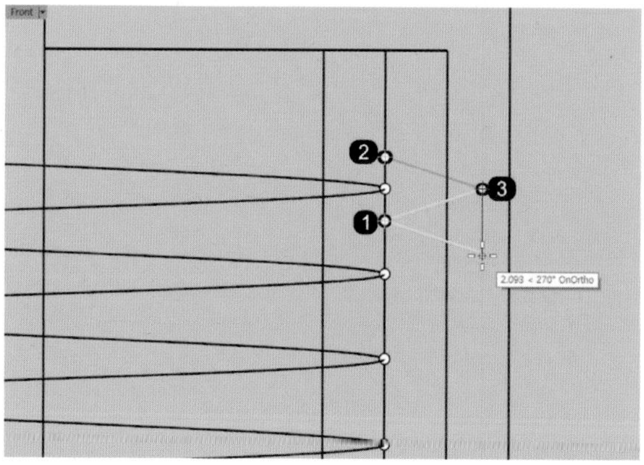

93 삼각형 추가하기

Osnap=Point에 체크한다. 앞서 그려 준 첫 번째 삼각형을 포인트 기점으로 아래에 복사해 준다.

Copy
Copy objects in place

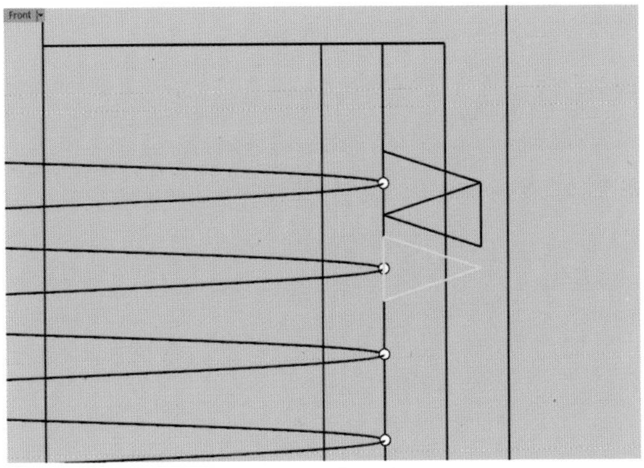

94 수직 기준선 만들기

Osnap=End에 체크한다. Single line 명령으로 삼각형과 삼각형의 끝점을 잇는 수직선을 그어 준다.

Single line

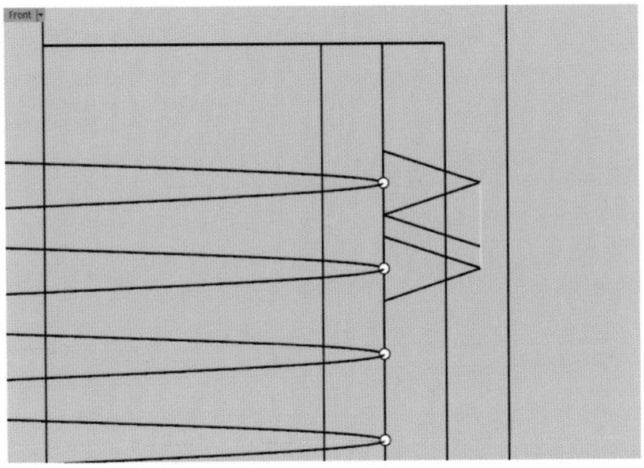

95 삼각형 가운데로 이동하기

Osnap=Mid 체크한다. Move 명령으로 해당 삼각형을 수직선의 가운데(Mid)로 이동시켜 준다.

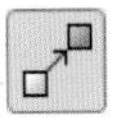

Move

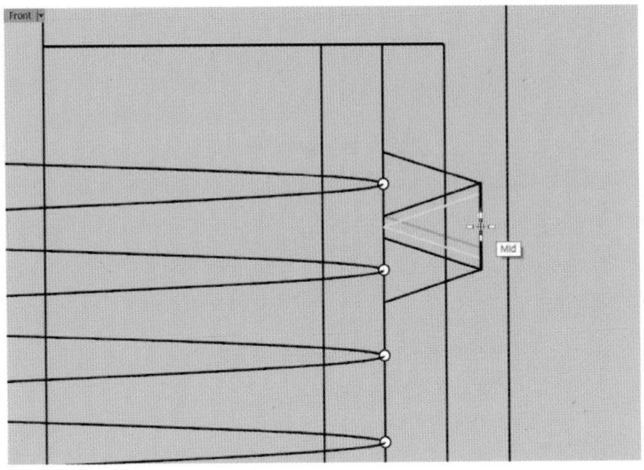

96 삼각형 모서리에 필렛 주기

Curve Tools 〉 Fillet curves 명령을 클릭한다. 이미지의 치수를 참고하여 해당 나사산에 라운드 필렛을 적용한다.

Fillet curves
Fillet curves repeat

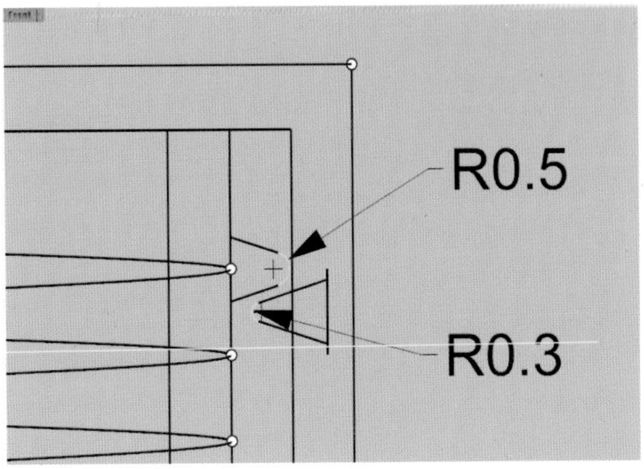

97 역 대칭 복사하기

Front View에서 작업한다. Snap=Quad에 체크한다. 먼저 2개의 우측 삼각형을 선택한다. 다음 Transform 〉 Orient objects: 3points를 클릭한다. Reference point 1(Copy=Yes Scale=No)이라 뜨면 옵션을 바꿔 주고 그림처럼 ①번 나선의 Quad점을 클릭한다.

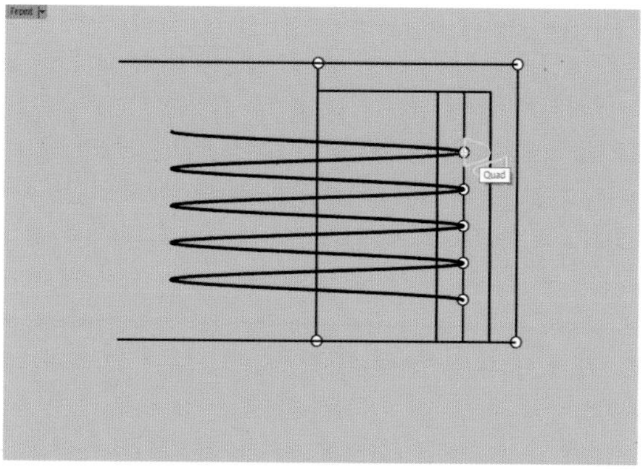

Orient objects: 2 points
Orient objects: 3 points

연속해서 2번째 커서 지점을 클릭한다.

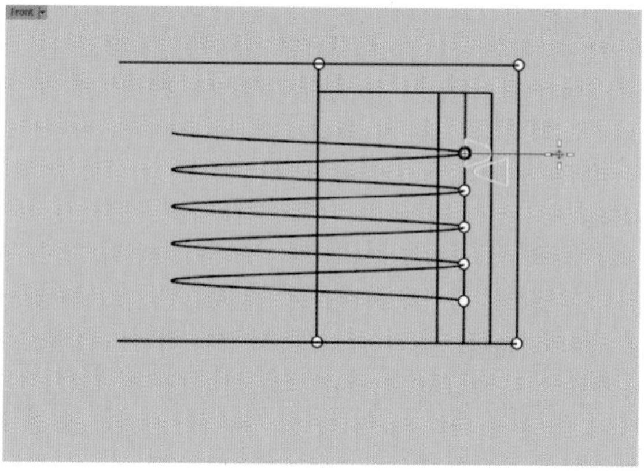

연속해서 하단 수직 방향 3번째 커서 지점을 클릭한다.

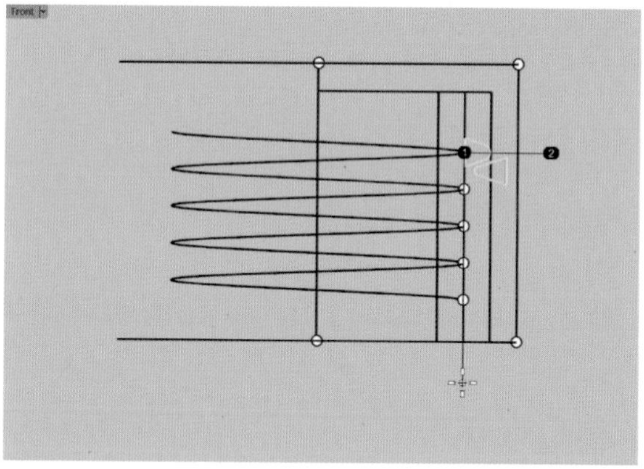

Reference point 1(Copy=Yes Scale=No)을 지정하고 왼쪽 나선 Quad점을 클릭한다.

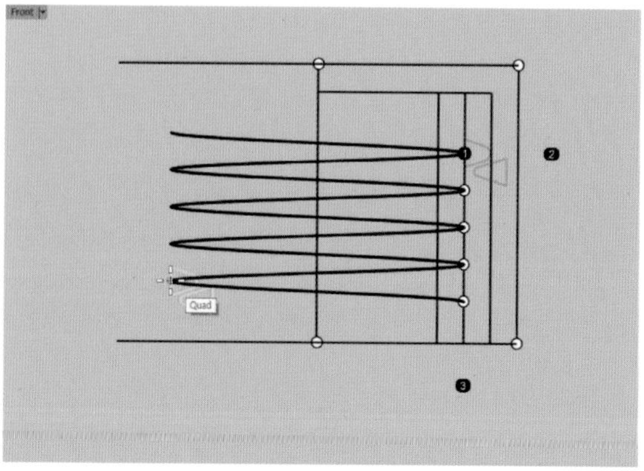

연속해서 그림처럼 ②번 왼쪽 커서 지점을 클릭한다.

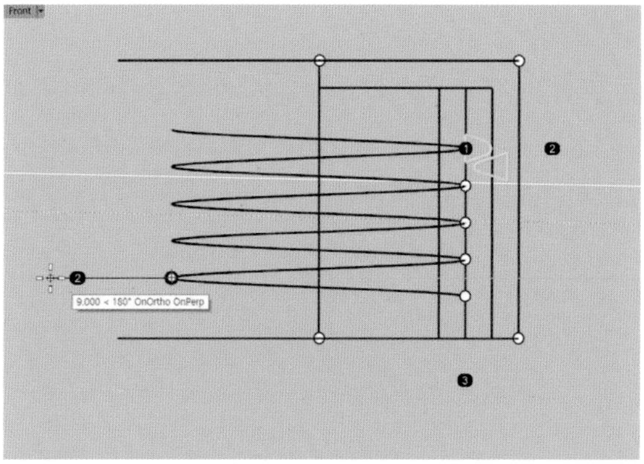

마지막으로 하단 수직점을 클릭하면 그림과 같이 역 대칭 복사가 된다.

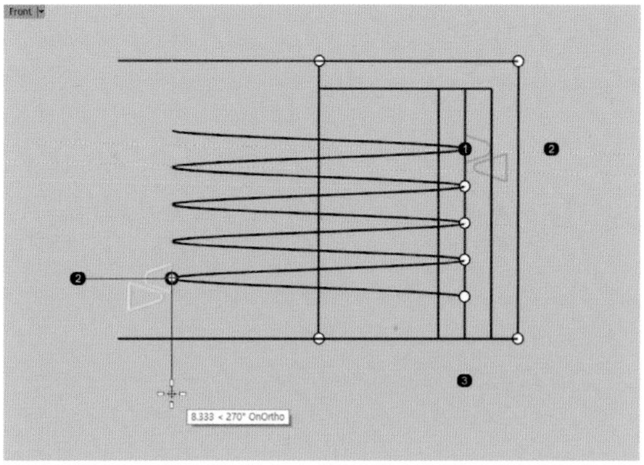

98 삼각형 안쪽으로 이동하기

삼각형을 이동시키는 이유는 향후 서로 개체의 합집합을 위함이다. Front View에서 작업한다. 그림의 결과처럼 검볼(Red 축 기준)을 이용하여 오른쪽 삼각형을 모두 안쪽으로 −0.2mm 이동시켜 준다.

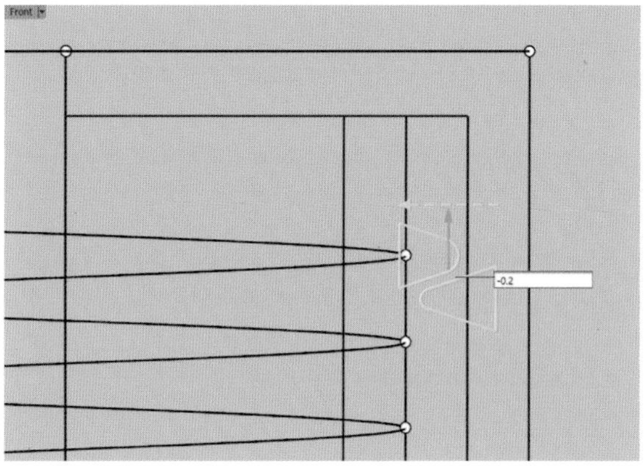

Front View에서 작업한다. 그림의 결과처럼 검볼(Red 축 기준)을 이용하여 왼쪽 삼각형을 모두 안쪽으로 0.2mm 이동시켜 준다.

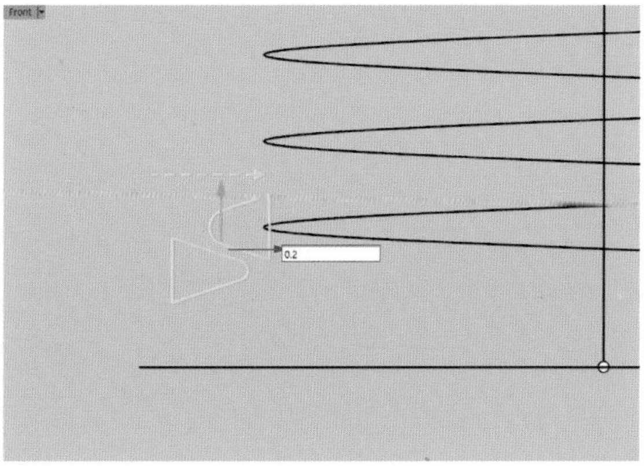

99 작업 화면 정리하기

정확한 작업을 위하여 해당 개체만 보이게 하고 잠시 나머지는 숨겨 준다. 다음 Point 명령으로 그림과 같은 나선의 End점에 포인트를 배치한다.

Single Point

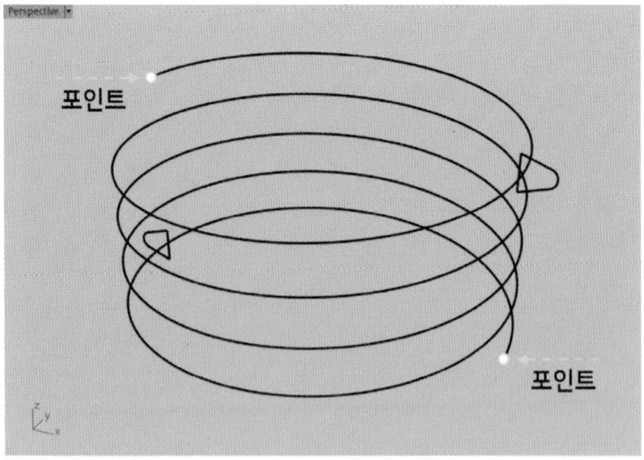

100 포인트 이동하기

검볼을 이용하여 포인트 위치를 안쪽으로 0.2 mm 이동시켜 준다.

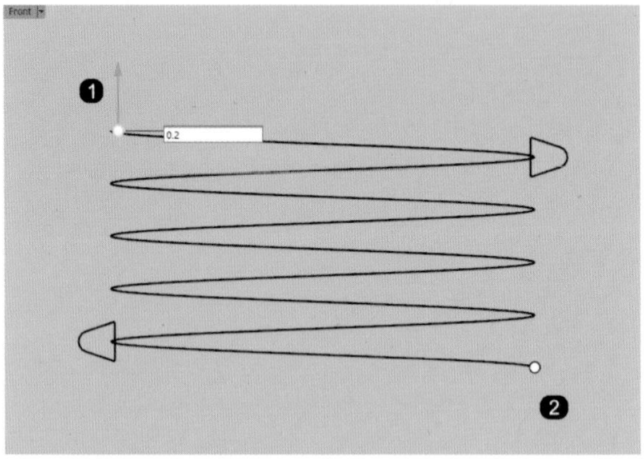

검볼을 이용하여 포인트 위치를 안쪽으로 −0.2 mm 이동시켜 준다.

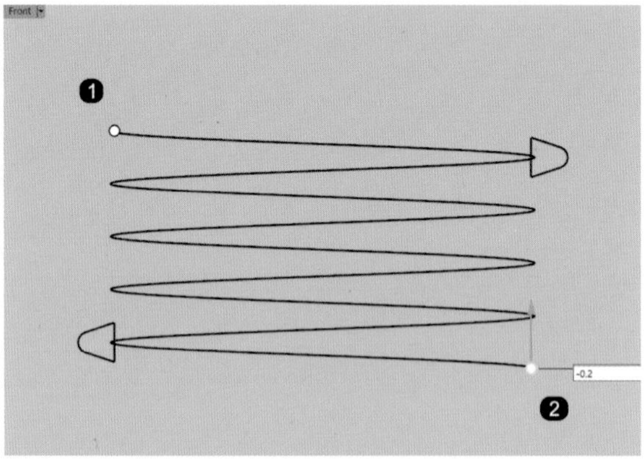

101 포인트 위치 확인하기

그림에서 잘 보이진 않지만, 포인트가 End점을 0.2mm씩 이탈된 것을 볼 수 있다.

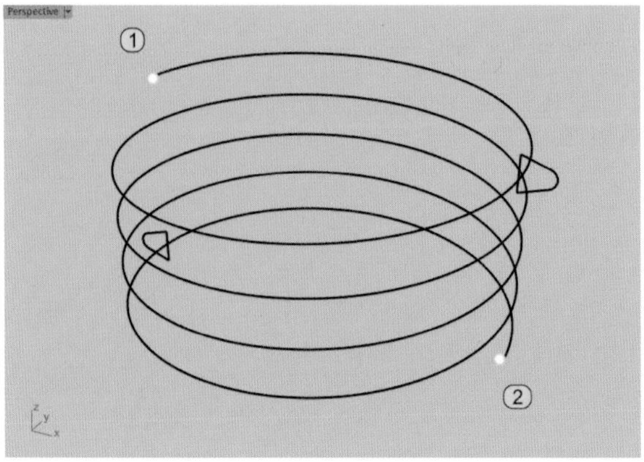

102 나사산 솔리드 만들기

Perspective View에서 작업한다. Sweep 1 Rail을 클릭한다. Select rail이라 뜨면 ①번 나선을 선택하고 Select cross section curves(Point)라 뜨면 Point 텍스트를 선택하고 Pick point는 ②번 포인트를 선택, 다음 ③번 단면 선택, ④번 단면 선택, 마지막 부분도 커멘드 창에 Point 텍스트를 선택 후 최종 ⑤번 Point를 클릭한다.

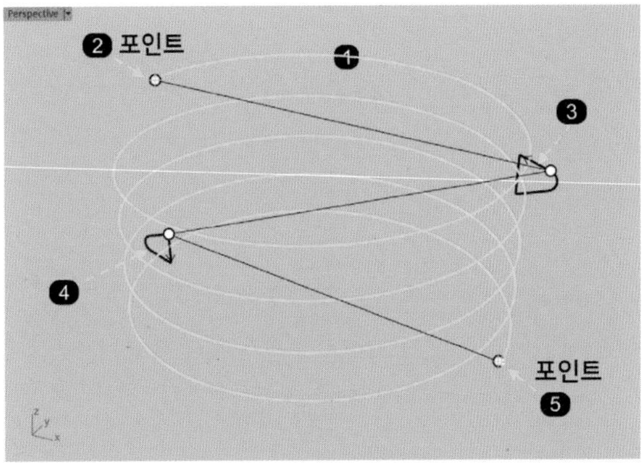

Sweep 1 rail

다음 Front View로 와서 그림과 같이 Point 위치를 삼각형 라운드 Quad점에 일치시켜 준다.

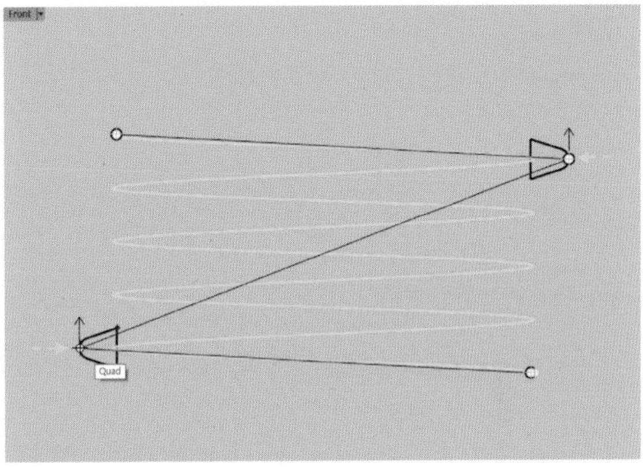

다음 Enter 하면 Sweep 1 Rail Options이 뜨는데 Frame Style=Roadlike로 체크하고 OK하면 나선형 입체가 만들어진다. Render 디스플레이 모드에서 형태를 살펴본다.

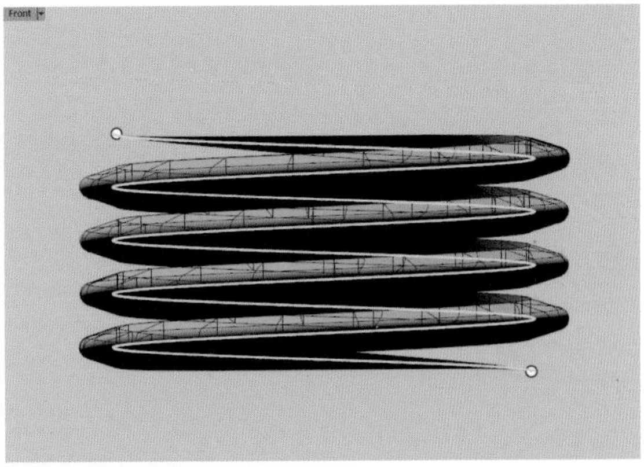

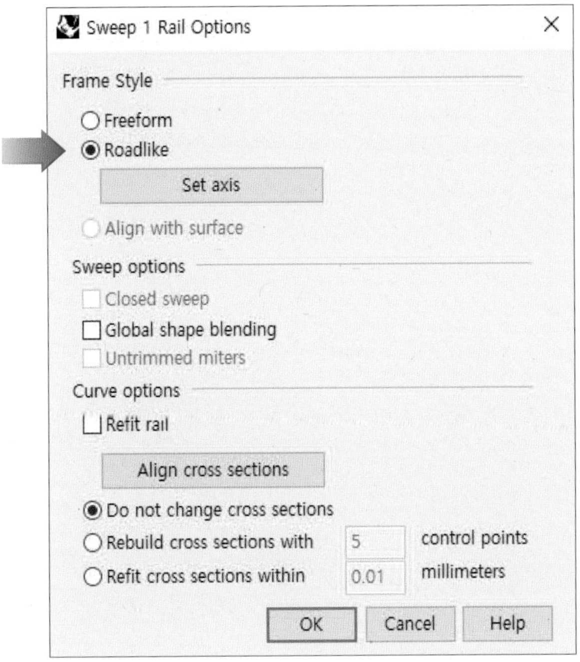

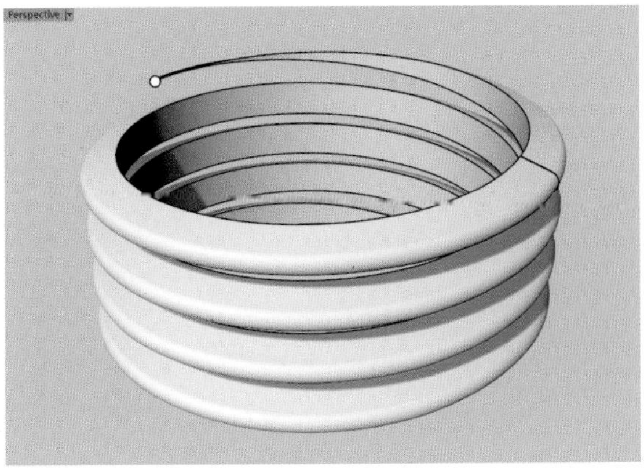

103 드로잉 상태 확인하기

Front View에서 볼 때 그림처럼 다음 작업에 필요한 라인들을 잠시 보이게 한다. 전체적인 위치가 문제없는지 다시 한번 확인한다.

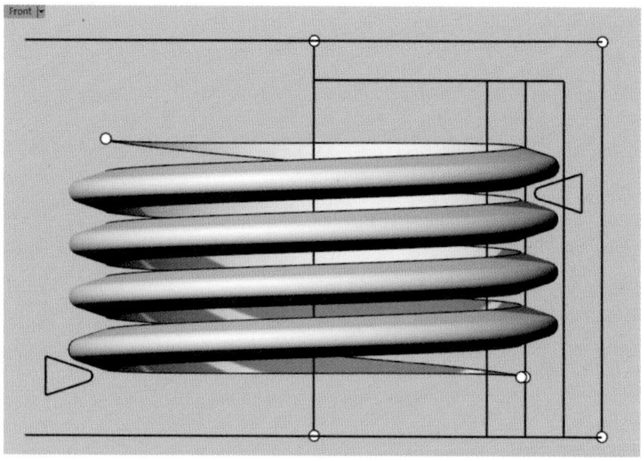

확인 후 그림과 같은 개체들만 남겨 두고 나머지는 다시 숨겨 준다.

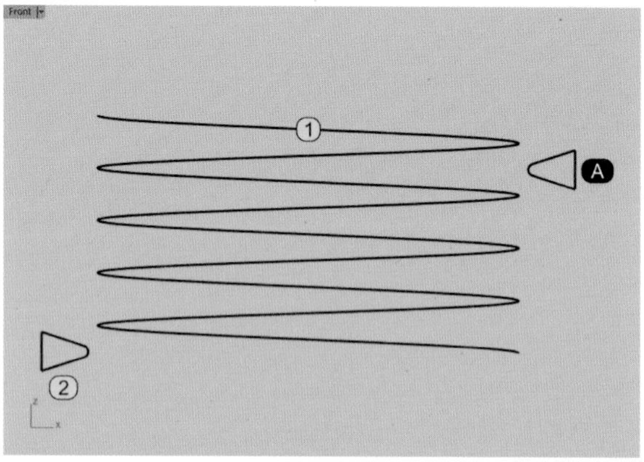

104 뚜껑 안쪽 나사산 만들기

Sweep 1 Rail 명령으로 ①번 나선과 ②번 단면만을 순차적으로 선택하여 안쪽 나사산을 만들어 준다. 나타나는 옵션 설정은 Roadlike에 체크한다.

Sweep 1 rail

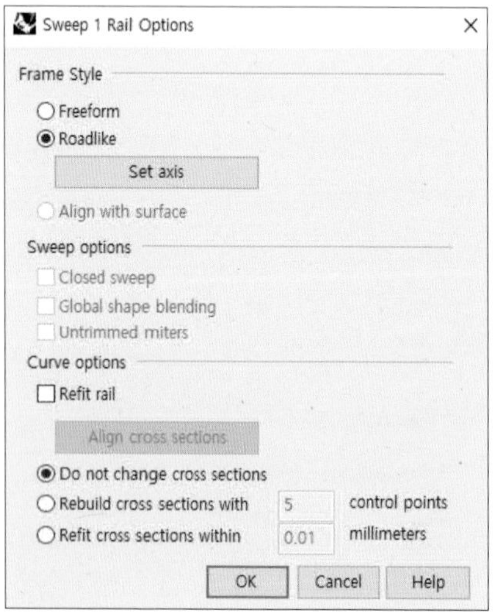

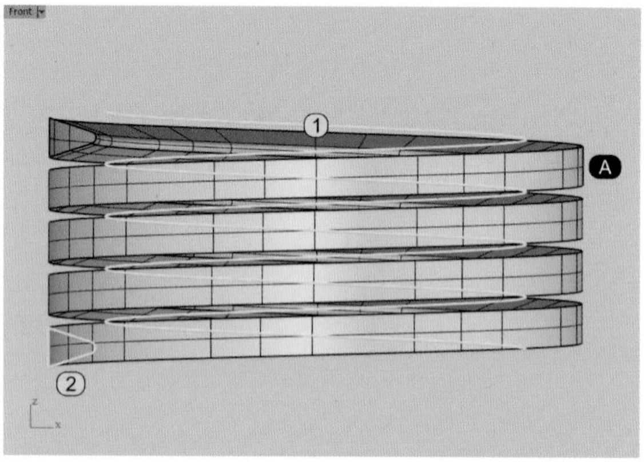

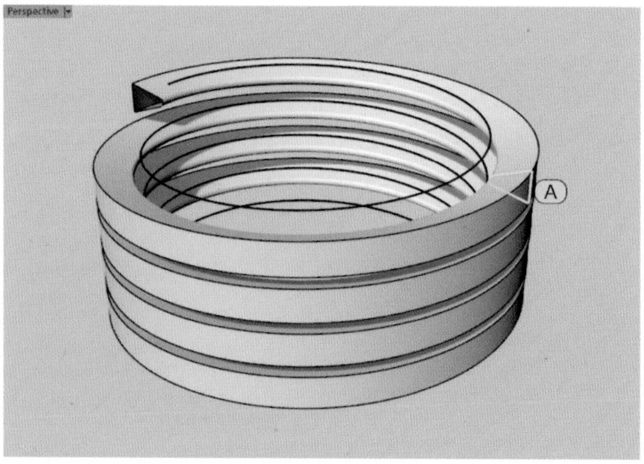

105 나선체 일부 잘라 주기

Perspective View에서 작업한다. 그림과 같이 Ⓐ단면 커브로 Ⓑ나선체를 일부 발라 준다. 끝단의 잘린 부분은 지워 준다.

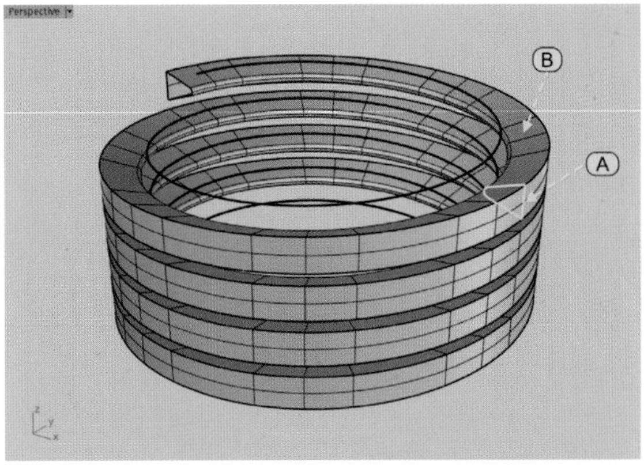

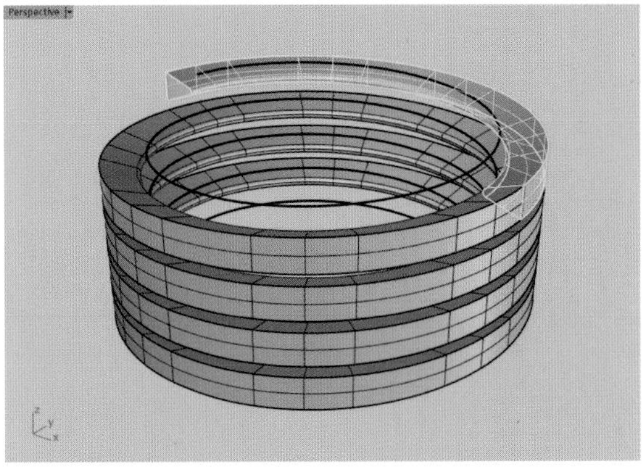

106 두 개의 나사산 구조 확인하기

앞서 만들어 둔 나사산을 보이게 한 후 그림과 같이 제 위치에 있는지 확인해 본다. 확인이 끝나면 다시 숨겨 준다.

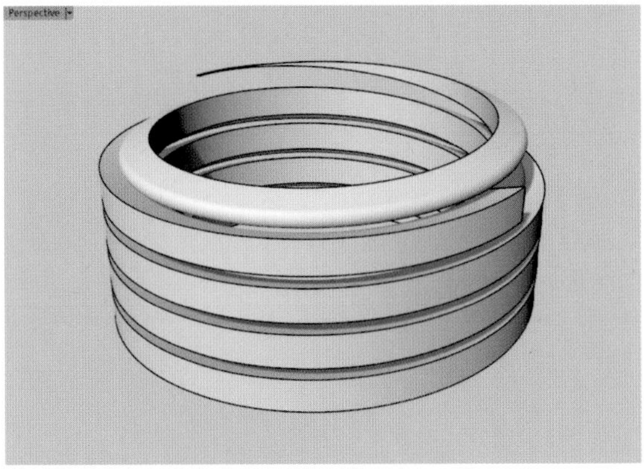

107 마감 캡 만들기

방금 만들어진 나사산을 돌려 보면 그림과 같이 끝단이 열려 있고 가이 진 상태인을 확인할 수 있다. 이제 이 부분에 자연스러운 회전형 마감 뚜껑을 만들어 줄 것이다.

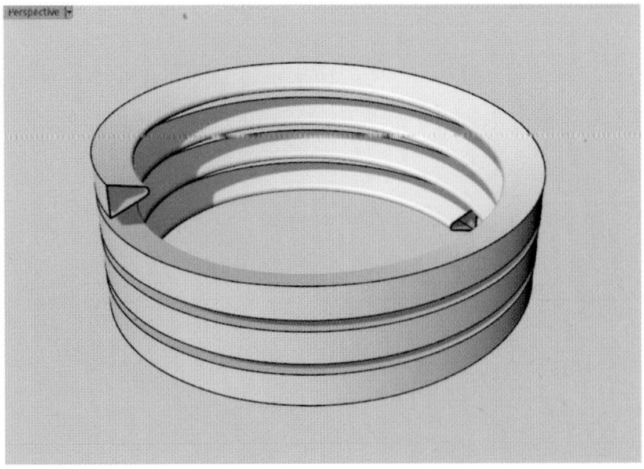

108 엣지 라인 추출하기

Perspective View에서 작업한다. Duplicate edge 명령으로 그림과 같이 단면의 엣지(노랑색 부분) 커브를 추출한다. 추출된 라인은 Join한다.

Duplicate edge
Duplicate mesh edge

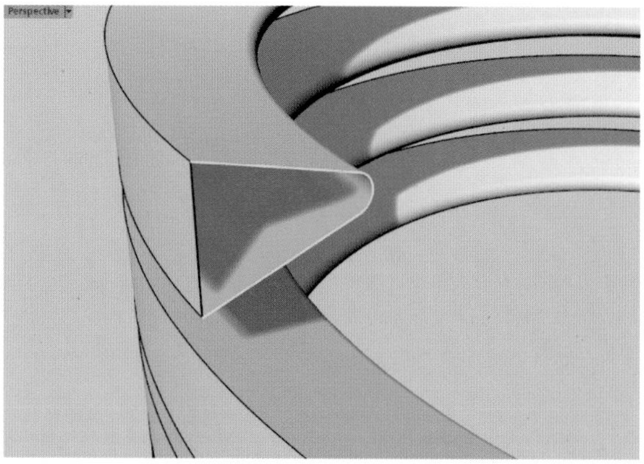

109 90도 회전면 만들기

Revolve 명령을 클릭한다. 다음 방금 추출한 단면 커브를 End 기점으로 Top View에서 90도 회전시켜 준다.

Revolve
Rail revolve

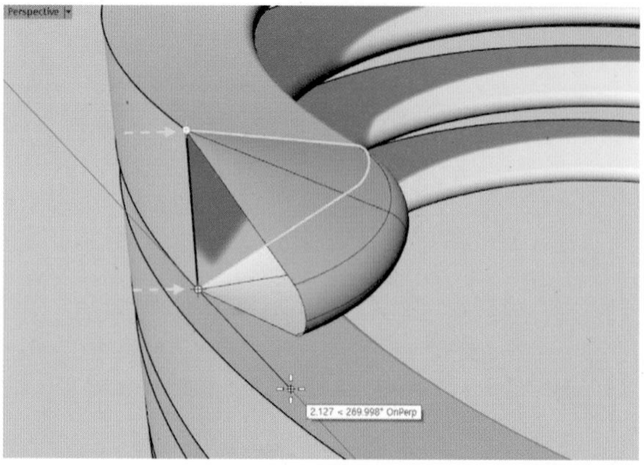

110 면 만들기

다음 열린 곳을 면으로 닫아 주기 위해 Surface Creation 〉 Surface from planar curves 명령을 클릭하고 열린 면의 엣지를 모두 선택하고 (Enter) 하면 평면이 만들어진다.

Surface from planar curves

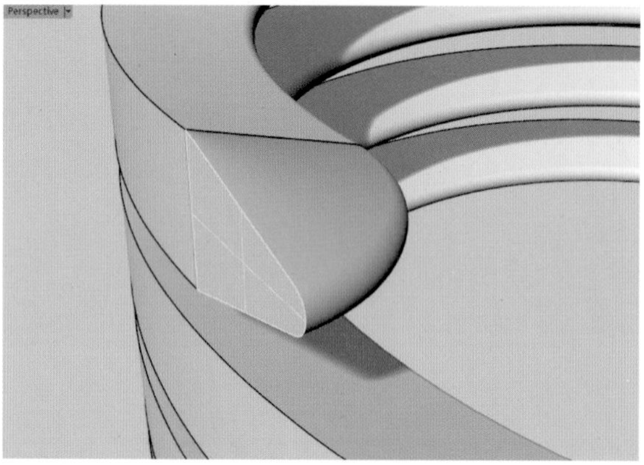

111 90도 회전면 만들기

동일한 방법으로 다른 쪽도 Revolve 90도 회전시켜 회전면을 만들어 준다.

Revolve
Rail revolve

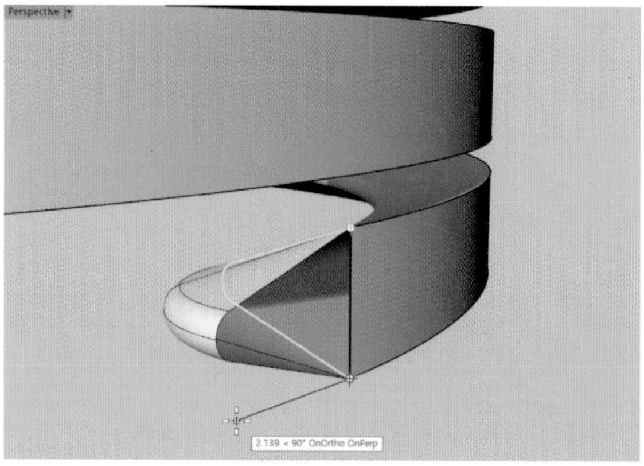

112 면 만들기

열린 곳을 면으로 닫아 주기 위해 Surface Creation 〉 Surface from planar curves 명령을 클릭하고 열린 면의 엣지를 모두 선택하고 Enter 하면 평면이 만들어진다.

Surface from planar curves

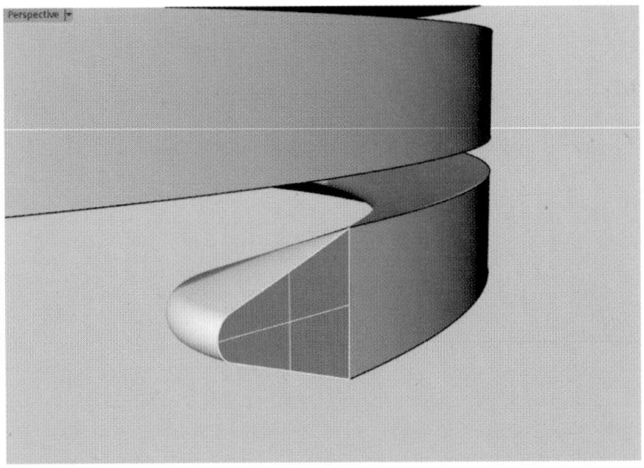

113 개체 조인하기

지금까지 작업된 회전면들을 모두 Join시켜 준다. 그림처럼 1개의 솔리드 개체가 되면 된다.

Join

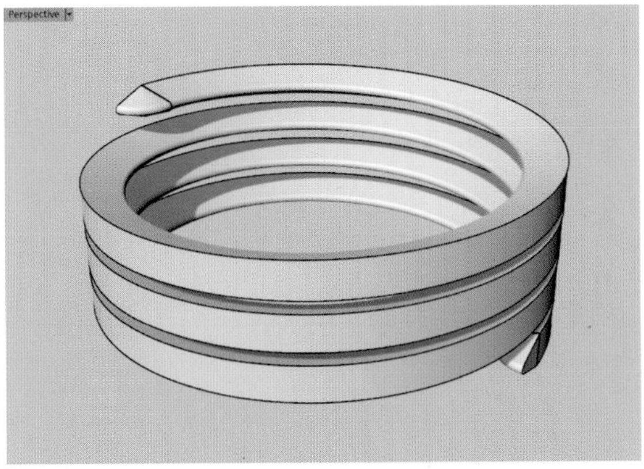

114 회전체 만들기

이제 앞서 그려 둔 병뚜껑 관련 단면 2개를 보이게 한다. 먼저 ①번 안쪽 직사각형을 Revolve 명령으로 FullCircle을 선택하여 360도 회전시켜 준다.

Revolve
Rail revolve

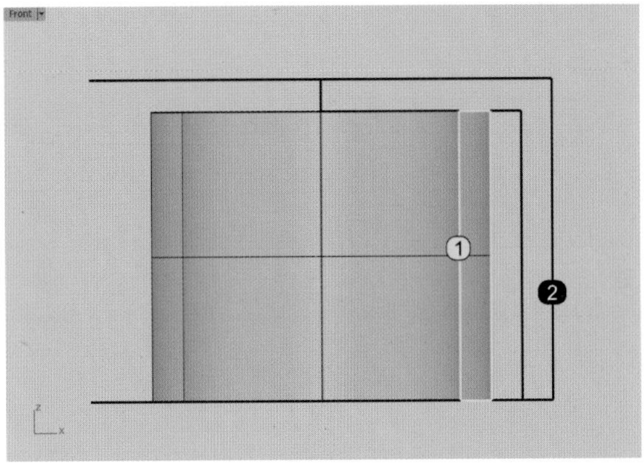

115 회전체 만들기

동일한 방법으로 ②번 바깥쪽 기역자형 폴리 라인을 Revolve 명령으로 FullCircle을 선택하여 360도 회전시켜 준다.

Revolve
Rail revolve

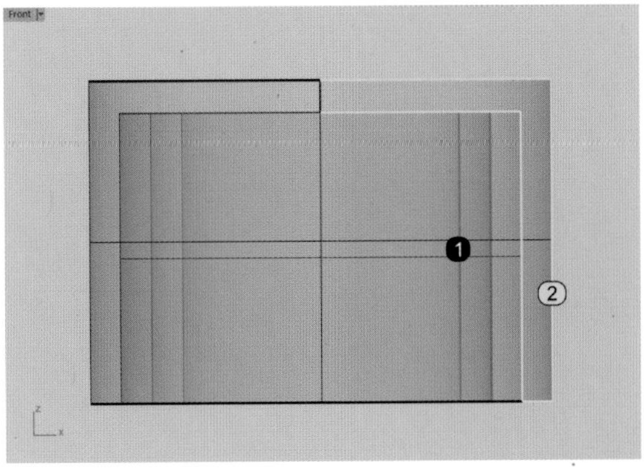

116 개체 붙이기

Perspective View에서 작업한다. 용기 입구가 될 부분의 작업이다. Boolean union 명령으로 ①번과 ②번 개체를 하나로 붙여 준다.

Boolean union

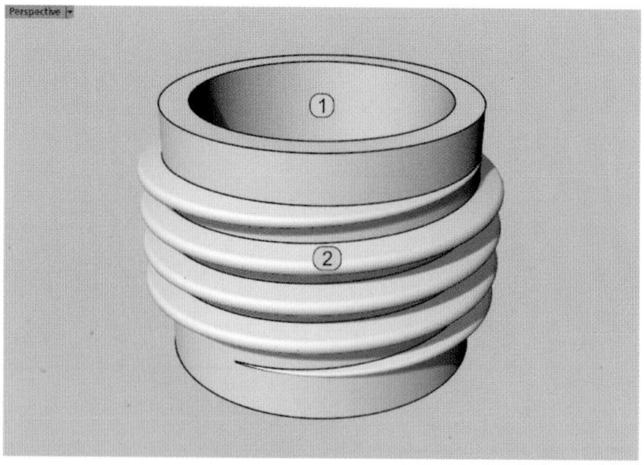

117 개체 붙이기

Perspective View에서 작업한다. 이제 뚜껑이 되는 부분의 작업이다. Boolean union 명령으로 ①번과 ②번 개체를 하나로 붙여 준다.

Boolean union

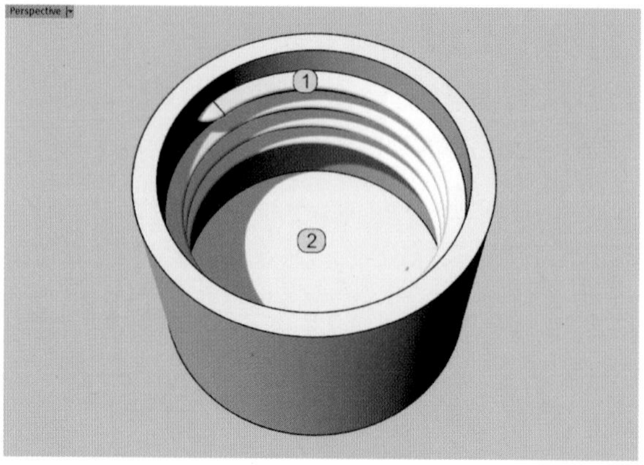

118 단면 상태 검사하기

Perspective View에서 작업한다. Standard Toolbar 〉 Visibility 〉 Add Clipping plane 명령을 클릭한다. Perspective View에서 용기 바닥에 사각형 영역을 지정한다고 생각하고 영역을 지정한다.

Add Clipping plane

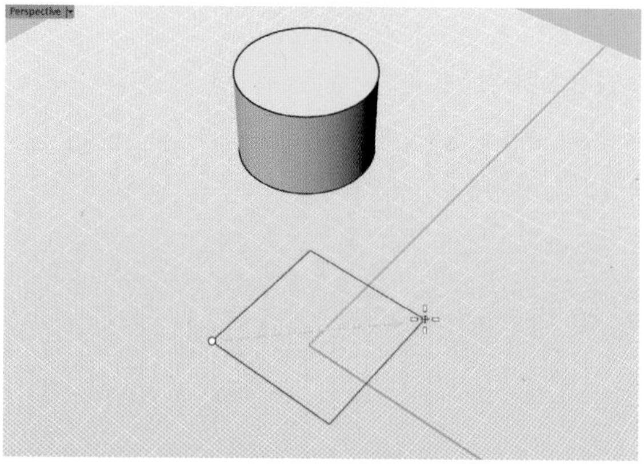

지정과 동시에 단면이 보이게 된다. 보이지 않는다면 검볼을 이용하여 용기 쪽으로 위치시켜 주면 단면이 보이기 시작한다. 검볼 회전축을 기준으로 다양한 단면을 볼 있다. 클리핑 명령의 Undo, Redo 기능은 Disable clipping plane으로 가능하다. 지우려면 사각형 면을 지워 주면 된다.

Disable clipping plane
Enable clipping plane

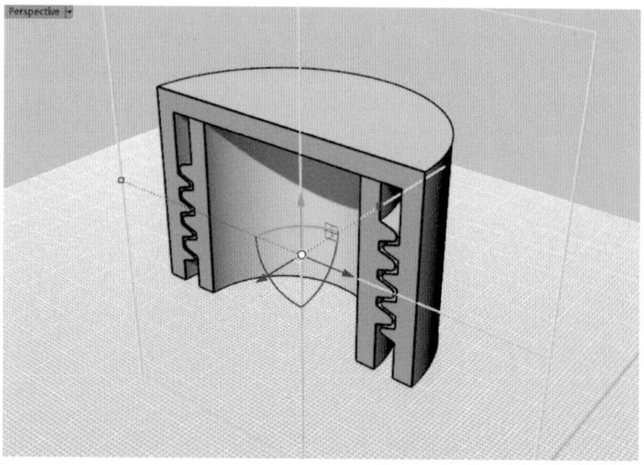

119 뚜껑 윗면 떼어 내기

Perspective View에서 작업한다. Extract surface 명령으로 뚜껑 윗면을 분리하고 지워 준다.

Extract surface

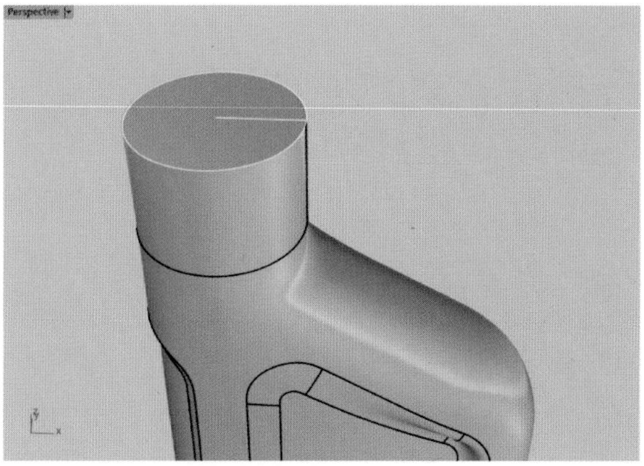

120 회전 면 만들기

그림과 같이 중심축의 끝점(End)과 원의 사분점(Quad)에 일치하는 호(Arc)를 그려 주고 회전 면을 만들어 준다. 최종 면들은 Join해 준다.

Revolve
Rail revolve

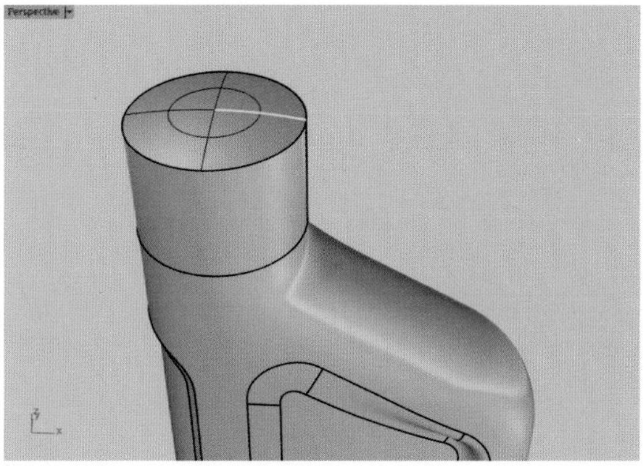

121 원형 패턴 드로잉하기

Right View에서 작업한다. Control Point Curve 명령으로 그림과 같이 뚜껑의 측면 음각 패턴을 만들기 위해 라인 드로잉을 한다.

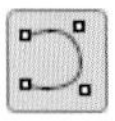

Control Point Curve
Curve through points

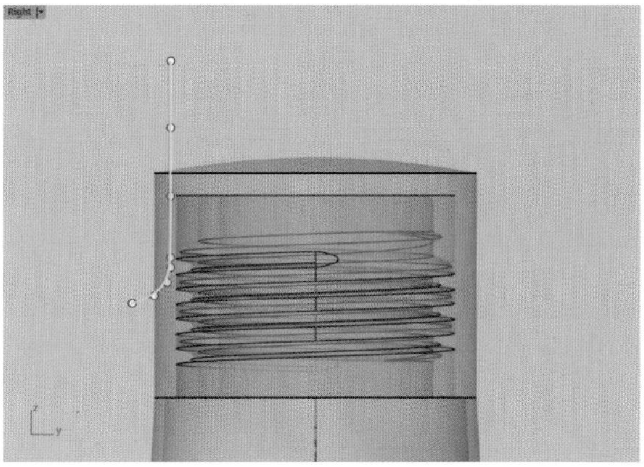

122 호(Arc) 그리기

Top View에서 작업한다. Osnap=End, Mid를 체크한다. 그림과 같은 크기의 호(Arc)를 그려 위치시켜 준다.

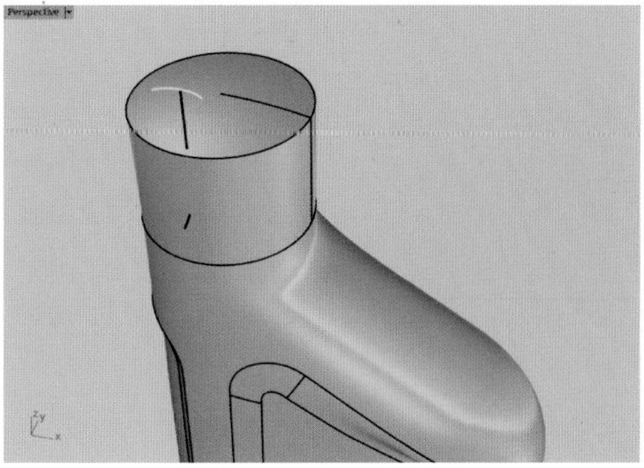

123 뚜껑 윗면 떼어 내기

Perspective View에서 작업한다. Sweep 1 rail 명령으로 번호 순서대로 클릭하여 면을 만들어 준다. 명령 중 옵션 설정은 Frame Style=Freeform에 체크하고 OK하면 된다.

 Sweep 1 rail

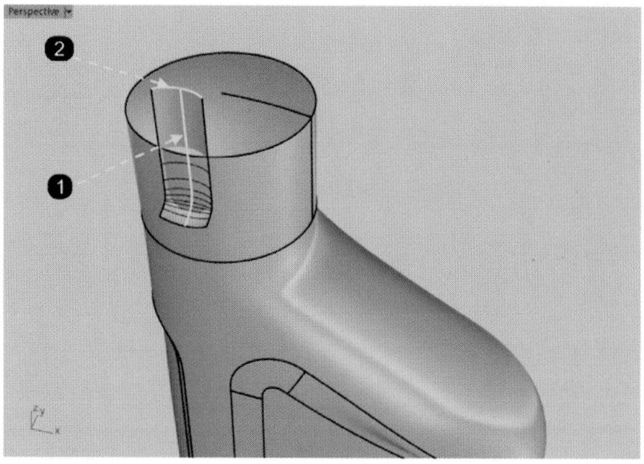

124 원형 배열하기

Top View에서 작업한다. 앞서 만든 면을 선택하고 Polar array 명령으로 원의 중심(Cen)을 기점으로 하는 총 8개의 면을 원형 배열해 준다.

 Polar array

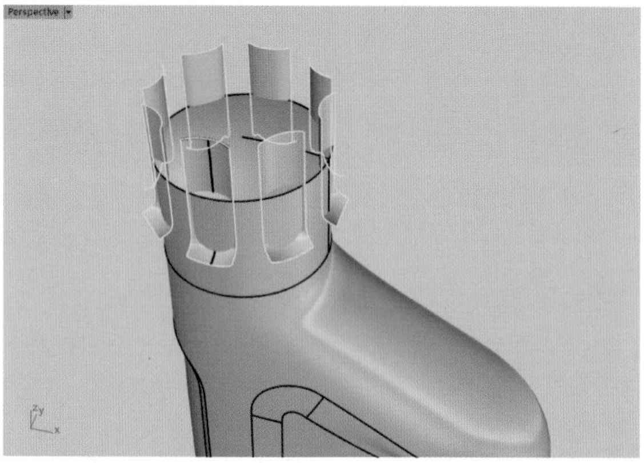

125 면의 Direction 변경하기

차집합을 하기 전에 8개의 면을 모두 선택한다. 다음 Analyze 〉 Direction 명령으로 화살표 방향을 반대로 바꾸어 준다. Flip을 클릭하면 간단하게 화살표 방향이 변경된다. 디렉션을 변경하는 이유는 파지는 방향을 결정하기 위함이다.

 Show object direction
Close object direction display

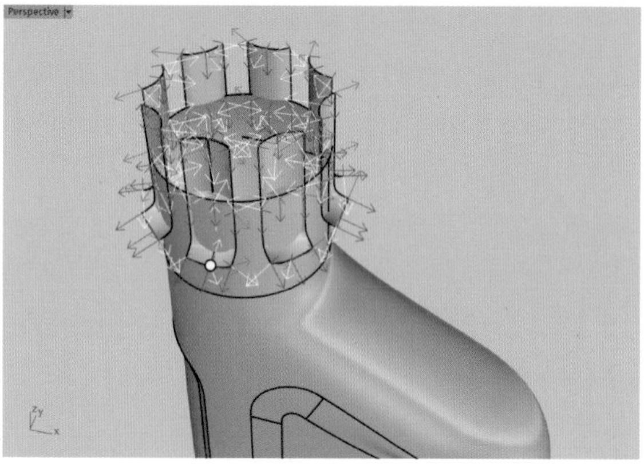

화살표 중에 White Color 화살표 방향을 보고 판단하면 된다. 면의 Direction이 변경되면 블루 컬러 방향이 변경된 것으로도 확인할 수 있다.

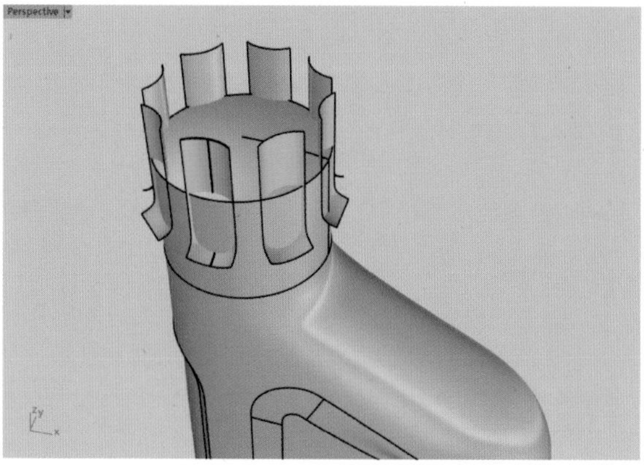

126 차집합하기

Perspective View에서 작업한다. Solid Tools 〉 Boolean difference 명령을 클릭한다. 우선 ①번 개체를 클릭하고 [Enter], ②번 개체를 선택하고 [Enter] 하면 측면에 홈이 파이게 된다.

Boolean difference

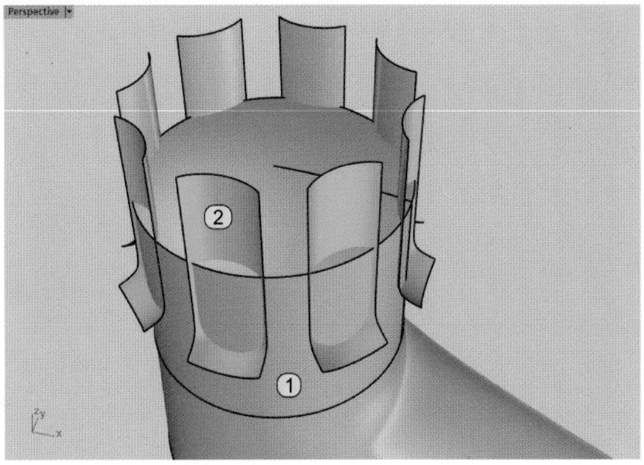

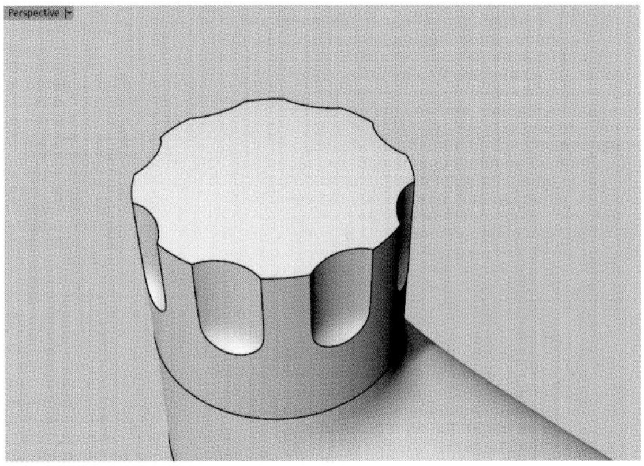

127 모서리 라운드 필렛 주기

Perspective View에서 작업한다. Solid Tools 〉 Fillet edges 명령으로 해당 모서리에만 Radius=1.0을 적용한다.

Fillet edges
Blend edges

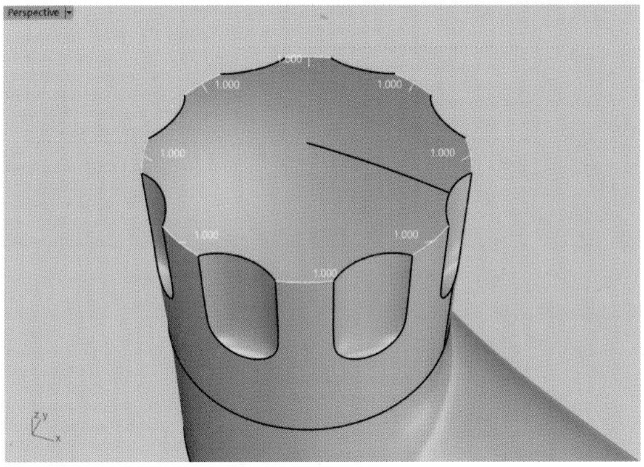

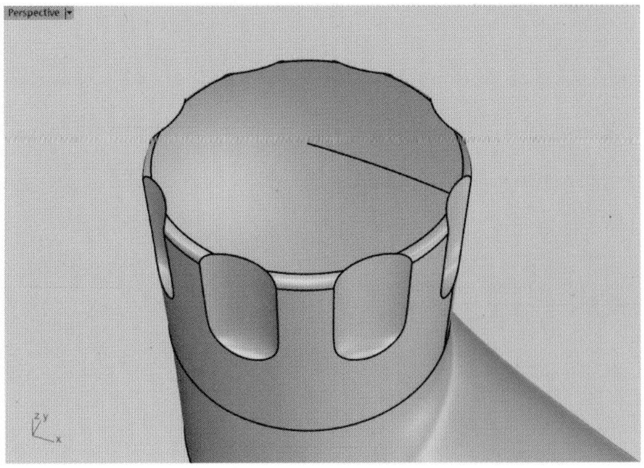

128 공간 메꾸기

Perspective View에서 작업한다. 마지막 단계로 화살표가 지시하는 공간을 메꾸면 된다. 커브를 추출해서 솔리드 화하여 마무리할 것이다. 먼저 Duplicate edge 명령으로 Ⓐ와 Ⓑ엣지 라인을 추출한다.

Duplicate edge
Duplicate mesh edge

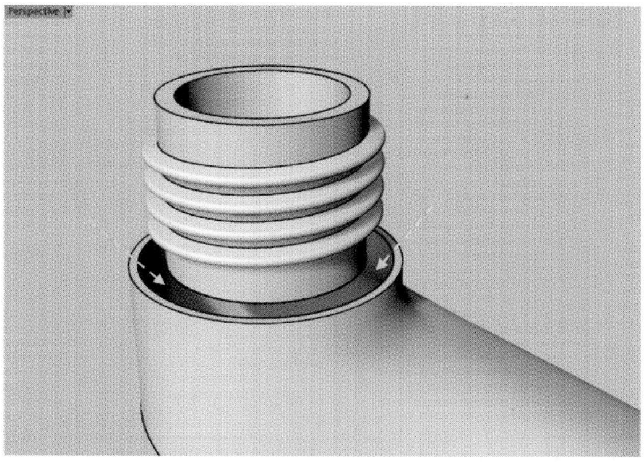

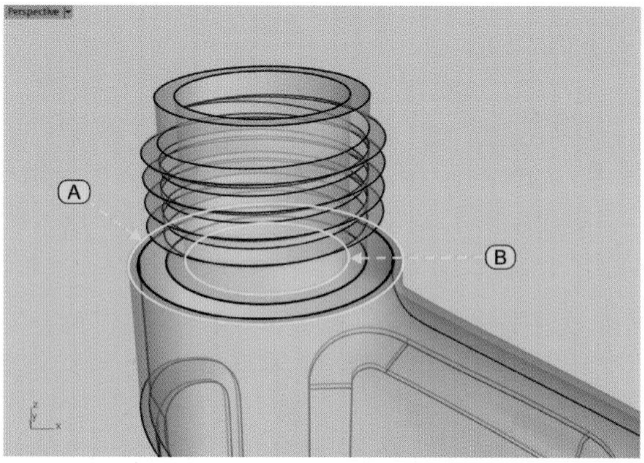

129 오프셋하기

Perspective View에서 작업한다. Ⓐ라인을 안쪽으로 0.5 mm 오프셋하여 ①번 라인을 준비해 준다. 연속해서 Ⓑ라인을 바깥쪽으로 1.0mm 오프셋하여 ②번 라인을 준비한다.

Offset curve
Offset multiple

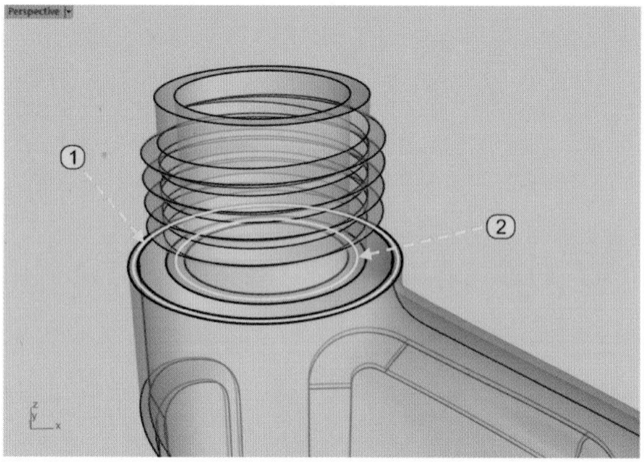

130 돌출 개체 만들기

Perspective View에서 작업한다. Solid Tools 〉 extrude closed planar curve 명령으로 아래쪽 방향(BothSides=No)으로만 1mm 두께를 준다.

Extrude closed planar curve

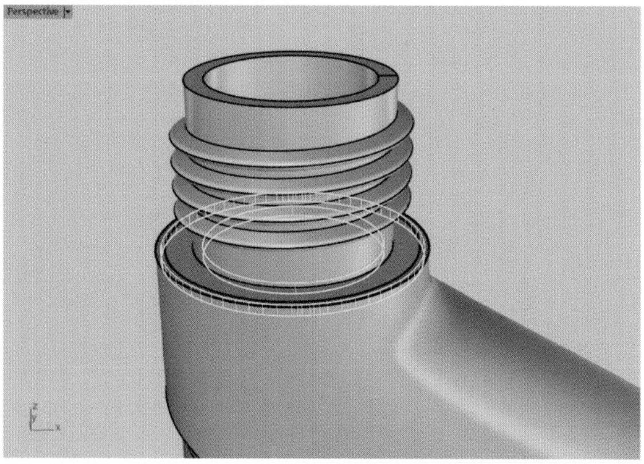

131 개체 붙여 주기

Perspective View에서 작업한다. Boolean union 명령으로 모두 선택하여 지금까지 만들어진 개체 3개를 모두 붙여 준다.

Boolean union

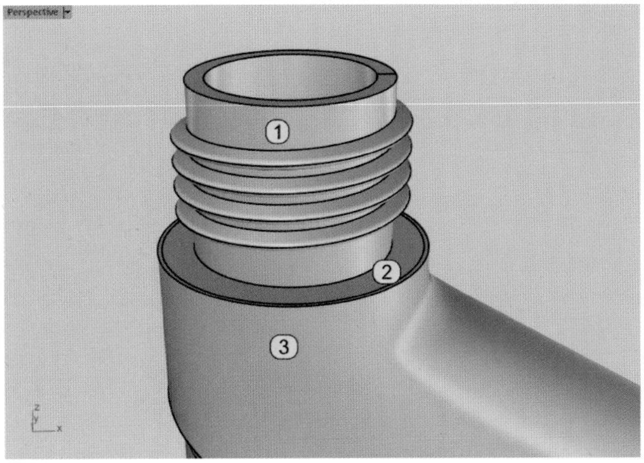

132 개체 면 병합하기

Perspective View에서 작업한다. ©부분의 면 분할 선을 없애 주도록 한다. Solid Tools 〉 Merge all coplanar faces 명령을 클릭한다. 다음 개체를 클릭하고 Enter 하면 분할 지점이 하나의 면으로 바뀐다.

Merge two coplanar faces
Merge all coplanar faces

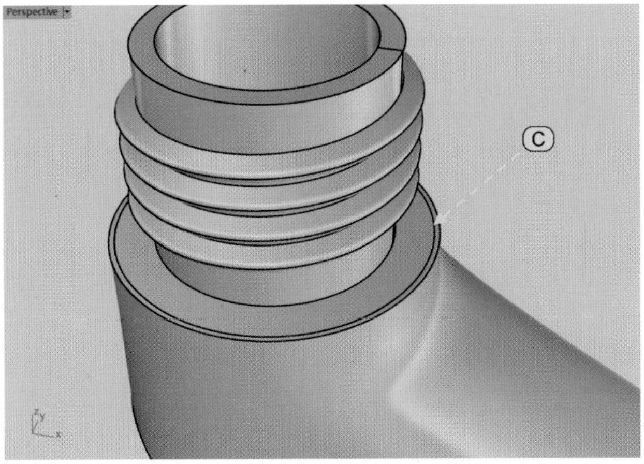

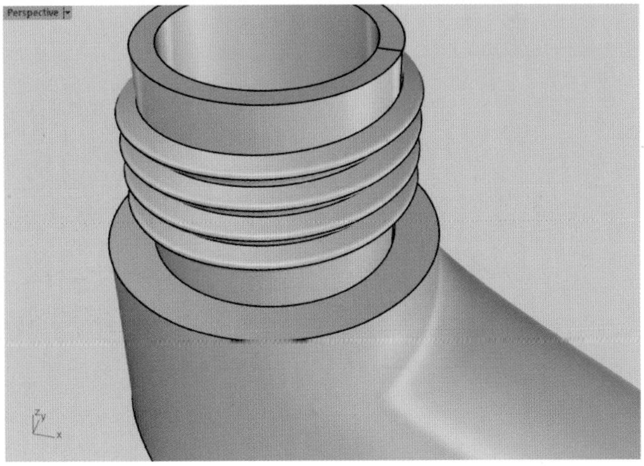

133 최종 결과물 보기

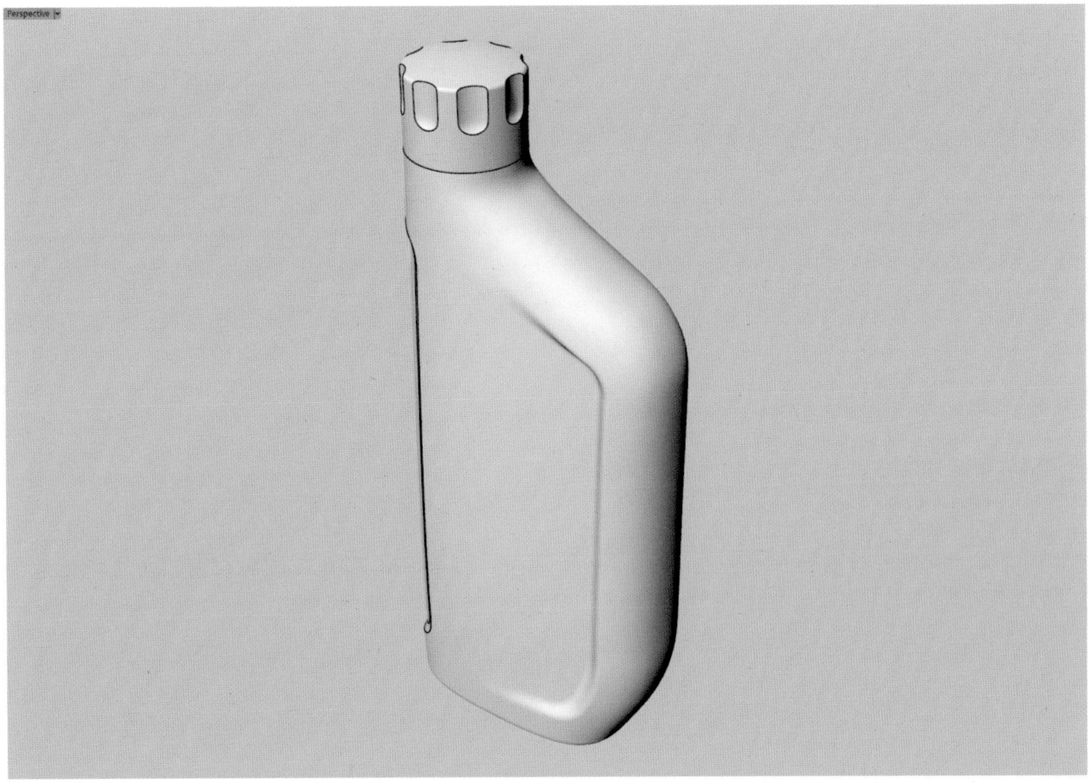
Perspective

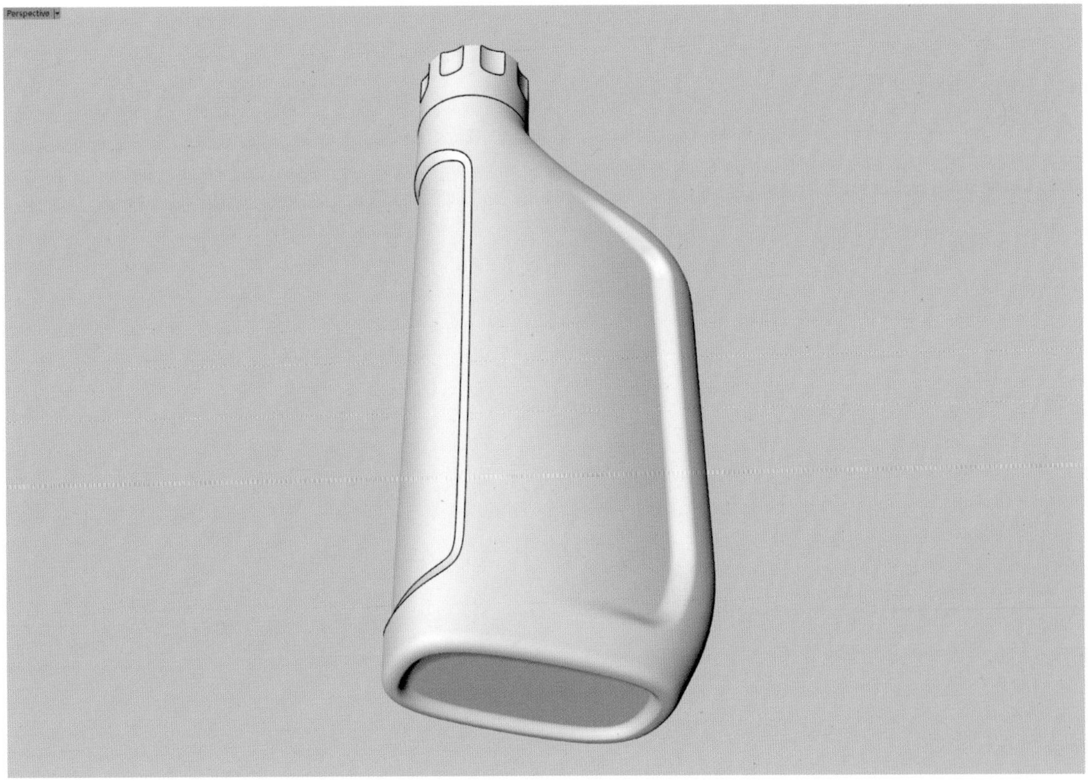
Perspective

07 CHAPTER

안경 모델링

Glasses modeling

안경은 시력 보호와 함께 패션의 일부이기도 하고 스마트 안경과 같은 IT 기기가 될 수도 있다. 여기서는 표준 안경 모델링 방법을 학습해 본다. 이번 튜토리얼에서는 3D 모델링의 가장 기본이 되는 솔리드 만들기(Solid Creation), 솔리드 도구(Solid Tools), 서피스 만들기(Surface Creation), 서피스 도구(Surface Tools) 명령군의 학습이 이루어진다. 특히 자연스러운 안경테의 표현과 코 패드(Nose pad) 부분의 디테일 표현을 학습해 본다.

Glasses rendering

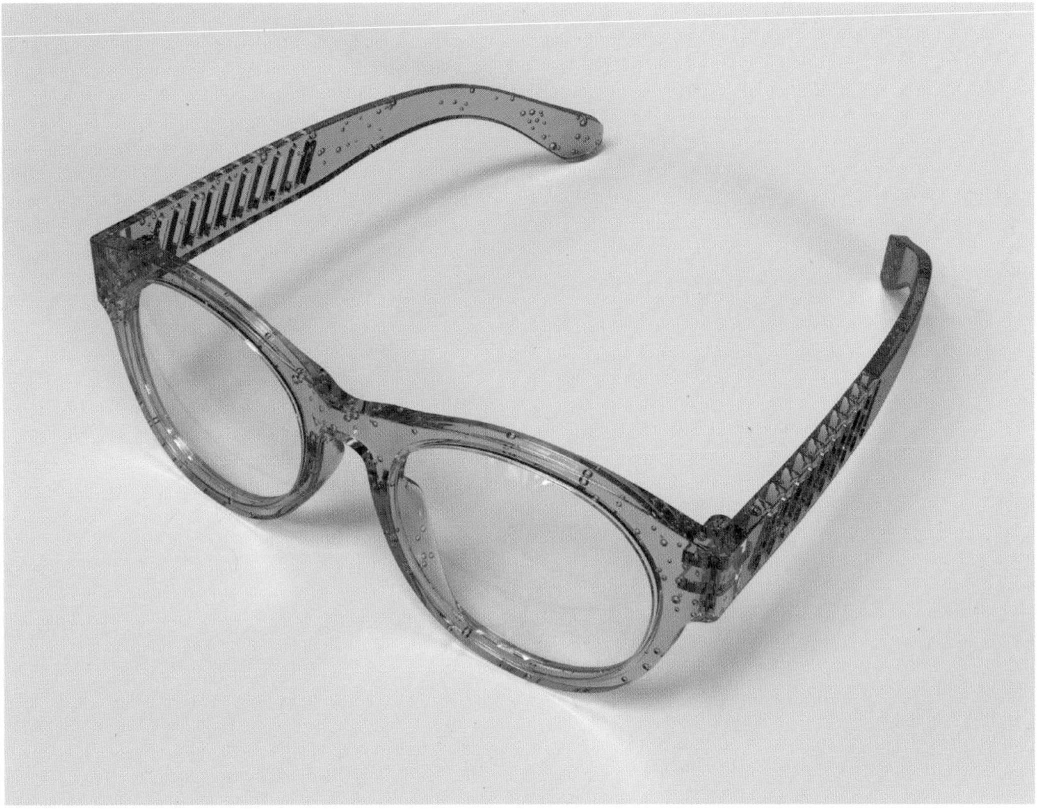

01 수평 라인 그리기

Front View에서 작업한다. Lines 〉 Line: from midpoint 명령을 클릭한다. Middle of line이라 뜨면 키보드 숫자 0을 쳐 주면 좌표의 가운데부터 시작된다. Lines 〉 End of line이라 뜨면 72.5를 기입하고 (Enter) 후 (Shift)를 누르고 원하는 수평 끝점을 찍어 주면 된다. 전체 길이는 145mm이다.

Line-from midpoint

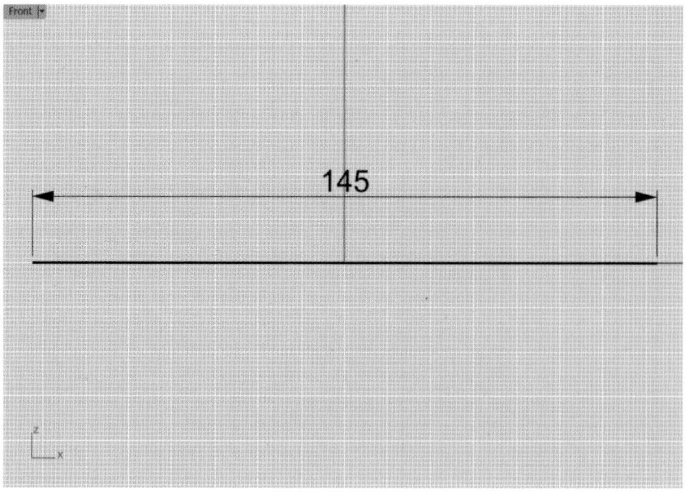

02 수직 라인 그리기

Front View에서 작업한다. Osnap=Mid, End에 체크한다. Line 〉 Line: from midpoint 명령을 클릭한다. 수평선의 가운데 지점을 클릭하고 반지름 3.5mm(지름=7mm)의 ①번 수직선을 그어 준다. 동일한 방법으로 수평선의 오른쪽 End 점을 기준으로 반지름 7mm(지름=14mm)의 ②번 수직선을 그려 준다.

Line-from midpoint

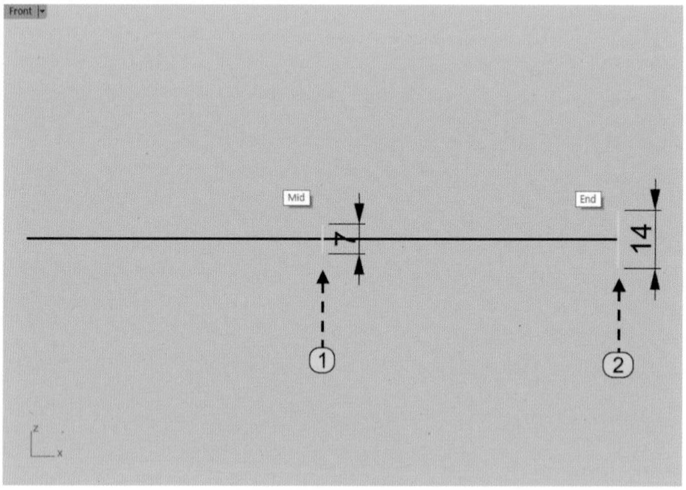

03 2번 수직선 아래쪽으로 이동하기

Front View에서 작업한다. Move 또는 Gumball 명령으로 ②번 수직선을 아래쪽으로 3.24mm 이동시켜 준다. 이동 후 수직선의 측면 치수를 측정해 보면 3.76mm가 된다.

Move

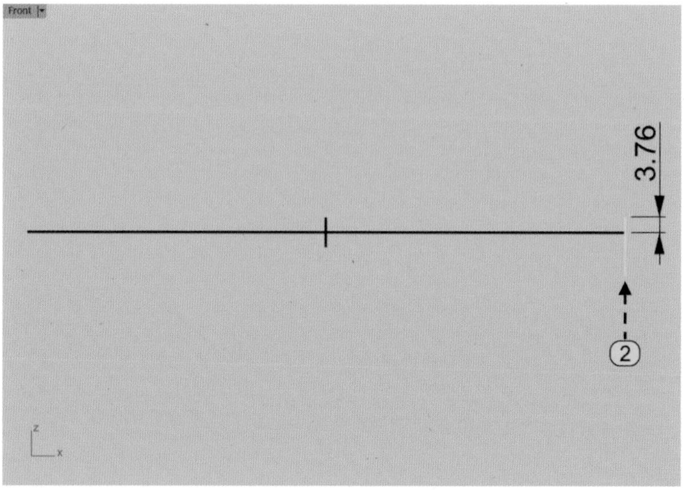

04 안경 외형선 그리기

Front View에서 작업한다. Osnap=End에 체크한다. Curve 〉 Curve: interpolate points 명령으로 2개 수직선의 End에 일치하는 Ⓐ커브와 Ⓑ커브를 그려 준다.

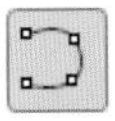
Curve: interpolate points
Handle curve

Control Point Curve
Curve through points

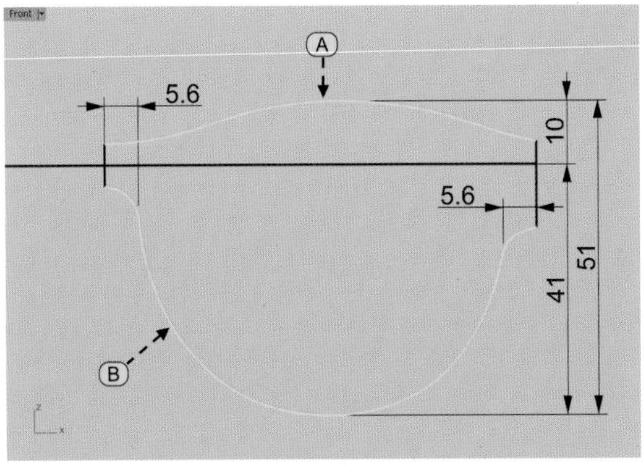

05 안경 안쪽 외형선 그리기

Front View에서 작업한다. 그림의 치수 거리(3.85mm, 3.3mm)를 참고하여 Curve 〉 Curve: interpolate points 명령으로 닫힌 Ⓒ 커브를 그려 준다.

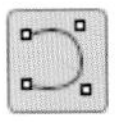
Control Point Curve
Curve through points

Curve: interpolate points
Handle curve

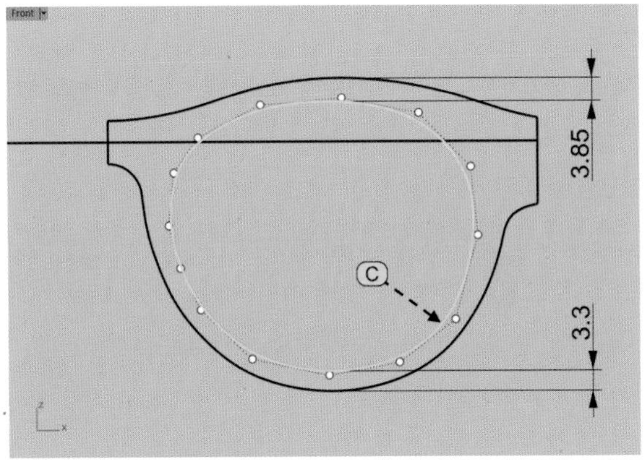

06 대칭 복사하기

Front View에서 작업한다. Osnap=End에 체크한다. Transform 〉 Mirror 명령으로 수직축의 End 점에 일치하는 대칭 복사 개체를 만들어 준다.

Mirror

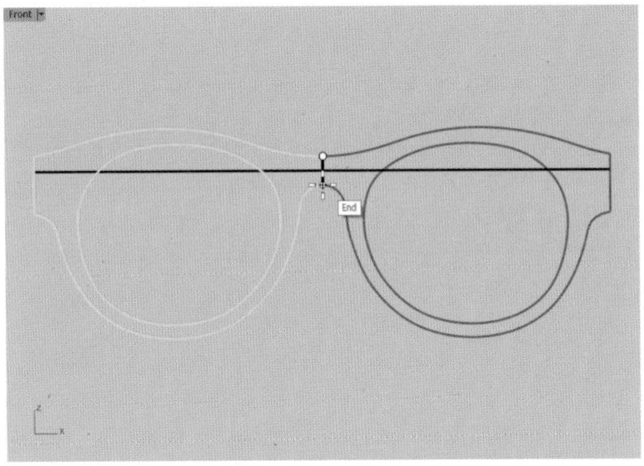

07 대칭 커브 접선 일치시켜 주기

Front View에서 작업한다. 서루 대칭 복사된 곡선 끝단(접선)의 경우 연속성에 문제가 있는 경우가 많다. 쉽게 말해 각이 있을 수 있다는 것이다. 이를 없애기 위해 Curve Tools 〉 Match curve 명령을 클릭하고 ①번과 ②번, Ⓐ와 Ⓑ커브를 각각 접선의 일치(Tangency=G1)시켜 준다. 평균 커브(Average curve)에 체크된 상태로 OK한다.

Match curve

08 매치 라인 붙여 주기

Match curve 작업이 완료되었다면 그림과 같이 선택된 커브들만 각각 Join해 준다.

Join

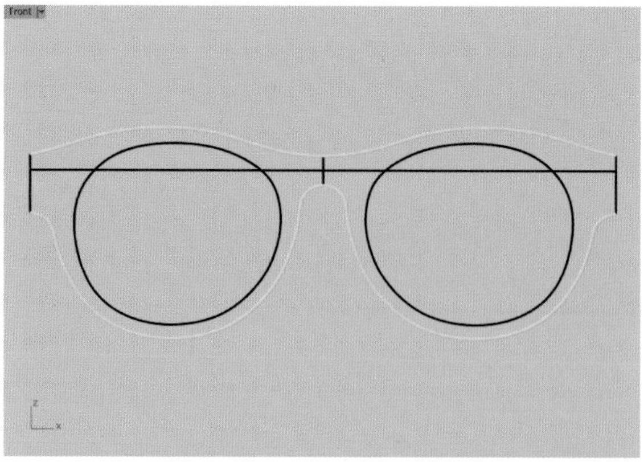

09 위쪽 커브 리빌드하기

Match curve가 된 경우 대부분 커브들을 그대로 사용하지만 여기서는 향후 면 편집에 대비하기 위해 커브 속성을 변경해 줄 필요가 있다. 변경하게 되면 면이 쪼개지는 것을 방지할 수 있다. Curve Tools 〉 Rebuild curve 명령을 클릭하고 해당 커브를 선택한다. 옵션은 그림과 같이 설정한다. Point count=36, Degree=3이다. Maximum deviation=0.004 정도면 된다.

Rebuild curve
Rebuild curves to master curve

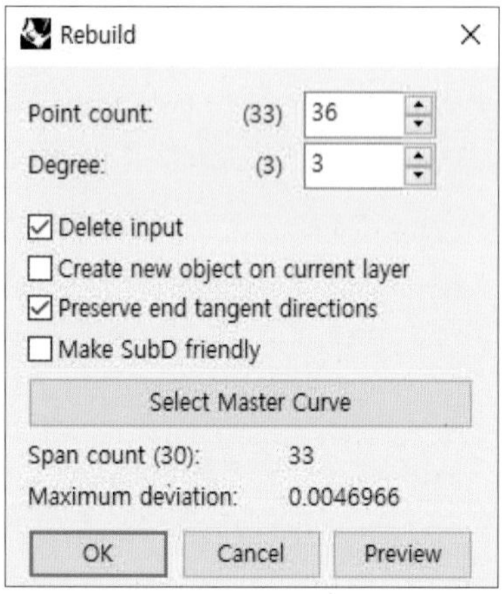

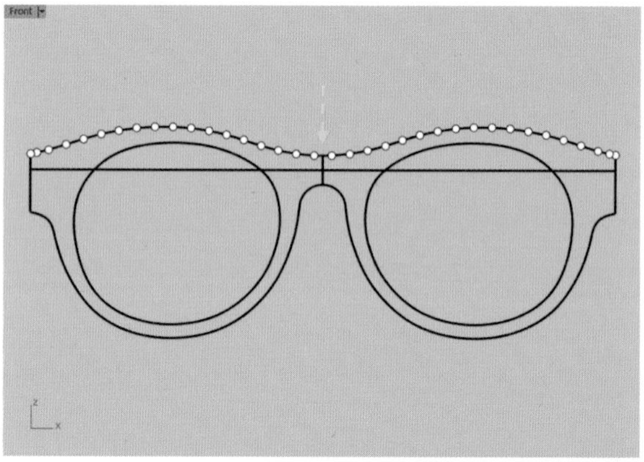

10 아래쪽 커브 리빌드하기

동일한 방법으로 아래쪽 커브도 Rebuild curve시켜 준다. Point count=60, Degree=3이다. Maximum deviation=0.07 정도면 된다.

Rebuild curve
Rebuild curves to master curve

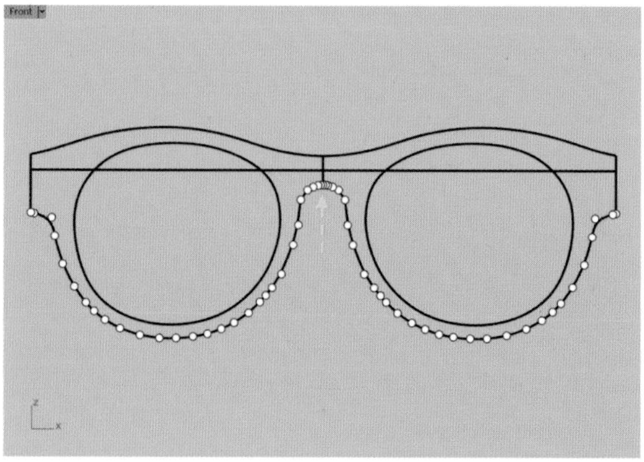

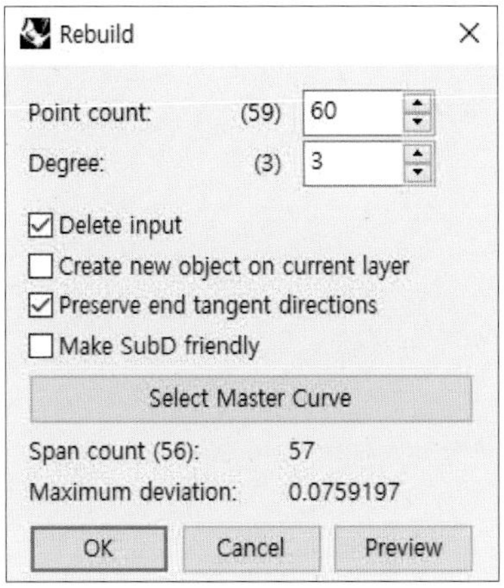

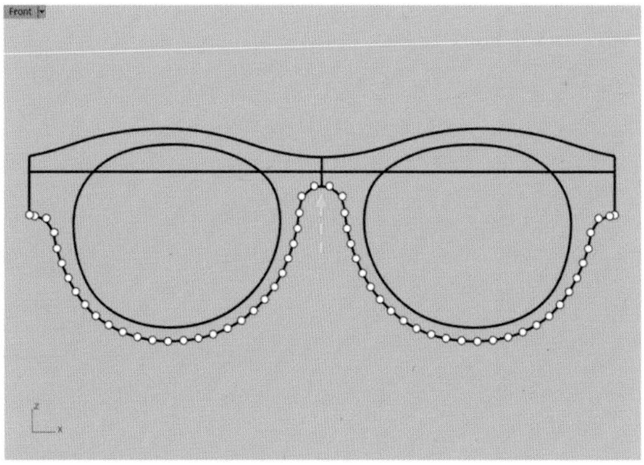

11 기준 포인트 배치하기

Front View에서 작업한다. 다음은 Right View에서 작업 기준점이 보이도록 하기 위해 그림과 같이 End 스냅 기준 ①번과 ②번 Point를 만들어 준다.

Single Point

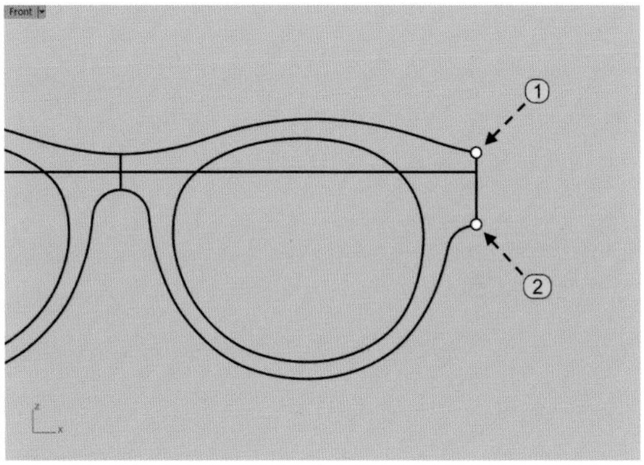

12 커브 그리기

Right View에서 작업한다. Osnap=Point에 체크한다. 자유롭게 커브를 그리기 위해 Grid Snap, Ortho 체크를 해제한다. Curve 〉 Control Point Curve 또는 Curve: interpolate points 명령으로 안경테 측면 커브를 그려 준다. 한 번에 그려 줄 것을 권장한다.

Control Point Curve
Curve through points

Curve: interpolate points
Handle curve

Grid Snap | Ortho | **Planar** | **Osnap**

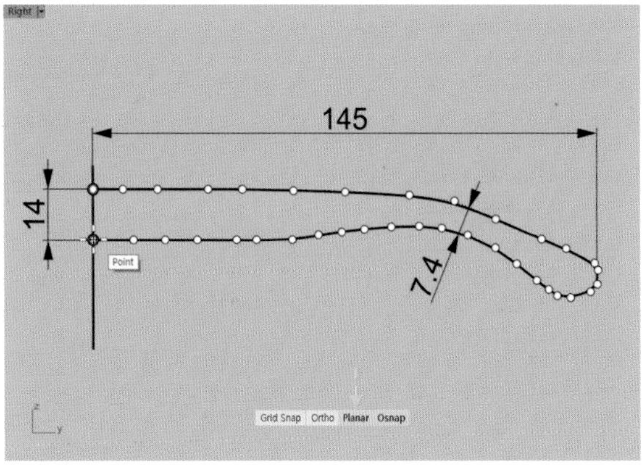

13 수직 라인 그리기

Right View에서 작업한다. Point 스냅 기점으로 Single line 명령으로 그림과 같이 Ⓓ직선을 그려 준다.

Single line

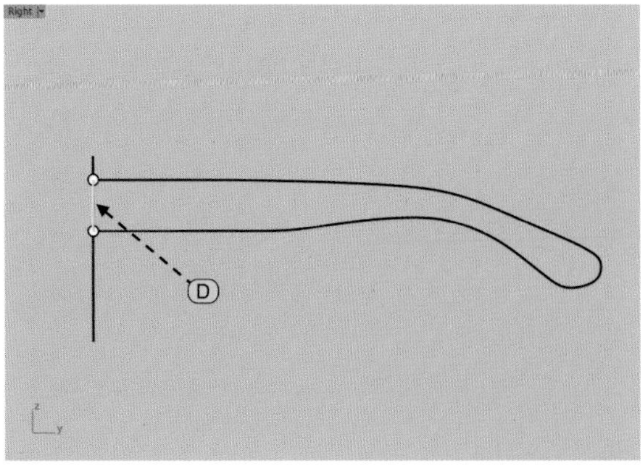

14 수직 라인 가운데 포인트 배치하기

Perspective View에서 작업한다. Osnap=Mid에 체크한다. Point 명령으로 Ⓓ의 수직 라인 가운데를 기준으로 포인트를 배치한다.

Single Point

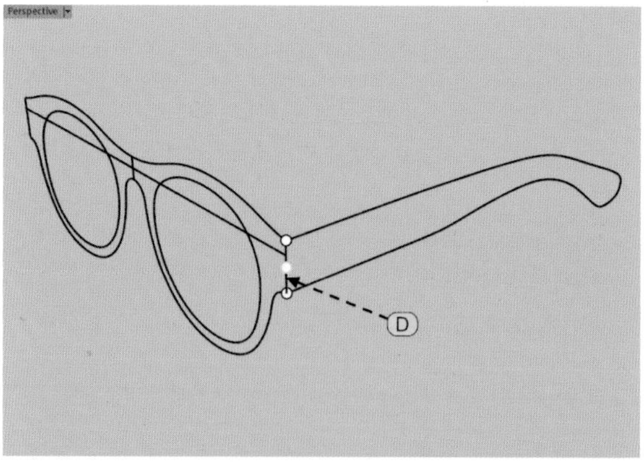

15 개체 숨기기

Perspective View에서 볼 때 그림과 같이 해당 개체와 포인트 1개만 남기고 잠시 Hide 명령으로 숨겨 준다.

Hide objects
Show objects

16 기준 직선 그려 주기

Perspective View에서 작업한다. Osnap=Point에 체크한다. 다음 Lines 〉 Single line 명령을 클릭한다. 포인트를 기점으로 하는 길이 145mm의 직선을 그려 준다. Shift를 누르면 수직으로 제어가 가능하다.

Single line

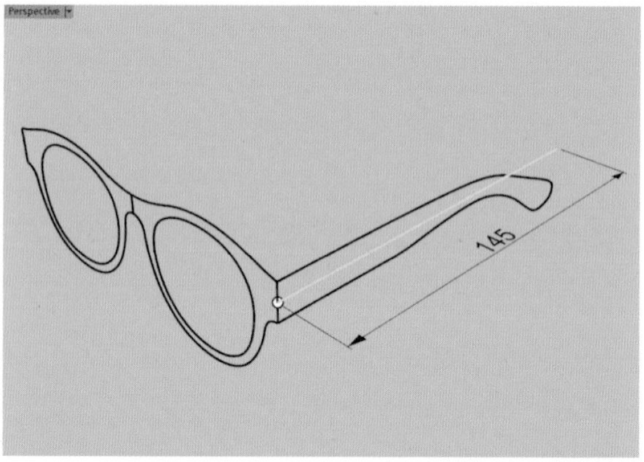

17 기준 직선 그려 주기

Perspective View에서 작업한다. Osnap=End에 체크한다. 다음 Lines 〉 Single line 명령을 클릭한다. End 기점으로 하는 길이 29mm의 직선을 그려 준다. Shift를 누르면 수직으로 제어가 가능하다.

Single line

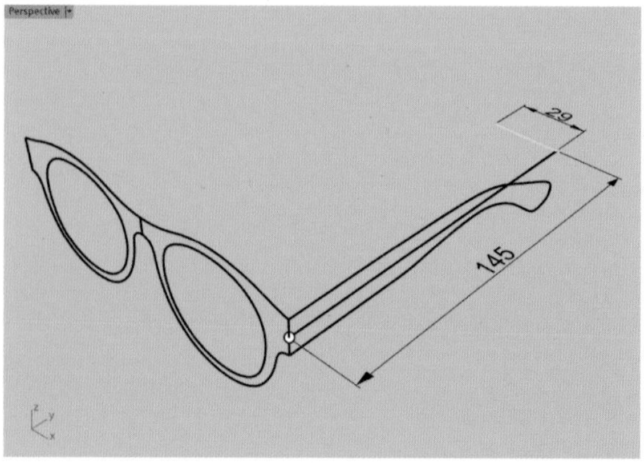

18 안경테 Top View 라인 그리기

Top View에서 작업한다. Osnap=Point, End를 체크한다. Point를 시작 기점으로 하여 Curve 〉 Control Point Curve 명령으로 그림과 최대한 유사하게 커브를 그려 준다. 이것은 안경테를 위에서 본 커브가 된다. 여기서는 실제 착용이 가능한 커브 정도로 보면 된다. 참고로 가이드 직선(29mm)과 기타 가이드라인들은 나중에 사용해야 하기에 잠시 숨겨 두면 된다.

Control Point Curve
Curve through points

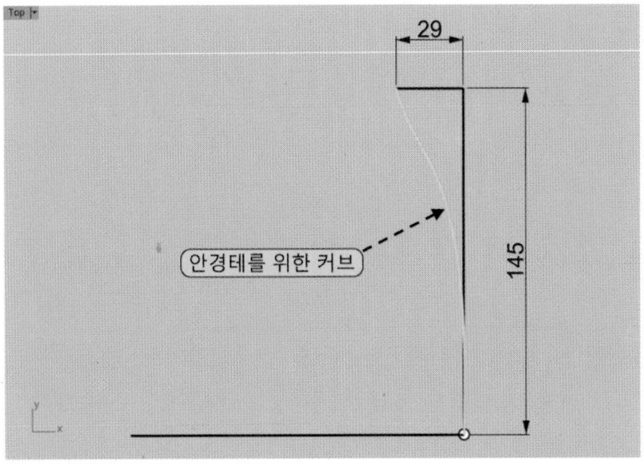

19 곡률 확인하기

안경테의 커브는 착용감에 영향을 주기 때문에 인체공학적인 고려가 되어야 한다. 여기서는 일반적인 안경의 곡률을 최대한 반영하였다. Analyze 〉 Curvature graph on 명령으로 곡률 상태를 확인한다. Point On 상태에서 편집도 가능하다.

Curvature graph on
Curvature graph off

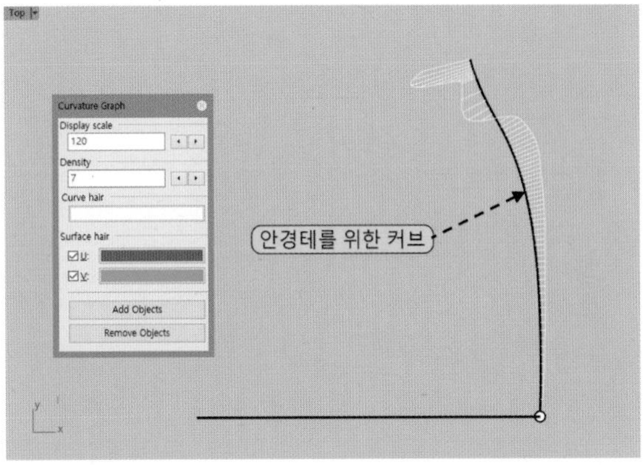

20 기준 수평 라인 그리기

Right Viewport에서 작업한다. Single line 명령으로 제시된 치수에 준하여 드로잉해 준다. 참고로 이것은 안경 측면 패턴 구멍의 배치 길이가 될 부분이다.

Single line

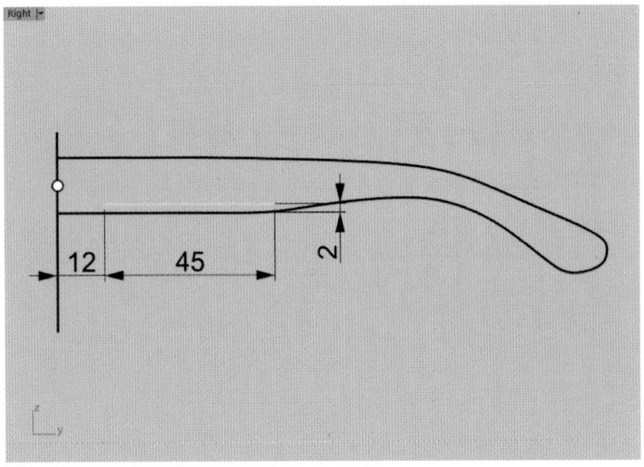

21 기준 수직 라인 그리기

Osnap=End에 체크한다. Single line 명령으로 그림과 같이 End 스냅 기준 9mm 수직 라인을 그려 준다.

Single line

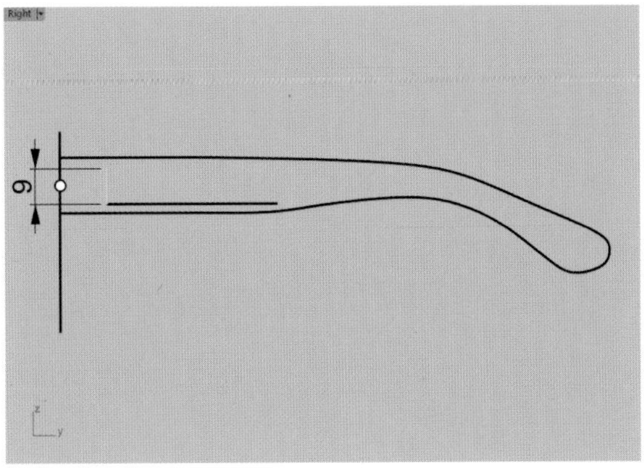

22 경사 라인 만들기

Right View에서 작업한다. Osnap-End에 체크한다. Rotate 명령을 클릭하고 End 기점 시작과 끝점을 클릭하고 각도 -25도를 기입하고 Enter 한다. 그림과 같이 65도 기울어진 라인이 준비된다.

Rotate 2-D
Rotate 3-D

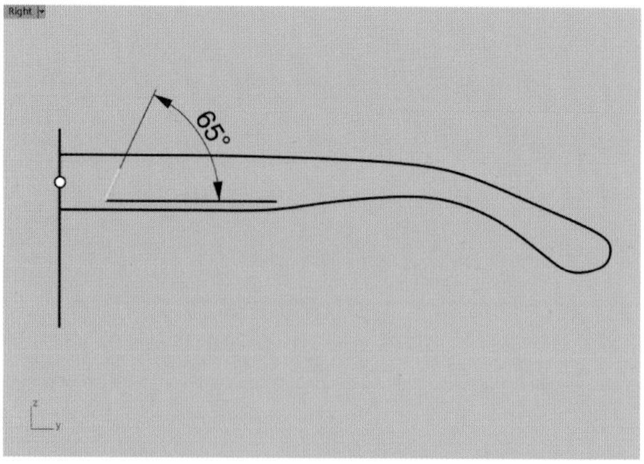

23 라운드 캡 오프셋하기

Right View에서 작업한다. Curve Tools > Offset curve 명령을 클릭한다. Distance=1, BothSides, Cap=Round로 지정한다. Select curve to offset이라 뜨면 경사진 라인을 선택하고 방향 지정 후 Enter 한다. 그림처럼 라운드 캡 개체가 만들어진다.

Offset curve
Offset multiple

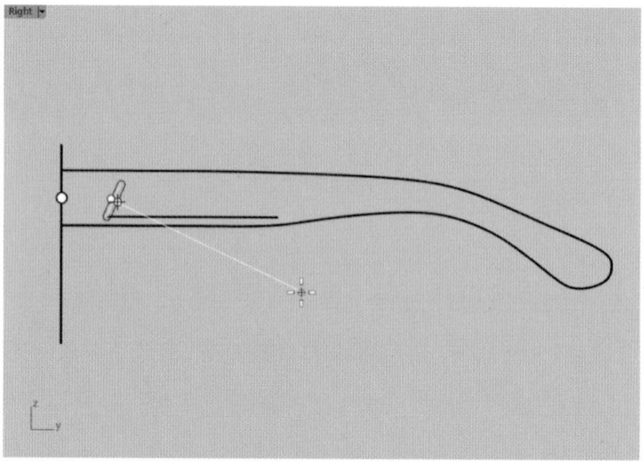

24 패턴 배열하기

Right View에서 작업한다. Transform > Array > Array along curve 명령을 클릭한다. Select objects to array라 뜨면 ①번 개체를 선택하고 Enter 한다. Select path curve라 뜨면 ②번 개체를 선택하고 Items=10을 기입하고 Enter 한다. 총 10개가 배열된다.

Array along curve

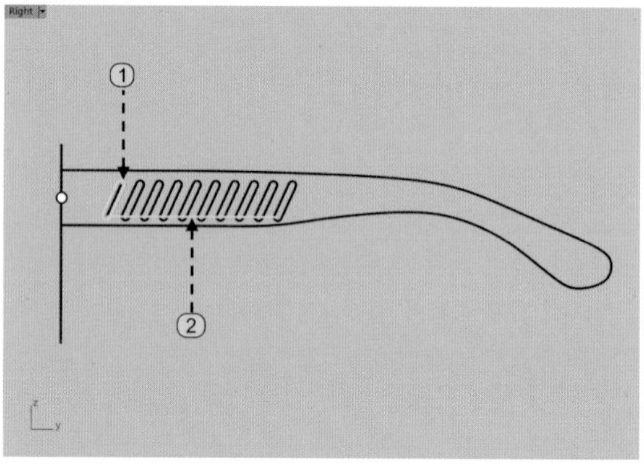

25 패턴 위치 변경하기

Right View에서 작업한다. 해당 개체들을 모두 선택하고 검볼(Gumball)을 이용해 위쪽으로 0.5mm 이동시켜 준다. 좀 더 가운데에 정렬해 주기 위함이다.

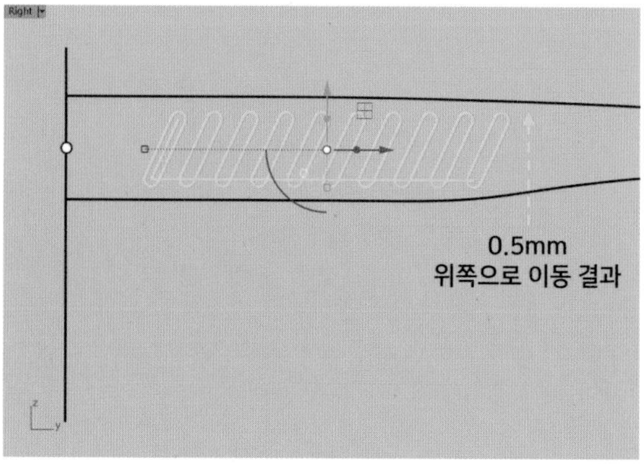

26 수평 라인 그리기

앞서 그려 준 모든 개체를 숨겨 준다. 이제 안경 메인 프레임의 작업용 라인 드로잉을 시작한다. Top View에서 작업한다. Line–from midpoint 명령을 클릭하고 Enter 한다. Middle of line이라 뜨면 키보드 숫자 0을 쳐 주면 좌표의 가운데부터 시작된다. Lines〉 End of line이라 뜨면 100을 기입하고 Enter 후 원하는 수평 끝점을 찍어 주면 된다. Shift 사용을 통해 수직, 수평 제어가 가능하다.

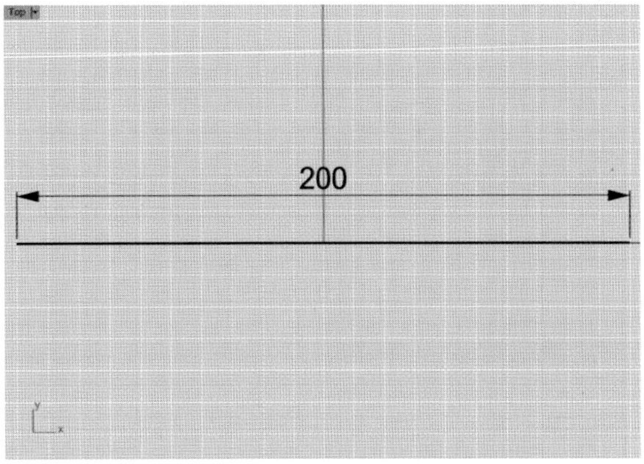

 Line-from midpoint

27 수직 라인 3개 그리기

Top View에서 작업한다. Osnap=End에 체크한다. Lines 〉 Single line 명령으로 총 3개의 수직 라인을 그려 준다. 이것은 안경 메인 프레임을 Top View에서 보았을 때 호(Arc) 기준점이 될 것이다.

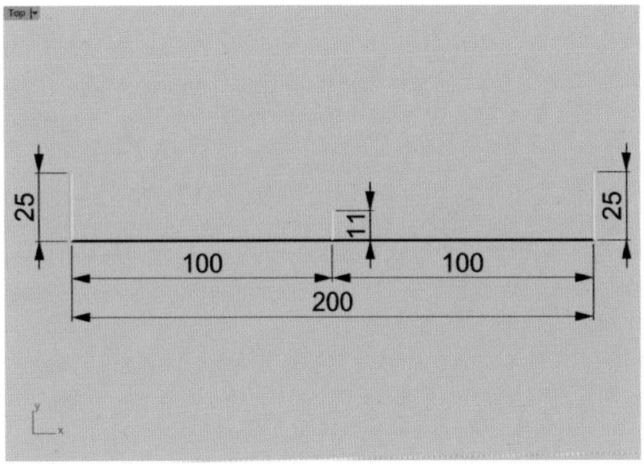

 Single line

28 호(Arc) 그리기

Top View에서 작업한다. Osnap=End에 체크한다. 다음 Arc 〉 Arc start, end, point on arc 명령을 클릭한다. ①–②–③번 순서대로 클릭하여 호(Arc)를 그려 준다.

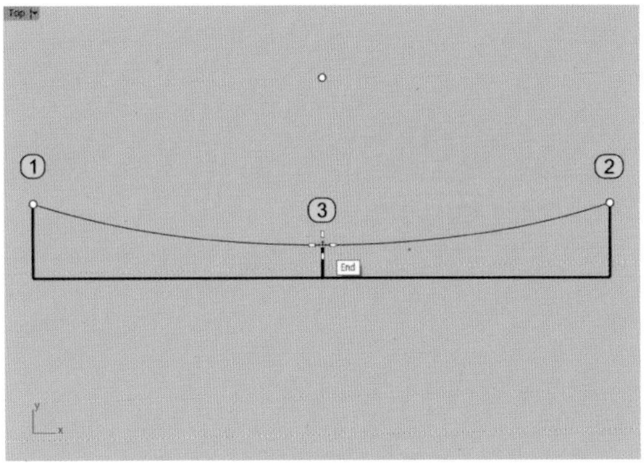

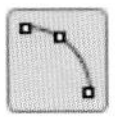 Arc: start, end, point on arc
Arc: start, point on arc, end

29 가운데에서 시작하는 수직 라인 그리기

Top View에서 작업한다. Osnap=Mid에 체크한다. Lines 〉 Line: from midpoint 명령으로 ③번 수직선의 가운데에서 시작하는 수직선을 중복해서 그려 준다. 그다음 그림과 같이 Offset curve 명령으로 좌, 우측으로 각각 8mm씩 오프셋해 준다. 작은 호(Arc)를 그리기 위한 가이드 선으로 보면 된다.

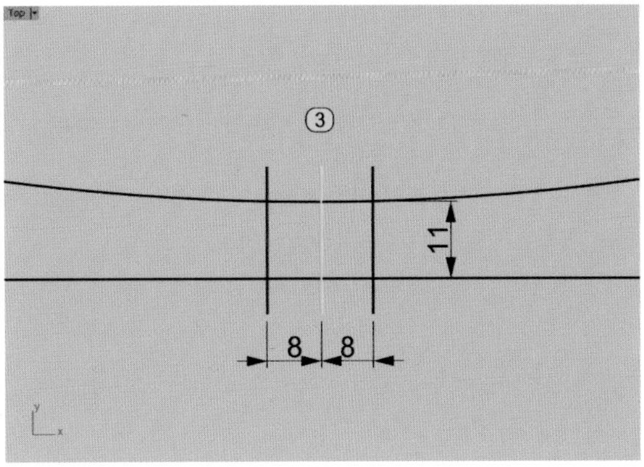

 Line: from midpoint

 Offset curve
Offset multiple

30 호(Arc) 그리기

Top View에서 작업한다. Osnap=Int에 체크한다. Arc 〉 Arc: start, end, radius 명령을 클릭한다. ①번과 ②번 교차점을 클릭한 후 Radius=16을 기입하고 Enter 하고 방향을 지정하면 그려진다.

Arc: start, end, radius

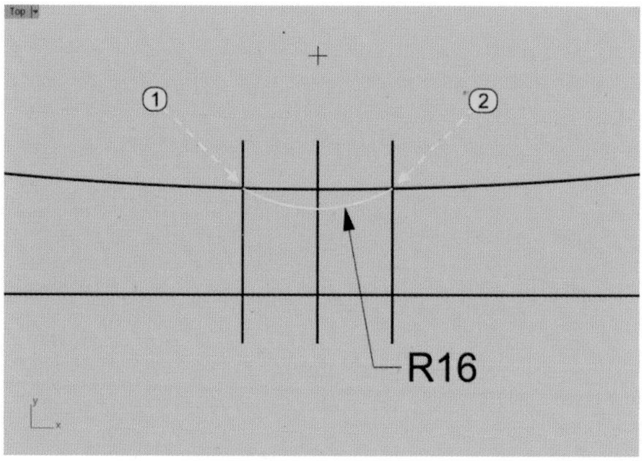

31 라인 정리해 주기

Top View에서 작업한다. Trim 명령으로 그림에서 보이는 개체만 남겨두고 나머지는 모두 지워 준다. 첫 번째 안경 메인 프레임 Top View 라인이 완성되었다.

Trim
Untrim

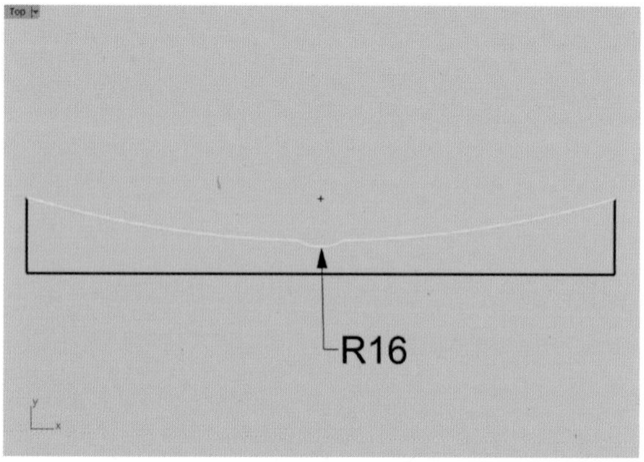

32 제자리 복제하기

Top View에서 작업한다. 제자리 복제는 복제 대상을 먼저 선택하고 스탠더드 툴바의 Copy to clipboard: Ctrl - C 아이콘과 Paste from clipboard: Ctrl - V 아이콘을 연속해서 누르면 된다. 또한 키보드의 Ctrl - C + Ctrl - V도 동일 기능이다. 제자리 복제된 1개의 라인은 잠시 숨겨 준다. 나중에 사용할 계획이다.

Paste from clipboard Ctrl-V
Paste to current layer

Copy to clipboard Ctrl - C

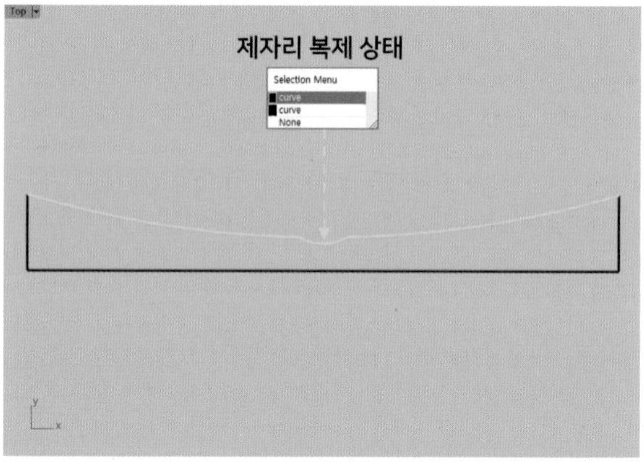

33 오프셋하기

이제 안경의 메인 프레임 두께를 주기 위한 드로잉을 해 주어야 한다. 선택된 라인 개체를 Curve Tools 〉 Offset curve 명령으로 안쪽으로 4.7mm 오프셋해 준다.

Offset curve
Offset multiple

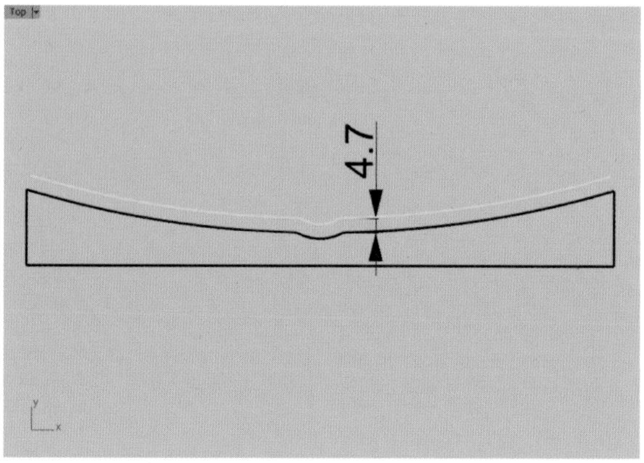

34 모서리 필렛(Fillet) 주기

Top View에서 작업한다. Curve Tools 〉 Fillet curves 명령으로 그림과 같이 모서리에 공통 Radius=13을 적용한다. 가이드 선만 제외하고 해당 커브들은 Join한다.

Fillet curves
Fillet curves repeat

Join

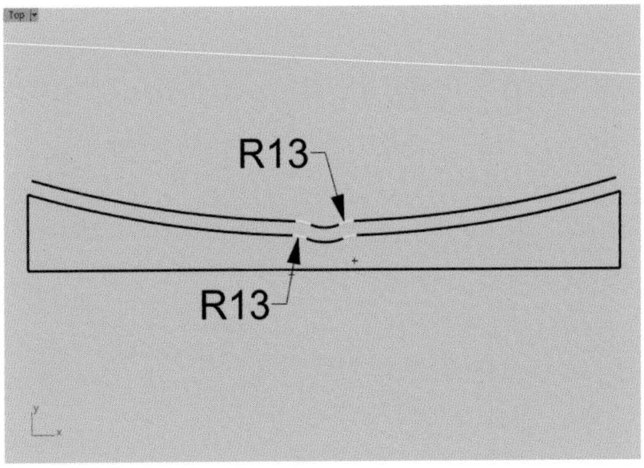

35 선의 속성 변경하기

지금 만든 커브는 정확한 Fillet값으로 접선의 일치(Tangency=G1)를 유지하여 드로잉되었다. 하지만 안경의 경우 나중에 면 편집의 용이성을 우선시하는 것이 필요하다. 그래서 Curve Tools 〉 Rebuild curve 명령으로 선의 속성을 변경해 준다. 변경 시 옵션은 그림에 준하여 적용한다. 주의 사항은 직선 가이드라인은 Rebuild하지 않는다.

Rebuild curve
Rebuild curves to master curve

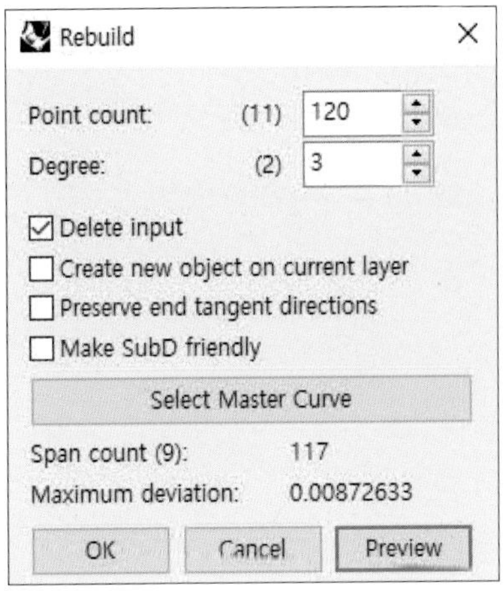

Rebuild 옵션에서 Point count=120, Degree=3에 맞추고 Preview를 클릭하면 Maximum deviation=0.01에 들어오게 된다. 물론 이러한 곡선은 처음부터 커브로 그리고 Match curve 명령에서 Merge 옵션을 체크하면 손쉽게도 가능하다. 다만 여기는 형상과 치수정밀도를 좀 더 우선시한 방법이자 면 생성 시 폭파되지 않는 면의 획득을 우선시한 방법의 하나로 보면 된다.

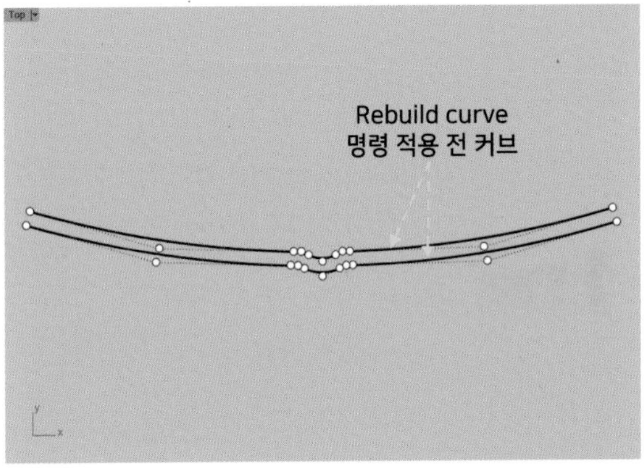

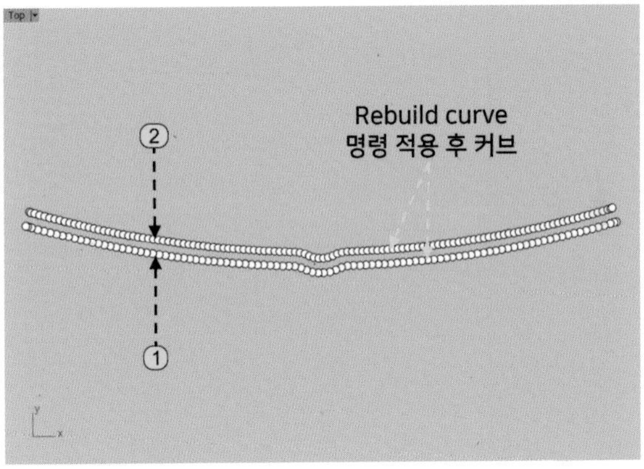

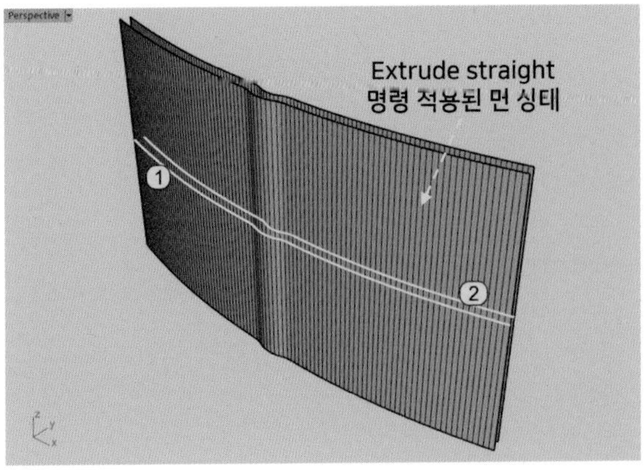

36 1번 제자리 복제 라인 보이게 하기

Top View에서 작업한다. Show selected objects 명령으로 32번 진행 시 숨겨 둔 ①번 라인을 보이게 한다.

Show selected objects

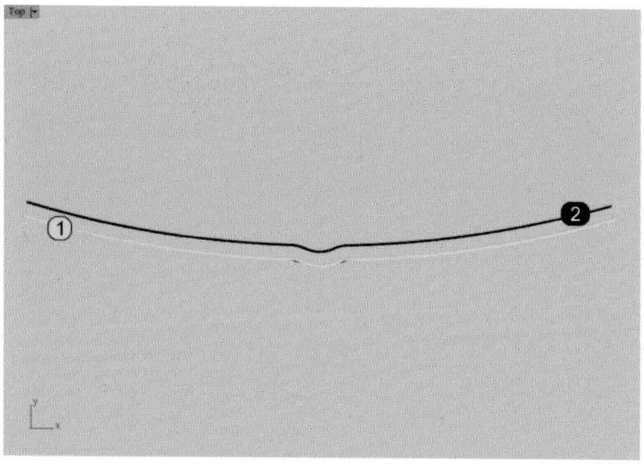

37 포인트 On을 통한 스케일 편집하기

Top View에서 작업한다. Osnap=Point에 체크한다. 불러온 ①번 라인에 포인트를 활성화(F10)한다. 그다음 Scale 1-D 명령을 클릭하고 ①번과 ②번 지점(Point)을 먼저 클릭하고 ③번 포인트 기준 안쪽으로 크기를 줄여 준다.

Scale 1-D

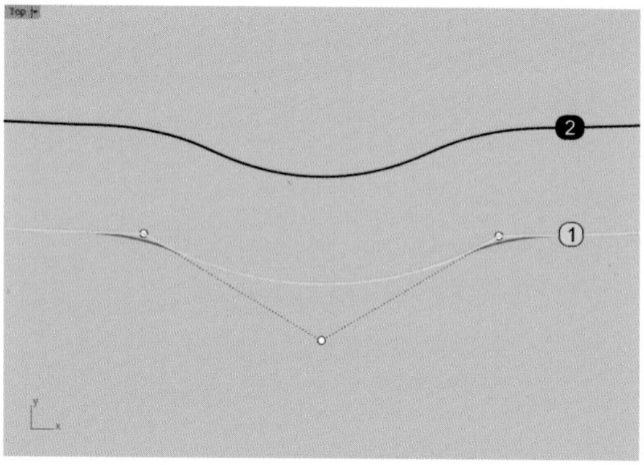

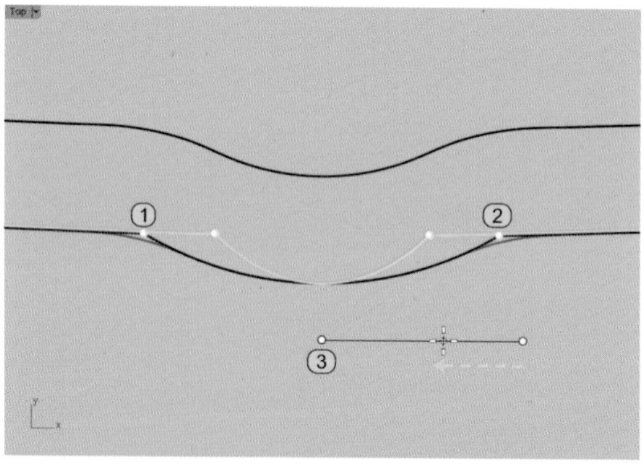

38 모서리 필렛(Fillet) 주기

Top View에서 작업한다. Curve Tools 〉 Fillet curves 명령으로 그림과 같이 모서리에 공통 Radius=10을 적용한다. 가이드 선만 제외하고 해당 커브들은 Join한다.

Fillet curves
Fillet curves repeat

Join

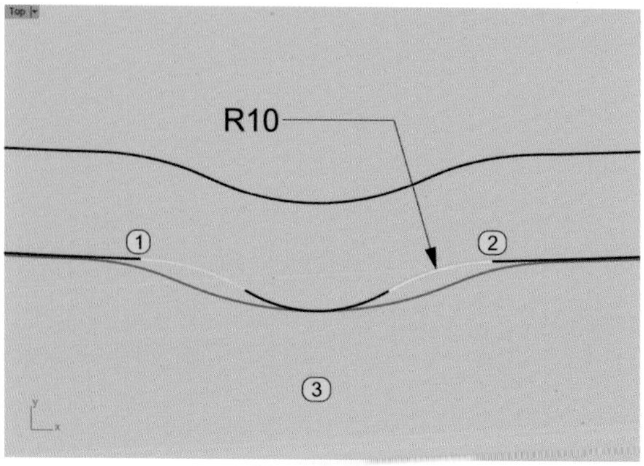

39 메인 프레임 라인 구분하기

지금까지 메인 프레임 Top View에서 그린 세 개의 개체명은 제일 먼저 그린 것이 ①번, 다음 안쪽으로 오프셋된 것이 ②번, 마지막으로 그린 것(38번)을 (1-1)로 구분한다.

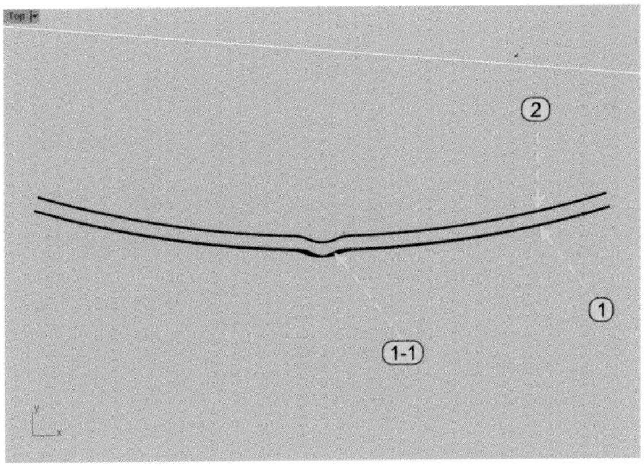

40 개체별 위치 이동시켜 주기

Front View에서 작업한다. Move 또는 검볼(Gumball)로 위치를 이동시켜 준다. 먼저 ②번 개체(앞서 4.7mm 오프셋 된 것)는 제자리에 그대로 두고 ②번을 기준으로 ①번은 35mm, 마지막에 드로잉한 (1-1)은 밑으로 47mm 이동시켜 준다. 나중에 Loft 명령으로 면을 만들기 위한 준비로 보면 된다.

 Move

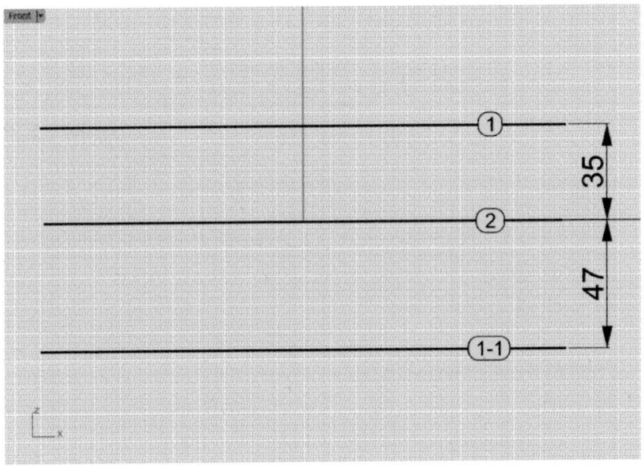

41 위치 이동 결과 확인하기

Perspective View에서 조금 전 위치 이동한 개체들의 위상 차이를 확인한다. 참고로 ②번은 ①번과 (1-1)보다 4.7mm 뒤쪽에 있다는 것을 인지하고 있으면 된다.

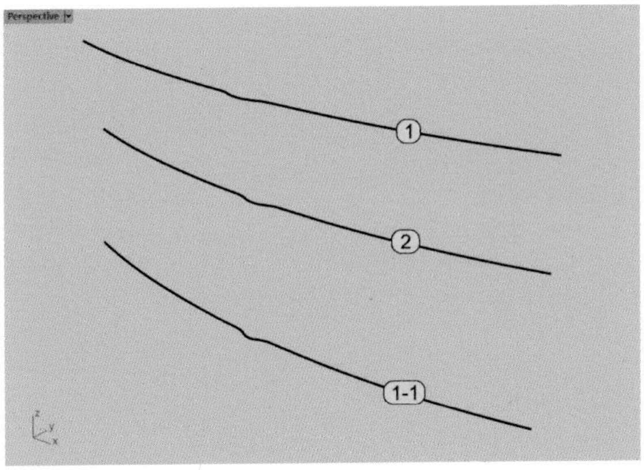

42 1-1 개체 라인 속성 변경하기

마지막에 그린 (1-1) 커브의 경우 ①번과 ②번처럼 curve의 속성 변경이 필요하다. Curve Tools 〉 Rebuild curve 명령을 클릭한다. 다음 (1-1) 커브를 클릭하고 Enter 한다. 옵션 창이 뜨면 그림과 같이 동일하게 설정한다.

Rebuild curve
Rebuild curves to master curve

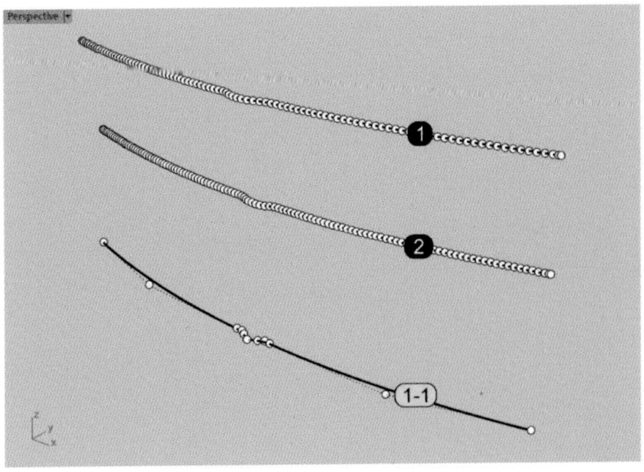

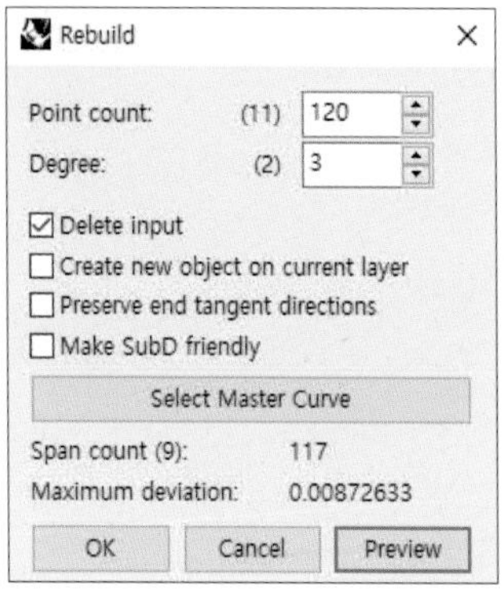

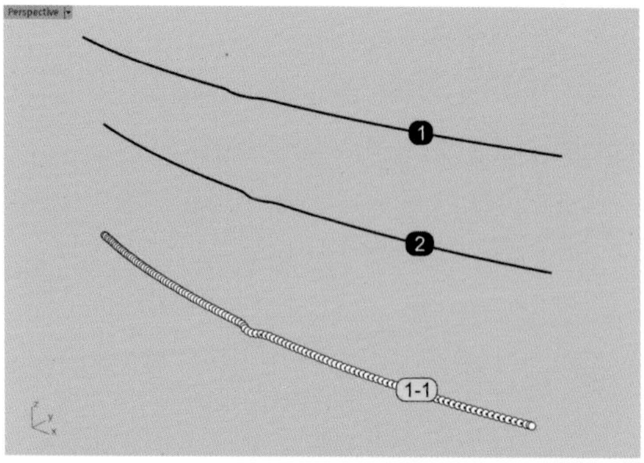

Rebuild 옵션에서 Point count=120에 맞추고 Preview를 클릭하면 최대 이탈율(Maximum deviation)이 0.01 이하에 들어오게 된다. 속성 변경의 이유는 나중에 Loft 명령 시 차수 차이에서 오는 면의 분할 자체를 미연에 방지하는 목적이 있다. 또한 면 분할 선이 없으면 폭파가 불가하기에 필요에 따라 또는 부득이 한 경우 Fillet이나 Split에 대한 작업의 유연성을 확보하기 위해 사용되기도 한다. 옆의 그림은 Loft 명령으로 만든 면으로 아이소커브와 분할 지점이 없는 면임을 확인할 수 있다.

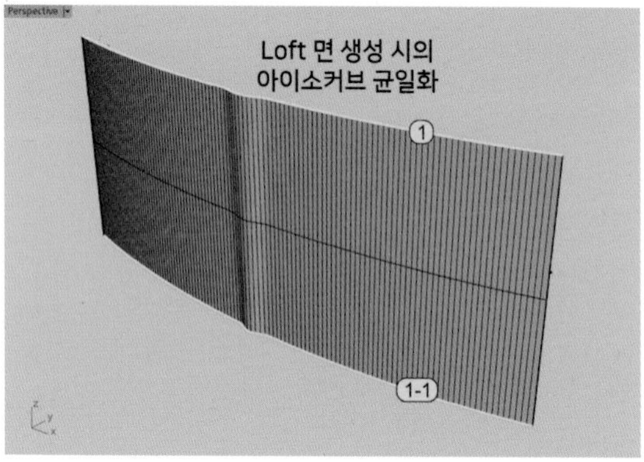

안경 전면부(Front)와 림(Rim), 브릿지(Bridge) 만들기

43 안경 3D 모델링 준비하기

그림과 같이 해당하는 안경 드로잉 개체 라인들만 보이게 한다.

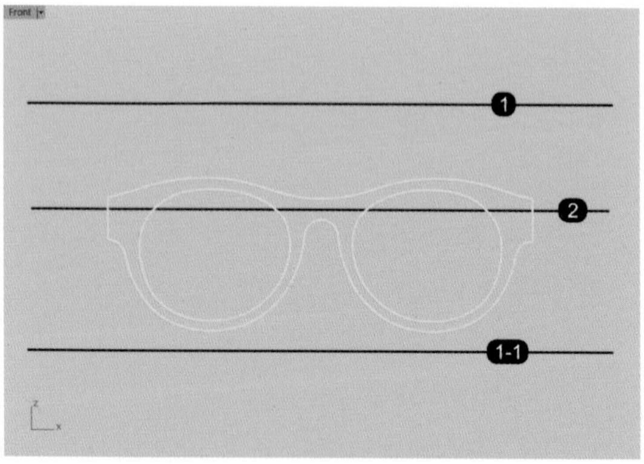

44 돌출 개체 만들기

그림과 같이 해당하는 안경 드로잉 개체 라인들만 선택한다. 다음 Solid Creation 〉 Extrude closed planar curve 명령을 클릭한다. BothSides=No, Solid=Yes에 체크하고 Extrusion distance=40을 입력하고 Enter 한다. 그림과 같이 솔리드 개체가 만들어진다.

 Extrude closed planar curve

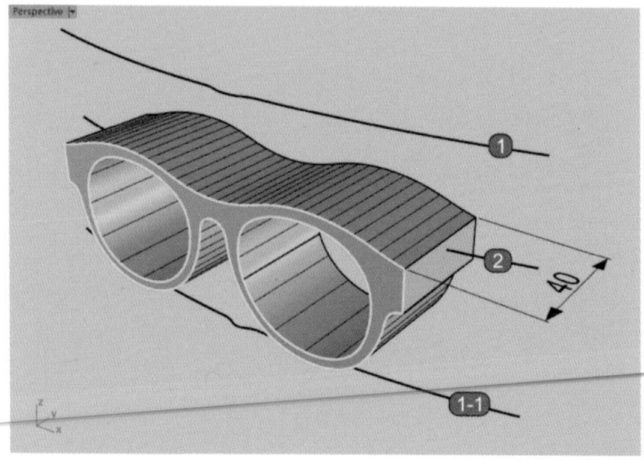

45 돌출 면 만들기

Perspective View에서 작업한다. Surface Creation 〉 Loft 명령을 클릭한다. 앞서 만들어 둔 ①번과 (1-1)번 커브를 선택하고 (Enter) 한다. 옵션 창이 뜨면 그림과 같이 설정하고 OK하면 Loft 면이 만들어진다.

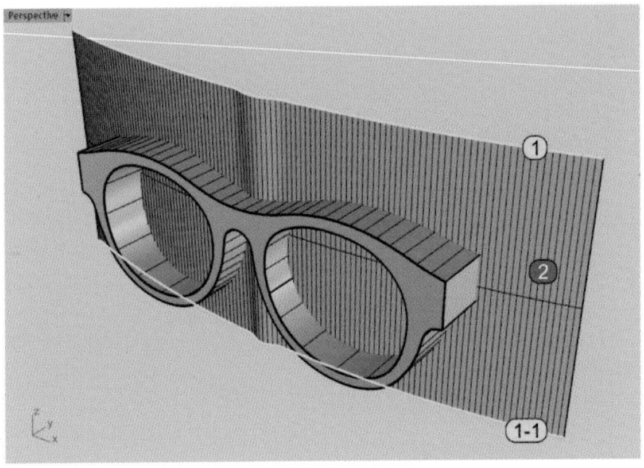

 Loft

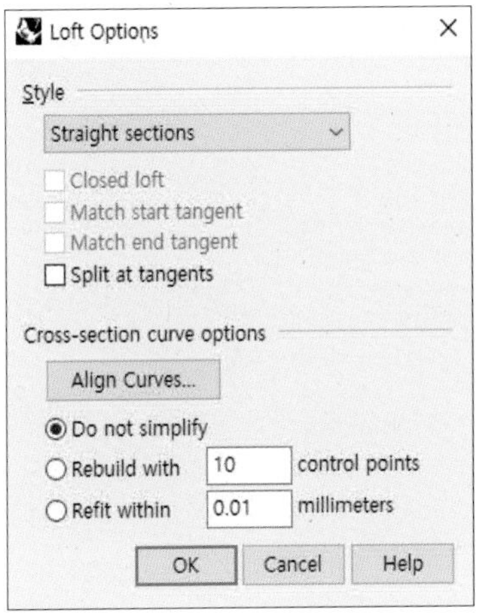

46 면의 Normal 방향 체크하기

Perspective View에서 작업한다. Analyze 〉 Show object direction 명령으로 ②번 면의 흰색 화살표 방향을 그림과 같은 방향으로 바꿔 준다. Flip을 사용하면 방향을 쉽게 변경할 수 있다.

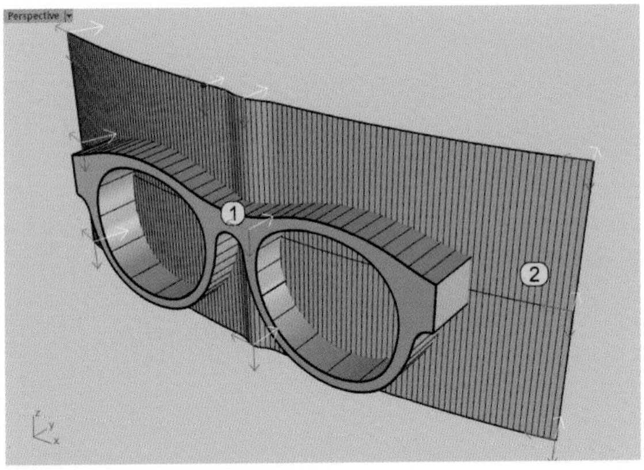

 Show object direction
Close object direction display

47 면 잘라 내기

Perspective View에서 작업한다. Solid Tools 〉 Boolean difference 명령을 클릭한다. ①번 솔리드 개체를 먼저 클릭하고 ②번 면을 선택한다. 그림과 같이 앞부분이 잘려 없어지게 된다.

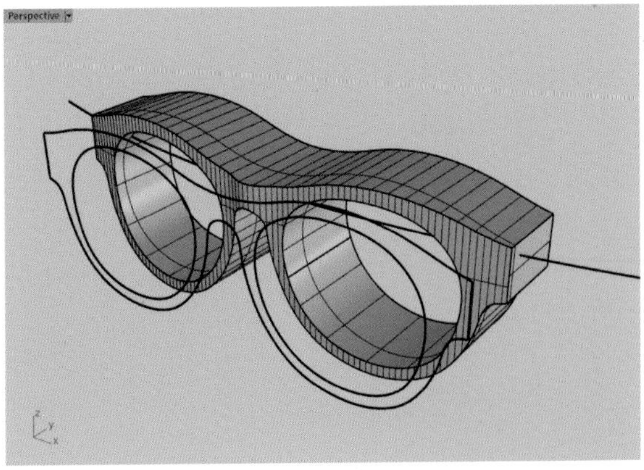

 Boolean difference

48 작업 화면 정리하기

Perspective View에서 볼 때 ②번 커브와 방금 솔리드 안경 프레임만 보이게 하고 나머지들은 숨겨 준다.

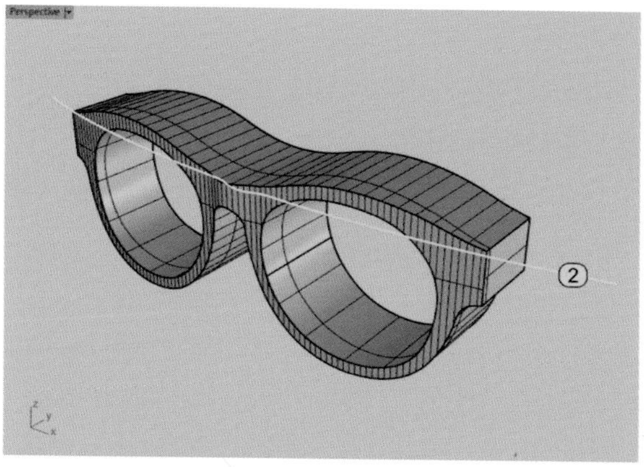

49 추가 드로잉하기

Top View에서 작업한다. Ghosted 디스플레이 모드로 변경한다. Lines 〉 Single line 명령으로 3.7mm 지점(나중에 안경테의 두께 일치하게 됨)에 임의의 수직선을 그려 준다. 다음 Osnap=Mid에 체크한 후 Mirror 명령으로 Ⓐ 수직선을 왼쪽으로 대칭 복사해 준다.

Single line

Mirror
Mirror on 3-point plane

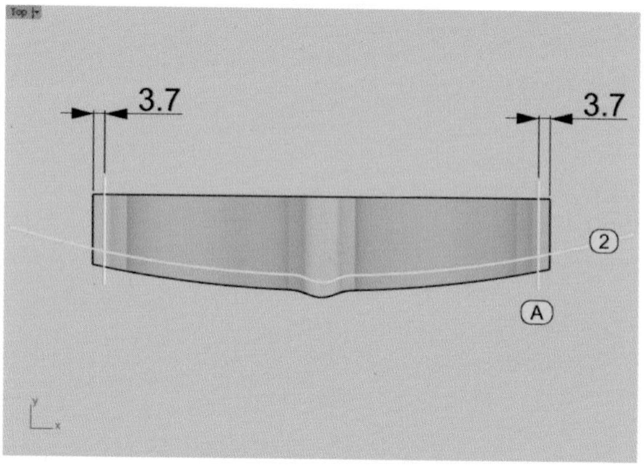

50 불필요한 선 지우기

Top View에서 작업한다. Trim 명령으로 그림과 같이 불필요한 부분을 지워 준다.

Trim
Untrim

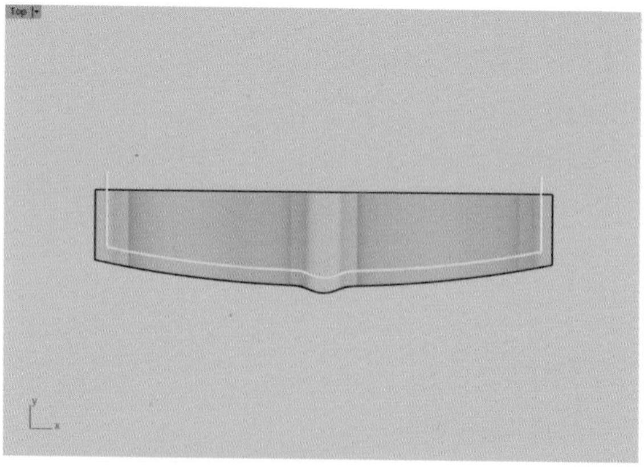

51 불필요한 선 지우기

Top View에서 작업한다. Curve Tools 〉 Fillet curve 명령을 클릭한다. Radius=3.5를 기입하고 해당 지점 ①과 ②를 순차적으로 선택하고 Enter 한다. 그림과 같이 라운드 필렛이 적용된다. 관련 커브는 서로 Join한다.

Fillet curves
Fillet curves repeat

Join

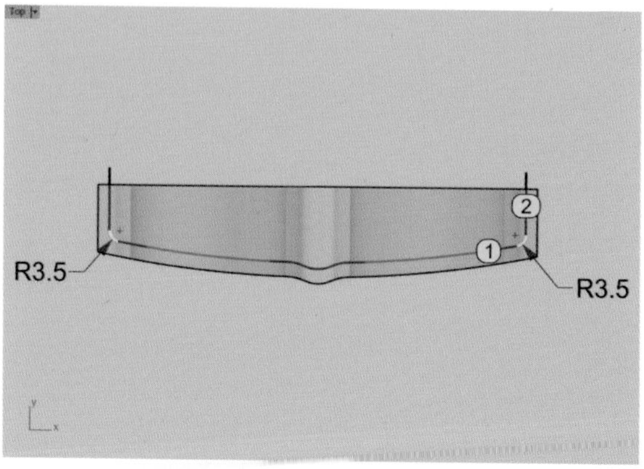

52 추가 드로잉하기

Top View에서 작업한다. Osnap=Near에 체크한다. Lines 〉 Single line 명령으로 그림과 같은 위치에 수평 라인(대략 8mm)을 그려 주고 Mirror로 복사해 준다.

 Single line

 Mirror
Mirror on 3-point plane

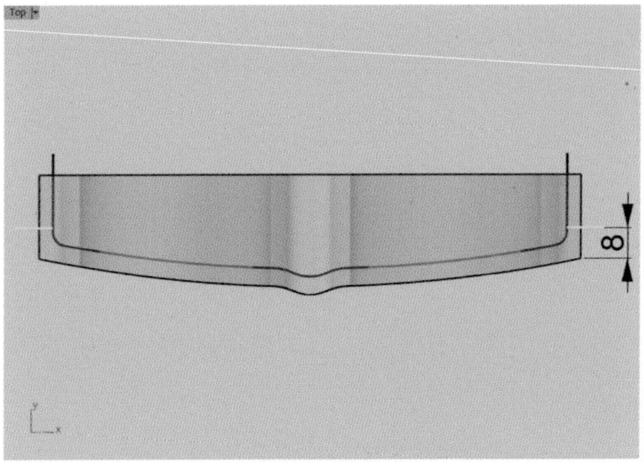

53 불필요한 선 정리하기

Top View에서 작업한다. Trim 명령으로 그림과 같이 불필요한 부분을 지워 준다. 관련 선들은 모두 Join해 준다.

 Trim
Untrim

 Join

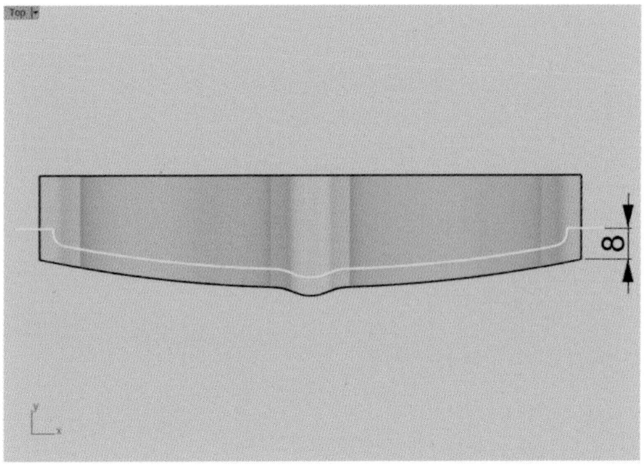

54 개체 잘라 주기

반드시 Top View에서 작업한다. Solid Tools 〉 Wire cut 명령을 클릭한다. 명령 수행 시 옵션은 BothSides=Yes, KeepAll=Yes이다. 번호 순서대로 클릭하여 이등분으로 잘라 준다. 잘린 ②번 솔리드 개체는 지워 준다.

 Wire cut

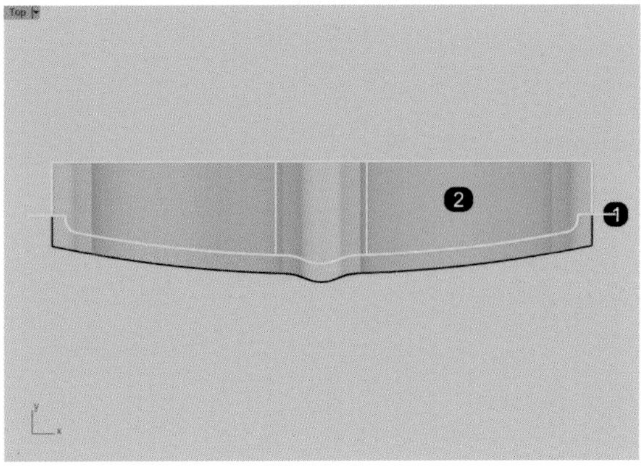

55 개체 확인하기

Perspective View에서 전체적인 형상에 문제가 없는지 확인한다.

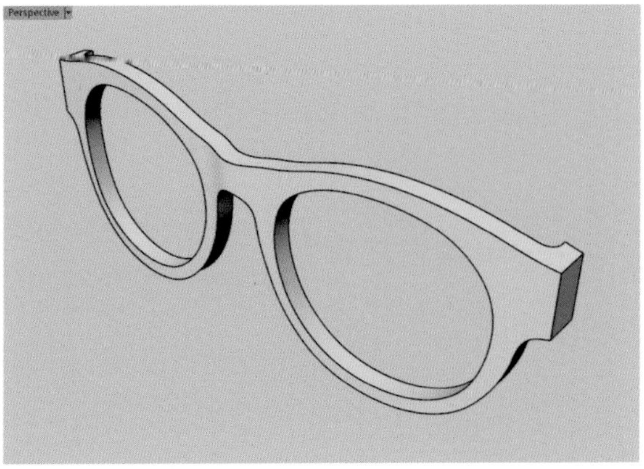

안경 다리(Temple) 만들기

56 작업을 위한 추가 개체 보이게 하기

Perspective View에서 그림과 같이 앞서 미리 작업 준비해 둔 Ⓐ-Ⓑ-Ⓒ개체들을 보이게 한다. Ⓐ는 안경 측면의 외형선이고 Ⓑ는 안경테를 Top View에서 그린 것이다. 마지막 Ⓒ는 Ⓑ를 그리기 위한 직선이다.

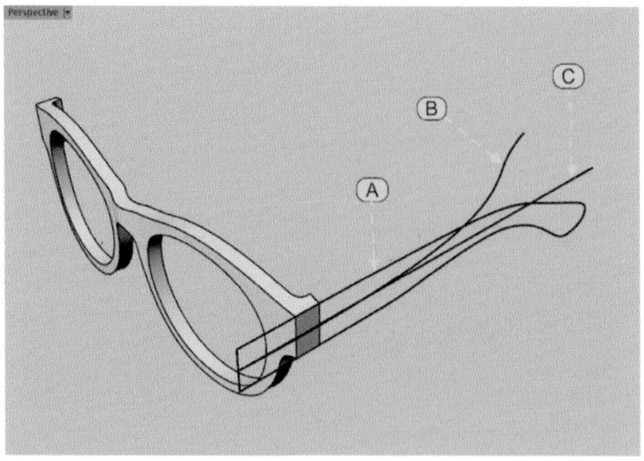

57 개체 위치 이동하기

Perspective View에서 작업한다. 작업 진행 중 위치에 차이가 생기게 되었기에 해당 개체를 위치 이동한다. Osnap=End에 체크한다. Move 명령을 클릭한다. 해당 Ⓐ-Ⓑ-Ⓒ개체를 한 번에 선택하여 안경의 End 모서리로 이동시켜 일치시켜 준다.

Move

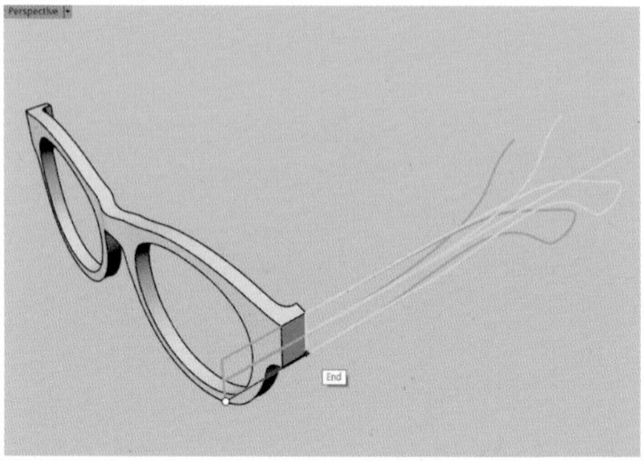

58 A 외형선 복제 이동하기

Perspective View에서 작업한다. Osnap=End에 체크한다. Copy 명령으로 복제하여 그림과 같은 위치로 이동시켜 준다. 안경 디자인에서 안경테의 두께를 미세하게 다르게 하기 위한 사전 준비로 보면 된다.

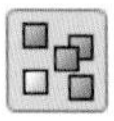
Copy
Copy objects in place

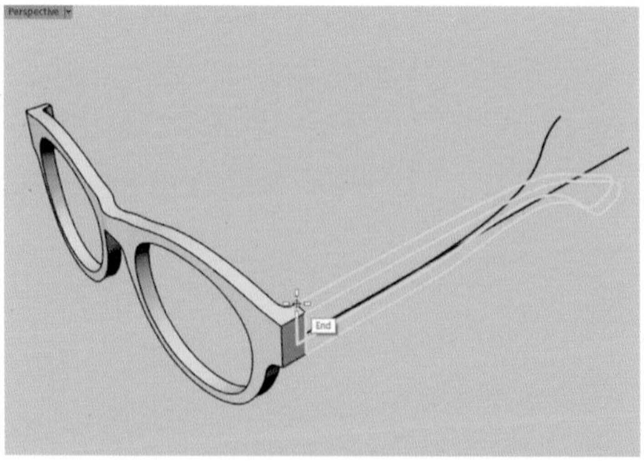

59 외형선 경사 주기-1

Ⓑ-Ⓒ라인들을 다시 잠시 숨겨 준다. Top View에서 작업한다. Osnap=End에 체크한다. Rotate 2-D 명령을 클릭한다. (A-1) 직선의 End 점을 클릭하고 -0.2를 기입하고 (Enter) 한다.

Rotate 2-D
Rotate 3-D

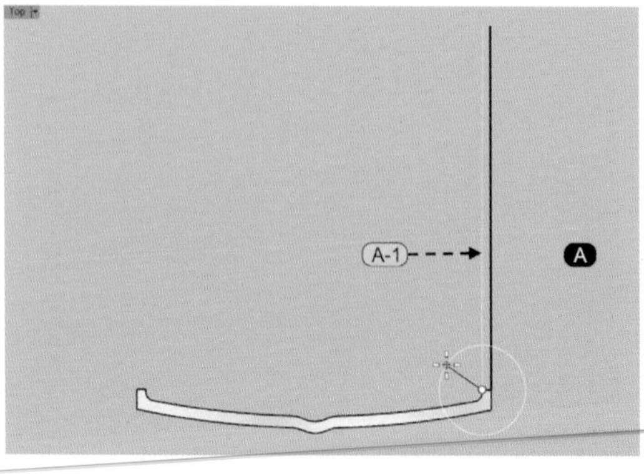

60 외형선 경사 주기-2

Ⓑ-Ⓒ라인들을 다시 잠시 숨겨 준다. Top View에서 작업한다. Osnap=End에 체크한다. Rotate 2-D 명령을 클릭한다. Ⓐ직선의 End 점을 클릭하고 0.2를 기입하고 Enter 한다. 끝단의 폭이 미세하게 좁아진 것을 확인할 수 있다.

Rotate 2-D
Rotate 3-D

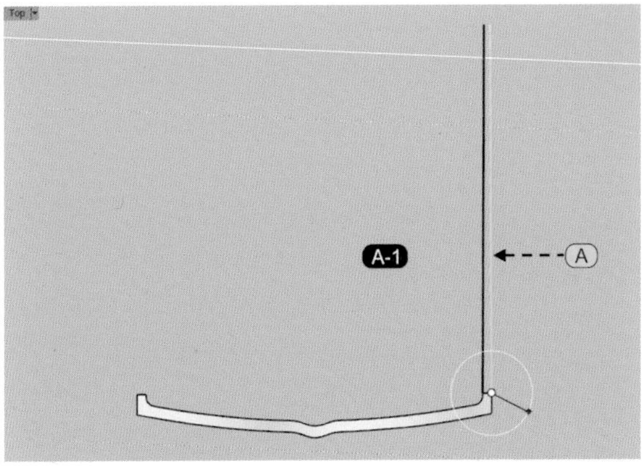

61 측면 면 만들기

Perspective View에서 작업한다. Surface Creation 〉 Surface from planar curves 명령으로 Ⓐ, (A-1)을 면으로 만들어 준다.

Surface from planar curves

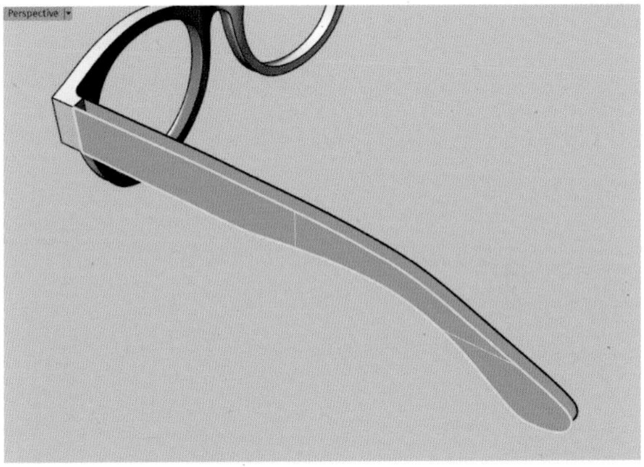

62 두께 면 만들기

Perspective View에서 작업한다. Surface Creation 〉 Loft 명령을 클릭한다. ①번 라인과 ②번 라인을 연속 선택 후 Enter 한다. 옵션은 그림과 같이 체크 후 OK하면 면이 만들어진다.

Loft

Join

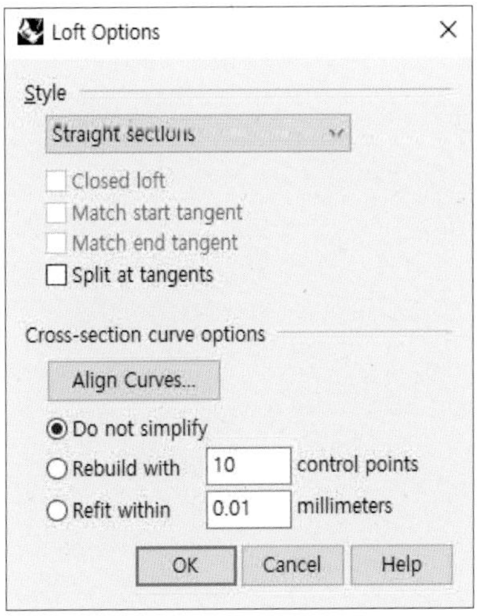

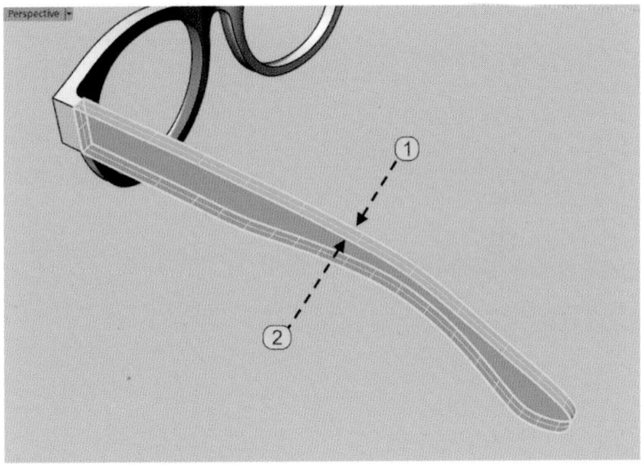

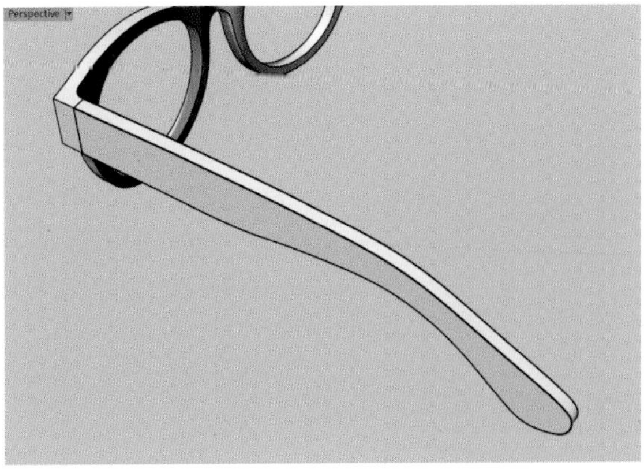

63 B–C 개체 다시 보이게 하기

그간 숨겨 두었던 Ⓑ–Ⓒ라인 개체를 다시 보이게 한다. 안경테의 곡률을 표현하기 위한 준비물로 보면 된다.

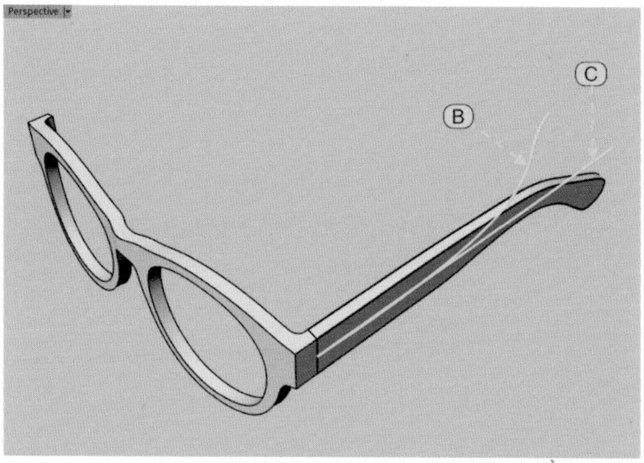

64 가운데로 위치 이동시켜 주기

Top View에서 작업한다. Move 명령을 이용해서 Ⓑ–Ⓒ 라인 개체를 안경테의 가운데 지점으로 최대한 이동시켜 준다. 다음 명령을 위한 사전 준비 과정으로 보면 된다.

Move

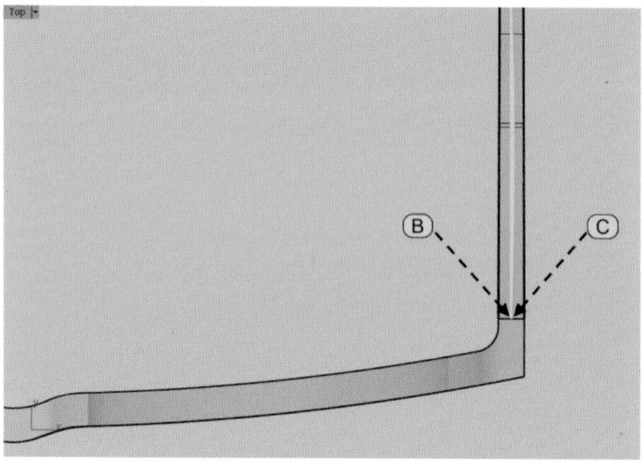

65 안경테(Solid) 구부려 주기

Top View에서 작업한다. Transform 〉 Flow along curve 명령을 클릭한다. 다음 솔리드 안경테를 먼저 선택하고 Enter 한다. 다음 Base curve는 Ⓒ직선을 클릭한다. 다음 Target curve는 Ⓑ커브를 클릭하면 개체가 커브를 따라 휘어지게 된다. 다만 명령 실행 중 옵션은 Copy=Yes, Rigid=No, Stretch=No로 한다.

Flow along curve

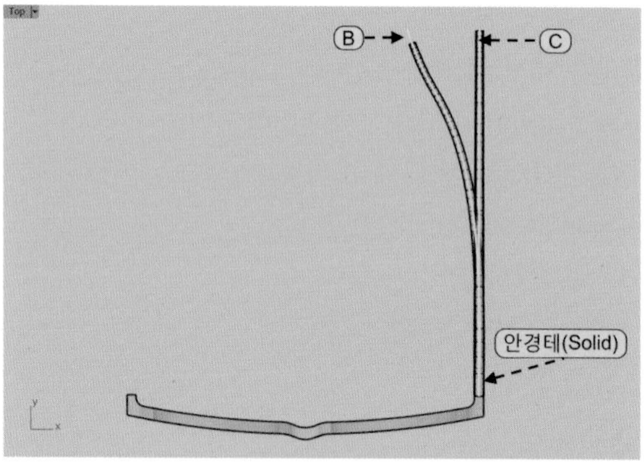

66 안경테 안쪽 면만 떼어 내기

이제부터 안경다리의 끝부분인 팁(Tip)을 만들어 본다. 이 부분은 귀에 닿는 부분으로 착용감에 영향을 준다. 우선 Top View에서 작업한다. Solid Tools 〉 Extract surface 명령을 이용하여 그림과 같이 안경테의 안쪽 면만 잠시 떼어 낸다.

Extract surface

Explode
Extract surface

67 안경테 안쪽 면만 밴딩하기

Top View에서 작업한다. Transform 〉 Bend 명령을 클릭한다. 다음 안쪽 분리된 면을 먼저 선택하고 Enter 한다. Start of spine이라 뜨면 Near하고 그림과 같은 위치를 클릭하고 곡률을 보면서 대상 면을 벌려 준다.

Bend

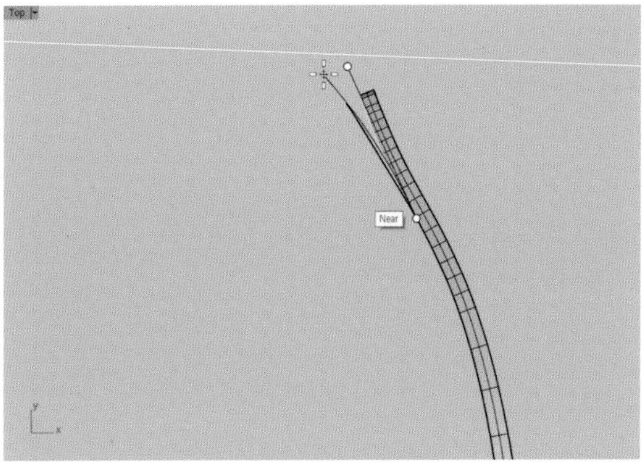

Perspective View에서 벌어진 정도를 보면 그림과 같다.

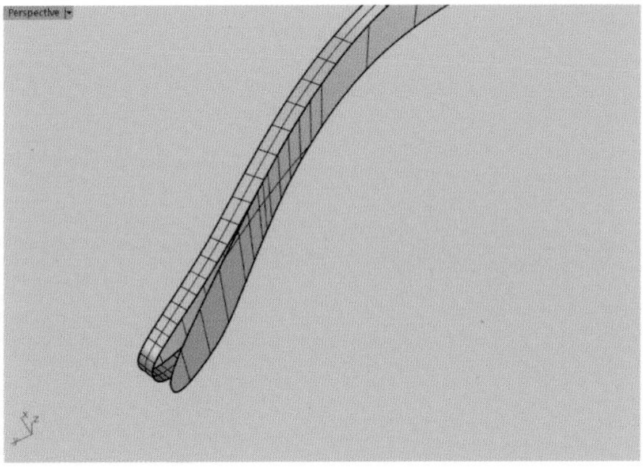

68 안경테 안쪽 면만 추가 밴딩하기

동일한 방방으로 이제 반대쪽으로 다시 휘어 줄 것이다. Top View에서 작업한다. Transform 〉 Bend 명령을 클릭한다. 다음 안쪽 분리된 면을 먼저 선택하고 Enter 한다. Start of spine이라 뜨면 Near하고 그림과 같은 위치를 클릭하고 곡률을 보면서 대상 면을 반대로 휘게 한다. 이 부분은 실제 안경에서 끝단의 착용감을 좋게 하거나 디자인 요소로 생각하면 된다.

Bend

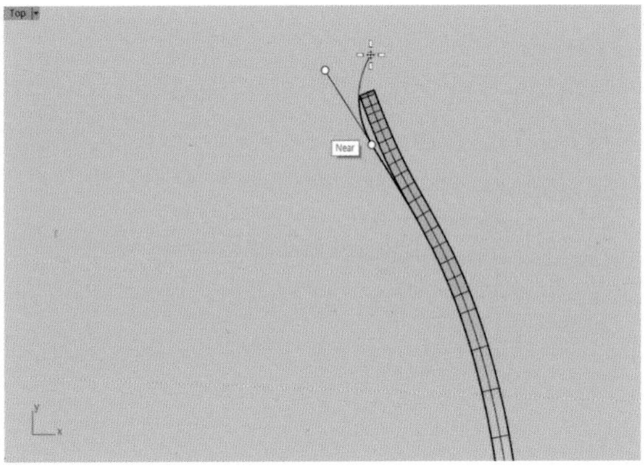

Perspective View에서 다시 근접한 정도를 보면 그림과 같다. 이제 안경다리의 끝단 마감에 해당하는 팁(Tip) 볼륨이 준비되었다.

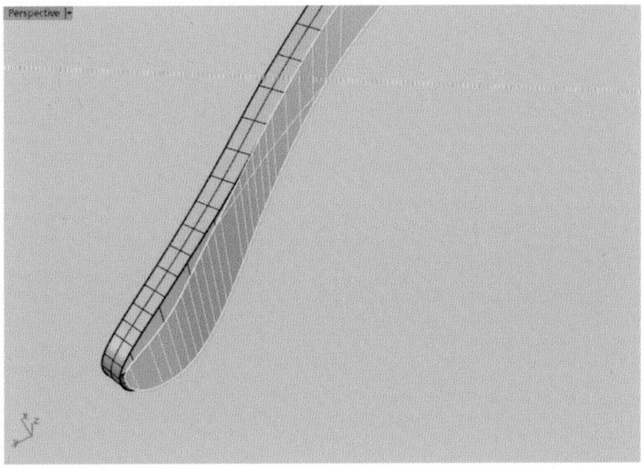

69 안경테 면들 분리하기

Perspective View에서 작업한다. Explode 명령으로 안경테의 면들을 모두 분리(Unjoin)되게 한다.

Explode
Extract surface

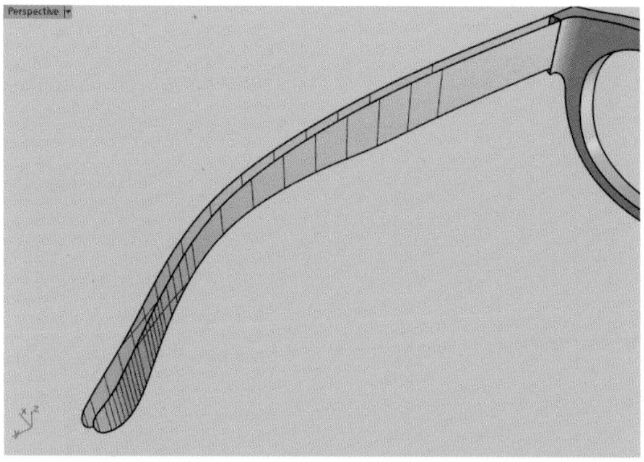

안경테를 막고 있던 작은 면은 지워 준다.

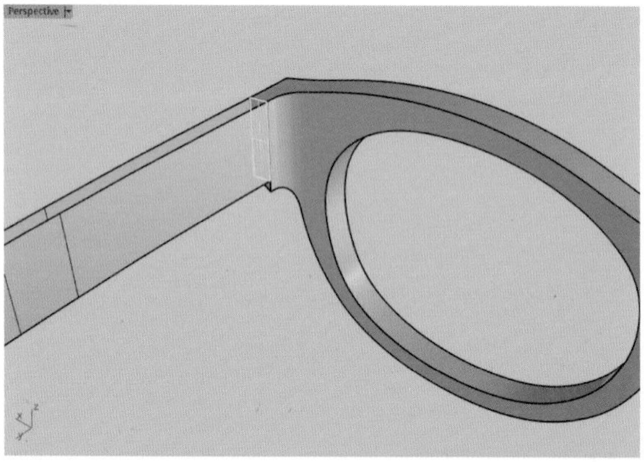

70 면의 End 점 이동하기

Perspective View에서 작업한다. Osnap=End, Point에 체크한다. Solid Tools 〉 Turn on solid control points 명령을 클릭한다. 다음 안경테의 안쪽 분리 면을 선택하고 Enter 한다. 면의 엣지에 작은 포인트가 보이게 된다. 바로 옮기고자 하는 포인트 1개를 선택하고 Move 명령을 클릭, 드래그하여 아래 End 지점에 일치시켜 준다.

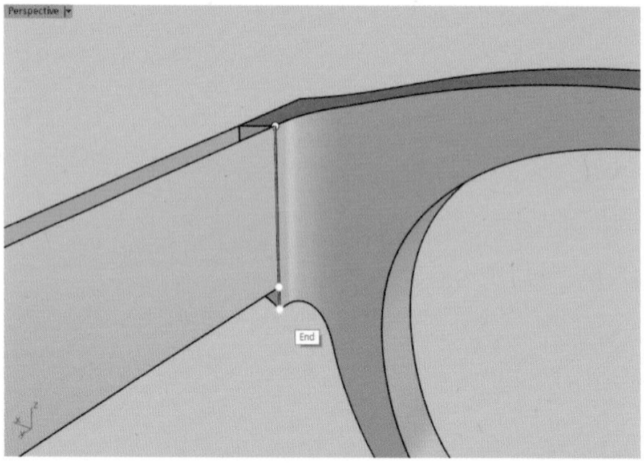

Turn on solid control points

포인트를 이동시켜 그림과 같이 일치하면 된다.
4군데 모두 같은 방법으로 상대 엣지에 포인트를 모두 일치시켜 준다.

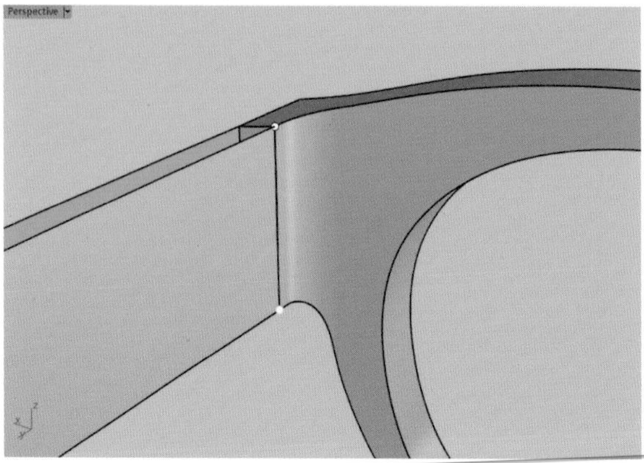

71 면의 End 점 이동하기

Solid Tools 〉 Turn on solid control points 명령을 사용하여 동일한 방법으로 위쪽도 일치시켜 준다.

Turn on solid control points

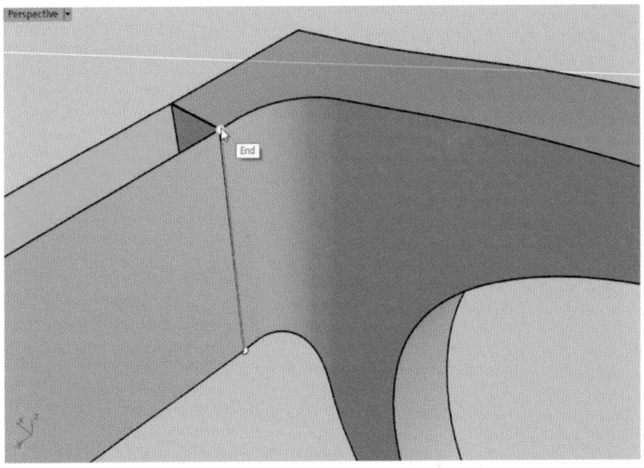

72 바깥쪽 면의 End 점 이동하기

Solid Tools 〉 Turn on solid control points 명령을 사용하여 동일한 방법으로 두 군데 모두 일치시켜 준다.

Turn on solid control points

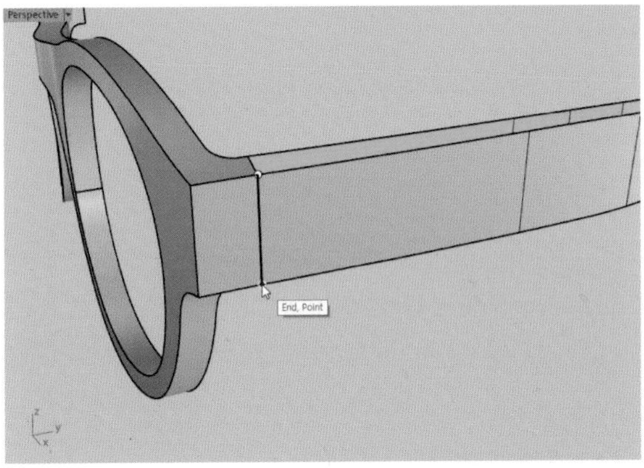

73 추가 드로잉하기

Perspective View에서 작업한다. 모델 뷰를 그림처럼 뒤집어 보이게 한다. Osnap=Near, Perp를 모두 체크해 준다. Lines 〉 Single line 명령을 클릭하고 그림과 같은 지점에 수직 라인을 그려 준다. 다음 명령어의 실행 시 왜곡 구간을 최소화하기 위한 방법이다.

Single line

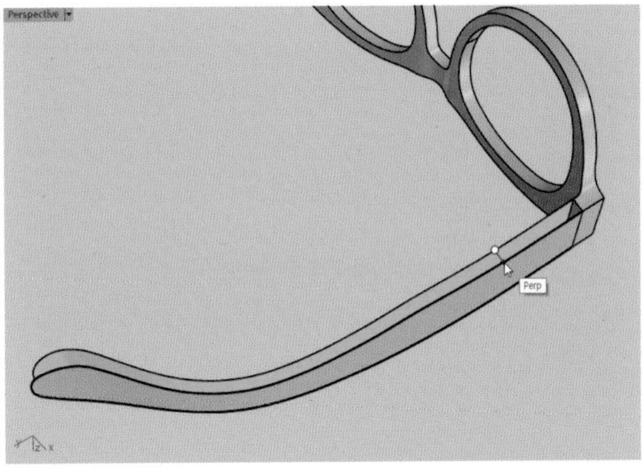

74 면 만들기

Perspective View에서 작업한다. 먼저 선택 오류 방지를 위해 Lock objects 명령으로 안경 메인프레임을 잠금해 준다. 다음 Surface Creation 〉 Sweep 2 rails 명령을 클릭한다. ①번과 ②번 엣지들을 먼저 선택하고 ③-④-⑤번호 순서대로 선택하면 면이 생성된다.

Lock objects
Unlock objectss

Sweep 2 rails

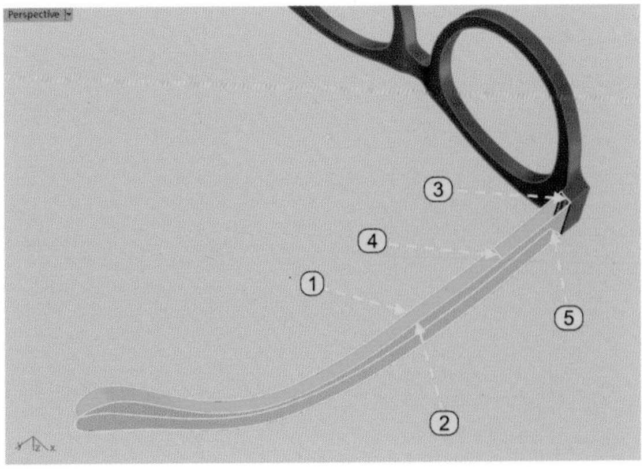

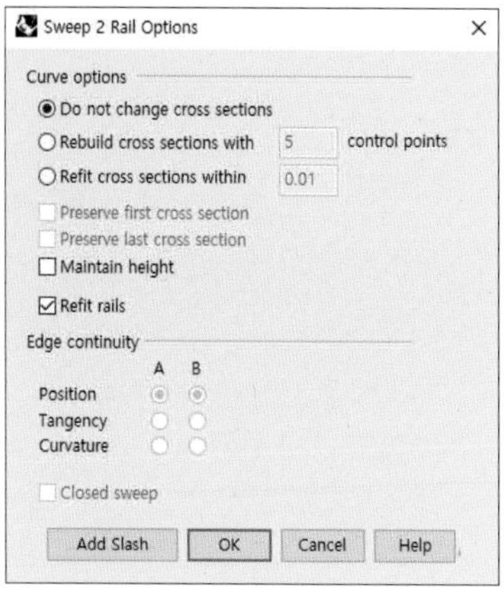

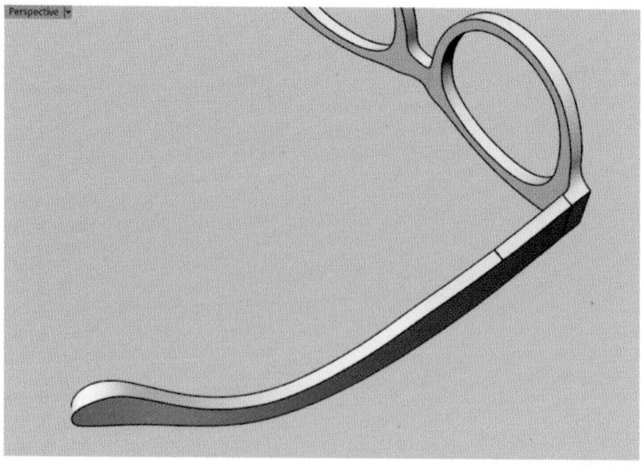

코 패드(Nose Pad) 만들기

75 뷰포트 전환하기

이제 안경의 뒷면에 코 패드(Nose Pad)를 만들기 위해 현재의 Front View 포트를 Back view로 변경해 준다. 스탠더드 툴바에 Set View로 들어가서 Front View가 선택된 상태에서 Back view 명령을 클릭하면 변경된다. 다음 앞서 걸어 둔 개체를 Unlock objects시켜 준다.

 Back view  Unlock objects

76 면 분리하기

Perspective View에서 작업한다. Solid Tools 〉 Extract surface 명령을 클릭한다. 다음 그림과 같이 해당 면을 클릭하고 Enter 하면 면이 분리되어 Unjoin 상태가 된다.

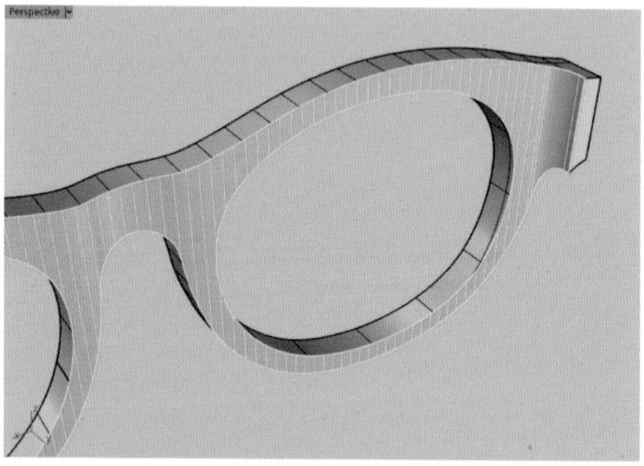

 Extract surface

 Explode
Extract surface

다음 연속해서 그림과 같이 두 곳의 해당 면들도 분리해 준다.

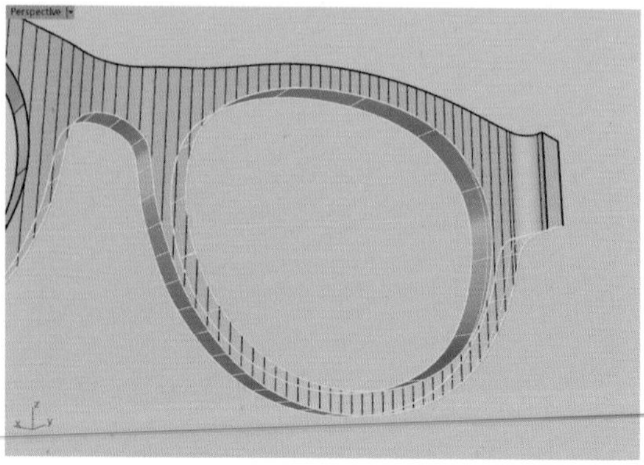

77 수평 라인 그리기

Back View에서 작업한다. Osnap=Near에 체크한다. Lines〉 Single line 명령을 클릭하고 그림과 같이 Near 지점에서 시작하여 Near 지점에서 끝나는 수평 라인을 그려 준다.

Single line

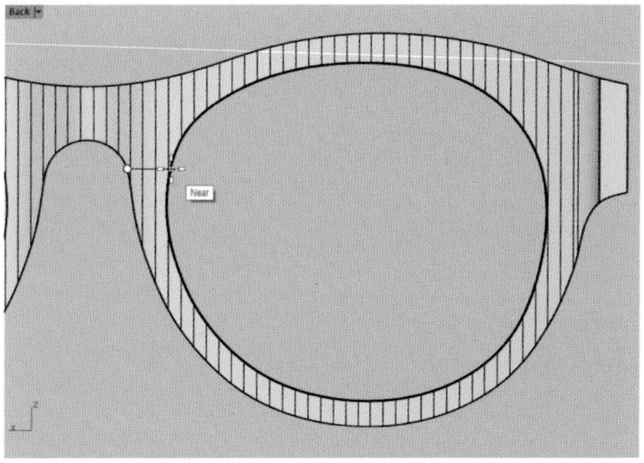

78 사선 그리기

동일한 방법으로 Lines〉 Single line 명령을 클릭하고 그림과 같이 Near 지점에서 시작하여 Perp 지점에서 끝나는 경사진 라인을 그려 준다.

Single line

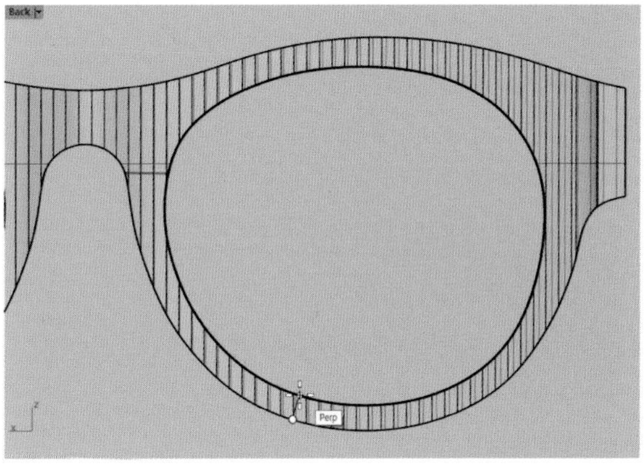

79 A면 자르기

Back View에서 작업한다. Split 명령으로 Ⓐ면을 ①번과 ②라인으로 잘라 준다. 잘린 안쪽 면은 지워 준다.

Split
Split surface by isocurve

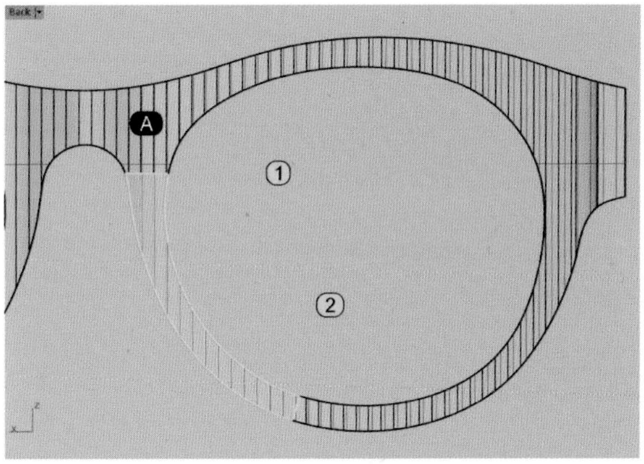

80 상태 확인하기

Perspective View에서 작업한다. 잘린 개체의 상태를 확인한다.

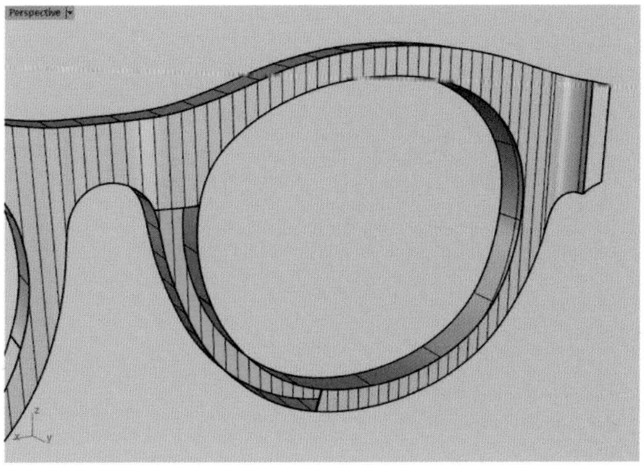

81 이음새(Seam) 보이게 하기

Perspective View에서 작업한다. 다음 작업을 위해서 이음새를 옮겨 주면 좋다. 해당 면을 클릭하고 Edge Tools 〉 Show edges 명령을 클릭한다. Edge analysis와 같이 All edges에 체크하면 이음새(Seam)가 포인트 지점에 보인다.

Show edges
Turn off showing curve edges

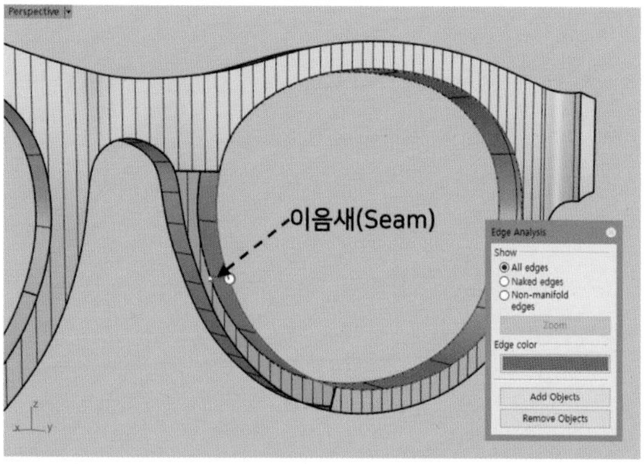

82 이음새(Seam) 옮겨 주기

Perspective View에서 작업한다. Surface Tools 〉 Adjust closed surface seam 명령으로 그림과 같이 작업 영역이 아닌 곳으로 옮겨 준다. 그래야 나중에 Split edge 명령 수행 시 자유로운 분할 지점이 확보된다.

Adjust closed surface seam

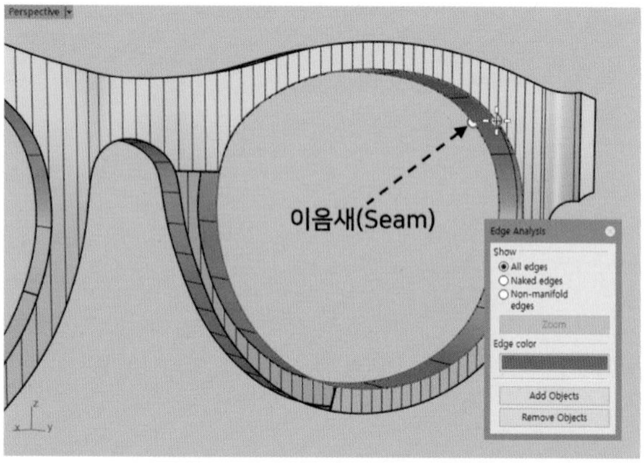

83 엣지 보이게 하기

Perspective View에서 작업한다. Edge Tools 〉 Show edges 명령을 클릭하고 Ⓑ면을 선택하여 Edge가 보이게 한다.

Show edges
Turn off showing curve edges

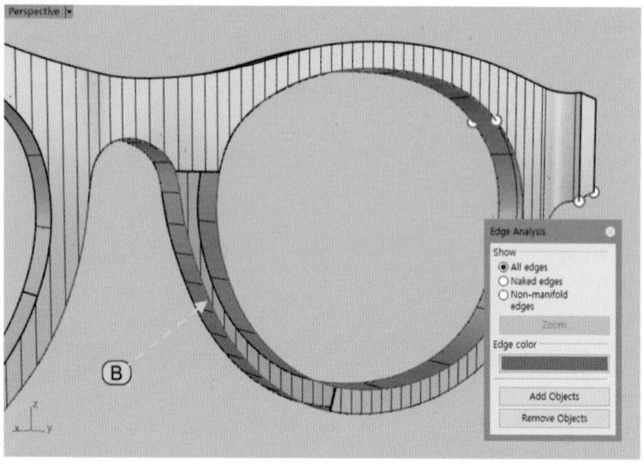

84 엣지 추가하기

Perspective View에서 작업한다. Osnap=End에 체크한다. Edge Tools 〉 Split edges 명령을 클릭하여 그림과 같은 End 영역에 Edge 포인트를 추가한다. 주의 사항은 절대 같은 지점에 중복해서 자르면 안 된다.

Split edge
Merge edge

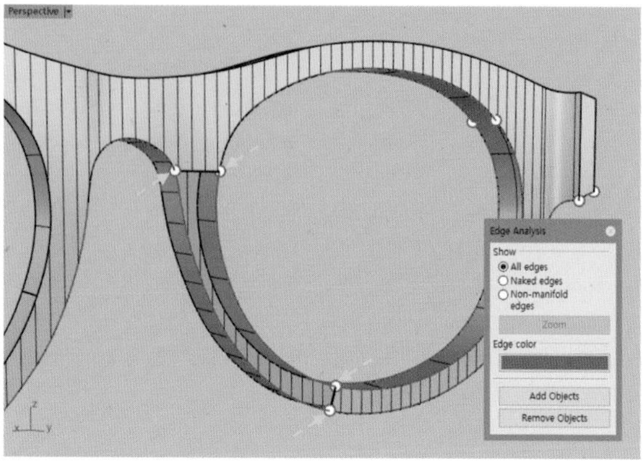

85 볼륨 면 만들기

Perspective View에서 작업한다. Surface Tools 〉 Blend Surface 명령을 클릭한다. 마주 보는 해당 ①번과 ②번 엣지를 클릭한다. 옵션 설정은 자유롭게 해도 되지만 우선 그림과 같은 기준으로 면을 연결해 준다. 여기서는 Curvature 연속성과 Same height에 체크해 주는 것을 권장한다.

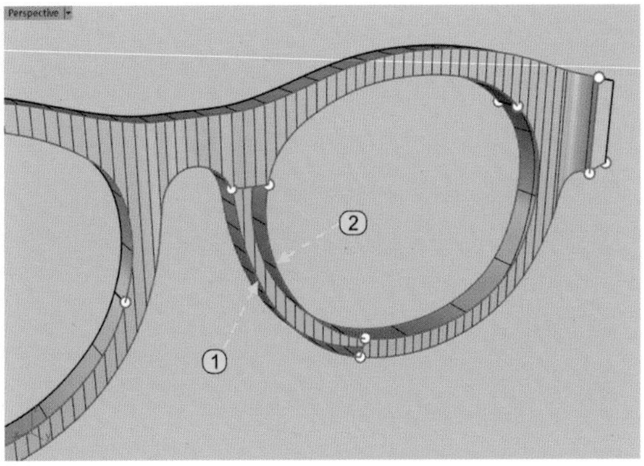

 Blend Surface

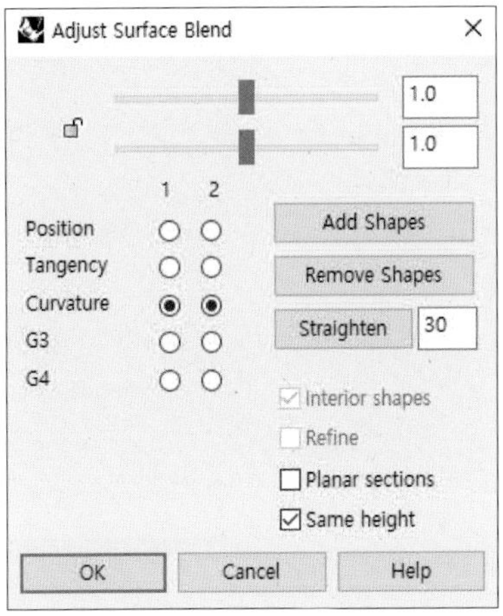

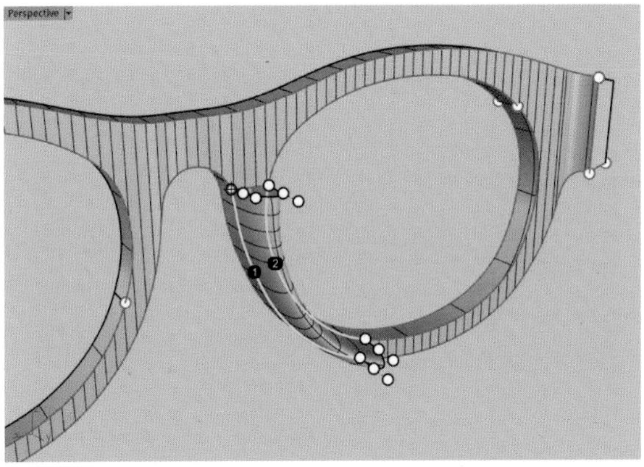

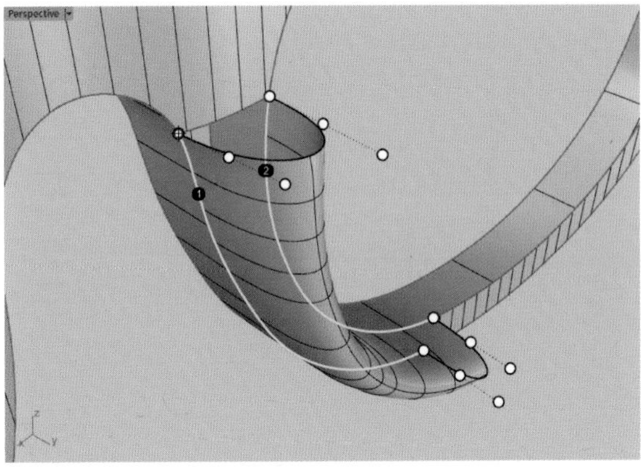

블랜드 시 면의 형상은 너무 각지지 않도록 조정하면서 그림과 같은 적당한 높이로 돌출되면 된다. 코 패드(Nose Pad)의 가장 높은 곳이 될 부분이다.

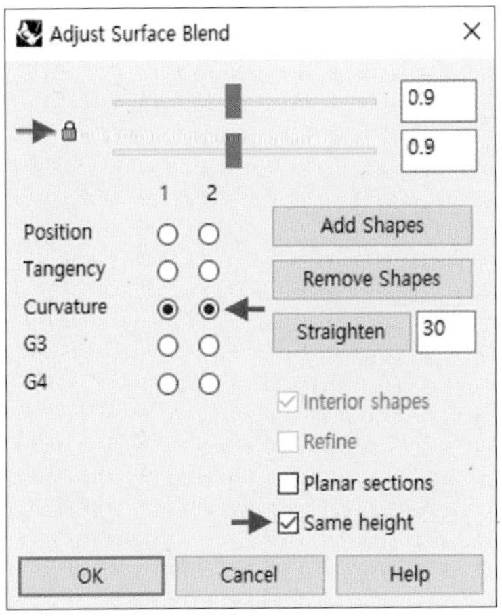

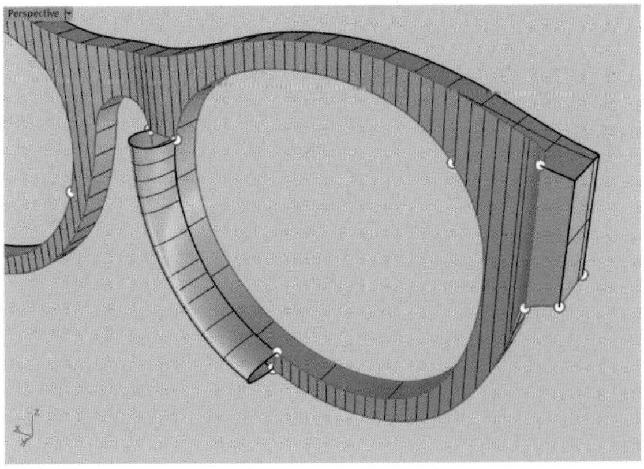

86 아이소커브 방향으로 자르기-1

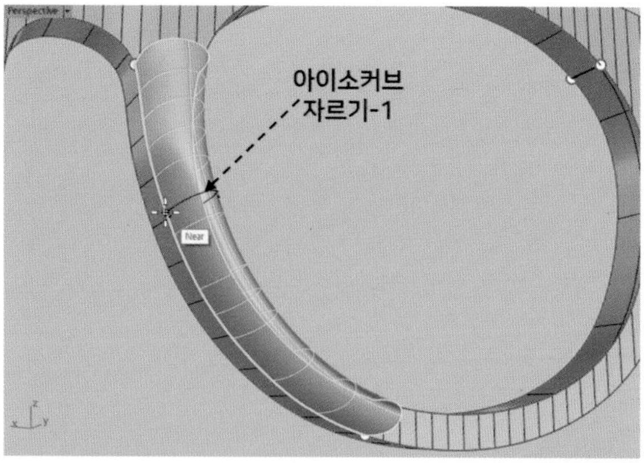

Perspective View에서 작업한다. Osnap=Near에 체크한다. Split surface by isocurve 명령을 클릭하고 해당 면을 찍으면 아이소커브를 따라 칼날이 될 선이 움직인다. 방향은 U, V로 바꾸면 된다. 그림과 비슷한 지점에 클릭한다. 그럼 면이 잘린다.

Split
Split surface by isocurve

87 아이소커브 방향으로 자르기-2

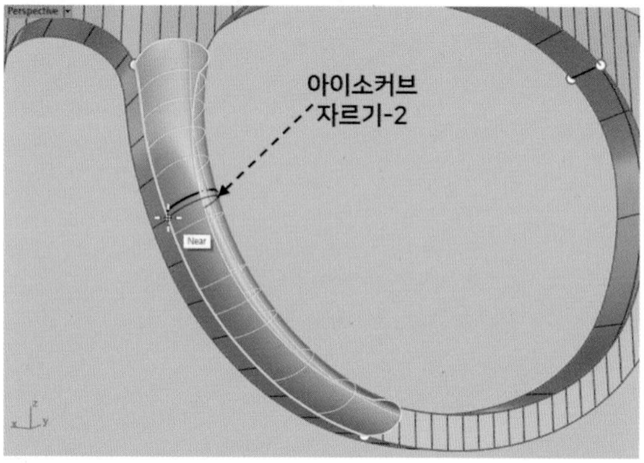

연속해서 Split surface by isocurve 명령을 클릭하고 해당 면을 찍으면 아이소커브를 따라 칼날이 될 선이 움직인다. 방향은 U, V로 바꾸면 된다. 그림과 비슷한 지점에 클릭한다. 그럼 면이 또 잘린다.

Split
Split surface by isocurve

88 잘린 면 양쪽 지워 주기

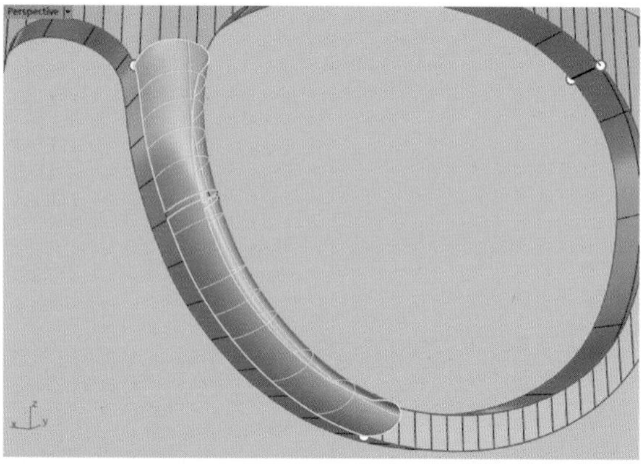

아이소커브 방향으로 잘린 양쪽 두 면을 모두 지워 준다.

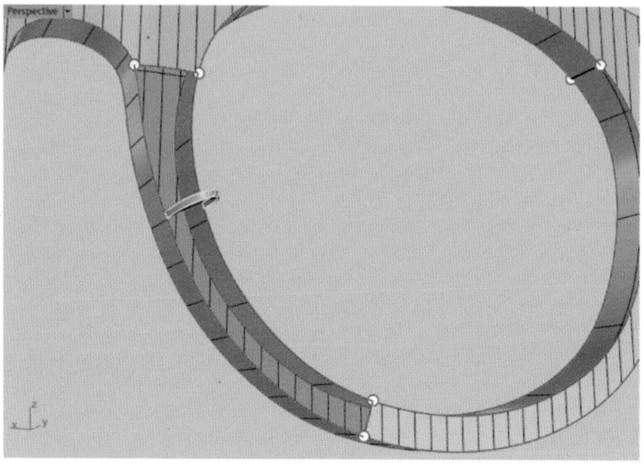

지워 주고 나면 가운데 연결 면만 남게 된다. 이제 이 부분이 가장 높은 지점이라 생각하면 된다.

89 블랜드 연결 면 만들기-1

Perspective View에서 작업한다. Surface Tools 〉 Blend Surface 명령을 클릭한다. 마주 보는 해당 ①번과 ②번 엣지를 클릭한다. 옵션 설정은 자유롭게 해도 되지만 우선 그림과 같은 기준으로 면을 연결해 준다. 여기서는 Curvature 연속성에 체크하고 Same height의 체크는 꺼 준다.

Blend Surface

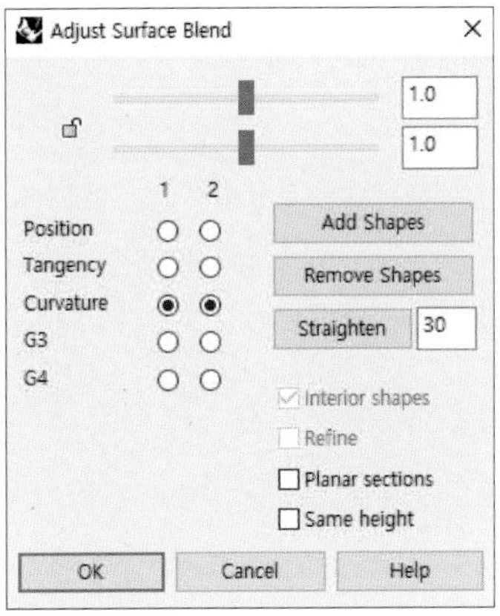

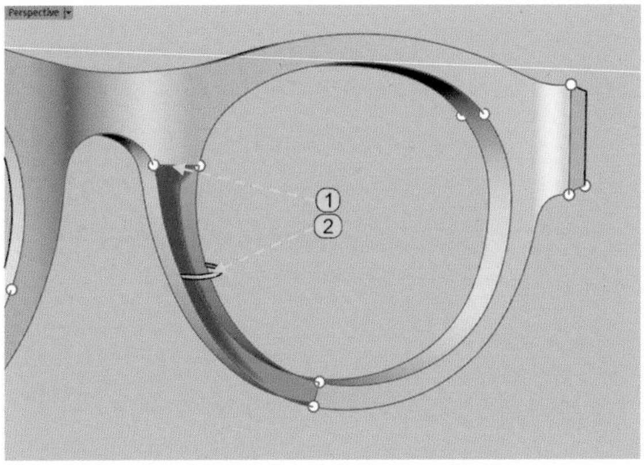

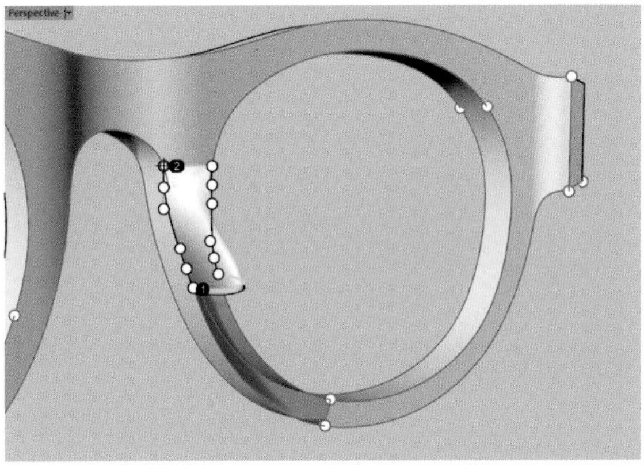

90 블랜드 연결 면 만들기-2

Perspective View에서 작업한다. Surface Tools 〉 Blend Surface 명령을 클릭한다. 마주 보는 해당 ①번과 ②번 엣지를 클릭한다. 옵션 설정은 자유롭게 해도 되지만 우선 그림과 같은 기준으로 면을 연결해 준다. 여기서는 Same height의 체크는 꺼 준다.

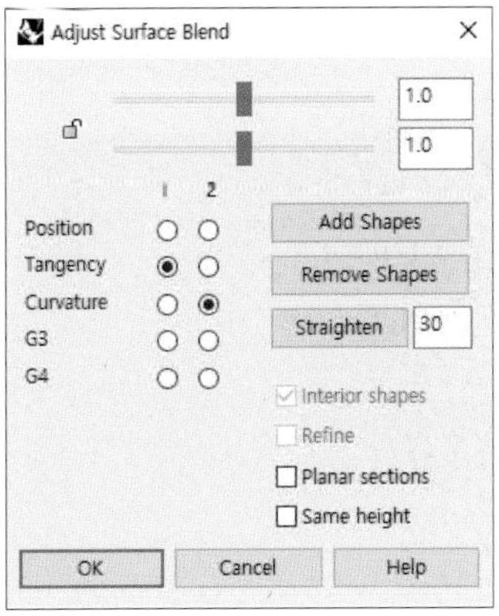

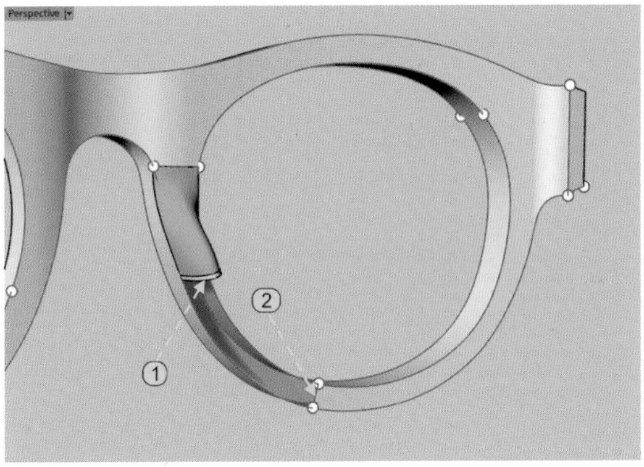

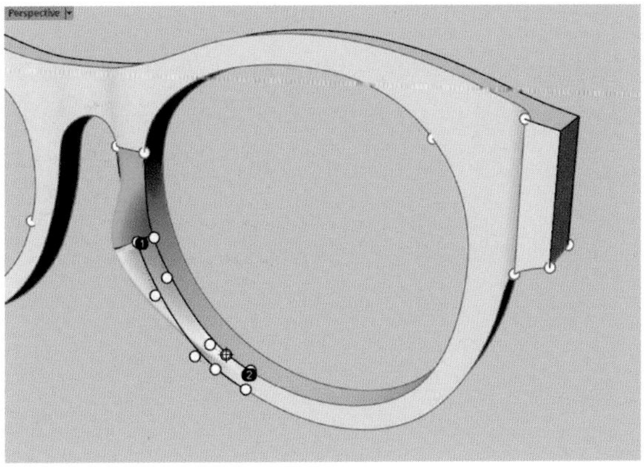

91 블랜드 연결 면 확인하기

Perspective View에서 그림과 같이 블랜드 면이 만들어졌다면 된 것이다. 다만 지면상 좀 더 자세한 디테일 편집은 생략한다. 방법만 알면 디테일한 볼륨 수정은 학습자의 몫으로 남겨 둔다. 참고로 만들어진 면들은 안경의 림 부위와 일치하지 않기에 다음 작업을 수행한다.

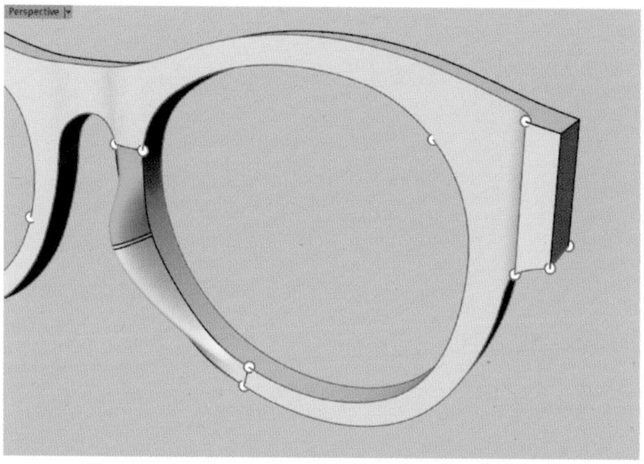

92 아이소커브 방향으로 자르기-1

Perspective View에서 작업한다. Split surface by isocurve 명령을 클릭하고 해당 면을 찍으면 아이소커브를 따라 칼날이 될 선이 움직인다. 방향은 U, V로 바꾸면 된다. 그림과 비슷한 지점에 클릭한다. 그럼 면이 잘린다.

Split
Split surface by isocurve

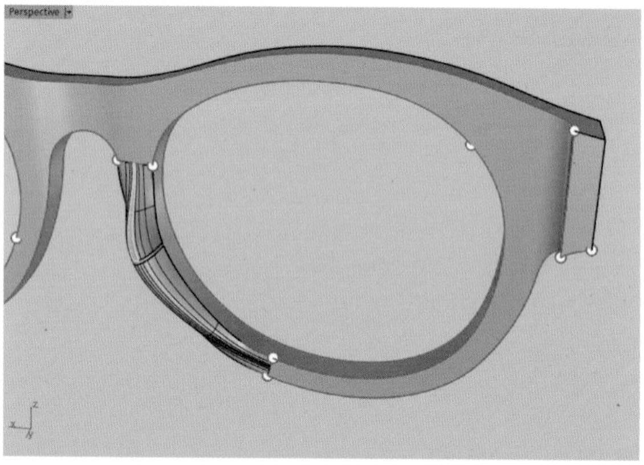

가운데 면만 남겨두고 나머지 잘린 면들은 지워 준다. 이 작업은 안경의 림 부분과 정확히 면을 일치시키기 위함이다.

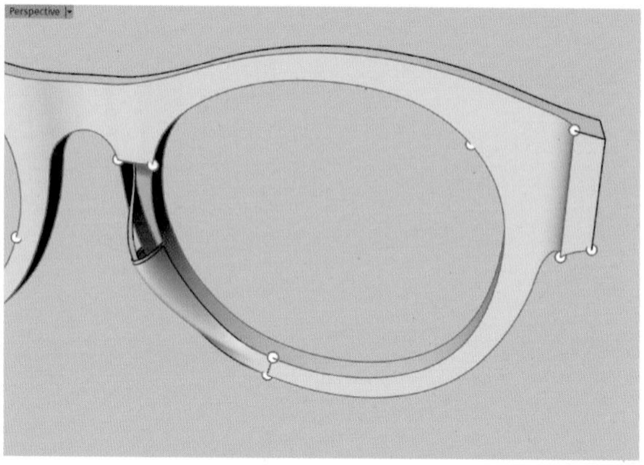

93 아이소커브 방향으로 자르기-2

계속해서 동일한 작업을 한다. Split surface by isocurve 명령을 클릭하고 해당 면을 찍으면 아이소커브를 따라 칼날이 될 선이 움직인다. 방향은 U, V로 바꾸면 된다. 그림과 비슷한 지점에 클릭한다. 그럼 면이 잘린다.

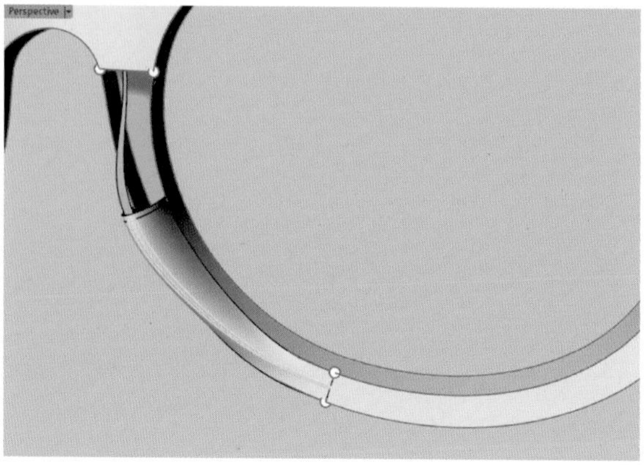

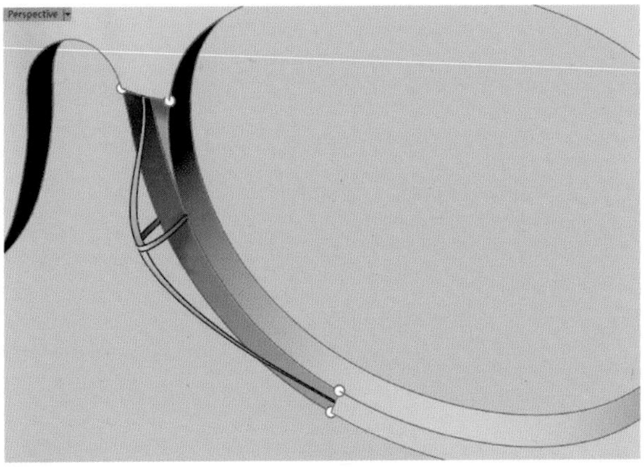

94 네트워크 면으로 채워 주기-1

Perspective View에서 작업한다. Surface Creation 〉 Surface from network of curves 명령을 클릭한다. 다음 그림과 같은 ①-②-③-④번호 순서대로 해당 엣지를 클릭한다. 옵션 설정은 그림과 같다. Ⓓ(①번 선택 지점) 지점은 Position에 맞춘다.

Surface from network of curves

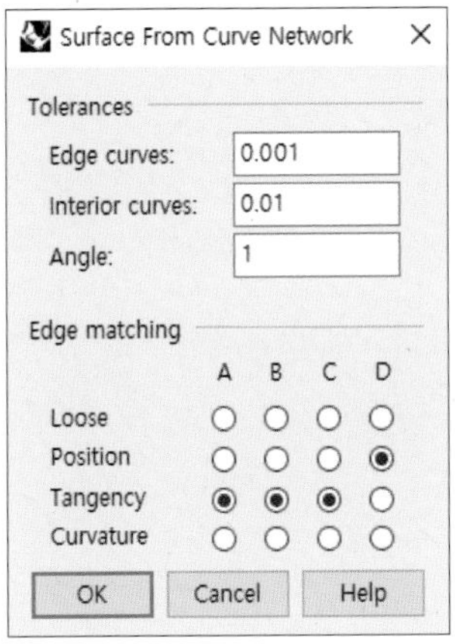

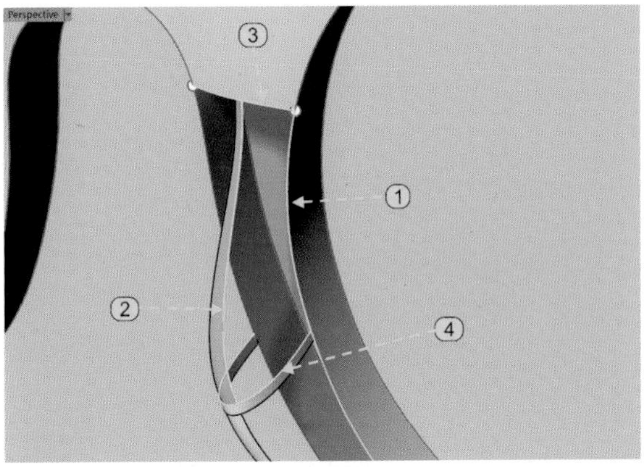

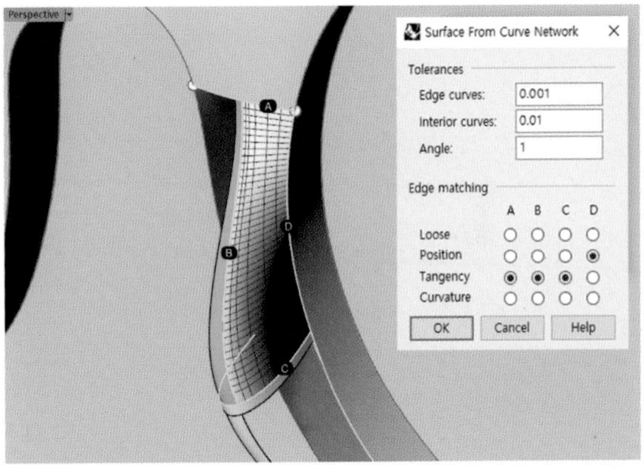

95 네트워크 면으로 채워 주기-2

Perspective View에서 작업한다. Surface Creation 〉 Surface from network of curves 명령을 클릭한다. 해당 엣지를 선택하여 네트워크 면을 만들어 준다. 옵션 설정은 그림과 같다. 선택 순서에 따라 변하지만, 주의할 부분은 Ⓑ지점은 Position에 맞추어 주어야 한다.

Surface from network of curves

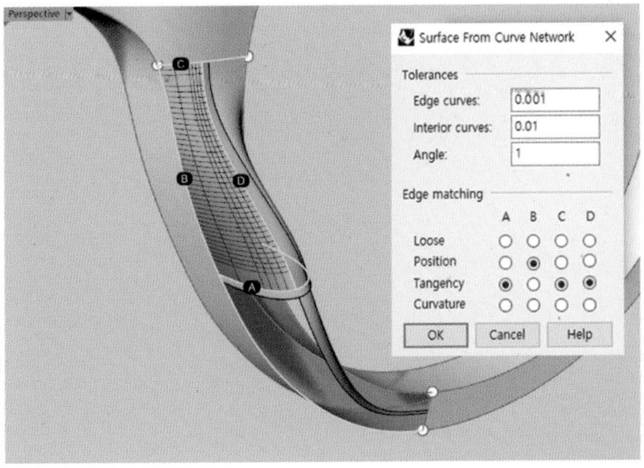

96 네트워크 면으로 채워 주기-3

Perspective View에서 작업한다. Surface Creation 〉 Surface from network of curves 명령으로 앞선 방법을 반복하여 나머지 2개 면을 만들어 준다. 특히 Position에 체크해야 하는 부분에 유의한다.

Surface from network of curves

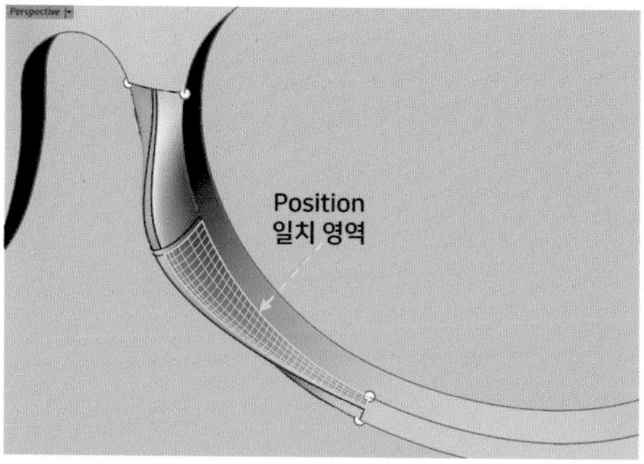

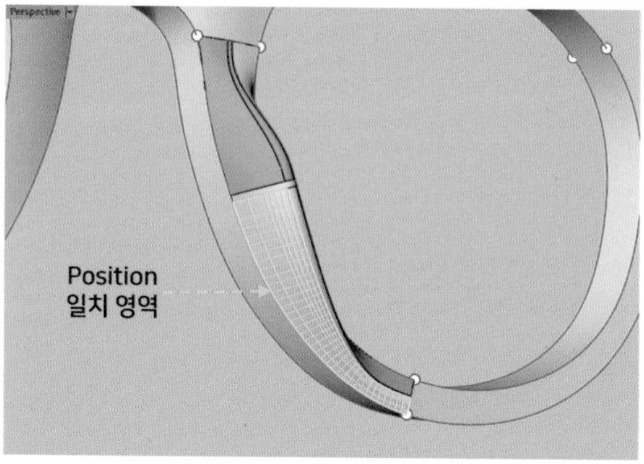

97 대칭 복사하기

Back View 또는 Front View에서 작업한다. 지금까지 만든 코 패드(Nose Pad)를 Mirror 명령으로 대칭 복사해 준다. 물론 면들이 붙을 수 있도록 붙여야 하는 곳의 면은 잘라 지워 준 상태여야 한다. 앞서 그려 둔 작은 선을 사용하면 자를 수 있다.

Mirror
Mirror on 3-point plane

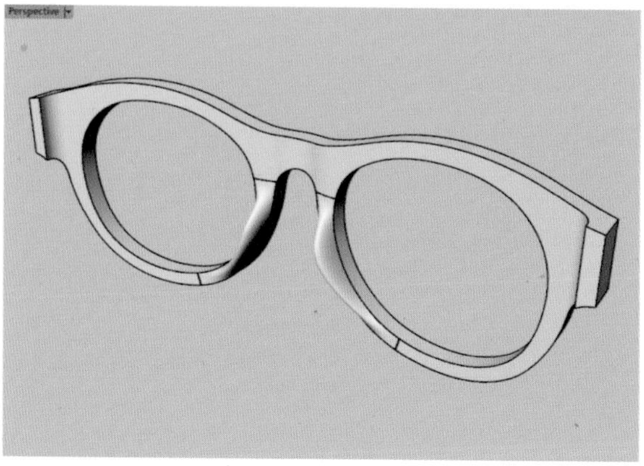

안경 렌즈 만들기

98 면 떼어 내기

Perspective View에서 작업한다. Solid Tools 〉 Extract surface 명령으로 해당 면만을 떼어 낸다.

Extract surface

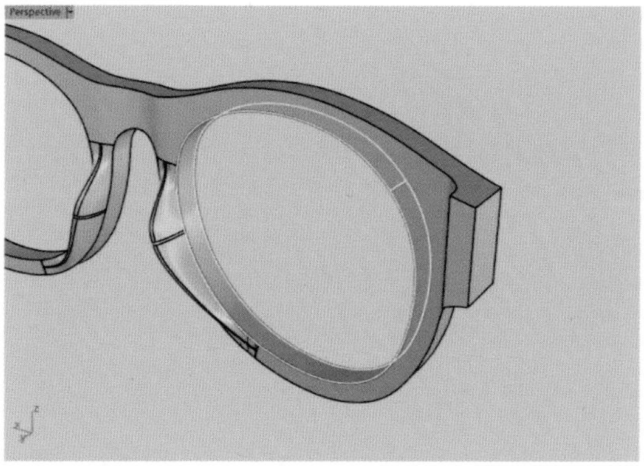

99 엣지 커브 추출하기

Perspective View에서 작업한다. Curve From Object 〉 Duplicate border 명령을 클릭한다. 추출된 면을 클릭하고 Enter 하면 그림과 같이 2개의 커브가 추출된다.

Duplicate border

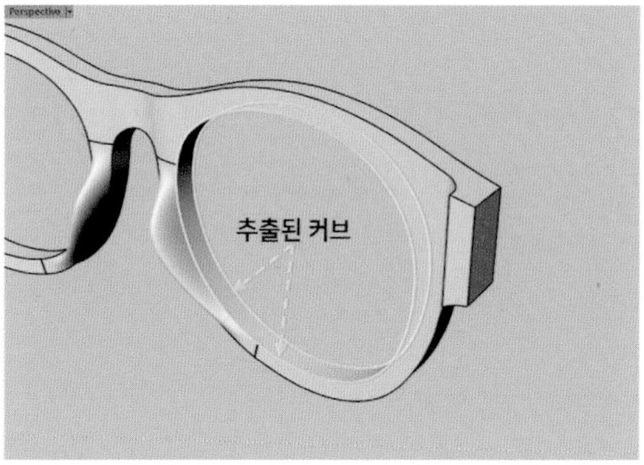

100 평균 커브 추출하기

Perspective View에서 작업한다. Curve 〉 Tween between two curves 명령을 클릭한다. 해당 추출된 라인을 순서대로 클릭한다. 옵션 설정은 Number=1, Match Method=Refit으로 하고 혹 커브 생성에 문제가 있다고 생각되면 Flip을 클릭하면 정상적으로 가운데 평균 커브가 만들어진다.

Tween between two curves

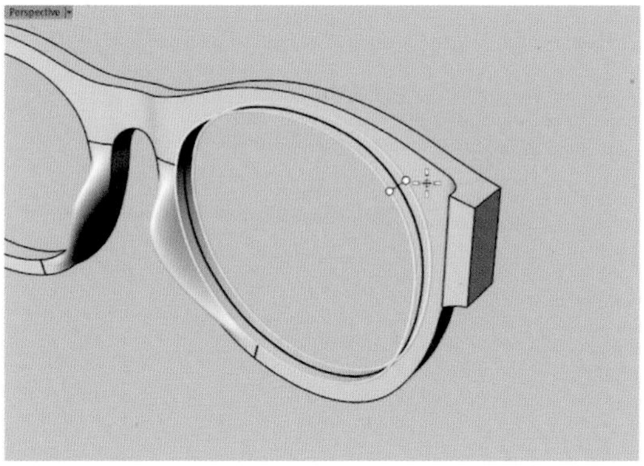

101 추출 커브만 보이게 하기

Perspective View에서 작업한다. 추출된 커브만 남기고 모두 숨겨 준다.

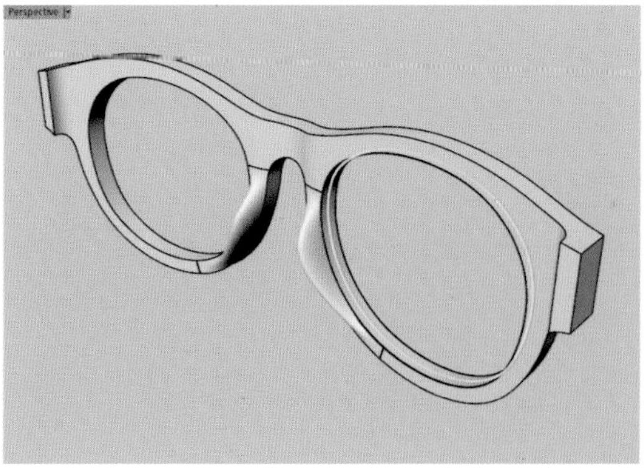

102 커팅 평면 만들기

Perspective View에서 작업한다. Surface Creation 〉 Cutting plane 명령을 클릭한다. 다음 ①-②-③-④번호 순서대로 직교, 수평 방향 지점을 지정하면 커팅 면이 자동으로 생성된다.

Cutting plane

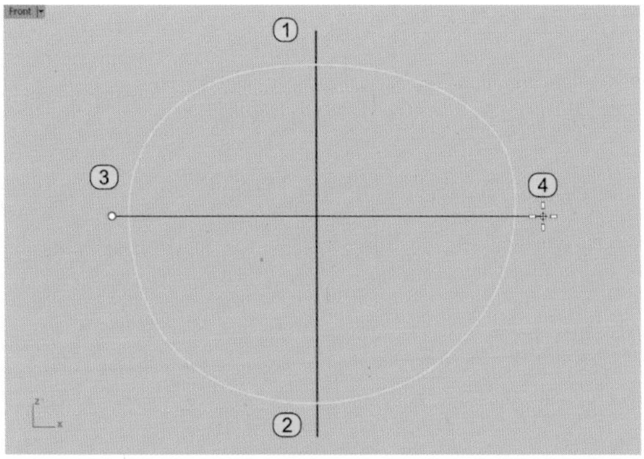

103 교차 포인트 추출하기

Perspective View에서 작업한다. Curve From Object 〉 Object intersection 명령을 클릭한다. 면과 선을 모두 선택하고 Enter 하면 그림처럼 교차 포인트 4개가 자동 생성된다.

Object intersection

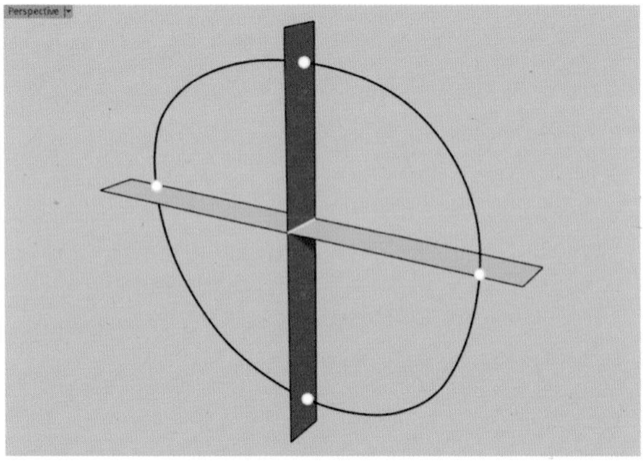

104 호(Arc) 그리기-1

Perspective View 또는 Right View에서 작업한다. Osnap=Point에 체크한다. Arc 〉 Arc: start, end, point on arc 명령으로 그림과 같이 2개의 포인트를 기준으로 하는 볼륨 호를 그려 준다.

Arc: start, end, point on arc
Arc: start, point on arc, end

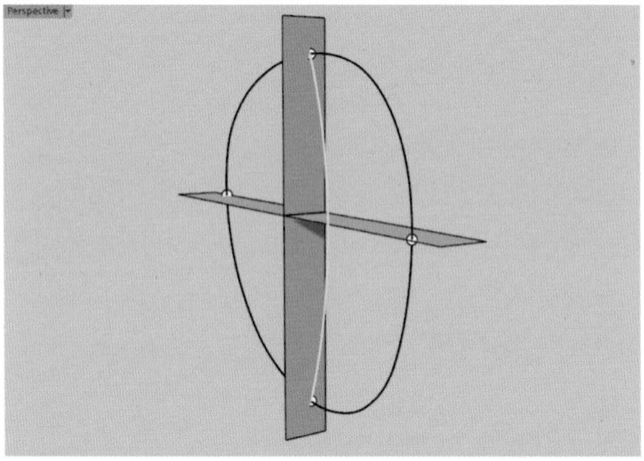

105 호(Arc) 그리기-2

Perspective View에서 작업한다. Osnap=Point, Mid에 체크한다. Arc 〉 Arc: start, end, point on arc 명령으로 그림과 같이 3개의 포인트를 기준으로 하는 볼륨 호를 그려 준다.

Arc: start, end, point on arc
Arc: start, point on arc, end

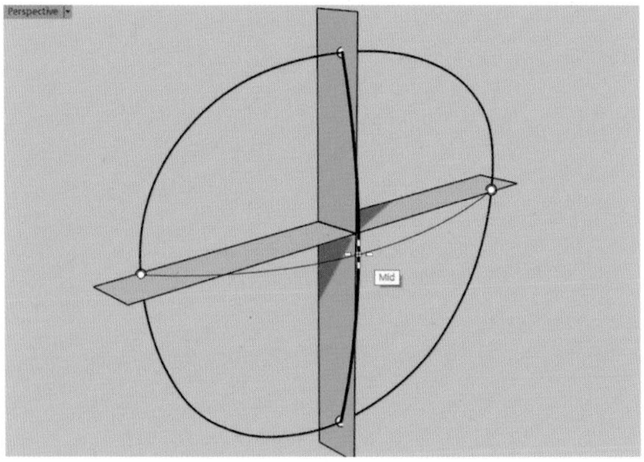

106 렌즈 볼륨 면 만들기

Perspective View에서 작업한다. Surface Creation 〉 Patch 명령으로 해당 라인을 모두 드래그 Enter 하여 렌즈 볼륨 면을 만들어 준다.

 Patch

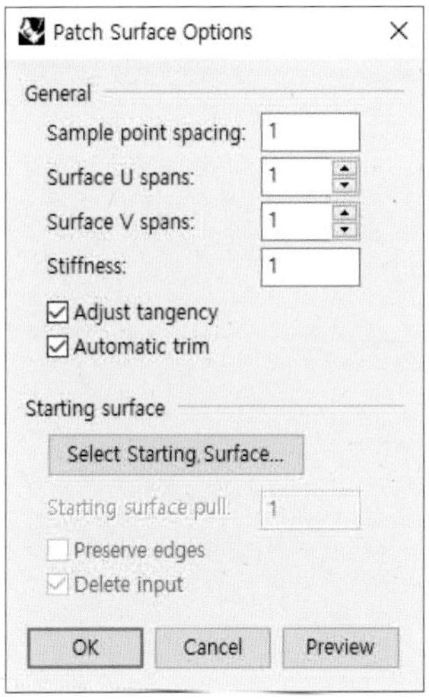

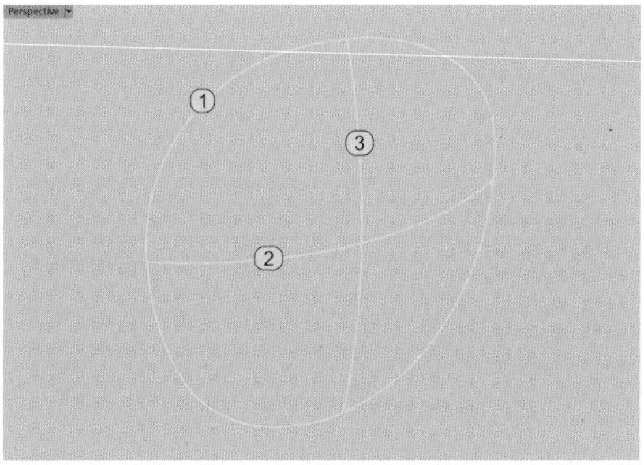

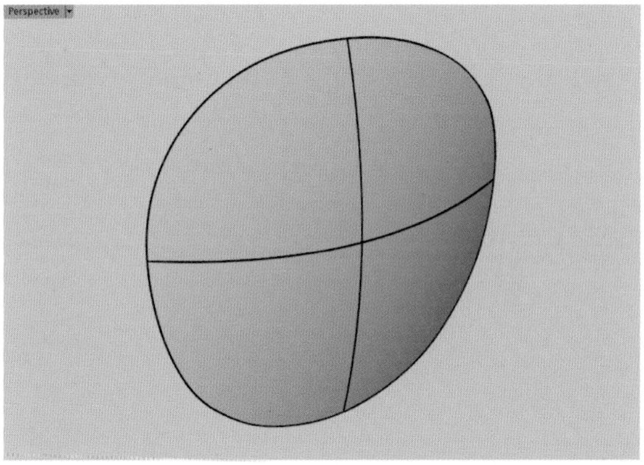

107 렌즈 면 두께 주기

Perspective View에서 작업한다. Surface Tools 〉 Offset surface 명령으로 전체 두께 1mm(Distance=0.5)를 만들어 준다. 참고로 Corner=Sharp, Solid=Yes, BothSide=Yes로 작업하면 가운데를 기준으로 두께가 만들어진다.

 Offset surface

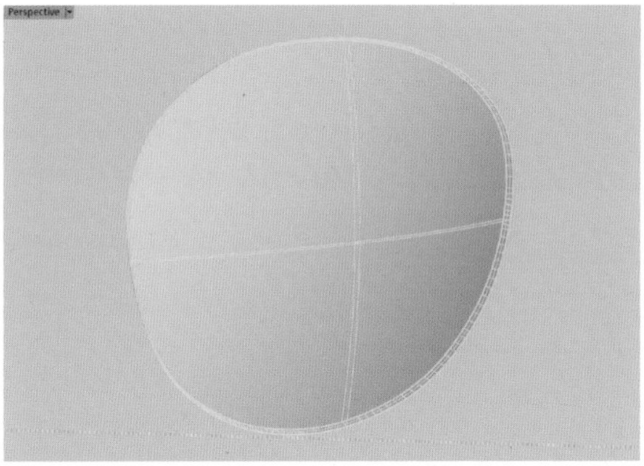

108 개체 보이게 하기

그림과 같이 이제 안경테(Temple)에 사이드 패턴을 넣을 준비를 한다. 앞서 드로잉한 패턴을 보이게 한다. 위치는 자유롭게 잡으면 된다.

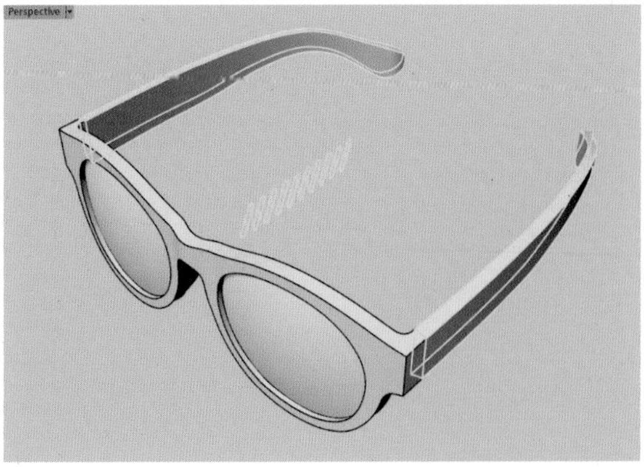

109 패턴 돌출 개체 만들기

Perspective View에서 작업한다. Solid Creation 〉 Extrude closed planar curve 명령을 클릭한다. 해당 패턴 라인을 모두 선택하고 (Enter) 한다. 이때 옵션은 BothSides=Yes로 한다.

Extrude closed planar curve

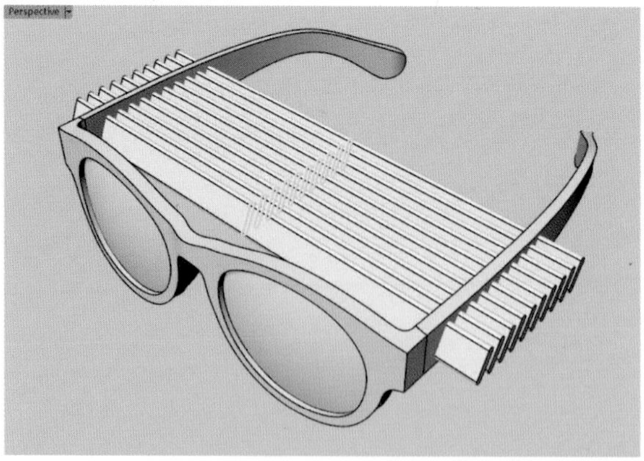

110 패턴 구멍 파 주기

Perspective View에서 작업한다. Solid Tools 〉 Boolean difference 명령으로 그림과 같이 구멍을 파 준다.

Boolean difference

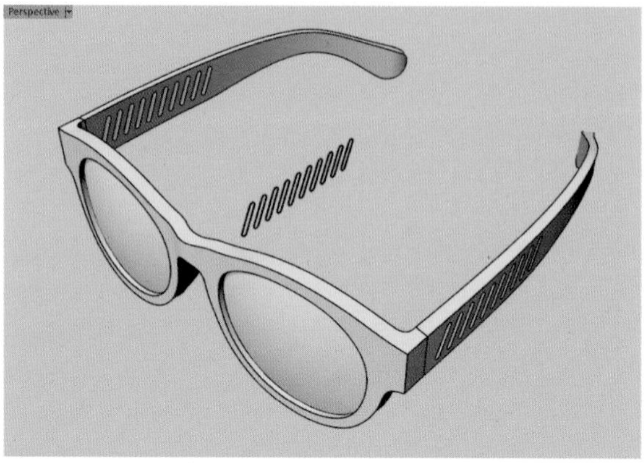

111 숨겨둔 엣지 라인 보이게 하기

Perspective View에서 작업한다. 앞서 작업하면서 추출해 둔 엣지 라인을 보이게 한다. 만약 없다면 Duplicate edge나 Duplicate border 명령으로 다시 추출해서 사용한다. 이제 안쪽 모서리에 라운드 필렛을 줄 것이다.

Duplicate border

112 파이프 만들기

Perspective View에서 작업한다. 먼저 앞서 추출한 커브를 선택한다. 다른 Solid Creation 〉 Pipe: Flat caps 명령으로 지름 1mm의 파이프를 만들어 준다. 좌우 양쪽 모두 해 준다.

Pipe: Flat caps

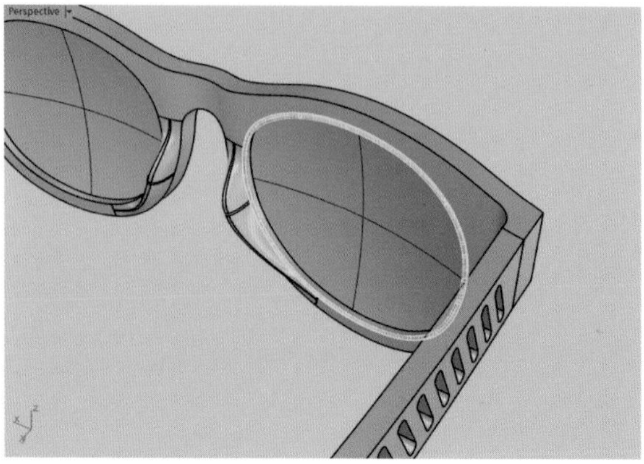

113 중첩 부위 잘라서 지우기

Perspective View에서 작업한다. Split 명령을 클릭한다. 다음 ①번 솔리드 개체를 클릭하고 Enter 한다. 이어 ②번 파이프를 클릭하고 Enter 하면 서로 교차하는 면들이 잘리게 된다.

Split
Split surface by isocurve

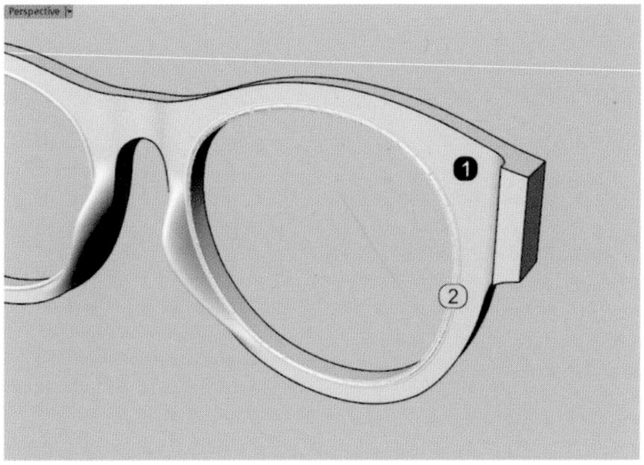

이제 중첩 또는 교차해서 잘린 모든 내부 면들을 깔끔하게 지워 준다. 다소 번거로운 방법일지 몰라도 여러 면이 미세하게 곡률 반경의 변화가 있는 경우 일반적인 자동 필렛은 대부분 깨지게 된다. 이것은 그런 문제를 최소화하는 필렛의 한 방법으로 인식하는 것이 좋다.

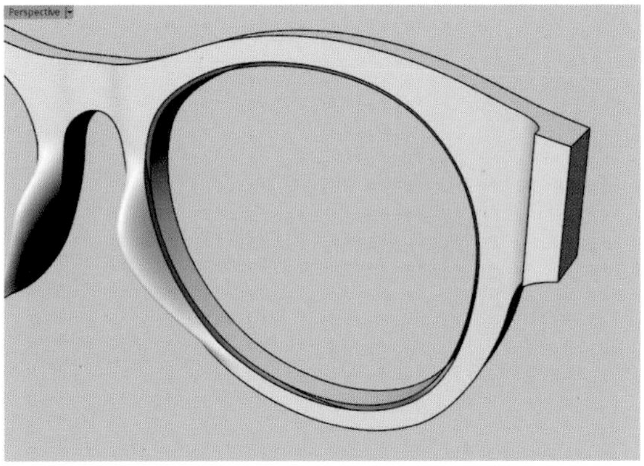

114 이음새(Seam) 보이게 하기

Perspective View에서 작업한다. 해당 개체를 선택하고 Edge Tools > Show edges 명령을 클릭한다. Edge analysis는 Naked edges에 체크한다. 그림처럼 열린 면의 엣지에 모든 포인트들이 보이게 된다. 물론 이대로 면을 연결해서 마무리도 가능하지만, 포인트를 최소화해 주는 것이 좋다.

Show edges
Turn off showing curve edges

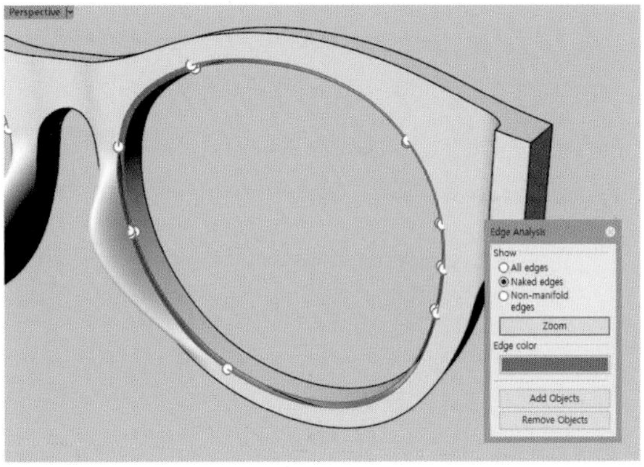

115 엣지 포인트 최소화하기

Perspective View에서 작업한다. 해당 개체를 선택하고 Merge all edges(RMB) 명령을 클릭하여 지울 수 있는 모든 엣지 포인트를 지워 준다. 그림처럼 정리가 된 것을 볼 수 있다. 이제 새롭게 마주 보는 대응 포인트를 다시 만들어 줄 것이다.

Merge edge
Merge all edges

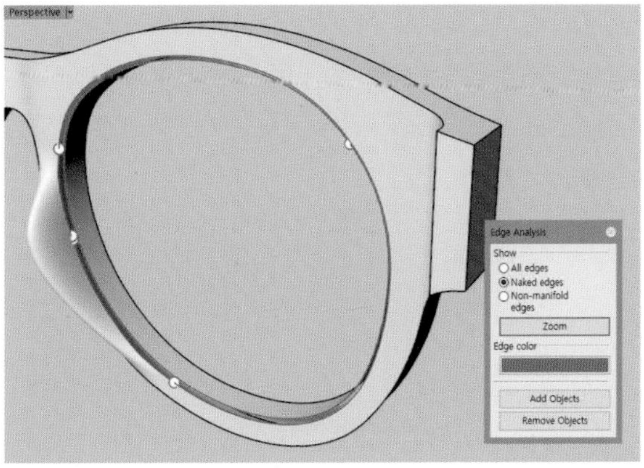

116 마주하는 대응 포인트 만들기

Perspective View에서 작업한다. 먼저 Osanp=Knot에 체크한다. 즉 마주하는 매듭점을 기준으로 자를 계획이다. 이제 Split Edge 명령으로 마주하는 면의 엣지에 대응 엣지 포인트를 만들어 준다. 방법은 포인트가 이미 있는 곳의 맞은편인 없는 곳의 엣지에 마우스 커서를 가져가고 있는 곳에 Point에 클릭하면 자동으로 없는 곳에 포인트가 만들어지게 된다.

Split edge
Merge edge

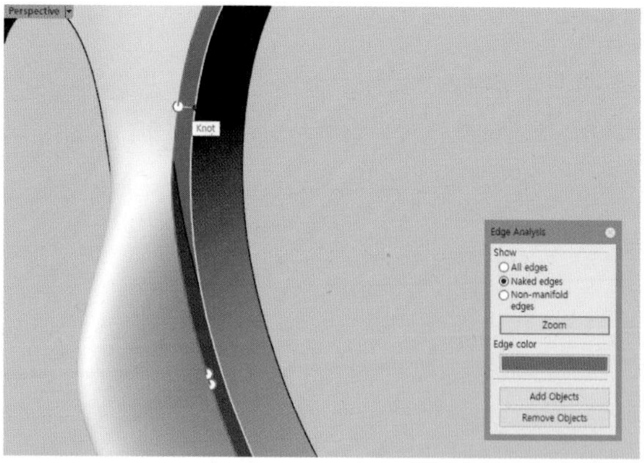

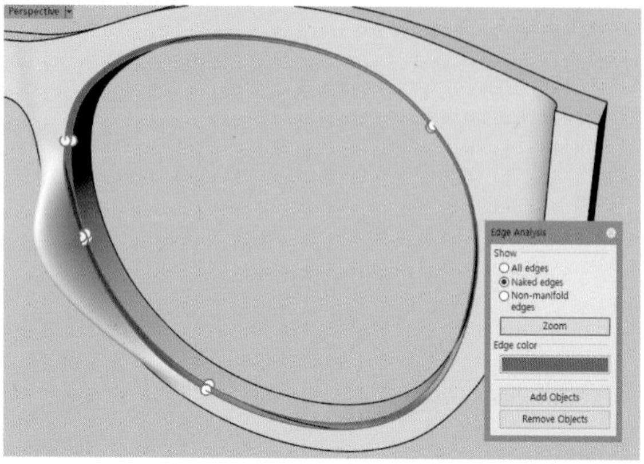

117 블랜드 면으로 연결하기

Perspective View에서 작업한다. 이제 잘라 준 엣지 지점을 각각 클릭해 가며 열린 모든 곳을 Surface Tools 〉 Blend Surface 명령으로 메꾸어 준다. 곡률 연속성은 Tangency면 된다.

Blend Surface

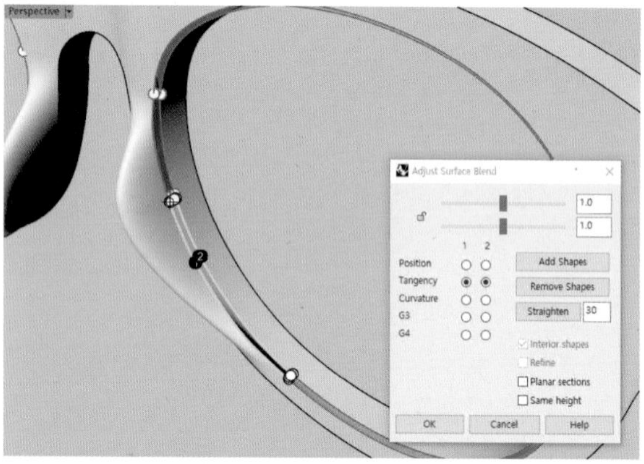

Perspective View에서 작업한다. 이제 잘라 준 엣지 지점을 각각 클릭해 가며 모든 열린 곳을 Surface Tools 〉 Blend Surface 명령으로 메꾸어 준다. 곡률 연속성은 Tangency면 된다.

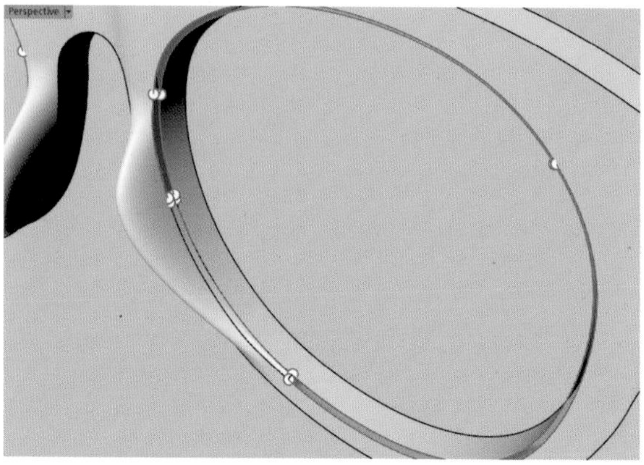

118 블랜드 면 연결 상태 확인하기

Perspective View에서 볼 때 그림과 같이 아주 자연스럽게 블랜드 면이 만들어졌다면 된 것이다. 물론 학습자에 따라 다양한 변수가 생길 수 있지만, 정상적인 작업을 했다면 정확한 표현이 가능하다.

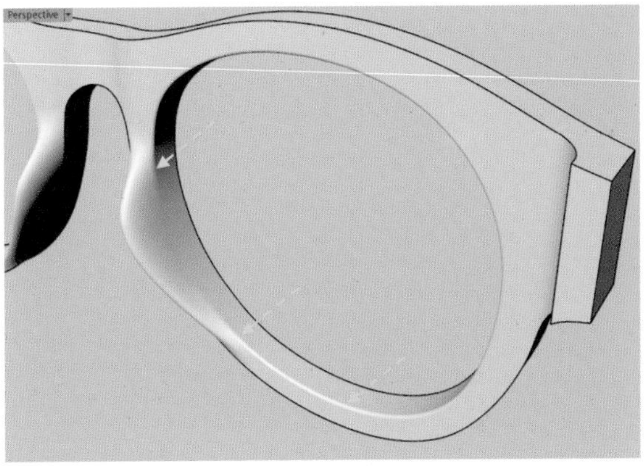

119 자유롭게 필렛 주고 완료하기

Perspective View에서 작업한다. Solid Tools 〉 Fillet edges 명령으로 모서리에 자유롭게 필렛을 적용해 모든 안경 모델링 작업을 완료한다. 참고로 필렛은 먼저 Radius값이 큰 부위를 먼저 적용하고 작은 값을 처리해야 한다. 여기서는 안경테(Temple)와 앤드 피스(End Piece) 사이의 경첩(Hinge) 부분은 생략하였다. 스스로 접히는 경첩 부분은 만들어 본다.

Fillet edges
Blend edges

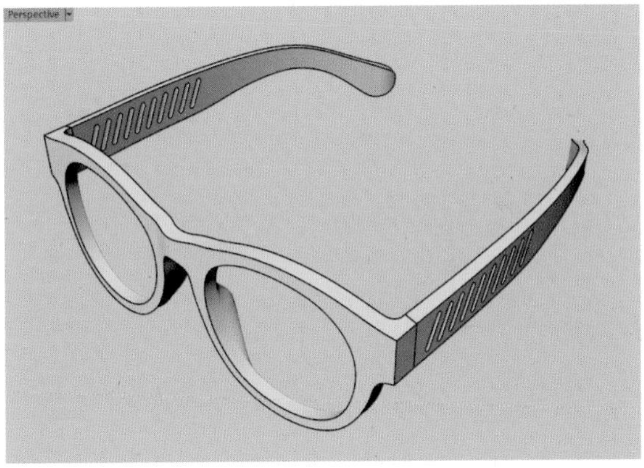

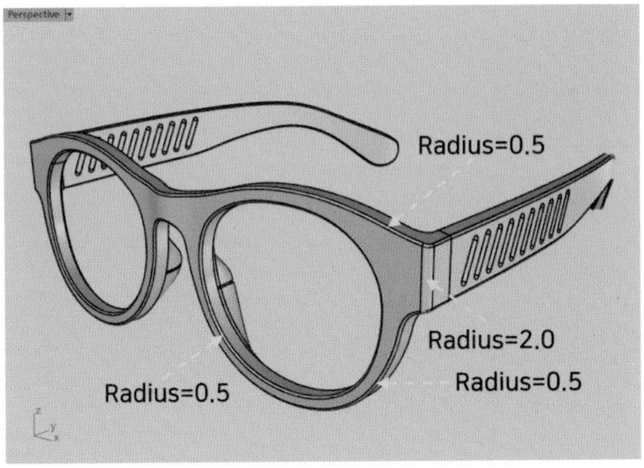

120 최종 결과물 보기

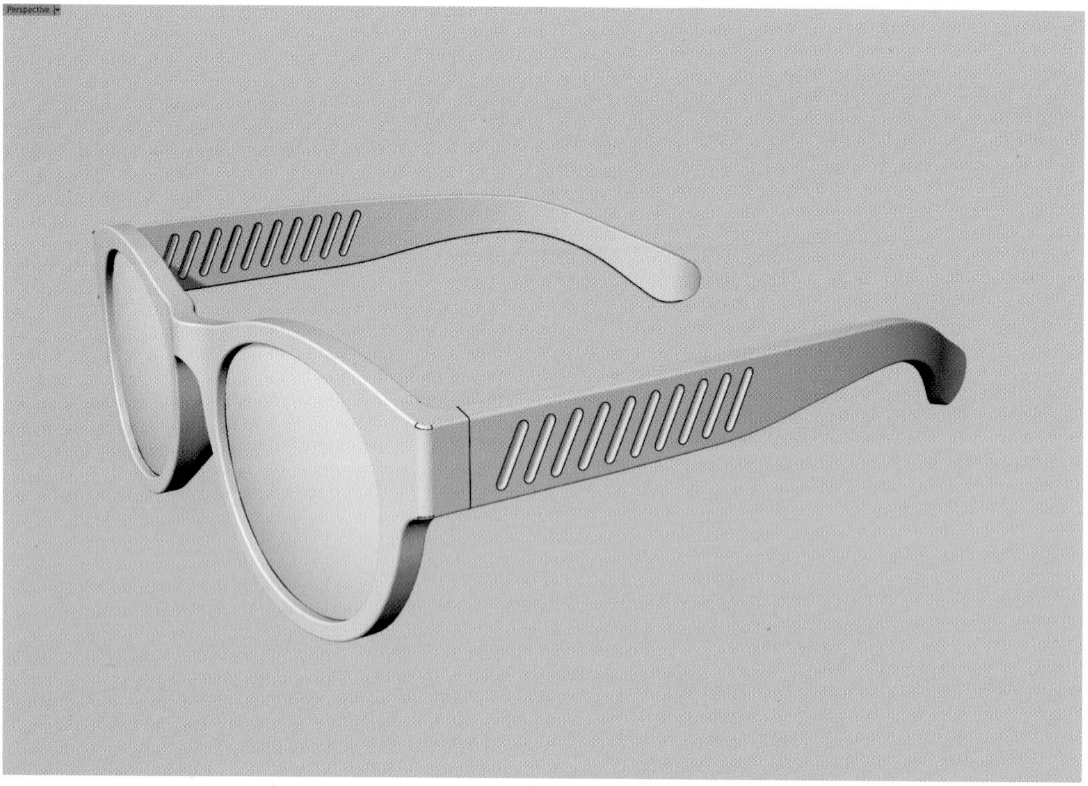

08 CHAPTER 스마트 워치 모델링

Smartwatch modeling

웨어러블(Wearable) 디바이스의 가장 대표적인 아이템 중의 하나인 스마트워치 모델링을 해 본다. 이번 튜토리얼에서는 3D 모델링의 가장 기본이 되는 솔리드 만들기(Solid Creation), 솔리드 도구(Solid Tools), 서피스 만들기(Surface Creation), 서피스 도구(Surface Tools), 명령군의 학습이 이루어진다. 특히 자연스러운 면 수리 방법에 대해 집중적으로 학습해 본다.

Smartwatch rendering

07
59
09-28 SUN

10,000
900
208
07
59
09-28 SUN

01 원 그리기

Top View에서 시작한다. Circle 〉 Circle: center, radius 명령을 클릭하고 키보드의 숫자 0을 치고 Enter 하면 좌표의 중심에 마우스 포인트가 잡힌다. 지름(Diameter) 38mm, 45mm의 원을 각각 그려 준다.

 Circle: center, radius

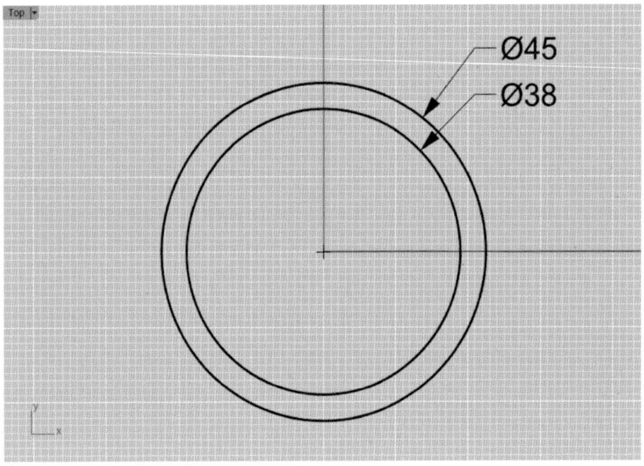

02 가운데서 시작하는 수평 라인 그리기

Top View에서 시작한다. Osnap=Quad에 체크한다. 다음 Lines 〉 Line: from midpoint 명령을 클릭한다. 원의 아래 사분 점(Quad)에 20mm, 위쪽에 25mm 수평 라인을 그려 준다.

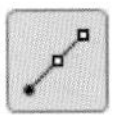 Line: from midpoint

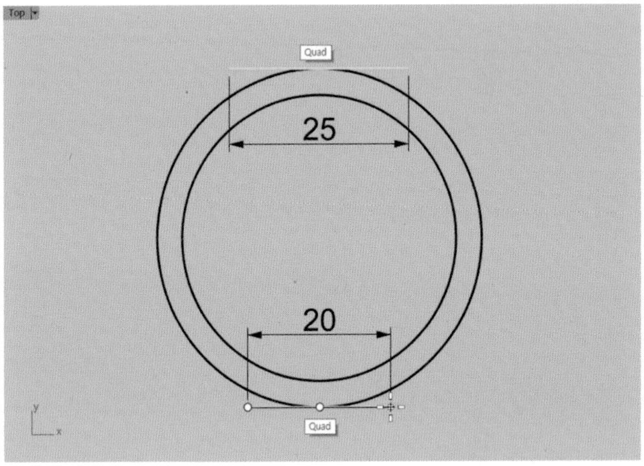

03 직사각형 그려 주기-1

Top View에서 작업한다. Osnap=End에 체크한다. Rectangle 〉 Rectangle: 3 Points 명령을 클릭한다. ①번과 ②번 수평 라인의 End 점을 클릭하고 커멘드 라인에 높이 85mm를 기입하고 Enter 하면 ③번 방향으로 직사각형이 만들어진다.

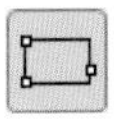 Rectangle: 3 Points

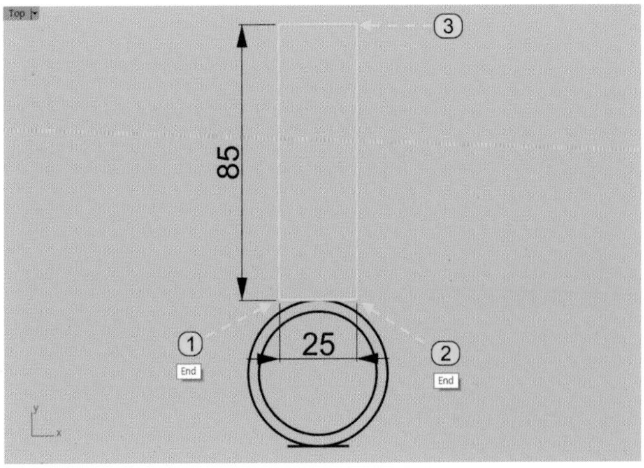

04 직사각형 그려 주기-2

Top View에서 작업한다. Osnap=End에 체크한다. Rectangle 〉 Rectangle: 3 Points 명령을 클릭한다. ①번과 ②번 수평 라인의 End 점을 클릭하고 커멘드 라인에 길이 −110mm를 기입하고 Enter 하면 ③번 방향으로 직사각형이 만들어진다.

Rectangle: 3Points

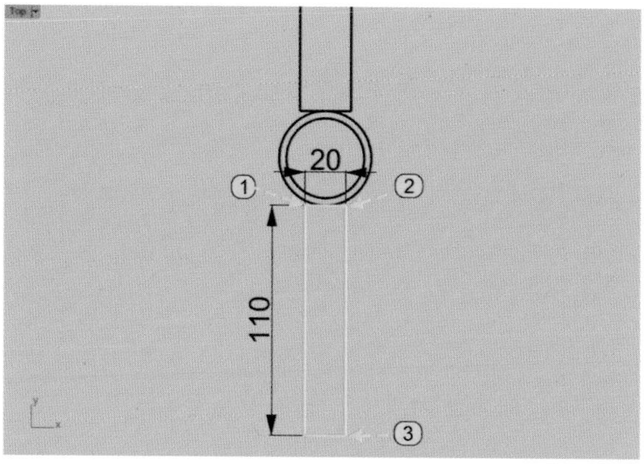

05 스트랩 부위 디테일 드로잉하기

Top View에서 작업한다. Curve Tools 〉 Offset curve를 클릭하고 직사각형을 안쪽으로 2.5mm 오프셋한다. 이 라인을 기준으로 그림과 같은 드로잉을 해 준다. 아래 드로잉 툴이 주로 사용되었다.

Single line

Offset curve
Offset multiple

Fillet curves
Fillet curves repeat

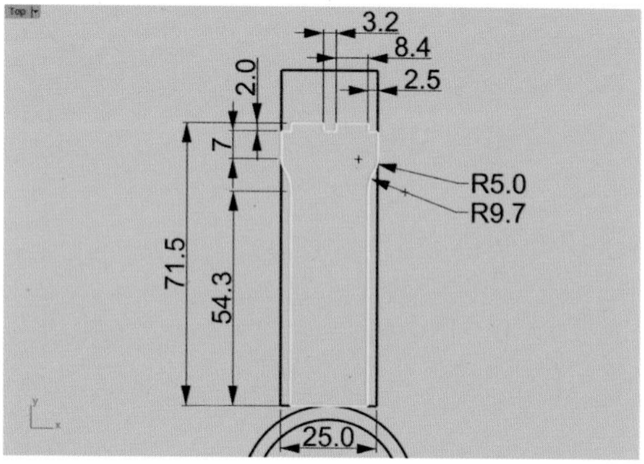

06 U자형 라인 드로잉하기

Top View에서 작업한다. 아래 드로잉 툴을 사용하여 다음 드로잉을 해 준다.

Single line

Offset curve
Offset multiple

Fillet curves
Fillet curves repeat

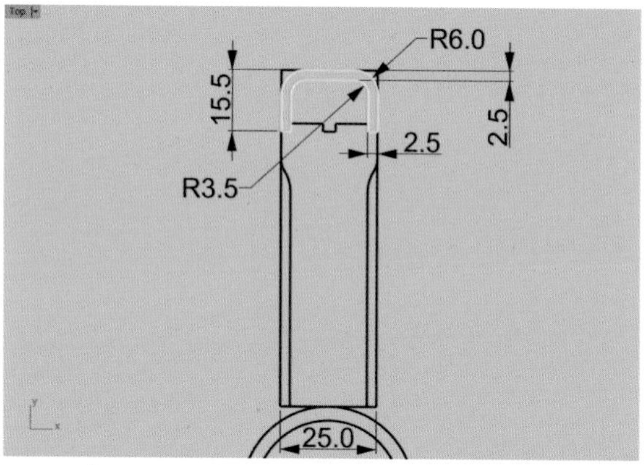

07 직사각형 그리기

Rectangle: 3 Points 명령으로 손목 밴드 구멍에 끼워 넣는 직사각형의 금속 핀 바깥 선을 드로잉한다.

Rectangle: 3 Points

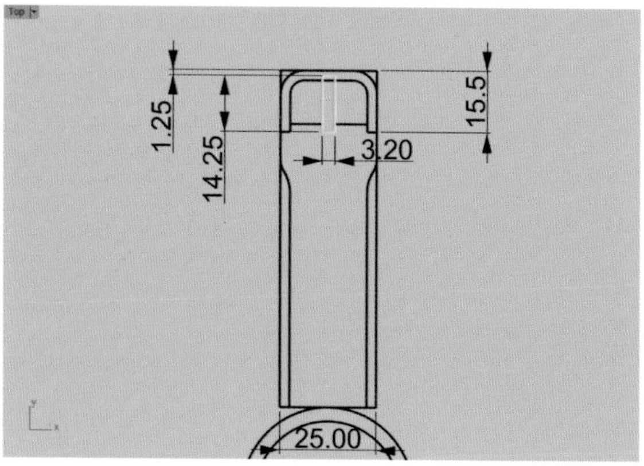

08 라운드형 개체 드로잉

Top View에서 작업한다. Rectangle 〉 Rounded rectangle 명령으로 그림과 같은 치수의 라운드형 라인을 그려 준다. 옵션에 Center를 클릭하고 가운데 지점부터 그려 원하는 위치로 이동시켜도 된다.

Rounded rectangle
Rounded rectangle conic corners

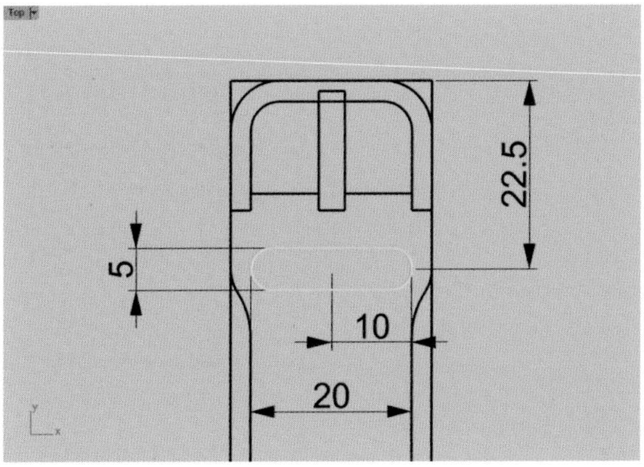

09 세 변에 내접하는 호(Arc) 그리기

Top View에서 작업한다. Arc 〉 Arc: Tangent to curves 명령을 클릭한다. First tangent curve라 뜨면 ①-②-③번 순서대로 세 변에 내접하는 호를 그려 준다.

Arc: tangent to curves
Arc: tangent, tangent, radius

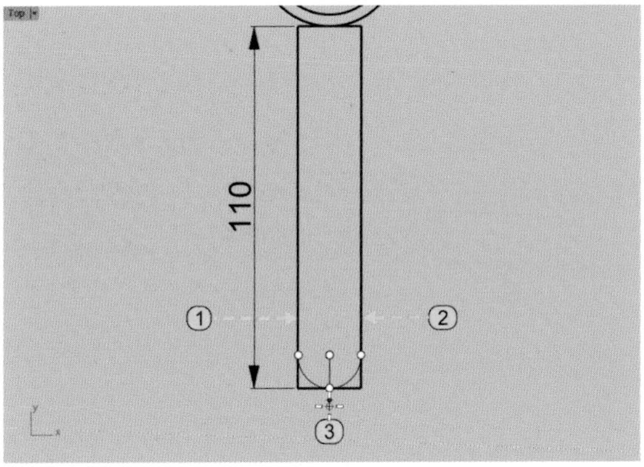

10 트림 후 라인 붙여주기

Trim 명령으로 불필요한 교차 선들은 지워 주고 나머지는 서로 Join하여 마무리한다.

Trim
Untrim

Join

11 수직선 만들기

Top View에서 작업한다. Lines 〉 Single line 명령으로 그림과 같은 치수 위치에 53mm의 수직선을 그려 준다. 이것은 스트랩에 뚫게 될 구멍의 배열 구간이 된다.

Single line

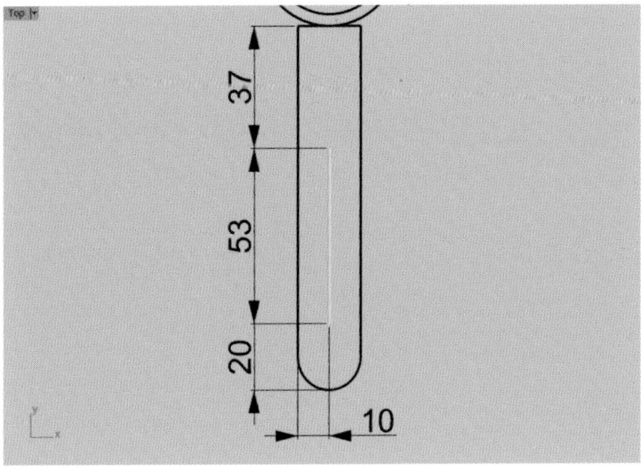

12 스트랩 홈 배열하기

Top View에서 작업한다. Osnap=End에 체크한다. 먼저 Rounded rectangle 명령으로 ①번 개체 객체(가로 4 × 세로 1.8mm)를 그려 수직선의 End 기점에 배치한다. 다음 Transform 〉 Array 〉 Array along curve 명령으로 ①-② 번호 순서대로 클릭하여 총 10개를 배열한다.

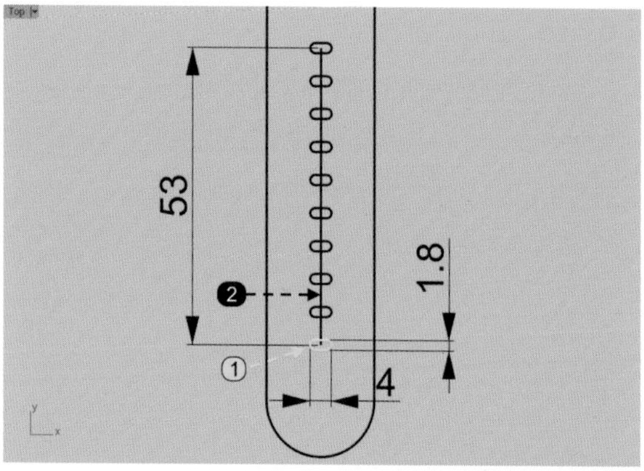

 Rounded rectangle
Rounded rectangle conic corners

 Array along curve

13 드로잉 확인하기

Perspective View에서 지금까지 작업된 것들을 확인한다.

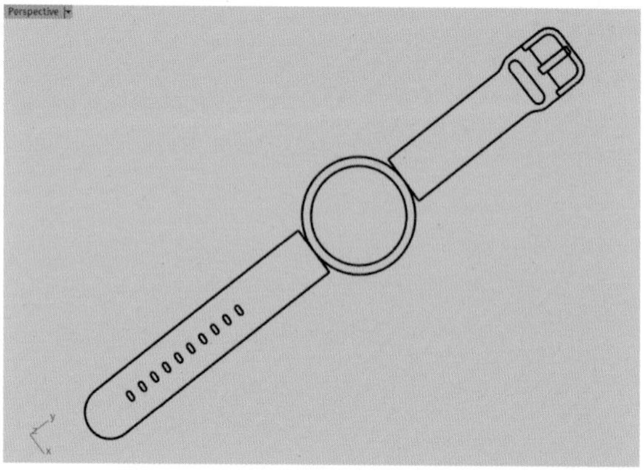

14 제자리 복사하기

Perspective View에서 작업한다. 38mm 안쪽 원을 제자리에 복사해 준다. 복사 방법은 개체를 선택하고 Ctrl + C, Ctrl + V 하거나, 개체를 선택하고 아이콘 명령어를 순차적으로 클릭해도 동일한 결과를 얻을 수 있다.

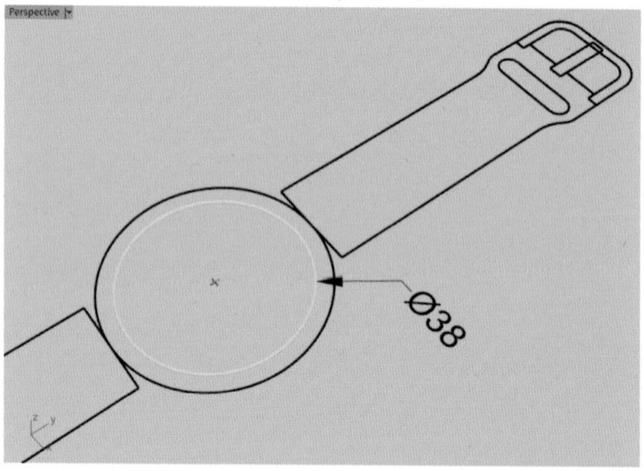

 Copy to clipboard: Ctrl-C

 Paste from clipboard: Ctrl-V
Paste to current layer

15 원 1개를 위로 이동시켜 주기

Perspective View에서 작업한다. Gumball을 활성화한다. 제자리 복사한 38mm 원 1개를 검볼(Gumball)을 이용하여 위쪽으로 8mm 이동시켜 준다.

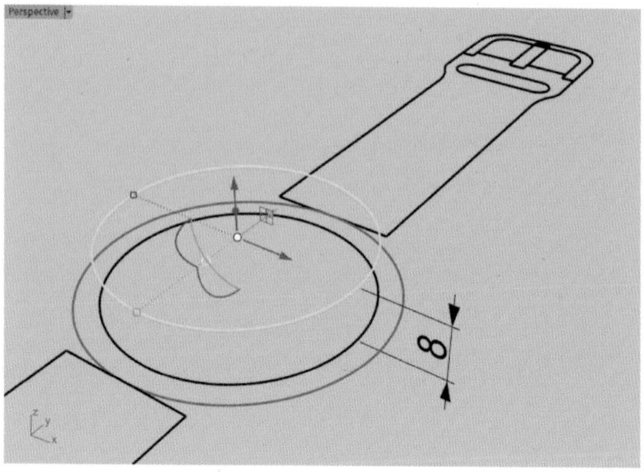

16 위로 1.8mm 이동시키기

Perspective View에서 작업한다. 다시 지름 45mm 원을 검볼을 이용하여 1.8mm 위로 올려 준다.

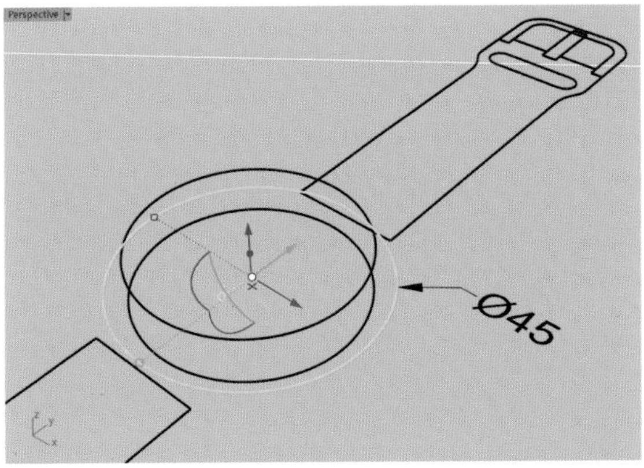

17 원을 밑으로 이동시켜 주기

Perspective View에서 작업한다. 검볼을 이용하여 지름 38mm 원을 아래 방향으로 −4.4 mm로 위치 이동시켜 준다.

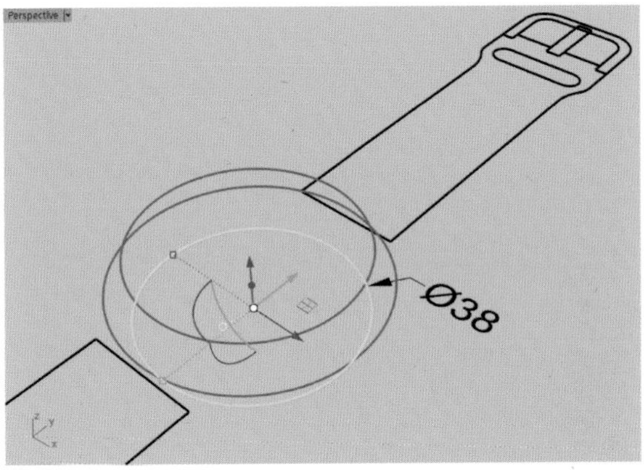

18 기준 포인트 만들어 주기

Perspective View에서 작업한다. 다음 드로잉 작업을 위해 포인트를 배치해 줄 예정이다. Osnap=Quad에 체크한다. Single point 명령으로 그림과 같이 원의 사분 점(Quad)에 총 3개의 참조(기준) 포인트를 배치한다.

Single point

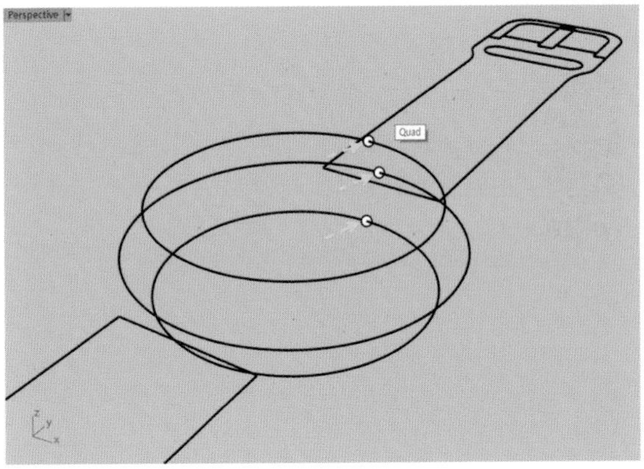

19 호(Arc) 그리기

Right View에서 작업한다. Osnap=Quad 또는 Point에 체크한다. Arc > Arc: start, end, point on arc 명령을 클릭한다. ①-②-③번호 순서대로 기점을 클릭하여 호(Arc)를 그려 준다.

Arc: start, end, point on arc
Arc: start, point on arc, end

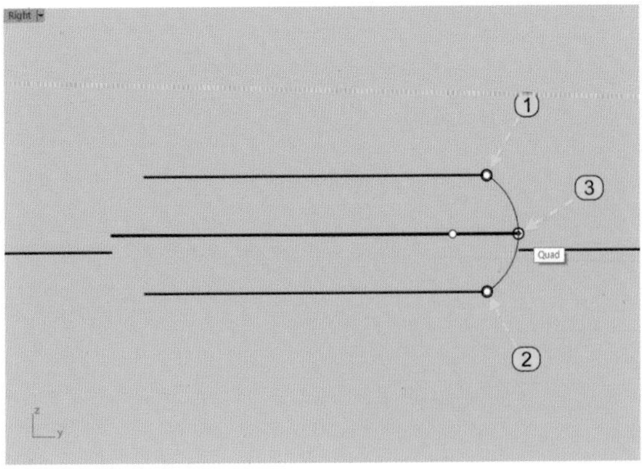

20 호(Arc)의 스케일 편집하기

Right View에서 작업한다. Osnap=Quad에 체크한다. 방금 그린 호를 선택하고 F10을 눌러 포인트를 활성화한다. Scale 〉 Scale 1-D 명령을 클릭한다. 변형하고자 하는 양쪽 포인트 2개를 선택하고 Quad를 기점으로 위쪽으로 마우스 드래그하면 변형된다. 이 부분을 변형하는 이유는 시계 측면 곡률이 너무 반원처럼 보이지 않게 하기 위함이다.

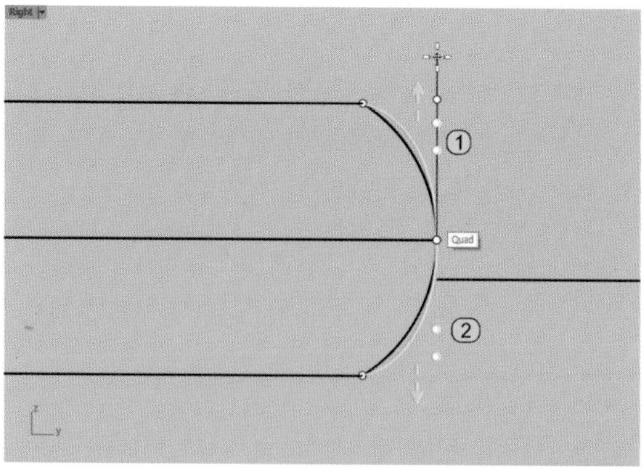

Scale 1-D

21 호(Arc) 상태 확인하기

Perspective View에서 방금 그린 호의 곡률 상태를 확인하고 좀 더 편집이 필요하면 자유롭게 형상을 수정한다.

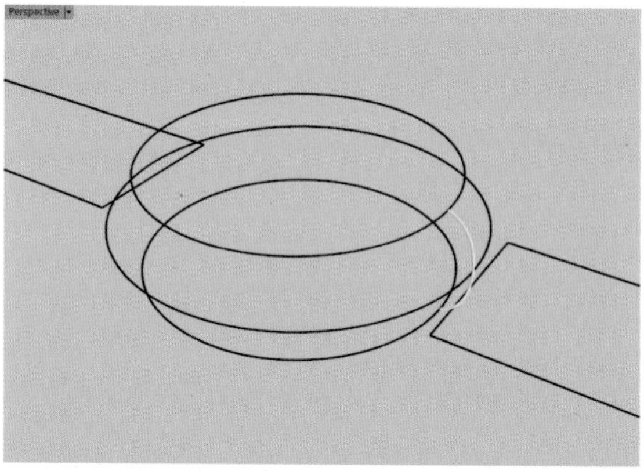

22 스트랩 입체 모델링하기

Perspective View에서 작업한다. Solid Creation 〉 Extrude closed planar curve 명령을 클릭한다. 해당 개체를 한 번에 모두 선택하고 BothSides=Yes, Solid=Yes로 설정하고 Extrusion distance=1.5를 기입하고 Enter 하여 마무리한다.

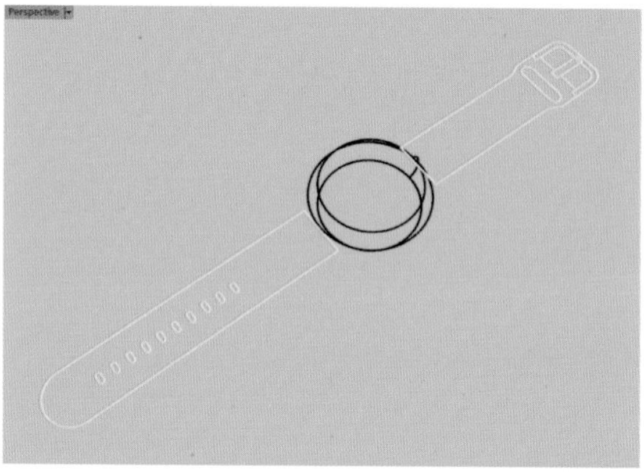

Extrude closed planar curve

Extrude closed planar curve 명령 결과 양쪽으로 돌출되어 총 3mm의 측면 두께를 가진 스트랩이 만들어졌다. 스트랩의 디테일은 나중에 해도 된다.

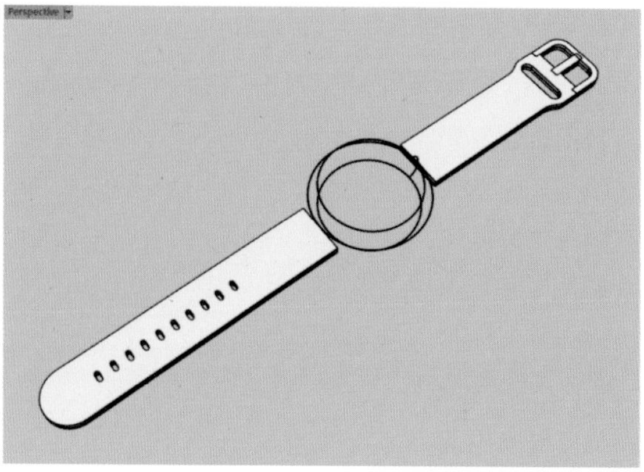

23 베젤(Besel) 면 만들기

Perspective View에서 작업한다. 스마트 워치의 디스플레이를 감싸는 베젤 부위의 면을 만들 차례이다. Surface Creation 〉 Sweep 2 rails 명령을 클릭한다. 먼저 ①번과 ②번 레일을 클릭하고 ③번 단면 커브를 클릭한다. 옵션 대화창에서 Closed sweep에 체크하고 Enter 하면 면이 만들어진다.

Sweep 2 rails

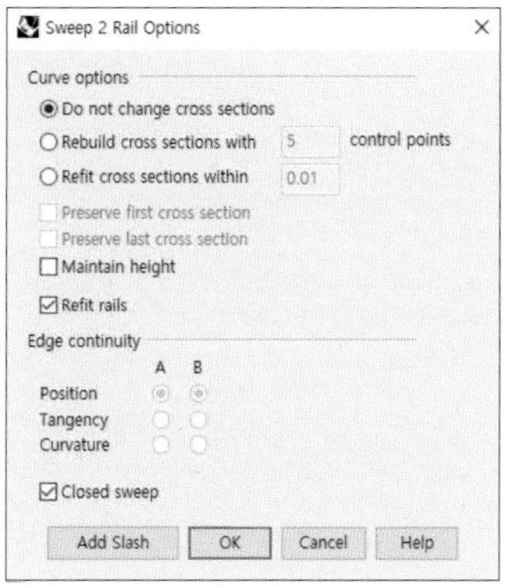

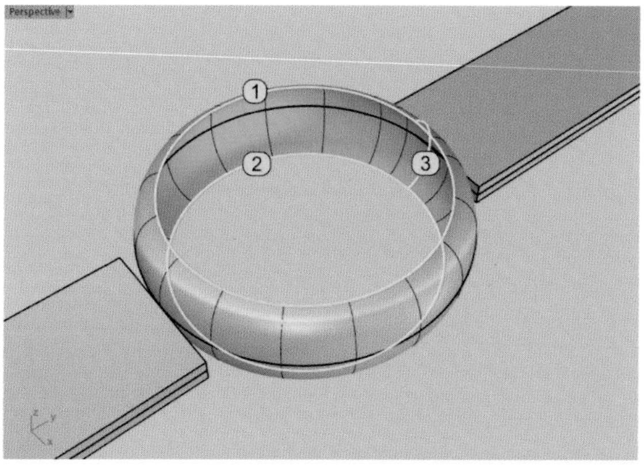

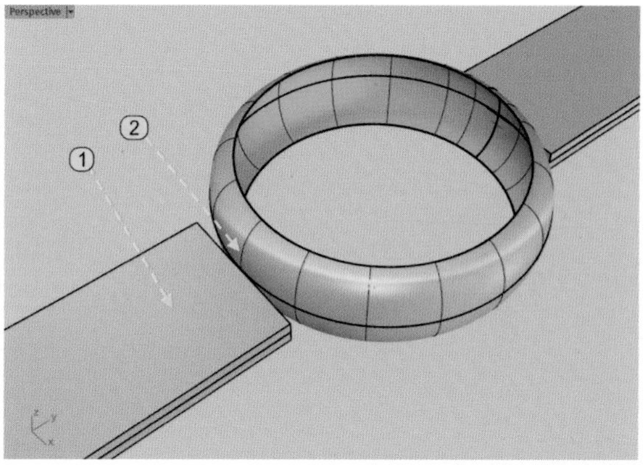

24 면과 면에 대응하는 필렛 주기

Perspective View에서 작업한다. Surface Tools 〉 Fillet Surface 명령을 클릭한다. 다음 Radius=10을 기입하고 Enter 한 후 ①번과 ②번 면의 지점을 잘 선택해 준다. 그림과 같이 서피스 필렛 면이 만들어진다.

Fillet Surface

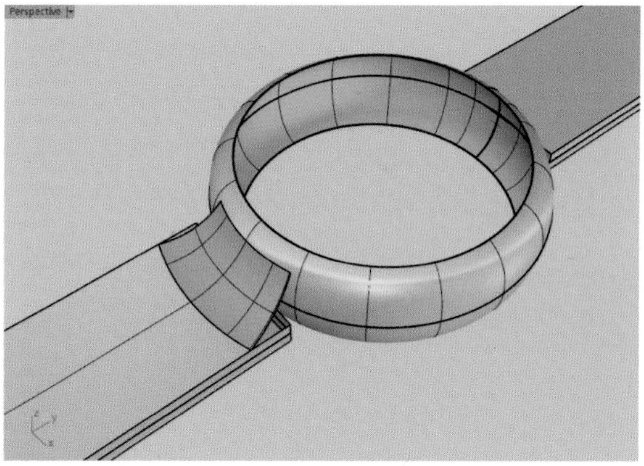

25 면과 면에 대응하는 필렛 주기

반대쪽 면도 동일한 방법으로 필렛 서피스 면을 만들어 준다. 아마도 이음새(SEAM)가 공유되기에 생성 면이 두 조각으로 나뉘지만 여기서는 아무런 문제가 없는 부분이다. 이러한 대칭 디자인은 ½ 또는 ¼만 그려서 Mirror 복제해도 문제가 없기 때문이다.

Fillet Surface

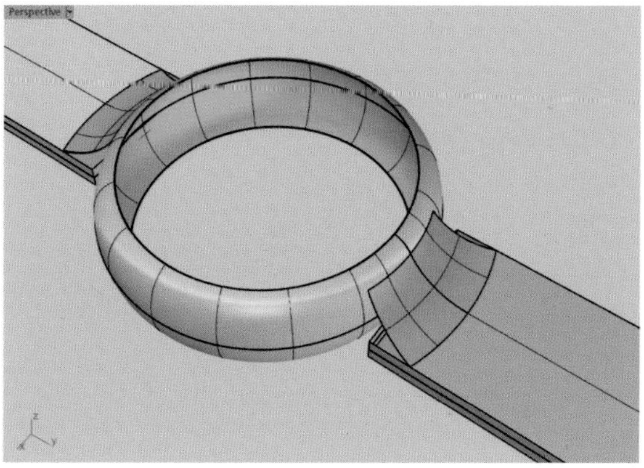

26 면 자르기

Osnap=End에 체크한다. Split surface by isocurve 명령을 클릭(RMB)한다. 자르고자 하는 원형 면을 선택하고 Enter 한다. Split point에서 Direction=U, Shrink=Yes에 체크하고 방금 만든 상대편 필렛 면 End 점을 클릭하고 Enter 하면 면이 수평 방향으로 잘리게 된다.

Split
Split surface by isocurve

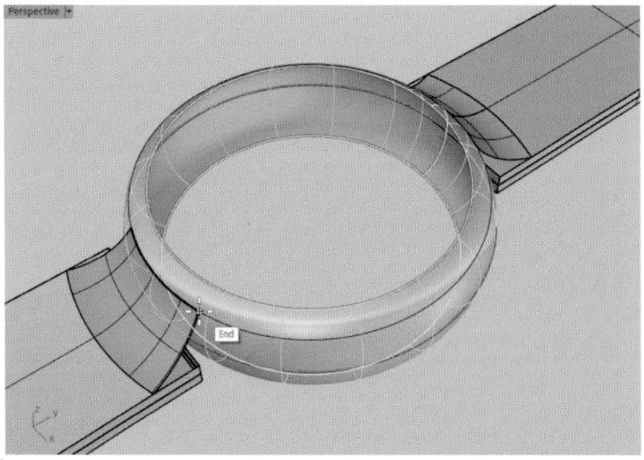

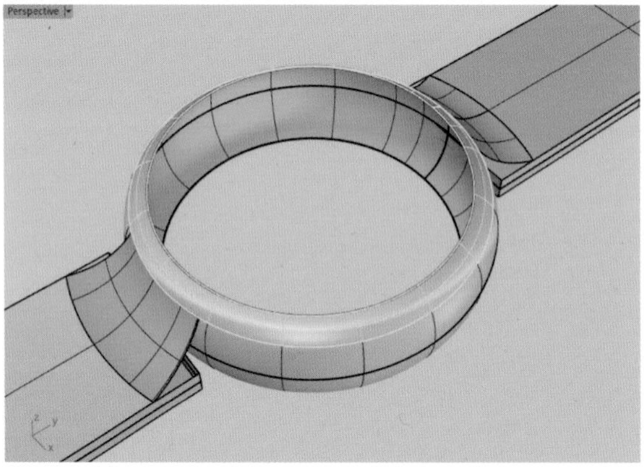

27 수형 직선 그리기

Perspective View에서 작업한다. Osnap=End에 체크한다. Lines 〉 Single line 명령으로 그림과 같이 수평 직선을 그려 준다.

Single line

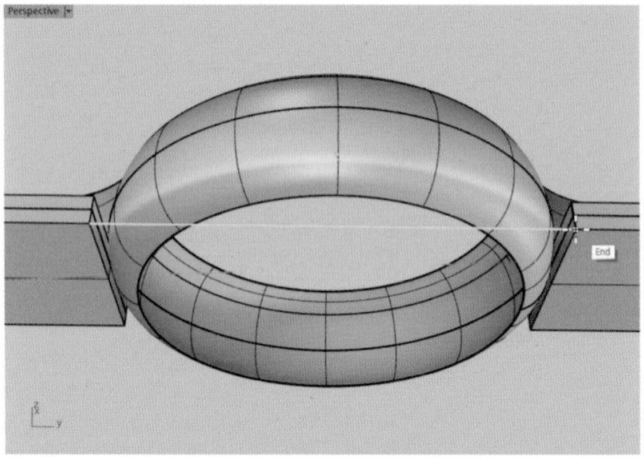

28 교차 포인트 만들어 주기

Curve From Object 〉 Object intersection 명령을 클릭한다. 먼저 ①번, ②번 면을 한 번에 선택하고 Enter 하면 교차 포인트가 만들어진다. 다음 작업을 위한 일종의 기준점이다.

Object intersection

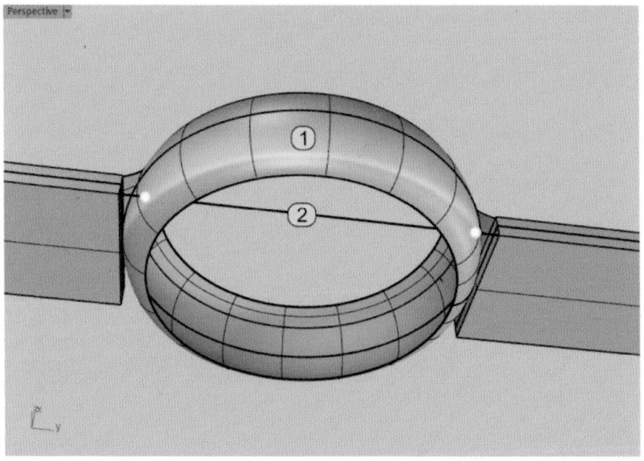

29 면 자르기

Osnap=Point에 체크한다. Split surface by isocurve 명령을 클릭(RMB)한다. 자르고자 하는 원형 면을 선택하고 Enter 한다. Split point에서 Direction=U, Shrink=Yes에 체크하고 방금 만든 Point를 클릭하고 Enter 하면 면이 수평 방향(U)으로 잘리게 된다.

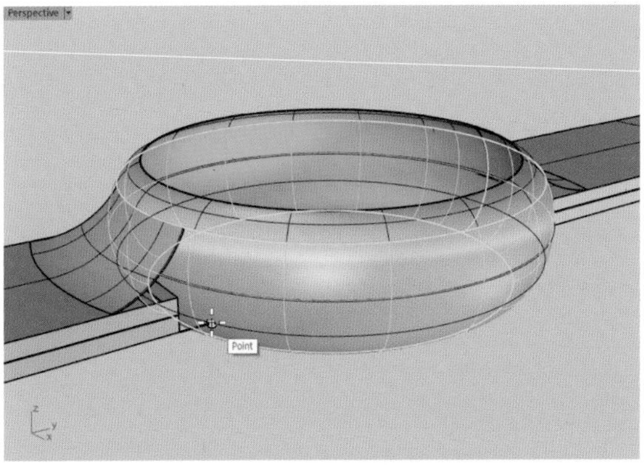

Split
Split surface by isocurve

반드시 앞서 만든 교차 포인트를 기준으로 면이 잘리게 해야 한다.

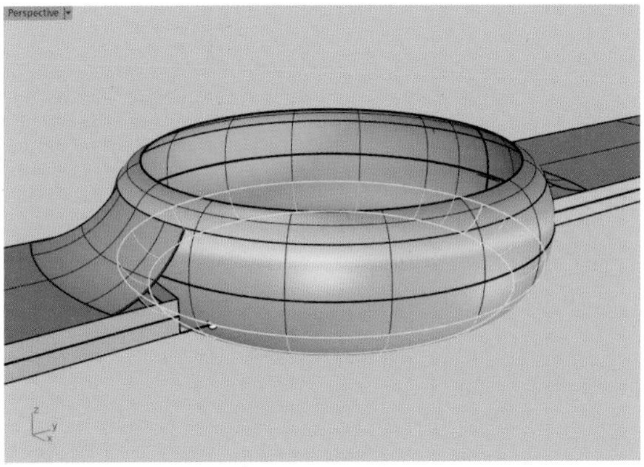

30 면 자르기

Osnap=Quad에 체크한다. Split surface by isocurve 명령을 클릭(RMB)한다. 자르고자 하는 원형 면을 선택하고 Enter 한다. Split point에서 Direction=V, Shrink=Yes에 체크하고 그림과 비슷한 지점을 클릭하고 Enter 하면 면이 수직 방향(V)으로 잘리게 된다. 마지막 클릭 지점은 나중에 대칭 복사(Mirror Copy)를 염두해 두고 반드시 Quad 지점을 잘라 주어야 한다.

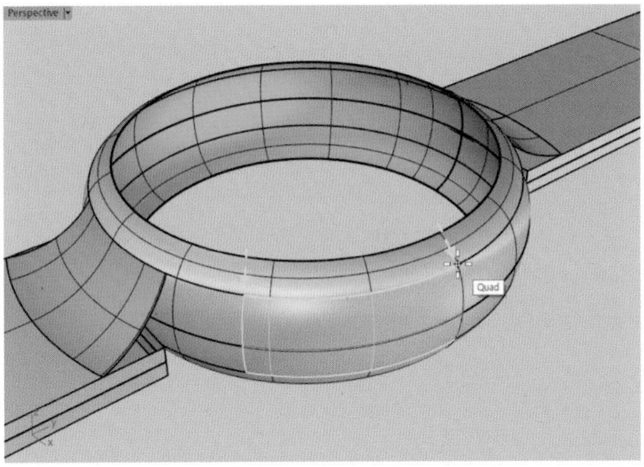

Split
Split surface by isocurve

31 일부 면과 선들 숨겨 주기

이제 일부만 그려서 Mirror 복사하면 되기에 그림과 같이 당장 작업에 사용되지 않는 면이나 커브들은 Hide objects 명령으로 숨겨 준다. 나중에 사용할 수도 있다면 숨기는 게 좋다.

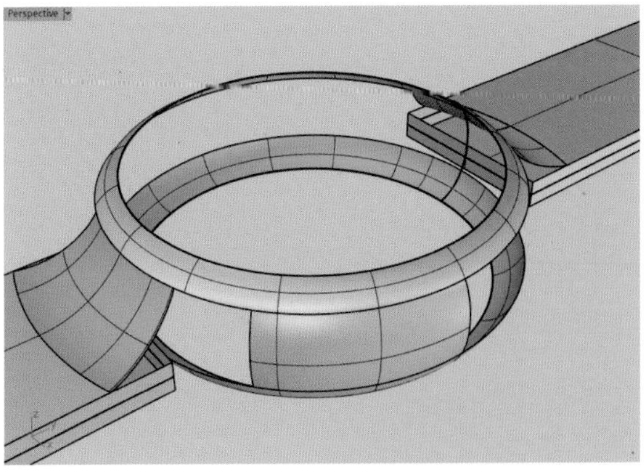

Hide objects
Show objects

32 블랜드 면 연결하기

Perspective View에서 작업한다. Surafce Tools 〉 Blend Surface 명령을 클릭한다. 다음 그림과 같이 ①번과 ②번이 마주 보는 면의 엣지를 클릭한다. 조정 옵션은 Curvature, Same height에 체크 후 OK한다. 블랜드 면이 생성된다. 다만 화살표 지점은 열리게 된다.

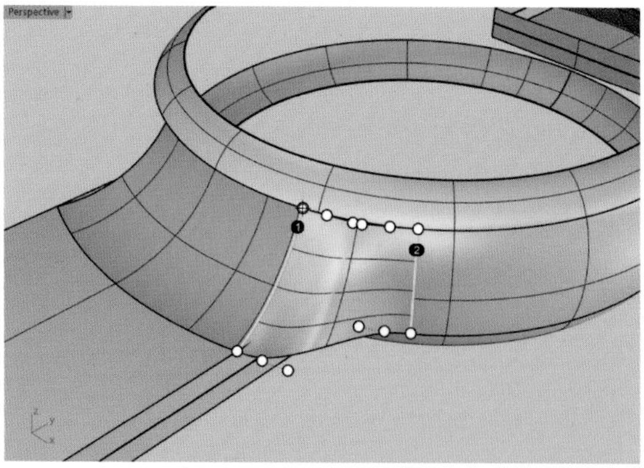

Blend Surface

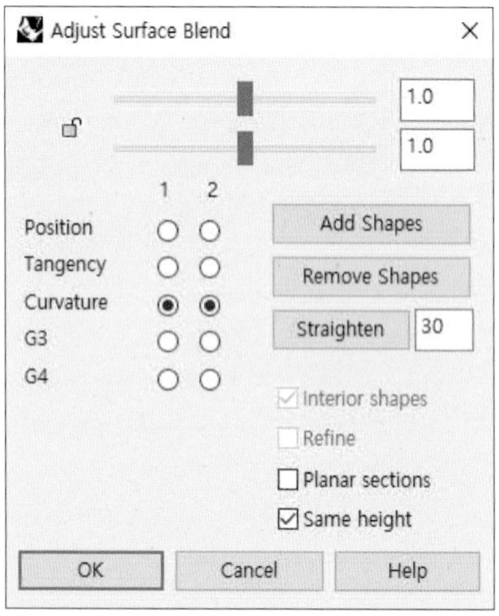

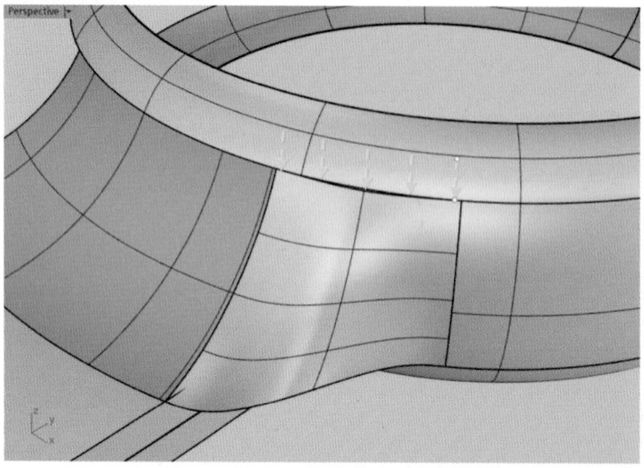

33 면 일치시켜 주기

Perspective View에서 작업한다. 앞서 열린 곳의 면을 일치시켜 연속성을 유지시켜 주어야 한다. Surface Tools 〉 Match surface 명령을 클릭한다. 먼저 작은 면의 엣지(①번)를 클릭하고 원형 면의 엣지(②번)를 선택해 준다.

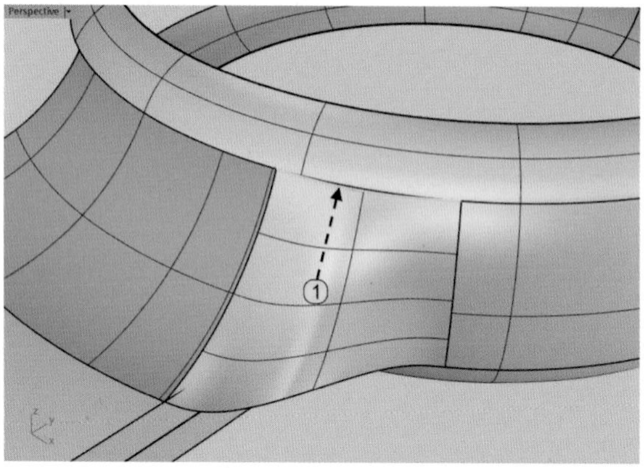

Match surface

Match up to four surface edges

옵션은 그림과 같이 설정하면 된다. 기본적인 Render 모드나 Analyze 〉 Zebra analysis 명령으로 이용 면의 연속성을 시각적으로도 체크해 본다. 연속성에 등급에 따라 패턴의 변화가 있겠지만 패턴 자체가 면의 경계에서 서로 엇갈리면 연속성에 문제가 있다고 볼 수 있다. 여기서는 현재 정상적인 패턴의 흐름을 보여 주고 있다.

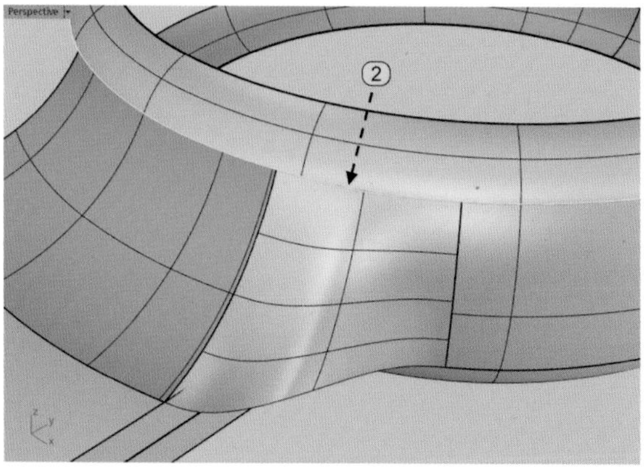

Zebra analysis

Zebra analysis off

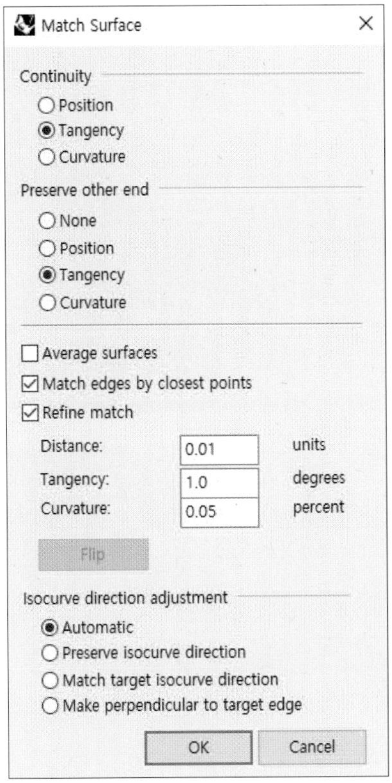

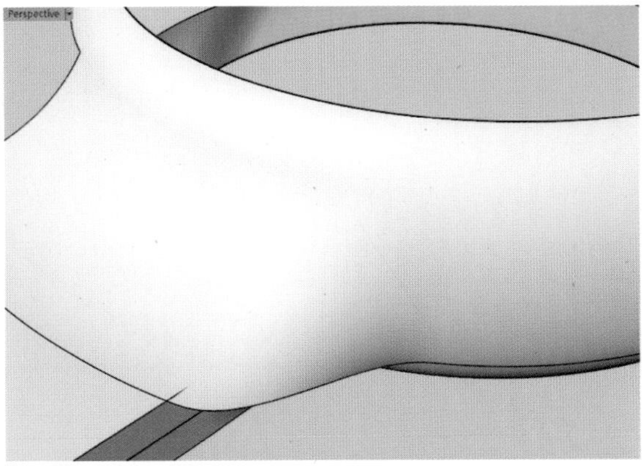

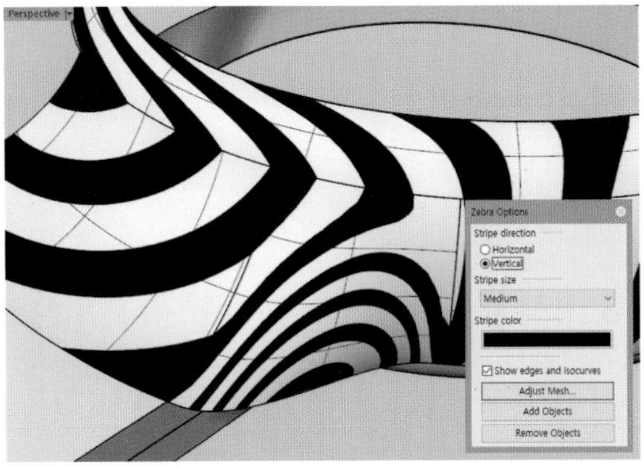

34 면 위에 아이소커브 만들기

Perspective View에서 작업한다. Curve From Object 〉 Extract isocurve 명령을 클릭한다. Select isocurve to extract라 뜨면 Direction=U, IgnoreTrims=No로 체크된 상태에서 원하는 위치를 클릭하면 된다. 최대한 그림과 비슷한 위치에 만들어 줄 것을 권장한다.

Extract isocurve
Move extracted isocurve
Extract wireframe

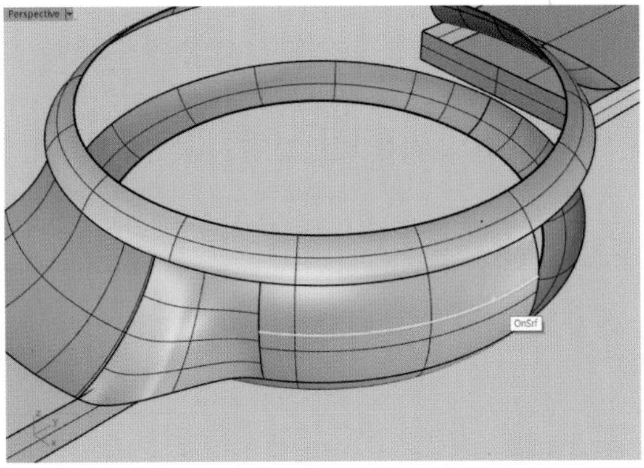

35 호 블랜드 연결하기

Perspective View에서 작업한다. Curve Tools 〉 Arc blend 명령을 클릭한다. 다름 ①번 엣지의 끝단과 ②번 아이소커브의 앞단을 클릭한다. 그림과 같이 호(Arc) 블랜드 커브가 만들어진다.

Arc blend

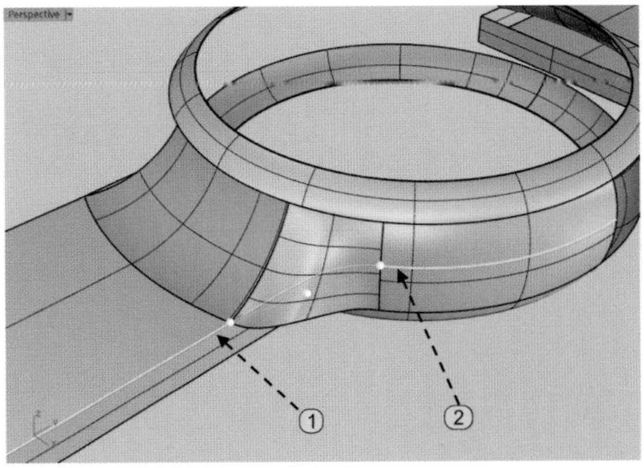

36 호 블랜드 커브를 면 위에 투영하기

Perspective View에서 작업한다. Curve From Object 〉 Pull curve or control points 명령을 클릭한다. 투영하고자 하는 ①번 커브를 먼저 클릭한다. 다음 투영하고자 하는 ②번 면을 선택하고 (Enter) 하면 투영된다.

- Pull curve or control points
- Pull curve loose

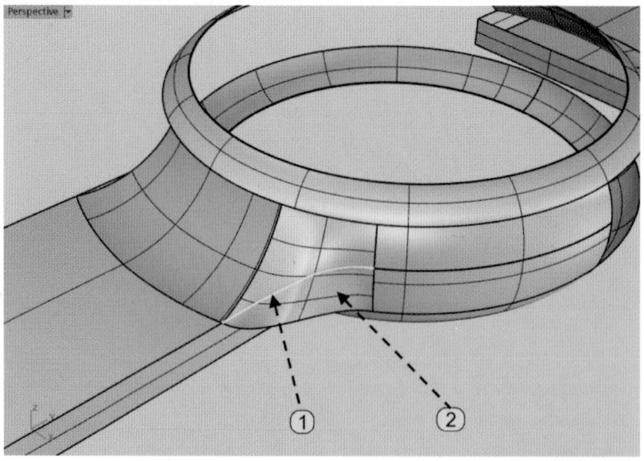

37 면 분리하기

Perspective View에서 작업한다. Split 명령으로 면을 선으로 잘라 준다. 잘린 아래쪽의 면은 지워 준다. 자를 때 사용한 선과 아이소커브는 숨겨 준다.

- Split
- Split surface by isocurve

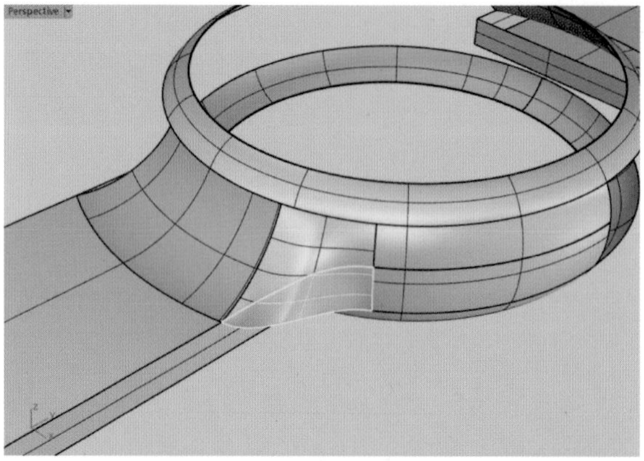

38 면 분리하기

Perspective View에서 작업한다. 다음 작업을 위해 해당 선택된 밴드/스트랩(Strap) 개체를 Explode 명령으로 폭파해 준다. 다음 스트랩의 측면(두께 면)들을 모두 숨겨 준다.

- Explode
- Extract surface

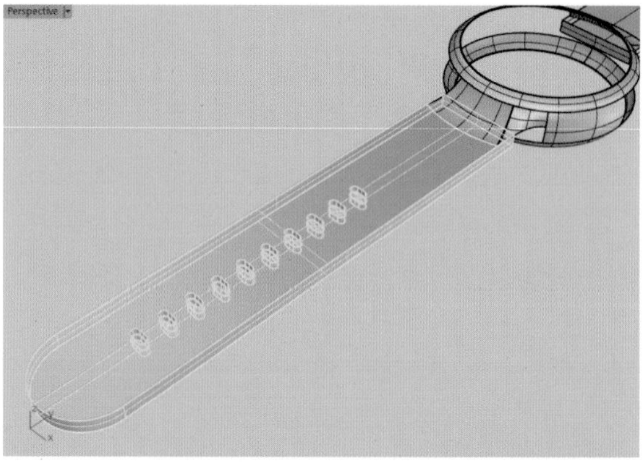

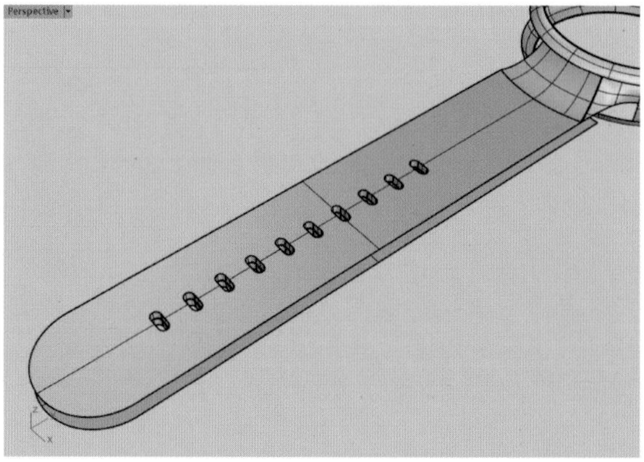

39 엣지 보이게 하기

Perspective View에서 작업한다. Analyze > Show edge 명령으로 해당 스트랩 면의 가장자리 엣지들을 모두 보이게 한다.

Show edges
Turn off showing curve edges

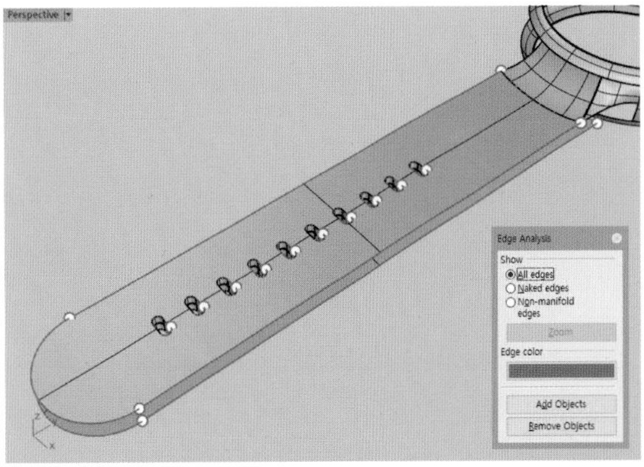

40 엣지 자르기

Perspective View에서 작업한다. Osnap=Knot에 체크한다. Analyze > Edge tools > Split edge 명령을 클릭한다. 그다음 그림처럼 확대된 지점에 정확하게 마주하는 엣지를 잘라 엣지 포인트를 추가한다.

Split edge
Merge edge

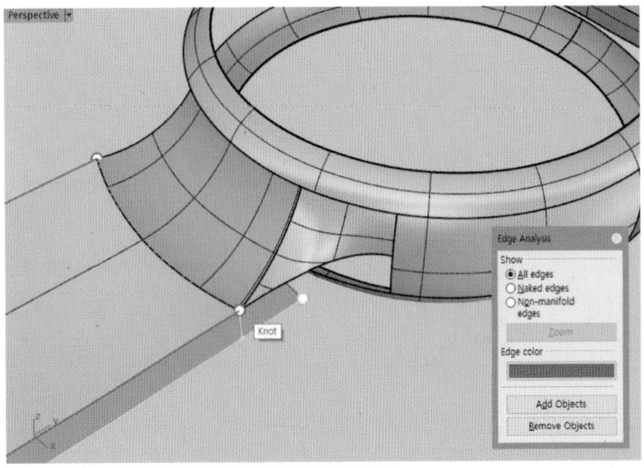

잘린 곳은 그림과 같이 붉은색 포인트가 생긴다. 중복해서 같은 자리를 자르는 일이 있어서는 안 된다. 다른 쪽도 같은 지점을 잘라 주면 된다.

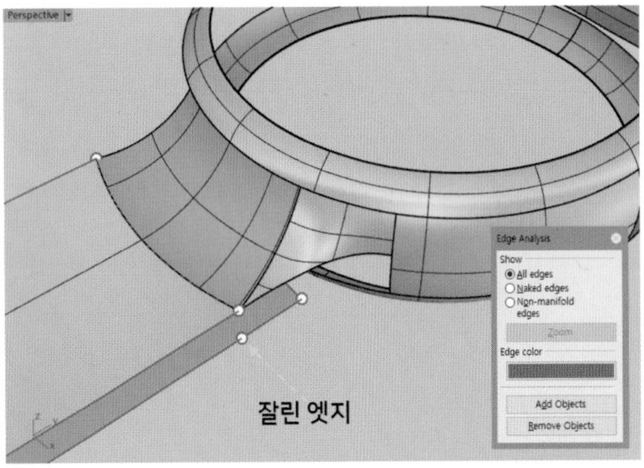

41 면 잘라 지워 주기

Perspective View에서 작업한다. Osnap=Kont에 체크한다. Split surface by isocurve 명령으로 그림과 같이 Knot 기점으로 잘라 준다.

Split
Split surface by isocurve

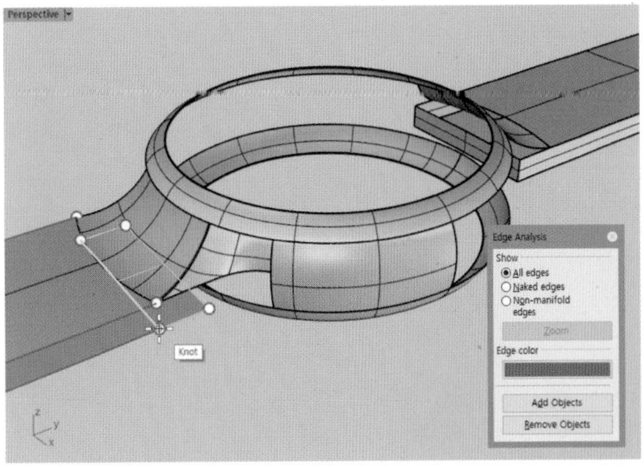

42 스트랩 측면 블랜드 면 만들기

Perspective View에서 작업한다. Surface Tools 〉 Blend surface 명령을 클릭한다. ①번과 ②번 엣지를 선택하여 부드러운 연결 면으로 만들어 준다. 볼륨 정도는 그림에 있는 설정값(0.358, Tangency)에 준한다.

Blend Surface

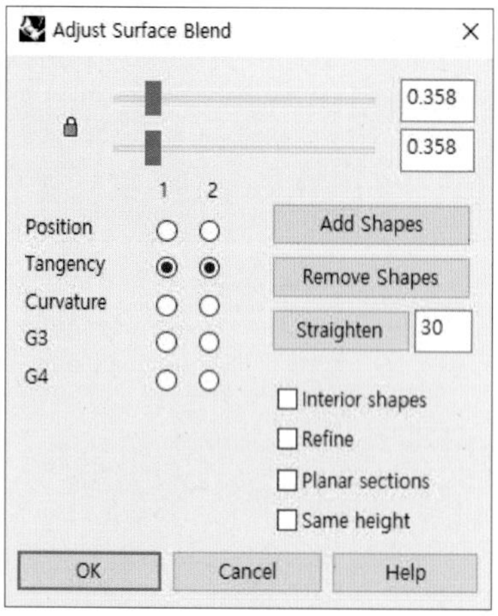

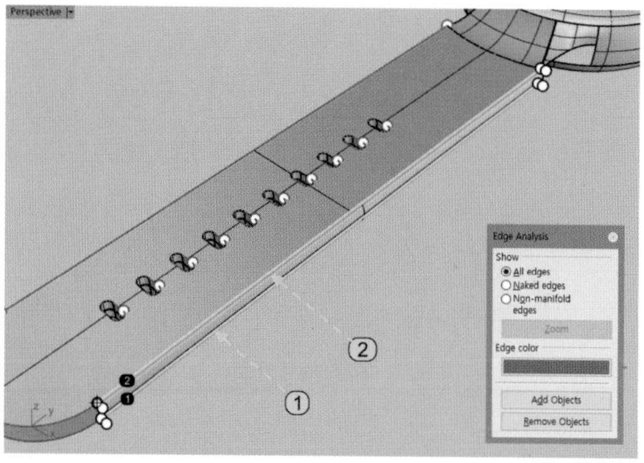

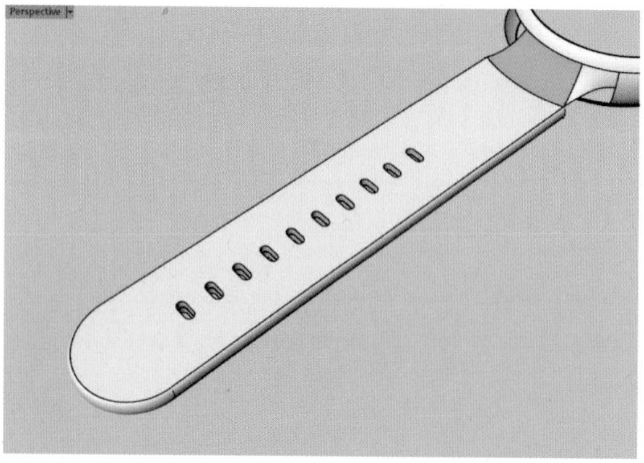

43 스트랩 측면 추가 블랜드 면 만들기

Perspective View에서 작업한다. Surface Tools 〉 Blend surface 명령을 클릭한다. ①번과 ②번 엣지를 선택하여 부드러운 연결 면으로 만들어 준다. 볼륨 정도는 그림에 있는 설정값(0.358, Tangency)에 준한다.

Blend Surface

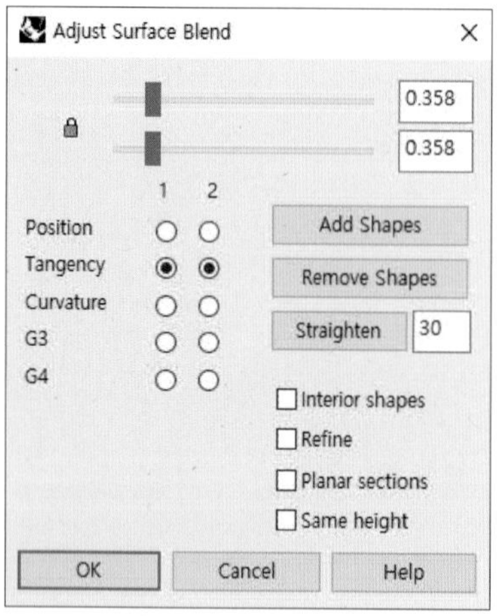

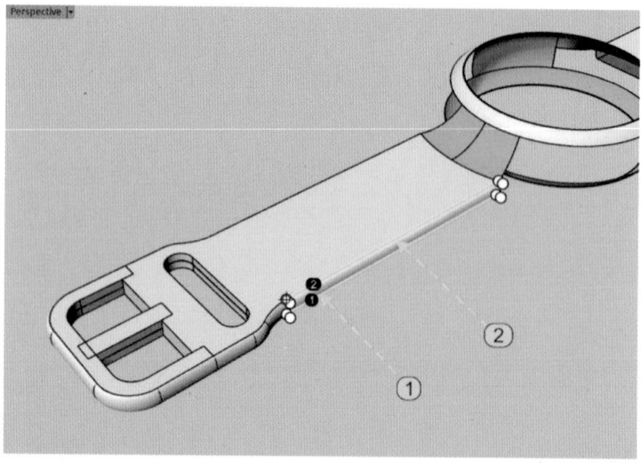

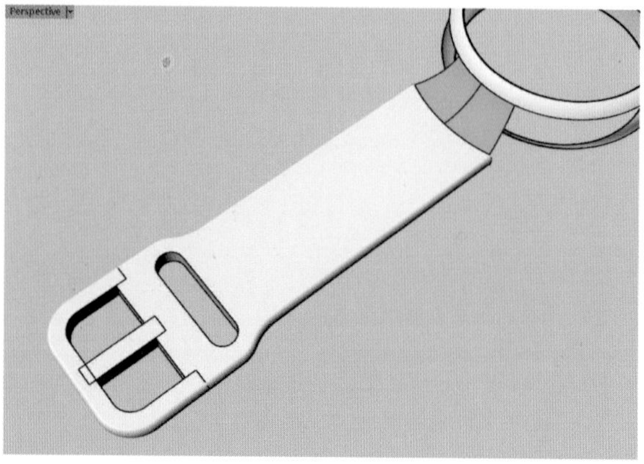

44 아크 블랜드 연결하기

Perspective View에서 작업한다. Curve Tools 〉 Arc blend 명령을 클릭한다. 다름 ①번 엣지의 끝단과 ②번 아이소커브의 앞단을 클릭한다. 그림과 같이 아크(Arc) 블랜드 커브가 만들어진다.

Arc blend

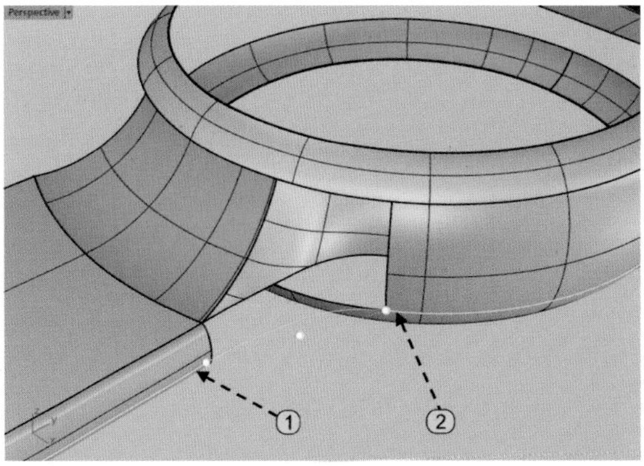

45 추가 엣지 잘라 주기

Perspective View에서 작업한다. 먼저 Edge tools 〉 Show edges 명령으로 해당 면의 엣지 상태를 보이게 한다.

Show edges
Turn off showing curve edges

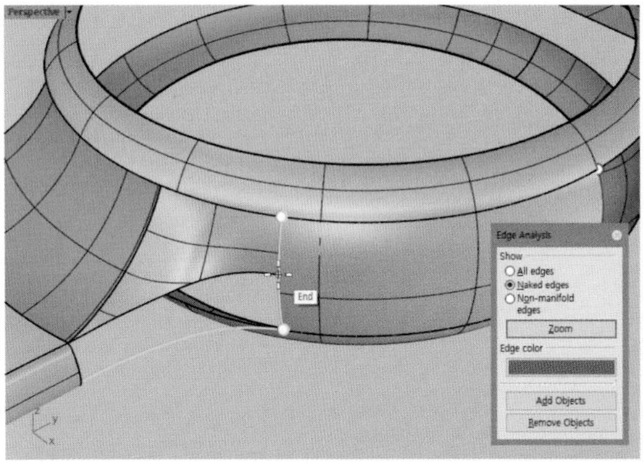

다음 Osnap=End에 체크한다. Split edge 명령으로 상대 면의 End 점을 이용해 해당 면을 잘라 준다. 잘린 곳에 그림과 같이 붉은색 포인트가 보이게 된다.

Split edge
Merge edge

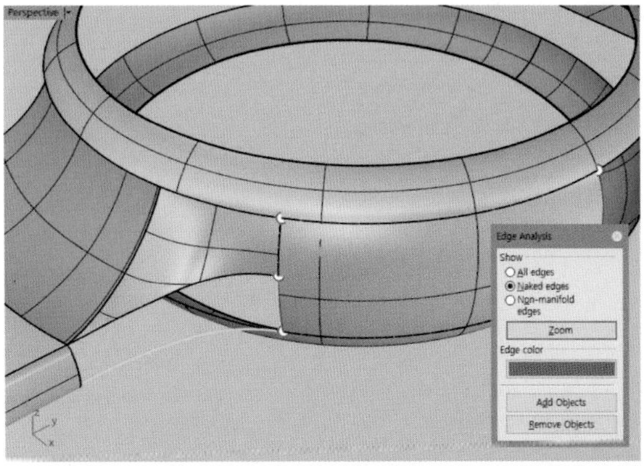

46 연장 면 만들기

Perspective View에서 작업한다. Surface Creation 〉 Ribbon 명령을 클릭한다. 다음 커브를 클릭하고 면 형성 방향으로 Distance=2를 기입하고 Enter 한다.

Ribbon

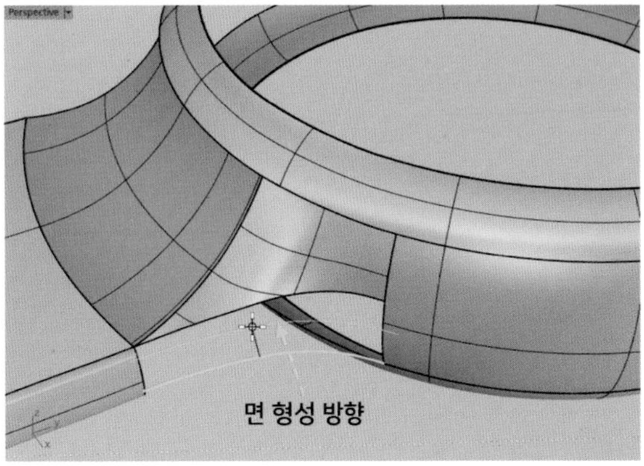

그림과 같이 Ribbon 명령으로 면이 만들어진 것을 확인할 수 있다. 이것은 면 메꾸기 작업 시 가끔 임시로 필요하며 관련 작업이 끝나면 지워 주게 된다.

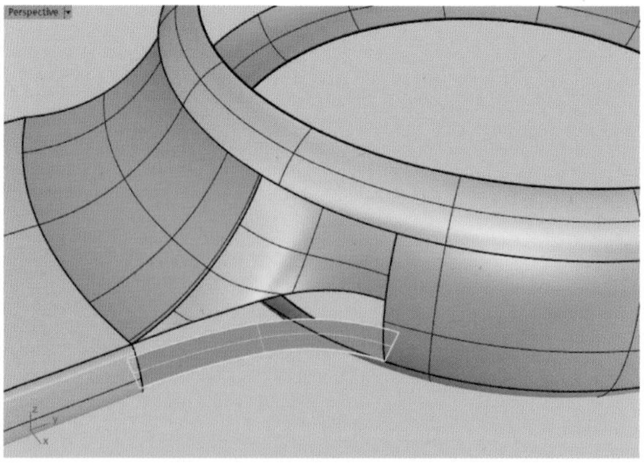

47 네트워크로 면 만들기

Perspective View에서 작업한다. Surface Creation 〉 Surface from network of curves 명령을 클릭한다. 그림과 같이 4개의 열린 엣지를 선택한다. 옵션 대화 상자가 뜨면 그림과 같이 체크하고 OK한다.

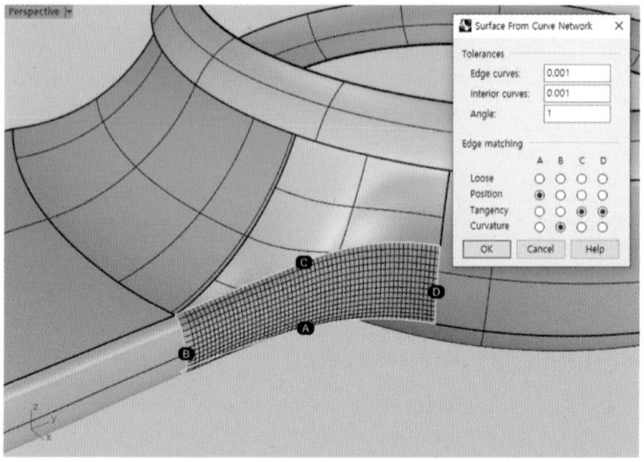

Surface from network of curves

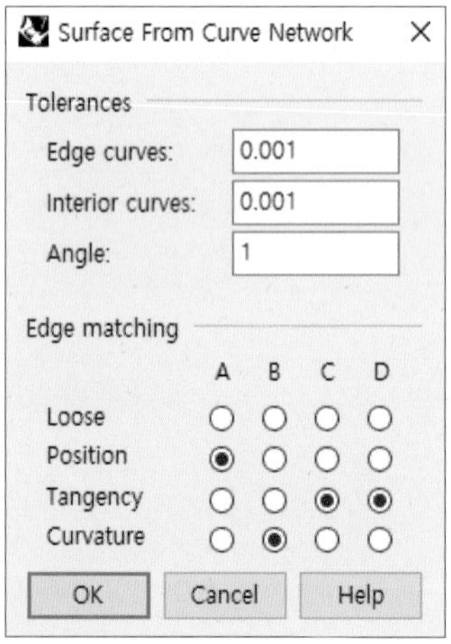

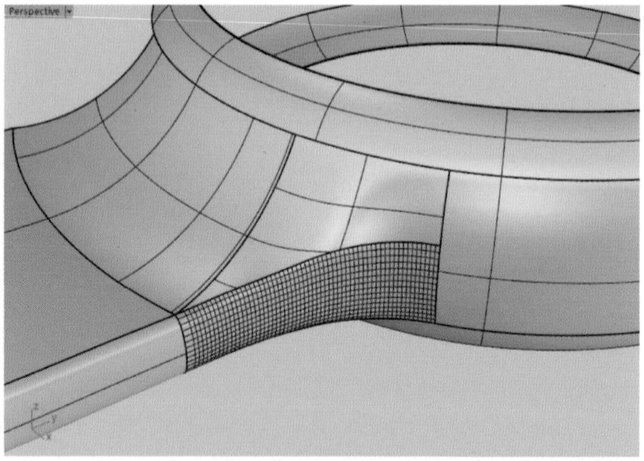

48 면 상태 체크하기

Perspective View에서 작업한다. Analyze 〉 Surface Analysis 〉 Zebra analysis 명령으로 면의 연속성 상태를 확인해 본다. 흐름이 끊기거나 패턴의 핀트가 벗어나면 문제가 있는 것이다. 여기서는 주로 접선의 일치(Tangency=G1)나 곡률의 일치(Curvature=G2)를 만족해야 한다.

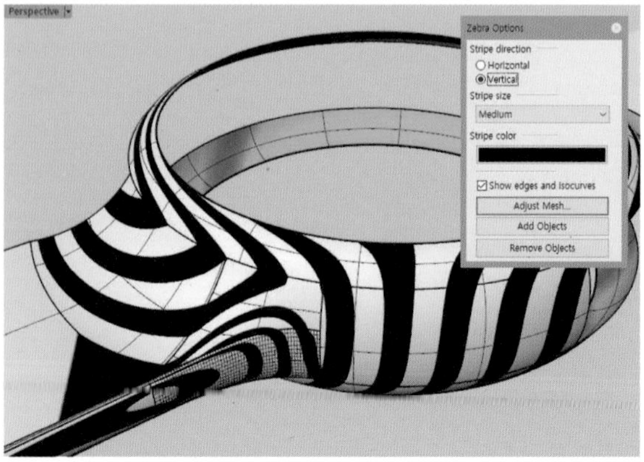

Zebra analysis
Zebra analysis off

49 대칭 복사하기

Top View에서 작업한다. Osnap=Cen, Quad에 체크한다. 해당 면들을 잠시 확인을 위해 Mirror 명령으로 대칭 복사해 본다.

Mirror
Mirror on 3-point plane

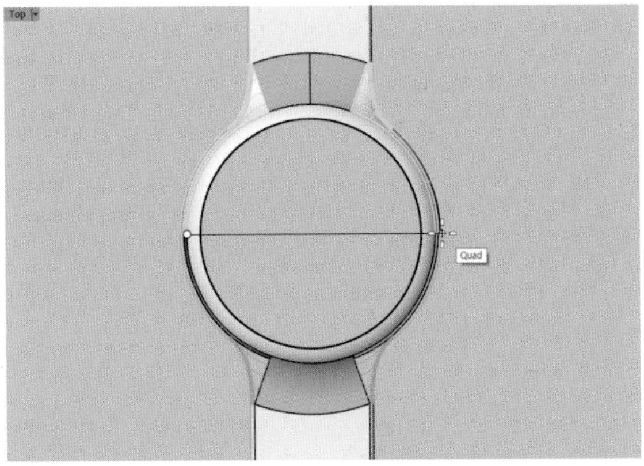

개체들을 임시로 Join한다. 다음 Render 디스플레이 모드에서 면의 음영을 확인하다. 음영의 흐름이 부드럽게 보이는 것으로 보아 지금까지 만든 베젤 부위의 면들은 연결 상태가 양호하게 보인다. 물론 좀 더 정확하게 하려면 분석 툴을 사용하면 된다.

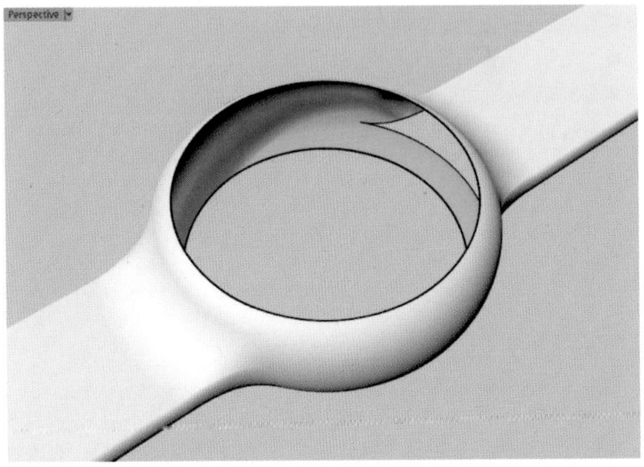

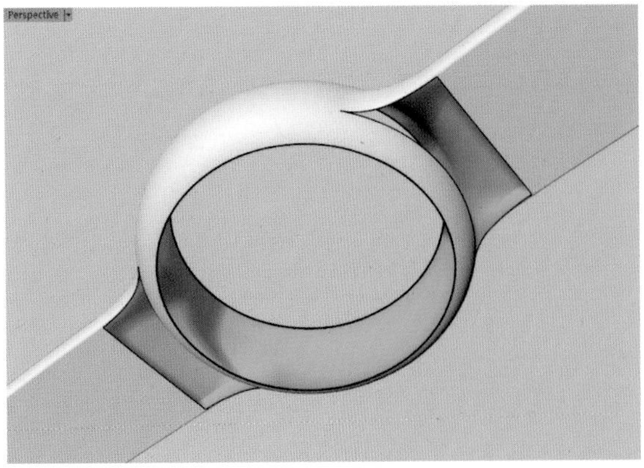

50 작업 면들 분리하기

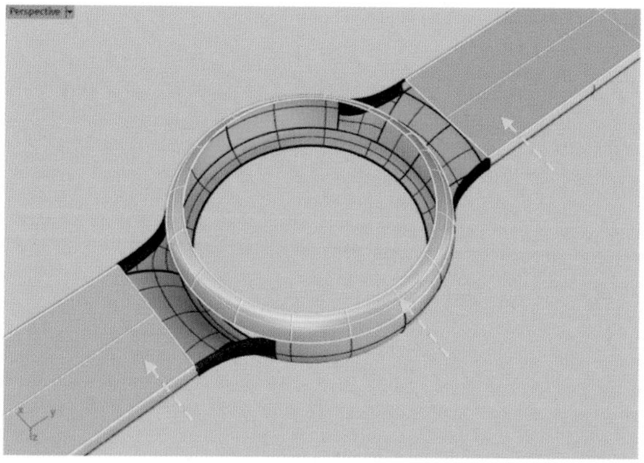

Perspective View에서 작업한다. Solid Tools 〉 Extract surface 명령으로 화살표 지시된 면들만 우선 분리한다.

 Extract surface

 Explode
Extract surface

51 서피스 필렛 주기

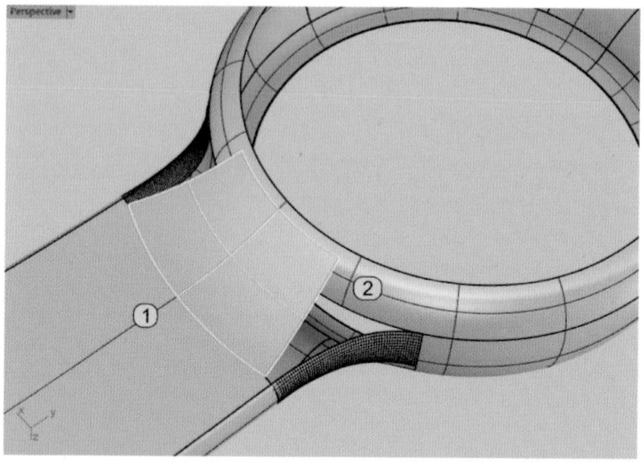

Perspective View에서 작업한다. Surface Tools 〉 Fillet surface 명령을 클릭한다. Radius=20을 입력하고 Enter 후 ①번 면과 ②번 면을 순서대로 선택해 주면 그림과 같이 면이 만들어진다.

 Fillet Surface

52 호(Arc) 그려 주기

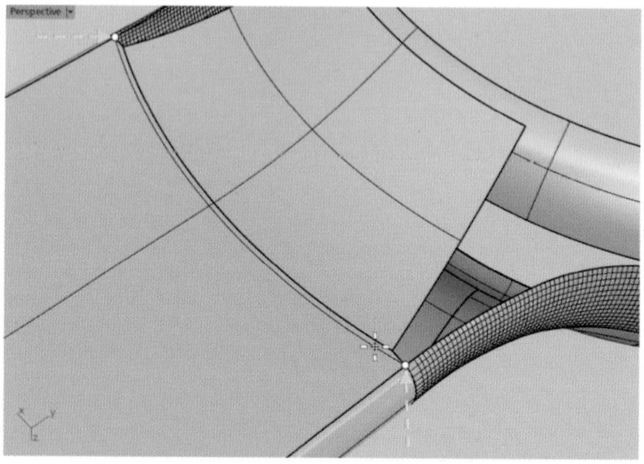

Perspective View에서 작업한다. Osnap=End에 체크한다. 다음 Arc 〉 Arc: start, end, point on arc 명령을 클릭한다. ①번 면의 좌우 측 End 기점을 기준으로 그림과 같은 호를 그려 준다.

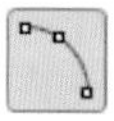 Arc: start, end, point on arc
Arc: start, point on arc, end

53 면 잘라 주기

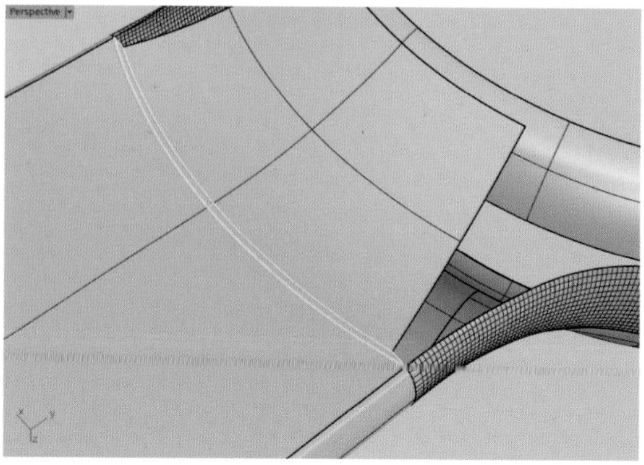

Perspective View에서 작업한다. 이제 Split 명령으로 ①번 면을 호(Arc)로 자르고 잘린 조각 면은 지워 준다.

 Split
Split surface by isocurve

54 떨어져 있는 면 매치하기

Perspective View에서 작업한다. Surface Tools 〉 Match surface 명령을 클릭한다. 다음 ①번 Edge와 ②번 Edge를 클릭한다. 매치 옵션은 대화 상자의 설정에 따른다.

Match surface
Match up to four surface edges

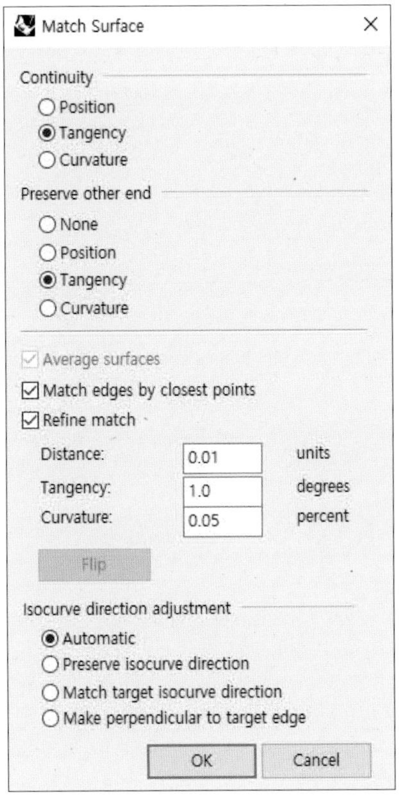

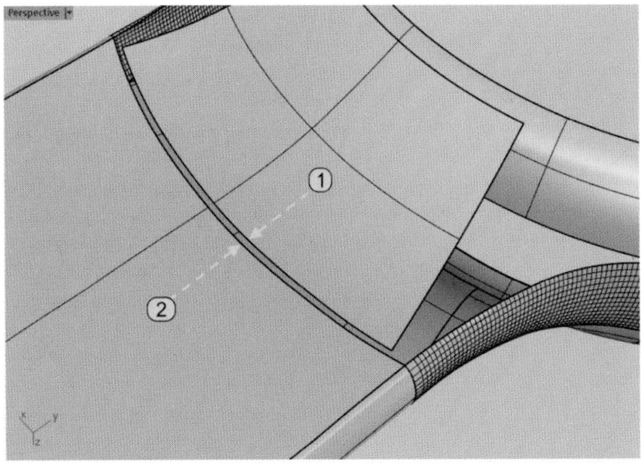

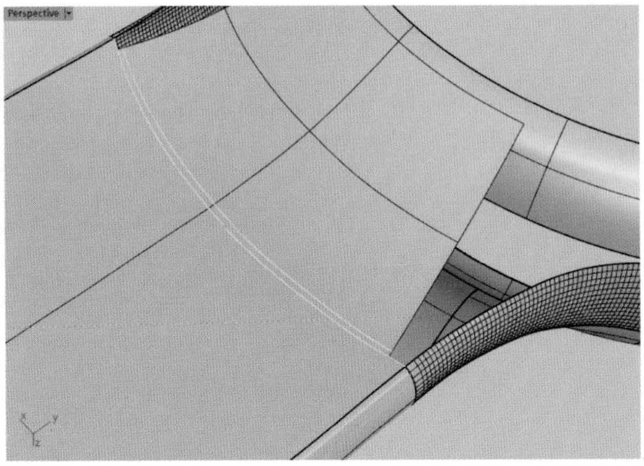

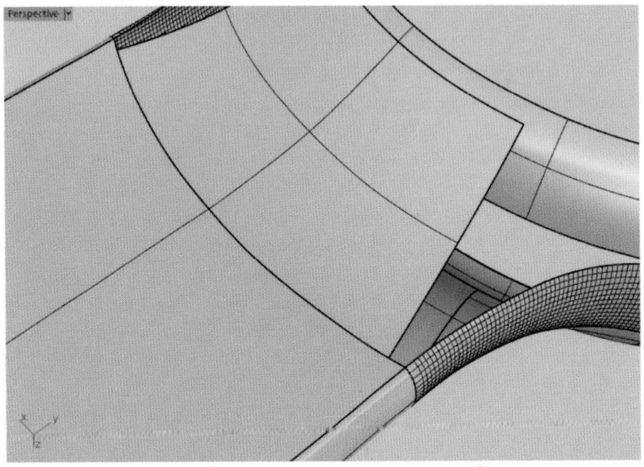

55 아이소커브 방향으로 면 자르기

Perspective View에서 작업한다. Osnap=End에 체크한다. Split surface by isocurve 명령을 클릭한다. Direction=V, Shrink=Yes 상태로 잘라 준다.

Split
Split surface by isocurve

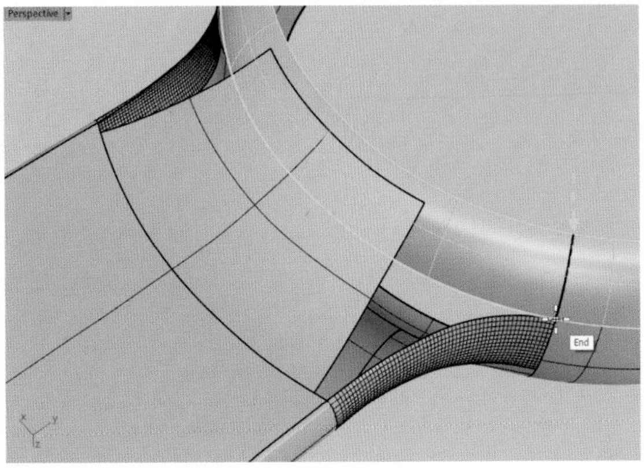

56 아이소커브 방향으로 면 자르기

Perspective View에서 작업한다. Osnap=End에 체크한다. Split surface by isocurve 명령을 클릭한다. Direction=V, Shrink=Yes 상태로 잘라 준다.

Split
Split surface by isocurve

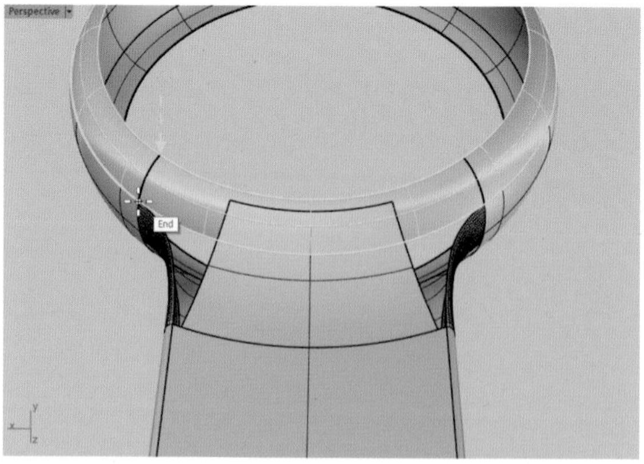

57 아이소커브 방향으로 면 자르기

Perspective View에서 작업한다. Osnap=End에 체크한다. Split surface by isocurve 명령을 클릭한다. Direction=U, Shrink=Yes 상태로 잘라 준다.

Split
Split surface by isocurve

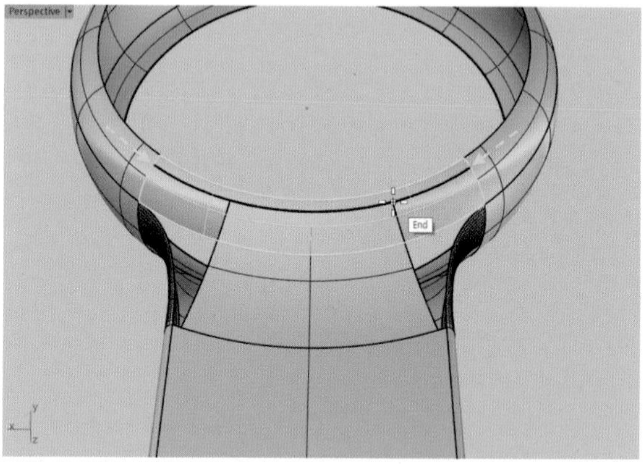

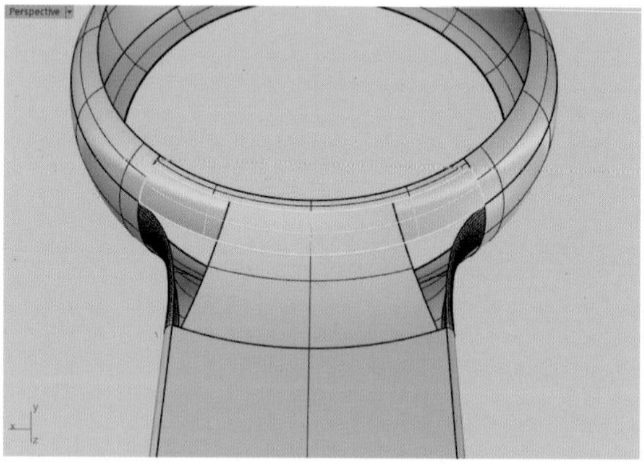

58 불필요한 면 지워 주기

Perspective View에서 작업한다. Split으로 자른 면 중에 불필요한 면은 그림과 같이 지워 준다.

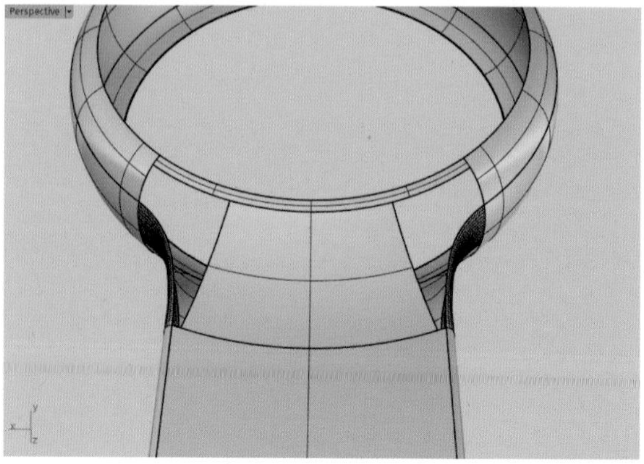

59 열린 엣지 보이게 하기

Perspective View에서 작업한다. ①-②-③번 면들에 대해 Show edges 명령으로 열린 엣지가 구분되게 한다.

Show edges
Turn off showing curve edges

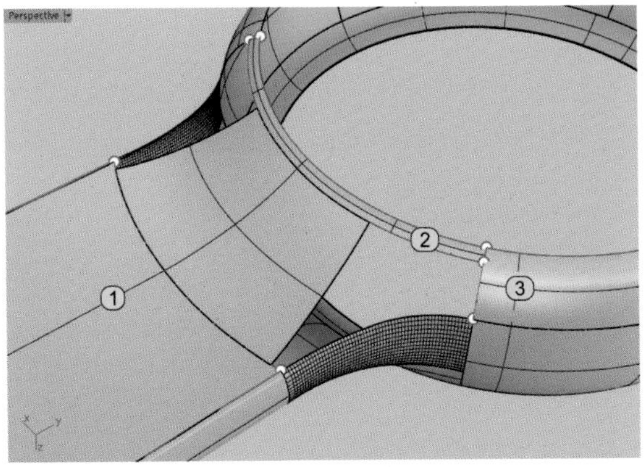

60 해당 면 엣지 자르기

Perspective View에서 작업한다. Qsnap=End를 체크한다. Edge Tools > Split edge 명령으로 ①-②-③번 면의 엣지들을 잘라 준다. 노랗게 화살표 표시된 지점에 대해 End 스냅 기점으로 모두 잘라 주면 된다.

Split edge
Merge edge

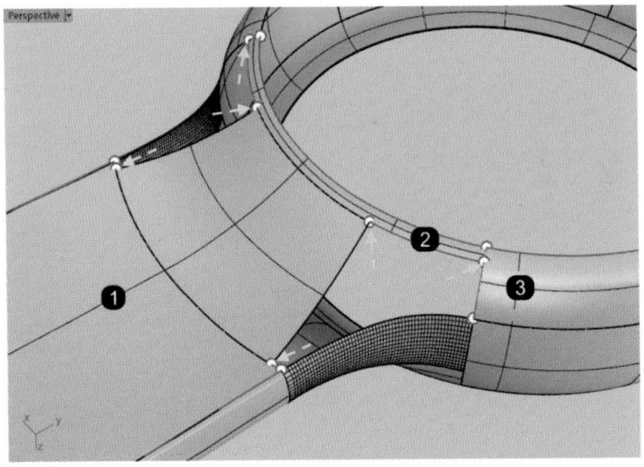

61 패치 면으로 구멍을 메꾸기

Perspective View에서 작업한다. Surface Creation > Patch 명령을 클릭한다. 해당하는 모든 면의 Edge들을 선택하고 (Enter) 한다. 패치 옵션 설정은 대화상자에 준하지만 언제든 학습자가 가감할 수 있다. 참고로 패치는 최소 연속성 등급이 접선의 일치(Tangency=G1)이다. 이보다 더 나은 연속성을 유지하려면 네트워크 명령이나 블랜드 서피스 명령이 적절하다.

Patch

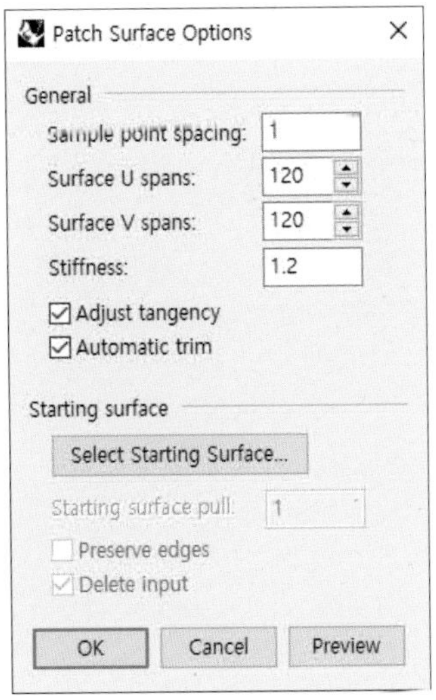

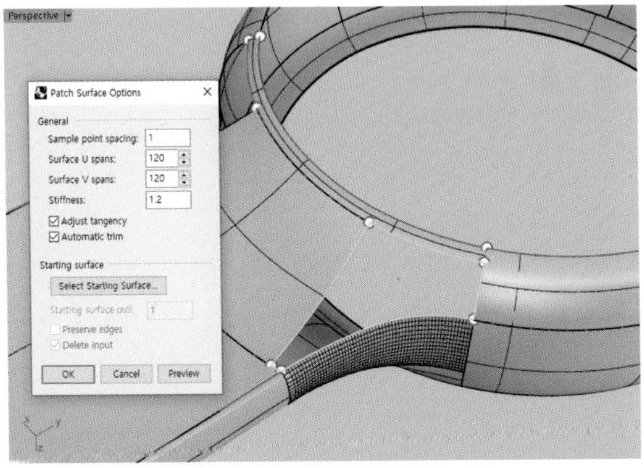

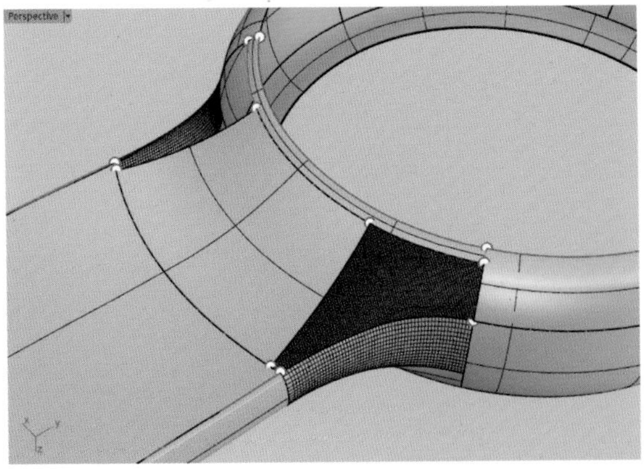

62 면 연속성 확인하기

Perspective View에서 작업한다. 먼저 작업된 면들을 잠시 Join한다. 다음 Surface Analysis 〉 Zebra analysis 명령을 클릭한다. 해당 개체를 선택하고 Zebra 패턴의 흐름을 확인해 본다.

Join

Zebra analysis
Zebra analysis off

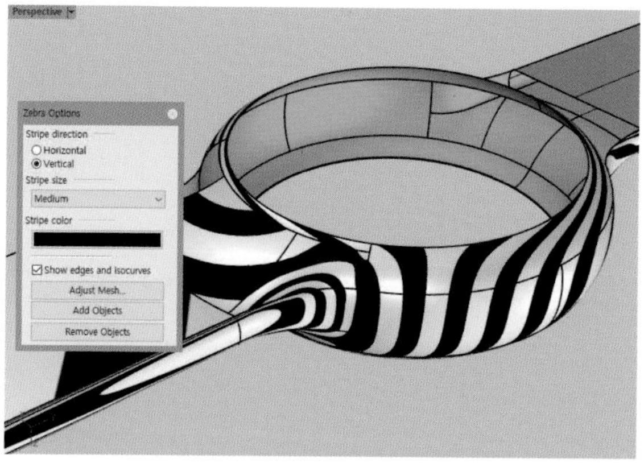

그림과 같이 Render 디스플레이 모드에서도 음영 차이를 통해 면의 상태를 간접적으로도 확인해 볼 수 있다.

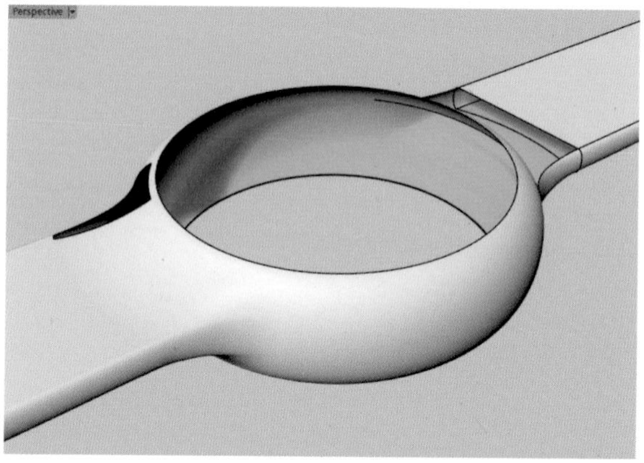

63 대칭 복사하기

Top View에서 Transform 〉 Mirror 명령을 클릭한다. 그림과 같이 열려 있는 곳으로 대칭 복사해 준다.

Mirror
Mirror on 3-point plane

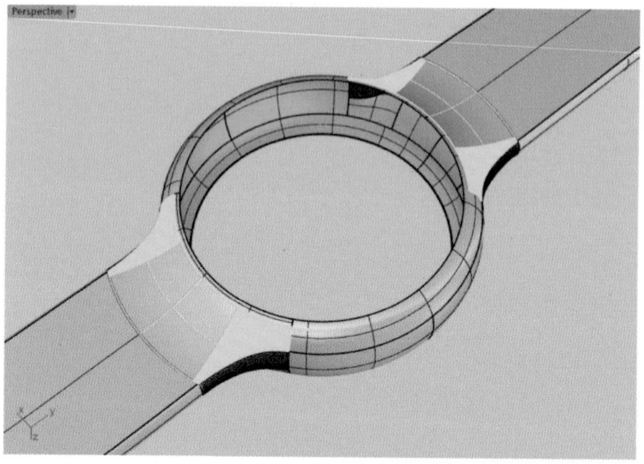

64 모든 분리 면 붙여 주기

지금까지 작업된 분리 면들을 Join 명령으로 모두 붙여 주고 Render 디스플레이 모드에서 셰이딩하여 면 상태를 체크해 본다.

Join

65 위 아래 뚜껑 동시에 닫아 주기

Perspective View에서 작업한다. Solid Tools 〉 Cap planar holes 명령을 클릭한다. 다음 해당 개체를 클릭하고 Enter 하면 위와 밑에 면이 동시에 메꾸어진다. 참고로 평면 막음이 아닌 경우 구멍이 메꾸어지지 않게 된다. 또한 서로 Join된 상태에서 갈라진 틈이 없어야 한다.

Cap planar holes

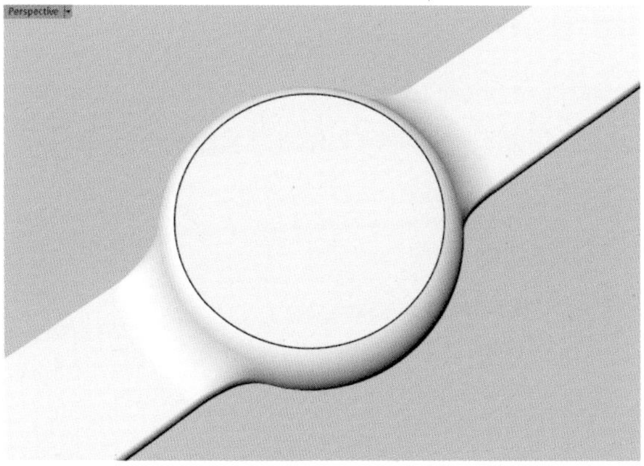

66 모서리에 라운드 필렛 주기

Perspective View에서 작업한다. 시계의 밑면부터 필렛을 준다. Solid Tools 〉 Blend edges 명령을 클릭(RMB)한다. 다음 NextRadius=2를 입력 후 Enter, ChainEdges 선택, 다음 모서리를 클릭 후 Enter 하면 적용된다.

Fillet edges
Blend edges

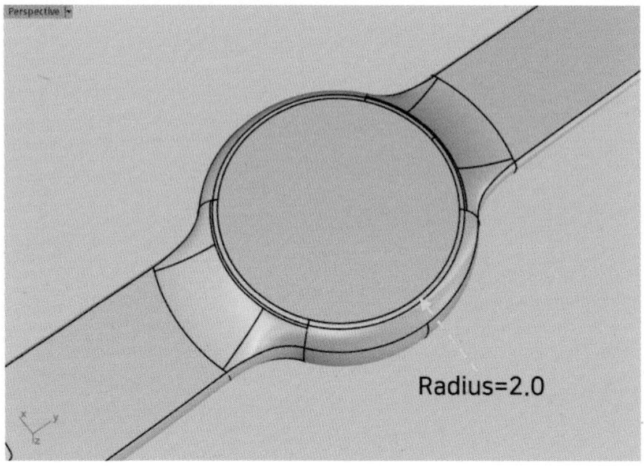

67 중심에 원 그려 주기

Top View에서 작업한다. Osnap=Cen에 체크한다. 혹 Center 스냅이 잡힐 수 있도록 앞서 그린 상단부 원을 하나 보이게 하면 좋다. Circle 〉 Circle: center, radius 명령으로 지름 Diameter=41의 원을 그려 준다.

Circle: center, radius

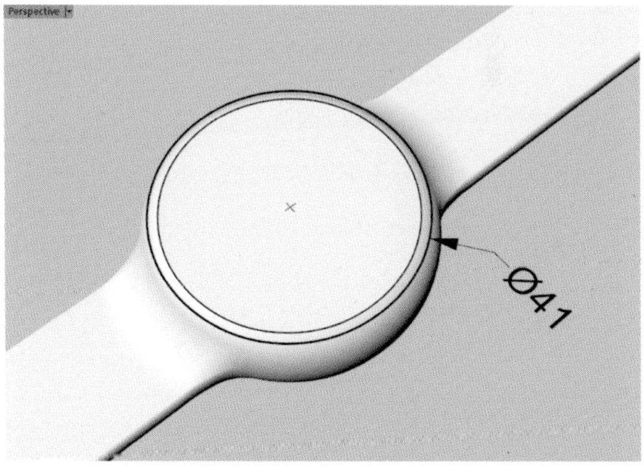

68 돌출 개체 만들기

Right View에서 작업한다. Solid Creation 〉 Extrude closed planar curve 명령을 클릭한다. BothSides=Yes, Solid=Yes 상태에서 방금 그린 지름 41mm의 원을 선택하고 높이(Extrusion distance) 20mm를 적용한다.

Extrude closed planar curve

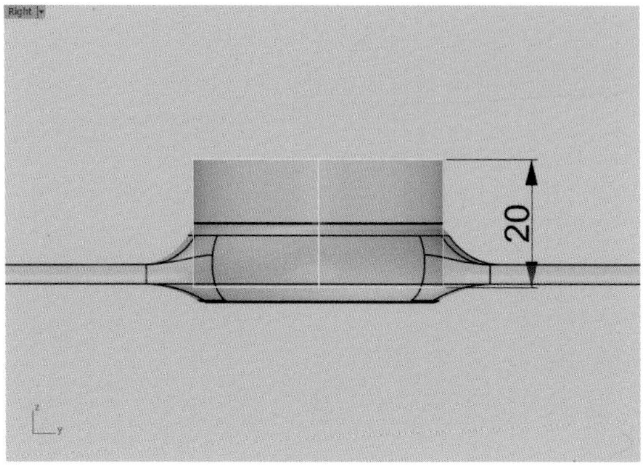

69 구멍 파 주기

Perspective View에서 작업한다. Solid Tools 〉 Boolean difference 명령을 클릭한다. ①번 개체를 클릭하고 Enter, ②번 개체를 선택하고 Enter 하면 홈이 파이게 된다.

Boolean difference

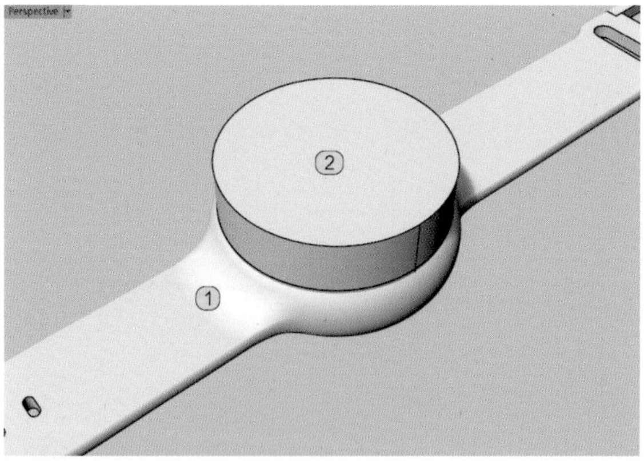

파 주고 나면 베젤의 윗부분이 너무 날카롭게 보이는데 이러한 부분은 사전에 계산된 것이며 다음 작업에서 잘라 줄 계획이다.

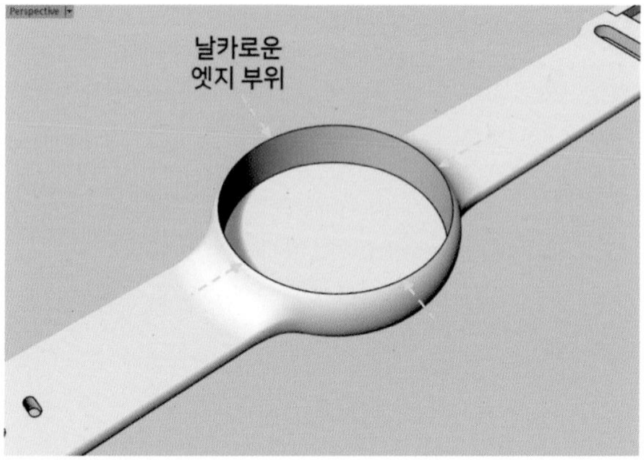

70 와이어 컷으로 측면 자르기

Right View에서 작업한다. 먼저 스마트 워치의 측면 상단에서 아래로 1mm 수평 라인을 그려 준다. 다음 Solid Tools 〉 Wire cut 명령을 클릭한다. Select cutting curve라 뜨면 ①번 클릭, Select object to cut이라 뜨면 ②번을 클릭한다. 옵션은 BothSides=Yes, KeepAll=Yes이며 Enter, Enter 하면 잘리게 된다. 잘릴 위쪽 개체는 지워 준다.

Wire cut

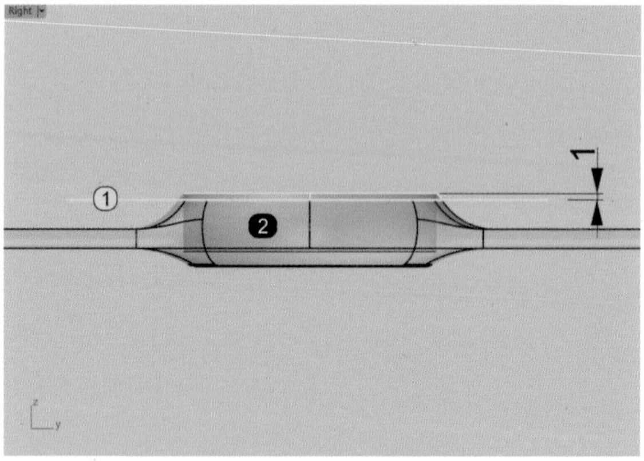

이제 날카로운 부분은 완전히 제거되었다. 현재 스마트 워치 모델링은 지면 조건상 상세한 디테일 설계가 아닌 개념적인 범위 정도의 모델링 접근을 하고 있다는 것을 염두에 둔다. 이 부분은 부품이 담기는 공간이 된다고 생각하면 된다.

71 면 분리하기

Perspective View에서 작업한다. 버튼을 만들기 위해 해당 면을 분리한다.

Extract surface

Explode
Extract surface

72 UV 아웃 라인 추출하기

Perspective View에서 작업한다. Curve From Object 〉 Creative UV curves 명령을 클릭하고 ①번 면을 클릭하고 Enter 하면 그림과 같이 ②번 면적 바깥 선이 추출된다.

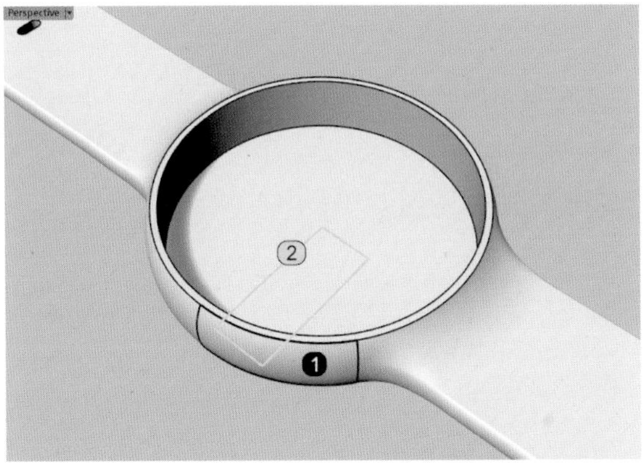

Create UV curves
Apply UV curves

73 버튼 모양 그리기

Top View에서 Rectangle 〉 Rounded rectangle 명령으로 적정한 크기의 버튼을 그려 준다.

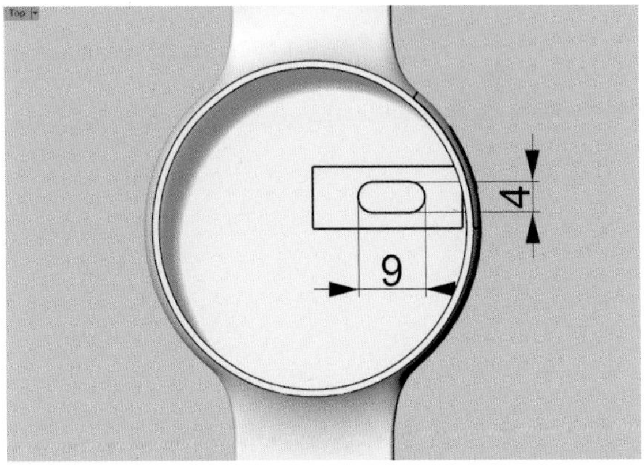

Rounded rectangle
Rounded rectangle conic corners

74 버튼 모양 적용하기

Perspective View에서 작업한다. Curve From Object 〉 Apply UV curves 명령을 클릭(RMB)하고 ①번 드로잉 개체들을 클릭하고 Enter, ②번 면을 선택하면 적용된다.

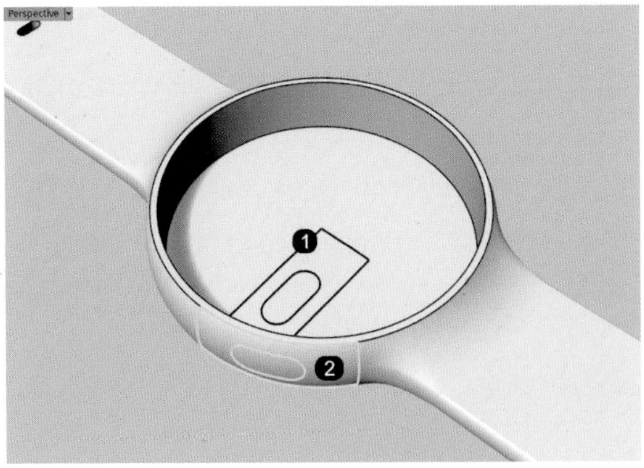

Create UV curves
Apply UV curves

75 버튼 모양 그리기

Top View에서 작업한다. UV 명령으로 추출된 직사각형 면적 안에 지름 5mm의 원형 버튼 드로잉을 해 준다.

Circle : center, radius

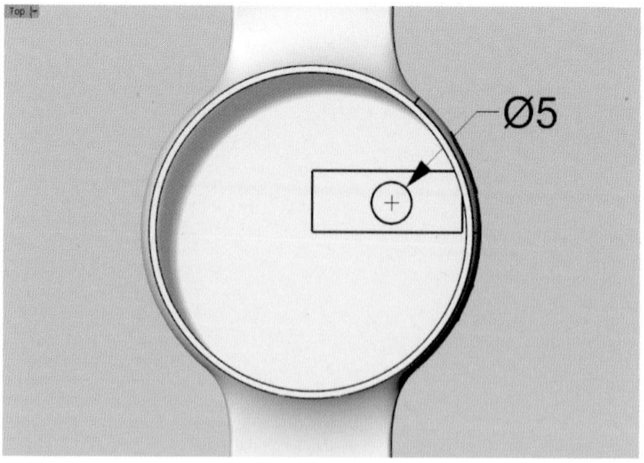

76 버튼 모양 적용하기

Perspective View에서 작업한다. Curve From Object 〉 Apply UV curves 명령을 클릭(RMB)하고 ①번 드로잉 개체들을 클릭하고 (Enter), ②번 면을 선택하면 적용된다.

Create UV curves
Apply UV curves

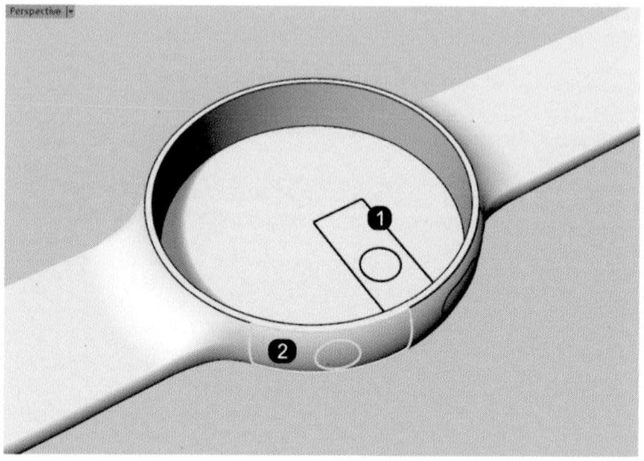

77 면 자르기

Perspective View에서 작업한다. Split 명령으로 UV 적용된 드로잉으로 해당 면을 모두 잘라 준다. 버튼 모양으로 면이 잘리면 된다.

Split
Split surface by isocurve

78 버튼 면에 두께 주기

Perspective View에서 작업한다. Surface Tools 〉 Offset Surface 명령을 클릭한다. 해당 버튼 면을 한 번에 선택하고 오프셋 거리 Distance=1mm, Solid=Yes, BothSides=No, 오프셋 방향은 Flip All로 체크하고 (Enter) 하면 두께가 형성된다.

Offset Surface

79 제자리 복사하기

Perspective View에서 작업한다. 오프셋된 2개의 버튼을 제자리에 복사해 준다. 복사 방법은 개체를 선택하고 (Ctrl) + (C), (Ctrl) + (V) 하거나, 개체를 선택하고 아이콘 명령어를 순차적으로 클릭해도 동일한 결과를 얻을 수 있다. 그런 다음 버튼은 모두 숨겨 준다.

Copy to clipboard: Ctrl-C

Paste from clipboard: Ctrl-V
Paste to current layer

80 구멍 메꾸기

Perspective View에서 작업한다. 앞서 오프셋되면서 생긴 구멍은 메꾸어 주어야 한다. Surface Tools 〉 Untrim 명령을 클릭한다. 다음 Ⓐ, Ⓑ엣지를 클릭하면 구멍이 자동으로 메꿔진다.

Untrim
Detach trim

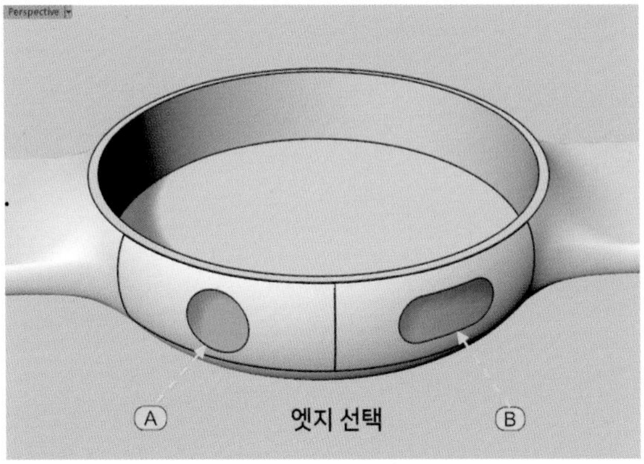

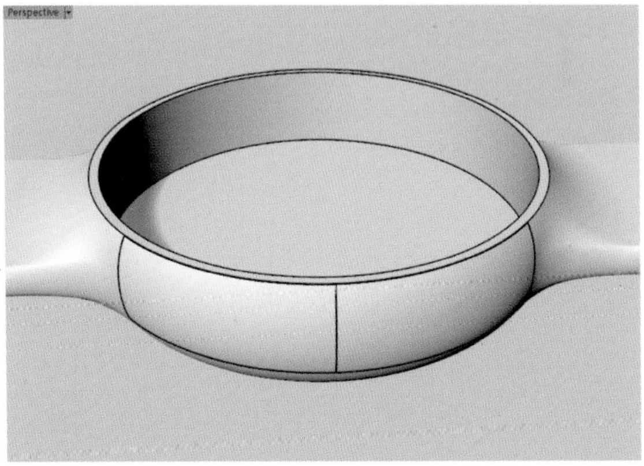

81 버튼 홈 파 주기

Perspective View에서 작업한다. 앞서 숨겨 둔 버튼을 보이게 한다. 물론 1쌍만 보이게 하면 된다. Solid Tools 〉 Boolean difference 명령으로 제자리 복사된 개체를 선택해 홈을 파 준다.

Boolean difference

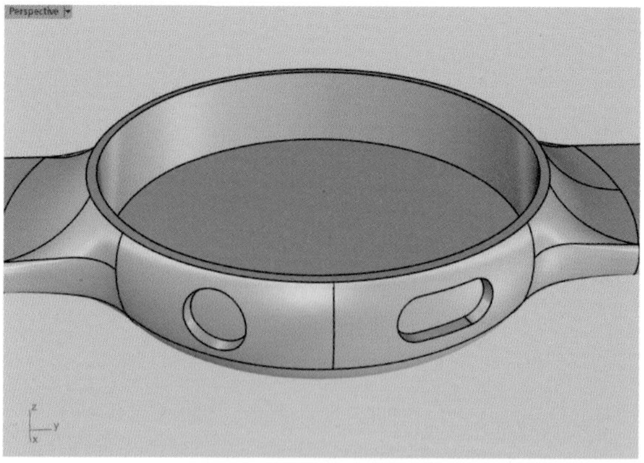

82 버튼 홈 모서리에 필렛 주기

Perspective View에서 작업한다. Solid Tools 〉 Fillet edges 명령으로 Radius=0.15를 적용한다.

Fillet edges
Blend edges

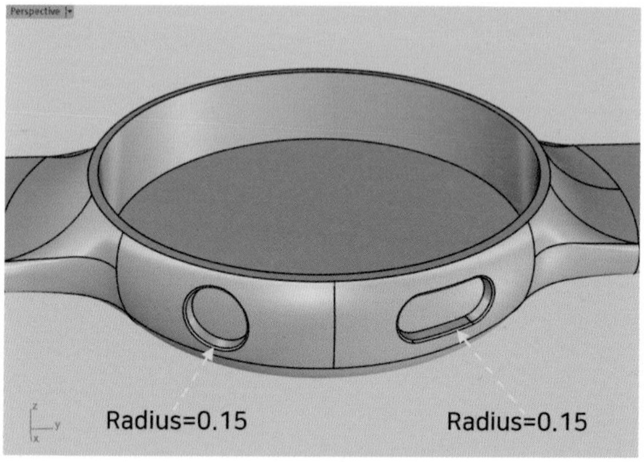

83 스피커 홈 드로잉하기

Right View에서 작업한다. Rectangle 〉 Rounded rectangle 명령으로 그림과 같은 치수의 스피커 홈을 드로잉해 준다.

Rounded rectangle
Rounded rectangle conic corners

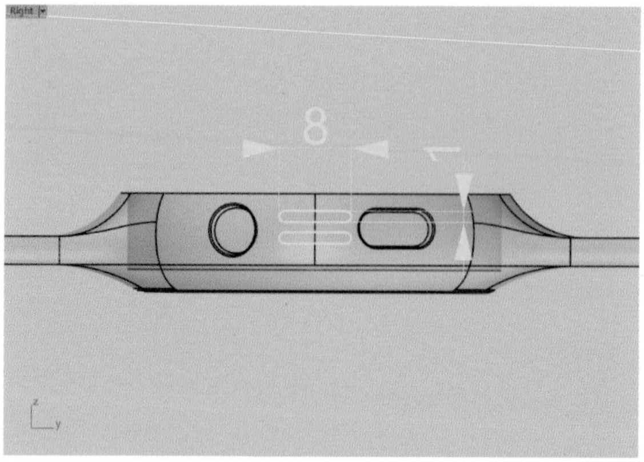

84 돌출 개체 만들기

Perspective View에서 작업한다. Solid Creation 〉 Extrude closed planar curve 명령으로 적당한 크기의 돌출 개체를 만들어 준다.

Extrude closed planar curve

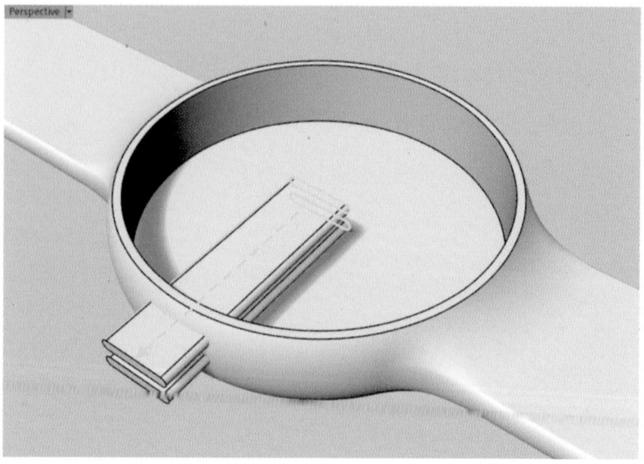

85 구멍 내면서 교차 개체 얻기

Perspective View에서 작업한다. Solid Tools 〉 Boolean split 명령을 클릭한다. ①번 베젤을 선택하고 Enter, ②번 돌출 개체를 선택하고 Enter 한다. 옵션은 Keep All 상태로 한다. 이제 돌출 개체만 지우면 된다.

Boolean split
Boolean 2 objects

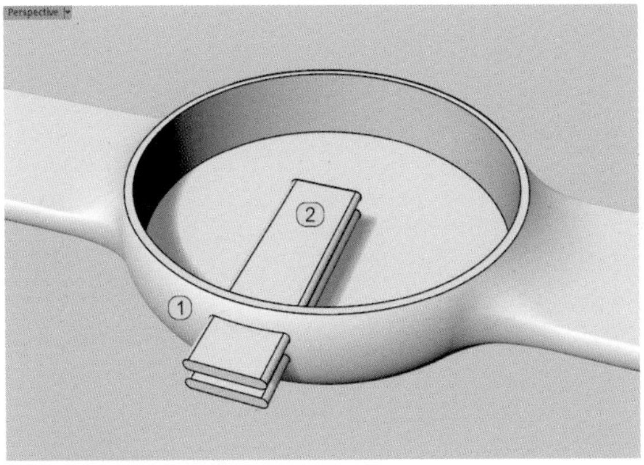

86 교차 개체 이동하기

Perspective View에서 작업한다. 조금 전 자를 때 함께 만들어진 교차 개체를 검볼을 이용하여 안쪽으로 살짝 이동만 시켜 준다. 스피커 홈이 그냥 뚫린 것보다 이렇게 깊이감만 표현하고 막아 주는 게 좋다.

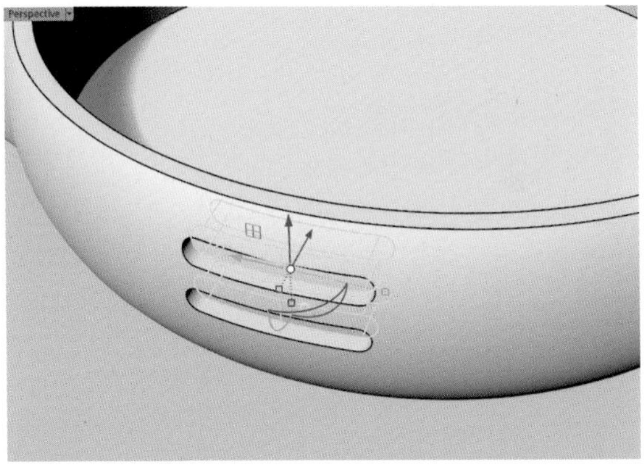

87 마이크 드로잉하기

Right View에서 작업한다. Circle 〉 Circle: center, radius 명령으로 지름 0.8mm의 원을 그려 준다. 이곳은 마이크의 홈이 될 부분이다.

Circle: center, radius

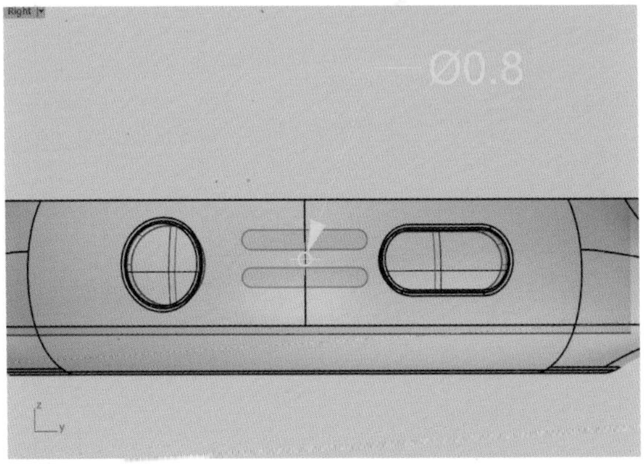

88 실린더 그리기

Perspective View에서 작업한다. Solid Creation 〉 Extrude closed planar curve 명령으로 원을 선택하여 돌출 개체로 만들어 준다.

Extrude closed planar curve

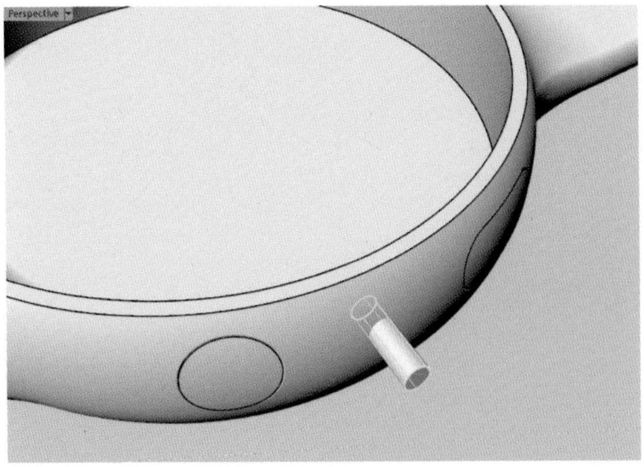

89 마이크 구멍 파 주기

Perspective View에서 작업한다. Solid Tools 〉 Boolean difference 명령으로 구멍을 파 준다.

Boolean difference

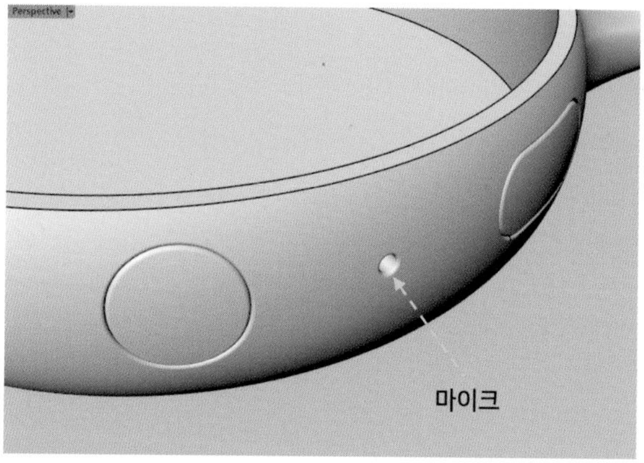

90 추가 디테일 참조하기

스마트 워치는 작은 디테일 표현이 중요한데 크게 보면 CMF(Color, Material, Finishing), 디스플레이 그래픽 및 컬러, 배면에 배치된 센서, 밴드/스트랩 부위의 형상, 밴드 홀 부위의 크기 및 각도 변화 디테일 등이 좀 더 가미되면 좋다. 특히 이러한 디테일은 실사 렌더링 표현 시 제품을 더욱 제품답게 만들어 준다.

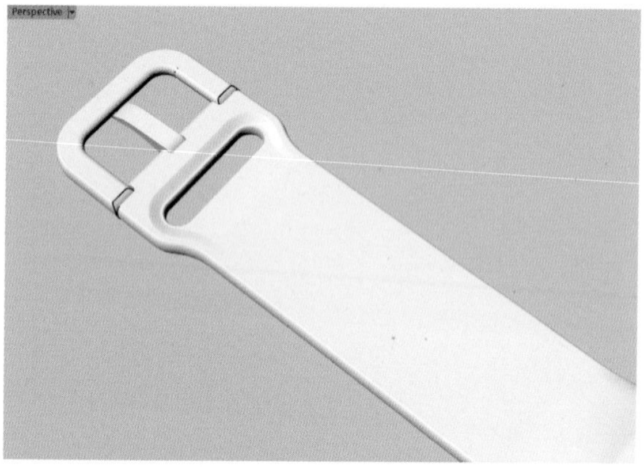

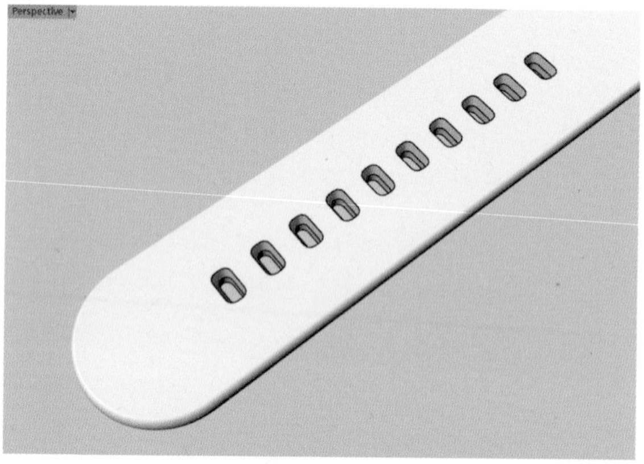

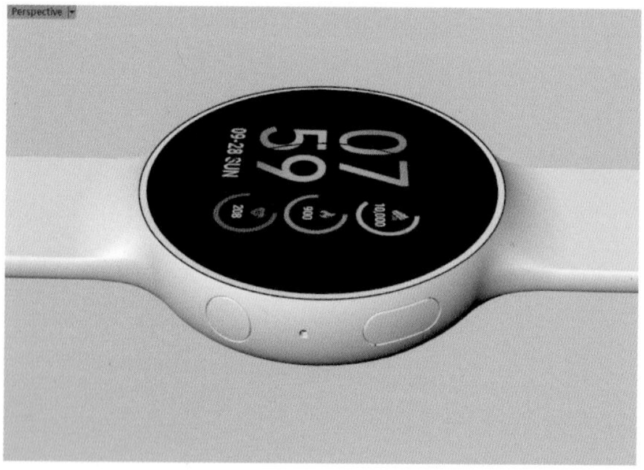

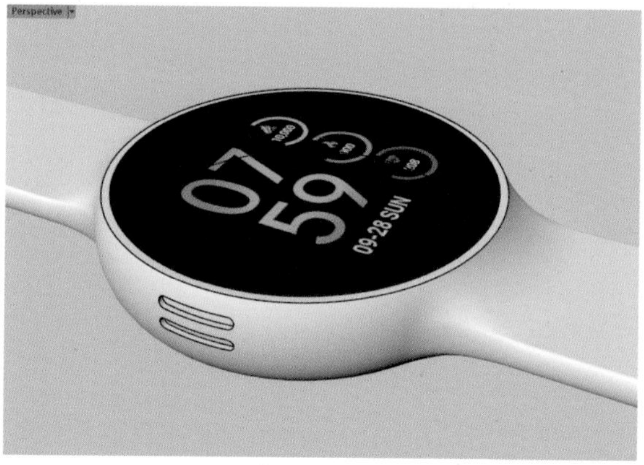

91 최종 결과물 보기

09 CHAPTER 물조리개 모델링

Watering Can Modeling

정원을 가꾸는 데 필수적인 폴리프로필렌(PP) 재질의 가든 물조리개(Garden Watering Can)를 모델링해 본다. 이번 튜토리얼은 라이노 3D V7에 탑재된 섭디(SubD) 기능을 학습하는 데 중점을 두었다. 섭디 모델링의 장점은 유기적인 형상 모델링에 있다. 특히 제품디자인 분야는 치수 정확성이 우선인 것과 캐릭터나 자연물 같은 비정형 유기형상 모델링을 해야 할 때가 있는데 섭디 기능은 후자에 유연하게 대응할 수 있다.

Watering rendering

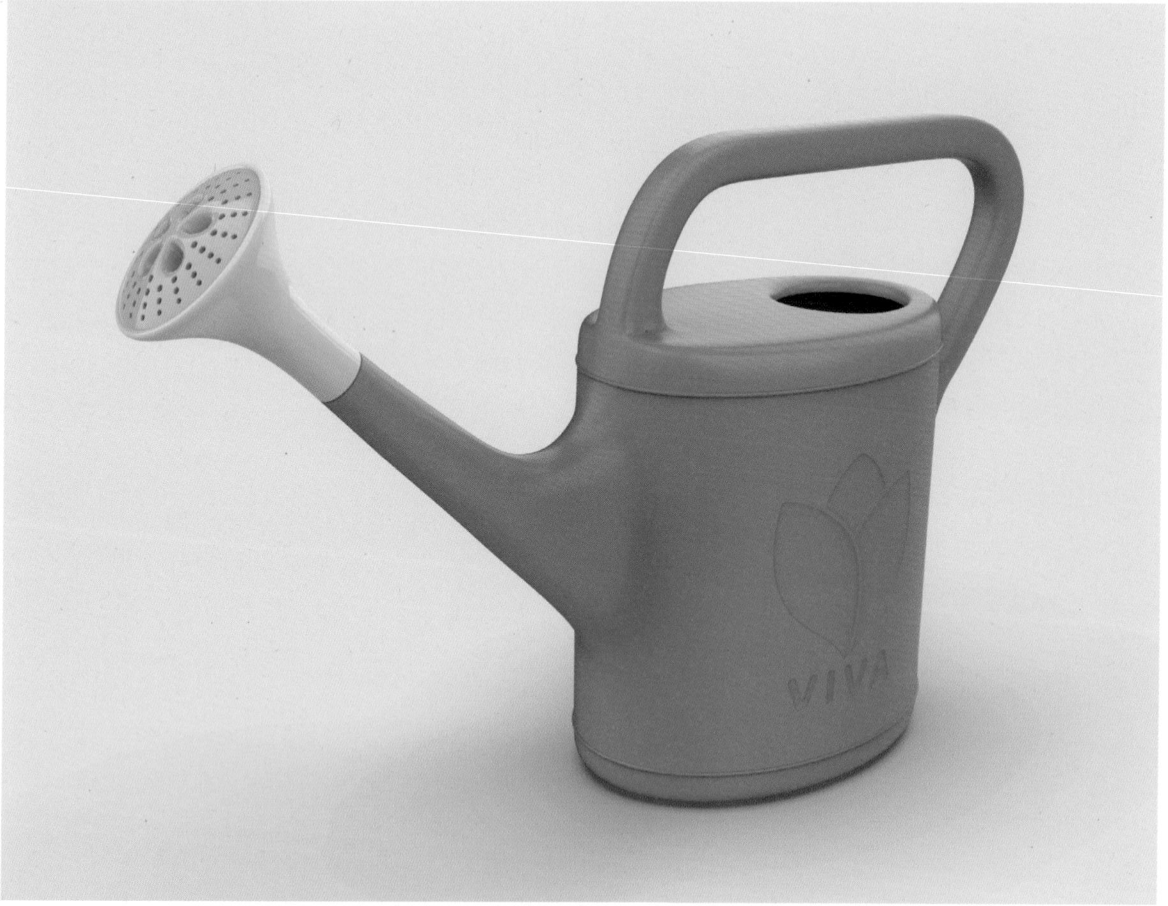

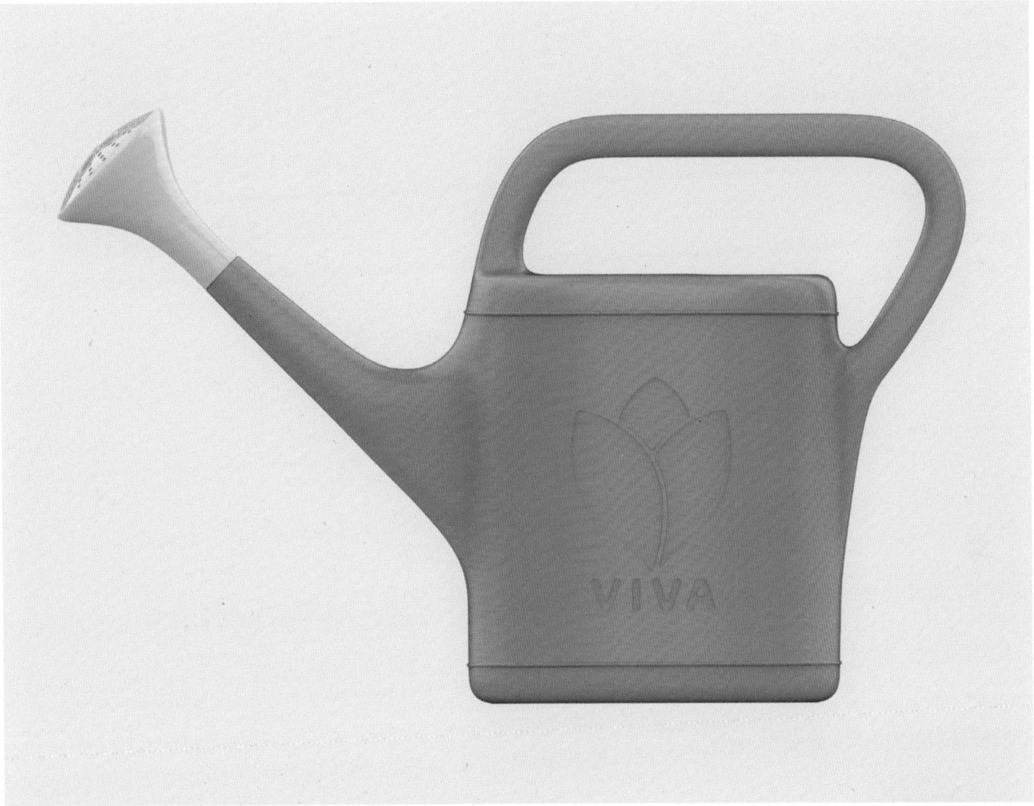
VIVA

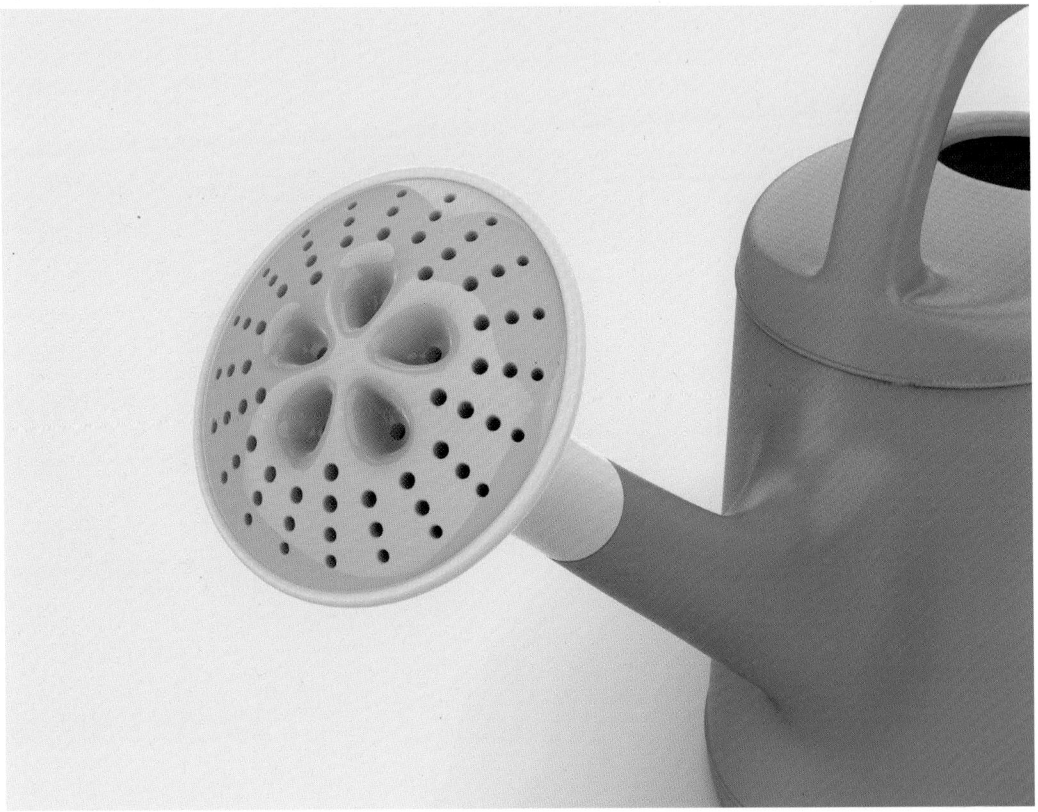

01 예제 준비하기

혜지원 출판사에서 제공하는 지정 자료함에서 관련 파일(물 조리개 파일-4)을 다운로드받아 학습을 시작한다.

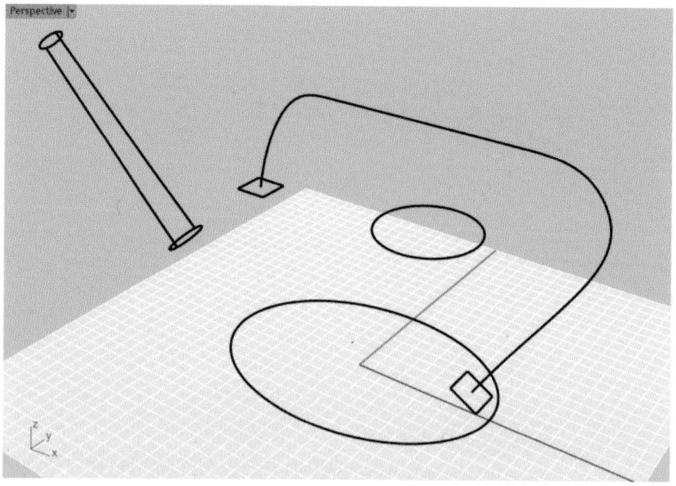

02 손잡이 면 개체 만들기

Perspective View에서 작업한다. Surface Creation 〉 Sweep 1 rail 명령으로 ①-②-③번호 순서대로 클릭하여 사각 손잡이 면을 만들어 준다.

 Sweep 1 rail

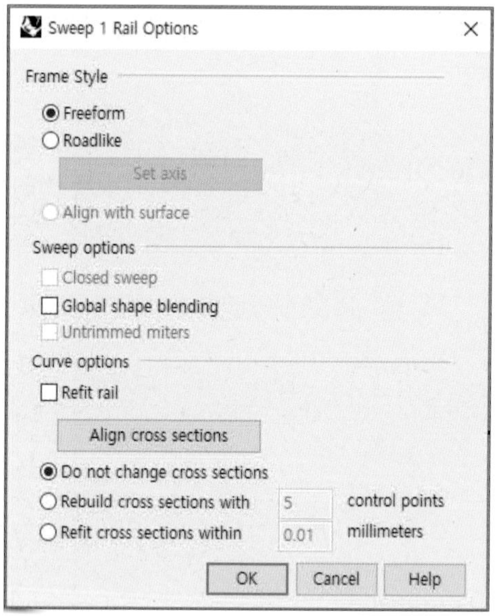

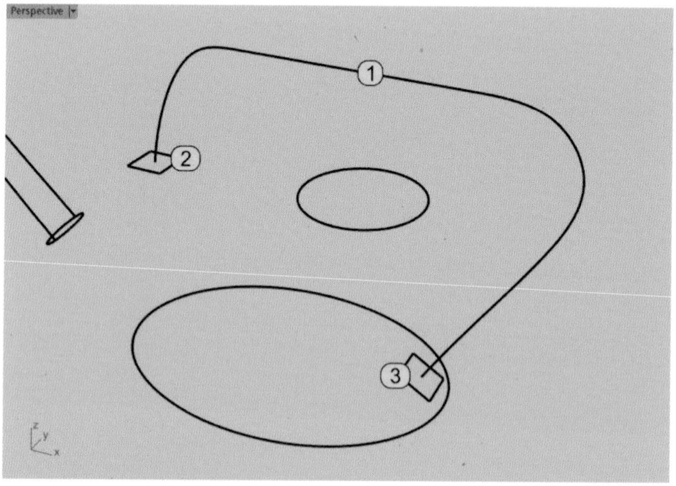

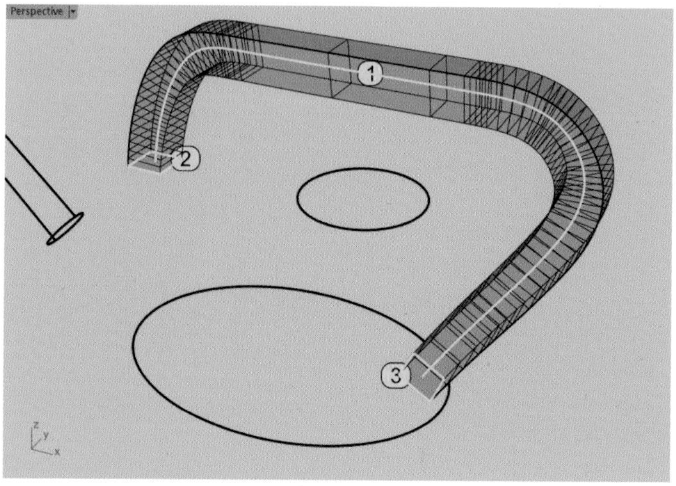

03 구멍 막아 주기

Perspective View에서 작업한다. Solid Tools 〉 Cap planar holes 명령으로 열린 구멍을 막아 준다.

Cap planar holes

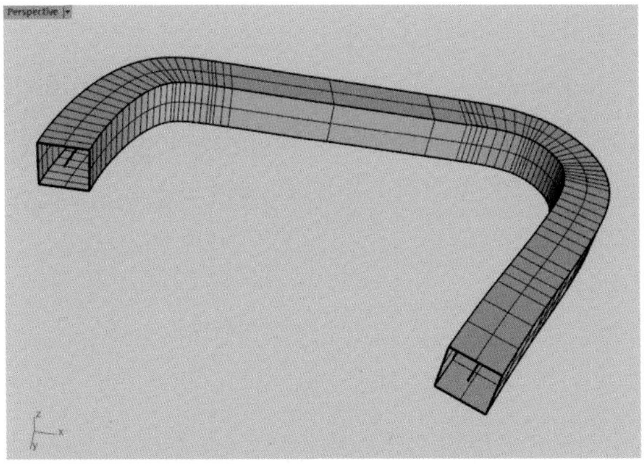

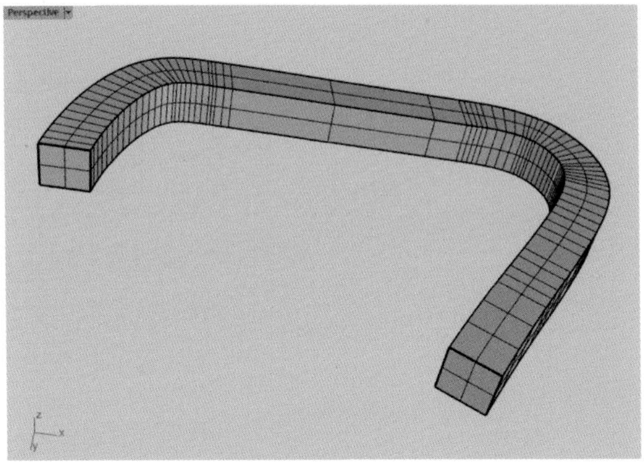

04 튜브 면 만들기

Perspective View에서 작업한다. Surface Creation 〉 Sweep 2 Rails 명령으로 튜브 면을 만들어 준다. 구멍은 그대로 유지한다.

Sweep 2 rails

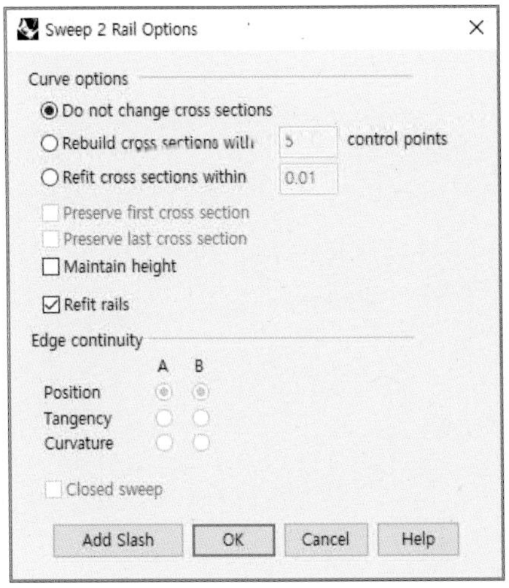

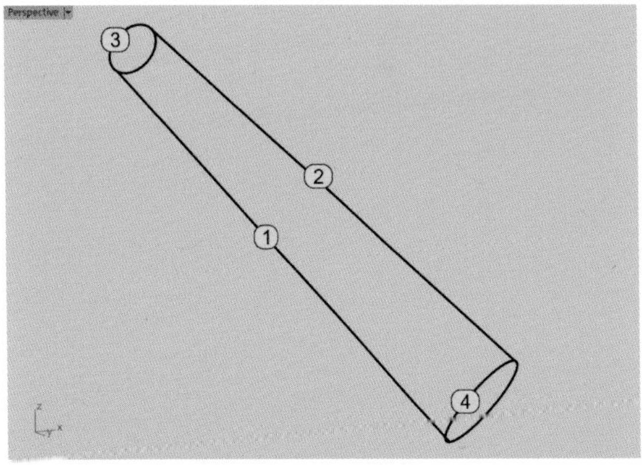

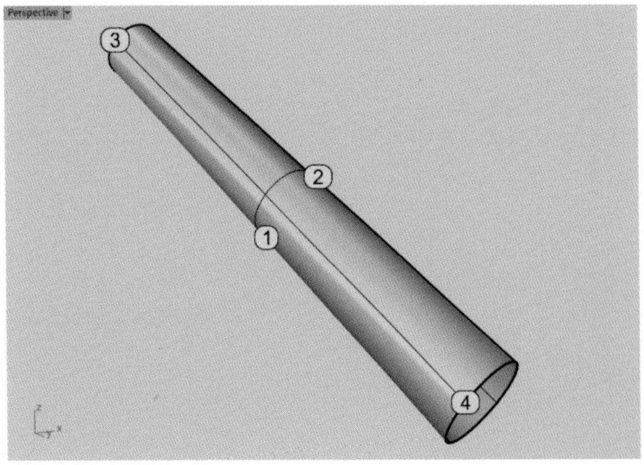

05 타원 돌출 개체로 만들기

Perspective View에서 작업한다. Solid Creation 〉 Extrude closed planar curve 명령으로 높이 총 220mm의 타원 돌출 개체를 만들어 준다. 옵션은 BothSides=Yes, Solid=Yes이다.

Extrude closed planar curve

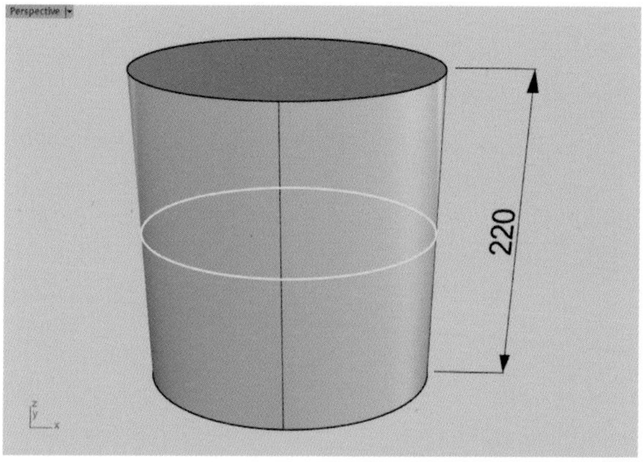

06 실린더 만들기

Perspective View에서 작업한다. Solid Creation 〉 Extrude closed planar curve 명령으로 높이 총 15mm의 돌출 개체를 아래쪽으로 만들어 준다. 옵션은 BothSides=No, Solid=Yes이다.

Extrude closed planar curve

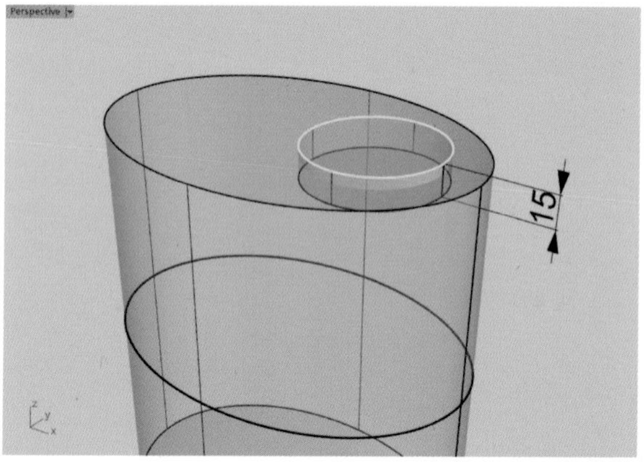

07 작업된 개체들 확인하기

지금까지 작업된 개체들을 모두 보이게 하고 확인해 본다. 그림과 같으면 된다.

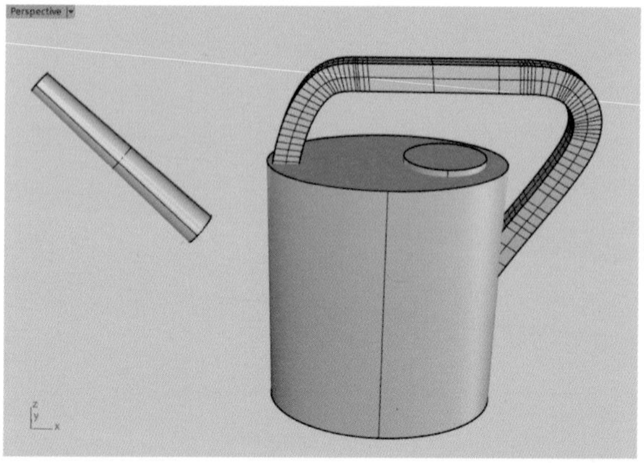

08 개체 붙여 주기

Perspective View에서 작업한다. Solid Tools 〉 Boolean Difference 명령으로 ①번과 ②번 개체를 하나로 붙여 준다.

Boolean union

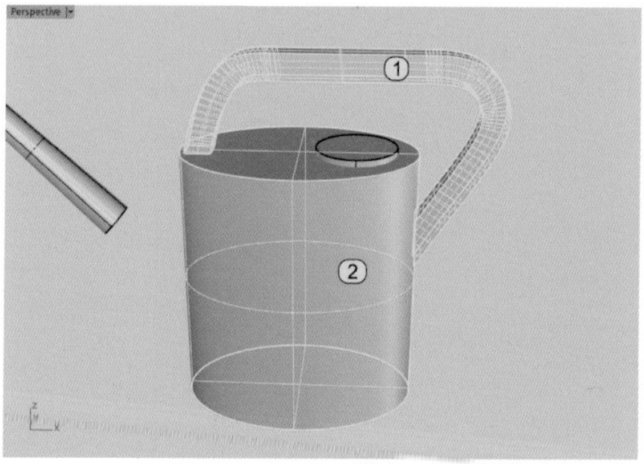

09 구멍 파 주기

Perspective View에서 작업한다. Solid Tools 〉 Boolean difference 명령으로 ②번 몸체를 ③번 실린더로 파 준다.

Boolean difference

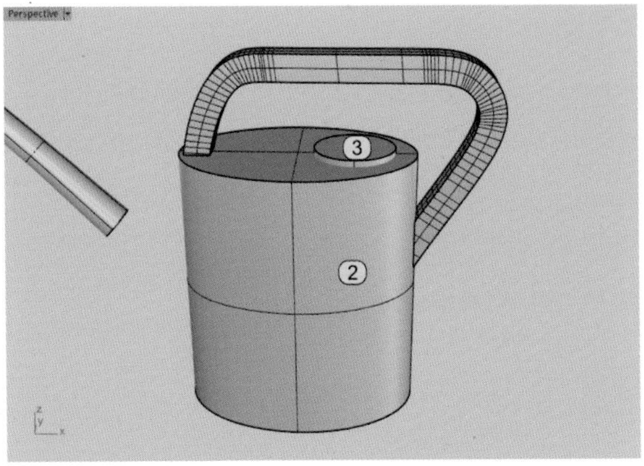

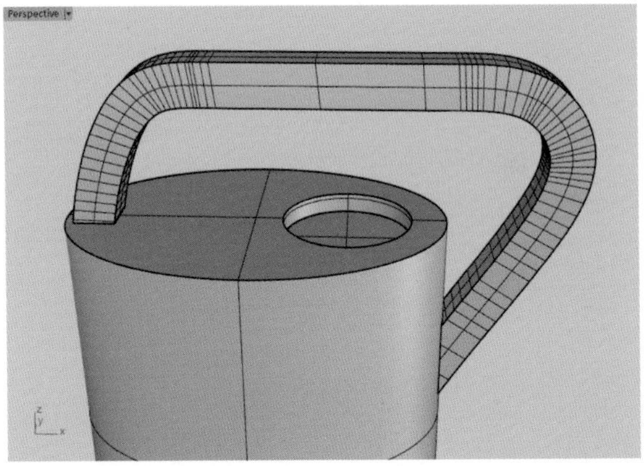

10 SubD 모델로 변경하기

Perspective View에서 작업한다. SubD Tools 〉 Convert to SubD 명령으로 튜브 면을 SubD 면으로 변경시켜 준다.

Convert to SubD

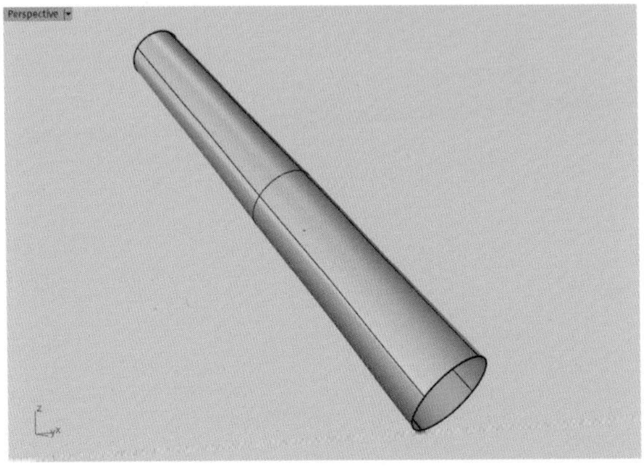

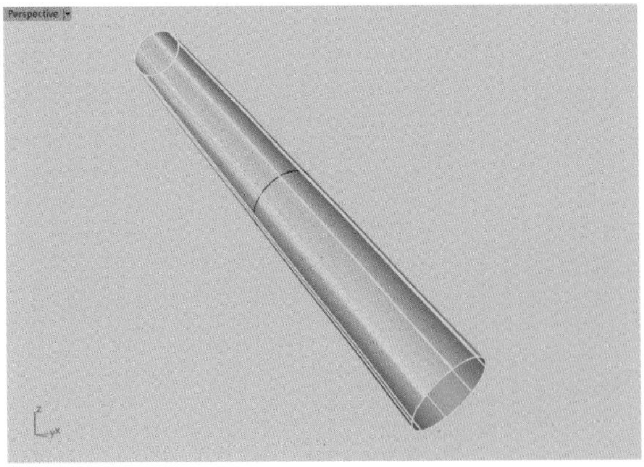

11 쿼드 메쉬로 변환하기

Perspective View에서 작업한다. SubD Tools 〉 QuadRemesh 명령으로 그림과 같이 1차 설정 후 2차 설정을 통해 SubD 파일로 변경해 준다. 변경 결과 아이소커브의 밀도가 낮아지면서 편집 준비가 된다. 특히 대칭이 되도록 Symmetry Axis: X축에 체크해야 한다.

QuadRemesh

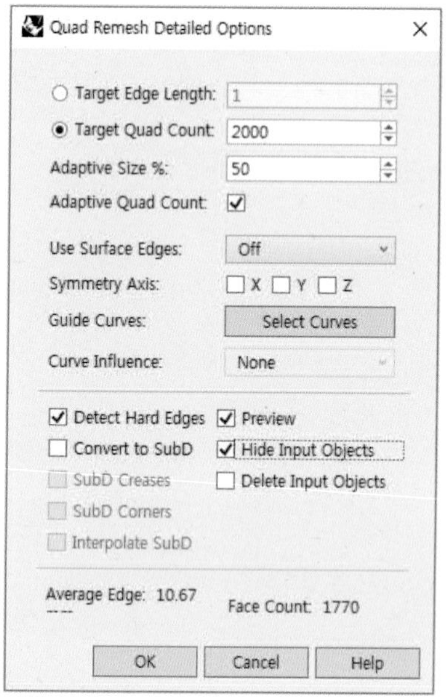

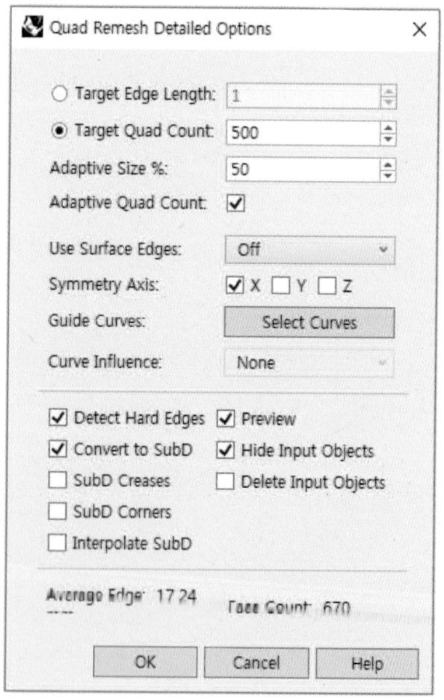

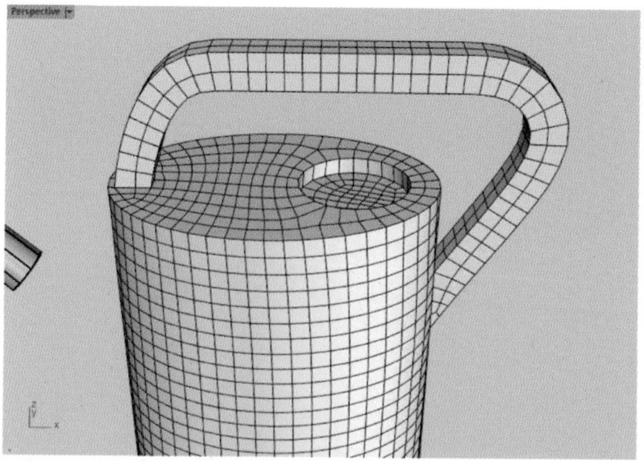

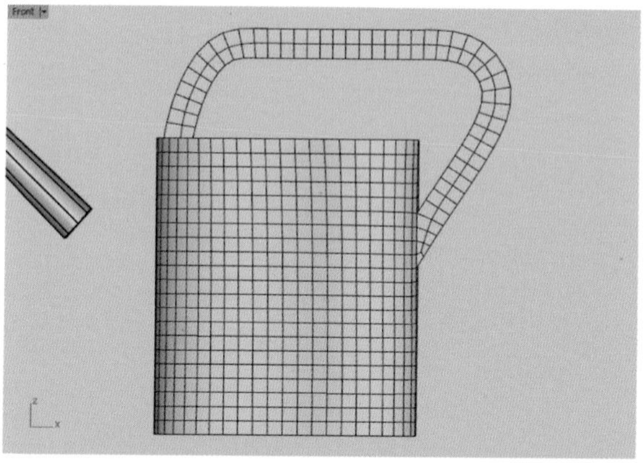

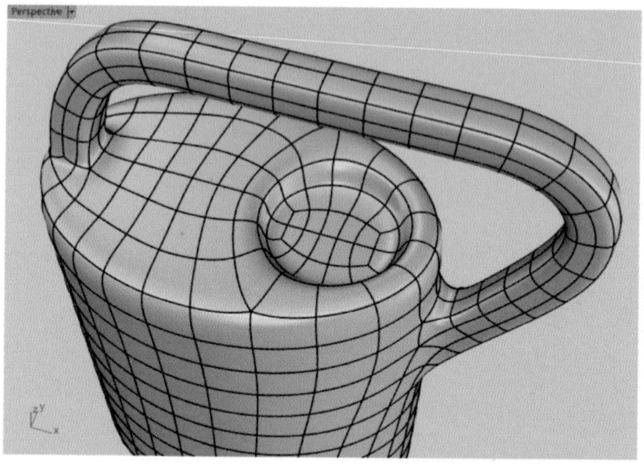

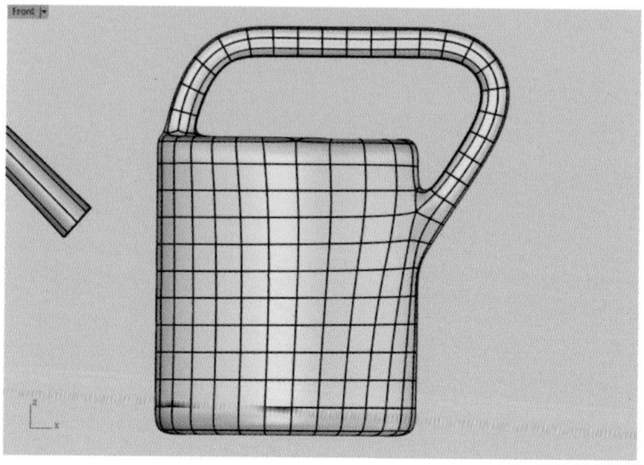

12 지울 면 브러싱하기

Perspective View에서 작업한다. SubD Tools 〉 Select by brushing 명령으로 해당 면을 문지르고 Enter 하면 면이 선택된다.

Select by brushing

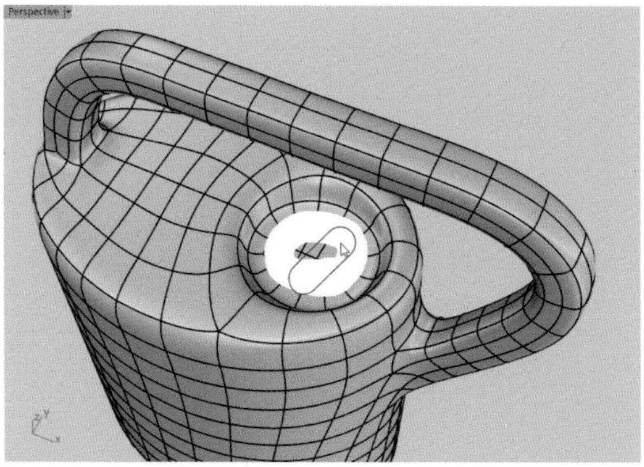

SubD Tools 〉 Selection filter: Faces 명령으로도 면을 선택할 수 있다.

Selection filter: Faces
Selection filter: None

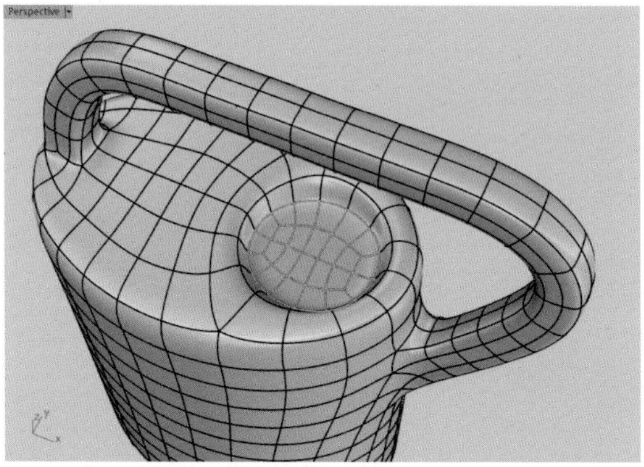

13 해당 면 지우기

Perspective View에서 작업한다. SubD Tools 〉 Delete faces 명령으로 선택된 영역의 면을 지워 준다.

Delete faces

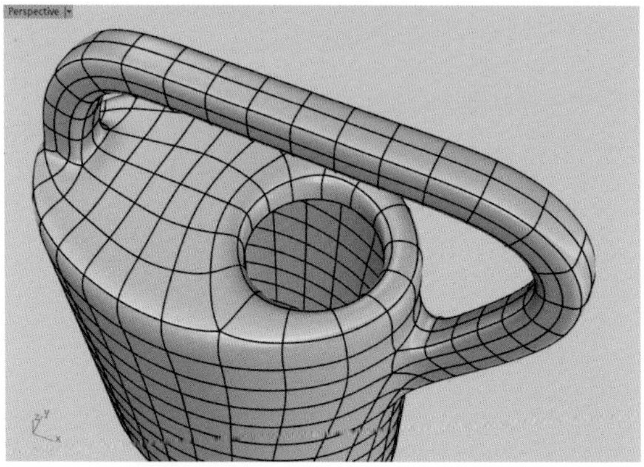

14 해당 면에 엣지 추가하기

Perspective View에서 작업한다. SubD Tools 〉 Insert edge 명령을 클릭한다. 다음 엣지를 더블 클릭하면 전체 한 열이 선택된다. 다음 Enter 한다.

Insert SubD edge loop
Insert SubD edge ring

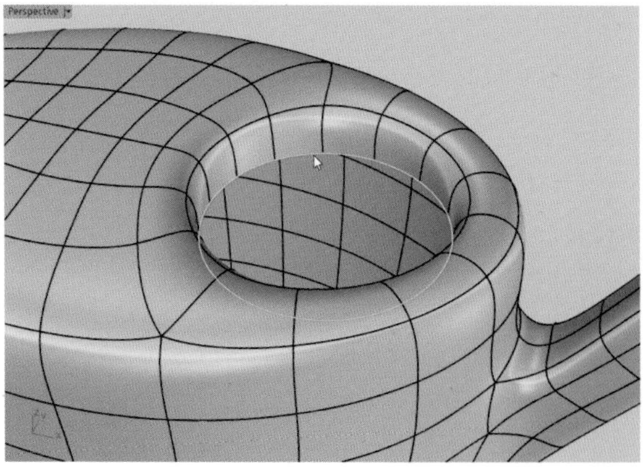

이어서 그림과 같이 위쪽에 엣지 한 열을 추가한다.

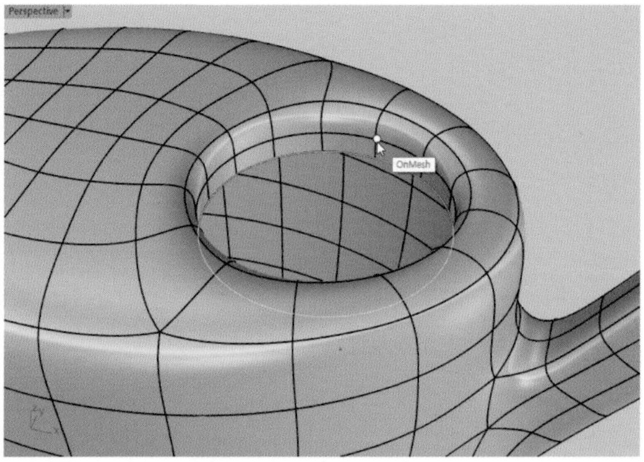

15 해당 면에 엣지 추가하기

Perspective View에서 작업한다. SubD Tools 〉 Selection filter: Faces 명령을 클릭한다. 다음 Shift를 누른 채로 연속 면을 선택하여 Delete faces 명령으로 바로 지워 준다.

Selection filter: Faces
Selection filter: None

Delete faces

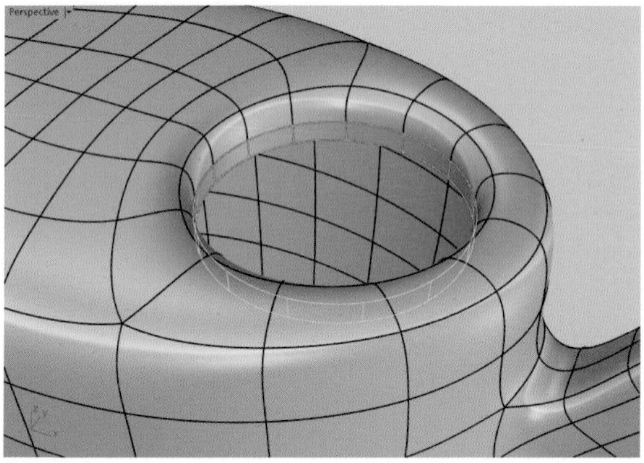

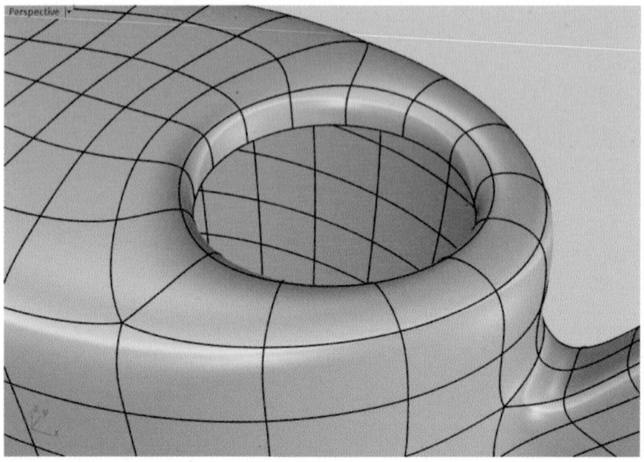

16 검볼로 엣지 면 올려 주기

Perspective View에서 작업한다. SubD Tools 〉 Selection filter: Edges 명령을 클릭한다. 다음 해당 엣지를 더블 클릭하고 검볼 방향을 위쪽으로 움직여 조금만 이동시켜 준다.

Selection filter: Edges

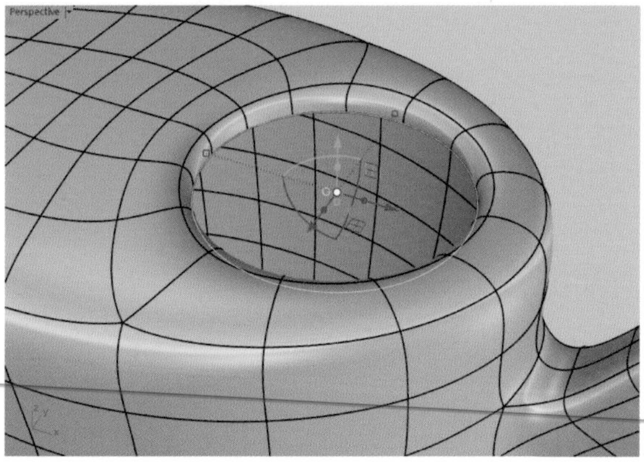

17 해당 면 지우기

Perspective View에서 작업한다. SubD Tools 〉 Selection filter: Faces 명령을 클릭한다. 다음 Shift 를 누른 채로 연속 면을 선택하여 Delete faces 명령으로 바로 지워 준다. Delete 로 지워도 된다.

Selection filter: Faces
Selection filter: None

Delete faces

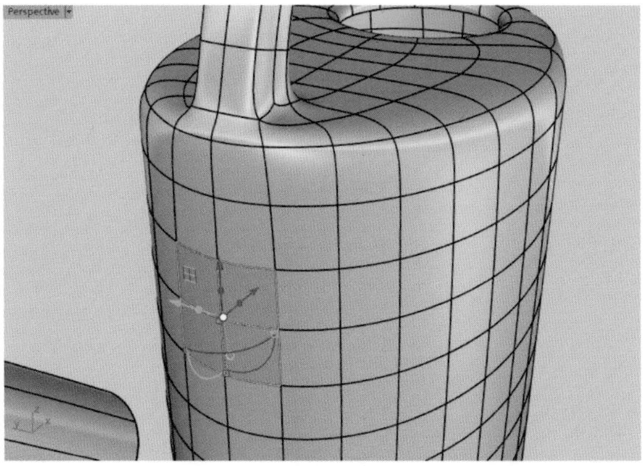

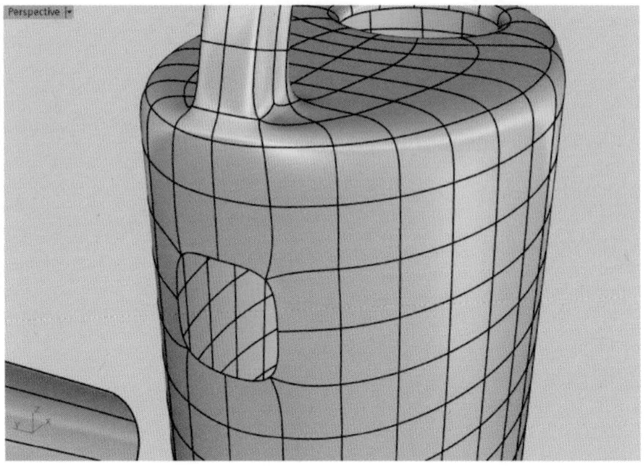

18 해당 면에 엣지 추가하기

Perspective View에서 작업한다. SubD Tools 〉 Insert SubD edge loop/insert edge 명령을 클릭한다. 다음 Enter 후 엣지를 더블 클릭한 후 3군데에 엣지를 추가한다. 옵션은 BothSides=Yes, OffsetMode=Proportional이다.

Insert SubD edge loop
Insert SubD edge ring

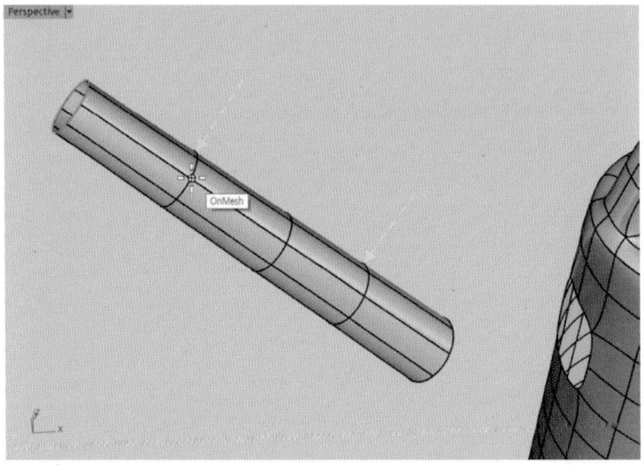

19 교차 포인트 만들어 주기

Perspective View에서 작업한다. SubD Tools 〉 Bridge Meshes or SubDs 명령을 클릭한다. ①번 엣지 루프를 드래그 선택하고 Enter 한다. 다음 ②번 엣지 루프를 드래그 선택하고 Enter 하면 연결 면이 만들어진다.

Bridge Meshes or SubDs

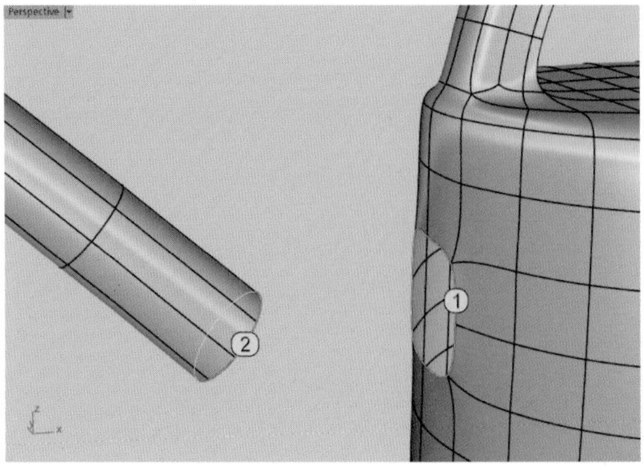

Bridge Options에서 Segments=3, Join에 체크된 상태에서 OK한다.

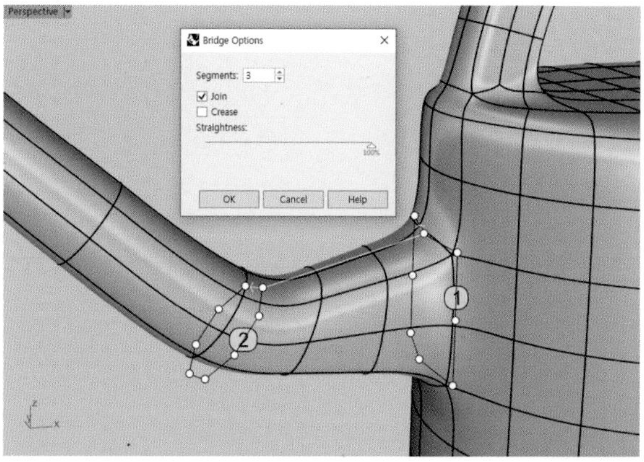

20 포인트 정렬하기

포인트 편집을 위해 우선 포인트 열을 일부분 정렬해 주면 좋다. Transform 〉 Set XYZ Coordinates 명령을 클릭한다. 다음 Front View에서 해당 열을 선택하고 Set Z에 체크 후 아래로 움직여 일렬로 정렬해 준다.

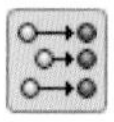 Set XYZ Coordinates

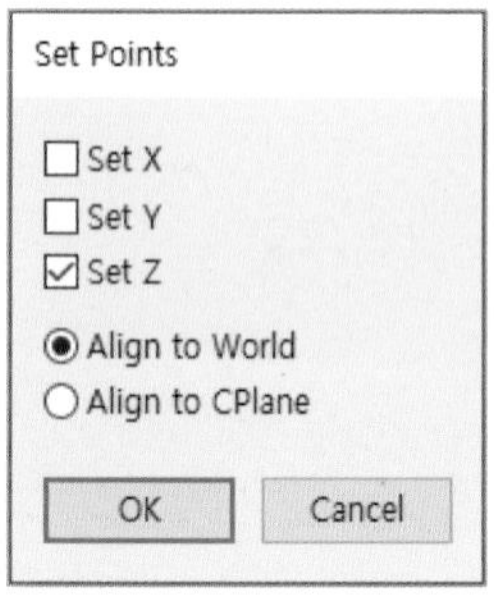

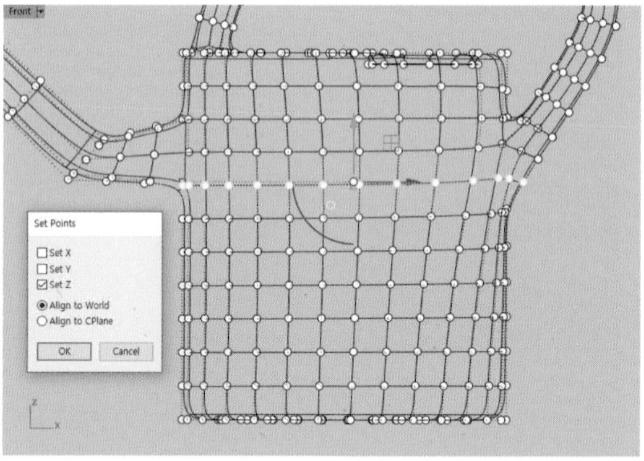

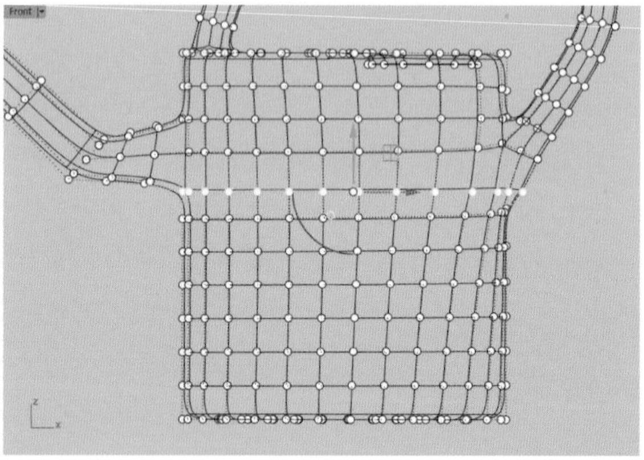

동일한 방법으로 바로 아래 열까지만 정렬을 반복해 준다. 방법은 Transform 〉 Set XYZ Coordinates 명령을 클릭한다. 다음 Front View에서 해당 열을 선택하고 Set Z에 체크 후 아래로 움직여 일렬로 정렬해 준다.

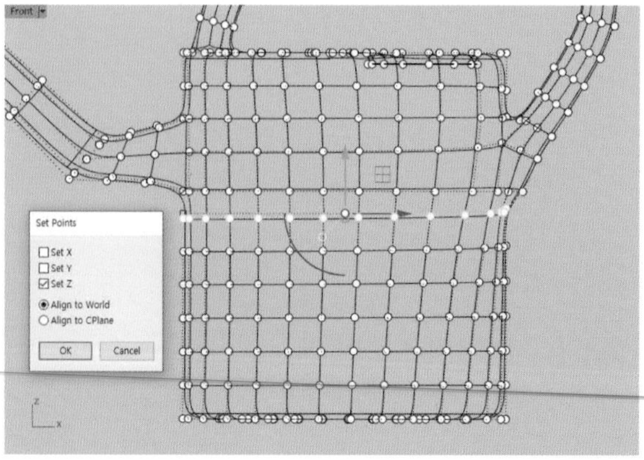

21 검볼로 포인트 위치 조정하기

Front View에서 작업한다. 포인트를 보이게 한 후 그림과 같이 검볼을 이용하여 포인트 위치를 조정해 준다. 여기서는 상세한 디테일 편집은 지면 관계상 중간 생략하였다.

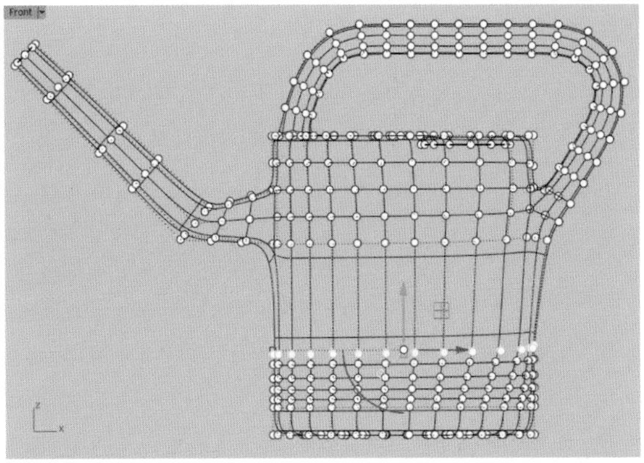

파이프와 몸체 연결 부위 위쪽을 자연스럽게 포인트 편집한다.

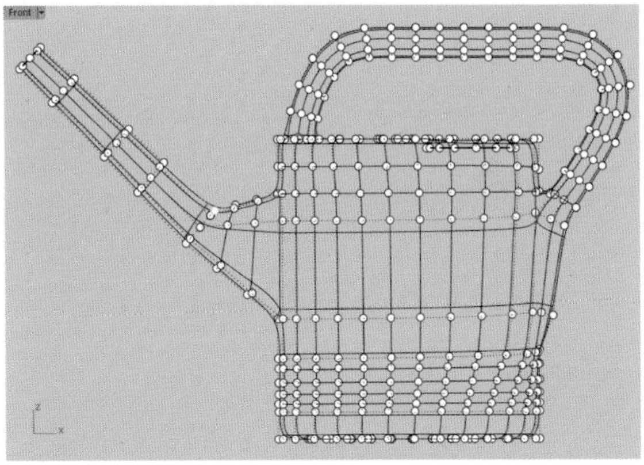

파이프와 몸체 연결 부위 아래쪽도 자연스럽게 포인트 편집한다. 필요에 따라 포인트 열을 지우기도 한다.

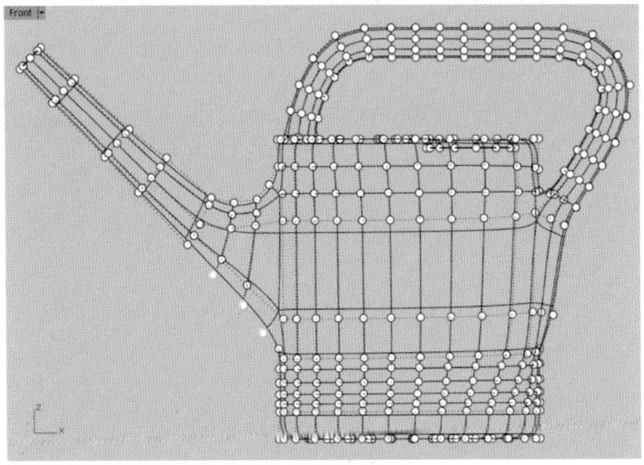

지금까지 포인트 편집을 해 보았다. 하지만 몸체 하단부에 화살표 지점을 보면 아이소커브가 많아 면의 자연스러운 편집 시 손이 많이 가게 된다. 이 부분을 줄이는 방법을 학습해 본다.

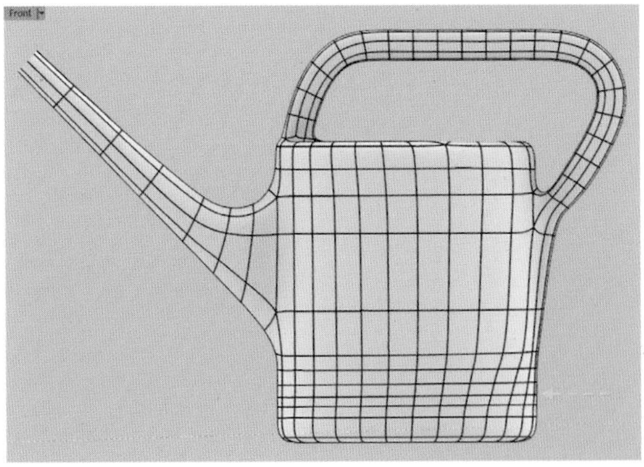

22 해당 면 지우기

Front View에서 작업한다. SubD Tools 〉 Selection filter: Faces 명령을 클릭한다. 해당 부위를 드래그 선택하여 Delete faces 명령으로 바로 지워 준다. Delete 로 지워도 된다.

Selection filter: Faces
Selection filter: None

Delete faces

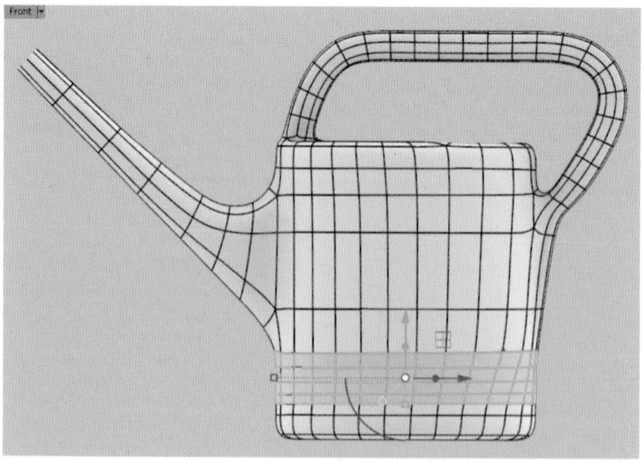

23 연결 면 만들기

Front View에서 작업한다. SubD Tools 〉 Bridge Meshes or SubDs 명령을 클릭한다. ①번 엣지 루프를 드래그 선택하고 Enter 한다. 다음 ②번 엣지 루프를 드래그 선택하고 Enter 하면 연결 면이 만들어진다.

Bridge Meshes or SubDs

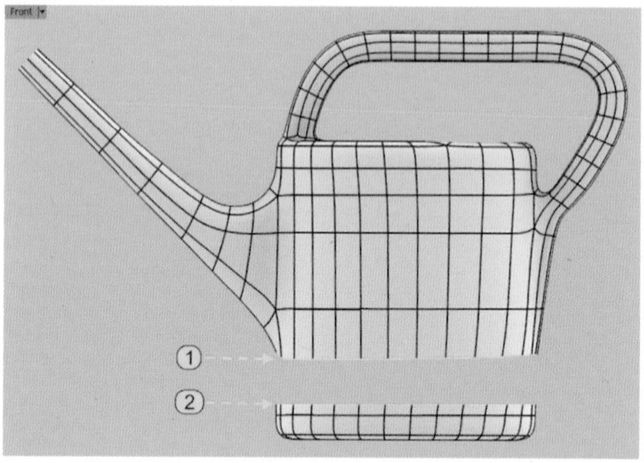

Bridge Options은 Segments=2, Join으로 설정 후 OK하면 된다.

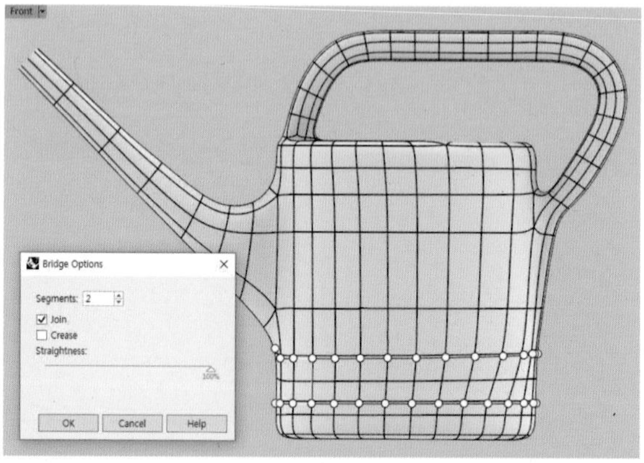

24 작업 결과 확인하기

Perspective View에서 지금까지 작업된 면 상태를 확인한다. 물조리개의 몸체가 완성되었다. 세부적인 디테일 포인트 편집은 생략한다.

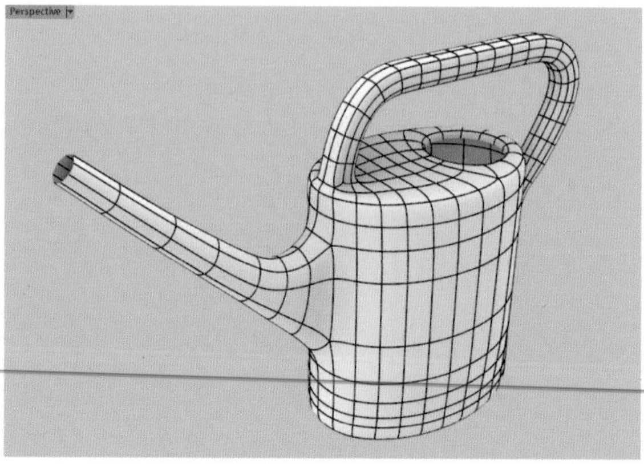

25 해당 부위 포인트 선택하기

Perspective View에서 작업한다. 검볼(Gumball)이 활성화된 상태에서 그림과 같이 해당 부위에 있는 원형의 포인트만을 선택한다.

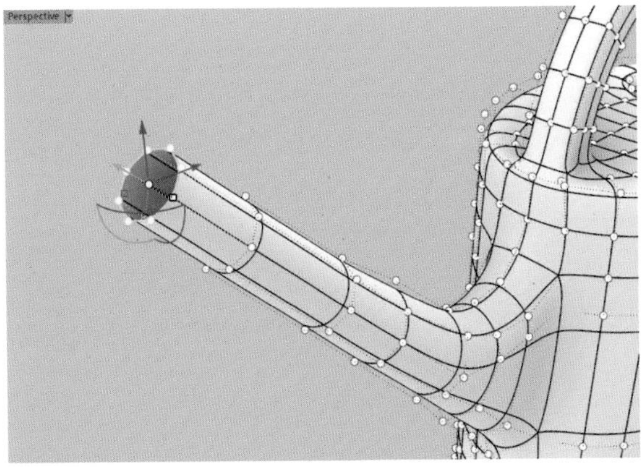

26 검볼로 확대하기

Perspective View에서 작업한다. 검볼의 확대 기준점을 클릭하고 바깥쪽으로 확대한다. 이때 키보드의 Shift를 누른 상태로 해야 일정하게 스케일된다.

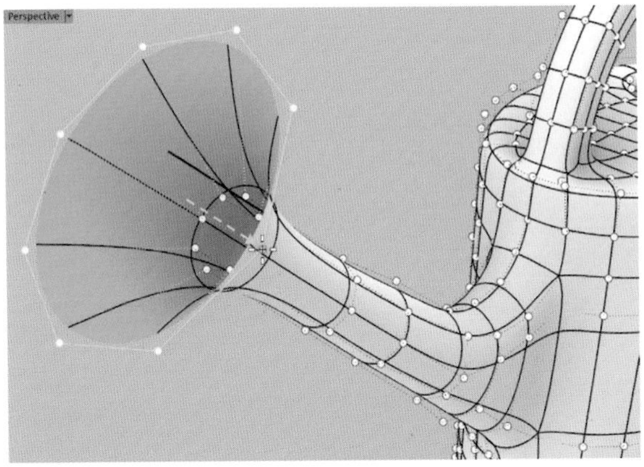

27 측면에서 상태 확인하기

스케일한 부분의 크기를 확인한다. 적당하다고 생각되면 다음 작업을 진행한다.

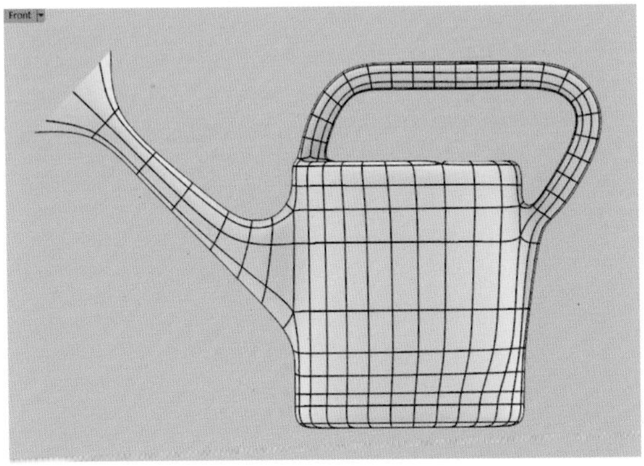

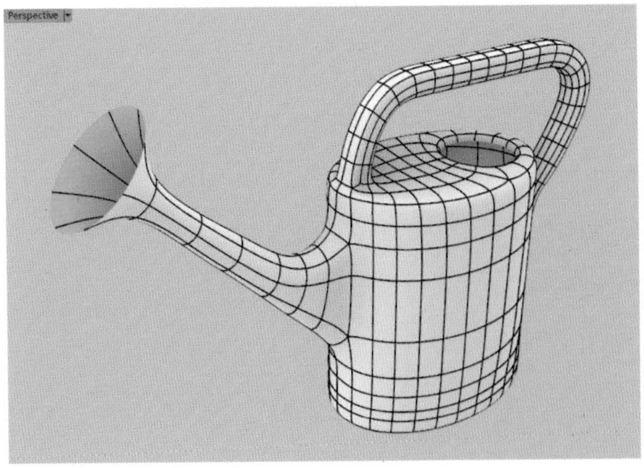

28 해당 면에 엣지 추가하기

Perspective View에서 작업한다. SubD Tools 〉 Insert SubD edge loop/insert edge 명령을 클릭한다. 다음 엣지를 더블 클릭하고 원하는 위치에 엣지를 추가한다.

Insert SubD edge loop
Insert SubD edge ring

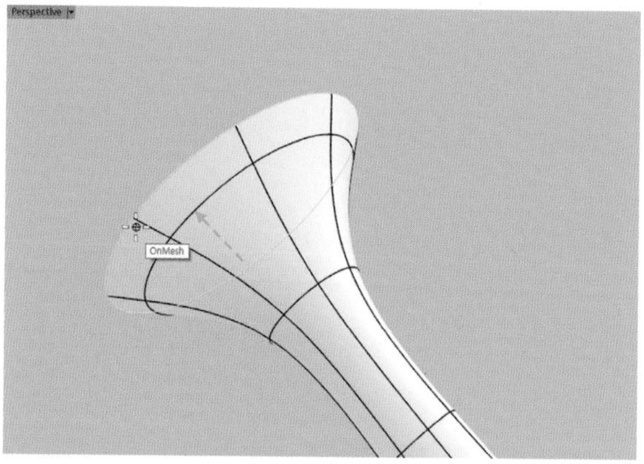

29 검볼로 축소하기

Perspective View에서 작업한다. 검볼의 축소 기준점을 클릭하고 안쪽으로 축소한다. 이때 키보드의 Shift를 누른 상태로 해야 일정하게 스케일된다.

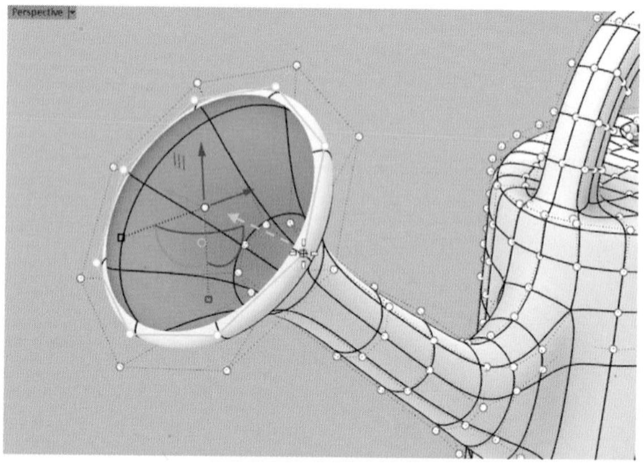

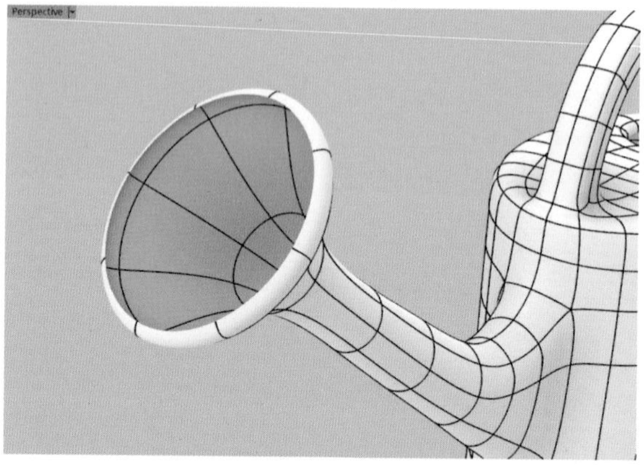

30 엣지 안쪽으로 이동하기

Perspective View에서 작업한다. SubD Tools 〉 Select edge loop 명령으로 엣지를 클릭한다. 다음 검볼을 이용하여 안쪽으로 조금만 밀어 준다. 이때 검볼 방향을 Align to Object에 맞추면 미는 방향과 일치하게 된다.

Select edge loop

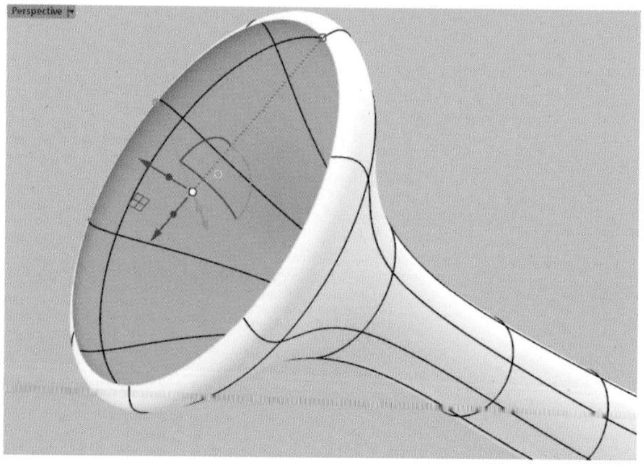

Perspective View에서 파란색 화살표 반대 방향으로 밀면 면이 안쪽으로 구부러지게 된다.

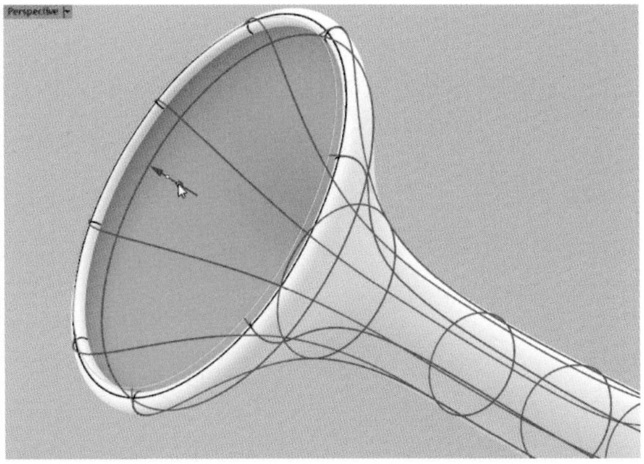

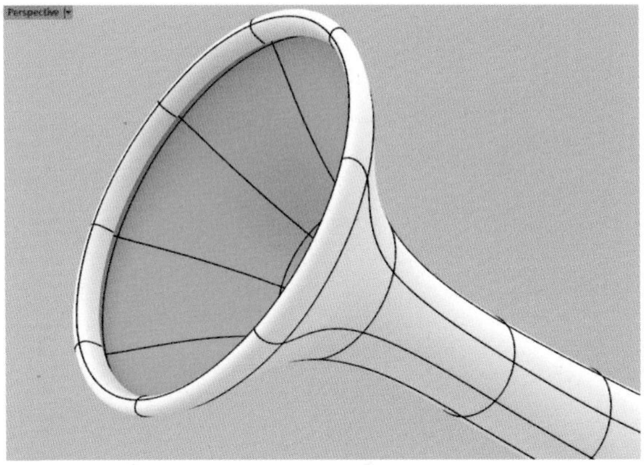

31 곡면 볼륨 수정하기

Perspective View에서 작업한다. SubD Tools > Selection filter: Vertices 명령을 클릭한다. 다음 그림과 같은 지점에 포인트 선택하여 바깥쪽으로 당겨 준다. 검볼을 이용하여 정확한 거리(−3mm)를 입력하면 편리하다.

Selection filter: Vertices
Selection filter: None

Selection filter: Edges

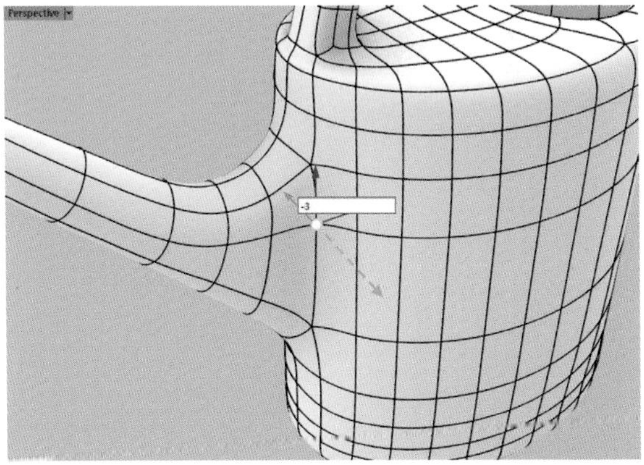

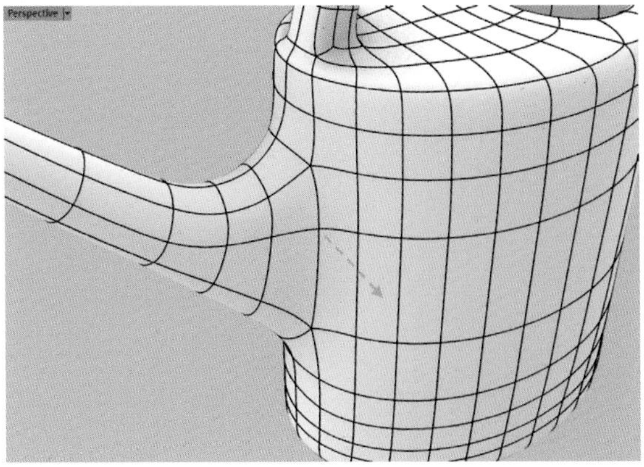

32 곡면 볼륨 수정하기

Perspective View에서 작업한다. SubD Tools 〉 Selection filter: Vertices 명령을 클릭한다. 다음 그림과 같은 지점에 포인트 선택하여 바깥쪽으로 당겨 준다. 검볼을 이용하여 정확한 거리를 입력(3mm)하면 편리하다.

Selection filter: Vertices
Selection filter: None

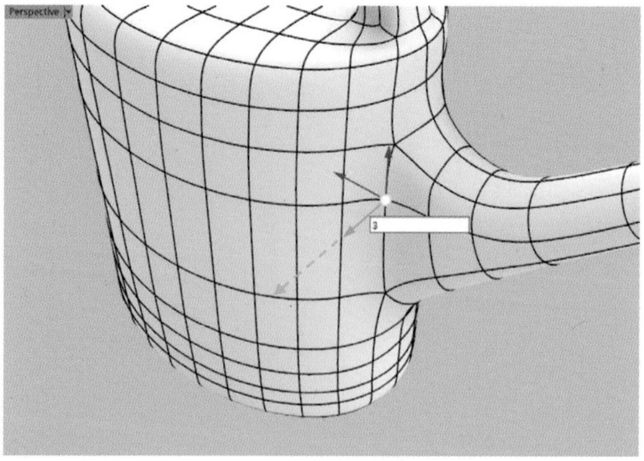

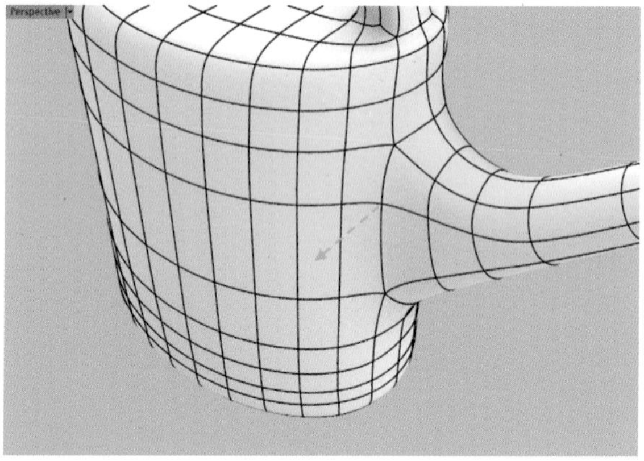

33 엣지 루프 선택하여 면 볼륨 수정하기

Perspective View에서 작업한다. SubD Tools 〉 Selection filter Edges 명령을 클릭한다. 해당 엣지 루프 영역만을 선택하고 검볼로 4.5mm 안쪽으로 이동시켜 준다. 손잡이와의 자연스러운 연결성을 확보한다.

Selection filter : Edges

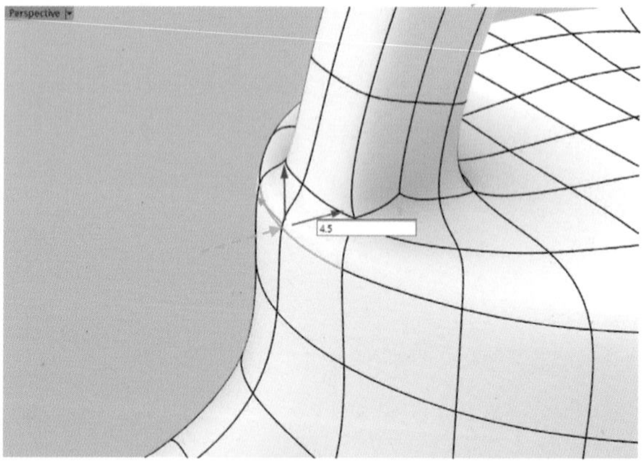

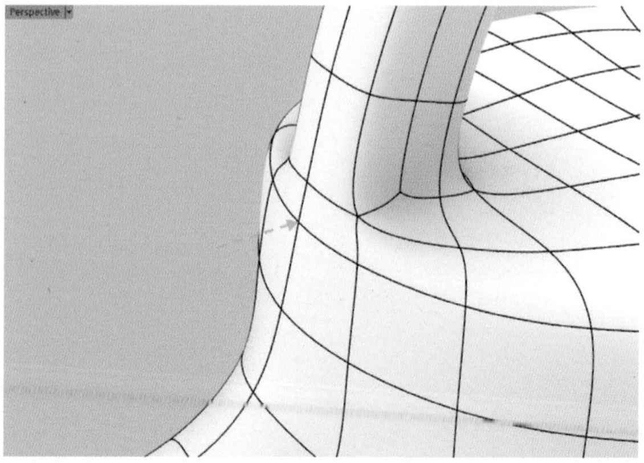

34 살 두께 주기

Perspective View에서 작업한다. SubD Tools 〉 Offset SubD 명령을 클릭한다. 해당 개체를 클릭하고 Enter 한다. Select object to flip offset direction이라 뜨면 Distance=1.5, Solid=Yes, BothSides=No로 설정하고 FlipAll로 오프셋 방향 화살표를 안쪽으로 변경 후 Enter 한다. 살 두께가 만들어진다.

Offset SubD

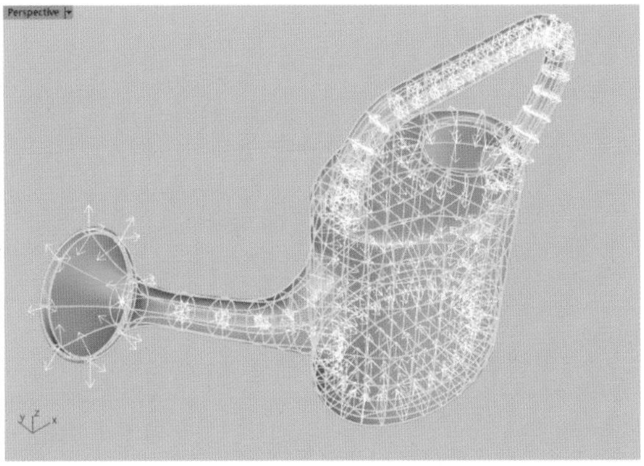

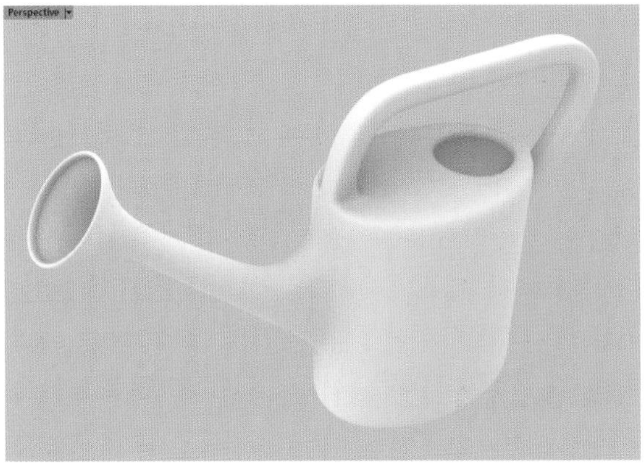

35 단면 두께 확인하기

Front View에서 작업한다. Add Clipping plane 명령으로 단면이 잘 만들어졌는지 확인해 본다. 곡률 반경에 문제로 Manifold edge가 생기지 않도록 유의한다. 매니폴드 엣지는 면이 서로 말려 겹쳐진 경우가 대표적이다. 이러한 개체는 3D 프린팅 시 문제를 야기시킨다.

Disable clipping plane
Enable clipping plane

Add Clipping plane

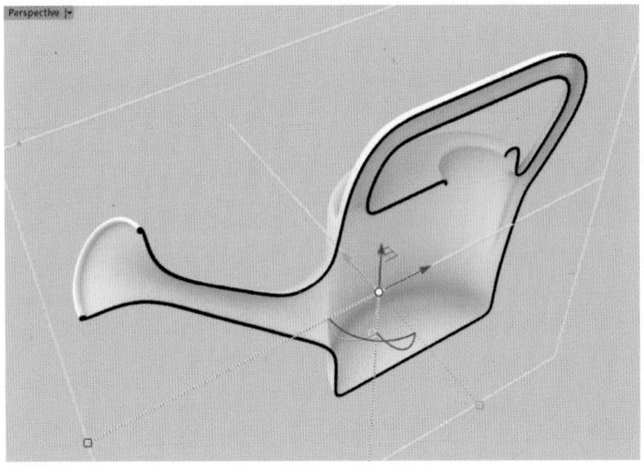

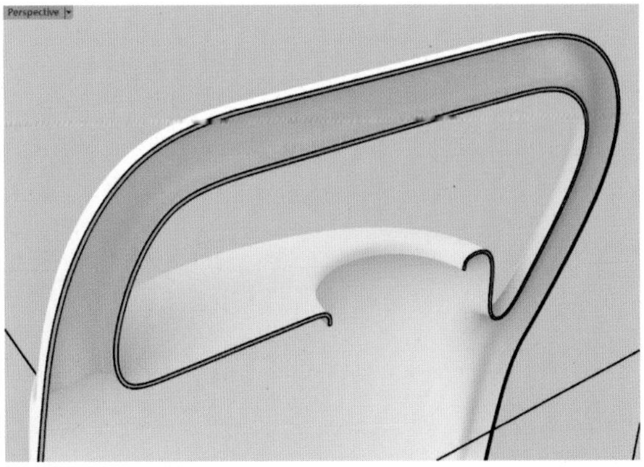

36 회전체 만들기

Front View에서 작업한다. Lines 〉 Line-from midpoint 명령으로 Ⓐ회전축을 그려 준다. 다음 Single line과 Arc: start, end, point on arc 명령으로 Ⓑ단면을 그려 준다. Ⓑ 라인들은 Join해 주면 된다.

Line-from midpoint Single line

Arc: start, end, point on arc
Arc start, point on arc, end

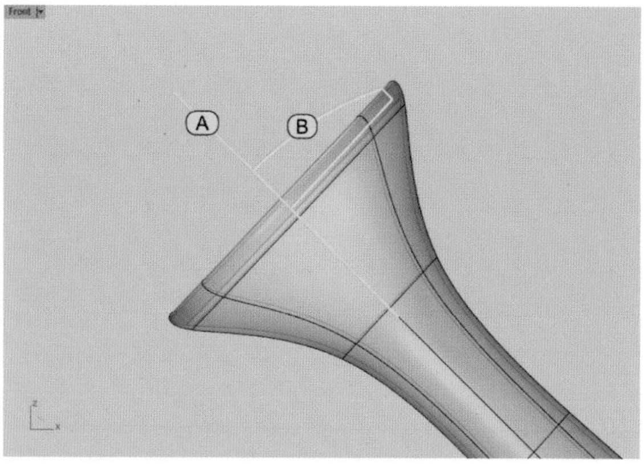

37 회전체 만들기

Front View에서 작업한다. Osnap=End에 체크한다. Surface Creation 〉 Revolve 명령을 클릭한다. 먼저 Ⓑ 개체를 클릭하고 Enter 한다. 다음 축의 시작점과 끝점을 클릭하고 Enter 한다. Start angle이라 뜨면 옵션은 Output=SubD, SegmentCount=10으로 변경하고 FullCircle를 클릭하면 360도 회전체가 만들어진다.

Revolve
Rail revolve

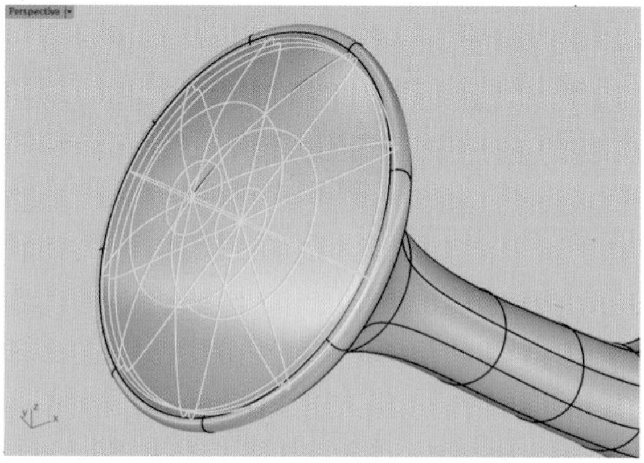

38 로프트 홈 만들기

Perspective View에서 작업한다. SubD Tools 〉 Extrude SubD 명령을 클릭한다. 해당 면만 선택하고 안쪽으로 밀어 넣어 꽃 모양의 홈을 만들어 준다.

Extrude SubD

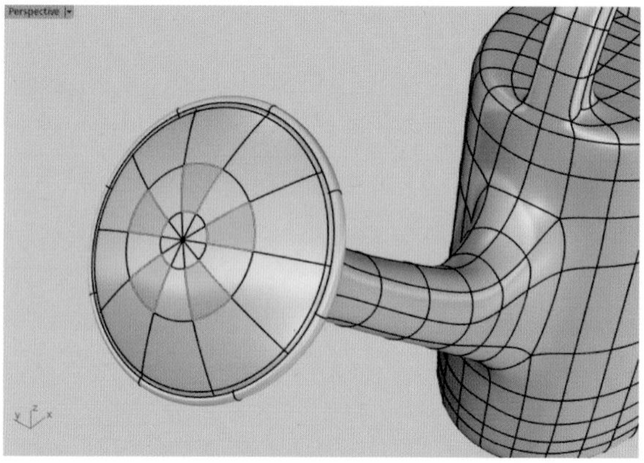

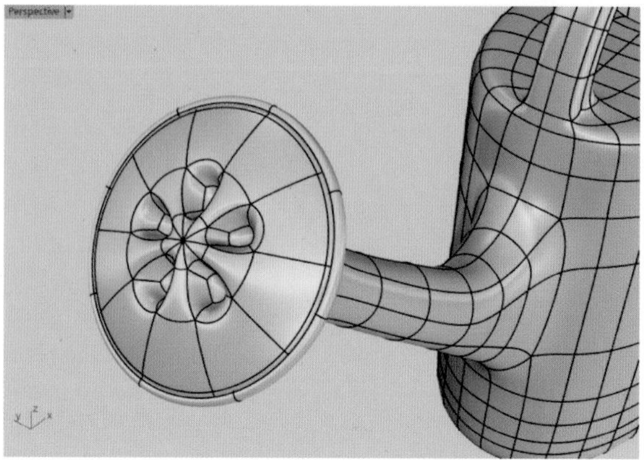

39 최종 결과 확인하기

Perspective View에서 지금까지 작업한 개체를 확인해 본다. 여기서는 별도의 작은 홈 파기는 생략한다.

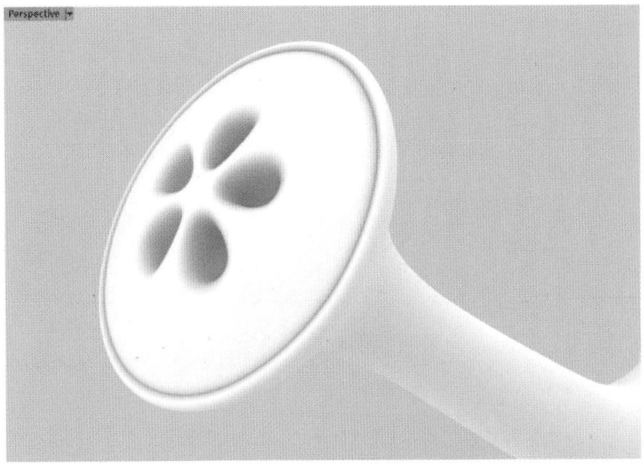

40 라운드값 조정하기

Perspective View에서 작업한다. 물조리개의 하단부를 보이게 한다. SubD Tools 〉 Bevel mesh or SubD 명령으로 그림과 같이 원하는 경계 루프 엣지를 선택하여 라운드값을 부여한다. 여기서는 다음과 같이 옵션을 설정하여 작업하였다. 옵션은 Segments=3, Offset Mode=Absolute, Straightness=0, KeepCreases=Yes면 된다.

Bevel mesh or SubD

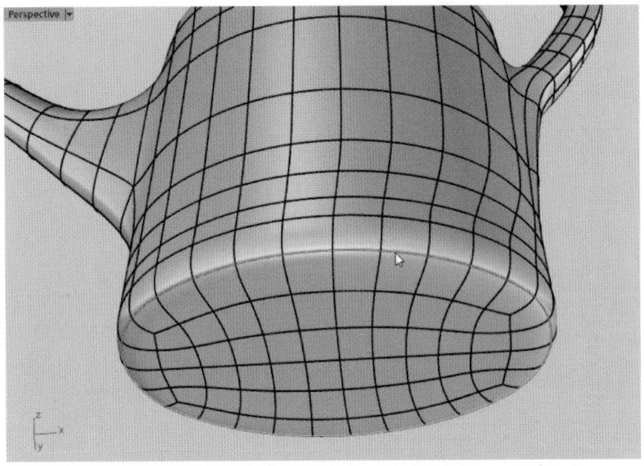

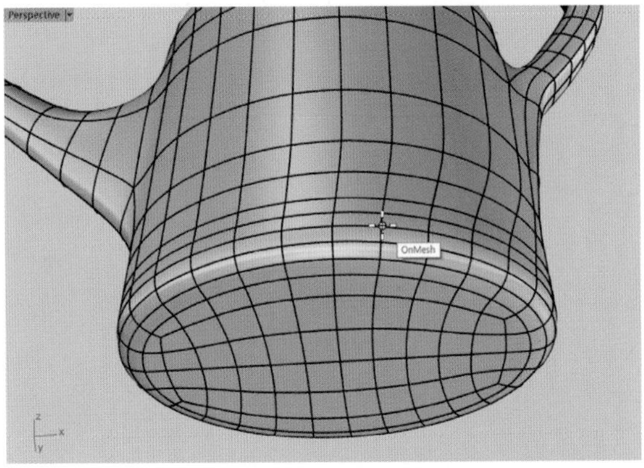

41 바닥 면에 단차 주기

Perspective View에서 작업한다. 물 조리개의 하단부를 보이게 한다. 이번에 밑바닥에 약간의 단차를 줄 계획이다. SubD Tools 〉 Insert SubD edge loop/insert edge 명령을 루프 엣지를 추가한다.

Insert SubD edge loop
Insert SubD edge ring

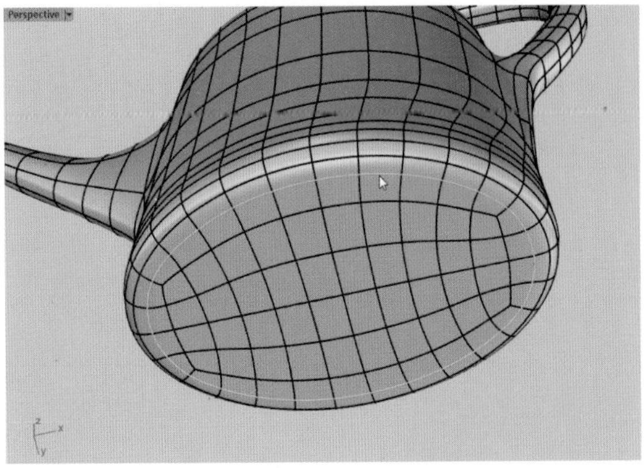

화살표가 가리키는 지점을 보면 총 2개의 엣지 루프가 위치한다.

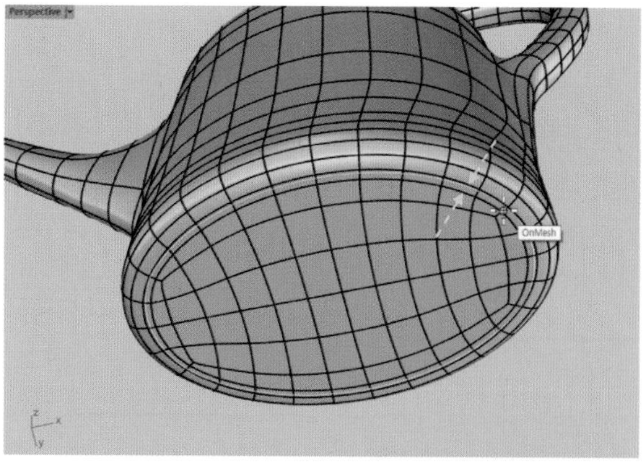

42 선택 면 지워 주기

Perspective View에서 작업한다. Select face loop 명령으로 해당 부위를 한 번에 선택 후 Delete faces 명령으로 지워 준다. 세로 엣지를 선택해야 한 번에 선택된다.

 Select face loop

 Delete faces

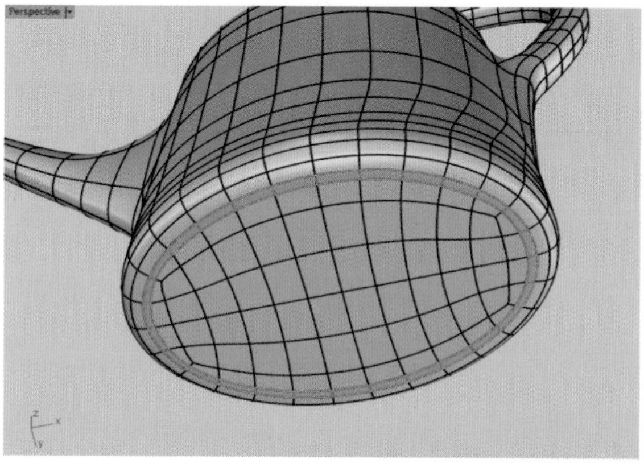

지우고 나면 그림과 같이 틈이 보이게 된다. 이제 안쪽 타원형 바닥 면을 위쪽으로 살짝 이동시켜 줄 것이다. 우선 해당 면을 선택한다.

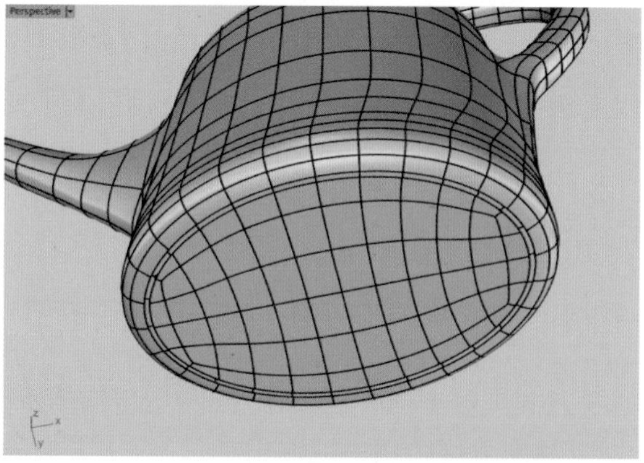

43 해당 면 선택하기

Perspective View에서 작업한다. Select face loop 명령으로 해당 부위를 한 번에 선택한다. 이제 Front View에서 검볼의 파란색 축을 기준으로 0.8mm 정도 올려 준다.

 Select face loop

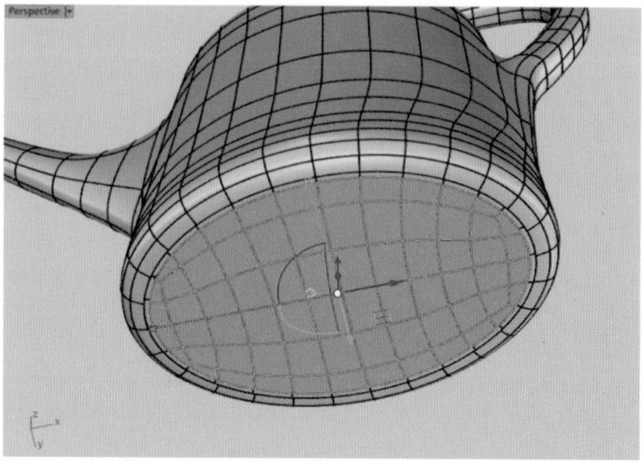

44 브리지 면 만들기

Perspective View에서 작업한다. SubD Tools 〉 Bridge Meshes or SubDs 명령을 클릭한다. 해당 엣지 루프를 더블 클릭하여 브리지 면을 만들어 준다. 이때 옵션 설정은 Segments=1, Join, Crease에 체크하고 OK하면 된다.

Bridge Meshes or SubDs

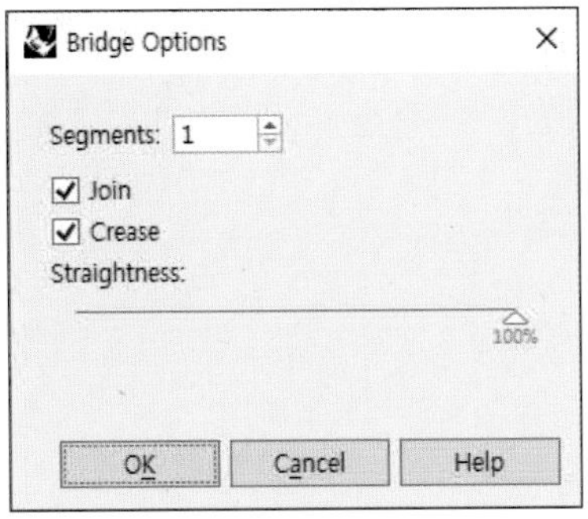

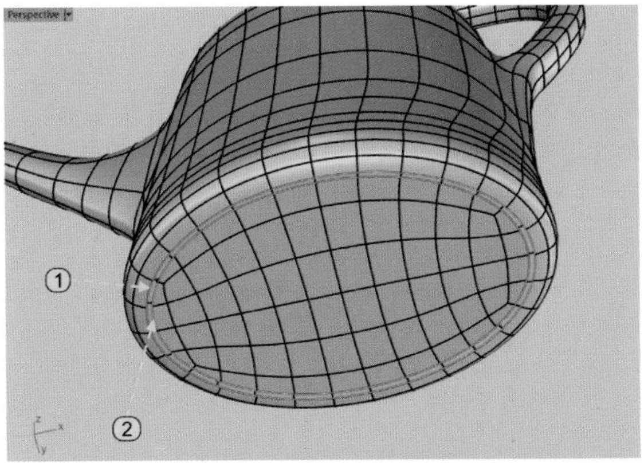

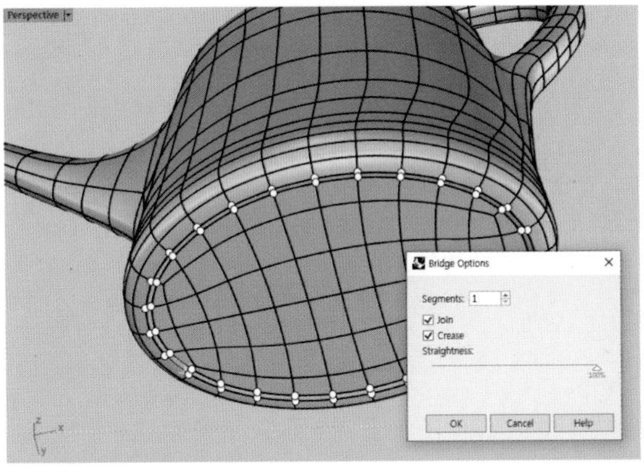

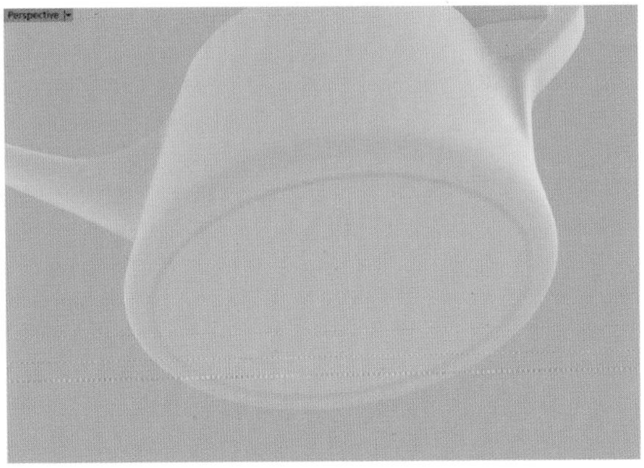

45 파이프 띠 만들기

Perspective View에서 작업한다. SubD Tools 〉 SubD Multipipe 명령을 클릭한다. 해당 엣지 루프를 더블 클릭하고 Enter 한다. Set pipe radius=1, Cap end=on, Strut divisions(set to 0 for smooth curves)=1 기입 후 Enter 하면 파이프가 만들어진다.

SubD MultiPipe

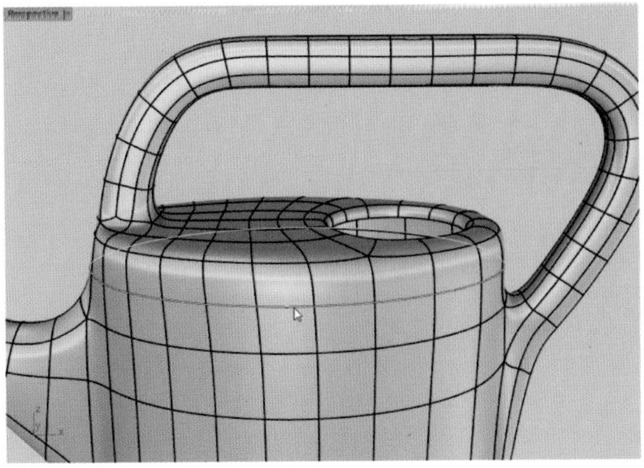

만들어진 파이프를 확인해 본다. 현재 몸체와 중첩된 상태이다. 나중에 필요에 따라 몸체에 붙이면 된다.

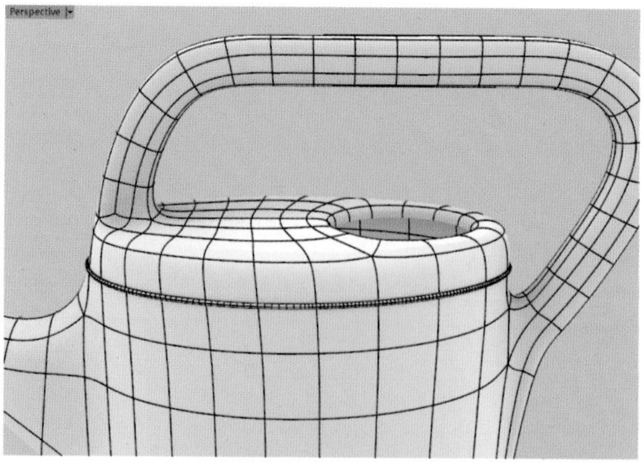

46 파이프 띠 만들기

동일한 방법으로 Perspective View에서 작업한다. SubD Tools 〉 SubD Multipipe 명령을 클릭한다. 해당 엣지 루프를 더블 클릭하고 Enter 한다. Set pipe radius=1, Cap end=on, Strut divisions(set to 0 for smooth curves)=1 기입 후 Enter 하면 파이프가 만들어진다.

SubD MultipIpe

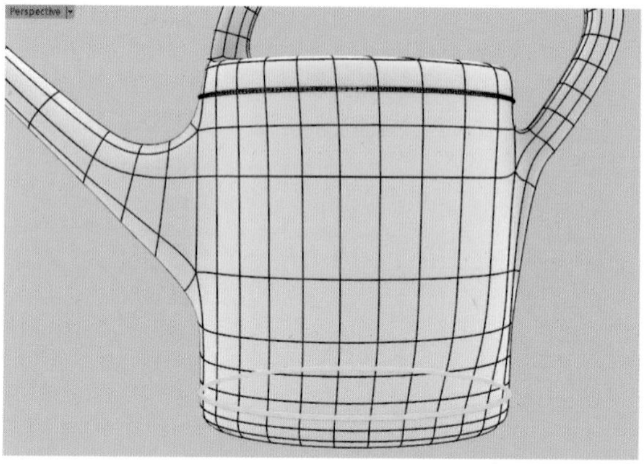

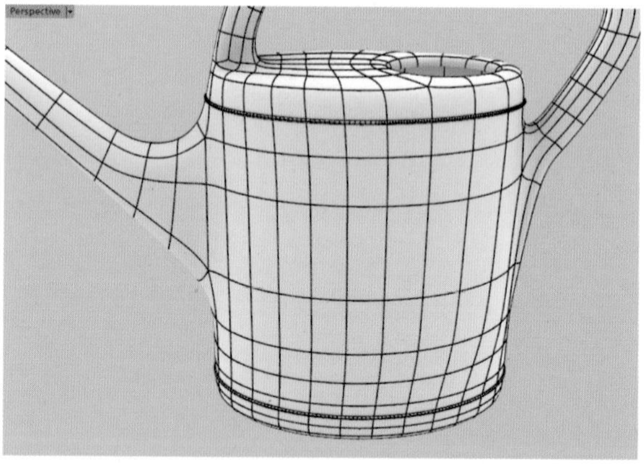

47 모든 작업 결과를 확인하기

물조리개 섭디(SubD) 모델링이 마무리되었다. 지금까지 진행된 결과를 확인한다. 물조리개는 난이도보다는 관련 툴을 다양한 방법으로 사용하면서 기초적인 툴 사용이 가능하도록 계획된 예제이다. 반복적인 학습으로 사용된 툴을 완전히 숙지한다.

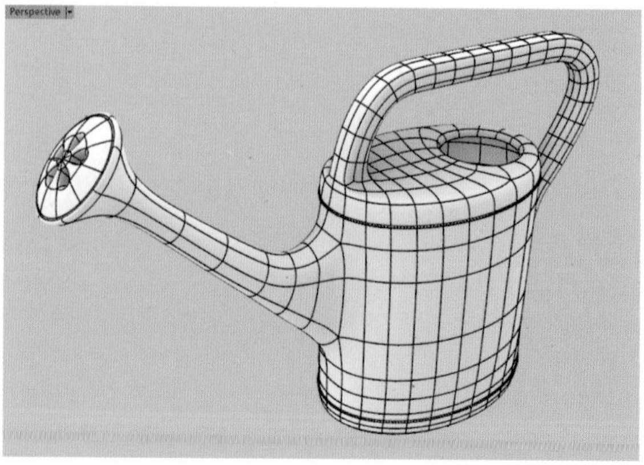

48 최종 결과물 보기

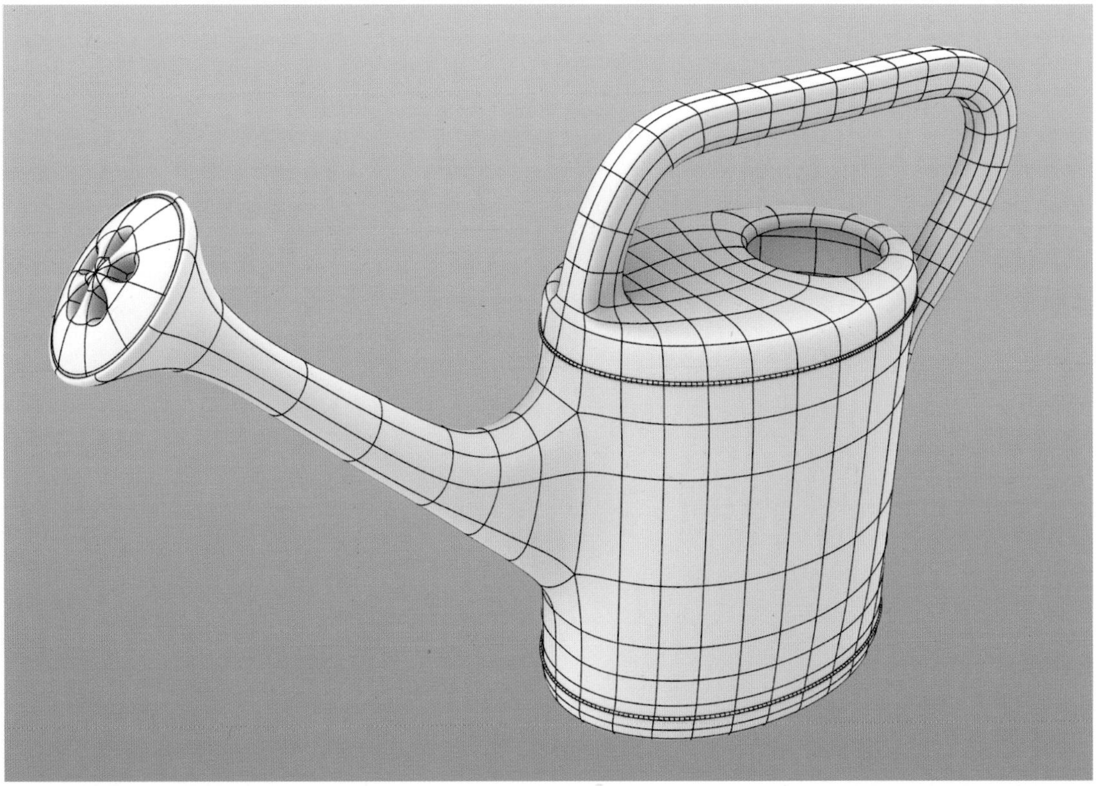

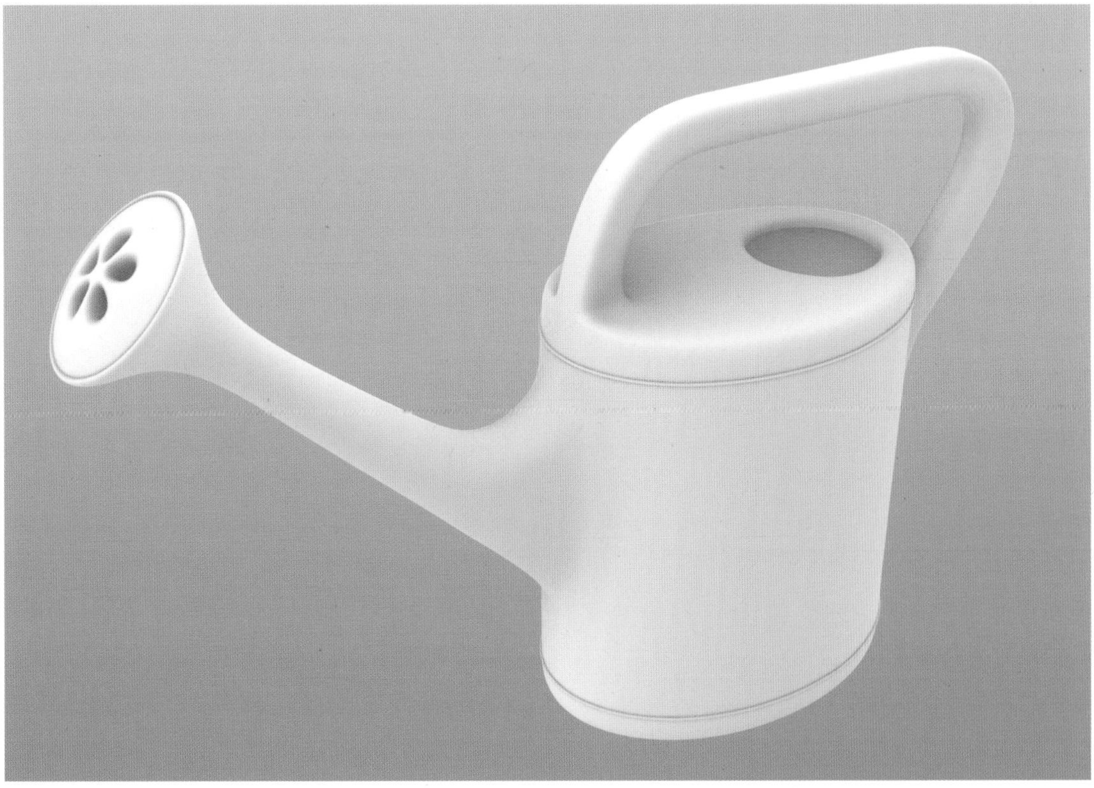

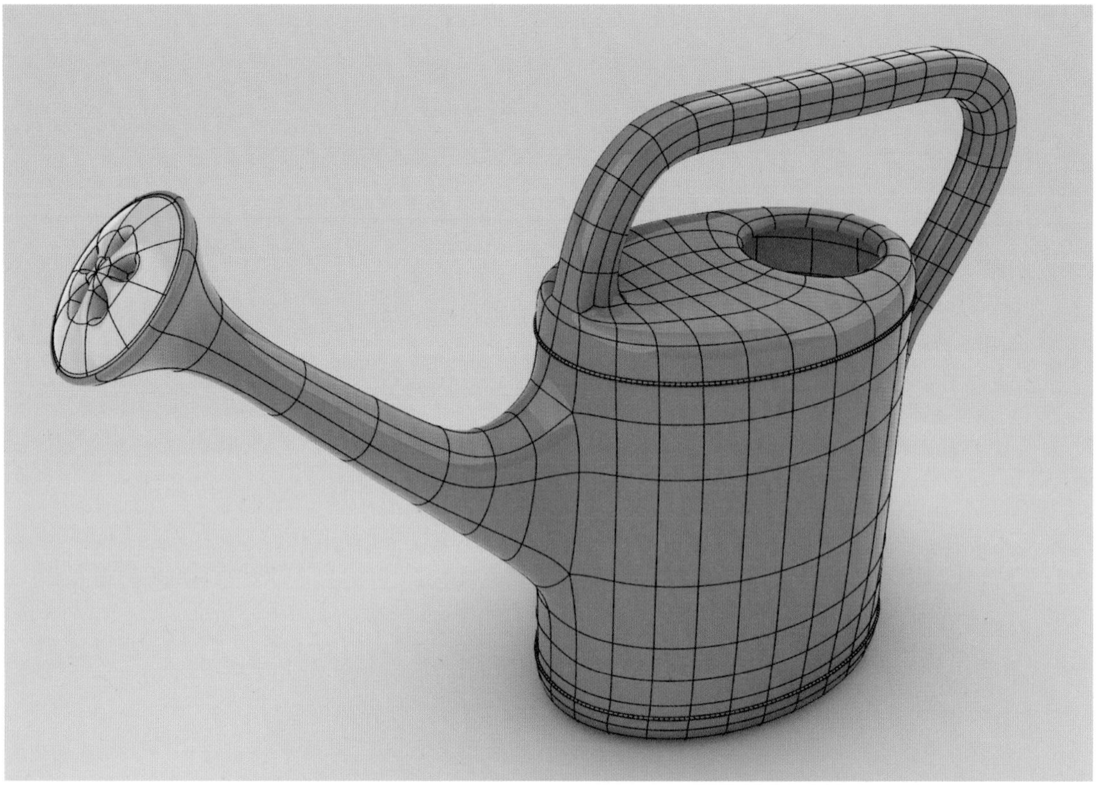

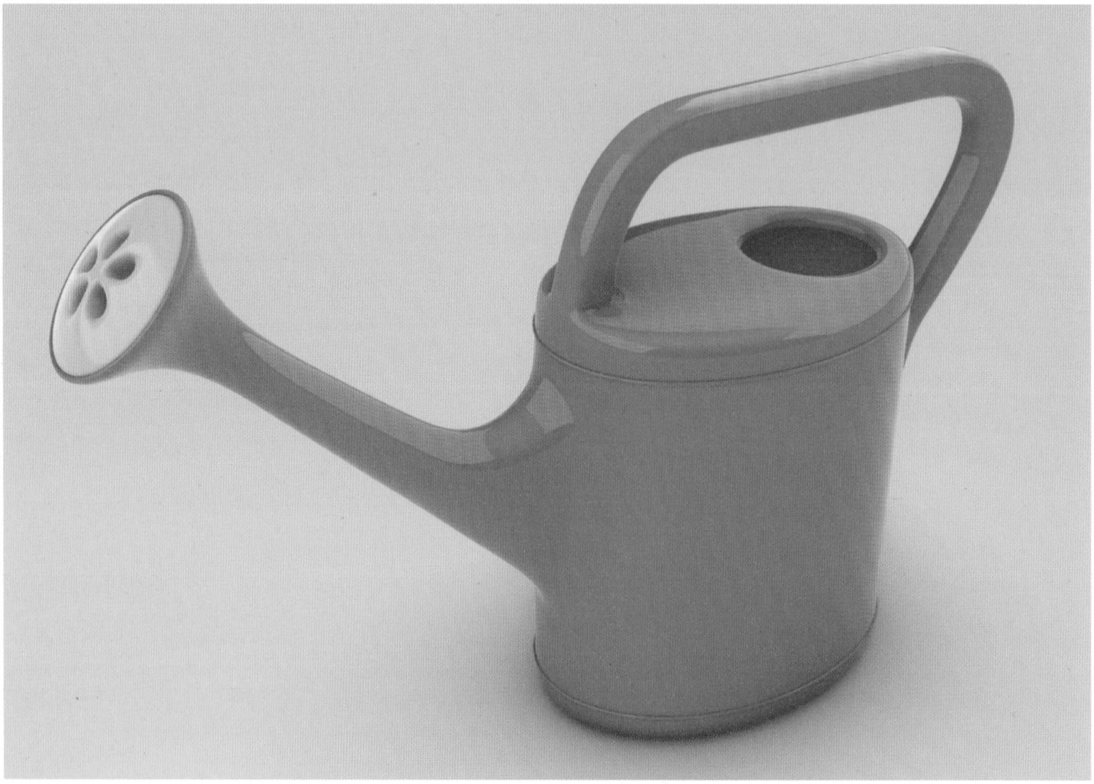

Memo

Rhino 3D
Bible
for industrial desingers

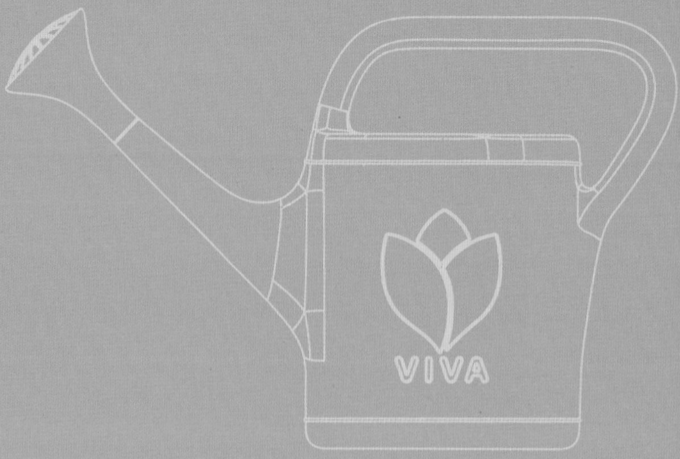

PART

05

면의 수리 방법 및 문제 해결

01 CHAPTER

응용 필렛팅(Filleting)과 면의 수리-1

Application Filleting and Surface Repair

01 면 수리용 예제 드로잉하기

드로잉의 시작은 Top Viewport에서 시작한다. 드로잉은 지금까지 학습된 내용을 가지고 그려 본다. 만약 초보인 경우 혜지원 출판사에서 제공하는 지정 자료함에서 관련 파일(면 수리 파일-1)을 다운로드받아 학습해도 된다.

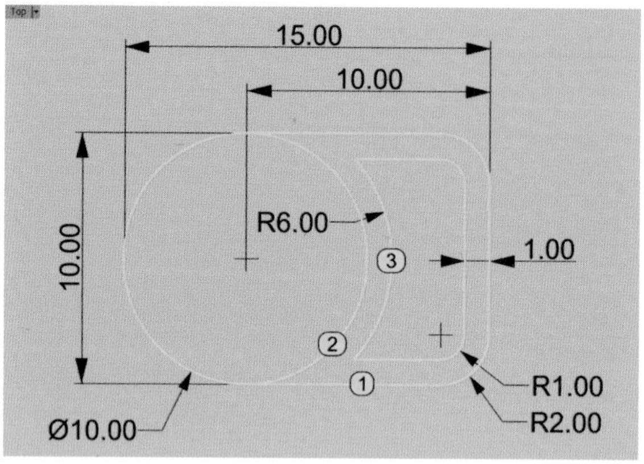

02 개체의 높이 조정하기

Front View에서 작업한다. 평면에 그려진 해당 ①-②-③번 라인들은 검볼(Gumball)을 이용해 위치를 변경해 준다. 단 ①번 라인은 바닥에 그대로 있으면 된다.

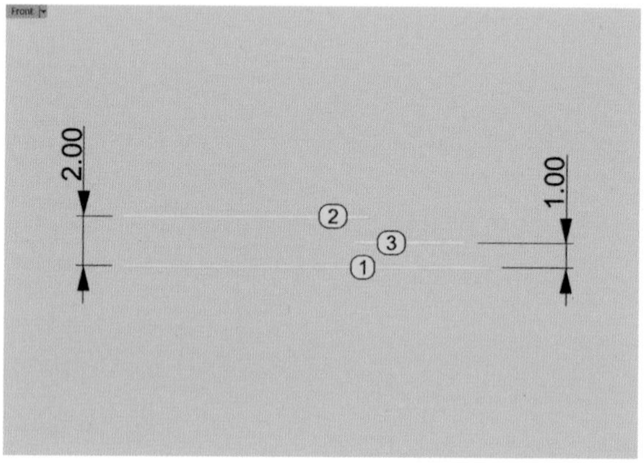

03 돌출 면으로 만들어 주기

준비된 라인을 면(Surface)으로 만들어 줄 것이다. Main Toolbar 〉 Surface Creation 〉 Extrude Straight 명령을 클릭한다. ①번은 아래로 2mm, ②번은 위로 2mm 돌출시켜 준다.

Extrude Straight

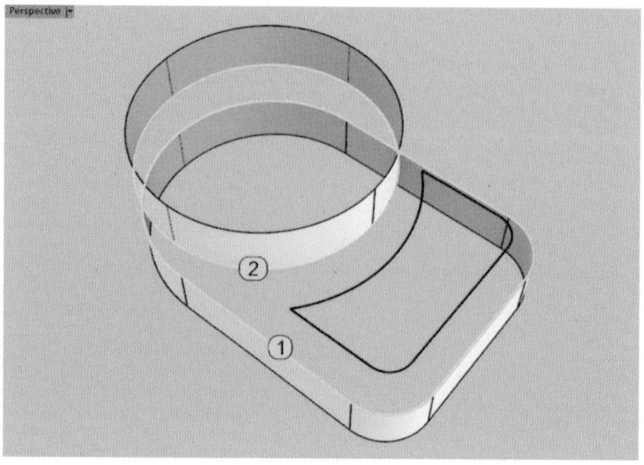

04 평면으로 만들기

③번 폴리 라인 개체는 Surface Creation 〉 Surface from planar curves 명령을 이용하여 평면으로 만들어 준다.

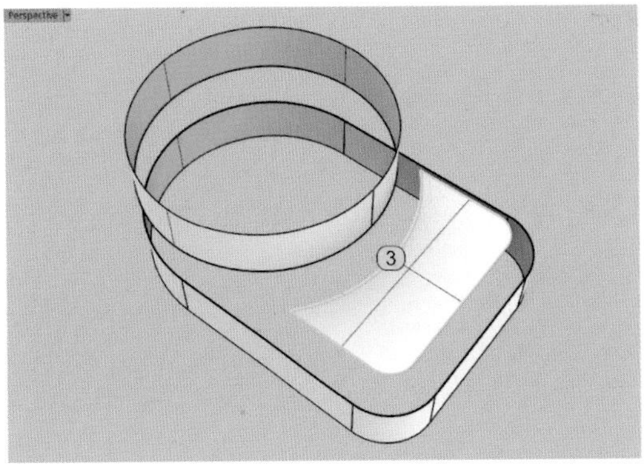

Surface from planar curves

05 라인 개체들 모두 지워 주기

Standard Toolbar 〉 Select 〉 Select curves 명령을 클릭한다. 클릭과 동시에 라인 개체들이 자동으로 선별 선택되며 Delete 를 눌러 지워 준다. 면 수리 시 선들은 가끔 혼란을 줄 수 있기 때문이다.

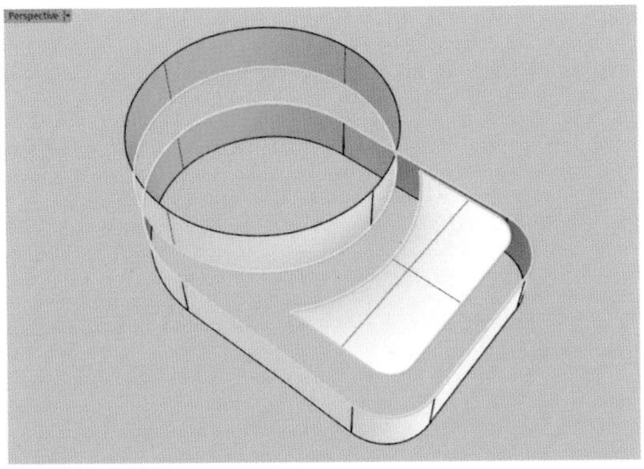

Select curves

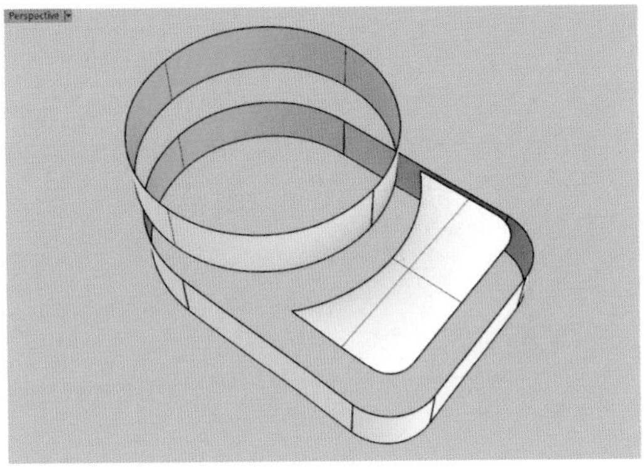

06 엣지 보이게 하기

남겨진 개체 모두를 드래그해서 선택한다. 다음 Analyze 〉 Edge Tools 〉 Show edges 명령을 클릭한다. 그림과 같이 열린 엣지들이 모두 붉은색으로 구분된다. Edge Analysis=All edges에 체크된 상태여야 한다.

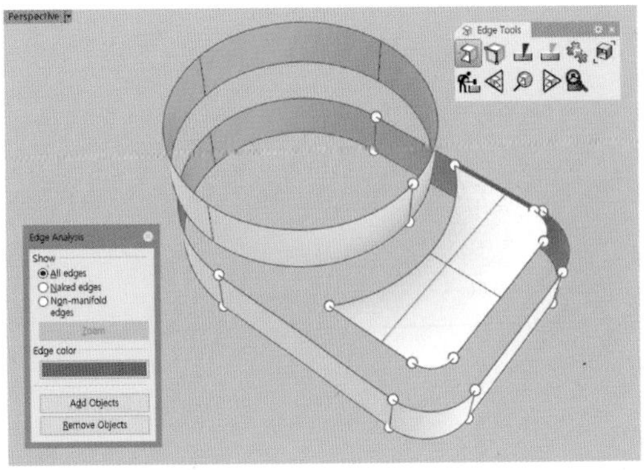

Show edges
Turn off showing curve edges

07 엣지 자르기

Perspective View에서 작업한다. 이제 면의 Edge들을 자신이 원하는 대로 잘라 면을 수리해 보도록 할 것이다. 자르기 전 Osnap=Knot에 체크해 준다. 면의 Edge를 자르는 방법은 간단하다. Analyze 〉 Edge Tools 〉 Show edges 명령을 클릭한다. 다음 Split edge 명령을 클릭하고 ①번 지점에 대고 ②번 End 점을 클릭하면 ①번 지점이 잘리게 된다.

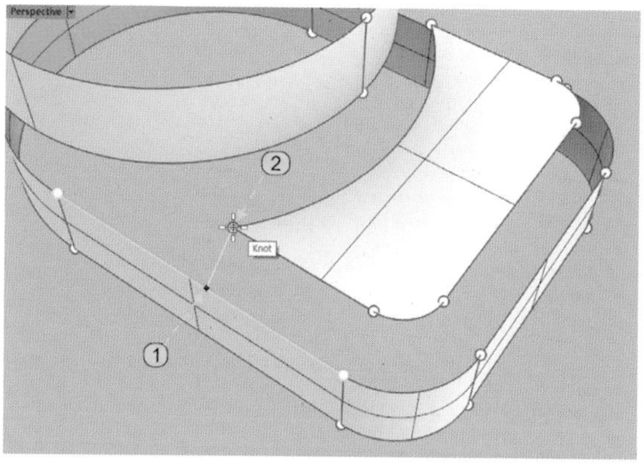

Split edge
Merge edge

잘리게 되면 그림과 같이 포인트가 나타난다. 이 포인트는 엣지가 잘려 분할 선택할 수 있음을 의미한다.

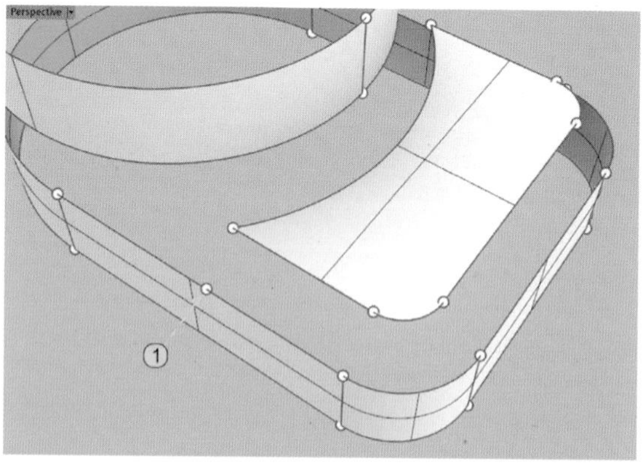

반대편 부분도 동일한 방법으로 ①번 지점에서 ②번 End/Knot 포인트에 클릭하여 일직선으로 잘라 준다.

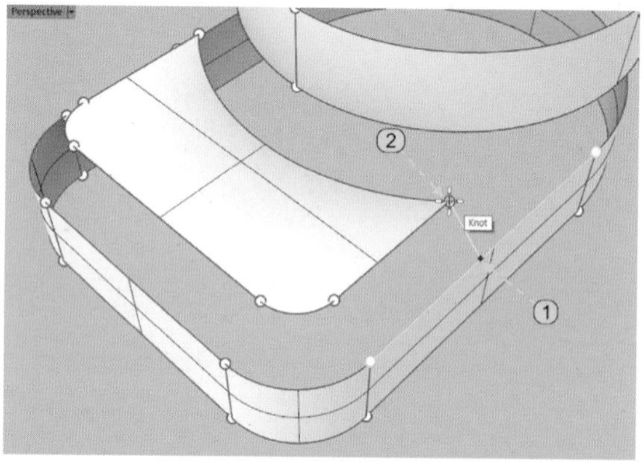

잘리게 되면 그림과 같이 포인트가 나타난다. 이 포인트는 엣지가 잘려 분할 선택할 수 있음을 의미한다.

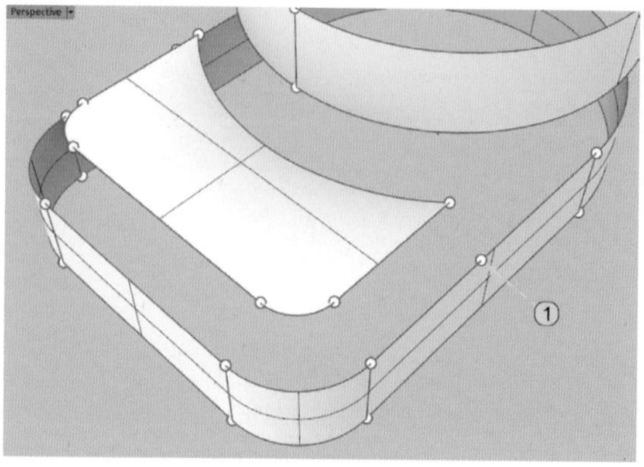

08 추가 엣지 자르기

Perspective View에서 작업한다. 동일한 방법으로 Analyze 〉 Edge Tools 〉 Show edges 명령을 클릭한다. 다음 Split edge 명령을 클릭하고 ①번 지점에 대고 ②번의 End/Knot 점을 클릭하면 ①번 지점이 잘리게 된다.

Split edge
Merge edge

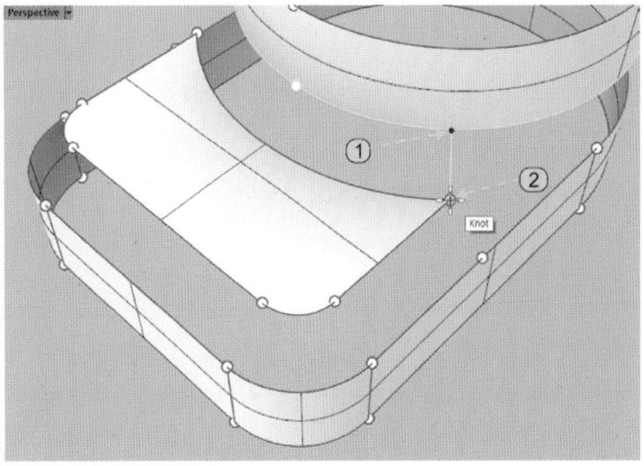

잘리게 되면 그림과 같이 포인트가 나타난다. 이 포인트는 엣지가 잘려 분할 선택할 수 있음을 의미한다.

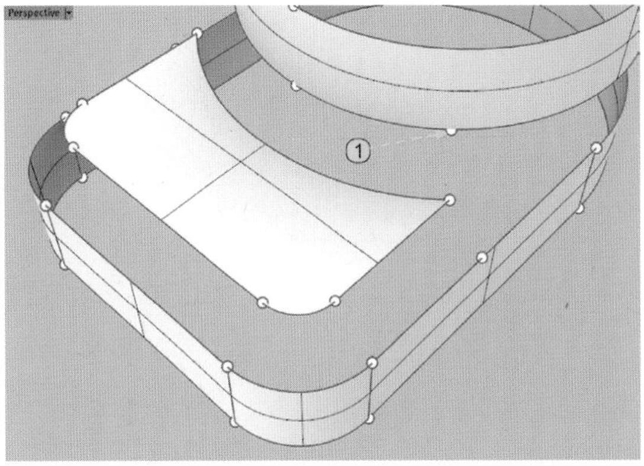

Perspective View에서 작업한다. 동일한 방법으로 Analyze 〉 Edge Tools 〉 Show edges 명령을 클릭한다. 다음 Split edge 명령을 클릭하고 ①번 지점에 대고 ②번의 Knot/Quad 점을 클릭하면 ①번 지점이 잘리게 된다.

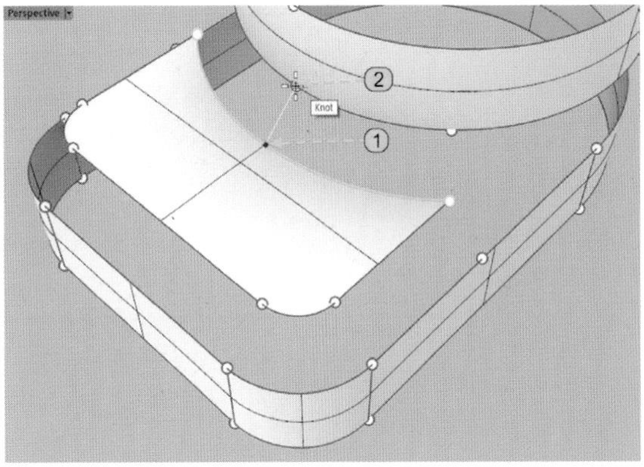

잘리게 되면 그림과 같이 포인트가 나타난다. 이 포인트는 엣지가 잘려 분할 선택할 수 있음을 의미한다.

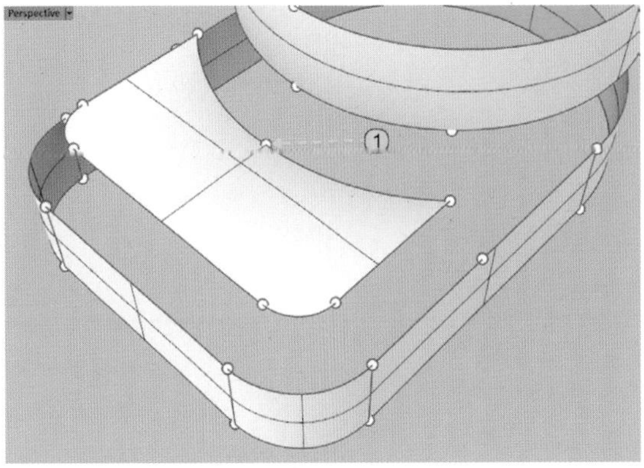

09 추가 엣지 자르기

Perspective View에서 작업한다. 동일한 방법으로 Analyze > Edge Tools > Show edges 명령을 클릭한다. 다음 Split edge 명령을 클릭하고 ①번 지점에 대고 ②번의 End/Knot 점을 클릭하면 ①번 지점이 잘리게 된다.

Split edge
Merge edge

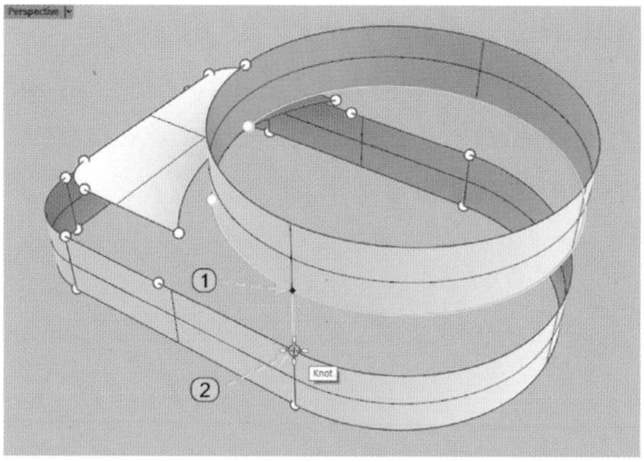

잘리게 되면 그림과 같이 포인트가 나타난다. 이 포인트는 엣지가 잘려 분할 선택할 수 있음을 의미한다.

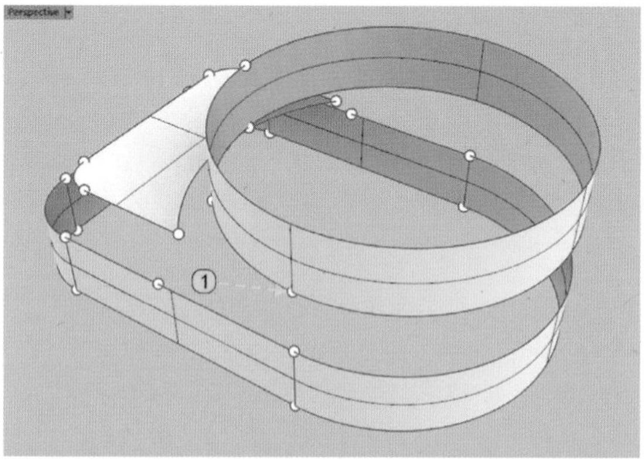

Perspective View에서 작업한다. 반대쪽도 동일한 방법으로 Analyze > Edge Tools > Show edges 명령을 클릭한다. 다음 Split edge 명령을 클릭하고 ①번 지점에 대고 ②번 Knot/Quad 점을 클릭하면 ①번 지점이 잘리게 된다.

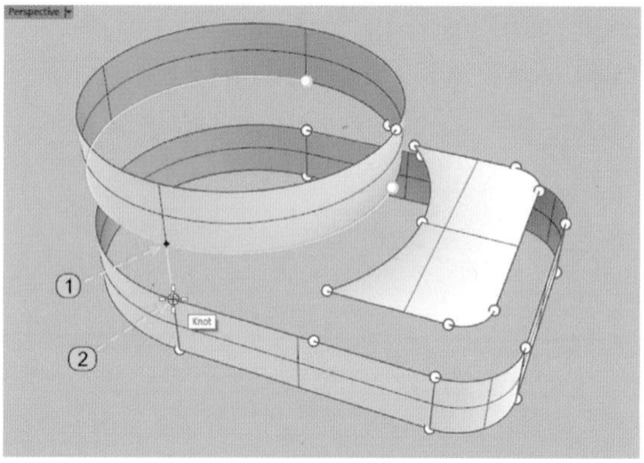

잘리게 되면 그림과 같이 포인트가 나타난다. 이 포인트는 엣지가 잘려 분할 선택할 수 있음을 의미한다.

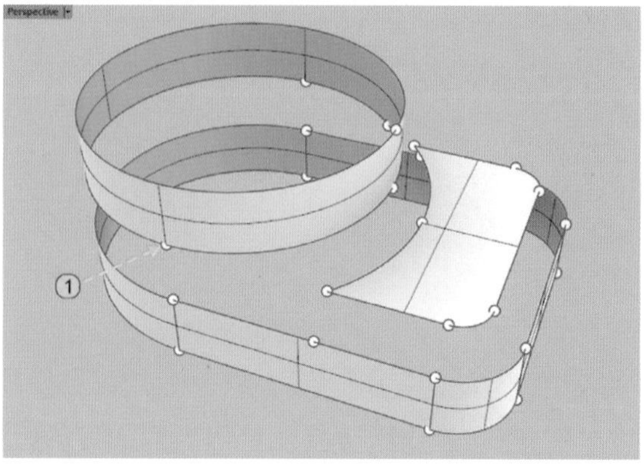

10 추가 엣지 자르기

Perspective View에서 작업한다. 동일한 방법으로 Analyze 〉 Edge Tools 〉 Show edges 명령을 클릭한다. 다음 Split edge 명령을 클릭하고 ①번 지점에 대고 ②번의 End/Knot 점을 클릭하면 ①번 지점이 잘리게 된다.

Split edge
Merge edge

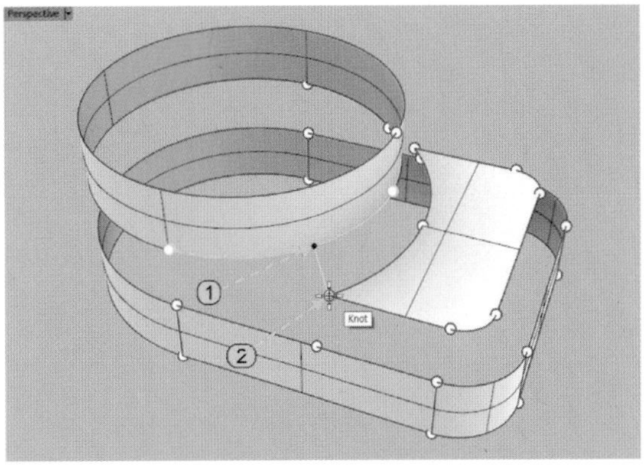

잘리게 되면 그림과 같이 포인트가 나타난다. 이 포인트는 엣지가 잘려 분할 선택할 수 있음을 의미한다.

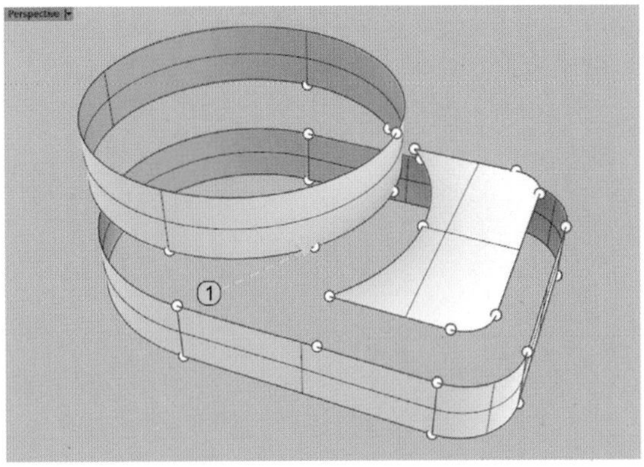

11 전체 잘린 엣지 면들 확인하기

Top View에서 보았을 때 그림과 같이 서로 90도로 마주하는 지점에 엣지 포인트들이 위치해 있으면 잘된 것이다.

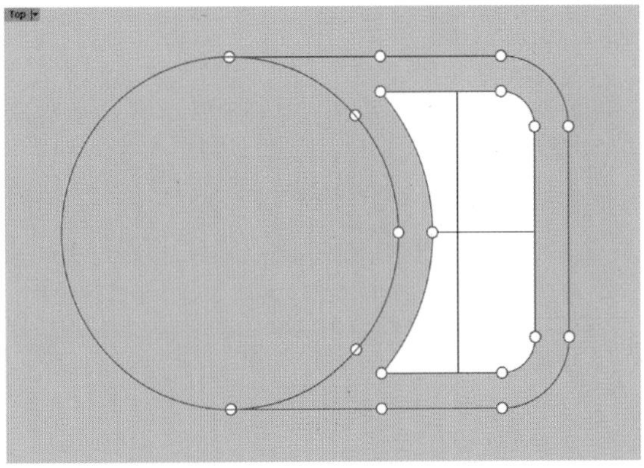

12 잘못 자른 엣지 포인트 지우기

작업 중 그림과 같이 엉뚱한 곳에 엣지를 자른 경우 이를 지워 줄 수 있어야 한다. 그림처럼 Ⓐ지점이 잘못 자른 지점이라면 Analyze 〉 Edge Tools 〉 Show edges 〉 Merge edge 명령을 클릭하여 해당 엣지 부위를 클릭하고 지워 준다.

Merge edge
Merge all edges

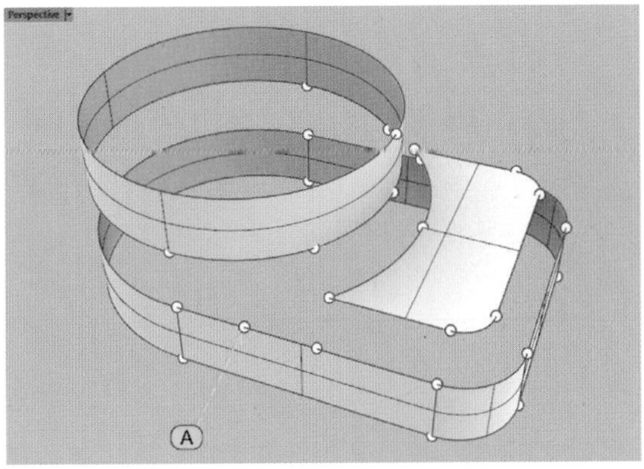

선택 시 나타나는 것은 엣지 정보인데 Edge를 선택하면 된다.

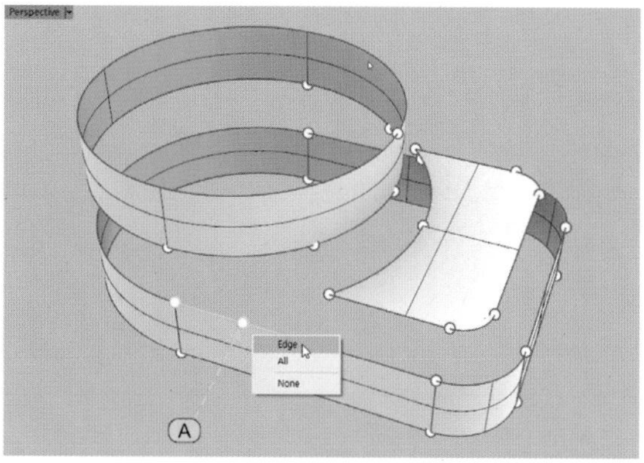

깨끗하게 삭제된 엣지 포인트를 볼 수 있다. 참고로 각진 곳이나 면의 End 점에 있는 포인트들은 지울 수 없다.

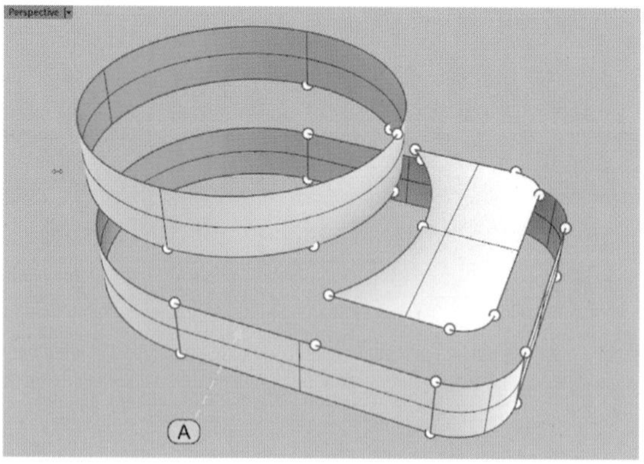

13 면으로 연결하기

Perspective View에서 작업한다. 이제 본격적으로 열린 분할 엣지들을 면으로 연결해서 채워 줄 것이다. Surface Tools 〉 Blend Surface 명령을 클릭한다. ①번과 ②번 번호 순서대로 클릭하여 블랜드 면을 만들어 준다.

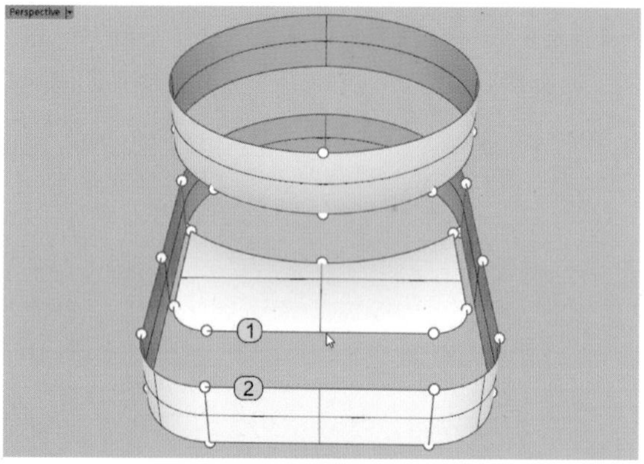

Blend Surface

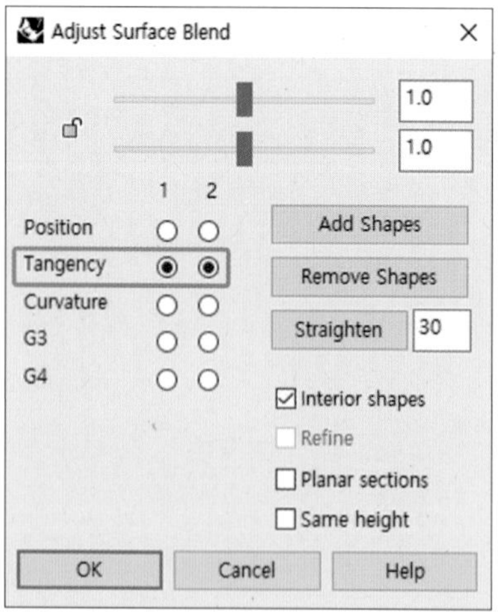

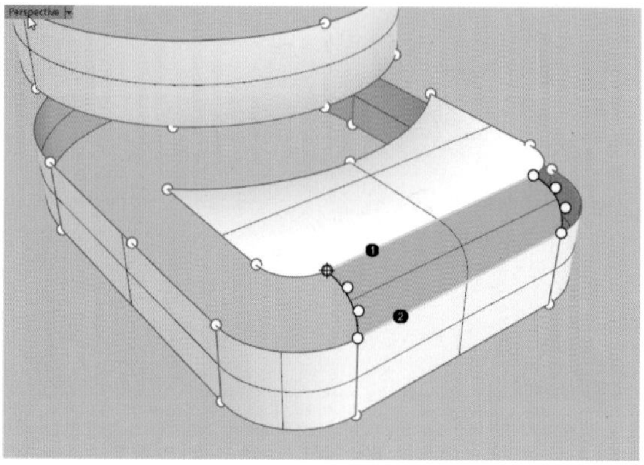

14 추가 면들 연결하기

Perspective View에서 작업한다. 동일한 방법으로 진행한다. Surface Tools 〉 Blend Surface 명령을 클릭한다. ①번과 ②번 번호 순서대로 클릭하여 블랜드 면을 만들어 준다.

Blend Surface

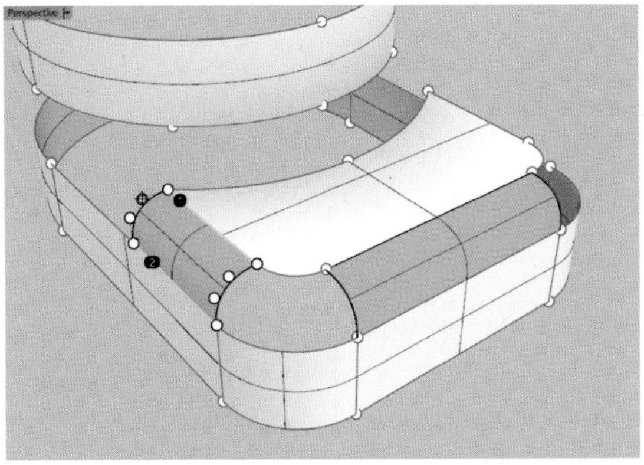

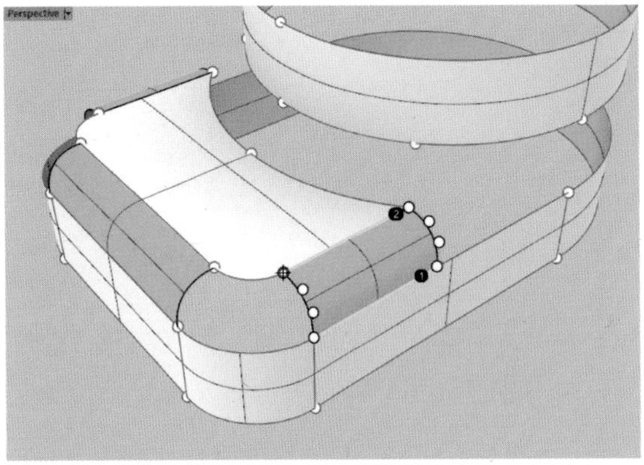

가운데 부분도 반씩 블랜드 면을 만들어 연결해 준다.

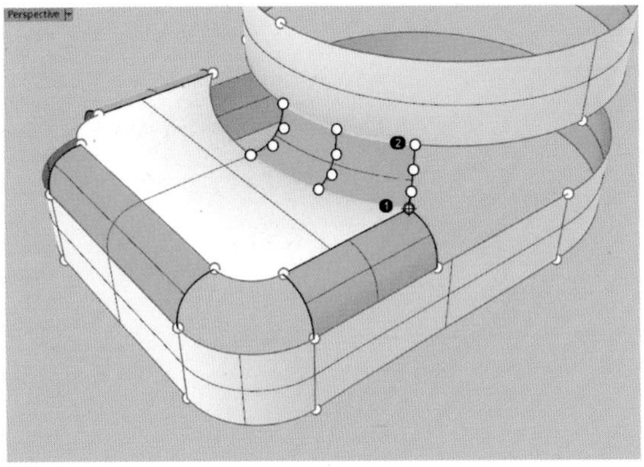

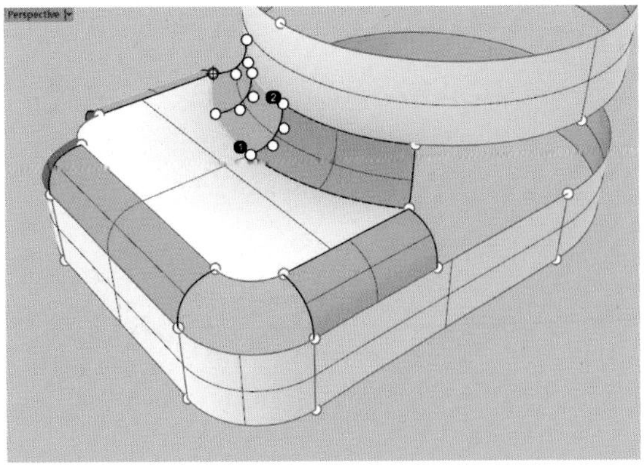

15 추가 면들 연결하기

Perspective View에서 작업한다. 동일한 방법으로 진행한다. Surface Tools 〉 Blend Surface 명령을 클릭한다. ①번과 ② 번 번호 순서대로 클릭하여 블랜드 면을 만들어 준다.

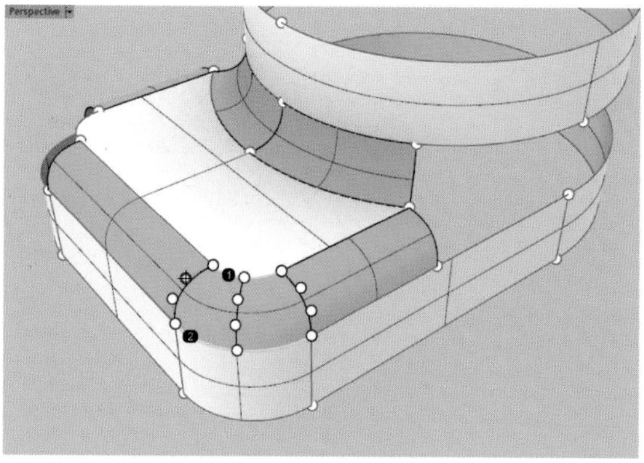

Blend Surface

16 수직면 연결하기

Perspective View에서 작업한다. 동일한 방법으로 진행한다. Surface Tools 〉 Blend Surface 명령을 클릭한다. ①번과 ② 번 번호 순서대로 클릭하여 블랜드 면을 만들어 준다. 이곳은 Position에 체크하고 진행한다. Loft 명령으로 면을 만들어도 문제없다.

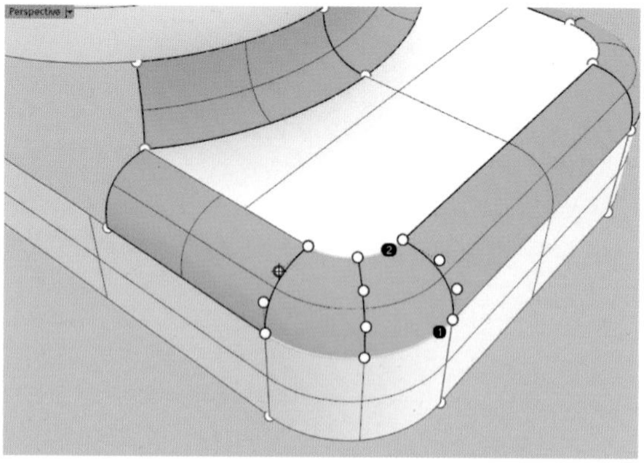

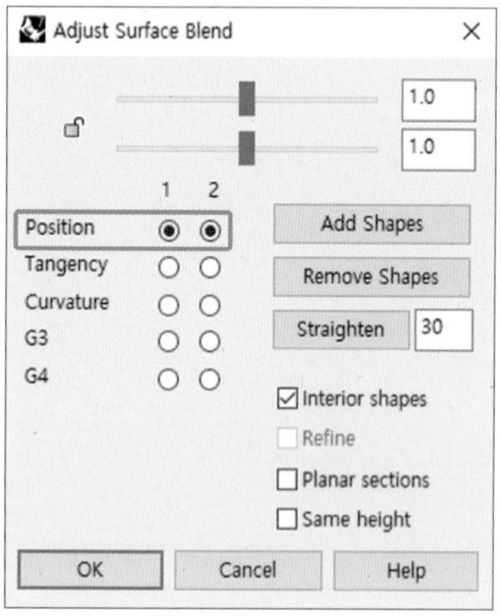

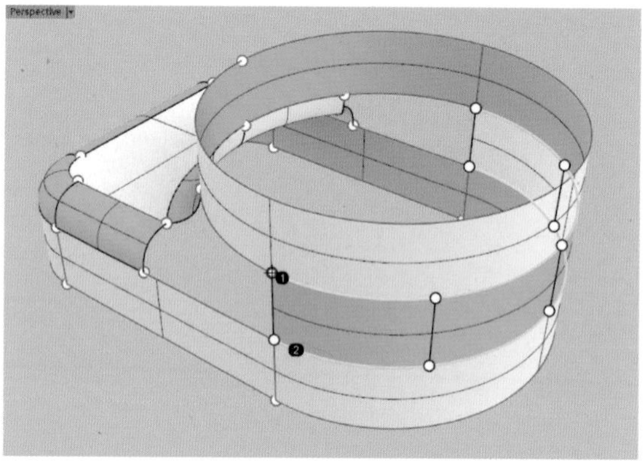

17 패치(Patch) 면 만들기

Perspective View에서 작업한다. 이제 뚫린 복합 곡면 엣지 구멍을 메워 주면 된다. Surface Creation 〉 Patch 명령을 클릭한다. ①-②-③-④-⑤번호 순서대로 Edge를 클릭하고 Enter 하면 Patch 면과 함께 옵션 창이 뜬다. 옵션 창의 설정값 그대로 기입하고 OK한다.

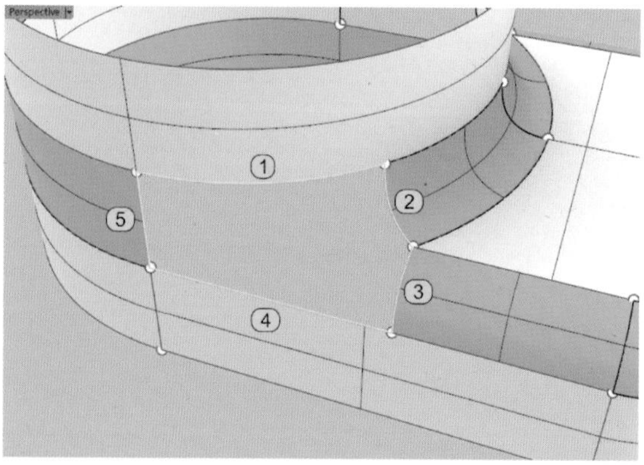

Patch

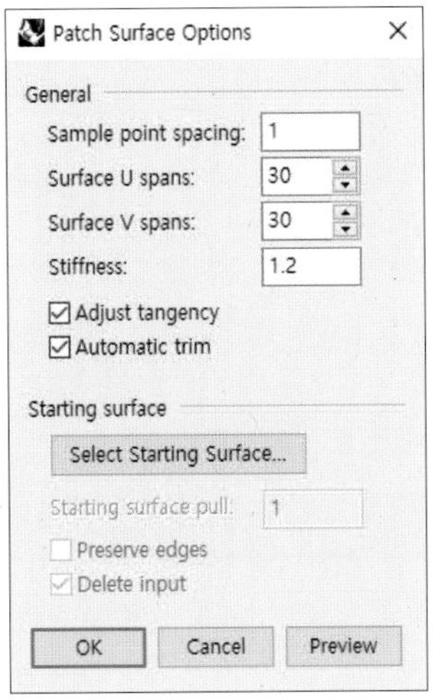

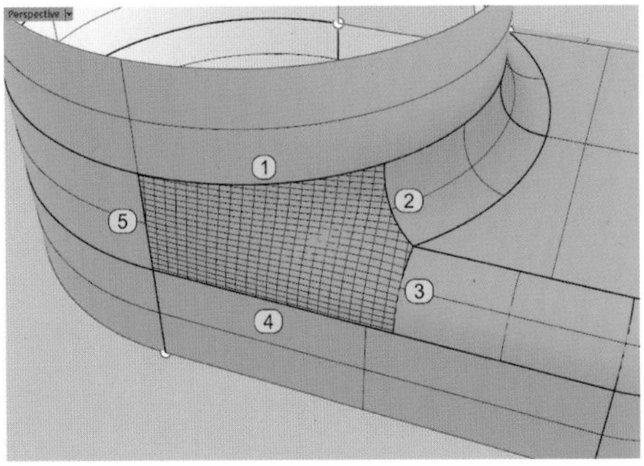

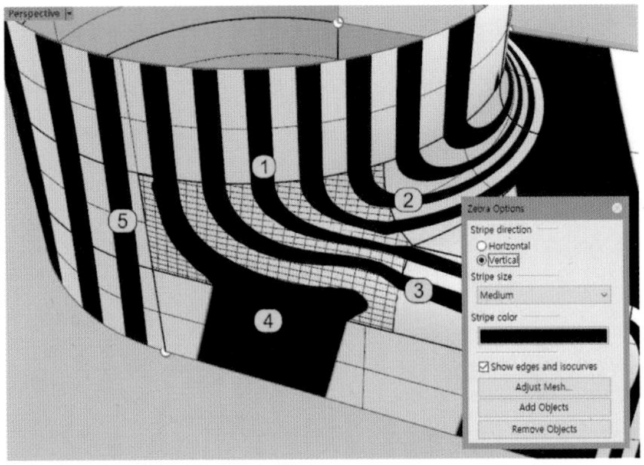

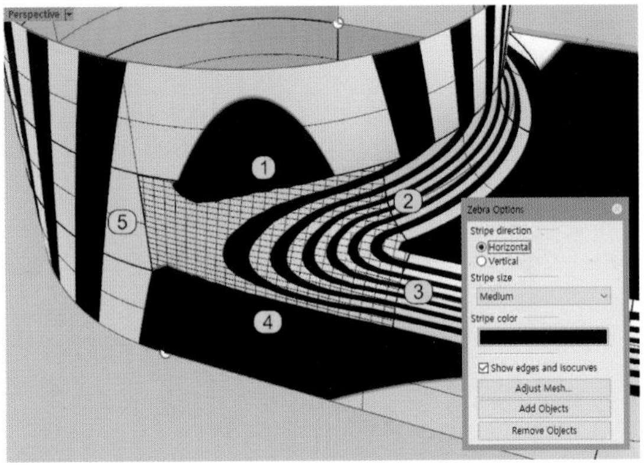

18 면의 연속성 확인하기

지금까지 작업된 관련 면들을 모두 Join한 후 Zebra analysis 체크한다. 그림과 같이 수평, 수직 방향 패턴 방향으로 모두 확인해 본다. 패치 면과 접하는 면들과의 연속성에 문제가 없는지 확인한다. 만약 접선 부위에 패턴이 엇갈리게 나타나면 연속성에 문제가 있는 면이다. 현재는 연속성에 문제가 없다. 참고로 패치(Patch)는 면 수리에서 네트워크와 함께 활용되지만 부득이한 경우 외에는 네트워크로 면 수리하는 것을 권장한다. 패치는 연속성 등급에서 접선의 일치(Tangency=G1)까지 가능하지만, 네트워크는 곡률의 일치(Curvature=G2)도 가능하고 부위별 서로 다른 연결성 조정이 가능하다. 결론적으로 수리 면의 정확성과 면의 최적화 등급이 높다고 볼 수 있다.

Join

Zebra analysis
Zebra analysis off

19 환경 맵으로 확인하기

면 상태는 외부 환경이 개체에 반영되는 이미지의 흐름 연속성을 보고도 판단할 수 있다. 특히 금속 반사체에 유용하다. Surface analysis > Environment map은 여러 가지 외부 환경 이미지 선택이 가능하다.

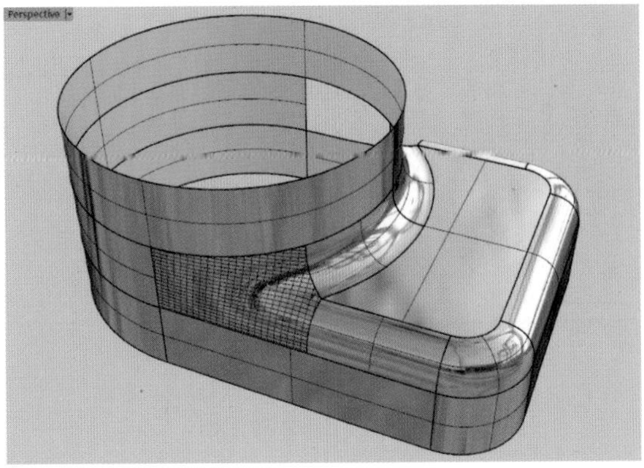

Environment map
Environment map off

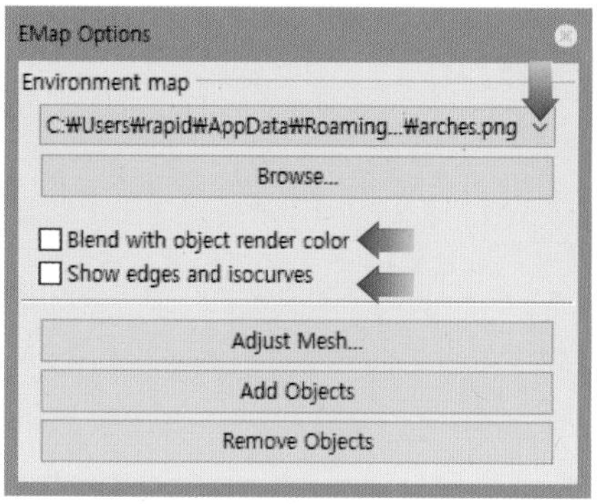

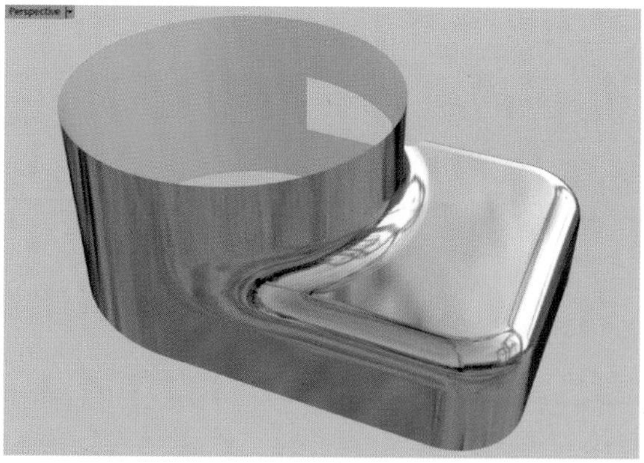

20 개체 폭파시켜 주기

Perspective View에서 작업한다. 이제 Patch 연습으로 면을 수리하는 방법을 학습했다면 다음은 네트워크 명령으로 면을 수리하는 방법을 학습하기 위해 Join해 둔 개체를 Explode 명령으로 폭파해 준다.

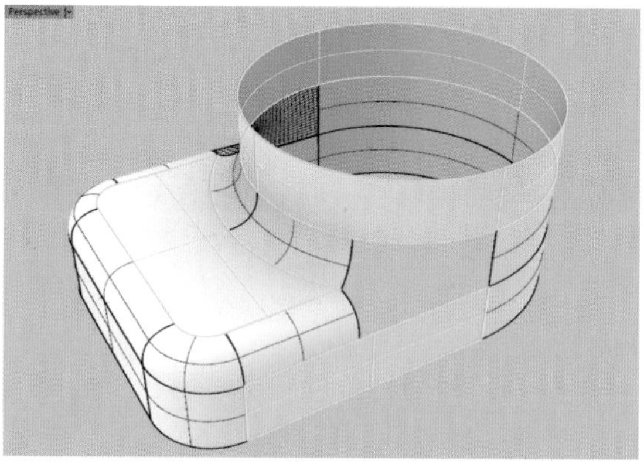

Explode
Extract surface

21 커브 블랜드 만들기

Perspective View에서 작업한다. 이제 Patch가 아닌 Surface from network of curves로 면을 수리하는 방법을 학습해 본다. Curve blend perpendicular to edges 명령을 클릭한다. Select surface edge to blend라 뜨면 마주하는 2곳의 엣지(①번, ②번)를 각각 선택해 준다.

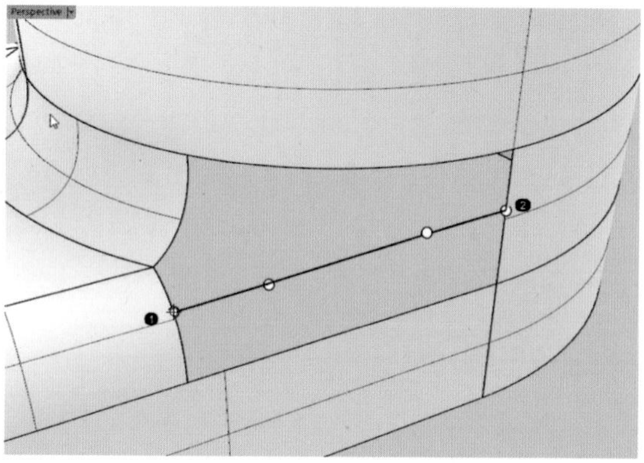

Curve blend perpendicular to edges

Select control point to adjust라 뜨면 그림과 같은 위치로 엣지의 시작과 끝점을 이동시켜 준다. 물론 다음 Osnap=End에 체크하고 이동시켜 주면 된다. Adjust Curve Blend 옵션의 연속성(Continuity)은 접선의 일치(Tangency)에 체크하고 OK한다. 그림과 같은 결과를 만들었다면 된 것이다.

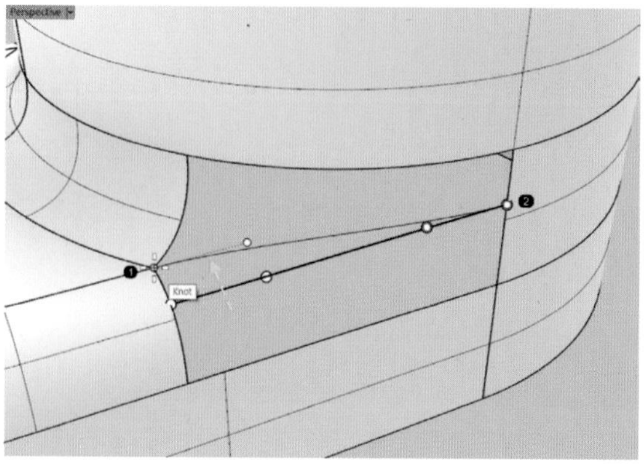

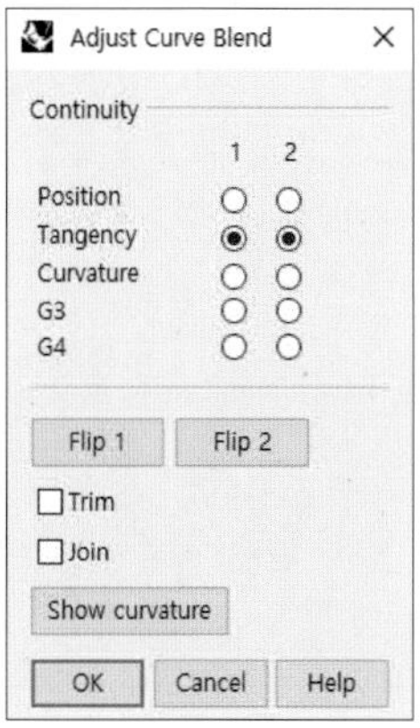

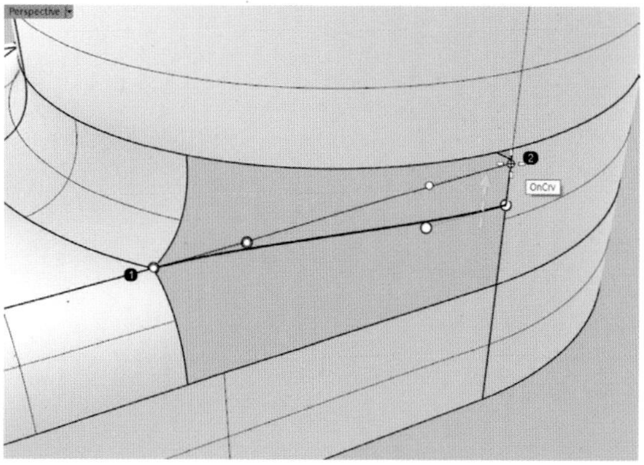

22 커브 블랜드 만들기

Perspective View에서 작업한다. 이번엔 레이어 컬러를 원하는 컬러로 변경한다. 다음 Curve blend perpendicular to edges 명령을 클릭한다. Select surface edge to blend라 뜨면 마주하는 2곳의 엣지를 각각 클릭해 준다.

Curve blend perpendicular to edges

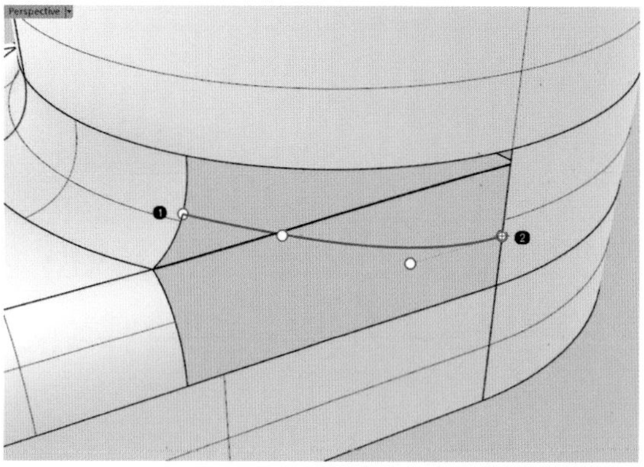

Select control point to adjust라 뜨면 그림과 같은 위치로 엣지의 시작과 끝점을 이동시켜 준다. Adjust Curve Blend 옵션의 연속성(Continuity)은 접선의 일치(Tangency)에 체크하고 OK한다.

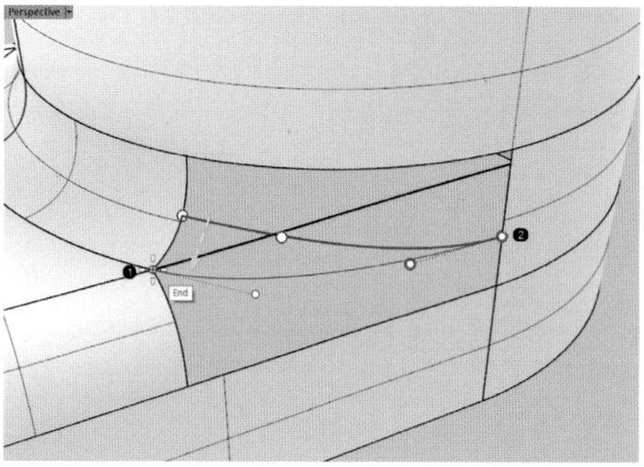

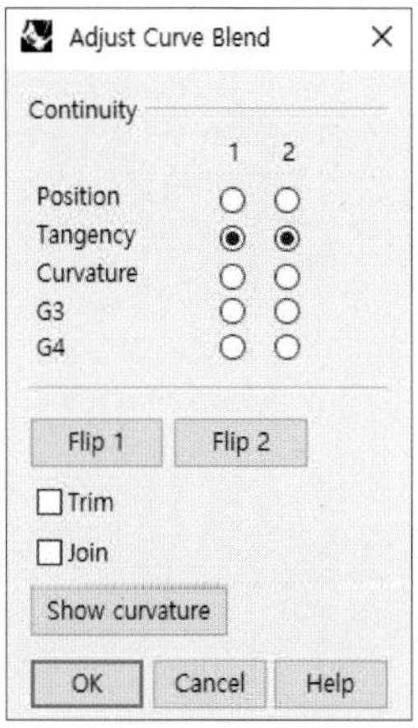

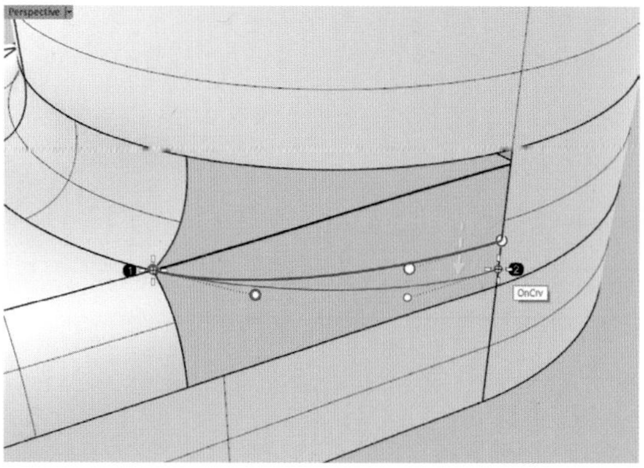

23 네트워크 면 만들기

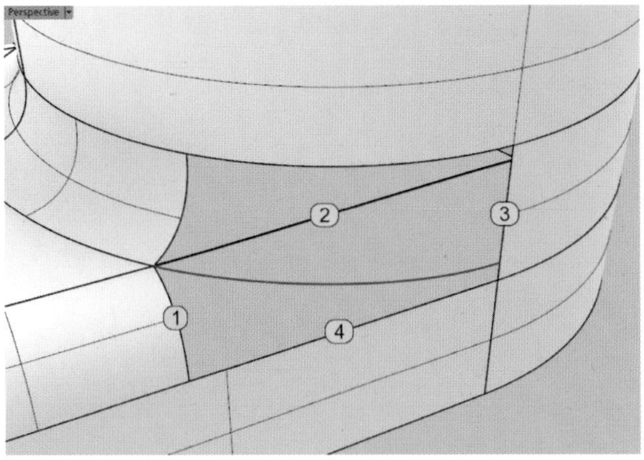

Perspective View에서 작업한다. Surface Creation 〉 Surface from network of curves 명령을 클릭한다. ①-②-③-④번호 순서대로 클릭해 주고 Enter 하면 옵션 창이 뜬다. 그림과 같이 설정하고 OK하면 면이 만들어진다.

Surface from network of curves

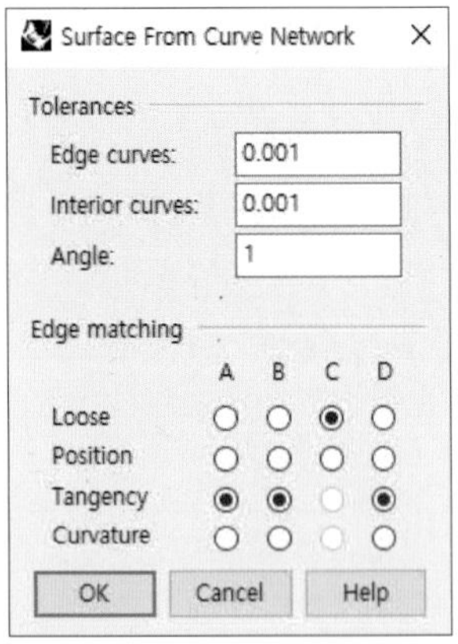

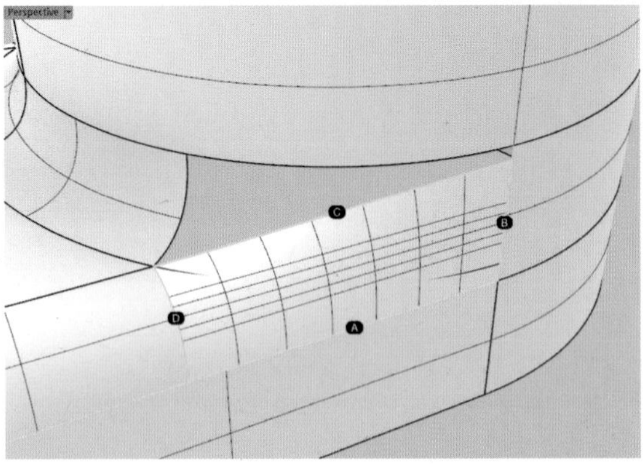

24 면들의 연속성(Continuity) 확인하기

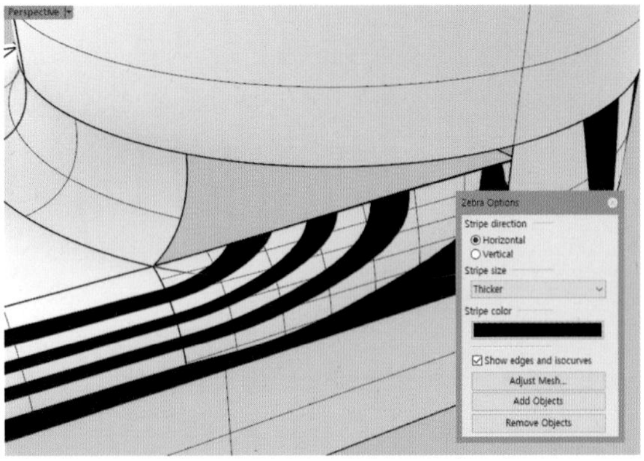

Perspective View에서 작업한다. 만들어진 네트워크 면이 상대 면들과 연속성에 문제없는지 반드시 확인이 필요하다. 우선 해당 면만 Join한다. Zebra analysis 명령으로 패턴 흐름을 확인한다. 현재는 양호하다.

Join

Zebra analysis
Zebra analysis off

25 커브 투영하기

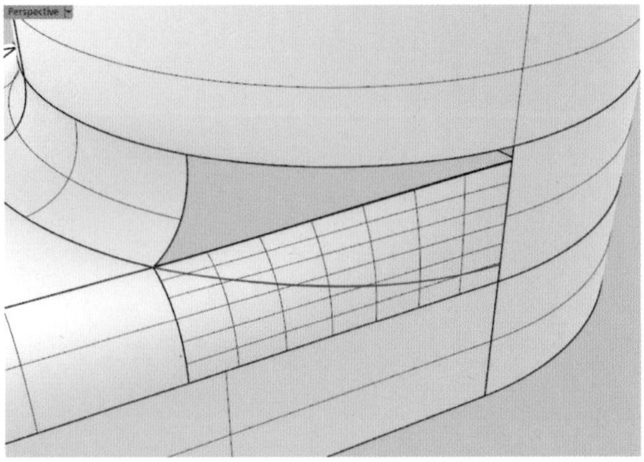

Perspective View에서 작업한다. 앞서 만들어 둔 파란색 커브를 네트워크면 위에 투영할 것이다. 빨간색 레이어를 선택하고 작업한다. Curve From Object 〉 Pull curve control points 명령을 클릭한다. 파란색 커브를 선택하고 Enter, 다시 네트워크 면을 선택하고 Enter 하면 투영된다. 투영된 결과는 빨간색 커브이다.

Pull curve or control points
Pull curve loose

26 투영된 커브로 네트워크 면 자르기

Split 명령을 클릭한다. Select objects to split라 뜨면 네트워크 면을 선택하고 Enter, Select cutting objects라 뜨면 빨간색 커브를 선택하고 Enter 하면 면이 잘린다. 불필요한 일부 커브나 면은 숨겨 준다.

Split
Split surface by isocurve

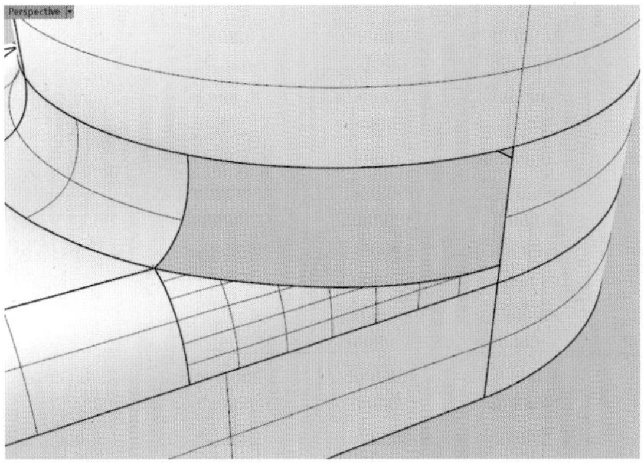

27 네트워크 면 구성하기

Surface Creation > Surface From Curve Network 명령으로 해당 번호 순서대로 클릭하여 네트워크 면을 만들어 준다. 연결성에 문제가 없는 선에서 학습자가 옵션 설정은 자유롭게 선택해도 된다.

Surface from network of curves

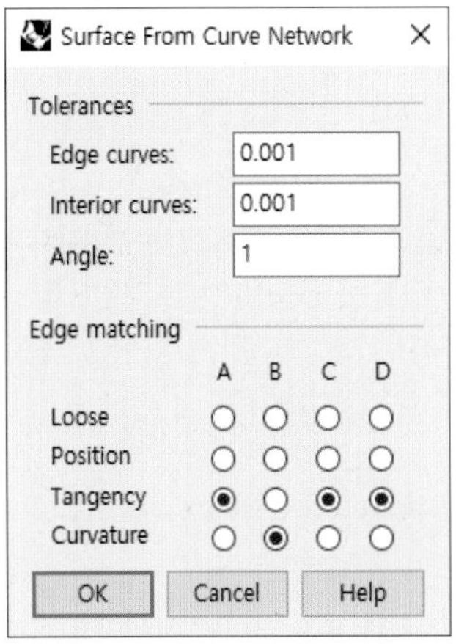

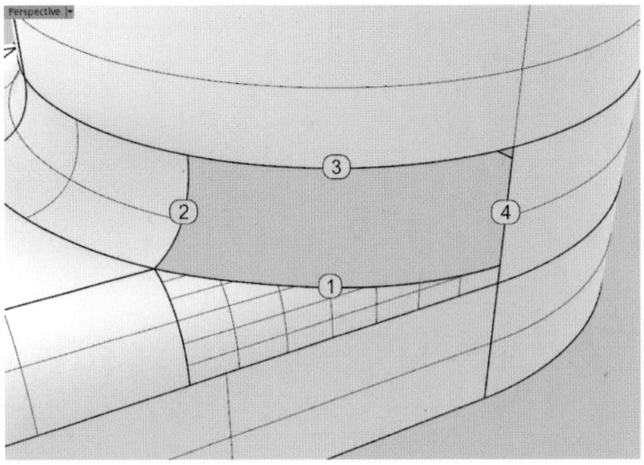

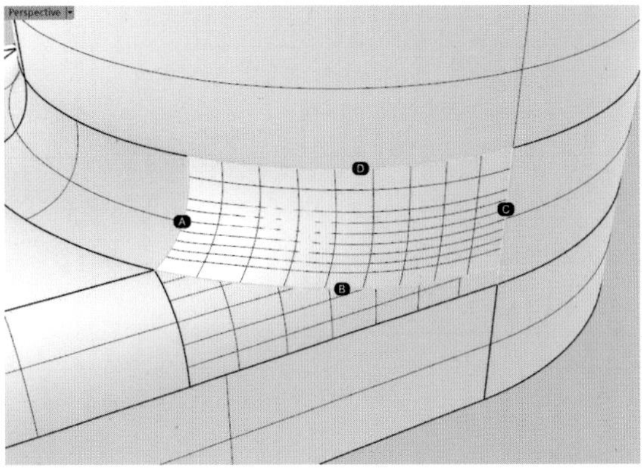

28 네트워크 면 연결성 확인하기

Surface Creation > Surface From Curve Network 명령을 수행하고 나면 면이 맨눈으로 보기엔 좋아 보이지만 항상 연결성에 문제가 생길 수 있기에 Show edges 명령으로 틈새 Naked Edge를 확인해 본다. 그림처럼 Naked가 발견되는 곳은 Zebra 면 체크 시 문제가 되는 부분이다.

Show edges
Turn off showing curve edges

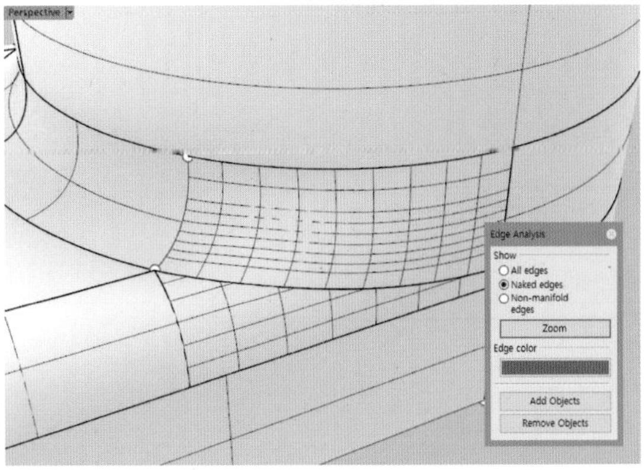

29 문제 해결 방법-1

Perspective View에서 작업한다. 이러한 문제를 해결하는 방법에는 여러 가지 방법이 있지만 요약하여 2가지를 설명한다. 먼저 강제 조인하는 방법이다. 이것은 UnJoin된 마주하는 엣지를 선택하여 Join시켜 주는 방법이다. Join to naked edges 명령을 클릭한다. 해당 네이키드 접선 부위를 2번 연속해서 선택해 준다. Enter와 동시에 Edge Joining 대화창이 뜨면 Yes한다.

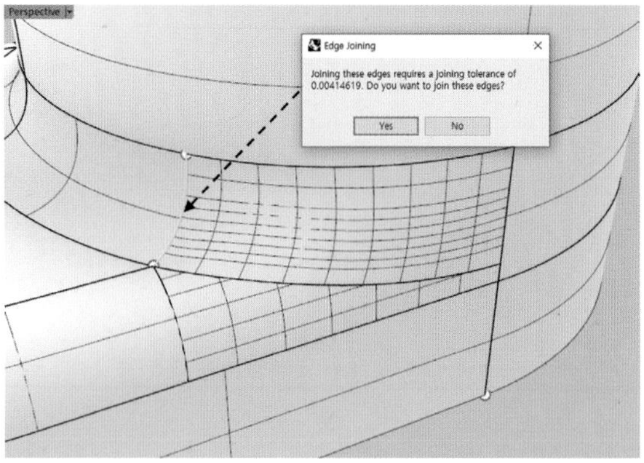

Join to naked edges

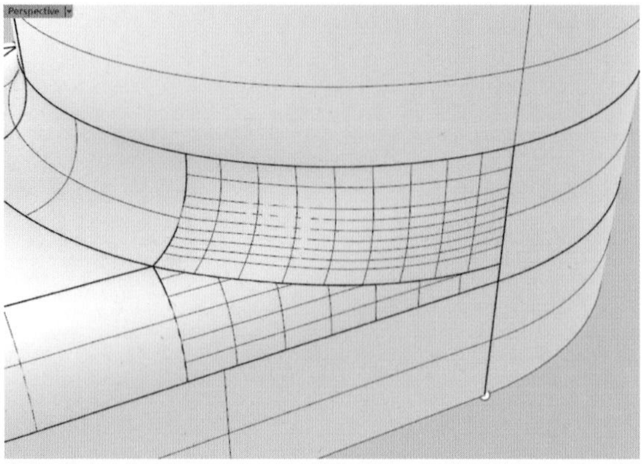

이 방법은 때에 따라 조심해서 사용해야 한다. 지금은 간단한 부분이라 문제가 없지만 여러 면이 마주하는 곳의 해결 방법으로는 적절하지 않을 수 있다. 오히려 엣지 변형이 생기면서 복구가 어려운 수준으로 문제를 유발하기도 한다. 초보자라면 이 방법을 권장하지 않는다.

30 문제 해결 방법-2

이번에는 다른 방법을 알아본다. Surface Tools 〉 Match surface 명령을 클릭하고 변해도 되는 ①번 면의 엣지와 ②번의 엣지를 클릭해 준다. 매치 옵션 설정은 그림과 똑같이 설정해 준다. 해당 면 Join 후 Zebra 체크로 확인해 본다. 양질의 연결성이 확보된다.

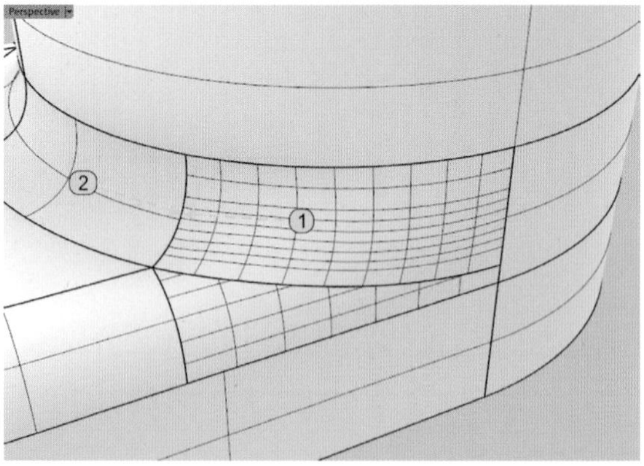

Match surface
Match up to four surface edges

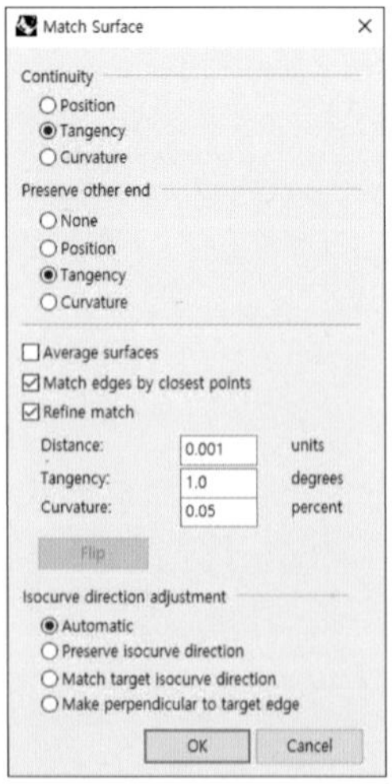

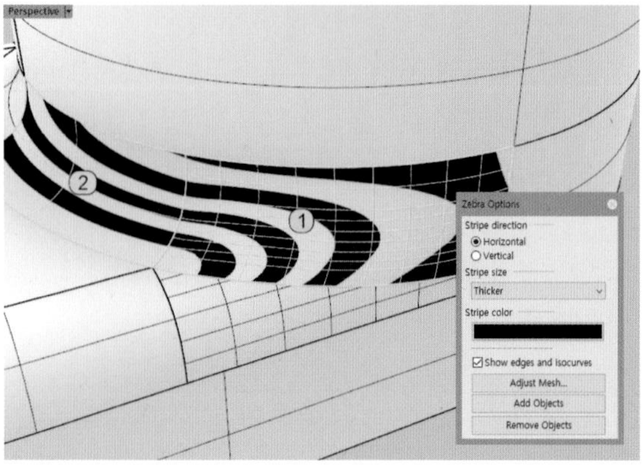

31 전체 면 상태 확인하기

지금까지 만들어진 모든 면을 Join하고 Zebra analysis 명령으로 면 체크를 해 본다. 그림과 같이 자연스러운 패턴이 형성되었다면 연속성엔 문제가 없다는 것이 된다. 모델의 형태나 면의 연결 상태에 따라 연속성의 등급은 학습자가 유연하게 사용하면 된다.

Join

Zebra analysis
Zebra analysis off

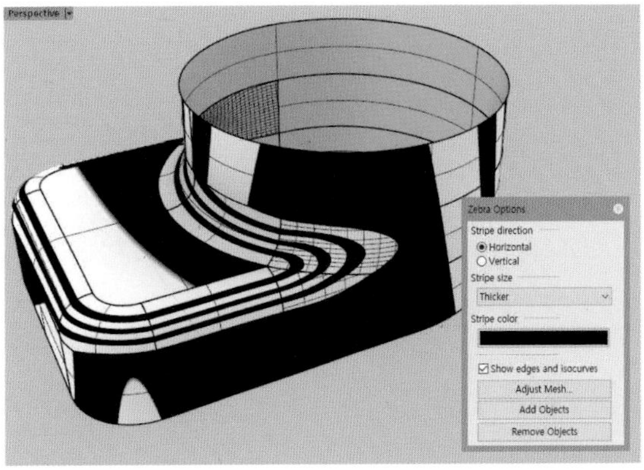

32 뚜껑 닫기

이제 위와 아래 뚜껑을 닫을 차례이다. Solid Tools 〉 Cap planar holes 명령을 클릭하고 해당 폴리 서피스를 선택해서 캡으로 막아 준다. 이제 완전한 솔리드인지 확인이 필요하다.

Cap planar holes

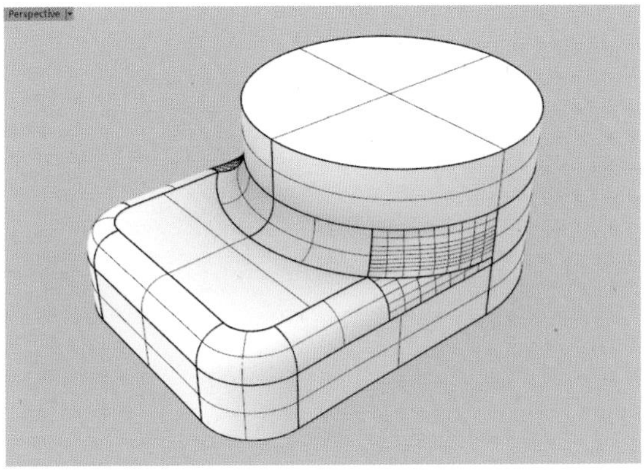

33 네이키드 엣지 검사하기

면 수리가 완료된 개체의 경우 마지막으로 점검 차원에서 Naked 엣지 존재 여부를 확인하는 습관이 필요하다. 검사 결과 no naked edges, no non–manifold edges라 뜨면 정상이라는 뜻이다. 발견되면 반드시 수정해 주어야 한다.

Show edges
Match up to four surface edges

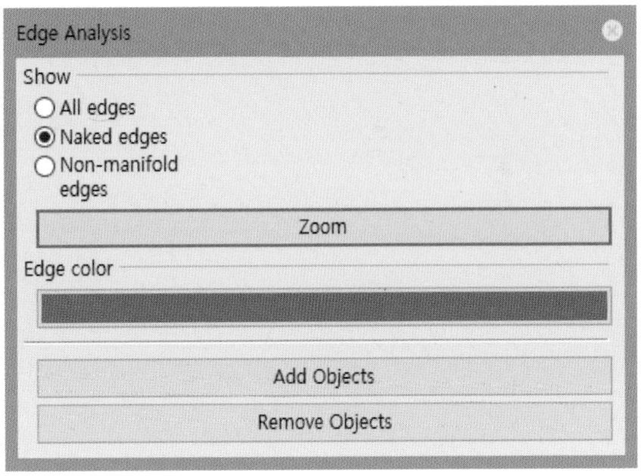

Found 47 edges total;
no naked edges, no non–manifold edges.

일반적으로 이러한 문제는 키샷 렌더링에는 문제 되지 않는다. 다만 프로토타입(Mock–up) 제작을 위해 3D 프린팅 파일을 만드는 경우 Naked 엣지는 절대 존재해서는 안 된다 만약 이러한 문제를 그대로 가지고 저장하게 되면 Mesh 상태에서도 새로운 문제를 야기하게 된다. 부득이하게 매직스(Magics)와 같은 산업용 소프트웨어를 사용해서 문제를 수리해야 하는 경우도 발생할 수 있다. 쉽게 말해 처음부터 최대한 완벽한 모델링 파일을 만들어 번거로운 과정을 피하라는 것이다.

34 최종 결과물 보기

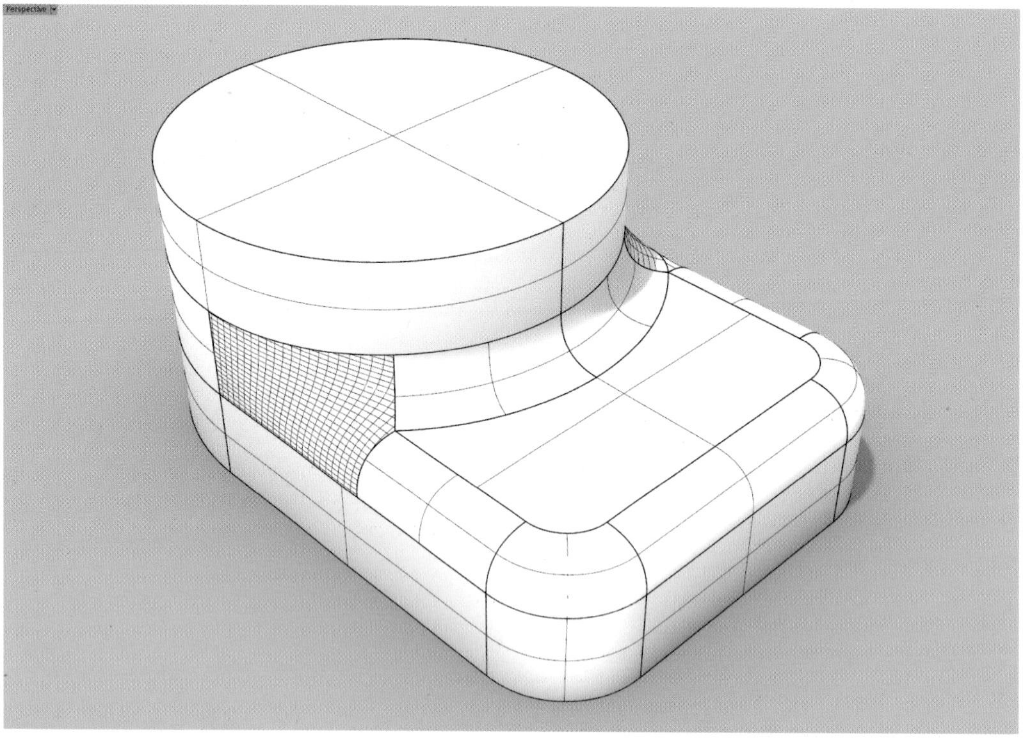

패치(Patch)로 면 수리하기

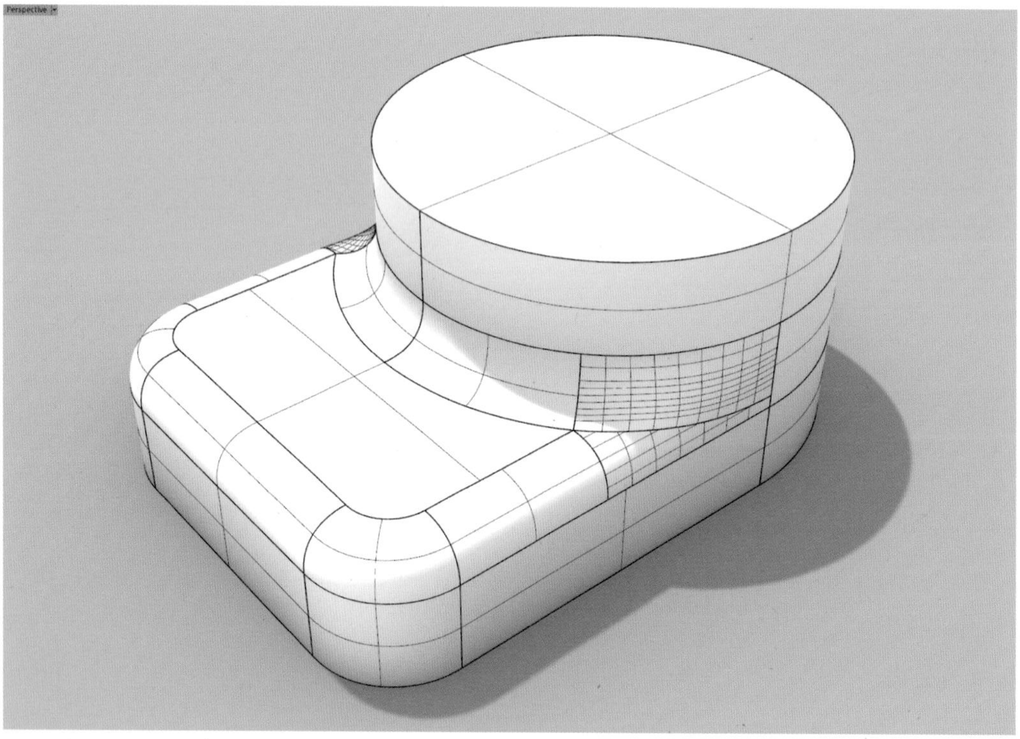

네트워크(Surface from network of curves)로 면 수리하기

02 CHAPTER 응용 필렛팅과 면의 수리-2

Application Filleting and Surface Repair

01 면 수리용 예제 준비하기

혜지원 출판사에서 제공하는 지정 자료함에서 관련 파일(면 수리 파일-2)을 다운로드받아 학습을 시작한다.

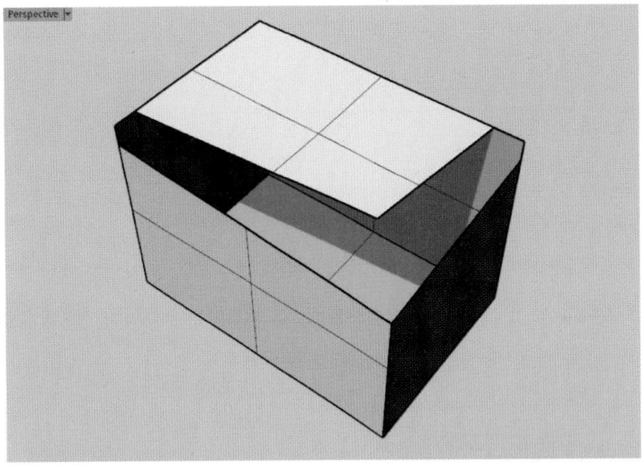

02 모서리에 필렛 주기

Main Toolbar 〉 Curve Tools 〉 Fillet curves 명령으로 ①번과 ②번 Edge를 선택하여 Radius=2를 준다.

Fillet curves
Fillet curves repeat

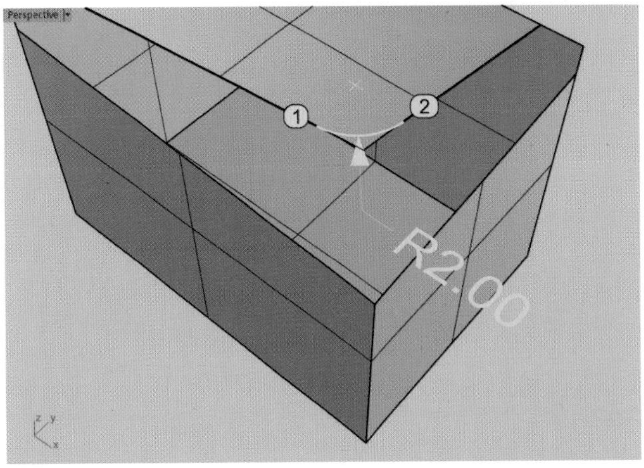

03 면 잘라 주기

만들어진 호(Arc)로 Main Toolbar 〉 Split 명령을 이용하여 Ⓐ면을 잘라 준다. 잘린 앞쪽 면을 지워 준다. 지울 때 앞서 만들어진 호(Arc)도 지워 준다. 자르고 나면 눈에 보이진 않지만, 매듭점(Knot)이 생긴다. 나중에 지워 줄 것이다.

Split
Split surface by isocurve

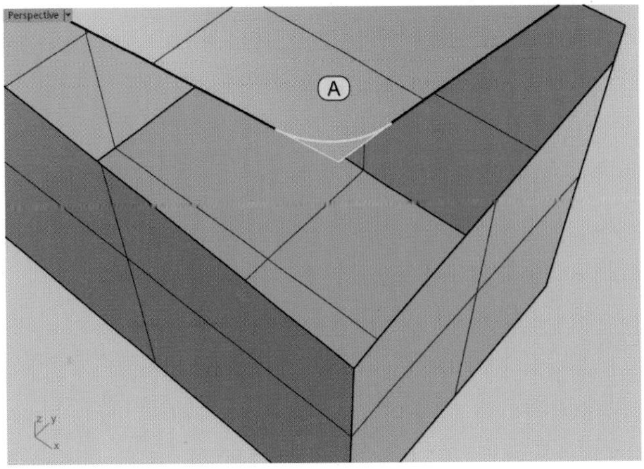

04 엣지 라인 모두 삭제하기

Ⓐ면 엣지에 생성된 선 데이터를 모두 지워 준다. 그림에서 노란색으로 보이는 부분이다. 선택 툴에서 Select curves 명령으로 찾아내어 지워 주어도 된다.

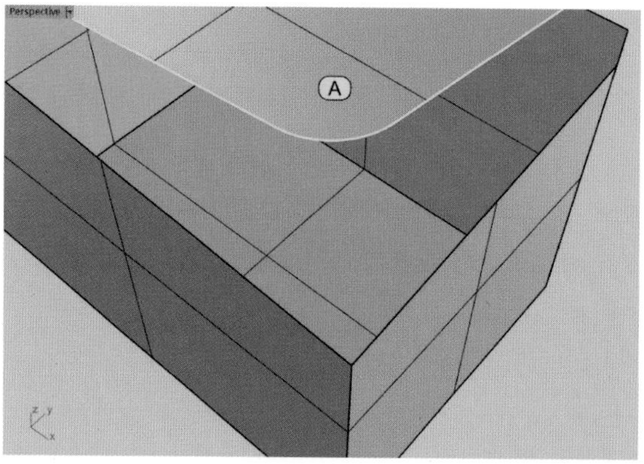

Select curves

05 숨은 엣지 보이게 하기

Ⓐ면을 선택하고 Main Toolbar 〉 Analyze 〉 Edge Tools 〉 Show edges 명령을 클릭한다. 그림과 같이 All edges나 Naked edges에 설정하면 보인다. 화살표 부분이다. 이 부분을 지워 주어야 한다.

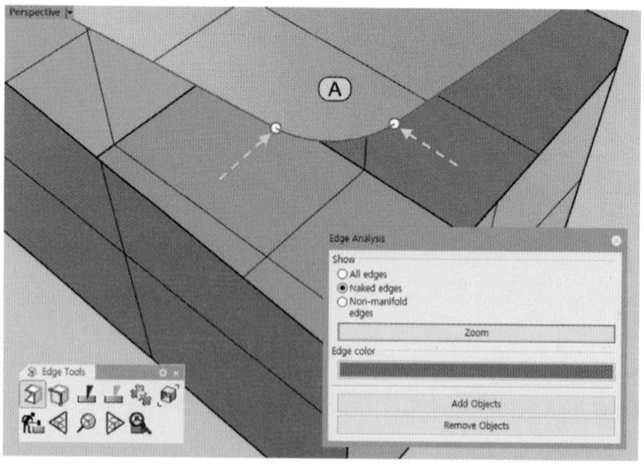

Show edges
Turn off showing curve edges

06 잘린 엣지 포인트 지워 주기

2개의 엣지 포인트를 지우기 위해 Main Toolbar 〉 Analyze 〉 Edge Tools 〉 Show edges 〉 Merge edge 아이콘 명령을 클릭한다. 그림과 같이 면의 라운드 부분 엣지를 클릭하고 지울 영역을 선택하면 지워진다.

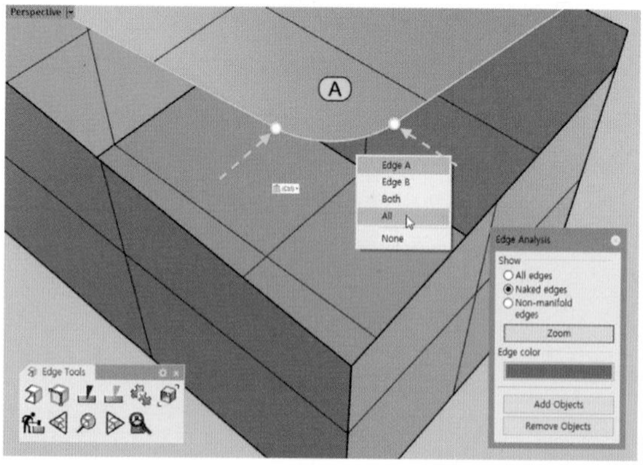

Merge edge
Merge all edges

2개의 엣지 포인트를 지우면 그림과 같이 보이게 된다. 다음 작업에서 이 부분을 왜 지우는 것이 좋은지 자연스럽게 알게 된다. 쉽게 말해 내가 원하는 위치를 다시 자르기 위함이다.

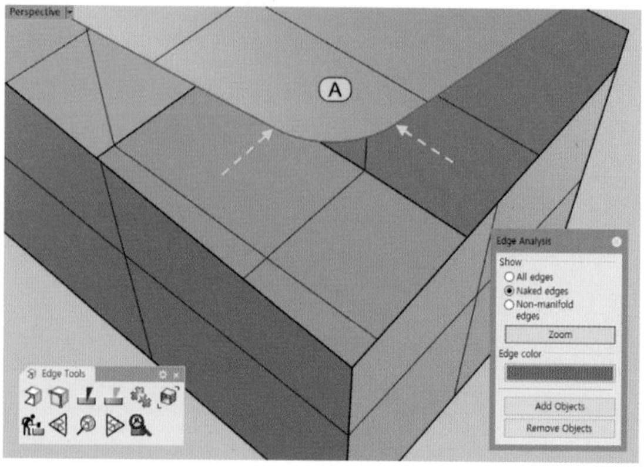

07 블랜드 커브 만들기

Main Toolbar 〉 Curve Tools 〉 Adjustable curve blend 명령으로 그림과 같이 Ⓐ면의 Edge를 클릭해 준다. 화살표가 안쪽을 향하면 된다. 연이어 Ⓑ면의 Edge를 클릭하면 Adjust Curve Blend 옵션은 그림과 같이 설정하고 OK 버튼을 클릭한다.

Adjustable curve blend
Quick curve blend

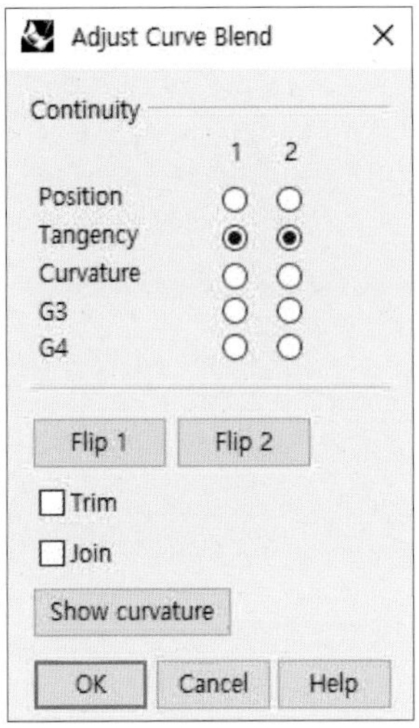

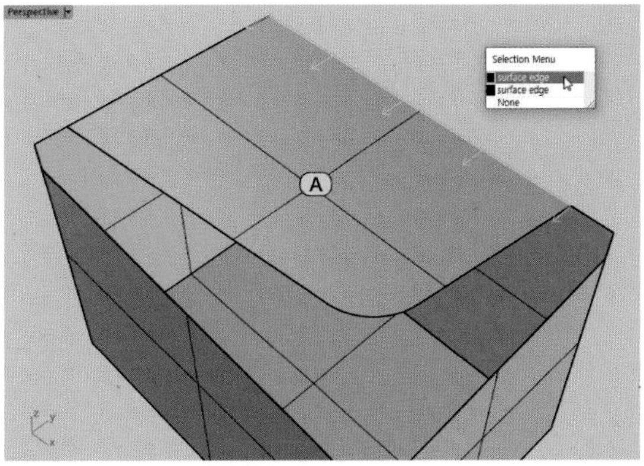

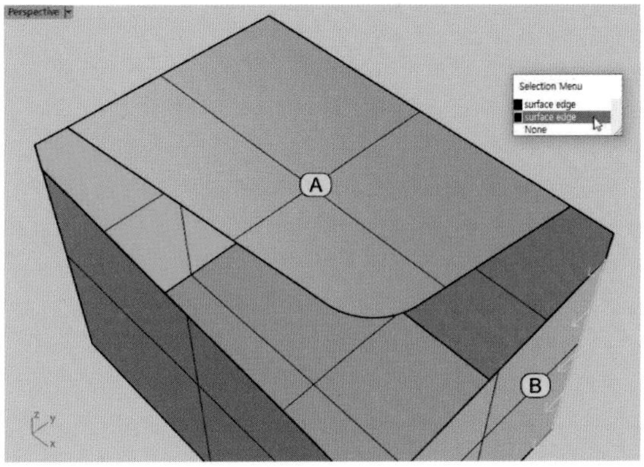

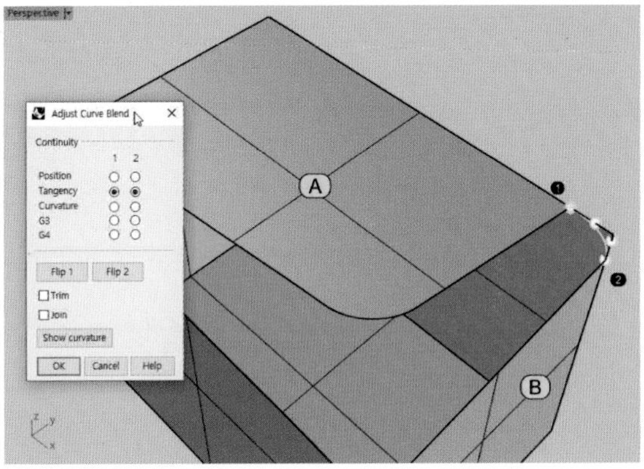

Ⓐ와 Ⓑ면의 엣지 커브를 연결하는 Blend 커브가 생성되었다. 안쪽의 노란색 커브를 말한다.

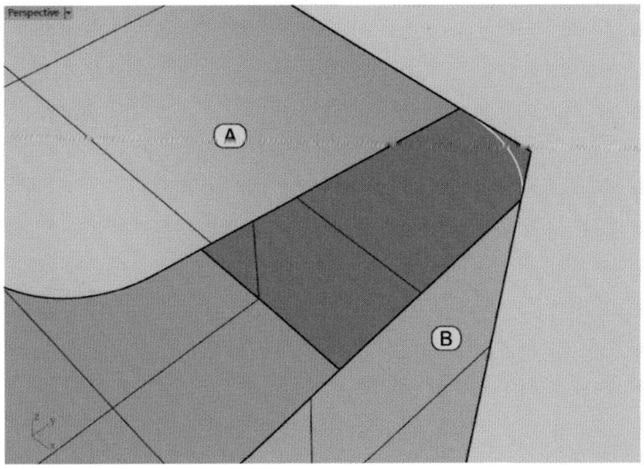

08 면 잘라 주기

Perspective View에서 작업한다. Main Toolbar 〉 Split 명령으로 ©면을 방금 만든 블랜드 커브로 잘라 준다.

Split
Split surface by isocurve

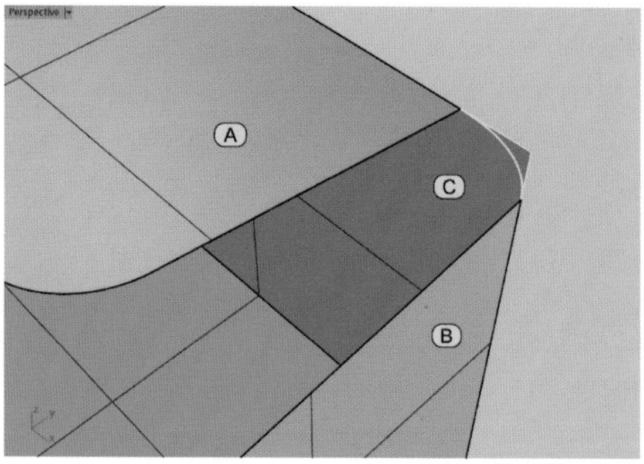

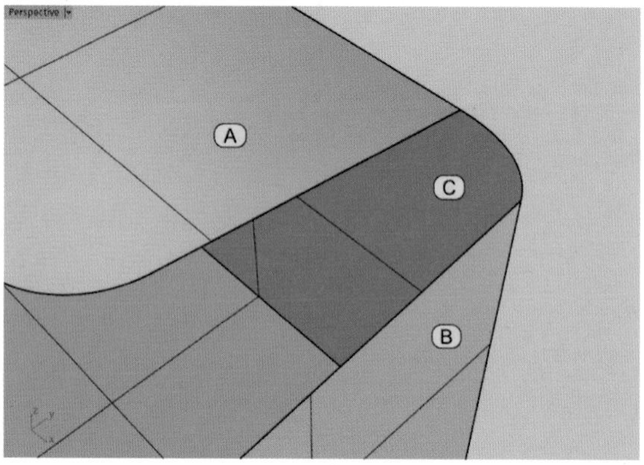

09 블랜드 커브 만들기

Main Toolbar 〉 Curve Tools 〉 Adjustable curve blend 명령으로 그림과 같이 Ⓐ면의 Edge를 클릭해 준다. 화살표가 안쪽을 향하면 된다. 연이어 Ⓑ면의 Edge를 클릭한다. Adjust Curve Blend 옵션은 그림과 같이 Tangency에 설정하고 OK 버튼을 클릭한다.

Adjustable curve blend
Quick curve blend

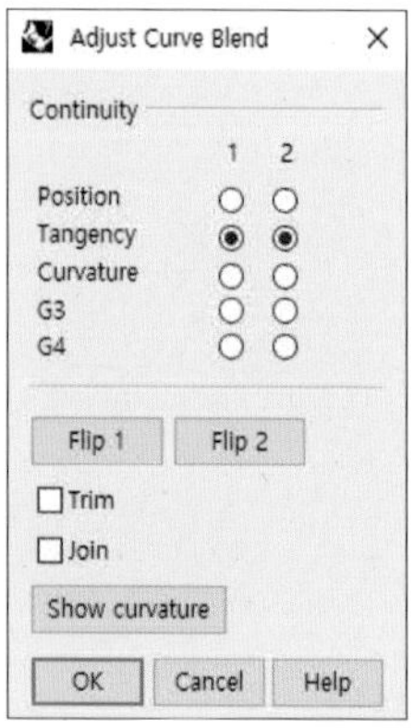

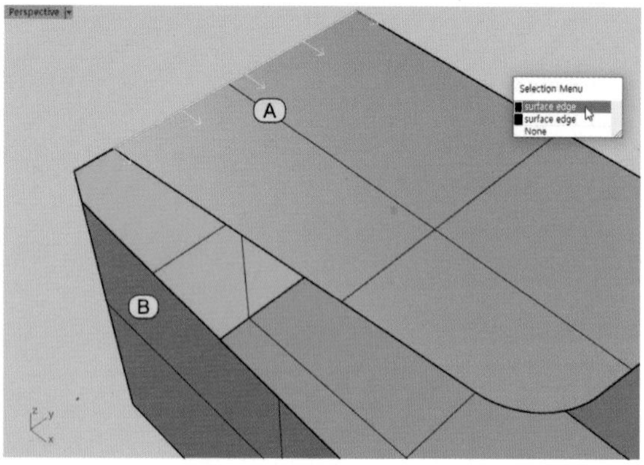

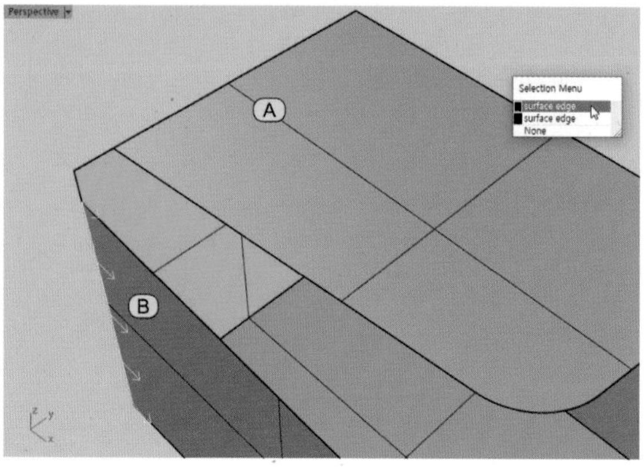

10 면 잘라 주기

Perspective View에서 작업한다. Main Toolbar 〉 Split 명령으로 ⓒ면을 방금 만든 블랜드 커브로 잘라 준다.

Split
Split surface by isocurve

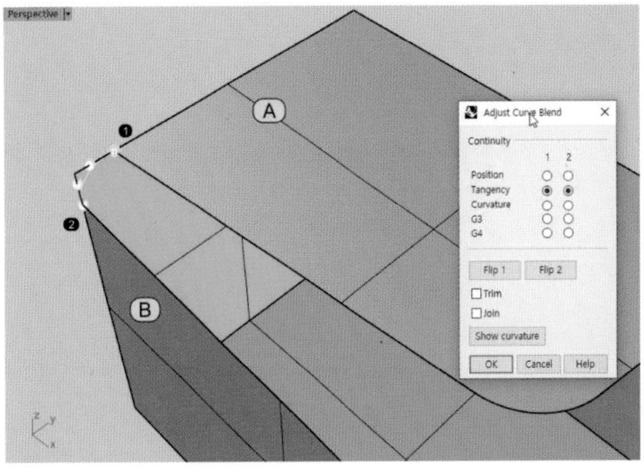

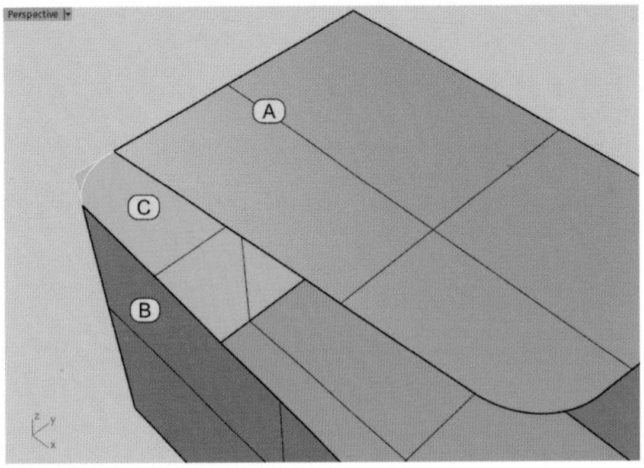

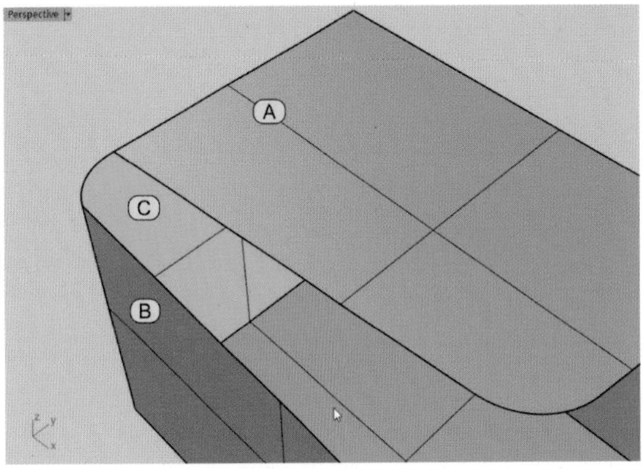

11 마주하는 면에 필렛 주기

Main Toolbar 〉 Surface Tools 〉 Fillet Surface 명령으로 ①번 면과 ②번 면을 순차적으로 선택하고 Radius=3을 적용해 준다.

Fillet Surface

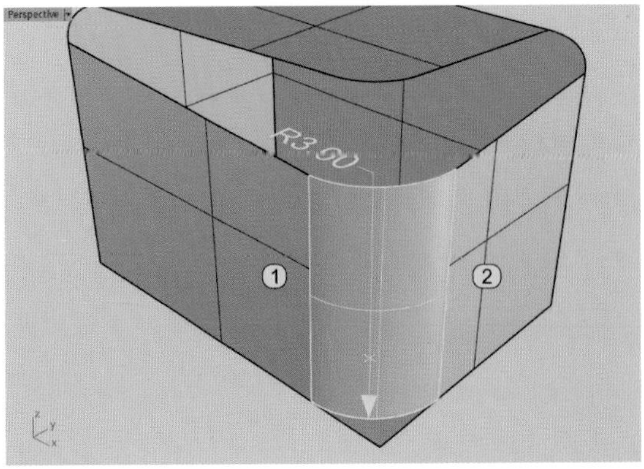

12 바닥 면 잘라 주기

Main Toolbar 〉 Split 명령으로 바닥 면에 돌출 부위를 잘라 주어야 한다. Split 명령을 클릭하고 Ⓔ면을 클릭하고 Enter 한다. 다음 Ⓓ면을 클릭하고 Enter 하면 면이 잘린다. 잘린 면은 지워 준다.

Split
Split surface by isocurve

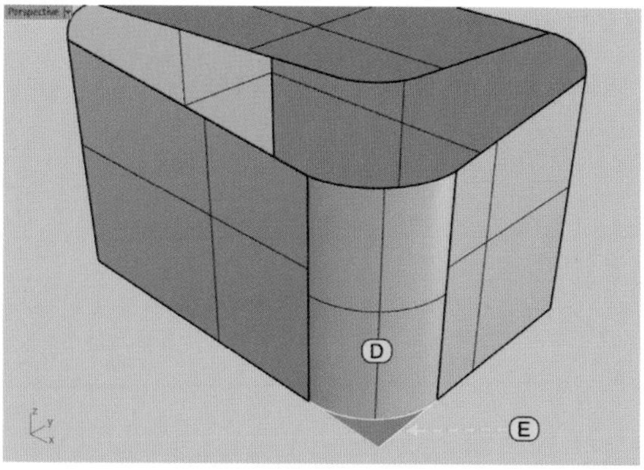

13 추가 엣지 자르기

Main Toolbar 〉 Curve Tools 〉 Adjustable curve blend 명령으로 화살표 지점의 엣지를 각각 선택하여 그림과 같이 블랜드 커브를 만든다. 이때 Adjust Curve Blend 옵션은 Tangency에 체크하고 OK하면 된다.

Adjustable curve blend
Quick curve blend

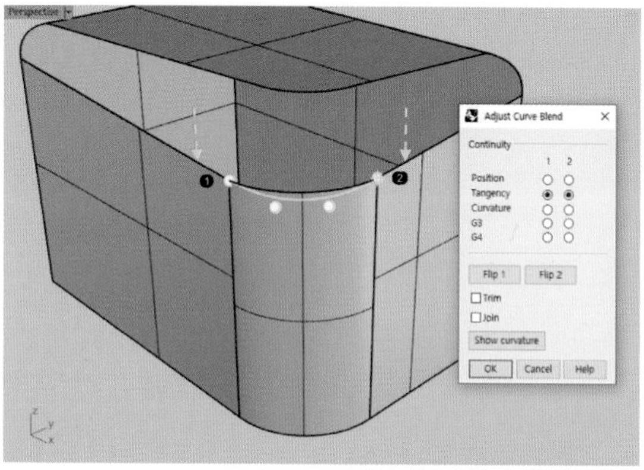

14 블랜드 커브 D면에 투영하기

Perspective Viewport에서 작업한다. Main Toolbar 〉 Curve From Object 〉 Pull curve 명령으로 그림과 같이 초기 블랜드 커브를 둥근 면에 투영하면 그림과 같이 Red Color 커브가 만들어진다. 작업에 앞서 레이어 컬러를 Red color로 설정했기 때문이다.

Pull curve or control points
Pull curve loose

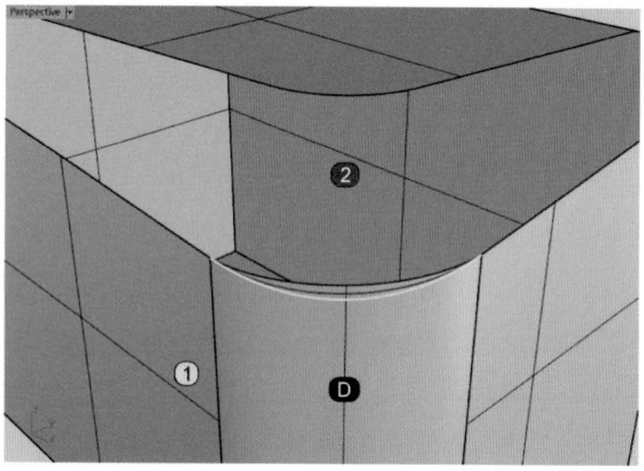

15 면 잘라 주기

투영된 Red 컬러 커브로 Main Toolbar 〉 Split 명령을 이용 둥근 면의 일부를 자르고 지워 준다. 이 부분이 지워지면 측면에서 엣지의 흐름이 각이 없이 깔끔하게 만들어지게 된다.

Split
Split surface by isocurve

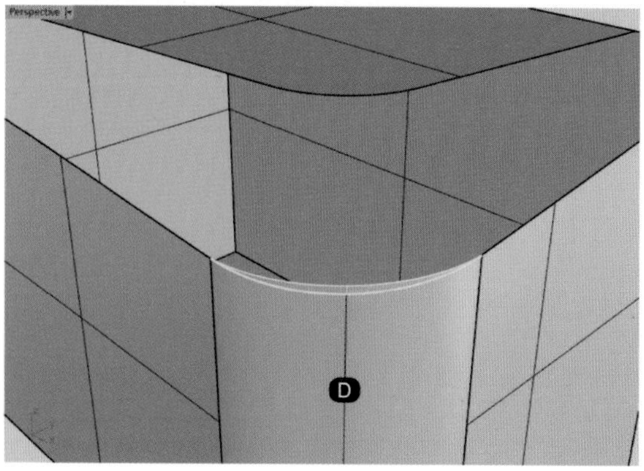

16 엣지 보이게 하기

이제 Ⓐ면의 Edge를 잘라 주어야 한다. Main Toolbar 〉 Analyze 〉 EdgeTools 〉 Show edges 명령을 클릭하여 열린 엣지가 보이게 한다.

Show edges
Turn off showing curve edges

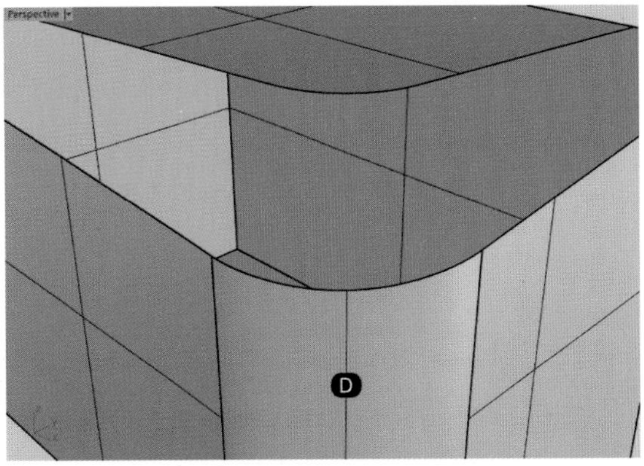

17 엣지 자르기

이제 Ⓐ면에 엣지를 잘라 주는 작업을 시행할 것이다. Main Toolbar 〉 Analyze 〉 Edge Tools 〉 Show edges 〉 Split edge 명령 아이콘을 클릭하고 그림과 같이 잘라 준다. 자르기 전에 반드시 Osnap에 Knot에 체크한 상태여야 한다. 주의할 점은 반드시 그림의 번호 순서대로 클릭해야 ②번 지점에 마주하는 A 면에 잘리게 된다.

Split edge
Merge edge

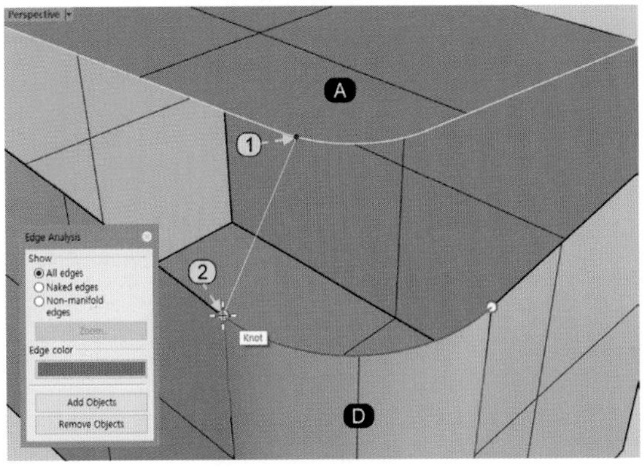

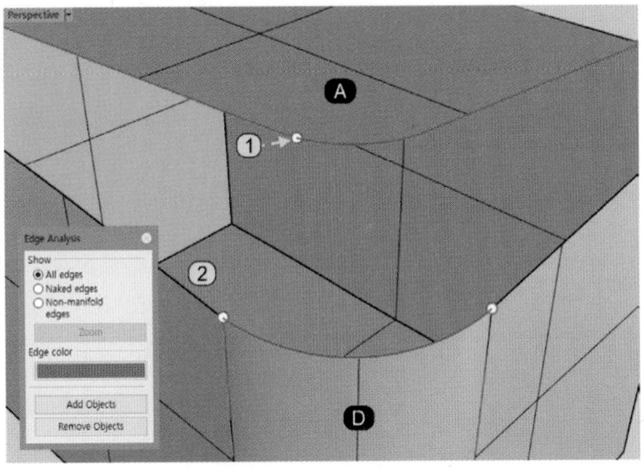

동일한 방법으로 우측도 잘라 준다. Main Toolbar 〉 Analyze 〉 Edge Tools 〉 Show edges 〉 Split edge 명령 아이콘을 클릭하고 그림과 같이 잘라 준다. 자르기 전에 반드시 Osnap에서 Knot에 체크한 상태여야 한다. 주의할 점은 반드시 그림의 번호 순서대로 클릭해야 ②번 지점에 마주하는 Ⓐ면에 잘리게 된다.

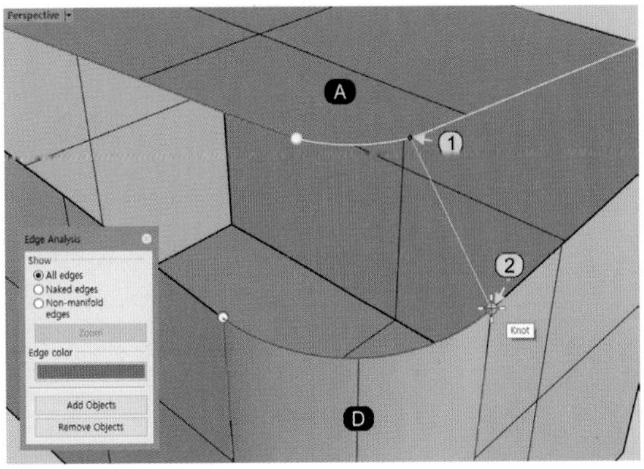

18 블랜드 커브 만들기

Main Toolbar 〉 Curve From Object 〉 Curve Blend perpendicular to edges 명령으로 그림과 같이 ①번과 ②번 면의 모서리에 Knot을 잡아 평행 구간을 가로지르는 커브를 만들어 준다. Adjust Curve Blend 옵션에는 Tangency에 체크하면 된다.

Curve blend perpendicular to edges

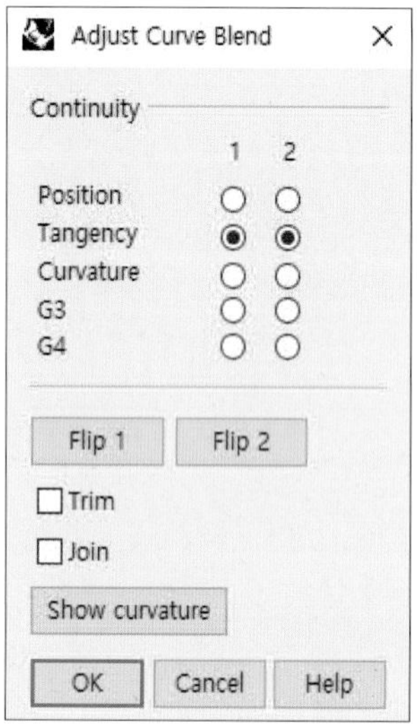

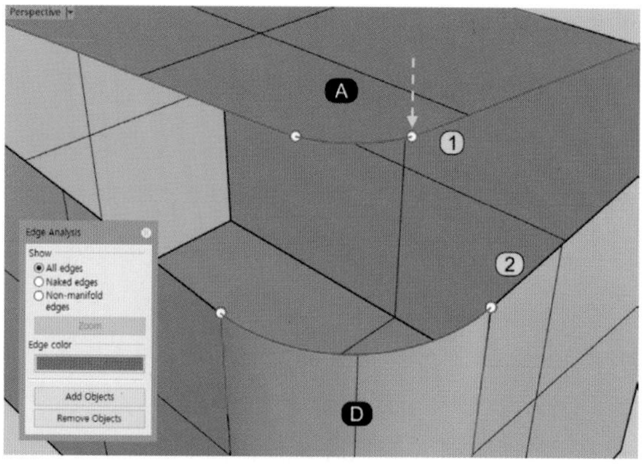

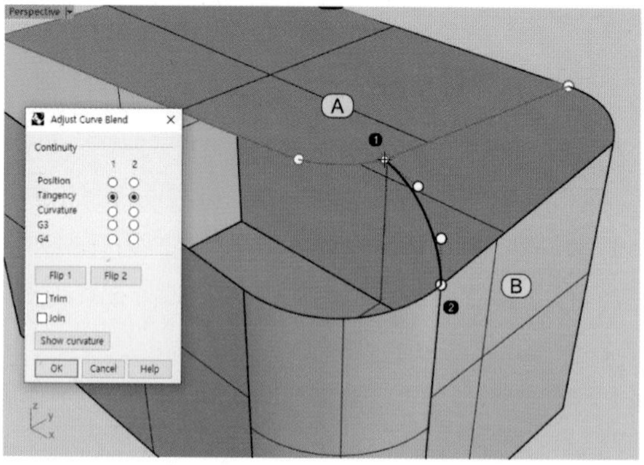

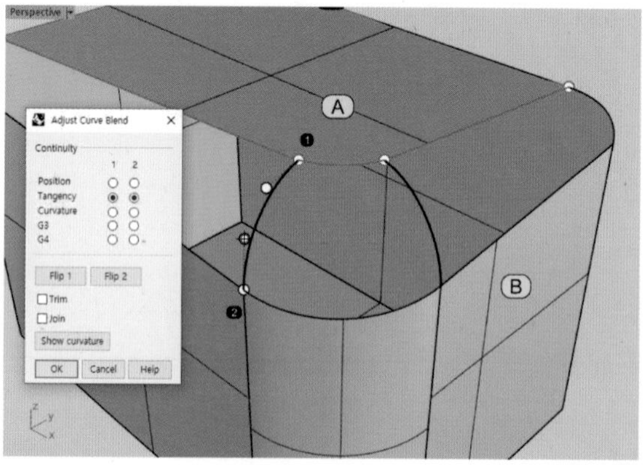

그림과 같이 총 2군데에 블랜드 커브가 준비되어야 한다.

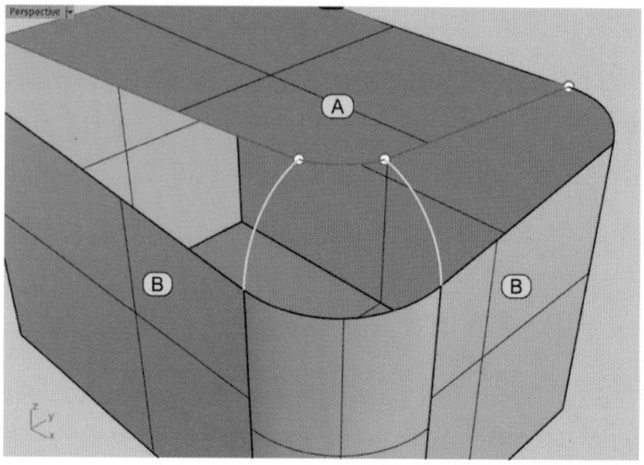

19 네트워크 면 만들기

이제 비어 있는 공간을 메울 면을 만들어 줄 차례이다. Main Toolbar 〉 Surface Creation 〉 Surface from network of curves 명령어를 클릭하고 그림과 같은 순서대로 클릭한다. 안쪽 면부터 만들어 준다.

Surface from network of curves

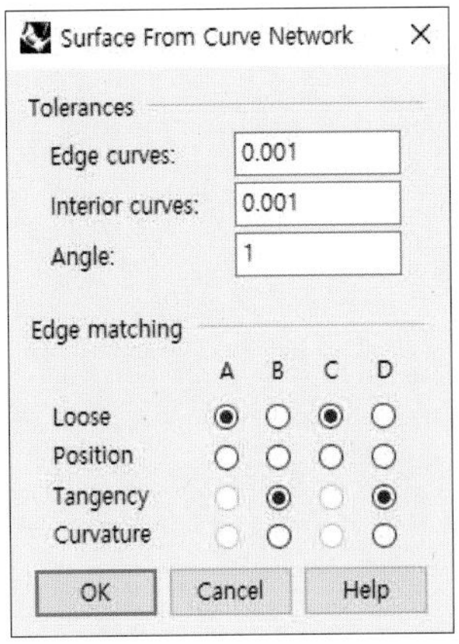

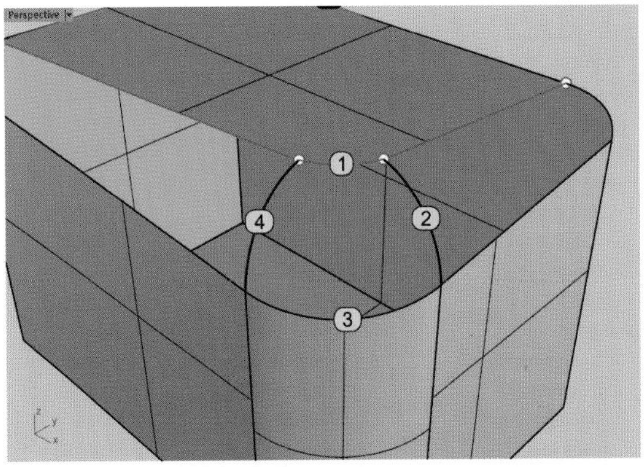

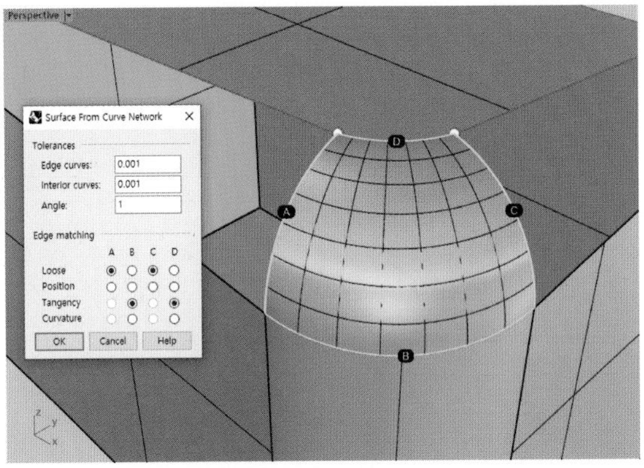

연속해서 우측도 네트워크 면을 만들어 준다. 여기서 주의할 부분은 끝단에 각이 필요한 부분이 있기에 ⓒ영역은 Position에 체크해 주어야 한다.

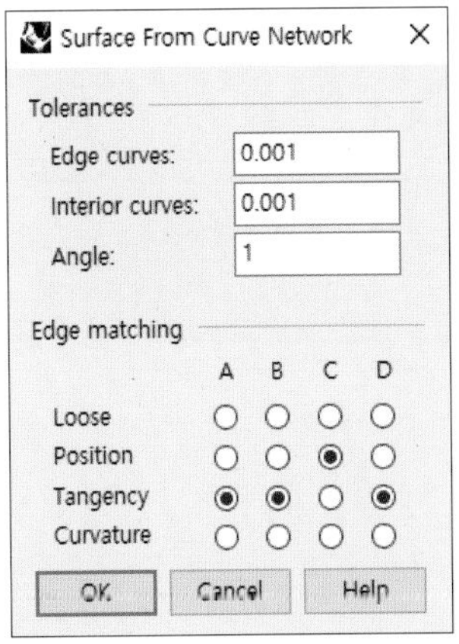

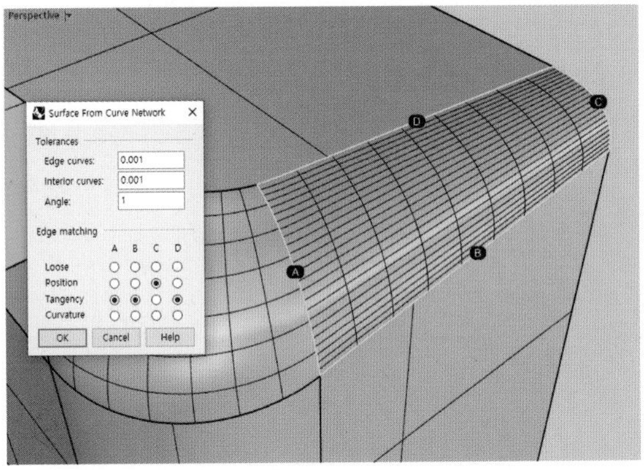

연속해서 좌측도 네트워크 면을 만들어 준다. 여기서 주의할 부분은 끝단에 각이 필요한 부분이 있기에 Ⓐ영역은 Position에 체크해 주어야 한다. 선택 순서에 따라 다르기에 주의한다.

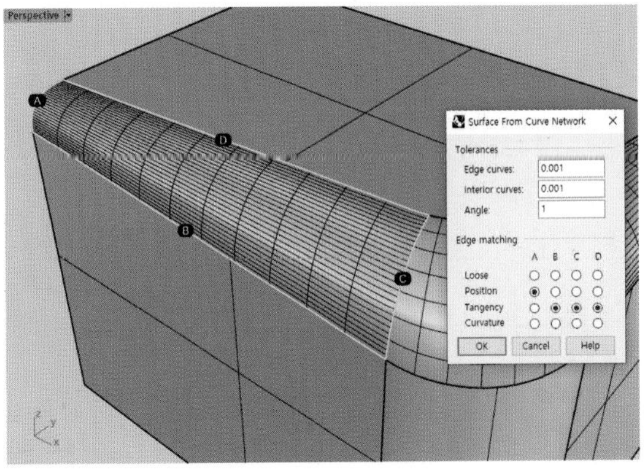

20 전체 면 상태 확인하기

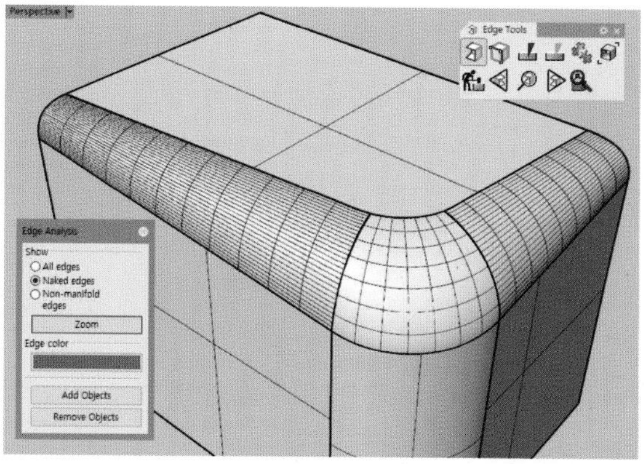

지금까지 만들어진 모든 면을 모두 Join해 준다. 면 수리가 완료된 개체의 경우 마지막으로 점검 차원에서 Naked 엣지 존재 여부를 확인하는 습관이 필요하다. Show edges 명령을 클릭한다. 검사를 위해서는 Edge Analysis에 Naked edges에 체크된 상태에서 검사해 주어야 한다. 검사 결과 커멘드 창에 Founded 22 edges total; no naked edges, no non-manifold edges라는 문구가 뜨면 정상이라는 의미이다.

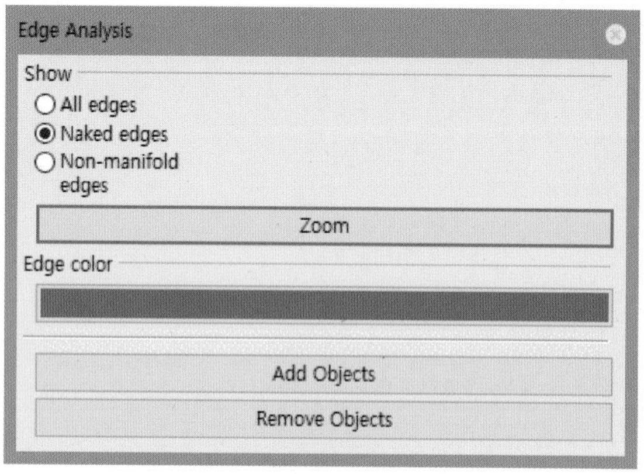

 Join

 Show edges
Turn off showing curve edges

만약 1개의 Naked edge라도 발견되면 반드시 수리나 수정을 해 주어야 한다. 이러한 Naked 엣지는 완전한 솔리드 개체가 아니며 3D 프린팅을 위한 변환에서 문제가 생길 수 있다.

21 면의 연속성 확인하기

마지막으로 Zebra analysis 명령을 클릭하고 면 체크를 해 본다. 그림과 같이 자연스러운 패턴이 형성되었다면 연속성엔 문제가 없다는 것이 된다. 모델의 형태나 면의 연결 상태에 따라 연속성의 등급은 학습자가 유연하게 사용하면 된다.

 Zebra analysis
Zebra analysis off

22 최종 결과물 보기

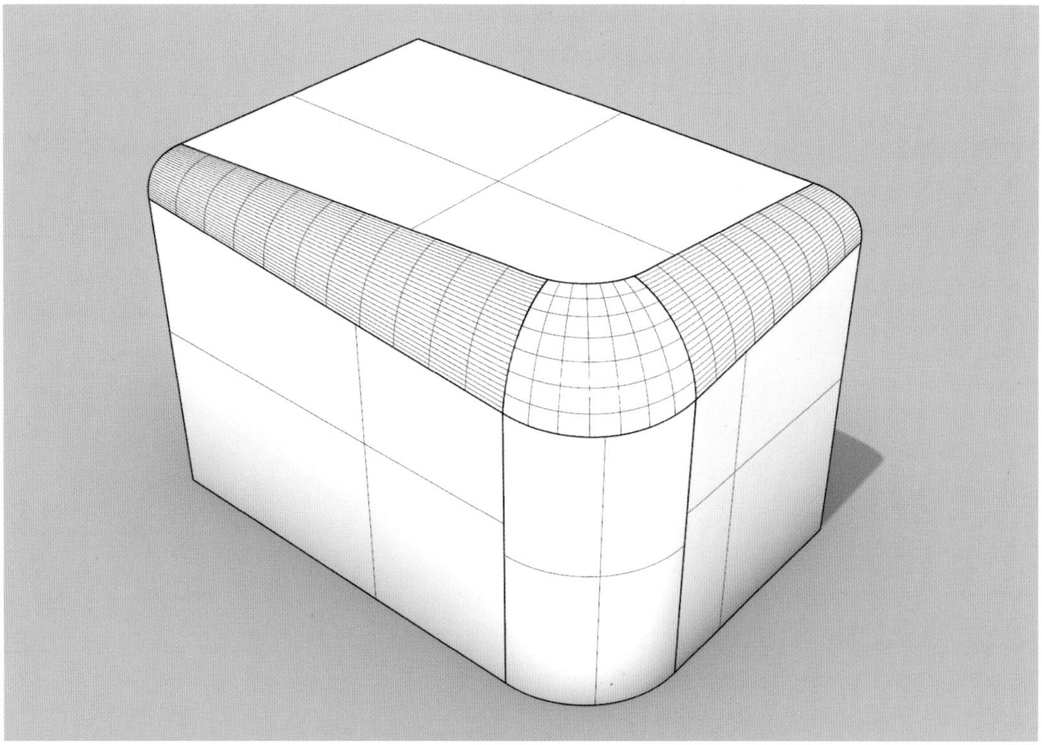

네트워크(Surface from network of curves)로 면 수리하기

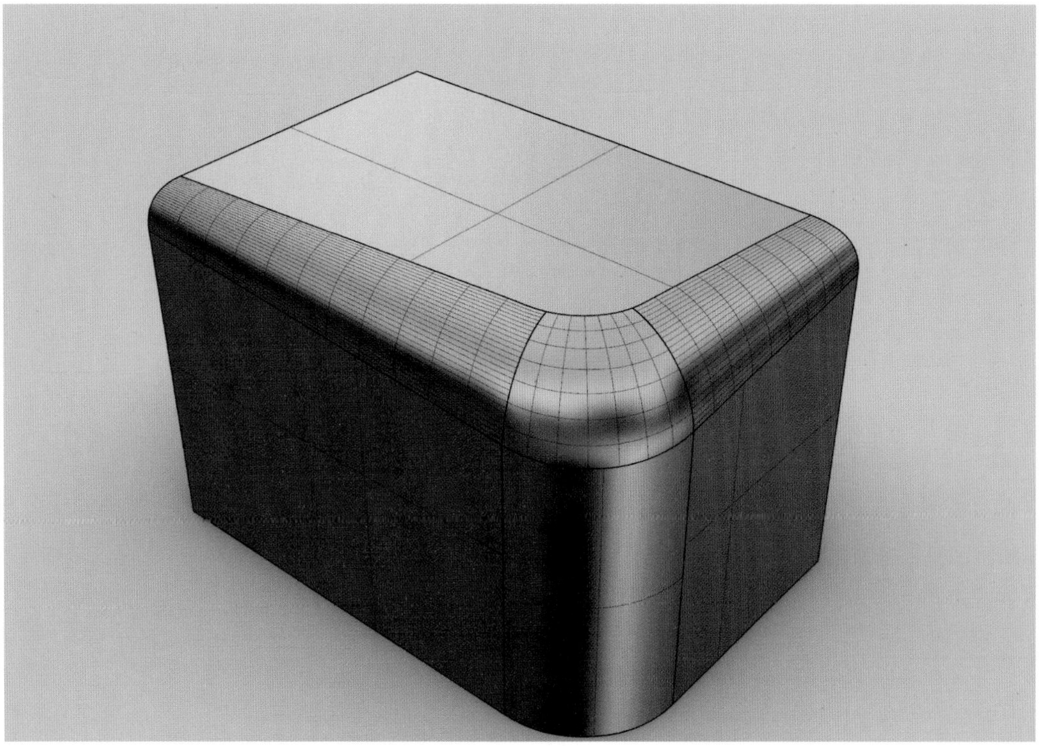

환경 맵(Environment map)으로 면 체크하기

03 CHAPTER 응용 필렛팅과 면의 수리-3

Application Filleting and Surface Repair

01 면 수리용 예제 준비하기

혜지원 출판사에서 제공하는 지정 자료함에서 관련 파일(면 수리 파일-3)을 다운로드받아 학습을 시작한다.

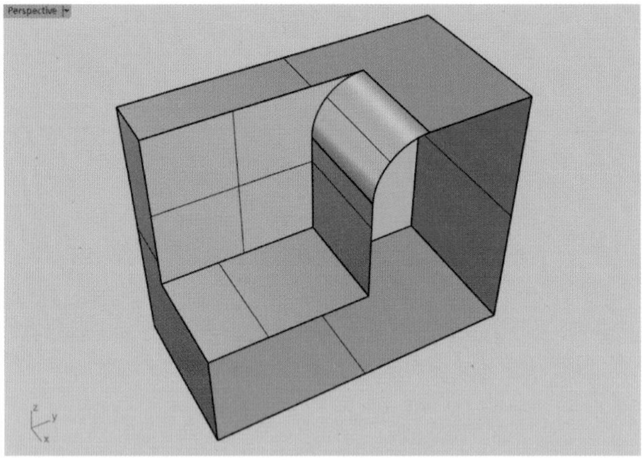

02 개체 폭파하기

면 수리의 기본은 폭파에서 시작하는 것이다. Main Toolbar 〉 Explode 명령으로 면들을 모두 폭파해 준다. 그림과 같이 면이 따로따로 선택되면 된다.

Explode
Extract surface

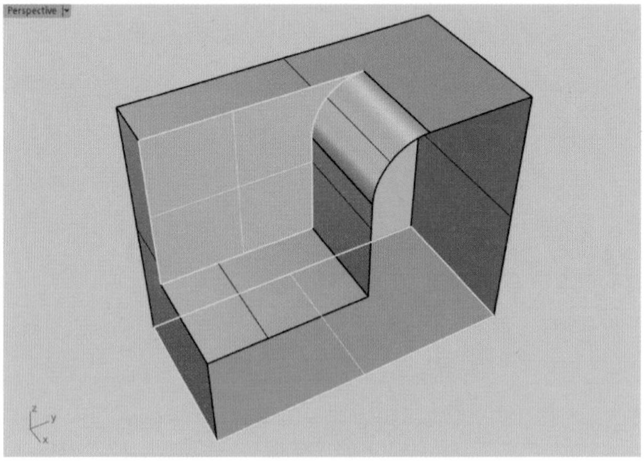

03 서피스 필렛 적용하기

제일 먼저 ①번과 ②번 면을 순서대로 클릭하여 필렛 처리를 해 주어야 한다. Main Toolbar 〉 Surface Tools 〉 Fillet Surface 아이콘 클릭 〉 Select first surface to fillet(Radius=1 Extend=No Trim=No)으로 설정된 상태에서 ①번과 ②번 면을 클릭한다.

Fillet Surface

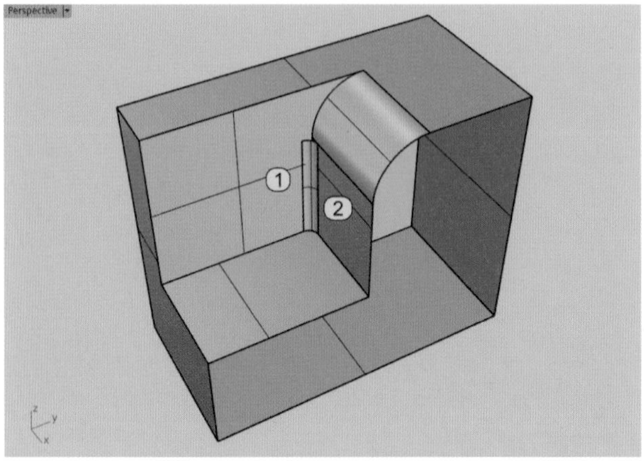

04 추가 필렛 주기

이어서 그림과 같은 부위의 ①번과 ②번 면을 다시 순서대로 클릭하여 필렛 처리한다. Main Toolbar 〉 Surface Tools 〉 Fillet Surface 아이콘 클릭 〉 Select first surface to fillet(Radius=1 Extend=No Trim=No)으로 설정된 상태에서 ①번과 ②번 면을 클릭한다.

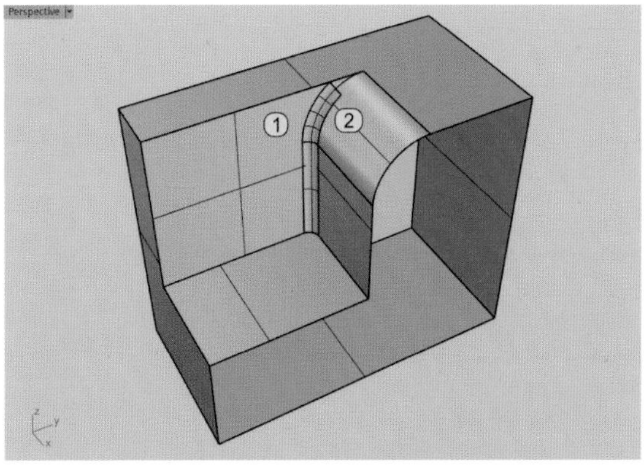

Fillet Surface

05 추가 필렛 주기

이어서 그림과 같은 부위의 ①번과 ②번 면을 다시 순서대로 클릭하여 필렛처리한다. Main Toolbar 〉 Surface Tools 〉 Fillet Surface 아이콘 클릭 〉 Select first surface to fillet(Radius=1 Extend=No Trim=No)으로 설정된 상태에서 ①번과 ②번 면을 클릭한다.

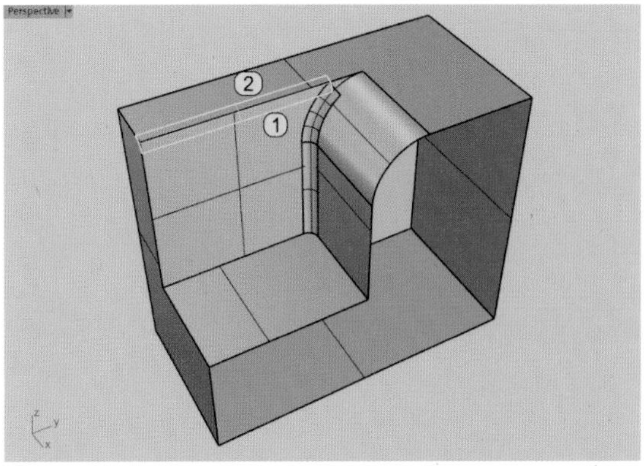

Fillet Surface

06 아이소커브로 면 자르기

이제 면 수리를 위해 주변 면의 조건들을 만들어 주는 사전 작업을 진행한다. Main Toolbar 〉 Split surface by isocurve 명령을 마우스 우측 버튼으로 클릭한다. 다음 해당 면을 선택하고 그림처럼 상대편의 End 점을 기준으로 U, V방향을 조정하여 잘라 준다. 커멘드 옵션에는 Shrink=Yes로 진행한다.

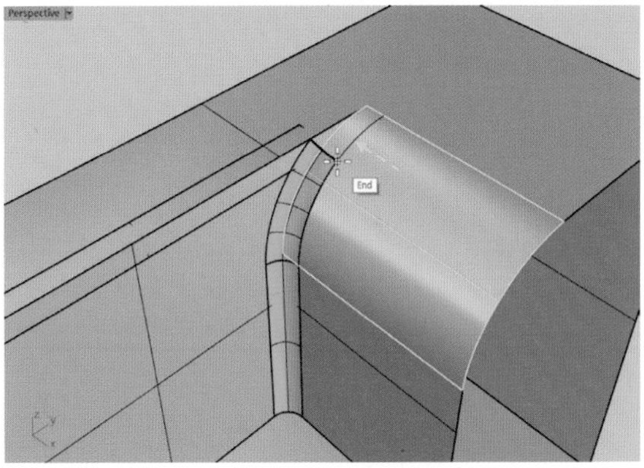

Split
Split surface by isocurve

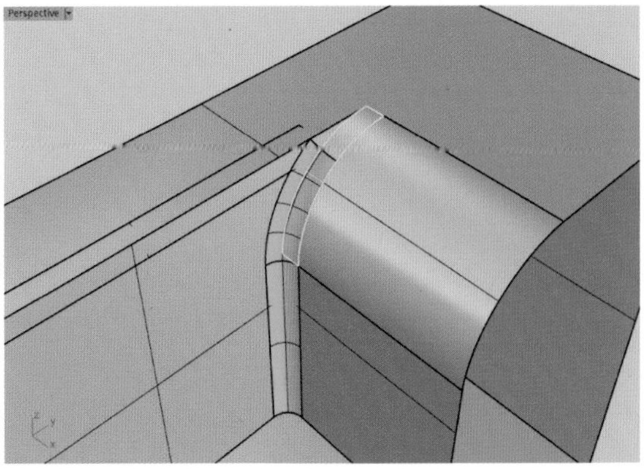

아이소커브를 이용해서 자르는 방법은 면 수리에서 기본이기에 반드시 알아 두어야 한다.

07 추가 면 자르기

계속해서 Main Toolbar 〉 Split surface by isocurve 명령으로 그림처럼 상대편의 End 점을 기준으로 U, V 방향을 조정하여 잘라 준다. 잘린 안쪽 면은 지워 준다.

Split
Split surface by isocurve

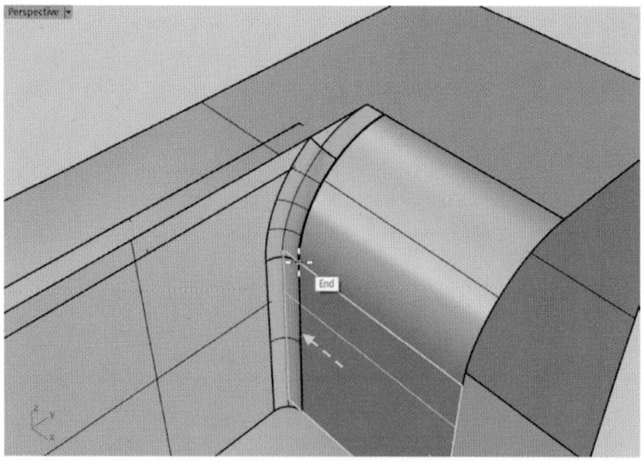

08 겹친 면 잘라 정리해 주기

Split 명령을 클릭하고 ①번 면을 클릭하고 Enter 한다. 다음 ③번 필렛 면을 선택하고 Enter 하면 ①번 면의 상단 부분 일부가 잘리게 된다. 잘린 부분은 지워 준다.

Split
Split surface by isocurve

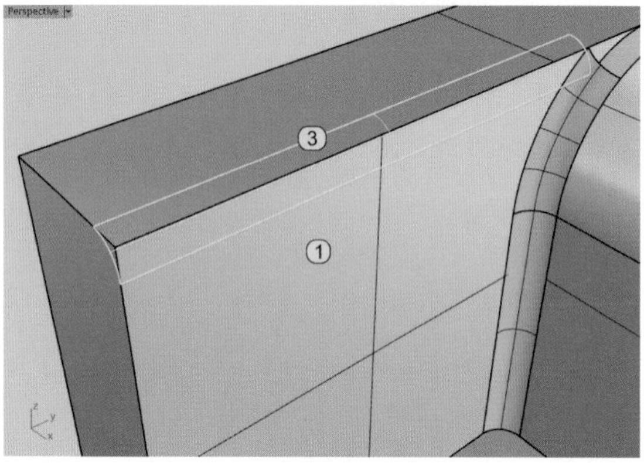

잘린 상태를 확인하면 그림과 같다.

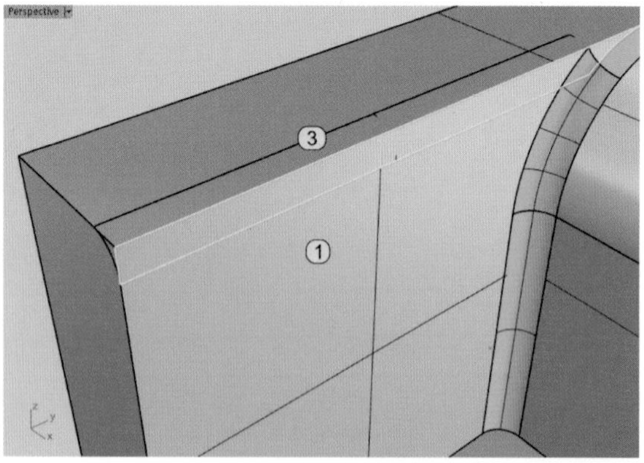

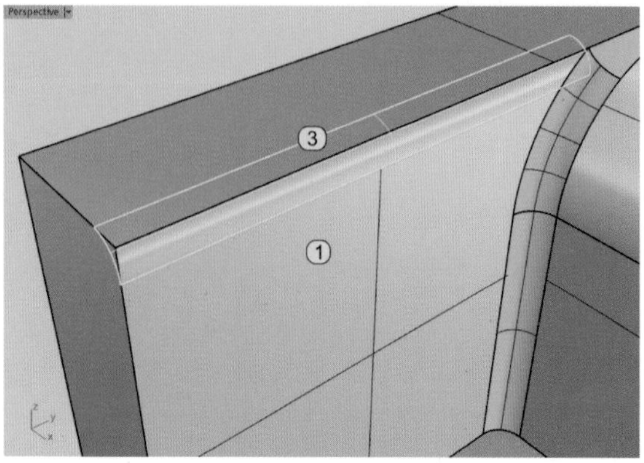

09 엣지 라인 연장하기

Perspective View에서 작업한다. Osnap=End에 체크한다. Main Toolbar〉 Curve Tools 〉 Extend by line 명령을 클릭한다. 다음 ③번 필렛 면의 엣지 라인을 연장한다. 해당하는 직선 부위를 선택하여 그림처럼 상대편의 End 점에서 멈추는 연장선을 그려 준다.

Extend by line

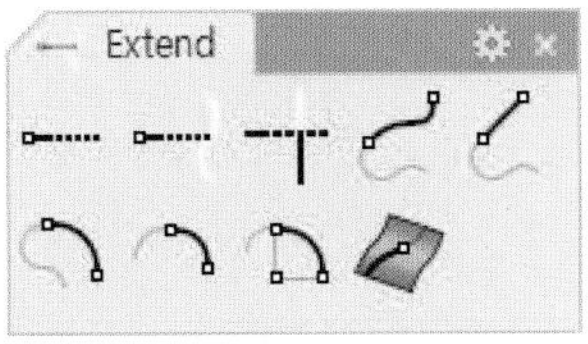

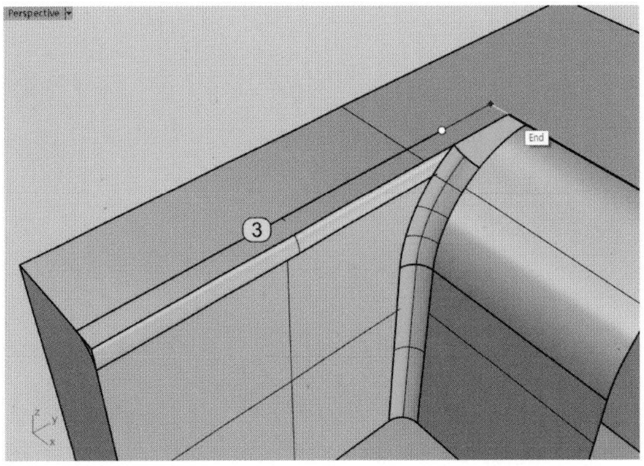

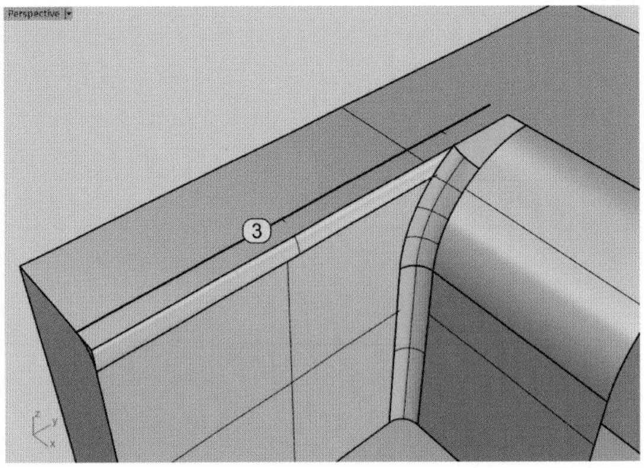

10 추가 엣지 라인 연장하기

Perspective View에서 작업한다. Extend by line 명령을 클릭한다. 다음 동일한 방법으로 ④번 면의 엣지 라인을 선택하여 그림과 같이 연장해 준다.

Extend by line

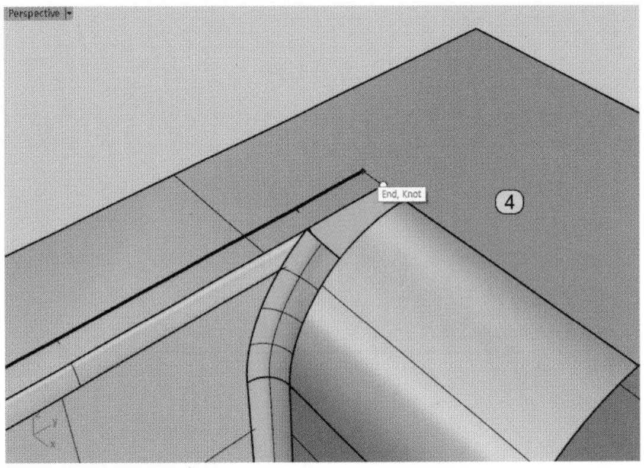

11 완성된 연장 라인 Join하기

연장선 2개를 Main Toolbar 〉 Join 명령으로 붙여 준다.

Join

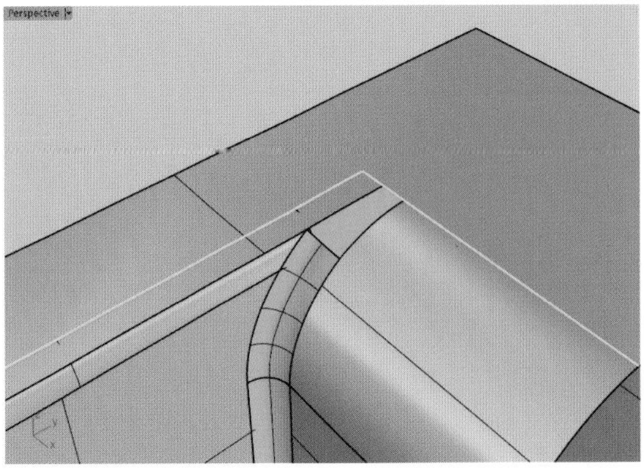

12 추가 엣지 자르기

Main Toolbar 〉 Split 명령으로 그림처럼 연장선을 이용해 해당 면을 잘라 준다. 자른 후 불필요한 면은 지워 준다.

Split
Split surface by isocurve

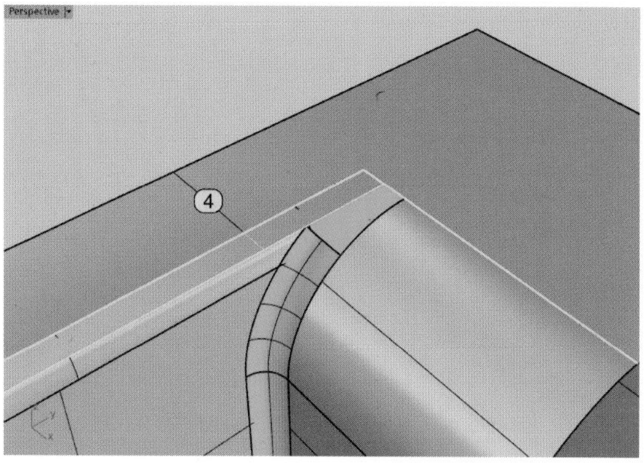

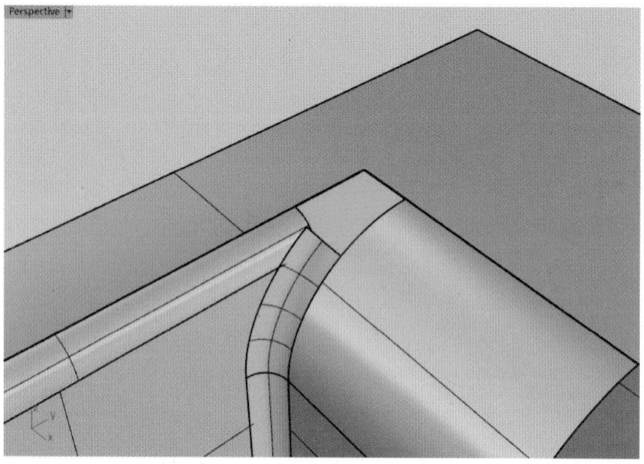

13 아이소커브로 추가 자르기

Perspective View에서 작업한다. Main Toolbar 〉 Split surface by isocurve 명령으로 상대편의 End 점을 기준으로 해당 면을 그림과 같이 잘라 준다. 커멘드 옵션에는 Shrink=Yes로 진행한다.

Split
Split surface by isocurve

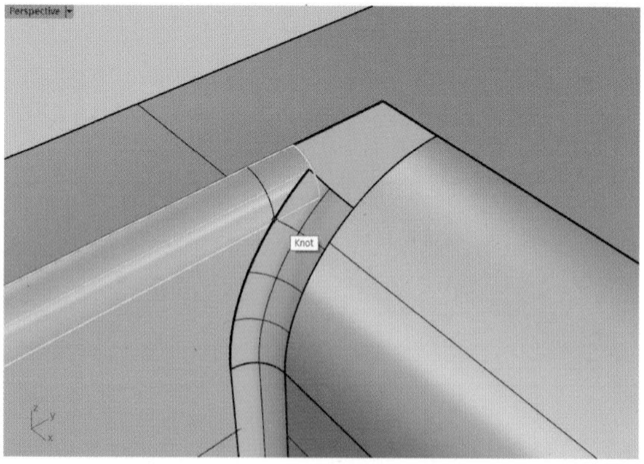

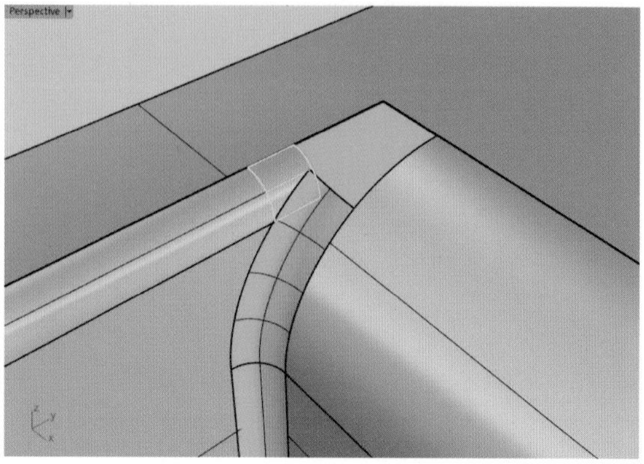

14 아이소커브로 추가 면 자르기

Main Toolbar 〉 Split surface by isocurve 명령으로 상대편의 End 점을 기준으로 해당 면을 잘라 준다. 커멘드 옵션에는 Shrink=Yes로 진행한다.

Split
Split surface by isocurve

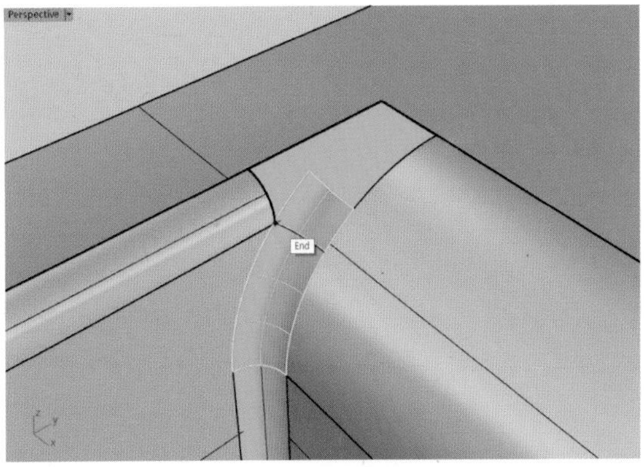

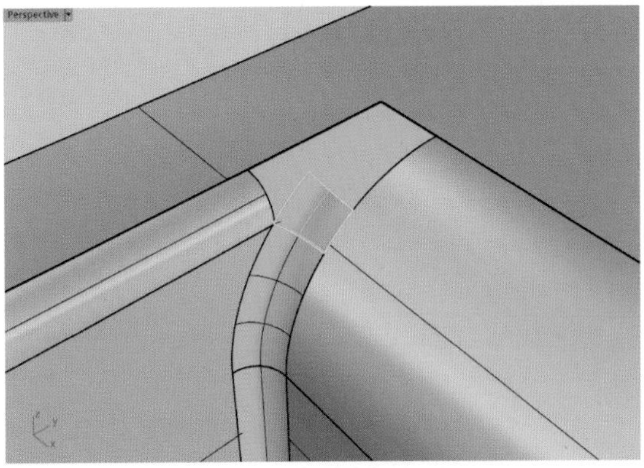

잘린 면을 지워 주면 아직도 안쪽에 면 일부가 있음을 확인할 수 있다. 이 부분도 잘라서 지워 주어야 한다.

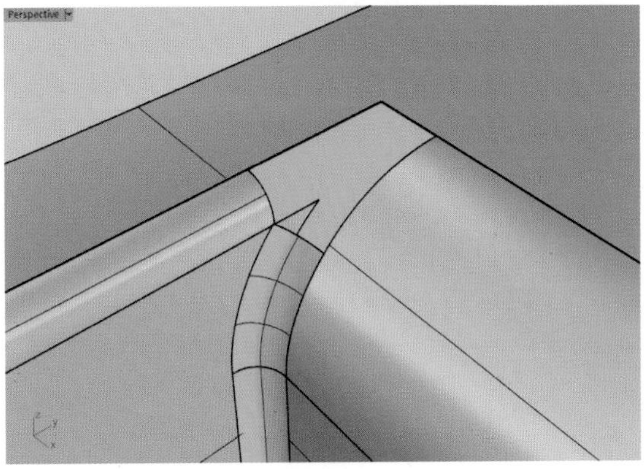

15 필렛 면으로 자르기

앞서 작업된 2개의 안쪽 필렛 면 2개를 선택하고 서로 Join해 준다. 다음 Main Toolbar 〉 Split 명령으로 그림처럼 안쪽에 겹쳐진 숨은 면을 잘라 준다. 오버랩이 된 부분은 쉽게 다룰 수 있다.

Join

Split
Split surface by isocurve

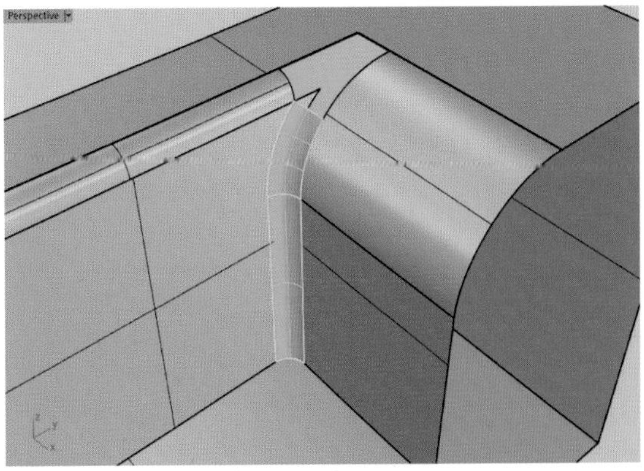

16 잘린 면 확인하기

그림과 같이 ①번 면을 ②번 면으로 자른 상태를 보여 준다. 잘릴 안쪽 작은 면은 지워 주면 된다.

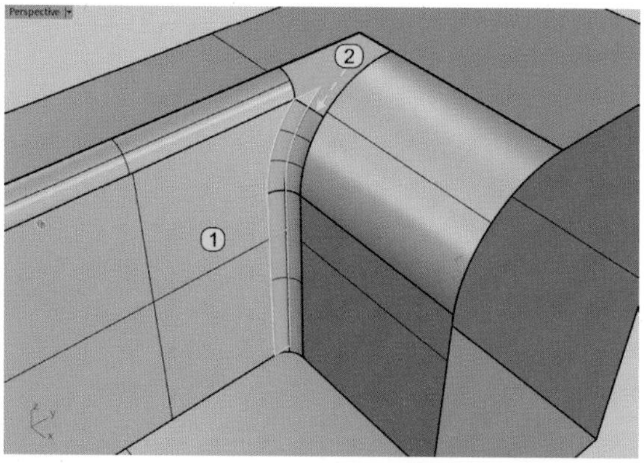

불필요한 모든 면이 잘 정리된 모습이다.

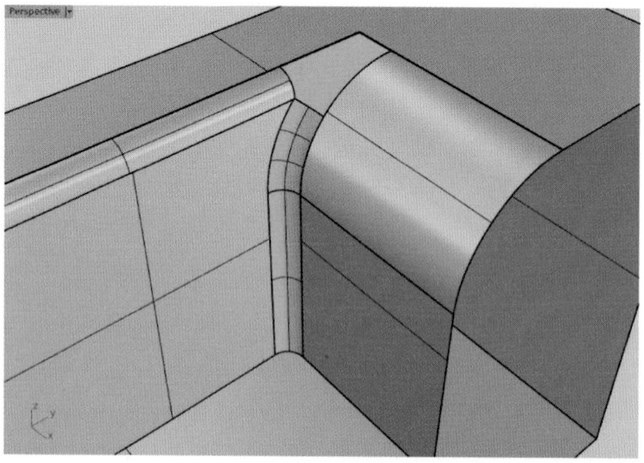

17 불필요한 엣지 포인트 지워 주기

이제 1가지 더 점검해야 한다. 앞으로의 작업을 수월하게 하려면 불필요한 엣지 포인트를 지워 주는 게 좋다. Show edges 명령으로 해당 면을 선택해 엣지를 보이게 한다. 2개의 점이 보인다. 이 중에 가운데 것을 지워 주는 게 좋다.

Show edges
Turn off showing curve edges

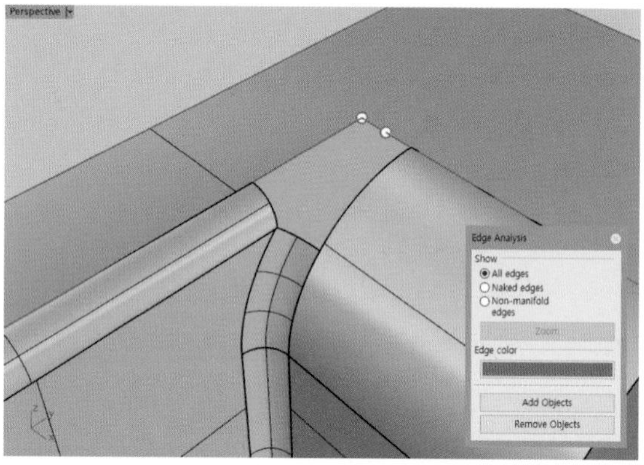

18 엣지 포인트 지우기

Main Toolbar 〉 Analyze 〉 Edge Tools 〉 Show edges 〉 Merge edge 아이콘 명령을 클릭한다. 불필요한 Edge 포인트를 지워 준다. 만약 그대로 방치하면 면의 Edge가 끊어진 상태로 따로따로 선택되어 작업에 지장을 주게 된다.

Merge edge
Merge all edges

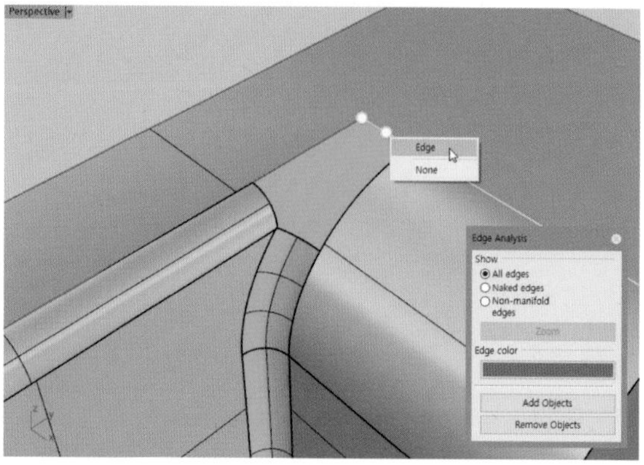

19 엣지 면 잘라 주기

Perspective View에서 작업한다. 이제 면의 Edge들을 자신이 원하는 대로 잘라 면을 수리해 보도록 할 것이다. 자르기 전 Osnap=Knot에 체크해 준다. 면의 Edge를 자르는 방법은 간단하다. Analyze 〉 Edge Tools 〉 Split edge 명령을 클릭한다. 다음 그림처럼 End / Knot 지점을 클릭하면 잘린다.

Split edge
Merge edge

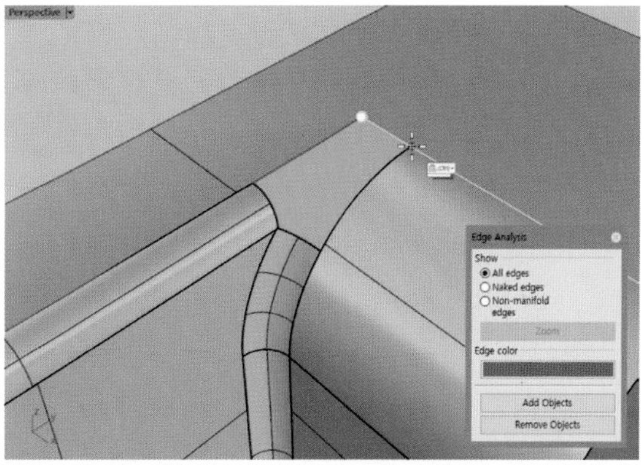

화살표 지점이 잘리면 그림처럼 엣지 포인트가 보이게 된다.

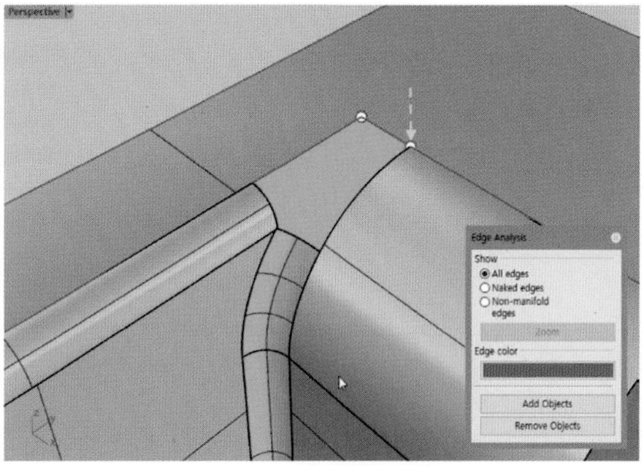

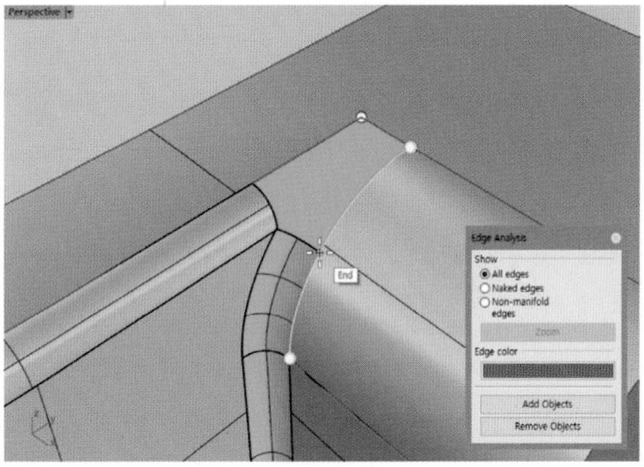

20 추가 엣지 면 잘라 주기

Perspective View에서 작업한다. 동일한 방법으로 진행한다. Analyze 〉 Edge Tools 〉 Split edge 명령을 클릭한다. 다음 그림처럼 End / Knot 지점을 클릭하면 잘린다.

Split edge
Merge edge

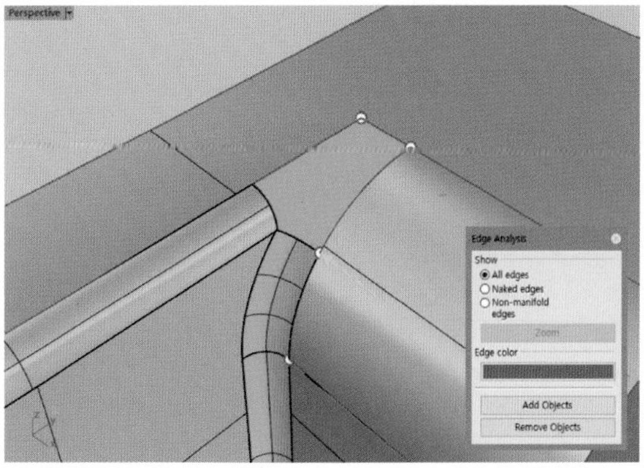

21 추가 엣지 면 잘라 주기

Perspective View에서 작업한다. 동일한 방법으로 진행한다. Analyze 〉 Edge Tools 〉 Split edge 명령을 클릭한다. 다음 그림처럼 End / Knot 지점을 클릭하면 잘린다.

Split edge
Merge edge

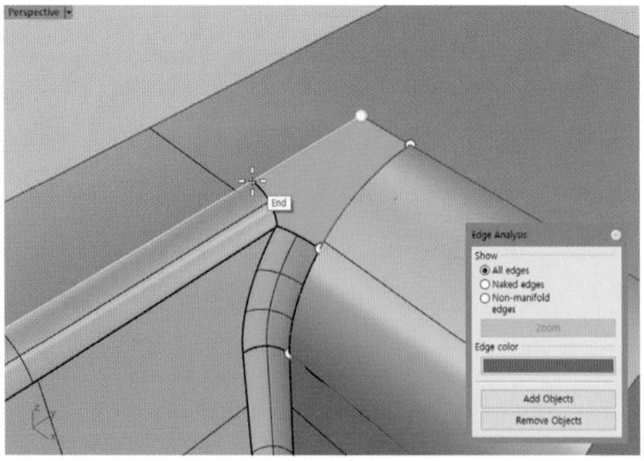

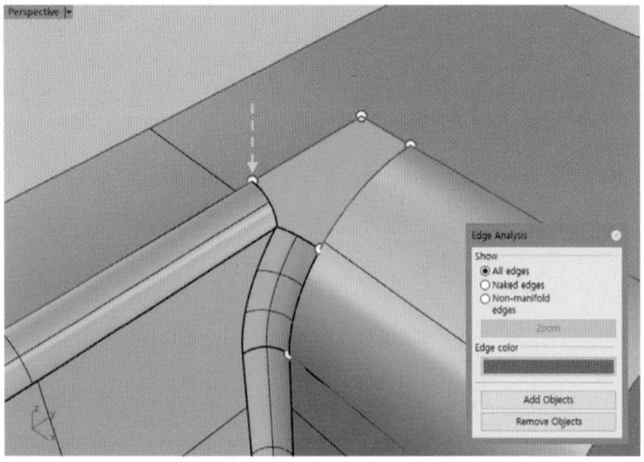

22 블랜드 커브 만들기

이제 블랜드 커브를 만들어 네트워크로 면 수리를 할 계획이다. 먼저 Main Toolbar 〉 Curve From Object 〉 Curve blend perpendicular to edges 명령을 클릭한다. 그림과 같은 임의의 지점을 클릭한다. Tangency에 체크된 상태에서 포인트를 이동시켜 준다.

Curve blend perpendicular to edges

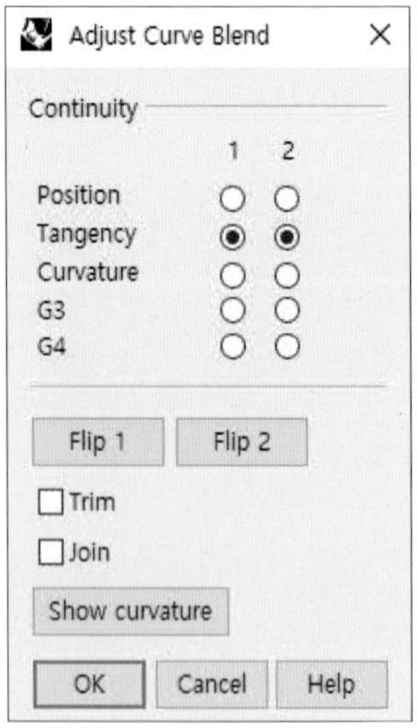

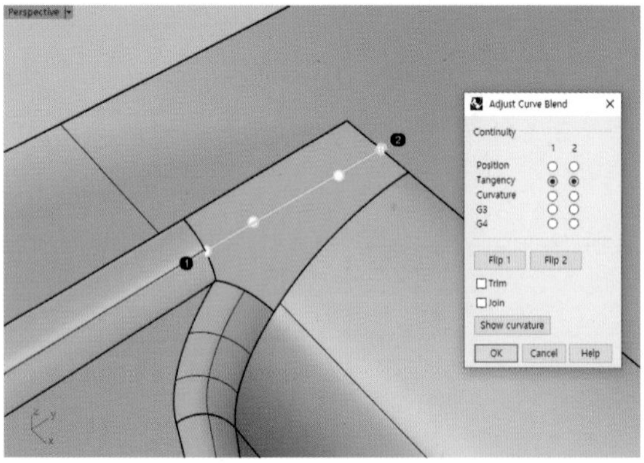

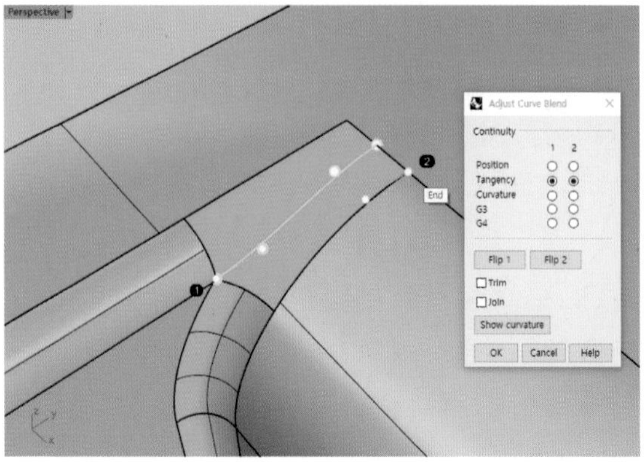

블랜드 커브의 위치는 그림과 같이 End 기점에 있으면 된다.

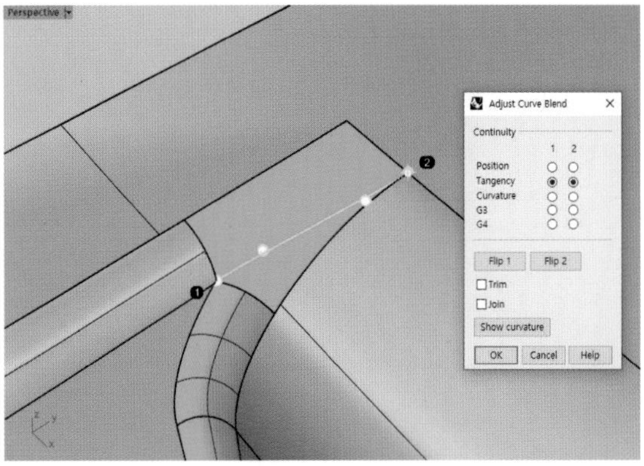

23 네트워크 면 만들기

Main Toolbar〉 Surface Creation 〉 Surface from network of curves 명령어를 클릭한다. 번호 순서대로 클릭하여 네트워크 면을 만들어 준다.

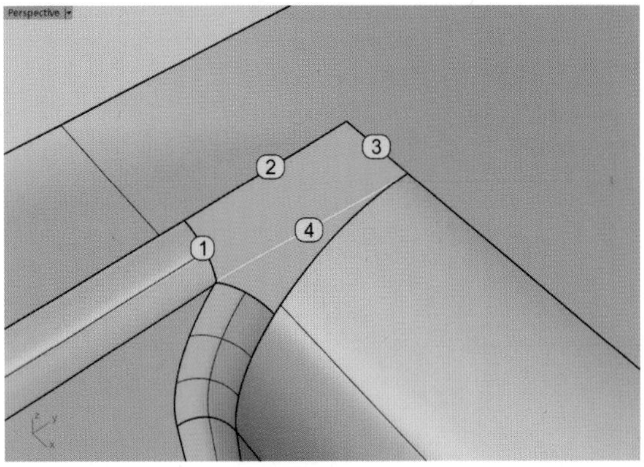

Surface from network of curves

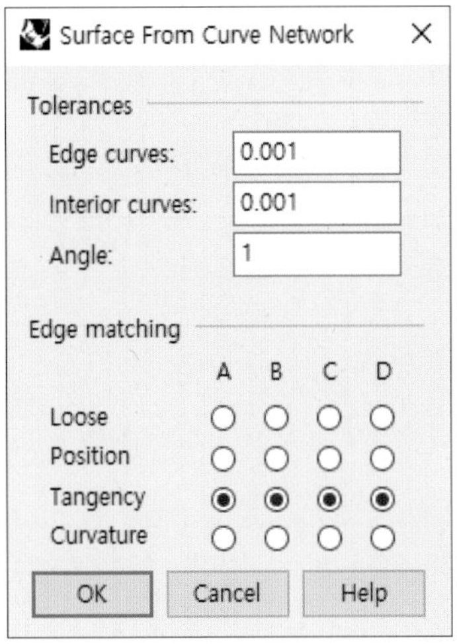

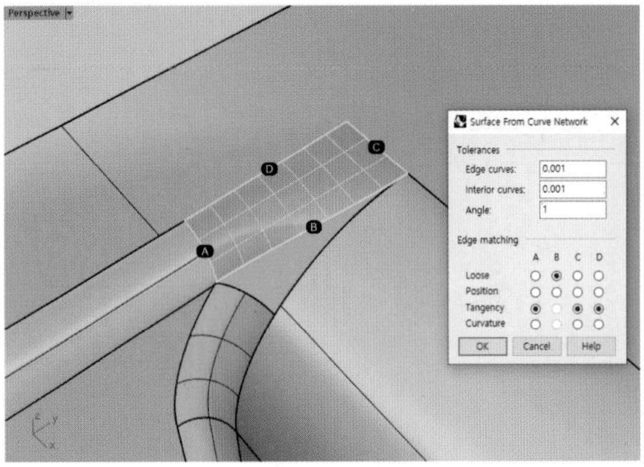

24 면 연속성 확인하기

Perspective View에서 작업한다. 만들어진 면을 서로 Join한다. 다음 Zebra analysis 명령으로 연속성에 문제가 없는지 확인해 본다.

Join

Zebra analysis
Zebra analysis off

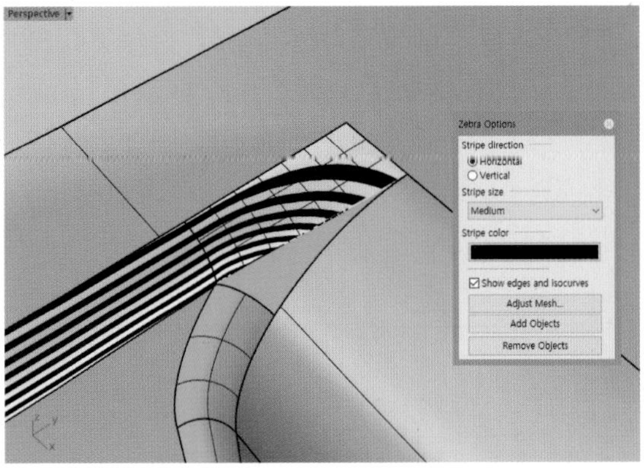

25 추가 블랜드 커브 만들기

Perspective View에서 작업한다. 동일한 방법으로 진행한다. Curve From Objects 〉 Curve blend perpendicular to edges 명령을 클릭한다. 임의의 두 지점을 클릭하고 위치를 조정해 준다.

Curve blend perpendicular to edges

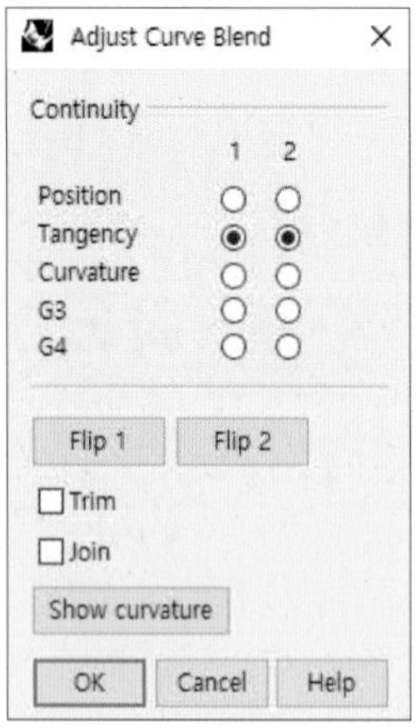

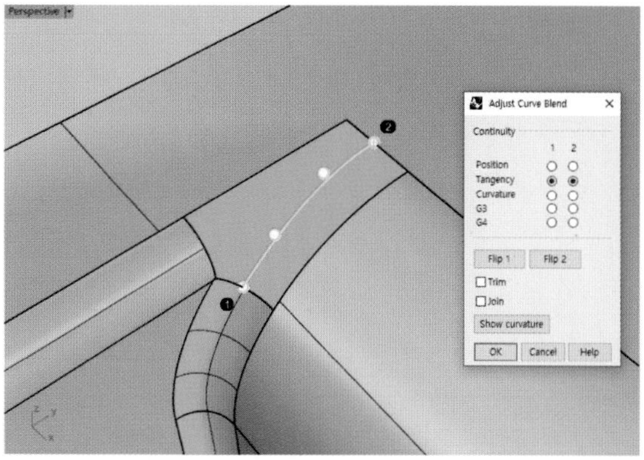

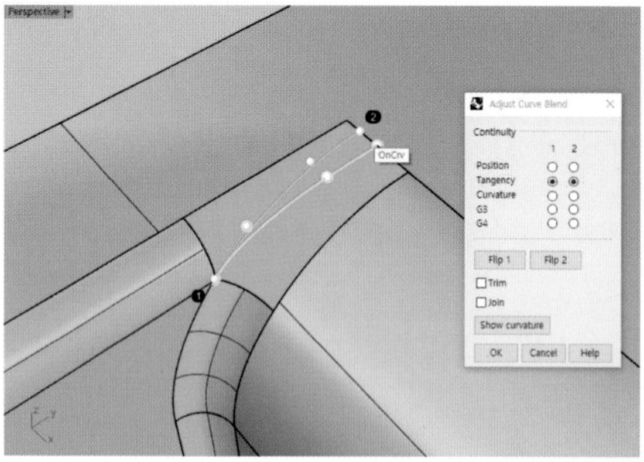

참고로 여기서는 블랜드 커브의 끝단 위치가 End 점에 가지 않도록 한다. 자연스러운 곡률 방향쯤에서 이동을 멈춘다. 그림과 같은 위치면 된다.

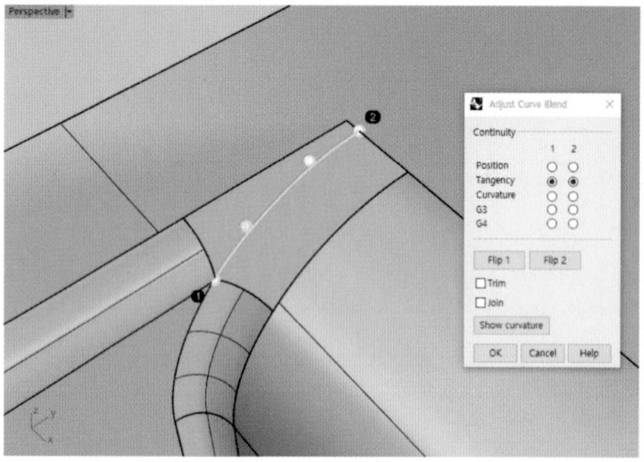

26 네트워크면에 커브 투영하기

Perspective Viewport에서 작업한다. Main Toolbar 〉 Curve From Object 〉 Pull curve or control points 명령을 클릭한다. 다음 네트워크 면에 앞서 만들어 둔 블랜드 커브 레이어 컬러를 바꾸어 투영한다. 색상 구분을 위해 레이어 컬러를 변경한 것이다.

Pull curve or control points
Pull curve loose

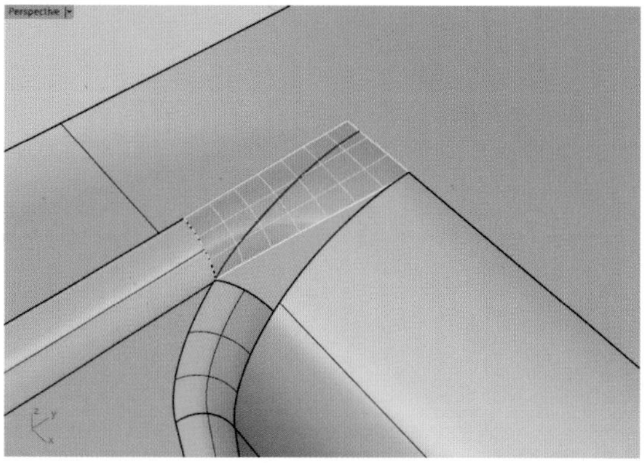

27 면 잘라 주기

Split 명령을 클릭한다. 다음 앞서 투영된 커브로 네트워크 면을 잘라 준다. 잘린 안쪽 면은 지워 준다.

Split

Split surface by isocurve

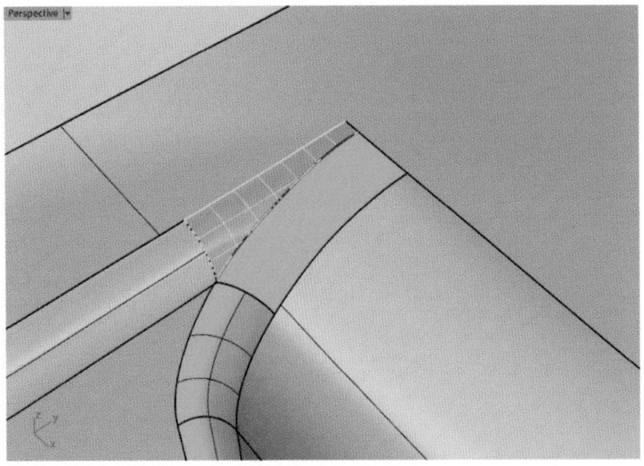

28 네트워크 면 만들기

Surface Creation 〉 Surface From network of curves 명령으로 해당 번호 순서대로 클릭하여 네트워크 면을 만들어 준다. 연결성에 문제가 없는 선에서 학습자가 옵션 설정은 자유롭게 선택해도 된다.

Surface from network of curves

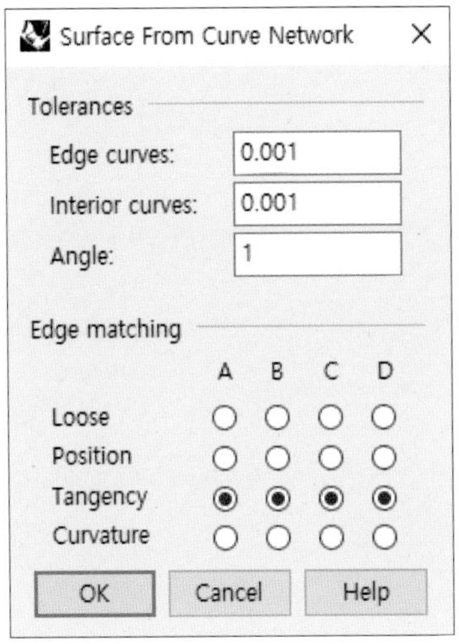

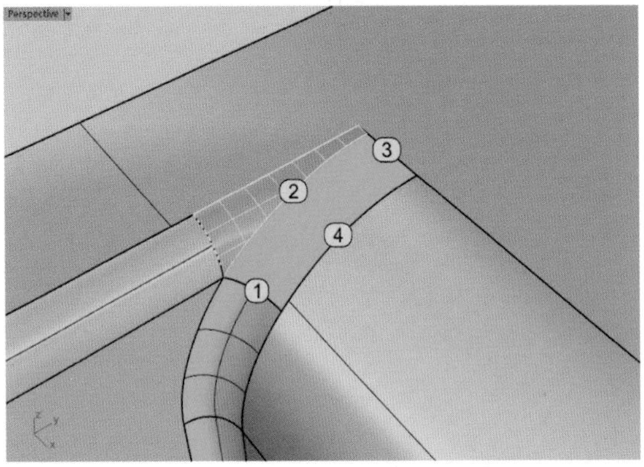

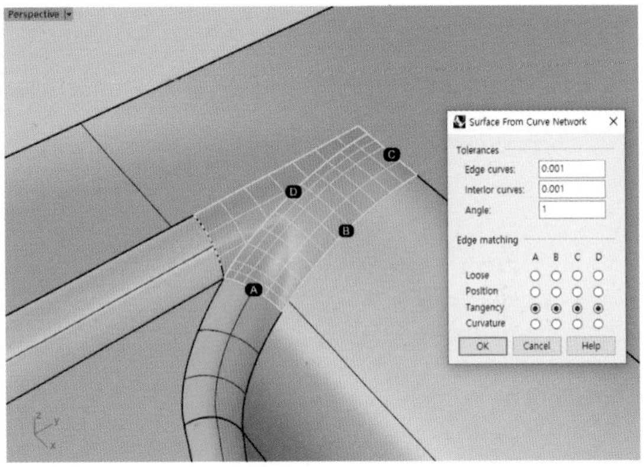

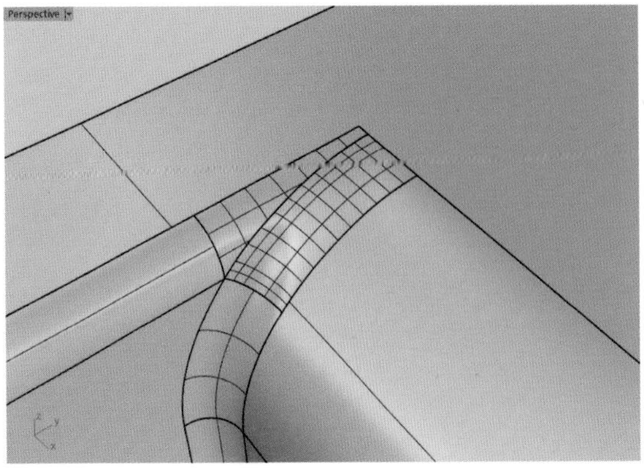

29 전체 면 상태 확인하기

지금까지 만들어진 모든 면을 Join하고 Zebra analysis 명령으로 면 체크를 해 본다. 그림과 같이 자연스러운 패턴이 형성되었다면 연속성엔 문제가 없다는 것이 된다. 모델의 형태나 면의 연결 상태에 따라 연속성의 등급은 학습자가 유연하게 사용하면 된다.

Join

Zebra analysis
Zebra analysis off

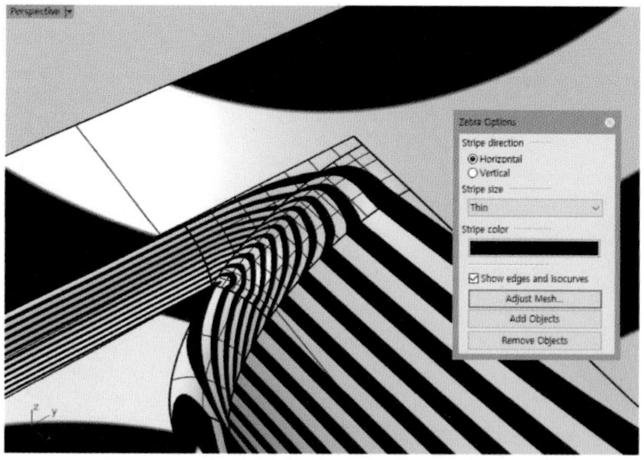

30 네트워크 면 연결성 향상시키기

연속성을 향상하는 방법은 네트워크면을 좀 더 분할해서 해 보는 방법이다. 이 방법은 매우 복잡한 필렛팅에서 진가를 발휘한다. 여기서는 방법적으로 알아 두라는 의미로 진행해 본다. 앞서 만든 면을 다시 지워 준다.

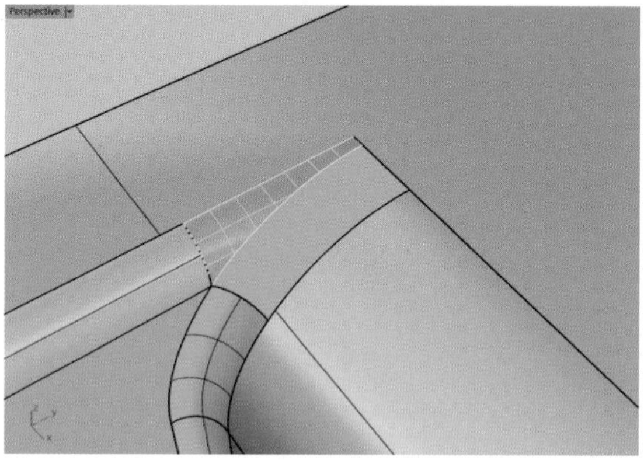

31 엣지 잘라 주기

Perspective View에서 작업한다. Osnap=Knot에 체크한다. 다음 Show edges로 엣지를 보이게 하고 Split edge로 그림과 같이 3등분으로 잘라 준다.

Show edges
Turn off showing curve edges

Split edge
Merge edge

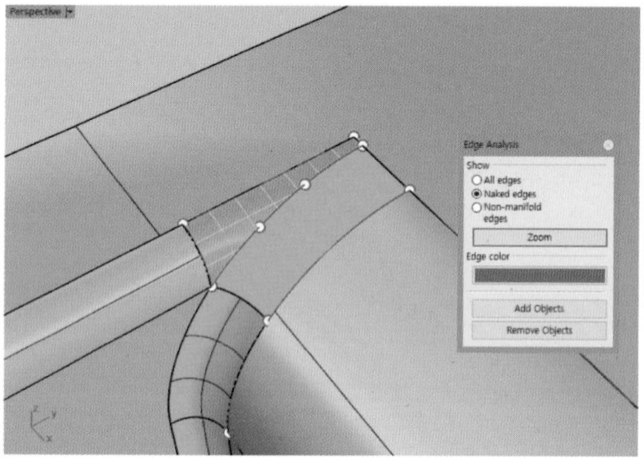

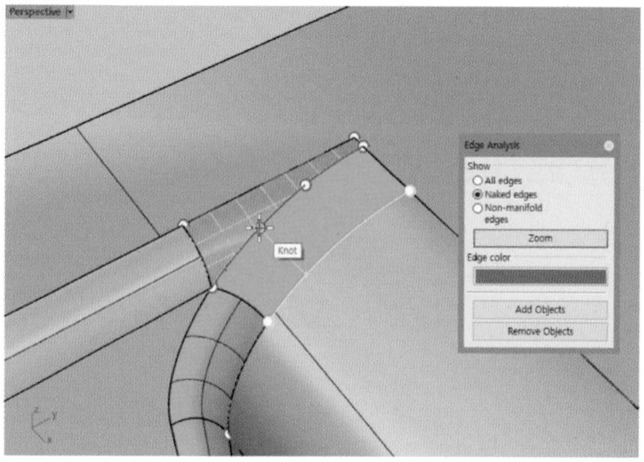

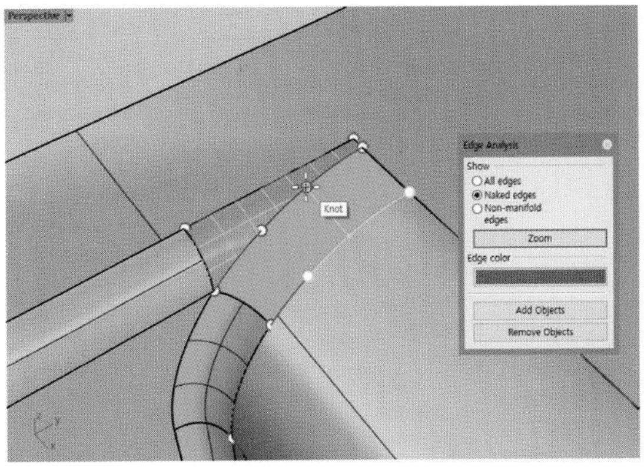

32 블랜드 커브 만들기

이제 블랜드 커브를 만들어 네트워크로 면 수리를 할 계획이다. 먼저 Main Toolbar 〉 Curve From Object 〉 Curve blend perpendicular to edges 명령을 클릭한다. 그림과 같은 임의의 지점을 클릭한다. Tangency에 체크된 상태에서 포인트를 이동시켜 준다.

Curve blend perpendicular to edges

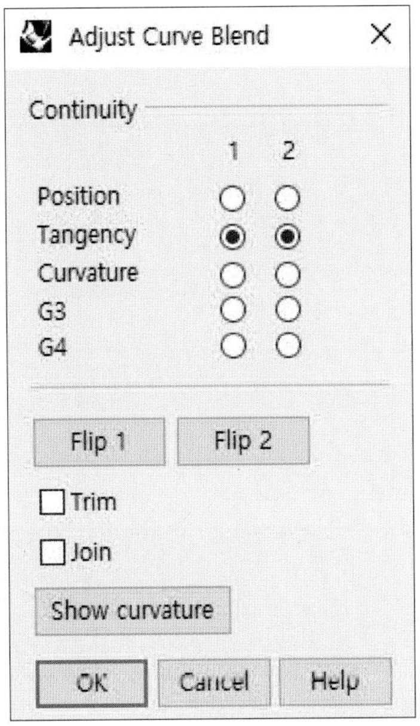

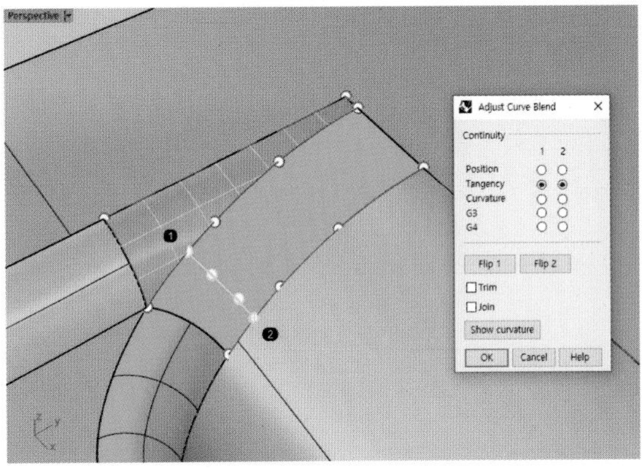

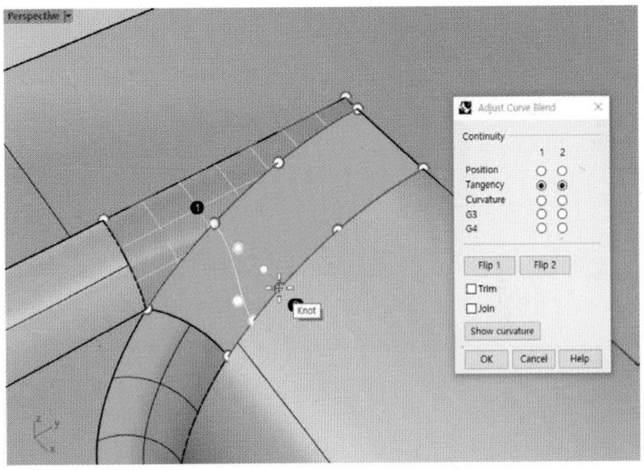

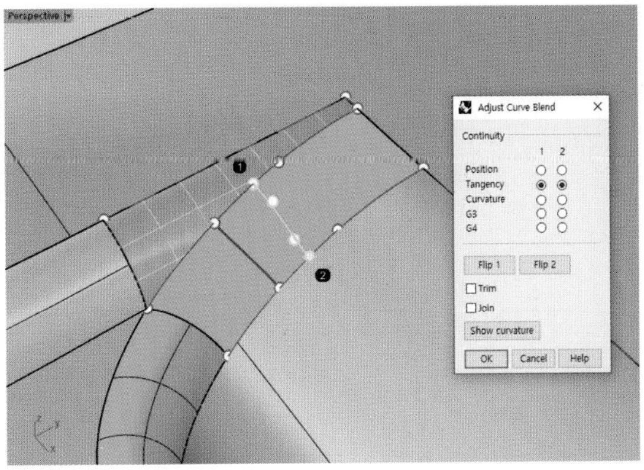

블랜드 커브는 잘라 준 엣지 포인트에 일치시켜 주면 된다. 총 2개의 블랜드 커브가 완성되었다.

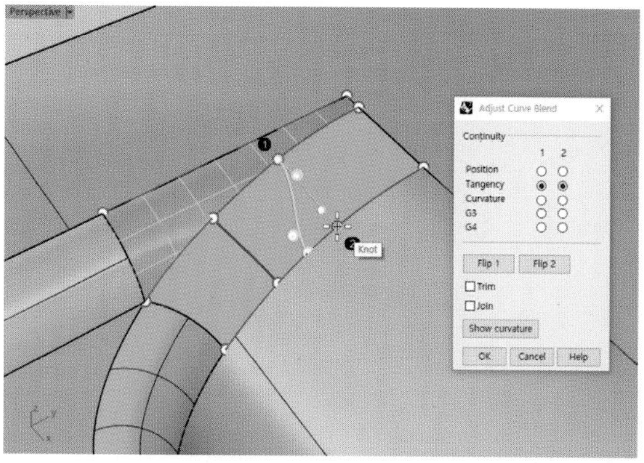

33 추가 면들 연결하기

Main Toolbar 〉 Surface Creation 〉 Surface from network of curves 명령어를 클릭한다. 가운데 면부터 만들어 준다.

Surface from network of curves

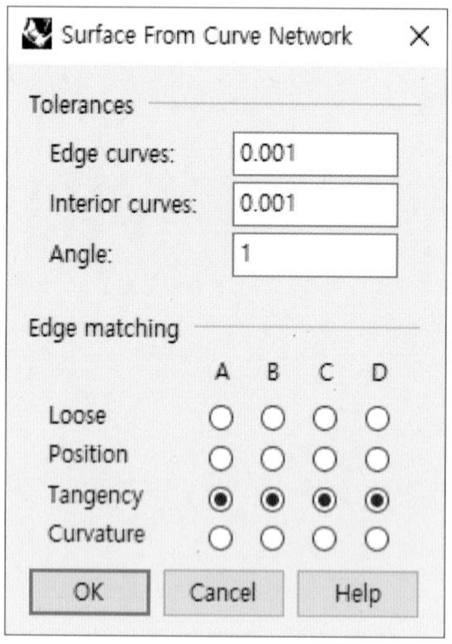

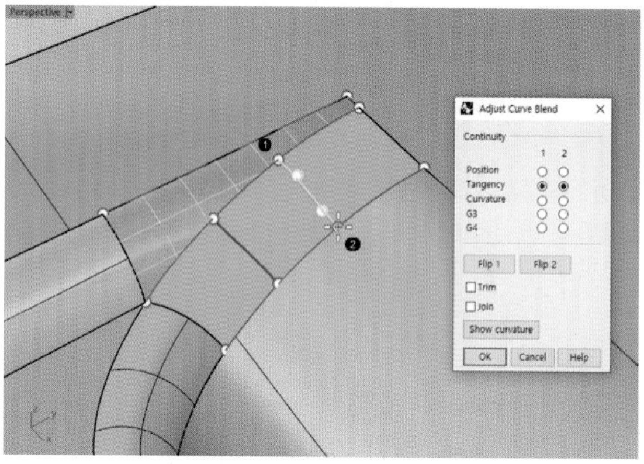

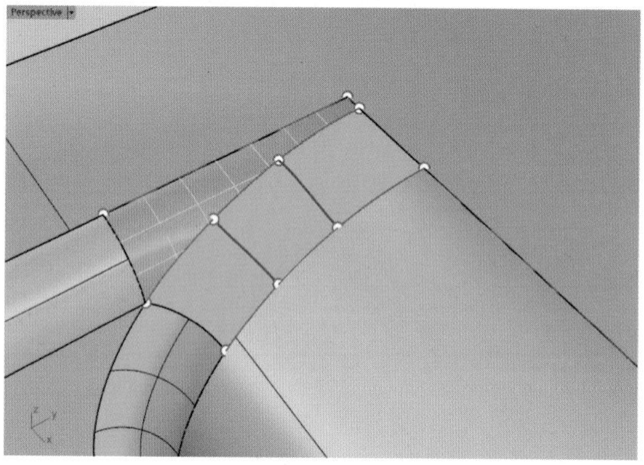

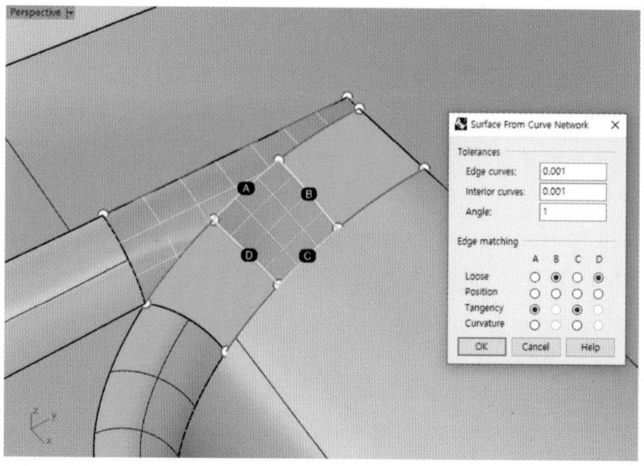

34 추가 면들 만들어 주기

동일한 방법으로 2번째 네트워크 면과 3번째 네트워크 면을 모두 만들어 준다.

Surface from network of curves

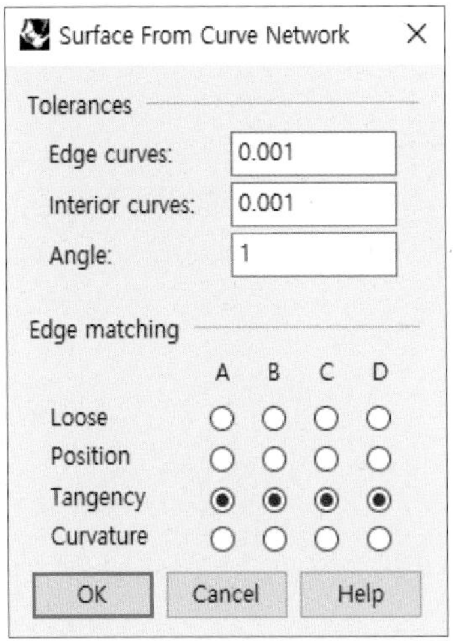

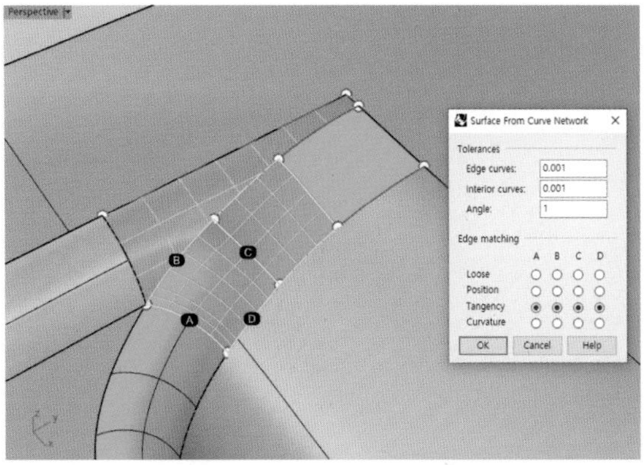

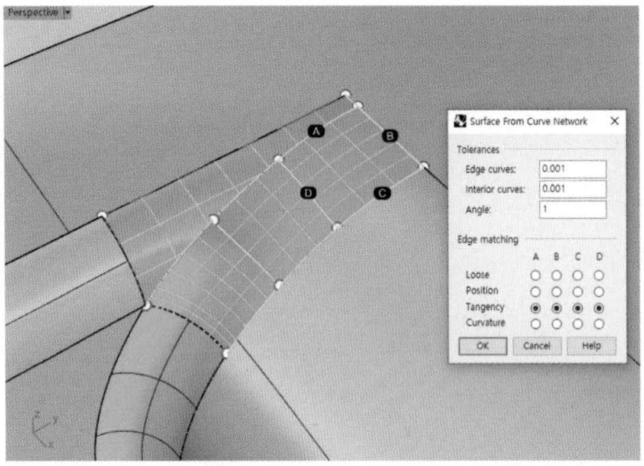

35 전체 면 상태 확인하기

지금까지 만들어진 모든 면을 Join하고 Zebra analysis 명령으로 면 체크를 해 본다. 그림과 같이 자연스러운 패턴이 형성되었다면 연속성엔 문제가 없다는 것이 된다. 모델의 형태나 면의 연결 상태에 따라 연속성의 등급은 학습자가 유연하게 사용하면 된다.

Join

Zebra analysis
Zebra analysis off

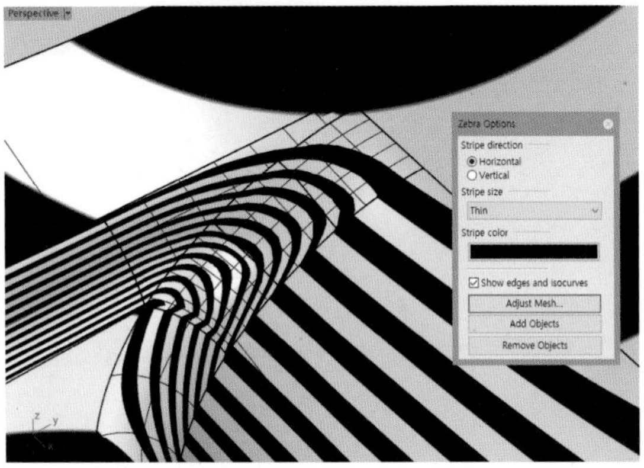

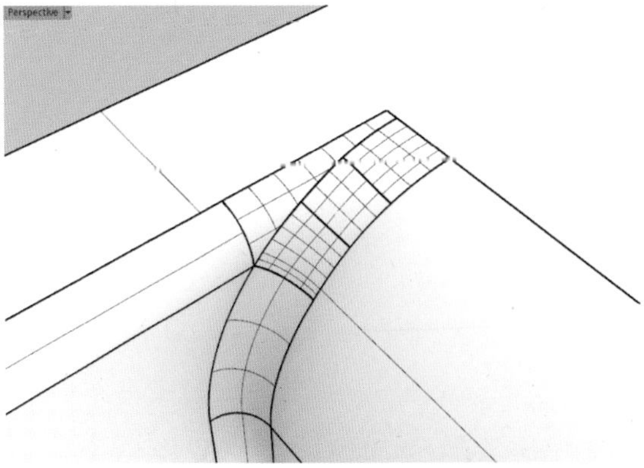

36 최종 결과물 보기

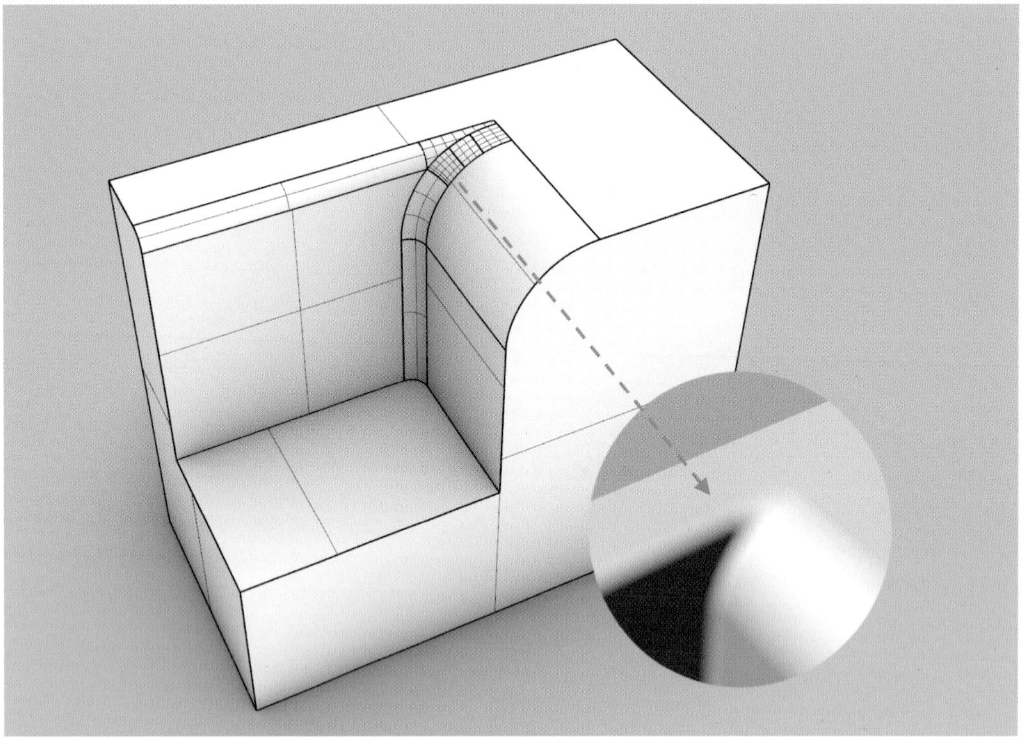

네트워크(Surface from network of curves)로 면 수리하기

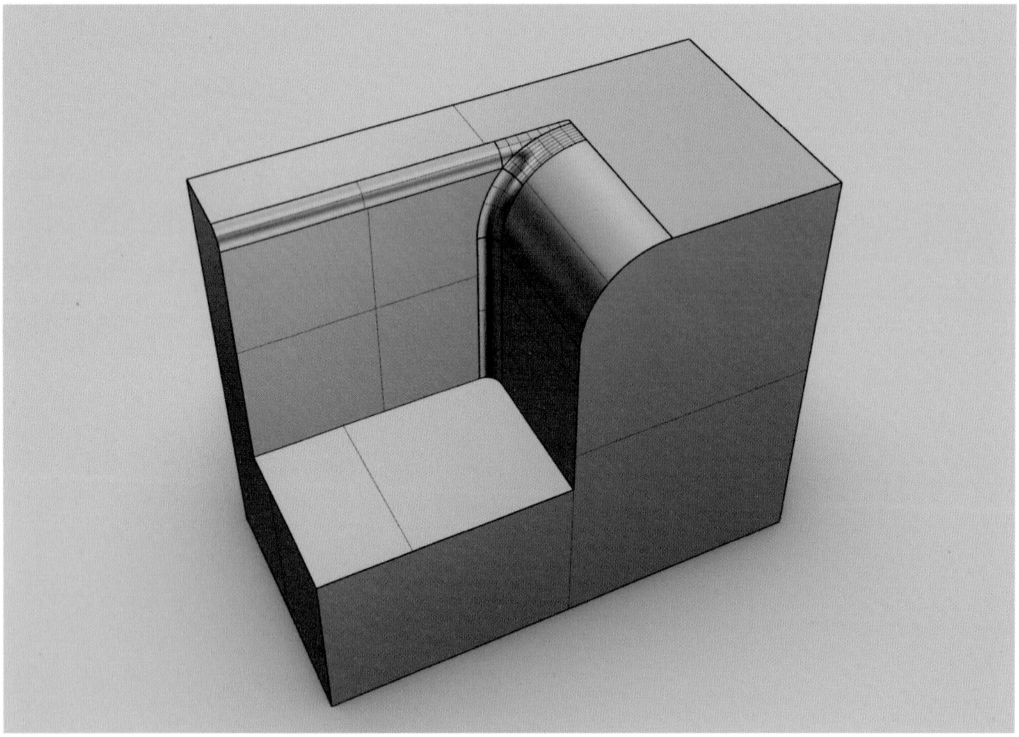

환경 맵(Environment map)으로 면 체크하기

Memo

Rhino 3D Bible

for industrial desingers

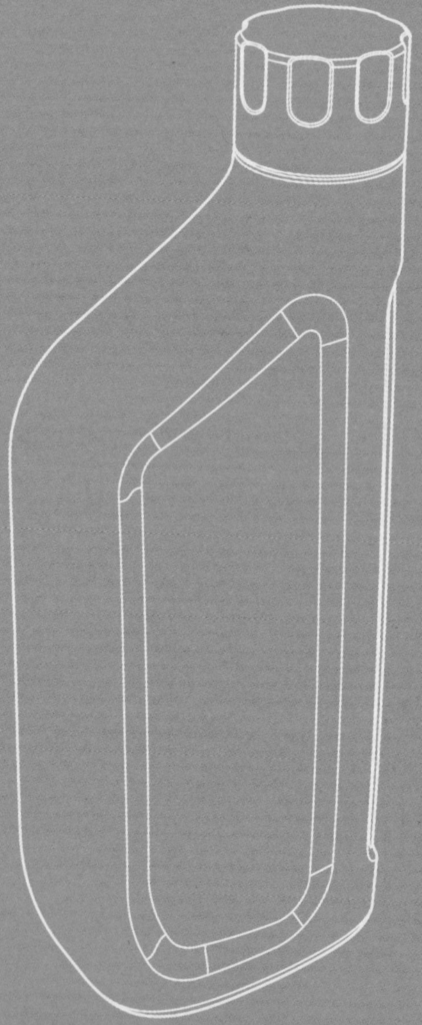

PART

06

3D 프린터 기술의 이해와 활용 방법

CHAPTER 01

3D 프린팅을 위한 모델링 고려 사항

Modeling considerations for 3D printing

라이노 3D에서 모델링된 파일을 3D 프린팅하여 물리적인 모델(Mock-up)로 만들고자 할 때 반드시 점검해야 하는 부분에 대해 알아본다. 이러한 기본 지식은 오류로 인한 시간과 비용의 낭비를 줄이고 보다 완전한 결과물을 얻는 데 도움이 되기 때문이다.

1 3D 모델링과 사전 유의 사항

1) 벽 두께(Wall thickness)를 가진 솔리드(Solid) 파일일 것

벽 두께는 모델의 한 표면과 반대편 얇은 평면 사이의 거리를 나타낸다. 또한 두께를 가지면서 반드시 사방이 모두 닫힌 상태의 솔리드(Solid) 모델이어야 한다.

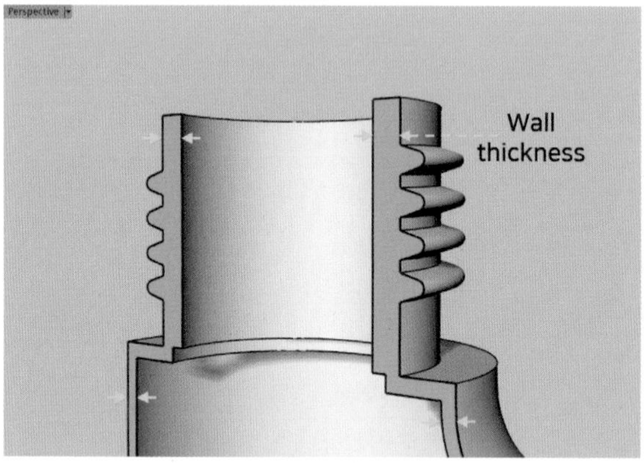

필라멘트 용융 압출 방식으로 불리는 FFF/FDM(Fused Deposition Modeling) 타입의 출력을 위한 두께는 보통 1~2mm가 기본적이다. 그러나 보다 정확한 벽 두께는 무엇보다도 부품의 지오메트리 및 크기에 따라 달라질 수 있다. 또한 사용하려는 3D 프린터의 성능도 영향을 준다. 다만 일반적으로 구조 벽 또는 피처를 생성하려면 FFF/FDM 방식은 보통 2mm 정도를 권장한다.

2) 조립 공차(Assembly tolerance/Gap)를 고려할 것

조립 공차는 파트와 파트를 3D 프린팅하여 조립하고자 할 때 반드시 조립을 위한 틈새가 존재해야 한다. 이것은 사용하는 3D 프린터의 정밀도나 사용 재료의 수축 팽창률에 영향을 받기도 하기에 사전에 체크해 보고 공차를 주는 것이 바람직하다. 보통 FFF/FDM 방식으로 출력할 경우 조립 공차는 최소 0.1mm까지도 가능하지만 보통 0.15~0.2mm를 권장한다. 이것은 광경화 방식(SLA) 3D 프린터에서도 보통값으로 보면 된다. 다만 두꺼운 페인팅 컬러를 올리는 경우 도막 두께를 고려하여 조립 공차를 가감하기도 한다.

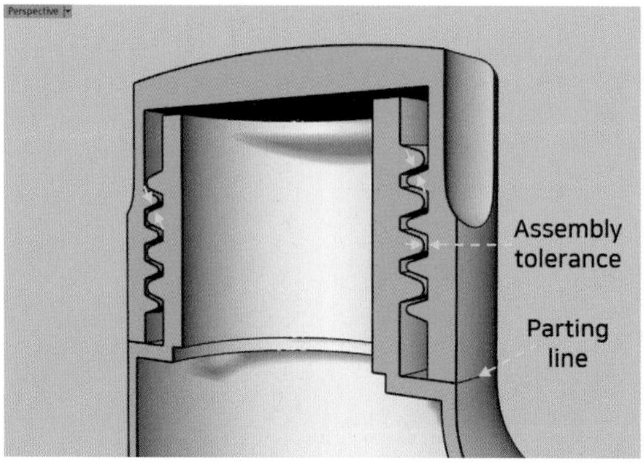

3) 내부 두께 검사하기

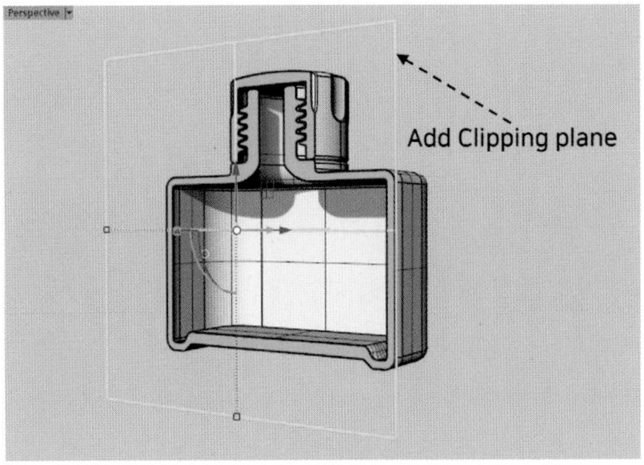

3D 모델링된 개체의 내부 상태를 보는 방법은 Ghosted와 같은 반투명 디스플레이 모드를 활성화해 보는 것이 일반적이다. 하지만 3D 프린팅을 위해서는 보다 정확한 내부 상태나 두께를 검사해 주는 것이 좋다. 종종 Self-intersections와 같은 문제를 찾을 수도 있다.

내부 두께를 확인하는 이유는 3D 프린팅되는 개체에서 가장 약한 부분을 검사하기 위해서이다. 즉 살 두께가 얇은 곳은 빌드에서 문제가 생기거나 내구성이 약한 파트가 되기 때문이다. 내부 검사는 Add Clipping plane, Disable Clipping plane으로 확인한다.

 Add Clipping plane

 Disable clipping plane / Enable clipping plane

4) 텍스트(Text), 엠보싱 패턴의 양각 표현에 주의할 것

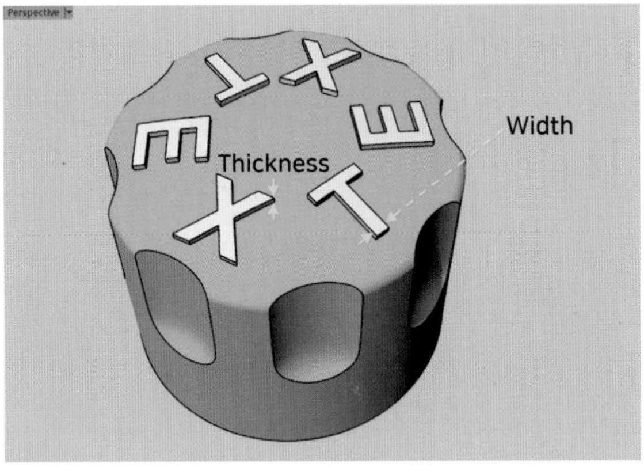

3D 모델링된 파트의 표면에 양각 텍스트나 엠보싱 패턴을 만들고자 한다면 돌출 높이(Thickness)는 표면에서 최소 0.5mm 이상을 권장한다. 또한 텍스트의 최소 폭은 0.7mm 이상을 권장한다. 서체는 Arial을 기본으로 했을 경우를 말한다. FFF/FDM 방식의 경우 특히 사용 장비의 성능이나 재료의 특성에 따라 변동 폭이 크기에 주의를 필요로 한다. 보통 명조체처럼 끝이 얇게 사라지거나 너무 작고 얇은 글씨체는 피하는 것이 좋다. 제일 확실한 것은 텍스트의 높이(Thickness)와 글자 폭(Width)을 장비의 표현 한계보다 크거나 높게 주는 것이다.

5) 텍스트(Text), 엠보싱 패턴의 음각 표현에 주의할 것

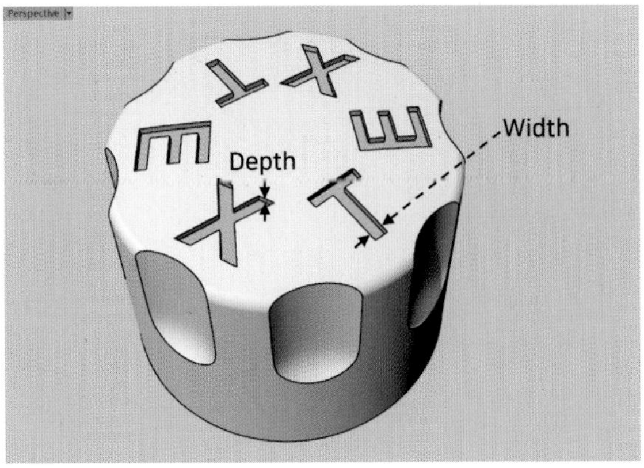

3D 모델링된 파트의 표면에 음각 텍스트나 엠보싱 패턴을 만들고자 한다면 파인 깊이(Depth)는 표면에서 최소 0.5mm 이상을 권장한다. 또한 텍스트의 최소 폭은 0.7mm 이상을 권장한다. 서체는 Arial을 기본으로 했을 경우를 말한다. FFF/FDM 방식의 경우 특히 사용 장비의 성능이나 재료의 특성에 따라 변동 폭이 크기에 주의를 필요로 한다. 보통 명조체처럼 끝이 얇게 사라지거나 너무 작고 얇은 글씨체는 피하는 것이 좋다. 제일 확실한 것은 텍스트의 높이(Thickness)와 글자 폭(Width)을 장비의 표현 한계보다 크거나 높게 주는 것이다.

6) 네이키드 엣지(Naked edges)들이 발견되면 안 됨

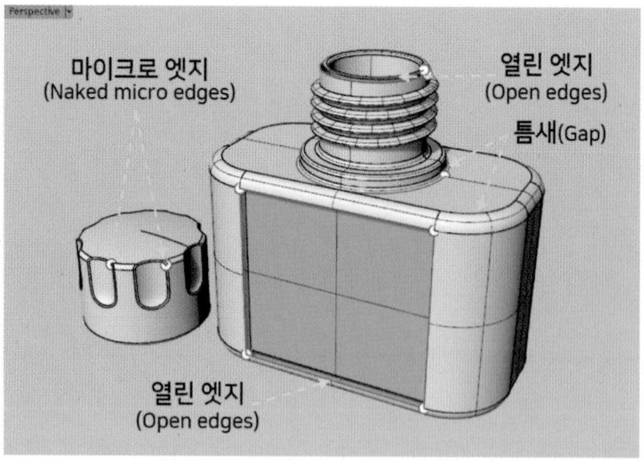

3D 프린팅을 위한 3D 모델링 파일에는 그림과 같이 열린 엣지나 틈새가 있거나 마이크로 엣지와 같은 포인트가 표면에 발견되면 안 된다. 평상시 3D 모델링 시 눈에 보이진 않지만, Edge Tools 〉 Show edges 명령을 클릭하면 바로 확인할 수 있다. 네이키드 엣지(Naked edges)가 있는 곳은 모두 붉은색으로 나타난다. 만약 정상적인 완벽한 파일이라면 커멘드 창에 **no naked edges, no non-manifold edges**라는 문구가 뜨면 정상 파일이라는 뜻이다.

```
Found 299 edges total; no naked edges, no non-manifold edges.
Command:
```

Show edges
Turn off showing curve edges

7) 만약 Naked edges가 발견되면 수정할 것

3D 모델링은 수학 방정식에 의해 형상이 정의되지만 다양한 모델링상의 오류 요소가 생길 수 있다. 그중 3D 프린팅 시 가장 문제가 되는 것은 바로 이러한 Naked edges나 매니폴드 엣지가 발견되는 것이다. 이러한 Naked edges들은 거의 대부분 엣지 툴(Edge Tools)의 툴들과 네트워크(Netwok Srf.) 또는 패치(Patch) 명령을 조합하여 대부분 수정이 가능하다. 다양한 수정 방법은 면 수리 부분을 참조한다. 그림의 예시는 마이크로 엣지를 제거하는 명령이다.

Remove naked micro edges

8) 면의 법선(Surface Normals) 방향이 밖으로 향할 것

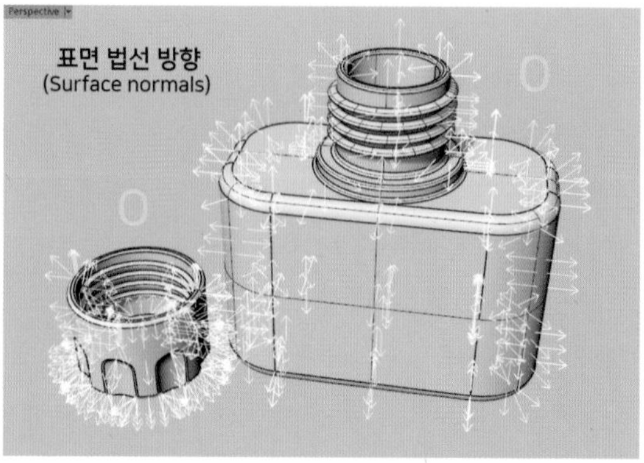

라이노 3D는 서피스 모델러로 여러 면이 유기적으로 조합되어 형상을 만들게 된다. 이때 각각의 독립적 면들은 쉽게 말하면 앞과 뒷면을 가지게 된다. 3D 프린팅을 위한 개체의 모든 면은 서로 Join됐을 때 Normal 방향, 즉 흰색 화살표가 솔리드 모델면의 바깥쪽으로 향하고 있어야 한다. 표면 법선이 안쪽을 가리키는 것은 열린 폴리 서피스이다. Analyze direction은 이러한 Normal 방향의 변경 시 사용한다. 다만 모두 Closed Solid는 flip할 수 없다. 정상이라는 의미이다.

Show object direction
Close object direction display

Flip direction
Analyze direction

9) 오브젝트 체크 명령으로 검사하기

검사하고자 하는 모델을 클릭하고 Check objects 명령을 클릭한다. 그림과 같이 대화 상자가 뜨는데 정상적인 파일인 경우 **Rhino polysurface objects is valid**라 뜨면 유효한 정상 파일이라는 것이다. 만약 검사 결과 Invalid models로 뜨면 모델링에 공차가 존재하거나 표면 분할 및 결합, 부울 연산, 솔리드의 모서리에 반지름 추가 등과 같은 편집 작업 중에 원치 않는 미세한 형상 변화가 발생한 경우이다. 원인을 파악하고 수정(다시 리모델링)해 주는 것이 좋다. 만약 그대로 진행하면 원치 않는 나쁜 Bad Mesh로 변환된다.

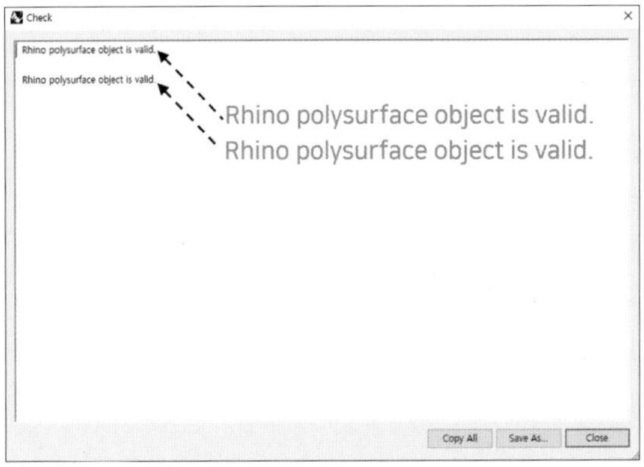

Check objects
Check all new objects

10) 베드 오브젝트 명령으로 검사하기

베드 오브젝트 검사는 아주 간단하다. 검사하고자 하는 모델을 클릭하고 Select bad objects 명령어를 클릭하면 커멘드 라인에 **No bad objects selected**라 뜨면 정상이다.

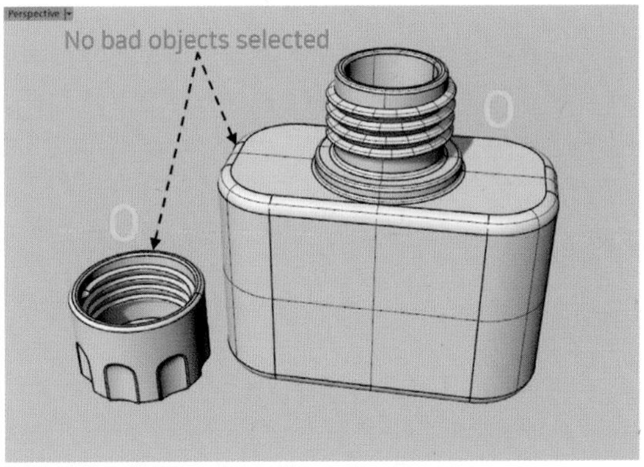

Select bad objects
Extract bad surfaces

2 메쉬 파일에 대한 이해

라이노 3D에서 모델링된 파일을 3D 프린팅하여 물리적인 모델(Mock-up)로 만들고자 할 때 파일 준비 과정에 대해 학습한다. 라이노 3D로 모델링된 넙스(NURBS) 파일은 바로 3D 프린팅할 수 없기에 STL, AMF, 3MF 등과 같은 포맷으로 변환해야 3D 프린팅이 가능하다. 다만 파일 변환 시 메쉬(Mesh) 형상으로 모델 특성이 변하는데 해상도에 영향을 주는 메쉬 값 설정에 대한 이해도 함께 알아본다.

1) 메쉬(Mesh)에 대한 이해가 필요한 이유

메쉬(MESH)는 모델의 표면이 삼각형 또는 사각형의 면으로 구성되는 것으로, 메쉬의 밀도에 따라 파일 용량이 커지거나 작아질 수 있다. 더욱 부드러운 표면을 얻고자 한다면 메쉬 밀도가 높아지고 그만큼 파일 용량도 커진다. 또한 NURBS 수학으로 만들어진 형상(Geometry)이 메쉬(MESH)로 변하면서 초기의 완전한 오리지널 형상과 차이가 있는 근사치 형상(Approximate Geometry) 또는 모델이 되기에 메쉬 값을 조정하여 표면 조도, 모델 정확도, 데이터양을 적절히 고려하여 작업물을 만드는 지혜가 필요하다.

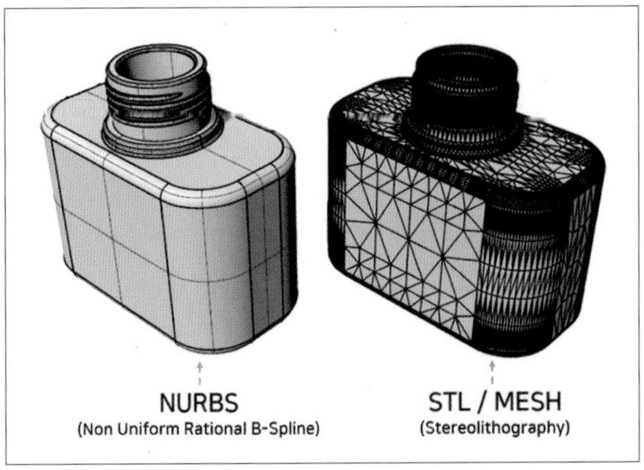

2) 메쉬(Mesh)의 구조-1

메쉬(MESH) 구조를 좀 더 명확하게 이해하려면 그림과 같이 부위별 명칭을 기본적으로 알면 좋다. 라이노 3D에서 작업된 3D 모델링 파일은 NURBS인데 이것을 메쉬로 변환하면 그림과 같이 각진 면이 된다. 이 각이 결정하는 것이 바로 메쉬의 해상도인 셈이다. 저장 시 어떤 옵션에 비중을 두느냐에 따라 표면이 거칠거나 매우 밀도가 높은 결과를 얻을 수 있다. 메쉬 면의 가로세로 종횡비나 최대 각도 등의 적절한 조정을 통해 원하는 품질을 얻을 수 있다.

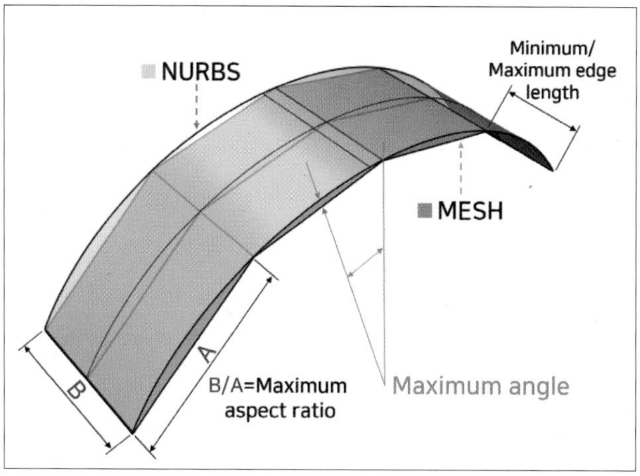

3) 메쉬(Mesh)의 구조-2

예시 그림은 현 높이(Chord height)와 그에 대응하는 현 길이(Chord length)를 나타낸다. 현 높이는 원래 NURBS 지표면에서 메쉬가 만들어지는 거리를 말한다. 곡면의 경우 현 높이를 줄이면 메쉬 밀도(Density)와 정확도(Accuracy)가 향상된다.

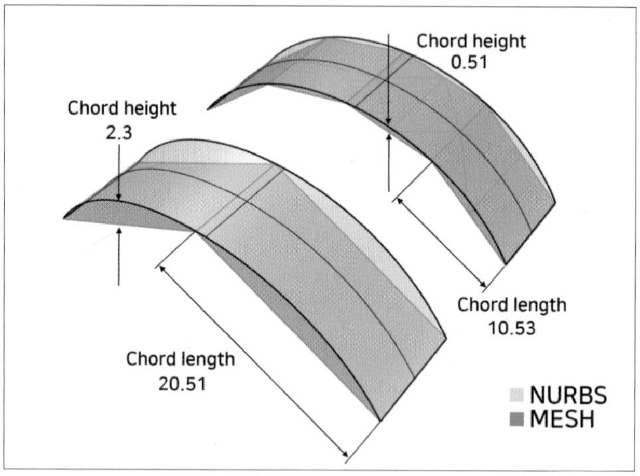

4) 서피스 노멀과 해상도

흰색 화살표는 서피스 노멀(Surface normals)을 나타낸다. 서피스 노멀은 면이 향하는 90도 방향을 말한다. 즉 법선 방향이다. 서피스 노멀 사이의 각도를 줄이면 곡면을 나타내는 데 사용되는 삼각형의 수가 증가하여 밀도가 높고 더 정확한 메쉬(Mesh)가 생성된다.

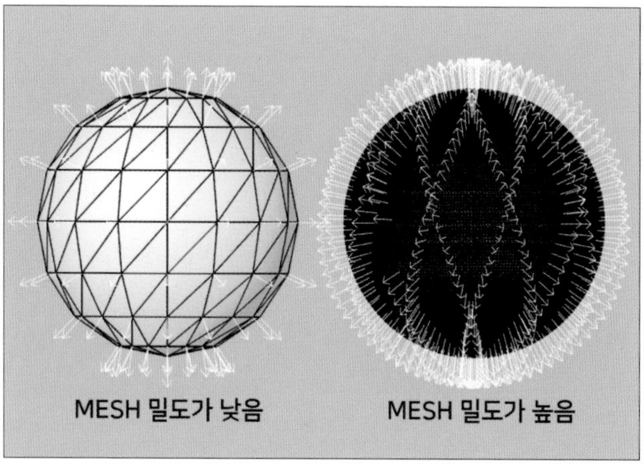

02 CHAPTER 3D 프린팅 파일 저장하기

Saving 3D printing files

라이노 3D에서 모델링된 파일을 3D 프린팅하여 물리적인 모델(Mock-up)로 만들고 싶다면 반드시 STL과 같은 확장자명을 가진 메쉬(Mesh) 파일로 형태로 변환해 주어야 한다. 이번 장에서는 STL 파일 변환 과정을 학습한다.

01 3D 모델링 파일 준비하기

라이노 3D에서 모델링된 파일은 넙스(NURBS) 수학으로 만들어진 데이터이기에 곧바로 3D 프린팅 파일로 사용할 수 없다. 이것은 다른 설계 프로그램도 동일하다. 3D 프린팅을 위해서는 STL이라는 확장자를 가진 파일로 변환해 주어야 한다. 모델 자체에 보이지 않는 아무런 에러 요소나 문제가 없다고 가정하고 STL 저장 방법을 학습한다. 그림과 같이 3D 모델링 파일을 준비한다.

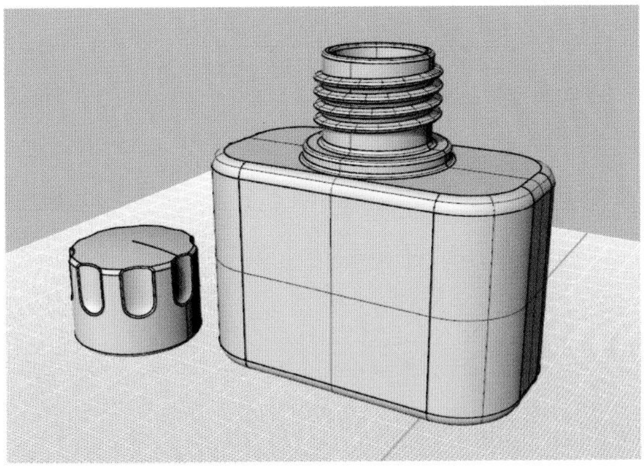

02 3D 모델 익스포트해 주기

현재 작은 용기와 뚜껑 등 2개 파트로 준비되어 있다. 제일 먼저 해야 할 일은 익스포트하려는 파트 1개를 먼저 선택하는 것이다. 여러 개의 파트를 한 번에 변환하면 나중에 하나의 묶음으로 인식할 수 있기 때문이다. 익스포트 방법은 크게 2가지가 있는데 스탠더드 툴바의 Export selected objects 아이콘을 마우스 우측 버튼으로 클릭하는 방법과 풀다운 메뉴 〉 File 〉 Exported selected... 를 항목을 선택하는 방법이다. 작은 용기를 먼저 선택하고 Export selected objects 명령을 클릭한다.

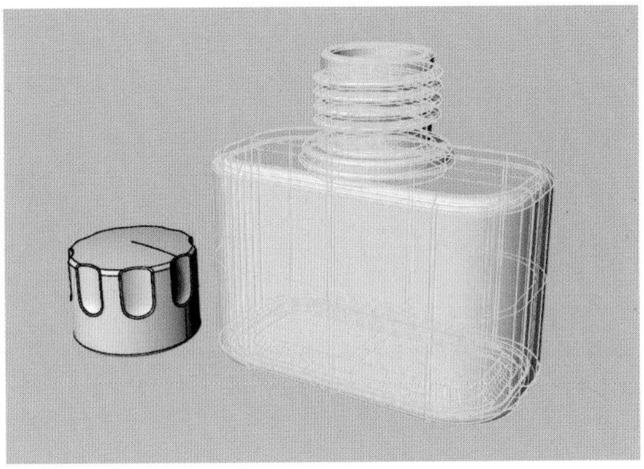

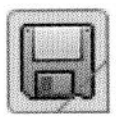

Save
Export selected objects...

03 파일 확장자 선택하기

슬라이드 바를 움직여 STL 확장자를 찾아 지정한다. 파일명은 BOTTLE-RP-001로 구분되게만 해 준다.

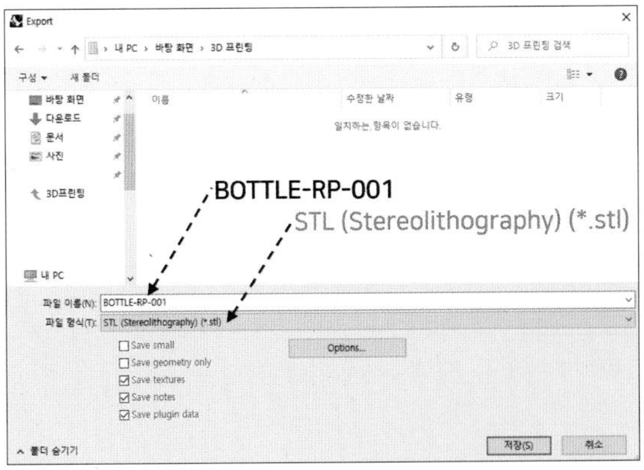

04 폴리곤 메쉬 디테일 옵션 설정하기

NURBS 메싱 파라메타값의 설정을 통해 폴리곤의 메쉬 디테일을 조정할 수 있다. 가장 일반적인 방법은 Maximum angle값만 조정하는 방법이다. 여기서는 **5**를 기입한다. 무조건 고밀도로 변환하는 것은 그리 현명한 방법이 아니다. 제작 장비의 적층 레이어 두께보다 작은 삼각형 메쉬는 STL의 파일 크기를 커지게 하고 부품 제작 시간을 오래 걸리게 한다.

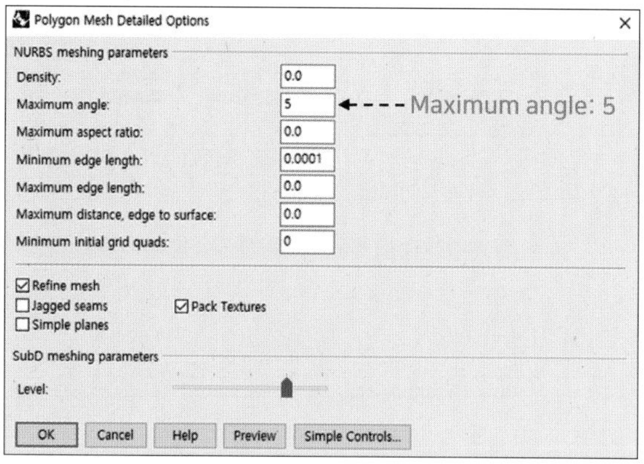

Preview 버튼을 누르면 테셀레이션 미리 보기를 제공하므로 증가된 메쉬 해상도가 요구되는 부분이 필요한지 여부를 결정하는 데 도움을 준다. 물론 STL로 저장 후 라이노 3D로 다시 임포트하면 좀 더 자세한 메쉬 디테일을 확인할 수 있다. Maximum angle의 경우 값이 **1**이면 매우 밀도가 높게 만들어지고 **10 이상**이면 밀도가 낮아지게 되어 작은 곡률의 정밀 표현력이 떨어지게 된다. 항상 올바른 메쉬 밀도를 결정하려면 시행 착오적 접근과 경험 방식이 필요하다.

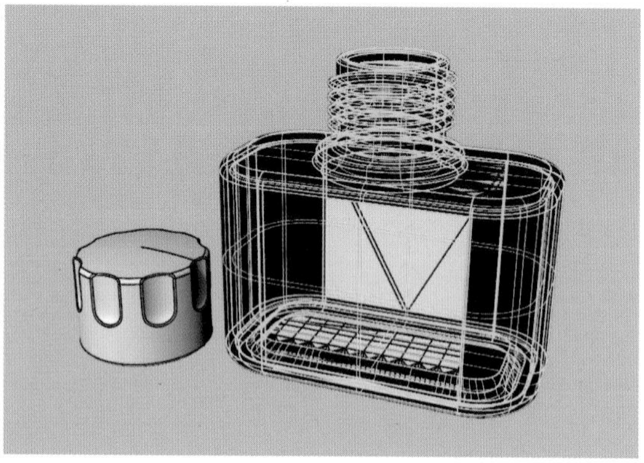

05 STL 익스포트 파일 타입 설정하기

Maximum angle을 5 정도로 설정하고 OK하면 바로 다음 화면에서 파일 타입을 체크하는 항목이 나타난다. 여기서는 근사치 모델이 갖게 되는 트라이앵글 개수를 알 수 있다. 또한 **Binary(2진수)** 코드에 체크하면 된다. **Ascii(10진수)** 코드는 정보 교환을 위한 미국 표준 코드로 데이터양이 상당히 크게 저장되기에 피하는 것이 좋다. OK와 함께 Meshing 작업이 시작되며 모두 끝나면 커멘드 창에 File successfully saved as~~라는 문구가 나타난다. 이제 저장 위치에 들어가 보면 된다.

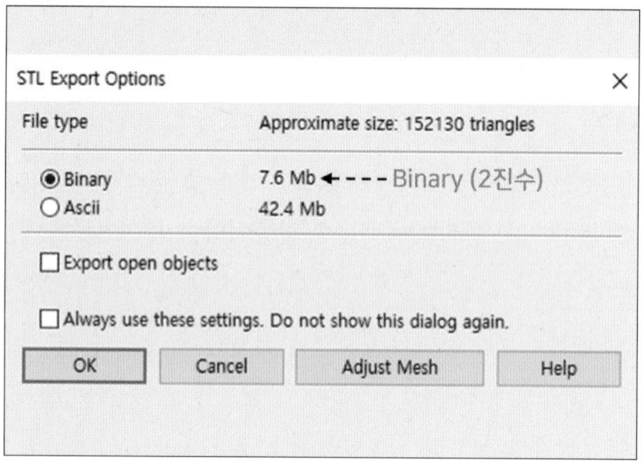

참고로 앞서 Maximum angle을 1 정도로 설정하고 OK하면 트라이앵글 수가 상당히 많음을 알 수 있다. 또한 바이너리(Binary) 코드의 용량도 상당히 커진 것을 알 수 있다. 일반적으로 단순한 것은 **5MB**, 복잡한 모델의 경우 **50MB** 미만으로 STL 파일을 저장하는 것을 권장한다.

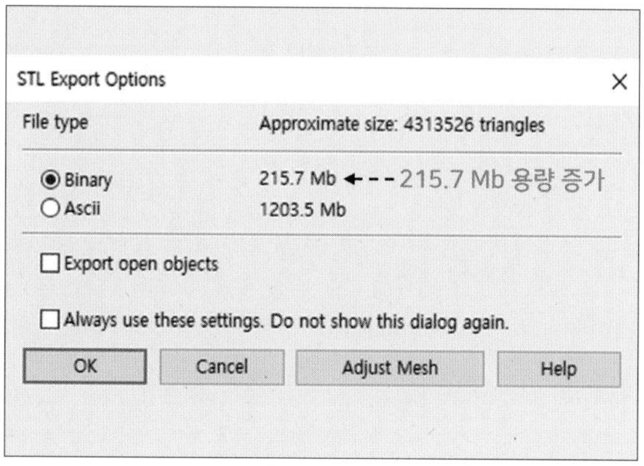

06 바탕 화면/저장 위치 확인하기

STL 파일로 변환 저장되면 바탕 화면에서 바로 파일이 프리뷰로 보이지 않고 상장 모양이나 기타 연동 뷰어의 형식으로 보이게 된다. 예를 들어 우측 그림은 본인의 컴퓨터에 3D 프린팅 STL 파일 보기가 가능한 3D 프린터 제조사의 펌웨어가 설치되어 있기 때문이다. 보이지 않더라도 걱정할 필요는 없다. 라이노 3D로 임포트하여 확인할 수 있기 때문이다.

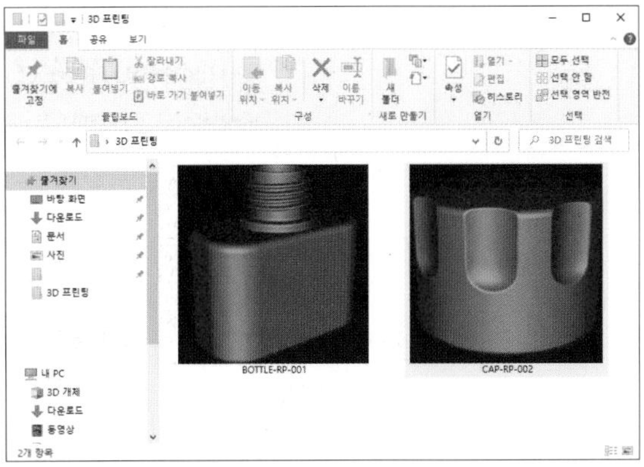

07 STL 파일 라이노 3D에서 확인하기

STL 파일로 변환 저장된 파일의 상태를 가장 정확하게 확인하는 방법은 라이노 3D로 임포트시켜 확인하는 방법이다. 스탠더드 툴바 〉 Import.. 아이콘을 클릭(RMB)한다. 해당 STL 파일을 선택하고 열기 버튼을 클릭하면 Weld angle 대화 상자가 뜨는데 OK한다.

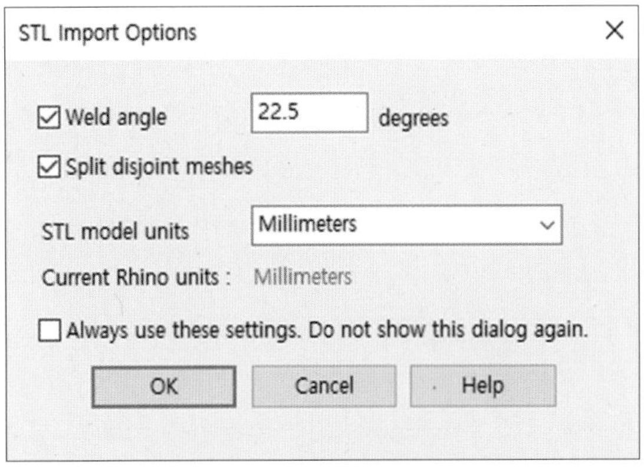

그림과 같이 임포트한 STL 파일을 보면 MESH 구조임을 확인할 수 있다. 여기서 주목해 볼 부분은 스크루 나선 구조의 메쉬 상태를 체크해 본다. 작고 정밀한 곡률 표현이 잘되어 있는지를 본다. 만약 앞서 Maximum angle값을 15 이상 주었다면 이 부분의 메쉬가 거칠게 저장되었을 것이다.

여기서 보면 곡률이 작은 디테일한 부분이 거의 검은색으로 보이는데 그만큼 삼각형의 분포 밀도가 매우 높다는 것을 의미한다.

최종 확인 작업이 끝나면 이제 3D 프린터에 파일을 업로드하고 출력 과정을 거치면 된다.

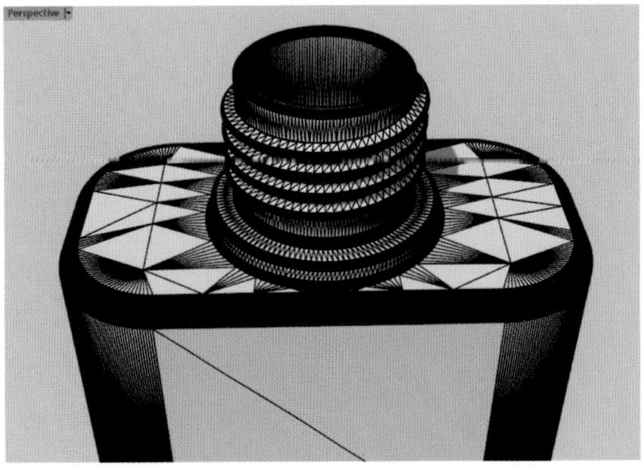

03 CHAPTER 3D 프린팅 프로세스

3D printing process

3D 프린터를 준비하고 프린팅을 할 차례이다. 우선 보급용 수준의 3D프린터들은 다양한 종류와 가격, 성능을 골라 구매가 가능하다. 본서에서 사용한 장비는 UP BOX+로 티어타임(Tiertime)사의 FFF/FDM 방식의 프린터이다. 함께 제공되는 UPStudio 펌웨어는 사용자 인터페이스가 직관적이고 출력 속도와 출력 품질 또한 최상위에 속하는 매우 신뢰성 있는 장비이다. 특히 ABS, PLA 재료의 출력 품질이 탁월하다.

1 3D 프린팅하기

01 STL 파일 불러오기

Tiertime 사의 UP-BOX에서 무료로 제공하는 자체 펌웨이 UPStudio가 설치된 PC에서 작업이 가능하다.

STL 파일을 불러오기 위해서는 + 표시의 아이콘을 클릭하고 3D 개체 아이콘을 선택하면 불러올 수 있다. 파일은 앞서 저장해 둔 Bottle-RP-001, Cap-RP-002이다. 각각 1개씩 불러오면 자동으로 가상 조형 판에 배치된다.

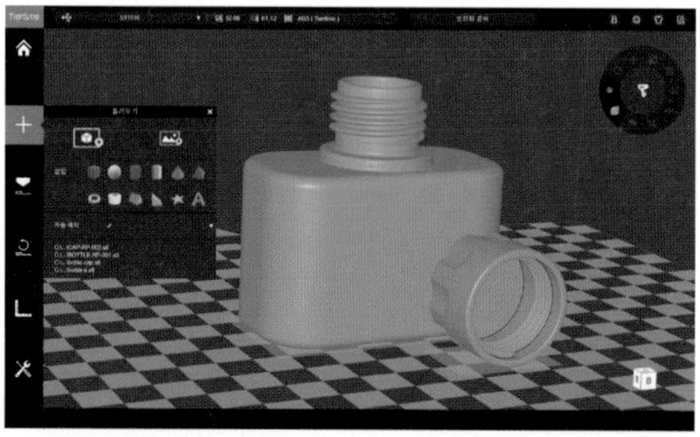

02 프린터 설정하기

프린터 설정 아이콘을 클릭하면 프린터 설정 다이얼로그 박스가 나타난다. 레이어 두께는 0.2 mm, 내부 채움은 가장 조밀하게 보이는 아이콘에 체크한다. 품질은 작은 물건이고 디테일을 살려야 하기에 좋음(Fine)을 선택한다. 나머지는 모두 Off된 상태이다.

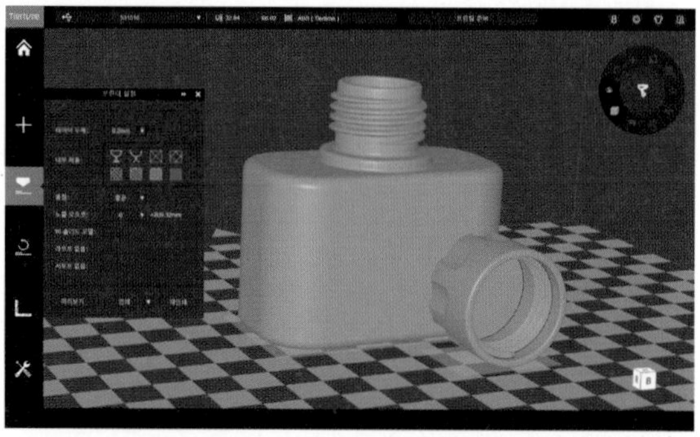

03 출력 전 미리 보기 확인하기-1단계

프린터 설정이 끝나면 바로 출력할 수 있지만 미리 보기 버튼을 클릭하여 레이어와 제작 시간 등을 확인해 본다. 미리 보기는 아래쪽 슬라이드 버튼을 좌 · 우측으로 움직여 가며 상태를 볼 수 있다.

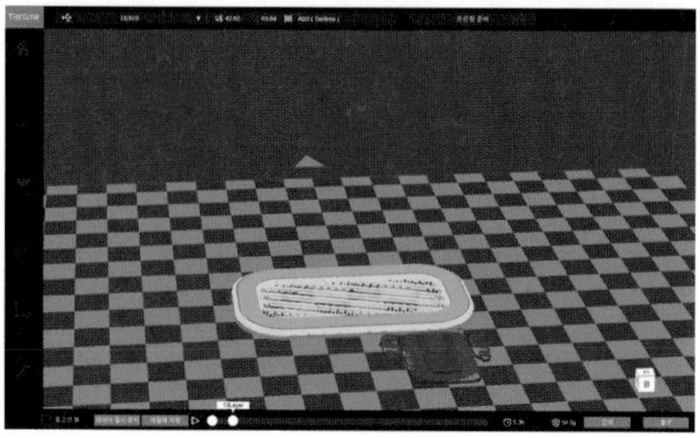

04 미리 보기 확인하기–2단계

가장 바닥을 먼저 빌딩하고 나면 안쪽의 지지대와 몸체 외벽의 적층이 시작된다. 용기의 경우 내부 공간이 비어 있고 통로만 뚫린 상태라 지지대 분포가 그림과 같이 형성된다. 여기서는 노란색 부분이 지지대(Support)이다.

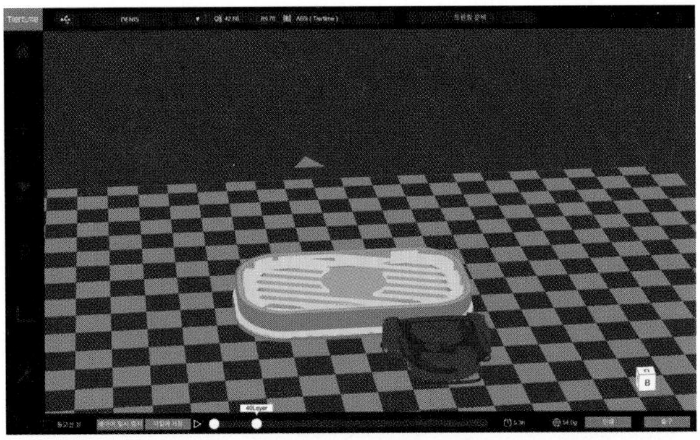

05 미리 보기 확인하기–3단계

미리 보기 3단계를 보면 뚜껑의 경우 거의 완성이 되어 간다. 뚜껑을 그림과 같이 뉘어서 출력한 이유는 내부의 정밀한 스크루 형상을 최대한 깔끔하게 나오게 하기 위함이다. 즉 지지대를 떼어 내기가 편리해지도록 한 것이다. 또한 뚜껑 윗면이 약간 나온 라운드 볼륨 면이라 똑바로 세워서 출력하면 레이어 층이 심하게 보이기에 이 2가지 문제를 최소화하려는 의도가 숨어 있다.

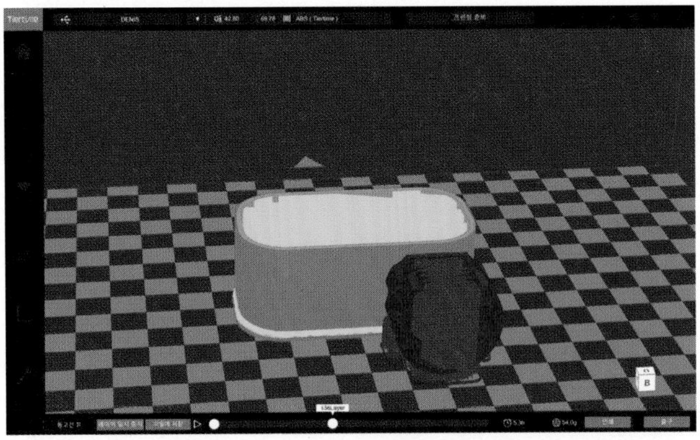

06 미리 보기 확인하기–4단계

이제 뚜껑은 출력이 완료된 상태이고 용기의 주둥이 부분만 남겨 둔 상태이다. 내부에 지지대가 많이 차지하고 있다는 것을 알 수 있다. 다만 지지대가 생각보다 잘 떨어지는 장비라 크게 걱정할 부분은 아니다. 지지대의 형상은 지그재그 면으로 되어 있다. 특히 이런 경우를 대비하여 지지대를 제거하는 관련 공구들이 구비되어야 한다.

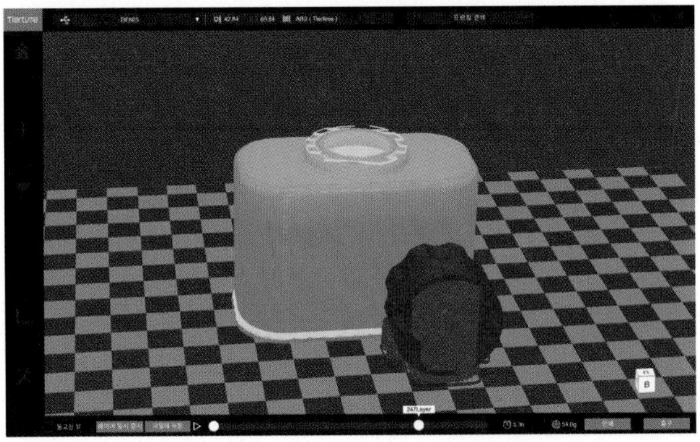

07 인쇄 시간, 재료량 확인하기

미리 보기 시뮬레이션을 통해 확인 결과 제작 시간은 약 5시간이 소요되며 재료는 ABS 기순으로 뚜껑과 몸체를 합쳐 54g 정도가 소요된다고 표시해 준다.

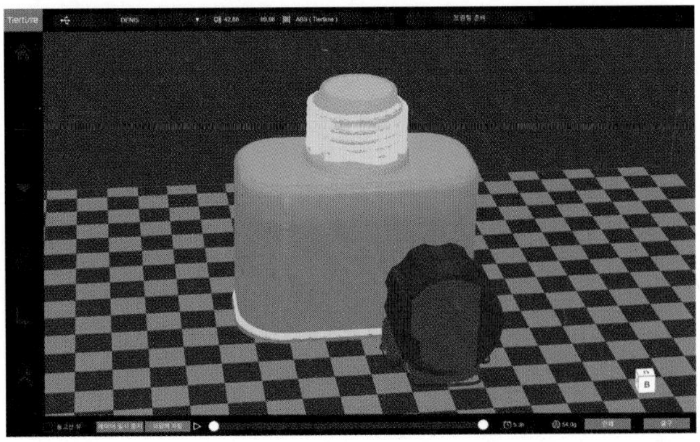

08 단면 상태 확인하기-1

최종적으로 용기의 단면 상태도 다시 한번 확인해 본다.

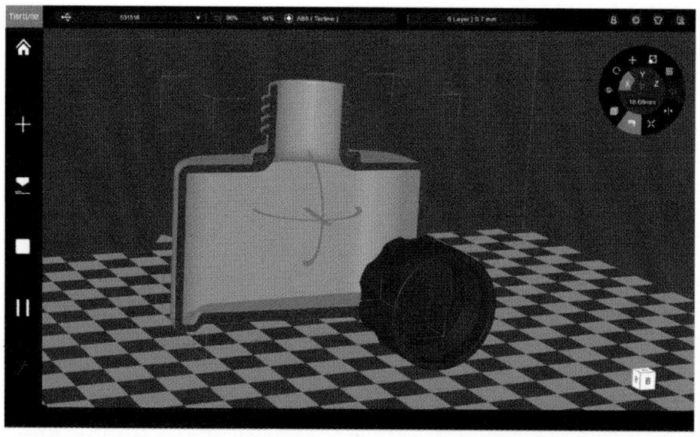

09 단면 상태 확인하기-2

최종적으로 뚜껑의 단면 상태도 다시 한번 확인해 본다. 확인하는 중에 면이 잘못된 곳이 발견되기도 한다.

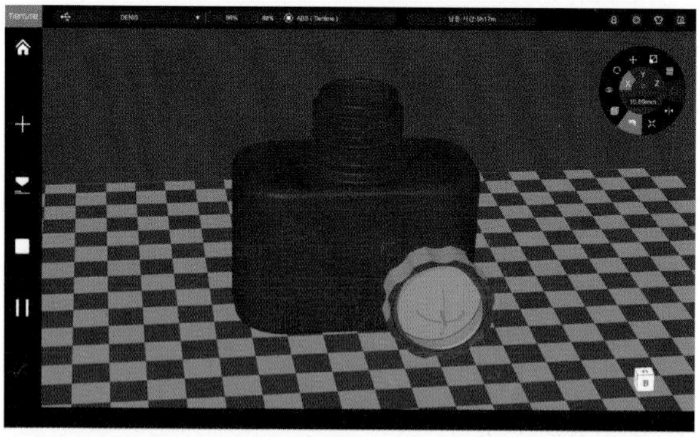

10 장비에 데이터 전송과 출력하기

프린터 설정에 인쇄하기 버튼을 클릭한다. 데이터가 3D 프린터로 전송되는 과정이 UPStudio 화면에 보이게 된다. 제일 중요한 노즐과 조형 플레이트의 예열이 시작되면서 온도가 100%에 접근하기 전 프린팅은 시작된다. 이제 모든 것이 자동으로 반복된다. 나중에 인쇄가 완료되면 플레이트가 자동으로 내려오고 노즐 헤드 또한 원위치로 돌아간다.

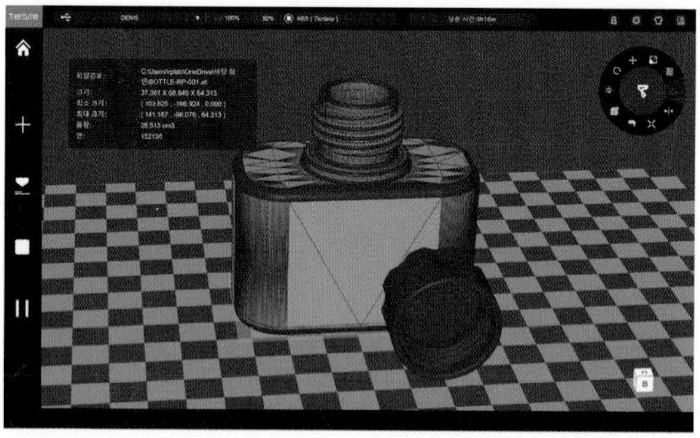

11 3D 프린팅 시작

장비에서 프린팅이 시작되면 기본적으로 오토레벨링에 빠르게 진행된다. 다음 노즐에서 필라멘트가 나오면서 가장 밑바닥 부위 레이어와 지지대가 프린팅된다. 참고로 작업 전 미리 조형 판을 예열(15분 적정)해 두면 파트의 수축에 의한 변형을 최소화할 수 있다. 특히 초기엔 장비 내부 온도가 차가운 상태일 수 있기에 예열을 권장한다. 만약 차가운 상태에서 급하게 출력하면 지지대가 조형 판에서 수축하면서 일부 접지 부위가 떨어지게 된다. 모델이 두꺼울수록 심할 수 있다.

12 출력 중간 단계

앞서 미리 보기를 통해 시뮬레이션한 그래도 내부의 지지대가 만들어지고 있는 것을 확인할 수 있다.

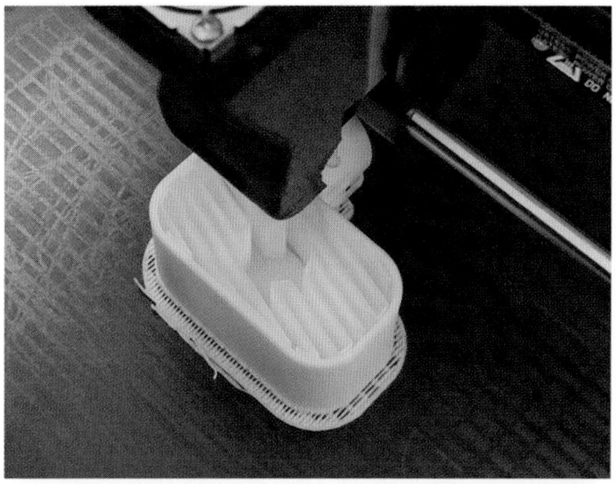

13 출력 마무리 단계

이제 용기의 대부분이 적층된 상태이다. 원래 ABS 재료를 사용하면 향후 갈아내고 표면에 도색 작업을 할 수 있다. 물론 광(光)경화방식(SLA)처럼 표면이 곱지 않기에 고려해서 작업한다. PLA의 경우 치수 정밀도가 좋고 인체에 무해한 재료지만 표면을 갈아내는 등의 작업을 하는 ABS에 비해 더욱더 어려울 수 있다. 또한 습기에 약하고 시간이 지나면 표면 박리나 깨지는 일이 생길 수 있다.

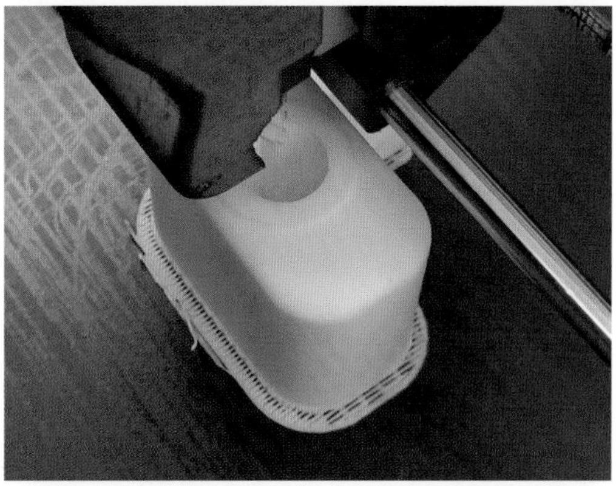

14 프린터 출력 완료

이제 모든 조형 작업이 완료되면 자동으로 조형 판은 아래로 내려오고 노즐 헤드는 원위치로 복귀한다. 조형 판은 현재 뜨거운 상태이기에 조심해야 한다. 또한 너무 급속하게 파트를 시키면 변형의 원인이 되기에 약간 내부에서 자연스럽게 식히는 것을 권장한다.

15 조형판에서 파트 분리하기

조형 판을 장비에서 분리하고 도구를 이용해 조심스럽게 지지대 접지 부분부터 떼어 낸다.

16 용기 바닥면 지지대 제거

지지대를 떼어내는 작업의 경우 필자가 가장 유용하게 사용하는 공구는 기역자 모양의 플라이어 공구이다. 힘 조절이 용이하고 다루기가 쉽기 때문이다.

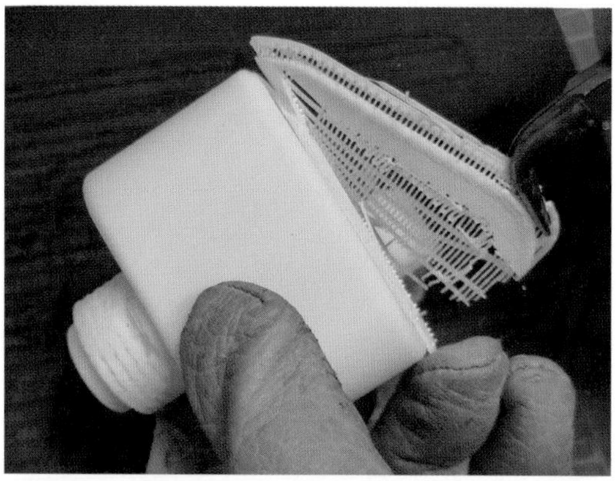

17 디테일 부위 지지대 제거

화방에서 쉽게 살 수 있는 미세한 공구들도 지지대를 제거하는 데 매우 유용하다. 이렇게 나선형 나사산의 경우 피치가 매우 좁기에 사전에 유사 공구를 준비하는 좋다.

18 뚜껑 안쪽 지지대 제거

뚜껑 안쪽은 지지대가 쉽게 제거된다. 지지대 구조가 지그재그이면서 얇은 면으로 이루어진 이유는 지지대를 공구로 쉽게 잡고 제거하는 데도 도움을 주기 때문이다.

19 디테일 부위 지지대 제거

뚜껑 안쪽의 나사산과 피치 사이에 모든 지지대가 깔끔하게 제거된 것을 볼 수 있다.

20 사용성 테스트

이제 용기와 뚜껑을 결합하는 사용성 테스트를 시행해 본다. 모델링상에서 계산된 값의 공차나 Gap을 주었기에 문제가 없어야 한다. 다만 장비의 성능이나 재료 수축 등에 또 다른 이유로 문제가 생기는 경우도 있다.

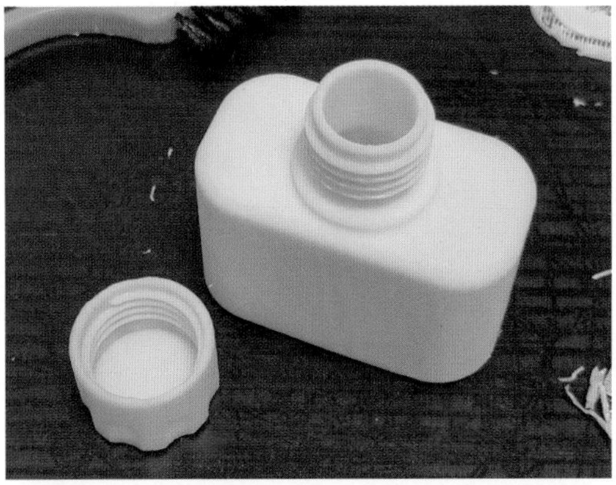

21 뚜껑 닫기

뚜껑을 용기에 끼운 후 돌려 잘 들어가고 잘 나오는지를 체크한다.

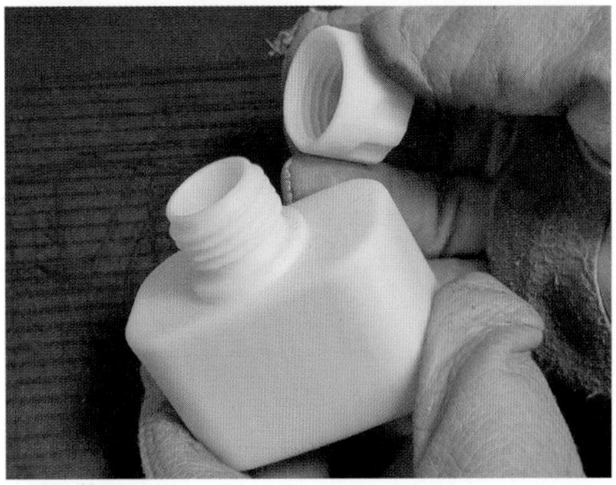

22 뚜껑 닫기

적당한 마찰과 함께 자연스럽게 체결되는 것을 확인할 수 있었다.

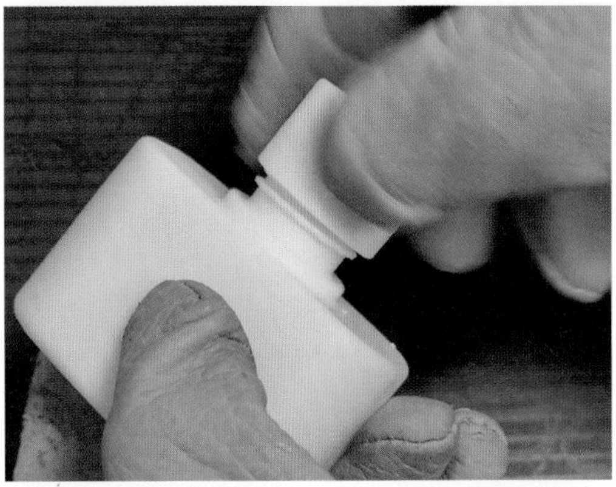

23 최종 결과물

결과적으로 제대로 된 3D 모델링 데이터는 3D 프린팅 결과 또한 좋게 한다. 최근 보급용 3D 프린터들의 성능이 향상되어 있어 적극적인 활용을 권장한다.

04 CHAPTER 산업용 3D 프린터의 이해

Understanding of industrial 3D printer

1 3D 프린팅 프로세스의 정의

국제 표준화 기구(ISO)와 미국 재료시험학회(ASTM*)에 의해 공동 제작 명명한 3D 프린팅의 개념은 복잡한 제품의 자동화된 생산을 위하여 적층의 자유 형상 제조 기술에 기반을 두고 있다. 3D 프린팅(적층 제조) 공정은 다음과 같이 정의한다. "3D 모델 데이터로부터 형상을 만들기 위하여 연속된 재료를 한 층 한 층씩(layer upon layer) 적층하는 방법으로 절삭 가공 기술과 대비되는 기술이다."

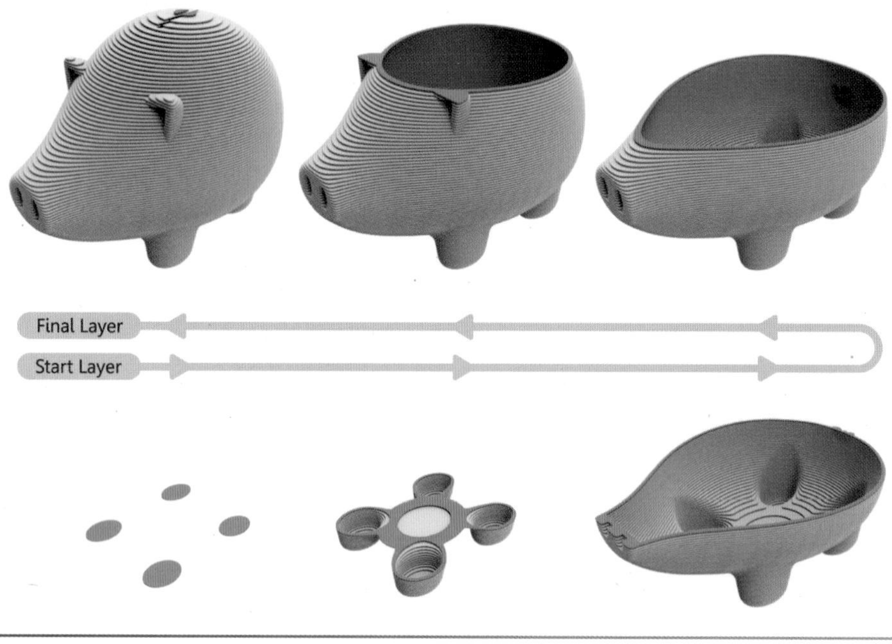

레이어(Layer) 적층 개념도

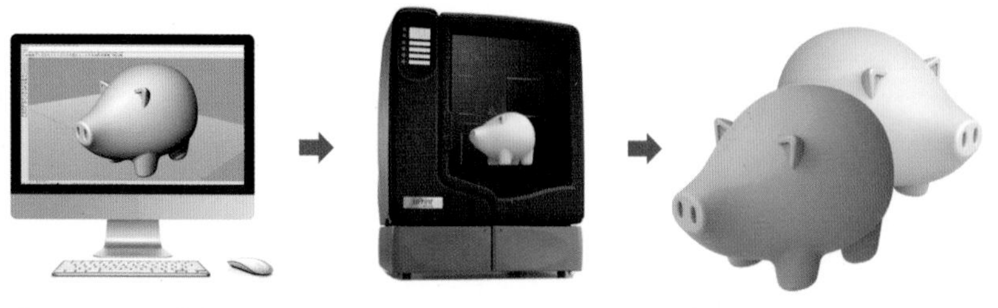

3D 프린팅 프로세스 개념도

*ASTM(American Society for Testing and Materials) International F42 committee

2 3D 프린팅 기술 히스토리

3D 프린팅의 역사는 1986년 척 헐(Chuck Hull)이 개발하고 이름을 스테레오 리소그래피 장치(SLA:Stereolithography Apparatus)로 지정하고 특허를 획득한 시점에서 시작된다. 그리하여 1987년 3D Systems에서 생산한 SLA1이 세계 최초의 상업용 3D 프린터로 세상에 알려지게 된다. SLA 방식은 광경화성 수지(Light-sensitive polymer)에 UV(Ultraviolet) 광원으로 레이어를 적층하는 방법이었다. 현재까지 약 30여 년의 발전 역사를 가지며 20여 종이 넘는 방식들이 존재하고 있다.

3D 프린팅 역사에서 큰 변곡점들을 보면 초기엔 지금 우리가 사용하는 대표적인 SLA, FDM, SLS, PolyJet, MJM, DLP 등의 방식들이 등장하고 재료 물성의 발전도 점진적으로 진척되어 왔다고 볼 수 있다. 그러면서 관련 출력 장비와 소프트웨어의 진전도 함께 이루어졌다. 다음 2010년대 이후 CLIP과 같은 혁신적인 방식이 등장하고 MJF와 같은 생산 장비로의 변화가 일어났다. 특히 2015년 즈음하여 금속 3D 프린터의 시대가 열리기 시작한다. 금속 장비는 하이브리드 장비까지 등장하는 다양성의 시대를 맞게 되었다. 2017년엔 인쇄회로 3D 프린터와 SLA 모듈러 시스템이 등장하여 자동화 프로덕션 장비로의 서막이 열리기 시작했다.

이를 방증하듯 3D 프린팅 기술은 최근 프로토타입과 같은 모형, 목업(Mock-up)을 만드는 수준을 넘어 실제 양상 부품을 제작하는 단계에 이르렀다. 의료, 자동차, 항공우주 부품 생산이 대표적인 분야이다. 이렇게 3D 프린팅 기술이 부품 제조에 직접 사용되는 경우를 적층 제조(AM: Additive Manufacturing)라고 한다. 이와 관련하여 적층 제조 특화 설계(DfAM: Design for Additve Manufacturing)와 같은 설계 패러다임 변화도 함께 활발히 진행되고 있다. 필자 또한 이런 맥락에서 인천산학융합원 금속 3D 프린팅 항공우주 전문인력 양성사업에서 경량화를 위한 래티스 구조(Lattice Structure) 설계를 DfAM 교육으로 진행하였다.

중요한 짐은 3D 프린딩은 이미 4차 산업 기술 영역에 속하는 제조 기술의 핵심 중 하나로 인식되고 있다는 것이다. 앞으로 3D 프린팅 기술은 자동화, 스마트화가 가속화될 것이며, 인공지능이 디자인이나 설계에 일정 부분 협업 관계로 자리하게 될 것으로 예측된다. 앞으로의 기술 발전이 기대되는 부분이다.

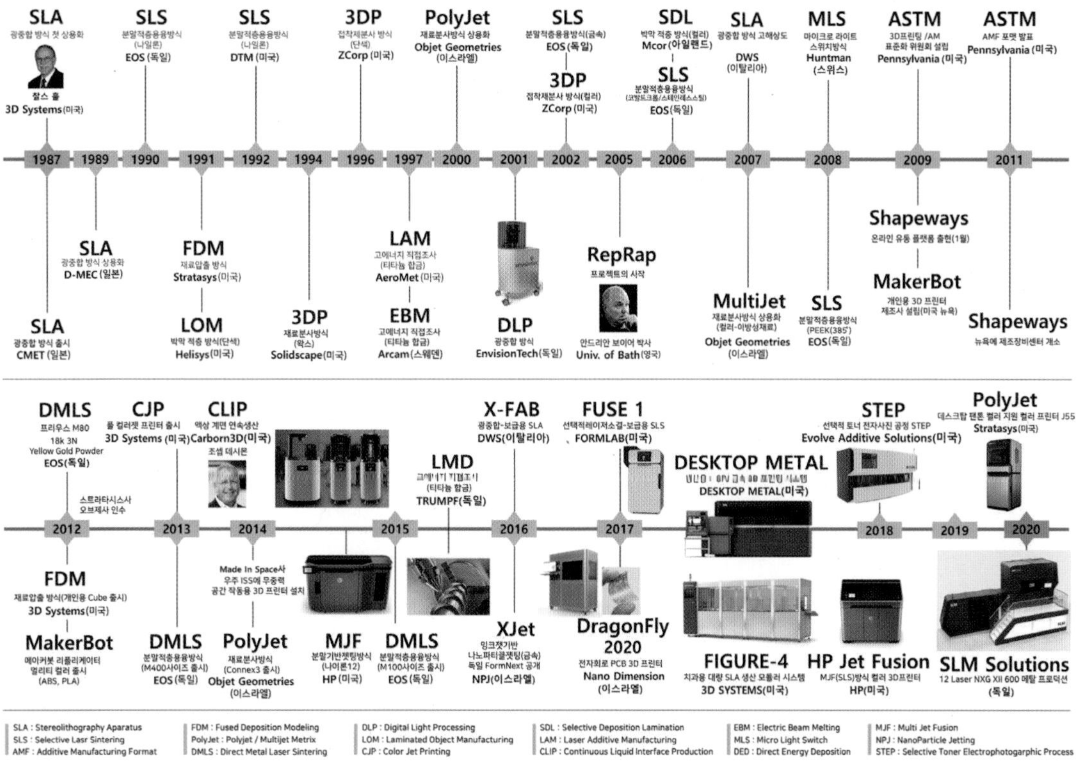

3D 프린팅 타임 라인

3 3D 프린팅 방식 분류

3D 프린팅 기술은 현재 20여 종 이상이 존재하고 있지만 가장 대표적인 방식은 총 7가지로 정리할 수 있다. 기준은 **ISO TC 261**(ISO 17296-1 & ASTM 2792-12)에 근거하면 다음과 같다. 바인더 젯팅은 파우더 형태에 재료에 접착제를 분사, 교결하여 물체를 형성하는 것이다. 메터리얼 젯팅은 액상 재료를 프린팅 노즐을 통해 분사하면서 자외선으로 경화시켜 물체를 형성하는 것이다. 메터리얼 익스투루젼은 고체 필라멘트를 용융 압출하는 방식으로 보급용 장비로서 가장 많은 사용자를 가진 방식 중에 하나이다. 고(高)에너지 직접 증착은 레이저 빔으로 금속 분말을 녹여 물체를 형성하는 방법이다. 파우더 베트 퓨젼은 분말 가루에 레이저를 쏘아 소결하는 방법으로 분말 재료가 플라스틱 또는 금속인지에 따라 장비의 규격이 달라진다. 포토폴리머리제이션은 광(光)경화수지로 물체를 만드는 방식이다. 현재 전 세계적으로 가장 많이 사용되는 장비 방식 중 하나이다. 시트 래미네이션 방식은 PVC, 종이와 같은 시트를 접착제로 압착하고 레이저 또는 텅스텐 커터로 절단하여 형상을 만들어 가는 방식이다. 이 방식은 산업적으로 활용도가 낮은 편이라 한국에서는 전략적으로 육성하지 않는 기술에 속한다.

명칭	기술분류	설명	재료
Binder Jetting	3DP(CJP), Ink-jetting, S-printer, M-printer	파우더 형태의 재료에 접착제를 분사시켜 결합하여 물체를 형성	금속, 폴리머, 세라믹
Material Jetting	PolyJet, Ink-jetting, Thermojet, MJM(MJP)	액상 재료를 프린팅 노즐을 통해 분사시켜 자외선으로 경화하여 물체 형성	폴리머, 왁스
Material Extrusion	FDM(FFF)	고체 재료를 열을 이용하여 노즐을 통해 분사시켜 물체를 형성	폴리머, 나무 등
Direct Energy Deposition	Direct Metal Deposition, Laser Deposition, Laser Consolidation, Electron Beam Direct Melting	레이저나 전자 빔으로 재료를 직접 증착 또는 녹여 물체를 형성	금속(파우더), 와이어
Powder Bed Fusion	DMLS(DMP), SLM, EBM, SLS	파우더 재료를 베드 위에 놓고 레이저나 전자 빔을 조사하여 선택적으로 소결, 녹여 물체를 형성	금속, 폴리머, 세라믹
(Vat) Photopolymerization	SLA, DLP	광, 레이저 조사로 액상 재료를 경화하여 물체를 형성	폴리머, 세라믹
Sheet Lamination	Ultrasonic Consolidation, LOM	얇은 필름 형태의 재료를 칼이나 레이저로 가공하여 접착제 등으로 붙여 물체를 형성	Hybrids, Metallic, 세라믹

3D 프린팅 방식 분류표

4 3D 프린팅 소재의 이해

3D 프린팅의 핵심은 소재에 있다. 소재의 종류와 물성이 얼마나 만족스러운 결과를 낼 수 있느냐는 앞으로의 영원한 과제이기도 하다. 3D 프린팅 방식에도 다양한 종류가 있듯이 소재에도 많은 종류가 있다. 우선 3D 프린팅 전체 소재의 종류는 **약 300종** 이상으로 알려져 있다. 이 중에 금속은 **약 40여 종**에 이른다. 기술 개발 초기와는 질적, 양적인 면에서 비약적인 발전이 진행되고 있다.

소재의 형태 유형으로 보면 액체 기반(Liquid-based), 고체 기반(Solid-based), 분말 기반(Powder-based) 기반 등 3가지로 분류할 수 있다. 이러한 소재들은 해당 재료의 형태를 소화할 수 있는 관련 3D 프린터에서 사용된다. 소재를 몇 가지 보면 금, 은, 동과 같은 귀금속에서 스테인리스 스틸, 알루미늄, 티타늄, 니켈 합금, 코발트 크롬, 마징 스틸 등이 대표적인 금속 재료이다. 주로 분말 형태로 제조사에서 공급된다. 플라스틱 폴리머 소재는 ABS, PLA, TPU,PC, Epoxy, Nylon, PEEK, Carbon 등이 대표적이다. 그 외에 유리, 세라믹, 콘크리트 등의 광물이 함유된 재료들이 있다. 세라믹은 의료 부품, 콘크리트는 건축 재료에 주로 사용된다. 특히 바이오 프린팅을 위한 의료용 재료들은 FDA와 같은 곳에서 재료 승인이 되어야 의료용으로 허가 및 출력, 사용이 가능하다. 인체 삽입형 임플란트가 대표적 예이다. 식품 분야에서는 설탕, 초콜릿, 고기 성분의 재료가 사용되고 있다.

5 3D 프린터 방식별 특징과 활용

1) 광(光)경화수지 조형 방식(SLA: Stereolithography)

SLA(Stereolithography) 공정은 척 헐(Chuck Hull)에 의해 발명되었으며, 1987년 세계 최초로 상용화된 방식으로 강한 자외선(UV: Ultraviolet)에 반응하는 광경화성수지(Photo curable liquid resin)를 한 층 한 층(Layer by Layer)경화 적층시켜 조형물을 만드는 원리이다. 제작된 파트는 표면 품질이 우수하고 고정밀의 형합 모델 제작이 가능하다. 재료는 에폭시(Epoxy)가 대표적이며 투명도가 높은 파트 제작에도 적합하다. 산업 전반에서 가장 많이 활용되고 있는 대표적인 방식이다.

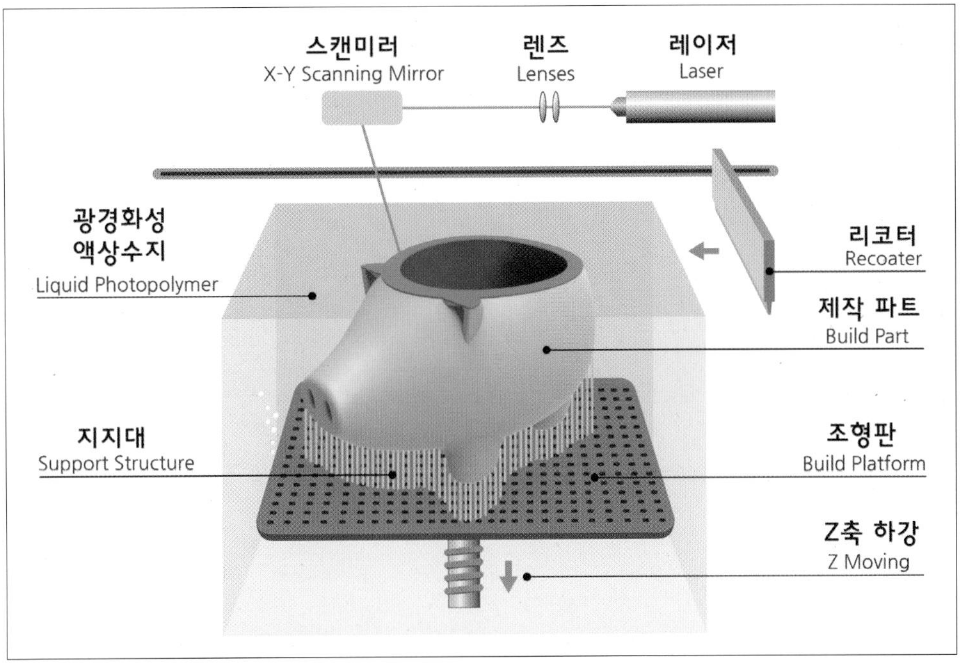

출처: www.materialise.com

2) 마스크 투영 이미지 경화 조형 방식(DLP: Digital Light Processing)

DLP(Digital Light Processing) 공정은 미국 TI사 DLP 칩을 사용하여 2001년 독일 Envision Tech사의 Perfactory 시스템이 상용화되면서 사용되기 시작했다. DLP 방식은 마스크 투영 이미지를 광경화성 수지에 투과시켜 한 층 한 층 경화시키는 방식이다. 조형 정밀도와 속도 및 표면 조도가 뛰어나 캐스팅 과정을 통해 정밀 부품이나 반지 제조와 같은 주얼리 산업에서 활용도가 높다. 최근 LED 광원 방식의 저가형 시스템도 등장했다. 재료는 세라믹 성분이 함유된 PhotoSilver, 주얼리 파트 제작에 적합한 PIC110, WIC100과 RC25 NanoCure와 인체 적합성 재료인 e-Shell 재료 등이 있는데 e-Shell은 보청기 산업에서 맞춤형 제품 제작에 사용되고 있다.

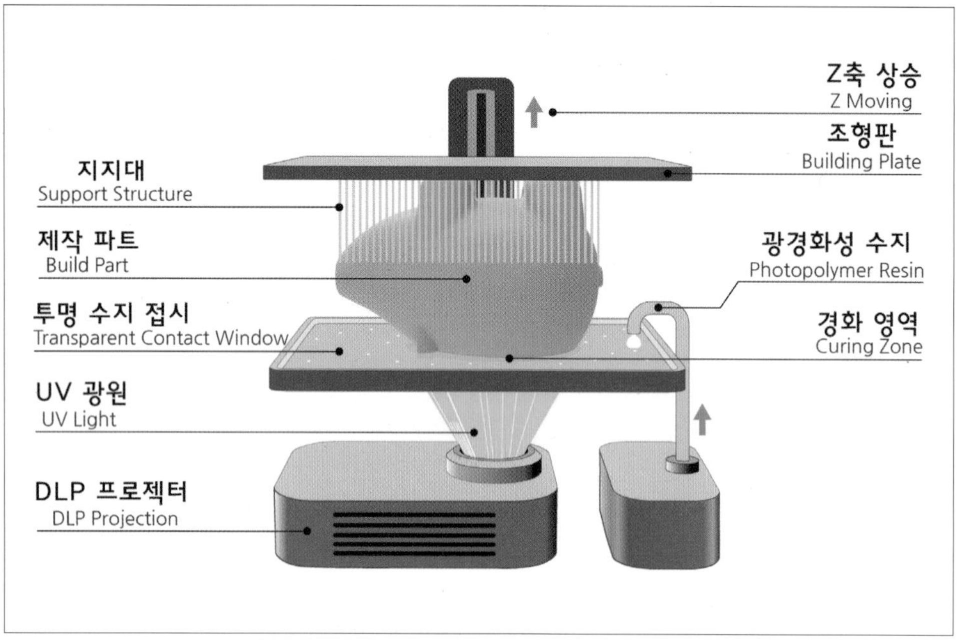

출처: www.dwssystems.com

3) 용융수지압출 조형 방식(FDM: Fused Deposition Modeling)

FDM(Fused Deposition Modeling) 공정은 1988년 스콧 클램프(Scott Cramp)에 의해 개발되었으며 1992년 Stratasys사는 기술 특허를 획득하게 된다. FDM 방식은 최근 특허가 만료되어 가장 먼저 대중적인 보급용 3D 프린팅 방식에 채용된 기술로 Extrusion 또는 FFF 방식이라고 불린다. 필라멘트나 와이어 상태의 고체 수지 재료를 고열의 용융 압출 헤드로 통과시켜 한 층 한 층 적층하여 모델을 조형한다. 사용 재료는 ABS, PLA, TPU 등이 대표적이다. 파트 표면 조도는 다소 떨어지지만, 실제 물성에 가까운 재료를 사용하며 내구성이 뛰어나 기능성 파트 제작에 적합하다.

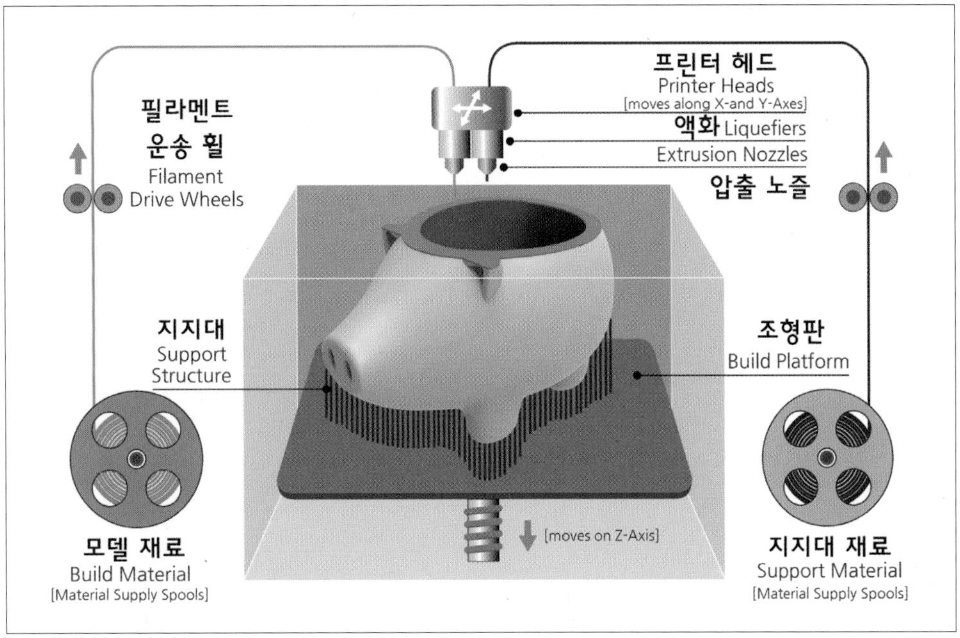

출처: www.fab365.net

4) 선택적 레이저 소결 조형 방식(SLS: Selective Laser Sintering)

SLS(Selective Laser Sintering) 공정은 1990년 독일 EOS사에서 처음 상용화한 후 1992년 미국 DTM사에서도 Nylon 파우더를 사용하는 동일 방식의 장비가 출시되었다. SLS는 선택적 레이저 소결 방식으로 불리는데 Nylon과 같은 폴리머 분말이나 금속 분말에 레이저를 선택적으로 주사하여 소결에 의해 모델을 조형한다. 주재료는 나일론이 대표적이며 내구성이 뛰어나고 무엇보다 가볍기에 경량화 구조 제작에 적합하다. 티타늄, 동과 같은 분말 금속으로 직접 금속 재질 프린팅이 가능하다. 물론 나일론 재료의 경우 컬러 염색이 가능해 다양한 패션 액세서리 상품 개발에 활용된다. 표면 조도는 다소 떨어지지만 약간의 후처리만으로 직접 판매상품을 제작하는 데도 사용된다.

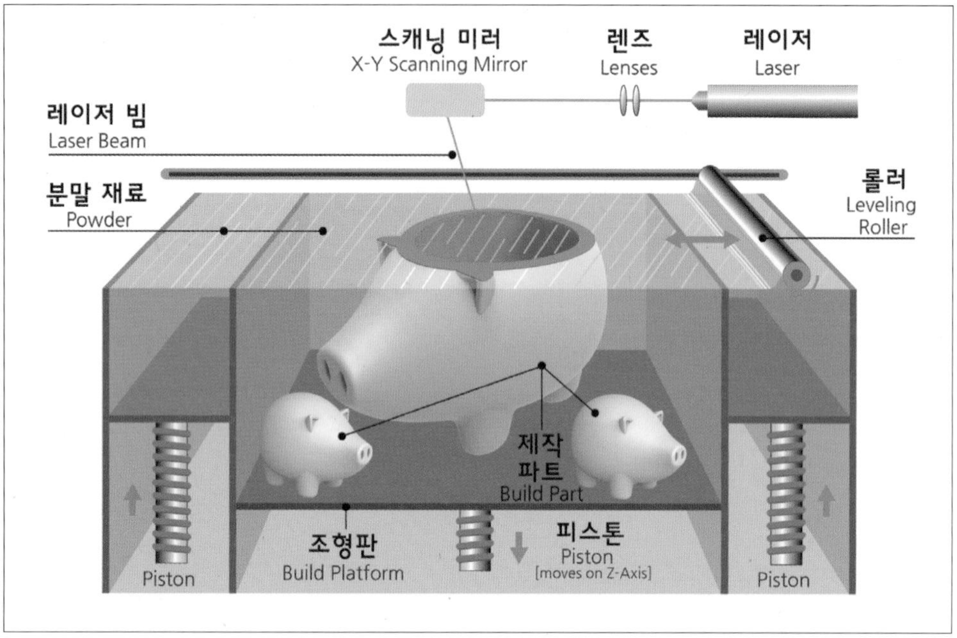

출처: www.3dconnection.co.kr

5) 직접 금속 레이저 소결 방식(DMLS: Direct Metal Laser Sintering)

방식에서는 폴리머 분말 재료를 주로 사용하는 SLS(Selective Laser Sintering)와 동일하지만, 금속 분말로 금속 부품을 만드는 것과 지지대가 요구된다는 것이 차이이다. EOS사에서 명명한 방식이지만 2000년대 초 MCM-HEK(현 SLM 솔루션)에서 처음 상용화된 SLM(선택적 레이저 용융)과 ALC 2004년 Concept Laser에서 도입한 LaserCusing과 매우 유사하다. 3D Systems를 포함하여 다른 유사한 프로세스가 다수 존재한다. DMLS는 적층 제조에 적합하며 다양한 금속 분말을 사용한다. 현재 금속 부품 프로토 타이핑, 항공 우주, 모터스포츠, 치과 및 의료 분야의 고가 부품 직접 제조, 주입용 소형 도구 및 인서트 생산에 가장 일반적으로 사용된다.

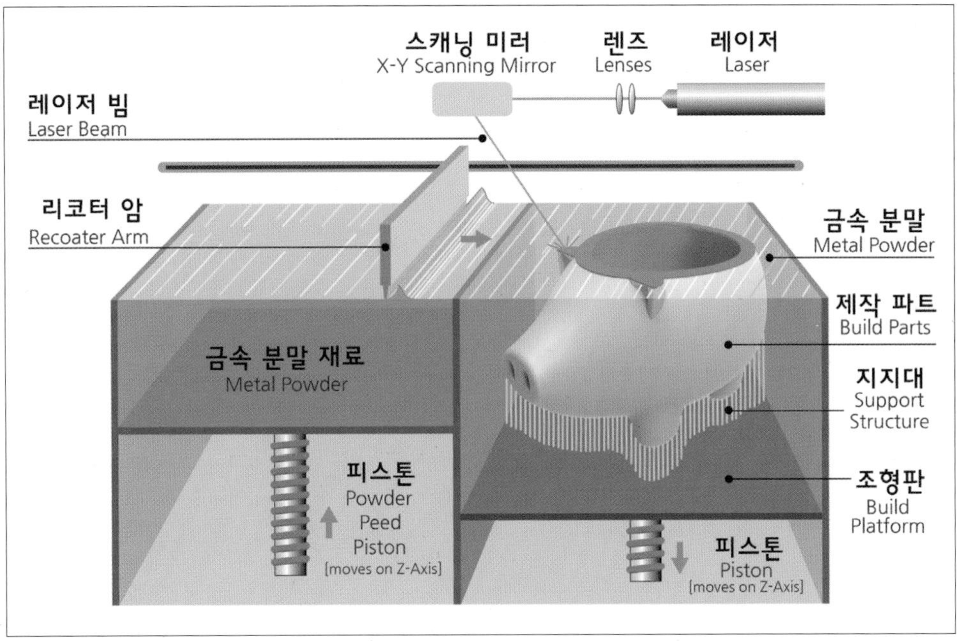

출처: www.slm-solutions.com

6) 폴리젯 〉 메터리얼 젯팅 조형 방식(Polyjet: Material Jetting, PolyJet Matrix)

PolyJet Matrix 방식은 2000년 이스라엘 Objet사에서 개발한 방식으로 잉크젯 프린터 헤드에서 컬러 잉크가 아닌 컬러 재료가 분사되며 분사와 함께 강한 UV 자외선램프가 즉시 경화시켜 모델을 조형하는 방식이다. 특히 프린트 헤드에서 모델 재료와 지지대 재료를 동시에 분사하며 폴리머 재료로 풍부한 다중 컬러(팬톤 색상 모사 가능-1,970가지 색상)를 표현할 수 있다. 재료는 투명 재료인 FullCure, 반투명 재료인 VeroVivid, 고무 느낌의 TangoPlus, 기타 ABSL Like 등 Digital Material로 불리며 이방성 재료를 동시에 분사하여 이중 사출물과 유사한 컬러 모델 제작이 가능하다. 또한 투명도가 좋아 의료 모델, 컬러 용기 패키지 분야에서도 활용된다. 현재 미국 스트라타시스(Stratasys)사에 인수되어 공동 마케팅을 전개하고 있다. 최근 데스크톱 수준의 J55 프린터는 디자인 전문회사와 같은 곳에서 디자인 컬러 목업(Mock-up) 제작에 사용되고 있다.

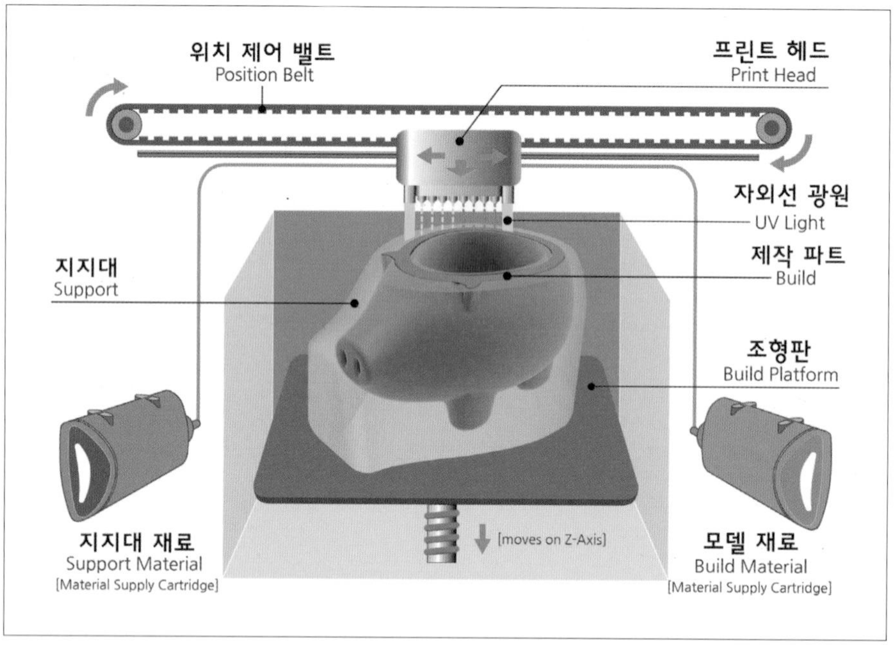

출처: www.stratasys.com

7) 고(高)에너지 직접 조사 방식(DED: Directed Energy Deposition)

DED(Directed Energy Deposition manufacturing)는 고(高)에너지 직접 조사 방식으로 금속의 대형 부품을 제작하기 위해 설계된 적층 제조 기술이다. DED는 초미립자 금속 분말과 차폐가스를 헤드에 노즐을 통해 분사하면서 동시에 고출력 레이저 빔을 쏘아 순간적으로 용융 풀이 레이어를 만들어 가면서 적층되는 원리이다. 사용 재료는 스틸, 니켈, 코발트, 알루미늄, 구리, 티타늄 등 다양하다. DED 프로세스는 빠르지만 거칠고 상당한 후처리가 필요하다. DED 방식의 유형으로는 분말 기반과 유선 와이어 기반, 공작기계와 결합한 하이브리드형이 있다. DED 장비 공급 업체로는 미국 Optomec, 3D하이브리 솔루션, 독일 Trumpf, DMG MORI, 한국 인스텍, 프랑스 Prodways, 일본 Mazak Corporation 등이 있다. 참고로 공급 업체에 따라 레이저 메탈 증착 LMD(Laser Energy Deposition), DMD(Direct Metal Deposition)라고도 한다.

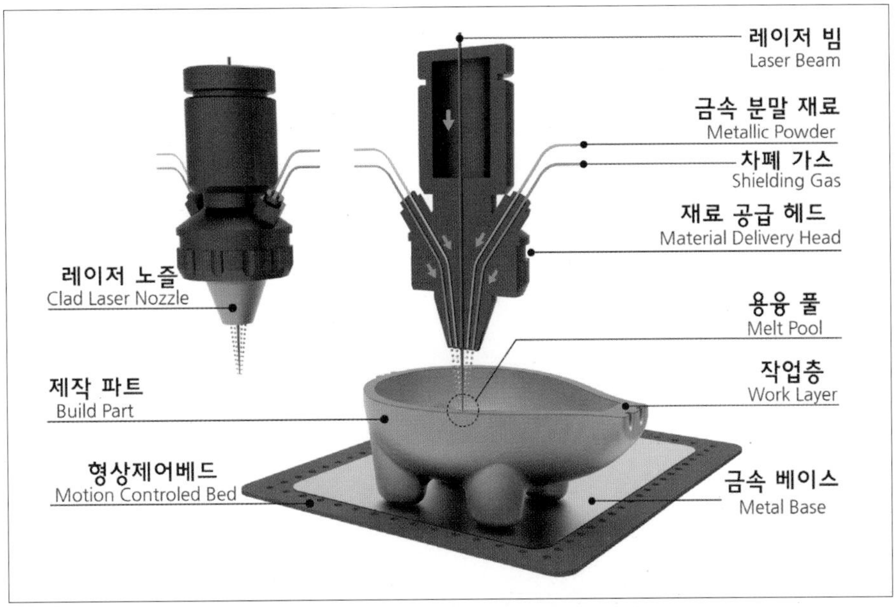

출처: www.trump.com

인덱스

D

E

산업 디자이너를 위한

Rhino3D® 7.0 Bible

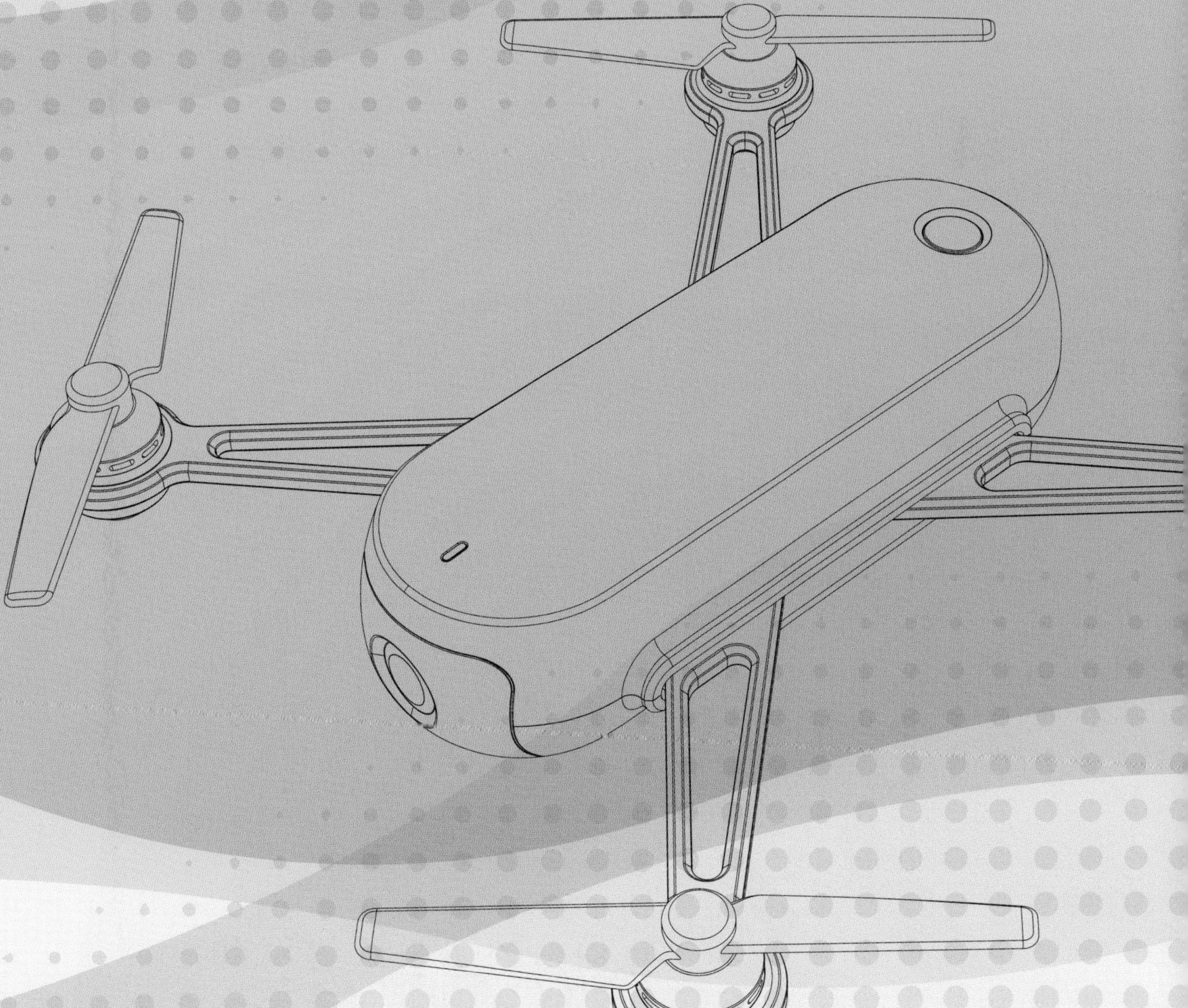

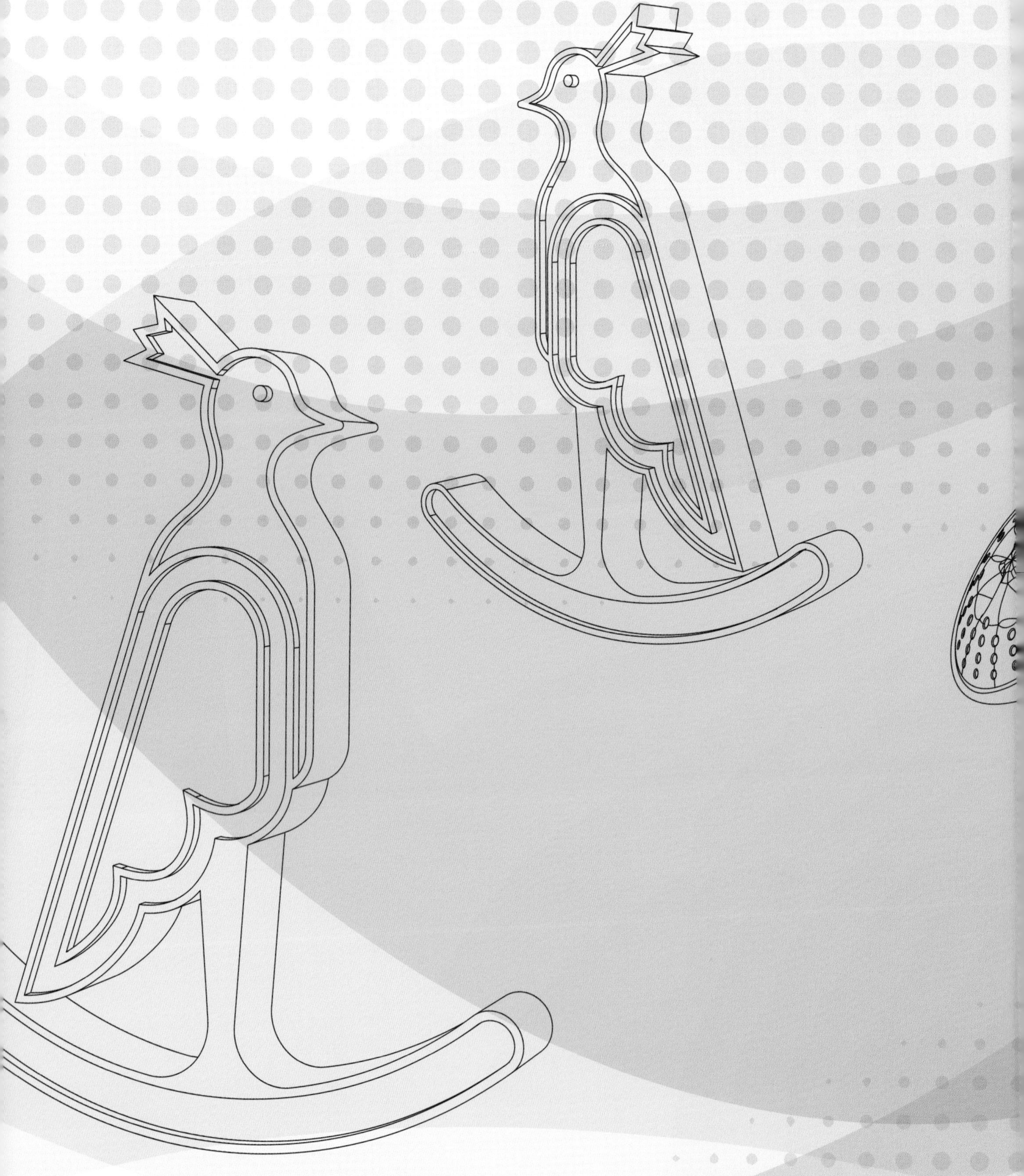

산업 디자이너를 위한

Rhino3D® 7.0 Bible

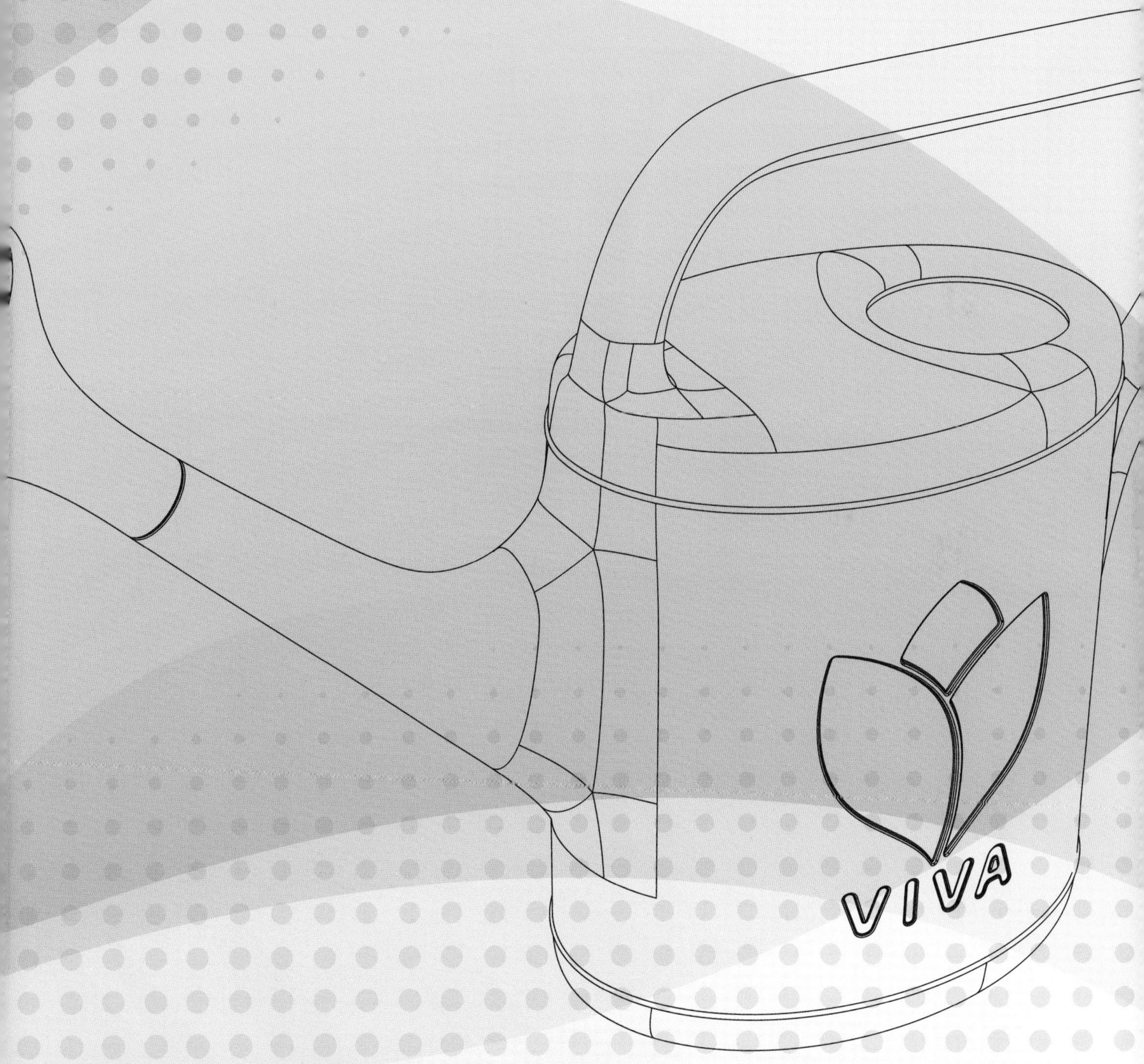

산업 디자이너를 위한

Rhino3D® 7.0 Bible

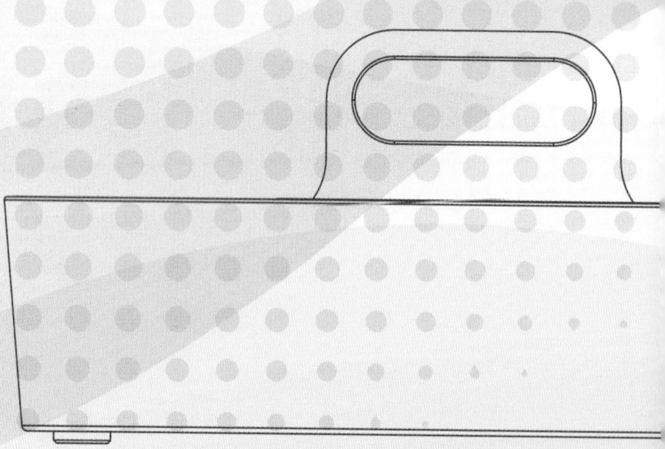

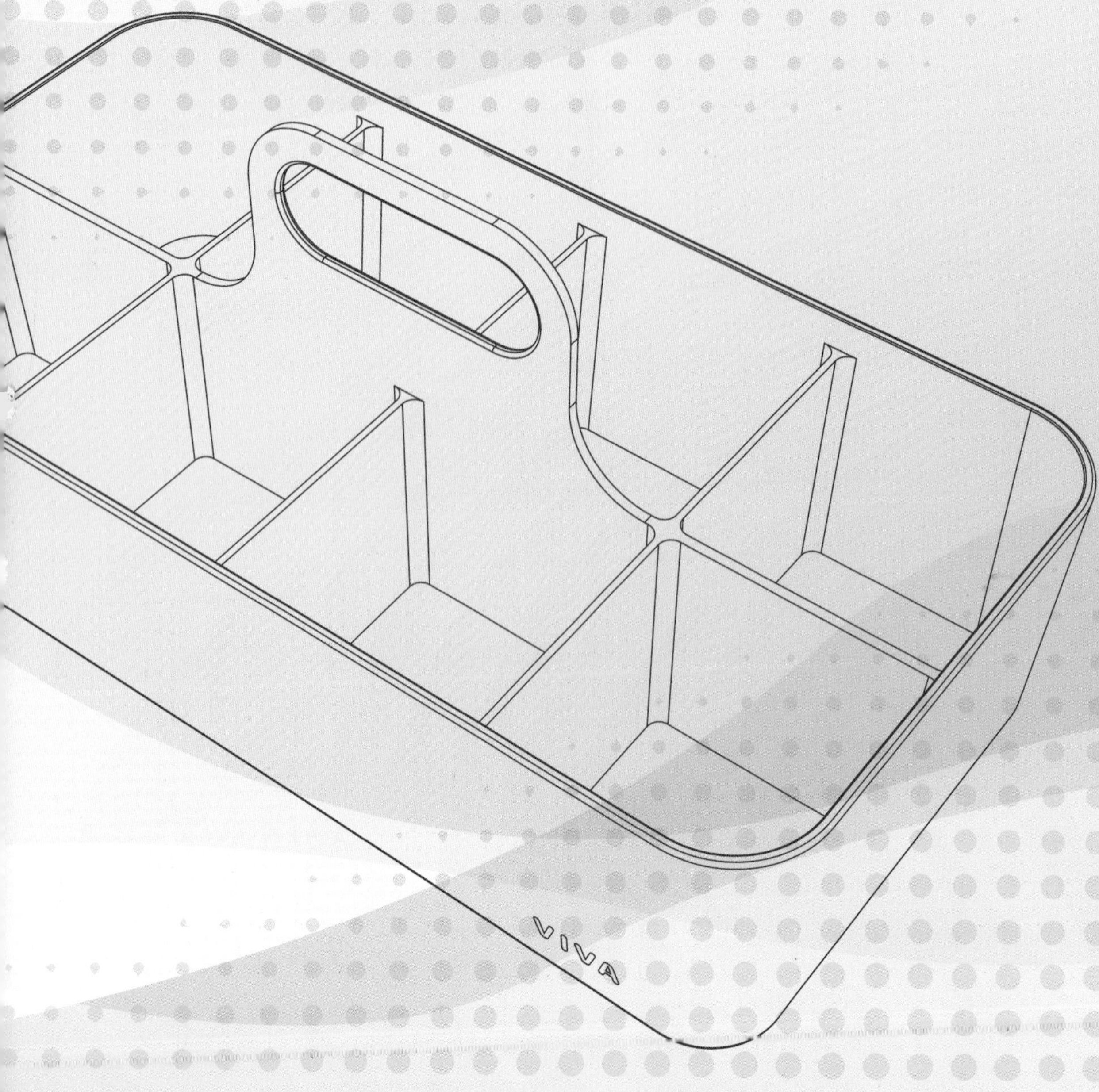